여러분의 합격을 응원하는
해커스공무원의 특별 혜택

FREE **공무원 헌법 동영상강의**

해커스공무원(gosi.Hackers.com) 접속 후 로그인 ▶ 상단의 [무료강좌] 클릭 ▶ [교재 무료특강] 클릭하여 이용

📄 **OMR 답안지[PDF]**

해커스공무원(gosi.Hackers.com) 접속 후 로그인 ▶
상단의 [교재·서점 → 무료 학습 자료] 클릭 ▶ 본 교재의 [자료받기] 클릭하여 이용

▲ 바로가기

해커스공무원 온라인 단과강의 20% 할인쿠폰

95F7686E33D9EVQJ

해커스공무원(gosi.Hackers.com) 접속 후 로그인 ▶ 상단의 [나의 강의실] 클릭 ▶
좌측의 [쿠폰등록] 클릭 ▶ 위 쿠폰번호 입력 후 이용

* 쿠폰 이용 기한: 2024년 12월 31일까지(등록 후 7일간 사용 가능)
* ID당 1회에 한해 등록 가능

해커스 회독증강 콘텐츠 5만원 할인쿠폰

F4CE869324B36BNA

해커스공무원(gosi.Hackers.com) 접속 후 로그인 ▶ 상단의 [나의 강의실] 클릭 ▶
좌측의 [쿠폰등록] 클릭 ▶ 위 쿠폰번호 입력 후 이용

* 쿠폰 이용 기한: 2024년 12월 31일까지(등록 후 7일간 사용 가능)
* ID당 1회에 한해 등록 가능(특별 할인상품 적용 불가)
* 월간 학습지 회독증강 행정학/행정법총론 개별상품은 할인쿠폰 할인대상에서 제외

합격예측 모의고사 응시권 + 해설강의 수강권

DCF3CD4E4CFBCZLH

해커스공무원(gosi.Hackers.com) 접속 후 로그인 ▶ 상단의 [나의 강의실] 클릭 ▶
좌측의 [쿠폰등록] 클릭 ▶ 위 쿠폰번호 입력 후 이용

* 쿠폰 이용 기한: 2024년 12월 31일까지(ID당 1회에 한해 등록 가능)

무료 모바일 자동 채점 + 성적 분석 서비스

교재 내 수록되어 있는 문제의 채점 및 성적 분석 서비스를 제공합니다.

* 세부적인 내용은 해커스공무원(gosi.Hackers.com)에서 확인 가능합니다.

바로 이용하기 ▶

쿠폰 이용 관련 문의 1588-4055

단기 합격을 위한
해커스 커리큘럼

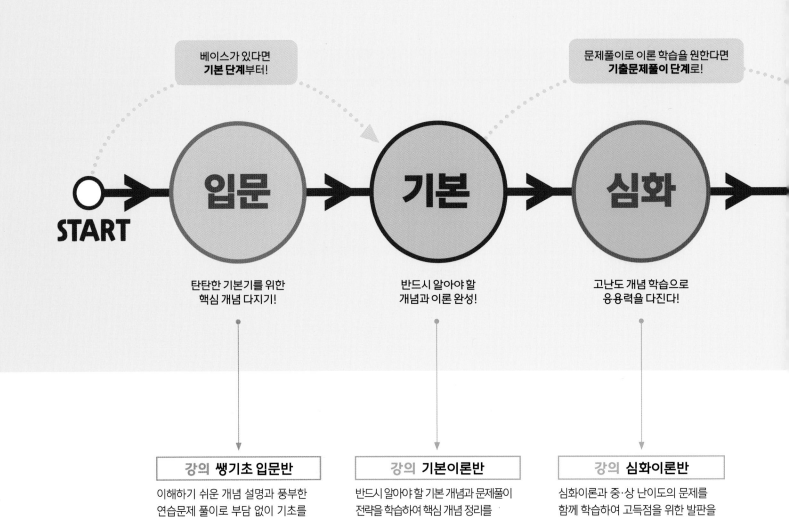

베이스가 있다면 **기본 단계부터!**

문제풀이로 이론 학습을 원한다면 **기출문제풀이 단계로!**

START → 입문 → 기본 → 심화 →

입문
탄탄한 기본기를 위한
핵심 개념 다지기!

기본
반드시 알아야 할
개념과 이론 완성!

심화
고난도 개념 학습으로
응용력을 다진다!

강의 쌩기초 입문반
이해하기 쉬운 개념 설명과 풍부한
연습문제 풀이로 부담 없이 기초를
다질 수 있는 강의

강의 기본이론반
반드시 알아야할 기본 개념과 문제풀이
전략을 학습하여 핵심 개념 정리를
완성하는 강의

강의 심화이론반
심화이론과 중·상 난이도의 문제를
함께 학습하여 고득점을 위한 발판을
마련하는 강의

단계별 교재 확인 및
수강신청은 여기서!

gosi.Hackers.com

* 커리큘럼은 과목별·선생님별로 상이할 수 있으며, 자세한 내용은 해커스공무원 사이트에서 확인하세요.

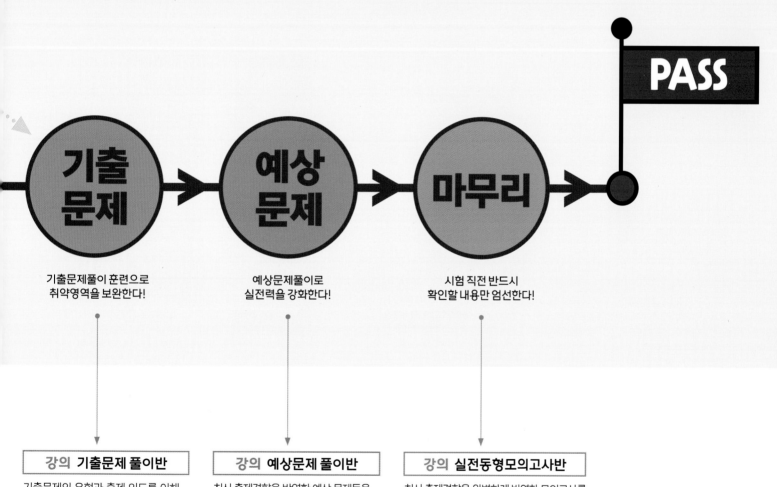

기출문제 → **예상문제** → **마무리** → **PASS**

기출문제풀이 훈련으로
취약영역을 보완한다!

예상문제풀이로
실전력을 강화한다!

시험 직전 반드시
확인할 내용만 엄선한다!

강의 기출문제 풀이반

기출문제의 유형과 출제 의도를 이해
하고, 본인의 취약영역을 파악 및 보완
하는 강의

강의 예상문제 풀이반

최신 출제경향을 반영한 예상 문제들을
풀어보며 실전력을 강화하는 강의

강의 실전동형모의고사반

최신 출제경향을 완벽하게 반영한 모의고사를
풀어보며 실전 감각을 극대화하는 강의

강의 봉투모의고사반

시험 직전에 실제 시험과 동일한 형태의
모의고사를 풀어보며 실전력을 완성하는 강의

해커스공무원

神헌법

실전동형모의고사 2

해커스공무원

: 들어가며

공무원 난이도에 딱 맞는 모의고사

**해커스가 공무원 헌법 시험의 난이도 · 경향을
완벽 반영하여 만들었습니다.**

얼마 남지 않은 시험까지 모의고사를 풀며 실전 감각을 유지하고 싶은 수험생 여러분을 위해, 공무원 헌법 시험의 최신 출제
경향을 완벽 반영한 교재를 만들었습니다.

**『해커스공무원 神헌법 실전동형모의고사 2』를 통해
14회분 모의고사로 헌법 실력을 완성할 수 있습니다.**

실전 감각은 하루아침에 완성할 수 있는 것이 아닙니다. 실제 시험과 동일한 형태의 모의고사를 여러 번 풀어봄으로써 정해진
시간 안에 문제가 요구하는 바를 정확하게 파악하는 연습을 해야 합니다. 『해커스공무원 神헌법 실전동형모의고사 2』는 실제
시험과 동일하게 회차별 25문항으로 구성된 실전동형모의고사 14회를 수록하였습니다. 이를 통해 실제 시험과 가장 유사한
형태로 실전에 철저히 대비할 수 있습니다. 또한 상세한 해설을 통해 공무원 헌법의 핵심 출제포인트를 확인할 수 있습니다.

**『해커스공무원 神헌법 실전동형모의고사 2』는
공무원 헌법 시험에 최적화된 교재입니다.**

제한된 시간 안에 문제 풀이는 물론 답안지까지 작성하는 훈련을 할 수 있도록 OMR 답안지를 수록하였습니다. 또한 공무원 헌
법 기출문제 중에서 중요도가 높은 문제를 선별하여 '최종점검 기출모의고사' 3회분으로 재구성하였습니다. 시험 직전, 실전과
같은 훈련 및 최신 출제 경향의 파악을 통해 효율적인 시간 안배를 연습하고 효과적으로 학습을 마무리할 수 있습니다.

**공무원 합격을 위한 여정,
해커스공무원이 여러분과 함께 합니다.**

실전 감각을 키우는 모의고사

실전동형모의고사

최종점검 기출모의고사

약점 보완 해설집 [책 속의 책]

 OMR 답안지 추가 제공

해커스공무원(gosi.Hackers.com) ▶
사이트 상단의 '교재·서점' ▶ 무료 학습 자료

⣿ 이 책의 특별한 구성

문제집 구성

실전동형모의고사

· 공무원 헌법 시험과 동일한 유형의
  실전동형모의고사 14회분 수록

· 20분의 제한된 문제 풀이 시간을 통해
  효율적인 시간 안배 연습 가능

회차별 Review

· 각 회차별 정답, 키워드, 출제 유형,
  난이도를 빠르게 확인 가능

· 각 회차의 주요 지문을 OX문제로
  변형한 핵심지문 OX 수록

최종점검 기출모의고사

· 최근 출제된 기출문제 중 출제 가능성이 높은 문제만을
  선별하여 최종점검 기출모의고사 3회분 수록

· 시험 직전 기출모의고사 풀이를 통해 최신 출제 경향을
  파악하여 효과적인 학습 마무리 가능

상세한 해설

빠른 정답 확인

· 모든 문제의 정답과 단원을
표로 한눈에 확인 가능

· 빠르게 출제 단원과 정답을
확인

❷ 정답

01	③	Ⅱ	06	④	Ⅱ	11	①	Ⅲ
02	①	Ⅲ	07	④	Ⅱ	12	①	Ⅲ
03	④	Ⅱ	08	①	Ⅱ	13	④	Ⅳ
04	④	Ⅲ	09	②	Ⅳ	14	③	Ⅱ
05	④	Ⅰ	10	②	Ⅲ	15	①	Ⅰ

❷ 취약 단원 분석표

단원	맞힌 답의 개수
Ⅰ	/ 3
Ⅱ	/ 9
Ⅲ	/ 9
Ⅳ	/ 4
TOTAL	/ 25

취약 단원 분석표

스스로 취약한 단원을
분석하여 시험 직전에
더 학습하여야 하는
단원 확인

❷ 정답

01	③	Ⅱ	06	③	Ⅱ	11	③	Ⅲ	16	④	Ⅰ	21	①	Ⅲ
02	①	Ⅲ	07	④	Ⅱ	12	①	Ⅲ	17	①	Ⅱ	22	④	Ⅳ
03	①	Ⅱ	08	①	Ⅱ	13	④	Ⅳ	18	④	Ⅳ	23	④	Ⅲ
04	④	Ⅳ	09	②	Ⅳ	14	③	Ⅱ	19	①	Ⅲ	24	①	Ⅲ
05	④	Ⅰ	10	②	Ⅲ	15	①	Ⅰ	20	④	Ⅱ	25	③	Ⅲ

❷ 취약 단원 분석표

단원	맞힌 답의 개수
Ⅰ	/ 3
Ⅱ	/ 9
Ⅲ	/ 9
Ⅳ	/ 4
TOTAL	/ 25

피청구인이 2016.9.13. 서울북부지방검찰청 2016년 형제
45546호 사건에서 청구인에 대하여 한 기소유예 처분은 청구
인의 평등권과 행복추구권을 침해한 것이므로 이를 취소함

청구인은 특정 국회의원 예비후보자가 거짓말을 하고 있다는
내용의 인터넷매체의 게시물(게시글 및 동영상)을 공유하였으
나, 그 글에 대한 자신의 의견은 부기하지 않았다. 따라서 특
별한 사정이 없는 한 그 게시행위만으로는 특정 후보자의 낙
선을 도모하기 위한 목적의사가 명백한 행위로 보기 부족하
고, 그 외 청구인이 선거일에 임박하여 페이스북 계정을 개설
하고 페이스북 친구를 과다하게 추가하면서 비슷한 내용의
게시물을 이례적으로 연달아 작성, 공유하였다는 등 그 목적
의사를 추단할 수 있는 사정에 대한 증거는 확보되지 않았다.

판례

문제의 이해를 돕는
판결 내용 수록

조문

문제 풀이에 참고하면
좋을 관련 조문 수록

---

02 국회의 위원회   **정답 ①**

❶ [×] '사임하여야 하는 것'이 아닌 '사임할 수 있는 것'이다.

> **「국회법」 제39조【상임위원회의 위원】** ④ 국무총리 또는
> 국무위원의 직을 겸한 의원은 상임위원을 사임할 수 있다.

② [O] 「국회법」 제38조에 대한 옳은 내용이다.

> **제38조【상임위원회의 위원 정수】** 상임위원회의 위원 정수
> 는 국회규칙으로 정한다. 다만, 정보위원회의 위원 정수는
> 12명으로 한다.

③ [O] 「국회법」 제85조의3에 대한 옳은 내용이다.

> **제85조의3【예산안 등의 본회의 자동 부의 등】** ① 위원
> 회는 예산안, 기금운용계획안, 임대형 민자사업 한도액안
> (이하 "예산안등"이라 한다)과 제4항에 따라 지정된 세입
> 예산안 부수 법률안의 심사를 매년 11월 30일까지 마쳐야
> 한다.
> ② 위원회가 예산안등과 제4항에 따라 지정된 세입예산안
> 부수 법률안(체계 · 자구 심사를 위하여 법제사법위원회에
> 회부된 법률안을 포함한다)에 대하여 제1항에 따른 기한까
> 지 심사를 마치지 아니하였을 때에는 그 다음 날에 위원회
> 에서 심사를 마치고 바로 본회의에 부의된 것으로 본다.
> 다만, 의장이 각 교섭단체 대표의원과 합의한 경우에는 그
> 러하지 아니하다.

상세한 해설

· 모든 문제의 핵심 출제
키워드 제시

· 해설 학습을 통해 이론
복습의 효과를 기대할
수 있도록 모든 선지의
해설 수록

실전동형 모의고사

잠깐! 실전동형모의고사 전 확인사항

실전동형모의고사도 실전처럼 문제를 푸는 연습이 필요합니다.

✔ 휴대전화는 전원을 꺼주세요.

✔ 연필과 지우개를 준비하세요.

✔ 제한시간 20분 내 최대한 많은 문제를 정확하게 풀어보세요.

매 회 실전동형모의고사 전, 위 사항을 점검하고 시험에 임하세요.

01회 실전동형모의고사

제한시간: 20분 시작 시 분 ~ 종료 시 분 점수 확인 ☐ 개/ 25개

01 적법절차원칙에 대한 설명으로 옳은 것은? (다툼이 있는 경우에 판례에 의함)

① 수뢰죄를 범하여 금고 이상의 형의 선고유예를 받은 국가공무원은 별도의 징계절차를 거치지 아니하고 당연퇴직하도록 한 「국가공무원법」 규정은 적법절차원리를 위반한 것이다.

② 연락운송 운임수입의 배분에 관한 협의가 성립하지 아니한 때에는 당사자의 신청을 받아 국토교통부장관이 결정하도록 한 「도시철도법」 조항 중 "제1항에 따른 운임수입의 배분에 관한 협의가 성립되지 아니한 때에는 당사자의 신청을 받아 국토교통부장관이 결정한다." 부분은 국토교통부장관의 결정에 의해 이루어지므로 적법절차원칙에 위반된다.

③ 공익의 대표자로서 준사법기관적 성격을 가지고 있는 검사에게만 치료감호 청구권한을 부여한 것은, 본질적으로 자유박탈적이고 침익적 처분인 치료감호와 관련하여 재판의 적정성 및 합리성을 기하기 위한 것이므로 적법절차원칙에 반하지 않는다.

④ 특정공무원범죄의 범인에 대한 추징판결을 범인 외의 자가 그 정황을 알면서 취득한 불법재산 및 그로부터 유래한 재산에 대하여 그 범인 외의 자를 상대로 집행할 수 있도록 규정한 「공무원범죄에 관한 몰수특례법」 제9조의2에 의한 추징판결의 집행이 그 성질상 신속성과 밀행성을 요구한다는 사정만으로 이 조항이 추징판결을 집행하기에 앞서 제3자에게 통지하거나 의견을 진술할 기회를 부여하지 않은 데에 합리적인 이유가 있다고 할 수 없으므로 적법절차원칙에 위배된다.

02 근로3권에 대한 설명으로 옳지 않은 것은? (다툼이 있는 경우 판례에 의함)

① 「교원의 노동조합 설립 및 운영 등에 관한 법률」의 적용대상을 「초·중등교육법」 제19조 제1항의 교원이라고 규정함으로써, 「고등교육법」에서 규율하는 대학 교원들의 단결권을 인정하지 않는 「교원의 노동조합 설립 및 운영 등에 관한 법률」 제2조 본문은 헌법에 위배된다.

② 정직처분을 받은 공무원에 대하여 정직일수를 연차유급휴가인 연가일수에서 공제하도록 하는 것은 근로의 권리를 침해하지 않는다.

③ 매월 1회 이상 정기적으로 지급하는 상여금 등 및 복리후생비의 일부를 새롭게 최저임금에 산입하도록 한 「최저임금법」상 산입조항은 헌법상 용인될 수 있는 입법재량의 범위를 명백히 일탈하였다고 볼 수 없으므로 근로자들의 근로의 권리를 침해하지 아니한다.

④ 노동조합을 설립할 때 행정관청에 설립신고서를 제출하게 하고 그 요건을 충족하지 못하는 경우 행정관청이 설립신고서를 반려하도록 규정한 구「노동조합 및 노동관계조정법」 조항은 단체결성에 대한 허가제를 금지하는 헌법 제21조 제2항에 위배되는 것은 아니나, 근로자의 단결권에 대한 과도한 침해로서 헌법 제33조 제1항에 위배된다.

03 헌법재판소가 헌법소원의 대상성을 인정한 것은?

① 국가인권위원회의 진정기각결정

② 국회 본회의에서 대통령이 한 신임국민투표실시 제안

③ 부패방지법상의 국민감사청구에 대한 감사원장의 기각 결정

④ 한국증권거래소의 주권상장폐지확정결정

04 혼인과 가족제도에 대한 설명으로 옳지 않은 것은? (다툼이 있는 경우 판례에 의함)

① 8촌 이내의 혈족 사이에서는 혼인할 수 없도록 하는 「민법」 제809조 제1항은 혼인의 자유를 침해하지 아니하여 헌법에 위반되지 아니한다.

② 부모가 자녀의 이름을 지어주는 것은 자녀의 양육과 가족생활을 위하여 필수적인 것이고, 가족생활에 핵심적 요소라 할 수 있으므로, 부모가 자녀의 이름을 지을 자유는 혼인과 가족생활을 보장하는 헌법 제36조 제1항과 행복추구권을 보장하는 헌법 제10조에 의하여 보호받는다.

③ 원칙적으로 3년 이상 혼인 중인 부부만이 친양자 입양을 할 수 있도록 규정하여 독신자는 친양자 입양을 할 수 없도록 한 구 「민법」 조항은 독신자의 가족생활의 자유를 침해한다.

④ 1세대 3주택 이상에 해당하는 주택에 대하여 양도소득세 중과세를 규정하고 있는 구 「소득세법」 조항은 헌법 제36조 제1항이 정하고 있는 혼인에 따른 차별금지원칙에 위배되고, 혼인의 자유를 침해한다.

05 다음 중 체계정당성에 대한 설명으로 옳은 것(○)과 옳지 않은 것(×)을 올바르게 조합한 것은? (다툼이 있는 경우 판례에 의함)

> ㄱ. 규범 상호간의 체계정당성을 요구하는 이유는 입법자의 자의를 금지하여 규범의 명확성, 예측가능성 및 규범에 대한 신뢰와 법적 안정성을 확보하기 위한 것이고 이는 국가공권력에 대한 통제와 이를 통한 국민의 자유와 권리의 보장을 이념으로 하는 법치주의원칙으로부터 도출되는 것이라고 할 수 있다.
> ㄴ. 체계정당성의 원리는 비례의 원칙이나 평등의 원칙 등 일정한 헌법의 규정이나 원칙을 위반하여야만 비로소 그 위반이 인정된다.
> ㄷ. 체계정당성의 원리라는 것은 동일 규범 내에서 또는 상이한 규범간에 그 규범의 구조나 내용 또는 규범의 근거가 되는 원칙면에서 상호 배치되거나 모순되어서는 아니 된다는 하나의 헌법적 요청이다.
> ㄹ. 체계정당성의 위반을 정당화할 합리적인 사유의 존재에 대하여는 입법의 재량이 인정되어야 한다. 다양한 입법의 수단 가운데서 어느 것을 선택할 것인가 하는 것은 원래 입법의 재량에 속하기 때문이다.

① ㄱ(×), ㄴ(×), ㄷ(×), ㄹ(×)
② ㄱ(○), ㄴ(×), ㄷ(×), ㄹ(×)
③ ㄱ(○), ㄴ(○), ㄷ(×), ㄹ(×)
④ ㄱ(○), ㄴ(○), ㄷ(○), ㄹ(○)

06 국가인권위원회에 대한 설명으로 옳지 않은 것을 모두 고른 것은? (다툼이 있는 경우 헌법재판소 결정에 의함)

> ㄱ. 국가인권위원회는 피해자의 진정이 없다면 인권침해나 차별행위에 대해 이를 직권으로 조사할 수 없다.
> ㄴ. 국가인권위원회는 위원장 1명과 상임위원 3명을 포함한 11명의 인권위원으로 구성한다.
> ㄷ. 국가인권위원회는 법률에 설치근거를 둔 국가기관이고, 헌법에 의하여 설치되고 헌법과 법률에 의하여 독자적인 권한을 부여받은 국가기관이라고 할 수는 없으므로, 독립성이 보장된 기관이기는 하더라도 그 기관이 갖는 권한의 침해 여부에 대해 국가를 상대로 권한쟁의심판을 청구할 당사자능력은 없다.
> ㄹ. 국가인권위원회가 진정에 대해 각하 또는 기각결정을 하면 이 결정은 헌법소원의 대상이 되고 헌법소원의 보충성 요건을 충족한다.

① ㄱ, ㄴ
② ㄱ, ㄹ
③ ㄷ, ㄹ
④ ㄱ, ㄴ, ㄹ

07 종교의 자유에 대한 설명으로 옳지 않은 것은? (다툼이 있는 경우 판례에 의함)

① 정교분리원칙에 따라 국가는 특정 종교의 특권을 인정하지 않고 종교에 대한 중립을 유지하여야 하며, 국가가 특정한 종교를 장려하는 것은 다른 종교 또는 무종교의 자유에 대한 침해가 될 수 있다.

② 전통사찰에 대하여 채무명의를 가진 일반채권자가 전통사찰 소유의 전법(傳法)용 경내지의 건조물 등에 대하여 압류하는 것을 금지하는 「전통사찰의 보존 및 지원에 관한 법률」 조항은 '전통사찰의 일반채권자'의 재산권을 제한하지만, 종교의 자유의 내용 중 어떠한 것도 제한하지 않는다.

③ 육군훈련소장이 훈련병들에 대하여 육군훈련소 내 종교 시설에서 개최되는 개신교, 불교, 천주교, 원불교 종교행사 중 하나에 참석하도록 한 행위는 종교의 자유를 침해하여 위헌이다.

④ 구치소장이 수용자 중 미결수용자에 대하여 일률적으로 종교행사 등에의 참석을 불허한 것은 교정시설의 여건 및 수용관리의 적정성을 기하기 위한 것으로서 목적이 정당하고, 일부 수용자에 대한 최소한의 제한에 해당하므로 종교의 자유를 침해한 것으로 볼 수 없다.

08 선거권과 선거관리에 대한 설명으로 옳지 않은 것은? (다툼이 있는 경우 판례에 의함)

① 선거관리위원회의 본질적 기능은 선거의 공정한 관리 등 행정기능이고, 그 효과적인 기능 수행과 집행의 실효성을 확보하기 위한 수단으로서 선거범죄 조사권을 인정하고 있고, 이에 대해서는 헌법상 영장주의가 적용된다.

② 재외투표기간 개시일 이후에 귀국한 재외선거인 등이 국내에서 선거일에 투표할 수 있도록 하는 절차를 마련하지 아니한 「공직선거법」 제218조의16 제3항 중 '재외투표기간 개시일 전에 귀국한 재외선거인 등'에 관한 부분은 선거권을 침해한다.

③ 한국철도공사의 상근직원은 상근임원과 달리 그 직을 유지한 채 공직선거에 입후보하여 자신을 위한 선거운동을 할 수 있음에도, 상근직원이 타인을 위한 선거운동을 할 수 없도록 전면적으로 금지하는 「공직선거법」 규정은 상근직원의 선거운동의 자유를 침해한다.

④ 지역구국회의원선거 예비후보자의 기탁금 반환 사유로 예비후보자가 당의 공천심사에서 탈락하고 후보자등록을 하지 않았을 경우를 규정하지 않은 것은 헌법에 위배된다.

10 다음 행위들 중 헌법재판소 및 대법원의 판례에 따를 때 양심의 자유의 문제로 보지 않은 것들로 묶은 것은?

> ㄱ. 사용자의 시말서 제출명령
> ㄴ. 음주측정
> ㄷ. 사죄광고의 강제
> ㄹ. 「주민등록법」상의 지문날인
> ㅁ. 법위반사실의 공표명령
> ㅂ. 준법서약

① ㄱ, ㄴ, ㄷ
② ㄱ, ㄷ, ㄹ
③ ㄴ, ㄹ, ㅁ, ㅂ
④ ㄱ, ㄷ, ㄹ, ㅁ, ㅂ

09 무죄추정의 원칙에 대한 설명으로 옳지 않은 것은? (다툼이 있는 경우 헌법재판소 결정에 의함)

① 「형의 집행 및 수용자의 처우에 관한 법률」 제88조가 형사재판의 피고인으로 출석하는 수형자에 대하여, 사복착용을 허용하는 동법 제82조를 준용하지 아니한 것은 무죄추정의 원칙에 반한다.

② 무죄추정의 원칙상 금지되는 '불이익'이란 '범죄사실의 인정 또는 유죄를 전제로 그에 대하여 법률적·사실적 측면에서 유형·무형의 차별취급을 가하는 유죄인정의 효과로서의 불이익'을 뜻한다.

③ 무죄추정의 원칙은 형사절차 내에서 원칙으로 형사절차 이외의 기타 일반 법생활 영역에서의 기본권 제한과 같은 경우에는 적용되지 않는다.

④ 사업자단체의 「독점규제 및 공정거래에 관한 법률」 위반행위가 있을 때 공정거래위원회가 당해 사업자단체에 대하여 법위반사실의 공표를 명할 수 있도록 한 것은 무죄추정의 원칙에 반한다.

11 합헌적 법률해석에 대한 설명으로 옳지 않은 것은? (다툼이 있는 경우에 판례에 의함)

① 합헌적 법률해석은 사법소극주의적인 법률 해석기술이다.

② 헌법재판소에 대하여 한정위헌결정을 청구하는 것은 「헌법재판소법」 제68조 제2항의 청구로 부적절하므로, 그 청구가 법률조항 자체의 위헌성을 다투는 경우에도 그 청구는 부적법하다.

③ 대법원은 실지거래가액에 의한 양도소득세 산정을 규정한 구 「소득세법」 조항에 대한 헌법재판소의 한정위헌결정에 대하여 그 기속력을 부인하는 입장을 보인 바 있다.

④ 「군인사법」 제48조 제4항 후단의 '무죄의 선고를 받은 때'의 의미와 관련하여, 형식상 무죄판결뿐 아니라 공소기각재판을 받았다하더라도 그와 같은 공소기각의 사유가 없었더라면 무죄가 선고될 현저한 사유가 있는 이른바 내용상 무죄재판의 경우도 이에 포함된다고 해석하는 것은 법률의 문의적 한계를 벗어난 것으로서 합헌적 법률해석에 부합한다.

12 재외국민의 보호에 대한 설명으로 옳지 않은 것은? (다툼이 있는 경우에 판례에 의함)

① 국내거주자에 대하여만 부재자투표를 인정하고 재외국민에 대해서는 부재자투표를 인정하지 않은 「공직선거법」 조항은 헌법에 합치하지 않는다.

② 단순한 단기체류가 아니라 국내에 거주하는 재외국민, 특히 외국의 영주권을 보유하고 있으나 상당한 기간 국내에서 계속 거주하고 있는 자들은 일반 국민과 실질적으로 동일하므로, 국내에 거주하는 대한민국 국민을 대상으로 하는 보육료·양육수당 지원에 있어 양자를 달리 취급할 아무런 이유가 없다.

③ 재외국민에 대하여 「부동산실명법」의 적용 예외를 두지 않은 것이 헌법에 위반된다고 할 수 없다.

④ 국내에 주소를 두고 있는 피상속인의 경우에만 상속세 인적공제의 적용대상에 포함시키는 상속법 조항은 재외국민 보호의무에 위반되어 헌법에 합치하지 않는다.

13 甲은 고위공직자범죄수사처(이하 '수사처')의 수사대상이 될 수 있는 제21대 국회의원으로, 2020년 7월 15일부터 시행된 「고위공직자범죄수사처 설치 및 운영에 관한 법률」의 위헌확인을 구하는 헌법소원심판을 청구하였다. 이에 대한 설명으로 옳지 않은 것은? (다툼이 있는 경우 헌법재판소 결정에 의함)

① 甲은 수사처에 의한 수사대상, 경우에 따라서는 기소대상이 되어 평등권, 신체의 자유 등 기본권이 침해될 가능성이 있고, 고위공직자범죄 등을 범한 경우 수사처의 수사 또는 기소의 대상이 될 수 있다는 점도 확실히 예측되므로, 위 조항들에 대한 심판청구는 적법하다.

② 수사처는 대통령을 수반으로 하는 행정부에 소속되고, 그 관할권의 범위가 전국에 미치는 중앙행정기관으로 보는 것이 타당하다.

③ 헌법에 규정된 영장신청권자로서의 검사는 검찰권을 행사하는 국가기관인 검사로서, 공익의 대표자이자 수사단계에서의 인권옹호기관으로서의 지위에서 그에 부합하는 직무를 수행하는 자를 의미하는 것이며, 「검찰청법」상 검사만을 지칭하는 것으로 본다.

④ 수사나 공소제기의 주체, 방법, 절차 등에 관하여 기존의 행정조직에 소속되지 않은 독립된 위치에서 수사 등에 관한 사무를 수행할 기관을 설치·운영할 것인지를 포함하여 해당 기관에 의한 수사나 기소의 대상을 어느 범위로 정할 것인지는 입법재량의 영역이라고 할 수 있다.

14 국회의 회의에 대한 설명으로 옳지 않은 것은?

① 국회 본회의는 재적의원 5분의 1 이상의 출석으로 개의하고, 회의 중 의사정족수에 달하지 못할 때에는 의장은 필요적으로 회의의 중지 또는 산회를 선포하여야 한다.

② 국회의 임시회는 대통령 또는 국회재적의원 4분의 1 이상의 요구에 의하여 집회된다.

③ 국회의원이 본회의에 부의된 안건에 대해 시간의 제한을 받지 아니하는 토론을 하려는 경우 재적의원 3분의 1 이상이 서명한 요구서를 국회의장에게 제출하여야 한다.

④ 국회에서 의결된 법률안에 대한 대통령의 재의요구가 있을 때에는 국회는 재의에 붙이고, 재적의원 과반수의 출석과 출석의원 3분의 2 이상의 찬성으로 전과 같은 의결을 하면 그 법률안은 법률로서 확정된다.

15 공무원의 신분보장 및 정치적 중립성에 대한 헌법재판소의 결정으로 옳지 않은 것은?

① 공무원의 신분보장은 법률로 그 내용을 정할 수 있는 것이고, 공무원은 직무의 내용인 공무수행 그 자체가 공공의 이익을 위한 활동이라는 근무관계의 특수성 때문에 국가의 공적 사무를 수행할 권리와 이에 따른 신분상·재산상의 부수적 권리를 향유함과 동시에 이에 상응하는 고도의 윤리·도덕적 의무를 부담한다. 따라서 금고 이상의 형의 선고유예를 받은 공무원을 당연퇴직하게 하는 것은 공무담임권을 침해한다고 볼 수 없다.

② 공무원의 지위를 이용하여 선거에 영향을 미치는 행위에 대하여 1년 이상 10년 이하의 징역 또는 1천만원 이상 5천만원 이하의 벌금에 처하도록 규정한 「공직선거법」 제255조 제5항 중 제85조 제1항의 '공무원이 지위를 이용하여 선거에 영향을 미치는 행위' 부분이 형벌체계상의 균형에 어긋난다.

③ 선거관리위원회 공무원에 대하여 특정 정당이나 후보자를 지지·반대하는 단체에의 가입·활동 등을 금지하는 것은, 선거관리위원회 공무원이 특정한 정치적 성향을 표방하는 단체에 가입·활동한다는 사실 자체만으로 그 정치적 중립성과 직무의 공정성·객관성이 의심될 수 있으므로 선거관리위원회 공무원의 정치적 표현의 자유 등을 침해한다고 할 수 없다.

④ 공무원이 선거운동의 기획에 참여하거나 그 기획의 실시에 관여하는 행위를 금지하는 규정을 공무원이 그 지위를 이용하지 아니한 행위에까지 적용하는 것은 공무원 개인의 정치적 표현의 자유를 침해하는 것으로 위헌이다.

16 권한쟁의심판에 대한 설명으로 옳은 것은? (다툼이 있는 경우 판례에 의함)

① 국회 소위원회 위원장은 권한쟁의심판의 당사자능력이 인정된다.

② 국무총리 소속기관인 사회보장위원회가 '지방자치단체 유사·중복 사회보장사업 정비 추진방안'을 의결한 행위에 대한 기초지방자치단체의 권한쟁의심판청구는 적법하다.

③ 정당은 국민의 자발적 조직으로, 그 법적 성격은 일반적으로 사적·정치적 결사 내지는 법인격 없는 사단으로서 공권력의 행사 주체로서 국가기관의 지위를 갖는다고 볼 수 없으므로 권한쟁의심판절차의 당사자가 될 수 없다.

④ 지방자치단체의 의결기관인 지방의회와 지방자치단체의 집행기관인 지방자치단체장간의 내부적 분쟁은 지방자치단체 상호간의 권한쟁의심판의 범위에 속한다.

17 「국회법」상 의안의 처리 절차에 대한 설명으로 옳지 않은 것은?

① 위원회에서 제출한 의안은 그 위원회에 회부하지 아니한다. 다만, 의장은 국회운영위원회의 의결에 따라 그 의안을 다른 위원회에 회부할 수 있다.

② 위원회에서 본회의에 부의할 필요가 없다고 결정된 의안은 본회의에 부의하지 아니한다. 다만, 위원회의 결정이 본회의에 보고된 날부터 폐회 또는 휴회 중의 기간을 제외한 7일 이내에 의원 30명 이상의 요구가 있을 때에는 그 의안을 본회의에 부의하여야 한다.

③ 위원은 위원회에서 같은 의제에 대하여 횟수 및 시간 등에 제한 없이 발언할 수 있으나, 위원장은 발언을 원하는 위원이 2명 이상일 경우에는 간사와 협의하여 15분의 범위에서 각 위원의 첫 번째 발언시간을 균등하게 정하여야 한다.

④ 위원회(법제사법위원회는 제외한다)가 신속처리대상안건에 대한 심사를 그 지정일부터 120일 이내에 마치지 아니하였을 때에는 그 기간이 끝난 다음 날에 소관 위원회에서 심사를 마치고 체계·자구 심사를 위하여 법제사법위원회로 회부된 것으로 본다.

18 기본권에 대한 설명으로 옳은 것은? (다툼이 있는 경우 판례에 의함)

① 기본권의 제3자적 효력에 관한 미국 판례의 입장은 결국 국가의 관여가 있거나 사인의 행위를 국가의 행위로 볼 수 있는 일정한 경우에 기본권 보장이 직접 적용된다는 것이고, 그 밖에도 사법상의 조리(Common Sense)를 접점으로 하여 사인간의 생활영역 전반에 걸쳐 직접 적용된다는 것이다.

② 기본권의 본질적 내용에 대한 침해금지규정은 제3차 개정헌법에서 처음으로 규정되었으나, 제7차 개정헌법에서 삭제되었다가 제8차 개정헌법에서 다시 부활하였다.

③ 국가의 사경제적 활동에 의해 기본권을 침해받은 사인은 헌법소원을 제기하여 기본권 침해를 구제받을 수 있다.

④ 교사의 수업권과 학생의 수학권이 충돌하는 경우 두 기본권 모두 효력을 나타내는 규범조화적 해석에 따라 기본권 충돌은 해결되어야 한다.

19 표현의 자유에 대한 설명으로 옳지 않은 것은? (다툼이 있는 경우 헌법재판소 결정에 의함)

① 공공기관 등으로 하여금 정보통신망상에 게시판을 설치·운영하려면 게시판 이용자의 본인 확인을 위한 방법 및 절차의 마련 등 대통령령으로 정하는 필요한 조치를 하도록 한 것은 익명표현의 자유를 침해하지 않는다.

② 의사표현·전파의 자유에 있어서 의사표현 또는 전파의 매개체는 어떠한 형태이건 가능하며 그 제한이 없다.

③ 인터넷언론사에 대하여 선거일 전 90일부터 선거일까지 후보자 명의의 칼럼이나 저술을 게재하는 보도를 제한하는 구 「인터넷선거보도 심의기준 등에 관한 규정」 제8조 제2항은 법률유보원칙에 반하여 표현의 자유를 침해한다.

④ 공무원이 선거에서 특정정당 또는 특정인을 지지하기 위하여 타인에게 정당에 가입하도록 권유 운동을 한 경우, 형사처벌하는 「국가공무원법」 제65조 제2항 제5호 중 정당 가입 권유에 관한 부분은 정치적 표현의 자유를 침해하지 않는다.

20 집회의 자유에 대한 설명으로 옳지 않은 것은? (다툼이 있는 경우 판례에 의함)

① 최루액을 물에 혼합한 용액을 살수차를 이용하여 집회 시민들에게 살수한 행위는 법률유보원칙에 위배되어 집회의 자유를 침해한다.

② 법관의 독립과 재판의 공정성 확보를 위하여 각급 법원의 경계 지점으로부터 100미터 이내의 장소에서 옥외집회와 시위를 전면적으로 금지하는 것은 집회의 자유를 침해한다.

③ 집회 현장에서 집회 참가자에 대한 사진촬영 행위는 집회 참가자에게 심리적 부담으로 작용하여 집회의 자유를 전체적으로 위축시키는 결과를 가져올 수 있으므로 집회의 자유를 제한한다.

④ 집회 또는 시위의 주최자는 「집회 및 시위에 관한 법률」 제8조에 따른 금지 통고를 받았을 경우, 통고를 받은 날부터 7일 이내에 해당 경찰관서의 바로 위의 상급경찰관서의 장에게 이의를 신청할 수 있다.

21 선거권에 대한 설명으로 옳지 않은 것은? (다툼이 있는 경우 판례에 의함)

① 선거범으로서 100만원 이상의 벌금형의 선고를 받고 그 형이 확정된 후 5년을 경과하지 아니한 자 또는 형의 집행유예의 선고를 받고 그 형이 확정된 후 10년을 경과하지 아니한 자에게 선거권을 부여하지 않는 「공직선거법」 조항은 선거권을 침해하지 않는다.

② 주민등록과 국내거소신고를 기준으로 지역구 국회의원 선거권을 인정하는 것은 해당 국민의 지역적 관련성을 확인하는 합리적인 방법으로, 주민등록이 되어 있지 않고 국내 거소신고도 하지 않은 재외국민의 임기만료 지역구 국회의원 선거권을 인정하지 않은 것은 선거권을 침해한다고 볼 수 없다.

③ 범죄자에게 형벌의 내용으로 선거권을 제한하는 경우에는 선거권 제한 여부 및 적용범위의 타당성에 관하여 보통선거원칙에 입각한 선거권 보장과 그 제한의 관점에서 엄격한 비례심사를 하여야 한다.

④ 「공직선거법」에서는 일정한 요건을 구비한 외국인에게 지방선거의 선거권을 인정하나, 재외선거인에게 국회의원의 재·보궐선거권을 부여하지 않은 것은 재외선거인의 선거권을 침해한다.

22 예산에 관한 설명으로 가장 옳지 않은 것은? (다툼이 있는 경우 헌법재판소 결정에 의함)

① 정부는 예산안을 국회에 제출한 후 부득이한 사유로 인하여 그 내용의 일부를 수정하고자 하는 때에는 국무회의의 심의를 거쳐 대통령의 승인을 얻은 수정예산안을 국회에 제출할 수 있다.

② 국회의원 또는 국회 위원회가 예산 또는 기금상의 조치를 수반하는 의안을 발의 또는 제안하는 경우에는 그 의안의 시행에 수반될 것으로 예상되는 비용에 대한 추계서와 이에 상응하는 재원조달방안에 관한 자료를 아울러 제출하여야 한다.

③ 정부는 예산총칙 등에 따라 미리 사용목적을 지정해 놓은 예비비를 제외하고 일반회계 예산총액의 100분의 1 이내의 금액을 예비비로 세입세출예산에 계상할 수 있다.

④ 헌법은 정부는 회계연도마다 예산안을 편성하여 회계연도 개시 90일 전까지 국회에 제출하고 국회는 회계연도 개시 30일 전까지 이를 의결하여야 한다고 규정하고 있으나, 「국가재정법」은 이를 강화하여 정부는 예산안을 회계연도 개시 120일 전까지 국회에 제출하도록 규정하고 있다.

23 소비자의 권리에 대한 설명으로 옳은 것은? (다툼이 있는 경우 판례에 의함)

① 소비자가 자신의 의사에 따라 자유롭게 상품을 선택할 수 있는 소비자의 자기결정권은 행복추구권과는 무관하다.

② 전통시장 등의 보호라는 명분으로 대형마트 등의 영업 자체를 규제하는 「유통산업발전법」 규정은, 시대의 흐름과 소매시장구조의 재편에 역행할 뿐만 아니라 소비자의 자기결정권을 과도하게 침해하는 과잉규제입법이다.

③ 소비자는 물품과 용역을 사용 또는 이용함에 있어 거래의 상대방·구입장소·가격·거래조건 등을 자유로이 선택할 권리를 가진다.

④ 백화점 등의 셔틀버스운행을 금지하는 법률조항에 대한 헌법소원심판에서 셔틀버스를 이용하여 온 소비자들은 헌법소원의 적법요건으로서 자기관련성이 인정된다.

24 법률유보원칙에 대한 설명으로 옳지 않은 것은 모두 몇 개인가? (다툼이 있는 경우에 판례에 의함)

ㄱ. 1960년 헌법은 기본권의 자연권적·천부인권적 성격을 강조하면서 일반적 법률유보조항을 삭제하고 개별적 법률유보조항을 두었다.

ㄴ. 국가전문자격시험을 운영함에 있어 시험과목 및 시험실시에 관한 구체적인 사항을 어떻게 정할 것인가는 법률에서 반드시 직접 정하여야 하는 사항이라고 보기 어렵고, 전문자격시험에서 요구되는 기량을 갖추었는지 여부를 어떠한 방법으로 평가할 것인지 정하는 것뿐만 아니라 평가 그 자체도 전문적·기술적인 영역에 해당하므로, 시험과목 및 시험실시 등에 관한 사항을 대통령령에 위임할 필요성이 인정된다.

ㄷ. 「지방계약법」상 수의계약의 체결에 있어서 수의계약 상대자의 선정과 관련한 사항을 규율함에 있어서는 국회의 법률로써 이를 직접 규율하여야 할 필요성 또는 그 규율밀도의 요구 정도가 상대적으로 약하다.

ㄹ. "4·16세월호참사에 관하여 어떠한 방법으로도 일체의 이의를 제기하지 않을 것임을 서약합니다."라는 내용이 기재된 배상금 등 동의 및 청구서를 제출하도록 규정한 「세월호피해지원법 시행령」 제15조 중 별지 제15호 서식 가운데 일체의 이의제기를 금지한 부분은 법률유보원칙을 위반하여 일반적 행동의 자유를 침해한다.

ㅁ. 「의료사고 피해구제 및 의료분쟁 조정 등에 관한 법률」 규정상 보상의 전제가 되는 의료사고에 관한 사항들은 의학의 발전 수준 등에 따라 변할 수 있으므로, 분담금 납부의무자의 범위와 보상재원의 분담비율을 반드시 법률에서 정해야 한다고 보기는 어렵다.

ㅂ. 「노동조합 및 노동관계조정법 시행령」 제9조 제2항은 법률의 구체적이고 명시적인 위임 없이 법률이 정하고 있지 아니한 법외노조 통보에 관하여 규정함으로써 헌법이 보장하는 노동3권을 본질적으로 제한하는 것으로 법률유보의 원칙에 위반되어 그 자체로 무효이므로 그에 기초한 위 법외노조 통보는 법적 근거를 상실하여 위법하다.

① 1개
② 2개
③ 3개
④ 4개

25 개인정보자기결정권에 대한 설명으로 옳지 않은 것은? (다툼이 있는 경우 헌법재판소 결정에 의함)

① 「성폭력범죄의 처벌 등에 관한 특례법」상 공중밀집 장소에서의 추행죄로 유죄판결이 확정된 자를 신상정보 등록대상자로 규정한 부분은 해당 신상정보 등록대상자의 개인정보자기결정권을 침해하지 않는다.

② 법무부장관이 등록대상자의 재범 위험성이 상존하는 20년 동안 그의 신상정보를 보존·관리하는 것은 정당한 목적을 위한 적합한 수단이므로, 모든 등록대상 성범죄자에 대하여 일률적으로 20년의 등록기간을 적용하고 있더라도 개인정보자기결정권을 침해한다고 볼 수 없다.

③ 디엔에이감식시료 채취 대상자가 사망할 때까지 디엔에이신원확인정보를 데이터베이스에 수록, 관리할 수 있도록 규정한 이 사건 법률 제13조 제3항 중 수형인 등에 관한 부분은 개인정보자기결정권을 침해하지 아니한다.

④ "법무부장관은 변호사시험 합격자가 결정되면 즉시 명단을 공고하여야 한다."고 규정한 「변호사시험법」 규정은 개인정보자기결정권을 침해하는 것이 아니다.

01회 실전동형모의고사
모바일 자동 채점 + 성적 분석 서비스
바로 가기 (gosi.Hackers.com)

QR코드를 이용하여 해커스공무원의 '모바일 자동 채점 + 성적 분석 서비스'로 바로 접속하세요!

* 해커스공무원 사이트의 가입자에 한해 이용 가능합니다.

01회 Review

문항	정답	문제 키워드	출제 유형	난이도
01	③	적법절차의 원칙	이론/판례/조문	●●○
02	④	근로3권	이론/판례/조문	●○○
03	③	헌법소원심판	이론/판례/조문	●●○
04	③	혼인과 가족제도	이론/판례/조문	●●○
05	④	체계정당성	이론/판례/조문	●●○
06	②	국가인권위원회	이론/판례/조문	●●○
07	④	종교의 자유	이론/판례/조문	●●○
08	①	선거권, 선거관리	이론/판례/조문	●●○
09	③	무죄추정의 원칙	이론/판례/조문	●●○
10	③	양심의 자유	이론/판례/조문	●●○
11	②	합헌적 법률해석	이론/판례/조문	●●○
12	④	재외국민 보호	이론/판례/조문	●●○
13	③	고위공직자범죄수사처	이론/판례/조문	●●○

문항	정답	문제 키워드	출제 유형	난이도
14	①	국회의 회의	이론/판례/조문	●●○
15	①	공무원의 신분보장, 정치적 중립성	이론/판례/조문	●●●
16	③	권한쟁의심판	이론/판례/조문	●●○
17	④	국회의 의안처리절차	이론/판례/조문	●●○
18	②	기본권	이론/판례/조문	●●○
19	③	표현의 자유	이론/판례/조문	●●●
20	④	집회의 자유	이론/판례/조문	●○○
21	④	선거권	이론/판례/조문	●●○
22	②	예산	이론/판례/조문	●●○
23	③	소비자의 권리	이론/판례/조문	●●○
24	①	법률유보원칙	이론/판례/조문	●●●
25	②	개인정보자기결정권	이론/판례/조문	●●○

[출제 유형 & 난이도] 각 문항별 출제 유형(이론/판례/조문)과 난이도를 수록하였으니, 본인이 취약한 유형이나 고난도 문제만 풀어보는 등 학습 상황에 알맞게 활용하시기 바랍니다.

핵심지문 OX 01회 실전동형모의고사에서 꼭 되짚어야 할 핵심지문을 다시 확인해보시기 바랍니다.

01 체계정당성의 위반을 정당화할 합리적인 사유의 존재에 대하여는 입법의 재량이 인정되어야 한다. 다양한 입법의 수단 가운데서 어느 것을 선택할 것인가 하는 것은 원래 입법의 재량에 속하기 때문이다. (   )

02 지역구국회의원선거 예비후보자의 기탁금 반환 사유로 예비후보자가 당의 공천심사에서 탈락하고 후보자등록을 하지 않았을 경우를 규정하지 않은 것은 헌법에 위배된다. (   )

03 합헌적 법률해석은 사법소극주의적인 법률 해석기술이다. (   )

04 국회에서 의결된 법률안에 대한 대통령의 재의요구가 있을 때에는 국회는 재의에 붙이고, 재적의원 과반수의 출석과 출석의원 3분의 2 이상의 찬성으로 전과 같은 의결을 하면 그 법률안은 법률로서 확정된다. (   )

05 국회 소위원회 위원장은 권한쟁의심판의 당사자능력이 인정된다. (   )

06 백화점 등의 셔틀버스운행을 금지하는 법률조항에 대한 헌법소원심판에서 셔틀버스를 이용하여 온 소비자들은 헌법소원의 적법요건으로서 자기관련성이 인정된다. (   )

07 지방계약법상 수의계약의 체결에 있어서 수의계약상대자의 선정과 관련한 사항을 규율함에 있어서는 국회의 법률로써 이를 직접 규율하여야 할 필요성 또는 그 규율밀도의 요구 정도가 상대적으로 약하다. (   )

[정답] **01** ○ **02** ○ **03** ○ **04** ○ **05** × 당사자능력이 인정되지 않는다. **06** × 자기관련성이 부정된다. **07** ○

02회 실전동형모의고사

제한시간: 20분 시작 시 분 ~ 종료 시 분 점수 확인 개/ 25개

01 명확성원칙에 대한 설명으로 옳은 것은 몇 개인가? (다툼이 있는 경우 판례에 의함)

> ㄱ. 허가받은 지역 밖에서의 이송업의 영업을 금지하고 처벌하는 「응급의료에 관한 법률」 조항은 영업의 일반적 의미와 위 법률의 관련 규정을 유기적·체계적으로 종합하여 보더라도 허가받은 지역 밖에서 할 수 없는 이송업에 환자 이송 과정에서 부득이 다른 지역을 지나가는 경우 또는 허가받지 아니한 지역에서 실시되는 운동경기·행사를 위하여 부근에서 대기하는 경우 등도 포함되는지 여부가 불명확하여 명확성원칙에 위배된다.
> ㄴ. 혈액투석 정액수가에 포함되는 비용의 범위를 정한 '의료급여수가의 기준 및 일반기준' 제7조 제2항 본문의 정액범위조항에 사용된 '등'은 열거된 항목 외에 같은 종류의 것이 더 있음을 나타내는 의미로 해석할 수 있으나, 다른 조항과의 유기적·체계적 해석을 통해 그 적용범위를 합리적으로 파악할 수는 없으므로 명확성원칙에 위배된다.
> ㄷ. 방송편성에 관하여 간섭을 금지하는 조항의 '간섭'에 관한 부분은 명확성의 원칙에 위배된다.
> ㄹ. 「군사기밀 보호법」 조항 중 "외국인을 위하여 제12조 제1항에 규정된 죄를 범한 경우에는 그 죄에 해당하는 형의 2분의 1까지 가중처벌한다."는 부분 중 '외국인을 위하여'라는 의미는 '외국인 가중처벌조항'에 의하여 금지된 행위가 무엇인지 명확하다고 볼 수 없기 때문에 명확성원칙에 위배된다.
> ㅁ. 구 「군형법」 조항에서 금지하는 연설, 문서 또는 그 밖의 방법으로 '정치적 의견을 공표'하는 행위는 법 집행 당국의 자의적인 해석과 집행을 가능하게 한다고 보기 어려우므로 명확성원칙에 위배되지 않는다.

① 0개   ② 1개
③ 2개   ④ 3개

02 직업의 자유에 대한 설명으로 옳은 것은? (다툼이 있는 경우 판례에 의함)

① 택시운전자격을 취득한 사람이 강제추행 등 성범죄를 범하여 금고 이상의 형의 집행유예를 선고받은 경우 그 자격을 취소하도록 규정한 「여객자동차 운수사업법」 관련 조항은 과잉금지원칙에 위배되어 직업의 자유를 침해한다.
② 세무사 자격 보유 변호사로 하여금 세무사로서 세무사의 업무를 할 수 없도록 규정한 「세무사법」 관련 조항은 세무사 자격 보유 변호사의 직업선택의 자유를 침해하지 않는다.
③ 개성공단 전면중단조치는 관련 기업인들의 영업의 자유를 침해하지 않는다.
④ 사람을 사상한 후 필요한 조치 및 신고를 하지 아니하여 벌금 이상의 형을 선고받고 운전면허가 취소된 사람은 운전면허가 취소된 날부터 4년간 운전면허를 받을 수 없도록 하는 「도로교통법」 관련 조항은 운전자의 직업의 자유 및 일반적 행동의 자유를 침해하는 것이다.

03 외국인의 기본권 주체성에 대한 설명으로 옳지 않은 것은? (다툼이 있는 경우 판례에 의함)

① 직장선택의 자유는 인간의 권리로 보아야 할 것이므로 외국인도 제한적으로라도 직장선택의 자유를 향유할 수 있다고 보아야 한다.
② 기본권 주체성의 인정 문제와 기본권 제한의 정도는 별개의 문제이므로 외국인에게 근로의 권리에 대한 기본권 주체성을 인정한다는 것이 곧바로 우리 국민과 동일한 수준의 보장을 한다는 것을 의미하는 것은 아니다.
③ 참정권은 '인간의 자유'라기보다는 '국민의 자유'이므로 「공직선거법」은 외국인의 선거권을 인정하지 않고 있다.
④ 근로의 권리는 자유권적 기본권의 성격도 있으므로 이 부분에 관한 한 외국인에게도 기본권 주체성을 인정해야 한다.

04 재판청구권에 대한 설명으로 옳지 않은 것은? (다툼이 있는 경우 판례에 의함)

① 헌법에 '공정한 재판'에 관한 명문의 규정은 없지만 재판청구권이 국민에게 효율적인 권리보호를 제공하기 위해서는, 법원에 의한 재판이 공정하여야만 할 것은 당연한 전제이므로 '공정한 재판을 받을 권리'는 헌법 제27조의 재판청구권에 의하여 함께 보장된다.

② 특수임무수행자 등이 보상금 등의 지급결정에 동의한 때에는 특수임무수행 또는 이와 관련한 교육훈련으로 입은 피해에 대하여 재판상 화해가 성립된 것으로 보는 「특수임무수행자 보상에 관한 법률」 제17조의2 가운데 특수임무수행 또는 이와 관련한 교육훈련으로 입은 피해 중 '정신적 손해'에 관한 부분은 청구인의 재판청구권을 침해하지 않는다.

③ 국민이 재판을 통하여 권리보호를 받기 위해서는 그 전에 최소한 「법원조직법」에 의하여 법원이 설립되고 「민사소송법」 등 절차법에 의하여 재판관할이 확정되는 등 입법자에 의한 재판청구권의 구체적 형성이 불가피하므로, 재판청구권에 대해서는 입법자의 입법재량이 인정된다.

④ 헌법 제27조 제1항이 규정하는 '법률에 의한' 재판을 받을 권리는 '절차법이 정한 절차에 따라 실체법이 정한 내용대로 재판을 받을 권리'로서 이를 보장하기 위해서는 입법자에 의한 재판청구권의 구체적 형성이 불가피하므로, 이러한 입법이 상당한 정도로 '권리구제의 실효성'을 보장하는 것이어야 한다고 요구할 수는 없다.

05 권한쟁의심판에 대한 설명으로 옳지 않은 것은? (다툼이 있는 경우 판례에 의함)

① 국가기관 상호 간의 권한쟁의심판에서 국회뿐만 아니라 국회의장, 국회의원, 국회위원회 등도 당사자능력을 가질 수 있다.

② 국회의 구성원인 국회의원은 국회의 조약에 대한 체결 및 비준 동의권의 침해를 주장하는 권한쟁의심판을 청구할 수 없다.

③ 장래처분은 원칙적으로 권한쟁의심판의 대상이 되지 않지만, 장래처분이 확실하게 예정되어 있어 장래처분에 의해서 청구인의 권한이 침해될 위험성이 있어서 청구인의 권한을 사전에 보호해 주어야 할 필요성이 매우 큰 예외적인 경우에는 권한쟁의심판을 청구할 수 있다.

④ 권한쟁의대상이 되는 법적 분쟁은 헌법상의 분쟁이고 법률상의 분쟁은 포함되지 않으므로 헌법재판소의 권한쟁의심판은 일반법원의 행정소송관할권과 중복될 가능성이 없다.

06 박근혜 대통령에 대한 탄핵심판(헌재 2017.3.10, 2016헌나1)에 대한 결정 내용과 일치하는 것을 모두 고르면? (다툼이 있는 경우 헌법재판소 결정에 의함)

ㄱ. 세월호 참사에 대한 대통령의 대응조치에 미흡하고 부적절한 면이 있었기에 대통령은 생명권 보호의무를 위반하였다.

ㄴ. 대통령이 특정인의 국정개입을 허용하고 그 특정인의 이익을 위해 대통령으로서의 지위와 권한을 남용한 행위는 공무원의 공익실현의무 위반이다.

ㄷ. 대통령이 직접 또는 경제수석비서관을 통하여 대기업 임원 등에게 미르와 케이스포츠에 출연할 것을 요구한 것은 기업의 재산권 및 기업경영의 자유를 침해한 것이다.

ㄹ. 대통령의 지시와 묵인에 따라 최○원에게 대통령의 일정·외교·인사·정책 등에 관한 내용이 포함된 많은 문건이 유출되게 한 것은 「국가공무원법」 제60조의 비밀엄수의무를 위반한 것이다.

ㅁ. 대통령이 세계일보의 정○회 문건 보도에 비판적 입장을 표명하였고, 세계일보 사장이 해임된 것은 결과적으로 세계일보의 언론의 자유를 침해하였다고 볼 수 있다.

ㅂ. 대통령이 문화체육관광부 소속 공무원인 노○강과 진○수에 대하여 문책성 인사를 하도록 지시한 것은 공무원 임면권 남용이며 위법하다.

① ㄴ, ㄷ 　　　　　② ㅁ, ㅂ
③ ㄱ, ㄷ, ㅁ 　　　④ ㄴ, ㄷ, ㄹ

07 학문의 자유에 대한 헌법재판소의 판시 내용으로 옳지 않은 것은?

① 헌법 제22조 제1항에서 규정한 학문의 자유 등의 보호는 개인의 인권으로서의 학문의 자유뿐만 아니라 특히 대학에서, 학문연구의 자유·연구 활동의 자유·교수의 자유 등도 보장하는 취지이다.

② 국립대학 교원의 성과연봉제는 학문의 자유를 침해하지 않는다.

③ 헌법 제31조 제4항의 교육의 자주성이나 대학의 자율성은 헌법 제22조 제1항이 보장하고 있는 학문의 자유의 확실한 보장수단으로 꼭 필요하지만 이는 대학에게 부여된 헌법상의 기본권은 아니다.

④ 경찰대학의 입학 연령을 21세 미만으로 제한하고 있는 경찰대학의 학사운영에 관한 규정이 학문의 자유를 침해하는 것은 아니다.

08 신뢰보호원칙과 소급입법금지원칙에 대한 설명으로 중 옳은 것을 모두 고른 것은? (다툼이 있는 경우 판례에 의함)

> ㄱ. 자율형 사립고등학교를 후기 학교로 정하여 신입생을 일반고와 동시에 선발하도록 한 「초·중등교육법 시행령」 동시선발조항은 신뢰보호원칙을 위반하는 조항이다.
>
> ㄴ. 법률의 제정이나 개정시 구 법질서에 대한 당사자의 신뢰가 합리적이고도 정당하며 법률의 제정이나 개정으로 야기되는 당사자의 손해가 극심하여 새로운 입법으로 달성하고자 하는 공익적 목적이 그러한 당사자의 신뢰의 파괴를 정당화할 수 없다면, 그러한 새로운 입법은 허용될 수 없다.
>
> ㄷ. 부진정소급입법의 경우에는 특단의 사정이 없는 한 헌법적으로 허용되지 않는 것이 원칙이나, 예외적으로 신뢰보호의 요청에 우선하는 심히 중대한 공익상의 사유가 소급입법을 정당화하는 경우에 허용될 수 있다.
>
> ㄹ. 진정소급입법이라 할지라도 예외적으로 국민이 소급입법을 예상할 수 있었던 경우와 같이 소급입법이 정당화되는 경우에는 허용될 수 있다.

① ㄱ, ㄴ   ② ㄱ, ㄷ
③ ㄴ, ㄷ   ④ ㄴ, ㄹ

09 책임주의에 대한 설명으로 옳지 않은 것은? (다툼이 있는 경우 판례에 의함)

① 법인의 대리인·사용인 기타의 종업원의 범죄행위에 대한 법인의 가담 여부나 이를 감독할 주의의무 위반 여부를 법인에 대한 처벌요건으로 규정하지 않고, 법인이 면책될 가능성에 대해서도 정하지 않은 채, 법인을 종업원 등과 같이 처벌하도록 하는 것은 헌법상 법치국가원리로부터 도출되는 책임주의원칙에 위배된다.

② 종업원의 위반행위에 대하여 양벌조항으로서 개인인 영업주에게도 동일하게 무기 또는 2년 이상의 징역형의 법정형으로 처벌하도록 규정하고 있는 「보건범죄단속에 관한 특별조치법」 조항은 형사법상 책임원칙에 위반된다.

③ 독립행위가 경합하여 상해의 결과를 발생하게 한 경우 원인된 행위가 판명되지 아니한 때에는 공동정범의 예에 의하도록 규정한 「형법」 제263조는 책임주의원칙에 위반된다.

④ 법인의 대표자 등이 법인의 재산을 국외로 도피한 경우 행위자를 벌하는 외에 그 법인에도 도피액의 2배 이상 10배 이하에 상당하는 벌금형을 과하는 「특정경제범죄 가중처벌 등에 관한 법률」 제4조 제4항 본문 중 '법인에 대한 처벌'에 관한 부분은 책임주의에 위반되지 않는다.

10 「헌법재판소법」 제68조 제1항에 의한 헌법소원에 대한 설명으로 옳지 않은 것은? (다툼이 있는 경우 판례에 의함)

① 법인이나 단체는 그 자신의 기본권을 직접 침해당한 경우에만 헌법소원심판을 청구할 수 있으며, 법인이나 단체의 구성원을 위하여 또는 구성원을 대신하여 청구할 수 없다.

② 한정위헌청구는 원칙적으로 적법하므로 개별적·구체적 사건에서의 법률조항의 단순한 포섭·적용에 관한 문제를 다투거나 의미 있는 헌법문제를 주장하지 않으면서 법원의 법률해석을 다투는 것도 허용된다.

③ 고시·훈령·예규 등 행정규칙은 일반적으로 행정조직 내부에서만 효력을 가지므로 헌법소원의 대상이 되지 않지만, 대외적인 구속력을 갖는 법규명령으로 기능할 경우에는 헌법소원의 대상이 된다.

④ 공권력의 행사로 인하여 헌법소원을 청구하고자 하는 자가 법적 지위에 아무런 영향을 받지 않거나 단순히 사실적 또는 경제적인 이해관계로만 관련되어 있는 경우 그 공권력의 행사를 대상으로 헌법소원을 청구하는 것은 허용되지 않는다.

11 사생활의 비밀과 자유에 대한 설명으로 옳지 않은 것은? (다툼이 있는 경우 판례에 의함)

① 인터넷 회선을 통하여 흐르는 전기신호 형태의 '패킷'을 중간에 확보한 다음 재조합 기술을 거쳐 그 내용을 파악하는 이른바 '패킷감청'은 사생활의 비밀과 자유를 제한하는 것이다.

② 사생활의 비밀과 자유에 관한 헌법규정은 개인의 사생활이 함부로 공개되지 아니할 소극적인 권리는 물론, 오늘날 고도로 정보화된 현대사회에서 자신에 대한 정보를 자율적으로 통제할 수 있는 적극적인 권리까지도 보장하려는 데에 그 취지가 있다.

③ 사생활의 비밀과 자유가 보호하는 것은 개인의 내밀한 내용의 비밀을 유지할 권리, 개인이 자신의 사생활의 불가침을 보장받을 수 있는 권리, 개인의 양심영역이나 성적 영역과 같은 내밀한 영역에 대한 보호, 인격적인 감정세계의 존중을 받을 권리와 정신적인 내면생활이 침해받지 아니할 권리 등이다.

④ 구치소장이 미결수용자가 배우자와 접견하는 것을 녹음하는 행위는 미결수용자의 사생활의 비밀과 자유를 침해하는 것으로 헌법에 위반된다.

12 재산권에 대한 설명으로 옳지 않은 것은? (다툼이 있는 경우 판례에 의함)

① 공무원이 감봉의 징계처분을 받은 경우 일정기간 승급, 정근수당을 제한하는 「국가공무원법」은 재산권을 침해하지 않는다.

② 토지의 협의취득 또는 수용 후 당해 공익사업이 다른 공익사업으로 변경되는 경우에 당해 토지의 원소유자 또는 그 포괄승계인의 환매권을 제한하고, 환매권 행사기간을 변환 고시일부터 기산하도록 한 구 「공익사업을 위한 토지 등의 취득 및 보상에 관한 법률」 조항은 이들의 재산권을 침해한다.

③ 「공무원연금법」상 퇴직연금수급자가 지방의회의원으로 선출되어 받게 되는 보수가 기존의 연금에 미치지 못하는 경우에도 연금 전액의 지급을 정지하도록 한 규정은 그에 해당하는 지방의회의원의 재산권을 침해한다.

④ 일본국에 의하여 광범위하게 자행된 반인도적 범죄행위에 대하여 일본군위안부 피해자들이 일본에 대하여 가지는 배상청구권은 헌법상 보장되는 재산권에 해당한다.

13 국회의 구성과 조직, 권한 등에 대한 설명으로 옳지 않은 것은?

① 상임위원회는 위원회 또는 상설소위원회를 정기적으로 개회하여 그 소관 중앙행정기관이 제출한 대통령령·총리령 및 부령의 법률 위반 여부 등을 검토하여야 한다. 상임위원회는 검토 결과 대통령령 또는 총리령이 법률의 취지 또는 내용에 합치되지 아니한다고 판단되는 경우에는 검토의 경과와 처리 의견 등을 기재한 검토결과보고서를 의장에게 제출하여야 한다.

② 상임위원회는 소관 법률안의 심사를 분담하는 둘 이상의 소위원회를 둘 수 있고, 소위원회는 폐회 중에도 활동할 수 있으며, 법률안을 심사하는 소위원회는 매월 3회 이상 개회한다.

③ 국회는 헌법에 따라 그 임명에 국회의 동의를 요하는 대법원장·헌법재판소장·국무총리·감사원장 및 대법관에 대한 임명동의안을 심사하기 위하여 인사청문특별위원회를 둔다.

④ 대통령이 임명하는 각군 참모총장 후보자, 한국은행 총재 후보자 등에 대한 인사청문 요청이 있는 경우 각 소관 상임위원회의 인사청문을 거쳐야 한다.

14 헌법상 경제질서에 대한 설명으로 옳은 것은? (다툼이 있는 경우 판례에 의함)

① 헌법 제119조는 헌법상 경제질서에 관한 일반조항으로서 국가의 경제정책에 대한 하나의 헌법적 지침이자 그 자체가 기본권의 성질을 가지며, 헌법상 경제질서와 관련하여 위헌심사의 기준이 된다.

② 우리 헌법에서 지향하는 통일은 대한민국의 존립과 안전을 부정하는 것이 아니고, 자유민주적 기본질서에 바탕을 둔 정치체제적 의미뿐만 아니라 사유재산과 시장경제를 골간으로 한 경제질서까지도 포함된 것이다.

③ 허가받지 않은 지역의 의료기관이 더 가까운 경우에도 허가 받은 지역의 의료기관으로 환자를 이송할 수밖에 없도록 강제하고 있는 「응급의료에 관한 법률」 조항은 응급환자이송업체사이의 자유경쟁을 막아 헌법상 경제질서에 위배된다.

④ 법령에 의한 인·허가 없이 장래의 경제적 손실을 금전 또는 유가증권으로 보전해 줄 것을 약정하고 회비 등의 명목으로 금전을 수입하는 행위를 금지하고 이에 위반시 형사처벌하는 법률조항은 사인간의 사적 자치를 침해하고 헌법의 시장경제질서에 위배된다.

15 공무원의 정치적 중립에 대한 설명으로 옳지 않은 것은? (다툼이 있는 경우 판례에 의함)

① 공무원의 정당가입이 허용된다면, 공무원의 정치적 행위가 직무 내의 것인지 직무 외의 것인지 구분하기 어려운 경우가 많고, 설사 공무원이 근무시간 외에 혹은 직무와 관련 없이 정당과 관련한 정치적 표현행위를 한다 하더라도 공무원의 정치적 중립성에 대한 국민의 기대와 신뢰는 유지되기 어렵다.

② 공무원에 대하여 직무수행 중 정치적 주장을 표시·상징하는 복장 등 착용행위를 금지한 국가공무원 복무규정은 공무원의 정치적 표현의 자유를 필요 이상으로 제한하여 헌법에 위반된다.

③ 대학의 교원인 공무원에게 정당가입의 자유를 허용하면서도 초·중등학교의 교원에게는 이를 금지하는 것은, 양자 간 직무의 본질이나 내용 그리고 근무 태양이 다른 점을 고려한 합리적인 차별이다.

④ 헌법상 군무원은 국민의 구성원으로서 정치적 표현의 자유를 보장받지만, 그 특수한 지위로 인하여 국가공무원으로서 헌법 제7조에 따라 그 정치적 중립성을 준수하여야 할 뿐만 아니라, 나아가 국군의 구성원으로서 헌법 제5조 제2항에 따라 그 정치적 중립성을 준수할 필요성이 더욱 강조되므로, 정치적 표현의 자유에 대해 일반 국민보다 엄격한 제한을 받을 수밖에 없다.

16 종교의 자유에 대한 설명으로 옳지 않은 것은? (다툼이 있는 경우 대법원 판례 및 헌법재판소 결정에 의함)

① 구치소장이 구치소 내에서 실시하는 종교의식 또는 행사에 미결수용자의 참석을 일률적으로 불허한 것은 종교의 자유를 침해한 것이다.

② 금치기간 중 공동행사 참가를 정지하는 것은 금치의 징벌을 받은 사람의 종교의 자유를 침해하지 아니한다.

③ 종교전파의 자유는 자신의 종교 또는 종교적 확신을 누구에게나 알리고 선전하는 자유를 말하며 포교행위 또는 선교행위가 이에 해당하나, 국민이 선택한 임의의 장소에서 이를 자유롭게 행사할 수 있는 권리까지 보장하는 것은 아니다.

④ 종교단체가 운영하는 학교 형태 혹은 학원 형태의 교육기관도 예외 없이 학교설립인가 혹은 학원설립 등록을 받도록 규정한 것은 종교의 자유를 침해하여 헌법에 위반된다.

17 대통령의 사면권 행사에 대한 내용으로 옳지 않은 것은?

① 특별사면은 형의 집행을 면제하는 것이나, 특별한 사정이 있는 경우 이후 형의 선고의 효력을 상실하게 할 수 있다.

② 특별사면은 검찰총장의 상신으로 대통령이 행한다.

③ 특별사면을 명하기 위해서는 사면심사위원회의 심사와 국무회의의 심의는 반드시 거쳐야 하나 국회의 동의는 얻을 필요가 없다.

④ 복권은 형의 집행이 끝나지 아니한 자 또는 집행이 면제되지 아니한 자에 대하여는 하지 아니한다.

18 헌법에 규정된 내용 중 옳은 것을 모두 고른 것은?

ㄱ. 감사원은 감사원장을 포함한 7명의 감사위원으로 구성한다.

ㄴ. 대법원에 대법관을 두며, 법률이 정하는 바에 의하여 대법관이 아닌 법관을 둘 수 있다.

ㄷ. 국무회의는 정부의 권한에 속하는 중요한 정책을 심의하며, 대통령·국무총리와 15인 이상 30인 이하의 국무위원으로 구성한다.

ㄹ. 헌법재판소장의 임기는 6년으로 중임할 수 없으나, 헌법재판관의 임기는 6년으로 법률이 정하는 바에 의하여 연임할 수 있다.

ㅁ. 평화통일정책의 수립에 관한 대통령의 자문에 응하기 위하여 민주평화통일자문회의를 두어야 하며, 그 조직·직무범위 기타 필요한 사항은 법률로 정한다.

ㅂ. 국회의원의 수는 법률로 정하되 200인 이상으로 하며, 국회의원의 선거구와 비례대표제 기타 선거에 관한 사항은 법률로 정한다.

① ㄱ, ㄷ, ㅁ   ② ㄴ, ㄷ, ㄹ
③ ㄴ, ㄷ, ㅂ   ④ ㄷ, ㄹ, ㅁ

19 공직선거에 대한 설명으로 옳지 않은 것은? (다툼이 있는 경우 판례에 의함)

① 각급선거관리위원회는 선거인의 투표참여를 촉진하기 위하여 교통이 불편한 지역에 거주하는 선거인 또는 노약자·장애인 등 거동이 불편한 선거인에게 교통편의를 제공 등의 필요한 대책을 수립·시행할 수 있다.

② 정당은 선거에 있어 선거구별로 선거할 정수 범위 안에서 그 소속당원을 후보자로 추천할 수 있다.

③ 구 「공직선거법」에서 '대통령령으로 정하는 언론인'에 대하여 선거운동을 금지하는 것은 포괄위임금지원칙에 위배되고 언론인의 선거운동의 자유를 침해하는 것이다.

④ 선거운동기간이 아닌 때에도 전화를 이용하거나 말로 하는 선거운동은 상시 허용된다.

20 근로3권에 대한 설명으로 옳은 것은? (다툼이 있는 경우 판례에 의함)

① 헌법재판소는 헌법 제33조 제1항이 보장하는 단결권은 노동조합을 결성할 적극적 단결권뿐 아니라 단결하지 않을 소극적 단결권도 포함하는 것이며, 소극적 단결권은 행복추구권에서 파생되는 일반적 행동의 자유 또는 헌법 제21조 제1항의 결사의 자유에 대하여 특별관계에 있다고 판단하였다.

② 단체교섭권에는 단체협약체결권이 포함되지 않는다.

③ 출입국관리 법령에 따라 취업활동을 할 수 있는 체류자격을 받지 아니한 외국인근로자도 노동조합을 설립하거나 노동조합에 가입할 수 있다.

④ 정당한 쟁의행위 중에 발생한 손해에 대하여 형사상 책임을 지지는 않으나, 민사상 책임은 인정된다.

21 국회의원의 지위와 특권에 대한 설명으로 옳지 않은 것은? (다툼이 있는 경우 판례에 의함)

① 국민에 의해서 선출된 국회의원은 특정한 지역민이나 계층을 대표하는 것이 아니라, 전체 국민의 이익을 고려해야 하므로 명령적 위임에 따르지 아니한다.

② 회기 중 현행범으로 구금된 국회의원에 대해 일반의 결정족수의 의결로써 국회의 석방요구가 있으면 석방된다.

③ 국회의원이 구 국가안전기획부 내 정보수집팀이 대기업 고위관계자와 중앙일간지 사주간의 사적 대화를 불법 녹음한 자료를 입수한 후 그 대화 내용과, 전직 검찰간부인 피해자가 위 대기업으로부터 이른바 떡값 명목의 금품을 수수하였다는 내용이 게재된 보도자료를 작성하여 국회 법제사법위원회 개의 당일 국회 의원회관에서 기자들에게 배포한 행위는 국회의원 면책특권의 대상이 되는 직무부수행위에 해당한다.

④ 국회의원이 본회의장에서 발언할 내용을 인쇄한 문건을 본회의장에 들어가기 직전에 의사당 내 기자실에서 배포하고 본회의장에서 그대로 발언한 경우 발언문건의 사전배포행위는 직무상 부수행위에 포함되어 면책된다.

22 예산제도에 대한 설명으로 옳지 않은 것은? (다툼이 있는 경우 헌법재판소 결정에 의함)

① 예산안과 결산은 소관 상임위원회에 회부하고, 소관 상임위원회는 예비심사를 하여 그 결과를 의장에게 보고한다. 이 경우 예산안에 대해서는 본회의에서 정부의 시정연설을 듣는다.

② 국회가 의결한 예산 또는 국회의 예산안 의결은, 예산이 국가기관뿐만 아니라 일반국민도 구속하고 또한 예산이 정부의 재정행위를 통하여 국민의 기본권에 영향을 미치기 때문에, 헌법소원의 대상이 된다.

③ 예산결산특별위원회는 예산안, 기금운용계획안 및 결산에 대하여 공청회를 개최하여야 한다.

④ 국회는 정부의 동의 없이 정부가 제출한 지출예산 각 항의 금액을 증가하거나 새 비목을 설치할 수 없다.

23 형사보상청구권에 대한 설명으로 옳지 않은 것은? (다툼이 있는 경우 판례에 의함)

① 피의자로서 구금되었던 자 중 검사로부터 불기소처분을 받거나 사법경찰관으로부터 불송치결정을 받은 자는 국가에 대하여 그 구금에 대한 보상을 청구할 수 있다.

② 형사보상의 청구에 대하여 한 보상의 결정에 대하여는 불복을 신청할 수 없도록 하여 형사보상의 결정을 단심재판으로 하도록 하는 것은 형사보상 청구권자의 재판청구권을 침해한다.

③ 헌법재판소의 견해에 의하면 형사보상청구권은 국가기관의 고의 또는 과실을 전제로 하지 않는다는 점에서 국가배상청구권과는 구별되나, 그 보상의 범위는 국가배상에서의 손해배상과 동일하여야 하는 것은 아니다.

④ 형사보상청구권을 인정하는 헌법적 본질은 국민의 인신권을 침해하는 결과를 발생시킨 국가의 그릇된 형사사법작용에 대한 원인책임을 추궁하기 위한 것이다.

24 평등권 또는 평등의 원칙과 관련된 헌법재판소의 결정 내용으로 옳지 않은 것은?

① 정년을 60세 이상으로 의무화하는 「고용상 연령차별 금지 및 고령자고용촉진에 관한 법률」 제19조의 시행일을 2017년 1월 1일로 규정한 「고용상 연령차별금지 및 고령자고용촉진에 관한 법률」 부칙 단서 제2호 중 제19조에 관한 부분이 위 개정조항의 혜택을 받지 못하는 사람의 평등권을 침해하는 것은 아니다.

② 군인이 군사기지·군사시설에서 군인을 폭행한 경우 반의사불벌죄(「형법」 제260조 제3항)의 적용을 배제하도록 한 「군형법」 제60조의6은 평등원칙에 위반되지 않는다.

③ 일반 형사소송절차와 달리 소년심판절차에서 검사에게 상소권이 인정되지 않는 것은 객관적이고 합리적인 이유가 있어 피해자의 평등권을 침해한다고 볼 수 없다.

④ 변경회생계획인가결정에 대한 불복방식을 '즉시항고'로 정한 「채무자회생법」 제282조 제3항 중 제247조 제1항 본문을 준용하는 부분은 평등원칙에 위배된다.

25 조세 및 조세법률주의에 대한 설명으로 옳지 않은 것은? (다툼이 있는 경우 헌법재판소 결정에 의함)

① 구 「조세감면규제법」 부칙조항이 전부개정법의 시행에도 불구하고 실효되지 않은 것으로 해석하는 것은 헌법상 조세법률주의원칙에 위배되어 헌법에 위반된다.

② 조세법률주의에서도 조세부과와 관련되는 모든 법규를 예외 없이 형식적인 법률에 의할 것을 요구하는 것은 아니며 경제현실의 변화나 전문기술의 발달에 즉시 대응하여야 할 필요 등 부득이한 사정이 있는 경우 행정입법에 위임하는 것도 가능하다.

③ 조세에 관하여 입법의 공백이 있는 경우 이로 인하여 당사자가 공평에 반하는 이익을 얻을 가능성이 있고, 실효되긴 하였으나 그동안 시행되어 온 법률조항이 있는 경우, 이를 근거로 과세를 하는 것은 법치주의에서 중대한 흠이 되는 입법의 공백을 방지하기 위한 적절한 해석으로서 조세법률주의에 반하지 않는다.

④ 「토지초과이득세법」상 토지초과이득세는 양도소득세와 같은 수득세의 일종으로, 그 과세대상 또한 양도소득세 과세대상의 일부와 완전히 중복되고 양세의 목적 또한 유사하여 어느 의미에서는 토지초과이득세가 양도소득세의 예납적 성격을 가지고 있는데도 「토지초과이득세법」이 토지초과이득세액 전액을 양도소득세에서 공제하지 않도록 규정한 것은 조세법률주의상 실질과세의 원칙에 반한다.

02회 실전동형모의고사
모바일 자동 채점 + 성적 분석 서비스
바로 가기 (gosi.Hackers.com)

QR코드를 이용하여 해커스공무원의 '모바일 자동 채점 + 성적 분석 서비스'로 바로 접속하세요!

* 해커스공무원 사이트의 가입자에 한해 이용 가능합니다.

02회　Review

문항	정답	문제 키워드	출제 유형	난이도
01	②	명확성의 원칙	이론/판례/조문	●●○
02	③	직업의 자유	이론/판례/조문	●●○
03	③	외국인의 기본권 주체성	이론/판례/조문	●●○
04	④	재판청구권	이론/판례/조문	●●○
05	④	권한쟁의심판	이론/판례/조문	●●○
06	④	대통령 탄핵심판	이론/판례/조문	●●●
07	③	학문의 자유	이론/판례/조문	●○○
08	④	신뢰보호원칙, 소급입법금지원칙	이론/판례/조문	●●○
09	③	책임주의	이론/판례/조문	●●○
10	②	헌법소원심판	이론/판례/조문	●○○
11	④	사생활의 비밀과 자유	이론/판례/조문	●○○
12	②	재산권	이론/판례/조문	●●○
13	④	국회의 구성·조직·권한	이론/판례/조문	●●○

문항	정답	문제 키워드	출제 유형	난이도
14	②	헌법상 경제질서	이론/판례/조문	●●○
15	②	공무원의 정치적 중립	이론/판례/조문	●●○
16	④	종교의 자유	이론/판례/조문	●○○
17	②	대통령의 사면권	이론/판례/조문	●●○
18	③	헌법 규정	이론/판례/조문	●○○
19	①	공직선거	이론/판례/조문	●●●
20	③	근로3권	이론/판례/조문	●●○
21	②	국회의원의 지위·특권	이론/판례/조문	●●○
22	②	예산	이론/판례/조문	●○○
23	④	형사보상청구권	이론/판례/조문	●●○
24	④	평등권, 평등의 원칙	이론/판례/조문	●●○
25	③	조세, 조세법률주의	이론/판례/조문	●●●

[**출제 유형 & 난이도**] 각 문항별 출제 유형(이론/판례/조문)과 난이도를 수록하였으니, 본인이 취약한 유형이나 고난도 문제만 풀어보는 등 학습 상황에 알맞게 활용하시기 바랍니다.

핵심지문 OX　02회 실전동형모의고사에서 꼭 되짚어야 할 핵심지문을 다시 확인해보시기 바랍니다.

01 「군사기밀 보호법」 조항 중 "외국인을 위하여 제12조 제1항에 규정된 죄를 범한 경우에는 그 죄에 해당하는 형의 2분의 1까지 가중처벌한다."는 부분 중 '외국인을 위하여'라는 의미는 '외국인 가중처벌 조항'에 의하여 금지된 행위가 무엇인지 명확하다고 볼 수 없기 때문에 명확성 원칙에 위배된다. (　　)

02 헌법 제31조 제4항의 교육의 자주성이나 대학의 자율성은 헌법 제22조 제1항이 보장하고 있는 학문의 자유의 확실한 보장수단으로 꼭 필요하지만 이는 대학에게 부여된 헌법상의 기본권은 아니다. (　　)

03 법인의 대표자 등이 법인의 재산을 국외로 도피한 경우 행위자를 벌하는 외에 그 법인에도 도피액의 2배 이상 10배 이하에 상당하는 벌금형을 과하는 「특정경제범죄 가중처벌 등에 관한 법률」 제4조 제4항 본문 중 '법인에 대한 처벌'에 관한 부분은 책임주의에 위반되지 않는다. (　　)

04 법령에 의한 인·허가 없이 장래의 경제적 손실을 금전 또는 유가증권으로 보전해 줄 것을 약정하고 회비 등의 명목으로 금전을 수입하는 행위를 금지하고 이에 위반 시 형사처벌하는 법률조항은 사인간의 사적 자치를 침해하고 헌법의 시장경제질서에 위배된다. (　　)

05 정당은 선거에 있어 선거구별로 선거할 정수 범위 안에서 그 소속당원을 후보자로 추천할 수 있다. (　　)

06 피의자로서 구금되었던 자 중 검사로부터 불기소처분을 받거나 사법경찰관으로부터 불송치결정을 받은 자는 국가에 대하여 그 구금에 대한 보상을 청구할 수 있다. (　　)

07 조세법률주의에서도 조세부과와 관련되는 모든 법규를 예외없이 형식적인 법률에 의할 것을 요구하는 것은 아니며 경제현실의 변화나 전문기술의 발달에 즉시 대응하여야 할 필요 등 부득이한 사정이 있는 경우 행정입법에 위임하는 것도 가능하다. (　　)

[**정답**] **01** × '외국인을 이롭게 할 수 있다는 인식 내지는 의사'를 의미한다고 충분히 알 수 있으므로, 명확성원칙에 위반되지 아니한다. **02** × 대학에게 부여된 헌법상의 기본권이다. **03** ○ **04** × 헌법의 경제질서에 위배되는 것이라 할 수 없다. **05** ○ **06** ○ **07** ○

03회 실전동형모의고사

제한시간: 20분 시작 시 분 ~ 종료 시 분 점수 확인 개/ 25개

01 집회의 자유에 대한 설명으로 옳지 않은 것은? (다툼이 있는 경우 판례에 의함)

① 옥외집회를 늦어도 집회가 개최되기 48시간 전까지 사전신고하도록 법률로 규정한 것이 과잉금지원칙에 위반하여 집회의 자유를 침해하였다고 볼 수 없다.

② 국회의사당이나 법원의 경계지점으로부터 100m 이내의 장소에서 옥외집회를 금지하는 법률 조항은 집회의 자유를 침해한다.

③ 24시 이후의 시위를 금지하고 이에 위반한 시위 참가자를 형사처벌하는 법률조항은 집회의 자유를 침해한다.

④ 집회참가자에 대한 검문의 방법으로 시간을 지연시킴으로써 집회장소에 접근하는 것을 방해하는 등의 조치는 집회의 자유를 침해한다.

02 「공직선거법」상 선거운동에 대한 설명으로 옳지 않은 것은? (다툼이 있는 경우 판례에 의함)

① 선거운동기간이 아닌 때에도 전화를 이용하거나 말로 하는 선거운동은 상시 허용된다.

② 확성장치의 최고출력 내지 소음을 제한하는 등 사용시간과 사용지역에 따른 수인한도 내에서 확성장치의 최고출력 내지 소음 규제기준에 관한 규정을 두지 아니한 것은 국민의 정온한 환경에서 생활할 권리를 보호하기 위한 입법자의 의무를 과소하게 이행하였다고 평가할 수는 없다.

③ 선거운동기간 중 인터넷 언론사 홈페이지 게시판 등에 방문자가 정당·후보자에 대한 지지·반대 등의 정보를 게시할 경우 실명인증을 요구하도록 한 「공직선거법」 조항은 과잉금지원칙에 반하여 익명표현의 자유와 언론의 자유, 그리고 개인정보자기결정권 등을 침해한다.

④ 대통령선거·지역구국회의원선거 및 지방자치단체의 장선거의 후보자는 점자형 선거공보를 작성·제출하여야 한다.

03 정당해산에 대한 설명으로 옳은 것은? (다툼이 있는 경우 판례에 의함)

① 정당해산심판 청구가 있는 때에 헌법재판소는 직권으로 종국결정의 선고시까지 피청구인 정당의 활동을 정지하는 결정을 할 수 있다.

② 정당해산심판절차에는 「헌법재판소법」과 「헌법재판소 심판규칙」, 그리고 헌법재판의 성질에 반하지 않는 한도 내에서 형사소송에 관한 법령이 적용된다.

③ 어떤 정당이 위헌정당이라는 이유로 해산이 되면 「공직선거법」이 정한 바에 따라 해당 정당에 소속된 모든 국회의원의 의원직이 상실된다.

④ 민주 사회에서 정당의 자유가 지니는 중대한 함의나 정당해산심판제도의 남용가능성 등을 감안한다면, 헌법 제8조 제4항의 민주적 기본질서는 최대한 엄격하고 협소한 의미로 이해해야 한다.

04 양심의 자유와 양심적 병역거부에 대한 설명으로 옳은 것은? (다툼이 있는 경우 판례에 의함)

① 누구라도 자신이 비행을 저질렀다고 믿지 않는 자에게 본심에 반하여 사죄 내지 사과를 강요한다면 이는 윤리적·도의적 판단을 강요하는 것으로서 양심의 자유를 침해하는 행위에 해당하므로, 사업자단체의 「독점규제 및 공정거래에 관한 법률」 위반행위가 있을 때 공정거래위원회가 당해 사업자단체에 대하여 '법위반사실의 공표'를 명할 수 있도록 하는 법률조항은 양심의 자유를 침해한다.

② 특정한 내적인 확신 또는 신념이 양심으로 형성된 이상 그 내용 여하를 떠나 양심의 자유에 의해 보호되는 양심이 될 수 있으므로, 헌법상 양심의 자유에 의해 보호받는 양심으로 인정할 것인지의 판단은 그것이 깊고, 확고하며, 진실된 것인지 여부와 관계없다.

③ 열 손가락 지문날인의 의무를 부과하는 「주민등록법 시행령」 조항은 국가가 개인의 윤리적 판단에 개입한다거나 그 윤리적 판단을 표명하도록 강제하는 것이라고 할 수 없으므로 양심의 자유를 침해하는 것이 아니다.

④ 양심적 병역거부자에 대하여 3년 이하의 징역이라는 형사처벌을 가하는 법률조항은 양심의 자유를 침해한다.

05 권한쟁의심판에 대한 설명으로 옳지 않은 것은? (다툼이 있는 경우 판례에 의함)

① 심판대상이 되는 권한쟁의는 헌법상의 분쟁만이 아니라 법률상의 분쟁을 포함한다.

② 권한쟁의심판은 그 사유가 있음을 안 날부터 60일 이내에, 그 사유가 있은 날부터 180일 이내에 청구하여야 하며, 이 기간은 불변기간이다.

③ 권한쟁의심판은 주관적 권리구제뿐만 아니라 객관적인 헌법질서보장의 기능도 겸하고 있지만, 소의 취하에 관한 「민사소송법」 제239조는 권한쟁의심판절차에도 준용된다고 보아야 한다.

④ 헌법재판소가 부작위에 대한 심판청구를 인용하는 결정을 할 때에는 피청구인의 부작위가 위헌임을 확인하는 데 그치고, 피청구인에게 구체적 처분을 해야 할 의무는 발생하지 않는다.

06 입법부작위에 대한 설명으로 옳지 않은 것은? (다툼이 있는 경우 판례에 의함)

① 「국군포로의 송환 및 대우 등에 관한 법률」 조항이 등록포로 등의 예우의 신청, 기준, 방법 등에 필요한 사항을 대통령령으로 정한다고 규정하고 있어 대통령령을 제정할 의무가 있음에도, 그 의무가 상당기간 동안 불이행되고 있고 이를 정당화할 이유도 찾아보기 어려운 경우, 이러한 행정입법부작위는 헌법에 위반된다.

② 진정입법부작위에 대한 헌법소원심판은 그 공권력의 불행사가 계속되는 한 청구기간의 제한 없이 적법하게 청구할 수 있다.

③ 헌법해석상 특정인에게 구체적인 기본권이 생겨 이를 보장하기 위한 국가의 행위의무 내지 보호의무가 발생하였음이 명백함에도 입법자가 아무런 입법조치를 취하지 않고 있는 경우에도 그 입법부작위는 헌법소원의 대상이 된다.

④ 국가가 국민의 기본권을 보호하기 위한 충분한 입법조치를 취하지 아니함으로써 기본권보호의무를 다하지 못하였다는 이유로 국회의 입법이나 입법부작위가 헌법에 위반된다고 판단함에 있어서는, 국가권력에 의해 국민의 기본권이 침해당하는 경우와는 다른 판단기준이 적용되어서는 아니 된다.

07 「헌법재판소법」 제68조 제1항에 따른 권리구제형 헌법소원심판에 대한 설명으로 옳은 것은? (다툼이 있는 경우 헌법재판소 결정에 의함)

① 법률이 일반적 효력을 발생하기 전이라고 한다면 이미 공포되어 있다고 하더라도 현재성 요건으로 인하여 그 법률에 대하여 헌법소원심판을 청구할 수 없다.

② 구속된 피의자가 검사조사실에서 수갑 및 포승을 사용한 상태로 피의자신문을 받도록 한 수갑 및 포승 사용행위는 이미 종료된 권력적 사실행위이므로 헌법소원심판을 청구할 수 없다.

③ 자기가 관련되지 아니한 제3자에 대한 기본권 침해에 관하여 헌법소원심판을 청구하는 것은 부적법하지만, 공권력작용이 단지 간접적·사실적 또는 경제적인 이해관계로만 관련되어 있는 제3자에게는 자기관련성이 인정된다.

④ 보충성 요건에서 말하는 사전의 다른 권리구제절차는 공권력의 행사 또는 불행사를 직접 대상으로 하여 그 효력을 다툴 수 있는 권리구제절차를 의미하는 것이지, 사후적·보충적 구제수단인 손해배상청구나 손실보상청구를 의미하는 것은 아니다.

08 정당제도에 대한 설명으로 옳지 않은 것은? (다툼이 있는 경우 헌법재판소 결정 및 대법원 판례에 의함)

① 헌법 제8조 제1항이 명시하는 정당설립의 자유는 설립할 정당의 조직형태를 어떠한 내용으로 할 것인가에 관한 정당조직 선택의 자유 및 그와 같이 선택된 조직을 결성할 자유를 포괄하는 '정당조직의 자유'를 포함한다.

② "정당은 그 목적·조직과 활동이 민주적이어야 하며, 국민의 정치적 의사형성에 참여하는데 필요한 조직을 가져야 한다."는 헌법 제8조 제2항은 정당에 대하여 정당의 자유의 한계를 부과함과 동시에 입법자에 대하여 그에 필요한 입법을 해야 할 의무를 부과하고 있으나, 정당의 자유의 헌법적 근거를 제공하는 근거규범으로서 기능하는 것은 아니다.

③ 정당의 목적이나 활동이 민주적 기본질서에 위배될 때에는 정부는 헌법재판소에 그 해산을 제소할 수 있고, 정당은 헌법재판소의 심판에 의하여 해산된다.

④ 헌법재판소가 정당해산의 결정을 할 때에는 종국심리에 관여한 재판관 과반수의 찬성으로 결정한다.

09 국회의 법률제정절차에 대한 설명 중 옳지 않은 것은?

① 위원회는 의안이 그 위원회에 회부된 날부터 일부개정법률안은 15일, 제정·전부개정법률안은 20일, 법제사법위원회 체계·자구심사의 경우 5일, 법률안 외의 의안은 20일의 기간이 경과하지 아니한 때에는 이를 상정할 수 없다.

② 국회의원이 예산 또는 기금상 조치를 수반하는 의안을 발의하는 경우 그 의안의 시행에 수반될 것으로 예상되는 비용에 대한 국회예산정책처의 추계서 또는 국회예산정책처에 대한 추계요구서를 아울러 제출하여야 한다.

③ 본회의는 위원장의 보고를 받은 후에는 그 의결로 다시 그 안건을 같은 위원회에 회부할 수 없다.

④ 위원회는 신속처리대상안건에 대한 심사를 그 지정일부터 180일 이내에 마쳐야 한다. 다만, 법제사법위원회는 신속처리대상안건에 대한 체계·자구 심사를 그 지정일, 회부된 것으로 보는 날 또는 회부된 날부터 90일 이내에 마쳐야 한다.

10 사생활의 비밀과 자유에 대한 설명으로 옳지 않은 것은? (다툼이 있는 경우 판례에 의함)

① 엄중격리대상자의 수용거실에 CCTV를 설치하여 24시간 감시하는 행위는 교도관의 계호활동 중 육안에 의한 시선계호를 CCTV 장비에 의한 시선계호로 대체한 것에 불과하므로, 특별한 법적 근거가 없더라도 일반적인 계호활동을 허용하는 법률규정에 의하여 허용되고, 엄중격리대상자의 사생활의 비밀 및 자유를 침해하였다고 볼 수 없다.

② 청소년 성매수자에 대한 신상공개제도는 헌법상 일반적 인격권 및 사생활의 비밀과 자유를 침해하지 않는다.

③ 혼인을 빙자하여 부녀를 간음한 남자를 처벌하는 「형법」 조항은 사생활의 비밀과 자유를 제한하는 것이라고 할 수 있지만, 혼인을 빙자하여 부녀를 간음한 남자의 성적자기결정권을 제한하는 것은 아니다.

④ 교도소장이 수용자가 없는 상태에서 실시한 거실 및 작업장 검사행위는 교도소의 안전과 질서를 유지하고, 수형자의 교화·개선에 지장을 초래할 수 있는 물품을 차단하기 위한 것으로서 그 목적이 정당하고, 수단도 적절하며, 검사의 실효성을 확보하기 위한 최소한의 조치로 보이고, 달리 덜 제한적인 대체수단을 찾기 어려운 점 등에 비추어 보면 사생활의 비밀 및 자유를 침해하였다고 할 수 없다.

11 재판의 전제성에 대한 설명으로 옳지 않은 것은? (다툼이 있는 경우 판례에 의함)

① 형사사건에 있어서 원칙적으로 공소가 제기되지 아니한 법률조항의 위헌 여부는 당해 형사사건의 재판의 전제가 될 수 없으나 공소장에 적용법조로 기재되었다면 재판의 전제성을 인정할 수 있다.

② 소송 계속 중에 적용 법률에 대하여 위헌법률심판제청신청을 하여 헌법소원심판까지 이르게 된 경우 헌법재판소의 위헌결정이 있게 되면 당해 소송사건이 이미 확정된 때라도 당사자는 재심을 청구할 수 있으므로 재판의 전제성은 인정된다.

③ 법원이 심판대상조항을 적용함이 없이 다른 법리를 통하여 재판을 한 경우 심판대상조항의 위헌 여부는 당해사건법원의 재판에 직접 적용되거나 관련되는 것이 아니어서 재판의 전제성이 인정되지 않는다.

④ 「헌법재판소법」 제68조 제2항에 의한 헌법소원심판에서 청구인이 당해 소송법원에 위헌여부심판의 제청신청을 하지 않았고 따라서 법원의 각하 또는 기각결정이 없었던 부분에 대한 심판청구도 적법하다.

12 국회의 권한에 대한 설명으로 옳은 것을 모두 고른 것은? (다툼이 있는 경우 판례에 의함)

ㄱ. 국가의 기본권 보호의무의 이행은 입법자의 입법을 통하여 비로소 구체화되는 것이고, 국가가 그 보호의무를 어떻게 어느 정도로 이행할 것인지는 원칙적으로 입법재량의 범위에 속하는 것이다.

ㄴ. 헌법 제116조 제1항은 선거운동에 관하여 "법률이 정하는 범위 안에서 하되, 균등한 기회가 보장되어야 한다."라고 규정하고 있어 입법부에 입법재량을 부여하고 있다.

ㄷ. 헌법이 인정하고 있는 위임입법의 형식은 예시적인 것이므로 법률이 입법사항을 고시와 같은 행정규칙의 형식으로 위임하더라도 국회입법의 원칙과 상치되지 않는다.

ㄹ. 정부가 국회의 동의 없이 예산 외에 국가의 부담이 될 계약을 체결한 경우에는 국회의 동의권이 침해되는 동시에 국회의원 자신의 심의·표결권도 침해되는 것이다.

ㅁ. 어떤 공적 과제에 관한 재정조달을 조세로 할 것인지 아니면 부담금으로 할 것인지에 관하여는 입법자의 자유로운 선택권이 허용된다.

① ㄱ, ㄴ, ㄷ
② ㄱ, ㄴ, ㅁ
③ ㄱ, ㄷ, ㄹ
④ ㄴ, ㄹ, ㅁ

13 지방자치에 대한 설명으로 옳지 않은 것은? (다툼이 있는 경우 판례에 의함)

① 조례가 규율하는 특정사항에 관하여 그것을 규율하는 국가의 법령이 이미 존재하는 경우에도, 조례가 법령과 별도의 목적에 기하여 규율함을 의도하는 것이고 그 적용에 의하여 법령의 규정이 의도하는 목적과 효과를 전혀 저해하는 바가 없는 때에는 그 조례가 국가의 법령에 위반되는 것은 아니다.

② 지방의회 의장의 추천권이 적극적이고 실질적으로 발휘되더라도 지방의회 사무직원의 임용권이 지방자치단체의 장에게 있다고 하면, 그것은 지방의회와 집행기관 사이의 상호견제와 균형의 원리를 침해하는 것이다.

③ 교육감 소속 교육장 등에 대한 징계의결요구 내지 그 신청사무는 징계사무의 일부로서 대통령, 교육부장관으로부터 교육감에게 위임된 국가위임사무이다.

④ 공유수면에 대한 지방자치단체의 관할구역 경계획정은 이에 관한 명시적인 법령상의 규정이 존재한다면 그에 따르고, 명시적인 법령상의 규정이 존재하지 않는다면 불문법상 해상경계에 따라야 한다.

14 국가의 기본권 보호의무에 대한 설명으로 옳지 않은 것은? (다툼이 있는 경우 판례에 의함)

① 국가의 기본권 보호의무란 사인인 제3자에 의한 생명이나 신체에 대한 침해로부터 이를 보호하여야 할 국가의 의무를 말하는 것으로, 국가가 직접 주방용오물분쇄기의 사용을 금지하여 개인의 기본권을 제한하는 경우에는 국가의 기본권 보호의무 위반 여부가 문제되지 않는다.

② 국민의 기본권을 보호하는 것은 국민주권의 원리상 국가의 가장 기본적인 의무이므로 입법자는 기본권 보호의무를 최대한 실현하여야 하며, 헌법재판소는 입법자의 기본권 보호의무를 엄밀하게 심사하여야 한다.

③ 국가의 보호의무를 입법자가 어떻게 실현하여야 할 것인가 하는 문제는 원칙적으로 권력분립과 민주주의원칙에 따라 국민에 의해 직접 민주적 정당성을 부여받은 입법자의 책임범위에 속하므로 헌법재판소는 단지 제한적으로만 입법자에 의한 보호의무의 이행을 심사할 수 있다.

④ 태평양전쟁 전후 강제동원된 자 중 국외 강제동원자에 대해서만 의료지원금을 지급하도록 하고 국내 강제동원자를 제외하는 것이 국민에 대한 국가의 기본권 보호의무에 위배된다고 볼 수 없다.

15 다음의 사례에 대한 설명으로 옳지 않은 것은? (다툼이 있는 경우 헌법재판소 결정에 의함)

> 변호인 甲이 피의자신문에 참여하면서 피의자 A 옆에 앉으려고 하자 검찰수사관 乙은 甲에게 피의자 A 뒤에 앉으라고 요구하는 한편 변호인 참여신청서의 작성을 요구하였다. 이에 변호인 甲은 A 뒤에 앉아 피의자신문에 참여하였고 변호인 참여신청서('변호인의 피의자신문 참여운영 지침' 별지 1호 서식)에도 인적사항을 기재하여 제출하였다. 甲은 피의자 신문 종료 후 乙에게 피의자 A와 이야기를 해도 되는지를 문의하였는데 변호인 접견신청서를 제출해야 한다는 말을 듣고 피의자와 접견을 하지 않았다.

[심판대상조문]
변호인의 피의자신문 참여 운영 지침(2005.6.20. 시행 대검찰청 지침) 제5조(변호인의 좌석) ① 검사는 피의자 후방의 적절한 위치에 신문에 참여하는 변호인의 좌석을 마련하여야 한다.

① 乙이 甲에게 변호인 후방에 착석을 요구한 행위는 청구인에 대한 구속력이 없는 비권력적 사실행위에 불과하여 헌법소원의 대상이 되는 공권력의 행사에 해당한다고 보기 어렵다.

② 乙이 甲에게 행한 후방착석요구행위는 이미 종료되어 청구인의 권리구제에는 도움이 되지 않지만, 기본권 침해행위가 장차 반복될 위험이 있고 헌법적으로 그 해명이 중대한 의미를 지니고 있는 때에 해당하므로 심판의 이익이 있다.

③ 乙이 甲에게 변호인 참여신청서의 작성을 요구한 행위는 비권력적 사실행위에 불과하여 헌법소원의 대상이 되는 공권력의 행사에 해당하지 않는다.

④ '변호인의 피의자신문 참여 운영 지침'은 검찰청 내부의 업무처리지침으로 헌법소원심판의 대상이 될 수 없다.

16 평등의 원칙 내지 평등권에 대한 설명으로 옳지 않은 것은? (다툼이 있는 경우 판례에 의함)

① 공무원이 지위를 이용하여 범한 공직선거법위반죄의 경우 일반인이 범한 공직선거법위반죄와 달리 공소시효를 10년으로 정한 「공직선거법」 제268조 제3항은 평등원칙에 위배되지 않는다.

② 행정관서요원으로 근무한 공익근무요원과는 달리, 국제협력요원으로 근무한 공익근무요원을 국가유공자법에 의한 보상에서 제외한 것은 병역의무의 이행이라는 동일한 취지로 소집된 요원임에도 불구하고 합리적인 이유 없이 양자를 차별하고 있어 평등권을 침해한다.

③ 평등원칙과 결합하여 혼인과 가족을 부당한 차별로부터 보호하고자 하는 목적을 지니고 있는 헌법 제36조 제1항에 비추어 볼 때, 종합부동산세의 과세방법을 '인별 합산'이 아니라 '세대별 합산'으로 규정한 「종합부동산세법」 조항은 비례원칙에 의한 심사에 의하여 정당화되지 않으므로 헌법에 위반된다.

④ 광역자치단체장 선거의 예비후보자를 후원회지정권자에서 제외하고 있는 「정치자금법」 '광역자치단체장선거의 예비후보자에 관한 부분'은 예비후보자 및 이들 예비후보자에게 후원금을 기부하고자 하는 자의 평등권을 침해한다.

17 국적에 대한 설명으로 옳지 않은 것은?

① 법무부장관은 복수국적자로서 대한민국에서 외국 국적을 행사하지 아니하겠다는 뜻을 서약한 자가 그 뜻에 현저히 반하는 행위를 한 경우에는 1년 내에 하나의 국적을 선택할 것을 명할 수 있다.

② 만 20세가 되기 전에 대한민국의 국적과 외국 국적을 함께 가지게 된 자는 만 22세가 되기 전까지, 만 20세가 된 후에 복수국적자가 된 자는 그때부터 2년 내에 하나의 국적을 선택하여야 한다.

③ 대한민국의 「민법」상 성년이 되기 전에 외국인에게 입양된 후 외국 국적을 취득하고 외국에서 계속 거주하다가 국적회복허가를 받은 자는 대한민국 국적을 취득한 날부터 1년 내에 외국국적을 포기하거나 법무부장관이 정하는 바에 따라 대한민국에서 외국 국적을 행사하지 아니하겠다는 뜻을 법무부장관에게 서약하여야 한다.

④ 출생 당시에 모가 자녀에게 외국 국적을 취득하게 할 목적으로 외국에서 체류 중이었던 사실이 인정되는 자는 외국 국적을 포기한 경우에만 대한민국 국적을 선택한다는 뜻을 신고할 수 있다.

18 일반적 행동자유권에 대한 설명으로 옳지 않은 것은? (다툼이 있는 경우 판례에 의함)

① 누구든지 금융회사 등에 종사하는 자에게 거래정보 등의 제공을 요구하는 것을 금지하고, 위반시 형사처벌하는 「금융실명거래 및 비밀보장에 관한 법률」 제4조 제1항이 일반적 행동자유권을 침해한다고 볼 수 없다.

② 게임물 관련사업자에게 게임물 이용자의 회원가입 시 본인인증을 할 수 있는 절차를 마련하도록 하고 있는 법률조항은 인터넷게임을 이용하고자 하는 사람들에게 본인인증 이라는 사전적 절차를 거칠 것을 강제함으로써, 개개인이 생활방식과 취미활동을 자유롭게 선택하고 이를 원하는 방식대로 영위하고자 하는 일반적 행동의 자유를 제한한다.

③ 의료분쟁 조정신청의 대상인 의료사고가 사망에 해당하는 경우 한국의료분쟁조정중재원의 원장은 지체 없이 조정절차를 개시해야 한다고 규정한 「의료사고 피해구제 및 의료분쟁 조정 등에 관한 법률」 제27조 제9항 전문 중 '사망'에 관한 부분이 청구인의 일반적 행동의 자유를 침해한다고 할 수 없다.

④ 대학수학능력시험의 문항 수 기준 70%를 EBS 교재와 연계하여 출제한다는 대학수학능력시험 시행기본계획은 대학수학능력시험을 준비하는 자의 자유로운 인격발현권을 제한한다.

19 공무원의 근로의 권리에 대한 설명으로 옳지 않은 것은? (다툼이 있는 경우 판례에 의함)

① 공무원으로 조직된 근로자단체는 「공무원의 노동조합 설립 및 운영 등에 관한 법률」에 따라 설립된 공무원노동조합인 경우에 한하여만 노동기본권의 향유주체가 될 수 있다.

② 국민과 국가이익을 실현하기 위한 공무에 종사한다는 점에서 일반 경제활동상 사용자와 근로자의 관계와는 다르게 볼 수 있다.

③ 공무원인 근로자의 노동3권을 인정할 것인가의 여부와 그 인정범위는 과잉금지의 원칙에 따라서 심사된다.

④ 헌법재판소는 단체행동권을 보장받는 '사실상 노무에 종사하는 공무원'의 범위를 조례에 위임할 수 있도록 한 「지방공무원법」 조항이 헌법에 위반되지 않는다고 결정하였다.

20 국회의 운영과 의사원칙에 대한 설명으로 옳지 않은 것은? (다툼이 있는 경우 판례에 의함)

① 국회의장은 국회의 연중 상시운영을 위하여 각 교섭단체대표의원과의 협의를 거쳐 매년 12월 31일까지 다음 연도의 국회운영 기본일정을 정하여야 한다. 다만, 국회의원 총선거 후 처음 구성되는 국회의 당해 연도의 국회운영기본일정은 6월 30일까지 정하여야 한다.

② 위원장이 위원회의 개회 또는 의사진행을 거부·기피하거나 직무 대리자를 지정하지 아니하여 위원회가 활동하기 어려울 때에는 위원장이 소속되지 아니한 교섭단체 소속의 간사 중에서 소속 의원 수가 많은 교섭단체 소속 간사의 순으로 위원장의 직무를 대행한다.

③ 국회는 휴회 중이라도 대통령의 요구가 있을 때, 의장이 긴급한 필요가 있다고 인정할 때 또는 재적의원 4분의 1 이상의 요구가 있을 때에는 회의를 재개한다.

④ 국회의 회의절차에 관한 사실인정을 함에 있어서 회의록의 기재 내용을 객관적으로 신빙할 수 없는 사정이 있는 경우라면, 회의록에 기재된 내용에 얽매일 것이 아니라, 변론에 현출된 모든 자료와 정황을 종합하여 건전한 상식과 경험칙에 따라 객관적·합리적으로 판단하여야 한다.

21 기본권 제한의 유형 중 직업의 자유를 가장 엄격하게 제한하고 있는 것은? (다툼이 있는 경우 판례에 의함)

① 경비업자의 경비업 외 업종영업 금지
② 대형 할인마트의 월 1회 주말영업 제한
③ 「공인노무사법」이 개정되어 원래 행정사가 수행하던 업무를 더 이상 수행할 수 없게 된 행정사
④ 사법시험 및 변호사시험에 합격한 자들에 한하여 변호사 자격부여

22 다음 중 헌법재판소의 결정 내용으로 옳지 않은 것은?

① 금고 이상의 실형을 선고받고 그 집행이 끝나거나 집행이 면제된 날로부터 3년이 지나지 아니한 사람은 행정사가 될 수 없다고 규정한 「행정사법」 제6조 제3호가 평등권을 침해하는 것은 아니다.

② 국가배상청구권의 성립 요건으로서 공무원의 고의 또는 과실을 규정함으로써 무과실책임을 인정하지 않은 「국가배상법」 제2조 제1항 본문 중 '고의 또는 과실로' 부분이 헌법상 국가배상청구권을 침해하는 것은 아니다.

③ 음주운항 전력이 있는 사람이 다시 음주운항을 한 경우 2년 이상 5년 이하의 징역이나 2천만원 이상 3천만원 이하의 벌금에 처하도록 규정한 「해사안전법」 제104조의2 제2항 중 '제41조 제1항을 위반하여 2회 이상 술에 취한 상태에서 선박의 조타기를 조작한 운항자'에 관한 부분이 책임과 형벌 간의 비례원칙에 위반되는 것은 아니다.

④ 국가가 「담배사업법」을 통하여 담배의 제조 및 판매를 허용하고 보장하는 것이 국가의 기본권보호의무를 위반하여 국민의 생명·신체의 안전에 관한 권리를 침해하는 것은 아니다.

23 헌법재판소의 심판절차에 대한 설명으로 옳지 않은 것은?

① 헌법재판소 전원재판부는 재판관 7인 이상의 출석으로 사건을 심리하며, 재판부는 종국심리에 관여한 재판관 과반수의 찬성으로 사건에 관한 결정을 한다.

② 헌법소원심판을 청구하려는 자가 변호사를 대리인으로 선임할 자력이 없는 경우에는 헌법재판소에 국선대리인을 선임하여 줄 것을 신청할 수 있다. 헌법재판소는 그 심판청구가 명백히 부적법하거나 이유 없는 경우 또는 권리의 남용이라고 인정되는 경우에는 국선대리인을 선정하지 아니할 수 있다.

③ 지정재판부는 헌법소원을 각하하거나 심판회부결정을 한 때에는 그 결정일부터 30일 이내에 청구인 또는 그 대리인 및 피청구인에게 그 사실을 통지하여야 한다.

④ 헌법재판소는 권한쟁의심판의 대상이 된 국가기관 또는 지방자치단체의 권한의 유무 또는 범위에 관하여 판단한다. 국가기관 또는 지방자치단체의 처분을 취소하는 결정은 그 처분의 상대방에 대하여 이미 생긴 효력에 영향을 미치지 아니한다.

24 공무담임권에 대한 설명으로 옳지 않은 것은? (다툼이 있는 경우 판례에 의함)

① 공무담임권은 공직취임의 기회 균등만을 요구할 뿐, 취임한 뒤 승진할 때에도 균등한 기회 제공을 요구하는 것은 아니다.

② 정당의 내부경선에 참여할 권리는 헌법이 보장하는 공무담임권의 내용에 포함되지 아니하므로, 정당이 당내경선을 실시하지 않는 것이 공무담임권을 침해하는 것은 아니다.

③ 순경 공채시험 응시연령의 상한을 '30세 이하'로 규정하고 있는 것은 합리적이라고 볼 수 없으므로 침해의 최소성원칙에 위배되어 공무담임권을 침해한다.

④ 고용노동 및 직업상담 직류를 채용하는 경우 직업상담사 자격증 보유자에게 만점의 3% 또는 5%의 가산점을 부여한다고 명시한 인사혁신처 2018년도 국가공무원 공개경쟁채용시험 등 계획 공고는 직업상담사 자격증을 소지하지 않은 상태에서 국가공무원 공개경쟁채용시험에 응시하려고 하는 자들의 공무담임권을 침해하지 않는다.

25 영장주의에 대한 설명으로 옳지 않은 것은? (다툼이 있는 경우 판례에 의함)

① 헌법 제12조 제3항이 정한 영장주의는 수사기관이 강제처분을 함에 있어 중립적 기관인 법원의 허가를 얻어야 함을 의미하는 것 외에 법원에 의한 사후 통제까지 마련되어야 함을 의미한다.

② 형사재판에 계속 중인 사람에 대하여 법무부장관이 6개월 이내의 기간을 정하여 출국을 금지할 수 있다고 규정한 「출입국관리법」 조항은 영장주의에 위반되지 아니한다.

③ 체포영장을 발부받아 피의자를 체포하는 경우에 필요한 때에는 영장 없이 타인의 주거 등 내에서 피의자 수사를 할 수 있도록 한 「형사소송법」 조항은 별도로 영장을 발부받기 어려운 긴급한 사정이 있는지 여부를 구별하지 않고 피의자가 소재할 개연성만 소명되면 영장 없이 타인의 주거 등을 수색할 수 있도록 허용하고 있어 헌법 제16조의 영장주의에 위반된다.

④ 법원의 구속집행정지결정에 대하여 검사가 즉시 항고할 수 있도록 한 「형사소송법」 조항은 영장주의원칙과 적법절차원칙에도 위배된다.

03회 실전동형모의고사
모바일 자동 채점 + 성적 분석 서비스
바로 가기 (gosi.Hackers.com)

QR코드를 이용하여 해커스공무원의 '모바일 자동 채점 + 성적 분석 서비스'로 바로 접속하세요!
* 해커스공무원 사이트의 가입자에 한해 이용 가능합니다.

03회 / Review

문항	정답	문제 키워드	출제 유형	난이도
01	③	집회의 자유	이론/판례/조문	●●○
02	②	선거운동	이론/판례/조문	●●○
03	④	정당해산심판	이론/판례/조문	●●○
04	③	양심의 자유	이론/판례/조문	●●○
05	④	권한쟁의심판	이론/판례/조문	●●○
06	④	입법부작위	이론/판례/조문	●●○
07	④	헌법소원심판	이론/판례/조문	●●○
08	④	정당제도	이론/판례/조문	●●○
09	③	국회의 법률제정절차	이론/판례/조문	●●●
10	③	사생활의 비밀과 자유	이론/판례/조문	●●○
11	④	재판의 전제성	이론/판례/조문	●●○
12	①	국회의 권한	이론/판례/조문	●●○
13	②	지방자치제도	이론/판례/조문	●●○

문항	정답	문제 키워드	출제 유형	난이도
14	②	기본권 보호의무	이론/판례/조문	●●○
15	①	변호인의 조력을 받을 권리	이론/판례/조문	●●○
16	②	평등의 원칙, 평등권	이론/판례/조문	●●●
17	①	국적	이론/판례/조문	●●○
18	①	일반적 행동자유권	이론/판례/조문	●●○
19	③	공무원의 근로의 권리	이론/판례/조문	●●○
20	④	국회의 운영·의사원칙	이론/판례/조문	●●○
21	①	직업의 자유	이론/판례/조문	●○○
22	③	기본권의 침해	이론/판례/조문	●●○
23	③	헌법재판소의 심판절차	이론/판례/조문	●●○
24	①	공무담임권	이론/판례/조문	●●○
25	①	영장주의	이론/판례/조문	●●○

[**출제 유형 & 난이도**] 각 문항별 출제 유형(이론/판례/조문)과 난이도를 수록하였으니, 본인이 취약한 유형이나 고난도 문제만 풀어보는 등 학습 상황에 알맞게 활용하시기 바랍니다.

핵심지문 OX　03회 실전동형모의고사에서 꼭 되짚어야 할 핵심지문을 다시 확인해보시기 바랍니다.

01 선거운동기간이 아닌 때에도 전화를 이용하거나 말로 하는 선거운동은 상시 허용된다. (　　)

02 양심적 병역거부자에 대하여 3년 이하의 징역이라는 형사처벌을 가하는 법률조항은 양심의 자유를 침해한다. (　　)

03 진정입법부작위에 대한 헌법소원심판은 그 공권력의 불행사가 계속되는 한 청구기간의 제한 없이 적법하게 청구할 수 있다. (　　)

04 헌법 제8조 제1항이 명시하는 정당설립의 자유는 설립할 정당의 조직형태를 어떠한 내용으로 할 것인가에 관한 정당조직 선택의 자유 및 그와 같이 선택된 조직을 결성할 자유를 포괄하는 '정당조직의 자유'를 포함한다. (　　)

05 국민의 기본권을 보호하는 것은 국민주권의 원리상 국가의 가장 기본적인 의무이므로 입법자는 기본권 보호의무를 최대한 실현하여야 하며, 헌법재판소는 입법자의 기본권 보호의무를 엄밀하게 심사하여야 한다. (　　)

06 국회는 휴회 중이라도 대통령의 요구가 있을 때, 의장이 긴급한 필요가 있다고 인정할 때 또는 재적의원 4분의 1 이상의 요구가 있을 때에는 회의를 재개한다. (　　)

07 지정재판부는 헌법소원을 각하하거나 심판회부결정을 한 때에는 그 결정일부터 30일 이내에 청구인 또는 그 대리인 및 피청구인에게 그 사실을 통지하여야 한다. (　　)

[정답] **01** ○ **02** × 처벌조항 자체에서 비롯된 문제가 아니므로 양심의 자유를 침해한다고 볼 수는 없다. **03** ○ **04** ○ **05** × 헌법재판소는 단지 제한적으로만 입법자에 의한 보호의무의 이행을 심사할 수 있으므로 완화된 심사를 한다. **06** ○ **07** × 14일 이내에 통지하여야 한다.

04회 실전동형모의고사

제한시간: 20분 **시작** 시 분 ~ 종료 시 분 점수 확인 개/ 25개

01 법익의 균형성에 대한 설명으로 옳지 않은 것은? (다툼이 있는 경우 판례에 의함)

① 민주화보상법이 보상금 등 산정에 있어 정신적 손해에 대한 배상을 전혀 반영하지 않고 있으므로, 이와 무관한 보상금 등을 지급한 다음 정신적 손해에 대한 배상청구마저 금지하는 것은 법익의 균형성에 위반된다.

② 「마약류 관리에 관한 법률」을 위반하여 금고 이상의 실형을 선고받고 그 집행이 끝나거나 면제된 날부터 20년이 지나지 아니한 것을 택시운송사업의 운전업무 종사자격의 결격사유 및 취소사유로 정한 구 「여객자동차 운수사업법」 조항은 직업선택의 자유를 침해한다.

③ CCTV 설치조항에 의해 어린이집 내 CCTV 설치를 반대하는 어린이집 설치·운영자나 부모의 기본권, 보육교사 및 영유아의 사생활의 비밀과 자유 등이 제한되는 것은 사실이나, 관련 기본권 침해가 최소화되도록 여러 가지 조치가 마련되어 있어 CCTV 설치 조항으로 인하여 침해되는 사익이 위에서 본 공익보다 크다고 보기는 어려우므로 CCTV 설치조항은 법익의 균형성이 인정된다.

④ 노래연습장에 18세 미만자의 출입을 금지하는 것은 직업행사의 자유를 제한하고, 피해의 최소성 및 법익의 균형성의 원칙에도 위배되어 헌법에 위반된다.

02 공직자의 선출 및 임명방식에 대한 설명으로 옳지 않은 것은?

① 국무총리는 국회의 동의를 얻어 대통령이 임명하며, 인사청문특별위원회에서 인사청문회를 실시한다.

② 국무위원은 국무총리의 제청으로 대통령이 임명하며, 해당 상임위원회에서 인사청문회를 실시한다.

③ 헌법재판소장은 국회의 동의를 얻어 대통령이 임명하며, 법제사법위원회에서 인사청문회를 한다.

④ 대법관은 대법원장의 제청으로 국회의 동의를 얻어 대통령이 임명하며, 인사청문특별위원회에서 인사청문회를 한다.

03 직업의 자유에 대한 설명으로 옳은 것을 모두 고르면? (다툼이 있는 경우 헌법재판소 결정에 의함)

ㄱ. 청원경찰이 법원에서 금고 이상의 형의 선고유예를 받은 경우 당연퇴직하도록 규정한 조항은 청원경찰의 직업의 자유를 침해한다.

ㄴ. '제10회 변호사시험 일시·장소 및 응시자준수사항 공고'(법무부공고 제2020-360호) 및 '코로나19 관련 제10회 변호사시험 응시자 유의사항 등 알림' 중 코로나19 확진환자의 응시를 금지하고, 자가격리자 및 고위험자의 응시를 제한한 부분은 직업선택의 자유를 침해하지 않는다.

ㄷ. 금고 이상의 형의 집행유예를 선고받은 경우를 변호사 결격사유로 정한 「변호사법」 제5조 제2호는 변호사의 직업수행의 자유를 침해한다.

ㄹ. 안경사 면허를 가진 자연인에게만 안경업소의 개설 등을 할 수 있도록 한 구 「의료기사 등에 관한 법률」 제12조 제1항 및 「의료기사 등에 관한 법률」 제12조 제1항과, 그 위반시 처벌하도록 정한 구 「의료기사 등에 관한 법률」 제30조 제1항 제6호 등은 과잉금지원칙에 반하여 자연인 안경사와 법인의 직업의 자유를 침해하지 않는다.

ㅁ. 의료기기 수입업자가 의료기관 개설자에게 리베이트를 제공하는 경우를 처벌하는 조항은 의료기기 수입업자의 직업의 자유를 침해한다.

ㅂ. 품목허가를 받지 아니한 의료기기를 수리·판매·임대·수여 또는 사용의 목적으로 수입한 자를 처벌하는 조항은 의료기기 수입업자의 직업수행의 자유를 침해하지 않는다.

① ㄱ, ㄹ, ㅁ
② ㄱ, ㄹ, ㅂ
③ ㄴ, ㄷ, ㅁ
④ ㄴ, ㄷ, ㅂ

04 통신의 자유에 대한 설명으로 옳지 않은 것은? (다툼이 있는 경우 판례에 의함)

① 검사 또는 사법경찰관이 수사를 위하여 필요한 경우에 전기통신사업자에게 위치정보추적자료의 열람이나 제출을 요청할 수 있도록 하는 규정은 수사기관에 수사대상자의 민감한 개인정보인 위치정보추적자료 제공을 허용하여 수사대상자의 기본권을 과도하게 제한하면서도 절차적 통제가 제대로 이루어지고 있지 않으므로 개인정보자기결정권을 침해한다.

② 수사기관이 전기통신사업자에게 통신사실 확인자료 제공을 요청함에 있어 관할 지방법원 또는 지원의 허가를 받도록 규정하고 있는 「통신비밀보호법」 규정은 영장주의에 위배되지 아니한다.

③ 온라인서비스제공자가 자신이 관리하는 정보통신망에서 아동·청소년이용음란물을 발견하기 위하여 대통령령으로 정하는 조치를 취하지 아니하거나 발견된 아동·청소년이용음란물을 즉시 삭제하고, 전송을 방지 또는 중단하는 기술적인 조치를 취하지 아니한 경우 처벌하는 「아동·청소년의 성보호에 관한 법률」 규정은 통신의 비밀과 표현의 자유를 침해한다

④ 인터넷회선 감청은 서버에 저장된 정보가 아니라, 인터넷상에서 발신되어 수신되기까지의 과정 중에 수집되는 정보, 즉 전송 중인 정보의 수집을 위한 수사이므로, 압수·수색에 해당되지 않는다.

05 국회의 위원회에 대한 설명으로 옳은 것은?

① 상임위원회의 위원 정수(定數)는 「국회법」으로 정한다. 다만, 정보위원회의 위원 정수는 12명으로 한다.

② 예산결산특별위원회는 예산의 심의·확정이 이루어지는 정기국회 회기동안 한시적으로 설치된다.

③ 전원위원회는 본회의와 달리 의안을 최종 확정하지 못하고 다만 수정안을 제출할 수 있다.

④ 위원회는 중요한 안건 또는 전문지식을 요하는 안건을 심사하기 위하여 청문회를 열어 이해관계자 또는 학식·경험 있는 자 등으로부터 의견을 들을 수 있지만, 진술인의 출석을 강제하지는 못한다.

06 평등권 또는 평등원칙에 대한 설명으로 옳지 않은 것은? (다툼이 있는 경우 헌법재판소 결정에 의함)

① 대한민국 국민인 남자에 한하여 병역의무를 부과하는 「병역법」 조항은 우리 헌법이 특별히 명시적으로 차별을 금지하는 사유인 '성별'을 기준으로 병역의무를 부과하므로 이 조항이 평등권을 침해하는지 여부에 대해서는 자의금지원칙이 아닌 비례성원칙에 따른 심사를 하여야 한다.

② 중혼의 취소청구권자로 직계존속과 4촌 이내의 방계혈족을 규정하면서도 직계비속을 제외하는 「민법」 규정에 대한 평등원칙 위반 여부는 자의금지 원칙 위반 여부의 심사로 족하다.

③ 경유차 소유자로부터 환경개선부담금을 부과·징수하도록 정한 「환경개선비용 부담법」 제9조 제1항은 평등원칙에 위배되지 않는다.

④ 득표율에 따라 기탁금 반환 금액을 차등적으로 정한 「공직선거법」 제57조 제1항 제1호 중 '지방자치단체의 장 선거'에 관한 부분으로서 가목 가운데 '유효투표총수의 100분의 15 이상을 득표한 경우'에 관한 부분 및 나목은 '유효투표총수의 100분의 10'에 미치지 못하는 득표율을 얻은 청구인의 평등권을 침해한다고 볼 수 없다.

07 대통령의 국민투표부의권에 대한 설명으로 옳은 것은? (다툼이 있는 경우 판례에 의함)

① 헌법 제72조는 대통령에게 국민투표의 실시 여부, 시기, 구체적 부의사항, 설문내용 등을 결정할 수 있는 임의적인 국민투표발의권을 독점적으로 부여하고 있다.

② 대통령은 헌법상 국민에게 자신에 대한 신임을 국민투표의 형식으로 물을 수 없으나, 특정 정책을 국민투표에 붙이면서 이에 자신의 신임을 결부시키는 대통령의 행위는 헌법적으로 허용될 수 있다.

③ 국민투표의 가능성은 헌법에 명문으로 규정되어 있지 않다고 하더라도 국민주권주의나 민주주의원칙과 같은 일반적인 헌법원칙에 근거하여 인정될 수 있다.

④ 대통령이 재신임 국민투표를 제안한 것은 그 자체로서 헌법을 실현하고 수호해야 할 대통령의 의무를 위반한 것이 아니다.

08 청원권에 대한 설명으로 옳지 않은 것은? (다툼이 있는 경우 헌법재판소 결정에 의함)

① 국회에 청원을 할 때 의원의 소개를 얻어 청원서를 제출하도록 한 것은 국회에 청원을 하려는 자의 청원권을 침해하지 아니한다.

② 청원에 대하여 국가기관이 수리·심사하여 그 결과를 청원인에게 통지하였다고 하더라도, 그 결과가 청원인의 기대에 미치지 못한다면 헌법소원의 대상이 되는 공권력의 불행사에 해당한다.

③ 우리 헌법 제26조에서 "모든 국민은 법률이 정하는 바에 의하여 국가기관에 문서로 청원할 권리를 가진다. 국가는 청원에 대하여 심사할 의무를 진다."라고 하여 청원권을 기본권으로 보장하고 있으므로 국민은 여러 가지 이해관계 또는 국정에 관하여 자신의 의견이나 희망을 해당 기관에 직접 진술하는 외에 그 본인을 대리하거나 중개하는 제3자를 통해 진술하더라도 이는 청원권으로서 보호된다.

④ 청원권 행사를 위한 청원사항이나 청원방식, 청원절차 등에 관해서는 입법자가 그 내용을 자유롭게 형성할 재량권을 가지고 있으므로 공무원이 취급하는 사건 또는 사무에 관한 사항의 청탁에 관해 금품을 수수하는 등의 행위를 청원권의 내용으로서 보장할지 여부에 대해서도 입법자에게 폭넓은 재량권이 주어져 있다.

09 국회의 법률제정절차에 대한 설명으로 옳은 것은?

① 국회의원과 정부는 법률안을 제출할 수 있으며, 정부의 법률안 제출권은 미국의 대통령제 정부형태의 요소이다.

② 법률안에 대한 수정동의는 그 안을 갖추고 이유를 붙여 20명 이상의 찬성의원과 연서하여 미리 원장에게 제출하여야 한다.

③ 대통령은 법률안의 일부에 대하여 또는 법률안을 수정하여 재의를 요구할 수 있다.

④ 법률안에 대한 재의의 요구가 있을 때에는 국회는 재의에 붙이고, 재적의원과반수의 출석과 출석의원 3분의 2 이상의 찬성으로 전과 같은 의결을 하면 그 법률안은 법률로서 확정된다.

10 재판청구권에 대한 설명으로 옳지 않은 것은? (다툼이 있는 경우 판례에 의함)

① 입법자가 행정심판을 전심절차가 아니라 종심절차로 규정할 경우 이는 헌법 제107조 제3항에 위반될 뿐 아니라 재판청구권을 보장하고 있는 헌법 제27조에도 위반된다.

② 법무부가 내린 변호사에 대한 징계결정에 대하어 불복이 있는 경우 그 결정이 법령에 위반된 것을 이유로 하는 경우에만 대법원에 즉시항고할 수 있도록 하는 법률조항은 재판청구권을 침해한다.

③ 공시송달의 방법으로 기일통지서를 송달받은 당사자가 변론기일에 출석하지 아니한 경우 자백간주 규정을 준용하지 않는 「민사소송법」 규정은 상대방의 효율적이고 공정한 재판을 받을 권리를 침해한다.

④ 형사재판에서 법원이 형의 선고를 하는 때에는 피고인에게 소송비용의 전부 또는 일부를 부담하게 하여야 한다고 규정한 「형사소송법」 조항은 피고인의 방어권 남용을 방지하는 측면이 있고, 법원은 피고인의 방어권 행사의 적정성, 경제적 능력 등을 종합적으로 고려하여 피고인에 대한 소송비용 부담 여부 및 그 정도를 재량으로 정함으로써 사법제도의 적절한 운영을 도모할 수 있다는 점에서 피고인의 재판청구권을 침해하지 아니한다.

11 다음 중 헌법재판소가 과잉금지원칙에 위반된다고 한 것은? (다툼이 있는 경우 판례에 의함)

① 의료인의 중복운영 허용 여부는 입법정책적인 문제이나 1인의 의료인에 대하여 운영할 수 있는 의료기관의 수를 제한하는 입법자의 판단은 그 목적에 비해 입법자에게 부여된 입법재량을 명백히 일탈하였다.

② 출정시 청구인이 교도관과 동행하면서 교도관이 청구인에게 재판시작 전까지 행정법정 방청석에서 보호장비를 착용하도록 한 것은 과잉금지원칙에 위배된다.

③ 「공직선거법」을 위반하여 기부 물품 등을 받은 사람에 대하여 그 기부행위가 이루어진 경위와 방식, 기부행위자와 위반자와의 관계 등을 고려하지 않고 그 기부 물품 등 가액의 50배에 상당하는 과태료를 부과하는 구 「공직선거법」 조항은 구체적 위반행위의 책임 정도에 상응한 제재라고 할 수 없어 과잉금지원칙에 위반된다.

④ 택시운전자격을 취득한 사람이 강제추행 등 성범죄를 범하여 금고 이상의 형의 집행유예를 선고받은 경우 그 자격을 취소하도록 규정한 「여객자동차 운수사업법」 관련 조항은 과잉금지원칙에 위배되어 직업의 자유를 침해한다.

12 대통령의 사면권 행사에 대한 설명으로 옳지 않은 것은? (다툼이 있는 경우 판례에 의함)

① 사면은 형의 선고의 효력 또는 공소권을 상실시키거나, 형의 집행을 면제시키는 국가원수의 고유한 권한이며, 사법부의 판단을 변경하는 제도로서 권력분립의 원리에 대한 예외가 된다. 넓은 의미로는 일반사면, 특별사면 외에 감형과 복권까지 포함한다.

② 일반사면은 일정한 종류의 죄를 범한 자를 대상으로, 형의 선고의 효력을 상실케 하거나 형의 선고를 받지 않은 자에 대하여 공소권을 소멸시키는 것으로서, 국회의 동의를 얻어 대통령령으로 행한다.

③ 특별사면은 형의 선고를 받은 자를 대상으로, 형의 집행을 면제시키거나 이후의 형의 선고의 효력을 상실케 하는 것으로서 법무부장관의 상신을 받아 대통령이 행한다.

④ 특별사면으로 유죄판결의 선고가 그 효력을 상실하게 되었다면 이미 재심청구의 대상이 존재하지 아니하여 그러한 판결이 유효하게 존재함을 전제로 하는 재심청구는 부적법하다.

13 기본권 경합과 충돌에 대한 설명으로 옳지 않은 것은? (다툼이 있는 경우 판례에 의함)

① 공무담임권과 직업의 자유가 경합하는 경우 특별기본권인 직업의 자유의 침해 여부만 심사하면 된다.

② 혐연권은 흡연권보다 상위의 기본권이라 할 수 있고, 이처럼 상하의 위계질서가 있는 기본권끼리 충돌하는 경우에는 상위 기본권 우선원칙이 적용되므로 결국 흡연권은 혐연권을 침해하지 않는 한 인정된다.

③ 어떤 법령이 직업의 자유와 행복추구권 양자를 제한하는 외관을 띠는 경우 두 기본권의 경합 문제가 발생하는데, 보호영역으로서 '직업'이 문제될 때 직업의 자유는 행복추구권과의 관계에서 특별기본권의 지위를 가지므로, 행복추구권의 침해 여부에 대한 심사는 배제된다.

④ 반론권과 보도기관의 언론의 자유가 충돌하는 경우에는 헌법의 통일성을 유지하기 위하여 기본권 모두가 최대한으로 그 기능과 효력을 발휘할 수 있도록 하는 조화로운 방법이 모색되어야 한다.

14 위헌법률심판 또는 헌법소원에 대한 설명으로 옳지 않은 것은? (다툼이 있는 경우 헌법재판소 결정에 의함)

① 재판의 전제성 구비 여부에 대하여 재판의 전제와 관련된 법원의 법률적 견해가 유지될 수 없는 것으로 보이면 헌법재판소가 직권으로 조사할 수도 있다.

② 제청법원이 주위적 공소사실이 무죄로 선고될 가능성이 높다는 이유로 예비적 공소사실에 적용될 법률조항의 가능성을 인정하여 위헌제청을 한 경우에는 재판의 전제성을 인정할 수 없다.

③ 행정처분의 주체인 행정청도 헌법의 최고규범력에 따른 구체적 규범통제를 위하여 근거법률의 위헌 여부에 대한 심판의 제청을 신청할 수 있고, 「헌법재판소법」 제68조 제2항의 헌법소원을 제기할 수 있다.

④ 「헌법재판소법」 제68조 제2항의 헌법소원은 법률의 위헌 여부심판의 제청신청을 하여 그 신청이 기각된 때에만 청구할 수 있는 것이므로, 청구인이 특정 법률조항에 대한 위헌 여부심판의 제청신청을 하지 않았고 따라서 법원의 기각결정도 없었다면 그 부분 심판청구는 심판청구요건을 갖추지 못하여 부적법하다.

15 진술거부권에 대한 설명으로 옳지 않은 것은? (다툼이 있는 경우 헌법재판소 결정에 의함)

① 헌법 제12조 제2항은 "모든 국민은 고문을 받지 아니하며, 형사상 자기에게 불리한 진술을 강요당하지 아니한다."라고 규정하여 형사책임에 관하여 자신에게 불이익한 진술을 강요당하지 아니할 것을 국민의 기본권으로 보장하고 있다.

② 「민사집행법」상 재산명시의무를 위반한 채무자에 대하여 법원이 결정으로 20일 이내의 감치에 처하도록 규정한 「민사집행법」 제68조 제1항은 진술거부권을 침해하지 아니한다.

③ 진술거부권은 형사절차뿐만 아니라 행정절차나 국회에서의 조사절차 등에서도 보장되며, 현재 피의자나 피고인으로서 수사 또는 공판절차에 계속중인 자뿐만 아니라 장차 피의자나 피고인이 될 자에게도 보장된다.

④ 정치자금을 받고 지출하는 행위는 당사자가 직접 경험한 사실에 해당하지만, 이를 문자로 기재하도록 하는 것은 당사자가 자신의 경험을 말로 표출한 것의 등가물로 평가할 수는 없으므로, 이러한 기재행위가 '진술'의 범위에 포함된다고 볼 수 없다.

16 사생활의 비밀과 자유에 대한 설명으로 옳지 않은 것은? (다툼이 있는 경우 헌법재판소 결정 및 통설에 의함)

① 인터넷 회선 감청은, 인터넷 회선을 통하여 흐르는 전기신호 형태의 '패킷'을 중간에 확보한 다음 재조합 기술을 거쳐 그 내용을 파악하는 이른바 '패킷감청'의 방식으로 이루어지므로, 이는 사생활의 비밀과 자유가 제한되는 것이라고 할 수 있다.

② 변호사에게 전년도에 처리한 수임사건의 건수 및 수임액을 소속 지방변호사회에 보고하도록 규정하고 있는 구 「변호사법」 규정은 헌법상 필요한 부분을 넘어 사생활 비밀의 자유를 과도하게 침해한다.

③ 인터넷언론사의 공개된 게시판·대화방에서 스스로의 의사에 의하여 정당·후보자에 대한 지지·반대의 글을 게시하는 행위는 양심의 자유나 사생활 비밀의 자유에 의하여 보호되는 영역이라고 할 수 없다.

④ 공직선거에 후보자로 등록하고자 하는 자가 제출하여야 하는 금고 이상의 형의 범죄경력에 실효된 형을 포함시키고 있는 「공직선거법」 제49조 제4항 제5호가 과잉금지원칙에 위배하여 사생활의 비밀과 자유를 침해한다고 볼 수 없다.

17 우리나라 헌정사에 대한 설명으로 옳지 않은 것은?

① 우리나라 역대헌법에서 명시적인 헌법개정금지조항을 둔 적은 있으나, 현행헌법에는 명시적인 헌법개정금지조항이 없다는 것이 일반적인 견해이다.

② 1948년 건국헌법은 헌법수호기구로서 위헌법률심사권을 가진 헌법위원회와 탄핵심판을 담당하는 탄핵재판소를 규정하였다.

③ 1954년 제2차 개정헌법에 의하면 중앙선거관리위원회가 헌법기관으로 처음 규정되었다.

④ 1962년 제5차 개정헌법은 인간으로서의 존엄과 가치조항을 신설하고, 위헌법률심사권을 법원의 권한으로 하였다.

18 대통령에 대한 설명으로 옳지 않은 것은? (다툼이 있는 경우 판례에 의함)

① 대통령권한대행이 대통령지정기록물의 보호기간을 지정하는 행위 자체는 국가기관 사이의 행위로서 국민을 상대로 행하는 직접적 공권력작용에 해당한다고 보기는 어렵다.

② 대통령의 긴급재정경제명령은 비록 고도의 정치적 결단에 의하여 행해지는 국가작용이라고 할지라도, 그것이 국민의 기본권 침해와 직접 관련되는 경우에는 헌법재판소의 심판대상이 될 수 있다.

③ 대통령이 국회의 임시회의 집회를 요구할 때에는 기간과 집회요구의 이유를 명시하여야 한다.

④ 헌법은 대통령이 사고로 인하여 직무를 수행할 수 없을 때 대통령 권한대행 개시 및 기간에 관한 결정권을 헌법재판소에 부여하고 있다.

19 국회의 대정부출석요구 및 질문권에 대한 설명으로 옳지 않은 것은?

① 국무총리·국무위원 또는 정부위원은 국회나 그 위원회에 출석하여 국정처리상황을 보고하거나 의견을 진술하고 질문에 응답할 수 있다고 헌법에서 규정하고 있지만, 「국회법」에 따르면 국무총리·국무위원 또는 정부위원이 본회의나 위원회에서 발언하려고 할 때에는 미리 의장 또는 위원장의 허가를 받아야 한다.

② 국회본회의가 국무총리·국무위원 또는 정부위원의 출석을 요구할 때에는 의원 20인 이상이 이유를 명시한 서면에 의한 발의가 있어야 한다.

③ 의원의 대정부질문은 일문일답의 방식으로 하되, 의원 1인당 질문시간은 20분(답변시간 비포함)을 초과할 수 없다.

④ 긴급현안질문이란 국회 회기 중 현안이 되고 있는 중요한 사항을 대상으로 정부에 대하여 질문하는 것으로서, 의원은 10인 이상의 찬성으로 긴급현안질문 발의를 할 수 있다.

20 국회의장과 국회의원 간의 권한쟁의에 관한 심판사건에서 헌법재판소의 결정으로 옳지 않은 것은?

① 국회의 입법과 관련하여 일부 국회의원들의 권한이 침해되었다 하더라도 그것이 다수결의 원칙과 회의공개의 원칙과 같은 입법절차에 관한 헌법의 규정을 명백히 위반한 흠에 해당하는 것이 아니라면 그 법률안의 가결 선포행위를 곧바로 무효로 볼 수 있는 것은 아니다.

② 대의제 민주주의와 정당국가적 민주주의의 이념이 충돌하는 경우 자유위임을 근본으로 하는 대의제 민주주의 원리를 우선시켜야 한다. 따라서 교섭단체대표의원으로부터 당론과 다른 견해를 가진 소속 국회의원인 청구인에 대한 상임위원회 전임(사·보임) 요청을 받은 국회의장이 의사정리권한의 일환으로 그 요청을 받아들인 조치는 청구인의 종전 상임위원회에서의 심의·표결 권한을 침해한 것이다.

③ 권한쟁의심판에서는 처분 또는 부작위를 야기한 기관으로서 법적 책임을 지는 기관만이 피청구인적격을 가진다. 국회부의장은 국회의장의 직무를 대리하여 법률안을 가결선포할 수 있을 뿐 법률안 가결선포행위에 따른 법적 책임을 지는 주체가 될 수 없으므로, 국회의원인 청구인들이 국회부의장을 상대로 법률안 심의·표결권 침해확인 및 가결선포행위의 무효확인을 구하는 권한쟁의심판청구는 부적법하다.

④ 국회의장이 적법한 반대토론 신청이 있었음에도 반대토론을 허가하지 않고 토론절차를 생략하기 위한 의결을 거치지도 않은 채 법률안들에 대한 표결절차를 진행한 것은 국회의원의 법률안 심의·표결권을 침해한 것이다.

21 탄핵제도에 대한 설명으로 옳은 것은?

① 탄핵결정 선고 전에 피청구인이 당해 공직에서 파면된 경우에도 헌법재판소는 심리를 진행하여 탄핵 여부에 대한 결정을 하여야 한다.

② 탄핵심판에 있어서는 국회운영위원회 위원장이 소추위원이 된다.

③ 피청구인에 대한 탄핵심판청구와 동일한 사유로 형사소송이 진행되고 있는 때에는 헌법재판소는 탄핵심판절차를 정지할 수 있다.

④ 탄핵결정에 의하여 파면된 자는 결정선고가 있는 날로부터 3년을 경과하면 공무원이 될 수 있다.

22 일반적 인격권에 대한 설명으로 옳지 않은 것은? (다툼이 있는 경우 판례에 의함)

① 중혼을 혼인취소의 사유로 정하면서 그 취소청구권의 제척기간 또는 소멸사유를 규정하지 않은 「민법」조항은 후혼배우자의 인격권을 침해한다.

② 청소년 성매수 범죄자들은 일반인에 비해서 인격권과 사생활의 비밀의 자유도 그것이 본질적인 부분이 아닌 한 넓게 제한받을 여지가 있다.

③ 민사재판의 당사자로 출석하는 수형자에 대하여 사복착용을 허용하지 않는 「형의 집행 및 수용자의 처우에 관한 법률」 조항은 인격권을 침해하지 않는다.

④ 헌법 제10조로부터 도출되는 일반적 인격권에는 각 개인이 그 삶을 사적으로 형성할 수 있는 자율영역에 대한 보장이 포함되어 있음을 감안할 때, 장래 가족의 구성원이 될 태아의 성별 정보에 대한 접근을 국가로부터 방해받지 않을 부모의 권리는 이와 같은 일반적 인격권에 의하여 보호된다고 보아야 한다.

23 다음 중 가장 옳지 않은 것은?

① 국가인권위원회는 독립성이 보장된 기관이지만 권한쟁의심판을 청구할 당사자능력은 없다.

② 우리 헌법은 감사원의 규칙제정권을 직접 규정하고 있지 않다.

③ 감사원장을 포함한 감사위원의 수는 법률상 9인으로 되어 있으나, 법률개정의 방법으로 11인까지 증원될 수 있다.

④ 국무총리 및 부총리가 모두 사고로 직무를 수행할 수 없는 경우에는, 대통령은 「정부조직법」에 규정된 행정각부의 순서에 관계없이 임의로 특정 국무위원을 지명하여 국무총리의 직무를 대행하게 할 수 있다.

24 다음 사례와 관련된 헌법재판소 결정으로 옳지 않은 것은?

> 「국민건강증진법」이 제정된 1995년부터 일부 공중이용시설에 금연구역 설치가 의무화되었고, 2002년부터 영업장 넓이 150제곱미터 이상인 일반음식점영업소도 금연구역 설치 의무 대상으로 지정되었다. 그런데 2011년에 개정된 「국민건강증진법」은 금연구역으로 지정하여야 하는 일반음식점영업소의 범위를 보건복지부령에 위임하였고, 이에 따라 개정된 「국민건강증진법 시행규칙」은 금연구역 대상 일반음식점영업소를 단계적으로 확대하여 2015.1.1.부터 모든 영업소를 금연구역 대상으로 정하였다.
> 甲은 2015.6.16. 영업장 넓이 약 78제곱미터인 일반음식점영업소를 개업하였다. 甲은 2015.8.4. 일반음식점영업소를 금연구역으로 지정하여 운영하도록 한 「국민건강증진법」과 그 시행규칙이 甲의 직업수행의 자유, 재산권, 행복추구권을 침해한다고 주장하면서, 그 위헌확인을 구하는 이 사건 헌법소원심판을 청구하였다.

① 심판대상조항은 음식점 시설과 그 내부 장비 등을 철거하거나 변경하도록 강제하는 내용이 아니므로, 이로 인하여 청구인의 음식점 시설 등에 대한 권리가 제한되어 재산권이 침해되는 것은 아니다.

② 국민의 생명·신체의 안전이 질병 등으로부터 위협받거나 받게 될 우려가 있는 경우 국가는 그 위험의 원인과 정도에 따라 사회·경제적인 여건 및 재정사정 등을 감안하여 국민의 생명·신체의 안전을 보호하기에 필요한 적절하고 효율적인 입법·행정상의 조치를 취하여 그 침해의 위험을 방지하고 이를 유지할 포괄적인 의무를 진다.

③ 오랜 기간에 걸쳐 확고하게 형성되거나 획득된 고객관계, 입지조건, 영업상 비결, 신용, 영업능력, 사업연락망 등을 포함하는 영업권을 제한하는 것은 사실이지만 영업권을 침해하는 정도는 아니다.

④ 음식점 시설 전체를 금연구역으로 지정함으로써 음식점 영업자가 입게 될 불이익보다 간접흡연을 차단하여 이로 인한 폐해를 예방하고 국민의 생명·신체를 보호하고자 하는 공익이 더욱 큰 이상, 심판대상조항은 직업수행의 자유를 침해한다고 할 수 없다.

25 국회의원 자격의 취득 및 상실 등에 대한 설명으로 옳지 않은 것은? (다툼이 있는 경우 헌법재판소 결정에 의함)

① 비례대표국회의원 의석을 할당받기 위해서는 정당투표에서 유효투표총수의 100분의 3 이상을 득표하였거나 지역구국회의원총선거에서 5석 이상의 의석을 차지하여야 한다.

② 비례대표국회의원에 당선된 자가 선거범죄로 인하여 당선무효되어 궐원이 발생한 경우 의석의 승계를 금지하는 것은 대의민주주의원리와 자기책임원리에 반하고, 차순위후보자의 공무담임권을 침해하여 위헌이다.

③ 징계로 제명된 자는 국회의원의 자격을 상실할 뿐 아니라, 그로 인하여 궐원된 의원의 보궐선거에 있어서는 후보자가 될 수 없다.

④ 국회의원지역선거구의 공정한 획정을 위하여 임기만료에 따른 국회의원선거의 선거일 전 1년 전부터 해당 국회의원선거에 적용되는 국회의원지역선거구의 명칭과 그 구역이 확정되어 효력을 발생하는 날까지 국회의원선거구획정위원회를 설치·운영한다.

04회 실전동형모의고사
모바일 자동 채점 + 성적 분석 서비스
바로 가기 (gosi.Hackers.com)

QR코드를 이용하여 해커스공무원의 '모바일 자동 채점 + 성적 분석 서비스'로 바로 접속하세요!

※ 해커스공무원 사이트의 가입자에 한해 이용 가능합니다.

04회 Review

문항	정답	문제 키워드	출제 유형	난이도	문항	정답	문제 키워드	출제 유형	난이도
01	④	법익의 균형성	이론/판례/조문	●●○	14	②	위헌법률심판, 헌법소원	이론/판례/조문	●●○
02	③	공직자의 선출·임명방식	이론/판례/조문	●●○	15	④	진술거부권	이론/판례/조문	●●○
03	②	직업의 자유	이론/판례/조문	●●○	16	②	사생활의 비밀과 자유	이론/판례/조문	●●○
04	③	통신의 자유	이론/판례/조문	●●○	17	③	헌정사	이론/판례/조문	●○○
05	③	국회의 위원회	이론/판례/조문	●●○	18	④	대통령	이론/판례/조문	●●○
06	①	평등권, 평등원칙	이론/판례/조문	●●○	19	④	국회의 대정부출석요구·질문권	이론/판례/조문	●●○
07	①	국민투표부의권	이론/판례/조문	●●○	20	②	권한쟁의심판	이론/판례/조문	●●●
08	②	청원권	이론/판례/조문	●●○	21	③	탄핵심판	이론/판례/조문	●○○
09	④	국회의 법률제정절차	이론/판례/조문	●●○	22	①	인격권	이론/판례/조문	●●○
10	③	재판청구권	이론/판례/조문	●●○	23	③	행정부	이론/판례/조문	●●○
11	③	과잉금지원칙	이론/판례/조문	●●●	24	③	기본권의 침해	이론/판례/조문	●●○
12	④	사면권	이론/판례/조문	●●○	25	④	국회의원 자격의 취득·상실	이론/판례/조문	●●○
13	①	기본권의 경합과 충돌	이론/판례/조문	●●○					

[출제 유형 & 난이도] 각 문항별 출제 유형(이론/판례/조문)과 난이도를 수록하였으니, 본인이 취약한 유형이나 고난도 문제만 풀어보는 등 학습 상황에 알맞게 활용하시기 바랍니다.

핵심지문 OX
04회 실전동형모의고사에서 꼭 되짚어야 할 핵심지문을 다시 확인해보시기 바랍니다.

01 민주화보상법이 보상금 등 산정에 있어 정신적 손해에 대한 배상을 전혀 반영하지 않고 있으므로, 이와 무관한 보상금 등을 지급한 다음 정신적 손해에 대한 배상청구마저 금지하는 것은 법익의 균형성에 위반된다. (   )
02 인터넷회선 감청은 서버에 저장된 정보가 아니라, 인터넷상에서 발신되어 수신되기까지의 과정 중에 수집되는 정보, 즉 전송 중인 정보의 수집을 위한 수사이므로, 압수·수색에 해당되지 않는다. (   )
03 청원에 대하여 국가기관이 수리·심사하여 그 결과를 청원인에게 통지하였다고 하더라도, 그 결과가 청원인의 기대에 미치지 못한다면 헌법소원의 대상이 되는 공권력의 불행사에 해당한다. (   )
04 특별사면으로 유죄판결의 선고가 그 효력을 상실하게 되었다면 이미 재심청구의 대상이 존재하지 아니하여 그러한 판결이 유효하게 존재함을 전제로 하는 재심청구는 부적법하다. (   )
05 재판의 전제성 구비 여부에 대하여 재판의 전제와 관련된 법원의 법률적 견해가 유지될 수 없는 것으로 보이면 헌법재판소가 직권으로 조사할 수도 있다. (   )
06 탄핵심판에 있어서는 국회운영위원회 위원장이 소추위원이 된다. (   )
07 감사원장을 포함한 감사위원의 수는 법률상 9인으로 되어 있으나, 법률개정의 방법으로 11인까지 증원될 수 있다. (   )

[정답] 01 ○ 02 ○ 03 × 청원인의 기대에 미치지 못한다 하더라도 공권력의 불행사에 해당하지 않는다. 04 × 재심청구의 대상이 될 수 있다. 05 ○ 06 × 국회 법제사법위원회의 위원장이 소추위원이 된다. 07 × 감사원장을 포함한 7명의 감사위원으로 구성한다.

05회 실전동형모의고사

제한시간: 20분 | 시작 시 분 ~ 종료 시 분 | 점수 확인 | 개/ 25개

01 일반적 행동자유권에 대한 설명으로 옳지 않은 것은? (다툼이 있는 경우 판례에 의함)

① 일반적 행동자유권은 가치 있는 행동만 그 보호영역으로 하는 것은 아니고, 개인의 생활방식과 취미에 관한 사항, 위험한 스포츠를 즐길 권리와 같은 위험한 생활방식으로 살아갈 권리도 포함하므로, 술에 취한 상태로 도로 외의 곳에서 운전하는 것을 금지하고 위반시 처벌하는 것은 일반적 행동의 자유를 제한한다.

② 일반적 행동자유권의 보호대상으로서 행동이란 국가가 간섭하지 않으면 자유롭게 할 수 있는 행위를 의미하므로 병역의무 이행으로서 현역병 복무도 국가가 간섭하지 않으면 자유롭게 할 수 있는 행위에 속한다는 점에서, 현역병으로 복무할 권리도 일반적 행동자유권에 포함된다.

③ 무면허의료행위라 할지라도 지속적인 소득활동이 아니라 취미, 일시적 활동 또는 무상의 봉사활동으로 삼는 경우에는 일반적 행동자유권의 보호영역에 포함된다.

④ 경찰버스들로 서울광장을 둘러싸 일반시민들의 통행을 제지한 행위는 과잉금지원칙을 위반하여 청구인들의 일반적 행동자유권을 침해한 것으로서 위헌이다.

02 「국회법」에 대한 설명으로 옳은 것은? (다툼이 있는 경우 판례에 의함)

① 국회의원이 예산 또는 기금상 조치를 수반하는 의안을 발의 또는 제안하는 경우 그 의안의 시행에 수반될 것으로 예상되는 비용에 대한 추계서와 이에 상응하는 재원조달방안에 관한 자료를 의안에 첨부하여야 한다.

② 교섭단체 소속 국회의원만 국회 정보위원회 위원이 될 수 있도록 한 「국회법」 조항에 대한 무소속 국회의원의 헌법소원심판청구는 부적법하다.

③ 안건이 위원회를 통과하여 본회의에 회부되면 다시 위원회로 회부될 수 없다.

④ 상임위원회의 위원장은 국회 본회의에서 선거로 선출하지만, 예산결산특별위원회를 비롯한 모든 특별위원회의 위원장은 위원회에서 호선하고 본회의에 보고한다.

03 교육을 받을 권리에 대한 설명으로 옳지 않은 것은? (다툼이 있는 경우 헌법재판소 및 대법원 판례와 통설에 의함)

① 2년제 전문대학의 졸업자에게만 대학·산업대학 또는 원격대학의 편입학 자격을 부여하고, 3년제 전문대학의 2년 이상 과정 이수자에게는 편입학 자격을 부여하지 않는 것은 교육을 받을 권리를 침해하지 않는다.

② 최대 2점의 가산점을 부여하도록 한 서울대학교 '2022학년도 대학 신입학생 정시모집 안내' 부분은 교육받을 권리를 침해하지 않는다.

③ 교육을 받을 권리의 내용과 관련하여 헌법재판소는 실질적인 평등교육을 실현해야 할 국가의 적극적인 의무가 인정된다고 하여 이로부터 국민이 직접 실질적 평등교육을 위한 교육비를 청구할 권리가 도출된다고 볼 수 없다고 판시하였다.

④ 검정고시로 고등학교 졸업학력을 취득한 사람들의 수시모집 지원을 제한하는 내용의 국립교육대학교의 2017학년도 신입생 수시모집 입시요강은, 일반 고등학교 졸업자와의 합리적인 차별에 해당하므로 검정고시 출신자의 교육을 받을 권리를 침해하지 아니한다.

04 신체의 자유 및 피의자·피고인의 권리에 대한 설명으로 적절한 것은? (다툼이 있는 경우 판례에 의함)

① 범죄의 피의자로 입건된 사람이 경찰공무원이나 검사의 신문을 받으면서 자신의 신원을 밝히지 않고 지문채취에 불응하는 경우 형사처벌을 부과하는 것은, 수사기관이 직접 물리적 강제력을 행사하여 피의자에게 강제로 지문을 찍도록 하는 것을 허용하는 것과 질적인 차이가 없으므로 영장주의에 위배된다.

② 형사재판에 계속 중인 사람에 대하여 출국을 금지할 수 있다고 규정한 「출입국관리법」 조항에 따른 법무부장관의 출국금지결정은 영장주의가 적용되는 신체에 대하여 직접적으로 물리적 강제력을 수반하는 강제처분이다.

③ 변호인의 조력을 받을 권리에는 피고인이 변호인을 통하여 수사서류를 포함한 소송관계 서류를 열람·등사하고 이에 대한 검토 결과를 토대로 공격과 방어의 준비를 할 수 있는 권리도 포함된다고 보아야 한다.

④ 특별검사가 참고인에게 지정된 장소까지 동행할 것을 명령할 수 있게 하고 참고인이 정당한 이유 없이 위 동행명령을 거부한 경우 천만원 이하의 벌금형에 처하도록 규정한 동행명령조항은 참고인의 신체의 자유를 침해하지 않는다.

05 적법절차의 원리에 대한 설명으로 옳지 않은 것은? (다툼이 있는 경우 헌법재판소 결정에 의함)

① 누구든지 법률에 의하지 아니하고는 체포·구속·압수·수색 또는 심문을 받지 아니하며, 법률과 적법한 절차에 의하지 아니하고는 처벌·보안처분 또는 강제노역을 받지 아니한다.

② 체포·구속·압수 또는 수색을 할 때에는 적법한 절차에 따라 검사의 신청에 의하여 법관이 발부한 영장을 제시하여야 한다.

③ 적법절차원칙은 법률이 정한 형식적 절차와 실체적 내용이 모두 합리성과 정당성을 갖춘 적정한 것이어야 한다는 실질적 의미를 지니고 있으며, 형사소송절차와 관련하여서는 형사소송절차의 전반을 기본권 보장의 측면에서 규율하여야 한다는 기본원리를 천명하고 있는 것으로 이해된다.

④ 국가기관이 국민에 대하여 공권력을 행사할 때 준수하여야 하는 법원칙으로 형성된 적법절차의 원칙은 국가기관에 대하여 헌법을 수호하고자 하는 탄핵소추절차 또한 직접 적용할 수 있는 것이다.

06 국회의 법률제정에 대한 설명으로 옳지 않은 것은?

① 중요한 법률안으로서 재적의원 5분의 1 이상의 요구가 있는 때에는 기명·호명 또는 무기명투표로 표결하지만 대통령으로부터 환부된 법률안은 무기명투표로 표결한다.

② 현행법상 국회의원은 10인 이상의 찬성으로 법률안을 제출할 수 있으나, 입법권은 국회에 속하므로 국회가 스스로 국회의원은 3인 이상의 찬성으로 법률안을 제출할 수 있다고 법률을 개정하더라도 헌법에 위반되지 않는다.

③ 법률안에 대한 수정동의는 국회의원 30인 이상의 찬성을 요하지만 예산상의 조치를 수반하는 법률안에 대한 수정동의는 국회의원 50인 이상의 찬성을 요한다.

④ 국회는 위원회의 심사를 거치거나 위원회가 제안한 의안 중 정부조직에 관한 법률안, 조세 또는 국민에게 부담을 주는 법률안 등 주요의안의 본회의 상정 전이나 본회의 상정 후에 재적의원 4분의 1 이상의 요구가 있는 때에는 그 심사를 위하여 국회의원 전원으로 구성되는 전원위원회를 개회할 수 있다.

07 주민조례발안에 관한 법률의 내용으로 옳지 않은 것은?

① 영주(永住)할 수 있는 체류자격 취득일 후 3년이 지난 외국인으로서 해당 지방자치단체의 외국인등록대장에 올라 있는 18세 이상의 주민인 사람은 조례를 제정하거나 개정 또는 폐지할 것을 청구할 수 있다.

② 지방자치단체는 청구권자가 전자적 방식을 통하여 주민조례청구를 할 수 있도록 행정안전부장관이 정하는 바에 따라 정보시스템을 구축·운영하여야 한다.

③ 지방의회는 주민청구조례안이 수리된 날부터 1년 이내에 주민청구조례안을 의결하여야 한다. 다만, 필요한 경우에는 본회의 의결로 1년 이내의 범위에서 한 차례만 그 기간을 연장할 수 있다.

④ 주민청구조례안은 주민청구조례안을 수리한 당시의 지방의회의원의 임기가 끝날 때까지 의결되지 못한 경우에는 폐기된다.

08 행정부에 대한 설명으로 옳지 않은 것은? (다툼이 있는 경우 판례에 의함)

① 대통령이 해외순방으로 국무회의에 참석하지 못하여 국무총리가 주재한 국무회의에서 이루어진 정당해산 심판청구서 제출안에 대한 의결은 위법하지 아니하다.

② 국무회의는 구성원 과반수의 출석으로 개의하고, 출석구성원 3분의 2 이상의 찬성으로 의결한다.

③ 대통령이 발의하는 헌법개정안에 대하여는 국무회의의 심의를 거쳐야 한다.

④ 국무총리가 사고로 직무를 수행할 수 없는 경우 대통령의 지명이 있으면 그 지명을 받은 국무위원이, 지명이 없는 경우에는 부총리가 그 직무를 대행한다.

09 평등권에 대한 설명으로 옳은 것은? (다툼이 있는 경우 판례에 의함)

① 대통령선거 및 지역구국회의원선거의 예비후보자들과 달리 광역자치단체장선거의 예비후보자를 후원회지정권자에서 제외하고 있는 것은 광역자치단체장선거 예비후보자의 평등권을 침해하지 않는다.

② 행정관서요원으로 근무한 공익근무요원과는 달리 국제협력요원으로 근무한 공익근무요원을 국가유공자법에 의한 보상에서 제외한 구 「병역법」 제75조 제2항은 평등권을 침해하는 위헌적 규정에 해당한다.

③ 치과전문의 자격 인정 요건으로 '외국의 의료기관에서 치과의사전문의 과정을 이수한 사람'을 포함하지 아니한 것은 외국의 의료기관에서 레지던트 등 소정의 치과전문의 과정을 이수한 자를 자의적으로 차별함으로써 평등권을 침해한다.

④ 전문과목을 표시한 치과의원은 그 표시한 전문과목에 해당하는 환자만을 진료하여야 한다고 규정한 것은 치과전문의를 의사전문의와 한의사전문의에 비하여 합리적 이유 없이 차별하는 것이 아니므로 헌법에 위배되지 않는다.

10 헌법소원의 대상에 대한 설명으로 중 옳지 않은 것은?

① 질병관리본부 등에서 코로나바이러스감염증-19 감염을 예방한다는 이유로 공공장소에서 마스크 착용을 과도하게 권고한 행위는 헌법소원의 대상인 공권력의 행사라고 할 수 없다.

② 공정거래위원회의 심사불개시결정은 공권력 행사에 해당한다.

③ 감사원의 국민감사청구에 대한 기각결정은 공권력주체의 고권적 처분이라는 점에서 헌법소원의 대상이 될 수 있는 공권력행사라고 볼 수 있고 따라서 헌법소원의 대상이 된다.

④ 피해자와 피의자는 검사의 불기소처분 등에 대해서 법원에 재정신청을 할 수 있게 되어 보충성의 원칙에 따라 헌법소원을 제기할 수 없게 되었다.

11 생명권에 대한 설명으로 옳은 것은? (다툼이 있는 경우 판례에 의함)

① 임신·출산·육아는 여성의 삶에 근본적이고 결정적인 영향을 미칠 수 있는 중요한 문제이므로, 임신한 여성이 임신을 유지 또는 종결할 것인지를 결정하는 것은 스스로 선택한 인생관·사회관을 바탕으로 자신이 처한 신체적·심리적·사회적·경제적 상황에 대한 깊은 고민을 한 결과를 반영하는 전인적 결정이다.

② 「형법」 제269조 제1항은 부녀가 약물 기타 방법으로 낙태한 때에는 1년 이하의 징역 또는 200만원 이하의 벌금에 처하도록 규정하고 있다. 이러한 자기낙태죄 조항의 위헌 여부는 임신한 여성의 자기결정권과 태아의 생명권의 직접적인 충돌이 문제되므로 헌법을 규범 조화적으로 해석하여 사안을 해결하여야 한다.

③ 모든 인간은 헌법상 생명권의 주체가 되며, 형성 중의 생명인 태아에게도 생명에 대한 권리가 인정되어야 한다. 따라서 국가는 헌법 제10조 제2문에 따라 태아의 생명을 보호할 의무가 있고, 생명을 보호하는 입법적 조치를 취함에 있어 인간생명의 발달단계에 따라 그 보호정도나 보호수단을 달리하여서는 아니 된다.

④ 태아가 비록 그 생명의 유지를 위하여 모에게 의존해야 하지만, 그 자체로 모와 별개의 생명체이고 특별한 사정이 없는 한 인간으로 성장할 가능성이 크므로 태아에게도 생명권이 인정되어야 하며, 태아가 독자적 생존능력을 갖추었는지 여부를 그에 대한 낙태 허용의 판단기준으로 삼을 수는 없다.

12 직업선택의 자유에 대한 헌법재판소의 결정 내용으로 옳지 않은 것은?

① 외국의 의사·치과의사·한의사 자격을 가진 자에게 예비시험을 치도록 한 것은 사실상 외국에서 학위를 받은 사람이 국내에서 면허를 받는 길을 봉쇄하는 방향으로 악용될 소지가 있으므로 직업선택의 자유를 침해한다.

② 세무사 자격 보유 변호사로 하여금 세무조정업무를 할 수 없도록 규정한 「법인세법」 제60조 제9항 제3호 및 「소득세법」 제70조 제6항 제3호는 세무사 자격 보유 변호사의 직업선택의 자유를 침해한다.

③ 건전한 한약조제질서를 확립하여 국민의 건강을 보호·증진하고, 국민건강상의 위험을 미리 방지하고자 비교적 안전성과 유효성이 확보된 일정한 처방에 한하여 한의사의 처방전 없이도 조제할 수 있도록 허용하는 것은 정당한 목적달성을 위한 적절한 수단이다.

④ 「법학전문대학원의 인가기준과 정원 등에 관한 법률」조항들은 수급상황에 맞게 법조인력의 배출규모를 조절하여 국가인력을 효율적으로 운용하려는 것으로, 인가주의 및 총입학 정원주의는 이러한 목적을 달성하기 위한 적절한 수단이다. 현재 법학전문대학원 설치인가를 받지 못한 대학이 법학전문대학원을 설치할 수 있는 기회를 영구히 박탈당하는 것은 아니며 학사과정운영을 통해 법학교육의 기회를 유지할 수 있으므로 피해최소성의 원칙에 위배되지도 아니한다.

13 다음은 헌법규정을 열거한 것이다. ㄱ ~ ㅁ에 들어갈 숫자를 올바르게 나열한 것은?

> • 국회에서 의결된 법률안은 정부에 이송되어 (ㄱ)일 이내에 대통령이 공포한다.
> • 법률은 특별한 규정이 없는 한 공포한 날로부터 (ㄴ)일을 경과함으로써 효력을 발생한다.
> • 대통령의 임기가 만료되는 때에는 임기만료 (ㄷ)일 내지 (ㄹ)일 전에 후임자를 선거한다.
> • 제안된 헌법개정안은 대통령이 (ㅁ)일 이상의 기간 이를 공고하여야 한다.

	ㄱ	ㄴ	ㄷ	ㄹ	ㅁ
①	15	20	70	40	20
②	20	10	60	30	20
③	15	20	70	40	20
④	15	15	70	40	30

14 헌법개정에 대한 설명으로 옳지 않은 것은? (다툼이 있는 경우 판례에 의함)

① 관습헌법도 성문헌법의 경우와 동일한 효력을 가지므로 헌법 제130조의 개정방법에 의해서만 개정될 수 있으나, 그것을 지탱하고 있는 국민적 합의성이 소멸되면 관습헌법으로서의 법적 효력을 상실하게 된다.

② 대통령의 임기연장 또는 중임변경을 위한 헌법개정은 그 헌법개정 제안 당시의 대통령에 대하여는 효력이 없다.

③ 헌법개정을 하려면 국회는 헌법개정안이 공고된 날로부터 60일 이내에 기명투표로써 재적의원 3분의 2 이상의 찬성을 얻어야 한다.

④ 현행 헌법상 헌법개정을 하지 않고도 채택할 수 있는 것으로는 국회의원 정수를 300인 이상으로 하는 것, 선거권 행사연령의 인상, 지방자치단체 종류의 결정 및 변경, 대법원장과 대법관이 아닌 법관의 임기변경 등이 있다.

15 법률조항에 대한 위헌결정의 시간적 효력범위에 대한 설명으로 옳은 것은? (다툼이 있는 경우 판례에 의함)

① 위헌결정의 소급효가 인정되는 범위는 실체적인 형벌법규뿐만 아니라 절차법적인 형사소송절차에도 인정되어야 한다.

② 형사실체법 규정에 대한 위헌선언만이 소급효를 가지는 것은 아니며, 「법원조직법」이나 「형사소송법」 등 형사절차법 규정에 대한 위헌선언의 경우에도 소급효가 인정된다.

③ 당사자의 권리구제를 위한 구체적 타당성의 요청이 현저한 반면에 소급효를 인정하여도 법적 안정성을 침해할 우려가 없고 소급효의 부인이 오히려 정의와 형평 등 헌법적 이념에 심히 배치되는 때에는 소급효를 인정할 수 있다.

④ 형벌에 관한 법률 또는 법률의 조항은 소급하여 그 효력을 상실하지만, 해당 법률 또는 법률의 조항에 대하여 종전에 합헌으로 결정한 사건이 있는 경우에는 그 결정이 있는 날로 소급하여 효력을 상실한다.

16 포괄위임입법금지원칙에 대한 설명으로 옳지 않은 것은? (다툼이 있는 경우 판례에 의함)

① 긴급자동차가 그 본래의 긴급한 용도로 운행되고 있는 경우 등 전용차로로의 통행이 예외적으로 허용되는 경우를 대통령령으로 정하도록 위임하는 「도로교통법」 제15조 제3항 단서는 포괄위임금지원칙에 위반되지 않는다.

② '식품접객영업자 등 대통령령으로 정하는 영업자'는 '영업의 위생관리와 질서유지, 국민의 보건위생 증진을 위하여 총리령으로 정하는 사항'을 지켜야 한다고 규정한 구 「식품위생법」 조항은 수범자와 준수사항을 모두 하위법령에 위임하면서도 위임될 내용에 대해 구체화하고 있지 아니하여 그 내용들을 전혀 예측할 수 없게 하고 있으므로, 포괄위임금지원칙에 위반된다.

③ 범죄구성요건에 관하여 하위법령에 위임할 경우 포괄위임금지원칙을 준수하여야 할 것이고, 위임된 내용이 범죄의 구성요건이 됨을 고려하여 위임의 필요성과 예측가능성이라는 기준을 보다 엄격하게 적용하여야 할 것이다.

④ 법률이 자치법적 사항을 정관에 위임한 경우 포괄적인 위임입법의 금지는 원칙적으로 적용된다.

17 헌법재판소 결정 내용으로 옳지 않은 것은?

① 「공직선거법」 제265조의2 제1항 전문 중 '제264조의 규정에 따라 당선이 무효로 된 사람은 제57조와 제122조의2에 따라 반환·보전받은 금액을 반환하여야 하는 부분'이 후보자의 재산권을 침해하는 것은 아니다.

② 재정신청권자를 '고발을 한 후보자와 정당(중앙당에 한함) 및 해당 선거관리위원회'로 제한한 구 「공직선거법」 제273조 제1항이 재판청구권을 침해하는 것은 아니다.

③ 「형법」상의 범죄와 똑같은 구성요건을 규정하면서 법정형만 상향 조정한 「특정범죄 가중처벌 등에 관한 법률」 제5조의4 제1항 중 「형법」 제329조에 관한 부분 등은 평등원칙에 위반된다.

④ 친생부인의 소의 제척기간을 '친생부인의 사유가 있음을 안 날부터 2년 내'로 제한한 「민법」 제847조 제1항이 친자관계를 부인하고자 하는 부(夫)의 가정생활과 신분관계에서 누려야 할 인격권 및 행복추구권을 침해한다.

18 헌법재판에 대한 설명으로 옳지 않은 것은? (다툼이 있는 경우 판례와 통설에 의함)

① 재판관에게 공정한 심판을 기대하기 어려운 사정이 있는 경우 당사자는 기피신청을 할 수 있는데, 기피사유는 통상인의 판단으로 재판관과 사건과의 관계로 보아 불공정한 심판을 할 것이라는 의혹을 갖는 것이 합리적이라고 인정될 만큼 공정한 심판을 기대하기 어려운 객관적 사정이 있어야 한다.

② 「헌법재판소법」 제41조 제1항 및 법 제68조 제2항 전문을 해석하면 위헌심판 제청신청은 당해사건의 당사자만 할 수 있다고 봄이 상당하고, 형사재판의 경우 피고인이 아닌 고소인은 형사재판의 당사자라고 볼 수 없으므로, 위헌제청신청을 할 수 있는 자에 해당하지 않는다.

③ 법률의 위헌결정, 탄핵의 결정, 정당해산의 결정 또는 헌법소원에 관한 인용결정을 하는 경우, 그리고 종전에 헌법재판소가 판시한 헌법 또는 법률의 해석 적용에 관한 의견을 변경하는 경우에는 종국심리에 관여한 재판관 6명 이상의 찬성이 있어야 한다.

④ 지정재판부는 헌법소원을 각하하거나 심판회부결정을 한 때에는 그 결정일부터 30일 이내에 청구인 또는 그 대리인 및 피청구인에게 그 사실을 통지하여야 한다.

19 위헌법률심판에 대한 설명으로 옳은 것은? (다툼이 있는 경우 판례에 의함)

① 법률이 헌법에 위반되는지 여부가 재판의 전제가 된 경우라 하더라고 당해 사건을 담당하는 군사법원은 헌법재판소에 위헌 여부심판을 제청할 수 없다.

② 위헌법률심판제청서는 당해 사건이 형사사건인 경우 피고인의 구속 여부는 기재하여야 하나 구속기간은 기재할 필요가 없다.

③ 제청법원은 위헌법률심판을 제정한 후에도 심판에 필요한 의견서나 자료 등을 헌법재판소에 제출할 수 있으나, 당해 사건의 참가인은 헌법재판소에 법률이나 법률조항의 위헌 여부에 관한 의견서를 제출할 수 없다.

④ 당사자가 위헌법률심판제청신청의 대상으로 삼지 않았고 법원이 기각결정의 대상으로도 삼지 않은 법률조항이라 하더라도 예외적으로 위헌제청신청을 기각한 법원이 당해 조항을 실질적으로 판단하였다면 이러한 법률조항에 대하여 「헌법재판소법」 제68조 제2항에 의한 헌법소원심판청구도 적법하다.

20 영장주의에 대한 설명으로 옳은 것은? (다툼이 있는 경우 판례에 의함)

① 관계행정청이 등급분류를 받지 아니하거나 등급분류를 받은 게임물과 다른 내용의 게임물을 발견한 경우 관계공무원으로 하여금 이를 수거·폐기하게 할 수 있도록 한 것은, 급박한 상황에 대처하기 위한 것으로서 그 불가피성과 정당성이 충분히 인정되는 경우이므로, 영장 없는 수거를 인정한다고 하더라도 영장주의에 위배되는 것으로 볼 수 없다.

② 헌법 제12조 제3항과는 달리 헌법 제16조 후문은 "주거에 대한 압수나 수색을 할 때에는 검사의 신청에 의하여 법관이 발부한 영장을 제시하여야 한다."라고 규정하고 있을 뿐 영장주의에 대한 예외를 명문화하고 있지 않으므로 영장주의가 예외없이 반드시 관철되어야 함을 의미하는 것이다.

③ 수사기관의 위치정보추적자료 제공요청은 「통신비밀보호법」이 정한 강제처분에 해당되므로, 법관이 발부하는 영장에 의하지 않고 관할 지방법원 또는 지원의 허가만 받으면 이를 가능하게 한 것은 영장주의에 위배된다.

④ 구치소 등 교정시설 내에서 마약류사범에게 마약류 반응검사를 위하여 소변을 받아 제출하게 한 것은 법관의 영장을 필요로 하는 강제처분에 해당하므로, 이와 같은 방법의 소변채취가 법관의 영장없이 실시되었다고 한다면 영장주의에 위배된다.

21 무죄추정원칙에 대한 설명으로 옳지 않은 것은? (다툼이 있는 경우 판례에 의함)

① 무죄추정원칙은 증거법에 국한된 원칙이 아니라 수사절차에서 공판절차에 이르기까지 형사절차의 전과정을 지배하는 지도원리로서 인신의 구속 자체를 제한하는 원리로 작용한다.

② 미결수용자에게 시설 안에서 재소자용 의류를 입게 하는 것은 구금 목적의 달성, 시설의 규율과 안전유지를 위한 필요최소한의 제한으로서 정당성·합리성을 갖춘 재량 범위 내의 조치이다.

③ 교도소에 수용된 때에는 국민건강보험급여를 정지하도록 한 것은, 수용자의 의료보장체계를 일원화하고 수입원이 차단된 수용자의 건강보험료 납입부담을 면제하기 위한 입법 정책적 판단에 기인한 것이지, 유죄의 확정 판결이 있기 전에 재소자라는 이유로 어떤 불이익을 주기 위한 것이 아니므로 무죄추정원칙에 위반되지 않는다.

④ 판결선고 전 구금일수의 산입시 일부만을 산입할 수 있도록 하는 것은 무죄추정원칙에 위반되지 않는다.

22 선거제도 또는 선거운동에 대한 내용으로 옳지 않은 것은? (다툼이 있는 경우 헌법재판소 결정에 의함)

① 언론인의 선거운동을 금지하고 위반시 처벌하도록 규정한 구 「공직선거법」 제60조 제1항 제5호 중 '제53조 제1항 제8호에 해당하는 자' 부분은 언론인들의 선거운동의 자유를 침해하는 것이다.

② 선거기사심의위원회가 불공정한 선거기사를 보도하였다고 인정한 언론사에 대하여 언론중재위원회를 통하여 사과문을 게재할 것을 명하도록 하는 「공직선거법」 제8조의3 제3항 중 '사과문 게재' 부분은 언론사의 인격권을 침해하는 것이다.

③ 중증장애인 후보자의 경우에도 비장애인 후보자들과 동일하게 선거사무원의 수를 제한하는 것은 중증장애인 후보자의 평등권 등 기본권을 침해한다.

④ 국회의원 '후보자가 되고자 하는 자'로 하여금 당해 선거구 안에 있는 자나 당해 선거구 밖에 있더라도 그 선거구민과 연고가 있는 자에 대한 기부행위를 금지하고 이를 위반한 경우 형사처벌하도록 규정한 「공직선거법」 제113조 제1항 중 '후보자가 되고자 하는 자' 부분은 과잉금지원칙에 반하여 선거운동의 자유를 침해하지 아니한다.

23 변호인의 조력을 받을 권리에 대한 설명으로 옳지 않은 것은? (다툼이 있는 경우 판례에 의함)

① 헌법 제12조 제4항 본문에 규정된 변호인의 조력을 받을 권리는 행정절차에서 구속을 당한 사람에게도 보장된다.

② 난민인정심사불회부결정을 받은 외국인을 인천국제공항 송환대기실에 수개월째 수용하고 환승구역으로 출입을 막으면서 변호인접견신청을 거부한 것은, 변호인의 조력을 받을 권리를 침해한 것은 아니다.

③ 헌법 제12조 제4항 본문은 체포 또는 구속을 당한 때에 "즉시" 변호인의 조력을 받을 권리를 가진다고 규정함으로써 변호인이 선임되기 이전에도 피의자 등에게 변호인의 조력을 받을 권리가 있음을 분명히 하고 있다.

④ 피의자 등이 가지는 '변호인이 되려는 자'의 조력을 받을 권리가 실질적으로 확보되기 위해서는 '변호인이 되려는 자'의 접견교통권 역시 헌법상 기본권으로서 보장되어야 한다.

24 재판청구권에 대한 설명으로 옳지 않은 것은? (다툼이 있는 경우 헌법재판소 결정의 다수의견에 의함)

① 재판 당사자가 재판에 참석하는 것은 재판청구권 행사의 기본적 내용이라고 할 것이므로 수형자도 형의 집행과 도망의 방지라는 구금의 목적을 반하지 않는 범위에서는 재판청구권이 보장되어야 한다.

② 디엔에이감식시료채취영장 발부과정에서 채취대상자에게 자신의 의견을 밝히거나 영장 발부 후 불복할 수 있는 절차 등에 관하여 규정하지 아니한 「디엔에이신원확인정보의 이용 및 보호에 관한 법률」 중 영장절차조항은 재판청구권을 침해하는 조항이다.

③ 법무부 훈령 제756호 민사재판 등 소송 수용자 출정비용 징수에 관한 지침(이하 '이 사건 지침'이라 한다) 제4조 제3항에 의하면, 수형자가 출정비용을 납부하지 않고 출정을 희망하는 경우에는 소장은 수형자를 출정시키되, 사후적으로 출정비용 상환청구권을 자동채권으로, 영치금 반환채권을 수동채권으로 하여 상계함을 통지함으로써 상계하여야 한다고 규정되어 있으나, 이 사건 지침은 위임근거가 없는 행정기관 내부의 업무처리지침 내지 사무처리준칙에 해당하여 행정규칙에 불과할 뿐 법규적 효력을 가지는 것은 아니므로 교도소장이 이 사건 지침에 위반하여 업무를 처리하였다고 하더라도 국민의 기본권인 재판청구권이 침해되었다고 평가하기 어렵다.

④ 소송기록에 의하여 청구가 이유 없음이 명백한 때 법원이 변론 없이 청구를 기각할 수 있도록 규정한 「소액사건심판법」 제9조 제1항은 재판청구권을 침해하지 않는다.

25 다음 설명 중 옳지 않은 것은? (다툼이 있는 경우 판례에 의함)

① 어떠한 법령이 수범자의 직업의 자유와 행복추구권 양자를 제한하는 외관을 띠는 경우 두 기본권의 경합문제가 발생하는데, 보호영역으로서 직업이 문제되는 경우 직업의 자유와 행복추구권은 서로 특별관계에 있어 기본권의 내용상 특별성을 갖는 직업의 자유의 침해 여부가 우선하므로, 행복추구권 관련 위헌 여부의 심사는 배제된다고 보아야 한다.

② 의료인의 의료기관 중복 개설을 금지하는 「의료법」 제33조 제8항 본문 중 '개설' 부분 및 이를 위반한 자를 처벌하는 구 「의료법」 제87조 제1항 제2호 중 제33조 제8항 본문 가운데 '개설' 부분은 의료인의 직업수행의 자유를 침해한다고 볼 수 없다.

③ 기본권을 제한하는 규정은 기본권행사의 '방법'에 관한 규제로써 공익을 실현할 수 있는가를 시도하고 이러한 방법으로는 공익달성이 어렵다고 판단되는 경우에 비로소 그 다음 단계인 기본권행사의 '여부'에 관한 규제를 선택해야 한다.

④ 농협·축협 조합장이 금고 이상의 형을 선고받고 그 형이 확정되지 아니한 경우에도 이사가 그 직무를 대행하도록 규정한 「농업협동조합법」 제46조 제4항 제3호 중 '조합장'에 관한 부분은 조합장의 직무수행에 대한 조합원 내지 공공의 신뢰를 지키고 직무에 대한 전념성을 확보하여 조합의 원활한 운영에 대한 위험을 미연에 방지하기 위한 것이므로 과잉금지원칙에 반하여 조합장들의 직업수행의 자유를 침해하는 것이 아니다.

05회 Review

문항	정답	문제 키워드	출제 유형	난이도
01	②	일반적 행동자유권	이론/판례/조문	●●○
02	②	국회법	이론/판례/조문	●●○
03	④	교육을 받을 권리	이론/판례/조문	●●●
04	③	신체의 자유	이론/판례/조문	●●○
05	④	적법절차의 원칙	이론/판례/조문	●●○
06	③	국회의 법률제정	이론/판례/조문	●●○
07	④	주민조례발안	이론/판례/조문	●●●
08	④	행정부	이론/판례/조문	●●○
09	③	평등권	이론/판례/조문	●●○
10	④	헌법소원의 대상	이론/판례/조문	●●○
11	①	생명권	이론/판례/조문	●●○
12	①	직업선택의 자유	이론/판례/조문	●●●
13	③	헌법 규정	이론/판례/조문	●●○

문항	정답	문제 키워드	출제 유형	난이도
14	④	헌법개정	이론/판례/조문	●●○
15	③	헌법재판소 결정의 효력	이론/판례/조문	●●●
16	④	포괄위임금지원칙	이론/판례/조문	●●○
17	④	기본권의 침해	이론/판례/조문	●●○
18	④	헌법재판	이론/판례/조문	●●○
19	④	위헌법률심판	이론/판례/조문	●●○
20	①	영장주의	이론/판례/조문	●●○
21	④	무죄추정의 원칙	이론/판례/조문	●●○
22	③	선거제도, 선거운동	이론/판례/조문	●●○
23	②	변호인의 조력을 받을 권리	이론/판례/조문	●●○
24	③	재판청구권	이론/판례/조문	●●●
25	④	기본권의 제한과 한계	이론/판례/조문	●●○

[출제 유형 & 난이도] 각 문항별 출제 유형(이론/판례/조문)과 난이도를 수록하였으니, 본인이 취약한 유형이나 고난도 문제만 풀어보는 등 학습 상황에 알맞게 활용하시기 바랍니다.

핵심지문 OX · 05회 실전동형모의고사에서 꼭 되짚어야 할 핵심지문을 다시 확인해보시기 바랍니다.

01 특별검사가 참고인에게 지정된 장소까지 동행할 것을 명령할 수 있게 하고 참고인이 정당한 이유 없이 위 동행명령을 거부한 경우 천만원 이하의 벌금형에 처하도록 규정한 동행명령조항은 참고인의 신체의 자유를 침해하지 않는다. (　　)

02 대통령이 해외순방으로 국무회의에 참석하지 못하여 국무총리가 주재한 국무회의에서 이루어진 정당해산심판청구서 제출안에 대한 의결은 위법하지 아니하다. (　　)

03 건전한 한약조제질서를 확립하여 국민의 건강을 보호·증진하고, 국민건강상의 위험을 미리 방지하고자 비교적 안전성과 유효성이 확보된 일정한 처방에 한하여 한의사의 처방전 없이도 조제할 수 있도록 허용하는 것은 정당한 목적달성을 위한 적절한 수단이다. (　　)

04 헌법개정을 하려면 국회는 헌법개정안이 공고된 날로부터 60일 이내에 기명투표로써 재적의원 3분의 2 이상의 찬성을 얻어야 한다. (　　)

05 당사자가 위헌법률심판제청신청의 대상으로 삼지 않았고 법원이 기각결정의 대상으로도 삼지 않은 법률조항이라 하더라도 예외적으로 위헌제청신청을 기각한 법원이 당해 조항을 실질적으로 판단하였다면 이러한 법률조항에 대하여 「헌법재판소법」 제68조 제2항에 의한 헌법소원심판청구도 적법하다. (　　)

06 구치소 등 교정시설 내에서 마약류사범에게 마약류반응검사를 위하여 소변을 받아 제출하게 한 것은 법관의 영장을 필요로 하는 강제처분에 해당하므로, 이와 같은 방법의 소변채취가 법관의 영장없이 실시되었다고 한다면 영장주의에 위배된다. (　　)

07 난민인정심사불회부결정을 받은 외국인을 인천국제공항 송환대기실에 수개월째 수용하고 환승구역으로 출입을 막으면서 변호인접견신청을 거부한 것은, 변호인의 조력을 받을 권리를 침해한 것은 아니다. (　　)

[정답] 01 × 신체의 자유를 침해한다. **02** ○ **03** ○ **04** ○ **05** ○ **06** × 교도소의 안전과 질서유지를 위한 것으로 영장주의원칙이 적용되지 않는다.
07 × 아무런 법률상 근거가 없이 제한한 것이므로, 변호인의 조력을 받을 권리를 침해한다.

06회 실전동형모의고사

01 헌법재판에 대한 설명으로 옳은 것은 모두 몇 개인가? (다툼이 있는 경우 판례에 의함)

> ㄱ. 헌법재판소의 결정은 심판에 관여한 재판관 전원이 서명·날인한 결정서로 하며, 탄핵심판과 정당해산심판의 경우까지도 그 결정서에 주문 및 결정 이유와 재판관의 의견 등이 표시되어야 한다.
> ㄴ. 진정입법부작위는 위헌법률심판의 대상이 되지 않고, 부진정입법부작위의 경우에는 불완전한 법률조항 자체가 위헌심사의 대상이 된다.
> ㄷ. 법률이 헌법에 위반되는 경우 위헌결정을 통하여 법률조항을 법질서에서 제거하는 것이 법적 공백이나 혼란을 초래할 우려가 있는 경우에는 위헌조항의 잠정적 적용을 명하는 헌법불합치결정을 할 수 있다.
> ㄹ. 헌법불합치결정에 따른 개선입법의 소급적용 여부와 소급적용의 범위는 원칙적으로 입법자의 재량에 달린 것이지만, 적어도 헌법불합치결정을 하게 된 당해 사건 및 그 결정 당시에 법률조항의 위헌 여부가 쟁점이 되어 법원에 계속 중인 사건에 대하여는 헌법불합치결정의 소급효가 미친다.

① 1개
② 2개
③ 3개
④ 4개

02 기본권의 주체에 대한 설명으로 가장 옳지 않은 것은? (다툼이 있는 경우 헌법재판소 결정에 의함)

① 직업의 자유 중 직장선택의 자유는 인간의 권리이기 때문에 외국인도 이러한 기본권의 주체가 될 수 있다.
② 모체에 착상되거나 원시선이 나타나기 전까지의 초기배아에게는 기본권 주체성을 인정할 수 없다.
③ 정당은 생명·신체의 안전에 관한 권리의 향유주체가 될 수 없다.
④ 범죄피해자인 외국인은 인간으로서의 존엄성을 보장받을 권리가 있기 때문에 해당 국가의 상호보증 여부와 관계없이 범죄피해자구조를 청구할 수 있다.

03 국적에 대한 설명으로 옳은 것은? (다툼이 있는 경우 판례에 의함)

① 직계존속이 외국에서 영주할 목적 없이 체류한 상태에서 출생한 자는 병역의무를 해소한 경우에만 국적이탈을 신고할 수 있도록 하는 「국적법」 제12조 제3항은 국적이탈의 자유를 침해한다.
② 대한민국 국적을 상실한 자가 그 후 1년 내에 그 외국 국적을 포기하면 법무부장관의 허가를 받아 대한민국 국적을 재취득할 수 있다.
③ 복수국적자가 외국에 주소가 있는 경우에만 국적이탈을 신고할 수 있도록 하는 「국적법」 제14조 제1항 본문은 국적이탈의 자유를 침해한다.
④ 대한민국 국적을 취득한 외국인으로서 외국 국적을 가지고 있는 자는 대한민국 국적을 취득한 날부터 1년 내에 그 외국 국적을 포기하여야 한다.

04 기본권에 대한 설명으로 옳은 것은? (다툼이 있는 경우 판례에 의함)

① 청소년 성매수자에 대한 신상공개제도는 헌법상 일반적 인격권 및 사생활의 비밀과 자유를 침해한 것이다.
② 언론이 부당하게 사생활의 비밀과 자유를 침해하였다 하여도 「민법」상의 불법행위에 의한 손해배상책임은 물을 수 없다.
③ 예술품의 보급에 종사하는 출판자나 음반제작자는 예술표현의 자유를 향유한다고 볼 수 없다.
④ 전문과목을 표시한 치과의원은 그 표시한 전문과목에 해당하는 환자만을 진료하여야 한다고 규정한 「의료법」 조항은 치과전문의인 청구인들의 직업수행의 자유를 침해한다.

05 언론·출판의 자유에 대한 설명으로 옳지 않은 것은? (다툼이 있는 경우 헌법재판소 결정에 의함)

① 신문의 편집인·발행인, 방송사의 편집책임자 등으로 하여금 아동보호사건에 관련된 '아동학대행위자'를 특정하여 파악할 수 있는 인적 사항이나 사진 등을 신문 등 출판물에 싣거나 방송매체를 통하여 방송할 수 없게 금지하는 것은 언론·출판의 자유와 국민의 알 권리를 침해하지 않는다.

② 학교 구성원으로 하여금 성별 등의 사유를 이유로 차별적 언사나 행동, 혐오적 표현 등을 통해 다른 사람의 인권을 침해하지 못하도록 한 「서울특별시 학생인권조례」 규정은 학교 구성원들의 표현의 자유를 침해한 것이라고 볼 수 없다.

③ 옥외광고물 등의 종류·모양·크기 등을 규제하는 것은 광고물 등의 내용을 심사·선별하여 광고물을 사전에 통제하는 것이므로 사전허가·검열에 해당한다.

④ 일간신문과 뉴스통신을 상호 겸영할 수 없게 하는 것과 일간신문과 「방송법」에 의한 종합편성 또는 보도에 관한 전문편성을 행하는 방송사업을 겸영할 수 없게 하는 것은 신문의 자유를 침해하는 것이 아니다.

06 「헌법재판소법」 제68조 제1항에 의한 헌법소원에 대한 설명으로 옳지 않은 것은? (다툼이 있는 경우 판례에 의함)

① 「사립학교법」 및 「고등교육법」상 교육시설인 사이버대학은 헌법소원심판에서 청구인능력이 인정되지 않는다.

② 국방부장관이 각 군에 내린 군내의 불온도서 차단대책 강구지시는 군 지휘 조직 내부의 행위라 하더라도 권리관계의 직접적 변동을 초래하는 결과를 가져오므로 일반장병에 대한 직접적 공권력 행사라고 볼 수 있어 기본권 침해의 직접성 요건을 충족한다고 할 것이다.

③ 고시·훈령·예규 등 행정규칙은 일반적으로 행정조직 내부에서만 효력을 가지므로 헌법소원의 대상이 되지 않지만, 대외적인 구속력을 갖는 법규명령으로 기능할 경우에는 헌법소원의 대상이 된다.

④ 공권력의 행사로 인하여 헌법소원을 청구하고자 하는 자가 법적 지위에 아무런 영향을 받지 않거나 단순히 사실적 또는 경제적인 이해관계로만 관련되어 있는 경우 그 공권력의 행사를 대상으로 헌법소원을 청구하는 것은 허용되지 않는다.

07 국정감사·조사권에 대한 설명으로 옳지 않은 것은?

① 국회는 국정전반에 관하여 소관 상임위원회별로 매년 정기회 집회일 이전에 감사 시작일부터 20일 이내의 기간을 정하여 감사를 실시한다.

② 국정감사의 대상기관으로 지방자치단체 중 특별시·광역시·도외에 본회의가 특히 필요하다고 의결한 경우에는 시·군·구도 포함된다.

③ 국정감사 또는 국정조사를 행하는 위원회는 국정감사 또는 국정조사를 위하여 증인의 출석을 요구할 수 있고, 증인이 정당한 이유 없이 불출석하면 형사처벌을 받을 수 있다.

④ 국정감사 또는 국정조사를 마친 때에는 해당 위원회는 지체 없이 그 감사 또는 조사보고서를 작성하여 의장에게 제출하여야 하고, 보고서를 제출받은 의장은 이를 지체 없이 본회의에 보고하여야 하며, 국회는 본회의의 의결로 그 감사 또는 조사 결과를 처리한다.

08 위헌법률심판에 있어서 재판의 전제성에 대한 설명으로 옳지 않은 것은?

① 법원의 위헌법률심판제청에 있어 재판의 전제성 요건을 갖추고 있는지 여부는 되도록 제청법원의 이에 관한 법률적 견해를 존중해야 할 것이며, 다만 그 전제성에 관한 법률적 견해가 명백히 유지될 수 없을 때에만 헌법재판소가 그 제청을 부적법하다 하여 각하할 수 있다고 할 것이다.

② 제청 또는 심판청구된 법률조항이 법원의 당해 사건의 재판에 직접 적용되지 않는 경우, 그 위헌 여부에 따라 당해 사건의 재판에 직접 적용되는 법률조항의 위헌여부가 결정되더라도 간접 적용되는 법률규정에 대하여는 재판의 전제성을 인정할 수 없다.

③ 법원이 행하는 증거채부결정은 당해 소송사건을 종국적으로 종결시키는 재판이 아니라 하더라도 위헌법률심판의 재판 전제성 개념에서 말하는 재판이라 할 수 있다.

④ 공소장에 적시되지 아니한 법률조항이라 하더라도 법원이 공소장변경 없이 실제 적용한 법률조항은 재판의 전제성이 인정된다.

09 집회의 자유에 대한 설명으로 옳은 것은? (다툼이 있는 경우 헌법재판소 결정에 의함)

① 옥외집회를 주최하려는 자는 옥외집회 신고서를 관할경찰서장에게 제출하여야 하며, 신고한 옥외집회를 하지 아니하게 된 경우에는 신고서에 적힌 집회 일시 24시간 전에 그 철회사유 등을 적은 철회신고서를 관할경찰서장에게 제출하여야 한다.

② 누구든지 국회의사당의 경계지점으로부터 100미터 이내의 장소에서는 옥외집회 또는 시위를 하여서는 아니 된다는 규정은 국회의 기능 보호 등을 위한 것으로서, 과잉금지의 원칙에 위배하여 집회의 자유를 침해한다고 볼 수 없다.

③ 집회 또는 시위의 주체자는 「집회 및 시위에 관한 법률」 제8조에 따른 금지 통고를 받았을 경우, 통고를 받은 날부터 7일 이내에 해당 경찰관서의 바로 위의 상급경찰관서의 장에게 이의를 신청할 수 있다.

④ 옥외집회의 신고는 수리를 요하지 아니하는 정보제공적 신고이므로, 경찰서장이 이미 접수된 옥외집회 신고서를 반려하는 행위는 공권력의 행사에 해당하지 아니한다.

10 헌법재판에서 변호사강제주의와 가처분에 대한 설명으로 옳은 것은? (다툼이 있는 경우 판례에 의함)

① 모든 헌법재판에 있어서는 변호사 강제주의가 원칙이므로 변호사를 선임할 자력이 없는 자는 헌법재판소에 국선대리인 선임을 신청할 수 있다.

② 변호사강제주의는 무자력자의 헌법재판을 받을 권리를 제한하는 것이 아니며, 국선대리인 제도라는 대상조치가 별도로 마련되어 있는 이상 재판을 받을 권리의 본질적 내용을 침해하는 것도 아니다.

③ 정당해산심판의 청구가 있는 때, 가처분결정을 한 때 및 그 심판이 종료한 때에는 헌법재판소장은 그 사실을 국회와 중앙선거관리위원회에 통지하여야 한다.

④ 「헌법재판소법」은 헌법소원심판, 정당해산심판, 권한쟁의심판의 절차에 명시적으로 가처분에 관한 규정을 두고 있다.

11 양심의 자유에 대한 설명으로 옳지 않은 것은? (다툼이 있는 경우 헌법재판소 결정에 의함)

① 양심의 자유에 의하여 보호될 양심에는 세계관·인생관·주의·신조 등은 물론, 이에 이르지 않아도 보다 널리 개인의 인격형성에 관계되는 내심에 있어서의 가치적·윤리적 판단도 포함될 수 있다.

② 법률해석에 관하여 여러 견해가 갈리는 경우처럼 다소의 가치관련성을 가진다고 하더라도 개인의 인격형성과는 관계없는 사사로운 사유나 의견 등은 그 보호대상이 아니다.

③ 공정거래위원회가 사업자단체의 금지행위를 위반한 사업자단체에게 법위반사실을 공표하도록 명하는 것은 단순히 사실자체를 공표하는 것이 아니라 윤리적·도덕적 판단을 강요하는 것이기 때문에 양심의 자유를 침해하는 것이다.

④ 보안관찰처분은 그 대상자가 보안관찰해당범죄를 저지를 위험성이 내심의 영역을 벗어나 외부에 표출되는 경우에 재범의 방지를 위하여 내려지는 특별예방적 목적의 처분이므로 양심의 자유를 침해하지 않는다.

12 국회에 대한 설명으로 가장 옳지 않은 것은? (다툼이 있는 경우 판례에 의함)

① 국회가 탄핵소추를 의결하려는 경우에 법제사법위원회로 하여금 이에 대하여 조사·보고하게 할 수 있으며, 법제사법위원회에 회부하지 않는 경우 본회의에 보고된 때로부터 24시간 이후 72시간 이내에 탄핵소추의 여부를 무기명투표로 표결하여야 하며, 이 기간 중 피소추자는 사직할 수 없다.

② 위원회에서 법률안의 심사를 마치거나 입안을 하였을 때에는 법제사법위원회에 회부하여 체계와 자구에 대한 심사를 거쳐야 한다.

③ 국채를 모집하려는 경우 정부는 미리 국회의 의결을 얻어야 한다. 이 경우 국회는 재적의원 과반수 출석과 출석의원 과반수 찬성으로 의결한다.

④ 국회 본회의는 의원 20명 이상이 이유를 명시한 서면에 의한 발의로 국무총리·국무위원 및 정부위원의 출석 요구를 의결할 수 있다.

13 헌법소원의 대상이 되는 공권력의 행사에 대한 설명으로 옳은 것은? (다툼이 있는 경우 판례에 의함)

① 가상통화공개(ICO)를 금지하기로 한 '가상통화 관계기관 합동 TF'의 방침은 헌법소원의 대상이 되는 공권력의 행사에 해당된다고 볼 수 없다.

② 방송통신심의위원회가 방송사업자에 대하여 관련 규정을 준수하라는 내용의 의견제시를 한 행위는 헌법소원심판의 대상이 되는 공권력의 행사에 해당한다.

③ 판사의 디엔에이감식시료채취영장 발부는 헌법소원심판의 대상에 해당된다.

④ 피청구인인 경찰서장이 국민건강보험공단에 범죄혐의자들의 요양급여내역의 제공을 요청한 행위는 공권력의 행사에 해당한다.

14 공무담임권에 대한 설명으로 옳지 않은 것은? (다툼이 있는 경우 헌법재판소 결정에 의함)

① 금고 이상의 형의 선고유예를 받고 그 기간 중에 있는 자를 임용결격사유로 삼고, 위 사유에 해당하는 자가 임용되더라도 이를 당연무효로 하는 구「국가공무원법」제33조 제1항 제5호가 공무담임권을 침해하지 않는다.

② 국가공무원이 피성년후견인이 된 경우 당연퇴직되도록 한「국가공무원법」제69조 제1호 중 제33조 제1호 가운데 '피성년후견인'에 관한 부분은 공무담임권을 침해하지 않는다.

③ 예비후보자 등록시 일정한 기탁금을 납부하도록 하고, 예비후보자가 후보자 등록을 하지 않는 등 일정한 경우에 기탁금을 국고에 귀속하도록 규정한「공직선거법」조항은 공무담임권을 침해하지 않는다.

④ 직업공무원의 경우에는 능력에 따라 임용될 수 있는 균등한 기회가 보장되어야 하며, 직업수행 능력과 무관하게 선발하는 것은 원칙적으로 자의적인 차별이지만, 헌법의 기본원리나 특정조항에 비추어 능력주의 원칙에 대한 예외를 인정할 수 있다.

15 다음 중 재판을 받을 권리를 침해하여 위헌인 것을 모두 고르면? (다툼이 있는 경우 헌법재판소 결정에 의함)

ㄱ. 기피신청에 대한 재판을 그 신청을 받은 법관의 소속 법원 합의부에서 하도록 한「민사소송법」조항

ㄴ. 형사보상의 청구에 대하여 한 보상의 결정에 대하여는 불복을 신청할 수 없도록 하여 형사보상의 결정을 단심재판으로 규정한「형사보상법」조항

ㄷ. 의견제출기한 내에 감경된 과태료를 자진 납부한 경우, 해당 질서위반행위에 대한 과태료 부과 및 징수 절차는 종료한다고 규정한「질서위반행위규제법」조항

ㄹ. 변호인과 증인 사이에 차폐시설을 설치하여 증인신문을 진행할 수 있도록 규정한「형사소송법」조항

ㅁ. 법관에 대한 징계처분 취소청구소송을 대법원의 단심재판에 의하도록 한 구「법관징계법」조항

ㅂ. 법무부징계위원회의 결정에 대하여 불복이 있는 경우 그 결정이 법령 위반을 이유로 한 경우에만 대법원에 즉시항고를 허용하는「변호사법」조항

① ㄱ, ㄴ　　　　② ㄴ, ㅂ
③ ㄷ, ㄹ　　　　④ ㅁ, ㅂ

16 아동의 교육에 관한 국가와 부모 및 교사의 권리 등에 대한 설명으로 옳지 않은 것은? (다툼이 있는 경우 판례에 의함)

① 학교폭력과 관련하여 가해학생에 대한 조치 중 전학과 퇴학을 제외한 나머지 조치에 대해 재심을 제한하는 학교폭력예방법 조항은 가해학생 보호자의 자녀교육권을 침해하지 아니한다.

② 대학의 자율성은 대학시설의 관리·운영이나 연구와 교육의 내용, 방법과 대상, 교과과정의 편성, 학생의 선발, 학생의 전형 등을 보호영역으로 하며, 대학 교수 개개인이 퇴직 여부 등 인사에 관한 사항을 스스로 결정할 권리도 대학의 자율성의 보호영역에 포함된다.

③ 학교교육에 있어서 교사의 가르치는 권리를 수업권이라고 한다면, 그것은 자연법적으로는 학부모에게 속하는 자녀에 대한 교육권을 신탁받은 것이고, 실정법상으로는 공교육에 책임이 있는 국가의 위임에 의한 것이다.

④ 저소득학생 특별전형의 모집인원을 모두 수능위주전형으로 선발하도록 정한 서울대학교 2023학년도 대학 신입학생 입학전형 시행계획은 균등하게 교육을 받을 권리를 침해하지 않는다.

17 재산권에 대한 헌법재판소의 결정 내용과 일치하지 않는 것은?

① 유류분 반환청구는 피상속인이 생전에 한 유효한 증여도 그 효력을 잃게 하는 것이므로 「민법」 제1117조의 '반환하여야 할 증여를 한 사실을 안 때로부터 1년'의 단기소멸시효는 유류분권리자의 재산권을 침해하지 않는다.

② 재혼을 유족연금수급권 상실사유로 규정한 구 「공무원연금법」 제59조 제1항 제2호 중 '유족연금'에 관한 부분은 재혼한 배우자의 재산권을 침해한다.

③ 지역구국회의원선거 예비후보자의 기탁금 반환 사유로 예비후보자가 당의 공천심사에서 탈락하고 후보자 등록을 하지 않았을 경우를 규정하지 않은 구 「공직선거법」 제57조 제1항 제1호 다목 중 지역구국회의원선거와 관련된 부분은 청구인의 재산권을 침해한다.

④ 지방의회의원으로서 받게 되는 보수가 연금에 미치지 못하는 경우에도 연금 전액의 지급을 정지하는 것은 재산권을 과도하게 제한하여 헌법에 위반된다.

18 재판청구권에 대한 설명 중 옳지 않은 것은? (다툼이 있는 경우 헌법재판소 결정에 의함)

① 보상금 등의 지급결정에 동의한 때에는 특수임무수행으로 인하여 입은 피해에 대하여 재판상 화해가 성립된 것으로 보는 「특수임무수행자 보상에 관한 법률」 제17조의2는 재판청구권을 침해하지 않는다.

② 「형사소송법」 제405조가 즉시항고 제기기간을 민사재판의 즉시항고 제기기간보다 단기인 3일로 정하고 있는 것은 재판청구권을 침해하지 않는다.

③ 교원에 대한 징계처분에 관하여 재심청구를 거치지 아니하고는 행정소송을 제기할 수 없도록 한 구 「국가공무원법」 제16조 제2항은 재판청구권을 침해하지 않는다.

④ '민주화운동 관련자 명예회복 및 보상 심의 위원회'의 보상금 등 지급결정에 동의한 때 재판상 화해의 성립을 간주함으로써 법관에 의하여 법률에 의한 재판을 받을 권리를 제한하는 것은 재판청구권을 침해하지 아니한다.

19 평등원칙 또는 평등권에 대한 설명 중 옳은 것은? (다툼이 있는 경우 헌법재판소 결정에 의함)

① '수사가 진행 중이거나 형사재판이 계속 중이었다가 그 사유가 소멸한 경우'에는 잔여 퇴직급여 등에 대해 이자를 가산하는 규정을 두면서, '재심으로 무죄판결을 받아 그 사유가 소멸한 경우'에는 이자 가산 규정을 두지 않은 「군인연금법」 제33조 제2항은 평등원칙에 위반된다.

② 국회의원을 후원회지정권자로 정하면서 '지방의원'을 후원회지정권자에서 제외하고 있는 「정치자금법」 제6조 제2호는 지방의원의 평등권을 침해하지 않는다.

③ 지역구국회의원선거에서 유효투표수의 100분의 10 이상을 득표한 후보자에게만 선거비용의 전액 혹은 반액을 보전해 주는 것은, 후보자의 난립을 막고 국가 예산을 효율적으로 집행하기 위한 것이지만 위 기준 미만의 후보자에 대한 불합리한 차별이기 때문에 평등권을 침해한다.

④ 지역가입자에 대한 보험료 산정·부과 시 소득 외에 재산 등의 요소를 추가적으로 고려하도록 한 「국민건강보험법」 조항은 합리적 이유 없이 지역가입자를 차별하는 것이므로 헌법상 평등원칙에 위배된다.

20 탄핵심판에 대한 설명 중 가장 옳지 않은 것은? (다툼이 있는 경우 판례에 의함)

① 탄핵소추안을 각 소추사유별로 나누어 발의할 것인지, 아니면 여러 소추사유를 포함하여 하나의 안으로 발의할 것인지는 소추안을 발의하는 의원들의 자유로운 의사에 달린 것이고, 표결방법에 관한 어떠한 명문규정도 없다.

② 현행 헌법상의 규정에 따르면 국회가 헌법재판소에 청구한 대통령에 대한 탄핵소추심판을 철회하려는 경우에는 일반정족수로 한다.

③ 헌법재판소의 탄핵심판 계속 중 피청구인(법관)이 임기만료로 퇴직한 경우, 탄핵심판청구는 심판의 이익을 인정할 수 없어 부적법하므로 각하해야 한다.

④ 정치적 또는 정책적인 기준에 따른 탄핵소추는 허용되지 않는다. 다만, 탄핵소추의 사유가 존재하는 경우에도 탄핵소추의 발의 및 의결을 할 것인가의 여부는 전적으로 국회의 자율적인 판단의 대상이다.

21 대통령과 행정부에 대한 설명 중 옳지 않은 것은? (다툼이 있는 경우 판례에 의함)

① 중앙행정기관의 장은 법률에서 위임한 사항이나 법률을 집행하기 위하여 필요한 사항을 규정한 대통령령·총리령·부령·훈령·예규·고시 등이 제정·개정 또는 폐지된 때에는 10일 이내에 이를 국회 소관상임위원회에 제출하여야 한다.

② 대통령이 자신에 대한 재신임을 국민투표의 형태로 묻고자 하는 것은 헌법 제72조에 의하여 부여받은 국민투표 부의권을 위헌적으로 행사하는 경우에 해당하는 것으로, 국민투표제도를 자신의 정치적 입지를 강화하기 위한 정치적 도구로 남용해서는 안 된다는 헌법적 의무를 위반한 것이다.

③ 우리 헌법에서 국무총리는 국무위원 및 행정각부의 장 임명제청권, 대통령의 국법상 행위에 관한 문서에 의 부서권 등 실질적인 행정부 통할권을 가지므로, 대통령의 보좌기관이 아니며 대통령과의 관계에서 독자적인 권한을 행사한다.

④ 위헌적인 법률을 법질서로부터 제거하는 권한은 헌법상 단지 헌법재판소에 부여되어 있으므로, 설사 행정부가 특정 법률에 대하여 위헌의 의심이 있다 하더라도 헌법재판소에 의하여 법률의 위헌성이 확인될 때까지는 법을 존중하고 집행하기 위한 모든 노력을 기울여야 한다.

22 선거제도와 선거원칙에 대한 설명으로 옳지 않은 것은? (다툼이 있는 경우 판례에 의함)

① 주민등록과 국내거소신고를 기준으로 지역구 국회의원 선거권을 인정하는 것은 해당 국민의 지역적 관련성을 확인하는 합리적인 방법으로, 주민등록이 되어 있지 않고 국내 거소신고도 하지 않은 재외국민의 임기만료 지역구 국회의원 선거권을 인정하지 않은 것은 선거권을 침해한다고 볼 수 없다.

② 선거운동기간 전에 개별적으로 대면하여 말로 하는 선거운동을 제한하는 규정은 과잉금지원칙에 반하여 선거운동 등 정치적 표현의 자유를 침해하지 아니한다.

③ 「주민투표법」 조항이 주민투표권 행사를 위한 요건으로 주민등록을 요구함으로써 국내거소신고만 할 수 있고 주민등록을 할 수 없는 국내거주 재외국민에 대하여 주민투표권을 인정하지 아니한 것은 평등권을 침해한다.

④ 평등선거의 원칙은 투표의 수적인 평등을 의미할 뿐만 아니라 투표의 성과가치의 평등, 즉 1표의 투표가치가 대표자 선정이라는 선거 결과에 대하여 기여한 정도에 있어서도 평등하여야 함을 의미한다.

23 다음 사안에 대한 설명으로 옳지 않은 것은? (다툼이 있는 경우 판례에 의함)

> 고위공직자범죄수사처 설치 및 운영에 관한 법률안이 국회에서 신속처리안건으로 지정된 후 그 수정안이 2019.12.30. 국회 본회의에서 의결되었다. 이후 위 법률안은 2020.1.3. 정부로 이송되었으며 대통령은 2020.1.14. 이를 공포하였다.
> 일반국민인 청구인은 「고위공직자범죄수사처 설치 및 운영에 관한 법률」이 삼권분립과 법치주의에 반하고, 청구인의 인간의 존엄과 가치, 행복추구권, 평등권, 공무담임권 등을 침해한다고 주장하며, 2020.1.14. 헌법소원심판청구 사건의 종국결정 선고시까지 위 법률의 효력을 정지할 것을 구하는 효력정지가처분신청을 하였고, 2020. 1.21. 대통령의 위 법률안 공포행위의 위헌확인을 구하는 이 사건 헌법소원심판을 청구하였다.

① 고위공직자에는 대통령비서실·국가안보실·대통령경호처·국가정보원 소속의 3급 이상 공무원직(職)에 재직 중인 사람 또는 그 직에서 퇴직한 사람을 포함한다.

② 「고위공직자범죄수사처 설치 및 운영에 관한 법률」 제2조 제1호 및 제2호는 법 적용대상인 고위공직자와 그 가족의 범위를 열거하고 있는데, 청구인의 경우 고위공직자 또는 그 가족에 해당한다고 볼 만한 자료가 없으므로 자기관련성이 없는 위 헌법소원심판 청구는 「헌법재판소법」 제72조 제3항 제4호에 따라 지정재판부 재판관 전원의 일치된 의견으로 각하결정을 할 수 있다.

③ 「헌법재판소법」 제68조 제1항 헌법소원심판에서 가처분이 허용되는지 여부에 관하여 「헌법재판소법」은 명문의 규정을 두고 있지는 않으나, 헌법재판소는 헌법소원심판절차에서도 가처분의 필요성이 있을 수 있고 또 이를 허용하지 아니할 상당한 이유를 찾아볼 수 없으므로, 가처분이 허용된다고 본다.

④ 위 사안에서 효력정지가처분신청은 본안사건이 부적법하여 각하되는 경우라도 심판의 필요성을 인정하여 가처분결정을 할 수 있다고 본다.

24 헌법상 법치국가원리에 대한 설명으로 옳지 않은 것만을 모두 고르면? (다툼이 있는 경우 판례에 의함)

> ㄱ. 종업원 등이 저지른 행위의 결과에 대한 법인의 독자적인 책임에 관하여 전혀 규정하지 않은 채, 단순히 법인이 고용한 종업원 등이 업무에 관하여 범죄행위를 하였다는 이유만으로 법인에 대하여 형사처벌하는 것은 법치국가원리에 위배된다.
>
> ㄴ. 선박소유자가 고용한 선장이 선박소유자의 업무에 관하여 범죄행위를 하면 그 선박소유자에게도 동일한 벌금형을 과하도록 한 것은 책임주의에 위배되지 않는다.
>
> ㄷ. "책임 없는 자에게 형벌을 부과할 수 없다."는 형벌에 관한 책임주의는 형사법의 기본원리로서, 헌법상 법치국가의 원리에 내재하는 원리인 동시에 헌법 제10조의 취지로부터 도출되는 원리이고, 법인의 경우도 자연인과 마찬가지로 책임주의원칙이 적용된다.
>
> ㄹ. 종전의 '친일반민족행위자'의 유형을 개정하면서 '일제로부터 작위를 받거나 계승한 자'까지 친일반민족행위자의 범위에 포함시켜 그 재산을 국가귀속의 대상으로 하면 헌법에 위배된다.
>
> ㅁ. 종업원의 위반행위에 대하여 양벌조항으로서 개인인 영업주에게도 동일하게 무기 또는 2년 이상의 징역형의 법정형으로 처벌하도록 규정하고 있는 「보건범죄단속에 관한 특별조치법」 조항은 형사법상 책임원칙에 위반된다.

① ㄱ, ㅁ
② ㄴ, ㄹ
③ ㄱ, ㄷ, ㄹ
④ ㄴ, ㄷ, ㅁ

25 헌법 제10조의 인간의 존엄과 가치로부터 파생된 권리에 대한 설명으로 옳지 않은 것은? (다툼이 있는 경우 판례에 의함)

① 사법경찰관이 보도자료 배포 직후 기자들의 취재 요청에 응하여 피의자가 경찰서 조사실에서 양손에 수갑을 찬 채 조사받는 모습을 촬영할 수 있도록 허용한 행위는 잠재적인 피해자의 발생을 방지하고 범죄를 예방할 필요성이 크다는 점에서 피의자의 인격권을 침해하지 않는다.

② 흡연자들이 자유롭게 흡연할 권리인 흡연권은 인간의 존엄과 행복추구권을 규정한 헌법 제10조와 사생활의 자유를 규정한 헌법 제17조에 의하여 뒷받침된다.

③ 기부행위자는 자신의 재산을 사회적 약자나 소외 계층을 위하여 출연함으로써 자기가 속한 사회에 공헌하였다는 행복감과 만족감을 실현할 수 있으므로, 기부행위는 행복추구권과 그로부터 파생되는 일반적 행동자유권에 의해 보호된다.

④ 헌법재판소는 연명치료 중단에 관하여 제기된 입법부작위 위헌확인 헌법소원심판청구에서 연명치료 중단에 관한 자기결정권이 죽음에 임박한 환자에게 헌법상 보장된 기본권에 해당한다고 보았다.

06회 실전동형모의고사
모바일 자동 채점 + 성적 분석 서비스
바로 가기 (gosi.Hackers.com)

QR코드를 이용하여 해커스공무원의 '모바일 자동 채점 + 성적 분석 서비스'로 바로 접속하세요!

* 해커스공무원 사이트의 가입자에 한해 이용 가능합니다.

06회 Review

문항	정답	문제 키워드	출제 유형	난이도
01	④	헌법재판	이론/판례/조문	●●○
02	④	기본권의 주체	이론/판례/조문	●●○
03	④	국적법	이론/판례/조문	●●○
04	④	기본권	이론/판례/조문	●●○
05	③	언론·출판의 자유	이론/판례/조문	●●●
06	②	헌법소원심판	이론/판례/조문	●●●
07	①	국정감사, 국정조사	이론/판례/조문	●●○
08	②	재판의 전제성	이론/판례/조문	●●○
09	①	집회의 자유	이론/판례/조문	●●○
10	③	변호사강제주의, 가처분	이론/판례/조문	●●○
11	③	양심의 자유	이론/판례/조문	●●○
12	①	국회	이론/판례/조문	●●○
13	①	공권력의 행사	이론/판례/조문	●●●

문항	정답	문제 키워드	출제 유형	난이도
14	②	공무담임권	이론/판례/조문	●●○
15	②	재판을 받을 권리	이론/판례/조문	●●●
16	②	교육권	이론/판례/조문	●●○
17	②	재산권	이론/판례/조문	●●○
18	②	재판청구권	이론/판례/조문	●●○
19	①	평등원칙, 평등권	이론/판례/조문	●●●
20	②	탄핵심판	이론/판례/조문	●●○
21	③	대통령, 행정부	이론/판례/조문	●●○
22	②	선거제도, 선거원칙	이론/판례/조문	●●○
23	④	고위공직자범죄수사처	이론/판례/조문	●●○
24	②	법치국가원리	이론/판례/조문	●●○
25	①	인간의 존엄과 가치	이론/판례/조문	●●○

[**출제 유형 & 난이도**] 각 문항별 출제 유형(이론/판례/조문)과 난이도를 수록하였으니, 본인이 취약한 유형이나 고난도 문제만 풀어보는 등 학습 상황에 알맞게 활용하시기 바랍니다.

핵심지문 OX
06회 실전동형모의고사에서 꼭 되짚어야 할 핵심지문을 다시 확인해보시기 바랍니다.

01 헌법재판소의 결정은 심판에 관여한 재판관 전원이 서명·날인한 결정서로 하며, 탄핵심판과 정당해산심판의 경우까지도 그 결정서에 주문 및 결정이유와 재판관의 의견 등이 표시되어야 한다. (　　)

02 대한민국 국적을 취득한 외국인으로서 외국 국적을 가지고 있는 자는 대한민국 국적을 취득한 날부터 1년 내에 그 외국 국적을 포기하여야 한다. (　　)

03 「헌법재판소법」은 헌법소원심판, 정당해산심판, 권한쟁의심판의 절차에 명시적으로 가처분에 관한 규정을 두고 있다. (　　)

04 보안관찰처분은 그 대상자가 보안관찰해당범죄를 저지를 위험성이 내심의 영역을 벗어나 외부에 표출되는 경우에 재범의 방지를 위하여 내려지는 특별예방적 목적의 처분이므로 양심의 자유를 침해하지 않는다. (　　)

05 학교교육에 있어서 교사의 가르치는 권리를 수업권이라고 한다면, 그것은 자연법적으로는 학부모에게 속하는 자녀에 대한 교육권을 신탁받은 것이고, 실정법상으로는 공교육에 책임이 있는 국가의 위임에 의한 것이다. (　　)

06 지방의회의원으로서 받게 되는 보수가 연금에 미치지 못하는 경우에도 연금 전액의 지급을 정지하는 것은 재산권을 과도하게 제한하여 헌법에 위반된다. (　　)

07 선거운동기간 전에 개별적으로 대면하여 말로 하는 선거운동을 제한하는 규정은 과잉금지원칙에 반하여 선거운동 등 정치적 표현의 자유를 침해하지 아니한다. (　　)

[정답] **01** ○ **02** ○ **03** × 헌법소원심판 절차의 경우에는 가처분에 관한 명문규정을 두고 있지 않다. **04** ○ **05** ○ **06** ○ **07** × 정치적 표현의 자유를 침해한다.

07회 실전동형모의고사

제한시간: 20분 **시작** 시 분 ~ 종료 시 분 점수 확인 개/ 25개

01 변호인의 조력을 받을 권리에 대한 설명으로 옳지 않은 것은? (다툼이 있는 경우 판례에 의함)

① 형사절차가 종료되어 교정시설에 수용 중인 수형자나 미결수용자가 형사사건의 변호인이 아닌 민사재판, 행정재판, 헌법재판 등에서 변호사와 접견할 경우에는 원칙적으로 변호인의 조력을 받을 권리의 주체가 될 수 없다.

② 변호인의 조력을 받을 권리는 행정절차에서 구속을 당한 사람에게는 보장되지 않는다.

③ 불구속 피의자가 피의자신문시 조언과 상담을 구하기 위해 자신의 변호인을 대동하기를 원한다면, 수사기관은 특별한 사정이 없는 한 이를 거부할 수 없다.

④ 가사소송에서는 헌법 제12조 제4항의 변호인의 조력을 받을 권리가 보장되지 않는다.

02 형사보상청구권에 대한 설명으로 옳지 않은 것은? (다툼이 있는 경우 판례에 의함)

① 형사보상의 청구기간을 '무죄판결이 확정된 때로부터 1년'으로 규정한 것은 형사보상청구권의 행사를 어렵게 할 정도로 지나치게 짧다고 할 수 없으므로 합리적인 입법재량을 행사한 것으로 볼 수 있다.

② 형사보상청구권과 직접적인 이해관계를 가진 당사자는 형사피고인과 국가밖에 없는데, 국가가 무죄판결을 선고받은 형사피고인에게 넓게 형사보상청구권을 인정함으로써 감수해야 할 공익은 경제적인 것에 불과하다.

③ 형사피해자 재판절차진술권의 형사피해자는 범죄피해자구조청구권의 범죄피해자보다 그 범위가 넓다고 보아야 한다.

④ 형사보상의 청구에 대하여 한 보상의 결정에 대하여는 불복을 신청할 수 없도록 하여 형사보상의 결정을 단심재판으로 규정한 형사보상법 조항은 형사보상청구권 및 재판청구권을 침해한다.

03 「국적법」에 대한 설명으로 옳은 것은?

① 「국적법」에 규정된 신청이나 신고와 관련하여 그 신청이나 신고를 하려는 자가 18세 미만이면 법정대리인이 대신하여 이를 행한다.

② 특별귀화 허가에 관한 사항을 심의하기 위하여 법무부장관 소속으로 국적심의위원회를 둔다.

③ 복수국적자로서 외국 국적을 선택하려는 자는 외국에 주소가 없어도 법무부 장관에게 대한민국 국적을 이탈한다는 뜻을 신고할 수 있다.

④ 출생 당시 모가 자녀에게 외국 국적을 취득하게 할 목적으로 외국에서 체류 중이었던 사실이 인정되는 자는 대한민국에서 외국 국적을 행사하지 않겠다는 서약을 한 후 대한민국 국적을 선택한다는 뜻을 신고할 수 있다.

04 감사원에 대한 설명으로 옳지 않은 것은? (다툼이 있는 경우 판례에 의함)

① 국회는 그 의결로 감사원에 대하여 「감사원법」에 정한 감사원의 직무범위에 속하는 사항 중 사안을 특정하여 감사를 요구할 수 있다. 이 경우 감사원은 감사요구를 받은 날부터 3월 이내에 감사결과를 대통령에게 보고하여야 한다.

② 감사원장이 궐위되거나 사고로 인하여 직무를 수행할 수 없을 때에는 감사위원으로 최장기간 재직한 감사위원이 그 권한을 대행한다.

③ 감사위원은 탄핵결정, 금고 이상의 형의 선고, 장기(長期)의 심신쇠약으로 직무를 수행할 수 없게 된 때가 아니면 본인의 의사에 반하여 면직되지 아니한다.

④ 감사원은 지방자치단체의 위임사무나 자치사무의 구별 없이 합법성 감사뿐만 아니라 합목적성 감사도 할 수 있다.

05 권한쟁의심판에 대한 설명으로 옳지 않은 것은? (다툼이 있는 경우 헌법재판소 결정에 의함)

① 교섭단체와 국회의장 등 사이에 쟁의가 발생하더라도 국회의원과 국회의장 등 사이의 권한쟁의심판으로 해결할 수 있으므로 교섭단체는 그 권한침해를 이유로 권한쟁의심판을 청구할 수 없다.

② 국회 행정안전위원회 제천화재관련평가소위원회 위원장이 국회 행정안전위원회 위원장을 상대로 제기한 권한쟁의심판청구는 국회 소위원회 위원장에게 권한쟁의심판의 청구인능력이 인정되지 않으므로 부적법하다.

③ 전산정보시스템인 국회 입안지원시스템을 통한 의원입법의 발의를 접수한 것은 국회규칙 및 내규에 근거한 것으로 「국회법」 제79조 제2항을 위반한 것이 아니며, 이렇게 접수된 법률안을 대상으로 신속처리안건 지정동의안을 상정한 것은 절차상 위법하지 않다.

④ 경기도가 2021.4.1. 남양주시에 통보한 종합감사 실시계획에 따른 자료제출요구 중, 자치사무에 관한 부분은 헌법 및 「지방자치법」에 의하여 부여된 남양주의 지방자치권을 침해하지 않는다.

06 기본권의 주체에 대한 설명으로 가장 옳지 않은 것은? (다툼이 있는 경우 판례에 의함)

① 공법상 재단법인이 최다출자자인 방송사업자에게도 기본권 주체성은 인정된다.

② 검사가 발부한 형집행장에 의하여 검거된 벌금미납자의 신병에 관한 업무는 경찰공무원이 국가기관의 일부 또는 그 구성원으로서 공법상의 권한을 행사하는 공권력행사의 주체로서 행하는 것이므로 경찰공무원은 헌법소원을 청구할 수 없다.

③ 대통령도 국민의 한사람으로서 제한적으로나마 기본권의 주체가 될 수 있는바, 중앙선거관리위원회가 선거중립의무를 준수해 줄 것을 요청한 것에 대해 대통령이 헌법소원심판을 청구한 것은 적법하다.

④ 개인이 자연인으로서 향유하게 되는 기본권은 그 성질상 당연히 법인에게 적용될 수 없다. 따라서 인간의 존엄과 가치에서 유래하는 인격권은 그 성질상 법인에게는 적용될 수 없다.

07 다음 사례에 대한 설명 중 옳지 않은 것은? (다툼이 있는 경우 판례에 의함)

> 甲과 乙은 직장 동료이지만 정치적인 견해는 사사건건 대립되는 경우가 많았다. 폭염이 극에 달한 2018년 7월 5일 '을밀도'라는 평양냉면집에서 점심식사를 하면서 북핵문제 등에 관한 얘기를 하면서, 甲이 정부정책에 대해 늘 비판적인 태극기 집회를 심하게 성토하게 되었다. 乙은 민주주의 국가에서 다양한 표현의 자유가 보장되어야 한다며 갑론을박하면서 감정이 격화되자 주먹다툼을 하게 되었다. 결국 서로를 상해 혐의로 고소하였는데, 검사는 甲에 대해서는 기소유예처분을, 乙에 대해서는 혐의없음의 불기소처분을 하였다.

① 형사피해자인 고소인 甲은 검사의 乙에 대한 혐의없음 처분에 관하여 「검찰청법」에 따른 항고를 거친 후 그 검사 소속의 지방검찰청 소재지를 관할하는 고등법원에 재정신청을 할 수 있으므로, 위 혐의 없음 처분에 대한 헌법소원은 부적법하다.

② 만약 甲이 고소를 하지 않은 상태에서 수사기관의 인지에 의해 수사가 개시되었다면, 고소하지 않은 피해자 甲은 乙에 대한 혐의 없음 처분에 대하여 헌법소원을 제기할 수 있다.

③ 甲은 자신에 대한 기소유예처분이 자의적이라고 주장하면서 위 기소유예처분에 대한 헌법소원을 제기할 수 있다.

④ 乙은 자신에 대한 혐의 없음 처분이 자의적이라고 주장하면서 위 혐의 없음 처분에 대한 헌법소원을 제기할 수 있다.

08 공무원과 공무담임권에 대한 설명으로 옳지 않은 것은? (다툼이 있는 경우 판례에 의함)

① 국가공무원이 피성년후견인이 된 경우 당연퇴직되도록 한 「국가공무원법」 제69조 제1호 중 제33조 제1호 가운데 '피성년후견인'에 관한 부분은 공무담임권을 침해한다.

② 공무담임권은 공직취임의 기회균등만을 요구할 뿐, 취임한 뒤 승진할 때에도 균등한 기회제공을 요구하는 것은 아니다.

③ 공무담임권은 국가 등에게 능력주의를 존중하는 공정한 공직자선발을 요구할 수 있는 권리라는 점에서 직업선택의 자유보다는 그 기본권의 효과가 현실적·구체적이므로, 공직을 직업으로 선택하는 경우에 있어서 직업선택의 자유는 공무담임권을 통해서 그 기본권보호를 받게 된다고 할 수 있으므로 공무담임권을 침해하는지 여부를 심사하는 이상 이와 별도로 직업선택의 자유 침해 여부를 심사할 필요는 없다.

④ 대학의 교원인 공무원에게 정당가입의 자유를 허용하면서도 초·중등학교의 교원에게는 이를 금지하는 것은, 양자 간 직무의 본질이나 내용 그리고 근무 태양이 다른 점을 고려한 합리적인 차별이다.

09 사법권의 독립에 대한 설명으로 가장 옳은 것은? (다툼이 있은 경우 판례에 의함)

① 법관에 대한 징계처분 취소청구소송을 대법원의 단심재판에 의하도록 한 구 「법관징계법」 제27조는 헌법상 재판청구권을 침해한다.

② 강도상해죄를 범한 자에 대하여는 법률상 감경사유가 없는 한 집행유예의 선고가 불가능하도록 한 것은 사법권의 독립 및 법관의 양형판단재량권을 침해하여 위헌이다.

③ '법관이 그 품위를 손상하거나 법원의 위신을 실추시킨 경우'를 법관에 대한 징계사유로 규정하고 있는 구 「법관징계법」 제2조 제2호는 명확성원칙에 위배된다.

④ 회사정리절차의 개시와 진행의 여부를 실질적으로 금융기관의 의사에 종속시키는 규정은 사법권을 형해화시키고, 지시로부터의 독립을 그 내용으로 하는 사법권의 독립에 위협의 소지가 있다.

10 인터넷 언론사와 선거에 대한 내용으로 옳지 않은 것은? (다툼이 있는 경우 판례에 의함)

① 인터넷 언론사의 선거와 관련한 게시판, 대화방 등도 의사의 표현·전파의 형식의 하나로 인정되고 따라서 언론·출판의 자유에 의하여 보호된다.

② 인터넷 언론사에 대하여 선거일 전 90일부터 선거일까지 후보자 명의의 칼럼이나 저술을 게재하는 보도를 제한하는 구 「인터넷선거보도 심의기준 등에 관한 규정」 제8조 제2항은 인터넷언론사 홈페이지에 청구인 명의의 칼럼을 게재한 자의 표현의 자유를 침해한다.

③ 인터넷 언론사의 공개된 게시판·대화방에서 스스로의 의사에 의하여 정당·후보자에 대한 지지·반대의 글을 게시하는 행위는 정당·후보자에 대한 단순한 의견 등의 표현행위에 불과하여 양심의 자유나 사생활 비밀의 자유에 의하여 보호되는 영역이라고 할 수 없다. 그러므로 그 과정에서 실명확인 절차의 부담을 진다고 하더라도 양심의 자유나 사생활 비밀의 자유를 제한받는다고 볼 수 없다.

④ 선거운동기간 중 인터넷 언론사 홈페이지 게시판 등에 방문자가 정당·후보자에 대한 지지·반대 등의 정보를 게시할 경우 실명인증을 요구하도록 한 「공직선거법」 조항은 과잉금지원칙에 반하여 익명표현의 자유와 언론의 자유, 그리고 개인정보자기결정권 등을 침해하는 것으로 볼 수 없다.

11 평등권에 대한 설명 중 가장 옳지 않은 것은? (다툼이 있는 경우 판례에 의함)

① 변호사시험 합격자의 6개월 실무수습기간 중 단독 법률사무소 개설과 수임을 금지한 「변호사법」 제21조의2 제1항 등은 변호사시험 합격자인 청구인들의 평등권을 침해하는 것이다.

② 공소장 변경을 통해 위헌결정된 가중처벌규정보다 법정형이 가벼운 처벌규정으로 적용법조가 변경되어 피고인이 무죄재판을 받지는 않았으나 원판결보다 가벼운 형으로 유죄판결이 확정된 경우, 재심판결에서 선고된 형을 초과하여 집행된 구금에 대하여 보상요건을 전혀 규정하지 아니한 「형사보상법」 제26조 제1항은 평등권을 침해한다.

③ 헌법상 평등의 원칙은 국가가 언제 어디서 어떤 계층을 대상으로 하여 기본권에 관한 상황이나 제도의 개선을 시작할 것인지를 선택하는 것을 방해하지 않는다.

④ 수혜적인 법률규정에서 배제된 자는 수혜를 배제하고 있는 법률규정에 대하여 헌법소원을 제기할 수 있으며, 이 경우 청구기간의 제한을 받는다.

12 국회의 의사진행에 대한 설명으로 옳은 것은?

① 본회의는 공개하지만 의장의 제의 또는 의원 10명 이상의 연서에 의한 동의로 본회의의 의결이 있거나 의장이 각 정당의 대표의원과 협의하여 국가의 안전 보장을 위하여 필요하다고 인정할 때에는 공개하지 아니할 수 있다.

② 의장은 안건이 어느 상임위원회의 소관에 속하는지 명백하지 아니할 때에는 국회 법제사법위원회와 협의하여 상임위원회에 회부하되 협의가 이루어지지 아니할 때에는 의장이 소관 상임위원회를 결정한다.

③ 위원회에서 제출한 의안은 그 위원회에 회부하지 않지만 의장은 국회운영위원회의 의결에 따라 이를 다른 위원회에 회부할 수 있다.

④ 의안을 발의하는 의원은 그 안을 갖추고 이유를 붙여 찬성자와 연서하여 이를 소관 상임위원회의 위원장에게 제출하여야 한다.

13 적법절차의 원칙에 대한 설명 중 옳지 않은 것으로 묶인 것은? (다툼이 있는 경우 판례에 의함)

ㄱ. 국가기관이 국민과의 관계에서 공권력을 행사함에 있어서 준수해야 할 법원칙으로서 형성된 적법절차의 원칙은 국가기관에 대하여 헌법을 수호하고자 하는 탄핵소추절차에는 직접 적용되지 않는다.

ㄴ. 당사자에 대한 적절한 고지와 의견 및 자료 제출의 기회를 부여할 것이 적법절차원칙에서 도출할 수 있는 절차적 요청이라고 볼 수는 없다.

ㄷ. 압수물에 대한 소유권포기가 있다면, 사법경찰관이 법에서 정한 압수물폐기의 요건과 상관없이 임의로 압수물을 폐기하였어도, 이것이 적법절차원칙을 위반한 것은 아니다.

ㄹ. 범죄의 피의자로 입건된 사람이 경찰공무원이나 검사의 신문을 받으면서 자신의 신원을 밝히지 않고 지문채취에 불응하는 경우 그로 하여금 벌금, 과료, 구류의 형사처벌을 받도록 하고 있는 구 「경범죄 처벌법」의 조항은 적법절차원칙에 위배되지 않는다.

① ㄱ, ㄴ   ② ㄱ, ㄷ
③ ㄴ, ㄷ   ④ ㄷ, ㄹ

14 직업의 자유에 대한 설명 중 가장 옳지 않은 것은? (다툼이 있는 경우 판례에 의함)

① 법률사건의 수임에 관하여 알선의 대가로 금품을 제공하거나 이를 약속한 변호사를 형사처벌하는 구 「변호사법」 제109조 제2호 중 제34조 제2항 부분이 변호사의 직업수행의 자유를 침해하는 것은 아니다.

② 유골 500구 이상을 안치할 수 있는 사설봉안시설을 설치·관리하려는 자는 「민법」에 따라 봉안시설의 설치·관리를 목적으로 하는 재단법인을 설립하도록 하는 구 「장사 등에 관한 법률」 제15조 제3항 본문 중 '설치·관리하려는 자' 부분은 과잉금지원칙에 위반되어 직업의 자유를 침해하지 않는다.

③ 사회복무요원이 복무기관의 장의 허가 없이 다른 직무를 겸하는 것을 제한하는 「병역법」 제33조 제2항 본문 제4호는 직업의 자유를 침해하는 것이 아니다.

④ 성인대상 성범죄로 형을 선고받아 확정된 자는 그 형의 집행을 종료한 날부터 10년 동안 아동·청소년 관련 기관을 운영하거나 위 기관에 취업할 수 없도록 한 구 「아동·청소년의 성보호에 관한 법률」 제44조 제1항이 직업의 자유를 침해하는 것은 아니다.

15 대한민국 헌정사에 대한 설명으로 옳지 않은 것은?

① 1960년 제3차 헌법개정에서 선거의 공정한 관리를 위하여 독립된 헌법기관인 중앙선거관리위원회를 도입했고, 1962년 제5차 헌법개정에서 각급 선거관리위원회를 처음 규정하였다.

② 1962년 헌법은 인간의 존엄성에 관한 규정을, 1980년 헌법은 국가가 근로자의 적정임금의 보장에 노력하여야 할 의무와 환경권을, 1987년 헌법은 국가가 최저임금제를 시행할 의무를 처음으로 규정하였다.

③ 1980년 제8차 개정헌법에서 대통령은 대통령선거인단에서 무기명투표로 선거하였으며, 대통령의 임기는 7년 단임제 방식이었다.

④ 1980년 헌법 전문에서 대한민국 임시정부의 법통을 계승하도록 처음으로 규정하였다.

16 사법권 및 사법심사의 한계에 대한 설명으로 옳지 않은 것은? (다툼이 있는 경우 판례에 의함)

① 근무성적이 현저히 불량하여 판사로서 정상적인 직무를 수행할 수 없는 경우에 연임발령을 하지 않도록 규정한 구 「법원조직법」 조항은 사법의 독립을 침해한다고 볼 수 없다.

② 개성공단 전면중단 조치에 대해 사법심사가 배제되어야 하는 것은 아니다.

③ 독도 등을 중간수역으로 정한 '대한민국과 일본국 간의 어업에 관한 협정'은 어업에 관한 협정으로서 독도의 영유권문제나 영해문제와는 직접적인 관련을 가지지 아니하므로 헌법상 영토조항을 위반하였다고 할 수 없다.

④ 대통령이 한미연합 군사훈련의 일종인 2007년 전시증원연습을 하기로 한 결정도 통치행위에 해당한다고 볼 수 있다.

17 기본권에 대한 설명으로 옳지 않은 것은? (다툼이 있는 경우 판례에 의함)

① 어떠한 법령이 수범자의 직업의 자유와 행복추구권 양자를 제한하는 외관을 띠는 경우 두 기본권의 경합문제가 발생하는데, 보호영역으로서 직업이 문제되는 경우 직업의 자유와 행복추구권은 서로 특별관계에 있어 기본권의 내용상 특별성을 갖는 직업의 자유의 침해 여부가 우선하므로, 행복추구권 관련 위헌 여부의 심사는 배제된다고 보아야 한다.

② 아동·청소년 대상 성범죄의 재범을 방지하고 재범 시 수사의 효율성을 제고하기 위하여 등록대상자로 하여금 1년마다 사진을 제출하도록 형사처벌로 강제하는 것은 일반적행동자유권을 과도하게 제한하는 것이다.

③ 기본권을 제한하는 규정은 기본권행사의 '방법'에 관한 규제로써 공익을 실현할 수 있는가를 시도하고 이러한 방법으로는 공익 달성이 어렵다고 판단되는 경우에 비로소 그 다음 단계인 기본권행사의 '여부'에 관한 규제를 선택해야 한다.

④ 입법자가 변리사제도를 형성하면서 변리사의 업무범위에 특허침해소송의 소송대리를 포함하지 않은 것이 변리사의 직업의 자유를 침해하는 것은 아니다.

18 변호인의 조력을 받을 권리에 대한 설명으로 옳지 않은 것은? (다툼이 있는 경우 판례에 의함)

① 법원의 수사서류 열람·등사 허용 결정에도 불구하고 검사가 해당 수사서류의 등사를 거부한 것은 합리적인 이유가 있는 것으로 보아, 변호인의 조력을 받을 권리를 침해하지 아니한다.

② 교정시설 내 수용자와 변호사 사이의 접견교통권의 보장은 헌법상 보장되는 재판청구권의 한 내용 또는 그로부터 파생되는 권리로 볼 수 있다.

③ 구속 피고인의 변호인 면접·교섭권은 최대한 보장되어야 하지만, 국가형벌권의 적정한 행사와 피고인의 인권보호라는 형사소송절차의 목적을 구현하기 위하여 제한될 수 있다. 다만, 이 경우에도 그 제한은 엄격한 비례의 원칙에 따라야 하고, 시간·장소·방법 등 일반적 기준에 따라 중립적이어야 한다.

④ '변호인으로 선임된 자'뿐 아니라 '변호인이 되려는 자'의 접견교통권도 헌법상 기본권이므로 '변호인이 되려는 자'의 접견교통권 침해를 이유로 한 헌법소원 심판청구는 적법하다.

19 다음 각 사항에서 찬성을 위한 국회의 의결정족수 요건이 같은 것끼리 묶은 것은?

```
ㄱ. 법률안의 재의결
ㄴ. 국무총리·국무위원의 해임건의
ㄷ. 국회의원의 자격 없음 의결
ㄹ. 대통령 탄핵소추의결
ㅁ. 헌법개정안의 의결
ㅂ. 계엄의 해제요구
```

① ㄴ, ㅂ
② ㄴ, ㄷ, ㄹ
③ ㄱ, ㄹ, ㅁ
④ ㄱ, ㄷ, ㄹ, ㅂ

20 영장주의에 대한 설명으로 옳지 않은 것은? (다툼이 있는 경우 판례에 의함)

① 헌법상 영장주의는 신체에 대한 직접적이고 현실적인 강제력이 행사되는 경우에만 적용되므로 특별검사법상 참고인에 대한 동행명령조항과 같이 형벌에 의한 불이익을 통해 심리적·간접적으로 일정한 행위를 강요하는 것에는 영장주의가 적용되지 않는다.

② 「지방자치법」에 근거한 조례에 의하여 지방의회에서의 사무감사·조사를 위한 증인의 동행명령장을 지방의회 의장이 발부하는 것은 영장주의원칙에 위배된다.

③ 체포영장을 집행하는 경우 필요한 때에는 별도의 영장 없이 타인의 주거 등을 수색할 수 있도록 한 「형사소송법」 제216조 제1항 제1호 중 제200조의2는 영장주의원칙에 위배된다.

④ 수사단계가 아닌 공판단계에서 법관이 직권으로 영장을 발부하여 구속하는 경우에는 검사의 영장신청이 불필요하다.

21 국회의원의 지위와 권한에 대한 설명으로 옳지 않은 것은? (다툼이 있는 경우 판례에 의함)

① 국회의원은 현행범인인 경우를 제외하고는 회기 중 국회의 동의 없이 체포·구금되지 아니하는바, 여기서 회기 중이라 함은 집회일로부터 폐회일까지의 전(全) 기간을 말하기 때문에 휴회 중의 기간도 포함된다.

② 의원을 체포 또는 구금하기 위하여 국회의 동의를 얻으려고 할 때에는 관할 지방법원의 판사는 영장을 발부하기 전에 체포동의요구서를 대법원장에게 제출하여야 하며, 대법원장은 이를 수리한 후 지체 없이 그 사본을 첨부하여 국회에 체포동의를 요청하여야 한다.

③ 국회의원의 법률안 심의·표결권은 비록 헌법에는 명문규정이 없지만 의회민주주의 원리, 헌법 제40조, 헌법 제41조 제1항으로부터 당연히 도출되는 헌법상의 권한이다.

④ 「공직선거법」에 의하면 비례대표국회의원이 소속정당의 합당·해산 또는 제명 외의 사유로 당적을 이탈·변경하거나 2 이상의 당적을 가지고 있는 때에는 퇴직되지만, 비례대표국회의원이 국회의장으로 당선되어 「국회법」 규정에 의하여 당적을 이탈한 경우에는 그러하지 아니하다.

22 헌법소원심판의 적법요건 등에 대한 설명으로 옳지 않은 것은? (다툼이 있는 경우 판례에 의함)

① 헌법소원심판의 대상이 되는 행위는 국가기관의 공권력작용에 속하여야 하고, 여기서 국가기관은 입법·행정·사법 등의 모든 기관을 포함하며, 공법상의 사단, 재단 등의 공법인, 국립대학교와 같은 영조물 등의 작용도 헌법소원의 대상이 된다.

② 헌법소원심판은 헌법상 보장된 기본권이 공권력의 행사로 침해되었을 경우에만 청구할 수 있다.

③ 원행정처분에 대한 헌법소원심판청구를 받아들여 이를 취소하는 것은 원행정처분을 심판의 대상으로 삼았던 법원의 재판이 예외적으로 헌법소원심판의 대상이 되어 그 재판 자체가 취소되는 경우에 한한다.

④ 미결수용자에 대하여 재소자용 의류를 입게 한 행위에 대한 헌법소원심판 계속 중 청구인들이 석방되어 주관적인 권리보호이익이 소멸되었으나, 그러한 기본권 침해행위가 반복될 위험이 있고 그 해명이 헌법질서의 수호·유지를 위하여 긴요한 사항으로서 중대한 의미를 지니고 있으므로 심판청구의 이익이 인정된다.

23 헌법의 기본원리에 대한 설명으로 옳지 않은 것은? (다툼이 있는 경우 판례에 의함)

① 사회국가원리에서 도출되는 사회연대의 원칙은 사회보험에의 강제가입의무를 정당화하며, 재정구조가 취약한 보험자와 재정구조가 건전한 보험자 사이의 재정조정을 가능하게 한다.

② 우리 헌법의 전문과 본문에 담겨 있는 최고이념은 국민주권주의와 자유민주주의에 입각한 입헌민주헌법의 본질적 기본원리에 기초하며, 이는 헌법전을 비롯한 모든 법령해석의 기준이 되고, 입법형성권행사의 한계와 정책결정의 방향을 제시한다.

③ 부진정소급입법은 원칙적으로 허용되는 것이기 때문에 위헌여부심사에 있어서 진정소급입법과 달리 공익과 비교형량하여 판단할 필요가 없다는 것이 헌법재판소의 입장이다.

④ 우리나라는 건국헌법 이래 문화국가의 원리를 헌법의 기본원리로 채택하여 왔다. 문화국가원리는 국가의 문화국가실현에 관한 과제 또는 책임을 통하여 실현되는바, 국가의 문화정책과 밀접불가분의 관계를 맺고 있다.

24 탄핵심판에 대한 설명으로 옳지 않은 것은?

① 국회 탄핵소추사유에 대하여 별도의 조사를 하지 않았다거나 국정조사결과나 특별검사의 수사결과를 기다리지 않고 탄핵소추안을 의결하였다고 하여 그 의결이 헌법이나 법률을 위반한 것이라고 볼 수 없다.

② 탄핵소추의 발의가 있고 법제사법위원회에 회부하기로 의결하지 아니한 때에는 본회의에 보고된 때로부터 24시간 이후 72시간 이내에 탄핵소추의 여부를 무기명투표로 표결한다. 이 기간 내에 표결하지 아니한 때에는 그 탄핵소추안은 폐기된 것으로 본다.

③ 탄핵심판은 고위공직자가 권한을 남용하여 헌법이나 법률을 위반하는 경우 그 권한을 박탈함으로써 헌법질서를 지키는 헌법재판이고, 탄핵결정은 대상자를 공직으로부터 파면함에 그치고 형사상 책임을 면제하지 아니한다는 점에서 탄핵심판절차는 형사절차나 일반 징계절차와는 성격을 달리한다.

④ 탄핵소추의결서에서 그 위반을 주장하는 '법규정의 판단'에 관하여 헌법재판소는 원칙적으로 구속을 받으므로, 청구인이 그 위반을 주장하는 법규정 외에 다른 관련 법규정에 근거하여 탄핵의 원인이 된 사실관계를 판단할 수 없다.

25 종교의 자유에 대한 설명으로 옳지 않은 것은? (다툼이 있는 경우 판례에 의함)

① 공범이나 동일사건 관련자가 있는지 여부를 불문하고 미결수용자에 대하여만 일률적으로 종교행사 등에의 참석을 불허하는 것은 미결수용자의 종교의 자유를 나머지 수용자의 종교의 자유보다 더욱 엄격하게 제한하는 것으로서 미결수용자의 종교의 자유를 침해한다.

② 비과세소득조항이 종교인소득 중 과세대상이 아닌 부분을 법률로 정하지 않고 하위규범에 위임함으로써 종교인소득 중 과세대상이 되는 부분이 명확하지 않으므로, 종교인소득 과세조항은 조세법률주의에 위반되고, 이로 인해 종교인의 종교의 자유가 침해된다.

③ 특정 종교의 의식, 행사, 유형물이 우리 사회공동체 구성원들 사이에서 관습화된 문화요소로 인식되고 받아들여질 정도에 이르렀다면, 그에 대한 국가의 지원은 정교분리의 원칙에 위배되지 않는다.

④ 종교단체가 교육법상의 학교나 학원법상의 학원 형태가 아닌 교단 내부의 순수한 성직자 내지 교리자 양성기관을 운영하는 것은 종교의 자유에 비추어 방해받지 아니한다고 볼 것이나, 종교교육이 학교나 학원이라는 교육기관의 형태를 취할 경우에는 교육법이나 학원법상의 규정에 의한 규제를 받게 된다고 보아야 할 것이고, 종교교육이라고 해서 예외가 될 수 없다.

07회 실전동형모의고사
모바일 자동 채점 + 성적 분석 서비스
바로 가기 (gosi.Hackers.com)

QR코드를 이용하여 해커스공무원의 '모바일 자동 채점 + 성적 분석 서비스'로 바로 접속하세요!

* 해커스공무원 사이트의 가입자에 한해 이용 가능합니다.

07회 / Review

문항	정답	문제 키워드	출제 유형	난이도
01	②	변호인의 조력을 받을 권리	이론/판례/조문	●●○
02	①	형사보상청구권	이론/판례/조문	●●○
03	②	국적법	이론/판례/조문	●●○
04	①	감사원	이론/판례/조문	●●○
05	④	권한쟁의심판	이론/판례/조문	●●●
06	④	기본권의 주체	이론/판례/조문	●●○
07	④	헌법소원심판	이론/판례/조문	●●○
08	②	공무원, 공무담임권	이론/판례/조문	●●○
09	④	사법권의 독립	이론/판례/조문	●●○
10	④	언론의 자유	이론/판례/조문	●●●
11	①	평등권	이론/판례/조문	●●○
12	③	국회의 의사운영	이론/판례/조문	●○○
13	③	적법절차의 원칙	이론/판례/조문	●●○

문항	정답	문제 키워드	출제 유형	난이도
14	④	직업의 자유	이론/판례/조문	●●●
15	④	헌정사	이론/판례/조문	●○○
16	④	사법권, 사법심사	이론/판례/조문	●●○
17	②	기본권	이론/판례/조문	●●○
18	①	변호인의 조력을 받을 권리	이론/판례/조문	●●○
19	①	국회의 의결정족수	이론/판례/조문	●●○
20	①	영장주의	이론/판례/조문	●●○
21	②	국회의원의 지위·권한	이론/판례/조문	●●○
22	②	헌법소원심판	이론/판례/조문	●●○
23	③	헌법의 기본원리	이론/판례/조문	●●○
24	④	탄핵심판	이론/판례/조문	●●○
25	②	종교의 자유	이론/판례/조문	●●○

[출제 유형 & 난이도] 각 문항별 출제 유형(이론/판례/조문)과 난이도를 수록하였으니, 본인이 취약한 유형이나 고난도 문제만 풀어보는 등 학습 상황에 알맞게 활용하시기 바랍니다.

핵심지문 OX   07회 실전동형모의고사에서 꼭 되짚어야 할 핵심지문을 다시 확인해보시기 바랍니다.

01 국회는 그 의결로 감사원에 대하여 「감사원법」에 정한 감사원의 직무범위에 속하는 사항 중 사안을 특정하여 감사를 요구할 수 있다. 이 경우 감사원은 감사요구를 받은 날부터 3월 이내에 감사결과를 대통령에게 보고하여야 한다. (   )

02 대학의 교원인 공무원에게 정당가입의 자유를 허용하면서도 초·중등학교의 교원에게는 이를 금지하는 것은, 양자 간 직무의 본질이나 내용 그리고 근무 태양이 다른 점을 고려한 합리적인 차별이다. (   )

03 '법관이 그 품위를 손상하거나 법원의 위신을 실추시킨 경우'를 법관에 대한 징계사유로 규정하고 있는 구 「법관징계법」 제2조 제2호는 명확성원칙에 위배된다.

04 당사자에 대한 적절한 고지와 의견 및 자료 제출의 기회를 부여할 것이 적법절차원칙에서 도출할 수 있는 절차적 요청이라고 볼 수는 없다. (   )

05 1980년 헌법 전문에서 대한민국 임시정부의 법통을 계승하도록 처음으로 규정하였다. (   )

06 아동·청소년 대상 성범죄의 재범을 방지하고 재범시 수사의 효율성을 제고하기 위하여 등록 대상자로 하여금 1년마다 사진을 제출하도록 형사처벌로 강제하는 것은 일반적 행동자유권을 과도하게 제한하는 것이다. (   )

07 헌법소원심판은 헌법상 보장된 기본권이 공권력의 행사로 침해되었을 경우에만 청구할 수 있다. (   )

[정답] **01** × 국회에 보고하여야 한다. **02** ○ **03** × 위배되지 아니한다. **04** × 적법절차원칙에서 도출할 수 있는 가장 중요한 절차적 요청 중의 하나이다. **05** × 1987년 제9차 헌법개정에서 처음 규정하였다. **06** × 일반적 행동의 자유를 침해하지 아니한다. **07** × 공권력의 행사뿐만 아니라 불행사로 침해되는 경우에도 청구할 수 있다.

08회 실전동형모의고사

제한시간: 20분 | 시작 시 분 ~ 종료 시 분 점수 확인 [ ] 개/ 25개

01 다음 중 「공직선거법」상 선거운동을 할 수 없는 자는?

① 지방자치단체장 선거에서 해당 지방자치단체의 외국인등록대장에 올라 있는 영주의 체류자격 취득일 후 3년이 경과한 외국인
② 후보자의 직계비속인 18세 미만의 미성년자
③ 예비후보자의 배우자인 「국가공무원법」 제2조(공무원의 구분)에 규정된 국가공무원
④ 후보자의 직계존속으로 새마을운동협의회 상근직원

02 교육권과 교육을 받을 권리에 대한 설명으로 옳지 않은 것은? (다툼이 있는 경우 판례에 의함)

① 저소득학생 특별전형의 모집인원을 모두 수능위주전형으로 선발하도록 정한 서울대학교 2023학년도 대학 신입학생 입학전형 시행계획은 균등하게 교육을 받을 권리를 침해하지 않는다.
② 대학수학능력시험을 한국교육방송공사(EBS) 수능교재 및 강의와 연계하여 출제하기로 한 '2018학년도 대학수학능력시험 시행 기본계획'은 헌법 제31조 제1항의 능력에 따라 균등하게 교육을 받을 권리를 직접 제한한다고 보기는 어렵다.
③ 자율형 사립고등학교를 후기학교로 정하여 신입생을 일반고와 동시에 선발하도록 하는 것과 자율형 사립고등학교를 지원한 학생에게 평준화지역 후기학교에 중복지원할 수 없도록 한 것은 평등권을 침해한다.
④ 이른바 고교평준화지역에서 일반계 고등학교에 진학하는 학생을 교육감이 학교군별로 추첨에 의하여 배정하도록 하는 법령은 학부모의 자녀 학교선택권을 침해하는 것이 아니다.

03 양심의 자유에 대한 설명으로 옳지 않은 것은? (다툼이 있는 경우 헌법재판소 결정에 의함)

① 양심상의 결정이 양심의 자유에 의하여 보장되기 위해서는 어떠한 종교관·세계관 또는 그 외의 가치체계에 기초하고 있어야 한다.
② 양심의 자유에는 널리 사물의 시시비비나 선악과 같은 윤리적 판단에 국가가 개입해서는 안되는 내심적 자유는 물론, 이와 같은 윤리적 판단을 국가권력에 의하여 외부에 표명하도록 강제 받지 않는 자유, 즉 윤리적 판단사항에 관한 침묵의 자유까지 포괄한다.
③ 양심적 결정을 외부로 표현하고 실현할 수 있는 권리인 양심실현의 자유는 법률에 의하여 제한될 수 있는 상대적 자유다.
④ 헌법상 보호되는 양심은 어떤 일의 옳고 그름을 판단함에 있어서 그렇게 행동하지 아니하고는 자신의 인격적인 존재가치가 허물어지고 말 것이라는 강력하고 진지한 마음의 소리로서 절박하고 구체적인 양심을 말한다.

04 탄핵제도에 대한 설명으로 옳지 않은 것은? (다툼이 있는 경우 헌법재판소 결정에 의함)

① 피청구인에 대한 탄핵심판청구와 동일한 사유로 형사소송이 진행되고 있는 경우에는 재판부는 심판절차를 정지할 수 있다.
② 소추의결서가 송달된 때에는 피소추자의 권한행사는 정지되며, 임명권자는 피소추자의 사직원을 접수하거나 해임할 수 없다.
③ 탄핵소추의 발의가 있은 때에는 의장은 발의된 후 처음 개의하는 본회의에 보고하고, 본회의는 의결로 법제사법위원회에 회부하여 조사하게 할 수 있다.
④ 헌법재판소는 원칙적으로 탄핵소추기관인 국회의 탄핵소추의결서에 기재된 소추사유와 탄핵소추의결서에서 그 위반을 주장하는 법규정의 판단에 구속을 받는다.

05 헌법 영토조항(제3조)과 통일조항(제4조)에 대한 설명으로 옳지 않은 것은? (다툼이 있는 경우 헌법재판소 결정에 의함)

① 헌법상 통일 관련 조항으로부터 국민 개개인의 통일에 대한 기본권, 특히 국가기관에 대하여 통일을 위한 일정한 행동을 요구할 수 있는 권리가 도출되는 것은 아니다.

② 외교통상부 장관이 중국에 대해 간도협약의 무효를 주장하는 등 간도지역을 우리의 영토로 회복하기 위한 적극적인 행위를 하지 않고 있는 것은 국민의 영토권을 제한하는 것이어서 헌법소원의 대상이 되는 공권력 불행사에 해당된다.

③ 영토조항은 우리나라의 공간적인 존립기반을 선언하는 것인바, 영토변경은 우리나라의 공간적인 존립기반에 변동을 가져오고, 또한 국가적 법질서에도 변화를 가져옴으로써, 필연적으로 국민의 주관적 기본권에도 영향을 미치지 않을 수 없다.

④ 국가가 평화적 통일을 위해 힘써야 할 의무가 있음에도 불구하고 「남북교류협력에 관한 법률」에서 남한의 주민이 북한주민 등과 접촉하고자 할 때 통일부장관의 승인을 받도록 하는 것은 무절제한 경쟁적 접촉을 통한 남북관계의 저해를 예방하기 위한 것으로서 불가피한 것이기 때문에 헌법에 위반되지 않는다.

06 헌법재판소의 심판절차에 대한 설명 중 옳지 않은 것은?

① 재판부는 결정으로 다른 국가기관 또는 공공단체의 기관에 심판에 필요한 사실을 조회하거나, 기록의 송부나 자료의 제출을 요구할 수 있지만, 재판·소추 또는 범죄수사가 진행 중인 사건의 기록에 대하여는 송부를 요구할 수 없다.

② 전원재판부는 종국심리에 관여한 재판관과반수의 찬성으로 사건에 관한 결정을 한다. 다만, 법률의 위헌결정, 탄핵의 결정, 정당해산의 결정, 헌법소원의 인용결정을 하는 경우에는 재판관 6인 이상의 찬성이 있어야 한다.

③ 헌법소원심판에서 지정재판부는 지정재판부 재판관 전원의 일치된 의견에 의한 결정으로 심판청구를 각하한다. 헌법소원심판의 청구 후 30일 이후까지 각하결정이 없는 때에는 청구된 헌법소원은 재판부의 심판에 회부되지 않는다.

④ 헌법소원심판을 청구하려는 자가 변호사를 대리인으로 선임할 자력이 없는 경우에는 헌법재판소에 국선대리인을 선임하여 줄 것을 신청할 수 있다. 헌법재판소는 그 심판청구가 명백히 부적법하거나 이유 없는 경우 또는 권리의 남용이라고 인정되는 경우에는 국선대리인을 선정하지 아니할 수 있다.

07 다음 중 헌법재판소의 결정 내용으로 옳지 않은 것은?

① 가족 중 성년자가 예비군훈련 소집통지서를 예비군대원 본인에게 전달하여야 하는 의무를 위반한 행위를 형사처벌하는 것은 책임과 형벌 간의 비례원칙에 반하여 위헌이다.

② 음주운전 금지규정 위반 또는 음주측정거부 전력이 있는 사람이 다시 음주운전 금지규정 위반행위를 한 경우 또는 음주운전 금지규정 위반 전력이 있는 사람이 다시 음주측정거부행위를 한 경우를 가중처벌하는 「도로교통법」은 책임과 형벌 간의 비례원칙에 위반된다.

③ 근로조건의 향상을 위한 쟁의행위 가운데 적극적 행위를 수반하지 않는 집단적 노무제공 거부행위인 단순파업에 관한 부분도 '위력으로써 사람의 업무를 방해한 자'로 봐서 처벌하는 「형법」 제314조는 단체행동권을 침해한다.

④ 변호사 광고의 내용이나 방법 등을 규제하는 대한변호사협회의 '변호사 광고에 관한 규정' 중 '협회의 유권해석에 반하는 내용의 광고' 부분 등의 조항들은 변호사들의 표현의 자유와 직업의 자유를 침해하여 위헌이다.

08 위헌법률심판 및 「헌법재판소법」 제68조 제2항의 헌법소원심판에 대한 설명으로 옳은 것은? (다툼이 있는 경우 헌법재판소 결정에 의함)

① 제1심에서 위헌법률심판제청신청을 기각당한 소송당사자가 상소심에서 동일한 사유로 다시 제청신청을 하는 것은 적법하다.

② 법원이 당해 사건에 적용되는 법률에 대하여 헌법재판소에 위헌법률심판을 제청한 경우 헌법재판소는 해당 법률이 재판의 전제성이 있는지 여부에 관하여 당해 법원과 달리 판단할 수 있다.

③ 형벌조항에 대하여 위헌결정을 한 경우에는 원칙적으로 소급하여 그 효력이 상실되지만, 헌법재판소가 과거에 동일한 조항에 대해서 합헌결정을 한 경우에는 그 합헌결정이 있는 날로 소급하여 효력을 상실한다.

④ 「헌법재판소법」 제68조 제2항은 당해 법원에 의해 위헌법률심판제청신청이 기각된 법률조항에 대해서 헌법소원심판을 청구할 수 있다고 규정하므로, 당해 법원이 재판의 전제성을 부정하여 각하한 조항에 대해서는 위 헌법소원심판청구가 허용되지 않는다.

09 국회의원의 불체포특권에 대한 설명으로 옳지 않은 것은?

① 불체포특권은 체포되지 않을 특권일 뿐이지 범죄행위에 대한 형사상 책임 자체가 면제되는 것은 아니다.

② 현행범인 경우에는 국회의 회기 중이라고 하더라도 체포 또는 구금될 수 있다.

③ 국회의원의 불체포특권에 있어서 체포·구금에는 형사절차에 의한 체포·구금만 포함될 뿐 「경찰관 직무집행법」에 의한 보호조치 등과 같은 행정상의 절차에 의한 신체자유의 구속은 포함되지 않는다는 것이 통설이다.

④ 국회의원의 체포·구금에 대한 국회의 동의는 재적의원 과반수의 출석과 출석의원 과반수의 찬성으로 한다.

10 국회의 권한에 대한 다음 설명 중 옳은 것(○)과 옳지 않은 것(×)을 올바르게 조합한 것은? (다툼이 있는 경우 판례에 의함)

> ㄱ. 정부가 국채를 모집하거나 예산 외에 국가의 부담이 될 계약을 체결하려 할 때에는 정부는 미리 국회의 의결을 얻어야 한다.
> ㄴ. 국회는 국무총리 또는 국무위원의 해임을 대통령에게 요구할 수 있고, 그 요구가 재적의원 과반수의 찬성에 의한 경우에 대통령은 그 해임요구를 받아들여야 한다.
> ㄷ. 국회가 탄핵소추사유에 대하여 별도의 조사를 하지 않았다거나, 국정조사결과나 특별검사의 수사결과를 기다리지 않고 탄핵소추안을 의결하였다면 그 의결은 헌법이나 법률을 위반한 것이라고 볼 수 있다.
> ㄹ. 국회의원은 20인 이상의 찬성으로 회기 중 현안이 되고 있는 중요한 사항을 대상으로 정부에 대하여 질문을 할 것을 의장에게 요구할 수 있다.
> ㅁ. 국정조사를 위한 조사위원회는 조사의 목적, 조사할 사안의 범위와 조사방법 등이 포함된 조사계획서를 본회의에 제출하여 승인을 얻어야 하는데, 본회의는 조사계획서를 의결로써 승인하거나 반려할 수 있다.

① ㄱ(○), ㄴ(×), ㄷ(×), ㄹ(○), ㅁ(○)

② ㄱ(×), ㄴ(×), ㄷ(○), ㄹ(×), ㅁ(○)

③ ㄱ(○), ㄴ(○), ㄷ(○), ㄹ(×), ㅁ(×)

④ ㄱ(○), ㄴ(×), ㄷ(×), ㄹ(○), ㅁ(×)

11 표현의 자유와 언론·출판의 자유에 대한 설명 중 옳지 않은 것은? (다툼이 있는 경우 판례에 의함)

① 인터넷에 제3자의 표현물을 게시한 행위가 전체적으로 보아 단순히 그 표현물을 인용하거나 소개하는 것에 불과한 경우에는 명예훼손의 책임이 부정되고, 제3자의 표현물을 실질적으로 이용·지배함으로써 제3자의 표현물과 동일한 내용을 직접 적시한 것과 다름없다고 평가되는 경우에는 명예훼손의 책임이 인정되어야 할 것이다.

② 저작자 아닌 자를 저작자로 하여 실명·이명을 표시하여 저작물을 공표한 자를 처벌하는 「저작권법」 규정은 표현의 자유를 침해하지 않는다.

③ 「국가공무원 복무규정」 제8조의2 제2항 등은 "공무원이 직무를 수행할 때 정치적 주장을 표시 또는 상징하는 복장을 하거나 관련 물품을 착용해서는 아니 된다."라고 규정하고 있는바, 정치적 주장을 표시·상징하는 복장 등 관련 물품을 착용하는 행위는 복장 등 비언어적인 방법을 통해 정치적 의사표현을 행하는 것이라 할 수 있다.

④ 정당 후원회를 금지한 법률조항은 불법 정치자금 수수로 인한 정경유착을 막고 정당의 정치자금 조달의 투명성을 확보하여 정당 운영의 투명성과 도덕성을 제고하기 위한 것으로 입법목적의 정당성이 인정되고, 정당 후원회를 금지하더라도 정당에 대하여 재정적 후원을 할 수 있는 다른 방법이 마련되어 있으므로, 정당 활동의 자유와 정치적 표현의 자유를 과도하게 제한한다고 볼 수는 없다.

12 국회의 위원회제도에 대한 설명으로 옳지 않은 것은?

① 특별위원회의 위원장은 그 특별위원회의 동의를 받아 그 직을 사임할 수 있다. 다만, 폐회 중에는 의장의 허가를 받아 사임할 수 있다.

② 국회는 수개의 상임위원회 소관과 관련되거나 특히 필요하다고 인정한 안건을 효율적으로 심사하기 위하여 본회의의 의결로 특별위원회를 둘 수 있다.

③ 상임위원장은 당해 상임위원회에서 호선하고 본회의에 보고한다.

④ 위원회는 재적위원 5분의 1 이상의 출석으로 개회하고, 재적위원 과반수의 출석과 출석위원 과반수의 찬성으로 의결한다.

13 생명권에 대한 설명으로 옳지 않은 것은 몇 개인가? (다툼이 있는 경우 판례에 의함)

> ㄱ. 낙태죄 조항은 임부의 자기결정권과 태아의 생명권이 대립관계에 있으며 기본권 충돌 사안 중 하나이다.
> ㄴ. 국가가 생명을 보호하는 입법적 조치를 취함에 있어 인간생명의 발달단계에 따라 그 보호정도나 보호수단을 달리하는 것은 불가능하지 않다.
> ㄷ. 헌법재판소는 임신 제1삼분기(임신 14주 무렵까지)에는 사유를 불문하고 낙태가 허용되어야 하므로 자기낙태죄 규정에 대하여 단순위헌 결정을 하였다.
> ㄹ. 생명권의 제한은 곧 생명권의 본질적 내용에 대한 침해를 의미하며, 생명권은 헌법 제37조 제2항에 의한 일반적 법률유보의 대상이라 할 수 없다.

① 1개
② 2개
③ 3개
④ 4개

14 재판청구권에 대한 설명으로 가장 옳지 않은 것은?

① 소장·준비서면 그 밖의 소송기록에 의하여 청구가 이유 없음이 명백한 때 등 소송비용에 대한 담보제공이 필요하다고 판단되는 경우 피고의 신청을 전제로 법원으로 하여금 소송비용 담보제공 명령을 하도록 하는 것은 재판청구권을 침해하지 않는다.
② '민주화운동 관련자 명예회복 및 보상 심의위원회'의 보상금 등 지급결정에 동의한 때 재판상 화해의 성립을 간주함으로써 법관에 의하여 법률에 의한 재판을 받을 권리를 제한하는 법규정은 재판청구권을 침해하지 않는다.
③ 디엔에이감식시료채취영장 발부과정에서 형이 확정된 채취대상자에게 자신의 의견을 밝히거나 영장 발부 후 불복할 수 있는 절차 등에 관하여 규정하지 않은 것은 재판청구권을 침해하지 않는다.
④ 형사재판에서 사실·법리·양형과 관련하여 피고인이 자신에게 유리한 주장과 자료를 제출할 기회를 보장하는 것은 헌법이 보장한 '공정한 재판을 받을 권리'의 보호영역에 포함된다.

15 주민소환제도에 대한 설명으로 옳지 않은 것은? (다툼이 있는 경우 판례에 의함)

① 주민소환투표가 발의되어 공고되었다는 이유만으로 곧바로 주민소환투표 대상자의 권한행사가 정지되도록 한 것은 주민소환투표 대상자의 공무담임권을 침해하는 것이 아니다.
② 주민소환투표의 청구시 주민소환의 청구사유를 명시하지 아니하고 주민소환 청구사유의 진위 여부에 대한 확인을 규정하지 아니하고 있는 「주민소환에 관한 법률」 중 '지역선거구자치구의회의원' 관련 조항은 주민투표 대표자의 공무담임권을 침해하지 아니한다.
③ 주민소환제 자체는 지방자치의 본질적인 내용이라고 할 수 있으므로 이를 보장하지 않는 것은 위헌이고, 어떤 특정한 내용의 주민소환제를 보장해야 한다는 헌법적인 요구가 있다고 볼 수 있다.
④ 주민소환제는 주민의 참여를 적극 보장하고, 이로써 주민자치를 실현하여 지방자치에도 부합하므로, 이 점에서는 위헌의 문제가 발생할 소지가 없고, 제도적인 형성에 있어서도 입법자에게 광범위한 입법재량이 인정된다.

16 대통령 등에 대한 설명으로 옳은 것은? (다툼이 있는 경우 대법원 및 헌법재판소 판례에 의함)

① 공무원들이 직업공무원제에 의하여 신분을 보장받고 있다고 하더라도, 최종적인 인사권과 지휘감독권을 가지고 있는 대통령의 정치적 성향을 의식하지 않을 수 없으므로, 선거활동에 관하여 대통령의 정치활동의 자유와 선거중립의무가 충돌하는 경우에는 선거중립의무가 우선되어야 한다.
② 헌법 제84조는 "대통령은 내란 또는 외환의 죄를 범한 경우를 제외하고는 재직 중 형사상의 소추를 받지 아니한다."라고만 규정하고 있으므로, 대통령의 재직 중 공소시효의 진행은 당연히 정지되는 것으로 보기는 어렵다.
③ 법률은 국민의 권리의무에 중대한 영향을 끼치는 입법형식이므로 대통령의 법률안 제출행위는 국가기관 간의 내부적 행위라고 하기는 어렵고, 국민에 대하여 직접적 법률효과를 발생시키는 행위라고 할 수 있다.
④ 징역형의 집행유예와 벌금형이 병과된 상태에서 징역형의 선고효력을 상실시키는 특별사면이 된 경우 병과된 벌금형에 대하여도 사면의 효력이 미친다.

17 기본권에 대한 설명으로 옳지 않은 것은? (다툼이 있는 경우 판례에 의함)

① 조합 임원의 선출과 관련하여 후보자가 금품을 제공받는 행위를 금지하고 이에 위반한 경우 처벌하는 것은 일반적 행동자유권을 침해하지 않는다.

② 방송사 외부에 있는 자가 방송편성에 관계된 자에게 방송편성에 관해 특정한 요구를 하는 등의 방법으로, 방송편성에 관한 자유롭고 독립적인 의사결정에 영향을 미칠 수 있는 행위 일체를 금지하고 이를 위반한 자를 처벌하는 것은 시청자의 건전한 방송 비판 내지 의견제시까지 처벌대상으로 삼는 것으로 시청자들의 표현의 자유를 침해한다.

③ 사회복무요원이 대학에서 수학하는 행위를 제한하는 구 「병역법 시행령」 제65조의3 제4호 중 「고등교육법」 제2조 제1호의 '대학'에 관한 부분은 청구인의 교육을 통한 자유로운 인격발현권을 침해하지 않는다.

④ 개발부담금을 개발부담금 납부 고지일 후에 저당권 등으로 담보된 채권에 우선하여 징수할 수 있도록 한 「개발이익 환수에 관한 법률」 제22조 제2항이 재산권을 침해하는 것은 아니다.

18 개인정보자기결정권에 대한 설명으로 옳은 것은? (다툼이 있는 경우 판례에 의함)

① 변동신고조항 및 이를 위반할 경우 처벌하도록 정한 「보안관찰법」 제27조 제2항 중 제6조 제2항 전문에 관한 부분은 과잉금지원칙을 위반하여 청구인의 사생활의 비밀과 자유 및 개인정보자기결정권을 침해한다.

② 건강에 관한 정보는 민감정보에 해당하지만, 국민건강보험공단 이사장이 경찰서장의 요청에 따라 질병명이 기재되지 않은 수사대상자의 요양급여내역만을 제공한 행위 자체만으로는 수사대상자의 개인정보자기결정권이 침해되었다고 볼 수는 없다.

③ 교육감이 졸업생 관련 증명업무를 위해 졸업생의 성명, 생년월일 및 졸업일자에 대한 정보를 교육정보시스템에 보유하는 행위는 개인정보보호법제가 완비되지 않은 상황에서 그 보유의 목적과 수단의 적정성을 인정할 수 없어 졸업생의 개인정보자기결정권을 침해한다.

④ 「특정 범죄자에 대한 보호관찰 및 전자장치 부착 등에 관한 법률」에 의한 전자장치 부착기간 동안 다른 범죄를 저질러 구금된 경우, 그 구금기간이 부착기간에 포함되지 않는 것으로 규정한 위 법조항이 사생활의 비밀과 자유 혹은 개인정보자기결정권을 침해한다.

19 다음 사안에 대한 설명으로 옳지 않은 것은? (다툼이 있은 경우 판례에 의함)

청구인들은 일제에 의하여 강제로 동원되어 성적 학대를 받으며 '위안부'로서의 생활을 강요당한 일본군 '위안부' 피해자 및 생존한 일본군 '위안부' 피해자의 자녀이거나 사망한 일본군 '위안부' 피해자의 자녀이다.
청구인들은, 2015.12.28. 한국과 일본 외교장관회담 공동기자회견을 통해 발표된 합의 내용 [외교부장관(피청구인)과 일본 외무대신이 2015.12.28. 공동발표한 일본군 위안부 피해자 문제 관련 합의 내용]이 청구인들의 인간으로서의 존엄과 가치 등을 침해한다고 주장하며, 2016. 3.27. 위와 같은 합의 발표의 위헌확인을 구하는 이 사건 헌법소원심판을 청구하였다.

① 국제법적으로 조약은 국제법 주체들이 일정한 법률효과를 발생시키기 위하여 체결한 국제법의 규율을 받는 국제적 합의를 말하며 서면에 의한 경우가 대부분이지만 예외적으로 구두합의도 조약의 성격을 가질 수 있다.

② 일부 청구인들은 이 사건 심판청구 이후에 사망하였지만 불분명한 헌법문제의 해명, 피해반복의 위험 등을 이유로 심판의 이익이 있으며 사망한 청구인들에 대한 심판절차도 계속된다고 본다.

③ 조약과 비구속적 합의를 구분함에 있어서는 합의의 명칭, 합의가 서면으로 이루어졌는지 여부, 국내법상 요구되는 절차를 거쳤는지 여부와 같은 형식적 측면 외에도 합의의 과정과 내용·표현에 비추어 법적 구속력을 부여하려는 당사자의 의도가 인정되는지 여부, 법적 효과를 부여할 수 있는 구체적인 권리·의무를 창설하는지 여부 등 실체적 측면을 종합적으로 고려하여야 한다.

④ 대한민국 외교부장관과 일본국 외무부대신이 2015. 12.28. 공동발표한 일본군 위안부 피해자 문제 관련 합의는 헌법소원심판의 대상이 될 수 없는 합의이다.

20 직업공무원제도에 대한 설명으로 적절하지 않은 것은? (다툼이 있는 경우 판례에 의함)

① '공무원이 선거운동의 기획에 참여하거나 그 기획의 실시에 관여하는 행위'를 금지하는 「공직선거법」 조항은 '공무원의 지위를 이용하지 아니한 행위'에까지 적용하는 한 헌법에 위반한다.

② 공무원 임용 당시에는 연령정년에 관한 규정만 있었는데 사후에 계급정년규정을 신설하여 이를 소급적용하였더라도 헌법에 위배되지 않는다.

③ 국·공립학교 채용시험의 동점자 처리에서 국가유공자 등 및 그 유족·가족에게 우선권을 주도록 하고 있는 「국가유공자 등 예우 및 지원에 관한 법률」의 해당 조항에 의하여 일반 응시자들은 국·공립학교 채용시험의 동점자 처리에서 불이익을 당하며 이는 일반 응시자들의 공무담임권을 침해한다.

④ 공적 관심의 정도가 약한 4급 이상의 공무원들까지 대상으로 삼아 모든 질병명을 아무런 예외 없이 공개토록 한 것은 입법목적 실현에 치중한 나머지 사생활 보호의 헌법적 요청을 현저히 무시한 것으로 해당 공무원들의 사생활의 비밀과 자유를 침해하는 것이다.

21 헌법상 경제질서에 대한 설명으로 옳은 것은? (다툼이 있는 경우 판례에 의함)

① 헌법 제121조는 전근대적인 법률관계인 소작제도를 금지하고, 부재지주로 인하여 야기되는 농지이용의 비효율성을 제거하기 위한 경자유전의 원칙을 천명하고 있으므로 농지의 위탁경영은 허용되지 않는다.

② 소비자불매운동은 모든 경우에 있어서 그 정당성이 인정될 수는 없고, 헌법이나 법률의 규정에 비추어 정당하다고 평가되는 범위에 해당하는 경우에만 형사책임이나 민사책임이 면제된다.

③ 헌법 제119조는 기본권의 성질을 가지며, 헌법상 경제질서와 관련하여 위헌심사의 기준이 된다.

④ 「자동차운수사업법」상의 운송수입금 전액관리제로 인하여 사기업은 그 본연의 목적을 포기할 것을 강요받을 뿐만 아니라, 기업경영과 관련하여 국가의 광범위한 감독과 통제 및 관리를 받게 되므로, 위 전액관리제는 헌법 제126조의 '사영기업을 국유 또는 공유로 이전'하는 것에 해당한다.

22 죄형법정주의의 명확성원칙에 대한 설명으로 옳은 것을 모두 고른 것은? (다툼이 있는 경우 판례에 의함)

ㄱ. 건전한 상식과 통상적인 법감정을 가진 사람은 「군복 및 군용장구의 단속에 관한 법률」상 판매목적 소지가 금지되는 '유사군복'에 어떠한 물품이 해당하는지 예측할 수 있고, 유사군복을 정의한 조항에서 법 집행자에게 판단을 위한 합리적 기준이 제시되고 있으므로 '유사군복' 부분은 명확성원칙에 위반되지 아니한다.

ㄴ. 취소소송 등의 제기시 「행정소송법」 조항의 집행정지의 요건으로 규정한 '회복하기 어려운 손해'는 건전한 상식과 통상적인 법감정을 가진 사람이 심판대상조항의 의미내용을 파악하기 어려우므로 명확성원칙에 위배된다.

ㄷ. 「경범죄 처벌법」 제3조 제1항 제33호(과다노출) '여러 사람의 눈에 뜨이는 곳에서 공공연하게 알몸을 지나치게 내놓거나 가려야 할 곳을 내놓아 다른 사람에게 부끄러운 느낌이나 불쾌감을 준 사람'의 부분은 죄형법정주의의 명확성원칙에 위배된다.

ㄹ. 공중도덕상 유해한 업무에 취업시킬 목적으로 근로자를 파견한 사람을 형사처벌하도록 규정한 구 「파견근로자보호 등에 관한 법률」조항은 그 조항의 입법목적, 위 법률의 체계, 관련 조항 등을 모두 종합하여 보더라도 '공중도덕상 유해한 업무'의 내용을 명확히 알 수 없고, 위 조항에 관한 이해관계기관의 확립된 해석기준이 마련되어 있다거나, 법관의 보충적 가치판단을 통한 법문 해석으로 그 의미내용을 확인하기도 어려우므로 명확성원칙에 위배된다.

① ㄱ, ㄴ
② ㄴ, ㄷ
③ ㄱ, ㄷ, ㄹ
④ ㄱ, ㄴ, ㄹ

23 근로3권에 대한 설명으로 옳지 않은 것은?

① 노동조합은 근로의 권리의 주체가 될 수는 없지만, 근로3권의 주체가 될 수 있다.

② 단결권이란 근로자가 근로조건의 향상을 위하여 자주적인 단체를 결성하는 권리를 말하는데, 여기에서 근로자단체는 근로자의 계속적인 단체로서의 노동조합만을 의미하는 것이 아니라, 쟁의단과 같이 일시적인 단체도 가리킨다.

③ 타인과의 사용종속관계하에서 근로를 제공하고 그 대가로 임금 등을 받아 생활하는 사람은 「노동조합법」상 근로자에 해당하고, 「노동조합법」상의 근로자성이 인정되는 한, 그러한 근로자가 외국인인지 여부나 취업자격의 유무에 따라 「노동조합법」상 근로자의 범위에 포함되지 아니한다고 볼 수는 없다.

④ 「교원의 노동조합 설립 및 운영 등에 관한 법률」의 적용을 받는 교원의 범위를 초·중등학교에 재직 중인 교원으로 한정하고 있는 「교원의 노동조합 설립 및 운영 등에 관한 법률」 제2조는 전국교직원노동조합 및 해직 교원들의 단결권을 침해하는 것이다.

24 행정입법부작위에 대한 설명으로 옳지 않은 것은? (다툼이 있는 경우 판례에 의함)

① 법률이 세부적인 사항을 대통령령으로 정하도록 위임하였으나 대통령령이 아직 제정되지 않은 경우 이러한 행정입법부작위는 행정소송의 대상이 되지 않으므로 헌법소원심판의 대상이 된다.

② 하위 행정입법의 제정 없이 상위법령의 규정만으로 집행이 이루어질 수 있는 경우라 하더라도 상위법령에서 세부적인 사항을 하위 행정입법에 위임하고 있다면 하위 행정입법을 제정할 헌법적 작위의무가 인정된다.

③ 「국군포로의 송환 및 대우 등에 관한 법률」에서 예우의 신청, 기준, 방법 등에 필요한 사항은 대통령령으로 정한다고 규정하고 있으므로, 위임에 따른 대통령령을 제정하지 아니한 대통령의 행정입법부작위는 국군포로 가족의 명예권을 침해한다.

④ 행정입법의 진정입법부작위에 대한 헌법소원은 행정청에게 헌법에서 유래하는 행정입법의 작위의무가 있고 상당한 기간이 경과하였음에도 불구하고 행정입법의 제정권이 행사되지 않은 경우에 인정된다.

25 평등권 등에 대한 내용으로 옳지 않은 것은? (다툼이 있는 경우 판례에 의함)

① 국가를 상대로 한 당사자소송에는 가집행선고를 할 수 없도록 규정하고 있는 「행정소송법」 제43조는 평등원칙에 위배된다.

② 대통령선거경선후보자가 당내경선 과정에서 탈퇴함으로써 후원회를 둘 수 있는 자격을 상실한 때에 후원회로부터 후원받은 후원금 전액을 국고에 귀속하도록 하는 것은, 대통령선거경선후보자로서 선거 과정에 참여한 사람들이 중도에 포기할 자유를 중대하게 제약하므로 그들의 선거의 자유를 침해한다.

③ 피해자보호명령에 우편을 이용한 접근금지에 관한 규정을 두지 아니한 구 「가정폭력범죄의 처벌 등에 관한 특례법」 제55조의2 제1항은 평등원칙에 위반되지 않는다.

④ 외국인 산업 기술연수생이 사실상 노무를 제공하고 수당 명목의 금품을 수령하는 등 실질적인 근로관계에 있는 경우에도 「근로기준법」의 근로기준 중 주요 사항이 적용되지 않도록 하는 것은, 외국인 산업 기술연수생의 체류 목적이 '연수'로서 일반 외국인 근로자와 구별되고 사회적 기본권의 영역에서는 차별이 폭넓게 인정될 수 있다는 점에서 자의적인 차별이 아니다.

08회 Review

문항	정답	문제 키워드	출제 유형	난이도
01	②	선거운동	이론/판례/조문	●○○
02	③	교육권	이론/판례/조문	●○○
03	①	양심의 자유	이론/판례/조문	●●○
04	④	탄핵제도	이론/판례/조문	●●○
05	②	영토, 통일조항	이론/판례/조문	●●○
06	③	헌법재판소의 심판절차	이론/판례/조문	●●○
07	③	기본권의 침해	이론/판례/조문	●●●
08	②	위헌법률심판, 헌법소원심판	이론/판례/조문	●●○
09	③	국회의원의 불체포특권	이론/판례/조문	●○○
10	①	국회의 권한	이론/판례/조문	●●○
11	④	표현의 자유, 언론·출판의 자유	이론/판례/조문	●●○
12	③	국회의 위원회	이론/판례/조문	●●○
13	③	생명권	이론/판례/조문	●●○

문항	정답	문제 키워드	출제 유형	난이도
14	③	재판청구권	이론/판례/조문	●●○
15	③	주민소환제도	이론/판례/조문	●●○
16	①	대통령	이론/판례/조문	●●○
17	②	기본권	이론/판례/조문	●●○
18	①	개인정보자기결정권	이론/판례/조문	●●○
19	②	조약	이론/판례/조문	●●○
20	③	공무원제도	이론/판례/조문	●●○
21	②	헌법상 경제질서	이론/판례/조문	●●○
22	③	죄형법정주의	이론/판례/조문	●●○
23	④	근로3권	이론/판례/조문	●●○
24	②	입법부작위	이론/판례/조문	●●○
25	④	평등권	이론/판례/조문	●●●

[출제 유형 & 난이도] 각 문항별 출제 유형(이론/판례/조문)과 난이도를 수록하였으니, 본인이 취약한 유형이나 고난도 문제만 풀어보는 등 학습 상황에 알맞게 神용하시기 바랍니다.

핵심지문 OX

08회 실전동형모의고사에서 꼭 되짚어야 할 핵심지문을 다시 확인해보시기 바랍니다.

01 이른바 고교평준화지역에서 일반계 고등학교에 진학하는 학생을 교육감이 학교군별로 추첨에 의하여 배정하도록 하는 법령은 학부모의 자녀 학교선택권을 침해하는 것이 아니다. (   )

02 헌법재판소는 원칙적으로 탄핵소추기관인 국회의 탄핵소추의결서에 기재된 소추사유와 탄핵소추의결서에서 그 위반을 주장하는 법규정의 판단에 구속을 받는다. (   )

03 변호사 광고의 내용이나 방법 등을 규제하는 대한변호사협회의 '변호사 광고에 관한 규정' 중 '협회의 유권해석에 반하는 내용의 광고' 부분 등의 조항들은 변호사들의 표현의 자유와 직업의 자유를 침해하여 위헌이다. (   )

04 디엔에이감식시료채취영장 발부과정에서 형이 확정된 채취대상자에게 자신의 의견을 밝히거나 영장 발부 후 불복할 수 있는 절차 등에 관하여 규정하지 않은 것은 재판청구권을 침해하지 않는다. (   )

05 공무원 임용 당시에는 연령정년에 관한 규정만 있었는데 사후에 계급정년규정을 신설하여 이를 소급적용하였더라도 헌법에 위배되지 않는다. (   )

06 상임위원장은 당해 상임위원회에서 호선하고 본회의에 보고한다. (   )

07 행정입법의 진정입법부작위에 대한 헌법소원은 행정청에게 헌법에서 유래하는 행정입법의 작위의무가 있고 상당한 기간이 경과하였음에도 불구하고 행정입법의 제정권이 행사되지 않은 경우에 인정된다. (   )

[정답] **01** ○ **02** × 소추사유를 어떠한 연관관계에서 법적으로 고려할 것인가의 문제는 전적으로 헌법재판소의 판단에 달려있다. **03** ○ **04** × 재판청구권을 침해한다. **05** ○ **06** × 본회의에서 선거한다. **07** ○

09회 실전동형모의고사

제한시간: 20분 시작 시 분 ~ 종료 시 분 점수 확인 개/ 25개

01 헌법재판소의 심판대상에 대한 설명으로 옳지 않은 것은? (다툼이 있는 경우 판례에 의함)

① 헌법재판소는 위헌법률심판절차에서 제청법원이나 제청신청인이 주장하는 법적 관점과 심판대상 법률의 법적 효과를 고려하여 모든 헌법적 관점에서 법률의 위헌 여부를 심사한다.

② 헌법재판소는 '구법' 조항에 관하여 위헌결정을 선고하면서, 해당 조항과 자구상의 표현만 다를 뿐 그 실질적 내용이 동일한 '신법' 조항에 대하여까지 심판대상을 확장하여 판단하는 경우가 있다.

③ 법률조항 중 관련 사건의 재판에서 적용되지 않는 내용이 들어 있는 경우에도 제청법원이 단일 조문 전체를 위헌제청하고 그 조문 전체가 같은 심사척도가 적용될 위헌 심사대상인 때에는 그 조문 전체가 심판대상이 된다.

④ 행정처분에 대하여 행정소송을 제기하여 법원의 판결을 받는 등 구제절차를 모두 거쳤다면, 당해 행정처분을 심판대상으로 삼아 헌법소원을 제기한 것은 적법하다.

02 공무원제도에 대한 설명으로 옳은 것은? (다툼이 있는 경우 판례에 의함)

① 직업공무원제도에서 말하는 공무원은 국가 또는 공공단체와 근로관계를 맺고 이른바 공법상 특별권력관계 내지 특별행정법관계 아래 공무를 담당하는 것을 직업으로 하는 협의의 공무원뿐만 아니라 정치적 공무원과 임시적 공무원을 포함하는 것이다.

② 순경 공개경쟁채용 선발시험의 응시연령 상한을 30세 이하로 규정한 경찰공무원임용령 규정은 헌법에 위반되지 않는다.

③ 공무원이 수뢰죄를 범하여 금고 이상 형의 선고유예판결을 받은 경우에 당연퇴직사유로 한 것은 합헌이다.

④ 공무원의 범죄행위와 직무의 관련 유무를 묻지 않고 금고 이상의 형의 집행유예판결을 받은 것을 공무원의 당연퇴직사유로 규정한 법률조항은 헌법에 위반된다.

03 헌법 제27조의 재판을 받을 권리에 대한 설명으로 옳지 않은 것은? (다툼이 있는 경우 헌법재판소 결정에 의함)

① 소송을 대리한 변호사에게 당사자가 지급하였거나 지급할 보수는 대법원규칙이 정하는 금액의 범위 안에서 소송비용으로 인정한다고 규정한 「민사소송법」 제109조 제1항이 재판청구권을 침해하는 것은 아니다.

② 정의의 실현 및 재판의 적정성이라는 법치주의의 요청에 의해 재심제도의 규범적 형성에 있어서는 입법자의 형성적 자유가 축소된다.

③ 재판청구권에 상급심재판을 받을 권리나 사건의 경중을 가리지 않고 모든 사건에 대하여 반드시 대법원 또는 상급법원을 구성하는 법관에 의한 균등한 재판을 받을 권리가 포함되어 있다고 할 수는 없다.

④ 수형자가 출정하기 이전에 여비를 납부하지 않았거나 출정비용과 영치금과의 상계에 미리 동의하지 않았다는 이유로, 교도소장이 위 수형자의 행정소송 변론기일에 그의 출정을 제한한 것은, 형벌의 집행을 위하여 필요한 한도를 벗어나서 수형자의 재판청구권을 과도하게 침해한 것이다.

04 직업의 자유에 대한 제한 중 헌법에 위반되는 것은? (다툼이 있는 경우 판례에 의함)

① PC방 전체를 2년의 유예기간이 지난 뒤 전면금연구역으로 운영하도록 규제하는 것

② 성인대상 성범죄로 형을 선고받아 확정된 자는 그 형의 집행을 종료한 날부터 10년 동안 학원을 개설하거나 위 기관에 취업할 수 없도록 하는 것

③ 건설업 등록기준 중 자본금기준에 미달하여 영업정지처분을 받았던 건설업자가 3년 안에 다시 동일한 자본금기준에 미달한 경우 건설업 등록을 필요적으로 말소하도록 한 것

④ 청원경찰이 법원에서 자격정지의 형을 선고받은 경우 「국가공무원법」을 준용하여 당연퇴직하도록 한 것

05 조약의 국내법적 효력에 대한 설명으로 옳지 않은 것은? (다툼이 있는 경우 헌법재판소 결정에 의함)

① 남북사이의 화해와 불가침 및 교류협력에 관한 합의서는 신사협정에 불과하여 법률이나 조약이라고 볼 수 없다.

② 조약의 체결권은 대통령에게 있으나, 체결·비준에 앞서 국무회의 심의를 거쳐야 하며, 중요한 사항은 체결·비준에 앞서 국회동의를 얻어야 한다.

③ 대통령이 국회동의를 요하는 조약을 국회동의 없이 체결·비준한 경우에는 국회의원은 대통령을 상대로 조약에 대한 심의·의결권 침해를 이유로 권한쟁의 심판을 제기할 수 있다.

④ 헌법재판소는 강제노동폐지에 관한 국제노동기구(ILO)의 제105호 조약은 우리나라가 비준한 바 없고 헌법 제6조 제1항에서 말하는 일반적으로 승인된 국제법규로서 헌법적 효력을 갖는 것이라고 할 수 없다고 하였다.

06 국무위원과 행정각부의 장에 대한 설명으로 옳지 않은 것은?

① 행정각부의 장은 국무위원 중에서 임명해야 하므로, 행정각부의 장에 대한 임명에는 국무위원의 경우와 달리 국무총리의 제청이 별도로 요구되지 않는다.

② 국무위원은 국무총리의 제청으로 대통령이 임명하며, 군인도 현역을 면한 후에는 국무위원으로 임명될 수 있다.

③ 행정각부의 장은 소관사무에 관하여 법률이나 대통령령의 위임 또는 직권으로 부령을 발할 수 있으며, 소관사무에 관하여 지방행정의 장을 지휘·감독한다.

④ 국무위원은 국무회의 구성원으로서, 국무회의 의안 제출권, 대통령의 국법상 행위에 대한 부서권, 국회 출석·발언권 등을 가진다.

07 법치국가의 원리 등에 대한 설명으로 옳지 않은 것은? (다툼이 있는 경우 판례에 의함)

① 검사에 대한 징계사유 중 하나인 '검사로서의 체면이나 위신을 손상하는 행위를 하였을 때'의 의미는 그 포섭범위가 지나치게 광범위하므로 명확성의 원칙에 반하여 헌법에 위배된다.

② 단순히 법인이 고용한 종업원 등이 업무에 관하여 범죄행위를 하였다는 이유만으로 법인에 대하여 형사처벌을 과하는 것은 헌법상 법치국가원리 및 죄형법정주의로부터 도출되는 책임주의원칙에 반하여 헌법에 위배된다.

③ 업무상 재해에 통상 출퇴근 재해를 포함시키는 개정 법률조항이 개정법 시행 후 최초로 발생하는 재해부터 적용하도록 하는 것은 헌법상 평등의 원칙에 위반된다.

④ 1년 이상의 유예기간을 두고 기존에 자유업종이었던 인터넷컴퓨터게임시설제공업에 대하여 등록제를 도입하고 등록하지 않으면 영업을 할 수 없도록 하는 것은 신뢰보호의 원칙에 위배된다고 할 수 없다.

08 법원에 대한 설명으로 옳지 않은 것은?

① 법관이 중대한 신체상 또는 정신상의 장해로 직무를 수행할 수 없을 때에는, 대법관인 경우에는 대법원장의 제청으로 대통령이 퇴직을 명할 수 있고, 판사인 경우에는 인사위원회의 심의를 거쳐 대법원장이 퇴직을 명할 수 있다.

② 상급법원의 재판에 있어서의 판단은 동종 사건에 관하여 하급심을 기속하는 것이므로, 하급심은 사실판단이나 법률판단에 있어서 상급심의 선례를 존중하여야 한다.

③ 법관이 대법원장의 징계처분에 대하여 불복하려는 경우에는 징계처분이 있음을 안 날부터 14일 이내에 전심 절차를 거치지 아니하고 대법원에 징계처분의 취소를 청구하여야 한다.

④ 특정 사안에 있어 법관으로 하여금 증거조사에 의한 사실판단도 하지 말고, 최초의 공판기일에 공소사실과 검사의 의견만을 듣고 형을 선고하라는 것은 권력분립원칙에 어긋나는 것이다.

09 다음 중 통합진보당 해산결정사건(헌재 2014.12.19. 2013 헌다1)의 판시 내용과 다른 것은?

① 민주 사회에서 정당의 자유가 지니는 중대한 함의나 정당해산심판제도의 남용가능성 등을 감안한다면, 헌법 제8조 제4항의 민주적 기본질서는 최대한 엄격 하고 협소한 의미로 이해해야 한다.

② 정당대표나 주요 관계자의 행위라 하더라도 개인적 차원의 행위에 불과한 것이라면 이러한 행위에 대해 서까지 정당해산심판의 심판대상이 되는 활동으로 보기는 어렵다.

③ 정당의 목적이나 활동 중 어느 하나라도 민주적 기 본질서에 위배된다면 정당해산의 사유가 될 수 있다 고 해석된다.

④ 오늘날 각국의 헌법이 유사한 내용으로 제정되고 세 계적으로 입헌주의의 전개 양상이 개별 국가들 간에 보편적 가치를 공유하는 모습으로 평균화되어 나타 나는 것이 일반적인 추세이므로 정당해산심판에서도 입헌주의의 보편적 원리를 기준으로 심판해야 하고, 남북한의 분단상황 등을 고려해서는 아니 된다.

10 변호인의 조력을 받을 권리에 대한 설명으로 가장 옳지 않은 것은?

① 변호인의 조력을 받을 권리는 형사절차에서 피의자 또는 피고인의 방어권 보장을 위한 것으로서 「출입 국관리법」상 보호 또는 강제퇴거의 절차에도 적용되 는 것은 아니다.

② 변호인의 수사기록 열람·등사에 대한 지나친 제한 은 피고인에게 보장된 변호인의 조력을 받을 권리를 침해하는 것이다.

③ '변호인으로 선임된 자'뿐 아니라 '변호인이 되려는 자'의 접견교통권도 헌법상 기본권이므로 '변호인이 되려는 자'의 접견교통권 침해를 이유로 한 헌법소원 심판청구는 적법하다.

④ 헌법상 보장되는 '변호인의 조력을 받을 권리'는 변 호인의 '충분한 조력'을 받을 권리를 의미하므로, 일 정한 경우 피고인에게 국선변호인의 조력을 받을 권 리를 보장하여야 할 국가의 의무에는 형사소송절차 에서 단순히 국선변호인을 선정하여 주는 데 그치지 않고 한 걸음 더 나아가 피고인이 국선변호인의 실 질적인 조력을 받을 수 있도록 필요한 업무 감독과 절차적 조치를 취할 책무까지 포함된다고 할 것이다.

11 국회의 운영에 대한 설명으로 옳지 않은 것은?

① 국회는 방송제도를 운용하거나 인터넷 등 정보통신 망을 통하여 중계방송을 하는 경우 장애인에 대한 원활한 정보 제공을 위하여 국회규칙으로 정하는 바 에 따라 한국수어·폐쇄자막·화면해설 등을 제공하 여야 한다.

② 국회의 회의는 의장이 국가의 안전보장을 위하여 필 요하다고 인정할 때에는 공개하지 아니할 수 있다.

③ 중요한 안건으로서 국회의장의 제의 또는 국회의원 의 동의로 본회의의 의결이 있거나 재적의원 5분의 1 이상의 요구가 있을 때에는 기명·호명 또는 무기 명투표로 표결한다.

④ 의장은 국회의 운영의 책임자이기에 의원들 간의 토 론을 진행시킬 수는 있으나 본인이 직접 토론에 참 가할 수는 없다.

12 기본권 보호의무에 대한 헌법재판소의 입장과 일치하지 않는 것은?

① 원전 건설을 내용으로 하는 전원개발사업 실시계획 에 대한 승인권한을 다른 전원개발과 마찬가지로 산 업통상자원부장관에게 부여하는 법률조항은 국민의 생명·신체의 안전에 관한 국가의 보호의무를 위반 한 것이 아니다.

② 헌법 제35조 제1항은 국가와 국민에게 환경보전을 위하여 노력하여야 할 의무를 부여하고 있고, 환경침 해는 사인에 의해서도 빈번하게 유발되고 있으며 생 명·신체와 같은 중요한 기본권의 법익 침해로 이어 질 수 있다는 점에서 국가는 사인인 제3자에 의한 환경권 침해에 대해서도 기본권 보호조치를 취할 의 무를 진다.

③ 가축사육시설의 환경이 지나치게 열악할 경우 그러 한 시설에서 사육되고 생산된 축산물을 섭취하는 인 간의 건강도 악화될 우려가 있으므로, 국가로서는 건 강하고 위생적이며 쾌적한 시설에서 가축을 사육할 수 있도록 필요한 적절하고도 효율적인 조치를 취함 으로써 소비자인 국민의 생명·신체의 안전에 관한 기본권을 보호할 구체적인 헌법적 의무가 있다.

④ 업무상 과실 또는 중과실로 인한 교통사고로 말미암 아 피해자로 하여금 중상해에 이르게 한 경우에도 일정한 보험에 가입한 운전자에 대하여 공소를 제기 할 수 없도록 한 것은 기본권 보호의무에 위배된다.

13 헌법소원에 대한 설명으로 옳지 않은 것은? (다툼이 있는 경우 판례에 의함)

① 「헌법재판소법」 제68조 제2항 소정의 헌법소원은 그 본질이 헌법소원이라기보다는 위헌법률심판이므로 「헌법재판소법」 제68조 제1항 소정의 헌법소원에서 요구되는 보충성의 원칙은 적용되지 아니한다.

② 교정시설 내 과밀수용행위를 다투고 있는 수형자가 형기만료로 이미 석방되었으므로, 심판청구가 인용되더라도 그 권리구제는 불가능한 상태이고, 그 침해가 계속 반복될 우려가 없어 심판의 이익을 인정할 수 없다.

③ 「담배사업법」에 따른 담배의 제조 및 판례는 비흡연자들이 간접흡연을 하게 되는 데 있어 간접적이고 2차적인 원인이 된 것에 불과하여, 담배의 제조 및 판매에 관하여 규율하는 「담배사업법」에 대해 간접흡연의 피해를 주장하는 임신 중인 자의 기본권 침해의 자기관련성을 인정할 수 없다.

④ 법률 자체에 의한 직접적인 기본권 침해 여부가 문제되었을 경우에는 다른 권리구제절차를 거치지 않더라도 바로 헌법소원을 제기할 수 있다.

14 다음 중 위임입법에 대한 설명으로 옳지 않은 것은? (다툼이 있는 경우 판례에 의함)

① 법률에서 명시적으로 규정된 제재보다 더 가벼운 것을 하위 규칙에서 규정한 경우라 하더라도 만일 그것이 기본권 제한적 효과를 지니게 된다면, 이는 행정법적 법률유보원칙의 위배 여부에도 불구하고 헌법 제37조 제2항에 따라 엄격한 법률적 근거를 지녀야 한다.

② 헌법 제75조는 입법권을 행정부에 위임하는 경우에 한정하여 위임의 명확성을 요청하므로 헌법 제75조의 포괄위임금지원칙은 대법원규칙에는 적용되지 않는다.

③ 제1종 특수면허 없이 자동차를 운전한 경우 무면허운전죄로 처벌하면서 제1종 특수면허로 운전할 수 있는 차의 종류를 부령에 위임한 법률조항은 포괄위임금지원칙에 위배된다고 할 수 없다.

④ 일정한 권리에 관하여 법률이 규정한 존속기간을 뜻하는 제척기간은 권리관계를 조속히 확정시키기 위하여 권리의 행사에 중대한 제한을 가하는 것이므로 모법인 법률에 의한 위임이 없는 한 시행령이 함부로 제척기간을 규정할 수는 없다.

15 다음의 사례와 관련된 헌법재판소의 결정 내용으로 옳지 않은 것은?

> 「부정청탁 및 금품 등 수수의 금지에 관한 법률」(이하 '청탁금지법'이라 한다)은 2015.3.27. 공포되었고 2016.9.28.부터 시행될 예정이다.
>
> 청구인 사단법인 한국기자협회는 전국의 신문·방송·통신사 소속 기자 1만 여명을 회원으로 하는 언론단체이며, 청구인 강○업은 대한변호사협회의 공보이사, 청구인 박○연은 대한변협신문의 편집인이었다. 청구인들은 청탁금지법 법률안이 국회 본회의에서 가결되자, ⓐ「언론중재 및 피해구제에 관한 법률」 제2조 제12호에 따른 언론사를 '공공기관'으로 정의한 청탁금지법안 제2조 제1호 마목, ⓑ 공직자 등에 대한 부정청탁을 금지하는 청탁금지법안 제5조, ⓒ 배우자가 공직자 등의 직무와 관련하여 제8조 제1항 또는 제2항에 따라 공직자 등이 받는 것이 금지되는 금품 등(이하 '금품 등'이라 한다)을 받은 사실을 안 경우 공직자 등에게 신고의무를 부과하고, 미신고시 형벌 또는 과태료를 부과하도록 규정한 청탁금지법안 제9조 제1항 제2호, 제22조 제1항 제2호, 제23조 제5항 제2호가 청구인들의 언론의 자유, 양심의 자유, 평등권 등 기본권을 침해한다고 주장하며 2015.3.5. 이 사건 헌법소원심판을 청구하였다.

① 사단법인 한국기자협회가 그 구성원인 기자들을 대신하여 헌법소원을 청구할 수도 없으므로, 위 청구인의 심판청구는 기본권 침해의 자기관련성을 인정할 수 없어 부적법하다.

② 청탁금지법은 금지명령의 형태로 청구인들에게 특정 행위를 금지하거나 법적 의무를 부과하여 청구인들이 하고 싶지 않은 일을 강요하고 있으므로, 청구인들의 일반적 행동자유권을 제한하지만 과잉금지원칙에 위배되는 것은 아니다.

③ 청탁금지법에 의해 언론의 자유가 직접 제한되는 것은 사실이지만 과잉금지원칙에 위배되는 것은 아니다.

④ 청탁금지법의 신고조항과 제재조항은 배우자가 수수 금지 금품 등을 받거나 그 제공의 약속 또는 의사표시를 받았다는 객관적 사실 즉, 배우자를 통해 부적절한 청탁을 시도한 사람이 있다는 것을 고지할 의무를 부과할 뿐이므로, 청구인들의 양심의 자유를 직접 제한한다고 볼 수 없다.

16 공무담임권에 대한 설명으로 가장 옳지 않은 것은? (다툼이 있는 경우 판례에 의함)

① 특별시장·광역시장·특별자치시장·도지사·특별자치도지사 선거의 예비후보자를 후원회지정권자에서 제외하고 있는 「정치자금법」 제6조 제6호 부분이 청구인들의 공무담임권을 침해하는 것이다.

② 국립대학 총장후보자에 지원하려는 사람에게 접수시 1,000만원의 기탁금을 납부하도록 하고, 지원서 접수 시 기탁금 납입 영수증을 제출하도록 하는 것은 총장후보자에 지원하려는 자의 공무담임권을 침해한다.

③ 채용 예정 분야의 해당 직급에 근무한 실적이 있는 군인을 전역한 날부터 3년 이내에 군무원으로 채용하는 경우 특별채용시험으로 채용할 수 있도록 하는 것은 현역 군인으로 근무했던 전문성과 경험을 즉시 군무원업무에 활용하기 위한 것으로 청구인의 공무담임권을 침해하지 않는다.

④ 금고 이상의 형의 선고유예를 받고 그 기간 중에 있는 자를 임용결격사유로 삼고, 위 사유에 해당하는 자가 임용되더라도 이를 당연무효로 하는 것은 공직에 대한 국민의 신뢰를 보장하고 공무원의 원활한 직무수행을 도모하기 위한 것으로 청구인의 공무담임권을 침해하지 않는다.

17 각종 선거와 표현의 자유에 대한 설명으로 옳지 않은 것은? (다툼이 있는 경우 판례에 의함)

① 선거기간 중 선거에 영향을 미치게 하기 위한 집회나 모임을 금지하는 것은 집회의 자유, 정치적 표현의 자유를 침해한다.

② 새마을금고의 임원선거와 관련하여 법률에서 정하고 있는 방법 외의 방법으로 선거운동을 할 수 없도록 하고 이를 위반한 경우 형사처벌 하도록 정하고 있는 「새마을금고법」 규정은 표현의 자유를 침해하지 않는다.

③ 지역농협 이사 선거의 경우 전화·컴퓨터통신을 이용한 지지·호소의 선거운동방법을 금지하고, 이를 위반한 자를 처벌하는 구 「농업협동조합법」 조항은 해당 선거 후보자의 표현의 자유를 침해하지 않는다.

④ 사람을 비방할 목적으로 정보통신망을 통하여 공공연하게 거짓의 사실을 드러내어 다른 사람의 명예를 훼손한 자를 형사처벌하는 것은 표현의 자유를 침해하지 않는다.

18 대통령의 사면권 행사에 대한 설명으로 옳지 않은 것을 모두 고르면? (다툼이 있는 경우 헌법재판소 결정에 의함)

ㄱ. 복권은 형의 집행이 끝나지 아니한 자 또는 집행이 면제되지 아니한 자에 대하여는 하지 아니한다.

ㄴ. 협의의 사면이라 함은 「형사소송법」이나 그 밖의 형사법규의 절차에 의하지 아니하고, 형의 선고의 효과 또는 공소권을 소멸시키거나 형집행을 면제시키는 국가원수의 특권을 의미한다. 넓은 의미의 사면은 협의의 사면은 물론이고 감형과 복권까지 포괄하는 개념이다.

ㄷ. 특별사면에 의하여 유죄판결의 선고가 그 효력을 상실하게 되었다면 이미 재심청구의 대상이 존재하지 아니하여 그러한 판결이 여전히 유효하게 존재함을 전제로 하는 재심청구는 부적법하다.

ㄹ. 전두환, 노태우 전 대통령에 대한 특별사면 위헌확인 사건에서 헌법재판소는 일반국민이 특별사면으로 인하여 자신의 법적 이익 또는 권리를 직접적으로 침해당했기 때문에 헌법소원심판 청구의 적법성을 인정했다.

ㅁ. 특별사면이라 함은 이미 형의 선고를 받은 특정인에 대하여 형의 집행을 면제하는 것을 말한다.

① ㄱ
② ㄷ
③ ㄴ, ㅁ
④ ㄷ, ㄹ

19 헌법 제72조의 국민투표권에 대한 설명으로 옳지 않은 것은? (다툼이 있는 경우 헌법재판소 결정에 의함)

① 국민에게 특정의 국가정책에 관하여 국민투표에 회부할 것을 대통령에게 요구할 권리가 인정된다고 할 수 없다.

② 헌법은 대의민주주의를 기본으로 하고 있어 중요 정책에 관한 사항이라 하더라도 반드시 국민의 직접적인 의사를 확인하여 결정해야 하는 것은 아니다.

③ 특정의 국가정책에 대하여 다수의 국민들이 국민투표를 원할 경우 대통령이 국민투표에 회부하지 아니하더라도 이를 헌법에 위반된다고 할 수 없다.

④ 「국민투표법」 조항이 정치 참여 요구의 진지성·밀접성 등을 고려하여 주민등록이나 국내거소신고를 한 국민에게만 국민투표권을 인정한 것은 입법부의 합리적인 입법형성의 재량범위 내에 있다.

20 인간다운 생활을 할 권리에 대한 설명으로 가장 옳지 않은 것은?

① 헌법 제34조 제1항이 보장하는 인간다운 생활을 할 권리는 사회권적 기본권의 일종으로서 인간의 존엄에 상응하는 최소한의 물질적인 생활의 유지에 필요한 급부를 요구할 수 있는 권리를 의미한다.

② 인간다운 생활을 보장하기 위한 객관적인 내용의 최소한을 보장하고 있는지 여부는 특정한 법률에 의한 생계급여만을 가지고 판단하여서는 안 되고, 다른 법령에 의거하여 국가가 최저생활보장을 위하여 지급하는 각종 급여나 각종 부담의 감면 등을 총괄한 수준으로 판단하여야 한다.

③ 구치소·치료감호시설에 수용 중인 자에 대하여 「국민기초생활 보장법」에 의한 중복적인 보장을 피하기 위하여 개별가구에서 제외하기로 한 입법자의 판단이 헌법상 용인될 수 있는 재량의 범위를 일탈하여 인간다운 생활을 할 권리를 침해한다고 볼 수 없다.

④ 직장가입자가 소득월액보험료를 일정 기간 이상 체납한 경우 그 체납한 보험료를 완납할 때까지 국민건강보험공단이 그 가입자 및 피부양자에 대하여 보험급여를 실시하지 아니할 수 있도록 한 구 「국민건강보험법」 제53조 제3항 제1호는 해당 직장가입자의 인간다운 생활을 할 권리를 침해하는 것이다.

21 위헌법률심판에 대한 설명으로 옳지 않은 것은? (다툼이 있는 경우 판례에 의함)

① 불처벌의 특례를 규정한 형벌규정에 대한 위헌결정에는 소급효가 인정되지 않는다.

② 법률조항 중 관련 사건의 재판에서 적용되지 않는 내용이 들어있는 경우에도 제청법원이 단일 조문 전체나 기타 관련 부분을 위헌제청하고 그 관련 부분 등이 동일한 심사척도가 적용될 위헌심사대상인 경우 그 관련 부분 전체가 심판대상이 될 수 있다.

③ 위헌 여부가 문제되는 법률이 재판의 전제성 요건을 갖추고 있는지의 여부는 헌법재판소가 별도로 독자적인 심사를 하는 것이 원칙이다.

④ 유신헌법하의 긴급조치도 위헌법률심판의 대상이 된다는 것이 헌법재판소의 입장이다.

22 통신의 자유에 대한 설명으로 옳지 않은 것은? (다툼이 있는 경우 판례에 의함)

① 검사, 사법경찰관 또는 정보수사기관의 장은 긴급통신제한조치의 집행에 착수한 때부터 36시간 이내에 법원의 허가를 받지 못한 경우에는 해당 조치를 즉시 중지하고 해당 조치로 취득한 자료를 폐기하여야 한다.

② 익명휴대전화를 이용하는 자들이 언제나 범죄의 목적을 가진다고 볼 수 없고 익명통신은 도덕적으로 중립적이므로, 익명휴대전화를 금지하기 위해 이동통신서비스 가입시 본인확인절차를 거치도록 한다면 그 규정은 정당한 입법목적을 가지고 있다고 볼 수 없으므로 개인정보자기결정권을 침해한다.

③ 피청구인 교도소장이 법원, 검찰청 등이 청구인에게 보낸 문서를 열람한 행위는 청구인의 통신의 자유를 침해한다고 볼 수 없다.

④ 화상접견시스템이라는 전기통신수단을 이용하여 마약류사범인 미결수용자와 변호인이 아닌 접견인 사이의 접견내용을 모두 녹음·녹화하는 것은 미결수용자의 통신의 비밀을 침해하지 않는다.

23 평등원칙에 대한 설명으로 옳은 것은? (다툼이 있는 경우 판례에 의함)

① 비례의 원칙에 의한 평등심사는 문제의 차별적 취급으로 인하여 관련 기본권에 대한 중대한 제한이 초래되는 경우에 하는 심사방식으로서, 광범위한 입법형성권을 인정하는 심사방식이다.

② 가사사용인에 대해서는 「근로자퇴직급여 보장법」을 적용하지 않도록 한 것은 평등원칙에 위배된다.

③ 자율형사립고 지원자에게 평준화 지역 후기학교에 대한 중복지원을 금지하는 것이 학생 및 학부모의 평등권을 침해한다고 할 수 없다.

④ 중혼(重婚)의 취소청구권자로 직계존속과 4촌이내의 방계혈족을 규정하면서도 직계비속을 제외하는 「민법」 규정에 관한 평등원칙 위반 여부에 대한 판단은 자의금지원칙 위반 여부를 심사하는 것으로 족하다.

24 「국회법」에 대한 설명으로 옳지 않은 것은 모두 몇 개인가?

> ㄱ. 위원장은 위원회(소위원회는 제외한다) 회의가 종료되면 그 다음 날까지 소속 위원의 회의 출석 여부를 국회공보 또는 인터넷 홈페이지 등에 게재하는 방법으로 공개하여야 한다.
> ㄴ. 상임위원회는 3월·5월(폐회 중에 한정한다)의 세 번째 월요일부터 한 주간 정례적으로 개회(이하 '정례회의'라 한다)한다. 다만, 국회운영위원회에 대해서는 이를 적용하지 아니하고, 정보위원회는 3월·5월에 월 1회 이상 개회한다.
> ㄷ. 위원회(소위원회는 제외한다)는 매월 2회 이상 개회한다. 국회운영위원회, 정보위원회, 여성가족위원회, 특별위원회 및 예산결산특별위원회의 경우에는 위원장이 개회 횟수를 달리 정할 수 있다.
> ㄹ. 소위원회는 폐회 중에도 활동할 수 있으며, 법률안을 심사하는 소위원회는 매월 3회 이상 개회한다.
> ㅁ. 2월·3월·4월·5월 및 6월 1일과 8월 16일에 임시회를 집회한다. 다만, 국회의원 총선거가 있는 경우 임시회를 집회하지 아니하며, 집회일이 공휴일인 경우에는 그 다음 날에 집회한다.

① 0개
② 1개
③ 2개
④ 3개

25 위헌성 심사기준에 대한 헌법재판소의 입장과 일치하지 않는 것은?

① 국가가 인간다운 생활을 보장하기 위한 헌법적 의무를 다하였는지의 여부가 사법적 심사의 대상이 된 경우에는 국가가 생계보호에 관한 입법을 전혀 하지 아니하였다든가 그 내용이 현저히 불합리하여 헌법상 용인될 수 있는 재량의 범위를 명백히 일탈한 경우에 한하여 헌법에 위반된다고 할 수 있다.

② 체계정당성 위반 자체가 바로 위헌이 되는 것은 아니고 비례의 원칙이나 평등원칙 위반 내지 입법의 자의금지 위반 등의 위헌성을 시사하는 하나의 징후일 뿐이므로, 어떤 법률이 위헌이 되기 위해서는 결과적으로 비례의 원칙이나 평등의 원칙 등 일정한 헌법의 규정이나 원칙을 위반하여야 한다.

③ 남성에게만 병역의무를 부과하는 것은 헌법 제11조 제1항 후문이 예시하는 '성별'에 의한 차별에 해당하고, 이는 헌법에서 특별히 평등을 요구하고 있는 영역이므로, 입법형성권은 축소되고 보다 엄격한 심사 척도가 적용되어야 한다.

④ 직업선택의 자유와 관련하여 자격제도를 시행함에 있어서 설정하는 자격요건에 대한 판단은 원칙적으로 입법자의 입법형성권의 영역에 있으므로, 그 판단이 입법재량의 범위를 일탈하여 현저히 불합리한 경우에 한하여 헌법에 위반된다고 할 수 있다.

09회 실전동형모의고사
모바일 자동 채점 + 성적 분석 서비스
바로 가기 (gosi.Hackers.com)

QR코드를 이용하여 해커스공무원의 '모바일 자동 채점 + 성적 분석 서비스'로 바로 접속하세요!
＊ 해커스공무원 사이트의 가입자에 한해 이용 가능합니다.

09회 Review

문항	정답	문제 키워드	출제 유형	난이도
01	④	헌법재판소의 심판대상	이론/판례/조문	●●○
02	③	공무원제도	이론/판례/조문	●●○
03	②	재판을 받을 권리	이론/판례/조문	●●○
04	②	직업의 자유	이론/판례/조문	●○○
05	③	조약	이론/판례/조문	●●○
06	①	국무위원, 행정각부의 장	이론/판례/조문	●●○
07	①	법치국가원리	이론/판례/조문	●●●
08	②	법원	이론/판례/조문	●●○
09	④	정당해산심판	이론/판례/조문	●●○
10	①	변호인의 조력을 받을 권리	이론/판례/조문	●●○
11	④	국회의 운영	이론/판례/조문	●●○
12	④	기본권 보호의무	이론/판례/조문	●●○
13	②	헌법소원심판	이론/판례/조문	●●○

문항	정답	문제 키워드	출제 유형	난이도
14	②	위임입법	이론/판례/조문	●●○
15	③	기본권	이론/판례/조문	●●●
16	①	공무담임권	이론/판례/조문	●●○
17	③	선거, 표현의 자유	이론/판례/조문	●●○
18	④	사면권	이론/판례/조문	●●○
19	④	국민투표	이론/판례/조문	●●○
20	④	인간다운 생활을 할 권리	이론/판례/조문	●●○
21	③	위헌법률심판	이론/판례/조문	●●○
22	②	통신의 자유	이론/판례/조문	●●○
23	④	평등원칙	이론/판례/조문	●●●
24	②	국회법	이론/판례/조문	●●○
25	③	위헌성 심사기준	이론/판례/조문	●●●

[**출제 유형 & 난이도**] 각 문항별 출제 유형(이론/판례/조문)과 난이도를 수록하였으니, 본인이 취약한 유형이나 고난도 문제만 풀어보는 등 학습 상황에 알맞게 활용하시기 바랍니다.

핵심지문 OX   09회 실전동형모의고사에서 꼭 되짚어야 할 핵심지문을 다시 확인해보시기 바랍니다.

01 헌법재판소는 '구법' 조항에 관하여 위헌결정을 선고하면서, 해당 조항과 자구상의 표현만 다를 뿐 그 실질적 내용이 동일한 '신법' 조항에 대하여까지 심판대상을 확장하여 판단하는 경우가 있다. (   )

02 정의의 실현 및 재판의 적정성이라는 법치주의의 요청에 의해 재심제도의 규범적 형성에 있어서는 입법자의 형성적 자유가 축소된다. (   )

03 국무위원은 국무회의의 구성원으로서, 국무회의 의안 제출권, 대통령의 국법상 행위에 대한 부서권, 국회 출석·발언권 등을 가진다. (   )

04 단순히 법인이 고용한 종업원 등이 업무에 관하여 범죄행위를 하였다는 이유만으로 법인에 대하여 형사처벌을 과하는 것은 헌법상 법치국가원리 및 죄형법정주의로부터 도출되는 책임주의원칙에 반하여 헌법에 위배된다. (   )

05 새마을금고의 임원선거와 관련하여 법률에서 정하고 있는 방법 외의 방법으로 선거운동을 할 수 없도록 하고 이를 위반한 경우 형사처벌 하도록 정하고 있는 「새마을금고법」규정은 표현의 자유를 침해하지 않는다. (   )

06 직장가입자가 소득월액보험료를 일정 기간 이상 체납한 경우 그 체납한 보험료를 완납할 때까지 국민건강보험공단이 그 가입자 및 피부양자에 대하여 보험급여를 실시하지 아니할 수 있도록 한 구 「국민건강보험법」 제53조 제3항 제1호는 해당 직장가입자의 인간다운 생활을 할 권리를 침해하는 것이다. (   )

07 2월·3월·4월·5월 및 6월 1일과 8월 16일에 임시회를 집회한다. 다만, 국회의원 총선거가 있는 경우 임시회를 집회하지 아니하며, 집회일이 공휴일인 경우에는 그 다음 날에 집회한다. (   )

[정답] **01** ○ **02** × 입법자의 형성적 자유가 넓게 인정되는 영역이다. **03** ○ **04** ○ **05** ○ **06** × 인간다운 생활을 할 권리나 재산권을 침해하지 아니한다. **07** ○

10회 실전동형모의고사

제한시간: 20분 **시작** 시 분 ~ **종료** 시 분 **점수 확인** 개/ 25개

01 다음 설명 중 가장 옳지 않은 것은? (다툼이 있는 경우 헌법재판소 결정에 의함)

① 강북구청장이 한 '4·19혁명 국민문화제 2015 전국 대학생 토론대회' 공모는 「민법」상 우수현상광고 또는 이와 유사한 성격의 법률행위라고 봄이 상당하고, 이 사건 공고가 법률상 근거에 따른 법집행작용의 일환이라고 보기도 어려우며, 국민에게 어떠한 권리나 의무를 부여하는 것으로 볼 수 없는 점 등을 종합하면, 이 사건 공고는 사법상 법률행위에 불과하고 공권력 행사의 주체라는 우월적 지위에서 한 것으로서 「헌법재판소법」 제68조 제1항에 따른 헌법소원심판의 대상인 '공권력의 행사'라고 볼 수 없다.

② 「헌법재판소법」 제68조 제2항 후문은 당사자가 당해 사건의 소송절차에서 동일한 사유를 이유로 다시 위헌법률심판을 제청신청할 수 없다고 규정하고 있는데, 여기서 당해 사건의 소송절차란 당해 사건의 상소심 소송절차는 물론 대법원에 의해 파기환송되기 전후의 소송절차를 모두 포함한다.

③ 일반적으로 법률이 헌법에 위반된다는 사정은 헌법 재판소의 위헌결정이 있기 전에는 객관적으로 명백한 것이라고 할 수 없어, 법률이 헌법에 위반되는지 여부를 심사할 권한이 없는 공무원으로서는 행위 당시의 법률에 따를 수밖에 없으므로, 행위의 근거가 된 법률조항에 대하여 위헌결정이 선고되더라도 위 법률조항에 따라 행위한 당해 공무원에게는 고의 또는 과실이 있다 할 수 없어 국가배상책임은 성립되지 아니한다.

④ 관습법은 사회의 거듭된 관행으로 생성한 사회생활규범이 사회의 법적 확신과 인식에 의하여 법적 규범으로 승인되고 강행되기에 이른 것을 말하는데, 그러한 관습법은 법원(法源)으로서 법령에 저촉되지 아니하는 한 법칙으로서의 효력이 있는 것이다. 따라서 관습법은 형식적 의미의 법률과 동일한 효력이 없으므로 헌법재판소의 위헌법률심판이나 「헌법재판소법」 제68조 제2항에 따른 헌법소원심판의 대상이 될 수 없다.

02 법원에 대한 설명으로 옳은 것은?

① 대법관이 중대한 심신상의 장해로 직무를 수행할 수 없을 때에는 대법원장의 허가를 얻어 퇴직할 수 있다.

② 대법원은 법령에 저촉되지 아니하는 범위 안에서 소송에 관한 절차, 법원의 내부규율과 사무처리에 관한 규칙을 제정할 수 있다.

③ 대법원장이 한 처분에 대한 행정소송의 피고는 법원행정처장으로 한다.

④ 법관에 대한 징계처분에는 해임·정직·감봉의 세 종류가 있으며, 징계처분에 대하여 불복하려는 경우에는 징계처분이 있음을 안 날로부터 14일 이내에 전심절차를 거치지 아니하고 대법원에 징계처분의 취소를 청구하여야 한다.

03 보안처분에 대한 설명으로 옳지 않은 것은? (다툼이 있는 경우 헌법재판소 결정 및 대법원 판례에 의함)

① 보안처분에도 적법절차의 원칙이 적용되어야 함은 당연한 것이지만 보안처분에는 다양한 형태와 내용이 존재하므로 각 보안처분에 적용되어야 할 적법절차의 범위 내지 한계에도 차이가 있어야 할 것이다.

② 노역장유치란 벌금납입의 대체수단이자 납입강제기능을 갖는 벌금형의 집행방법이며, 벌금형에 대한 환형처분이라는 점에서 형벌과 구별된다. 따라서 노역장유치기간의 하한을 정한 것은 벌금형을 대체하는 집행방법을 강화한 것에 불과하며, 이를 소급적용한다고 하여 형벌불소급의 문제가 발생한다고 보기 어렵다.

③ 보안처분이라 하더라도 형벌적 성격이 강하여 신체의 자유를 박탈하거나 박탈에 준하는 정도로 신체의 자유를 제한하는 경우에는 소급입법금지원칙을 적용하는 것이 법치주의 및 죄형법정주의에 부합한다.

④ 디엔에이신원확인정보의 수집·이용은 수형인 등에게 심리적 압박으로 인한 범죄예방효과를 가진다는 점에서 보안처분의 성격을 지니지만, 처벌적인 효과가 없는 비형벌적 보안처분으로서 소급입법금지원칙이 적용되지 않는다.

04 개인정보자기결정권에 대한 설명으로 옳은 것은 모두 몇 개인가? (다툼이 있는 경우 판례에 의함)

> ㄱ. A시장이 B경찰서장의 사실조회 요청에 따라 B경찰서장에게 청구인들의 이름, 생년월일, 전화번호, 주소를 제공한 행위는 사생활의 비밀과 자유 또는 개인정보자기결정권을 침해한다.
> ㄴ. 건강에 관한 정보는 민감정보에 해당하지만, 국민건강보험공단 이사장이 경찰서장의 요청에 따라 질병명이 기재되지 않은 수사대상자의 요양급여내역만을 제공한 행위 자체만으로는 수사대상자의 개인정보자기결정권이 침해되었다고 볼 수는 없다.
> ㄷ. 집회 참가자들에 대한 경찰의 촬영행위는 개인정보자기결정권의 보호대상이 되는 신체, 특정인의 집회·시위 참가 여부 및 그 일시·장소 등의 개인정보를 정보주체의 동의 없이 수집한 행위는 개인정보자기결정권을 침해한다.
> ㄹ. 보안관찰처분대상자가 교도소 등에서 출소한 후 7일 이내에 출소사실을 신고하도록 정한 구「보안관찰법」제6조 제1항 전문 중 출소 후 신고의무에 관한 부분 및 이를 위반할 경우 처벌하도록 정한「보안관찰법」제27조 제2항 중 구「보안관찰법」제6조 제1항 전문 가운데 출소 후 신고의무에 관한 부분은 과잉금지원칙을 위반하여 청구인의 사생활의 비밀과 자유 및 개인정보자기결정권을 침해하지 않는다.
> ㅁ. 가정폭력 가해자에 대한 별도의 제한 없이 직계혈족이기만 하면 사실상 자유롭게 그 자녀의 가족관계증명서와 기본증명서의 교부를 청구하여 발급받을 수 있도록 한「가족관계의 등록 등에 관한 법률」제14조 제1항 등은 개인정보자기결정권을 침해한다.

① 1개 ② 2개
③ 3개 ④ 4개

05 선거관리위원회에 대한 설명으로 옳지 않은 것은?

① 법관과 법원공무원 및 교육공무원 이외의 공무원은 각급선거관리위원회의 위원이 될 수 없다.
② 각급선거관리위원회는 선거인명부의 작성 등 선거사무와 국민투표사무에 관하여 관계 행정기관에 필요한 지시를 할 수 있다.
③ 중앙선거관리위원회는 법률의 범위 안에서 선거관리·국민투표관리 또는 정당사무에 관한 규칙을 제정할 수 있으며, 법령에 저촉되지 아니하는 범위 안에서 내부규율에 관한 규칙을 제정할 수 있다.
④ 국회는 중앙선거관리위원회 위원에 대해서도 탄핵소추를 의결할 수 있으며, 위원은 헌법재판소의 탄핵결정으로 파면된다.

06 근로의 권리와 근로3권에 대한 설명으로 옳지 않은 것은? (다툼이 있는 경우 판례에 의함)

① 동물의 사육 사업 근로자에 대하여「근로기준법」제4장에서 전한 근로시간 및 휴일 규정의 적용을 제외하도록 한 구「근로기준법」제63조 제2호 중 '동물의 사육' 가운데 '제4장에서 정한 근로시간, 휴일에 관한 규정'에 관한 부분은 청구인의 근로의 권리를 침해하지 않는다.
② 고용 허가를 받아 국내에 입국한 외국인근로자의 출국만기보험금을 출국 후 14일 이내에 지급하도록 한「외국인근로자의 고용 등에 관한 법률」제13조 제3항 중 '피보험자 등이 출국한 때부터 14일 이내' 부분이 청구인들의 근로의 권리를 침해하는 것은 아니다.
③ 근로3권 중 근로자의 단결권은 결사의 자유가 근로의 영역에서 구체화된 것으로서, 근로자의 단결권도 국민의 결사의 자유에 포함되며, 사용자와의 관계에서 특별한 보호를 받아야 할 경우는 헌법 제33조가 우선적으로 적용되지만, 그렇지 않은 통상의 결사 일반에 대한 문제일 경우에는 헌법 제21조 제2항의 결사에 대한 허가제금지원칙이 적용된다.
④ 노동조합의 규약 및 결의처분에 대한 행정관청의 시정명령이나 회계감사원의 회계감사 등이 있음에도 불구하고 노동조합이 결산결과와 운영상황에 대한 보고의무를 위반한 경우, 이에 대하여 과태료를 부과하는 것은 노동조합의 민주성을 보장하는 데 불필요한 것으로서 과잉금지원칙에 위반되어 단결권을 침해하는 것이다.

07 국회의 입법절차에 대한 설명으로 옳은 것은?

① 10인 이상의 국회의원과 정부는 법률안 제출권을 가지지만, 위원회는 법률안을 심의할 뿐 제출권은 가지지 않는다.
② 위원회에서 본회의에 부의할 필요가 없다고 결정된 법률안일지라도 폐회나 휴회 중의 기간을 제외한 7일 이내에 의원 30인 이상의 요구가 있으면 본회의에 부의하여야 한다.
③ 정부에 이송된 법률안에 이의가 있을 경우에는 대통령은 법률안의 일부에 대하여 재의를 요구하거나 법률안을 수정하여 재의를 요구할 수 있다.
④ 일사부재의 원칙과 무제한 토론제도는 국회의 의사절차에서 소수자를 보호하기 위한 대표적인 제도적 장치이다.

08 생명권과 사형제도에 대한 설명으로 옳은 것은? (다툼이 있는 경우 판례에 의함)

① 사형제도 자체는 합헌이지만 직무상 사형제도의 운영에 관여하여야 하는 사람들로 하여금 그들의 양심과 무관하게 인간의 생명을 계획적으로 박탈하는 과정에 참여하게 함으로써, 그들의 인간으로서 가지는 존엄과 가치를 침해한다고 할 수 있다.

② 태아뿐만 아니라 초기배아에 대하여도 생명권의 주체성이 인정되며, 따라서 국가는 헌법 제10조에 따라 이들의 생명을 보호할 의무가 있다.

③ 생명권은 헌법에 명문으로 규정하고 있지 않지만 다른 어느 기본권보다 우월한 가치를 가지는 절대적 권리로서 헌법 제37조 제2항에 의한 일반적 법률유보의 대상이 될 수 없다.

④ 사형제도는 형벌의 경고기능을 무시하고 극악한 범죄를 저지른 자에 대하여 그 중한 불법 정도와 책임에 상응하는 형벌을 부과하는 것으로서 범죄자가 스스로 선택한 잔악무도한 범죄행위의 결과인바, 범죄자를 오로지 사회방위라는 공익 추구를 위한 객체로만 취급함으로써 범죄자의 인간으로서의 존엄과 가치를 침해한 것으로 볼 수 없다.

09 국민투표권에 대한 헌법재판소의 입장과 가장 다른 것은?

① 국민투표는 선거와 달리 국민이 직접 국가의 정치에 참여하는 절차이므로, 국민투표권은 대한민국 국민의 자격이 있는 사람에게 반드시 인정되어야 하는 권리이다.

② 헌법 제72조에 의한 중요정책에 관한 국민투표는 국가안위에 관계되는 사항에 관하여 대통령이 제시한 구체적인 정책에 대한 주권자인 국민의 승인절차이다.

③ 헌법 제130조 제2항에 의한 헌법개정에 관한 국민투표는 대통령 또는 국회가 제안하고 국회의 의결을 거쳐 확정된 헌법개정안에 대하여 주권자인 국민이 최종적으로 그 승인 여부를 결정하는 절차이다.

④ 대한민국과 미합중국 간의 자유무역협정은 국가나 국민에게 중대한 재정적 부담을 지우는 조약이므로 국민투표를 하지 아니한 것은 헌법 제72조의 국민투표권이 침해된 것이다.

10 국회의 인사청문회에 대한 설명으로 옳지 않은 것은? (다툼이 있을 경우에는 헌법재판소 결정에 의함)

① 「국회법」에 근거를 두고 있는 인사청문특별위원회의 위원정수는 13인이며, 그 위원은 교섭단체 등의 의원 수의 비율에 의하여 각 교섭단체대표의원의 요청으로 국회의장이 선임 및 개선한다.

② 국회가 국가인권위원회 위원장 후보자의 인사청문경과보고서를 송부하지 아니하여 대통령이 인사청문경과보고서를 송부하여 줄 것을 국회에 요청하였음에도 불구하고 국회가 송부하지 아니한 경우에는 대통령은 국가인권위원회 위원장을 임명할 수 있다.

③ 국회는 임명동의안 등이 제출된 날로부터 15일 이내에 그 심사 또는 인사청문을 마쳐야 한다.

④ 대통령이 임명하고자 하는 헌법재판소 재판관 후보자가 헌법재판소장 후보자를 겸하는 경우에는 인사청문특별위원회의 인사청문회를 열며, 이 경우 소관 상임위원회의 인사청문회를 겸하는 것으로 본다.

11 대통령의 권한에 대한 설명으로 옳은 것은? (다툼이 있는 경우 판례에 의함)

① 대통령이 자신에 대한 재신임을 국민투표의 형태로 묻고자한다면 그것은 헌법 제72조에서 규정한 국민투표부의권을 위헌적으로 행사하는 경우에 해당하지만, 단지 그러한 제안 자체만으로는 헌법 제72조에 반하는 것이 아니다.

② 징계를 받은 공무원에 대하여 일반사면령이 공포된 경우에는 사면에 의하여 징계의 효력이 상실될 뿐만 아니라, 징계처분의 기성의 효과에도 영향을 미치므로 위 사면사실로써 징계처분을 취소·변경할 수 있다.

③ 긴급재정경제명령은 중대한 재정·경제상의 위기가 발생한 경우에 이를 사후적으로 수습함으로써 기존 질서를 유지·회복하기 위한 것이므로 공공복리의 증진과 같은 적극적인 목적을 위하여는 발동할 수 없다.

④ 대통령이 선포한 계엄의 해제요구는 재적의원 과반수의 출석과 출석의원 과반수의 찬성이 있어야 한다.

12 거주·이전의 자유에 대한 설명으로 옳은 것은? (다툼이 있는 경우 헌법재판소 결정 및 대법원 판례에 의함)

① 북한 고위직 출신 탈북인사인 여권발급신청인의 신변에 대한 위해 우려가 있다는 이유로 미국 방문을 위한 여권발급을 거부하는 것은 거주·이전의 자유를 침해하지 않는다.

② 주거로 사용하던 건물이 수용될 경우 그 효과로 거주지도 이전하여야 하는 것은 사실이나 이는 토지 및 건물 등의 수용에 따른 부수적 효과로서 간접적·사실적 제약에 해당하므로, 정비사업조합에 수용권한을 부여하여 주택재개발사업에 반대하는 청구인의 토지 등을 강제로 취득할 수 있도록 한 「도시 및 주거환경정비법」 조항이 청구인의 재산권을 침해하였는지 여부를 판단하는 이상 거주·이전의 자유 침해 여부는 별도로 판단하지 않는다.

③ 거주지를 중심으로 중·고등학교의 입학을 제한하는 입학제도는 특정학교에 자녀를 입학시키려고 하는 부모에게 해당 학교가 소재하고 있는 지역으로의 이주를 사실상 강제하는 것으로 거주·이전의 자유를 침해하고 있는 것이다.

④ 거주·이전의 자유는 성질상 법인이 누릴 수 있는 기본권이 아니므로, 법인의 대도시내 부동산 취득에 대하여 통상보다 높은 세율인 5배의 등록세를 부과함으로써 법인의 대도시 내 활동을 간접적으로 억제하는 것은 법인의 직업수행의 자유를 제한할 뿐이다.

13 헌법재판소 결정의 효력에 대한 설명으로 옳지 않은 것은? (다툼이 있는 경우 판례에 의함)

① 형벌에 관한 법률 또는 법률의 조항은 소급하여 그 효력을 상실한다. 다만, 해당 법률 또는 법률의 조항에 대하여 종전에 합헌으로 결정한 사건이 있는 경우에는 그 결정이 있는 날의 다음 날로 소급하여 효력을 상실한다.

② 「헌법재판소법」 제47조 제3항 단서의 소급효가 인정되는 형벌에 관한 법률 또는 법률의 조항의 범위는 실체적인 형벌법규에 한정하여야 하고 「형사소송법」이나 「법원조직법」 등 절차법에는 동 조항 단서가 적용되지 않는다.

③ 위헌결정으로 인하여 형벌에 관한 법률 또는 법률조항이 소급하여 효력을 상실한 경우, 그 법조를 적용하여 기소한 사건에 대해서는 「형사소송법」 제326조 제4호 소정의 '범죄 후의 법령개폐로 형이 폐지되었을 때'에 해당하여 무죄판결을 선고하여야 한다.

④ 제청법원은 합헌결정의 기속력 때문에 합헌으로 결정된 법률에 대해 위헌이라고 할 수 없을 뿐만 아니라 동일 심급에서 다시 제청할 수 없다.

14 다음 사례와 관련된 헌법재판소 결정 내용으로 옳지 않은 것은?

> 제청신청인 김○준은 인터넷신문 딴지일보의 발행인이고, 제청신청인 주○우는 일반주간신문 □□ 사회팀장으로서 언론인은 선거에서 특정 정당 및 후보자를 당선되게 하거나 또는 당선되지 못하게 하기 위한 선거운동을 할 수 없음에도, 제청신청인들은 공모하거나 또는 단독으로 수차례에 걸쳐 제19대 국회의원 선거에 출마한 정○영, 김○민 등이 당선되게 하기 위하여 선거운동을 하였다는 이유로 기소되었다.
> 제청신청인들은 위 재판 계속 중 언론인의 선거운동을 금지하는 구 「공직선거법」 제60조 제1항 제5호 중 제53조 제1항 제8호 부분이 위헌이라고 주장하며 위헌법률심판제청신청을 하였고, 제청법원은 2012.12.13. 위 제청신청을 받아들여 이 사건 위헌법률심판을 제청하였다.

① 심판대상조항들은 일정 범위의 공무원 및 공적 기관의 구성원과 마찬가지로 언론인의 선거운동을 전면적으로 제한하고 있다. 그러나 언론인은 그 지위나 신분 등의 관점에서 공무원 및 공적 기관의 구성원과 서로 다르다고 보아야 한다.

② 선거운동의 자유는 널리 선거과정에서 자유로이 의사를 표현할 자유의 일환이므로 표현의 자유의 한 태양이기도 한데, 이러한 정치적 표현의 자유는 선거과정에서의 선거운동을 통하여 국민이 정치적 의견을 자유로이 발표, 교환함으로써 비로소 그 기능을 다하게 된다 할 것이므로 선거운동의 자유는 헌법이 정한 언론·출판·집회·결사의 자유의 보장규정에 의한 보호를 받는다.

③ 선거운동은 국민주권 행사의 일환일 뿐 아니라 정치적 표현의 자유의 한 형태로서 민주사회를 구성하고 움직이게 하는 요소이므로 그 제한입법의 위헌 여부에 대하여는 엄격한 심사기준이 적용되어야 한다.

④ 언론인의 선거운동 금지조항에서 '대통령령으로 정하는 언론인' 부분은 방송, 신문 등과 같은 언론기관이나 이와 유사한 매체에서 경영·관리·편집·집필·보도 등 선거의 여론 형성과 관련 있는 업무에 종사하는지 여부가 일응의 기준이 되어 그 범위가 구체화될 것임을 충분히 예측할 수 있으므로 포괄위임금지원칙을 위반하지 아니한다.

15 표현의 자유에 대한 설명으로 가장 옳지 않은 것은?

① 사전심의를 받지 않은 건강기능식품의 기능성 광고를 금지하고 이를 어길 경우 심의를 받지 아니한 광고를 한 자를 형사처벌하도록 한 「건강기능식품에 관한 법률」은 표현의 자유 보호 대상에 해당하지 아니한다.

② 인터넷 게시판을 설치·운영하는 정보통신서비스 제공자에게 본인확인조치의무를 부과하는 법률규정은 과잉금지원칙에 위배하여 인터넷 게시판 이용자의 표현의 자유를 침해한다.

③ 민주사회에서 표현의 자유가 수행하는 역할과 기능에 비추어 볼 때 불명확한 규범에 의한 규제는 헌법상 보호받는 표현에 대한 위축적 효과를 수반하므로 표현의 자유를 규제하는 법률은 표현에 위축적 효과가 미치지 않도록 규제되는 행위의 개념을 세밀하고 명확하게 규정할 것이 헌법적으로 요구된다.

④ 새마을금고의 임원선거와 관련하여 법률에서 정하고 있는 방법 외의 방법으로 선거운동을 할 수 없도록 하고 이를 위반한 경우 형사처벌하도록 정하고 있는 「새마을금고법」 규정은 표현의 자유를 침해하지 않는다.

16 혼인과 가족생활의 보호에 대한 설명으로 옳지 않은 것은? (다툼이 있는 경우 판례에 의함)

① 자녀에 대한 부모의 양육권은 공권력으로부터 자녀의 양육을 방해받지 않을 권리라는 점에서는 자유권적 기본권으로서의 성격을, 자녀의 양육에 관하여 국가의 지원을 요구할 수 있는 권리라는 점에서는 사회권적 기본권으로서의 성격을 아울러 가진다.

② 육아휴직신청권은 헌법 제36조 제1항 등으로부터 개인에게 직접 주어지는 헌법적 차원의 권리라고 볼 수는 없다.

③ 배우자로부터 증여를 받은 때에 '300만원에 결혼년수를 곱하여 계산한 금액에 3천만원을 합한 금액'을 증여세과세가액에서 공제하도록 하는 것은 혼인과 가족생활 보장 및 양성의 평등에 위반되지 아니한다.

④ 독신자의 친양자 입양을 제한하는 것은 독신자의 가족생활의 자유를 침해하는 것이다.

17 다음 중 헌법재판소의 결정 내용으로 가장 옳지 않은 것은?

① 헌법 제107조 제2항에 따른 대법원의 명령·규칙에 대한 최종심사권은 구체적인 소송사건에서 명령·규칙의 위헌 여부가 재판의 전제가 되었을 경우 법률과는 달리 헌법재판소에 제청할 것 없이 대법원이 최종적으로 심사할 수 있다는 것을 의미하고, 명령·규칙 그 자체에 의하여 직접 기본권이 침해된 경우에는 헌법 제111조 제1항 제5호, 「헌법재판소법」 제68조 제1항에 근거하여 헌법소원심판을 청구하는 것이 허용된다.

② 주거침입강제추행죄 및 주거침입준강제추행죄에 대하여 무기징역 또는 7년 이상의 징역에 처하도록 한 「성폭력범죄의 처벌 등에 관한 특례법」 규정은 책임과 형벌 사이의 비례원칙에 반한다고 할 수 없다.

③ 국민참여재판의 대상 사건을 형사 합의부 관할사건 등 국민의 관심사가 집중되고 피고인의 선호도가 높은 중죄 사건으로 한정한 것은 국민의 재판받을 권리를 침해한다고 할 수 없다.

④ 「범죄인 인도법」 제3조가 법원의 범죄인인도심사를 서울고등법원의 전속관할로 하고 그 심사결정에 대한 불복절차를 인정하지 아니하더라도 적어도 법관과 법률에 의한 한 번의 재판을 보장하고 있고, 그에 대한 상소를 불허한 것이 적법절차원칙이 요구하는 합리성과 정당성을 벗어난 것이 아닌 이상, 그러한 상소 불허 입법이 입법재량의 범위를 벗어난 것으로서 재판청구권을 과잉제한하는 것이라고 보기는 어렵다.

18 헌법개정에 대한 설명으로 옳지 않은 것은?

① 국민투표의 효력에 관하여 이의가 있는 투표인은 투표인 10만인 이상의 찬성을 얻어 중앙선거관리위원회위원장을 피고로 하여 투표일로부터 20일 이내에 대법원에 제소할 수 있다.

② 제1차 헌법개정은 정부안과 야당안을 발췌·절충한 개헌안을 대상으로 하여 헌법개정절차인 공고절차를 그대로 따랐다.

③ 헌법재판소장의 정년을 연장하는 것은 법률의 개정만으로도 가능하다.

④ 헌법개정안은 국회가 의결한 후 60일 이내에 국민투표에 부쳐 국회의원선거권자 과반수의 투표와 투표자 과반수의 찬성을 얻어야 하고, 이 찬성을 얻은 때에 헌법개정은 확정되며, 대통령은 즉시 이를 공포하여야 한다.

19 재산권에 대한 설명으로 옳지 않은 것은? (다툼이 있는 경우 판례에 의함)

① 가짜석유제품 제조 및 판매를 이유로 석유판매업 등록이 취소된 경우 2년 동안 같은 시설을 이용하여 석유판매업 등록을 할 수 없도록 규정한 구 「석유 및 석유대체연료 사업법」 제11조의2 제3호 가목 등 관련 조항이 청구인의 재산권을 침해하는 것은 아니다.

② 통일부장관의 북한에 대한 신규투자 불허 및 투자확대 금지를 내용으로 하는 대북조치로 인하여 개성공업지구의 토지이용권을 사용·수익할 수 없게 됨에 따라 재산상 손실을 입은 경제협력사업자에 대하여 보상입법을 해야 할 입법의무가 없다.

③ 집합건물 공용부분에 발생한 일부 하자에 대하여 구분소유자의 하자담보청구권 제척기간을 사용검사일 등부터 5년 이하로 제한한 「집합건물의 소유 및 관리에 관한 법률」은 재산권을 침해하지 않는다.

④ 공무원이 '직무와 관련 없는 과실로 인한 경우' 및 '소속상관의 정당한 직무상의 명령에 따르다가 과실로 인한 경우'를 제외하고 재직 중의 사유로 금고 이상의 형을 받은 경우, 퇴직급여 등을 감액하도록 규정한 구 「공무원연금법」 제64조 제1항 제1호는 재산권을 침해하는 것이다.

20 예산에 대한 설명으로 옳지 않은 것은?

① 새로운 회계연도가 개시될 때까지 예산안이 의결되지 못한 때에는 정부는 국회에서 예산안이 의결될 때까지 헌법이나 법률에 의하여 설치된 기관 또는 시설의 유지·운영을 위한 경비를 전년도 예산에 준하여 집행할 수 있다.

② 국회가 의결한 예산 또는 국회의 예산안 의결은 헌법소원의 대상이 되는 공권력의 행사에 해당한다고 볼 수 없다.

③ 국회는 정부의 동의를 얻어 정부가 제출한 지출예산 각항의 금액을 증가하거나 새로운 비목을 설치할 수 있다.

④ 대통령은 국회에서 의결된 예산안에 대해 그 재의를 요구할 수 있으며, 국회는 재적의원 과반수의 출석과 출석의원 3분의 2 이상의 찬성으로 재의결할 수 있다.

21 기본권에 대한 설명으로 옳지 않은 것은? (다툼이 있는 경우 판례에 의함)

① 「국민기초생활 보장법 시행령」상 '대학원에 재학 중인 사람'과 '부모에게 버림받아 부모를 알 수 없는 사람'을 조건 부과 유예의 대상자에 포함시키지 않았다는 사정만으로 국가가 인간다운 생활을 보장하기 위한 조치를 취함에 있어서 실현해야 할 객관적 내용의 최소한도 보장에 이르지 못하였다거나 헌법상 용인될 수 있는 재량의 범위를 명백히 일탈하였다고는 보기 어렵다.

② 못된 장난 등으로 다른 사람, 단체 또는 공무수행 중인 자의 업무를 방해한 사람을 20만원 이하의 벌금, 구류 또는 과료의 형으로 처벌하는 「경범죄 처벌법」 제3조 제2항 제3호는 일반적 행동자유권을 침해하지 않는다.

③ 「동물보호법」이 동물장묘시설에 관한 거리 제한규정이나 동물장묘시설의 고유한 성격을 반영한 지역적 제한 기준 및 지역별로 설치가능한 동물장묘시설의 수 등에 관하여는 규정하고 있지 않은 것이 환경권을 보호하기 위한 입법자의 의무를 과소하게 이행하였다고 볼 수 없다.

④ 국가인권위원회의 공정한 조사를 받을 권리는 헌법상 기본권이므로 불법체류 외국인에 대한 보호조치와 강제퇴거는 불법체류 외국인의 노동3권 제한이다.

22 대통령과 행정부에 대한 설명으로 옳지 않은 것은? (다툼이 있는 경우 판례에 의함)

① 우리 헌정사상 대통령직이 폐지된 예는 한번도 없다.

② 위헌적인 법률을 법질서로부터 제거하는 권한은 헌법상 단지 헌법재판소에 부여되어 있으므로, 설사 행정부가 특정법률에 대해 위헌의 의심이 있다 하더라도 헌법재판소에 의해 법률의 위헌성이 확인될 때까지는 법을 존중하고 집행하기 위한 모든 노력을 기울여야 한다.

③ 대통령당선인은 그 임기개시 전이라도 국회의 인사청문의 절차를 거치게 하기 위하여 국무총리와 국무위원 후보자를 지명할 수 있으며, 이 경우 국무위원 후보자에 대하여는 국무총리후보자의 추천이 있어야 한다.

④ 국무총리는 중앙행정기관의 장의 명령이나 처분이 위법 또는 부당하다고 인정할 때에는 대통령의 승인을 얻거나 직권으로 이를 중지 또는 취소할 수 있다.

23 남북관계에 대한 설명으로 옳지 않은 것은? (다툼이 있는 경우 판례에 의함)

① 「남북관계 발전에 관한 법률」에 따르면, 대통령은 정부와 북한당국간에 문서의 형식으로 체결된 합의(남북합의서)를 비준하기에 앞서 국무회의의 심의를 거쳐야 하고, 국회는 국가나 국민에게 중대한 재정적 부담을 지우는 남북합의서 또는 입법사항에 관한 남북합의서의 체결·비준에 대한 동의권을 가진다.

② 「북한이탈주민의 보호 및 정착지원에 관한 법률」상 북한이탈주민이란 군사분계선 이북지역에 주소, 직계가족, 배우자, 직장 등을 두고 있는 사람으로서 북한을 벗어난 후 외국 국적을 취득한 사람과 외국 국적을 취득하지 않은 사람을 모두 포함한다.

③ 남·북한이 유엔(UN)에 동시가입하였다고 하더라도, 이는 '유엔헌장'이라는 다변조약(多邊條約)에의 가입을 의미하는 것으로서 유엔헌장 제4조 제1항의 해석상 신규가맹국이 유엔이라는 국제기구에 의하여 국가로 승인받는 효과가 발생하는 것은 별론으로 하고, 그것만으로 곧 다른 가맹국과의 관계에 있어서도 당연히 상호간에 국가승인이 있었다고 볼 수 없다는 것이 현실 국제정치상의 관례이다.

④ 통일부장관이 북한주민 등과의 접촉을 원하는 자로부터 승인신청을 받아 구체적인 내용을 검토하여 승인 여부를 결정하는 절차를 규정한 「남북교류협력에 관한 법률」은 평화통일을 선언한 헌법전문과 헌법 제4조에 위배되지 않는다.

24 적극적 평등실현조치에 대한 설명으로 옳지 않은 것은? (다툼이 있는 경우 헌법재판소 결정에 의함)

① 적극적 평등실현조치는 종래 사회로부터 차별을 받아 온 일정집단에 대해 그 동안의 불이익을 보상하기 위한 우대적 조치이다.

② 적극적 평등실현조치는 개인의 자격이나 실적보다는 집단의 일원이라는 것을 근거로 하여 우대하는 조치이다.

③ 청년할당제는 장애인고용할당제도나 여성할당제도와 같이 적극적 평등실현조치의 일종이다.

④ 적극적 평등실현조치는 항구적 정책이 아니라 구제 목적이 실현되면 종료하는 임시적 조치이다.

25 언론·출판의 자유에 대한 설명으로 옳지 않은 것은? (다툼이 있는 경우 판례에 의함)

① 국가가 개인의 표현행위를 규제하는 경우, 표현 내용에 대한 규제는 원칙적으로 중대한 공익의 실현을 위하여 불가피한 경우에 한하여 엄격한 요건하에서 허용되는 반면, 표현 내용과 무관하게 표현의 방법을 규제하는 것은 합리적인 공익상의 이유로 폭넓은 제한이 가능하다.

② 단체는 그 구성원을 위하여 또는 구성원을 대신하여 헌법소원을 청구할 수 없고 직접 단체 자신의 기본권을 침해당한 경우에만 헌법소원을 청구할 수 있는바, 언론·출판의 자유는 성질상 단체가 누릴 수 있는 권리이다.

③ 상업광고는 사상이나 지식에 관한 정치적·시민적 표현행위와는 차이가 있고, 인격발현과 개성신장에 미치는 효과가 중대한 것은 아니므로, 비례의 원칙 심사에 있어서 '피해의 최소성' 원칙은 '입법목적을 달성하기 위하여 필요한 범위 내의 것인지'를 심사하는 정도로 완화되는 것이 상당하다.

④ 「정치자금법」상 회계보고된 자료의 열람기간을 3월간으로 정한 「정치자금법」 제42조 제2항 본문 중 '3월간' 부분이 알 권리를 침해하는 것은 아니다.

10회 실전동형모의고사
모바일 자동 채점 + 성적 분석 서비스
바로 가기 (gosi.Hackers.com)

QR코드를 이용하여 해커스공무원의 '모바일 자동 채점 + 성적 분석 서비스'로 바로 접속하세요!

* 해커스공무원 사이트의 가입자에 한해 이용 가능합니다.

10회   Review

문항	정답	문제 키워드	출제 유형	난이도
01	④	헌법소원심판	이론/판례/조문	●●○
02	③	법원	이론/판례/조문	●●○
03	②	보안처분	이론/판례/조문	●●○
04	②	개인정보자기결정권	이론/판례/조문	●●●
05	③	선거관리위원회	이론/판례/조문	●○○
06	④	근로의 권리, 근로3권	이론/판례/조문	●●○
07	②	국회의 입법절차	이론/판례/조문	●●○
08	④	생명권, 사형제도	이론/판례/조문	●●○
09	④	국민투표	이론/판례/조문	●●○
10	③	국회의 인사청문 절차	이론/판례/조문	●●○
11	③	대통령의 권한	이론/판례/조문	●●○
12	②	거주·이전의 자유	이론/판례/조문	●●○
13	④	헌법재판소 결정의 효력	이론/판례/조문	●●○

문항	정답	문제 키워드	출제 유형	난이도
14	④	선거운동의 자유	이론/판례/조문	●●●
15	①	표현의 자유	이론/판례/조문	●●○
16	④	혼인과 가족생활의 보호	이론/판례/조문	●●○
17	②	헌법재판	이론/판례/조문	●●○
18	②	헌법개정	이론/판례/조문	●●●
19	④	재산권	이론/판례/조문	●●●
20	④	예산	이론/판례/조문	●●○
21	④	기본권	이론/판례/조문	●●●
22	④	대통령, 행정부	이론/판례/조문	●●○
23	②	남북관계	이론/판례/조문	●●○
24	③	적극적 평등실현조치	이론/판례/조문	●●○
25	④	언론·출판의 자유	이론/판례/조문	●●○

[출제 유형 & 난이도] 각 문항별 출제 유형(이론/판례/조문)과 난이도를 수록하였으니, 본인이 취약한 유형이나 고난도 문제만 풀어보는 등 학습 상황에 알맞게 활용하시기 바랍니다.

핵심지문 OX   10회 실전동형모의고사에서 꼭 되짚어야 할 핵심지문을 다시 확인해보시기 바랍니다.

01 「헌법재판소법」 제68조 제2항 후문은 당사자가 당해 사건의 소송절차에서 동일한 사유를 이유로 다시 위헌법률심판을 제청신청할 수 없다고 규정하고 있는데, 여기서 당해 사건의 소송절차란 당해 사건의 상소심 소송절차는 물론 대법원에 의해 파기환송되기 전후의 소송절차를 모두 포함한다. (　　)

02 대한민국과 미합중국 간의 자유무역협정은 국가나 국민에게 중대한 재정적 부담을 지우는 조약이므로 국민투표를 하지 아니한 것은 헌법 제72조의 국민투표권이 침해된 것이다. (　　)

03 노동조합의 규약 및 결의처분에 대한 행정관청의 시정명령이나 회계감사원의 회계감사 등이 있음에도 불구하고 노동조합이 결산결과와 운영상황에 대한 보고의무를 위반한 경우, 이에 대하여 과태료를 부과하는 것은 노동조합의 민주성을 보장하는 데 불필요한 것으로서 과잉금지원칙에 위반되어 단결권을 침해하는 것이다. (　　)

04 긴급재정경제명령은 중대한 재정·경제상의 위기가 발생한 경우에 이를 사후적으로 수습함으로써 기존질서를 유지·회복하기 위한 것이므로 공공복리의 증진과 같은 적극적인 목적을 위하여는 발동할 수 없다. (　　)

05 가정폭력 가해자에 대한 별도의 제한 없이 직계혈족이기만 하면 사실상 자유롭게 그 자녀의 가족관계증명서와 기본증명서의 교부를 청구하여 발급받을 수 있도록 한 「가족관계의 등록 등에 관한 법률」 제14조 제1항 등은 개인정보자기결정권을 침해한다. (　　)

06 국가인권위원회의 공정한 조사를 받을 권리는 헌법상 기본권이므로 불법체류 외국인에 대한 보호조치와 강제퇴거는 불법체류 외국인의 노동3권 제한이다. (　　)

07 국가가 개인의 표현행위를 규제하는 경우, 표현 내용에 대한 규제는 원칙적으로 중대한 공익의 실현을 위하여 불가피한 경우에 한하여 엄격한 요건 하에서 허용되는 반면, 표현 내용과 무관하게 표현의 방법을 규제하는 것은 합리적인 공익상의 이유로 폭넓은 제한이 가능하다. (　　)

[정답] **01** ○ **02** × 헌법 제72조의 국민투표권의 침해 가능성은 인정되지 않는다. **03** × 노동조합의 단결권을 침해하지 아니한다. **04** ○ **05** ○ **06** × 노동3권을 직접 제한하거나 침해한 바 없다. **07** ○

11회 실전동형모의고사

제한시간: 20분 시작   시   분 ~ 종료   시   분   점수 확인   개/ 25개

01 양심적 병역거부에 대한 설명으로 옳지 않은 것은? (다툼이 있는 경우 판례에 의함)

① 양심적 병역거부자의 수는 병역자원의 감소를 논할 정도가 아니고, 이들을 처벌한다고 하더라도 교도소에 수감할 수 있을 뿐 병역자원으로 활용할 수는 없으므로, 대체복무제 도입으로 병역자원의 손실이 발생한다고 할 수 없다. 전체 국방력에서 병역자원이 차지하는 중요성이 낮아지고 있는 점을 고려하면, 대체복무제를 도입하더라도 우리나라의 국방력에 의미 있는 수준의 영향을 미친다고 보기는 어렵다. 따라서 대체복무제라는 대안이 있음에도 불구하고 군사훈련을 수반하는 병역의무만을 규정한 병역종류조항은 침해의 최소성 원칙에 어긋난다.

② 병역종류조항은 병역의 종류를 현역, 예비역, 보충역, 병역준비역, 전시근로역의 다섯 가지로 한정적으로 열거하고 있다. 그런데 위 병역들은 모두 군사훈련을 받는 것을 전제하고 있으므로, 양심적 병역의무자에게 병역종류조항에 규정된 병역을 부과할 경우 그들의 양심과 충돌을 일으킬 수밖에 없다.

③ 입법자가 병역의 종류에 관하여 입법은 하였으나 그 내용이 양심적 병역거부자를 위한 비군사적 내용의 대체복무제를 포함하지 아니한 것은 진정입법부작위로서 헌법에 위반된다.

④ 양심적 병역거부자에 대하여 3년 이하의 징역이라는 형사처벌을 가하는 법률조항은 양심의 자유를 침해하지 않는다.

02 제헌헌법의 설명으로 옳지 않은 것은? (다툼이 있는 경우 통설에 의함)

① 대통령과 부통령의 임기는 4년으로 하고, 국회에서 무기명투표로써 각각 선거하며, 재선에 의하여 1차 중임할 수 있다.

② 위헌법률심사와 탄핵심판은 헌법위원회에서 담당한다.

③ 형사피고인으로서 구금되었던 자가 무죄판결을 받은 때에는 법률의 정하는 바에 의하여 국가에 대하여 보상을 청구할 수 있다.

④ 근로자의 단결, 단체교섭과 단체행동의 자유는 법률의 범위 내에서 보장된다. 영리를 목적으로 하는 사기업에 있어서는 근로자는 법률의 정하는 바에 의하여 이익의 분배에 균점할 권리가 있다.

03 인격권 등에 대한 헌법재판소의 판례와 일치하지 않는 것은?

① 불공정한 선거기사를 게재한 언론사에 대하여 사과문 게재를 명하는 것 자체는 언론사의 인격권에 대한 과도한 제한으로 볼 수 없다.

② 민사재판에 당사자로 출석하는 수형자에 대하여 사복착용을 불허하는 것은 인격권을 침해하지 아니한다.

③ 「일제강점하 반민족행위 진상규명에 관한 특별법」 제2조 제9호에서 조선총독부 중추원 참의활동을 친일반민족행위의 하나로 규정한 것은 과잉금지원칙에 위배되지 않는다.

④ 경찰관이 보도자료 배포 직후 기자들의 취재 요청에 응하여 청구인이 경찰서 조사실에서 양손에 수갑을 찬 채 조사받는 모습을 촬영할 수 있도록 허용한 행위는 청구인의 인격권을 침해하는 것이다.

04 다음 중 기본권 주체성에 대한 설명으로 옳은 것(○)과 옳지 않은 것(×)을 올바르게 조합한 것은? (다툼이 있는 경우 판례에 의함)

> ㄱ. 정당은 권리능력 없는 사단으로서 기본권 주체성이 인정되므로 '미국산 쇠고기 수입의 위생조건에 관한 고시'와 관련하여 생명·신체의 안전에 관한 기본권 침해를 이유로 헌법소원을 청구할 수 있다.
> ㄴ. 기본권능력을 가진 사람은 모두 기본권 주체가 되지만, 기본권 주체가 모두 기본권의 행사능력을 가지는 것은 아니다.
> ㄷ. 한국신문편집인협회는 언론인들의 협동단체로서 법인격은 없으나 사단으로서의 실체를 가지고 있으므로 권리능력 없는 사단이라고 할 것이고, 따라서 기본권의 성질상 자연인에게만 인정될 수 있는 기본권이 아닌 한 기본권의 주체가 될 수 있다.
> ㄹ. 출국만기보험금의 지급시기에 관한 것은 근로조건의 문제이고 생존권적 성격을 가지므로 외국인에게는 기본권 주체성이 인정되지 않는다.

① ㄱ(○), ㄴ(×), ㄷ(○), ㄹ(×)
② ㄱ(○), ㄴ(○), ㄷ(×), ㄹ(×)
③ ㄱ(×), ㄴ(○), ㄷ(×), ㄹ(×)
④ ㄱ(×), ㄴ(○), ㄷ(○), ㄹ(×)

05 탄핵심판에 대한 설명으로 옳지 않은 것은?

① 국무총리, 행정각부의 장, 헌법재판소 재판관, 법관, 감사위원에 대한 탄핵소추는 국회재적의원 3분의 1 이상의 발의가 있어야 하고, 그 의결은 국회재적의원 과반수의 찬성이 있어야 한다.
② 탄핵심판에 있어서는 국회법제사법위원회의 위원장이 소추위원이 된다.
③ 탄핵소추의 의결을 받은 자는 탄핵심판이 있을 때까지 그 권한행사가 정지된다.
④ 피청구인이 결정 전에 당해 공직에서 파면된 때에도 탄핵심판청구가 이유 있는 때에는 헌법재판소는 피청구인을 당해 공직에서 파면하는 결정을 하여야 한다.

06 통치행위에 대한 설명 중 옳은 것을 모두 고른 것은? (다툼이 있는 경우 판례에 의함)

> ㄱ. 대통령은 사면권을 행사함에 있어서 넓은 재량권을 가진다고 할 수 있으나, 헌법과 법률에 그 행사의 요건과 절차가 규정되어 있는 이상 사법심사의 대상이 되는 것이므로 일반국민은 대통령의 사면권 남용을 이유로 헌법소원심판을 청구할 수 있다.
> ㄴ. 대법원은 통치행위의 개념을 인정한다고 하더라도 과도한 사법심사의 자제가 기본권을 보장하고 법치주의 이념을 구현하여야 할 법원의 책무를 태만히 하거나 포기하는 것이 되지 않도록 그 인정을 지극히 신중하게 하여야 하며, 그 판단은 오로지 사법부만에 의하여 이루어져야 한다고 보았다.
> ㄷ. 군사반란 및 내란행위에 의하여 정권을 장악한 후 국민투표로 헌법개정을 하였다면 그 군사반란 및 내란행위는 고도의 정치적 행위로서 법원이 사법적으로 심사하기에 부적합하다.
> ㄹ. 헌법재판소는 국군을 외국에 파견하는 결정과 같이 성격상 외교 및 국방에 관련된 고도의 정치적 결단이 요구되는 사안에 대한 대통령과 국회의 판단은 존중되어야 하고 사법적 기준만으로 이를 심판하는 것은 자제되어야 한다고 판단하였다.
> ㅁ. 대통령의 긴급재정·경제명령은 비록 고도의 정치적 결단에 의하여 행해지는 국가작용이라고 할지라도 그것이 국민의 기본권 침해와 직접 관련되는 경우 헌법재판소의 심판대상이 된다.

① ㄱ, ㄴ
② ㄱ, ㄷ
③ ㄴ, ㄹ, ㅁ
④ ㄱ, ㄴ, ㄹ, ㅁ

07 국회에 대한 설명으로 옳지 않은 것은?

① 상임위원회는 위원회 또는 상설소위원회를 정기적으로 개회하여 그 소관 중앙행정기관이 제출한 대통령령·총리령 및 부령의 법률 위반 여부 등을 검토하여야 한다.
② 국무위원의 해임건의안이 발의된 때에는 의장은 그 해임건의안이 발의된 후 처음 개의하는 본회의에 이를 보고하고, 본회의에 보고된 때로부터 24시간 이후 72시간 이내에 무기명투표로 표결한다.
③ 예산안에 대한 수정동의는 의원 50인 이상의 찬성이 있어야 한다.
④ 의원 20인 이상의 연서에 의한 동의로 본회의의 의결이 있는 경우에는 본회의를 공개하지 아니할 수 있다.

08 대통령에 대한 설명 중 옳지 않은 것은? (다툼이 있는 경우 판례에 의함)

① 대통령의 '헌법을 준수하고 수호해야 할 의무'는 헌법적 의무이며, '성실한 직책수행의무'는 헌법적 의무는 아니며, '헌법을 수호해야 할 의무'와는 달리, 규범적으로 그 이행이 관철될 수 있는 성격의 의무가 아니므로, 원칙적으로 사법적 판단의 대상이 될 수 없다.

② 국군의 해외파견결정은 그 성격상 국방 및 외교에 관련된 고도의 정치적 결단을 요하는 문제로서, 헌법과 법률이 정한 절차를 지켜 이루어진 것이라면 대통령과 국회의 판단은 존중되어야 하고, 헌법재판소가 사법적 기준만으로 이를 심판하는 것은 자제되어야 한다.

③ 대통령의 불소추특권을 규정한 헌법 제84조는 바로 공소시효진행의 소극적 사유가 되는 국가의 소추권행사의 법률상 장애사유에 해당하므로, 대통령의 재직 중에는 공소시효의 진행이 당연히 정지되는 것으로 보아야 한다.

④ 재신임 국민투표를 국민에게 제안한 것은 그 자체로서 헌법에 반하는 것으로 헌법을 실현하고 수호해야 할 대통령의 의무를 위반한 것이다.

09 표현의 자유에 대한 설명으로 옳은 것은? (다툼이 있는 경우 판례에 의함)

① 대한민국을 모욕할 목적으로 국기를 훼손하는 행위를 처벌하도록 한 것은 표현의 방법이 아닌 표현의 내용에 대한 규제이므로 표현의 자유를 침해한다.

② 「건강기능식품에 관한 법률」상 기능성 광고의 심의는 식약처장으로부터 위탁받은 한국건강기능식품협회에서 수행하고 있는데, 한국건강기능식품협회는 행정권으로부터 독립된 민간 자율기구로서 그 행정주체성을 인정하기 어려우므로 헌법이 금지하는 사전검열에 해당한다고 할 수 없다.

③ 광고 사전심의가 헌법이 금지하는 사전 검열에 해당하려면 심사절차를 관철할 수 있는 강제수단이 존재할 것을 필요로 하는데, 영업허가취소와 같은 행정제재나 벌금형과 같은 형벌의 부과는 사전심의절차를 관철하기 위한 강제수단에 해당한다.

④ 저작자 아닌 자를 저작자로 하여 실명·이명을 표시하여 저작물을 공표한 자를 처벌하는 「저작권법」 규정은 표현의 자유를 침해한다.

10 헌법소원심판청구의 적법성에 대한 설명으로 옳지 않은 것은? (다툼이 있는 경우 헌법재판소 결정에 의함)

① 개정된 법령이 종전에 허용하던 영업을 금지하는 규정을 신설하면서 부칙에 유예기간을 둔 경우, 그 법령 시행 전부터 영업을 해오던 사람이 「헌법재판소법」 제68조 제1항의 규정에 의한 법령에 대한 헌법소원심판을 청구하는 경우에 청구기간의 기산점은 유예기간경과 후가 아닌 법령의 시행일이다.

② 「헌법재판소법」 제68조 제1항에 따른 헌법소원의 심판은 그 사유가 있음을 안 날부터 90일 이내에, 그 사유가 있는 날부터 1년 이내에 청구하여야 한다. 다만, 다른 법률에 따른 구제절차를 거친 헌법소원의 심판은 그 최종결정을 통지받은 날부터 30일 이내에 청구하여야 한다.

③ 행정권력의 부작위에 대한 헌법소원은 공권력의 주체에게 헌법에서 유래하는 작위의무가 특별히 구체적으로 규정되어, 이에 의거하여 기본권의 주체가 행정행위 내지 공권력의 행사를 청구할 수 있음에도 공권력의 주체가 그 의무를 해태하는 경우에 한하여 허용된다.

④ 이른바 「제주 4·3 특별법」에 근거한 희생자 결정은, 제주 4·3 사건 진압작전에 참가하였던 군인이나 그 유족들의 명예를 훼손하지 않으므로, 명예권 침해를 주장하는 이들의 헌법소원심판청구는 자기관련성이 없어 부적법하다.

11 알 권리에 대한 헌법재판소의 판시 내용으로 옳지 않은 것은?

① 구치소의 미결수용자 교화상 또는 구금목적에 특히 부적당하다고 인정되는 기사 등을 삭제하는 것은 알 권리의 침해가 아니다.

② 헌법재판소는 「공공기관의 정보공개에 관한 법률」이 제정되기 이전에 이미, 정부가 보유하고 있는 정보에 대하여 정당한 이해관계가 있는 자가 그 공개를 요구할 수 있는 권리를 알 권리로 인정하면서 이러한 알 권리는 표현의 자유에 당연히 포함되는 기본권으로 보았다.

③ 변호사시험 성적 공개를 금지한 「변호사시험법」 제18조 제1항 본문이 알 권리(정보공개청구권)를 침해하는 것은 아니다.

④ 정보위원회 회의를 비공개하도록 규정한 「국회법」 조항은 알 권리를 침해한다.

12 헌법소원의 보충성에 대한 설명으로 옳은 것은? (다툼이 있는 경우 판례에 의함)

① '변호인이 되려는 자'의 피의자 접견신청을 허용하기 위한 조치를 취하지 않은 검사의 행위에 대하여 「형사소송법」 제417조에 따른 준항고 절차를 거치지 아니하고 헌법소원심판을 청구한 것은 보충성원칙을 결여하여 부적법하다.

② 다른 구제절차란 공권력의 행사 또는 불행사를 직접 대상으로 하여 그 효력을 다툴 수 있는 권리구제절차 뿐만 아니라 사후적·보충적 구제수단인 손해배상청구나 손실보상청구와 같은 우회적인 구제수단도 포함한다.

③ 수형자의 서신을 교도소장이 검열하는 행위는 이른바 권력적 사실행위로서 행정심판이나 행정소송의 대상이 되는 행정처분으로 볼 수 있으나, 위 검열행위가 이미 완료되어 행정심판이나 행정소송을 제기하더라도 소의 이익이 부정될 수밖에 없으므로 헌법소원심판을 청구하는 외에 다른 효과적인 구제방법이 있다고 보기 어렵기 때문에 보충성의 원칙에 대한 예외에 해당한다.

④ 청구인이 헌법소원을 청구할 때 보충성원칙이 결여되어 있으면 심리종결시까지 사전구제절차를 충족하더라도 헌법재판소는 헌법소원심판청구를 각하하여야 한다.

13 국회에 대한 설명으로 옳지 않은 것은? (다툼이 있는 경우 판례에 의함)

① 입법절차의 하자를 둘러싼 분쟁은 본질적으로 국회의장이 국회의원의 권한을 침해한 것인가 그렇지 않은가에 관한 다툼으로서 그 법률에 대한 심의·표결권을 침해받은 국회의원이 국회의장을 상대로 권한쟁의심판을 청구하여 해결하여야 할 사항이다.

② 검찰의 기소독점주의 및 기소편의주의에 대한 예외로서 특별검사제도를 인정할지 여부의 판단에는 본질적으로 국회의 폭넓은 재량이 인정된다.

③ 헌법이 인정하고 있는 위임입법의 형식은 열거적인 것으로 보아야 하므로 법률이 행정규칙에 위임하는 것은 비록 그 행정규칙이 위임된 사항만을 규율할 수 있다고 하더라도 국회입법의 원칙에 위배되는 것이다.

④ 국회의장이 적법한 반대토론신청이 있었음에도 반대토론을 허가하지 않고, 토론절차를 생략하기 위한 의결을 거치지도 않은 채 법률안들에 대한 표결절차를 진행한 것은 국회의원의 법률안 심의·표결권을 침해한 것이다.

14 심판청구의 권리보호이익에 대한 설명으로 옳지 않은 것은? (다툼이 있는 경우 판례에 의함)

① 국회의원 선거구에 관한 법률을 제정하지 아니한 입법부작위의 위헌확인을 구하는 심판청구에 대하여 심판청구 이후 국회가 국회의원 선거구를 획정함으로써 청구인들의 주관적 목적이 달성되었다 할지라도 헌법적 해명의 필요성이 있어 권리보호이익이 존재한다.

② 헌법재판소는 사법시험 제1차 시험 시험실 입실제한 시간을 시험시작 5분 전으로 한 법무부장관의 사법시험 제1차 시험 실시계획 공고에 대하여는 이미 시험이 종료되었지만 기본권 침해가 반복될 가능성이 있으므로 권리보호이익을 인정하였다.

③ 이미 헌법불합치결정이 내려진 법률에 대한 헌법소원심판청구는 헌법불합치결정 역시 위헌결정의 일종이므로 권리보호이익이 없어 부적법하다.

④ 법무부장관의 출국금지조치가 심판청구 이전에 해제되었다면 출국금지조치에 대한 헌법소원은 특별한 사정이 없는 한 더 이상 권리보호이익이 없어 부적법하다.

15 위헌법률심판절차에 대한 설명으로 옳지 않은 것은? (다툼이 있는 경우 헌법재판소 결정에 의함)

① 법률이 헌법에 위반되는 여부가 재판의 전제가 된 때에는 당해 사건을 담당하는 법원은 직권 또는 당사자의 신청에 의한 결정으로 헌법재판소에 위헌 여부의 심판을 제청한다.

② 법원이 당사자의 위헌법률심판제청신청을 기각한 경우 그 결정에 대하여는 항고할 수 없고, 다만 그 신청을 한 당사자는 헌법재판소에 헌법소원심판을 청구할 수 있다.

③ 위헌심사의 대상은 국회의 의결을 거쳐 제정된 이른바 형식적 의미의 법률을 의미하므로 헌법의 개별규정 자체는 헌법소원에 의한 위헌심사의 대상이 아니다.

④ 사법작용에 일반적으로 적용되는 신청주의의 원칙상, 헌법재판소는 위헌법률심판절차에 있어서 그 규범의 위헌성을 제청법원이나 제청신청인이 주장하는 법적 관점에서만 심사하여야 한다.

16 교육기본권에 대한 설명으로 옳지 않은 것은? (다툼이 있는 경우 판례에 의함)

① 학교급식은 학생들에게 한 끼 식사를 제공하는 영양 공급 차원을 넘어 교육적인 성격을 가지고 있지만, 이러한 교육적 측면은 기본적이고 필수적인 학교 교육 이외에 부가적으로 이루어지는 식생활 및 인성교육으로서의 보충적 성격을 가지므로 의무교육의 실질적인 균등보장을 위한 본질적이고 핵심적인 부분이라고까지는 할 수 없다.

② 고졸검정고시 또는 고등학교 입학자격 검정고시에 합격했던 자는 해당 검정고시에 다시 응시할 수 없도록 응시자격을 제한한 전라남도 교육청 공고는 교육을 받을 권리를 침해한다.

③ 학부모들이 부담하는 학교운영지원비를 학교회계 세입항목에 포함시켜 의무교육과정의 비용으로 사용하는 것이 의무교육의 무상원칙에 위배되는 것은 아니다.

④ 의무교육의 무상성에 관한 헌법상 규정은 교육을 받을 권리를 보다 실효성 있게 보장하기 위해 의무교육 비용을 학령아동 보호자의 부담으로부터 공동체 전체의 부담으로 이전하라는 명령일 뿐 의무교육의 모든 비용을 조세로 해결해야 함을 의미하는 것은 아니다.

17 다음 설명 중 옳지 않은 것은? (다툼이 있는 경우 판례에 의함)

① 법률 자체에서 공익법인 이사의 취임승인 취소사유의 대강을 정한 후 나머지 세부적인 취소사유나 절차에 대한 아무런 기준을 제시하지 않고 대통령령에 취소사유를 규정하도록 백지위임한 것은 포괄위임금지의 원칙을 위반한 것이다.

② 체포영장을 발부받아 피의자를 체포하는 경우에 필요한 때에는 영장 없이 타인의 주거 등 내에서 피의자 수사를 할 수 있다는 규정은 헌법 제16조의 영장주의 예외 요건을 벗어나는 것으로서 영장주의에 위반된다.

③ 하위 행정입법의 제정 없이 상위 법령의 규정만으로도 집행이 이루어질 수 있는 경우라면 하위 행정입법을 하여야 할 헌법적 작위의무는 인정되지 않는다.

④ 대통령령, 총리령과 부령 등 우리 헌법이 한정적으로 열거한 입법형식 외의 헌법상 원칙에 대한 예외를 인정하여 고시와 같은 행정규칙에 입법사항을 위임할 수는 없다.

18 지방자치제도에 대한 설명으로 옳지 않은 것은?

① 지방자치단체의 18세 이상의 주민은 시·도는 300명 이내에서 그 지방자치단체의 조례로 정하는 수 이상의 18세 이상의 주민이 연대 서명하여 그 지방자치단체와 그 장의 권한에 속하는 사무의 처리가 법령에 위반되거나 공익을 현저히 해친다고 인정되면 시·도의 경우에는 주무부장관에게 감사를 청구할 수 있다.

② 주민감사청구는 사무처리가 있었던 날이나 끝난 날부터 2년이 지나면 제기할 수 없다.

③ 주무부장관은 일정기간 내에 시·도지사가 시정명령을 하지 아니하면 직접 시장·군수 및 자치구의 구청장에게 기간을 정하여 서면으로 시정할 것을 명하고, 그 기간에 이행하지 아니하면 주무부장관이 시장·군수 및 자치구의 구청장의 명령이나 처분을 취소하거나 정지할 수 있다.

④ 자치사무에 관한 명령이나 처분에 대한 주무부장관 또는 시·도지사의 시정명령, 취소 또는 정지는 법령을 위반한 것에 한정한다.

19 국회의 국정감사 및 조사권에 대한 설명으로 옳지 않은 것은? (다툼이 있는 경우 헌법재판소 결정에 의함)

① 국회는 재적의원 4분의 1 이상의 요구가 있는 때에는 특별위원회 또는 상임위원회로 하여금 국정의 특정사안에 관하여 국정조사를 하게 한다.

② 국회는 국정감사·조사권의 행사를 통해서 국정운영의 실태를 정확히 파악하고 입법과 예산심의를 위한 자료를 수집하며 국정의 잘못된 부분을 적발·시정함으로써 입법·예산심의·국정통제 기능의 효율적인 수행을 도모할 수 있다.

③ 우리나라에서는 제헌헌법 및 1962년 헌법에서 영국·프랑스·미국·일본 등과 상이하게 일반적인 국정감사권을 제도화하였다. 이러한 국정감사제도는 1972년 유신헌법에서는 삭제되었다가, 제9차 개정헌법에 의하여 부활되었다.

④ 국회는 국정전반에 관하여 소관 상임위원회별로 매년 정기회 집회일 이전에 감사 시작일부터 20일 이내의 기간을 정하여 감사를 실시한다. 다만, 본회의 의결로 정기회 기간 중에 감사를 실시할 수 있다.

20 죄형법정주의의 명확성원칙에 대한 설명 중 옳지 않은 것은? (다툼이 있는 경우 헌법재판소 결정에 의함)

① 「응급의료에 관한 법률」 조항 중 "누구든지 응급의료종사자의 응급환자에 대한 진료를 폭행, 협박, 위계, 위력, 그 밖의 방법으로 방해하여서는 아니 된다."는 부분 가운데 '그 밖의 방법' 부분은 죄형법정주의의 명확성원칙에 위반되지 않는다.

② '판결에 영향을 미칠 중요한 사항에 관하여 판단을 누락한 때'를 재심사유로 규정한 「민사소송법」 제451조 제1항 제9호는 명확성원칙에 위배되지 않는다.

③ 「아동·청소년의 성보호에 관한 법률」 제8조 제2항 및 제4항 중 '아동·청소년으로 인식될 수 있는 사람이나 표현물이 등장하여 그 밖의 성적 행위를 하는 내용을 표현하는 것' 부분, 즉 가상의 아동·청소년이용음란물 배포 등을 처벌하는 부분이 죄형법정주의의 명확성원칙에 위반된다.

④ 술에 취한 상태에서의 운전을 금지하는 「도로교통법」 조항을 2회 이상 위반한 음주운전자를 가중처벌하는 조항은 죄형법정주의의 명확성원칙에 위배되지 않는다.

21 다음 중 헌법재판소 결정 내용으로 옳지 않은 것은?

① 운전면허를 받은 사람이 자동차 등을 이용하여 살인 또는 강간 등 행정안전부령이 정하는 범죄행위를 한 때 운전면허를 필요적으로 취소하도록 하는 구 「도로교통법」 제93조 제1항 제11호가 직업의 자유를 침해한다.

② 재정신청권자를 '고발을 한 후보자와 정당(중앙당에 한함) 및 해당 선거관리위원회'로 제한한 구 「공직선거법」 제273조 제1항이 재판청구권을 침해하는 것은 아니다.

③ 선거권자의 연령을 선거일 현재를 기준으로 산정하도록 규정한 「공직선거법」 제17조 중 "선거권자의 연령은 선거일 현재로 산정한다." 부분은 구 「공직선거법」에 따라 선거권이 있는 만 19세 생일이 선거일 이틀 뒤에 있었던 청구인의 선거권을 침해한다고 볼 수 없다.

④ 혼인 종료 후 300일 이내에 출생한 자를 전남편의 친생자로 추정하는 「민법」 제844조 제2항 중 '혼인관계종료의 날로부터 300일 내에 출생한 자'에 관한 부분이 모가 가정생활과 신분관계에서 누려야 할 인격권을 침해하는 것은 아니다.

22 정당제도에 대한 설명으로 옳은 것을 모두 고른 것은? (다툼이 있는 경우 판례에 의함)

ㄱ. 헌법 제8조 제1항은 정당설립의 자유, 정당조직의 자유, 정당활동의 자유 등을 포괄하는 정당의 자유를 보장하고 있다. 이러한 정당의 자유는 국민이 개인적으로 갖는 기본권일 뿐만 아니라, 단체로서의 정당이 가지는 기본권이기도 하다.

ㄴ. 정치자금의 수입·지출내역 및 첨부서류 등의 열람기간을 공고일로부터 3개월간으로 제한하고 있는 법률조항은 정당의 정치자금에 관한 정보의 공개라는 공익적 측면보다는 행정적인 업무부담의 경감을 우선시키는 것으로서 국민의 알 권리를 침해하는 것이다.

ㄷ. 정당해산심판절차에서는 재심을 허용하지 아니함으로써 얻을 수 있는 법적 안정성의 이익이 재심을 허용함으로써 얻을 수 있는 구체적 타당성의 이익보다 더 크므로 재심을 허용할 수 없다.

ㄹ. 정당에 대한 재정적 후원을 금지하고 위반시 형사처벌하는 구 「정치자금법」 조항은 정당이 스스로 재정을 충당하고자 하는 정당활동의 자유와 국민의 정치적 표현의 자유를 침해한다.

① ㄱ, ㄷ   ② ㄱ, ㄹ

③ ㄴ, ㄷ   ④ ㄴ, ㄹ

23 직업의 자유에 대한 설명으로 옳지 않은 것은? (다툼이 있는 경우 판례에 의함)

① 아동학대관련범죄로 벌금형이 확정된 날부터 10년이 지나지 아니한 사람은 어린이집을 설치·운영하거나 어린이집에 근무할 수 없도록 한 것은 직업의 자유를 침해한다.

② 접촉차단시설이 설치되지 않은 장소에서 수용자와 접견할 수 있는 예외대상의 범위에 소송대리인이 되려는 변호사를 포함시키지 않은 것은 변호사인 청구인의 직업수행의 자유를 침해한다.

③ 연락운송 운임수입의 배분에 관한 협의가 성립되지 아니한 때에는 당사자의 신청을 받아 국토교통부장관이 결정한다는 「도시철도법」 규정은 도시철도운영자들의 「행정절차법」에 따른 의견제출이 가능하고 국토부장관의 전문성과 객관성도 인정되므로 운임수입 배분에 관한 별도의 위원회를 구성하지 않는다 하더라도 직업수행의 자유를 침해하지 않는다.

④ 세무사 자격 보유 변호사가 세무사로서 세무조정업무를 일체 수행할 수 없도록 한 규정은 이들에게 세무사 자격을 부여한 의미를 상실시키는 것일 뿐만 아니라 세무사 자격에 기한 직업선택의 자유를 지나치게 제한하는 것으로 헌법에 위반된다.

24 다음 사례와 관련된 헌법재판소의 결정 내용으로 옳은 것은?

> 청구인들은 비전문취업(E - 9)비자를 받고 대한민국에 입국한 네팔 또는 우즈베키스탄 국적의 외국인근로자들이다.
>
> 구「외국인근로자의 고용 등에 관한 법률」에 따르면, 외국인근로자는 사업장을 이탈하지 아니한 채 1년 이상 근무하고 기간 만료로 출국하거나 사업장을 변경하는 경우 출국만기보험금을 지급받을 수 있었다. 그런데 국회는 2014.1.28. 외국인근로자들이 근로계약기간이 만료되어 출국만기보험금을 수령하고도 본국으로 귀국하지 않아 불법체류자가 급증하고 있다는 이유로, 「외국인근로자의 고용 등에 관한 법률」을 개정하여 출국만기보험금의 지급시기를 '피보험자 등이 출국한 때로부터 14일 이내'로 제한하는 내용을 추가하였다.
>
> 청구인들은 출국만기보험금의 지급시기를 출국 후 14일 이내로 제한하고 있는 「외국인근로자의 고용 등에 관한 법률」 제13조 제3항과 그 적용 시기를 정한 부칙 제2조가 청구인들의 기본권을 침해한다고 주장하면서 2014.5.8. 이 사건 헌법소원심판을 청구하였다.

① 근로의 권리는 기본적으로 국민의 권리이기 때문에 외국인에게는 인정될 수 없다.

② 외국인도 국가인권위원회법의 적용대상이므로 국가인권위원회의 공정한 조사를 받을 권리를 보장받는다.

③ 불법체류 중인 외국인이라도 신체의 자유, 주거의 자유, 변호인의 조력을 받을 권리, 재판청구권 등은 성질상 인간의 권리에 해당하기 때문에 기본권 주체가 될 수 있다.

④ 내국인 근로자는 퇴직한 때부터 14일 이내에 퇴직금을 받을 수 있는 반면, 외국인 근로자는 퇴직한 때가 아닌 출국한 때부터 14일 이내에 퇴직금에 해당하는 출국만기보험금을 받을 수 있도록 한 것은 평등권을 침해하는 것이다.

25 조세법률주의에 대한 설명으로 옳지 않은 것은? (다툼이 있는 경우에는 판례에 의함)

① 과세대상인 자본이득의 범위에 실현된 소득뿐만 아니라 미실현이득까지 포함시키는 것은 과세목적, 과세소득의 특성, 과세기술상의 문제 등을 고려할 때 헌법상의 조세개념에 저촉되거나 그와 양립할 수 없는 모순이 발생하여 위헌이다.

② 상속세의 납부의무자가 시행령에 의해서만 비로소 자신이 납부해야 할 상속세액의 산출 근거가 되는 상속재산의 평가방법을 알 수 있다면 이는 과세요건 법정주의에 위배된다.

③ 조세부과와 관련된 모든 법규를 예외 없이 형식적 법률에 의하여 규정한다는 것은 현실적으로 불가능하기 때문에 즉시 대응해야 할 세부적 사항에 대해서는 탄력성이 있는 행정입법에 위임하는 것이 허용된다.

④ 「소득세법」에서 정의하는 거주자와 비거주자는 주소와 거소 개념을 사용하는데, 「민법」상 주소는 생활의 근거되는 곳이고, 거소는 일정한 기간 동안 계속 거주하는 장소로서, 주소와 거소에 관한 법률의 규정 및 이에 대한 해석으로부터 대통령령에 규정될 내용의 대강을 예측할 수 있으므로, 「소득세법」의 납세의무자를 정하기 위한 주소·거소와 거주자·비거주자의 구분을 대통령령으로 정하도록 위임한 「소득세법」 조항은 조세법률주의에 위반되지 않는다.

11회 실전동형모의고사
모바일 자동 채점 + 성적 분석 서비스
바로 가기 (gosi.Hackers.com)

QR코드를 이용하여 해커스공무원의 '모바일 자동 채점 + 성적 분석 서비스'로 바로 접속하세요!

* 해커스공무원 사이트의 가입자에 한해 이용 가능합니다.

11회　Review

문항	정답	문제 키워드	출제 유형	난이도
01	③	양심적 병역거부	이론/판례/조문	●●○
02	②	헌정사	이론/판례/조문	●●○
03	①	인격권	이론/판례/조문	●●○
04	④	기본권의 주체	이론/판례/조문	●●○
05	④	탄핵심판	이론/판례/조문	●●○
06	③	통치행위	이론/판례/조문	●●●
07	④	국회	이론/판례/조문	●●○
08	①	대통령	이론/판례/조문	●●○
09	③	표현의 자유	이론/판례/조문	●●○
10	①	헌법소원심판	이론/판례/조문	●●●
11	③	알 권리	이론/판례/조문	●●○
12	③	보충성의 원칙	이론/판례/조문	●●○
13	③	국회의 입법권	이론/판례/조문	●●○

문항	정답	문제 키워드	출제 유형	난이도
14	①	권리보호이익	이론/판례/조문	●●○
15	④	위헌법률심판	이론/판례/조문	●●○
16	③	교육권	이론/판례/조문	●●○
17	④	입법작용	이론/판례/조문	●●○
18	②	지방자치제도	이론/판례/조문	●●○
19	④	국정감사, 국정조사	이론/판례/조문	●●○
20	③	명확성의 원칙	이론/판례/조문	●●○
21	④	기본권의 침해	이론/판례/조문	●●○
22	②	정당제도	이론/판례/조문	●●○
23	②	직업의 자유	이론/판례/조문	●●○
24	③	외국인의 기본권 주체성	이론/판례/조문	●●○
25	①	조세법률주의	이론/판례/조문	●●○

[출제 유형 & 난이도] 각 문항별 출제 유형(이론/판례/조문)과 난이도를 수록하였으니, 본인이 취약한 유형이나 고난도 문제만 풀어보는 등 학습 상황에 알맞게 활용하시기 바랍니다.

핵심지문 OX　11회 실전동형모의고사에서 꼭 되짚어야 할 핵심지문을 다시 확인해보시기 바랍니다.

01 입법자가 병역의 종류에 관하여 입법은 하였으나 그 내용이 양심적 병역거부자를 위한 비군사적 내용의 대체복무제를 포함하지 아니한 것은 진정입법부작위로서 헌법에 위반된다. (　　)

02 탄핵소추의 의결을 받은 자는 탄핵심판이 있을 때까지 그 권한행사가 정지된다. (　　)

03 군사반란 및 내란행위에 의하여 정권을 장악한 후 국민투표로 헌법개정을 하였다면 그 군사반란 및 내란행위는 고도의 정치적 행위로서 법원이 사법적으로 심사하기에 부적합하다. (　　)

04 재신임 국민투표를 국민에게 제안한 것은 그 자체로서 헌법에 반하는 것으로 헌법을 실현하고 수호해야 할 대통령의 의무를 위반한 것이다. (　　)

05 헌법이 인정하고 있는 위임입법의 형식은 열거적인 것으로 보아야 하므로 법률이 행정규칙에 위임하는 것은 비록 그 행정규칙이 위임된 사항만을 규율할 수 있다고 하더라도 국회입법의 원칙에 위배되는 것이다. (　　)

06 정당에 대한 재정적 후원을 금지하고 위반시 형사처벌하는 구 「정치자금법」 조항은 정당이 스스로 재정을 충당하고자 하는 정당활동의 자유와 국민의 정치적 표현의 자유를 침해한다. (　　)

07 내국인 근로자는 퇴직한 때부터 14일 이내에 퇴직금을 받을 수 있는 반면, 외국인 근로자는 퇴직한 때가 아닌 출국한 때부터 14일 이내에 퇴직금에 해당하는 출국만기보험금을 받을 수 있도록 한 것은 평등권을 침해하는 것이다. (　　)

[정답] **01** × 진정입법부작위가 아니라, 부진정입법부작위를 다투는 것이라고 본다. **02** ○ **03** × 군사반란과 내란행위는 처벌의 대상이 된다. **04** ○ **05** × 위임입법의 형식은 예시적인 것으로 보아야 하고, 국회입법의 원칙과 상치되지도 않는다. **06** ○ **07** × 불합리하게 차별하는 것이라고 볼 수 없다.

12회 실전동형모의고사

01 사생활의 비밀과 자유에 대한 설명 중 가장 적절하지 않은 것은? (다툼이 있는 경우 판례에 의함)

① '전자발찌'로 불리는 '위치추적 전자장치'의 부착명령을 규정한 「특정 범죄자에 대한 위치추적 전자장치 부착 등에 관한 법률」 조항은 피부착자의 개인정보자기결정권을 제한할 뿐만 아니라 피부착자의 위치와 이동경로를 실시간으로 파악하여 24시간 감시할 수 있도록 하고 있으므로 피부착자의 사생활의 비밀과 자유를 제한한다.

② 수용자의 기본권 제한을 최소화하기 위하여 특정부분을 확대하거나 정밀하게 촬영할 수 없는 CCTV를 설치하고, 화장실 문의 창에 불투명재질의 종이를 부착하였으며, 녹화된 영상정보의 무단유출 방지를 위한 시스템을 설치하였더라도 교정시설 내 수용자를 상시적으로 시선계호할 목적으로 CCTV가 설치된 거실에 수용하는 것은 인간으로서의 존엄과 가치 및 사생활의 비밀과 자유를 침해하는 것이다.

③ 인터넷회선 감청은 타인과의 관계를 전제로 하는 개인의 사적 영역을 보호하려는 헌법 제18조의 통신의 비밀과 자유 외에 헌법 제17조 사생활의 비밀과 자유도 제한한다.

④ 보험회사 직원이 보험회사를 상대로 손해배상청구소송을 제기한 교통사고 피해자들의 장해 정도에 관한 증거자료를 수집할 목적으로 피해자들의 일상생활을 촬영한 행위는 초상권 및 사생활의 비밀과 자유를 침해하는 불법행위에 해당할 수 있다.

02 헌법재판소 결정에 의할 때 집회·시위의 자유가 침해되지 않은 것은?

① 재판에 영향을 미칠 염려가 있거나 미치게 하기 위한 집회·시위의 금지

② 국회의 헌법적 기능을 무력화시키거나 저해할 우려가 있는 집회의 금지

③ 서울남대문경찰서장의 옥외집회신고서를 반려한 행위

④ 해가 진 후부터 같은 날 24시까지의 시위의 금지

03 양심의 자유에 대한 설명으로 옳지 않은 것은? (다툼이 있는 경우 판례에 의함)

① 헌법이 보호하고자 하는 양심은 어떤 일의 옳고 그름을 판단함에 있어서 그렇게 행동하지 않고는 자신의 인격적 존재가치가 허물어지고 말 것이라는 강력하고 진지한 마음의 소리를 말한다.

② 자신의 태도나 입장을 외부에 설명하거나 해명하는 행위는 진지한 윤리적 결정에 관계된 행위라기보다는 단순한 생각이나 의견, 사상이나 확신 등의 표현행위라고 볼 수 있어, 그 행위가 선거에 영향을 미치게 하기 위한 것이라는 이유로 이를 하지 못하게 된다 하더라도 내면적으로 구축된 인간의 양심이 왜곡·굴절된다고는 할 수 없다는 점에서 양심의 자유의 보호영역에 포괄되지 않는다.

③ 가해학생에 대한 조치로 피해학생에 대한 서면사과를 규정한 구 「학교폭력예방 및 대책에 관한 법률」 제17조 제1항 제1호는 가해학생의 양심의 자유를 침해하는 것이다.

④ 헌법이 보장하는 양심의 자유는 정신적인 자유로서, 어떠한 사상·감정을 가지고 있다고 하더라도 그것이 내심에 머무르는 한 절대적인 자유이므로 제한할 수 없다.

04 국회의 국무총리·국무위원 해임건의권에 대한 설명 중 옳은 것은? (다툼이 있는 경우 판례에 의함)

① 국무위원에 대한 해임건의는 국회재적의원 과반수의 발의와 출석의원 과반수의 찬성이 있어야 한다.

② 제7차 개정헌법(1972년)과 제8차 개정헌법(1980년)도 현행 헌법에서와 마찬가지로 국무총리 또는 국무위원에 대한 해임건의권을 규정하였다.

③ 국회는 국무총리·국무위원에 대한 해임을 건의할 수 있으며 국회의 해임건의에 대하여 대통령은 이를 따라야 한다.

④ 헌법은 해임건의 대상으로 국무총리와 국무위원만을 규정하고 있으며, 해임건의 사유는 별도로 규정하고 있지 않다.

05 근로자의 권리와 사업주의 의무에 대한 내용으로 옳지 않은 것은? (다툼이 있는 경우 판례에 의함)

① 임금, 보상금, 수당, 그 밖의 모든 금품을 지급하지 아니한 사업주가 명단 공개기준일 이전 3년 이내 임금등을 체불하여 2회 이상 유죄가 확정된 자로서 명단 공개기준일 이전 1년 이내 임금 등의 체불총액이 3천만원 이상인 경우에는 그 인적사항 등을 공개할 수 있다.

② 사업 또는 사업장에 종사하는 근로자인 조합원이 해고되어 노동위원회에 부당노동행위의 구제신청을 한 경우에는 중앙노동위원회의 재심판정이 있을 때까지는 종사근로자로 본다.

③ 정부교섭대표는 교섭을 요구하는 노동조합이 둘 이상인 경우에는 해당 노동조합에 교섭창구를 단일화하도록 요청할 수 있고 교섭창구가 단일화된 때에는 교섭에 응하여야 한다.

④ 공무원노조의 대표자와 정부교섭대표간의 단체교섭이 결렬(決裂)된 경우에는 당사자 양쪽의 합의에 의해서만 중앙노동위원회에 조정(調停)을 신청할 수 있다.

06 변호사에 대한 징계결정에 대한 내용으로 옳지 않은 것은? (다툼이 있는 경우 판례에 의함)

① 대한변호사협회 변호사징계위원회나 법무부변호사징계위원회의 징계결정은 비록 그 징계위원 중 일부로 법관이 참여한다고 하더라도 이를 헌법과 법률이 정한 법관에 의한 재판이라고 할 수 없다.

② 「변호사법」 제81조 제4항 내지 제6항이 변호사 징계사건에 대하여 법원에 의한 사실심리의 기회를 배제함으로써, 징계처분을 다투는 의사·공인회계사 등 다른 전문자격 종사자에 비교하여 변호사를 차별대우함은 변호사의 직업적 특성들을 감안할 때 차별을 합리화할 정당한 목적이 있는 것이다.

③ 변호사에 대한 징계결정에 대하여 불복이 있는 경우에도 법관에 의한 사실확정 및 법률적용의 기회를 주지 아니하고, 단지 그 결정이 법령에 위반된 것을 이유로 하는 경우에 한하여 법률심인 대법원에 즉시항고할 수 있도록 하는 것은 재판청구권을 침해한다.

④ 변호사에 대한 징계결정정보를 인터넷 홈페이지에 공개하도록 한 「변호사법」 조항과 징계결정정보의 공개범위와 시행방법을 정한 「변호사법 시행령」 조항은 청구인의 인격권을 침해하지 않는다.

07 표현의 자유 및 통신의 자유에 대한 설명 중 옳지 않은 것을 모두 고른 것은? (다툼이 있는 경우 헌법재판소 결정에 의함)

ㄱ. 수용자가 내보내려는 모든 서신을 봉함하지 않은 상태로 교정시설에 제출하도록 한 규정은 교정시설의 안전과 질서유지, 수용자의 교화 및 사회복귀를 원활하게 하기 위한 것이므로 수용자의 통신의 자유를 침해하지 않는다.

ㄴ. 선거운동기간 외에는 중소기업중앙회 회장선거에 관한 선거운동을 제한하고, 이를 위반하면 형사처벌하는 「중소기업협동조합법」 제125조 전문 중 제53조 제1항을 준용하는 부분은 결사의 자유나 표현의 자유를 침해한다.

ㄷ. 통신제한조치의 기간은 2개월을 초과하지 못하고, 그 기간 중 통신제한조치의 목적이 달성되었을 경우에는 즉시 종료하여야 한다. 허가요건이 존속하는 경우 2개월의 범위에서 통신제한조치기간의 연장을 청구할 수 있으나, 통신제한조치의 총 연장기간은 1년을 초과할 수 없다.

ㄹ. 금치처분을 받은 미결수용자에 대하여 그 기간 중 집필을 금지하면서 예외적인 경우에만 교도소장이 집필을 허가할 수 있도록 한 「형의 집행 및 수용자의 처우에 관한 법률」상의 규정은 미결수용자의 표현의 자유를 침해하지 않는다.

ㅁ. 긴급조치 제1호는 유신헌법을 부정하거나 반대하고 폐지를 주장하는 행위 중 실제로 국가의 안전보장과 공공의 안녕질서에 대한 심각하고 중대한 위협이 명백하고 현존하는 경우 이외에도, 국가긴급권의 발동이 필요한 상황과는 전혀 무관하게 헌법과 관련하여 자신의 견해를 단순하게 표명하는 행위까지 모두 처벌하고 처벌의 대상이 되는 행위를 구체적으로 특정할 수 없으므로 표현의 자유를 침해한다.

① ㄱ, ㄴ　　　　② ㄴ, ㄹ
③ ㄷ, ㅁ　　　　④ ㄱ, ㄷ, ㄹ, ㅁ

08 수도(首都)에 대한 설명으로 옳지 않은 것은? (다툼이 있는 경우에 판례에 의함)

① 현대에는 수도(首都) 이외에 국기(國旗), 국가(國歌) 같은 내용도 헌법전의 내용에 포함될 수 있다고 한다.

② 헌법재판소는 헌법기관의 소재지, 특히 국가를 대표하는 대통령, 국무총리, 의회의 소재지를 정하는 문제는 국가의 정체성을 표현하는 실질적 헌법사항의 하나라고 보았다.

③ 수도의 이전을 헌법개정의 절차를 밟지 아니하고 단지 단순 법률의 형태로 실현시킨 것은 헌법 제130조에 따라 헌법개정에 있어서 국민이 가지는 참정권적 기본권인 국민투표권을 침해한다.

④ 「신행정수도의 건설을 위한 특별조치법」의 공포·시행에 의하여 수도이전은 법률적으로 확정되므로 대한민국 국민은 국민투표권이라는 기본권을 침해받을 개연성이 있으므로 자기관련성을 갖는다.

09 국회의원에 대한 설명 중 옳지 않은 것은? (다툼이 있는 경우 판례에 의함)

① 국회의원은 국회 내 의안 처리 과정에서 질의권·토론권 및 표결권을 침해받았음을 이유로 「헌법재판소법」 제68조 제1항의 헌법소원을 청구할 수 없다.

② 국·공립대학 교원과 사립대학 교원은 신분이나 적용 법률에 차이가 있음에도 불구하고 양자 모두에게 국회의원으로 당선된 경우 임기개시일 전까지 그 직을 사직하도록 한 것은 사립대학 교원의 평등권을 침해한다.

③ 국회의원의 면책특권에 속하는 행위에 대하여는 공소를 제기할 수 없으며, 이에 반하여 공소가 제기된 것은 결국 공소권이 없음에도 공소가 제기된 것이므로 「형사소송법」에 따라 공소를 기각하여야 한다.

④ 국회의원으로 하여금 3천만원의 가액을 초과하여 보유한 직무관련성 있는 주식을 매각 또는 백지신탁하도록 명하고 있는 규정은 국회의원의 국가이익 우선의무와 지위남용 금지의무를 담보하기 위한 것으로 헌법에 위반되지 않는다.

10 언론·출판의 자유에 대한 설명으로 옳지 않은 것은?

① 금치기간 중 30일의 기간 내에서만 신문 열람을 금지하는 조치는 미결수용자의 알 권리를 침해하지 않는다.

② 외국음반을 국내에서 제작하고자 하는 때에 영상물등급위원회의 추천을 받도록 하는 것은 헌법에 위배된다.

③ 사전심의를 받지 아니한 건강기능식품 기능성 광고를 금지하고 이를 위반한 경우 처벌하는 「건강기능식품에 관한 법률」 제18조 등은 공익을 위한 필요최소한의 제한이며 사전검열에 해당하지 않는다.

④ 법원에 의한 방영금지가처분은 사전에 내용심사를 하는 것이기는 하나, 행정권에 의한 사전심사나 금지처분이 아니라 사법부가 심리·결정하는 것이므로, 헌법에서 금지하는 사전검열에 해당하지 않는다.

11 선거의 기본원칙에 대한 설명 중 옳지 않은 것은? (다툼이 있는 경우 판례에 의함)

① 직접선거는 의원의 선출뿐만 아니라 정당의 의석획득도 선거권자의 의사에 따라 직접 이루어져야 함을 의미한다.

② 평등선거원칙은 투표의 수적 평등뿐만 아니라, 투표의 성과가치의 평등, 즉 1표의 투표가치가 대표자 선정이라는 선거의 결과에 대하여 기여한 정도에 있어서도 평등해야 함을 의미한다.

③ 공무원 지위이용 선거운동죄 조항이 선거에서의 정치적 중립의무를 지지 않는 지방의회의원의 지위를 이용한 선거운동을 금지하고 위반시 형사처벌하면서 5년 이하의 징역형만을 법정형으로 규정한 것이 정치적 표현의 자유를 침해하는 것은 아니다.

④ 선원들이 모사전송 시스템을 활용하여 투표하는 경우, 선원들로서는 자신의 투표결과에 대한 비밀이 노출될 위험성이 있으므로, 이는 비밀선거원칙에 위반된다 할 수 있다.

12 국회 교섭단체에 대한 설명 중 옳지 않은 것은? (다툼이 있는 경우 헌법재판소 결정에 의함)

① 교섭단체에 속하지 아니하는 의원의 발언시간 및 발언자 수는 의장이 각 교섭단체대표의원과 협의하여 정한다.

② 교섭단체에 한하여 정책연구위원을 배정하는 것이 교섭단체를 구성하지 못한 정당에 대한 불합리한 차별은 아니다.

③ 당론과 다른 견해를 가진 소속 국회의원을 당해 교섭단체의 필요에 따라 다른 상임위원회로 전임하는 조치는 정당 내부의 사실상 강제로서 특별한 사정이 없는 한 헌법상 용인될 수 있는 범위 내에 해당한다.

④ 교섭단체를 구성하지 못한 여러 정당의 소속 의원들이 「국회법」상의 요건을 갖추어 하나의 교섭단체를 구성하는 것도 가능하지만 무소속 의원은 20인 이상이라도 교섭단체를 구성할 수 없다.

13 권한쟁의심판에 대한 설명 중 옳지 않은 것은? (다툼이 있는 경우 판례에 의함)

① 국회의장이 특정 국회의원을 그 의사에 반하여 국회 보건복지위원회에서 사임시키고 환경노동위원회로 보임한 행위(사·보임행위)는 권한쟁의심판의 대상이 되는 처분에 해당한다.

② 권한쟁의심판은 그 사유가 있음을 안 날부터 60일 이내에, 그 사유가 있은 날부터 180일 이내에 청구하여야 하며, 이 기간은 불변기간이다.

③ 국가경찰위원회는 법률에 의하여 설치된 국가기관이므로 권한쟁의심판을 청구할 당사자능력이 없다.

④ 헌법재판소가 부작위에 대한 심판청구를 인용하는 결정을 할 때에는 피청구인의 부작위가 위헌임을 확인하는 데 그치고, 피청구인에게 구체적 처분을 해야 할 의무는 발생하지 않는다.

14 행정부에 대한 설명으로 옳은 것은?

① 행정기관은 법령으로 정하는 바에 따라 그 소관사무의 일부를 보조기관 또는 하급행정기관에 위임하거나 다른 행정기관·지방자치단체 또는 그 기관에 위탁 또는 위임할 수 있다.

② 국무회의는 구성원 3분의 2 이상의 출석으로 개의하고, 출석구성원 과반수의 찬성으로 의결한다.

③ 대통령은 내우·외환·천재·지변 또는 중대한 재정·경제상의 위기에 있어서 국가의 안전보장 또는 공공의 안녕질서를 유지하기 위하여 긴급한 조치가 필요하고 국회의 집회가 불가능한 때에 한하여 최소한으로 필요한 재정·경제상의 처분을 하거나 이에 관하여 법률의 효력을 가지는 명령을 발할 수 있다.

④ 국무총리는 중앙행정기관의 장의 명령이나 처분이 위법 또는 부당하다고 인정될 경우에는 직권으로 이를 중지 또는 취소할 수 있다.

15 수용자의 기본권에 대한 설명 중 옳지 않은 것을 모두 고른 것은? (다툼이 있는 경우 헌법재판소 결정에 의함)

> ㄱ. 미결수용자가 민사재판, 행정재판, 헌법재판과 관련하여 변호사와 접견하는 것도 원칙적으로 변호인의 조력을 받을 권리에 의해 보호된다.
>
> ㄴ. 변호사와 접견하는 경우에도 수용자의 접견은 원칙적으로 접촉차단시설이 설치된 장소에서 하도록 규정하고 있는 「형의 집행 및 수용자의 처우에 관한 법률 시행령」 제58조 제4항은 변호인의 조력을 받을 권리를 침해한다.
>
> ㄷ. 미결수용자의 변호인 접견권 역시 국가안전보장·질서유지 또는 공공복리를 위해 필요한 경우 법률로써 제한될 수 있다.
>
> ㄹ. 출정비용을 예납하지 않았거나 영치금과의 상계에 동의하지 않았다는 이유로 수형자의 행정소송 변론기일에 수형자를 출정시키지 아니한 교도소장의 행위는 수형자의 재판청구권을 침해한다.
>
> ㅁ. 징벌대상자로서 조사를 받고 있는 수형자가 변호인 아닌 자와 접견할 때 교도관이 참여하여 대화내용을 기록하게 한 교도소장의 행위는 수형자의 사생활의 비밀과 자유를 침해하지 않는다.

① ㄱ, ㄴ   ② ㄱ, ㄷ

③ ㄴ, ㄹ   ④ ㄴ, ㅁ

16 다음 사안에 대한 설명으로 옳지 않은 것은? (다툼이 있는 경우 판례에 의함)

> 대한민국은 1965.6.22. 일본국과의 사이에 '대한민국과 일본국 간의 재산 및 청구권에 관한 문제의 해결과 경제협력에 관한 협정'(조약 제172호)을 체결하였다.
> 甲은 일제에 의한 강제징용 등으로 사할린에 동원되었다가 그 후 대한민국에 영주귀환한 자 및 그 가족으로서 대한민국의 국적을 가진 자들이다. 청구인들은 일본국 소속 회사가 경영하던 광산의 탄광 등에서 강제노동을 하면서 수령한 급여를 일본국에 우편저금이나 간이생명보험 형태로 강요에 의하여 적립하였지만, 아직까지 그 돈을 지급받지 못한 상태이다.
> 甲은, 자신들이 일본국에 대하여 가지는 환불청구권과 배상청구권이 위 협정에 의하여 소멸되었는지 여부에 관하여, 이미 소멸되었다고 보는 일본국과 소멸되지 않았다고 보는 대한민국 간에는 위 청구권에 관한 해석상 분쟁이 존재하므로, 피청구인(외교부장관)은 위 협정 제3조가 정한 절차에 따라 해석상 분쟁을 해결하기 위한 조치를 취할 의무가 있는데도 이를 전혀 이행하지 않고 있다고 주장하면서, 2012.11.23. 피청구인의 부작위가 청구인들의 기본권을 침해하여 위헌이라는 확인을 구하는 이 사건 헌법소원심판을 청구하였다.

① 우리 정부가 직접 청구인들의 기본권을 침해하는 행위를 한 것은 아니지만, 일본에 대한 청구권의 실현 및 인간으로서의 존엄과 가치의 회복에 대한 장애상태가 초래된 것은 우리 정부가 청구권의 내용을 명확히 하지 않고 '모든 청구권'이라는 포괄적인 개념을 사용하여 이 사건 협정을 체결한 것에도 책임이 있다는 점에 주목한다면, 그 장애상태를 제거하는 행위로 나아가야 할 구체적 의무가 있다.

② 그러나 헌법 제10조, 제2조 제2항의 규정이나 헌법전문으로부터 우리 정부가 甲에 대하여 부담하는 작위의무가 도출된다고 볼 수 없다.

③ 외교부장관이 이 사건 협정 제3조상 분쟁해결절차를 언제, 어떻게 이행할 것인가에 관해서는, 국가마다 가치와 법률을 서로 달리하는 국제환경에서 국가와 국가간의 관계를 다루는 외교행위의 특성과 이 사건 협정 제3조 제1항·제2항이 모두 외교행위를 필요로 한다는 점을 고려할 때, 상당한 재량이 인정된다.

④ 외교부장관이 甲이 원하는 수준의 적극적인 노력을 펼치지 않았고, 이에 따른 가시적인 성과가 충분하지 않다고 하더라도 외교부장관이 자신에게 부여된 작위의무를 이행하지 않고 있다고 볼 수는 없다.

17 부담금에 대한 설명으로 옳지 않은 것은? (다툼이 있는 경우 판례에 의함)

① 어떤 공과금이 조세인지 아니면 부담금인지는 단순히 법률에서 그것을 무엇으로 성격 규정하고 있느냐를 기준으로 할 것이 아니라, 그 실질적인 내용을 결정적인 기준으로 삼아야 한다.

② 영화상영관 입장권 부과금 제도는 과잉금지원칙에 반하여 영화관 관람객의 재산권과 영화관 경영자의 직업수행의 자유를 침해하였다고 볼 수 없다.

③ 골프장 부가금은 그 부과 자체로써 골프장 부가금 납부의무자의 행위를 특정한 방향으로 유도하거나 골프장 부가금 납부의무자 이외의 다른 집단과의 형평성 문제를 조정하고자 하는 등의 목적이 있으므로 정책실현목적 부담금에 해당한다.

④ 골프장 부가금 납부의무자에 대한 부가금은 부가금 징수 대상 체육시설을 이용하지 않는 그 밖의 국민과 차별하는 것이므로 평등권을 침해하는 것이다.

18 소급입법에 대한 설명으로 옳지 않은 것은? (다툼이 있는 경우 헌법재판소 결정에 의함)

① 과거의 사실관계 또는 법률관계를 규율하기 위한 소급입법의 태양에는 이미 과거에 완성된 사실·법률관계를 규율의 대상으로 하는 이른바 진정소급효의 입법과 이미 과거에 시작하였으나 아직 완성되지 아니하고 진행과정에 있는 사실·법률관계를 규율의 대상으로 하는 이른바 부진정소급효의 입법이 있다.

② 헌법 제13조 제2항이 금하고 있는 소급입법은 진정소급효를 가지는 법률만을 의미하는 것으로서, 진정소급입법은 개인의 신뢰보호와 법적 안정성을 내용으로 하는 법치국가원리에 의하여 헌법적으로 허용되지 아니하는 것이 원칙이다.

③ 부당 환급받은 세액을 징수하는 근거규정인 개정조항을, 개정된 법 시행 후 최초로 환급세액을 징수하는 분부터 적용하도록 규정한 「법인세법」 부칙 조항은 헌법이 원칙적으로 금지하는 진정소급입법에 해당한다.

④ 시혜적 소급입법은 수익적인 것이어서 헌법상 보장된 기본권을 침해할 여지가 없어 위헌 여부가 문제되지 않는다.

19 형벌과 책임주의원칙에 대한 설명으로 옳지 않은 것은? (다툼이 있는 경우 판례에 의함)

① "책임 없는 자에게 형벌을 부과할 수 없다."는 형벌에 관한 책임주의는 형사법의 기본원리로서, 헌법상 법치국가의 원리에 내재하는 원리인 동시에 헌법 제10조의 취지로부터 도출되는 원리이고, 법인의 경우도 자연인과 마찬가지로 책임주의원칙이 적용된다.

② 단체나 다중의 위력으로써 「형법」상 상해죄를 범한 사람을 가중처벌하는 구 「폭력행위 등 처벌에 관한 법률」 조항은 책임과 형벌의 비례원칙에 위반되지 않는다.

③ 독립행위가 경합하여 상해의 결과를 발생하게 한 경우 원인된 행위가 판명되지 아니한 때에는 공동정범의 예에 의하도록 규정한 「형법」 제263조는 책임주의원칙에 위반된다.

④ 법인의 대표자 등이 법인의 재산을 국외로 도피한 경우 행위자를 벌하는 외에 그 법인에도 도피액의 2배 이상 10배 이하에 상당하는 벌금형을 과하는 「특정경제범죄 가중처벌 등에 관한 법률」 제4조 제4항 본문 중 '법인에 대한 처벌'에 관한 부분은 책임주의에 위반되지 않는다.

20 다음 설명 중 가장 옳지 않은 것은? (다툼이 있는 경우 판례에 의함)

① 「4·16세월호 참사 피해구제 및 지원 등을 위한 특별법」 시행령에 따른 세월호 참사와 관련된 일체의 이의제기를 금지하는 서약은 세월호 승선 사망자들 부모의 일반적 행동의 자유를 침해한다.

② 소년에 대한 수사경력자료의 삭제와 보존기간에 대하여 규정하면서 법원에서 불처분결정된 소년부송치 사건에 대하여 규정하지 않은 구 「형의 실효 등에 관한 법률」 제8조의2 제1항 및 제3항은 과잉금지원칙에 반하여 개인정보자기결정권을 침해한다.

③ 형의 집행을 유예하면서 사회봉사를 명할 수 있도록 한 「형법」 제62조의2는 일반적 행동의 자유를 과도하게 제한하여 과잉금지원칙에 반한다.

④ 다양하고 광범위한 사회적·경제적 사유를 이유로 낙태갈등 상황을 겪고 있는 경우까지도 예외 없이 전면적·일률적으로 임신의 유지 및 출산을 강제하고, 이를 위반한 임신한 여성의 자기낙태를 처벌하는 「형법」 제269조 제1항 등은 자기결정권을 침해하는 것이다.

21 지방자치에 대한 설명 중 옳지 않은 것은? (다툼이 있는 경우 판례에 의함)

① 조례가 규율하는 특정사항에 관하여 그것을 규율하는 국가의 법령이 이미 존재하는 경우에도, 조례가 법령과 별도의 목적에 기하여 규율함을 의도하는 것이고 그 적용에 의하여 법령의 규정이 의도하는 목적과 효과를 전혀 저해하는 바가 없는 때에는 그 조례가 국가의 법령에 위반되는 것은 아니다.

② 헌법 제117조 제1항은 지방자치단체가 법령의 범위 안에서 자치에 관한 규정을 제정할 수 있다고 규정하고 있으므로, 고시·훈령·예규와 같은 행정규칙은 상위법령의 위임한계를 벗어나지 아니하고 상위법령과 결합하여 대외적인 구속력을 갖는 것이라 하더라도 위의 '법령'에 포함될 수 없다.

③ 교육감 소속 교육장 등에 대한 징계의결요구 내지 그 신청사무는 징계사무의 일부로서 대통령, 교육부장관으로부터 교육감에게 위임된 국가위임사무이다.

④ 주민투표권은 그 성질상 선거권, 공무담임권, 국민투표권과 전혀 다른 것이어서 이를 법률이 보장하는 참정권이라고 할 수 있을지언정 헌법이 보장하는 참정권이라고 할 수는 없다.

22 법관의 양형에 대한 설명으로 옳은 것은? (다툼이 있는 경우 판례에 의함)

① 입법자가 뇌물죄에 대하여 가중처벌을 규정하고 그 법정형을 살인죄보다 무겁게 하여, 작량감경을 하여도 집행유예를 선고할 수 없도록 규정하였다면 이는 법관의 양형결정권을 침해하는 것이다.

② 「형법」상 존속살해죄는 헌법이 보장하는 민주적인 가족관계와 조화된다고 보기 어렵고, 범행동기 등을 감안하지 않고 일률적으로 형의 하한을 높여 합리적인 양형을 어렵게 하며, 비교법적으로도 그 예를 찾기 어려운 것으로서 차별의 합리성을 인정할 수 없어 평등원칙에 위반된다.

③ 누범은 사회적 신분이 아니라는 것을 전제로 누범가중은 단지 새로운 범죄에 대한 양형에 대한 것일 뿐이라는 이유로 위헌이 아니라는 것이 대법원 판례이다.

④ 대법원 양형위원회의 양형기준은 법적 구속력을 가지므로 법관의 양형에 있어서 그 존중하여야 한다.

23 재판청구권에 대한 설명으로 옳지 않은 것은? (다툼이 있는 경우 판례에 의함)

① 「형사소송법」상 즉시항고 제기기간을 3일로 제한하고 있는 것은 과잉금지원칙을 위반한 것이 아니므로 재판청구권을 침해한다.

② '교원, 「사립학교법」 제2조에 따른 학교법인 등 당사자'의 범위에 포함되지 않는 공공단체인 한국과학기술원의 총장이 교원소청심사결정에 대하여 행정소송을 제기할 수 없도록 한 것은 재판청구권을 침해한다.

③ '민주화운동 관련자 명예회복 및 보상 심의위원회'의 보상금 등 지급결정에 동의한 때 재판상 화해의 성립을 간주함으로써 법관에 의하여 법률에 의한 재판을 받을 권리를 제한하는 법규정은 재판청구권을 침해하지 않는다.

④ 취소소송의 제소기간을 처분 등이 있음을 안 때로부터 90일 이내로 규정한 것은 지나치게 짧은 기간이라고 보기 어렵고 행정법 관계의 조속한 안정을 위해 필요한 방법이므로 재판청구권을 침해하지 않는다.

24 국회의 안건의 신속처리에 대한 설명으로 옳지 않은 것은?

① 신속처리안건에 대한 지정동의가 소관 위원회 위원장에게 제출된 경우 안건의 소관 위원회 위원장은 지체 없이 신속처리안건 지정동의를 무기명투표로 표결한다.

② 소관 위원회는 원칙적으로 신속처리대상안건에 대한 심사를 그 지정일부터 90일 이내에 마쳐야 한다.

③ 법제사법위원회가 신속처리대상안건에 대하여 그 지정일부터 90일 이내에 심사를 마치지 아니하였을 때에는 그 기간이 끝난 다음 날에 법제사법위원회에서 심사를 마치고 바로 본회의에 부의된 것으로 본다.

④ 신속처리대상안건을 심사하는 안건조정위원회는 그 안건이 관련 규정에 따라 법제사법위원회에 회부되거나 바로 본회의에 부의된 것으로 보는 경우에는 안건조정위원회의 활동기한이 남았더라도 그 활동을 종료한다.

25 헌법소원심판의 적법요건에 대한 설명으로 옳지 않은 것은? (다툼이 있는 경우 헌법재판소 결정에 의함)

① 개정된 법령이 종전에 허용하던 영업을 금지하는 규정을 신설하면서 부칙에서 유예기간을 둔 경우에, 그 법령 시행전부터 영업을 하여 오던 사람은 그 법령 시행일에 이미 유예기간 이후부터는 영업을 할 수 없도록 기간을 제한받은 것이므로 그 법령 시행일에 부칙에 의한 유예기간과 관계없이 기본권의 침해를 받은 것으로 보아야 할 것이다.

② 2021학년도 대학입학전형기본사항 중 재외국민 특별전형 지원자격 가운데 학생의 부모의 해외체류요건 부분에 대해 학부모는 기본권침해의 자기관련성이 인정되지 않는다.

③ 수혜적 법령의 경우에는 수혜범위에서 제외된 자가 자신이 평등원칙에 반하여 수혜대상에서 제외되었다는 주장을 하거나, 비교집단에게 혜택을 부여하는 법령이 위헌이라고 선고되어 그러한 혜택이 제거된다면 비교집단과의 관계에서 자신의 법적 지위가 상대적으로 향상된다고 볼 여지가 있을 때에는 그 법령의 직접적인 적용을 받는 자가 아니라고 할지라도 자기관련성을 인정할 수 있다.

④ 법령에 근거한 구체적인 집행행위가 재량행위인 경우에 법령은 집행기관에게 기본권 침해의 가능성만을 부여할 뿐 법령 스스로가 기본권의 침해행위를 규정하고 행정청이 이에 따르도록 구속하는 것이 아니고, 이때의 기본권의 침해는 집행기관의 의사에 따른 집행행위, 즉 재량권의 행사에 의하여 비로소 이루어지고 현실화되므로 이러한 경우에는 법령에 의한 기본권 침해의 직접성이 인정될 여지가 없다.

12회 실전동형모의고사
모바일 자동 채점 + 성적 분석 서비스
바로 가기 (gosi.Hackers.com)

QR코드를 이용하여 해커스공무원의 '모바일 자동 채점 + 성적 분석 서비스'로 바로 접속하세요!

* 해커스공무원 사이트의 가입자에 한해 이용 가능합니다.

12회 / Review

문항	정답	문제 키워드	출제 유형	난이도
01	②	사생활의 비밀과 자유	이론/판례/조문	●●○
02	②	집회 및 시위의 자유	이론/판례/조문	●●○
03	③	양심의 자유	이론/판례/조문	●●○
04	④	국무총리·국무위원 해임건의권	이론/판례/조문	●●○
05	④	근로의 권리	이론/판례/조문	●●○
06	②	변호사에 대한 징계결정	이론/판례/조문	●●○
07	①	표현·통신의 자유	이론/판례/조문	●●●
08	②	수도	이론/판례/조문	●●○
09	②	국회의원	이론/판례/조문	●○○
10	③	언론·출판의 자유	이론/판례/조문	●●○
11	④	선거의 기본원칙	이론/판례/조문	●●○
12	④	국회의 교섭단체	이론/판례/조문	●●○
13	④	권한쟁의심판	이론/판례/조문	●●○

문항	정답	문제 키워드	출제 유형	난이도
14	①	행정부	이론/판례/조문	●○○
15	①	수용자의 기본권	이론/판례/조문	●●○
16	②	외교부의 부작위	이론/판례/조문	●●●
17	③	부담금	이론/판례/조문	●●●
18	④	소급입법	이론/판례/조문	●●○
19	③	형벌에 관한 책임주의원칙	이론/판례/조문	●●○
20	③	기본권	이론/판례/조문	●●○
21	②	지방자치제도	이론/판례/조문	●●○
22	③	법관의 양형	이론/판례/조문	●●●
23	②	재판청구권	이론/판례/조문	●●○
24	②	신속처리대상안건	이론/판례/조문	●●●
25	①	헌법소원심판	이론/판례/조문	●●○

[출제 유형 & 난이도] 각 문항별 출제 유형(이론/판례/조문)과 난이도를 수록하였으니, 본인이 취약한 유형이나 고난도 문제만 풀어보는 등 학습 상황에 알맞게 활용하시기 바랍니다.

핵심지문 OX   12회 실전동형모의고사에서 꼭 되짚어야 할 핵심지문을 다시 확인해보시기 바랍니다.

01 수용자의 기본권 제한을 최소화하기 위하여 특정부분을 확대하거나 정밀하게 촬영할 수 없는 CCTV를 설치하고, 화장실 문의 창에 불투명재질의 종이를 부착하였으며, 녹화된 영상정보의 무단유출 방지를 위한 시스템을 설치하였더라도 교정시설 내 수용자를 상시적으로 시선계호할 목적으로 CCTV가 설치된 거실에 수용하는 것은 인간으로서의 존엄과 가치 및 사생활의 비밀과 자유를 침해하는 것이다. (   )

02 사업 또는 사업장에 종사하는 근로자인 조합원이 해고되어 노동위원회에 부당노동행위의 구제신청을 한 경우에는 중앙노동위원회의 재심판정이 있을 때까지는 종사근로자로 본다. (   )

03 교섭단체를 구성하지 못한 여러 정당의 소속 의원들이 「국회법」상의 요건을 갖추어 하나의 교섭단체를 구성하는 것도 가능하지만 무소속 의원은 20인 이상이라도 교섭단체를 구성할 수 없다. (   )

04 국무총리는 중앙행정기관의 장의 명령이나 처분이 위법 또는 부당하다고 인정될 경우에는 직권으로 이를 중지 또는 취소할 수 있다. (   )

05 영화상영관 입장권 부과금 제도는 과잉금지원칙에 반하여 영화관 관람객의 재산권과 영화관 경영자의 직업수행의 자유를 침해하였다고 볼 수 없다. (   )

06 누범은 사회적 신분이 아니라는 것을 전제로 누범가중은 단지 새로운 범죄에 대한 양형에 대한 것일 뿐이라는 이유로 위헌이 아니라는 것이 대법원 판례이다. (   )

07 신속처리안건에 대한 지정동의가 소관 위원회 위원장에게 제출된 경우 안건의 소관 위원회 위원장은 지체 없이 신속처리안건 지정동의를 무기명투표로 표결한다. (   )

[정답] **01** × 사생활의 비밀과 자유를 과도하게 제한하는 것으로 볼 수 없다. **02** ○ **03** × 「국회법」상의 요건을 갖추어 하나의 교섭단체를 구성하는 것도 가능하다. **04** × 대통령의 승인을 받아 할 수 있다. **05** ○ **06** ○ **07** ○

01 직업의 자유에 대한 설명으로 옳은 것은? (다툼이 있는 경우 판례에 의함)

① 택시운전자격을 취득한 사람이 강제추행 등 성범죄를 범하여 금고 이상의 형의 집행유예를 선고받은 경우 그 자격을 취소하도록 규정한 「여객자동차 운수사업법」 관련 조항은 과잉금지원칙에 위배되어 직업의 자유를 침해한다.

② 금지조항 및 정보통신시스템, 데이터 또는 프로그램 등의 운용을 방해할 수 있는 악성프로그램을 유포한 자를 형사처벌하도록 규정한 구 「정보통신망 이용촉진 및 정보보호 등에 관한 법률」 제71조 제9호는 과잉금지원칙에 반하여 직업의 자유를 침해하는지 않는다.

③ 유사군복을 판매할 목적으로 소지하는 행위를 처벌하는 조항은 오인 가능성이 낮은 유사품이나 단순 밀리터리룩 의복을 취급하는 행위를 제외하고 있다고 하더라도 국가안전보장과 질서를 유지하려는 공익에 비추어 볼 때 직업선택의 자유를 과도하게 제한한다.

④ 현금영수증 의무발행업종 사업자에게 건당 10만원 이상 현금을 거래할 때 현금영수증을 의무 발급하도록 하고, 위반시 현금영수증 미발급 거래대금의 100분의 50에 상당하는 과태료를 부과하도록 한 규정은 공익과 비교할 때 과태료 제재에 따른 불이익이 매우 커서 직업수행의 자유를 침해한다.

02 대한민국 헌정사에 대한 설명으로 옳지 않은 것은?

① 1954년 제2차 개정헌법은 민의원선거권자 50만명 이상의 찬성으로도 헌법개정을 제안할 수 있다고 규정하였다.

② 1962년 제5차 개정헌법은 국회의원 정수의 하한뿐 아니라 상한도 설정하였다.

③ 1969년 제6차 개정헌법은 대통령에 대한 탄핵소추요건을 제5차 개정헌법과 다르게 규정하였다.

④ 1972년 제7차 개정헌법은 대통령선거 및 국회의원선거에서 후보자가 필수적으로 정당의 추천을 받도록 하는 조항을 추가하였다.

03 외국인의 기본권 주체성에 대한 설명 중 옳지 않은 것은 모두 몇 개인가? (다툼이 있은 경우 판례에 의함)

ㄱ. 불법체류는 관련 법령에 의하여 체류자격이 인정되지 않는다는 것을 의미하므로, 비록 문제되는 기본권이 인간의 권리라고 하더라도 불법체류 여부에 따라 그 인정 여부가 달라진다.

ㄴ. 직장 선택의 자유는 '인간의 자유'라기 보다는 '국민의 자유'라고 보아야 할 것이므로 외국인 청구인들에게는 기본권 주체성이 인정되지 아니한다.

ㄷ. 변호인의 조력을 받을 권리는 성질상 인간의 권리에 해당되므로 외국인도 주체가 된다.

ㄹ. 출입국관리 법령에 따라 취업활동을 할 수 있는 체류자격을 받지 아니한 외국인근로자도 「노동조합 및 노동관계조정법」상의 근로자성이 인정되면, 노동조합을 설립하거나 노동조합에 가입할 수 있다.

ㅁ. '국가인권위원회의 공정한 조사를 받을 권리'는 헌법상 인정되는 기본권이지만 외국인에게는 인정될 수 없는 기본권이다.

① 1개 　　　　　② 2개
③ 3개 　　　　　④ 4개

04 국회에 대한 설명으로 가장 옳지 않은 것은?

① 국회의 정기회는 법률이 정하는 바에 의하여 매년 1회 집회되며, 국회의 임시회는 대통령 또는 국회재적의원 3분의 1 이상의 요구에 의하여 집회된다.

② 국회는 헌법 또는 법률에 특별한 규정이 없는 한 재적의원 과반수의 출석과 출석의원 과반수의 찬성으로 의결한다. 가부동수인 때에는 부결된 것으로 본다.

③ 국회의원이 회기전에 체포 또는 구금된 때에는 현행범인이 아닌 한 국회의 요구가 있으면 회기 중 석방된다.

④ 대통령이 임시회의 집회를 요구할 때에는 기간과 집회요구의 이유를 명시하여야 한다.

05 헌법 제18조(통신의 자유)에 대한 설명으로 옳지 않은 것은? (다툼이 있는 경우 헌법재판소 결정 및 대법원 판례에 의함)

① 통신의 자유는 국가안전보장·질서유지 또는 공공복리를 위하여 필요한 경우에는 법률로 제한될 수 있다.

② 통신의 자유란 통신수단을 자유로이 이용하여 의사소통할 권리이고, 이러한 '통신수단의 자유로운 이용'에는 자신의 인적사항을 누구에게도 밝히지 않는 상태로 통신수단을 이용할 자유, 즉 통신수단의 익명성 보장도 포함된다.

③ 전기통신역무제공에 관한 계약을 체결하는 경우 전기통신사업자로 하여금 가입자에게 본인임을 확인할 수 있는 증서 등을 제시하도록 요구하고 부정가입방지시스템 등을 이용하여 본인인지 여부를 확인하도록 한 전기통신사업법령 조항들은 휴대전화를 통한 문자·전화·모바일 인터넷 등 통신기능을 사용하고자 하는 자에게 반드시 사전에 본인확인 절차를 거치는 데 동의해야만 이를 사용할 수 있도록 하므로, 익명으로 통신하고자 하는 청구인들의 통신의 자유를 침해한다.

④ 수용자가 작성한 집필문의 외부반출을 불허하고 이를 영치할 수 있도록 규정한 「형의 집행 및 수용자의 처우에 관한 법률」 조항은 수용자의 통신의 자유를 침해하지 않는다.

06 대통령의 사면, 복권, 감형에 대한 설명으로 옳지 않은 것은?

① 일반사면에 대해서만 국회의 동의가 필요하고 특별사면이나 복권, 감형에 대하여는 국회의 동의가 필요하지 않다.

② 형의 집행유예를 선고받은 자에 대하여는 형 선고의 효력을 상실하게 하는 특별사면 또는 형을 변경하는 감형을 하거나 그 유예기간을 단축할 수 있다.

③ 사면은 죄를 범한 자에 대한 것이므로 행정법규 위반에 대한 범칙 또는 과벌의 면제와 징계법규에 따른 징계 또는 징벌의 면제에 관하여는 사면에 관한 규정을 준용하지 않는다.

④ 복권은 형의 집행이 끝나지 아니한 자 또는 집행이 면제되지 아니한 자에 대하여는 하지 아니한다.

07 다음 사안에 대한 설명으로 옳지 않은 것은? (다툼이 있는 경우 판례에 의함)

청구인 B는 2015.11.14. 민중총궐기 집회(이하 '이 사건 집회'라 한다)에 참여하였다가, 종로구청입구 사거리에서 경찰관들이 직사살수한 물줄기에 머리 등 가슴 윗부분을 맞아 넘어지면서 상해를 입고 약 10개월 동안 의식불명 상태로 치료받다가 2016.9.25. 사망하였다.
청구인 B는 2015.12.10. "위 직사살수행위는 청구인 B의 생명권, 집회의 자유 등을 침해하여 헌법에 위반되고, 「경찰관 직무집행법」 제10조 제4항, 제6항, 「위해성 경찰장비의 사용기준 등에 관한 규정」 제13조 제1항, 「경찰장비관리규칙」 제97조 제2항, 살수차 운용지침 제2장 중 직사살수에 관한 부분은 헌법에 위반된다."라고 주장하면서, 위 직사살수행위 및 그 근거법령의 위헌확인을 구하는 이 사건 헌법소원심판을 청구하였다.

① 청구인 B가 침해받았다고 주장하는 기본권인 생명권, 집회의 자유 등은 일신전속적인 성질을 가지므로 승계되거나 상속될 수 없어, 기본권의 주체가 사망한 경우 그 심판절차가 종료되는 것이 원칙이므로, 이 부분 심판청구는 종료된 것으로 볼 수 있다.

② 이 사건 직사살수행위는 이미 종료되었고, 청구인 B는 사망하였으므로, 주관적 권리보호이익이 소멸하였지만, 직사살수행위는 사람의 생명이나 신체에 중대한 위험을 초래할 수 있는 공권력 행사에 해당하고, 직사살수행위가 헌법에 합치하는지 여부에 대한 해명을 한 바 없으므로, 심판의 이익을 인정할 수 있다.

③ 이 사건 직사살수행위는 불법 집회로 인하여 발생할 수 있는 타인 또는 경찰관의 생명·신체의 위해와 재산·공공시설의 위험을 억제하기 위하여 이루어진 것이므로 그 목적이 정당하지만, 이 사건 직사살수행위 당시 억제할 필요성이 있는 생명·신체의 위해 또는 재산·공공시설의 위험 자체가 발생하였다고 보기 어려우므로, 수단의 적합성을 인정할 수 없다.

④ 이 사건 근거조항들은 기본권 침해의 직접성을 인정할 수 없으므로 부적법하다.

08 인격권 내지 일반적 행동자유권에 대한 설명 중 옳지 않은 것은? (다툼이 있는 경우 헌법재판소 결정에 의함)

① 전동킥보드의 최고속도는 25km/h를 넘지 않아야 한다고 규정한 구 안전확인대상생활용품의 안전기준(국가기술표준원 고시 제2017 – 20호) 부속서 관련 규정은 전동킥보드를 구입하고자 하는 소비자의 자기결정권 및 일반적 행동자유권을 침해한다.

② 정보통신망을 통하여 공중이 게임물을 이용할 수 있도록 서비스하는 게임물 관련사업자로 하여금 게임물 이용자의 회원가입시 본인인증을 할 수 있는 절차를 마련하도록 한 조항은 인터넷게임 이용자의 일반적 행동자유권을 침해하지 않는다.

③ 변호사 정보 제공 웹사이트 운영자가 변호사들의 개인신상정보를 기반으로 한 인맥지수를 공개하는 서비스를 제공하는 행위는 변호사들의 개인정보에 관한 인격권을 침해한다.

④ 장래 가족의 구성원이 될 태아의 성별 정보에 대한 접근을 국가로부터 방해받지 않을 부모의 권리는 일반적 인격권에 의하여 보호된다.

09 대통령의 지위 및 권한에 대한 설명으로 옳지 않은 것은? (다툼이 있는 경우 판례에 의함)

① 대통령이 궐위된 때 또는 대통령 당선자가 사망하거나 자격을 상실한 때에는 60일 이내에 후임자를 선거한다.

② 대통령 재직 중에 형사소추가 불가능한 범죄에 대해서는 그 재직 중인 동안 당연히 공소시효의 진행이 정지된다.

③ 기업이 대통령의 요구를 수용할지를 자율적으로 결정하기 어려웠다면, 대통령의 요구는 임의적 협력을 기대하는 단순한 의견제시나 권고가 아니라 사실상 구속력 있는 행위라고 보아야 한다.

④ 대통령이 발한 긴급명령이 국회의 승인을 얻지 못한 경우에는 애초에 그 효력을 가질 수 없다.

10 감사원에 대한 설명 중 옳지 않은 것은? (다툼이 있는 경우 헌법재판소 결정에 의함)

① 지방자치단체의 사무와 그에 소속한 지방공무원의 직무는 감사원의 감찰사항에 포함되며, 감사원의 감찰권에는 공무원의 비위사실을 밝히기 위한 비위감찰권뿐 아니라 공무원의 근무평정·행정관리의 적부 심사분석과 그 개선 등에 관한 행정감찰권까지 포함된다.

② 「감사원법」을 살펴보면, 감사원의 직무감찰권의 범위에는 인사권자에 대하여 징계를 요구할 권한이 포함되고 지방자치단체의 사무의 성격이나 종류에 따른 감사기준의 구별을 찾아볼 수 없다.

③ 중앙정부와 지방자치단체는 서로 행정기능과 행정책임을 분담하면서 중앙행정의 효율성과 지방행정의 자주성을 조화시켜 국민과 주민의 복리증진이라는 공동목표를 추구하는 협력관계에 있으므로, 지방자치단체의 자치사무에 대한 감사원의 감사를 합법성 감사에 한정하지 않으면 그 목적의 정당성과 합리성을 인정할 수 없다.

④ 감사원의 인사·조직 및 예산편성상 독립성의 존중, 감사위원의 임기 및 신분의 보장, 겸직 및 정치운동의 금지는 감사원의 직무상·기능상의 독립성과 중립성을 보장하기 위한 제도적 장치이다.

11 집회의 자유에 대한 설명 중 옳지 않은 것은? (다툼이 있는 경우 판례에 의함)

① 집회참가자에 대한 검문의 방법으로 시간을 지연시킴으로써 집회장소에 접근하는 것을 방해하는 등의 조치는 집회의 자유를 침해한다.

② 국회의사당의 경계지점으로부터 100m 이내의 장소에서 옥외집회를 금지하는 법률 조항은 집회의 자유를 침해한다.

③ 대통령 관저 인근에서 집회를 금지하고 이를 위반하여 집회를 주최한 자를 처벌하는 「집회 및 시위에 관한 법률」 제11조 제2호는 집회의 자유를 침해한다.

④ 24시 이후 시위를 금지하고 이에 위반한 시위 참가자를 형사 처벌하는 법률조항은 집회의 자유를 침해한다.

12 선거제도에 대한 설명으로 옳지 않은 것은? (다툼이 있는 경우 판례에 의함)

① 고용주는 고용된 사람이 투표하기 위하여 필요한 시간을 청구할 수 있다는 사실을 선거일 전 7일부터 선거일 전 3일까지 인터넷 홈페이지, 사보, 사내게시판 등을 통하여 알려야 한다.

② 선거의 중요성과 의미를 되새기고 주권의식을 높이기 위하여 매년 5월 10일을 유권자의 날로, 유권자의 날부터 1주간을 유권자 주간으로 하고, 각급선거관리위원회(읍·면·동선거관리위원회는 제외한다)는 공명선거 추진활동을 하는 기관 또는 단체 등과 함께 유권자의 날 의식과 그에 부수되는 행사를 개최할 수 있다.

③ 선거기사심의위원회는 언론사에 게재된 선거기사의 조사결과 선거기사의 내용이 공정하지 아니하다고 인정되는 경우에는 해당 기사의 내용에 대하여 사과문 또는 정정보도문에 해당하는 제재조치를 결정하여 언론중재위원회에 통보하여야 한다.

④ 국회의원·지방의회의원·지방자치단체의 장·정당의 대표자·후보자(후보자가 되고자 하는 자를 포함한다)와 그 배우자는 당해 선거구안에 있는 자나 기관·단체·시설 또는 당해 선거구의 밖에 있더라도 그 선거구민과 연고가 있는 자나 기관·단체·시설에 기부행위(결혼식에서의 주례행위를 포함한다)를 상시적으로 할 수 없다.

13 사법권의 독립에 대한 설명으로 가장 옳지 않은 것은?

① 강도상해죄를 범한 자에 대하여는 법률상의 감경사유가 없는 한 집행유예의 선고가 불가능하도록 한 것은 사법권의 독립 및 법관의 양형판단재량권을 침해 내지 박탈하는 것으로서 헌법에 위반된다고는 볼 수 없다.

② 법관징계위원회의 징계 등 처분에 대하여 불복하려는 경우에는 징계 등 처분이 있음을 안 날부터 14일 이내에 전심절차를 거치지 아니하고 대법원에 징계 등 처분의 취소를 청구하여야 한다.

③ 법관이 중대한 신체상 또는 정신상의 장해로 직무를 수행할 수 없을 때에는, 대법관인 경우에는 대법원장의 제청으로 대통령이 퇴직을 명할 수 있고, 판사인 경우에는 인사위원회의 심의를 거쳐 대법원장이 퇴직을 명할 수 있다.

④ 대법원장과 대법관이 아닌 법관은 인사위원회의 동의를 얻어 대법원장이 임명한다.

14 명확성원칙에 대한 설명 중 옳지 않은 것은? (다툼이 있는 경우 판례에 의함)

① 선거운동기간 외에는 중소기업중앙회 회장선거에 관한 선거운동을 제한하고, 이를 위반하면 형사처벌하는 「중소기업협동조합법」 제125조 전문 중 제53조 제1항을 준용하는 부분은 죄형법정주의의 명확성원칙에 위반되지 않는다.

② '사교', '의례', '선물'은 사전적으로 그 의미가 불분명할 뿐만 아니라 규율대상이 광범위하여, 건전한 상식과 통상적 법감정을 가진 사람이 통상의 해석방법에 의하여 보더라도 그 내용이 일의적으로 파악되지 않으므로 명확성원칙에 위배된다.

③ 「친일반민족행위자 재산의 국가귀속에 관한 특별법」 조항 중 '독립운동에 적극 참여한 자' 부분은 '일제강점하에서 우리민족의 독립을 쟁취하려는 운동에 의욕적이고 능동적으로 관여한 자'라는 뜻이므로 그 의미를 넉넉히 파악할 수 있어서 명확성원칙에 위배되지 않는다.

④ 직접 진찰한 의료인이 아니면 진단서 등을 교부 또는 발송하지 못하도록 규정한 구 「의료법」 조항에서 '직접 진찰한'은 의료인이 '대면하여 진료를 한'으로 해석되는 외에는 달리 해석의 여지가 없으므로 명확성원칙에 위배되지 않는다.

15 공무담임권에 대한 설명 중 옳지 않은 것은? (다툼이 있는 경우 헌법재판소 결정에 의함)

① '아동에게 성적 수치심을 주는 성희롱 등의 성적 학대행위로 형을 선고받아 그 형이 확정된 사람은 부사관으로 임용될 수 없도록 한 것'은 공무담임권을 침해하지 않는다.

② 국가공무원이 피성년후견인이 된 경우 당연퇴직되도록 한 「국가공무원법」 제69조 제1호 중 제33조 제1호 가운데 '피성년후견인'에 관한 부분은 공무담임권을 침해한다.

③ 재판연구원 및 검사의 신규임용에 있어 서류전형 이후 법학전문대학원 졸업예정자에게만 필기전형이나 실무기록평가를 치르게 하는 것은 사법연수원 수료자의 공무담임권을 침해할 가능성이 없다.

④ 총장후보자 지원자에게 기탁금 1,000만원을 납부하도록 한 전북대학교 총장임용후보자 선정에 관한 규정 제15조 제3항 등이 공무담임권을 침해하는 것은 아니다.

16 양심의 자유에 대한 설명으로 옳지 않은 것은? (다툼이 있는 경우 판례에 의함)

① 양심적 병역거부를 이유로 유죄판결을 받은 사람들의 개인통보에 대하여, 자유권규약위원회가 채택한 견해에 따라 전과기록 말소 및 충분한 보상을 포함한 사람들에 대한 효과적인 구제조치를 이행하는 법률을 제정하지 아니한 입법부작위의 위헌확인을 구하는 헌법소원심판은 적법하다.

② 양심은 그 대상이나 내용 또는 동기에 의하여 판단될 수 없으며, 특히 양심상의 결정이 이성적·합리적인가, 타당한가 또는 법질서나 사회규범·도덕률과 일치하는가 하는 관점은 양심의 존재를 판단하는 기준이 될 수 없다.

③ 양심적 병역거부자에 대한 대체복무제를 규정하지 아니한 병역종류조항은 과잉금지원칙에 위배하여 양심적 병역거부자의 양심의 자유를 침해한다.

④ 병역종류조항에 대체복무제가 마련되지 아니한 상황에서, 양심상의 결정에 따라 입영을 거부하거나 소집에 불응하는 국민이 기존 대법원 판례에 따라 처벌조항에 의하여 형벌을 부과받음으로써 양심에 반하는 행동을 강요받게 되는 것은 '양심에 반하는 행동을 강요당하지 아니할 자유', 즉 '부작위에 의한 양심실현의 자유'를 제한하는 것이다.

17 정당제도와 정치자금에 대한 다음 설명 중 가장 옳지 않은 것은? (다툼이 있는 경우 판례에 의함)

① 정당의 명칭은 그 정당의 정책과 정치적 신념을 나타내는 대표적인 표지에 해당하므로, 정당설립의 자유는 자신들이 원하는 명칭을 사용하여 정당을 설립하거나 정당활동을 할 자유도 포함한다.

② 등록신청을 받은 관할 선거관리위원회는 형식적 요건을 구비하는 한 이를 거부하지 못한다.

③ 정당의 목적이나 활동이 민주적 기본질서에 위배될 때에는 정부는 헌법재판소에 그 해산을 제소할 수 있고, 정당은 헌법재판소의 심판에 의하여 해산된다.

④ 지역구지방의회의원선거의 후보자 및 예비후보자는 후원회를 지정하여 둘 수 없다.

18 기본권 침해의 직접성에 대한 설명으로 옳지 않은 것은? (다툼이 있는 경우 판례에 의함)

① 「교원의 노동조합 설립 및 운영 등에 관한 법률 시행령」 제9조 제1항 중 「노동조합 및 노동관계조정법 시행령」 제9조 제2항에 관한 부분(이하 '법외노조통보 조항'이라 한다)은 시정요구 및 법외노조통보라는 별도의 집행행위를 예정하고 있으므로, 법외노조통보 조항에 대한 헌법소원은 기본권 침해의 직접성이 인정되지 아니한다.

② 직접성이 요구되는 법령에는 형식적인 의미의 법률뿐만 아니라 조약, 명령·규칙, 헌법소원 대상성이 인정되는 행정규칙, 조례 등이 모두 포함된다.

③ 법규범이 직접 법률상 의무를 지우고 있어 직접 기본권을 침해하는 이상 법규범이 정하고 있는 법률효과가 구체적으로 발생함에 있어 법무사의 해고행위와 같이 공권력이 아닌 사인의 행위를 요건으로 하고 있다고 하더라도 법규범의 직접성을 부인할 수 없다.

④ 방송통신심의위원회가 「방송법」 제100조 제1항 단서에 따라 한 '의견제시'는 헌법소원의 대상이 되는 공권력의 행사에 해당하며, 위 조항은 기본권 침해의 직접성이 인정된다.

19 재판청구권에 대한 설명 중 옳지 않은 것은? (다툼이 있는 경우 판례에 의함)

① 권리남용으로 인한 패소의 경우에 소송비용 부담에 관한 별도의 예외 규정을 두지 않았다는 점을 이유로 「민사소송법」 제98조가 재판청구권을 침해한다고 볼 수 없다.

② 수형자가 소송수행을 목적으로 출정하는 경우 교도소에서 법원까지의 차량운행비 등 비용이 소요되는데, 이는 재판청구권을 행사하는 데 불가피한 비용이므로 수익자부담의 원칙에 따라 당사자 본인이 부담하여야 한다.

③ 「인신보호법」 제15조 중 '피수용자인 구제청구자'의 즉시항고 제기기간을 '3일'로 정한 부분이 피수용자의 재판청구권을 침해하는 것은 아니다.

④ 헌법과 법률이 정한 법관에 의한 재판을 받을 권리라 함은 직업 법관에 의한 재판을 주된 내용으로 하는 것이므로, '국민참여재판을 받을 권리'는 헌법 제27조 제1항에서 규정한 재판을 받을 권리의 보호범위에 속하지 않는다.

20 다음의 국회의원의 지위와 관련되는 사례에 대한 설명으로 옳은 것은?

> 甲은 M당 소속으로 서울에서 당선된 지역구 국회의원이다. 특히 서민들을 위해 적극적인 의정활동을 했던 甲은 자신의 딸을 사무실 인턴으로 채용하고, 자신의 남동생을 5급 비서관, 친오빠를 회계책임자로 선임한 사실이 밝혀지면서 '가족 채용' 논란이 제기됐다. 많은 국민들이 배신감과 실망감으로 의원직 사퇴를 요구하자, 차마 의원직을 사퇴하지는 못하고 M당을 탈당하려고 한다.
> 乙은 K당 소속의 비례대표 국회의원이다. 지난 총선 당시 선거공보물 업체 2곳을 통해 2억여원의 비용을 대납시키고 선거비용을 허위로 청구한 혐의 등으로 수사를 받아왔으며, 「정치자금법」 위반 등으로 구속영장이 청구되었다. 이에 K당은 자진탈당을 요구하였다.

① 甲과 乙은 소속정당을 탈당해도 무소속으로 의원직을 유지하게 된다.

② 乙이 스스로 탈당하지 않으면 K당은 乙을 제명할 수 있고, 이때 당헌이 정하는 절차를 거치는 외에 소속국회의원 전원의 3분의 2 이상의 찬성이 있어야 한다.

③ 乙이 「정치자금법」 위반으로 기소가 된다면 국회는 확정판결 이전이라도 제명시킬 수 있지만, 甲의 경우는 가족채용이 불법은 아니므로 제명 이외의 징계는 가능해도 제명은 할 수 없다고 본다.

④ 甲과 乙을 소속정당이 제명해도 무소속으로 의원직을 유지하게 된다.

21 헌법재판에 대한 설명으로 옳은 것은?

① 탄핵의 심판, 정당해산의 심판, 헌법소원에 관한 심판은 원칙적으로 구두변론에 의한다.

② 재판관에게 공정한 심판을 기대하기 어려운 사정이 있는 경우 당사자는 기피신청을 할 수 있으며 동일한 사건에 대하여 재판관을 2명까지 기피할 수 있다.

③ 심판의 변론과 서면심리, 결정의 선고는 공개한다.

④ 헌법소원심판은 인용결정이 있는 경우에만 기속력이 발생하지만, 권한쟁의심판의 경우 기각결정도 기속력이 인정된다.

22 사회보장수급권에 대한 설명으로 옳지 않은 것은? (다툼이 있는 경우 판례에 의함)

① 「공무원연금법」상의 각종 급여는 모두 사회보장 수급권으로서의 성격과 아울러 재산권으로서의 성격도 가지고, 그중 퇴직일시금 및 퇴직수당 수급권은 후불임금 내지 재산권적 성격을 많이 띠고 있는 데 비하여, 퇴직연금 수급권은 상대적으로 사회보장적 급여로서의 성격이 강하다.

② 휴직자에게 직장가입자의 자격을 유지시켜 휴직전월의 표준보수월액을 기준으로 보험료를 부과하는 것은 사회국가원리에 위배되지 않는다.

③ 「공무원연금법」상의 연금수급권은 국가에 대하여 적극적으로 급부를 요구하는 것이므로 헌법규정만으로는 실현될 수 없고, 법률에 의한 형성을 필요로 한다.

④ 국민연금의 급여수준은 납입한 연금보험료의 금액을 기준으로 결정하여야 하며, 한 사람의 수급권자에게 여러 종류의 수급권이 발생한 경우에는 중복하여 지급해야 한다.

23 국회 교섭단체에 대한 설명으로 옳지 않은 것은?

① 교섭단체에 속하는 의원의 경우와는 달리, 교섭단체에 속하지 아니하는 의원의 발언시간 및 발언자 수는 의장이 각 교섭단체대표의원과의 협의를 거치지 아니하고 직원으로 정할 수 있다.

② 교섭단체에 한하여 정책연구위원을 배정하는 것이 교섭단체를 구성하지 못한 정당에 대한 불합리한 차별은 아니다.

③ 당론과 다른 견해를 가진 소속 국회의원을 당해 교섭단체의 필요에 따라 다른 상임위원회로 전임하는 조치는 정당 내부의 사실상 강제로서 특별한 사정이 없는 한 헌법상 용인될 수 있는 범위 내에 해당한다.

④ 무소속 의원은 물론 교섭단체를 구성하지 못한 여러 정당의 소속 의원들이 「국회법」상의 요건을 갖추어 하나의 교섭단체를 구성하는 것도 가능하다.

24 국회의 운영과 의사절차에 대한 설명으로 옳은 것은 모두 몇 개인가? (다툼이 있는 경우 헌법재판소 결정에 의함)

> ㄱ. 팩스로 제출이 시도되었던 법률안의 접수가 완료되지 않아 동일한 법률안을 제출하기 전에 철회 절차가 필요 없다고 보는 것은 발의된 법률안을 철회하는 요건을 정한 「국회법」 규정에 반하지 않는다.
>
> ㄴ. 의장은 안건이 어느 상임위원회의 소관에 속하는지 명백하지 아니할 때에는 각 교섭단체대표의원과 협의하여 상임위원회에 회부하되 협의가 이루어지지 아니할 때에는 의장이 소관상임위원회를 결정한다.
>
> ㄷ. 사법개혁특별위원회의 신속처리안건 지정동의안에 대한 표결 전에 그 대상이 되는 법안의 배포나 별도의 질의·토론 절차를 거치지 않았다면 그 표결은 절차상 위법하다.
>
> ㄹ. 위원회에 회부된 안건을 신속처리대상안건으로 지정하려는 경우 의원은 재적의원 5분의 3 이상이 서명한 신속처리대상안건 지정요구 동의를 의장에게 제출하고, 안건의 소관 위원회 소속 위원은 소관 위원회 재적위원 5분의 3 이상이 서명한 신속처리안건 지정동의를 소관 위원회 위원장에게 제출하여야 한다.
>
> ㅁ. 의장은 체포동의를 요청받은 후 처음 개의하는 본회의에 이를 보고하고, 본회의에 보고된 때부터 24시간 이후 72시간 이내에 표결한다. 다만, 체포동의안이 72시간 이내에 표결되지 아니하는 경우에는 폐기된 것으로 본다.

① 1개
② 2개
③ 3개
④ 4개

25 교육을 받을 권리에 대한 설명으로 옳지 않은 것은? (다툼이 있는 경우 판례에 의함)

① 대학수학능력시험의 문항 수 기준 70%를 한국교육방송공사 교재와 연계하여 출제하는 것은 대학수학능력시험을 준비하는 자들의 인격발현권을 제한하지만, 사교육비를 줄이고 학교교육을 정상화하려는 것으로 과잉금지원칙에 위배되지 않아 교육을 통한 자유로운 인격발현권을 침해한다고 볼 수 없다.

② 대학의 신입생 수시모집 입시요강이 검정고시로 고등학교 졸업학력을 취득한 사람들의 수시모집 지원을 제한하는 것은 검정고시 출신자들을 합리적인 이유 없이 차별하는 것으로 해당 대학에 지원하려는 검정고시 출신자들의 균등하게 교육을 받을 권리를 침해한다.

③ 대학 구성원이 아닌 사람의 도서관 이용에 관하여 대학도서관의 관장이 승인 또는 허가할 수 있도록 한 것은 교육을 받을 권리가 국가에 대하여 특정한 교육제도나 시설의 제공을 요구할 수 있는 권리를 뜻하는 것은 아니라는 점에서 대학 구성원이 아닌 자의 교육을 받을 권리가 침해된다고 볼 수 없다.

④ 「학교폭력예방 및 대책에 관한 법률」 제17조 제1항 중 '수개의 조치를 병과하는 경우를 포함한다' 및 '출석정지'에 관한 부분 중 출석정지기간의 상한을 두지 아니한 '출석정지' 부분은 과잉금지원칙에 위반되어 청구인들의 자유롭게 교육을 받을 권리, 즉 학습의 자유를 침해한다.

13회 / Review

문항	정답	문제 키워드	출제 유형	난이도
01	②	직업의 자유	이론/판례/조문	●●○
02	④	헌정사	이론/판례/조문	●○○
03	③	외국인의 기본권의 주체성	이론/판례/조문	●●○
04	①	국회	이론/판례/조문	●●○
05	③	통신의 자유	이론/판례/조문	●●○
06	③	대통령의 권한	이론/판례/조문	●●○
07	①	헌법소원심판	이론/판례/조문	●●●
08	①	인격권, 일반적 행동자유권	이론/판례/조문	●●○
09	④	대통령의 지위·권한	이론/판례/조문	●●○
10	③	감사원	이론/판례/조문	●●○
11	④	집회의 자유	이론/판례/조문	●●○
12	③	선거제도	이론/판례/조문	●●○
13	④	사법권의 독립	이론/판례/조문	●●○

문항	정답	문제 키워드	출제 유형	난이도
14	②	명확성의 원칙	이론/판례/조문	●●●
15	④	공무담임권	이론/판례/조문	●●○
16	①	양심의 자유	이론/판례/조문	●●○
17	④	정당제도	이론/판례/조문	●●○
18	④	기본권의 침해	이론/판례/조문	●●○
19	③	재판청구권	이론/판례/조문	●●○
20	④	국회의원	이론/판례/조문	●●○
21	④	헌법재판	이론/판례/조문	●●○
22	④	사회보장수급권	이론/판례/조문	●●○
23	①	국회의 교섭단체	이론/판례/조문	●●●
24	①	국회의 의사운영	이론/판례/조문	●●●
25	④	교육을 받을 권리	이론/판례/조문	●●○

[출제 유형 & 난이도] 각 문항별 출제 유형(이론/판례/조문)과 난이도를 수록하였으니, 본인이 취약한 유형이나 고난도 문제만 풀어보는 등 학습 상황에 알맞게 활용하시기 바랍니다.

핵심지문 OX   13회 실전동형모의고사에서 꼭 되짚어야 할 핵심지문을 다시 확인해보시기 바랍니다.

01 유사군복을 판매할 목적으로 소지하는 행위를 처벌하는 조항은 오인 가능성이 낮은 유사품이나 단순 밀리터리룩 의복을 취급하는 행위를 제외하고 있다고 하더라도 국가안전보장과 질서를 유지하려는 공익에 비추어 볼 때 직업선택의 자유를 과도하게 제한한다. (   )

02 국회의 정기회는 법률이 정하는 바에 의하여 매년 1회 집회되며, 국회의 임시회는 대통령 또는 국회재적의원 3분의 1 이상의 요구에 의하여 집회된다. (   )

03 수용자가 작성한 집필문의 외부반출을 불허하고 이를 영치할 수 있도록 규정한 「형의 집행 및 수용자의 처우에 관한 법률」 조항은 수용자의 통신의 자유를 침해하지 않는다. (   )

04 대법원장과 대법관이 아닌 법관은 인사위원회의 동의를 얻어 대법원장이 임명한다. (   )

05 지역구지방의회의원선거의 후보자 및 예비후보자는 후원회를 지정하여 둘 수 없다. (   )

06 권리남용으로 인한 패소의 경우에 소송비용 부담에 관한 별도의 예외 규정을 두지 않았다는 점을 이유로 「민사소송법」 제98조가 재판청구권을 침해한다고 볼 수 없다. (   )

07 국민연금의 급여수준은 납입한 연금보험료의 금액을 기준으로 결정하여야 하며, 한 사람의 수급권자에게 여러 종류의 수급권이 발생한 경우에는 중복하여 지급해야 한다. (   )

[정답] 01 × 직업의 자유 내지 일반적 행동의 자유를 침해한다고 볼 수 없다. **02** × 4분의 1 이상의 요구에 의하여 집회된다. **03** ○ **04** × 대법관회의의 동의를 얻어야 한다. **05** × 둘 수 있다. **06** ○ **07** × 반드시 중복하여 지급해야 할 것은 아니다.

14회 실전동형모의고사

제한시간: 20분 **시작** 시 분 ~ 종료 시 분 점수 확인 개/ 25개

01 공무원의 연금청구권에 대한 설명으로 옳지 않은 것은? (다툼이 있는 경우 판례에 의함)

① 재산권 보장은 사유재산의 처분과 그 상속을 포함하는 것이므로 유언자가 생전에 최종적으로 자신의 재산권에 대하여 처분할 수 있는 법적 가능성을 의미하는 유언의 자유는 헌법상 재산권의 보호를 받는다.

② 「공무원연금법」상의 퇴직급여 등 각종 급여를 받을 권리, 즉 연금수급권은 재산권의 성격과 사회보장수급권의 성격이 불가분적으로 혼재되어 있는데, 입법자로서는 연금수급권의 구체적 내용을 정함에 있어 어느 한 쪽의 요소에 보다 중점을 둘 수 있다.

③ 공무원의 범죄행위로 인해 형사처벌이 부과된 경우에는 그로 인하여 공직을 상실하게 되므로, 이에 더하여 공무원의 퇴직급여청구권까지 박탈하는 것은 이중처벌금지의 원칙에 위반된다.

④ 공무원 또는 공무원이었던 자가 재직 중의 사유로 금고 이상의 형을 받은 때 퇴직급여 및 퇴직수당의 일부를 감액하여 지급하도록 한 「공무원연금법」 조항은 공무원의 신분이나 직무상 의무와 관련 없는 범죄인지 여부 등과 관계없이 일률적·필요적으로 퇴직급여를 감액하는 것으로서 재산권을 침해한다.

02 직업의 자유의 제한에 대한 설명으로 옳지 않은 것은?

① 건설폐기물 수집·운반업자가 건설폐기물을 임시보관장소로 수집·운반할 수 있는 사유 중 하나로 매립 대상 폐기물을 반입규격에 맞게 절단하기 위한 경우를 포함하지 않고 있는 「건설폐기물의 재활용촉진에 관한 법률」 제13조의2 제2항은 신뢰보호원칙에 반하여 직업수행의 자유를 침해한다.

② 어린이통학버스를 운영함에 있어서 반드시 보호자를 동승하도록 하는 보호자동승조항은 학원 등의 영업 방식에 제한을 가하고 있으므로 학원 운영자들의 직업수행의 자유를 제한하는 것이다.

③ 당구장 경영 영업주로 하여금 당구장 출입문에 18세 미만자의 출입금지 표시를 반드시 하도록 함은 직업수행의 자유에 대한 위헌적 제한이라고 함이 헌법재판소 판례이다.

④ 직업의 자유의 제한 중 가장 강도가 높은 것은 객관적 사유에 의한 직업선택의 자유의 제한이다.

03 기본권의 주체에 대한 설명으로 옳은 것은? (다툼이 있는 경우 판례에 의함)

① 지방자치단체장은 국민의 기본권을 보호 내지 실현하여야 할 책임과 의무를 가지는 국가기관의 지위를 갖기 때문에 「주민소환에 관한 법률」의 관련 규정으로 인해 자신의 공무담임권이 침해됨을 이유로 헌법소원을 청구할 수 있는 기본권 주체로 볼 수 없다.

② 「출입국관리법」에 따른 영주의 체류자격 취득일 후 3년이 경과한 19세 이상의 외국인에게는 지방자치단체 의회의원 및 장의 선거권이 부여되어 헌법상의 정치적 기본권이 인정된다.

③ 국가에 대하여 고용증진을 위한 사회적·경제적 정책을 요구할 수 있는 권리는 이른바 사회적 기본권으로서 국민에게만 인정되므로, 외국인 근로자는 기본적 생활수단을 확보하고 인간의 존엄성을 보장받기 위한 최소한의 근로조건을 요구할 수 있는 권리의 주체가 되지 못한다.

④ 헌법재판소는 「영화법」 제12조 등에 대한 헌법소원 사건에서 대표자의 정함이 있고 독립된 사회적 조직체로 활동하는 비법인사단 자체의 기본권 주체성을 인정하였다.

04 국회의 의사절차에 대한 설명으로 옳지 않은 것은? (다툼이 있는 경우 판례에 의함)

① 소위원회는 폐회 중에도 활동할 수 있으며, 법률안을 심사하는 소위원회는 매월 3회 이상 개회한다.

② 헌법규정상 출석의원 과반수의 찬성으로 회의를 비공개하는 경우 그 비공개 사유에는 아무런 제한이 없다.

③ 이미 회의의 안건으로 논의된 의안을 의결이 이루어지기 전에 철회한 경우에는 같은 회기 중에 다시 발의 또는 제출하지 못한다.

④ 국회의원이 국회에 법률안을 제출한 이후 국회의원의 임기가 만료된 경우에는 제출된 당해 법률안은 자동적으로 폐기된다.

05 권한쟁의심판에 대한 설명으로 옳지 않은 것은? (다툼이 있는 경우 헌법재판소 결정에 의함)

① 국가기본도에 표시된 해상경계선은 그 자체로 불문법상 해상경계선으로 인정되는 것은 아니므로, 관할 행정청이 국가기본도에 표시된 해상경계선을 기준으로 하여 과거부터 현재에 이르기까지 반복적으로 처분을 내리고, 지방자치단체가 허가, 면허 및 단속 등의 업무를 지속적으로 수행하여 왔다고 하여도 국가기본도상의 해상경계선은 지방자치단체 관할 경계에 관하여 불문법으로서 그 기준이 될 수 없다.

② 국회의원이 교원들의 교원단체 가입현황을 자신의 인터넷홈페이지에 게시하여 공개하려고 하였으나, 법원이 그 공개로 인한 기본권침해를 주장하는 교원들의 신청을 받아들여 그 공개의 금지를 명하는 가처분 및 그 가처분에 따른 의무이행을 위한 간접강제 결정을 한 것에 대해 국회의원이 법원을 상대로 한 권한쟁의심판청구는 부적법하다.

③ 권한쟁의심판청구는 피청구인의 처분 또는 부작위가 헌법 또는 법률에 의하여 부여받은 청구인의 권한을 침해하였거나 침해할 현저한 위험이 있는 때에 한하여 이를 할 수 있다.

④ 지방자치단체의 의결기관인 지방의회를 구성하는 지방의회 의원과 그 지방의회의 대표자인 지방의회 의장간의 권한쟁의심판은 헌법 및 「헌법재판소법」에 의하여 헌법재판소가 관장하는 지방자치단체 상호간의 권한쟁의심판의 범위에 속한다고 볼 수 없다.

06 국가배상청구권에 대한 설명으로 옳지 않은 것은?

① 긴급조치 제9호의 발령부터 적용·집행에 이르는 일련의 국가작용은, 전체적으로 보아 공무원이 직무를 집행하면서 객관적 주의의무를 소홀히 하여 그 직무행위가 객관적 정당성을 상실한 것으로서 위법하다고 평가되고, 긴급조치 제9호의 적용·집행으로 강제수사를 받거나 유죄판결을 선고받고 복역함으로써 개별 국민이 입은 손해에 대해서는 국가배상책임이 인정될 수 있다.

② 군무원이 직무집행과 관련하여 받은 손해에 대하여는 법률이 정하는 보상 외에 국가 또는 공공단체에 공무원의 직무상 불법행위로 인한 배상은 청구할 수 없다.

③ 현행 「국가배상법」에서는 당사자가 배상심의회에 배상신청을 하여 그 결과에 불복할 경우 소송을 제기할 수도 있고, 배상심의회를 거치지 아니하고 바로 법원에 소송을 제기할 수도 있다.

④ 보상금 등의 지급결정에 동의한 때 '민주화운동과 관련하여 입은 피해'에 대해 재판상 화해의 성립을 간주하는 구 「민주화운동 관련자 명예회복 및 보상 등에 관한 법률」 조항은 정신적 손해에 대한 국가배상청구권을 침해하지 아니한다.

07 행정입법에 대한 설명으로 옳지 않은 것은? (다툼이 있는 경우 판례에 의함)

① 행정입법인 명령, 규칙 등이 공권력의 행사로서 헌법소원의 대상이 되는 것처럼 행정입법부작위도 공권력의 불행사로서 헌법소원의 대상이 될 수 있으며, 행정권의 행정입법 등 법집행의무는 헌법적 의무이다.

② 행정기관에 입법권을 위임하는 수권법률 자체도 명확성의 원칙을 준수해야 하며 침해적 행정입법에 대한 수권의 경우에는 급부적 행정입법에 대한 경우보다 명확성의 원칙이 보다 엄격하게 요구된다.

③ 법률의 위임을 받아 행정입법이 제정되었으나 그 내용이 헌법에 위반되어 헌법재판소가 위헌선언을 하는 경우에는 입법권을 위임한 수권법률의 조항도 동시에 위헌으로 선언된다.

④ 조세법률주의의 원칙상 조세의 부과요건, 부과·징수의 절차는 국민의 대표기관인 국회가 제정한 법률로 정해야 하지만 이에 관련된 사항이라도 행정입법에 위임하는 것이 허용될 수 있다.

08 합헌적 법률해석에 대한 설명으로 옳지 않은 것은? (다툼이 있는 경우 판례에 의함)

① 어떤 법률의 개념이 다의적이고 그 어의의 테두리 안에서 여러 가지 해석이 가능할 때, 헌법을 최고법규로 하는 통일적인 법질서의 형성을 위하여 헌법에 합치되는 해석, 즉 합헌적인 해석을 택하여야 하며, 이에 의하여 위헌적인 결과가 될 해석은 배제하면서 합헌적이고 긍정적인 면은 살려야 한다는 것이 헌법의 일반법리이다.

② 헌법정신에 맞도록 법률의 내용을 해석·보충하거나 정정하는 '헌법합치적 법률해석' 역시 '유효한' 법률조항의 의미나 문구를 대상으로 하는 것이지, 이를 넘어 이미 실효된 법률조항을 대상으로 하여 헌법합치적인 법률해석을 할 수는 없는 것이어서, 유효하지 않은 법률조항을 유효한 것으로 해석하는 결과에 이르는 것은 '헌법합치적 법률해석'을 이유로도 정당화될 수 없다.

③ 「군인사법」 제48조 제4항 후단의 '무죄의 선고를 받은 때'의 의미와 관련하여, 형식상 무죄판결뿐 아니라 공소기각재판을 받았다 하더라도 그와 같은 공소기각의 사유가 없었더라면 무죄가 선고될 현저한 사유가 있는 이른바 내용상 무죄재판의 경우도 이에 포함된다고 해석하는 것은 법률의 문의적 한계를 벗어난 것으로서 합헌적 법률해석에 부합하지 아니한다.

④ 헌법재판소는 합헌적 법률해석의 일종인 한정합헌, 한정위헌결정도 위헌결정의 일종이고 이들은 모두 당연히 기속력을 가진다는 입장이다.

09 헌법소원심판의 대상에 해당하는 것을 모두 고르면? (다툼이 있는 경우 헌법재판소 결정에 의함)

ㄱ. 검사가 변호인에 대하여 한 피의자접견불허행위
ㄴ. 서울시민 인권헌장 초안의 발표계획에 대한 서울시장의 무산 선언
ㄷ. 방송통신심의위원회가 방송사업자에 대하여 관련규정을 준수하라는 내용의 의견제시를 한 행위
ㄹ. 공정거래위원회의 심사불개시결정 및 심의절차종료결정
ㅁ. 법무부에 설치된 변호사시험 관리위원회의 의결
ㅂ. 지방자치단체장을 위한 별도의 퇴직급여제도를 마련하지 않은 입법부작위
ㅅ. 기획재정부장관이 6차에 걸쳐 공공기관 선진화 추진계획을 확정·공표한 행위

① ㄱ, ㄹ
② ㄷ, ㄹ
③ ㄴ, ㄷ, ㅁ
④ ㄴ, ㅂ, ㅅ

10 사생활의 비밀과 자유에 대한 설명으로 옳지 않은 것은? (다툼이 있는 경우 헌법재판소 결정에 의함)

① 금융감독원 4급 이상 직원에 대한 재산등록제도 및 취업제한제도는 사생활의 비밀과 자유를 침해하지 않는다.

② 성폭력범죄를 2회 이상 범하여 그 습벽이 인정된 때에 해당하고 성폭력범죄를 다시 범할 위험성이 인정되는 자에 대해 전자장치 부착을 명할 수 있도록 한 것은 사생활의 비밀과 자유를 침해하는 것이 아니다.

③ 간통죄를 처벌하는 것은 사생활의 비밀과 자유를 침해하는 것으로 헌법에 위배된다.

④ 변호사시험은 '법학전문대학원을 졸업하였거나 졸업할 예정인 사람'으로 응시대상자가 한정되어 있는바, 타인이 합격자 명단을 열람하여 특정 응시자의 변호사시험 합격 여부 및 시기 등을 추정할 수 있으므로, 이는 응시자의 사생활의 비밀과 자유를 중대하게 제한하는 것이지만 변호사로부터 법률서비스를 받을 국민의 편의, 변호사 자격의 공공성, 변호사시험 관리의 공정성 확보 등을 위한 정당한 제한이다.

11 국회의 국정조사권과 국정감사권에 대한 설명으로 옳지 않은 것은? (다툼이 있는 경우 판례에 의함)

① 국정감사·조사권은 1948년 헌법 때부터 규정되었으나, 1972년 헌법에서 삭제되었고, 1975년 개정된 「국회법」에서 국정조사에 대한 근거가 마련되었으며, 1980년 헌법에서 국정조사권이 규정되었고, 현행 헌법은 1948년 헌법과 같은 태도를 취하고 있다.

② 국정조사는 특정한 국정사안에 대하여 조사를 할 필요가 있을 때 재적의원 4분의 1 이상의 요구에 의해서 실시되며, 조사를 위한 특별위원회가 구성되기도 한다.

③ 국정감사·조사권은 개인의 사생활을 침해하거나 계속중인 재판 또는 수사 중인 사건의 소추에 관여할 목적으로 행사되어서는 안 된다.

④ 국정감사는 국정전반에 관하여 소관 상임위원회별로 매년 정기회 집회일 이전에 감사시작일부터 30일 이내의 기간을 정하여 감사를 실시하는 것이 원칙이며, 본회의 의결로 정기회 기간 중에 감사를 실시할 수도 있다.

12 재산권에 대한 내용으로 옳지 않은 것은 모두 몇 개인가? (다툼이 있는 경우 판례에 의함)

> ㄱ. 해방 전후 일본인의 재산을 미군정 소유로 한 「재조선 미국 육군사령부 군정청법」(미군정청 법령)은 진정소급입법이지만 소급입법금지원칙에 대한 예외로서 헌법 제13조 제2항에 위반되지 않는다.
>
> ㄴ. 재혼을 유족연금수급권 상실사유로 규정한 구 「공무원연금법」 제59조 제1항 제2호 중 '유족연금'에 관한 부분은 재혼한 배우자의 재산권을 침해하지 않는다.
>
> ㄷ. 전기통신금융사기의 사기이용계좌에 대한 지급정지 및 전자금융거래 제한은 재산권을 침해하지 않는다.
>
> ㄹ. 결손금 소급공제 대상 중소기업이 아닌 법인이 결손금 소급공제로 부당환급받은 세액은 국가의 환수대상이고 당해 법인 역시 국가의 환수조치를 충분히 예상할 수 있었으므로 이를 소급하여 징수할 수 있도록 한 것은 재산권 침해가 아니다.
>
> ㅁ. 환매권의 발생기간을 '토지의 협의취득일 또는 수용의 개시일부터 10년 이내'로 제한한 「공익사업을 위한 토지 등의 취득 및 보상에 관한 법률」 제91조 제1항 부분은 재산권을 침해하여 위헌이다.

① 0개
② 1개
③ 2개
④ 3개

13 신체의 자유에 대한 설명으로 옳지 않은 것은? (다툼이 있는 경우 판례에 의함)

① 후보자의 배우자가 「공직선거법」 소정의 범죄를 범함으로 인하여 징역형 또는 300만원 이상의 벌금형의 선고를 받은 때에는 그 후보자의 당선을 무효로 하는 것은 헌법 제13조 제3항에서 금지하고 있는 연좌제에 해당한다.

② 특수절도미수죄에 대한 법정형을 단순절도죄보다 더 무겁게 정하였다고 하여, 특수절도미수조항이 형벌 본래의 기능과 목적을 달성함에 있어 필요한 정도를 현저하게 일탈하여 비례원칙과 책임주의원칙에 위배되었거나 신체의 자유나 법관의 양형재량을 침해한 것이라 할 수 없다.

③ 누구든지 체포 또는 구속을 당한 때에는 즉시 변호인의 조력을 받을 권리를 가진다. 다만, 형사피고인이 스스로 변호인을 구할 수 없을 때에는 법률이 정하는 바에 의하여 국가가 변호인을 붙인다.

④ 미결구금은 실질적으로 자유형의 집행과 다를 바 없으므로 인권보호 및 공평의 원칙상 형기에 전부 산입되어야 한다.

14 정당제도에 대한 설명으로 옳지 않은 것은?

① 정당의 목적이나 활동이 민주적 기본질서에 위배될 때에는 정부는 헌법재판소에 그 해산을 제소할 수 있고, 정당은 헌법재판소의 심판에 의하여 해산된다.

② 정당의 당원은 같은 정당의 타인의 당비를 부담할 수 없으며, 타인의 당비를 부담한 자와 타인으로 하여금 자신의 당비를 부담하게 한 자는 당비를 낸 것이 확인된 날부터 1년간 당해 정당의 당원자격이 정지된다.

③ 정당의 등록신청을 받은 관할 선거관리위원회는 형식적 요건을 구비하는 한 이를 거부하지 못한다. 다만, 형식적 요건을 구비하지 못한 때에는 상당한 기간을 정하여 그 보완을 명하고, 2회 이상 보완을 명하여도 응하지 아니할 때에는 그 신청을 각하할 수 있다.

④ 현행법상 헌법재판소에 의하여 해산된 정당소속의 국회의원은 의원직을 상실하도록 하고 있다.

15 재판의 전제성에 대한 설명으로 옳은 것은? (다툼이 있는 경우 판례에 의함)

① 제청 또는 심판청구된 법률조항이 법원의 당해 사건의 재판에 직접 적용되지 않는 경우, 그 위헌 여부에 따라 당해 사건의 재판에 직접 적용되는 법률조항의 위헌여부가 결정되더라도 간접적용되는 법률규정에 대하여는 재판의 전제성을 인정할 수 없다.

② 병역종류조항이 대체복무제를 포함하고 있지 않다는 이유로 위헌으로 결정된다면, 양심적 병역거부자가 현역입영 또는 소집 통지서를 받은 후 3일 내에 입영하지 아니하거나 소집에 불응하더라도 대체복무의 기회를 부여받지 않는 한 당해 형사사건을 담당하는 법원이 무죄를 선고할 가능성이 있으므로, 병역종류조항은 재판의 전제성이 인정된다.

③ 헌법재판소의 결정에 의하면 위헌법률심판 제청 당시에 일단 재판의 전제성이 갖추어져 있었으면, 그 후 재판의 전제성이 소멸되었더라도 원칙적으로 위헌여부의 심판을 할 수 있다.

④ 당내경선에서 「공직선거법」상 허용되는 경선운동방법을 위반하여 확성장치인 마이크를 사용해 경선운동을 하였다는 범죄사실로 유죄판결을 받은 당해사건에 「공직선거법」상 확성장치사용조항들에 대한 심판청구는 재판의 전제성이 인정된다.

16 공무담임권에 대한 설명으로 옳지 않은 것은? (다툼이 있는 경우 판례에 의함)

① 순경 공채시험 응시연령의 상한을 '30세 이하'로 규정하고 있는 것은 합리적이라고 볼 수 없으므로 침해의 최소성 원칙에 위배되어 공무담임권을 침해한다.

② 정당의 내부경선에 참여할 권리는 헌법이 보장하는 공무담임권의 내용에 포함되지 아니하므로, 정당이 당내경선을 실시하지 않는 것이 공무담임권을 침해하는 것은 아니다.

③ 후보자의 직계존비속이 「공직선거법」을 위반하여 300만원 이상의 벌금형의 선고를 받은 때에는 그 후보자의 당선을 무효로 한다.

④ 노동직류와 직업상담직류를 선발할 때 직업상담사 자격증 소지자에게 각 과목 만점의 최대 5% 이내에서 점수를 가산하도록 한 「공무원임용시험령」 제31조 제2항 등은 공무담임권을 침해한다.

17 변호인의 조력을 받을 권리에 대한 설명으로 옳지 않은 것은? (다툼이 있는 경우 판례에 의함)

① 필요적 변호사건에서 피고인이 재판거부의 의사표시 후 재판장의 허가 없이 퇴정하고 변호인마저 이에 동조하여 퇴정해 버린 경우 법원으로서는 피고인이나 변호인의 재정없이도 심리판결할 수 있다.

② 변호인의 수사기록 열람·등록에 대한 지나친 제한은 결국 피고인에게 보장된 변호인의 조력을 받을 권리를 침해하게 되는 것이다.

③ '변호인이 되려는 자'의 접견교통권은 피의자 등을 조력하기 위한 핵심적인 부분으로서, 피의자 등이 가지는 헌법상의 기본권인 '변호인이 되려는 자'와의 접견교통권과 표리의 관계에 있으므로 '변호인이 되려는 자'의 접견교통권 역시 헌법상 기본권이다.

④ 변호인선임권은 변호인의 조력을 받을 권리의 출발점이기는 하나, 법률로써 제한할 수 있다.

18 평등원칙 내지 평등권에 대한 설명으로 옳지 않은 것은? (다툼이 있는 경우 판례에 의함)

① 혼인한 등록의무자 모두 배우자가 아닌 본인의 직계존·비속의 재산을 등록하도록 「공직자윤리법」 제4조 제1항 제3호가 개정되었음에도 불구하고, 개정 전 「공직자윤리법」 조항에 따라 이미 배우자의 직계존·비속의 재산을 등록한 혼인한 여성 등록의무자는 종전과 동일하게 계속해서 배우자의 직계존·비속의 재산을 등록하도록 규정한 「공직자윤리법」 부칙은 평등원칙에 위배된다.

② 중선거구제에서는 소선거구제에서보다 당선에 필요한 유효득표율이 필연적으로 낮아지므로 양자의 기탁금 반환기준을 동일하게 설정하는 것은 불합리한 차별로서 평등원칙에 위배된다.

③ 비상장법인의 과점주주에 대하여만 제2차 납부의무를 지게 하는 것이 비상장법인의 과점주주를 상장법인의 과점주주에 비하여 불합리하게 차별하여 평등원칙에 위배되는 것은 아니다.

④ 전상유공자가 보훈급여금을 받는 경우 보훈급여금과 참전명예수당 중 어느 하나만을 선택하여 받도록 하는 것은 평등권을 침해하지 않는다.

19 국회의원 및 국회에 대한 설명으로 옳지 않은 것은?

① 국회의원은 국회에서 직무상 행한 발언과 표결에 관하여 국회 외에서 책임을 지지 아니한다.

② 국회의원인 현행범인은 회의장 내에서라도 의장의 명령 없이 이를 체포할 수 있다.

③ 본회의 또는 위원회의 의결로 공개하지 아니하기로 한 경우를 제외하고는 의장 또는 위원장은 회의장 안(본회의장은 방청석에 한 한다)에서의 녹음·녹화·촬영 및 중계방송을 국회규칙이 정하는 바에 따라 허용할 수 있다.

④ 국회의장은 체포동의를 요청받은 후 처음 개의하는 본회의에 이를 보고하고, 본회의에 보고된 때부터 24시간 이후 72시간 이내에 표결한다. 다만, 체포동의안이 72시간 이내에 표결되지 아니하는 경우에는 그 이후에 최초로 개의하는 본회의에 상정하여 표결한다.

20 헌법소원의 적법요건에 대한 설명으로 옳은 것만을 모두 고르면? (다툼이 있는 경우 판례에 의함)

> ㄱ. 사단법인 한국기자협회는 「부정청탁 및 금품 등 수수의 금지에 관한 법률」에 의하여 기본권을 직접 침해당할 가능성이 상당하기 때문에 그 구성원인 기자를 대신하여 헌법소원을 청구할 수 있다고 보아야 한다.
>
> ㄴ. 2012년도 대학교육역량강화수업 기본계획의 수범자는 국공립대학이나, 당해 계획은 근본적으로 대학에 소속된 교수나 교수회를 비롯한 각 대학 구성원들이 자유롭게 총장후보자 선출방식을 정하고 그에 따라 총장을 선출할 수 있는 권리를 제한하고 있으므로, 당해 기본계획에 대한 헌법소원을 청구하는 데에 있어 대학에 소속된 교수나 교수회의 자기관련성을 인정할 수 있다.
>
> ㄷ. 부진정 입법부작위를 다투는 형태의 헌법소원심판청구의 경우에도 해당 법률 또는 법령 조항 자체를 심판의 대상으로 삼는 것이므로 원칙적으로 법령소원에 있어서 요구되는 기본권침해의 직접성 요건을 갖추어야 한다.
>
> ㄹ. 지목변경신청반려행위가 항고소송의 대상이 되는 처분행위에 해당한다는 변경된 대법원 판례에 따르면, 지목변경신청반려행위에 대하여 행정소송을 거치지 않고 제기된 헌법소원심판청구는 보충성의 요건을 흠결한 것이다.

① ㄱ, ㄴ
② ㄱ, ㄹ
③ ㄴ, ㄷ
④ ㄷ, ㄹ

21 교육을 받을 권리에 대한 설명으로 옳지 않은 것은? (다툼이 있는 경우 판례에 의함)

① 교육을 받을 권리는 국가에 대해 교육을 받을 수 있도록 적극적으로 배려해 줄 것을 요구할 권리와 능력에 따라 균등하게 교육받는 것을 공권력에 의하여 침해받지 않을 권리를 포함한다.

② 능력에 따라 균등하게 교육을 받을 권리는 개인의 정신적·육체적·경제적 능력에 따른 차별만을 허용할 뿐 성별·종교·사회적 신분에 의한 차별은 허용하지 않는다.

③ 2021학년도 대학입학전형기본사항 중 재외국민 특별전형 지원자격 가운데 학생의 부모의 해외체류요건 부분이 해당 학생의 균등하게 교육받을 권리를 침해한다고 볼 수 없다.

④ 의무교육에서 무상의 범위에는 학교와 교사 등 인적·물적 시설 및 그 시설을 유지하기 위한 인건비와 시설유지비도 포함된다.

22 다음 사례에 대한 헌법재판소 결정으로 옳지 않은 것은?

> 흡연자로서 폐암 투병 중인 甲은 국가는 흡연의 폐해로부터 국민의 건강을 보호하여야 할 의무가 있음에도 불구하고 국가가 「담배사업법」을 통하여 담배의 제조 및 판매를 허용하고 보장하는 것이 甲의 보건권, 행복추구권, 생명권, 인간다운 생활을 할 권리 등을 침해한다고 주장하며 헌법소원심판을 청구하였다.

① 이 사건에서 제한되는 기본권은 국가의 보호의무에 상응하는 생명·신체의 안전에 관한 권리이며, 생명·신체의 안전에 관한 권리는 인간의 존엄과 가치의 근간을 이루는 기본권이다.

② 세계보건기구(WHO)의 담배규제기본협약은 비준국에게 준수일정에 따라 담배의 제조, 생산, 유통, 소비의 전 과정에서 각종 규제장치의 입법화를 요구하고 있는데, 권고적 의미일 뿐 이에 따를 국제법상의 의무는 없다.

③ 국가가 국민의 생명·신체의 안전에 대한 보호의무를 다하지 않았는지 여부를 헌법재판소가 심사할 때에는 국가가 이를 보호하기 위하여 적어도 적절하고 효율적인 최소한의 보호조치를 취하였는가 하는 이른바 '과소보호금지원칙'의 위반 여부를 기준으로 심사한다.

④ 인체에 유해한 물질이라 하더라도 그 유해성은 상대적인 경우가 많고, 해당 물질의 판매조건이나 사용 등에 대한 규제가 적절하다면 그 제조 및 판매를 허용한다는 것 자체만으로 바로 생명·신체의 안전에 관한 국가의 보호의무 위반이라고 단정할 수는 없다.

23 위헌법률심판에 대한 설명으로 옳지 않은 것은? (다툼이 있는 경우 판례에 의함)

① 헌법재판소는 결정일부터 14일 이내에 결정서 정본을 제청한 법원에 송달한다. 이 경우 제청한 법원이 대법원이 아닌 경우에는 대법원을 거쳐야 한다.

② 법원이 위헌법률심판을 제청한 경우에는 당해 소송사건에 한하여만 재판이 정지된다.

③ 헌법재판소가 형벌법규 이외의 법률조항에 대해 위헌결정을 한 경우에 당해 법률조항은 소급하여 효력을 상실한다.

④ 제청 당시에 공포는 되었으나 시행되지 않았고 헌법재판소 결정 당시에는 이미 폐지되어 효력이 상실된 법률은 위헌법률심판의 대상이 될 수 없다.

24 관습헌법에 대한 설명으로 옳지 않은 것은? (다툼이 있는 경우 헌법재판소 결정에 의함)

① 우리나라는 성문헌법을 가진 나라로서 기본적으로 우리 헌법전(憲法典)이 헌법의 법원(法源)이 되나, 형식적 헌법전에는 기재되지 아니한 사항이라도 이를 관습헌법으로 인정할 소지가 있다.

② 관습헌법이 성립하기 위하여서는 기본적 헌법사항에 관한 어떠한 관행이 존재하고, 그 관행의 반복·계속성, 항상성, 명료성이 인정되어야 하며, 이러한 관행이 헌법관습으로서 국민들의 승인 내지 확신을 얻어 국민들이 강제력을 가진다고 믿고 있어야 한다.

③ 헌법재판소는 헌법기관의 소재지, 특히 국가를 대표하는 대통령과 민주주의적 통치원리에 핵심적 역할을 하는 의회의 소재지를 정하는 문제는 국가의 정체성을 표현하는 실질적 헌법사항의 하나라고 보았다.

④ 국무총리제도가 채택된 이래 줄곧 대통령과 국무총리가 서울이라는 하나의 도시에 소재하고 있었다는 사실을 통해 국무총리의 소재지는 헌법적으로 중요한 기본적 사항으로 간주될 수 있을 뿐만 아니라 이러한 규범이 존재한다는 국민적 의식이 형성되었다고 보아야 한다.

25 재판을 받을 권리에 대한 설명으로 옳지 않은 것은? (다툼이 있는 경우 헌법재판소 결정 및 대법원 판례에 의함)

① '교원, 「사립학교법」 제2조에 따른 학교법인 등 당사자'의 범위에 포함되지 않는 공공단체인 한국과학기술원의 총장이 교원소청심사결정에 대하여 행정소송을 제기할 수 없도록 한 것은 재판청구권을 침해하지 않는다.

② SK케미칼이 제조하고 애경산업이 판매하였던 가습기살균제 제품인 '홈클리닉 가습기메이트'의 표시·광고와 관련하여 공정거래위원회가 2016년에 행한 사건처리 중, 위 제품 관련 인터넷 신문기사 3건을 심사대상에서 제외한 행위는 청구인의 재판절차진술권을 침해한다.

③ 우리 헌법은 상고심재판을 받을 권리를 명문화하고 있지는 않지만, 헌법 제27조의 재판을 받을 권리로부터 당연히 도출된다고 볼 수 있다.

④ 재판청구권은 공권력이나 사인에 의해서 기본권이 침해당하거나 침해당할 위험에 처해 있을 경우 이에 대한 구제나 그 예방을 요청할 수 있는 권리라는 점에서 다른 기본권의 보장을 위한 기본권이라는 성격을 가지고 있다.

14회 실전동형모의고사
모바일 자동 채점 + 성적 분석 서비스
바로 가기 (gosi.Hackers.com)

QR코드를 이용하여 해커스공무원의 '모바일 자동 채점 + 성적 분석 서비스'로 바로 접속하세요!

* 해커스공무원 사이트의 가입자에 한해 이용 가능합니다.

14회 Review

문항	정답	문제 키워드	출제 유형	난이도
01	③	공무원의 연금청구권	이론/판례/조문	●●○
02	①	직업의 자유	이론/판례/조문	●●○
03	④	기본권의 주체	이론/판례/조문	●●○
04	③	국회의 의사절차	이론/판례/조문	●●○
05	①	권한쟁의심판	이론/판례/조문	●●●
06	④	국가배상청구권	이론/판례/조문	●●○
07	③	행정입법	이론/판례/조문	●●○
08	③	합헌적 법률해석	이론/판례/조문	●●●
09	①	헌법소원심판의 대상	이론/판례/조문	●●●
10	④	사생활의 비밀과 자유	이론/판례/조문	●●○
11	①	국정감사, 국정조사	이론/판례/조문	●●○
12	②	재산권	이론/판례/조문	●●●
13	①	신체의 자유	이론/판례/조문	●●○

문항	정답	문제 키워드	출제 유형	난이도
14	④	정당제도	이론/판례/조문	●●○
15	②	재판의 전제성	이론/판례/조문	●●○
16	④	공무담임권	이론/판례/조문	●●○
17	④	변호인의 조력을 받을 권리	이론/판례/조문	●●○
18	②	평등원칙, 평등권	이론/판례/조문	●●○
19	②	국회의원, 국회	이론/판례/조문	●●○
20	④	헌법소원심판	이론/판례/조문	●●○
21	②	교육을 받을 권리	이론/판례/조문	●●○
22	②	기본권	이론/판례/조문	●●●
23	③	위헌법률심판	이론/판례/조문	●●○
24	④	관습헌법	이론/판례/조문	●●○
25	③	재판을 받을 권리	이론/판례/조문	●●○

[**출제 유형 & 난이도**] 각 문항별 출제 유형(이론/판례/조문)과 난이도를 수록하였으니, 본인이 취약한 유형이나 고난도 문제만 풀어보는 등 학습 상황에 알맞게 활용하시기 바랍니다.

핵심지문 OX 14회 실전동형모의고사에서 꼭 되짚어야 할 핵심지문을 다시 확인해보시기 바랍니다.

01 직업의 자유의 제한 중 가장 강도가 높은 것은 객관적 사유에 의한 직업선택의 자유의 제한이다. (　　)

02 국가기본도에 표시된 해상경계선은 그 자체로 불문법상 해상경계선으로 인정되는 것은 아니므로, 관할 행정청이 국가기본도에 표시된 해상경계선을 기준으로 하여 과거부터 현재에 이르기까지 반복적으로 처분을 내리고, 지방자치단체가 허가, 면허 및 단속 등의 업무를 지속적으로 수행하여 왔다고 하여도 국가기본도상의 해상경계선은 지방자치단체 관할 경계에 관하여 불문법으로서 그 기준이 될 수 없다. (　　)

03 헌법재판소는 합헌적 법률해석의 일종인 한정합헌, 한정위헌결정도 위헌결정의 일종이고 이들은 모두 당연히 기속력을 가진다는 입장이다. (　　)

04 환매권의 발생기간을 '토지의 협의취득일 또는 수용의 개시일부터 10년 이내'로 제한한 「공익사업을 위한 토지 등의 취득 및 보상에 관한 법률」 제91조 제1항 부분은 재산권을 침해하여 위헌이다. (　　)

05 현행법상 헌법재판소에 의하여 해산된 정당소속의 국회의원은 의원직을 상실하도록 하고 있다. (　　)

06 능력에 따라 균등하게 교육을 받을 권리는 개인의 정신적·육체적·경제적 능력에 따른 차별만을 허용할 뿐 성별·종교·사회적 신분에 의한 차별은 허용하지 않는다. (　　)

07 헌법재판소가 형벌법규 이외의 법률조항에 대해 위헌결정을 한 경우에 당해 법률조항은 소급하여 효력을 상실한다. (　　)

[정답] **01** ○ **02** × 그 기준이 될 수 있다. **03** ○ **04** ○ **05** × 관련 규정이 별도로 존재하지 않는다. **06** × 성별·종교·경제력·사회적 신분 등에 의하여 교육을 받을 기회를 차별하지 않는다. **07** × 그 결정이 있는 날부터 효력을 상실한다.

최종점검 기출모의고사

잠깐! 최종점검 기출모의고사 전 확인사항

최종점검 기출모의고사도 실전처럼 문제를 푸는 연습이 필요합니다.

✔ 휴대전화는 전원을 꺼주세요.

✔ 연필과 지우개를 준비하세요.

✔ 제한시간 20분 내 최대한 많은 문제를 정확하게 풀어보세요.

매 회 최종점검 기출모의고사 전, 위 사항을 점검하고 시험에 임하세요.

최종점검 기출모의고사

실제 기출문제를 실전동형모의고사 형태에 맞추어
학습함으로써, 최신 출제경향을 파악하고
문제풀이 능력을 극대화시킬 수 있습니다.

승리는 가장 끈기 있는 자에게 돌아간다.

- 나폴레옹 보나파르트

공개경쟁채용 필기시험 대비
해커스공무원 최종점검 기출모의고사

응시번호	
성명	

문제회차
01회

【 시 험 과 목 】

과목명	소요시간	문항수	점 수
헌법	20분	25문항	100점

응시자 주의사항

1. **시험 시작 전**에 시험문제를 열람하는 행위나 시험종료 후 답안을 작성하는 행위를 한 사람은 부정행위 자로 처리됩니다.

2. 시험 시작 즉시 **문제 누락 여부, 인쇄상태 이상유무 및 표지와 과목의 일치 여부** 등을 확인한 후 문제 책 표지에 응시번호, 성명을 기재합니다.

3. 문제는 **총 25문항**으로 구성되어 있으니, 문제지와 답안지를 확인하시기 바랍니다.
   - 답안지는 '**해커스공무원 실전동형모의고사 답안지**'를 사용합니다.

4. 시험이 시작되면 문제를 주의 깊게 읽은 후, **문항의 취지에 가장 적합한 하나의 정답만**을 고르시기 바랍니다.

5. 답안을 잘못 표기하였을 경우에는 답안지를 교체하여 작성하거나 **수정테이프만을 사용**하여 수정할 수 있으며(수정액 또는 수정스티커 등은 사용 불가), 부착된 수정테이프가 떨어지지 않게 손으로 눌러주 어야 합니다.
   - 불량 수정테이프의 사용과 불완전한 수정 처리로 인해 발생하는 **모든 문제는 응시자에게 책임**이 있 습니다.

6. **시험시간 관리의 책임**은 전적으로 응시자 본인에게 있습니다.

해커스공무원 최종점검 기출모의고사 정답 공개 및 안내

1. 해커스공무원 최종점검 기출모의고사의 문제들은 **7급 국가직/지방직, 법원직, 5급 등 주요 시험**의 기 출문제들로만 선별하여 수록하였습니다.

2. 각 문제별 **기출연도 및 시행처는 해설집에 수록**되어 있으니, 참고하시기 바랍니다.

해커스공무원

헌법

문 1. 언론·출판의 자유에 대한 설명으로 옳지 않은 것은? (다툼이 있는 경우 판례에 의함)

① 미결수용자의 규율위반행위 등에 대한 제재로서 금치처분과 함께 금치기간 중 신문과 자비구매도서의 열람을 제한하고 있는 「형의 집행 및 수용자의 처우에 관한 법률」 조항은 최장 30일의 기간 내에서만 신문이나 도서의 열람을 금지하고 열람을 금지하는 대상에 수용시설 내 비치된 도서는 포함시키지 않고 있으므로 미결수용자의 알 권리를 과도하게 제한한다고 보기 어렵다.

② 일간신문의 지배주주가 뉴스통신 법인의 주식 또는 지분의 2분의 1 이상을 취득 또는 소유하지 못하도록 함으로써 이종 미디어 간의 결합을 규제하는 「신문법」 조항은 언론의 다양성을 보장하기 위한 필요한 한도 내의 제한이라고 할 것이어서 신문의 자유를 침해한다고 할 수 없다.

③ 인터넷신문의 언론으로서의 신뢰성을 제고하기 위해 5인 이상의 취재 및 편집 인력을 정식으로 고용하도록 강제하고, 이에 대한 확인을 위하여 국민연금 등 가입사실을 확인하는 것은 언론의 자유를 침해한다고 할 수 없다.

④ 학교 구성원으로 하여금 성별 등의 사유를 이유로 차별적 언사나 행동, 혐오적 표현 등을 통해 다른 사람의 인권을 침해하지 못하도록 한 서울특별시 학생인권조례 규정은 학교 구성원들의 표현의 자유를 침해한 것이라고 볼 수 없다.

문 2. 민주적 기본질서에 관한 설명 중 가장 적절하지 않은 것은? (다툼이 있는 경우 판례에 의함)

① 현행 헌법에서 직접 '자유민주적 기본질서'를 명시하고 있는 것은 헌법전문(前文)과 제4조의 통일조항이다.

② 정당의 목적이나 활동이 민주적 기본질서에 위배될 때에는 정부는 헌법재판소에 그 해산을 제소할 수 있고, 정당은 헌법재판소의 심판에 의하여 해산된다.

③ 정당해산 사유로서의 '민주적 기본질서의 위배'란, 민주적 기본질서에 대한 단순한 위반이나 저촉만으로도 족하며, 반드시 민주사회의 불가결한 요소인 정당의 존립을 제약해야 할 만큼 그 정당의 목적이나 활동이 민주적 기본질서에 대하여 실질적인 해악을 끼칠 수 있는 구체적 위험성을 초래하는 경우까지 포함하는 것은 아니다.

④ 헌법에서 채택하고 있는 사회국가의 원리는 자유민주적 기본질서의 범위 내에서 이루어져야 하고, 국민 개인의 자유와 창의를 보완하는 범위 내에서 이루어지는 내재적 한계를 지니고 있다.

문 3. 사회적 기본권에 대한 설명으로 가장 적절하지 않은 것은? (다툼이 있는 경우 헌법재판소 판례에 의함)

① 사실혼 배우자에게 상속권을 인정하지 않는 「민법」 제1003조 제1항 중 '배우자' 부분이 사실혼 배우자의 상속권 및 평등권을 침해하고, 헌법 제36조 제1항에 위반된다.

② 가족제도에 관한 전통문화란 가족제도에 관한 헌법이념인 개인의 존엄과 양성평등에 반하는 것이어서는 안 된다는 한계가 도출되므로 어떤 가족제도가 개인의 존엄과 양성평등에 반한다면 헌법 제9조를 근거로 그 헌법적 정당성을 주장할 수는 없다.

③ 악취가 배출되는 사업장이 있는 지역을 악취관리지역으로 지정함으로써 악취방지를 위한 예방적·관리적 조처를 할 수 있도록 한 것은 헌법상 국가와 국민의 환경보전의무를 바탕으로 주민의 건강과 생활환경의 보전을 위하여 사업장에서 배출되는 악취를 규제·관리하기 위한 적합한 수단이다.

④ 교도소 수용자들의 자살을 방지하기 위하여 독거실 내 화장실 창문에 안전철망을 설치한 행위는 수형자의 환경권 등 기본권을 침해하지 않는다.

문 4. 기본권의 제한에 관한 설명 중 가장 적절하지 않은 것은? (다툼이 있는 경우 판례에 의함)

① 「형법」 제304조 중 '혼인을 빙자하여 음행의 상습 없는 부녀를 기망하여 간음한 자' 부분은 형벌규정을 통하여 추구하고자 하는 목적 자체가 헌법에 의하여 허용되지 않는 것으로서 그 정당성이 인정되지 않는다.

② 배우자 있는 자의 간통행위 및 그와의 상간행위를 2년 이하의 징역에 처하도록 규정한 「형법」 제241조는 선량한 성풍속 및 일부일처제에 기초한 혼인제도를 보호하고 부부간 정조의무를 지키게 하기 위한 것으로 그 입법목적의 정당성은 인정된다.

③ 운전면허를 받은 사람이 다른 사람의 자동차등을 훔친 경우에는 운전면허를 필요적으로 취소하도록 한 구 「도로교통법」 조항 중 '다른 사람의 자동차등을 훔친 경우' 부분은 다른 사람의 자동차등을 훔친 범죄행위에 대한 행정적 제재를 강화하여 자동차등의 운행과정에서 야기될 수 있는 교통상의 위험과 장해를 방지함으로써 안전하고 원활한 교통을 확보하고자 하는 것으로서 그 입법목적이 정당하다.

④ 「형법」 제269조 제1항의 자기낙태죄 조항은 태아의 생명을 보호하기 위한 것으로서 그 입법목적은 정당하지만, 낙태를 방지하기 위하여 임신한 여성의 낙태를 형사처벌하는 것은 이러한 입법 목적을 달성하는 데 적절하고 실효성 있는 수단이라고 할 수 없다.

문 5. 감사원에 대한 설명으로 옳은 것은? (다툼이 있는 경우 판례에 의함)

① 감사원장 및 감사위원은 국회의 동의를 얻어 대통령이 임명한다.

② 감사원이 지방자치단체의 자치사무에 대하여 합목적성 감사까지 한다면 지방자치제도의 본질적 내용을 침해하는 것이다.

③ 감사원은 원장을 포함한 5인 이상 11인 이하의 감사위원으로 구성한다.

④ 감사원장은 중임할 수 없으나, 감사위원은 1차에 한하여 중임할 수 있다.

문 6. 직업의 자유에 대한 설명으로 가장 적절하지 않은 것은? (다툼이 있는 경우 헌법재판소 판례에 의함)

① 유치원 주변 학교환경위생 정화구역에서 성관련 청소년유해물건을 제작·생산·유통하는 청소년유해업소를 예외 없이 금지하는 구 「학교보건법」 조항은 청구인들의 직업의 자유를 침해하지 않는다.

② 「세무사법」 위반으로 벌금형을 받은 세무사의 등록을 필요적으로 취소하도록 한 「세무사법」 조항은 벌금형의 집행이 끝나거나 집행을 받지 아니하기로 확정된 후 3년이 지난 때에 다시 세무사로 등록하여 활동할 수 있는 점 등에 비추어 볼 때 청구인의 직업선택의 자유를 침해하지 않는다.

③ 주류 판매업면허를 받은 자가 타인과 동업 경영을 하는 경우 관할 세무서장이 해당 주류 판매업자의 면허를 필요적으로 취소하도록 한 구 「주세법」 조항은 면허가 있는 자들끼리의 동업의 경우도 일률적으로 주류 판매업 면허를 취소하도록 규정하고 있으므로 주류 판매 면허업자의 직업의 자유를 침해한다.

④ 성매매는 그것이 가지는 사회적 유해성과는 별개로 성판매자의 입장에서 생활의 기본적 수요를 충족하기 위한 소득활동에 해당함을 부인할 수 없다 할 것이므로, 「성매매알선 등 행위의 처벌에 관한 법률」에서 성매매를 한 사람을 처벌하는 것은 성판매자의 직업선택의 자유도 제한하고 있다.

문 7. 관습헌법에 대한 설명으로 가장 적절하지 않은 것은? (다툼이 있는 경우 헌법재판소 판례에 의함)

① 관습헌법은 주권자인 국민에 의하여 유효한 헌법규범으로 인정되는 동안에만 존속한다.

② 관습헌법규범은 헌법전에 그에 상반하는 법규범을 첨가함에 의하여 폐지하게 된다.

③ 국민은 성문헌법의 제·개정에는 직접 참여하지만, 헌법전에 포함되지 아니한 헌법사항을 필요에 따라 관습의 형태로 직접 형성할 수 없다.

④ 관습헌법은 성문헌법과 동등한 효력을 가지며, 형식적 헌법전에는 기재되지 않은 사항이라도 이를 불문헌법 내지 관습헌법으로 인정할 소지가 있다.

문 8. 헌법재판소의 조직 및 심판절차에 대한 설명으로 옳은 것은?

① 「헌법재판소법」은 정당해산심판과 헌법소원심판에 대해서만 명문으로 가처분 규정을 두고 있다.

② 변론기일에 출석하여 본안에 관한 진술을 한 때에도 재판관에게 공정한 심판을 기대하기 어려운 사정이 있는 경우라면 당사자는 기피신청을 할 수 있다.

③ 위헌법률의 심판과 권한쟁의에 관한 심판은 서면심리에 의한다. 다만, 재판부는 필요하다고 인정하는 경우에는 변론을 열어 당사자, 이해관계인, 그 밖의 참고인의 진술을 들을 수 있다.

④ 헌법소원심판에서 헌법재판소가 국선대리인을 선정하지 아니한다는 결정을 한 때에는 지체 없이 그 사실을 신청인에게 통지하여야 한다. 이 경우 신청인이 선임신청을 한 날부터 그 통지를 받은 날까지의 기간은 「헌법재판소법」 제69조의 청구기간에 산입하지 아니한다.

문 9. 재판의 전제성에 대한 설명으로 옳은 것은? (다툼이 있는 경우 판례에 의함)

① 법원에서 당해 소송사건에 적용되는 재판규범 중 위헌제청신청대상이 아닌 관련 법률에서 규정한 소송요건을 구비하지 못하였기 때문에 부적법하다는 이유로 소각하판결을 선고하고 그 판결이 확정되거나, 소각하판결이 확정되지 않았더라도 당해 소송사건이 부적법하여 각하될 수밖에 없는 경우, 당해 소송사건이 각하될 것이 불분명한 경우에는 당해 소송사건에 관한 '재판의 전제성' 요건이 흠결된 것으로 본다.

② 법원이 심판대상조항을 적용함이 없이 다른 법리를 통하여 재판을 한 경우 심판대상조항의 위헌 여부는 당해사건법원의 재판에 직접 적용되거나 관련되는 것이 아니어서 재판의 전제성이 인정되지 않는다.

③ 형사사건에 있어서 원칙적으로 공소가 제기되지 아니한 법률조항의 위헌 여부는 당해 형사사건의 재판의 전제가 될 수 없으나 공소장에 적용법조로 기재되었다면 재판의 전제성을 인정할 수 있다.

④ 항소심에서 당해 사건의 당사자들 간에 임의조정이 성립되어 소송이 종결된 경우 1심 판결에 적용된 법률조항에 대해서는 재판의 전제성이 인정될 수 있다.

문 10. 집회의 자유에 대한 설명으로 옳지 않은 것은? (다툼이 있는 경우 판례에 의함)

① 일반적으로 집회는 일정한 장소를 전제로 하여 특정 목적을 가진 다수인이 일시적으로 회합하는 것을 말하는 것으로 일컬어지고 있으나, 그 공동의 목적은 적어도 '내적인 유대 관계'를 넘어서 공공의 이익을 추구하는 것이어야 한다.

② 집회의 자유는 개인의 인격발현의 요소이자 민주주의를 구성하는 요소라는 이중적 헌법적 기능을 가지고 있다.

③ 헌법 제21조 제2항은 헌법 자체에서 언론·출판에 대한 허가나 검열의 금지와 더불어 집회에 대한 허가금지를 명시함으로써, 집회의 자유에 있어서는 다른 기본권 조항들과는 달리, '허가'의 방식에 의한 제한을 허용하지 않겠다는 헌법적 결단을 분명히 하고 있다.

④ 누구든지 헌법재판소의 결정에 따라 해산된 정당의 목적을 달성하기 위한 집회 또는 시위를 주최하여서는 아니 된다.

문 11. 교육을 받을 권리에 대한 설명으로 가장 적절하지 않은 것은? (다툼이 있는 경우 헌법재판소 판례에 의함)

① 대학수학능력시험의 문항 수 기준 70%를 한국교육방송공사 교재와 연계하여 출제하는 것이 대학수학능력시험을 준비하는 자들의 능력에 따라 균등하게 교육을 받을 권리를 직접 제한한다고 보기는 어렵다.

② 학문의 자유와 대학의 자율성에 따라 대학이 학생의 선발 및 전형 등 대학입시제도를 자율적으로 마련할 수 있다 하더라도 이를 내세워 국민의 교육받을 권리를 침해할 수 없다.

③ 「학교폭력예방 및 대책에 관한 법률」에서 학교폭력 가해학생에 대하여 수개의 조치를 병과할 수 있도록 하고, 출석정지기간의 상한을 두지 아니한 부분은 과잉금지원칙에 위배되어 청구인들의 학습의 자유를 침해한다.

④ 2년제 전문대학의 졸업자에게만 대학·산업대학 또는 원격대학의 편입학 자격을 부여하고, 3년제 전문대학의 2년 이상 과정 이수자에게는 편입학 자격을 부여하지 않는 것은 교육을 받을 권리를 침해하지 않는다.

문 12. 공무담임권에 대한 설명으로 가장 적절하지 않은 것은? (다툼이 있는 경우 헌법재판소 판례에 의함)

① 금고 이상의 형의 선고유예 판결을 받아 그 기간 중에 있는 사람이 공무원으로 임용되는 것을 금지하고 이러한 사람이 공무원으로 임용되더라도 그 임용을 당연무효로 하는 것은 해당 공무원의 공무담임권을 침해하지 않는다.

② 공무담임권의 보호영역에는 공직취임 기회의 자의적인 배제뿐 아니라, 공무원 신분의 부당한 박탈이나 권한의 부당한 정지도 포함된다.

③ 부사관으로 최초로 임용되는 사람의 최고연령을 27세로 정한 「군인사법」 조항은 군 조직의 특수성, 군 조직 내에서 부사관의 상대적 지위 및 역할 등을 고려하더라도 과잉금지원칙에 위배되어 공무담임권을 침해한다.

④ 주민등록을 하는 것이 법령의 규정상 아예 불가능한, 재외국민인 주민의 지방선거 피선거권을 부인하는 구「공직선거법」 조항은 국내거주 재외국민의 공무담임권을 침해한다.

문 13. 적법절차의 원칙에 대한 설명으로 가장 적절하지 않은 것은? (다툼이 있는 경우 헌법재판소 판례에 의함)

① 적법절차의 원칙은 법률이 정한 형식적 절차와 실체적 내용이 모두 합리성과 정당성을 갖춘 적정한 것이어야 한다는 실질적 의미를 지니고 있다.

② 「헌법」 제12조 제1항의 처벌, 보안처분, 강제노역 및 제12조 제3항의 영장주의와 관련하여 각각 적법절차의 원칙을 규정하고 있지만, 이는 그 대상을 한정적으로 열거하고 있는 것으로 해석하는 것이 우리나라의 통설적 견해이다.

③ 적법절차의 원칙은 모든 국가작용을 지배하는 독자적인 「헌법」의 기본원리로서 해석되어야 할 원칙이라는 점에서 입법권의 유보적 한계를 선언하는 과잉입법금지의 원칙과 구별된다.

④ 적법절차의 원칙은 「헌법」 조항에 규정된 형사절차상의 제한된 범위 내에서만 적용되는 것이 아니라 국가작용으로서 기본권 제한과 관련되든 관련되지 않든 모든 입법작용 및 행정작용에도 광범위하게 적용된다.

문 14. 기본권의 주체성에 대한 설명으로 옳지 않은 것은? (다툼이 있는 경우 판례에 의함)

① 무소속 국회의원으로서 교섭단체소속 국회의원과 동등하게 대우받을 권리는 입법권을 행사하는 국가기관인 국회를 구성하는 국회의원의 지위에서 향유할 수 있는 권한인 동시에 헌법이 일반국민에게 보장하고 있는 기본권이라고 할 수 있다.

② 국가 정책에 따라 정부의 허가를 받은 외국인은 정부가 허가한 범위 내에서 소득활동을 할 수 있는 것이므로 외국인이 국내에서 누리는 직업의 자유는 법률 이전에 헌법에 의해서 부여된 기본권이라고 할 수는 없고, 법률에 따른 정부의 허가에 의해 비로소 발생하는 권리이다.

③ 정당이 등록이 취소된 이후에도 '등록정당'에 준하는 '권리능력 없는 사단'으로서의 실질을 유지하고 있다고 볼 수 있으면 헌법소원의 청구인능력을 인정할 수 있다.

④ 공법상 재단법인인 방송문화진흥회가 최다출자자인 방송사업자는 「방송법」 등 관련 규정에 의하여 공법상의 의무를 부담하고 있지만, 그 설립목적이 언론의 자유의 핵심 영역인 방송 사업이므로 이러한 업무 수행과 관련해서는 기본권 주체가 될 수 있고, 그 운영을 광고수익에 전적으로 의존하고 있는 만큼 이를 위해 사경제 주체로서 활동하는 경우에도 기본권 주체가 될 수 있다.

문 15. 예산에 대한 설명으로 옳은 것은?

① 예산결산특별위원회의 위원 수는 50명으로 하고 위원장은 교섭단체 소속 의원 수의 비율과 상임위원회 위원 수의 비율에 따라 각 교섭단체 대표의원의 요청으로 위원을 선임한다.

② 새로운 회계연도가 개시될 때까지 예산안이 의결되지 못한 경우, 이미 예산으로 승인된 사업의 계속을 위한 경비에 대해서는 국회에서 예산안이 의결될 때까지 정부는 아직 의결되지 못한 그 예산안에 따라 집행할 수 있다.

③ 국회는 정부의 동의 없이 정부가 제출한 지출예산 각항의 금액을 증가할 수는 없지만, 새 비목은 설치할 수 있다.

④ 정부는 회계연도마다 예산안을 편성하여 회계연도 개시 90일전까지 국회에 제출하고, 국회는 회계연도 개시 30일전까지 이를 의결하여야 한다.

문 16. 행정입법에 대한 설명으로 옳은 것은? (다툼이 있는 경우 판례에 의함)

① 행정입법의 지체가 위법으로 되어 그에 대한 법적 통제가 가능하기 위하여는 우선 행정청에게 시행명령을 제정·개정할 법적 의무가 있어야 하고, 상당한 기간이 지났음에도 불구하고 명령제정·개정권이 행사되지 않아야 한다.

② 행정부에서 제정된 대통령령에서 규정한 내용이 정당한 것인지 여부와 위임의 적법성은 직접적인 관계가 있다.

③ 하위 행정입법의 제정 없이 상위 법령의 규정만으로 집행이 이루어질 수 있는 경우에도 하위 행정입법을 하여야 할 헌법적 작위의무가 인정된다.

④ 헌법 제75조에 근거한 포괄위임금지원칙은 누구라도 당해 법률로부터 하위법규에 규정될 내용의 대강을 예측할 수 있어야 함을 의미하지만, 위임입법이 대법원규칙인 경우에는 수권법률에서 이 원칙을 준수하여야 하는 것은 아니다.

문 17. 국무총리에 대한 설명으로 옳지 않은 것은? (다툼이 있는 경우 판례에 의함)

① 대통령직속의 헌법기관이 별도로 규정되어 있다는 이유만을 들어 법률에 의하더라도 헌법에 열거된 헌법기관 이외에는 대통령직속의 행정기관을 설치할 수 없다든가 또는 모든 행정기관은 헌법상 예외적으로 열거된 경우 등 이외에는 반드시 국무총리의 통할을 받아야 한다고는 말할 수 없다.

② 국무총리는 중앙행정기관의 장의 명령이나 처분이 위법 또는 부당하다고 인정될 경우에는 직권으로 이를 중지 또는 취소할 수 있다.

③ 대통령의 국법상 행위는 문서로써 하며, 이 문서에는 국무총리와 관계 국무위원이 부서한다. 군사에 관한 것도 또한 같다.

④ 국무총리가 사고로 직무를 수행할 수 없는 경우에는 기획재정부장관이 겸임하는 부총리, 교육부장관이 겸임하는 부총리의 순으로 직무를 대행하고, 국무총리와 부총리가 모두 사고로 직무를 수행할 수 없는 경우에는 대통령의 지명이 있으면 그 지명을 받은 국무위원이 그 직무를 대행한다.

문 18. 사생활의 비밀과 자유에 대한 설명으로 옳지 않은 것은? (다툼이 있는 경우 판례에 의함)

① 사생활의 비밀은 국가가 사생활영역을 들여다보는 것에 대한 보호를 제공하는 기본권이며, 사생활의 자유는 국가가 사생활의 자유로운 형성을 방해하거나 금지하는 것에 대한 보호를 의미한다.

② 인터넷회선 감청은 타인과의 관계를 전제로 하는 개인의 사적 영역을 보호하려는 헌법 제18조의 통신의 비밀과 자유 외에 헌법 제17조 사생활의 비밀과 자유도 제한한다.

③ 공직자의 자질·도덕성·청렴성에 관한 사실이 개인적인 사생활에 관한 것이라면, 순수한 사생활의 영역에 있다고 보아야 할 것이므로 공적인 관심사안에 해당할 수 없다.

④ 자동차를 도로에서 운전하는 중에 좌석안전띠를 착용할 것인가 여부의 생활관계가 개인의 전체적 인격과 생존에 관계되는 '사생활의 기본조건'이라거나 자기결정의 핵심적 영역 또는 인격적 핵심과 관련된다고 보기 어려워, 운전할 때 운전자가 좌석안전띠를 착용할 의무는 운전자의 사생활의 비밀과 자유를 침해하는 것이라 할 수 없다.

문 19. 국회의원에 대한 설명으로 옳은 것만을 모두 고른 것은? (다툼이 있는 경우 판례에 의함)

ㄱ. 국회의원이 당선 전부터 영리업무에 종사하였다면 당선인으로 결정된 날부터 1년 이내에 그 영리업무를 휴업한 후 이를 지체없이 의장에게 서면으로 신고하여야 한다.

ㄴ. 국회의원은 그 지위를 남용하여 국가·공공단체 또는 기업체와의 계약이나 그 처분에 의하여 재산상의 권리·이익 또는 직위를 취득하거나 타인을 위하여 그 취득을 알선할 수 없다.

ㄷ. 국회의원이 회기 전에 체포 또는 구금된 때에는 현행범인이 아닌 한 국회의 요구가 있으면 회기 중 석방된다.

ㄹ. 국회의원의 원내활동을 기본적으로 각자에 맡기는 자유위임은 의회 내에서의 정치의사형성에 정당의 협력을 배척하는 것이 아니나, 의원이 정당과 교섭단체의 지시에 기속되는 것을 배제하는 근거가 된다.

① ㄱ, ㄷ   ② ㄱ, ㄹ
③ ㄴ, ㄷ   ④ ㄴ, ㄹ

문 20. 평등권에 대한 설명으로 옳은 것은? (다툼이 있는 경우 판례에 의함)

① 초·중등학교 교원에 대하여는 정당가입을 금지하면서 대학교원에게는 허용하는 것은 기초적인 지식전달, 연구기능 등 직무의 본질이 서로 다른 점을 고려한 합리적 차별이므로 평등원칙에 반하지 아니한다.

② 국민참여재판 배심원의 자격을 만 20세 이상으로 정한 것은 「민법」상 성년연령이 만 19세로 개정된 점이나 선거권 연령이 만 18세로 개정된 점을 고려해 볼 때, 만 19세 및 만 18세의 국민을 합리적인 이유 없이 차별취급 하는 것이다.

③ 형벌체계에 있어서 법정형의 균형은 한치의 오차도 없이 반드시 실현되어야 하는 헌법상 절대원칙이므로, 특정한 범죄에 대한 형벌이 그 자체로서의 책임과 형벌의 비례원칙에 위반되지 않더라도 보호법익과 죄질이 유사한 범죄에 대한 형벌과 비교할 때 형벌체계상의 균형을 상실할 우려가 있는 경우에는 평등원칙에 반한다고 할 수 있다.

④ 근로자의 날을 법정유급휴일로 할 것인지에 있어서 공무원과 일반근로자를 다르게 취급할 이유가 없으므로 근로자의 날을 공무원의 법정유급휴일로 정하지 않은 것은 공무원과 일반근로자를 자의적으로 차별하는 것에 해당하여 평등권을 침해한다.

문 21. 대한민국 헌정사에 대한 설명으로 옳은 것은?

① 1960년 제3차 개정헌법은 대법원장과 대법관의 선거제를 처음 채택하였다.

② 1972년 제7차 개정헌법은 중앙선거관리위원회를 헌법기관으로 처음 도입하였다.

③ 1980년 제8차 개정헌법은 인간의 존엄과 가치를 최초로 규정하였다.

④ 1987년 제9차 개정헌법은 국가의 적정임금보장을 최초로 규정하였다.

문 22. 명확성 원칙에 관한 다음 설명 중 가장 옳지 않은 것은?

① 술에 취한 상태에서의 운전을 금지하는 「도로교통법」 조항을 2회 이상 위반한 음주운전자를 가중처벌하는 조항은 죄형법정주의의 명확성 원칙에 위배되지 않는다.

② 인터넷언론사는 선거운동기간 중 당해 홈페이지 게시판 등에 정당·후보자에 대한 지지·반대 등의 정보를 게시하는 경우 실명을 확인받는 기술적 조치를 하도록 하는 조항에서 '인터넷언론사' 부분 및 정당 후보자에 대한 '지지·반대' 부분은 명확성 원칙에 위배되지 않는다.

③ 방송편성에 관하여 간섭을 금지하는 조항의 '간섭'에 관한 부분은 명확성의 원칙에 위배되지 않는다.

④ 「상법」 제635조 제1항에 규정된 자, 그 외의 회사의 회계업무를 담당하는 자, 감사인 등으로 하여금 감사보고서에 기재하여야 할 사항을 기재하지 아니하거나 허위의 기재를 한 때를 처벌하는 조항은 명확성의 원칙에 위배되지 않는다.

문 23. 현행 「청원법」 규정에 대한 설명으로 가장 적절하지 않은 것은?

① 청원기관의 장은 청원이 감사·수사·재판·행정심판·조정·중재 등 다른 법령에 의한 조사·불복 또는 구제절차가 진행 중인 사항인 경우에는 처리를 하지 아니할 수 있다.

② 공개청원을 접수한 청원기관의 장은 접수일부터 15일 이내에 청원심의회의 심의를 거쳐 공개 여부를 결정하고 결과를 청원인에게 알려야 한다.

③ 청원기관의 장은 청원을 접수한 때에는 특별한 사유가 없으면 60일 이내에 처리결과를 청원인에게 알려야 한다. 이 경우 공개청원의 처리결과는 온라인청원시스템에 공개하여야 한다.

④ 청원은 청원서에 청원인의 성명과 주소 또는 거소를 적고 서명한 문서(「전자문서 및 전자거래 기본법」에 따른 전자문서를 포함한다)로 하여야 한다.

문 24. 인간다운 생활을 할 권리에 관한 설명 중 가장 적절하지 않은 것은? (다툼이 있는 경우 판례에 의함)

① 국가가 인간다운 생활을 보장하기 위한 헌법적 의무를 다하였는지의 여부가 사법적 심사의 대상이 된 경우에는, 국가가 최저생활보장에 관한 입법을 전혀 하지 아니하였다든가 그 내용이 현저히 불합리하여 헌법상 용인될 수 있는 재량의 범위를 명백히 일탈한 경우에 한하여 헌법에 위반된다.

② 65세 미만의 일정한 노인성 질병이 있는 사람의 장애인 활동지원급여 신청자격을 제한하는 「장애인활동 지원에 관한 법률」 제5조 제2호 본문 중 '「노인장기요양보험법」 제2조 제1호에 따른 노인 등' 가운데 '65세 미만의 자로서 치매 · 뇌혈관성질환 등 대통령령으로 정하는 노인성 질병을 가진 자'에 관한 부분은 합리적 이유가 있다고 할 것이므로 평등원칙에 위반되지 않는다.

③ 업무상 질병으로 인한 업무상 재해에 있어 업무와 재해 사이의 상당인과관계에 대한 입증책임을 이를 주장하는 근로자나 그 유족에게 부담시키는 「산업재해보상보험법」 규정이 근로자나 그 유족의 사회보장수급권을 침해한다고 볼 수 없다.

④ 「공무원연금법」에 따른 퇴직연금일시금을 지급받은 사람 및 그 배우자를 기초연금 수급권자의 범위에서 제외하는 것은 한정된 재원으로 노인의 생활안정과 복리향상이라는 「기초연금법」의 목적을 달성하기 위한 것으로서 합리성이 인정되므로 인간다운 생활을 할 권리를 침해한다고 볼 수 없다.

문 25. 헌법해석과 합헌적 법률해석에 대한 설명으로 가장 적절하지 않은 것은? (다툼이 있는 경우 헌법재판소 판례에 의함)

① 헌법정신에 맞도록 법률의 내용을 해석 · 보충하거나 정정하는 '헌법합치적 법률해석'은 '유효한' 법률조항의 의미나 문구를 대상으로 하는 것이므로 입법의 공백을 방지하기 위하여 실효된 법률조항을 유효한 것으로 해석하는 결과에 이르는 것은 '헌법합치적 법률해석'을 이유로도 정당화될 수 없다.

② 통일정신, 국민주권원리 등은 우리나라 헌법의 연혁적 · 이념적 기초로서 헌법이나 법률해석에서의 해석기준으로 작용한다고 할 수 있으나, 그에 기하여 곧바로 국민의 개별적 기본권성을 도출해내기는 어렵다.

③ 헌법재판소의 헌법해석은 헌법이 내포하고 있는 특정한 가치를 탐색 · 확인하고 이를 규범적으로 관철하는 작업인 점에 비추어, 헌법재판소가 행하는 구체적 규범통제의 심사기준은 원칙적으로 법률제정 당시에 규범적 효력을 가지는 헌법이다.

④ 헌법 제8조 제1항은 정당설립의 자유, 정당조직의 자유, 정당활동의 자유를 포괄하는 정당의 자유를 보장하는 규정이므로 정당의 자유의 주체는 정당을 설립하려는 개개인과 이를 통해 조직된 정당이다.

정답 · 해설_해설집 p.164

01회 최종점검 기출모의고사
모바일 자동 채점 + 성적 분석 서비스
바로 가기 (gosi.Hackers.com)

QR코드를 이용하여 해커스공무원의 '모바일 자동 채점 + 성적 분석 서비스'로 바로 접속하세요!
* 해커스공무원 사이트의 가입자에 한해 이용 가능합니다.

공개경쟁채용 필기시험 대비
해커스공무원 최종점검 기출모의고사

응시번호	
성명	

문제회차
02회

【시 험 과 목】

과목명	소요시간	문항수	점 수
헌법	20분	25문항	100점

해커스공무원 최종점검 기출모의고사 정답 공개 및 안내

1. 해커스공무원 최종점검 기출모의고사의 문제들은 **7급 국가직/지방직, 법원직, 5급 등 주요 시험의 기 출문제들로만** 선별하여 수록하였습니다.

2. 각 문제별 **기출연도 및 시행처는 해설집에 수록**되어 있으니, 참고하시기 바랍니다.

🏛 해커스공무원

헌법

문 1. 법치국가원리에 대한 설명으로 옳지 않은 것은? (다툼이 있는 경우 판례에 의함)

　① 오늘날 법률유보원칙은 국가공동체와 그 구성원에게 기본적이고도 중요한 의미를 갖는 영역, 특히 국민의 기본권 실현과 관련된 영역에 있어서는 국민의 대표자인 입법자가 그 본질적 사항에 대해서 스스로 결정하여야 한다는 요구까지 내포하고 있다.

　② 죄형법정주의란 무엇이 범죄이며 그에 대한 형벌이 어떠한 것인가를 반드시 국민의 대표로 구성된 입법부가 제정한 법률로써 정하여야 한다는 원칙을 말하므로, 형사처벌요건을 입법부가 행정부에서 제정한 명령이나 규칙에 위임하는 것은 허용되지 않는다.

　③ 법률이 구체적인 사항을 대통령령에 위임하고 있고, 그 대통령령에 규정되거나 제외된 부분의 위헌성이 문제되는 경우, 헌법의 근본원리인 권력분립주의와 의회주의 내지 법치주의의 원리상, 법률조항의 위임에 따라 대통령령으로 규정한 내용이 헌법에 위반될 경우라도 그로 인하여 정당하고 적법하게 입법권을 위임한 수권법률조항까지도 위헌으로 되는 것은 아니다.

　④ 자기책임원리는 인간의 자유와 유책성, 그리고 인간의 존엄성을 진지하게 반영한 원리로 민사법이나 형사법에 국한된 원리라기보다는 근대법의 기본이념으로서 법치주의에 당연히 내재하는 원리이다.

문 2. 참정권에 대한 설명으로 옳지 않은 것은? (다툼이 있는 경우 판례에 의함)

　① 헌법상 직접민주주의에 따른 참정권으로 헌법개정안에 대한 국민투표권과, 외교·국방·통일 기타 국가안위에 관한 중요정책에 대한 국민투표권이 규정되어 있는데 전자는 필수적이고 후자는 대통령의 재량으로 이뤄진다.

　② 10개월의 징역형을 선고받고 그 집행이 종료되지 아니한 사람은 선거권이 없다.

　③ 「출입국관리법」 제10조에 따른 영주의 체류자격 취득일 후 3년이 경과한 18세 이상의 외국인으로서 선거인명부작성기준일 현재 「출입국관리법」 제34조에 따라 해당 지방자치단체의 외국인등록대장에 올라 있는 사람은 그 구역에서 선거하는 지방자치단체의 의회의원 및 장의 선거권이 있다.

　④ 공직을 직업으로 선택하는 경우에 있어서 직업선택의 자유는 공무담임권을 통해서 그 기본권보호를 받게 된다고 할 수 있으므로 공무담임권을 침해하는지 여부를 심사하는 이상 이와 별도로 직업선택의 자유 침해 여부를 심사할 필요는 없다.

문 3. 국회에 대한 설명으로 옳지 않은 것은? (다툼이 있는 경우 판례에 의함)

　① 본회의가 탄핵소추안을 법제사법위원회에 회부하기로 의결하지 아니한 경우에는 본회의에 보고된 때부터 24시간 이후 72시간 이내에 탄핵소추 여부를 무기명투표로 표결하되, 이 기간 내에 표결하지 아니한 탄핵소추안은 폐기된 것으로 본다.

　② 지방자치단체 중 특별시·광역시·도에 대한 국정감사의 범위는 국가위임사무와 국가가 보조금 등 예산을 지원하는 사업으로 한정된다.

　③ 정기회의 회기는 100일을, 임시회의 회기는 30일을 초과할 수 없으며, 정기회와 임시회를 합하여 연 150일을 초과할 수 없다.

　④ 국회의원의 심의·표결권은 국회의 대내적인 관계에서 행사되고 침해될 수 있을 뿐 다른 국가기관과의 대외적인 관계에서는 침해될 수 없다.

문 4. 공무담임권에 관한 다음 설명 중 가장 옳지 않은 것은?

① 경찰공무원이 자격정지 이상의 형의 선고유예를 받은 경우 당연퇴직하도록 규정한 조항은 자격정지 이상의 선고유예 판결을 받은 모든 범죄를 포괄하여 규정하고 있을 뿐만 아니라 과실범의 경우마저 당연퇴직의 사유에서 제외하지 않고 있으므로 공무담임권을 침해한다.

② 청구인이 당선된 당해선거에 관한 것인지를 묻지 않고, 선거에 관한 여론조사의 결과에 영향을 미치게 하기 위하여 둘 이상의 전화번호를 착신 전환 등의 조치를 하여 같은 사람이 두 차례 이상 응답하여 100만원 이상의 벌금형을 선고받은 자로 하여금 지방의회의원의 직에서 퇴직되도록 한 조항은 청구인의 공무담임권을 침해한다.

③ '승진시험의 응시제한'은 공직신분의 유지나 업무수행에는 영향을 주지 않는 단순한 내부 승진인사에 관한 문제에 불과하여 공무담임권의 보호영역에 포함된다고 보기는 어려우므로, 시험요구일 현재를 기준으로 승진임용이 제한된 자에 대하여 승진시험응시를 제한하도록 한 「공무원임용시험령」이 공무담임권을 침해하였다고 볼 수 없다.

④ 지역구국회의원선거에 입후보하기 위한 요건으로서 기탁금 및 그 반환에 관한 규정은 입후보에 영향을 주므로 공무담임권을 제한하는 것이고, 이러한 공무담임권에 대한 제한은 과잉금지원칙을 기준으로 하여 판단한다.

문 5. 범죄피해자구조청구권에 관한 다음 설명 중 가장 옳지 않은 것은?

① 범죄피해자구조청구권의 주체는 자연인과 법인이며, 외국인은 상호보증이 있는 경우에 한하여 주체가 될 수 있다.

② 범죄피해자구조청구권의 대상이 되는 범죄피해의 범위에 관하여 해외에서 발생한 범죄피해는 포함하고 있지 아니한 조항이 평등원칙에 위배된다고 볼 수 없다.

③ 범죄피해자구조대상이 되는 범죄피해의 범위에는 「형법」 제20조 또는 제21조 제1항에 따라 처벌되지 아니하는 행위, 과실에 의한 행위는 제외한다.

④ 타인의 범죄행위로 피해를 당한 사람과 그 배우자, 직계친족뿐만 아니라 범죄피해 방지 및 범죄피해자 구조 활동으로 피해를 당한 사람도 범죄피해자로 본다.

문 6. 집회의 자유에 대한 설명으로 가장 적절하지 않은 것은? (다툼이 있는 경우 헌법재판소 판례에 의함)

① 「집회 및 시위에 관한 법률」에서 옥외집회나 시위가 사전신고한 범위를 뚜렷이 벗어나 신고제도의 목적달성을 심히 곤란하게 하고, 그로 인하여 질서를 유지할 수 없게 된 경우에 공공의 안녕질서 유지 및 회복을 위해 해산명령을 할 수 있도록 규정한 것은 청구인들의 집회의 자유를 침해한다고 볼 수 없다.

② 집회 장소가 바로 집회의 목적과 효과에 대하여 중요한 의미를 가지기 때문에, 누구나 '어떤 장소'에서 자신이 계획한 집회를 할 것인가를 원칙적으로 자유롭게 결정할 수 있어야만 집회의 자유가 비로소 효과적으로 보장되는 것이다.

③ 집회나 시위 해산을 위한 살수차 사용은 집회의 자유 및 신체의 자유에 대한 중대한 제한을 초래하므로 살수차 사용요건이나 기준은 법률에 근거를 두어야 하고, 살수차와 같은 위해성 경찰장비는 본래의 사용방법에 따라 지정된 용도로 사용되어야 하며 다른 용도나 방법으로 사용하기 위해서는 반드시 법령에 근거가 있어야 한다.

④ 대한민국을 방문하는 외국의 국가 원수를 경호하기 위하여 지정된 경호구역 안에서 서울종로경찰서장이 안전 활동의 일환으로 청구인들의 삼보일배행진을 제지한 행위 등은 과잉금지원칙을 위반하여 청구인들의 집회의 자유 등을 침해한다.

문 7. 개인정보자기결정권에 대한 설명으로 가장 적절하지 않은 것은? (다툼이 있는 경우 헌법재판소 판례에 의함)

① 가정폭력 가해자에 대한 별도의 제한 없이 직계혈족이기만 하면 그 자녀의 가족관계증명서 및 기본증명서의 교부를 청구하여 발급받을 수 있도록 한 「가족관계의 등록 등에 관한 법률」 조항은 가정폭력 피해자인 청구인의 개인정보자기결정권을 침해한다.

② 보안관찰처분대상자가 교도소 등에서 출소 후 신고한 거주예정지 등 정보에 변동이 생길 때마다 7일 이내 이를 신고하도록 규정한 「보안관찰법」상 변동신고조항 및 위반 시 처벌조항은 청구인의 개인정보자기결정권을 침해하지 않는다.

③ 카메라등이용촬영죄 유죄판결이 확정된 자를 신상정보 등록대상자로 규정하는 「성폭력범죄의 처벌 등에 관한 특례법」 상 등록대상자조항은 청구인의 개인정보자기결정권을 침해하지 않는다.

④ 소년에 대한 수사경력자료의 삭제 및 보존기간에 대해 규정하면서 법원에서 불처분결정된 소년부송치 사건에 대해서는 규정하지 않은 구 「형의 실효 등에 관한 법률」 조항은 소년부송치 후 불처분결정을 받은 자의 개인정보자기결정권을 침해한다.

문 8. 헌법재판소가 재산권으로 인정한 경우를 ○, 인정하지 않은 경우를 ×로 표시한다면 가장 적절한 것은? (다툼이 있는 경우 헌법재판소 판례에 의함)

가. 상공회의소의 의결권
나. 「국민연금법」상 사망일시금
다. 개인택시면허
라. 관행어업권
마. 건강보험수급권
바. 이동전화번호
사. 불법적인 사용의 경우에 인정되는 수용청구권

① 가(○), 나(×), 다(○), 라(○), 마(×), 바(×), 사(○)
② 가(○), 나(○), 다(×), 라(×), 마(×), 바(○), 사(×)
③ 가(×), 나(○), 다(○), 라(×), 마(○), 바(×), 사(×)
④ 가(×), 나(×), 다(○), 라(○), 마(○), 바(×), 사(×)

문 9. 권한쟁의심판에 대한 설명으로 옳지 않은 것은? (다툼이 있는 경우 판례에 의함)

① 지방자치단체가 기관위임사무를 처리할 권한이 침해되었다고 주장하면서 권한쟁의심판을 청구하는 것은 부적법하다.

② 권한쟁의심판을 청구하려면 청구인과 피청구인 상호간에 헌법 또는 법률에 의하여 부여받은 권한의 존부 또는 범위에 관하여 다툼이 있어야 하고, 피청구인의 처분 또는 부작위가 헌법 또는 법률에 의하여 부여받은 청구인의 권한을 침해하였거나 침해할 현저한 위험이 있는 경우이어야 한다.

③ 국민 개인이 대법원장을 상대로 제기한 국가기관 간의 권한쟁의심판에서 '국민'인 청구인은 그 자체로는 헌법에 의하여 설치되고 헌법과 법률에 의하여 독자적인 권한을 부여받은 기관이라고 할 수 없으므로, '국민'인 청구인은 권한쟁의심판의 당사자가 되는 '국가기관'이 아니다.

④ 지방자치단체의 의결기관인 지방의회와 지방자치단체의 집행기관인 지방자치단체장 간의 내부적 분쟁도 「헌법재판소법」에 의하여 헌법재판소가 관장하는 지방자치단체 상호간의 권한쟁의심판에 해당한다고 볼 수 있다.

문 10. 국무총리 및 국무위원에 대한 설명으로 옳은 것은?

① 국무위원이 그 직무집행에 있어서 헌법이나 법률을 위배한 때에는 국회는 탄핵의 소추를 의결할 수 있다.

② 국무총리가 대통령에게 국무위원의 해임을 건의하는 경우 국회의 동의를 얻어야 한다.

③ 국무위원은 소관사무에 관하여 대통령령이나 총리령의 위임 또는 직권으로 부령을 발할 수 있다.

④ 국무위원은 행정각부의 장 중에서 국무총리의 제청으로 대통령이 임명한다.

문 11. 인간의 존엄과 가치에 관한 설명 중 가장 적절하지 않은 것은? (다툼이 있는 경우 판례에 의함)

① 친생부인의 소의 제척기간을 규정한 「민법」 규정 중 '부(夫)가 그 사유가 있음을 안 날부터 2년 내' 부분은 부(夫)가 가정생활과 신분관계에서 누려야 할 인격권을 침해한다.

② 수용자를 교정시설에 수용할 때마다 전자영상 검사기를 이용하여 수용자의 항문 부위에 대한 신체검사를 하는 것이 수용자의 인격권을 침해하는 것은 아니다.

③ 외부 민사재판에 출정할 때 운동화를 착용하게 해 달라는 수형자인 청구인의 신청에 대하여 이를 불허한 피청구인 교도소장의 행위는 청구인의 인격권을 침해한다고 볼 수 없다.

④ 선거기사심의위원회가 불공정한 선거기사를 보도하였다고 인정한 언론사에 대하여 언론중재위원회를 통하여 사과문을 게재할 것을 명하도록 하는 「공직선거법」 조항 중 '사과문 게재' 부분과, 해당 언론사가 사과문 게재 명령을 지체 없이 이행하지 않을 경우 형사처벌하는 구 「공직선거법」 규정 중 해당 부분은 언론사의 인격권을 침해한다.

문 12. 명확성원칙에 대한 설명으로 옳은 것은? (다툼이 있는 경우 판례에 의함)

① 공중도덕상 유해한 업무에 취업시킬 목적으로 근로자를 파견한 사람을 형사처벌하도록 규정한 구 「파견근로자보호 등에 관한 법률」 조항 중 '공중도덕상 유해한 업무' 부분은 그 행위의 의미가 문언상 불분명하다고 할 수 없으므로 죄형법정주의의 명확성원칙에 위배되지 않는다.

② 외국인이 귀화허가를 받기 위해서는 '품행이 단정할 것'의 요건을 갖추도록 한 구 「국적법」 조항은 그 해석이 불명확하여 수범자의 예측가능성을 해하고, 법 집행기관의 자의적인 집행을 초래할 정도로 불명확하다고 할 수 있으므로, 명확성원칙에 위배된다.

③ 혈액투석 정액수가에 포함되는 비용의 범위를 정한 '의료급여수가의 기준 및 일반기준' 제7조 제2항 본문의 정액범위조항에 사용된 '등'은 열거된 항목 외에 같은 종류의 것이 더 있음을 나타내는 의미로 해석할 수 있으나, 다른 조항과의 유기적·체계적 해석을 통해 그 적용범위를 합리적으로 파악할 수는 없으므로 명확성원칙에 위배된다.

④ 형의 선고와 함께 소송비용 부담의 재판을 받은 피고인이 '빈곤'을 이유로 해서만 집행면제를 신청할 수 있도록 한 「형사소송법」 규정에 따른 소송비용에 관한 부분 중 '빈곤'은 경제적 사정으로 소송비용을 납부할 수 없는 경우를 지칭하는 것으로 해석될 수 있으므로 명확성원칙에 위배되지 않는다.

문 13. 지방자치에 대한 설명으로 옳지 않은 것은? (다툼이 있는 경우 판례에 의함)

① 헌법 제117조 제1항은 "지방자치단체는 주민의 복리에 관한 사무를 처리하고 재산을 관리하며, 법령의 범위 안에서 자치에 관한 규정을 제정할 수 있다."라고 하여 지방자치제도의 보장과 지방자치단체의 자치권을 규정하고 있는데, 헌법 제117조 제1항에서 규정하는 '법령'에는 법규명령으로서 기능하는 행정규칙이 포함된다.

② 헌법 제118조 제2항에서 지방자치단체의 장의 '선임방법'에 관한 사항은 법률로 정한다고 규정하고 있으므로 지방자치단체의 장 선거권은 다른 공직선거권과 달리 헌법상 보장되는 기본권으로 볼 수 없다.

③ 헌법이 규정하는 지방자치단체의 자치권 가운데에는 자치에 관한 규정을 스스로 제정할 수 있는 자치입법권은 물론이고 그 밖에 그 소속 공무원에 대한 인사와 처우를 스스로 결정하고 이에 관련된 예산을 스스로 편성하여 집행하는 권한이 성질상 당연히 포함된다.

④ 지방자치단체의 구역은 주민·자치권과 함께 자치단체의 구성요소이며 자치권이 미치는 관할구역의 범위에는 육지는 물론 바다도 포함되므로 공유수면에 대해서도 지방자치단체의 자치권한이 존재한다고 보아야 한다.

문 14. 재판청구권에 대한 설명으로 옳은 것은? (다툼이 있는 경우 판례에 의함)

① 정식재판 청구기간을 약식명령의 고지를 받은 날로부터 7일 이내로 정하고 있는 「형사소송법」 조항은 합리적인 입법재량의 범위를 벗어나 약식명령 피고인의 재판청구권을 침해한다.

② 항소심 확정판결에 대한 재심소장에 붙일 인지액을 항소장에 붙일 인지액과 같게 정한 「민사소송 등 인지법」 조항은 항소심 확정판결에 대해서 재심을 청구하는 사람의 재판청구권을 침해하지 아니한다.

③ 헌법 제27조 제1항이 규정하는 '법률에 의한' 재판청구권을 보장하기 위해서는 입법자에 의한 재판청구권의 구체적 형성이 불가피하므로 입법자의 광범위한 입법재량이 인정되며, 그러한 입법을 함에 있어서 헌법 제37조 제2항의 비례의 원칙은 적용되지 않는다.

④ 심리불속행 상고기각판결의 경우 판결이유를 생략할 수 있도록 규정한 「상고심절차에 관한 특례법」 조항은 재판의 본질에 반하여 당사자의 재판청구권을 침해한다.

문 15. 행정부작위에 대한 헌법소원에 관한 다음 설명 중 가장 옳지 않은 것은?

① 행정권력의 부작위에 대한 헌법소원은 공권력의 주체에게 헌법에서 유래하는 작위의무가 특별히 구체적으로 규정되어 이에 의거하여 기본권의 주체가 행정행위 내지 공권력의 행사를 청구할 수 있음에도 공권력의 주체가 그 의무를 해태하는 경우에 허용된다.

② 하위 행정입법의 제정 없이 상위 법령의 규정만으로도 집행이 이루어질 수 있는 경우라 하더라도, 그러한 점을 이유로 하위 행정입법을 하여야 할 헌법적 작위의무가 부정되지 않는다.

③ 공권력의 주체에게 헌법에서 유래하는 작위의무가 특별히 구체적으로 규정되어 있다는 것은, 헌법상 명문으로 공권력 주체의 작위의무가 규정되어 있는 경우, 헌법의 해석상 공권력 주체의 작위의무가 도출되는 경우, 공권력 주체의 작위의무가 법령에 구체적으로 규정되어 있는 경우 등을 포괄한다.

④ 피청구인의 작위의무 이행은 이행행위 그 자체만을 가리키는 것이지 이를 통해 청구인들이 원하는 결과까지 보장해 주는 이행을 의미하지는 않으므로, 피청구인에게 헌법에서 유래하는 작위의무가 있더라도 피청구인이 이를 이행하고 있는 상태라면 부작위에 대한 헌법소원심판청구는 부적법하다.

문 16. 국적과 재외국민에 관한 다음 설명 중 가장 옳지 않은 것은?

① 「국적법」은 부모양계혈통주의를 원칙으로 하고 출생지주의를 예외적으로 인정하고 있다.

② 주된 생활의 근거를 외국에 두고 있는 복수국적자가 병역준비역에 편입된 때부터 대한민국 국적으로부터 이탈한다는 뜻을 신고하지 않고 3개월이 지난 경우 병역의무 해소 전에는 예외 없이 대한민국 국적에서 이탈할 수 없도록 제한하는 「국적법」 조항은 국적이탈의 자유를 침해한다.

③ 국가의 재외국민 보호의무는 재외국민이 조약 기타 일반적으로 승인된 국제법규와 거류국의 법령에 의하여 누릴 수 있는 모든 분야에서 정당한 대우를 받도록 거류국과의 관계에서 국가가 외교적 보호를 행하는 것과 국외 거주 국민에 대하여 정치적인 고려에서 특별히 법률로써 정하여 베푸는 법률·문화·교육 기타 제반영역에서의 지원을 의미한다.

④ 여행금지국가로 고시된 사정을 알면서도 외교부장관으로부터 예외적 여권사용 등의 허가를 받지 않고 여행금지국가를 방문하는 등의 행위를 형사처벌하는 「여권법」 규정은 국가의 재외국민 보호의무를 이행하기 위하여 법률에 구체화된 것으로서 그 목적의 정당성은 인정되나, 과도한 처벌 규정으로 인하여 거주·이전의 자유를 침해한다.

문 17. 선거관리위원회에 관한 다음 설명 중 가장 옳지 않은 것은?

① 중앙선거관리위원회 위원장이 중앙선거관리위원회 전체회의의 심의를 거쳐 대통령의 위법사실을 확인한 후 그 재발방지를 촉구하는 내용으로 대통령에게 선거중립의무 준수요청 조치를 한 것은 단순한 권고적 행위가 아니라 헌법소원의 대상이 되는 공권력 행사에 해당한다.

② 정당 등록신청을 받은 관할 선거관리위원회는 형식적 요건을 구비하는 한 이를 거부하지 못하나, 형식적 요건을 구비하지 못한 때에는 상당한 기간을 정하여 보완을 명하고, 2회 이상 보완을 명하여도 응하지 않는 경우에는 그 신청을 각하할 수 있다.

③ 선거관리위원회가 선거인명부 작성 등 선거사무와 국민투표사무에 관하여 관계 행정기관에 지시하는 것은 비구속적인 행정행위에 해당하므로 행정기관이 이에 따라야 할 의무는 원칙적으로 인정되지 않는다.

④ 헌법은 선거관리위원회 위원이 탄핵 또는 금고 이상의 형의 선고에 의하지 아니하고는 파면되지 않도록 위원의 신분보장에 관하여 직접 규정하고 있다.

문 18. 영장주의에 관한 다음 설명 중 가장 옳은 것은?

① 헌법 제12조 제3항이 정한 영장주의는 수사기관이 강제처분을 함에 있어 중립적 기관인 법원의 허가를 얻는 것뿐만 아니라 법원에 의한 사후 통제까지 마련되어야 함을 의미한다.

② 경찰서장이 국민건강보험공단에게 청구인들의 요양급여내역 제공을 요청한 행위는 강제력이 개입되지 않은 임의수사에 해당하므로 이에 응하여 이루어진 정보제공행위에는 영장주의가 적용되지 않는다.

③ 각급선거관리위원회 위원·직원의 선거범죄 조사에 있어서 피조사자에게 자료제출요구를 하는 것은 범죄와 관련한 수사의 성격을 가지므로 영장주의의 적용 대상에 해당한다.

④ 형식적으로 영장주의를 준수하였다면 실질적인 측면에서 입법자가 합리적인 선택범위를 일탈하는 등 그 입법형성권을 남용하였더라도 그러한 법률이 자의금지원칙에 위배되어 위헌이라고 볼 수는 없다.

문 19. 법치주의에 관한 설명 중 가장 적절하지 않은 것은?
(다툼이 있는 경우 판례에 의함)

① 실종기간이 구법 시행기간 중에 만료되는 때에도 그 실종이 개정 「민법」 시행일 후에 선고된 때에는 상속에 관하여 개정 「민법」의 규정을 적용하도록 한 「민법」 부칙의 조항은 재산권 보장에 관한 신뢰보호원칙에 위배된다고 볼 수 없다.

② 공소시효제도가 헌법 제12조 제1항 및 제13조 제1항에 정한 죄형법정주의의 보호범위에 바로 속하지 않는다면, 소급입법의 헌법적 한계는 법적 안정성과 신뢰보호원칙을 포함하는 법치주의의 원칙에 따른 기준으로 판단하여야 한다.

③ 신뢰보호원칙은 객관적 요소로서 법질서의 신뢰성 항구성 법적 투명성과 법적 평화를 의미하고, 이와 내적인 상호 연관 관계에 있는 법적 안정성은 한번 제정된 법규범은 원칙적으로 존속력을 갖고 자신의 행위기준으로 작용하리라는 개인의 주관적 기대이다.

④ 임차인의 계약갱신요구권 행사 기간을 10년으로 규정한 「상가건물 임대차보호법」의 개정법 조항을 개정법 시행 후 갱신되는 임대차에 대하여도 적용하도록 규정한 동법 부칙의 규정은 신뢰보호원칙에 위배되어 임대인의 재산권을 침해한다고 볼 수 없다.

문 20. 헌법상 신체의 자유에 관한 규정 중 가장 적절하지 않은 것은?

① 누구든지 체포 또는 구속의 이유와 변호인의 조력을 받을 권리가 있음을 고지받지 아니하고는 체포 또는 구속을 당하지 아니한다. 체포 또는 구속을 당한 자의 가족 등 법률이 정하는 자에게는 그 이유와 일시·장소가 지체 없이 통지되어야 한다.

② 체포·구속·압수 또는 수색을 할 때에는 적법한 절차에 따라 검사의 신청에 의하여 법관이 발부한 영장을 제시하여야 한다. 다만, 현행범인인 경우와 장기 3년 이상의 형에 해당하는 죄를 범하고 도피 또는 증거인멸의 염려가 있을 때에는 사후에 영장을 청구할 수 있다.

③ 모든 국민은 신체의 자유를 가진다. 누구든지 법률과 적법절차에 의하지 아니하고는 체포·구속·압수·수색을 받지 아니하며, 법률에 의하지 아니하고는 심문·처벌·보안처분 또는 강제노역을 받지 아니한다.

④ 피고인의 자백이 고문·폭행·협박·구속의 부당한 장기화 또는 기망 기타의 방법에 의하여 자의로 진술된 것이 아니라고 인정될 때 또는 정식재판에 있어서 피고인의 자백이 그에게 불리한 유일한 증거일 때에는 이를 유죄의 증거로 삼거나 이를 이유로 처벌할 수 없다.

문 21. 다음 사례에 관한 설명 중 가장 적절한 것은? (다툼이 있는 경우 판례에 의함)

> 청구인 A는 경장으로 근무 중인 사람으로서 「공무원보수규정」의 해당 부분이 「경찰공무원 임용령 시행규칙」상의 '계급환산기준표' 및 '호봉획정을 위한 공무원경력의 상당계급기준표'에 따라 경찰공무원인 자신의 1호봉 봉급월액을 청구인의 계급에 상당하는 군인계급인 중사의 1호봉 봉급월액에 비해 낮게 규정함으로써 자신의 기본권을 침해한다고 주장하면서 2007년 4월 16일 그 위헌확인을 구하는 헌법소원심판을 청구하였다.

① 청구인 A는 「공무원보수규정」의 해당 부분이 자신의 평등권, 재산권, 직업선택의 자유 및 행복추구권 등을 침해한다고 주장하는바, 이는 기본권충돌에 해당한다.
② 경찰공무원과 군인은 「공무원보수규정」상의 봉급표에 있어서 본질적으로 동일·유사한 지위에 있다고 볼 수 없으므로 청구인 A의 평등권 침해는 문제되지 않는다.
③ 직업의 자유에 '해당 직업에 합당한 보수를 받을 권리'까지 포함되어 있다고 보아야 하므로, 경장의 1호봉 봉급월액을 중사의 1호봉 봉급월액보다 적게 규정한 것은 청구인 A의 직업수행의 자유를 침해한 것이다.
④ 공무원의 보수청구권은, 법률 및 법률의 위임을 받은 하위법령에 의해 그 구체적 내용이 형성되면 재산적 가치가 있는 공법상의 권리가 되어 재산권의 내용에 포함되지만, 법령에 의하여 구체적 내용이 형성되기 전의 권리, 즉 공무원이 국가 또는 지방자치단체에 대하여 어느 수준의 보수를 청구할 수 있는 권리는 단순한 기대이익에 불과하여 재산권의 내용에 포함된다고 볼 수 없으므로 「공무원보수규정」의 해당 부분은 청구인 A의 재산권을 침해하지 않는다.

문 22. 일반적 행동자유권에 대한 설명 중 가장 적절하지 않은 것은? (다툼이 있는 경우 헌법재판소 판례에 의함)

① 주방용오물분쇄기의 사용을 금지하는 환경부고시는 공공수역의 수질오염을 방지함으로써 달성되는 공익이 인정되나, 분쇄기를 이용하여 음식물 찌꺼기 등을 처리할 수 없으므로 행복추구권으로부터 도출되는 일반적 행동자유권을 침해한다.
② 자동차운전 중 휴대용 전화사용을 원칙적으로 금지하고 이를 형사처벌로 강제하는 것은 과잉금지원칙에 반하여 일반적 행동자유권을 침해한다고 볼 수 없다.
③ 교도소 사동에서 인원점검을 하면서 청구인을 비롯한 수형자들을 정렬시킨 후 차례로 번호를 외치도록 한 행위는 과잉금지원칙에 위배되어 청구인의 인격권 및 일반적 행동의 자유를 침해하지 않는다.
④ 육군장교가 민간법원 약식명령을 받아 확정된 사실에 대해 자진신고 의무를 부과한 2020년도 육군지시 자진신고조항 및 2021년도 육군지시 자진신고조항은 과잉금지원칙을 위반하여 일반적 행동의 자유를 침해하지 않는다.

문 23. 기본권 갈등에 대한 설명으로 가장 적절하지 않은 것은? (다툼이 있는 경우 헌법재판소 판례에 의함)

① 「민법」상 채권자취소권이 헌법에 부합하는 이유는 채권자의 재산권과 채무자의 일반적 행동자유권 중에서 이익형량의 원칙에 비추어 채권자의 재산권이 상위의 기본권이기 때문이다.

② 형제·자매에게 가족관계등록부 등의 기록사항에 관한 증명서 교부청구권을 부여하는 것은 본인의 개인정보자기결정권을 제한하는 것으로 개인정보자기결정권 침해 여부를 판단한 이상 인간의 존엄과 가치 및 행복추구권, 사생활의 비밀과 자유는 판단하지 않는다.

③ 「노동조합 및 노동관계조정법」상 유니온 샵(Union Shop) 조항은 특정한 노동조합의 가입을 강제하는 단체협약의 체결을 용인하고 있으므로 근로자의 개인적 단결권과 노동조합의 집단적 단결권이 서로 충돌하는 경우에 해당하며 이를 기본권의 서열이론이나 법익형량의 원리에 입각하여 어느 기본권이 더 상위기본권이라고 단정할 수는 없다.

④ 어떤 법령이 직업의 자유와 행복추구권 양자를 제한하는 외관을 띠는 경우 두 기본권의 경합문제가 발생하고, 보호영역으로서 '직업'이 문제될 때 행복추구권과 직업의 자유는 특별관계에 있다.

문 24. 통신의 자유에 대한 설명으로 가장 적절하지 않은 것은? (다툼이 있는 경우 대법원 및 헌법재판소 판례에 의함)

① 통신사실 확인자료 제공요청은 「통신비밀보호법」이 정한 수사기관의 강제처분이므로 영장주의가 적용된다.

② 「통신비밀보호법」상 '감청'이란 대상이 되는 전기통신의 송·수신과 동시에 이루어지는 경우만을 의미하고, 이미 수신이 완료된 전기통신의 내용을 지득하는 등의 행위는 포함되지 않는다.

③ 인터넷회선 감청은 서버에 저장된 정보가 아니라, 인터넷상에서 발신되어 수신되기까지의 과정 중에 수집되는 정보, 즉 전송 중인 정보의 수집을 위한 수사이므로, 압수·수색과 구별되지 않는다.

④ 누구든지 공개되지 아니한 타인간의 대화를 녹음하거나 전자장치 또는 기계적 수단을 이용하여 청취할 수 없다.

문 25. 국회의 의사공개원칙에 대한 설명으로 옳지 않은 것은? (다툼이 있는 경우 판례에 의함)

① 국민은 헌법상 보장된 알 권리의 한 내용으로서 국회에 대하여 입법과정의 공개를 요구할 권리를 가지며, 국회의 의사에 대하여는 직접적인 이해관계 유무와 상관없이 일반적 정보공개청구권을 가진다고 할 수 있다.

② 본회의는 공개하며, 의장의 제의 또는 의원 10명 이상의 연서에 의한 동의로 본회의 의결이 있거나 의장이 각 교섭단체 대표의원과 협의하여 국가의 안전보장을 위하여 필요하다고 인정할 때에는 공개하지 아니할 수 있다.

③ 헌법은 국회 회의의 공개 여부에 관하여 회의 구성원의 자율적 판단을 허용하고 있으므로, 소위원회 회의의 공개여부 또한 소위원회 또는 소위원회가 속한 위원회에서 여러 가지 사정을 종합하여 합리적으로 결정할 수 있다 할 것이다.

④ 국회 정보위원회의 모든 회의는 실질적으로 국가기밀에 관한 사항과 직·간접적으로 관련되어 있으므로 국가안전보장을 위하여 회의 일체를 비공개로 하더라도 정보취득의 제한을 이유로 알 권리에 대한 침해로 볼 수는 없다.

정답·해설_해설집 p.174

02회 최종점검 기출모의고사
모바일 자동 채점 + 성적 분석 서비스
바로 가기 (gosi.Hackers.com)

QR코드를 이용하여 해커스공무원의 '모바일 자동 채점 + 성적 분석 서비스'로 바로 접속하세요!
* 해커스공무원 사이트의 가입자에 한해 이용 가능합니다.

공개경쟁채용 필기시험 대비
해커스공무원 최종점검 기출모의고사

응시번호	
성명	

문제회차
03회

【 시 험 과 목 】

과목명	소요시간	문항수	점 수
헌법	20분	25문항	100점

응시자 주의사항

1. **시험 시작 전**에 시험문제를 열람하는 행위나 시험종료 후 답안을 작성하는 행위를 한 사람은 부정행위자로 처리됩니다.

2. 시험 시작 즉시 **문제 누락 여부, 인쇄상태 이상유무 및 표지와 과목의 일치 여부** 등을 확인한 후 문제책 표지에 응시번호, 성명을 기재합니다.

3. 문제는 **총 25문항**으로 구성되어 있으니, 문제지와 답안지를 확인하시기 바랍니다.
   - 답안지는 '**해커스공무원 실전동형모의고사 답안지**'를 사용합니다.

4. 시험이 시작되면 문제를 주의 깊게 읽은 후, **문항의 취지에 가장 적합한 하나의 정답만**을 고르시기 바랍니다.

5. 답안을 잘못 표기하였을 경우에는 답안지를 교체하여 작성하거나 **수정테이프만을 사용**하여 수정할 수 있으며(수정액 또는 수정스티커 등은 사용 불가), 부착된 수정테이프가 떨어지지 않게 손으로 눌러주어야 합니다.
   - 불량 수정테이프의 사용과 불완전한 수정 처리로 인해 발생하는 모든 문제는 **응시자에게 책임**이 있습니다.

6. **시험시간 관리의 책임**은 전적으로 응시자 본인에게 있습니다.

해커스공무원 최종점검 기출모의고사 정답 공개 및 안내

1. 해커스공무원 최종점검 기출모의고사의 문제들은 **7급 국가직/지방직, 법원직, 5급 등 주요 시험의 기출문제들로만** 선별하여 수록하였습니다.

2. 각 문제별 **기출연도 및 시행처**는 해설집에 수록되어 있으니, 참고하시기 바랍니다.

ⅲ 해커스공무원

헌법

문 1. 조세법률주의에 관한 다음 설명 중 가장 옳지 않은 것은?

① 헌법 제59조의 조세법률주의는 조세평등주의와 함께 조세법의 기본원칙으로 과세요건 법정주의와 과세요건 명확주의를 핵심내용으로 한다.

② 법 문언에 어느 정도의 모호함이 내포되어 있다 하더라도 법관의 보충적인 가치판단을 통해서 그 의미내용을 확인할 수 있고, 그러한 보충적 해석이 해석자의 개인적인 취향에 따라 좌우될 가능성이 없다면 과세요건 명확주의에 반한다고 볼 수 없다.

③ 경제현실의 변화나 전문적 기술의 발달에 즉시 대응하여야 할 필요 등 부득이한 사정이 있는 경우에는 법률로 규정하여야 할 사항에 관하여 행정입법에 위임하였더라도 조세법률주의 위반으로 볼 수 없다.

④ 조세법의 영역에서는 경과규정의 미비라는 명백한 입법의 공백을 방지하고 형평성의 왜곡을 시정하는 것은 원칙적으로 법률조항의 법문의 한계 안에서 법률을 해석·적용하여야 하는 법원이나 과세관청의 의무에 해당한다.

문 2. 국회의 의사절차에 대한 설명으로 옳지 않은 것은? (다툼이 있는 경우 판례에 의함)

① 팩스로 제출이 시도되었던 법률안의 접수가 완료되지 않아 동일한 법률안을 제출하기 전에 철회절차가 필요 없다고 보는 것은 발의된 법률안을 철회하는 요건을 정한 「국회법」 규정에 반하지 않는다.

② 헌법상 의사공개원칙은 모든 국회의 회의를 항상 공개하여야 하는 것은 아니나 이를 공개하지 아니할 경우에는 헌법에서 정하고 있는 일정한 요건을 갖추어야 함을 의미한다.

③ 국민은 헌법상 보장된 알 권리의 한 내용으로서 국회에 대하여 입법과정의 공개를 요구할 권리를 가지며, 국회의 의사에 대하여는 직접적인 이해관계 유무와 상관없이 일반적 정보공개청구권을 가진다고 할 수 있다.

④ 사법개혁특별위원회의 신속처리안건 지정동의안에 대한 표결 전에 그 대상이 되는 법안의 배포나 별도의 질의·토론 절차를 거치지 않았다면 그 표결은 절차상 위법하다.

문 3. 헌법상 기본원리에 대한 설명으로 가장 적절하지 않은 것은? (다툼이 있는 경우 헌법재판소 판례에 의함)

① 국제법적으로 조약은 국제법 주체들이 일정한 법률효과를 발생시키기 위하여 체결한 국제법의 규율을 받는 국제적 합의를 말하며 서면에 의한 경우가 대부분이지만 예외적으로 구두합의도 조약의 성격을 가질 수 있다.

② '중대사고'에 대한 평가를 제외하는 '원자력이용시설 방사선환경영향평가서 작성 등에 관한 규정' 조항은 국민들이 원전과 관련하여 정확하고 공정한 여론을 형성하는 것을 방해하므로 민주주의 원리에 위반된다.

③ 문화국가의 원리는 문화의 개방성 내지 다원성의 표지와 연결되는데, 국가의 문화 육성의 대상에는 원칙적으로 모든 사람에게 문화창조의 기회를 부여한다는 의미에서 모든 문화가 포함되므로 엘리트문화뿐만 아니라 서민문화, 대중문화도 그 가치를 인정하고 정책적인 배려의 대상으로 한다.

④ 규율대상이 기본권적 중요성을 가질수록 그리고 그에 관한 공개적 토론의 필요성 내지 상충하는 이익 간 조정의 필요성이 클수록, 그것이 국회의 법률에 의해 직접 규율될 필요성 및 그 규율밀도의 요구 정도는 그만큼 더 증대되는 것으로 보아야 한다.

문 4. 법관에 대한 설명으로 옳은 것은?

① 법관으로서 퇴직 후 3년이 지나지 아니한 사람은 대통령비서실의 직위에 임용될 수 없다.

② 대법관회의는 대법관 전원의 3분의 2 이상의 출석과 출석인원 과반수의 찬성으로 의결한다.

③ 법관은 탄핵 또는 벌금 이상의 형의 선고에 의하지 아니하고는 파면되지 아니하며, 징계처분에 의하지 아니하고는 정직·감봉 기타 불리한 처분을 받지 아니한다.

④ 법관이 중대한 신체상 또는 정신상의 장해로 직무를 수행할 수 없을 때에는, 대법관인 경우에는 법원행정처장의 제청으로 대법원장이 퇴직을 명할 수 있고, 판사인 경우에는 인사위원회의 심의를 거쳐 판사가 소속된 법원의 법원장이 퇴직을 명할 수 있다.

문 5. 표현의 자유에 대한 설명으로 가장 적절하지 않은 것은? (다툼이 있는 경우 헌법재판소 판례에 의함)

① 정당에 관련된 표현행위는 직무 내외를 구분하기 어려우므로 '직무와 관련된 표현행위만을 규제'하는 등 기본권을 최소한도로 제한하는 대안을 상정하기 어렵다.

② 선거일에 선거운동을 한 자를 처벌하는 구 「공직선거법」 조항은 정치적 표현의 자유를 침해하지 않는다.

③ 사람을 비방할 목적으로 정보통신망을 통하여 공공연하게 거짓의 사실을 드러내어 다른 사람의 명예를 훼손한 자를 형사처벌하도록 규정한 「정보통신망 이용촉진 및 정보보호 등에 관한 법률」 조항 중 '사람을 비방할 목적' 부분은 청구인들의 표현의 자유를 침해하지 않는다.

④ 시청자는 왜곡된 보도에 대해서 의견 개진 내지 비판을 할 수 있음에도, 방송편성에 관하여 간섭을 금지하는 「방송법」 조항의 '간섭'에 관한 부분 및 그 위반 행위자를 처벌하는 구 「방송법」 조항의 '간섭'에 관한 부분은 청구인의 표현의 자유를 침해한다.

문 6. 지방자치제도에 관한 다음 설명 중 가장 옳지 않은 것은?

① 중앙행정기관이 지방자치단체의 자치사무에 대하여 포괄적·사전적 일반감사나 법령위반사항을 적발하기 위한 감사를 하는 것은 허용될 수 없다.

② 헌법 제8장의 지방자치제도는 제도보장을 의미하는 것으로 지방자치단체의 자치권의 범위나 내용은 지방자치제도의 본질을 침해하지 않는 범위 내에서 입법권자가 광범위한 입법형성권을 가진다.

③ 지방자치단체의 장이 금고 이상의 형을 선고받고 그 형이 확정되지 아니한 경우 부단체장이 그 권한을 대행하도록 하였더라도 지방자치단체의 장의 공무담임권을 침해한 것으로 볼 수 없다.

④ 조례에 대한 법률의 위임은 반드시 구체적으로 범위를 정하여 할 필요가 없고 포괄적인 것으로 족하다.

문 7. 이중처벌금지의 원칙에 대한 설명으로 가장 적절하지 않은 것은? (다툼이 있는 경우 헌법재판소 판례에 의함)

① 벌금형을 선고받는 자가 그 벌금을 납입하지 않은 때에 그 집행방법의 변경으로 하게 되는 노역장유치는 이미 형벌을 받은 사건에 대해 또다시 형을 부과하는 것이 아니라, 단순한 형벌 집행 방법의 변경에 불과한 것이므로 「헌법」 제13조 제1항 후단의 이중처벌금지의 원칙에 위반되지 않는다.

② 집행유예의 취소 시 부활되는 본형은 집행유예의 선고와 함께 선고되었던 것으로 판결이 확정된 동일한 사건에 대하여 다시 심판한 결과 부과되는 것이 아니므로 일사부재리의 원칙과 무관하다.

③ 신상정보 공개·고지 명령은 형벌과는 목적이나 심사대상 등을 달리하는 보안처분에 해당하므로 동일한 범죄행위에 대하여 형벌이 부과된 이후 다시 신상정보 공개·고지 명령이 선고 및 집행된다고 하여 이중처벌금지의 원칙에 위반된다고 할 수 없다.

④ 「헌법」 제13조 제1항이 정한 이중처벌금지의 원칙은 동일한 범죄행위에 대하여 국가가 형벌권을 거듭 행사할 수 없도록 함으로써 국민의 신체의 자유를 보장하기 위한 것이므로, 국가가 행하는 일체의 제재나 불이익처분은 모두 그 처벌에 포함된다.

문 8. 감사원의 권한과 운영에 대한 설명으로 옳지 않은 것은?

① 원장이 궐위되거나 사고로 인하여 직무를 수행할 수 없을 때에는 감사위원으로 최장기간 재직한 감사위원이 그 권한을 대행하며, 재직기간이 같은 감사위원이 2명 이상인 경우에는 연장자가 그 권한을 대행한다.

② 감사원이 직권으로 재심의한 것에 대하여는 재심의를 청구할 수 없다.

③ 감사원은 필요하다고 인정하거나 국무총리의 요구가 있는 경우에는 국가 또는 지방자치단체가 자본금의 일부를 출자한 자의 회계를 검사할 수 있다.

④ 감사원은 세입·세출의 결산을 매년 검사하여 대통령과 차년도국회에 그 결과를 보고하여야 한다.

문 9. 행정입법에 대한 설명으로 옳지 않은 것은? (다툼이 있는 경우 판례에 의함)

① 법령의 규정이 특정 행정기관에게 법령 내용의 구체적 사항을 정할 수 있는 권한을 부여하면서 권한행사의 절차나 방법을 특정하지 아니한 경우에는 수임 행정기관은 행정규칙이나 규정 형식으로 법령 내용이 될 사항을 구체적으로 정할 수 있다.

② 헌법 제75조는 위임입법의 근거를 마련함과 동시에, 위임은 구체적으로 범위를 정하여 하도록 하여 그 한계를 제시하며 행정부에 입법을 위임하는 수권법률의 명확성 원칙에 관한 것으로서, 법률의 명확성 원칙이 행정입법에 관하여 구체화된 특별규정이라고 할 수 있다.

③ 행정규칙이 행정기관에 법령의 구체적 내용을 보충할 권한을 부여한 법령 규정의 효력에 근거하여 예외적으로 대외적 구속력이 인정되는 경우에도 행정규칙이나 규정의 '내용'이 상위법령의 위임범위를 벗어난 경우뿐만 아니라 상위법령의 위임규정에서 특정하여 정한 권한 행사의 '절차'나 '방식'에 위배되는 경우에는 대외적 구속력을 가지는 법규명령으로서 효력이 인정될 수 없다.

④ 행정규칙은 법규명령과 같은 엄격한 제정 및 개정 절차를 필요로 하지 아니하므로, 기본권을 제한하는 내용의 입법을 위임할 때에는 법규명령에 위임하는 것이 원칙이고, 고시와 같은 형식으로 입법위임을 할 때에는 법령이 전문적·기술적 사항이나 경미한 사항으로서 업무의 성질상 위임이 불가피한 사항에 한정되나, 이때 법률의 위임은 반드시 구체적·개별적으로 한정된 사항에 대해 행하여져야 하는 것은 아니다.

문 10. 국회의 권한에 대한 설명으로 옳은 것만을 모두 고른 것은?

ㄱ. 새로운 회계연도가 개시될 때까지 예산안이 의결되지 못한 때에는 정부는 국회에서 예산안이 의결될 때까지 헌법이나 법률에 의하여 설치된 기관 또는 시설의 유지·운영을 위한 경비를 전년도 예산에 준하여 집행할 수 있다.

ㄴ. 예비비는 총액으로 국회의 의결을 얻어야 하며, 예비비의 지출은 차기 국회의 승인을 얻어야 한다.

ㄷ. 국채를 모집하거나 예산외에 국가의 부담이 될 계약을 체결하려 할 때에는 정부는 미리 국회의 의결을 얻어야 한다.

ㄹ. 국회는 선전포고, 국군의 외국에의 파견 또는 외국군대의 대한민국 영역 안에서의 주류에 대한 동의권을 가진다.

① ㄱ, ㄴ
② ㄱ, ㄷ, ㄹ
③ ㄴ, ㄷ, ㄹ
④ ㄱ, ㄴ, ㄷ, ㄹ

문 11. 신체의 자유에 대한 설명으로 옳지 않은 것은? (다툼이 있는 경우 판례에 의함)

① 변호인의 조력을 받을 권리에 대한 헌법과 법률의 규정 및 취지에 비추어 보면 형사절차가 종료되어 교정시설에 수용중인 수형자는 원칙적으로 변호인의 조력을 받을 권리의 주체가 될 수 없다.

② 헌법 제12조 제4항 본문에 규정된 '구속'은 사법절차에서 이루어진 구속뿐 아니라 행정절차에서 이루어진 구속까지 포함하는 개념이므로 헌법 제12조 제4항 본문에 규정된 변호인의 조력을 받을 권리는 행정절차에서 구속을 당한 사람에게도 즉시 보장된다.

③ 음주운전 금지규정을 2회 이상 위반한 사람을 2년 이상 5년 이하의 징역이나 1천만원 이상 2천만원 이하의 벌금에 처하도록 한 구「도로교통법」조항은 보호법익에 미치는 위험 정도가 비교적 낮은 유형의 재범 음주운전행위도 일률적으로 그 법정형의 하한인 2년 이상의 징역 또는 1천만원 이상의 벌금을 기준으로 처벌하도록 하고 있어 책임과 형벌 간의 비례원칙에 위반된다.

④ 체포 또는 구속된 자와 변호인 등 간의 접견이 실제로 이루어지는 경우에 있어서의 '자유로운 접견'은 어떠한 명분으로도 제한될 수 없는 성질의 것이므로 변호인 등과의 접견 자체에 대하여 아무런 제한도 가할 수 없다는 것을 의미한다.

문 12. 사회적 시장경제질서에 대한 설명으로 가장 적절한 것은? (다툼이 있는 경우 헌법재판소 판례에 의함)

① 헌법 제119조는 헌법상 경제질서에 관한 일반조항으로서 국가의 경제정책에 대한 하나의 지침이자 구체적 기본권 도출의 근거로 기능하며 독자적인 위헌심사의 기준이 된다.

② 헌법 제119조 제1항에 비추어볼 때 개인의 사적 거래에 대한 공법적 규제는 사후적·구체적 규제보다는 사전적·일반적 규제방식을 택하여 국민의 거래자유를 최대한 보장하여야 한다.

③ 헌법 제119조 제2항에 규정된 '경제주체간의 조화를 통한 경제민주화'의 이념은 경제영역에서 정의로운 사회질서를 형성하기 위하여 추구할 수 있는 국가목표일뿐 개인의 기본권을 제한하는 국가행위를 정당화하는 헌법규범은 아니다.

④ 헌법 제119조 제2항은 국가가 경제영역에서 실현하여야 할 목표의 하나로 '적정한 소득의 분배'를 들고 있으나 이로부터 소득에 대해 누진세율에 따른 종합과세를 시행하여야 할 구체적인 헌법적 의무가 입법자에게 부과되는 것은 아니다.

문 13. 과잉금지원칙에 대한 설명으로 가장 적절한 것은? (다툼이 있는 경우 헌법재판소 판례에 의함)

① 「특정경제범죄 가중처벌 등에 관한 법률」에서 금융회사 등 임직원의 직무에 속하는 사항의 알선에 관하여 금품 등 수수행위 금지 조항은 금품 등을 대가로 다른 사람을 위하여 중개하거나 편의를 도모하는 것을 할 수 없게 하므로 과잉금지원칙에 위배된다.

② 「변호사법」에서 변호사는 계쟁권리(係爭權利)를 양수할 수 없다고 규정하고 이를 위반시 형사처벌을 부과하도록 규정한 것은 변호사가 당해 업무를 처리하며 정당한 보수를 받는 방법을 일률적으로 금지하고 있으므로 과잉금지원칙에 위배된다.

③ 구 「식품위생법」에서 식품의약품안전처장이 식품의 사용기준을 정하여 고시하고, 고시된 사용기준에 맞지 아니하는 식품을 판매하는 행위를 금지·처벌하는 규정들은 생녹용의 사용조건을 엄격하게 제한한 후 이 기준에 따라서만 생녹용을 판매할 수 있도록 하므로 과잉금지원칙에 위배된다.

④ 구 「공직선거법」에서 지방자치단체의 장 선거 예비후보자가 정당의 공천심사에서 탈락한 후 후보자등록을 하지 않은 경우를 기탁금 반환 사유로 규정하지 않은 것은 과잉금지원칙에 위배된다.

문 14. 공무담임권에 관한 설명 중 가장 적절하지 않은 것은? (다툼이 있는 경우 판례에 의함)

① 공무담임권은 국가 등에게 능력주의를 존중하는 공정한 공직자 선발을 요구할 수 있는 권리라는 점에서 직업선택의 자유보다는 그 기본권의 효과가 현실적·구체적이므로, 공직을 직업으로 선택하는 경우에 있어서 직업선택의 자유는 공무담임권을 통해서 그 기본권보호를 받게 된다고 할 수 있으므로 공무담임권을 침해하는지 여부를 심사하는 이상 이와 별도로 직업선택의 자유 침해 여부를 심사할 필요는 없다.

② 공무담임권의 보호영역에는 일반적으로 공직취임의 기회보장, 신분박탈, 직무의 정지가 포함될 뿐이고 '승진시험의 응시제한'이나 이를 통한 승진기회의 보장 문제는 공직신분의 유지나 업무수행에는 영향을 주지 않는 단순한 내부 승진인사에 관한 문제에 불과하여 공무담임권의 보호영역에 포함된다고 보기 어렵다.

③ 서울교통공사는 공익적인 업무를 수행하기 위한 지방공사이나 서울특별시와 독립적인 공법인으로서 경영의 자율성이 보장되고, 서울교통공사의 직원의 신분도 「지방공무원법」이 아닌 「지방공기업법」과 정관에서 정한 바에 따르는 등, 서울교통공사의 직원이라는 직위가 헌법 제25조가 보장하는 공무담임권의 보호영역인 '공무'의 범위에는 해당하지 않는다.

④ 금고 이상의 형의 선고유예를 받고 그 기간 중에 있는 자를 임용결격사유로 삼고, 위 사유에 해당하는 자가 임용되더라도 이를 당연무효로 하는 구 「국가공무원법」 조항은 입법자의 재량을 일탈하여 청구인의 공무담임권을 침해한다.

문 15. 조례에 대한 설명으로 옳지 않은 것은? (다툼이 있는 경우 판례에 의함)

① 지방자치단체는 법령의 범위에서 그 사무에 관하여 조례를 제정할 수 있다. 다만, 주민의 권리 제한 또는 의무 부과에 관한 사항이나 벌칙을 정할 때에는 법률의 위임이 있어야 한다.

② 조례는 특별한 규정이 없으면 공포한 날부터 20일이 지나면 효력을 발생한다.

③ 지방자치단체는 그 고유사무인 자치사무와 법령에 따라 지방자치단체에 속하는 사무에 관하여 법령에 위반되지 않는 범위 안에서 스스로 조례를 제정할 수 있지만, 국가사무인 기관위임사무에 관하여는 개별 법령에서 일정한 사항을 조례로 정하도록 위임하고 있더라도 조례를 제정할 수 없다.

④ 지방자치단체는 헌법상 자치입법권이 인정되고, 법령의 범위 안에서 그 권한에 속하는 모든 사무에 관하여 조례를 제정할 수 있다는 점과 조례는 선거를 통하여 선출된 그 지역의 지방의원으로 구성된 주민의 대표기관인 지방의회에서 제정되므로 지역적인 민주적 정당성까지 갖고 있다는 점을 고려하면, 조례에 위임할 사항은 헌법 제75조 소정의 행정입법에 위임할 사항보다 더 포괄적이어도 헌법에 반하지 않는다.

문 16. 선거관리에 대한 설명으로 옳지 않은 것은? (다툼이 있는 경우 판례에 의함)

① 정당의 후보자 추천에 관한 단순한 지지·반대의 의견개진 및 의사표시라 하더라도 「공직선거법」상 선거운동에 해당한다.

② 선거일전 180일부터 선거일까지 인터넷상 선거와 관련한 정치적 표현 및 선거운동을 금지하고 처벌하는 것은 후보자 간 경제력 차이에 따른 불균형 및 흑색선전을 통한 부당한 경쟁을 막고, 선거의 평온과 공정을 해하는 결과를 방지한다는 입법목적 달성을 위하여 적합한 수단이라고 할 수 없다.

③ 선거공영제의 내용은 우리의 선거문화와 풍토, 정치문화 및 국가의 재정상황과 국민의 법감정 등 여러 가지 요소를 종합적으로 고려하여 입법자가 정책적으로 결정할 사항으로서 넓은 입법형성권이 인정되는 영역이라고 할 것이다.

④ 중앙선거관리위원회는 법령의 범위 안에서 선거관리·국민투표관리 또는 정당사무에 관한 규칙을 제정할 수 있으며, 법률에 저촉되지 아니하는 범위 안에서 내부규율에 관한 규칙을 제정할 수 있다.

문 17. 헌법재판에 대한 설명으로 옳지 않은 것은? (다툼이 있는 경우 판례에 의함)

① 유예기간을 두고 있는 법령의 경우, 헌법소원심판 청구기간의 기산점은 그 법령의 시행일이 아니라 유예기간 경과일이다.

② 헌법소원제도는 개인의 주관적인 권리구제뿐만 아니라 헌법질서를 보장하는 기능도 있으므로 주관적 권리보호이익은 소멸하였다고 하더라도, 그러한 침해행위가 앞으로도 반복될 위험이 있거나 당해 분쟁의 해결이 헌법질서의 수호·유지를 위하여 긴요한 사항이어서 헌법적으로 그 해명이 중대한 의미를 지니는 경우에는 심판청구의 이익을 인정할 수 있다.

③ 헌법재판소에서 법률의 위헌결정, 탄핵의 결정, 권한쟁의에 관한 인용결정 또는 헌법소원에 관한 인용결정을 할 때에는 재판관 6인 이상의 찬성이 있어야 한다.

④ 공권력의 불행사로 인한 기본권침해는 그 불행사가 계속되는 한 기본권침해의 부작위가 계속된다 할 것이므로, 공권력의 불행사에 대한 헌법소원심판은 그 불행사가 계속되는 한 기간의 제약없이 적법하게 청구할 수 있다.

문 18. 종교의 자유에 관한 다음 설명 중 가장 옳지 않은 것은?

① 종교의 자유에는 자기가 신봉하는 종교를 선전하고 새로운 신자를 규합하기 위한 선교의 자유가 포함되나, 선교의 자유에는 다른 종교의 신자에 대하여 개종을 권고하는 자유를 넘어 타종교를 비판하는 자유까지 포함되었다고 볼 수 없다.

② 종교 의식 내지 종교적 행위와 밀접한 관련이 있는 시설의 설치와 운영은 종교의 자유를 보장하기 위한 전제에 해당되므로 종교적 행위의 자유에 포함된다.

③ 「집회 및 시위에 관한 법률」은 종교에 관한 집회에는 옥외집회 및 시위의 신고제를 적용하지 아니한다.

④ 종교교육 및 종교지도자의 양성은 헌법 제20조에 규정된 종교의 자유의 한 내용으로 보장되지만, 그것이 학교라는 교육기관의 형태를 취할 때에는 헌법 제31조 제1항·제6항의 규정 및 이에 기한 교육법상의 각 규정들에 의한 규제를 받게 된다.

문 19. 근로의 권리에 대한 설명으로 옳은 것은? (다툼이 있는 경우 판례에 의함)

① 고용 허가를 받아 국내에 입국한 외국인근로자의 출국만기보험금을 출국 후 14일 이내에 지급하도록 한 「외국인근로자의 고용 등에 관한 법률」 조항 중 '피보험자등이 출국한 때부터 14일 이내' 부분은 해당 외국인근로자의 근로의 권리를 침해한다.

② 근로의 권리는 사회적 기본권으로서, 고용증진을 위한 사회적·경제적 정책을 요구할 수 있는 권리뿐만 아니라, 국가에 대하여 직접 일자리(직장)를 청구하거나 일자리에 갈음하는 생계비의 지급청구권을 의미한다.

③ 해고예고제도의 적용제외사유 중 하나로 일용근로자로서 3개월을 계속 근무하지 아니한 자를 규정하고 있는 「근로기준법」 조항은 해당 일용근로자의 근로의 권리를 침해한다.

④ 사용자로 하여금 2년을 초과하여 기간제근로자를 사용할 수 없도록 한 「기간제 및 단시간근로자 보호 등에 관한 법률」 조항은 해당 기간제근로자의 계약의 자유를 침해하지 않는다.

문 20. 혼인과 가족생활의 보장에 관한 다음 설명 중 가장 옳지 않은 것은?

① 헌법은 제정 당시부터 평등원칙과 남녀평등을 일반적으로 천명하는 것에 덧붙여 특별히 혼인의 남녀동권(男女同權)을 헌법적 혼인질서의 기초로 선언하였다.

② 중혼취소청구권의 소멸사유나 제척기간을 두지 않고 언제든지 중혼을 취소할 수 있게 하는 것은 헌법 제36조 제1항의 규정에 의하여 국가에 부과된 개인의 존엄과 양성의 평등을 기초로 한 혼인과 가족생활의 유지·보장의무 이행과 직접적으로 관련되므로, 더 나아가 과잉금지원칙 위배 여부를 판단하여야 한다.

③ 헌법 제36조 제1항에서 규정하는 '혼인'이란 양성이 평등하고 존엄한 개인으로서 자유로운 의사의 합치에 의하여 생활공동체를 이루는 것으로서 법적으로 승인받은 것을 말하므로, 법적으로 승인되지 아니한 사실혼은 헌법 제36조 제1항의 보호범위에 포함된다고 보기 어렵다.

④ '부모가 자녀의 이름을 지을 자유'는 혼인과 가족생활을 보장하는 헌법 제36조 제1항과 행복추구권을 보장하는 헌법 제10조에 의하여 보호받는다.

문 21. 권한쟁의심판에 관한 다음 설명 중 가장 옳지 않은 것은?

① 헌법이나 법률에 의하여 부여받은 청구인의 권한이 현재 침해되지 않았더라도 앞으로 침해될 현저한 위험이 있는 경우에는 권한쟁의심판청구를 할 수 있다.

② 정당해산 결정과 달리 권한쟁의심판은 재판관 6인이 찬성하지 않은 경우에도 인용할 수 있다.

③ 국회의원과 국회의장 사이에 권한의 존부와 범위를 둘러싼 분쟁은 국가기관 상호간의 분쟁이 아닌 국회 구성원 내부의 분쟁이므로 권한쟁의심판청구를 할 수 없다.

④ 지방자치단체 내의 지방의회 의원과 지방의회 의장 사이의 권한쟁의심판은 지방자치단체 상호간의 권한쟁의로 볼 수 없으므로 부적법하다.

문 22. 대통령에 대한 설명으로 옳지 않은 것은? (다툼이 있는 경우 판례에 의함)

① 대통령은 행정부의 수반으로서 공정한 선거가 실시될 수 있도록 총괄·감독해야 할 의무가 있으므로, 당연히 선거에서의 중립의무를 지는 공직자에 해당하는 것이고, 이로써 「공직선거법」 제9조의 공무원에 포함된다.

② 대통령은 법률안에 이의가 있을 때에는 정부에 이송된 후 15일 이내에 이의서를 붙여 국회로 환부하고, 그 재의를 요구할 수 있으며, 국회의 폐회 중에도 또한 같다.

③ 「계엄법」상 대통령은 전시·사변 또는 이에 준하는 국가비상사태 시 사회질서가 교란되어 일반 행정기관만으로는 치안을 확보할 수 없는 경우에 공공의 안녕질서를 유지하기 위하여 비상계엄을 선포한다.

④ 대통령이 궐위된 때 또는 대통령 당선자가 사망하거나 판결 기타의 사유로 그 자격을 상실한 때에는 60일 이내에 후임자를 선거한다.

문 23. 통신의 자유에 관한 설명 중 가장 적절하지 않은 것은? (다툼이 있는 경우 판례에 의함)

① 「통신비밀보호법」상 '통신'이라 함은 우편물 및 전기통신을 말한다.

② 전기통신역무제공에 관한 계약을 체결하는 경우 전기통신사업자로 하여금 가입자에게 본인임을 확인할 수 있는 증서 등을 제시하도록 요구하고 부정가입방지시스템 등을 이용하여 본인인지 여부를 확인하도록 한 「전기통신사업법」 조항 및 「전기통신사업법 시행령」 조항은 이동통신서비스에 가입하려는 청구인들의 통신의 비밀을 제한한다.

③ 「통신비밀보호법」 조항 중 '인터넷회선을 통하여 송·수신하는 전기통신'에 관한 부분은 인터넷회선 감청의 특성을 고려하여 그 집행 단계나 집행 이후에 수사기관의 권한 남용을 통제하고 관련 기본권의 침해를 최소화하기 위한 제도적 조치가 제대로 마련되어 있지 않은 상태에서, 범죄수사 목적을 이유로 인터넷회선 감청을 통신제한조치 허가 대상 중 하나로 정하고 있으므로 청구인의 기본권을 침해한다.

④ 미결수용자가 교정시설 내에서 규율위반행위 등을 이유로 금치처분을 받은 경우 금치기간 중 서신수수, 접견, 전화통화를 제한하는 「형의 집행 및 수용자의 처우에 관한 법률」 조항 중 미결수용자에게 적용되는 부분은 미결수용자인 청구인의 통신의 자유를 침해하지 않는다.

문 24. 국회의 구성 및 운영에 대한 설명으로 옳지 않은 것은?

① 각 교섭단체의 대표의원은 국회운영위원회의 위원 및 정보위원회의 위원이 된다.

② 상임위원회의 위원 정수는 국회규칙으로 정한다. 다만, 정보위원회의 위원 정수는 12명으로 한다.

③ 대통령이 임시회의 집회를 요구할 때에는 기간과 집회요구의 이유를 명시하여야 한다.

④ 연간 국회 운영 기본일정에 따라 국회는 2월·3월·4월·5월·6월 및 8월의 1일에 임시회를 집회한다.

문 25. 기본권 제한에 대한 설명으로 가장 적절하지 않은 것은? (다툼이 있는 경우 헌법재판소 판례에 의함)

① 영상물에 수록된 미성년 피해자 진술에 있어서 원진술자인 미성년 피해자에 대한 피고인의 반대신문권을 실질적으로 배제하여 피고인의 방어권을 과도하게 제한하는 구 「성폭력범죄의 처벌 및 피해자보호 등에 관한 법률」 조항은 피해의 최소성 요건을 갖추지 못하였다.

② '변호인의 피의자신문 참여 운영 지침'상 피의자신문에 참여한 변호인이 피의자 옆에 앉는 경우 피의자 뒤에 앉는 경우보다 수사를 방해할 가능성이나 수사기밀을 유출할 가능성이 높아진다고 볼 수 있으므로, 후방착석요구행위의 목적의 정당성과 수단의 적절성이 인정된다.

③ 「마약류 관리에 관한 법률」을 위반하여 금고 이상의 실형을 선고받고 그 집행이 끝나거나 면제된 날부터 20년이 지나지 아니한 것을 택시운송사업의 운전업무 종사자격의 결격사유 및 취소사유로 정한 구 「여객자동차 운수사업법」 조항은 침해의 최소성 원칙에 위배된다.

④ 임차주택의 양수인이 임대인의 지위를 승계하도록 규정한 구 「주택임대차보호법」 조항은 임차인의 주거생활의 안정을 도모함과 동시에 주민등록이라는 공시기능을 통하여 주택 양수인의 불측의 손해를 예방할 수 있도록 하고 있으므로, 기본권 침해의 최소성 원칙에 반하지 않는다.

정답·해설_해설집 p.184

03회 최종점검 기출모의고사
모바일 자동 채점 + 성적 분석 서비스
바로 가기 (gosi.Hackers.com)

QR코드를 이용하여 해커스공무원의 '모바일 자동 채점 + 성적 분석 서비스'로 바로 접속하세요!
* 해커스공무원 사이트의 가입자에 한해 이용 가능합니다.

해커스공무원 실전동형모의고사 답안지

성명	
자필성명	본인 성명 기재
응시직렬	
응시지역	
시험장소	

회차

[필적감정용 기재]
*아래 예시문을 옮겨 적으시오
본인은 OOO(응시자성명)임을 확인함

기 재 란

응시번호

생 년 월 일

※ 시험감독관 서명
(성명을 정자로 기재할 것)

적색 볼펜만 사용

문번	제1과목
1	① ② ③ ④
2	① ② ③ ④
3	① ② ③ ④
4	① ② ③ ④
5	① ② ③ ④
6	① ② ③ ④
7	① ② ③ ④
8	① ② ③ ④
9	① ② ③ ④
10	① ② ③ ④
11	① ② ③ ④
12	① ② ③ ④
13	① ② ③ ④
14	① ② ③ ④
15	① ② ③ ④
16	① ② ③ ④
17	① ② ③ ④
18	① ② ③ ④
19	① ② ③ ④
20	① ② ③ ④
21	① ② ③ ④
22	① ② ③ ④
23	① ② ③ ④
24	① ② ③ ④
25	① ② ③ ④

문번	제2과목
1	① ② ③ ④
2	① ② ③ ④
3	① ② ③ ④
4	① ② ③ ④
5	① ② ③ ④
6	① ② ③ ④
7	① ② ③ ④
8	① ② ③ ④
9	① ② ③ ④
10	① ② ③ ④
11	① ② ③ ④
12	① ② ③ ④
13	① ② ③ ④
14	① ② ③ ④
15	① ② ③ ④
16	① ② ③ ④
17	① ② ③ ④
18	① ② ③ ④
19	① ② ③ ④
20	① ② ③ ④
21	① ② ③ ④
22	① ② ③ ④
23	① ② ③ ④
24	① ② ③ ④
25	① ② ③ ④

문번	제3과목
1	① ② ③ ④
2	① ② ③ ④
3	① ② ③ ④
4	① ② ③ ④
5	① ② ③ ④
6	① ② ③ ④
7	① ② ③ ④
8	① ② ③ ④
9	① ② ③ ④
10	① ② ③ ④
11	① ② ③ ④
12	① ② ③ ④
13	① ② ③ ④
14	① ② ③ ④
15	① ② ③ ④
16	① ② ③ ④
17	① ② ③ ④
18	① ② ③ ④
19	① ② ③ ④
20	① ② ③ ④
21	① ② ③ ④
22	① ② ③ ④
23	① ② ③ ④
24	① ② ③ ④
25	① ② ③ ④

문번	제4과목
1	① ② ③ ④
2	① ② ③ ④
3	① ② ③ ④
4	① ② ③ ④
5	① ② ③ ④
6	① ② ③ ④
7	① ② ③ ④
8	① ② ③ ④
9	① ② ③ ④
10	① ② ③ ④
11	① ② ③ ④
12	① ② ③ ④
13	① ② ③ ④
14	① ② ③ ④
15	① ② ③ ④
16	① ② ③ ④
17	① ② ③ ④
18	① ② ③ ④
19	① ② ③ ④
20	① ② ③ ④
21	① ② ③ ④
22	① ② ③ ④
23	① ② ③ ④
24	① ② ③ ④
25	① ② ③ ④

문번	제5과목
1	① ② ③ ④
2	① ② ③ ④
3	① ② ③ ④
4	① ② ③ ④
5	① ② ③ ④
6	① ② ③ ④
7	① ② ③ ④
8	① ② ③ ④
9	① ② ③ ④
10	① ② ③ ④
11	① ② ③ ④
12	① ② ③ ④
13	① ② ③ ④
14	① ② ③ ④
15	① ② ③ ④
16	① ② ③ ④
17	① ② ③ ④
18	① ② ③ ④
19	① ② ③ ④
20	① ② ③ ④
21	① ② ③ ④
22	① ② ③ ④
23	① ② ③ ④
24	① ② ③ ④
25	① ② ③ ④

해커스공무원 실전동형모의고사 답안지

성명

자필성명 | 본인 성명 기재

응시직렬

응시지역

시험장소

회차

[필적감정용 기재]
*아래 예시문을 옮겨 적으시오
본인은 OOO(응시자성명)임을 확인함

기재란

성명

※ 시험감독관 서명
(성명을 정자로 기재할 것)

적색 볼펜만 사용

생년월일

응시번호

문번	제1과목					제2과목					제3과목					제4과목					제5과목				
1	① ② ③ ④					① ② ③ ④					① ② ③ ④					① ② ③ ④					① ② ③ ④				
2	① ② ③ ④					① ② ③ ④					① ② ③ ④					① ② ③ ④					① ② ③ ④				
3	① ② ③ ④					① ② ③ ④					① ② ③ ④					① ② ③ ④					① ② ③ ④				
4	① ② ③ ④					① ② ③ ④					① ② ③ ④					① ② ③ ④					① ② ③ ④				
5	① ② ③ ④					① ② ③ ④					① ② ③ ④					① ② ③ ④					① ② ③ ④				
6	① ② ③ ④					① ② ③ ④					① ② ③ ④					① ② ③ ④					① ② ③ ④				
7	① ② ③ ④					① ② ③ ④					① ② ③ ④					① ② ③ ④					① ② ③ ④				
8	① ② ③ ④					① ② ③ ④					① ② ③ ④					① ② ③ ④					① ② ③ ④				
9	① ② ③ ④					① ② ③ ④					① ② ③ ④					① ② ③ ④					① ② ③ ④				
10	① ② ③ ④					① ② ③ ④					① ② ③ ④					① ② ③ ④					① ② ③ ④				
11	① ② ③ ④					① ② ③ ④					① ② ③ ④					① ② ③ ④					① ② ③ ④				
12	① ② ③ ④					① ② ③ ④					① ② ③ ④					① ② ③ ④					① ② ③ ④				
13	① ② ③ ④					① ② ③ ④					① ② ③ ④					① ② ③ ④					① ② ③ ④				
14	① ② ③ ④					① ② ③ ④					① ② ③ ④					① ② ③ ④					① ② ③ ④				
15	① ② ③ ④					① ② ③ ④					① ② ③ ④					① ② ③ ④					① ② ③ ④				
16	① ② ③ ④					① ② ③ ④					① ② ③ ④					① ② ③ ④					① ② ③ ④				
17	① ② ③ ④					① ② ③ ④					① ② ③ ④					① ② ③ ④					① ② ③ ④				
18	① ② ③ ④					① ② ③ ④					① ② ③ ④					① ② ③ ④					① ② ③ ④				
19	① ② ③ ④					① ② ③ ④					① ② ③ ④					① ② ③ ④					① ② ③ ④				
20	① ② ③ ④					① ② ③ ④					① ② ③ ④					① ② ③ ④					① ② ③ ④				
21	① ② ③ ④					① ② ③ ④					① ② ③ ④					① ② ③ ④					① ② ③ ④				
22	① ② ③ ④					① ② ③ ④					① ② ③ ④					① ② ③ ④					① ② ③ ④				
23	① ② ③ ④					① ② ③ ④					① ② ③ ④					① ② ③ ④					① ② ③ ④				
24	① ② ③ ④					① ② ③ ④					① ② ③ ④					① ② ③ ④					① ② ③ ④				
25	① ② ③ ④					① ② ③ ④					① ② ③ ④					① ② ③ ④					① ② ③ ④				

해커스공무원 실전동형모의고사 답안지

컴퓨터용 흑색사인펜만 사용

회차	[필적감정용 기재] *아래 예시문을 옮겨 적으시오 본인은 OOO(응시자성명)임을 확인함 기재란

성명	
자필성명	본인 성명 기재
응시직렬	
응시지역	
시험장소	

응시번호

생 년 월 일

※ 시험감독관 서명
(성명을 정자로 기재할 것)

적색 볼펜만 사용

문번	제1과목	제2과목	제3과목	제4과목	제5과목
1					
2					
3					
4					
5					
6					
7					
8					
9					
10					
11					
12					
13					
14					
15					
16					
17					
18					
19					
20					
21					
22					
23					
24					
25					

해커스공무원 실전동형모의고사 답안지

컴퓨터용 흑색사인펜만 사용

성명	
자필성명	본인 성명 기재
응시직렬	
응시지역	
시험장소	

[필적감정용 기재]
*아래 예시문을 옮겨 적으시오

본인은 OOO(응시자성명)임을 확인함

기재란

회차	

※ 시험감독관 서명
(성명을 정자로 기재할 것)

적색 볼펜만 사용

생년월일

응시번호

제1과목

문번					
1	①	②	③	④
2	①	②	③	④
3	①	②	③	④
4	①	②	③	④
5	①	②	③	④
6	①	②	③	④
7	①	②	③	④
8	①	②	③	④
9	①	②	③	④
10	①	②	③	④
11	①	②	③	④
12	①	②	③	④
13	①	②	③	④
14	①	②	③	④
15	①	②	③	④
16	①	②	③	④
17	①	②	③	④
18	①	②	③	④
19	①	②	③	④
20	①	②	③	④
21	①	②	③	④
22	①	②	③	④
23	①	②	③	④
24	①	②	③	④
25	①	②	③	④

제2과목

문번					
1	①	②	③	④
2	①	②	③	④
3	①	②	③	④
4	①	②	③	④
5	①	②	③	④
6	①	②	③	④
7	①	②	③	④
8	①	②	③	④
9	①	②	③	④
10	①	②	③	④
11	①	②	③	④
12	①	②	③	④
13	①	②	③	④
14	①	②	③	④
15	①	②	③	④
16	①	②	③	④
17	①	②	③	④
18	①	②	③	④
19	①	②	③	④
20	①	②	③	④
21	①	②	③	④
22	①	②	③	④
23	①	②	③	④
24	①	②	③	④
25	①	②	③	④

제3과목

문번					
1	①	②	③	④
2	①	②	③	④
3	①	②	③	④
4	①	②	③	④
5	①	②	③	④
6	①	②	③	④
7	①	②	③	④
8	①	②	③	④
9	①	②	③	④
10	①	②	③	④
11	①	②	③	④
12	①	②	③	④
13	①	②	③	④
14	①	②	③	④
15	①	②	③	④
16	①	②	③	④
17	①	②	③	④
18	①	②	③	④
19	①	②	③	④
20	①	②	③	④
21	①	②	③	④
22	①	②	③	④
23	①	②	③	④
24	①	②	③	④
25	①	②	③	④

제4과목

문번					
1	①	②	③	④
2	①	②	③	④
3	①	②	③	④
4	①	②	③	④
5	①	②	③	④
6	①	②	③	④
7	①	②	③	④
8	①	②	③	④
9	①	②	③	④
10	①	②	③	④
11	①	②	③	④
12	①	②	③	④
13	①	②	③	④
14	①	②	③	④
15	①	②	③	④
16	①	②	③	④
17	①	②	③	④
18	①	②	③	④
19	①	②	③	④
20	①	②	③	④
21	①	②	③	④
22	①	②	③	④
23	①	②	③	④
24	①	②	③	④
25	①	②	③	④

제5과목

문번					
1	①	②	③	④
2	①	②	③	④
3	①	②	③	④
4	①	②	③	④
5	①	②	③	④
6	①	②	③	④
7	①	②	③	④
8	①	②	③	④
9	①	②	③	④
10	①	②	③	④
11	①	②	③	④
12	①	②	③	④
13	①	②	③	④
14	①	②	③	④
15	①	②	③	④
16	①	②	③	④
17	①	②	③	④
18	①	②	③	④
19	①	②	③	④
20	①	②	③	④
21	①	②	③	④
22	①	②	③	④
23	①	②	③	④
24	①	②	③	④
25	①	②	③	④

신동욱

약력

현 | 해커스공무원 헌법, 행정법 강의
전 | 서울시 교육청 헌법 특강
전 | 2017 EBS 특강
전 | 2013, 2014 경찰청 헌법 특강
전 | 교육부 평생교육진흥원 학점은행 교수
전 | 금강대 초빙교수
전 | 강남 박문각행정고시학원 헌법 강의

저서

해커스공무원 처음 헌법 만화판례집
해커스공무원 神헌법 기본서
해커스공무원 神헌법 조문해설집
해커스공무원 神헌법 핵심요약집
해커스공무원 神헌법 단원별 기출문제집
해커스공무원 神헌법 핵심 기출 OX
해커스공무원 神헌법 실전동형모의고사 1·2
해커스공무원 처음 행정법 만화판례집
해커스공무원 神행정법총론 기본서
해커스공무원 神행정법총론 조문해설집
해커스공무원 神행정법총론 핵심요약집
해커스공무원 神행정법총론 단원별 기출문제집
해커스공무원 神행정법총론 핵심 기출 OX
해커스공무원 神행정법총론 사례형 기출+실전문제집
해커스공무원 神행정법총론 실전동형모의고사 1·2
해커스군무원 神행정법 단원별 기출문제집

2023 최신개정판

해커스공무원 神헌법 실전동형모의고사 2

개정 5판 1쇄 발행 2023년 6월 9일

지은이	신동욱 편저
펴낸곳	해커스패스
펴낸이	해커스공무원 출판팀

주소	서울특별시 강남구 강남대로 428 해커스공무원
고객센터	1588-4055
교재 관련 문의	gosi@hackerspass.com
	해커스공무원 사이트(gosi.Hackers.com) 교재 Q&A 게시판
	카카오톡 플러스 친구 [해커스공무원 노량진캠퍼스]
학원 강의 및 동영상강의	gosi.Hackers.com

ISBN	979-11-6999-267-1 (13360)
Serial Number	05-01-01

공무원 교육 1위,
해커스공무원 gosi.Hackers.com

[H] 해커스공무원

· **해커스공무원 학원 및 인강**(교재 내 인강 할인쿠폰 수록)
· 해커스 스타강사의 **공무원 헌법 무료 동영상강의**
· '회독'의 방법과 공부 습관을 제시하는 **해커스 회독증강 콘텐츠**(교재 내 할인쿠폰 수록)
· 정확한 성적 분석으로 약점 극복이 가능한 **합격예측 모의고사**(교재 내 응시권 및 해설강의 수강권 수록)
· 내 점수와 석차를 확인하는 **모바일 자동 채점 및 성적 분석 서비스**

2023 최신개정판

해커스공무원
神헌법 실전동형모의고사 2

약점 보완 해설집

해커스공무원

해커스공무원

神헌법

실전동형모의고사 **2**

약점 보완 해설집

해커스공무원

신동욱

약력

현 | 해커스공무원 헌법, 행정법 강의
현 | 해커스군무원 행정법 강의

전 | 서울시 교육청 헌법 특강
전 | 2017 EBS 특강
전 | 2013, 2014 경찰청 헌법 특강
전 | 교육부 평생교육진흥원 학점은행 교수
전 | 금강대 초빙교수
전 | 강남 박문각행정고시학원 헌법 강의

저서

해커스공무원 처음 헌법 만화판례집
해커스공무원 神헌법 기본서
해커스공무원 神헌법 조문해설집
해커스공무원 神헌법 핵심요약집
해커스공무원 神헌법 단원별 기출문제집
해커스공무원 神헌법 핵심 기출 OX
해커스공무원 神헌법 실전동형모의고사 1·2
해커스공무원 처음 행정법 만화판례집
해커스공무원 神행정법총론 기본서
해커스공무원 神행정법총론 조문해설집
해커스공무원 神행정법총론 핵심요약집
해커스공무원 神행정법총론 단원별 기출문제집
해커스공무원 神행정법총론 핵심 기출 OX
해커스공무원 神행정법총론 사례형 기출+실전문제집
해커스공무원 神행정법총론 실전동형모의고사 1·2
해커스군무원 神행정법 단원별 기출문제집

: 목차

실전동형
모의고사

정답

p.8

취약 단원 분석표

01	③	Ⅱ	06	②	Ⅱ	11	②	Ⅱ	16	③	Ⅳ	21	④	Ⅲ
02	④	Ⅱ	07	④	Ⅱ	12	④	Ⅰ	17	④	Ⅲ	22	②	Ⅲ
03	③	Ⅳ	08	①	Ⅲ	13	③	Ⅲ	18	②	Ⅱ	23	③	Ⅱ
04	③	Ⅲ	09	③	Ⅱ	14	①	Ⅱ	19	③	Ⅱ	24	①	Ⅰ
05	④	Ⅰ	10	③	Ⅱ	15	①	Ⅱ	20	④	Ⅱ	25	②	Ⅱ

단원	맞힌 답의 개수
Ⅰ	/ 3
Ⅱ	/ 13
Ⅲ	/ 7
Ⅳ	/ 2
TOTAL	/ 25

Ⅰ 헌법총론 / Ⅱ 기본권론 / Ⅲ 통치구조론 / Ⅳ 헌법재판론

01 적법절차의 원칙 　　　　　　　정답 ③

① [X] 범죄행위로 인하여 형사처벌을 받은 공무원에 대하여 신분상 불이익처분을 하는 법률을 제정함에 있어 어느 방법을 선택할 것인가는 원칙적으로 입법자의 재량에 속한다. 일정한 사항이 법정 당연퇴직사유에 해당하는지 여부만이 문제되는 당연퇴직의 성질상 그 절차에서 당사자의 진술권이 반드시 보장되어야 하는 것은 아니고, 수뢰죄를 범하여 금고 이상의 형의 선고유예를 받은 국가공무원은 당연퇴직하도록 한 심판대상조항이 청구인의 공무담임권 등을 침해하지 아니하는 이상 적법절차원칙에 위반되지 아니한다(헌재 2013.7.25. 2012헌바409).

② [X] 심판대상조항이 국토교통부장관이 운임수입 배분에 관한 결정을 하기 전에 거쳐야 하는 일반적인 절차에 대해 따로 규정하고 있지는 않지만, 행정절차법은 처분의 사전통지, 의견제출의 기회, 처분의 이유 제시 등을 규정하고 있고, 이는 국토교통부장관의 결정에도 적용되어 절차적 보장이 이루어지므로, 심판대상조항은 적법절차원칙에 위배되지 아니한다(헌재 2019.6.28. 2017헌바135).

❸ [O] 피고인 스스로 치료감호를 청구할 수 있는 권리나, 법원으로부터 직권으로 치료감호를 선고받을 수 있는 권리는 헌법상 재판청구권의 보호범위에 포함되지 않는다. 공익의 대표자로서 준사법기관적 성격을 가지고 있는 검사에게만 치료감호 청구 권한을 부여한 것은, 본질적으로 자유박탈적이고 침익적 처분인 치료감호와 관련하여 재판의 적정성 및 합리성을 기하기 위한 것이므로 적법절차원칙에 반하지 않는다. 그렇다면 이 사건 법률조항들은 재판청구권을 침해하거나 적법절차원칙에 반한다고 보기 어렵다(헌재 2021.1.28. 2019헌가24).

④ [X] 수용자에 대해서는 교정시설의 안전과 구금생활의 질서유지를 위하여 신체의 자유 등 기본권 제한이 어느 정도 불가피한 점, 행형 관계 법령에 따라 행하는 사항에 대하여는 의견청취·의견제출 등에 관한 행정절차법 조항이 적용되지 않는 점(행정절차법 제3조 제2항 제6호), 전자장치 부착은 도주 우려 등의 사유가 있어 관심대상수용자로 지정된 수용자를 대상으로 하는 점, 형집행법상 소장에 대한 면담 신청이나 법무부장관 등에 대한 청원 절차가 마련되어 있는 점(형집행법 제116조, 제117조)을 종합해 보면, 이 사건 부착행위는 적법절차원칙에 위반되어 수용자인 청구인들의 인격권과 신체의 자유를 침해하지 아니한다(헌재 2018.5.31. 2016헌마191 등).

02 근로3권 　　　　　　　정답 ④

① [O] 대학 교원을 교육공무원 아닌 대학 교원과 교육공무원인 대학 교원으로 나누어, 각각의 단결권 침해가 헌법에 위배되는지 여부에 관하여 본다. 먼저, 심판대상조항으로 인하여 교육공무원 아닌 대학 교원들이 향유하지 못하는 단결권은 헌법이 보장하고 있는 근로3권의 핵심적이고 본질적인 권리이다.
심판대상조항의 입법목적이 재직 중인 초·중등교원에 대하여 교원노조를 인정해 줌으로써 교원노조의 자주성과 주체성을 확보한다는 측면에서는 그 정당성을 인정할 수 있을 것이나, 교원노조를 설립하거나 가입하여 활동할 수 있는 자격을 초·중등교원으로 한정함으로써 교육공무원이 아닌 대학 교원에 대해서는 근로기본권의 핵심인 단결권조차 전면적으로 부정한 측면에 대해서는 그 입법목적의 정당성을 인정하기 어렵고, 수단의 적합성 역시 인정할 수 없다. 설령 일반 근로자 및 초·중등교원과 구별되는 대학 교원의 특수성을 인정하더라도, 대학 교원에게도 단결권을 인정하면서 다만 해당 노동조합이 행사할 수 있는 권리를 다른 노동조합과 달리 강한 제약 아래 두는 방법도 얼마든지 가능하므로, 단결권을 전면적으로 부정하는 것은 필요 최소한의 제한이라고 보기 어렵다. … 다음으로 교육공무원인 대학 교원에 대하여 보더라도, 교육공무원의 직무수행의 특성과 헌법 제33조 제1항 및 제2항의 정신을 종합해 볼 때, 교육공무원에게 근로3권을 일체 허용하지 않고 전면적으로 부정하는 것은 합리성을 상실한 과도한 것으로서 입법형성권의 범위를 벗어나 헌법에 위반된다(헌재 2018.8.30. 2015헌가38).

② [O] 이 사건 법령조항은 정직처분을 받은 공무원에 대하여 정직일수를 연차유급휴가인 연가일수에서 공제하도록 규정하고 있는바, 연차유급휴가는 일정기간 근로의무를 면제함으로써 근로자의 정신적·육체적 휴양을 통하여 문화적 생활의 향상을 기하려는 데 그 의의가 있으므로 근로의무가 면제된 정직일수를 연가일수에서 공제하였다고 하여 이 사건 법령조항이 현저히 불합리하다고 보기 어렵다. 또한 정직기간을 연가일수에서 공제할 때 어떠한 비율에 따라 공제할 것인지에 관하여는 입법자에게 재량이 부여되어 있다 할 것이므로 정직기간의 비율에 따른 일수가 공제되는 일반휴직자와 달리, 공무원으로서 부담하는 의무를 위반하여 징계인 정직처분을 받은 자에 대하여 입법자가 정직일수 만큼의 일수를 연가일수에서 공제하였다고 하여 재량을 일탈한 것이라고 볼 수 없으므로 이 사건 법령조

항이 청구인의 근로의 권리를 침해한다고 볼 수 없다(헌재 2008.9.25. 2005헌마586).

③ [○] 이 사건 산입조항 및 부칙조항이 매월 1회 이상 정기적으로 지급하는 상여금 등 및 복리후생비를 새롭게 최저임금에 산입하도록 한 것이 현저히 불합리하여 헌법상 용인될 수 있는 입법재량의 범위를 명백히 일탈하였다고 볼 수 없으므로, 위 조항들은 청구인 근로자들의 근로의 권리를 침해하지 아니한다(헌재 2021.12.23. 2018헌마629·630).

❹ [×] 헌법 제21조 제2항 후단의 결사의 자유에 대한 '허가제'란 행정권이 주체가 되어 예방적 조치로 단체의 설립 여부를 사전에 심사하여 일반적인 단체 결성의 금지를 특정한 경우에 한하여 해제함으로써 단체를 설립할 수 있게 하는 제도, 즉 사전허가를 받지 아니한 단체 결성을 금지하는 제도를 말한다.

그런데 이 사건 법률조항은 노동조합 설립에 있어 노동조합법상의 요건 충족 여부를 사전에 심사하도록 하는 구조를 취하고 있으나, 이 경우 노동조합법상 요구되는 요건만 충족되면 그 설립이 자유롭다는 점에서 일반적인 금지를 특정한 경우에 해제하는 허가와는 개념적으로 구분되고, 더욱이 행정관청의 설립신고서 수리 여부에 대한 결정은 재량 사항이 아니라 의무 사항으로 그 요건 충족이 확인되면 설립신고서를 수리하고 그 신고증을 교부하여야 한다는 점에서 단체의 설립 여부 자체를 사전에 심사하여 특정한 경우에 한해서만 그 설립을 허용하는 '허가'와는 다르다. 따라서 이 사건 법률조항의 노동조합 설립신고서 반려제도가 헌법 제21조 제2항 후단에서 금지하는 결사에 대한 허가제라고 볼 수 없다. 노동조합 설립신고에 대한 심사와 그 신고서 반려는 근로자들이 자주적이고 민주적인 단결권을 행사하도록 하기 위한 것으로서 만약 노동조합의 설립을 단순한 신고나 등록 등으로 족하게 하고, 노동조합에 요구되는 자주성이나 민주성 등의 요건에 대해서는 사후적으로 차단하는 제도만을 두게 된다면, 노동조합법상의 특권을 누릴 수 없는 자들에게까지 특권을 부여하는 결과를 야기하게 될 뿐만 아니라 노동조합의 실체를 갖추지 못한 노동조합들이 난립하는 사태를 방지할 수 없게 되므로 노동조합이 그 설립 당시부터 노동조합으로서 자주성 등을 갖추고 있는지를 심사하여 이를 갖추지 못한 단체의 설립신고서를 반려하도록 하는 것은 과잉금지원칙에 위반되어 근로자의 단결권을 침해한다고 볼 수 없다(헌재 2012.3.29. 2011헌바53).

03   헌법소원심판   정답 ③

① [부정] 국가인권위원회는 법률상의 독립된 국가기관이고, 피해자인 진정인에게는 국가인권위원회법이 정하고 있는 구제조치를 신청할 법률상 신청권이 있는데 국가인권위원회가 진정을 각하 및 기각결정을 할 경우 피해자인 진정인으로서는 자신의 인격권 등을 침해하는 인권침해 또는 차별행위 등이 시정되고 그에 따른 구제조치를 받을 권리를 박탈당하게 되므로, 진정에 대한 국가인권위원회의 각하 및 기각결정은 피해자인 진정인의 권리행사에 중대한 지장을 초래하는 것으로서 항고소송의 대상이 되는 행정처분에 해당하므로, 그에 대한 다툼은 우선 행정심판이나 행정소송에 의하여야 할 것이다. 따라서 이 사건 심판청구는 행정심판이나 행정소송 등의 사전 구제절차를 모두 거친 후 청구된 것이 아니므로 보충성 요건을 충족하지 못하였다. 헌법재판소는 종전 결정에서 국가인권위원회의 진정

각하 또는 기각결정에 대해 보충성 요건을 충족하였다고 보고 본안판단은 한 바 있으나, 이 결정의 견해와 저촉되는 부분은 변경한다(헌재 2015.3.26. 2013헌마214 등).

② [부정] 피청구인이 대통령으로서 국회 본회의의 시정연설에서 자신에 대한 신임국민투표를 실시하고자 한다고 밝혔다 하더라도, 그것이 공고와 같이 법적인 효력이 있는 행위가 아니라 단순한 정치적 제안의 피력에 불과하다고 인정되는 이상 이를 두고 헌법소원의 대상이 되는 "공권력의 행사"라고 할 수는 없으므로, 이에 대한 취소 또는 위헌확인을 구하는 청구인들의 심판청구는 모두 부적법하다(헌재 2003.11.27. 2003헌마694).

❸ [인정] 부패방지법상의 국민감사청구제도는 일정한 요건을 갖춘 국민들이 감사청구를 한 경우에 감사원장으로 하여금 감사청구된 사항에 대하여 감사실시 여부를 결정하고 그 결과를 감사청구인에게 통보하도록 의무를 지운 것이므로, 이러한 국민감사청구에 대한 기각결정은 공권력주체의 고권적 처분이라는 점에서 헌법소원의 대상이 될 수 있는 공권력행사라고 보아야 할 것이다(헌재 2006.2.23. 2004헌마414).

④ [부정] 유가증권의 상장은 피청구인과 상장신청법인 사이의 "상장계약"이라는 사법상의 계약에 의하여 이루어지는 것이고, 상장폐지결정 및 상장폐지확정결정 또한 그러한 사법상의 계약관계를 해소하려는 피청구인의 일방적인 의사표시라고 봄이 상당하다고 할 것이다. 따라서, 피청구인의 청구인회사에 대한 이 사건 상장폐지확정결정은 헌법소원의 대상이 되는 공권력의 행사에 해당하지 아니하므로 이를 대상으로 한 심판청구는 부적법하다(헌재 2005.2.24. 2004헌마442).

04   혼인과 가족제도   정답 ③

① [○] 가까운 혈족 사이의 혼인(이하 '근친혼'이라 한다)의 경우, 가까운 혈족 사이의 서열이나 영향력의 작용을 통해 개인의 자유롭고 진실한 혼인 의사의 형성·합치에 어려움을 초래할 수 있고, 성(性)적 긴장이나 갈등·착취 관계를 초래할 수 있으며, 종래 형성되어 계속된 가까운 혈족 사이의 신분관계를 변경시켜 개별 구성원의 역할과 지위에 혼란을 불러일으킬 수 있다. … 이 사건 금혼조항은 위와 같이 근친혼으로 인하여 가까운 혈족 사이의 상호 관계 및 역할, 지위와 관련하여 발생할 수 있는 혼란을 방지하고 가족제도의 기능을 유지하기 위한 것이므로 그 입법목적이 정당하다. 또한 8촌 이내의 혈족 사이의 법률상의 혼인을 금지한 것은 근친혼의 발생을 억제하는 데 기여하므로 입법목적 달성에 적합한 수단에 해당한다. … 따라서 이 사건 금혼조항은 과잉금지원칙에 위배하여 혼인의 자유를 침해하지 않는다(헌재 2022.10.27. 2018헌바115).

※ 주의할 것은 8촌 이내의 혼인을 금지한 민법 제809조 제1항은 합헌이지만, 제809조 제1항에 위반한 혼인에 대해서 무효로 하는 제815조 제2호는 헌법불합치결정을 했다.

> **헌재 2022.10.27. 2018헌바115**
>
> [1] 8촌 이내의 혈족 사이에서는 혼인할 수 없도록 하는 민법 제809조 제1항은 혼인의 자유를 침해하지 아니하여 헌법에 위반되지 아니한다. [합헌]
>
> [2] 민법 제809조 제1항을 위반한 혼인을 무효로 하는 민법 제815조 제2호는 헌법에 합치되지 아니한다. [헌법불합치]

② [O] 부모가 자녀의 이름을 지어주는 것은 자녀의 양육과 가족생활을 위하여 필수적인 것이고, 가족생활의 핵심적 요소라 할 수 있으므로, '부모가 자녀의 이름을 지을 자유'는 혼인과 가족생활을 보장하는 헌법 제36조 제1항과 행복추구권을 보장하는 헌법 제10조에 의하여 보호받는다(헌재 2016.7.28. 2015헌마964).

❸ [×] 입양특례법에서는 독신자도 일정한 요건을 갖추면 양친이 될 수 있도록 규정하고 있으나, 입양의 대상, 요건, 절차 등에서 민법상의 친양자 입양과 다른 점이 있으므로, 입양특례법과 달리 민법에서 독신자의 친양자 입양을 허용하지 않는 것에는 합리적인 이유가 있다. 따라서 심판대상조항은 독신자의 평등권을 침해한다고 볼 수 없다(헌재 2013.9.26. 2011헌가42).

④ [O] 혼인으로 새로이 1세대를 이루는 자를 위하여 상당한 기간 내에 보유 주택수를 줄일 수 있도록 하고 그러한 경과규정이 정하는 기간 내에 양도하는 주택에 대해서는 혼인 전의 보유 주택수에 따라 양도소득세를 정하는 등의 완화규정을 두는 것과 같은 손쉬운 방법이 있음에도 이러한 완화규정을 두지 아니한 것은 최소침해성원칙에 위배된다고 할 것이고, 이 사건 법률조항으로 인하여 침해되는 것은 헌법이 강도 높게 보호하고자 하는 헌법 제36조 제1항에 근거하는 혼인에 따른 차별금지 또는 혼인의 자유라는 헌법적 가치라 할 것이므로 이 사건 법률조항이 달성하고자 하는 공익과 침해되는 사익 사이에 적절한 균형관계를 인정할 수 없어 법익균형성원칙에도 반한다. 결국 이 사건 법률조항은 과잉금지원칙에 반하여 헌법 제36조 제1항이 정하고 있는 혼인에 따른 차별금지원칙에 위배되고, 혼인의 자유를 침해한다(헌재 2011.11.24. 2009헌바146).

05 체계정당성 정답 ④

옳은 것은 ㄱ, ㄴ, ㄷ, ㄹ이다.

ㄱ. [O] '체계정당성'의 원리라는 것은 동일 규범 내에서 또는 상이한 규범간에 (수평적 관계이건 수직적 관계이건) 그 규범의 구조나 내용 또는 규범의 근거가 되는 원칙면에서 상호 배치되거나 모순되어서는 안 된다는 하나의 헌법적 요청이다. 즉, 이는 규범 상호간의 구조와 내용 등이 모순됨이 없이 체계와 균형을 유지하도록 입법자를 기속하는 헌법적 원리라고 볼 수 있다. 이처럼 규범 상호간의 체계정당성을 요구하는 이유는 입법자의 자의를 금지하여 규범의 명확성, 예측가능성 및 규범에 대한 신뢰와 법적 안정성을 확보하기 위한 것이고 이는 국가공권력에 대한 통제와 이를 통한 국민의 자유와 권리의 보장을 이념으로 하는 법치주의원리로부터 도출되는 것이라고 할 수 있다(헌재 2004.11.25. 2002헌바66).

ㄴ. [O] 일반적으로 일정한 공권력작용이 체계정당성에 위반한다고 해서 곧 위헌이 되는 것은 아니고, 그것이 위헌이 되기 위해서는 결과적으로 비례의 원칙이나 평등의 원칙 등 일정한 헌법의 규정이나 원칙을 위반하여야 한다(헌재 2010.6.24. 2007헌바101).

ㄷ. [O] 체계정당성의 원리라는 것은 동일 규범 내에서 또는 상이한 규범간에 그 규범의 구조나 내용 또는 규범의 근거가 되는 원칙면에서 상호 배치되거나 모순되어서는 아니 된다는 하나의 헌법적 요청이다. 즉, 이는 규범 상호간의 구조와 내용 등이 모순됨이 없이 체계와 균형을 유지하도록 입법자를 기속하는 헌법적 원리라고 볼 수 있다(헌재 2010.6.24. 2007헌바101 등).

ㄹ. [O] 체계정당성의 위반을 정당화할 합리적인 사유의 존재에 대하여는 입법의 재량이 인정되어야 한다. 다양한 입법의 수단 가운데서 어느 것을 선택할 것인가 하는 것은 원래 입법의 재량에 속하기 때문이다. 그러므로 이러한 점에 관한 입법의 재량이 현저히 한계를 일탈한 것이 아닌 한 위헌의 문제는 생기지 않는다고 할 것이다(헌재 2004.11.25. 2002헌바66).

06 국가인권위원회 정답 ②

옳지 않은 것은 ㄱ, ㄹ이다.

ㄱ. [×] 위원회는 진정이 없는 경우에도 인권침해나 차별행위가 있다고 믿을만한 상당한 근거가 있고 그 내용이 중대하다고 인정할 때에는 직권으로 조사할 수 있다(「국가인권위원회법」 제30조 제3항).

ㄴ. [O] 위원회는 위원장 1명과 상임위원 3명을 포함한 11명의 인권위원으로 구성한다(「국회인권위원회법」 제5조 제1항).

ㄷ. [O] 권한쟁의심판은 국회의 입법행위 등을 포함하여 권한쟁의 상대방의 처분 또는 부작위가 헌법 또는 법률에 의하여 부여받은 청구인의 권한을 침해하였거나 침해할 현저한 위험이 있는 때 제기할 수 있는 것인데, 헌법상 국가에게 부여된 임무 또는 의무를 수행하고 그 독립성이 보장된 국가기관이라고 하더라도 오로지 법률에 설치근거를 둔 국가기관이라면 국회의 입법행위에 의하여 존폐 및 권한범위가 결정될 수 있으므로 이러한 국가기관은 '헌법에 의하여 설치되고 헌법과 법률에 의하여 독자적인 권한을 부여받은 국가기관'이라고 할 수 없다. 즉, 청구인이 수행하는 업무의 헌법적 중요성, 기관의 독립성 등을 고려한다고 하더라도, 국회가 제정한 국가인권위원회법에 의하여 비로소 설립된 청구인은 국회의 위 법률 개정행위에 의하여 존폐 및 권한범위 등이 좌우되므로 헌법 제111조 제1항 제4호 소정의 헌법에 의하여 설치된 국가기관에 해당한다고 할 수 없다. 결국, 권한쟁의심판의 당사자능력은 헌법에 의하여 설치된 국가기관에 한정하여 인정하는 것이 타당하므로, 법률에 의하여 설치된 청구인에게는 권한쟁의심판의 당사자능력이 인정되지 아니한다(헌재 2010.10.28. 2009헌라6).

ㄹ. [×] 국가인권위원회는 법률상의 독립된 국가기관이고, 피해자인 진정인에게는 국가인권위원회법이 정하고 있는 구제조치를 신청할 법률상 신청권이 있는데 국가인권위원회가 진정을 각하 및 기각결정을 할 경우 피해자인 진정인으로서는 자신의 인격권 등을 침해하는 인권침해 또는 차별행위 등이 시정되고 그에 따른 구제조치를 받을 권리를 박탈당하게 되므로, 진정에 대한 국가인권위원회의 각하 및 기각결정은 피해자인 진정인의 권리행사에 중대한 지장을 초래하는 것으로서 항고소송의 대상이 되는 행정처분에 해당하므로, 그에 대한 다툼은 우선 행정심판이나 행정소송에 의하여야 할 것이다. 따라서 이 사건 심판청구는 행정심판이나 행정소송 등의 사전 구제절차를 모두 거친 후 청구된 것이 아니므로 보충성 요건을 충족하지 못하였다. 헌법재판소는 종전 결정에서 국가인권위원회의 진정 각하 또는 기각결정에 대해 보충성 요건을 충족하였다고 보고 본안판단은 한 바 있으나, 이 결정의 견해와 저촉되는 부분은 변경한다(헌재 2015.3.26. 2013헌마214 등).

07 종교의 자유 정답 ④

① [○] 헌법 제20조 제2항에서 정하고 있는 정교분리원칙은 종교와 정치가 분리되어 상호간의 간섭이나 영향력을 행사하지 않는 것으로 국가의 종교에 대한 중립을 의미한다. 정교분리원칙에 따라 국가는 특정 종교의 특권을 인정하지 않고 종교에 대한 중립을 유지하여야 한다. 국가의 종교적 중립성은 종교의 자유를 온전히 실현하기 위하여도 필요한데, 국가가 특정한 종교를 장려하는 것은 다른 종교 또는 무종교의 자유에 대한 침해가 될 수 있다(헌재 2022.11.24. 2019헌마941).

② [○] 압류 등 강제집행은 국가가 강제력을 행사함으로써 채권자의 사법상 청구권에 대한 실현을 도모하는 절차로서 채권자의 재산권은 궁극적으로 강제집행에 의하여 그 실현이 보장되는 것인바, 이 사건 법률조항은 전통사찰에 대하여 채무명의를 가진 일반 채권자(이하 '전통사찰의 일반 채권자'라 한다)가 전통사찰 소유의 전법용 경내지의 건조물 등에 대하여 압류하는 것을 금지하고 있으므로 '전통사찰의 일반 채권자'의 재산권을 제한한다. … 청구인은 이 사건 법률조항이 다른 종교단체의 재산과는 달리 불교 전통사찰 소유의 재산만을 압류 금지 재산으로 규정함으로써 청구인의 종교의 자유를 침해한다고 주장한다. 그러나 종교의 자유는 신앙의 자유, 종교적 행위의 자유 및 종교적 집회·결사의 자유를 그 내용으로 하는바, 이 사건 법률조항은 전통사찰 소유의 일정 재산에 대한 압류를 금지할 뿐이므로 그로 인하여 위와 같은 종교의 자유의 내용 중 어떠한 것도 제한되지는 아니한다(헌재 2012.6.27. 2011헌바34).

③ [○] 이 사건 종교행사 참석조치는 군에서 필요한 정신전력을 강화하는 데 기여하기보다 오히려 해당 종교와 군 생활에 대한 반감이나 불쾌감을 유발하여 역효과를 일으킬 소지가 크고, 훈련병들의 정신전력을 강화할 수 있는 방법으로 종교적 수단 이외에 일반적인 윤리교육 등 다른 대안도 택할 수 있으며, 종교는 개인의 인격을 형성하는 가장 핵심적인 신념일 수 있는 만큼 종교에 대한 국가의 강제는 심각한 기본권 침해에 해당하는 점을 고려할 때, 이 사건 종교행사 참석조치는 과잉금지원칙을 위반하여 청구인들의 종교의 자유를 침해한다(헌재 2022.11.24. 2019헌마941).

❹ [×] 무죄추정의 원칙이 적용되는 미결수용자들에 대한 기본권 제한은 징역형 등의 선고를 받아 그 형이 확정된 수형자의 경우보다는 더 완화되어야 할 것임에도, 피청구인이 수용자 중 미결수용자에 대하여만 일률적으로 종교행사 등에의 참석을 불허한 것은 미결수용자의 종교의 자유를 나머지 수용자의 종교의 자유보다 더욱 엄격하게 제한한 것이다. 나아가 공범 등이 없는 경우 내지 공범 등이 있는 경우라도 공범이나 동일사건 관련자를 분리하여 종교행사 등에의 참석을 허용하는 등의 방법으로 미결수용자의 기본권을 덜 침해하는 수단이 존재함에도 불구하고 이를 전혀 고려하지 아니하였으므로 이 사건 종교행사 등 참석불허 처우는 침해의 최소성 요건을 충족하였다고 보기 어렵다. … 따라서, 이 사건 종교행사 등 참석불허 처우는 과잉금지원칙을 위반하여 청구인의 종교의 자유를 침해하였다(헌재 2011.12.29. 2009헌마527).

08 선거권, 선거관리 정답 ①

❶ [×] 선거관리위원회의 본질적 기능은 선거의 공정한 관리 등 행정기능이고, 그 효과적인 기능 수행과 집행의 실효성을 확보하기 위한 수단으로서 선거범죄 조사권을 인정하고 있다. 심판대상조항에 의한 자료제출요구는 위와 같은 조사권의 일종으로서 행정조사에 해당하고, 선거범죄 혐의 유무를 명백히 하여 공소의 제기와 유지 여부를 결정하기 위하여 범인을 발견·확보하고 증거를 수집·보전하기 위한 수사기관의 활동인 수사와는 근본적으로 그 성격을 달리한다. … 이와 같이 심판대상조항에 의한 자료제출요구는 수사기관의 수사와 근본적으로 그 성격을 달리하며, 청구인에 대하여 직접적으로 어떠한 물리적 강제력을 행사하는 강제처분을 수반하는 것이 아니므로 영장주의의 적용대상이 아니다(헌재 2019.9.26. 2016헌바381).

② [○] 재외투표기간 개시일에 임박하여 또는 재외투표기간 중에 재외선거사무 중지결정이 있었고 그에 대한 재개결정이 없었던 예외적인 경우 재외투표기간 개시일 이후에 귀국한 재외선거인등의 귀국투표를 허용하여 재외선거인 등의 선거권을 보장하면서도 중복투표를 차단하여 선거의 공정성을 훼손하지 않을 수 있는 대안이 존재하므로, 심판대상조항은 침해의 최소성원칙에 위배된다. … 따라서 심판대상조항이 재외투표기간 개시일에 임박하여 또는 재외투표기간 중에 재외선거사무 중지결정이 있었고 그에 대한 재개결정이 없었던 예외적인 상황에서 재외투표기간 개시일 이후에 귀국한 재외선거인 등이 국내에서 선거일에 투표할 수 있도록 하는 절차를 마련하지 아니한 것은 과잉금지원칙을 위반하여 청구인의 선거권을 침해한다(헌재 2022.1.27. 2020헌마895).

③ [○] 한국철도공사의 상근직원은 공직선거법의 다른 조항에 의하여 직무상 행위를 이용하여 선거운동을 하거나 하도록 하는 행위를 할 수 없고, 선거에 영향을 미치는 전형적인 행위도 할 수 없다. 더욱이 그 직을 유지한 채 공직선거에 입후보할 수 없는 상근임원과 달리, 한국철도공사의 상근직원은 그 직을 유지한 채 공직선거에 입후보하여 자신을 위한 선거운동을 할 수 있음에도 타인을 위한 선거운동을 전면적으로 금지하는 것은 과도한 제한이다. 따라서 심판대상조항은 선거운동의 자유를 침해한다(헌재 2018.2.22. 2015헌바124).

④ [○] 예비후보자가 본선거에서 정당후보자로 등록하려 하였으나 자신의 의사와 관계없이 정당 공천관리위원회의 심사에서 탈락하여 본선거의 후보자로 등록하지 아니한 것은 후보자 등록을 하지 못할 정도에 이르는 객관적이고 예외적인 사유에 해당한다. 따라서 이러한 사정이 있는 예비후보자가 납부한 기탁금은 반환되어야 함에도 불구하고, 심판대상조항이 이에 관한 규정을 두지 아니한 것은 입법형성권의 범위를 벗어난 과도한 제한이라고 할 수 있다. … 그러므로 심판대상조항은 과잉금지원칙에 반하여 청구인의 재산권을 침해한다(헌재 2018.1.25. 2016헌마541).

09 무죄추정의 원칙   정답 ③

① [O] 형사사건으로 재판을 받고 있는 수형자의 사복착용을 불허함으로써 무죄추정의 원칙에 위반되고, 청구인으로 하여금 수형자로서 형사재판을 받거나 민사재판의 당사자로 출정할 경우 모욕감, 수치심을 느끼게 하여 인격권, 행복추구권을 침해하며, 방어권 등을 제대로 행사할 수 없도록 하여 공정한 재판을 받을 권리를 침해한다(헌재 2015.12.23. 2013헌마712).

② [O] 헌법 제27조 제4항이 보장하는 무죄추정의 원칙상 유죄가 확정될 때까지는 피고인에게 범죄사실을 근거로 법률적 측면은 물론이고 사실적 측면에서도 범죄사실의 인정과 그에 따른 유죄의 비난을 하는 등의 유형·무형의 일체의 불이익을 가하여서는 안 되는데, 이 사건 법률조항은 자치단체장이 공소제기된 피의사실에 관하여 공소가 제기되고 구속영장이 발부되어 구금되었다는 사실 자체에 피고인에 대한 부정적 가치판단을 부여하여 직무에서 배제시키는 불이익을 가하고 있는 이상 유죄인정의 효과로서의 불이익에 해당하므로, 무죄추정의 원칙에 위배된다(헌재 2011.4.28. 2010헌마474).

❸ [X] 무죄추정의 원칙상 금지되는 '불이익'이란 '범죄사실의 인정 또는 유죄를 전제로 그에 대하여 법률적·사실적 측면에서 유형·무형의 차별취급을 가하는 유죄인정의 효과로서의 불이익'을 뜻하고, 이는 비단 형사절차 내에서의 불이익뿐만 아니라 기타 일반 법생활 영역에서의 기본권 제한과 같은 경우에도 적용된다(헌재 2011.4.28. 2010헌마474).

④ [O] 이 사건 법률조항의 법위반사실 공표명령은 행정처분의 하나로서 형사절차 내에서 행하여진 처분은 아니다. 그러나 공정거래위원회의 고발조치 등으로 장차 형사절차 내에서 진술을 해야 할 행위자에게 사전에 이와 같은 법위반사실의 공표를 하게 하는 것은 형사절차 내에서 법위반사실을 부인하고자 하는 행위자의 입장을 모순에 빠뜨려 소송수행을 심리적으로 위축시키거나, 법원으로 하여금 공정거래위원회 조사결과의 신뢰성 여부에 대한 불합리한 예단을 촉발할 소지가 있고 이는 장차 진행될 형사절차에도 영향을 미칠 수 있다. 결국 법위반사실의 공표명령은 공소제기조차 되지 아니하고 단지 고발만 이루어진 수사의 초기단계에서 아직 법원의 유무죄에 대한 판단이 가려지지 아니하였는데도 관련 행위자를 유죄로 추정하는 불이익한 처분이라고 아니할 수 없다(헌재 2002.1.31. 2001헌바43).

10 양심의 자유   정답 ③

양심의 자유 문제로 보지 않은 것은 ㄴ, ㄹ, ㅁ, ㅂ이다.

ㄱ. [O] 취업규칙에서 사용자가 사고나 비위행위 등을 저지른 근로자에게 시말서를 제출하도록 명령할 수 있다고 규정하는 경우, 그 시말서가 단순히 사건의 경위를 보고하는 데 그치지 않고 더 나아가 근로관계에서 발생한 사고 등에 관하여 '자신의 잘못을 반성하고 사죄한다는 내용'이 포함된 사죄문 또는 반성문을 의미하는 것이라면, 이는 헌법이 보장하는 내심의 윤리적 판단에 대한 강제로서 양심의 자유를 침해하는 것이므로, 그러한 취업규칙 규정은 헌법에 위배되어 근로기준법 제96조 제1항에 따라 효력이 없고, 그에 근거한 사용자의 시말서 제출명령은 업무상 정당한 명령으로 볼 수 없다(대판 2010.1.14. 2009두6605).

ㄴ. [X] 음주측정요구에 처하여 이에 응하여야 할 것인지 거부해야 할 것인지 고민에 빠질 수는 있겠으나 그러한 고민은 선과 악의 범주에 관한 진지한 윤리적 결정을 위한 고민이라 할 수 없으므로 그 고민 끝에 어쩔 수 없이 음주측정에 응하였다 하여 내면적으로 구축된 인간양심이 왜곡·굴절된다고 할 수 없다. 따라서 이 사건 법률조항을 두고 헌법 제19조에서 보장하는 양심의 자유를 침해하는 것이라고 할 수 없다(헌재 1997.3.27. 96헌가11).

ㄷ. [O] 명예회복에 적당한 처분에 사죄광고를 포함시키는 것은 헌법 제19조에 위반되는 동시에 헌법상 보장되는 인격권의 침해에 이르게 된다(헌재 1991.4.1. 89헌마160).

ㄹ. [X] 지문을 날인할 것인지 여부의 결정이 선악의 기준에 따른 개인의 진지한 윤리적 결정에 해당한다고 보기는 어려워, 열 손가락 지문날인의 의무를 부과하는 이 사건 시행령조항에 대하여 국가가 개인의 윤리적 판단에 개입한다거나 그 윤리적 판단을 표명하도록 강제하는 것으로 볼 여지는 없다고 할 것이므로, 이 사건 시행령조항에 의한 양심의 자유의 침해가능성 또한 없는 것으로 보인다(헌재 2005.5.26. 99헌마513).

ㅁ. [X] 경제규제법적 성격을 가진 공정거래법에 위반하였는지 여부에 있어서도 각 개인의 소신에 따라 어느 정도의 가치판단이 개입될 수 있는 소지가 있고 그 한도에서 다소의 윤리적·도덕적 관련성을 가질 수도 있겠으나, 이러한 법률판단의 문제는 개인의 인격형성과는 무관하며, 대화와 토론을 통하여 가장 합리적인 것으로 그 내용이 동화되거나 수렴될 수 있는 포용성을 가지는 분야에 속한다고 할 것이므로 헌법 제19조에 의하여 보장되는 양심의 영역에 포함되지 아니한다(헌재 2002.1.31. 2001헌바43).

ㅂ. [X] 준법서약은 어떤 구체적이거나 적극적인 내용을 담지 않은 채 단순한 헌법적 의무의 확인·서약에 불과하다 할 것이어서 양심의 영역을 건드리는 것이 아니다(헌재 2002.4.25. 98헌마425).

11 합헌적 법률해석   정답 ②

① [O] 입법부가 제정한 법률은 특단의 사유가 없는 한 합헌으로 추정된다. 사법부에 위헌으로 판단할 수 있는 권한이 주어져 있다고 해도 권력분립의 원리를 존중하여 가급적 위헌판단을 자제한다는 사법부의 자제, 사법소극주의의 발현이 합헌적 법률해석이다.

❷ [X] 법률의 의미는 결국 개별·구체화된 법률해석에 의해 확인되는 것이므로 법률과 법률의 해석을 구분할 수는 없고, 재판의 전제가 된 법률에 대한 규범통제는 해석에 의해 구체화된 법률의 의미와 내용에 대한 헌법적 통제로서 헌법재판소의 고유권한이며, 헌법합치적 법률해석의 원칙상 법률조항 중 위헌성이 있는 부분에 한정하여 위헌결정을 하는 것은 입법권에 대한 자제와 존중으로서 당연하고 불가피한 결론이므로, 이러한 한정위헌결정을 구하는 한정위헌청구는 원칙적으로 적법하다고 보아야 한다. 다만, 재판소원을 금지하는 헌법재판소법 제68조 제1항의 취지에 비추어, 개별·구체적 사건에서 단순히 법률조항의 포섭이나 적용의 문제를 다투거나, 의미있는 헌법문제에 대한 주장없이 단지 재판결과를 다투는 헌법소원 심판청구는 여전히 허용되지 않는다(헌재 2012.12.27. 2011헌바117).

③ [O] 구체적 사건에 있어서 당해 법률 또는 법률조항의 의미 내용과 적용 범위가 어떠한 것인지를 정하는 권한, 즉 법령의 해석·적용권한은 바로 사법권의 본질적 내용을 이루는 것으로서, 전적으로 대법원을 최고법원으로 하는 법원에 전속한다. … 그러므로 한정위헌결정에 표현되어 있는 헌법재판소의 법률해석에 관한 견해는 법률의 의미·내용과 그 적용범위에 관한 헌법재판소의 견해를 일응 표명한데 불과하여 이와 같이 법원에 대하여 어떠한 영향을 미치거나 기속력을 가질 수 없다(대판 1996.4.9. 95누11405).

④ [O] 군인사법 제48조 제4항 후단의 '무죄의 선고를 받은 때'의 의미와 관련하여, 형식상 무죄판결뿐 아니라 공소기각재판을 받았다 하더라도 그와 같은 공소기각의 사유가 없었더라면 무죄가 선고될 현저한 사유가 있는 이른바 내용상 무죄재판의 경우도 이에 포함된다고 확대해석함이 법률의 문의적(文義的) 한계 내의 합헌적 법률해석에 부합한다(대판 2004.8.20. 2004다22377).

12　재외국민 보호　　정답 ④

① [O] 선거인명부에 오를 자격이 있는 국내거주자에 대해서만 부재자신고를 허용함으로써 재외국민과 단기해외체류자 등 국외거주자 전부의 국정선거권을 부인하고 있는 법 제38조 제1항은 국외거주자의 선거권과 평등권을 침해하고 보통선거원칙에도 위반된다(헌재 2007.6.28. 2004헌마644).

② [O] 단순한 단기체류가 아니라 국내에 거주하는 재외국민, 특히 외국의 영주권을 보유하고 있으나 상당한 기간 국내에서 계속 거주하고 있는 자들은 주민등록법상 재외국민으로 등록·관리될 뿐 소득활동이 있을 경우 납세의무를 부담하며 남자의 경우 병역의무이행의 길도 열려 있는 등 '국민인 주민'이라는 점에서는 다른 일반 국민과 실질적으로 동일하다. 그러므로 국내에 거주하는 대한민국 국민을 대상으로 하는 보육료·양육수당 지원에 있어 양자에 대한 차별을 정당화할 어떠한 사유도 존재하지 않는다(헌재 2018.1.25. 2015헌마1047).

③ [O] 외국국적동포는 외국인이라는 점에서 토지의 취득 및 계속 보유에 엄격한 제한을 받고 있었고, 따라서 부동산 소유명의 실명전환 또한 사실상 불가능하여 이를 구제하여 줄 필요성이 내국인과 달리 크다고 할 수 있는데 비하여, 재외국민은 내국인이므로 토지 취득이나 계속 보유에 대하여는 내국인과 같은 법적 지위에 있었기 때문에, 내국인과 같이 취급되는 재외국민과 달리 외국국적동포에 대하여 부동산실명법 적용의 예외를 규정한 것은 그 입법목적상 합리적 이유가 있다(헌재 2001.5.31. 99헌가18).

❹ [X] 피상속인의 실질적 생활근거지가 외국으로서 국내에 주소를 두지 아니한 것으로 인정되는 경우, 위 피상속인이 외국에 있는 재산에 대하여 상속세를 부과받음에 있어서는 그 국가의 상속세제에 따라 배우자공제, 자녀공제 등과 유사한 인적공제를 받게 될 것이므로, 그 상속재산 중 일부인 국내에 있는 상속재산에 대하여 우리의 상속세법에 따라 상속세를 부과함에 있어서 다시 위 국내 소재 재산에 대한 배우자공제 등 인적공제를 하게 되면 이중 공제를 하게 되는 셈이 되어 오히려 국내에 주소를 두고 있는 자와의 형평에 어긋나게 된다. 따라서, 국내에 주소를 둔 자의 사망으로 상속이 개시된 경우에만 인적공제를 하도록 규정한 것은 국가가 재외국민을 보호할 의무를 행하지 않은 경우라고 볼 수 없다(헌재 2001.12.20. 2001헌바25).

13　고위공직자범죄수사처　　정답 ③

① [O] 청구인들은 고위공직자범죄수사처(이하 '수사처'라 한다)에 의한 수사대상, 경우에 따라서는 기소대상이 되어 평등권, 신체의 자유 등 기본권이 침해될 가능성이 있고, 고위공직자범죄등을 범한 경우 수사처의 수사 또는 기소의 대상이 될 수 있다는 점도 확실히 예측되므로, 위 조항들에 대한 심판청구는 적법하다(헌재 2021.1.28. 2020헌마264).

② [O] 수사처가 입법부·행정부·사법부 어디에도 속하지 않는 기관인지, 아니면 행정부 소속의 기관인지 문제된다. 중앙행정기관을 반드시 국무총리의 통할을 받는 '행정각부'의 형태로 설치하거나 '행정각부'에 속하는 기관으로 두어야 하는 것이 헌법상 강제되는 것은 아니어서 법률로써 '행정각부'에 속하지 않는 독립된 형태의 행정기관을 설치하는 것이 헌법상 금지된다고 할 수 없는 점, 수사처가 수행하는 수사와 공소제기 및 유지는 헌법상 본질적으로 행정에 속하는 사무에 해당하는 점, 수사처의 구성에 있어 대통령의 실질적인 인사권이 인정되고 수사처장이 국무회의에 출석하여 발언할 수 있으며 독자적으로 의안을 제출하는 대신 법무부장관에게 의안제출을 건의할 수 있는 점 등을 종합하면, 수사처는 대통령을 수반으로 하는 행정부에 소속되고, 그 관할권의 범위가 전국에 미치는 중앙행정기관으로 보는 것이 타당하다(헌재 2021.1.28. 2020헌마264).

❸ [X] 헌법에 규정된 영장신청권자로서의 검사는 검찰권을 행사하는 국가기관인 검사로서, 공익의 대표자이자 수사단계에서의 인권옹호기관으로서의 지위에서 그에 부합하는 직무를 수행하는 자를 의미하는 것이지, 검찰청법상 검사만을 지칭하는 것으로 보기 어렵다. 실제로 군검사와 특별검사도 검찰청법상 검사에 해당하지 않지만 영장신청권을 행사하고 있다(헌재 2021.1.28. 2020헌마264).

④ [O] 헌법은 수사나 공소제기의 주체, 방법, 절차 등에 관하여 직접적인 규정을 두고 있지 않고, 기존의 행정조직에 소속되지 않은 독립된 위치에서 수사 등에 관한 사무를 수행할 기관을 설치·운영할 것인지를 포함하여 해당 기관에 의한 수사나 기소의 대상을 어느 범위로 정할 것인지는 독립된 기관의 설치 필요성, 공직사회의 신뢰성 제고에 대한 국민적 관심과 요구 등 모든 사정을 고려하여 결정할 문제이므로, 이에 대한 입법자의 결정은 명백히 자의적이거나 현저히 부당하다고 볼 수 없는 한 존중되어야 한다(헌재 2021.1.28. 2020헌마264).

14　국회의 회의　　정답 ①

❶ [X] 본회의는 재적의원 5분의 1 이상의 출석으로 개의한다(「국회법」 제73조 제1항). 회의 중 제1항의 정족수에 미치지 못할 때에는 의장은 회의의 중지 또는 산회를 선포한다(동조 제3항 본문).

② [O] 헌법 제47조 제1항에 대한 옳은 내용이다.

> **제47조** ① 국회의 정기회는 법률이 정하는 바에 의하여 매년 1회 집회되며, 국회의 임시회는 대통령 또는 국회재적의원 4분의 1 이상의 요구에 의하여 집회된다.

③ [O] 「국회법」 제106조의2 제1항에 대한 옳은 내용이다.

> **제106조의2【무제한토론의 실시 등】** ① 의원이 본회의에 부의된 안건에 대하여 이 법의 다른 규정에도 불구하고 시간의 제한을 받지 아니하는 토론(이하 이 조에서 "무제한토론"이라 한다)을 하려는 경우에는 재적의원 3분의 1 이상이 서명한 요구서를 의장에게 제출하여야 한다. 이 경우 의장은 해당 안건에 대하여 무제한토론을 실시하여야 한다.

④ [O] 헌법 제53조 제4항에 대한 옳은 내용이다.

> **제53조** ④ 재의의 요구가 있을 때에는 국회는 재의에 붙이고, 재적의원 과반수의 출석과 출석의원 3분의 2 이상의 찬성으로 전과 같은 의결을 하면 그 법률안은 법률로서 확정된다.

---

15 공무원의 신분보장, 정치적 중립성   정답 ①

❶ [X] 금고 이상의 형의 선고유예를 받은 경우라고 하여도 범죄의 종류, 내용이 지극히 다양한 것이므로 그에 따라 국민의 공직에 대한 신뢰 등에 미치는 영향도 큰 차이가 있는 것이다. 따라서 입법자로서는 국민의 공직에 대한 신뢰보호를 위하여 해당 공무원이 반드시 퇴직하여야 할 범죄의 유형, 내용 등으로 그 당연퇴직의 사유 및 범위를 가급적 한정하여 규정하였어야 할 것이다. 그런데 위 규정은 금고 이상의 선고유예의 판결을 받은 모든 범죄를 포괄하여 규정하고 있을 뿐 아니라, 심지어 오늘날 누구에게나 위험이 상존하는 교통사고 관련 범죄 등 과실범의 경우마저 당연퇴직의 사유에서 제외하지 않고 있으므로 최소침해성의 원칙에 반한다(헌재 2003.10.30. 2002헌마684 등).

② [O] 이 사건 처벌조항은 비록 벌금형을 선택형으로 규정하고 있긴 하나 보호법익과 죄질이 동일하거나 유사한 조항들과 비교할 때 형벌체계상의 균형을 고려하지 않고 법정형만을 전반적으로 상향시켰다. 특히 이 사건 처벌조항은 '선거에 영향을 미치는 행위'라는 다소 광범위한 구성요건을 규정하면서도 공직선거법 제85조 제2항의 선거운동이나 제86조 제1항 각 호의 행위와 구별 또는 가중되는 요소를 별도로 규정하지 않고 있어, 검사로서는 동일한 행위에 대하여 이 사건 처벌조항을 적용하여 기소할 수도 있고, 다른 조항을 적용하여 기소할 수도 있는바, 법정형이 전반적으로 높게 규정된 이 사건 처벌조항으로 기소되는 경우에는 다른 조항으로 기소된 경우에 비해 그 형이 상향되는 결과가 초래될 수 있다. 또한 '선거에 영향을 미치는 행위'는 그 적용범위가 광범위하고 죄질의 양상도 다양하게 나타날 수 있어, 구체적인 사안에 따라서는 위법성이 현저히 작은 행위도 '선거에 영향을 미치는 행위'에 포함됨에 따라 책임에 비례하지 않는 형벌이 부과될 가능성도 존재한다. 따라서 이 사건 처벌조항은 공직선거법상 다른 조항과의 상호 관련성 및 형벌체계상의 균형에 대한 진지한 고민 없이 중한 법정형을 규정하여 형의 불균형 문제를 야기하고 있으므로, 형벌체계상의 균형을 현저히 상실하였다(헌재 2016.7.28. 2015헌바6).

③ [O] 공무원은 공직자인 동시에 국민의 한 사람이기도 하므로 국민 전체에 대한 봉사자로서의 지위와 기본권을 향유하는 기본권

주체로서의 지위라는 이중적 지위를 가지는바, 공무원의 신분과 지위의 특수성상 공무원에 대해서는 일반 국민에 비해 보다 넓고 강한 기본권 제한이 가능하게 된다. 특히 선거관리위원회는 민주주의의 근간이 되는 선거와 투표, 정당 사무에 대한 관리업무를 행하는 기관이라는 점에서 선관위 공무원은 다른 어떤 공무원보다도 정치적으로 중립적인 입장에 서서 공정하고 객관적으로 직무를 수행할 의무를 지닌다. 이 사건 규정들은 선관위 공무원에 대하여 특정 정당이나 후보자를 지지·반대하는 단체에의 가입·활동 등을 금지함으로써 선관위 공무원의 정치적 표현의 자유 등을 제한하고 있으나, 선관위 공무원에게 요청되는 엄격한 정치적 중립성에 비추어 볼 때 선관위 공무원이 특정한 정치적 성향을 표방하는 단체에 가입·활동한다는 사실 자체만으로 그 정치적 중립성과 직무의 공정성, 객관성이 의심될 수 있으므로 이 사건 규정들은 선관위 공무원의 정치적 표현의 자유 등을 침해한다고 할 수 없다(헌재 2012.3.29. 2010헌마97).

④ [O] 선거의 공정성을 확보하기 위하여 선거에 대한 부당한 영향력의 행사 기타 선거결과에 영향을 미치는 행위를 금지하여 선거에서의 공무원의 중립의무를 실현하고자 한다면, 공무원이 '그 지위를 이용하여' 하는 선거운동의 기획행위를 막는 것으로도 충분하다. 이러한 점에서 이 사건 법률조항은 수단의 적정성과 피해의 최소성 원칙에 반한다. 한편, 공무원의 편향된 영향력 행사를 배제하여 선거의 공정성을 확보한다는 공익은, 그 지위를 이용한 선거운동 내지 영향력 행사만을 금지하면 대부분 확보될 수 있으므로 공무원이 그 지위를 이용하였는지 여부에 관계없이 선거운동의 기획행위를 일체 금지하는 것은 정치적 의사표현의 자유라는 개인의 기본권을 중대하게 제한하는 반면, 그러한 금지가 선거의 공정성이라는 공익의 확보에 기여하는 바는 매우 미미하다는 점에서 이 사건 법률조항은 법익의 균형성을 충족하고 있지 못하다. 따라서 이 사건 법률조항은 공무원의 정치적 표현의 자유를 침해하나, 다만 위와 같은 위헌성은 공무원이 '그 지위를 이용하여' 하는 선거운동의 기획행위 외에 사적인 지위에서 하는 선거운동의 기획행위까지 포괄적으로 금지하는 것에서 비롯된 것이므로, 이 사건 법률조항은 공무원의 지위를 이용하지 아니한 행위에까지 적용하는 한 헌법에 위반된다(헌재 2008.5.29. 2006헌마1096).

---

16 권한쟁의심판   정답 ③

① [X] 헌법 제62조는 '국회의 소위원회'를 명시하지 않고 있는 점, 국회법 제57조에 따르면 소위원회는 위원회의 의결에 따라 그 설치·폐지 및 권한이 결정될 뿐인 위원회의 부분기관에 불과한 점 등을 종합하면, 소위원회 및 그 위원장은 헌법에 의하여 설치된 국가기관에 해당한다고 볼 수 없다. 또한, 소위원회 위원장이 그 소위원회를 설치한 위원회의 위원장과의 관계에서 어떠한 법률상 권한을 가진다고 보기도 어렵고, 위원회와 그 부분기관인 소위원회 사이의 쟁의 또는 위원회 위원장과 소속 소위원회 위원장과의 쟁의가 발생하더라도 이는 위원회에서 해결될 수 있으므로, 이러한 쟁의를 해결할 적당한 기관이나 방법이 없다고 할 수도 없다. 따라서 소위원회 위원장은 헌법 제111조 제1항 제4호 및 헌법재판소법 제62조 제1항 제1호의 '국가기관'에 해당한다고 볼 수 없고, 그렇다면 청구인 국회 행정안전위원회 제천화재관련평가소위원회 위원장이 제기한

이 사건 권한쟁의심판청구는 청구인능력이 없는 자가 제기한 것으로서 부적법하다(헌재 2020.5.27. 2019헌라4).

② [×] 이 사건 의결행위는 사회보장위원회의 내부 행위에 불과하므로 이를 관계 중앙행정기관의 장이나 지방자치단체의 장에게 통지하지 않는 한 그 자체만으로는 대외적 효력이 없다. 그런데 보건복지부장관은 광역지방자치단체의 장에게 이 사건 통보행위를 하면서 '사회보장위원회 회의에서 이 사건 정비방안을 의결함에 따라 이를 시행하기 위한 이 사건 정비지침을 붙임과 같이 통보한다.'고 하였는데, 통보의 대상은 '이 사건 정비지침'이고 이 사건 의결행위는 이 사건 정비지침의 근거일 뿐이므로, 이 사건 의결행위가 청구인들의 법적 지위에 직접 영향을 미친다고 보기는 어렵다. 나아가 이 사건 정비지침은 이 사건 정비방안의 시행을 위하여 그 내용을 보다 구체화한 것으로 주요 내용이 거의 동일하므로, 이 사건 통보행위를 심판대상으로 삼아 판단하는 이상 이 사건 의결행위를 별도로 심판대상으로 삼을 실익도 없다(헌재 2018.7.26. 2015헌라4).

❸ [○] 정당은 국민의 자발적 조직으로, 그 법적 성격은 일반적으로 사적·정치적 결사 내지는 법인격 없는 사단으로서 공권력의 행사 주체로서 국가기관의 지위를 갖는다고 볼 수 없다. 정당이 국회 내에서 교섭단체를 구성하고 있다고 하더라도, 헌법은 권한쟁의심판청구의 당사자로서 국회의원들의 모임인 교섭단체에 대해서 규정하고 있지 않고, 교섭단체의 권한 침해는 교섭단체에 속한 국회의원 개개인의 심의·표결권 등 권한 침해로 이어질 가능성이 높아 그 분쟁을 해결할 적당한 기관이나 방법이 없다고 할 수 없다. 따라서 정당은 헌법 제111조 제1항 제4호 및 헌법재판소법 제62조 제1항 제1호의 '국가기관'에 해당한다고 볼 수 없으므로, 권한쟁의심판의 당사자능력이 인정되지 아니한다(헌재 2020.5.27. 2019헌라6).

④ [×] 지방자치단체의 의결기관인 지방의회와 지방자치단체의 집행기관인 지방자치단체장간의 내부적 분쟁은 지방자치단체상호간의 권한쟁의심판의 범위에 속하지 아니하고, 달리 국가기관 상호간의 권한쟁의심판이나 국가기관과 지방자치단체 상호간의 권한쟁의심판에 해당한다고 볼 수도 없다(헌재 2018.7.26. 2018헌라1).

17　국회의 의안처리절차　　정답 ④

① [○] 「국회법」 제88조에 대한 옳은 내용이다.

> **제88조【위원회의 제출 의안】** 위원회에서 제출한 의안은 그 위원회에 회부하지 아니한다. 다만, 의장은 국회운영위원회의 의결에 따라 그 의안을 다른 위원회에 회부할 수 있다.

② [○] 「국회법」 제87조 제1항에 대한 옳은 내용이다.

> **제87조【위원회에서 폐기된 의안】** ① 위원회에서 본회의에 부의할 필요가 없다고 결정된 의안은 본회의에 부의하지 아니한다. 다만, 위원회의 결정이 본회의에 보고된 날부터 폐회 또는 휴회 중의 기간을 제외한 7일 이내에 의원 30명 이상의 요구가 있을 때에는 그 의안을 본회의에 부의하여야 한다.

③ [○] 「국회법」 제60조 제1항에 대한 옳은 내용이다.

> **제60조【위원의 발언】** ① 위원은 위원회에서 같은 의제(議題)에 대하여 횟수 및 시간 등에 제한 없이 발언할 수 있다. 다만, 위원장은 발언을 원하는 위원이 2명 이상일 경우에는 간사와 협의하여 15분의 범위에서 각 위원의 첫 번째 발언시간을 균등하게 정하여야 한다.
> ② 위원회에서의 질의는 일문일답(一問一答)의 방식으로 한다. 다만, 위원회의 의결이 있는 경우 일괄질의의 방식으로 할 수 있다.

❹ [×] 지정일부터 180일 이내에 마쳐야 한다.

> **「국회법」 제85조의2【안건의 신속 처리】** ③ 위원회는 신속처리대상안건에 대한 심사를 그 지정일부터 180일 이내에 마쳐야 한다. 다만, 법제사법위원회는 신속처리대상안건에 대한 체계·자구 심사를 그 지정일, 제4항에 따라 회부된 것으로 보는 날 또는 제86조 제1항에 따라 회부된 날부터 90일 이내에 마쳐야 한다.
> ④ 위원회(법제사법위원회는 제외한다)가 신속처리대상안건에 대하여 제3항 본문에 따른 기간 내에 심사를 마치지 아니하였을 때에는 그 기간이 끝난 다음 날에 소관 위원회에서 심사를 마치고 체계·자구 심사를 위하여 법제사법위원회로 회부된 것으로 본다. 다만, 법률안 및 국회규칙안이 아닌 안건은 바로 본회의에 부의된 것으로 본다.

18　기본권　　정답 ②

① [×] 미국에서는 기본권의 대사인적 효력을 인정하지 않았으나 사인에 의한 인종차별의 문제를 중심으로 판례와 이론이 변화되면서 연방대법원이 '국가행위의제이론' 또는 '국가유사설'이라 불려지는 이론을 구성하여 기본권의 대사인적효력을 제한적으로 인정하고 있다. 국가행위의제이론은 사인에게도 기본권의 효력을 미치게 하려면 사인의 행위를 국가의 행위와 동일시하거나 적어도 국가작용인 것처럼 의제하지 않으면 아니된다고 한다. 사인의 행위를 국가의 행위로 의제할 수 있으면 기본권규정이 사인간에도 직접 적용되고, 사인의 행위를 국가행위로 의제할 수 없다면 기본권규정이 적용되지 않는다고 본다. 따라서 사법상의 일반조항(공서양속조항·신의성실조항 등)을 통하여 직접 적용되지는 않는다. 사법상의 일반조항을 통하여 간접적용되는 이론은 독일이나 우리나라의 다수설의 입장이다.

❷ [○] 기본권의 본질적 내용 침해금지규정은 제3차 개정헌법(1960년)에서 처음 규정되었으나, 제7차 개정헌법(1972년)에서 삭제되었다가 제8차 개정헌법(1980년)에서 다시 부활하였다.

③ [×] 피청구인이 공공용지의 취득 및 손실보상에 관한 특례법에 의거하여 공공사업에 필요한 토지 등을 협의취득하고 그 협의취득에 따르는 보상금을 지급하는 행위는 토지 등 권리이전에 대한 반대급부의 교부행위에 불과하므로 공법상의 행정처분이 아니라 사경제주체로서 행하는 사법상의 법률행위이므로 헌법소원의 대상이 되는 공권력의 행사라고 볼 수 없다(헌재 1992.12.24. 90헌마182).

④ [×] 국민의 수학권(헌법 제31조 제1항의 교육을 받을 권리)과 교사의 수업의 자유는 다같이 보호되어야 하겠지만 그중에서도 국민의 수학권이 더 우선적으로 보호되어야 한다(헌재 1992.11.12. 89헌마88).

19 표현의 자유 정답 ③

① [O] 개별 게시판의 설치·운영 목적에 따라서 본인확인이 필요한 경우에 한해 본인확인조치를 하는 대안 역시 게시판을 설치·운영하는 공공기관등의 의도와는 무관하게 이용자는 언어폭력, 명예훼손, 불법정보의 유통 등의 행위를 할 가능성이 있기 때문에 입법목적 달성에 심판대상조항과 동일한 정도로 기여하는 수단이 된다고 보기는 어렵다. 따라서 심판대상조항은 침해의 최소성을 충족한다. 게시판의 활용이 공공기관등을 상대방으로 한 익명표현의 유일한 방법은 아닌 점, 공공기관등에 게시판을 설치·운영할 일반적인 법률상 의무가 존재한다고 보기 어려운 점, 심판대상조항은 공공기관등이 설치·운영하는 게시판이라는 한정적 공간에 적용되는 점 등에 비추어 볼 때 기본권 제한의 정도가 크지 않다. 그에 반해 공공기관등이 설치·운영하는 게시판에 언어폭력, 명예훼손, 불법정보의 유통이 이루어지는 것을 방지함으로써 얻게 되는 건전한 인터넷 문화 조성이라는 공익은 중요하다. 따라서 심판대상조항은 법익의 균형성을 충족한다(헌재 2022.12.22. 2019헌마654).

② [O] 언론·출판의 자유의 보호대상이 되는 의사표현 또는 전파의 매개체는 어떠한 형태이건 가능하므로, 담화·연설·토론·연극·방송·음악·영화·가요 등과 문서·소설·시가·도화·사진·조각·서화 등 모든 형상의 의사표현 또는 의사전파의 매개체를 포함한다(헌재 2001.8.30. 2000헌가9).

❸ [X] 이 사건 시기제한조항은 공직선거법 제8조의5 제6항·제9항, '인터넷선거보도심의위원회의 구성 및 운영에 관한 규칙' 제17조 등의 위임에 따라 제정된 것으로서 법률에 근거를 두고 있다. 이 사건 시기제한조항의 효과와 인터넷 선거보도 심의 제도의 취지, 이 사건 심의위원회의 성격 등에 비추어 보면, 모법에서 이 사건 시기제한조항을 포함한 이 사건 심의기준 규정에 포함될 내용에 대해 어느 정도 포괄적으로 위임할 필요성이 인정되므로, 이 사건 심의위원회가 어느 시기부터 인터넷언론사에 후보자 명의의 칼럼 등을 게재하는 것을 제한할 것인지를 공직선거법의 취지와 내용을 고려하여 정한 것이라면, 이를 모법의 위임범위를 벗어난 것이라고 볼 수 없다. 공직선거법은 선거일 전 90일을 기준으로 다양한 규제를 부과하고 있는데, 이 사건 심의위원회도 이러한 입법자의 판단을 존중하여 이 사건 시기제한조항에도 선거일 전 90일을 기준으로 설정하였다. 따라서 이 사건 시기제한조항이 모법의 위임범위를 벗어났다고 볼 수 없으므로 법률유보원칙에 반하여 청구인의 표현의 자유를 침해하지 않는다(헌재 2019.11.28. 2016헌마90).

> 시기제한조항은 선거일 전 90일부터 선거일까지 후보자 명의의 칼럼 등을 게재하는 인터넷 선거보도가 불공정하다고 볼 수 있는지에 대해 구체적으로 판단하지 않고 이를 불공정한 선거보도로 간주하여 선거의 공정성을 해치지 않는 보도까지 광범위하게 제한한다. 공직선거법상 인터넷 선거보도 심의의 대상이 되는 인터넷언론사의 개념은 매우 광범위한데, 이 사건 시기제한조항이 정하고 있는 일률적인 규제와 결합될 경우 이로 인해 발생할 수 있는 표현의 자유 제한이 작다고 할 수 없다. 인터넷언론의 특성과 그에 따른 언론시장에서의 영향력 확대에 비추어 볼 때, 인터넷언론에 대하여는 자율성을 최대한 보장하고 언론의 자유에 대한 제한을 최소화하는 것이 바람직하고, 계속 변화하는 이 분야에서 규제수단 또한 헌법의 틀 안에서 다채롭고 새롭게 강구되어야 한다. 이 사건 시기제한조항의 입법목적을 달성할 수 있는 덜

제약적인 다른 방법들이 이 사건 심의기준 규정과 공직선거법에 이미 충분히 존재한다. 따라서 이 사건 시기제한조항은 과잉금지원칙에 반하여 청구인의 표현의 자유를 침해한다(헌재 2019.11.28. 2016헌마90).

④ [O] 정당가입권유금지조항은 선거에서 특정정당·특정인을 지지하기 위하여 정당가입을 권유하는 적극적·능동적 의사에 따른 행위만을 금지함으로써 공무원의 정치적 표현의 자유를 최소화하고 있고, 이러한 행위는 단순한 의견개진의 수준을 넘어 선거운동에 해당하므로 입법자는 헌법 제7조 제2항이 정한 공무원의 정치적 중립성 보장을 위해 이를 제한할 수 있다. 그러므로 정당가입권유금지조항은 과잉금지원칙에 반하여 정치적 표현의 자유를 침해하지 아니한다(헌재 2021.8.31. 2018헌바149).

20 집회의 자유 정답 ④

① [O] 집회나 시위 해산을 위한 살수차 사용은 집회 및 신체의 자유에 대한 중대한 제한을 초래하므로 살수차 사용요건이나 기준은 법률에 근거를 두어야 하고, 살수차와 같은 위해성 경찰장비는 본래의 사용방법에 따라 지정된 용도로 사용되어야 하며 다른 용도나 방법으로 사용하기 위해서는 반드시 법령에 근거가 있어야 한다. 혼합살수방법은 법령에 열거되지 않은 새로운 위해성 경찰장비에 해당하고 이 사건 지침에 혼합살수의 근거 규정을 둘 수 있도록 위임하고 있는 법령이 없으므로, 이 사건 지침은 법률유보원칙에 위배되고 이 사건 지침만을 근거로 한 이 사건 혼합살수행위 역시 법률유보원칙에 위배된다. 따라서 이 사건 혼합살수행위는 청구인들의 신체의 자유와 집회의 자유를 침해한다(헌재 2018.5.31. 2015헌마476).

② [O] 법원 인근에서의 집회라 할지라도 법관의 독립을 위협하거나 재판에 영향을 미칠 염려가 없는 집회도 있다. 예컨대 법원을 대상으로 하지 않고 검찰청 등 법원 인근 국가기관이나 일반 법인 또는 개인을 대상으로 한 집회로서 재판업무에 영향을 미칠 우려가 없는 집회가 있을 수 있다. 법원을 대상으로 한 집회라도 사법행정과 관련된 의사표시 전달을 목적으로 한 집회 등 법관의 독립이나 구체적 사건의 재판에 영향을 미칠 우려가 없는 집회도 있다. 한편 집회 및 시위에 관한 법률은 심판대상조항 외에도 집회·시위의 성격과 양상에 따라 법원을 보호할 수 있는 다양한 규제수단을 마련하고 있으므로, 각급 법원 인근에서의 옥외집회·시위를 예외적으로 허용한다고 하더라도 이러한 수단을 통하여 심판대상조항의 입법목적은 달성될 수 있다. 심판대상조항은 입법목적을 달성하는 데 필요한 최소한도의 범위를 넘어 규제가 불필요하거나 또는 예외적으로 허용 가능한 옥외집회·시위까지도 일률적·전면적으로 금지하고 있으므로, 침해의 최소성원칙에 위배된다. … 심판대상조항은 과잉금지원칙을 위반하여 집회의 자유를 침해한다(헌재 2018.7.26. 2018헌바137).

③ [O] 경찰의 촬영행위는 직접적인 물리적 강제력을 동원하는 것이 아니라고 하더라도 청구인들의 일반적 인격권, 개인정보자기결정권 및 집회의 자유를 제한할 수 있다. 이러한 기본권 제한은 헌법 제37조 제2항에 따라 국가안전보장·질서유지 또는 공공복리를 위해 필요한 경우에 한하여 허용될 수 있다. 따라서 경찰의 촬영행위는 과잉금지원칙을 위반하여 국민의 일반

적 인격권, 개인정보자기결정권 및 집회의 자유를 침해해서는
아니 된다. … 이 사건에서 피청구인이 신고범위를 벗어난 동
안에만 집회참가자들을 촬영한 행위가 과잉금지원칙을 위반하여
집회참가자인 청구인들의 일반적 인격권, 개인정보자기결정권
및 집회의 자유를 침해한다고 볼 수 없다(헌재 2018.8.30.
2014헌마843).
❹ [×] 금지 통고를 받은 날부터 10일 이내에 해당 경찰관서의 바로
위의 상급경찰관서의 장에게 이의를 신청할 수 있다.

> **「집회 및 시위에 관한 법률」 제9조【집회 및 시위의 금지
> 통고에 대한 이의 신청 등】** ① 집회 또는 시위의 주최자
> 는 제8조에 따른 금지 통고를 받은 날부터 10일 이내에
> 해당 경찰관서의 바로 위의 상급경찰관서의 장에게 이의를
> 신청할 수 있다.

21　선거권　정답 ④

① [○] 선거권제한조항은 선거의 공정성을 확보하기 위한 것으로서,
선거권 제한의 대상과 요건, 기간이 제한적인 점, 선거의 공정
성을 해친 바 있는 선거범으로부터 부정선거의 소지를 차단하
여 공정한 선거가 이루어지도록 하기 위하여는 선거권을 제한
하는 것이 효과적인 방법인 점, 법원이 선거범에 대한 형량을
결정함에 있어서 양형의 조건뿐만 아니라 선거권의 제한 여부
에 대하여도 합리적 평가를 하게 되는 점, 선거권의 제한기간
이 공직선거마다 벌금형의 경우는 1회 정도, 징역형의 집행유
예의 경우에는 2~3회 정도 제한하는 것에 불과한 점 등을 종
합하면, 선거권제한조항은 청구인들의 선거권을 침해한다고
볼 수 없다(헌재 2018.1.25. 2015헌마821 등).
② [○] 전국을 단위로 선거를 실시하는 대통령선거와 비례대표국회의
원선거에 투표하기 위해서는 국민이라는 자격만으로 충분한
데 반해, 특정한 지역구의 국회의원선거에 투표하기 위해서는
'해당 지역과의 관련성'이 인정되어야 한다. 주민등록과 국내
거소신고를 기준으로 지역구 국회의원 선거권을 인정하는 것
은 해당 국민의 지역적 관련성을 확인하는 합리적인 방법이다.
따라서 선거권조항과 재외선거인 등록신청조항이 재외선거인
의 임기만료 지역구 국회의원 선거권을 인정하지 않은 것이
재외선거인의 선거권을 침해하거나 보통선거원칙에 위배된다
고 볼 수 없다(헌재 2014.7.24. 2009헌마256 등).
③ [○] 선거권을 제한하는 입법은 선거의 결과로 선출된 입법자들이
스스로 자신들을 선출하는 주권자의 범위를 제한하는 것이므
로 신중해야 한다. 범죄자에게 형벌의 내용으로 선거권을 제한
하는 경우에도 선거권 제한 여부 및 적용범위의 타당성에 관
하여 보통선거원칙에 입각한 선거권 보장과 그 제한의 관점에
서 헌법 제37조 제2항에 따라 엄격한 비례심사를 하여야 한
다(헌재 2014.1.28. 2012헌마409 등).
❹ [×] 입법자는 재외선거제도를 형성하면서, 잦은 재·보궐선거는 재
외국민으로 하여금 상시적인 선거체제에 직면하게 하는 점, 재
외 재·보궐선거의 투표율이 높지 않을 것으로 예상되는 점,
재·보궐선거사유가 확정될 때마다 전 세계 해외 공관을 가동
하여야 하는 등 많은 비용과 시간이 소요된다는 점을 종합적
으로 고려하여 재외선거인에게 국회의원의 재·보궐선거권을
부여하지 않았다고 할 것이고, 이와 같은 선거제도의 형성이
현저히 불합리하거나 불공정하다고 볼 수 없다. 따라서 재외선

거인 등록신청조항은 재외선거인의 선거권을 침해하거나 보통
선거원칙에 위배된다고 볼 수 없다(헌재 2014.7.24. 2009헌
마256 등).

22　예산　정답 ②

① [○] 「국가재정법」 제35조에 대한 옳은 내용이다.

> **제35조【국회제출 중인 예산안의 수정】** 정부는 예산안을
> 국회에 제출한 후 부득이한 사유로 인하여 그 내용의 일부를
> 수정하고자 하는 때에는 국무회의의 심의를 거쳐 대통령의
> 승인을 얻은 수정예산안을 국회에 제출할 수 있다.

❷ [×] 재원조달방안에 관한 자료는 정부가 제출하여야 한다.

> **「국회법」 제79조의2【의안에 대한 비용추계 자료 등의 제
> 출】** ① 의원이 예산상 또는 기금상의 조치를 수반하는 의
> 안을 발의하는 경우에는 그 의안의 시행에 수반될 것으로
> 예상되는 비용에 관한 국회예산정책처의 추계서 또는 국회
> 예산정책처에 대한 추계요구서를 함께 제출하여야 한다.
> ② 제1항에 따라 의원이 국회예산정책처에 대한 비용추계
> 요구서를 제출한 경우 국회예산정책처는 특별한 사정이 없
> 으면 제58조 제1항에 따른 위원회의 심사 전에 해당 의안
> 에 대한 비용추계서를 의장과 비용추계를 요구한 의원에게
> 제출하여야 한다. 이 경우 의원이 제1항에 따라 비용추계
> 서를 제출한 것으로 본다.
> ③ 위원회가 예산상 또는 기금상의 조치를 수반하는 의안
> 을 제안하는 경우에는 그 의안의 시행에 수반될 것으로 예
> 상되는 비용에 관한 국회예산정책처의 추계서를 함께 제출
> 하여야 한다. 다만, 긴급한 사유가 있는 경우 위원회의 의
> 결로 추계서 제출을 생략할 수 있다.
> ④ 정부가 예산상 또는 기금상의 조치를 수반하는 의안을
> 제출하는 경우에는 그 의안의 시행에 수반될 것으로 예상
> 되는 비용에 관한 추계서와 이에 상응하는 재원조달방안에
> 관한 자료를 의안에 첨부하여야 한다.

③ [○] 「국가재정법」 제22조 제1항에 대한 옳은 내용이다.

> **제22조【예비비】** ① 정부는 예측할 수 없는 예산 외의 지
> 출 또는 예산초과지출에 충당하기 위하여 일반회계 예산총
> 액의 100분의 1 이내의 금액을 예비비로 세입세출예산에
> 계상할 수 있다. 다만, 예산총칙 등에 따라 미리 사용목적
> 을 지정해 놓은 예비비는 본문의 규정에 불구하고 별도로
> 세입세출예산에 계상할 수 있다.

④ [○] 정부는 회계연도마다 예산안을 편성하여 회계연도 개시 90일
전까지 국회에 제출하고, 국회는 회계연도 개시 30일 전까지
이를 의결하여야 한다(헌법 제54조 제2항). 대통령의 승인을
얻은 예산안을 회계연도 개시 120일 전까지 국회에 제출하여
야 한다(「국가재정법」 제33조).

23 소비자의 권리   정답 ③

① [X] 소비자가 자신의 의사에 따라 자유롭게 상품을 선택하는 소비자의 자기결정권은 헌법 제10조의 행복추구권에 의하여 보호된다(헌재 2002.10.31. 99헌바76).

② [X] 건전한 유통질서를 확립하고, 대형마트 등과 중소유통업의 상생발전을 도모하며, 대형마트 등에 근무하는 근로자의 건강권을 보호하려는 심판대상조항의 입법목적은 정당하고, 대형마트 등의 영업시간 제한 및 의무휴업일 지정이라는 수단의 적합성도 인정된다. … 심판대상조항에 따라 대형마트 등이 경제적 손실을 입고, 소비자가 불편을 겪게 될 수도 있으나, 이는 입법목적을 달성하기 위하여 필요한 최소한의 범위에 그치고 있는 반면, 심판대상조항의 입법목적은 매우 중요하므로, 법익의 균형성도 충족한다. 따라서 심판대상조항은 과잉금지원칙에 위배되어 직업수행의 자유를 침해하지 않는다(헌재 2018.6.28. 2016헌바77).

❸ [O] 헌법재판소는 "소비자는 물품 및 용역의 구입·사용에 있어서 거래의 상대방, 구입장소, 가격, 거래조건 등을 자유로이 선택할 권리를 가진다."라고 하여 같은 취지로 판시하고 있다(헌재 1996.12.26. 96헌가18).

④ [X] 청구인 허○영, 같은 문○숙 등 소비자들이 그동안 백화점 등의 셔틀버스를 이용할 수 있었던 것은 백화점 등의 경영자가 셔틀버스를 운행함으로써 누린 반사적인 이익에 불과한 것이므로, 이 사건 법률조항으로 인하여 더 이상 셔틀버스를 이용할 수 없게 되었다 하더라도, 이는 백화점 등에의 접근에 대한 편이성이 감소되었을 뿐이고, 이로 인하여 소비자의 상품선택권이 제한을 받는 것은 아니어서 이들에게는 청구인적격이 인정될 수 없으므로, 이들의 심판청구는 부적법하다(헌재 2001.6.28. 2001헌마132). 즉, 자기관련성이 부정된다.

24 법률유보원칙   정답 ①

옳지 않은 것은 1개(ㄱ)이다.

ㄱ. [X] 1960년 제3차 개헌헌법에서는 개별적 법률유보조항을 삭제하고 일반적 법률유보조항을 명문화하였다.

ㄴ. [O] 국가전문자격시험을 운영함에 있어 시험과목 및 시험실시에 관한 구체적인 사항을 어떻게 정할 것인가는 법률에서 반드시 직접 정하여야만 하는 사항이라고 보기 어렵고, 입법자는 시험과목 및 시험실시에 관한 내용을 직접 법률에서 정할지 이를 대통령령에 위임할 것인지를 자유롭게 선택할 수 있다고 봄이 상당하다. … 전문자격시험에서 요구되는 기량을 갖추었는지 여부를 어떠한 방법으로 평가할 것인지 정하는 것뿐만 아니라 평가 그 자체도 전문적·기술적인 영역에 해당하므로, 이러한 사항을 법률로 일일이 세부적인 것까지 규정하는 것은 입법기술상 적절하지 않다. 따라서 시험과목 및 시험실시 등에 관한 사항을 대통령령에 위임할 필요성이 인정된다(헌재 2019.5.30. 2018헌마1208 등).

ㄷ. [O] 어느 규율대상이 기본권적 중요성을 가질수록, 그리고 그에 관한 공개적 토론의 필요성 내지 상충하는 이익간 조정의 필요성이 클수록 그 규율대상이 국회의 법률에 의하여 직접 규율되어야 할 필요성 및 그 규율밀도의 요구 정도가 더 증대되는데, 지방계약법상 수의계약의 체결은 지방자치단체가 사경제

의 주체로서 행하는 것으로 볼 수 있는 점, 지방계약법상 수의계약은 계약의 목적·성격·규모·지역특수성 등에 비추어 경쟁입찰에 의하는 것이 불가능하거나 적절하지 아니한 경우에 한하여 제한적·보충적으로 이루어지는 것인 점(지방계약법 제2조 및 제9조, 지방계약법 시행령 제23조 내지 제27조 참조), 엄격한 경쟁입찰절차를 통해 선정된 낙찰자와 계약을 체결하는 경우와 달리 수의계약의 경우는 보다 간이한 절차로 특정인과 계약을 체결하여 일정한 영업이익을 보장함으로써 계약상대방에게 혜택을 주는 것인 점, 수의계약은 위와 같이 제한적·보충적으로 이루어지는 것이므로 경쟁입찰계약과 달리 본질상 계약상대방의 결정에 일정한 재량이 인정될 필요가 있는 점을 고려하면, 수의계약상대자의 선정과 관련한 사항을 규율함에 있어서는 국회의 법률로써 이를 직접 규율하여야 할 필요성 또는 그 규율밀도의 요구 정도가 상대적으로 약하다고 볼 수 있다(헌재 2018.5.31. 2015헌마853).

ㄹ. [O] 세월호피해지원법은 배상금 등의 지급 이후 효과나 의무에 관한 일반규정을 두거나 이에 관하여 범위를 정하여 하위 법규에 위임한 바가 전혀 없다. 따라서 세월호피해지원법 제15조 제2항의 위임에 따라 시행령으로 규정할 수 있는 사항은 지급신청이나 지급에 관한 기술적이고 절차적인 사항일 뿐이다. 신청인에게 지급결정에 대한 동의의 의사표시 전에 숙고의 기회를 보장하고, 그 법적 의미와 효력에 관하여 안내해 줄 필요성이 인정된다 하더라도, 세월호피해지원법 제16조에서 규정하는 동의의 효력 범위를 초과하여 세월호 참사 전반에 관한 일체의 이의제기를 금지시킬 수 있는 권한을 부여받았다고 볼 수는 없다. 따라서 이의제기금지조항은 법률유보원칙을 위반하여 법률의 근거 없이 대통령령으로 청구인들에게 세월호 참사와 관련된 일체의 이의 제기 금지 의무를 부담시킴으로써 일반적 행동의 자유를 침해한다(헌재 2017.6.29. 2015헌마654).

ㅁ. [O] 보상의 전제가 되는 의료사고에 관한 사항들은 의학의 발전 수준이나 의료 환경 등에 따라 변할 수 있으므로, 보상이 필요한 의료사고인지, 보상의 범위를 어느 수준으로 할지, 그 재원을 누가 부담할지 등은 당시의 의료사고 현황이나 관련자들의 비용부담 능력 등을 종합적으로 고려하여 결정해야 할 것이다. 따라서 분담금 납부의무자의 범위와 보상재원의 분담비율을 반드시 법률에서 직접 정해야 한다고 보기는 어렵고, 이를 대통령령에 위임하였다고 하여 그 자체로 법률유보원칙에 위배된다고 할 수는 없다(헌재 2018.4.26. 2015헌가13).

ㅂ. [O] 고용노동부장관이 전국의 국공립학교와 사립학교 교원을 조합원으로 하여 설립된 甲 노동조합의 노동조합 설립신고를 수리하고 신고증을 교부하였는데, 그 후 甲 노동조합에 대하여 '두 차례에 걸쳐 해직자의 조합원 가입을 허용하는 규약을 시정하도록 명하였으나 이행하지 않았고, 실제로 해직자가 조합원으로 가입하여 활동하고 있는 것으로 파악된다'는 이유로 해당 규약 조항의 시정 등의 조치를 요구하였으나 甲 노동조합이 이를 이행하지 않자 교원의 노동조합 설립 및 운영 등에 관한 법률 제14조 제1항, 노동조합 및 노동관계조정법 제12조 제3항 제1호, 제2조 제4호 라목 및 교원의 노동조합 설립 및 운영 등에 관한 법률 시행령 제9조 제1항, 노동조합 및 노동관계조정법 시행령 제9조 제2항에 따라 甲 노동조합을 '교원의 노동조합 설립 및 운영 등에 관한 법률에 의한 노동조합으로 보지 아니함'을 통보한 사안에서, 노동조합 및 노동관계조정법 시행령 제9조 제2항은 법률의 구체적이고 명시적인 위임 없이 법률이 정하고 있지 아니한 법외노조 통보에 관하여 규정함으로써 헌법이 보장하는 노동3권을 본질적으로 제한하는 것으로

법률유보의 원칙에 위반되어 그 자체로 무효이므로 그에 기초한 위 법외노조 통보는 법적 근거를 상실하여 위법하다(대판 2020.9.3. 2016두32992 전합).

25　개인정보자기결정권　　정답 ②

① 【○】 성폭력범죄의 처벌 등에 관한 특례법상 공중밀집장소에서의 추행죄로 유죄판결이 확정된 자를 신상정보 등록대상자로 규정한 심판대상조항은 과잉금지원칙을 위반하여 청구인의 개인정보자기결정권을 침해하지 않는다(헌재 2017.12.28. 2016헌마1124).

❷ 【×】 성범죄의 재범을 억제하고 수사의 효율성을 제고하기 위하여, 법무부장관이 등록대상자의 재범 위험성이 상존하는 20년 동안 그의 신상정보를 보존·관리하는 것은 정당한 목적을 위한 적합한 수단이다. 그런데 재범의 위험성은 등록대상 성범죄의 종류, 등록대상자의 특성에 따라 다르게 나타날 수 있고, 입법자는 이에 따라 등록기간을 차등화함으로써 등록대상자의 개인정보자기결정권에 대한 제한을 최소화하는 것이 바람직함에도, 이 사건 관리조항은 모든 등록대상 성범죄자에 대하여 일률적으로 20년의 등록기간을 적용하고 있으며, 이 사건 관리조항에 따라 등록기간이 정해지고 나면 등록의무를 면하거나 등록기간을 단축하기 위해 심사를 받을 수 있는 여지도 없으므로 지나치게 가혹하다. … 모든 등록대상자에게 20년 동안 신상정보를 등록하게 하고 위 기간 동안 각종 의무를 부과하는 것은 비교적 경미한 등록대상 성범죄를 저지르고 재범의 위험성도 많지 않은 자들에 대해서는 달성되는 공익과 침해되는 사익 사이의 불균형이 발생할 수 있으므로 이 사건 관리조항은 개인정보자기결정권을 침해한다(헌재 2015.7.30. 2014헌마340 등).

③ 【○】 재범의 위험성이 높은 범죄를 범한 수형인 등은 생존하는 동안 재범의 가능성이 있으므로, 디엔에이신원확인정보를 수형인 등이 사망할 때까지 관리하여 범죄 수사 및 예방에 이바지하고자 하는 이 사건 삭제조항은 입법목적의 정당성과 수단의 적절성이 인정된다. 디엔에이신원확인정보는 개인식별을 위한 최소한의 정보인 단순한 숫자에 불과하여 이로부터 개인의 유전정보를 확인할 수 없는 것이어서 개인의 존엄과 인격권에 심대한 영향을 미칠 수 있는 민감한 정보라고 보기 어렵고, … 디엔에이신원확인정보를 범죄수사 등에 이용함으로써 달성할 수 있는 공익의 중요성에 비하여 청구인의 불이익이 크다고 보기 어려워 법익균형성도 갖추었다. 따라서 이 사건 삭제조항이 과도하게 개인정보자기결정권을 침해한다고 볼 수 없다(헌재 2014.8.28. 2011헌마28).

④ 【○】 심판대상조항의 입법목적은 공공성을 지닌 전문직인 변호사에 관한 정보를 널리 공개하여 법률서비스 수요자가 필요한 정보를 얻는 데 도움을 주고, 변호사시험 관리 업무의 공정성과 투명성을 간접적으로 담보하는 데 있다. 심판대상조항은 법무부장관이 시험 관리 업무를 위하여 수집한 응시자의 개인정보 중 합격자의 성명을 공개하도록 하는 데 그치므로, 청구인들의 개인정보자기결정권이 제한되는 범위와 정도는 매우 제한적이다. 합격자 명단이 공고되면 누구나, 언제든지 이를 검색할 수 있으므로, 심판대상조항은 공공성을 지닌 전문직인 변호사의 자격 소지에 대한 일반 국민의 신뢰를 형성하는 데 기여하며, 변호사에 대한 정보를 얻는 수단이 확보되어 법률서비스 수요자의 편의가 증진된다. 합격자 명단을 공고하는 경우, 시험 관

리 당국이 더 엄정한 기준과 절차를 통해 합격자를 선정할 것이 기대되므로 시험 관리 업무의 공정성과 투명성이 강화될 수 있다. 따라서 심판대상조항이 과잉금지원칙에 위배되어 청구인들의 개인정보자기결정권을 침해한다고 볼 수 없다(헌재 2020.3.26. 2018헌마77).

▶ 정답

p.16

01	② Ⅱ	06	④ Ⅳ	11	④ Ⅱ	16	④ Ⅱ	21	② Ⅲ
02	③ Ⅱ	07	③ Ⅱ	12	② Ⅱ	17	② Ⅱ	22	② Ⅲ
03	③ Ⅱ	08	④ Ⅰ	13	④ Ⅲ	18	③ Ⅲ	23	④ Ⅱ
04	④ Ⅱ	09	③ Ⅱ	14	② Ⅰ	19	① Ⅲ	24	④ Ⅱ
05	④ Ⅳ	10	② Ⅳ	15	② Ⅲ	20	③ Ⅱ	25	③ Ⅲ

▶ 취약 단원 분석표

단원	맞힌 답의 개수
Ⅰ	/ 2
Ⅱ	/ 12
Ⅲ	/ 8
Ⅳ	/ 3
TOTAL	/ 25

Ⅰ 헌법총론 / Ⅱ 기본권론 / Ⅲ 통치구조론 / Ⅳ 헌법재판론

---

01 명확성의 원칙   정답 ②

옳은 것은 1개(ㅁ)이다.

ㄱ. [X] 영업의 일반적 의미와 응급의료법의 관련 규정을 유기적·체계적으로 종합하여 보면, 심판대상조항의 수범자인 이송업자는 처벌조항이 처벌하고자 하는 행위가 무엇이고 그에 대한 형벌이 어떤 것인지 예견할 수 있으며, 심판대상조항의 합리적인 해석이 가능하므로, 심판대상조항은 죄형법정주의의 명확성원칙에 위배되지 아니한다(헌재 2018.2.22. 2016헌바100).

ㄴ. [X] 정액범위조항에 사용된 '등'은 열거된 항목 외에 같은 종류의 것이 더 있음을 나타내는 의미로 해석할 수 있고, 다른 조항과의 유기적·체계적 해석을 통해 그 적용범위를 합리적으로 파악할 수 있으므로, 명확성원칙에 위배되지 않는다(헌재 2020.4.23. 2017헌마103).

ㄷ. [X] 금지조항(=방송편성에 관하여 간섭을 금지하는 방송법 제4조 제2항의 '간섭'에 관한 부분)은 방송편성의 자유와 독립을 보장하기 위하여, 방송사 외부에 있는 자가 방송편성에 관계된 자에게 방송편성에 관해 특정한 요구를 하는 등의 방법으로, 방송편성에 관한 자유롭고 독립적인 의사결정에 영향을 미칠 수 있는 행위 일체를 금지한다는 의미임을 충분히 알 수 있다. 따라서 금지조항은 죄형법정주의의 명확성원칙에 위반되지 아니한다(헌재 2021.8.31. 2019헌바439).

ㄹ. [X] 건전한 상식과 통상적인 법 감정을 가진 사람이라면 외국인 가중처벌 조항 중 "외국인을 위하여"의 의미는 '외국인에게 군사적이거나 경제적이거나를 불문하고 일체의 유·무형의 이익 내지는 도움이 될 수 있다는, 즉 외국인을 이롭게 할 수 있다는 인식 내지는 의사'를 의미한다고 충분히 알 수 있으므로, 외국인 가중처벌 조항에 의하여 금지된 행위가 무엇인지 불명확하다고 볼 수 없다. 따라서 외국인 가중처벌조항은 죄형법정주의의 명확성원칙에 위반되지 아니한다(헌재 2018.1.25. 2015헌바367).

ㅁ. [O] 심판대상조항에서 금지하는 "정치적 의견을 공표"하는 행위는 '군무원이 그 지위를 이용하여 특정 정당이나 특정 정치인 또는 그들의 정책이나 활동 등에 대한 지지나 반대 의견 등을 공표하는 행위로서 군조직의 질서와 규율을 무너뜨리거나 민주헌정체제에 대한 국민의 신뢰를 훼손할 수 있는 의견을 공표하는 행위'로 한정할 수 있다. … 따라서 심판대상조항은 수범자의 예측가능성을 해한다거나 법집행 당국의 자의적인 해석과 집행을 가능하게 한다고 보기는 어렵다. 이상을 종합하여

보면, 심판대상조항이 죄형법정주의의 명확성원칙에 위반된다고 할 수 없다(헌재 2018.7.26. 2016헌바139).

---

02 직업의 자유   정답 ③

① [X] 택시를 이용하는 국민을 성범죄 등으로부터 보호하고, 여객운송서비스 이용에 대한 불안감을 해소하며, 도로교통에 관한 공공의 안전을 확보하려는 심판대상조항의 입법목적은 정당하고, 또한 해당 범죄를 범한 택시운송사업자의 운전자격의 필요적 취소라는 수단의 적합성도 인정된다. … 운전자격이 취소되더라도 집행유예기간이 경과하면 다시 운전자격을 취득할 수 있으므로 운수종사자가 받는 불이익은 제한적인 반면, 심판대상조항으로 달성되는 입법목적은 매우 중요하므로, 법익의 균형성 요건도 충족한다. 따라서 심판대상조항은 과잉금지원칙에 위배되지 않는다(헌재 2018.5.31. 2016헌바14 등).

② [X] 세무사 자격 보유 변호사는 법률에 의해 세무사의 자격을 부여받은 이상 그 자격에 따른 업무를 수행할 자유를 회복한 것이고, 세무사의 업무 중 세법 및 관련 법령에 대한 해석·적용이 필요한 업무에 대한 전문성과 능력이 인정됨에도 불구하고, 심판대상조항이 세무사 자격 보유 변호사에 대하여 세무사로서의 세무대리를 일체 할 수 없도록 전면 금지하는 것은 세무사 자격 부여의 의미를 상실시키는 것일 뿐만 아니라, 세무사 자격에 기한 직업선택의 자유를 지나치게 제한하는 것이다. … 심판대상조항은 과잉금지원칙을 위반하여 세무사 자격 보유 변호사의 직업선택의 자유를 침해하므로 헌법에 위반된다(헌재 2018.4.26. 2015헌가19).

❸ [O] 이 사건 중단조치는 북한의 핵무기 개발 시도를 경제적 제재 조치를 통해 저지하려는 국제적 합의에 이바지하고, 북한 핵위기의 핵심 당사국으로 독자적인 경제제재 조치를 실행함으로써 보다 강력한 국제적 공조를 유도하여 종국적으로 한반도와 세계평화에 기여함을 목적으로 하며, 동시에 경제제재 조치와 관련된 영역에서 사업 활동을 하는 우리 국민의 신변안전 확보를 목적으로 하므로, 목적의 정당성이 인정된다. … 따라서 이 사건 중단조치는 과잉금지원칙에 위반되어 투자기업인 청구인들의 영업의 자유와 재산권을 침해하지 아니한다(헌재 2022.1.27. 2016헌마364).

---

④ [×] 심판대상조항은 교통사고로 타인의 생명 또는 신체를 침해하고도 이에 따른 피해자의 구호조치와 신고의무를 위반한 사람이 계속하여 교통에 관여하는 것을 금지함으로써, 국민의 생명·신체를 보호하고 도로교통에 관련된 공공의 안전을 확보함과 동시에 4년의 운전면허 결격기간이라는 엄격한 제재를 통하여 교통사고 발생시 구호조치의무 및 신고의무를 이행하도록 하는 예방적 효과를 달성하고자 하는 데 그 입법목적을 가지고 있다. 이러한 입법목적은 정당하고, 그 수단의 적합성 또한 인정된다. … 따라서 심판대상조항은 직업의 자유 및 일반적 행동의 자유를 침해하지 않는다(헌재 2017.12.28. 2016헌바254).

03　외국인의 기본권 주체성　　정답 ③

① [O] 직장선택의 자유는 인간의 존엄과 가치 및 행복추구권과도 밀접한 관련을 가지는 만큼 단순히 국민의 권리가 아닌 인간의 권리로 보아야 할 것이므로 외국인도 제한적으로라도 직장선택의 자유를 향유할 수 있다고 보아야 한다(헌재 2011.9.29. 2007헌마1083).

② [O] 기본권 주체성의 인정 문제와 기본권 제한의 정도는 별개의 문제이므로, 외국인에게 직장 선택의 자유에 대한 기본권 주체성을 인정한다는 것이 곧바로 이들에게 우리 국민과 동일한 수준의 직장 선택의 자유가 보장된다는 것을 의미하는 것은 아니라고 할 것이다(헌재 2011.9.29. 2009헌마351).

❸ [×] 「공직선거법」은 18세 이상으로서 영주의 체류자격 취득일 후 3년이 경과하고 해당 지방자치단체의 외국인등록대장에 올라 있는 외국인에게 해당 지방자치단체에서 선거하는 지방자치단체의 의회의원 및 장의 선거권을 인정하고 있다.

> 「공직선거법」 제15조【선거권】② 18세 이상으로서 제37조 제1항에 따른 선거인명부작성기준일 현재 다음 각 호의 어느 하나에 해당하는 사람은 그 구역에서 선거하는 지방자치단체의 의회의원 및 장의 선거권이 있다.
> 3. 「출입국관리법」 제10조에 따른 영주의 체류자격 취득일 후 3년이 경과한 외국인으로서 같은 법 제34조에 따라 해당 지방자치단체의 외국인등록대장에 올라 있는 사람

④ [O] 자본주의 경제질서하에서 근로자가 기본적 생활수단을 확보하고 인간의 존엄성을 보장받기 위하여 최소한의 근로조건을 요구할 수 있는 권리는 자유권적 기본권의 성격도 아울러 가지므로 이러한 경우 외국인 근로자에게도 그 기본권 주체성을 인정함이 타당하다(헌재 2007.8.30. 2004헌마670).

04　재판청구권　　정답 ④

① [O] 헌법에 '공정한 재판'에 관한 명문의 규정은 없지만 재판청구권이 국민에게 효율적인 권리보호를 제공하기 위해서는, 법원에 의한 재판이 공정하여야만 할 것은 당연한 전제이므로 '공정한 재판을 받을 권리'는 헌법 제27조의 재판청구권에 의하여 함께 보장된다(헌재 2002.7.18. 2001헌바53).

② [O] 특수임무수행자보상심의위원회는 위원 구성에 제3자성과 독립성이 보장되어 있고, 보상금등 지급 심의절차의 공정성과 신중성이 갖추어져 있다. 특수임무수행자는 보상금 등 지급결정에 동의할 것인지 여부를 자유롭게 선택할 수 있으며, 보상금 등을 지급받을 경우 향후 재판상 청구를 할 수 없음을 명확히 고지받고 있다. 보상금 중 기본공로금은 채용·입대경위, 교육훈련여건, 특수임무종결일 이후의 처리사항 등을 고려하여 위원회가 정한 금액으로 지급되는데, 위원회는 음성적 모집 여부, 기본권 미보장 여부, 인권유린, 종결 후 사후관리 미흡 등을 참작하여 구체적인 액수를 정하므로, 여기에는 특수임무교육훈련에 관한 정신적 손해 배상 또는 보상에 해당하는 금원이 포함된다. 특수임무수행자는 보상금 등 산정과정에서 국가행위의 불법성이나 구체적인 손해 항목 등을 주장·입증할 필요가 없고 특수임무수행자의 과실이 반영되지도 않으며, 국가배상청구에 상당한 시간과 비용이 소요되는 데 반해 보상금 등 지급결정은 비교적 간이·신속한 점까지 고려하면, 특임자보상법령이 정한 보상금 등을 지급받는 것이 국가배상을 받는 것에 비해 일률적으로 과소 보상된다고 할 수도 없다. 따라서 심판대상조항이 과잉금지원칙을 위반하여 국가배상청구권 또는 재판청구권을 침해한다고 보기 어렵다(헌재 2021.9.30. 2019헌가28).

③ [O] '법률에 의한' 재판청구권을 보장하기 위해서는 입법자에 의한 재판청구권의 구체적 형성이 불가피하므로 입법자의 광범위한 입법재량이 인정된다(헌재 2008.9.25. 2007헌바23).

❹ [×] 헌법 제27조 제1항은 "모든 국민은 … 법률에 의한 재판을 받을 권리를 가진다."라고 규정하여 법원이 법률에 기속된다는 당연한 법치국가적 원칙을 확인하고, '법률에 의한 재판, 즉 절차법이 정한 절차에 따라 실체법이 정한 내용대로 재판을 받을 권리'를 보장하고 있다. 이로써 위 헌법조항은 '원칙적으로 입법자에 의하여 형성된 현행 소송법의 범주 내에서 권리구제절차를 보장한다'는 것을 밝히고 있다. 재판청구권의 실현이 법원의 조직과 절차에 관한 입법에 의존하고 있기 때문에 입법자에 의한 재판청구권의 구체적 형성은 불가피하며, 따라서 입법자는 청구기간이나 제소기간과 같은 일정한 기간의 준수, 소송대리, 변호사 강제제도, 소송수수료규정 등을 통하여 원칙적으로 소송법에 규정된 형식적 요건을 충족시켜야 비로소 법원에 제소할 수 있도록 소송의 주체, 방식, 절차, 시기, 비용 등에 관하여 규율할 수 있다. 그러나 헌법 제27조 제1항은 권리구제절차에 관한 구체적 형성을 완전히 입법자의 형성권에 맡기지는 않는다. 입법자가 단지 법원에 제소할 수 있는 형식적인 권리나 이론적인 가능성만을 제공할 뿐 권리구제의 실효성이 보장되지 않는다면 권리구제절차의 개설은 사실상 무의미할 수 있다. 그러므로 재판청구권은 법적 분쟁의 해결을 가능하게 하는 적어도 한번의 권리구제절차가 개설될 것을 요청할 뿐 아니라 그를 넘어서 소송절차의 형성에 있어서 실효성 있는 권리보호를 제공하기 위하여 그에 필요한 절차적 요건을 갖출 것을 요청한다. 비록 재판절차가 국민에게 개설되어 있다 하더라도, 절차적 규정들에 의하여 법원에의 접근이 합리적인 이유로 정당화될 수 없는 방법으로 어렵게 된다면, 재판청구권은 사실상 형해화될 수 있으므로, 바로 여기에 입법형성권의 한계가 있다(헌재 2002.10.31. 2001헌바40).

05 권한쟁의심판 정답 ④

① [O] 국회의장과 국회의원간에 그들의 권한의 존부 또는 범위에 관하여 분쟁이 생길 수 있고, 이와 같은 분쟁은 단순히 국회의 구성원인 국회의원과 국회의장간의 국가기관 내부 문제가 아니라 헌법상 별개의 국가기관이 각자 그들의 권한의 존부 또는 범위를 둘러싼 분쟁이다(헌재 2000.2.24. 99헌라1).

② [O] 국가기관의 부분 기관이 자신의 이름으로 소속기관의 권한을 주장할 수 있는 '제3자 소송담당'을 명시적으로 허용하는 법률의 규정이 없는 현행법 체계하에서는 국회의 구성원인 국회의원이 국회의 조약에 대한 체결·비준 동의권의 침해를 주장하는 권한쟁의심판을 청구할 수 없다(헌재 2007.7.26. 2005헌라8).

③ [O] 피청구인의 장래처분에 의해서 청구인의 권한침해가 예상되는 경우에 청구인은 원칙적으로 이러한 장래처분이 행사되기를 기다린 이후에 이에 대한 권한쟁의심판청구를 통해서 침해된 권한의 구제를 받을 수 있으므로, 피청구인의 장래처분을 대상으로 하는 심판청구는 원칙적으로 허용되지 아니한다. 그러나 피청구인의 장래처분이 확실하게 예정되어 있고, 피청구인의 장래처분에 의해서 청구인의 권한이 침해될 위험성이 있어서 청구인의 권한을 사전에 보호해 주어야 할 필요성이 매우 큰 예외적인 경우에는 피청구인의 장래처분에 대해서도 헌법재판소법 제61조 제2항에 의거하여 권한쟁의심판을 청구할 수 있다(헌재 2004.9.23. 2000헌라2).

❹ [X] 권한쟁의대상이 되는 법적 분쟁은 헌법상의 분쟁뿐 아니라 법률상의 분쟁도 포함된다.

> **「헌법재판소법」 제61조【청구 사유】** ② 제1항의 심판청구는 피청구인의 처분 또는 부작위가 헌법 또는 법률에 의하여 부여받은 청구인의 권한을 침해하였거나 침해할 현저한 위험이 있는 경우에만 할 수 있다.

06 대통령 탄핵심판 정답 ④

일치하는 것은 ㄴ, ㄷ, ㄹ이다.

ㄱ. [X] 피청구인은 행정부의 수반으로서 국가가 국민의 생명과 신체의 안전 보호의무를 충실하게 이행할 수 있도록 권한을 행사하고 직책을 수행하여야 하는 의무를 부담한다. 하지만 국민의 생명이 위협받는 재난상황이 발생하였다고 하여 피청구인이 직접 구조 활동에 참여하여야 하는 등 구체적이고 특정한 행위의무까지 바로 발생한다고 보기는 어렵다. 세월호 참사에 대한 피청구인의 대응조치에 미흡하고 부적절한 면이 있었다고 하여 곧바로 피청구인이 생명권 보호의무를 위반하였다고 인정하기는 어렵다(헌재 2017.3.10. 2016헌나1).

ㄴ. [O] 헌법 제7조 제1항은 국민주권주의와 대의민주주의를 바탕으로 공무원을 '국민 전체에 대한 봉사자'로 규정하고 공무원의 공익실현의무를 천명하고 있고, 헌법 제69조는 대통령의 공익실현의무를 다시 한 번 강조하고 있다. 대통령은 '국민 전체'에 대한 봉사자이므로 특정 정당, 자신이 속한 계급·종교·지역·사회단체, 자신과 친분 있는 세력의 특수한 이익 등으로부터 독립하여 국민 전체를 위하여 공정하고 균형 있게 업무를 수행할 의무가 있다. 대통령의 공익실현의무는 국가공무원법 제59조, 공직자윤리법 제2조의2 제3항, 부패방지 및 국민권익

위원회의 설치와 운영에 관한 법률 제2조 제4호 가목, 제7조 등 법률을 통해 구체화되고 있다. 피청구인은 최○원이 추천한 인사를 다수 공직에 임명하였고 이렇게 임명된 일부 공직자는 최○원의 이권 추구를 돕는 역할을 하였다. 피청구인은 사기업으로부터 재원을 마련하여 재단법인 미르와 재단법인 케이스포츠를 설립하도록 지시하였고, 대통령의 지위와 권한을 이용하여 기업들에게 출연을 요구하였다. 이어 최○원이 추천하는 사람들을 미르와 케이스포츠의 임원진이 되도록 하여 최○원이 두 재단을 실질적으로 장악할 수 있도록 해 주었다. 그 결과 최○원은 자신이 실질적으로 운영하는 주식회사플레이그라운드커뮤니케이션즈와 주식회사더블루케이를 통해 위 재단을 이권 창출의 수단으로 활용할 수 있었다. 피청구인은 기업에 대하여 특정인을 채용하도록 요구하고 특정 회사와 계약을 체결하도록 요청하는 등 대통령의 지위와 권한을 이용하여 사기업 경영에 관여하였다. 그 밖에도 피청구인은 스포츠클럽 개편과 같은 최○원의 이권과 관련된 정책 수립을 지시하였고, 롯데그룹으로 하여금 5대 거점 체육인재 육성사업을 위한 시설 건립과 관련하여 케이스포츠에 거액의 자금을 출연하도록 하였다. 피청구인의 이러한 일련의 행위는 최○원 등의 이익을 위해 대통령으로서의 지위와 권한을 남용한 것으로서 공정한 직무수행이라 할 수 없다. 피청구인은 헌법 제7조 제1항, 국가공무원법 제59조, 공직자윤리법 제2조의2 제3항, 부패방지권익위법 제2조 제4호 가목, 제7조를 위반하였다(헌재 2017.3.10. 2016헌나1).

ㄷ. [O] 피청구인은 직접 또는 경제수석비서관을 통하여 대기업 임원 등에게 미르와 케이스포츠에 출연할 것을 요구하였다. 대통령의 재정·경제 분야에 대한 광범위한 권한과 영향력, 비정상적 재단 설립과정과 운영상황 등을 종합하여 보면, 피청구인의 요구는 임의적 협력을 기대하는 단순한 의견제시나 권고가 아니라 사실상 구속력 있는 행위라고 보아야 한다. 공권력 개입을 정당화할 수 있는 기준과 요건을 법률로 정하지 않고 대통령의 지위를 이용하여 기업으로 하여금 재단법인에 출연하도록 한 피청구인의 행위는 해당 기업의 재산권 및 기업경영의 자유를 침해한 것이다. 피청구인은 롯데그룹에 최○원의 이권 사업과 관련 있는 하남시 체육시설 건립 사업 지원을 요구하였고, 안○범으로 하여금 사업 진행상황을 수시로 점검하도록 하였다. 피청구인은 현대자동차그룹에 최○원의 지인이 경영하는 회사와 납품계약을 체결하도록 요구하였고, 주식회사 케이티에는 최○원과 관계있는 인물의 채용과 보직 변경을 요구하였다. 그 밖에도 피청구인은 기업에 스포츠팀 창단 및 더블루케이와의 계약 체결을 요구하였고, 그 과정에서 고위공직자인 안○범이나 김○을 이용하여 영향력을 행사하였다. 피청구인의 이와 같은 일련의 행위들은 기업의 임의적 협력을 기대하는 단순한 의견제시나 권고가 아니라 구속적 성격을 지닌 것으로 평가된다. 아무런 법적 근거 없이 대통령의 지위를 이용하여 기업의 사적 자치 영역에 간섭한 피청구인의 행위는 해당 기업의 재산권 및 기업경영의 자유를 침해한 것이다(헌재 2017.3.10. 2016헌나1).

ㄹ. [O] 피청구인의 지시와 묵인에 따라 최○원에게 많은 문건이 유출되었고, 여기에는 대통령의 일정·외교·인사·정책 등에 관한 내용이 포함되어 있다. 이런 정보는 대통령의 직무와 관련된 것으로, 일반에 알려질 경우 행정 목적을 해할 우려가 있고 실질적으로 비밀로 보호할 가치가 있으므로 직무상 비밀에 해당한다. 피청구인이 최○원에게 위와 같은 문건이 유출되도록 지시 또는 방치한 행위는 국가공무원법 제60조의 비밀엄수의무를 위반한 것이다(헌재 2017.3.10. 2016헌나1).

ㅁ. [X] 피청구인의 청와대 문건 유출에 대한 비판 발언 등을 종합하면 피청구인이 세계일보의 정O회 문건 보도에 비판적 입장을 표명하였다고 볼 수 있으나, 이러한 입장 표명만으로 세계일보의 언론의 자유를 침해하였다고 볼 수는 없고, 조O규의 대표이사직 해임에 피청구인이 관여하였다고 인정할 증거가 부족하다(헌재 2017.3.10. 2016헌나1).

ㅂ. [X] 피청구인이 문화체육관광부 소속 공무원인 노O강과 진O수에 대하여 문책성 인사를 하도록 지시한 이유가 이들이 최O원의 사익 추구에 방해가 되기 때문이었다고 볼 증거가 부족하고, 피청구인이 유O룡을 면직한 이유나 대통령비서실장이 1급 공무원 6인으로부터 사직서를 제출받도록 지시한 이유도 분명하지 않다(헌재 2017.3.10. 2016헌나1).

---

07 학문의 자유 　　　　　　　　　　정답 ③

① [O] 헌법 제22조 제1항에서 규정한 학문의 자유 등의 보호는 개인의 인권으로서의 학문의 자유뿐만 아니라 특히 대학에서 학문연구의 자유·연구활동의 자유·교수의 자유 등도 보장하는 취지이다. 이와 같은 대학에서의 학문의 자유에 대한 보장을 담보하기 위하여는 대학의 자율성이 보장되어야 한다(헌재 1998.7.16. 96헌바33).

② [O] 이 사건 조항은 국립대학 교원의 연구의욕 고취 및 교육의 수월성 제고를 통한 대학경쟁력 강화를 위한 것으로서 목적의 정당성 및 수단의 적합성이 인정된다. 또한 이 사건 조항은 교원의 학문연구나 교육 등의 활동을 제약하거나 이를 일정한 방향으로 강요하고, 낮은 등급을 받은 교원에 대하여 직접적으로 어떤 제재를 가하는 것이 아니라, 평가결과에 따라 연봉에 상대적인 차등을 둠으로써 교원들의 자발적인 분발을 촉구할 뿐이고, 구체적인 평가기준이나 평가방법 등은 각 대학에서 합리적으로 설정하여 운영할 수 있으므로 침해의 최소성도 인정된다. 그리고 이 사건 조항으로 인하여 달성되는 공익이 그로 인하여 받게되는 불이익보다 크므로 법익의 균형성도 인정된다. 따라서 이 사건 조항은 과잉금지원칙에 반하여 청구인들의 학문의 자유를 침해한다고 볼 수 없다(헌재 2013.11.28. 2011헌마282).

❸ [X] 대학의 자율성은 헌법 제22조 제1항이 보장하고 있는 학문의 자유의 확실한 보장수단으로 꼭 필요한 것으로서 이는 대학에게 부여된 헌법상의 기본권이다. 여기서 대학의 자율은 대학시설의 관리·운영만이 아니라 전반적인 것이라야 하므로 연구와 교육의 내용, 그 방법과 대상, 교과과정의 편성, 학생의 선발과 전형 및 특히 교원의 임면에 관한 사항도 자율의 범위에 속한다(헌재 2006.4.27. 2005헌마1119).

④ [O] 경찰대학에 연령제한을 둔 목적은 젊고 유능한 인재를 확보하고 이들에게 필요한 교육 훈련을 일관적이고 체계적으로 실시하여 국민에게 전문적이고 질 높은 행정 서비스를 제공하기 위한 것이므로, 이를 위하여 경찰대학 입학에 일정한 상한연령을 규정하는 것은 정당한 목적에 대한 적절한 수단이다. … 경찰대학의 입학 연령을 21세 미만으로 제한하고 있는 것이 경찰대학에 진학하여서 연구할 자유를 침해하고 있거나 병역의무이행 그 자체를 이유로 불이익을 부과하고 있는 것이 아니므로 청구인의 학문의 자유와 병역의무이행으로 인한 불이익처우 금지 등을 침해하였다고 볼 수 없다(헌재 2009.7.30. 2007헌마991).

---

08 신뢰보호원칙, 소급입법금지원칙 　　정답 ④

옳은 것은 ㄴ, ㄹ이다.

ㄱ. [X] 자율형 사립고등학교(이하 '자사고'라 한다)는 초·중등교육법 제61조에 따른 학교인데 위 조항은 신입생 선발시기에 관하여 자사고에 특별한 신뢰를 부여하였다고 볼 수 없다. 또한 입학전형에 관한 사항은 고등학교 교육에 대한 수요 및 공급의 상황과 각종 고등학교별 특성 등을 고려하여 정할 필요성이 있고, 전기학교로 규정할 것인지 여부는 특정 분야에 재능이나 소질을 가진 학생을 후기학교보다 먼저 선발할 필요성이 인정되는지에 따라 달라질 수 있는 가변적인 성격을 가지고 있다. 자사고가 당초 도입취지와 달리 운영되고 있음은 앞서 본 바와 같고 자사고가 전기학교로 유지되리라는 기대 내지 신뢰는 자사고의 교육과정을 도입취지에 충실하게 운영할 것을 전제로 한 것이므로 그 전제가 충족되지 않은 이상 청구인 학교법인의 신뢰를 보호하여야 할 가치나 필요성은 그만큼 약하다. 고교서열화 및 입시경쟁 완화라는 공익은 매우 중대하고, 자사고를 전기학교로 유지할 경우 우수학생 선점 문제를 해결하기 곤란하여 고교서열화 현상을 완화시키기 어렵다는 점, 청구인 학교법인의 신뢰의 보호가치가 작다는 점을 고려하면 이 사건 동시선발조항은 신뢰보호원칙에 위배되지 아니한다(헌재 2019.4.11. 2018헌마221).

ㄴ. [O] 법률의 개정시 구 법질서에 대한 당사자의 신뢰가 합리적이고도 정당하며 법률의 개정으로 야기되는 당사자의 손해가 극심하여 새로운 입법으로 달성하고자 하는 공익적 목적이 그러한 당사자의 신뢰의 파괴를 정당화할 수 없다면 그러한 새 입법은 신뢰보호의 원칙상 허용될 수 없다. 이러한 신뢰보호원칙의 위배 여부를 판단하기 위하여는 한편으로는 침해받은 이익의 보호가치, 침해의 중한 정도, 신뢰가 손상된 정도, 신뢰침해의 방법 등과 다른 한편으로는 새 입법을 통해 실현하고자 하는 공익적 목적을 종합적으로 비교·형량하여야 한다(헌재 1995.6.29. 94헌바39).

ㄷ. [X] 부진정소급입법은 원칙적으로 허용되지만 소급효를 요구하는 공익상의 사유와 신뢰보호의 요청 사이의 교량과정에서 신뢰보호의 관점이 입법자의 형성권에 제한을 가하게 되는데 반하여, 기존의 법에 의하여 형성되어 이미 굳어진 개인의 법적 지위를 사후입법을 통하여 박탈하는 것 등을 내용으로 하는 진정소급입법은 개인의 신뢰보호와 법적 안정성을 내용으로 하는 법치국가원리에 의하여 특단의 사정이 없는 한 헌법적으로 허용되지 아니하는 것이 원칙이고, 다만 일반적으로 국민이 소급입법을 예상할 수 있었거나 법적 상태가 불확실하고 혼란스러워 보호할 만한 신뢰이익이 적은 경우와 소급입법에 의한 당사자의 손실이 없거나 아주 경미한 경우 그리고 신뢰보호의 요청에 우선하는 심히 중대한 공익상의 사유가 소급입법을 정당화하는 경우 등에는 예외적으로 진정소급입법이 허용된다(헌재 1999.7.22. 97헌바76 등).

ㄹ. [O] 기존의 법에 의하여 형성되어 이미 굳어진 개인의 법적 지위를 사후입법을 통하여 박탈하는 것 등을 내용으로 하는 진정소급입법은 개인의 신뢰보호와 법적 안정성을 내용으로 하는 법치국가원리에 의하여 특단의 사정이 없는 한 헌법적으로 허용되지 아니하는 것이 원칙이고, 다만 일반적으로 국민이 소급입법을 예상할 수 있었거나 법적 상태가 불확실하고 혼란스러워 보호할 만한 신뢰이익이 적은 경우와 소급입법에 의한 당사자의 손실이 없거나 아주 경미한 경우 그리고 신뢰보호의 요청에 우선하는 심히 중대한 공익상의 사유가 소급입법을 정당화하는 경우 등에는 예외적으로 진정소급입법이 허용된다(헌재 1999.7.22. 97헌바76 등).

09 책임주의   정답 ③

① [O] 심판대상조항(법인에 대해 무과실의 형사책임을 정한 구 수질환경보전법 양벌규정)은 법인의 대리인·사용인 기타의 종업원(이하 '종업원 등'이라 한다)의 범죄행위에 대한 법인의 가담 여부나 이를 감독할 주의의무 위반 여부를 법인에 대한 처벌요건으로 규정하지 않고, 법인이 면책될 가능성에 대해서도 정하지 않은 채, 법인을 종업원 등과 같이 처벌하도록 정하고 있다. 이는 헌법상 법치국가원리로부터 도출되는 책임주의원칙에 위배된다(헌재 2021.4.29. 2019헌가2).

② [O] 종업원의 위반행위에 대하여 양벌조항으로서 개인인 영업주에게도 동일하게 무기 또는 2년 이상의 징역형의 법정형으로 처벌하도록 규정하고 있는 '보건범죄단속에 관한 특별조치법' 제6조 중 제5조에 의한 처벌 부분이 형사법상 책임원칙에 반한다(헌재 2007.11.29. 2005헌가10).

❸ [X] 신체에 대한 가해행위는 그 자체로 상해의 결과를 발생시킬 위험을 내포하고 있으므로, 독립한 가행행위가 경합하여 상해가 발생한 경우 상해의 발생 또는 악화에 전혀 기여하지 않은 가해행위의 존재라는 것은 상정하기 어렵고, 각 가해행위가 상해의 발생 또는 악화에 어느 정도 기여하였는지를 계량화할 수 있는 것도 아니다. 이에 입법자는 피해자의 법익 보호와 일반예방적 효과를 높일 필요성을 고려하여 다른 독립행위가 경합하는 경우와 구분하여 심판대상조항을 마련한 것이다. … 또한 법관은 피고인이 가해행위에 이르게 된 동기, 가해행위의 태양과 폭력성의 정도, 피해 회복을 위한 피고인의 노력 정도 등을 모두 참작하여 피고인의 행위에 상응하는 형을 선고하므로, 가해행위자는 자신의 행위를 기준으로 형사책임을 부담한다. 이러한 점을 종합하여 보면, 심판대상조항은 책임주의원칙에 반한다고 볼 수 없다(헌재 2018.3.29. 2017헌가10).

④ [O] 특정경제범죄 가중처벌 등에 관한 법률(2009.5.8. 법률 제9646호로 개정된 것) 제4조 제4항 본문 중 '법인에 대한 처벌'에 관한 부분은 헌법에 위반되지 아니한다(헌재 2019.4.11. 2015헌바443).

> [1] 법인 대표자의 법규위반행위에 대한 법인의 책임은 법인 자신의 법규위반행위로 평가될 수 있는 행위에 대한 법인의 직접책임이므로, 대표자의 고의에 의한 위반행위에 대하여는 법인이 고의책임을, 대표자의 과실에 의한 위반행위에 대하여는 법인이 과실책임을 부담한다. 따라서 청구인이 대표자가 범한 횡령행위의 피해자로서 손해만을 입고 아무런 이익을 얻지 못한 경우라도, 법인이 대표자를 통하여 재산국외도피를 하였다면 그 자체로 법인 자신의 법규위반행위로 평가할 수 있다. 심판대상조항 중 법인의 대표자 관련 부분은 법인의 직접책임을 근거로 하여 법인을 처벌하므로 책임주의원칙에 반하지 아니한다.
>
> [2] 종업원 등이 재산국외도피행위를 함에 있어 법인이 그 위반행위를 방지하기 위하여 해당 업무에 관하여 상당한 주의와 감독을 게을리 한 경우라면, 법인이 설령 종업원 등이 범한 횡령행위의 피해자의 지위에 있다 하더라도, 종업원 등의 범죄행위에 대한 관리감독책임을 물어 법인에도 형벌을 부과할 수 있다. 따라서 심판대상조항 중 법인의 종업원 등 관련 부분은 법인의 과실책임에 기초하여 법인을 처벌하므로 책임주의원칙에 반하지 아니한다.

> 한편 대표자 등의 재산국외도피행위로 인하여 법인이 경제적 손실을 입을 수 있으나 위에서 본 바와 같이 법인에도 대표자 등의 행위에 대한 자신의 책임이 인정되므로 대표자 등의 행위로 법인이 손해를 입었는지 여부는 양형상 고려사항일 수는 있으나 손해가 있다고 하여 그 책임까지 없다고 보기는 어렵다(헌재 2019.4.11. 2015헌바443).

10 헌법소원심판   정답 ②

① [O] 단체는 원칙적으로 단체자신의 기본권을 직접 침해당한 경우에만 그의 이름으로 헌법소원심판을 청구할 수 있을 뿐이고 그 구성원을 위하여 또는 구성원을 대신하여 헌법소원심판을 청구할 수 없다 할 것인데, 청구인 사단법인은 그 자신의 기본권이 침해당하고 있음을 이유로 하여 이 사건 헌법소원심판을 청구한 것이 아니고, 그 단체 소속된 회원들인 영화인들의 헌법상 보장된 예술의 자유와 표현의 자유가 침해당하고 있음을 이유로 하여 이 사건 헌법소원심판을 청구하여 자기관련성의 요건을 갖추지 못하였다(헌재 1991.6.3. 90헌마56).

❷ [X] 구체적 규범통제절차에서 법률조항에 대한 특정적 해석이나 적용부분의 위헌성을 다투는 한정위헌청구가 원칙적으로 적법하다고 하더라도, 재판소원을 금지하고 있는 '법' 제68조 제1항의 취지에 비추어 한정위헌청구의 형식을 취하고 있으면서도 실제로는 당해 사건 재판의 기초가 되는 사실관계의 인정이나 평가 또는 개별적·구체적 사건에서의 법률조항의 단순한 포섭·적용에 관한 문제를 다투거나 의미 있는 헌법문제를 주장하지 않으면서 법원의 법률해석이나 재판결과를 다투는 경우 등은 모두 현행의 규범통제제도에 어긋나는 것으로서 허용될 수 없는 것이다(헌재 2012.12.27. 2011헌바117).

③ [O] 일반적으로 행정규칙은 행정조직 내부에서만 효력을 가지는 것이고 대외적인 구속력을 가지는 것이 아니어서 원칙적으로 헌법소원의 대상이 되는 '공권력의 행사'에 해당하지 아니한다. 그러나 행정규칙이 법령의 직접적 위임에 따라 수임행정기관이 그 법령을 시행하는 데 필요한 구체적 사항을 정한 것이면, 그 제정형식은 비록 법규명령이 아닌 고시·훈령·예규 등과 같은 행정규칙이더라도 그것이 상위법령의 위임한계를 벗어나지 않는 한 상위법령과 결합하여 대외적인 구속력을 갖는 법규명령으로서 기능하게 된다고 보아야 할 것인바, 헌법소원의 청구인이 법령과 예규의 관계규정으로 말미암아 직접 기본권을 침해받았다면 이에 대하여 헌법소원을 청구할 수 있다(헌재 2000.7.20. 99헌마455).

④ [O] 헌법재판소법 제68조 제1항에 의한 헌법소원심판을 청구하기 위해서는 이러한 공권력의 행사로 인하여 '기본권침해의 가능성'이 있어야 한다. 따라서 공권력의 행사로 인하여 헌법소원을 청구하고자 하는 자가 법적 지위에 아무런 영향을 받지 않거나 단순히 사실적 또는 경제적 이해관계로만 관련되어 있는 경우 그 공권력의 행사를 대상으로 헌법소원을 청구하는 것은 허용되지 아니한다(헌재 2004.12.16. 2002헌마579).

11　사생활의 비밀과 자유　　정답 ④

① [O] 인터넷 회선 감청은, 인터넷 회선을 통하여 흐르는 전기신호 형태의 '패킷'을 중간에 확보한 다음 재조합 기술을 거쳐 그 내용을 파악하는 이른바 '패킷감청'의 방식으로 이루어진다. 따라서 이를 통해 개인의 통신뿐만 아니라 사생활의 비밀과 자유가 제한된다(헌재 2018.8.30. 2016헌마263).

② [O] 헌법 제17조는 "모든 국민은 사생활의 비밀과 자유를 침해받지 아니한다."라고 규정하고 있는바, 이들 헌법 규정은 개인의 사생활 활동이 타인으로부터 침해되거나 사생활이 함부로 공개되지 아니할 소극적인 권리는 물론, 오늘날 고도로 정보화된 현대사회에서 자신에 대한 정보를 자율적으로 통제할 수 있는 적극적인 권리까지도 보장하려는 데에 그 취지가 있는 것으로 해석된다(대판 1998.7.24. 96다42789).

③ [O] 헌법 제17조는 "모든 국민은 사생활의 비밀과 자유를 침해받지 아니한다."라고 규정하여 사생활의 비밀과 자유를 국민의 기본권의 하나로 보장하고 있다. 사생활의 비밀은 국가가 사생활영역을 들여다보는 것에 대한 보호를 제공하는 기본권이며, 사생활의 자유는 국가가 사생활의 자유로운 형성을 방해하거나 금지하는 것에 대한 보호를 의미한다. 구체적으로 사생활의 비밀과 자유가 보호하는 것은 개인의 내밀한 내용의 비밀을 유지할 권리, 개인이 자신의 사생활의 불가침을 보장받을 수 있는 권리, 개인의 양심영역이나 성적 영역과 같은 내밀한 영역에 대한 보호, 인격적인 감정세계의 존중의 권리와 정신적인 내면생활이 침해받지 아니할 권리 등이다. 요컨대 헌법 제17조가 보호하고자 하는 기본권은 사생활영역의 자유로운 형성과 비밀 유지라고 할 것이다(헌재 2003.10.30. 2002헌마518).

❹ [X] 이 사건 녹음행위는 교정시설 내의 안전과 질서유지에 기여하기 위한 것으로서 그 목적이 정당할 뿐 아니라 수단이 적절하다. 또한 소장은 미리 접견내용의 녹음 사실 등을 고지하며, 접견기록물의 엄격한 관리를 위한 제도적 장치도 마련되어 있는 점 등을 고려할 때 침해의 최소성 요건도 갖추었고, 이 사건 녹음행위는 미리 고지되어 청구인의 접견내용은 사생활의 비밀로서의 보호가치가 그리 크지 않다고 할 것이므로 법익의 불균형을 인정하기도 어려워, 과잉금지원칙에 위반하여 청구인의 사생활의 비밀과 자유를 침해하였다고 볼 수 없다(헌재 2012.12.27. 2010헌마153).

12　재산권　　정답 ②

① [O] 공무원이 징계처분을 받은 지 얼마 되지 않아서 곧바로 승급되어 승급된 호봉에 따라 보수 상승이라는 재산적 이익을 누리게 되거나, 성실한 근무에 대한 보상과 격려 차원에서 지급되는 정근수당을 감액 없이 전액 지급받게 된다면, 공무원 조직 내부 기강을 확립하고 공무원이 수행하는 국가작용에 대한 국민의 신뢰를 확보하고자 하는 징계제도의 목적을 효과적으로 달성하지 못할 우려가 있을 수 있다. 이 사건 승급조항 및 수당제한규정은 과잉금지원칙을 위반하여 청구인의 재산권을 침해하지 않는다(헌재 2022.3.31. 2020헌마211).

❷ [X] 이 사건 법률조항으로 인하여 제한되는 사익인 환매권은 이미 정당한 보상을 받은 소유자에게 수용된 토지가 목적 사업에 이용되지 않을 경우에 인정되는 것이고, 변환된 공익사업을 기

준으로 다시 취득할 수 있어, 이 사건 법률조항으로 인하여 제한되는 사익이 이로써 달성할 수 있는 공익에 비하여 중하다고 할 수 없으므로, 이 사건 법률조항은 과잉금지원칙에 위배되어 청구인의 재산권을 침해한다고 할 수 없다(헌재 2012.11.29. 2011헌바49).

③ [O] 심판대상조항은 악화된 연금재정을 개선하여 공무원연금제도의 건실한 유지·존속을 도모하고 연금과 보수의 이중수혜를 방지하기 위한 것이다. 퇴직공무원의 적정한 생계 보장이라는 공무원연금제도의 취지에 비추어, 연금 지급을 정지하기 위해서는 '연금을 대체할 만한 소득'이 전제되어야 한다. 지방의회 의원이 받는 의정비 중 의정활동비는 의정활동 경비 보전을 위한 것이므로, 연금을 대체할 만한 소득이 있는지 여부는 월정수당을 기준으로 판단하여야 하는데, 월정수당은 지방자치단체에 따라 편차가 크고 안정성이 낮음에도 불구하고 심판대상조항은 연금을 대체할 만한 적정한 소득이 있다고 할 수 없는 경우에도 일률적으로 연금전액의 지급을 정지하여 지급정지제도의 본질 및 취지와 어긋나는 결과를 초래한다. 심판대상조항과 같이 재취업소득액에 대한 고려 없이 퇴직연금 전액의 지급을 정지할 경우 재취업 유인을 제공하지 못하여 정책목적 달성에 실패할 가능성이 크다. 연금과 보수 중 일부를 감액하는 방식으로 선출직에 취임하여 보수를 받는 것이 생활보장에 더 유리하도록 하는 등 기본권을 덜 제한하면서 입법목적을 달성할 수 있는 다양한 방법이 있다. 따라서 심판대상조항은 과잉금지원칙에 위배되어 재산권을 침해한다(헌재 2022.1.27. 2019헌바161).

④ [O] 일본국에 의하여 광범위하게 자행된 반인도적 범죄행위에 대하여 일본군위안부 피해자들이 일본에 대하여 가지는 배상청구권은 헌법상 보장되는 재산권이다(헌재 2011.8.30. 2006헌마788).

13　국회의 구성·조직·권한　　정답 ④

① [O] 「국회법」 제98조의2 제3항·제4항에 대한 옳은 내용이다.

> **제98조의2【대통령령 등의 제출 등】** ③ 상임위원회는 위원회 또는 상설소위원회를 정기적으로 개회하여 그 소관 중앙행정기관이 제출한 대통령령·총리령 및 부령(이하 이 조에서 "대통령령 등"이라 한다)의 법률 위반 여부 등을 검토하여야 한다.
> ④ 상임위원회는 제3항에 따른 검토 결과 대통령령 또는 총리령이 법률의 취지 또는 내용에 합치되지 아니한다고 판단되는 경우에는 검토의 경과와 처리 의견 등을 기재한 검토결과보고서를 의장에게 제출하여야 한다.

② [O] 「국회법」 제57조 제2항·제6항에 대한 옳은 내용이다.

> **제57조【소위원회】** ② 상임위원회는 소관 법률안의 심사를 분담하는 둘 이상의 소위원회를 둘 수 있다.
> ⑥ 소위원회는 폐회 중에도 활동할 수 있으며, 법률안을 심사하는 소위원회는 매월 3회 이상 개회한다. 다만, 국회운영위원회, 정보위원회 및 여성가족위원회의 법률안을 심사하는 소위원회의 경우에는 소위원장이 개회 횟수를 달리 정할 수 있다.

③ [○] 「국회법」 제46조의3 제1항 제1호에 대한 옳은 내용이다.

> **제46조의3【인사청문특별위원회】** ① 국회는 다음 각 호의 임명동의안 또는 의장이 각 교섭단체 대표의원과 협의하여 제출한 선출안 등을 심사하기 위하여 인사청문특별위원회를 둔다. 다만, 「대통령직 인수에 관한 법률」 제5조 제2항에 따라 대통령당선인이 국무총리 후보자에 대한 인사청문의 실시를 요청하는 경우에 의장은 각 교섭단체 대표의원과 협의하여 그 인사청문을 실시하기 위한 인사청문특별위원회를 둔다.
> 1. 헌법에 따라 그 임명에 국회의 동의가 필요한 대법원장·헌법재판소장·국무총리·감사원장 및 대법관에 대한 임명동의안

❹ [✕] 각군 참모총장은 인사청문대상이 아니다.

> **「국회법」 제65조의2【인사청문회】** ② 상임위원회는 다른 법률에 따라 다음 각 호의 어느 하나에 해당하는 공직후보자에 대한 인사청문 요청이 있는 경우 인사청문을 실시하기 위하여 각각 인사청문회를 연다.
> 1. 대통령이 임명하는 헌법재판소 재판관, 중앙선거관리위원회 위원, 국무위원, 방송통신위원회 위원장, 국가정보원장, 공정거래위원회 위원장, 금융위원회 위원장, 국가인권위원회 위원장, 고위공직자수사처장, 국세청장, 검찰총장, 경찰청장, 합동참모의장, 한국은행총재, 특별감찰관 또는 한국방송공사 사장의 후보자

---

14   헌법상 경제질서   정답 ②

① [✕] 헌법상 경제질서조항 그 자체가 기본권적 성질을 가지는 것은 아니다.

> 헌법은 제119조에서 개인의 경제적 자유를 보장하면서 사회정의를 실현하기 위한 경제질서를 선언하고 있다. 이 규정은 헌법상 경제질서에 관한 일반조항으로서 국가의 경제정책에 대한 하나의 헌법적 지침이고, 동 조항이 언급하는 '경제적 자유와 창의'는 직업의 자유, 재산권의 보장, 근로3권과 같은 경제에 관한 기본권 및 비례의 원칙과 같은 법치국가원리에 의하여 비로소 헌법적으로 구체화된다(헌재 2002.10.31. 99헌바76).

❷ [○] 헌법상 통일관련 규정들은 통일의 달성이 우리의 국민적·국가적 과제요 사명임을 밝힘과 동시에 자유민주적 기본질서에 입각한 평화적 통일 원칙을 천명하고 있는 것이다. 따라서 우리 헌법에서 지향하는 통일은 대한민국의 존립과 안전을 부정하는 것이 아니고, 또 자유민주적 기본질서에 위해를 주는 것이 아니라 그것에 바탕을 둔 통일인 것이다(헌재 2000.7.20. 98헌바63).

③ [✕] 청구인 회사는 영업의 자유와 일반적 행동의 자유도 침해되고 헌법상 경제질서에도 위배된다고 주장하지만, 심판대상조항과 가장 밀접한 관계에 있는 직업수행의 자유 침해 여부를 판단하는 이상 이 부분 주장에 대해서는 별도로 판단하지 아니한다. … 심판대상조항은 이송업자의 영업범위를 허가받은 지역 안으로 한정하여 구급차등이 신속하게 출동할 수 있도록 하고,

차고지가 위치한 허가지역에서 상시 구급차등이 정비될 수 있도록 하는 한편, 지역사정에 밝은 이송업자가 해당 지역에서의 이송을 담당하도록 함으로써, 응급의료의 질을 높임과 동시에 응급이송자원이 지역 간에 적절하게 분배·관리될 수 있도록 하여 국민건강을 증진하고 지역 주민의 편의를 도모하는 것을 입법목적으로 한다. 이러한 입법목적은 응급환자의 생명과 건강을 보호하고 적정한 국민의료를 도모하며 지역 주민의 편의를 증진하기 위한 것이므로 그 정당성이 인정된다. … 심판대상조항이 과잉금지원칙을 위반하여 청구인 회사의 직업수행의 자유를 침해한다고 볼 수 없다(헌재 2018.2.22. 2016헌바100).

④ [✕] 어떤 분야의 경제활동을 사인간의 사적 자치에 완전히 맡길 경우 심각한 사회적 폐해가 예상되는데도 국가가 아무런 관여를 하지 않는다면 공정한 경쟁질서가 깨어지고 경제주체간의 부조화가 일어나게 되어 오히려 헌법상의 경제질서에 반하는 결과가 초래될 것이므로, 법령에 의한 인·허가 없이 장래의 경제적 손실을 금전 또는 유가증권으로 보전해 줄 것을 약정하고 회비 등의 명목으로 금전을 수입하는 행위를 금지하고 이에 위반시 형사처벌하는 유사수신행위의규제에관한법률 조항은 경제주체간의 부조화를 방지하고 금융시장의 공정성을 확보하기 위하여 마련된 것으로 우리 헌법의 경제질서에 위배되는 것이라 할 수 없다(헌재 2003.2.27. 2002헌바4).

---

15   공무원의 정치적 중립   정답 ②

① [○] 정당가입 금지조항은 공무원의 정당가입의 자유를 원천적으로 금지하고 있다. 그러나 공무원의 정당가입이 허용된다면, 공무원의 정치적 행위가 직무 내의 것인지 직무 외의 것인지 구분하기 어려운 경우가 많고, 설사 공무원이 근무시간 외에 혹은 직무와 관련 없이 정당과 관련한 정치적 표현행위를 한다 하더라도 공무원의 정치적 중립성에 대한 국민의 기대와 신뢰는 유지되기 어렵다. 나아가 공무원의 행위는 근무시간 내외를 불문하고 국민에게 중대한 영향을 미친다고 할 것이므로, 직무 내의 정당 활동에 대한 규제만으로 공무원의 근무기강을 확립하고 정치적 중립성을 확보하는 데 충분하다고 할 수 없다. 한편, 이 사건 정당가입 금지조항은 공무원이 '정당의 당원이 된다'는 정치적 행위를 금지하고 있을 뿐이므로, 정당에 대한 지지의사를 선거와 무관하게 개인적인 자리에서 밝히거나 선거에서 지지 정당에 대해 투표를 하는 등 일정한 범위 내의 정당 관련 활동은 공무원에게도 허용되고 있다. 이러한 점에서 볼 때 이 사건 정당가입 금지조항은 침해의 최소성원칙에 반하지 아니한다(헌재 2020.4.23. 2018헌마551).

❷ [✕] 위 규정들은 공무원의 근무기강을 확립하고 공무원의 정치적 중립성을 확보하려는 입법목적을 가진 것으로서, 공무원이 직무 수행 중 정치적 주장을 표시·상징하는 복장 등을 착용하는 행위는 그 주장의 당부를 떠나 국민으로 하여금 공무집행의 공정성과 정치적 중립성을 의심하게 할 수 있으므로 공무원이 직무수행 중인 경우에는 그 활동과 행위에 더 큰 제약이 가능하다고 하여야 할 것인바, 위 규정들은 오로지 공무원의 직무수행 중의 행위만을 금지하고 있으므로 침해의 최소성원칙에 위배되지 아니한다. 따라서 위 규정들은 과잉금지원칙에 반하여 공무원의 정치적 표현의 자유를 침해한다고 할 수 없다(헌재 2012.5.31. 2009헌마705).

③ [O] 이 사건 정당가입 금지조항은 국가공무원이 정당에 가입하는 것을 금지함으로써 공무원이 국민 전체에 대한 봉사자로서 그 임무를 충실히 수행할 수 있도록 정치적 중립성을 보장하고, 초·중등학교 교원이 당파적 이해관계의 영향을 받지 않도록 교육의 중립성을 확보하기 위한 것이므로, 목적의 정당성 및 수단의 적합성이 인정된다. … 따라서 이 사건 정당가입 금지조항은 과잉금지원칙에 위배되지 않는다(헌재 2020.4.23. 2018헌마551).

④ [O] 헌법상 군무원은 국민의 구성원으로서 정치적 표현의 자유를 보장받지만, 군무원은 그 특수한 지위로 인하여 국가공무원으로서 헌법 제7조에 따라 그 정치적 중립성을 준수하여야 할 뿐만 아니라, 군인의 구성원으로서 헌법 제5조 제2항에 따라 그 정치적 중립성을 준수할 필요성이 더욱 강조되므로, 그 정치적 표현의 자유에 대해 일반 국민보다 엄격한 제한을 받을 수밖에 없다(헌재 2018.4.26. 2016헌마611). 따라서 군무원이 그 정치적 의견을 공표하는 행위 역시 이를 엄격히 제한할 필요가 있다(헌재 2018.7.26. 2016헌바139).

---

16 종교의 자유 · 정답 ④

① [O] 무죄추정의 원칙이 적용되는 미결수용자들에 대한 기본권 제한은 징역형 등의 선고를 받아 그 형이 확정된 수형자의 경우보다는 더 완화되어야 할 것임에도, 피청구인이 수용자 중 미결수용자에 대하여만 일률적으로 종교행사 등에의 참석을 불허한 것은 미결수용자의 종교의 자유를 나머지 수용자의 종교의 자유보다 더욱 엄격하게 제한한 것이다. 나아가 공범 등이 없는 경우 내지 공범 등이 있는 경우라도 공범이나 동일사건 관련자를 분리하여 종교행사 등에의 참석을 허용하는 등의 방법으로 미결수용자의 기본권을 덜 침해하는 수단이 존재함에도 불구하고 이를 전혀 고려하지 아니하였으므로 이 사건 종교행사 등 참석불허 처우는 침해의 최소성 요건을 충족하였다고 보기 어렵다. 그리고 이 사건 종교행사 등 참석불허 처우로 얻어질 공익의 정도가 무죄추정의 원칙이 적용되는 미결수용자들이 종교행사 등에 참석을 하지 못함으로써 입게 되는 종교의 자유의 제한이라는 불이익에 비하여 결코 크다고 단정하기 어려우므로 법익의 균형성 요건 또한 충족하였다고 할 수 없다. 따라서 이 사건 종교행사 등 참석불허 처우는 과잉금지원칙을 위반하여 청구인의 종교의 자유를 침해하였다(헌재 2011.12.29. 2009헌마527).

② [O] 형집행법 제112조 제3항 본문 중 제108조 제4호에 관한 부분은 금치의 징벌을 받은 사람에 대해 금치기간 동안 공동행사 참가 정지라는 불이익을 가함으로써, 규율의 준수를 강제하여 수용시설 내의 안전과 질서를 유지하기 위한 것으로서, 목적의 정당성 및 수단의 적합성이 인정된다. 금치처분을 받은 사람은 최장 30일 이내의 기간 동안 공동행사에 참가할 수 없으나, 서신수수, 접견을 통해 외부와 통신할 수 있고, 종교상담을 통해 종교활동을 할 수 있다. 또한 위와 같은 불이익은 규율 준수를 통하여 수용질서를 유지한다는 공익에 비하여 크다고 할 수 없다. 따라서 위 조항은 청구인의 통신의 자유, 종교의 자유를 침해하지 아니한다(헌재 2016.5.26. 2014헌마45).

③ [O] 그러나 이러한 종교전파의 자유는 국민에게 그가 선택한 임의의 장소에서 자유롭게 행사할 수 있는 권리까지 보장한다고 할 수 없으며, 그 임의의 장소가 대한민국의 주권이 미치지 아니하는 지역 나아가 국가에 의한 국민의 생명·신체 및 재산의 보호가 강력히 요구되는 해외 위난지역인 경우에는 더욱 그러하다(헌재 2008.6.26. 2007헌마1366).

❹ [X] 헌법 제31조 제6항이 교육제도에 관한 기본사항을 법률로 입법자가 정하도록 한 취지, 종교교육기관이 자체 내부의 순수한 성직자 양성기관이 아니라 학교 혹은 학원의 형태로 운영될 경우 일반국민들이 받을 수 있는 부실한 교육의 피해의 방지, 현행 법률상 학교 내지 학원의 설립절차가 지나치게 엄격하다고 볼 수 없는 점 등을 고려할 때, 위 조항들이 청구인의 종교의 자유 등을 침해하였다고 볼 수 없고, 또한 위 조항들로 인하여 종교교단의 재정적 능력에 따라 학교 내지 학원의 설립상 차별을 초래한다고 해도 거기에는 위와 같은 합리적 이유가 있으므로 평등원칙에 위배된다고 할 수 없다(헌재 2000.3.30. 99헌바14).

---

17 대통령의 사면권 · 정답 ②

① [O] 「사면법」 제5조 제1항 제2호에 대한 옳은 내용이다.

> **제5조【사면 등의 효과】** ① 사면, 감형 및 복권의 효과는 다음 각 호와 같다.
> 1. 일반사면: 형 선고의 효력이 상실되며, 형을 선고받지 아니한 자에 대하여는 공소권(公訴權)이 상실된다. 다만, 특별한 규정이 있을 때에는 예외로 한다.
> 2. 특별사면: 형의 집행이 면제된다. 다만, 특별한 사정이 있을 때에는 이후 형 선고의 효력을 상실하게 할 수 있다.

❷ [X] 법무부장관은 대통령에게 특별사면, 특정한 자에 대한 감형 및 복권을 상신(上申)한다(「사면법」 제10조 제1항). 검찰총장은 직권으로 또는 형의 집행을 지휘한 검찰청 검사의 보고 또는 수형자가 수감되어 있는 교정시설의 장의 보고에 의하여 법무부장관에게 특별사면 또는 특정한 자에 대한 감형을 상신할 것을 신청할 수 있다(「사면법」 제11조).

③ [O] 특별사면을 명하기 위해서는 사면심사위원회의 심사와 사면·감형 복권의 사항은 국무회의의 심의를 거쳐야 한다.

> 「사면법」 **제10조【특별사면 등의 상신】** ① 법무부장관은 대통령에게 특별사면, 특정한 자에 대한 감형 및 복권을 상신(上申)한다.
> ② 법무부장관은 제1항에 따라 특별사면, 특정한 자에 대한 감형 및 복권을 상신할 때에는 제10조의2에 따른 사면심사위원회의 심사를 거쳐야 한다.
> 헌법 **제89조** 다음 사항은 국무회의의 심의를 거쳐야 한다.
> 1. 국정의 기본계획과 정부의 일반정책
> 2. 선전·강화 기타 중요한 대외정책
> 3. 헌법개정안·국민투표안·조약안·법률안 및 대통령령안
> 4. 예산안·결산·국유재산처분의 기본계획·국가의 부담이 될 계약 기타 재정에 관한 중요사항
> 5. 대통령의 긴급명령·긴급재정경제처분 및 명령 또는 계엄과 그 해제
> 6. 군사에 관한 중요사항

7. 국회의 임시회 집회의 요구
8. 영전수여
9. 사면·감형과 복권
(이하 생략)

④ [O] 「사면법」 제6조에 대한 옳은 내용이다.

> **제6조【복권의 제한】** 복권은 형의 집행이 끝나지 아니한 자 또는 집행이 면제되지 아니한 자에 대하여는 하지 아니한다.

---

18 헌법 규정   정답 ③

옳은 것은 ㄴ, ㄷ, ㅂ이다.
ㄱ. [×] 헌법이 아닌 감사원법에 규정된 내용이다.

> **「감사원법」 제3조【구성】** 감사원은 감사원장(이하 "원장" 이라 한다)을 포함한 7명의 감사위원으로 구성한다.
> **헌법 제98조** ① 감사원은 원장을 포함한 5인 이상 11인 이하의 감사위원으로 구성한다.

ㄴ. [O] 대법원에 대법관을 둔다. 다만, 법률이 정하는 바에 의하여 대법관이 아닌 법관을 둘 수 있다(헌법 제102조 제2항).
ㄷ. [O] 국무회의는 정부의 권한에 속하는 중요한 정책을 심의한다. 국무회의는 대통령·국무총리와 15인 이상 30인 이하의 국무위원으로 구성한다(헌법 제88조 제2항·제3항).
ㄹ. [×] 헌법재판소 재판관의 임기는 6년으로 하며, 법률이 정하는 바에 의하여 연임할 수 있다(헌법 제112조 제1항). 헌법재판소장의 임기는 특별규정이 없으나 헌법재판소 재판관의 임기와 동일하게 본다. 따라서 임기는 6년이며 연임할 수 있다.
ㅁ. [×] 평화통일정책의 수립에 관한 대통령의 자문에 응하기 위하여 민주평화통일자문회의를 둘 수 있다. 민주평화통일자문회의의 조직·직무범위 기타 필요한 사항은 법률로 정한다(헌법 제92조 제1항·제2항).
ㅂ. [O] 국회의원의 수는 법률로 정하되, 200인 이상으로 한다. 국회의원의 선거구와 비례대표제 기타 선거에 관한 사항은 법률로 정한다(헌법 제41조 제2항·제3항).

---

19 공직선거   정답 ①

❶ [×] '수립·시행할 수 있다'가 아니라 '수립·시행하여야 한다'이다.

> **「공직선거법」 제6조【선거권행사의 보장】** ① 국가는 선거권자가 선거권을 행사할 수 있도록 필요한 조치를 취하여야 한다.
> ② 각급선거관리위원회(읍·면·동선거관리위원회는 제외한다)는 선거인의 투표참여를 촉진하기 위하여 교통이 불편한 지역에 거주하는 선거인 또는 노약자·장애인 등 거동

이 불편한 선거인에 대한 교통편의 제공에 필요한 대책을 수립·시행하여야 하고, 투표를 마친 선거인에게 국공립 유료시설의 이용요금을 면제·할인하는 등의 필요한 대책을 수립·시행할 수 있다. 이 경우 공정한 실시방법 등을 정당·후보자와 미리 협의하여야 한다.

② [O] 「공직선거법」 제47조 제1항에 대한 옳은 내용이다.

> **제47조【정당의 후보자추천】** ① 정당은 선거에 있어 선거구별로 선거할 정수 범위안에서 그 소속당원을 후보자(이하 "정당추천후보자"라 한다)로 추천할 수 있다. 다만, 비례대표자치구·시·군의원의 경우에는 그 정수 범위를 초과하여 추천할 수 있다.

※ 기초의회의원 후보자의 정당표명 금지는 위헌임
③ [O] 「공직선거법」 제53조 제1항 제8호에 대한 옳은 내용이다.

> **제53조【공무원 등의 입후보】** ① 다음 각 호의 어느 하나에 해당하는 사람으로서 후보자가 되려는 사람은 선거일 전 90일까지 그 직을 그만두어야 한다. 다만, 대통령선거와 국회의원선거에 있어서 국회의원이 그 직을 가지고 입후보하는 경우와 지방의회의원선거와 지방자치단체의 장의 선거에 있어서 당해 지방자치단체의 의회의원이나 장이 그 직을 가지고 입후보하는 경우에는 그러하지 아니하다.
> 8. 「신문 등의 진흥에 관한 법률」 제2조에 따른 신문 및 인터넷신문, 「잡지 등 정기간행물의 진흥에 관한 법률」 제2조에 따른 정기간행물, 「방송법」 제2조에 따른 방송사업을 발행·경영하는 자와 이에 상시 고용되어 편집·제작·취재·집필·보도의 업무에 종사하는 자로서 중앙선거관리위원회규칙으로 정하는 언론인

※ 선거운동이 전면 금지되는 언론인에 관하여 구체적으로 범위를 정하지 아니한 채 포괄적으로 대통령령에 입법을 위임하고 있으므로 포괄위임금지원칙에 위반됨(헌재 2016. 6.30. 2013헌가1)
※ 2020.12.29. 공직선거법 제60조 제1항 제5호의 내용 중에서 제53조 제1항 제8호가 제외됨. 즉, 선거운동을 할 수 없는 자에서 제외되어 선거운동이 허용됨
④ [O] 「공직선거법」 제59조 제4호에 대한 옳은 내용이다.

> **제59조【선거운동기간】** 선거운동은 선거기간개시일부터 선거일 전일까지에 한하여 할 수 있다. 다만, 다음 각 호의 어느 하나에 해당하는 경우에는 그러하지 아니하다.
> 4. 선거일이 아닌 때에 전화(송·수화자간 직접 통화하는 방식에 한정하며, 컴퓨터를 이용한 자동 송신장치를 설치한 전화는 제외한다)를 이용하거나 말(확성장치를 사용하거나 옥외집회에서 다중을 대상으로 하는 경우를 제외한다)로 선거운동을 하는 경우

※ 전화, 말로 하는 선거운동을 상시 허용하고 후보자가 되려는 사람이 선거일 전 180일(대통령선거의 경우 선거일 전 240일)부터 명함을 주는 방식으로 선거운동을 할 수 있도록 함(공직선거법 제59조 제4호 및 제5호 신설, 현행 제60조의3 제1항 제6호 및 제82조의4 제1항 삭제, 제109조 제2항)

20 근로3권　　　　　　　　정답 ③

① [X] 헌법 제33조 제1항은 "근로자는 근로조건의 향상을 위하여 자주적인 단결권·단체교섭권 및 단체행동권을 가진다."라고 규정하고 있다. 여기서 헌법상 보장된 근로자의 단결권은 단결할 자유만을 가리킬 뿐이고, 단결하지 아니할 자유 이른바 소극적 단결권은 이에 포함되지 않는다고 보는 것이 우리 재판소의 선례라고 할 것이다. 그렇다면 근로자가 노동조합을 결성하지 아니할 자유나 노동조합에 가입을 강제당하지 아니할 자유, 그리고 가입한 노동조합을 탈퇴할 자유는 근로자에게 보장된 단결권의 내용에 포섭되는 권리로서가 아니라 헌법 제10조의 행복추구권에서 파생되는 일반적 행동의 자유 또는 제21조 제1항의 결사의 자유에서 그 근거를 찾을 수 있다(헌재 2005.11.24. 2002헌바95).

② [X] 헌법 제33조 제1항이 "근로자는 근로조건의 향상을 위하여 자주적인 단결권, 단체교섭권, 단체행동권을 가진다."라고 규정하여 근로자에게 '단결권, 단체교섭권, 단체행동권'을 기본권으로 보장하는 뜻은 근로자가 사용자와 대등한 지위에서 단체교섭을 통하여 자율적으로 임금 등 근로조건에 관한 단체협약을 체결할 수 있도록 하기 위한 것이다. 비록 헌법이 위 조항에서 '단체협약체결권'을 명시하여 규정하고 있지 않다고 하더라도 근로조건의 향상을 위한 근로자 및 그 단체의 본질적인 활동의 자유인 '단체교섭권'에는 단체협약체결권이 포함되어 있다고 보아야 한다(헌재 1998.2.27. 95헌바44).

❸ [O] 출입국관리 법령에서 외국인고용제한 규정을 두고 있는 것은 취업자격 없는 외국인의 고용이라는 사실적 행위 자체를 금지하고자 하는 것뿐이지, 나아가 취업자격 없는 외국인이 사실상 제공한 근로에 따른 권리나 이미 형성된 근로관계에 있어서 근로자로서의 신분에 따른 노동관계법상의 제반 권리 등의 법률효과까지 금지하려는 것으로 보기는 어렵다. 따라서 타인과의 사용종속관계하에서 근로를 제공하고 그 대가로 임금 등을 받아 생활하는 사람은 노동조합법상 근로자에 해당하고, 노동조합법상의 근로자성이 인정되는 한, 그러한 근로자가 외국인인지 여부나 취업자격의 유무에 따라 노동조합법상 근로자의 범위에 포함되지 아니한다고 볼 수는 없다(대판 2015.6.25. 2007두4995).

④ [X] 사용자는 노동조합 및 노동관계조정법에 의한 단체교섭 또는 쟁의행위로 인하여 손해를 입은 경우에 노동조합 또는 근로자에 대하여 그 배상을 청구할 수 없다(「노동조합 및 노동관계조정법」 제3조).

21 국회의원의 지위·특권　　　　정답 ②

① [O] 국회의원의 법적인 지위, 특히 전국구의원이 그를 공천한 정당을 탈당한 때 국회의원직을 상실하는 여부는 그 나라의 헌법과 국회의원선거법 등의 법규정, 즉 법제에 의하여 결정되는 문제이다. 즉, 국회의원의 법적 지위, 특히 전국구의원이 그를 공천한 정당을 탈당할 때 의원직을 상실하는 여부는 그 나라의 헌법과 법률이 국회의원을 이른바 자유위임(또는 무기속위임)하에 두었는가, 명령적 위임(또는 기속위임)하에 두었는가, 양 제도를 병존하게 하였는가에 달려있다. … 헌법 제7조 제1항의 "공무원은 국민전체에 대한 봉사자이며, 국민에 대해

책임을 진다."라는 규정, 제45조의 "국회의원은 국회에서 직무상 행한 발언과 표결에 관하여 국회 외에서 책임을 지지 아니한다."라는 규정 및 제46조 제2항의 "국회의원은 국가이익을 우선하여 양심에 따라 직무를 행한다."라는 규정들을 종합하여 볼 때, 헌법은 국회의원을 자유위임의 원칙하에 두었다고 할 것이다(헌재 1994.4.28. 92헌마153).

❷ [X] 국회의원이 회기 전에 체포 또는 구금된 때에는 '현행범인이 아닌 한' 국회의 요구가 있으면 회기 중 석방된다(헌법 제44조 제2항). 현행범으로 구금된 국회의원은 석방요구 대상이 아니다. 석방요구 발의는 재적의원 4분의 1 이상이고, 의결은 일반의결정족수(다수결원칙)이다.

③ [O] 국회의원인 피고인이, 구 국가안전기획부 내 정보수집팀이 대기업 고위관계자와 중앙일간지 사주 간의 사적 대화를 불법 녹음한 자료를 입수한 후 그 대화 내용과, 전직 검찰간부인 피해자가 위 대기업으로부터 이른바 떡값 명목의 금품을 수수하였다는 내용이 게재된 보도자료를 작성하여 국회 법제사법위원회 개의 당일 국회 의원회관에서 기자들에게 배포한 사안에서, 피고인이 국회 법제사법위원회에서 발언할 내용이 담긴 위 보도자료를 사전에 배포한 행위는 국회의원 면책특권의 대상이 되는 직무부수행위에 해당하므로, 피고인에 대한 허위사실 적시 명예훼손 및 통신비밀보호법 위반의 점에 대한 공소를 기각하여야 한다(대판 2011.5.13. 2009도14442).

④ [O] 원고의 내용이 공개회의에서 행할 발언내용이고(회의의 공개성), 원고의 배포시기가 당초 발언하기로 예정된 회의 시작 30분 전으로 근접되어 있으며(시간적 근접성), 원고 배포의 장소 및 대상이 국회의사당 내에 위치한 기자실에서 국회출입 기자들만을 상대로 한정적으로 이루어지고(장소 및 대상의 한정성), 원고 배포의 목적이 보도의 편의를 위한 것(목적의 정당성)이라면, 국회의원이 국회본회의에서 질문할 원고를 사전에 배포한 행위는 면책특권의대상이 되는 직무부수행위에 해당한다(대판 1992.9.22. 91도3317).

22 예산　　　　　　　　　　정답 ②

① [O] 「국회법」 제84조 제1항에 대한 옳은 내용이다.

> **제84조【예산안·결산의 회부 및 심사】**① 예산안과 결산은 소관 상임위원회에 회부하고, 소관 상임위원회는 예비심사를 하여 그 결과를 의장에게 보고한다. 이 경우 예산안에 대해서는 본회의에서 정부의 시정연설을 듣는다.

❷ [X] 예산은 일종의 법규범이고 법률과 마찬가지로 국회의 의결을 거쳐 제정되지만 법률과 달리 국가기관만을 구속할 뿐 일반국민을 구속하지 않는다. 국회가 의결한 예산 또는 국회의 예산안 의결은 헌법재판소법 제68조 제1항 소정의 '공권력의 행사'에 해당하지 않고 따라서 헌법소원의 대상이 되지 아니한다(헌재 2006.4.25. 2006헌마409).

③ [O] 「국회법」 제84조의3에 대한 옳은 내용이다.

> **제84조의3【예산안·기금운용계획안 및 결산에 대한 공청회】** 예산결산특별위원회는 예산안, 기금운용계획안 및 결산에 대하여 공청회를 개최하여야 한다. 다만, 추가경정예산안, 기금운용계획변경안 또는 결산의 경우에는 위원회의 의결로 공청회를 생략할 수 있다.

④ [O] 헌법 제57조에 대한 옳은 내용이다.

> **제57조** 국회는 정부의 동의 없이 정부가 제출한 지출예산 각항의 금액을 증가하거나 새 비목을 설치할 수 없다.

---

23 형사보상청구권   정답 ④

① [O] 「형사보상 및 명예회복에 관한 법률」 제27조 제1항에 대한 옳은 내용이다.

> **제27조 【피의자에 대한 보상】** ① 피의자로서 구금되었던 자 중 검사로부터 불기소처분을 받거나 사법경찰관으로부터 불송치결정을 받은 자는 국가에 대하여 그 구금에 대한 보상(이하 "피의자보상"이라 한다)을 청구할 수 있다. 다만, 구금된 이후 불기소처분 또는 불송치결정의 사유가 있는 경우와 해당 불기소처분 또는 불송치결정이 종국적(終局的)인 것이 아니거나 「형사소송법」 제247조에 따른 것일 경우에는 그러하지 아니하다.

※ 종전에는 검사에게만 수사종결권을 부여하였으나 사법경찰관에게도 1차적 수사종결권을 부여하는 등의 내용으로 「형사소송법」이 개정됨에 따라, 피의자로서 구금되었던 자 중 국가에 대하여 그 구금에 대한 보상을 청구할 수 있는 사유에 검사의 불기소처분에 대응하여 사법경찰관의 불송치결정을 추가하는 등 관련 규정을 정비하려는 것임

② [O] 보상액의 산정에 기초되는 사실인정이나 보상액에 관한 판단에서 오류나 불합리성이 발견되는 경우에도 그 시정을 구하는 불복신청을 할 수 없도록 하는 것은 형사보상청구권 및 그 실현을 위한 기본권으로서의 재판청구권의 본질적 내용을 침해하는 것이라 할 것이고, 나아가 법적안정성만을 지나치게 강조함으로써 재판의 적정성과 정의를 추구하는 사법제도의 본질에 부합하지 아니하는 것이다. 또한, 불복을 허용하더라도 즉시항고는 절차가 신속히 진행될 수 있고 사건수도 과다하지 아니한데다 그 재판내용도 비교적 단순하므로 불복을 허용한다고 하여 상급심에 과도한 부담을 줄 가능성은 별로 없다고 할 것이어서, 이 사건 불복금지조항은 형사보상청구권 및 재판청구권을 침해한다고 할 것이다(헌재 2010.10.28. 2008헌마514).

③ [O] 형사보상은 과실책임의 원리에 의하여 고의·과실로 인한 위법행위와 인과관계 있는 모든 손해를 배상하는 손해배상과는 달리, 형사사법절차에 내재하는 불가피한 위험에 대하여 형사사법기관의 귀책사유를 따지지 않고 형사보상청구권자가 입은 손실을 보상하는 것이다. … 따라서 형사피고인 등으로서 적법하게 구금되었다가 후에 무죄판결 등을 받음으로써 발생하는 신체의 자유 제한에 대한 보상은 형사사법절차에 내재하는 불가피한 위험으로 인한 피해에 대한 보상으로서, 국가의 위법·부당한 행위를 전제로 하는 국가배상과는 그 취지 자체가 상이한 것이고, 따라서 그 보상 범위도 손해배상의 범위와 동일하여야 하는 것이 아니다. 국가의 형사사법행위가 고의·과실로 인한 것으로 인정되는 경우에는 국가배상청구 등 별개의 절차에 의하여 인과관계 있는 모든 손해를 배상받을 수 있으므로, 형사보상절차로써 인과관계 있는 모든 손해를 보상하지 않는다고 하여 반드시 부당하다고 할 수는 없을 것이다(헌재 2010.10.28. 2008헌마514).

❹ [X] 형사사법절차에서는 범죄의 혐의를 받은 피의자가 수사기관의 조사를 받고 법원에 기소되었다 하더라도 심리결과 무죄로 판명되는 경우가 발생할 수 있고, 이는 형사사법절차에 불가피하게 내재되어 있는 위험이다. 형사사법절차를 운영하는 국가는 그로 인한 부담을 무죄판결을 선고받은 자 개인에게 모두 지워서는 아니 되고, 이러한 위험에 의하여 발생되는 손해에 대응한 보상을 하지 않으면 안 된다. 헌법 제28조는 이러한 권리를 구체적으로 보장함으로써 국민의 기본권 보호를 강화하고 있다(헌재 2010.10.28. 2008헌마514).

---

24 평등권, 평등의 원칙   정답 ④

① [O] 심판대상조항은 이 사건 개정조항이 가져올 사회·경제적 문제를 감안하여 사업주와 노동조합으로 하여금 정년 연장과 임금체계 개편 등에 관하여 필요한 준비를 하고 서로 협의를 할 수 있도록 하며, 정부도 노사간의 자발적인 협의과정에 다각도의 지원을 하기 위한 목적에서 이 사건 개정조항에 대한 유예기간을 설정한 것으로 볼 수 있다. 따라서 입법자가 이 사건 개정조항을 즉시 시행하지 아니함으로써 청구인을 이 사건 개정조항의 혜택을 받는 근로자와 차별취급을 하였더라도 합리성 없는 자의적인 차별이라고 볼 수는 없으므로, 심판대상조항은 청구인의 평등권을 침해하지 아니한다(헌재 2015.6.25. 2014헌마674).

② [O] 엄격한 위계질서와 집단생활을 하는 군 조직의 특수성으로 인하여 피해자가 가해자에 대한 처벌을 희망할 경우 다른 구성원에 의해 피해를 당할 우려가 있고, 상급자가 가해자·피해자 사이의 합의에 관여할 경우 피해자가 처벌불원의사를 거부하기 어려운 경우가 발생할 수 있다. 특히 병역의무자는 헌법상 국방의 의무의 일환으로서 병역의무를 이행하는 대신, 국가는 병영생활을 하는 병역의무자의 신체·안전을 보호할 책임이 있음을 고려할 때, 궁극적으로는 군사기지·군사시설에서의 폭행으로부터 병역의무자를 보호해야 한다는 입법자의 판단이 헌법이 부여한 광범위한 형성의 자유를 일탈한다고 보기 어렵다. 따라서 심판대상조항이 형벌체계상 균형을 상실하였다고 보기 어려우므로 평등원칙에 위반되지 아니한다(헌재 2022.3.31. 2021헌바62).

③ [O] 형사소송절차에서는 일방 당사자인 검사가 상소 여부를 결정할 수 있고, 피해자도 간접적으로 검사를 통하여 상소 여부에 관여할 수 있음에 반하여, 소년심판절차에서는 검사에게 상소권이 인정되지 아니하여 소년심판절차에서의 피해자도 상소 여부에 관하여 전혀 관여할 수 있는 방법이 없는데, 양 절차의 피해자는 범죄행위로 인하여 피해를 입었다는 점에서 본질적으로 동일한 집단이라고 할 것임에도 서로 다르게 취급되고 있다. 그런데, 소년심판절차의 전 단계에서 검사가 관여하고 있고, 소년심판절차의 제1심에서 피해자 등의 진술권이 보장되고 있다. 또한 소년심판은 형사소송절차와는 달리 소년에 대한 후견적 입장에서 소년의 환경조정과 품행교정을 위한 보호처분을 하기 위한 심문절차이며, 보호처분을 함에 있어 범행의 내용도 참작하지만 주로 소년의 환경과 개인적 특성을 근거로 소년의 개선과 교화에 부합하는 처분을 부과하게 되므로 일반 형벌의 부과와는 차이가 있다. 그리고 소년심판은 심리의 객체로 취급되는 소년에 대한 후견적 입장에서 법원의 직권에 의해 진행되므로 검사의 관여가 반드시 필요한 것이 아니고 이

에 따라 소년심판의 당사자가 아닌 검사가 상소 여부에 관여하는 것이 배제된 것이다. 위와 같은 소년심판절차의 특수성을 감안하면, 차별대우를 정당화하는 객관적이고 합리적인 이유가 존재한다고 할 것이어서 이 사건 법률조항은 청구인의 평등권을 침해하지 않는다(헌재 2012.7.26. 2011헌마232).

❹ [×] 결정으로써 한 법원의 재판에 대한 불복절차를 판결절차로 할 것인지, 아니면 결정절차로 할 것인지는 입법자의 광범위한 형성의 자유에 속하는 사항이다. 민사소송법상 항고는 결정에 대한 원칙적인 불복신청 방법인 점, 항고심은 속심적 성격을 가지고 회생절차에는 직권탐지주의가 적용되므로 변경회생계획인가결정에 대하여 즉시항고를 제기한 경우 항고심법원으로서는 심문을 연 때에는 심문종결시까지, 심문을 열지 아니한 때에는 결정 고지시까지 제출된 모든 자료를 토대로 1심 결정 혹은 항고이유의 당부를 판단하여야 하는 점을 고려하면, 변경회생계획인가결정에 대한 불복의 방식으로 '항고'의 방식을 선택한 불복방식 조항은 청구인들의 재판청구권을 침해한다고 볼 수 없다. 나아가 변경회생계획의 인가 여부에 대한 재판의 성질에 비추어 볼 때, 이에 대한 불복절차에서 대립당사자를 전제로 변론절차를 진행하는 것은 그 본질에 부합한다고 보기 어려워 그 불복방식을 통상의 결정에 대한 불복방식과 동일하게 '항고'로 정한 데에는 합리적인 이유가 있으므로, 불복방식 조항은 평등원칙에 위배된다고 볼 수 없다(헌재 2021.7.15. 2018헌바484).

---

25 조세, 조세법률주의   정답 ③

① [○] 형벌조항이나 조세법의 해석에 있어서는 헌법상 죄형법정주의, 조세법률주의의 원칙에 따라 엄격하게 법문을 해석하여야 하고, 합리적인 이유 없이 확장해석하거나 유추해석할 수는 없는바, '유효한' 법률조항의 불명확한 의미를 논리적·체계적 해석을 통해 합리적으로 보충하는 데에서 더 나아가, 해석을 통하여 전혀 새로운 법률상 근거를 만들어 내거나, 기존에는 존재하였으나 실효되어 더 이상 존재한다고 볼 수 없는 법률조항을 여전히 '유효한' 것으로 해석한다면, 이는 법률해석의 한계를 벗어나 '법률의 부존재'로 말미암아 형벌의 부과나 과세의 근거가 될 수 없는 것을 법률해석을 통하여 창설해 내는 일종의 '입법행위'로서 헌법상의 권력분립원칙, 죄형법정주의, 조세법률주의원칙에 반한다. 이 사건 부칙조항도 법인세의 과세요건을 설정하는 근거조항이므로 조세법률주의원칙상 법률조항의 문구에 충실하도록 엄격한 해석이 요구된다. 따라서 별도의 경과규정을 둔 바 없는 이상 이 사건 부칙조항은 이 사건 전부개정법이 시행된 1994.1.1.자로 실효되었다고 보아야 할 것인바, 이와 달리, 이 사건 전부개정법의 시행에도 불구하고 이 사건 부칙조항이 실효되지 않은 것으로 해석하는 것은 헌법상의 권력분립원칙과 조세법률주의원칙에 위배된다(헌재 2012.7.26. 2009헌바35).

② [○] 헌법 제38조 및 제59조의 규정에 근거한 조세법률주의의 이념은 국민의 대표기관인 국회가 제정한 법률로 과세요건을 명확하게 규정하도록 하여 국민의 재산권을 보장하고 국민생활의 법적 안정성과 예측가능성을 보장하기 위한 것이나, 사회현상의 복잡다기화와 국회의 전문적·기술적 능력의 한계 및 시간적 적응능력의 한계로 인하여 조세부과에 관련된 모든 법규를 예외 없이 형식적 의미의 법률에 의하여 규정한다는 것은

사실상 불가능할 뿐만 아니라 실제에 적합하지도 아니하기 때문에 경제현실의 변화나 전문적 기술의 발달에 즉시 대응하여야 할 필요 등 부득이한 사정이 있는 경우에는 법률로 규정하여야 할 사항에 관하여 국회제정의 형식적 법률보다 더 탄력성이 있는 행정입법에 위임함이 허용된다 할 것이다(헌재 1999. 12.23. 99헌가2).

❸ [×] 과세요건법정주의 및 과세요건명확주의를 포함하는 조세법률주의가 지배하는 조세법의 영역에서는 경과규정의 미비라는 명백한 입법의 공백을 방지하고 형평성의 왜곡을 시정하는 것은 원칙적으로 입법자의 권한이고 책임이지 법문의 한계 안에서 법률을 해석·적용하는 법원이나 과세관청의 몫은 아니다. 뿐만 아니라 구체적 타당성을 이유로 법률에 대한 유추해석 내지 보충적 해석을 하는 것도 어디까지나 '유효한' 법률조항을 대상으로 할 수 있는 것이지 이미 '실효된' 법률조항은 그러한 해석의 대상이 될 수 없다. 따라서 관련 당사자가 공평에 반하는 이익을 얻을 가능성이 있다 하여 이미 실효된 법률조항을 유효한 것으로 해석하여 과세의 근거로 삼는 것은 과세근거의 창설을 국회가 제정하는 법률에 맡기고 있는 헌법상 권력분립원칙과 조세법률주의의 원칙에 반한다(헌재 2012.5.31. 2009헌바123 등).

④ [○] 이중과세금지원칙은 조세공평주의 및 실질과세원칙의 구체적인 심사와 판단을 돕는 파생원칙으로 봄이 상당하고, 그렇다면 그 헌법적 기초는 헌법 제11조 제1항에서 찾을 수 있다. 이중과세의 정당화 문제는 경제정책적·사회형성적 목적 등에 의하여 합리성이 인정되는가에 따라 판단된다. 그런데 어떤 특정 토지에 대한 토지초과이득세와 그 토지의 양도에 따른 양도소득세는 이중과세에 해당하고, 유휴토지를 보유하다가 처분한 자나 유휴토지에 속하지 않는 토지를 보유하다가 처분한 자나 그 담세력의 기초는 같은 것이므로, 유휴토지의 처분을 유도하고자 하는 토지초과이득세법의 입법목적을 달성한 연후에도 이미 납부한 토지초과이득세를 양도소득세 부담에서 불충분하게 공제해 주는 것은 이중과세원칙에 반하여 헌법 제11조의 평등권을 침해하는 것이 된다(헌재 2006.3.30. 2003헌가11).

p.24

정답

01	③	II	06	④	IV	11	④	IV	16	②	II	21	①	II
02	②	III	07	④	IV	12	①	III	17	①	I	22	②	II
03	④	IV	08	④	III	13	②	III	18	①	II	23	④	IV
04	③	II	09	④	II	14	②	II	19	③	II	24	①	II
05	④	IV	10	④	II	15	①	II	20	④	III	25	①	II

취약 단원 분석표

단원	맞힌 답의 개수
I	/ 1
II	/ 12
III	/ 6
IV	/ 6
TOTAL	/ 25

I 헌법총론 / II 기본권론 / III 통치구조론 / IV 헌법재판론

---

01 집회의 자유 　　　　　　　　　　　　　　정답 ③

① [O] 옥외집회를 시작하기 720시간 전부터 48시간 전에 관할경찰서장에게 제출하도록 하고 있다. 이러한 사전신고는 당해 집회·시위가 방해받지 않고 개최될 수 있도록 개최 전 단계에서 집회·시위 개최자와 제3자, 일반 공중 사이의 이익을 조정하여 상호간의 이익충돌을 사전에 예방하고, 집회·시위에 대한 사전신고를 통하여 행정관청과 주최자가 상호 정보를 교환하고 협력함으로써 집회·시위가 평화롭게 구현되도록 하는 한편, 옥외집회·시위로 인하여 침해될 수 있는 공공의 안녕질서를 보호하고 그 위험을 최소화하고자 하는 것이다(헌재 2009.5. 28. 2007헌바22).

② [O] 각급 법원의 경계지점으로부터 100m 이내의 장소에서 옥외집회 또는 시위를 할 경우 형사처벌한다고 규정한 집회 및 시위에 관한 법률 제11조 제1호 중 '각급 법원' 부분 등은 집회의 자유를 침해한다(헌재 2018.7.26. 2018헌바137)[헌법불합치].

❸ [X] 야간시위를 금지하는 집회 및 시위에 관한 법률(이하 '집시법'이라 한다) 제10조 본문에는 위헌적인 부분과 합헌적인 부분이 공존하고 있으며, 위 조항 전부의 적용이 중지될 경우 공공의 질서 내지 법적 평화에 대한 침해의 위험이 높아, 일반적인 옥외집회나 시위에 비하여 높은 수준의 규제가 불가피한 경우에도 대응하기 어려운 문제가 발생할 수 있으므로, 현행 집시법의 체계 내에서 시간을 기준으로 한 규율의 측면에서 볼 때 규제가 불가피하다고 보기 어려움에도 시위를 절대적으로 금지하여 위헌성이 명백한 부분에 한하여 위헌 결정을 한다. 심판대상조항들은, 이미 보편화된 야간의 일상적인 생활의 범주에 속하는 '해가 진 후부터 같은 날 24시까지의 시위'에 적용하는 한 헌법에 위반된다(헌재 2014.3.27. 2010헌가2 등).

④ [O] 집회의 자유는 집회의 시간, 장소, 방법과 목적을 스스로 결정할 권리를 보장한다. 집회의 자유에 의하여 구체적으로 보호되는 주요행위는 집회의 준비 및 조직, 지휘, 참가, 집회장소·시간의 선택이다. 따라서 집회의 자유는 개인이 집회에 참가하는 것을 방해하거나 또는 집회에 참가할 것을 강요하는 국가행위를 금지할 뿐만 아니라, 예컨대 집회장소로의 여행을 방해하거나, 집회장소로부터 귀가하는 것을 방해하거나, 집회참가자에 대한 검문의 방법으로 시간을 지연시킴으로써 집회장소에 접근하는 것을 방해하는 등 집회의 자유행사에 영향을 미치는 모든 조치를 금지한다(헌재 2003.10.30. 2000헌바67).

---

02 선거운동 　　　　　　　　　　　　　　정답 ②

① [O] 「공직선거법」 제59조 제4호에 대한 옳은 내용이다.

> **제59조 【선거운동기간】** 선거운동은 선거기간개시일부터 선거일 전일까지에 한하여 할 수 있다. 다만, 다음 각 호의 어느 하나에 해당하는 경우에는 그러하지 아니하다.
> 4. 선거일이 아닌 때에 전화(송·수화자간 직접 통화하는 방식에 한정하며, 컴퓨터를 이용한 자동 송신장치를 설치한 전화는 제외한다)를 이용하거나 말(확성장치를 사용하거나 옥외집회에서 다중을 대상으로 하는 경우를 제외한다)로 선거운동을 하는 경우

※ 전화, 말로 하는 선거운동을 상시 허용하고 후보자가 되려는 사람이 선거일 전 180일(대통령선거의 경우 선거일 전 240일)부터 명함을 주는 방식으로 선거운동을 할 수 있도록 함

❷ [X] 심판대상조항이 선거운동의 자유를 감안하여 선거운동을 위한 확성장치를 허용할 공익적 필요성이 인정된다고 하더라도 정온한 생활환경이 보장되어야 할 주거지역에서 출근 또는 등교 이전 및 퇴근 또는 하교 이후 시간대에 확성장치의 최고출력 내지 소음을 제한하는 등 사용시간과 사용지역에 따른 수인한도 내에서 확성장치의 최고출력 내지 소음 규제기준에 관한 규정을 두지 아니한 것은, 국민이 건강하고 쾌적하게 생활할 수 있는 양호한 주거환경을 위하여 노력하여야 할 국가의 의무를 부과한 헌법 제35조 제3항에 비추어 보면, 적절하고 효율적인 최소한의 보호조치를 취하지 아니하여 국가의 기본권 보호의무를 과소하게 이행한 것으로서, 청구인의 건강하고 쾌적한 환경에서 생활할 권리를 침해하므로 헌법에 위반된다(헌재 2019.12.27. 2018헌마730).

③ [O] 심판대상조항이 특히 선거운동기간 중에 익명표현의 긍정적 효과까지도 사전적·포괄적으로 차단한다는 점, 이러한 규율이 익명표현의 자유를 허용함에 따라 발생하는 구체적 위험에 기초한 것이 아니라 심판대상조항으로 인하여 위법한 표현행위가 감소할 것이라는 추상적 가능성에 의존하고 있는 점, 심판대상조항의 수범자인 '인터넷언론사'의 범위가 광범위하다는 점, 심판대상조항보다 익명표현의 자유와 개인정보자기결정권을 덜 제약하는 여러 사전적·사후적 수단들이 마련되어 있거나 쉽게 마련될 수 있다는 점 등을 종합하여 보았을 때, 심판대상조항은 침해의 최소성을 갖추지 못하였다. … 심판대상조

항을 통하여 달성하려는 선거의 공정성이라는 공익이 익명표현의 자유와 개인정보자기결정권 등의 제약 정도보다 크다고 단정할 수 없는 이상 심판대상조항은 법익의 균형성 또한 갖추지 못하였다. … 과잉금지원칙에 반하여 익명표현의 자유와 언론의 자유, 그리고 개인정보자기결정권 등을 침해한다(헌재 2021.1.28. 2018헌마456).

④ [O] 「공직선거법」 제65조 제4항에 대한 옳은 내용이다.

> 제65조 【선거공보】 ④ 후보자는 제1항의 규정에 따른 선거공보 외에 시각장애선거인(선거인으로서 「장애인복지법」 제32조에 따라 등록된 시각장애인을 말한다. 이하 이 조에서 같다)을 위한 선거공보(이하 "점자형 선거공보"라 한다) 1종을 제2항에 따른 책자형 선거공보의 면수의 두 배 이내에서 작성할 수 있다. 다만, 대통령선거·지역구국회의원선거 및 지방자치단체의 장선거의 후보자는 점자형 선거공보를 작성·제출하여야 하되, 책자형 선거공보에 그 내용이 음성·점자 등으로 출력되는 인쇄물 접근성 바코드를 표시하는 것으로 대신할 수 있다.

03　정당해산심판　정답 ④

① [×] 헌법재판소는 정당해산심판의 청구를 받은 때에는 직권 또는 청구인의 신청에 의하여 종국결정의 선고시까지 피청구인의 활동을 정지하는 결정을 할 수 있다(「헌법재판소법」 제57조).

② [×] 헌법재판소의 심판절차에 관하여는 이 법에 특별한 규정이 있는 경우를 제외하고는 헌법재판의 성질에 반하지 아니하는 한도에서 민사소송에 관한 법령을 준용한다. 이 경우 탄핵심판의 경우에는 형사소송에 관한 법령을 준용하고, 권한쟁의심판 및 헌법소원심판의 경우에는 「행정소송법」을 함께 준용한다(「헌법재판소법」 제40조 제1항). 제1항 후단의 경우에 형사소송에 관한 법령 또는 「행정소송법」이 민사소송에 관한 법령에 저촉될 때에는 민사소송에 관한 법령은 준용하지 아니한다(동조 제2항).

③ [×] 위헌정당 해산시에 소속 국회의원의 의원직 상실 여부에 대한 특별규정은 없다.

> 헌법재판소의 해산결정으로 정당이 해산되는 경우에 그 정당 소속 국회의원이 의원직을 상실하는지에 대하여 명문의 규정은 없으나, 정당해산심판제도의 본질은 민주적 기본질서에 위배되는 정당을 정치적 의사형성과정에서 배제함으로써 국민을 보호하는 데에 있는데 해산정당 소속 국회의원의 의원직을 상실시키지 않는 경우 정당해산결정의 실효성을 확보할 수 없게 되므로, 이러한 정당해산제도의 취지 등에 비추어 볼 때 헌법재판소의 정당해산결정이 있는 경우 그 정당 소속 국회의원의 의원직은 당선 방식을 불문하고 모두 상실되어야 한다(헌재 2014.12.19. 2013헌다1).

❹ [O] 우리 헌법 제8조 제4항이 의미하는 민주적 기본질서는, 개인의 자율적 이성을 신뢰하고 모든 정치적 견해들이 각각 상대적 진리성과 합리성을 지닌다고 전제하는 다원적 세계관에 입각한 것으로서, 모든 폭력적·자의적 지배를 배제하고, 다수를 존중하면서도 소수를 배려하는 민주적 의사결정과 자유·평등을 기본원리로 하여 구성되고 운영되는 정치적 질서를 말하며, 구체적으로는 국민주권의 원리, 기본적 인권의 존중, 권력분립

제도, 복수정당제도 등이 현행 헌법상 주요한 요소라고 볼 수 있다. 헌법 제8조 제4항의 민주적 기본질서 개념은 정당해산결정의 가능성과 긴밀히 결부되어 있다. 이 민주적 기본질서의 외연이 확장될수록 정당해산결정의 가능성은 확대되고, 이와 동시에 정당 활동의 자유는 축소될 것이다. 민주 사회에서 정당의 자유가 지니는 중대한 함의나 정당해산심판제도의 남용 가능성 등을 감안한다면, 헌법 제8조 제4항의 민주적 기본질서는 최대한 엄격하고 협소한 의미로 이해해야 한다(헌재 2014.12.19. 2013헌다1).

04　양심의 자유　정답 ③

① [×] '법위반사실의 공표명령'은 법규정의 문언상으로 보아도 단순히 법위반사실 자체를 공표하라는 것일 뿐, 사죄 내지 사과하라는 의미요소를 가지고 있지는 아니하다. 공정거래위원회의 실제 운용에 있어서도 '특정한 내용의 행위를 함으로써 공정거래법을 위반하였다는 사실'을 일간지 등에 공표하라는 것이어서 단지 사실관계와 법을 위반하였다는 점을 공표하라는 것이지 행위자에게 사죄 내지 사과를 요구하고 있는 것으로는 보이지 않는다. 따라서 이 사건 법률조항의 경우 사죄 내지 사과를 강요함으로 인하여 발생하는 양심의 자유의 침해문제는 발생하지 않는다. 그렇다면 이 사건 법률조항 중 '법위반사실의 공표' 부분은 위반행위자의 양심의 자유를 침해한다고 볼 수 없다(헌재 2002.1.31. 2001헌바43).

② [×] 특정한 내적인 확신 또는 신념이 양심으로 형성된 이상 그 내용 여하를 떠나 양심의 자유에 의해 보호되는 양심이 될 수 있으므로, 헌법상 양심의 자유에 의해 보호받는 '양심'으로 인정할 것인지의 판단은 그것이 깊고, 확고하며, 진실된 것인지 여부에 따르게 된다. 그리하여 양심적 병역거부를 주장하는 사람은 자신의 '양심'을 외부로 표명하여 증명할 최소한의 의무를 진다(헌재 2018.6.28. 2011헌바379·383).

❸ [O] 지문을 날인할 것인지 여부의 결정이 선악의 기준에 따른 개인의 진지한 윤리적 결정에 해당한다고 보기는 어려워, 열 손가락 지문날인의 의무를 부과하는 이 사건 시행령조항에 대하여 국가가 개인의 윤리적 판단에 개입한다거나 그 윤리적 판단을 표명하도록 강제하는 것으로 볼 여지는 없다고 할 것이므로, 이 사건 시행령조항에 의한 양심의 자유의 침해가능성 또한 없는 것으로 보인다(헌재 2005.5.26. 99헌마513).

④ [×] 양심적 병역거부자에 대한 처벌은 대체복무제를 규정하지 아니한 병역종류조항의 입법상 불비와 양심적 병역거부는 처벌조항의 '정당한 사유'에 해당하지 않는다는 법원의 해석이 결합되어 발생한 문제일 뿐, 처벌조항 자체에서 비롯된 문제가 아니므로 처벌조항이 과잉금지원칙을 위반하여 양심적 병역거부자의 양심의 자유를 침해한다고 볼 수는 없다(헌재 2018.6.28. 2011헌바379).

05 권한쟁의심판 정답 ④

① [O] 「헌법재판소법」 제61조에 대한 옳은 내용이다.

> **제61조【청구 사유】** ① 국가기관 상호간, 국가기관과 지방자치단체 간 및 지방자치단체 상호간에 권한의 유무 또는 범위에 관하여 다툼이 있을 때에는 해당 국가기관 또는 지방자치단체는 헌법재판소에 권한쟁의심판을 청구할 수 있다.
> ② 제1항의 심판청구는 피청구인의 처분 또는 부작위(不作爲)가 헌법 또는 법률에 의하여 부여받은 청구인의 권한을 침해하였거나 침해할 현저한 위험이 있는 경우에만 할 수 있다.

② [O] 「헌법재판소법」 제63조에 대한 옳은 내용이다.

> **제63조【청구기간】** ① 권한쟁의의 심판은 그 사유가 있음을 안 날부터 60일 이내에, 그 사유가 있는 날부터 180일 이내에 청구하여야 한다.
> ② 제1항의 기간은 불변기간으로 한다.

③ [O] 헌법재판소법 제40조 제1항은 "헌법재판소의 심판절차에 관하여는 이 법에 특별한 규정이 있는 경우를 제외하고는 민사소송에 관한 법령의 규정을 준용한다. 이 경우 탄핵심판의 경우에는 형사소송에 관한 법령을, 권한쟁의심판 및 헌법소원심판의 경우에는 행정소송법을 함께 준용한다."라고 규정하고, 같은 조 제2항은 "제1항 후단의 경우에 형사소송에 관한 법령 또는 행정소송법이 민사소송에 관한 법령과 저촉될 때에는 민사소송에 관한 법령은 준용하지 아니한다."라고 규정하고 있다. 그런데 헌법재판소법이나 행정소송법에 권한쟁의심판청구의 취하와 이에 대한 피청구인의 동의나 그 효력에 관하여 특별한 규정이 없으므로, 소의 취하에 관한 민사소송법 제239조는 이 사건과 같은 권한쟁의심판절차에 준용된다고 보아야 한다(헌재 2001.5.8. 2000헌라1).

❹ [X] 헌법재판소는 권한침해의 원인이 된 피청구인의 처분을 취소하거나 그 무효를 확인할 수 있고, 헌법재판소가 부작위에 대한 심판청구를 인용하는 결정을 한 때에는 피청구인은 결정 취지에 따른 처분을 하여야 한다(「헌법재판소법」 제66조 제2항).

06 입법부작위 정답 ④

① [O] 국군포로법 제15조의5 제1항이 국방부장관으로 하여금 예우 여부를 재량으로 정할 수 있도록 하고 있으나, 이것은 예우 여부를 재량으로 한다는 의미이지, 대통령령 제정 여부를 재량으로 한다는 의미는 아니다. 이처럼 피청구인에게는 대통령령을 제정할 의무가 있음에도, 그 의무는 상당 기간 동안 불이행되고 있고, 이를 정당화할 이유도 찾아보기 어렵다. 그렇다면 이 사건 행정입법부작위는 등록포로 등의 가족인 청구인의 명예권을 침해하는 것으로서 헌법에 위반된다(헌재 2018.5.31. 2016헌마626).

② [O] 진정입법부작위에 대해서는 헌법소원심판 청구기간의 제한이 없다(헌재 1994.12.29. 89헌마2). 그러나 부진정입법부작위는 그 법률자체에 대한 헌법소원은 제소기간을 준수해야 한다(헌재 1996.10.31. 94헌마108).

③ [O] 부진정입법부작위는 입법부작위로는 헌법소원의 대상이 되지 않으나 불완전한 규정 자체(법령소원)는 헌법소원의 대상이 되며 청구기간은 헌법재판소법 제69조 제1항 본문의 제한을 받는다(헌재 1996.6.13. 93헌마276).

❹ [X] 국민의 기본권에 대한 국가의 적극적 보호의무는 궁극적으로 입법자의 입법행위를 통하여 비로소 실현될 수 있는 것이기 때문에, 입법자의 입법행위를 매개로 하지 아니하고 단순히 기본권이 존재한다는 것만으로 헌법상 광범위한 방어적 기능을 갖게 되는 기본권의 소극적 방어권으로서의 측면과 근본적인 차이가 있다. 즉 기본권에 대한 보호의무자로서의 국가는 국민의 기본권에 대한 침해자로서의 지위에 서는 것이 아니라 국민과 동반자로서의 지위에 서는 점에서 서로 다르다. 따라서 국가가 국민의 기본권을 보호하기 위한 충분한 입법조치를 취하지 아니함으로써 기본권보호의무를 다하지 못하였다는 이유로 입법부작위 내지 불완전한 입법이 헌법에 위반된다고 판단하기 위하여는, 국가권력에 의해 국민의 기본권이 침해당하는 경우와는 다른 판단기준이 적용되어야 마땅하다(헌재 1997.1.16. 90헌마110).

07 헌법소원심판 정답 ④

① [X] 법률안이 거부권 행사에 의하여 최종적으로 폐기되었다면 모르되, 그렇지 아니하고 공포되었다면 법률안은 그 동일성을 유지하여 법률로 확정되는 것이라고 보아야 하므로 이에 대한 헌법소원은 적법하다(헌재 2001.11.29. 99헌마494).

② [X] 구속된 피의자가 검사조사실에서 수갑 및 포승을 시용한 상태로 피의자신문을 받도록 한 이 사건 수갑 및 포승 사용행위는 이미 종료된 권력적 사실행위로서 행정심판이나 행정소송의 대상으로 인정되기 어려워 헌법소원심판을 청구하는 외에 달리 효과적인 구제방법이 없으므로 보충성의 원칙에 대한 예외에 해당한다(헌재 2005.5.26. 2001헌마728).

③ [X] 헌법재판소법 제68조 제1항에 의하면, 헌법소원심판은 공권력의 행사 또는 불행사로 인하여 기본권을 침해받은 자가 청구하여야 한다. 이때 '공권력의 행사 또는 불행사로 인하여 기본권의 침해를 받은 자'라는 것은 공권력의 행사 또는 불행사로 인하여 자기의 기본권이 현재 그리고 직접적으로 침해받은 경우를 의미하므로 원칙적으로 공권력의 행사 또는 불행사의 직접적인 상대방만이 이에 해당한다고 할 것이고, 공권력의 작용에 단순히 간접적, 사실적 또는 경제적인 이해관계가 있을 뿐인 제3자는 이에 해당되지 않는다고 할 것이다(헌재 1994.6.30. 92헌마61).

❹ [O] 헌법재판소법 제68조 제1항 단서에 의하면 헌법소원은 다른 권리구제절차를 거친 뒤 비로소 제기할 수 있는 것이기는 하지만, 여기서 말하는 권리구제절차는 공권력의 행사 또는 불행사를 직접 대상으로 하여 그 효력을 다툴 수 있는 권리구제절차를 의미하는 것이지, 사후적·보충적 구제수단인 손해배상청구나 손실보상청구를 의미하는 것이 아님은 헌법소원제도를 규정한 헌법의 정신에 비추어 명백하다(헌재 1989.4.17. 88헌마3).

08   정당제도   정답 ④

① [○] 헌법 제8조 제1항이 명시하는 정당설립의 자유는 설립할 정당의 조직형태를 어떠한 내용으로 할 것인가에 관한 정당조직 선택의 자유 및 그와 같이 선택된 조직을 결성할 자유를 포괄하는 '정당조직의 자유'를 포함한다. 정당조직의 자유는 정당설립의 자유에 개념적으로 포괄될 뿐만 아니라 정당조직의 자유가 완전히 배제되거나 임의적으로 제한될 수 있다면 정당설립의 자유가 실질적으로 무의미해지기 때문이다. 또 헌법 제8조 제1항은 정당활동의 자유도 보장하고 있기 때문에 위 조항은 결국 정당설립의 자유, 정당조직의 자유, 정당활동의 자유 등을 포괄하는 정당의 자유를 보장하고 있다(헌재 2004.12.16. 2004헌마456).

② [○] 헌법 제8조 제2항은 헌법 제8조 제1항에 의하여 정당의 자유가 보장됨을 전제로 하여, 그러한 자유를 누리는 정당의 목적·조직·활동이 민주적이어야 한다는 요청, 그리고 그 조직이 국민의 정치적 의사형성에 참여하는데 필요한 조직이어야 한다는 요청을 내용으로 하는 것으로서, 정당에 대하여 정당의 자유의 한계를 부과하는 것임과 동시에 입법자에 대하여 그에 필요한 입법을 해야 할 의무를 부과하고 있다. 그러나 이에 나아가 정당의 자유의 헌법적 근거를 제공하는 근거규범으로서 기능한다고는 할 수 없다(헌재 2004.12.16. 2004헌마456).

③ [○] 헌법 제8조 제4항에 대한 옳은 내용이다.

> **제8조** ④ 정당의 목적이나 활동이 민주적 기본질서에 위배될 때에는 정부는 헌법재판소에 그 해산을 제소할 수 있고, 정당은 헌법재판소의 심판에 의하여 해산된다.

❹ [×] 정당해산결정도 재판관 6명 이상의 찬성이 있어야 한다.

> **「헌법재판소법」 제23조 【심판정족수】** ② 재판부는 종국심리에 관여한 재판관 과반수의 찬성으로 사건에 관한 결정을 한다. 다만, 다음 각 호의 어느 하나에 해당하는 경우에는 재판관 6명 이상의 찬성이 있어야 한다.
> 1. 법률의 위헌결정, 탄핵의 결정, 정당해산의 결정 또는 헌법소원에 관한 인용결정을 하는 경우
> 2. 종전에 헌법재판소가 판시한 헌법 또는 법률의 해석 적용에 관한 의견을 변경하는 경우

09   국회의 법률제정절차   정답 ③

① [○] 「국회법」 제59조에 대한 옳은 내용이다.

> **제59조 【의안의 상정시기】** 위원회는 의안(예산안, 기금운용계획안 및 임대형 민자사업 한도액안은 제외한다. 이하 이 조에서 같다)이 위원회에 회부된 날부터 다음 각 호의 구분에 따른 기간이 지나지 아니하였을 때에는 그 의안을 상정할 수 없다. 다만, 긴급하고 불가피한 사유로 위원회의 의결이 있는 경우에는 그러하지 아니하다.
> 1. 일부개정법률안: 15일
> 2. 제정법률안, 전부개정법률안 및 폐지법률안: 20일
> 3. 체계·자구심사를 위하여 법제사법위원회에 회부된 법률안: 5일
> 4. 법률안 외의 의안: 20일

② [○] 「국회법」 제66조 제3항에 대한 옳은 내용이다.

> **제66조 【심사보고서의 제출】** ③ 제1항의 안건이 예산상 또는 기금상의 조치를 수반하고 위원회에서 수정된 경우에는 제1항의 보고서에 그 안건의 시행에 수반될 것으로 예상되는 비용에 관하여 국회예산정책처가 작성한 추계서를 첨부하여야 한다. 다만, 긴급한 사유가 있는 경우 위원회 의결로 추계서 첨부를 생략할 수 있다.

❸ [×] 본회의는 위원장의 보고를 받은 후 필요하다고 인정할 때에는 의결로 다시 그 안건을 같은 위원회 또는 다른 위원회에 회부할 수 있다(「국회법」 제94조).

④ [○] 「국회법」 제85조의2 제3항에 대한 옳은 내용이다.

> **제85조의2 【안건의 신속 처리】** ③ 위원회는 신속처리대상안건에 대한 심사를 그 지정일부터 180일 이내에 마쳐야 한다. 다만, 법제사법위원회는 신속처리대상안건에 대한 체계·자구 심사를 그 지정일, 제4항에 따라 회부된 것으로 보는 날 또는 제86조 제1항에 따라 회부된 날부터 90일 이내에 마쳐야 한다.

10   사생활의 비밀과 자유   정답 ③

① [○] 이 사건 CCTV 설치행위는 행형법 및 교도관직무규칙 등에 규정된 교도관의 계호활동 중 육안에 의한 시선계호를 CCTV 장비에 의한 시선계호로 대체한 것에 불과하므로, 이 사건 CCTV 설치행위에 대한 특별한 법적 근거가 없더라도 일반적인 계호활동을 허용하는 법률규정에 의하여 허용된다고 보아야 한다. 한편 CCTV에 의하여 감시되는 엄중격리대상자에 대하여 지속적이고 부단한 감시가 필요하고 자살·자해나 흉기 제작 등의 위험성 등을 고려하면, 제반사정을 종합하여 볼 때 기본권 제한의 최소성 요건이나 법익균형성의 요건도 충족하고 있다. … 이 사건 CCTV 설치행위는 헌법 제17조 및 제37조 제2항을 위반하여 청구인들의 사생활의 비밀 및 자유를 침해하였다고 볼 수 없다(헌재 2008.5.29. 2005헌마137 등).

② [○] 공개된 형사재판에서 밝혀진 범죄인들의 신상과 전과를 일반인이 알게 된다고 하여 그들의 인격권 내지 사생활의 비밀을 침해하는 것이라고 단정하기는 어렵다(헌재 2003.6.26. 2002헌가14).

❸ [×] 이 사건 법률조항은 목적의 정당성, 수단의 적절성 및 피해최소성을 갖추지 못하였고 법익의 균형성도 이루지 못하였으므로, 헌법 제37조 제2항의 과잉금지원칙을 위반하여 남성의 성적자기결정권 및 사생활의 비밀과 자유를 과잉제한하는 것으로 헌법에 위반된다(헌재 2009.11.26. 2008헌바58 등).

④ [○] 이 사건 검사행위는 교도소의 안전과 질서를 유지하고, 수형자의 교화·개선에 지장을 초래할 수 있는 물품을 차단하기 위한 것으로서 그 목적이 정당하고, 수단도 적절하며, 검사의 실효성을 확보하기 위한 최소한의 조치로 보이고, 달리 덜 제한적인 대체수단을 찾기 어려운 점 등에 비추어 보면 이 사건 검사행위가 과잉금지원칙에 위배하여 사생활의 비밀 및 자유를 침해하였다고 할 수 없다(헌재 2011.10.25. 2009헌마691).

11 재판의 전제성 정답 ④

① [O] 형사사건에 있어서는, 원칙적으로 공소가 제기되지 아니한 법률조항의 위헌 여부는 당해 형사사건의 재판의 전제가 될 수 없으나, 공소장에 적용법조로 기재되었다는 이유만으로 재판의 전제성을 인정할 수도 없다(헌재 2002.4.25. 2001헌가27).

② [O] 해당 헌법소원과 관련된 소송사건이 이미 확정된 때에는 당사자는 재심을 청구할 수 있으므로 재판의 전제성은 인정된다.

> 「헌법재판소법」제75조【인용결정】⑦ 제68조 제2항에 따른 헌법소원이 인용된 경우에 해당 헌법소원과 관련된 소송사건이 이미 확정된 때에는 당사자는 재심을 청구할 수 있다.

③ [O] 구 국세징수법 제47조 제2항은 부동산등에 대한 압류는 압류의 등기 또는 등록을 한 후에 발생한 체납액에 대하여도 효력이 미친다는 내용임에 반하여, 당해사건의 법원은 압류등기 후에 압류부동산을 양수한 소유자에게 압류처분의 취소를 구할 당사자적격이 있는지에 관한 법리 및 압류해제, 결손처분에 관한 법리를 통하여 당해사건을 판단하였고, 그러한 당해사건법원의 판단은 그대로 대법원에 의하여 최종적으로 확정되었는바, 그렇다면 위 법률조항의 위헌여부는 당해사건법원의 재판에 직접 적용되거나 관련되는 것이 아니어서 그 재판의 전제성이 없다(헌재 2001.11.29. 2000헌바49).

❹ [X] 헌법재판소법 제68조 제2항에 의한 헌법소원심판의 청구는 같은 법 제41조 제1항에 의한 법률의 위헌여부심판의 제청신청을 법원이 각하 또는 기각한 경우에만 청구할 수 있고, 청구인이 당해 소송법원에 위헌여부심판의 제청신청을 하지 않았고 따라서 법원의 각하 또는 기각결정도 없었던 부분에 대한 심판청구는 그 심판청구요건을 갖추지 못하여 부적법하다(헌재 2010.12.28. 2009헌바258).

필연적으로 요청되므로, 선거운동의 자유는 선거권 행사의 전제 내지 선거권의 중요한 내용으로서 보장될 필요가 있다(헌재 2006.7.27. 2004헌마215).

ㄷ. [O] 헌법이 인정하고 있는 위임입법의 형식은 예시적인 것으로 보아야 할 것이고, 그것은 법률이 행정규칙에 위임하더라도 그 행정규칙은 위임된 사항만을 규율할 수 있으므로, 국회입법의 원칙과 상치되지도 않는다. 다만, 형식의 선택에 있어서 규율의 밀도와 규율영역의 특성이 개별적으로 고찰되어야 할 것이다. 그에 따라 입법자에게 상세한 규율이 불가능한 것으로 보이는 영역이라면 행정부에게 필요한 보충을 할 책임이 인정되고 극히 전문적인 식견에 좌우되는 영역에서는 행정기관에 의한 구체화의 우위가 불가피하게 있을 수 있다. 그러한 영역에서 행정규칙에 대한 위임입법이 제한적으로 인정될 수 있는 것이다(헌재 2004.10.28. 99헌바91).

ㄹ. [X] 국회의 동의권이 침해되었다고 하여 동시에 국회의원의 심의·표결권이 침해된다고 할 수 없고, 또 국회의원의 심의·표결권은 국회의 대내적인 관계에서 행사되고 침해될 수 있을 뿐 다른 국가기관과의 대외적인 관계에서는 침해될 수 없는 것이므로, 국회의원들 상호간 또는 국회의원과 국회의장 사이와 같이 국회 내부적으로만 직접적인 법적 연관성을 발생시킬 수 있을 뿐이고 대통령 등 국회 이외의 국가기관과 사이에서는 권한침해의 직접적인 법적 효과를 발생시키지 아니한다. 그렇다면 정부가 국회의 동의 없이 예산 외에 국가의 부담이 될 계약을 체결하였다 하더라도 국회의 동의권이 침해될 수는 있어도 국회의원인 청구인들 자신의 심의·표결권이 침해될 가능성은 없다(헌재 2008.1.17. 2005헌라10).

ㅁ. [X] 부담금은 조세에 대한 관계에서 어디까지나 예외적으로만 인정되어야 하며, 어떤 공적 과제에 관한 재정조달을 조세로 할 것인지 아니면 부담금으로 할 것인지에 관하여 입법자의 자유로운 선택권을 허용하여서는 안 된다(헌재 2004.7.15. 2002헌바42).

12 국회의 권한 정답 ①

옳은 것은 ㄱ, ㄴ, ㄷ이다.

ㄱ. [O] 국가가 적극적으로 국민의 기본권을 보장하기 위한 제반조치를 취할 의무를 부담하는 경우 설사 그 보호의 정도가 국민이 바라는 이상적인 수준에 미치지 못한다고 하여 언제나 헌법에 위반되는 것으로 보기 어렵다. 국가의 기본권보호의무의 이행은 입법자의 입법을 통하여 비로소 구체화되는 것이고, 국가가 그 보호의무를 어떻게 어느 정도로 이행할 것인지는 입법자가 제반사정을 고려하여 입법정책적으로 판단하여야 하는 입법재량의 범위에 속하는 것이기 때문이다. 물론 입법자가 기본권보호의무를 최대한 실현하는 것이 이상적이지만, 그러한 이상적 기준이 헌법재판소가 위헌 여부를 판단하는 심사기준이 될 수는 없으며, 헌법재판소는 권력분립의 관점에서 소위 '과소보호금지원칙'을, 즉 국가가 국민의 기본권 보호를 위하여 적어도 적절하고 효율적인 최소한의 보호조치를 취했는가를 기준으로 심사하게 된다(헌재 2008.7.31. 2004헌바81).

ㄴ. [O] 헌법 제116조 제1항은 선거운동에 관하여 "법률이 정하는 범위 안에서 하되, 균등한 기회가 보장되어야 한다."라고 규정하고 있어 입법부에 입법재량을 부여하고 있다. 그런데 선거권이 제대로 행사되기 위해서는 후보자에 대한 정보의 자유교환이

13 지방자치제도 정답 ②

① [O] 지방자치단체는 법령에 위반되지 아니하는 범위 내에서 그 사무에 관하여 조례를 제정할 수 있는 것이고, 조례가 규율하는 특정사항에 관하여 그것을 규율하는 국가의 법령이 이미 존재하는 경우에도 조례가 법령과 별도의 목적에 기하여 규율함을 의도하는 것으로서 그 적용에 의하여 법령의 규정이 의도하는 목적과 효과를 전혀 저해하는 바가 없는 때, 또는 양자가 동일한 목적에서 출발한 것이라고 할지라도 국가의 법령이 반드시 그 규정에 의하여 전국에 걸쳐 일률적으로 동일한 내용을 규율하려는 취지가 아니고 각 지방자치단체가 그 지방의 실정에 맞게 별도로 규율하는 것을 용인하는 취지라고 해석되는 때에는 그 조례가 국가의 법령에 위반되는 것은 아니다(대판 2006.10.12. 2006추38).

❷ [X] 지방자치단체의 장에게 지방의회 사무직원의 임용권을 부여하고 있는 심판대상조항은 지방자치법 제101조, 제105조 등에서 규정하고 있는 지방자치단체의 장의 일반적 권한의 구체화로서 우리 지방자치의 현황과 실상에 근거하여 지방의회 사무직원의 인력수급 및 운영 방법을 최대한 효율적으로 규율하고 있다고 할 것이다. 심판대상조항에 따른 지방의회 의장의 추천권이 적극적이고 실질적으로 발휘된다면 지방의회 사무직원의

임용권이 지방자치단체의 장에게 있다고 하더라도 그것이 곧바로 지방의회와 집행기관 사이의 상호견제와 균형의 원리를 침해할 우려로 확대된다거나 또는 지방자치제도의 본질적 내용을 침해한다고 볼 수는 없다(헌재 2014.1.28. 2012헌바216).

③ [O] 국가공무원법 등 관계 법령에 의하면 교육감 소속 교육장 등은 모두 국가공무원이고, 그 임용권자는 대통령 내지 교육부장관인 점, 국가공무원의 임용 등 신분에 관한 사항이 해당 지방자치단체의 특성을 반영하여 각기 다르게 처리된다면 국가공무원이라는 본래의 신분적 의미는 상당 부분 몰각될 수 있는 점 등에 비추어 보면, 국가공무원인 교육장 등에 대한 징계사무는 국가사무라고 보아야 한다. 또한 구 교육공무원법령 등에 따라 교육감 소속 장학관 등의 임용권은 대통령 내지 교육부장관으로부터 교육감에게 위임되어 있고, 교육공무원법상 '임용'은 직위해제, 정직, 해임, 파면까지 포함하고 있는 점 등에 비추어 보면, 교육감 소속 교육장 등에 대한 징계의결요구 내지 그 신청사무 또한 징계사무의 일부로서 대통령, 교육부장관으로부터 교육감에게 위임된 국가위임사무이다. 그렇다면 국가사무인 교육장 등에 대한 징계사무에 관하여 지방자치단체가 청구한 이 사건 권한쟁의심판청구는, 지방자치단체의 권한에 속하지 아니하는 사무에 관한 심판청구로서 청구인들의 권한이 침해되거나 침해될 현저한 위험이 있다고 볼 수 없으므로 부적법하다(헌재 2013.12.26. 2012헌라3).

④ [O] 공유수면에 대한 지방자치단체의 관할구역 경계획정은 이에 관한 명시적인 법령상의 규정이 존재한다면 그에 따르고, 명시적인 법령상의 규정이 존재하지 않는다면 불문법상 해상경계에 따라야 한다. 그리고 이에 관한 불문법상 해상경계마저 존재하지 않는다면, 주민·구역·자치권을 구성요소로 하는 지방자치단체의 본질에 비추어 지방자치단체의 관할구역에 경계가 없는 부분이 있다는 것은 상정할 수 없으므로, 권한쟁의심판권을 가지고 있는 헌법재판소가 형평의 원칙에 따라 합리적이고 공평하게 해상경계선을 획정할 수밖에 없다(헌재 2019.4.11. 2016헌라8).

14　기본권 보호의무　　정답 ②

① [O] 국가의 기본권 보호의무란 사인인 제3자에 의한 생명이나 신체에 대한 침해로부터 이를 보호하여야 할 국가의 의무를 말하는 것으로, 이 사건처럼 국가가 직접 주방용오물분쇄기의 사용을 금지하여 개인의 기본권을 제한하는 경우에는 국가의 기본권 보호의무 위반 여부가 문제되지 않는다(헌재 2018.6.28. 2016헌마1151).

❷ [X] 국가의 보호의무를 입법자가 어떻게 실현하여야 할 것인가 하는 문제는 원칙적으로 입법자의 책임범위에 속한다. 따라서 헌법재판소는 단지 제한적으로만 입법자에 의한 보호의무의 이행을 심사할 수 있다(헌재 1997.1.16. 90헌마110). 즉, 판례는 완화된 심사를 한다.

③ [O] 국가의 보호의무를 입법자가 어떻게 실현하여야 할 것인가 하는 문제는 원칙적으로 권력분립원칙과 민주주의원칙에 따라 국민에 의해 직접 민주적 정당성을 부여받고 자신의 결정에 대해 정치적 책임을 지는 입법자의 책임범위에 속한다. 따라서 헌법재판소는 단지 제한적으로만 입법자에 의한 보호의무의 이행을 심사할 수 있다(헌재 1997.1.16. 90헌마110).

④ [O] 비록 태평양전쟁 관련 강제동원자들에 대한 국가의 지원이 충분하지 못한 점이 있다하더라도, 이 사건은 국가가 국내 강제동원자들을 위하여 아무런 보호조치를 취하지 아니하였다거나 아니면 국가가 취한 조치가 전적으로 부적합하거나 매우 불충분한 것임이 명백한 경우라고 단정하기 어려우므로, 태평양전쟁 전후 강제동원된 자 중 국외 강제동원자에 대해서만 의료지원금을 지급하도록 규정하고 있는 것이 국민에 대한 국가의 기본권 보호의무에 위배된다고 볼 수 없다(헌재 2011.2.24. 2009헌마94).

15　변호인의 조력을 받을 권리　　정답 ①

❶ [X] 이 사건 후방착석요구행위는 수사기관의 신문실이라는 밀폐된 공간에서 이루어진 만큼, 변호인의 역할을 통제하려는 의도가 있었다고 보이는 점, 청구인이 이 사건 후방착석요구행위에 대하여 시정을 요구할 경우 신문을 방해하였다는 구실로 청구인의 퇴실을 명할 가능성도 배제할 수 없는 점 등을 고려하여 보면, 이 사건 후방착석요구행위는 피청구인이 자신의 우월한 지위를 이용하여 청구인에게 일방적으로 강제한 것으로서 권력적 사실행위에 해당한다. 따라서 이 사건 후방착석요구행위는 헌법소원의 대상이 되는 공권력의 행사에 해당한다(헌재 2017.11.30. 2016헌마503).

② [O] 이 사건 후방착석요구행위는 2016.4.21. 종료되었으므로, 이에 대한 심판청구가 인용된다고 하더라도 청구인의 권리구제에는 도움이 되지 아니한다. 그러나 기본권 침해행위가 장차 반복될 위험이 있거나 당해 분쟁의 해결이 헌법질서의 유지·수호를 위하여 긴요한 사항이어서 헌법적으로 그 해명이 중대한 의미를 지니고 있는 때에는 예외적으로 심판이익을 인정할 수 있다(헌재 2017.11.30. 2016헌마503).

③ [O] 청구인은 이 사건 참여신청서 요구행위에 따라 수사관이 출력해 준 신청서에 인적사항을 기재하여 제출하였는데, 이는 청구인이 피의자의 변호인임을 밝혀 피의자신문에 참여할 수 있도록 하기 위한 검찰내부절차를 수행하는 과정에서 이뤄진 비권력적 사실행위에 불과하므로, 헌법소원의 대상이 되는 공권력의 행사에 해당하지 않는다(헌재 2017.11.30. 2016헌마503).

④ [O] 이 사건 지침은 피의자신문시 변호인 참여와 관련된 제반 절차를 규정한 검찰청 내부의 업무처리지침 내지 사무처리준칙으로서 대외적인 구속력이 없으므로, 헌법소원의 대상이 되는 공권력의 행사에 해당하지 않는다(헌재 2017.11.30. 2016헌마503).

16　평등의 원칙, 평등권　　정답 ②

① [O] 공무원이 지위를 이용하여 범한 공직선거법위반죄의 경우 선거의 공정성을 중대하게 저해하고 공권력에 의하여 조직적으로 은폐되어 단기간에 밝혀지기 어려울 수도 있어 단기 공소시효에 의할 경우 처벌규정의 실효성을 확보하지 못할 수 있다. 이러한 취지에서 공무원이 지위를 이용하여 범한 공직선거법위반죄의 경우 해당 선거일 후 10년으로 공소시효를 정한 입법자의 판단은 합리적인 이유가 인정되므로 평등원칙에 위반되지 않는다(헌재 2022.8.31. 2018헌바440).

❷ [×] 국제협력요원은 자신들의 의사에 기하여 봉사활동을 통한 병역의무 이행을 선택한 점에서 행정관서요원과 다르며, 행정관서요원은 국가기관 등의 공익목적에 필요한 경비·감시 등의 지원업무에 종사하고, 국제협력요원은 개발도상국가에서 그 지역의 경제·사회발전 등을 지원하는 업무에 복무하게 되는데, 보훈정책이 가지는 국가통합기능의 발휘에 있어서 행정관서요원의 우리나라 국가기관 등에서의 복무에 의한 것과 국제협력요원의 다른 국가에서의 봉사를 통한 국위선양에 의한 것은 국가통합이라는 효과 측면에서 차이가 있고, 행정관서요원은 일정한 의무위반행위가 발생하는 경우 이에 상응하는 소집취소제도가 없으나, 국제협력요원은 위와 같은 경우에 국제협력요원으로의 편입이 취소되고, 병역의무자가 애초에 받았던 징병검사 결과에 따른 병역의무이행을 다시 강제받는 점을 감안하면, 국제협력요원의 경우는 행정관서요원보다 대체 복무적 성격이 상대적으로 강하며, 행정관서요원과 국제협력요원은 서로 다른 입법목적을 가진 병역법과 국제협력요원법에 의하여 각각 규율되고 있는데, 이는 행정관서요원제도는 방위제도가 폐지되면서, 여전히 현역병 등으로 입영하여 군복무를 이행할 수 없는 신체적 사유 등이 있는 병역의무자의 경우 이들을 행정관서요원으로 소집하여 병역의무를 이행하도록 하기 위하여 고안된 제도임에 반하여, 국제협력요원은 국제봉사요원이 개발도상국에서 자발적으로 봉사활동을 하게 된 것이 국제사회에 긍정적인 영향을 끼치고 있다는 점을 감안하여, 위와 같은 국제봉사활동을 체계적·지속적으로 계속할 자원을 병역의무자 중에서 충원한다는 차원에서 마련된 것에 기인한다는 차이가 있으므로, 입법자가 위와 같은 차이들에 근거하여 국제협력요원과 행정관서요원을 달리 취급하는 것을 입법형성권을 벗어난 자의적인 것이라고 할 수 없어, 이 사건 조항은 헌법상의 평등권을 침해하지 아니한다(헌재 2010.7.29. 2009헌가13).

③ [○] 특정한 조세 법률조항이 혼인이나 가족생활을 근거로 부부 등 가족이 있는 자를 혼인하지 아니한 자 등에 비하여 차별 취급하는 것이라면 비례의 원칙에 의한 심사에 의하여 정당화되지 않는 한 헌법 제36조 제1항에 위반된다 할 것인데, 이 사건 세대별 합산규정은 생활실태에 부합하는 과세를 실현하고 조세회피를 방지하고자 하는 것으로 그 입법목적의 정당성은 수긍할 수 있으나, 가족간의 증여를 통하여 재산의 소유 형태를 형성하였다고 하여 모두 조세회피의 의도가 있었다고 단정할 수 없고 … 이 사건 세대별 합산규정으로 인한 조세부담의 증가라는 불이익은 이를 통하여 달성하고자 하는 조세회피의 방지 등 공익에 비하여 훨씬 크고, 조세회피의 방지와 경제생활 단위별 과세의 실현 및 부동산 가격의 안정이라는 공익은 입법정책상의 법익인데 반해 혼인과 가족생활의 보호는 헌법적 가치라는 것을 고려할 때 법익균형성도 인정하기 어렵다. 따라서 이 사건 세대별 합산규정은 혼인한 자 또는 가족과 함께 세대를 구성한 자를 비례의 원칙에 반하여 개인별로 과세되는 독신자, 사실혼 관계의 부부, 세대원이 아닌 주택 등의 소유자 등에 비하여 불리하게 차별하여 취급하고 있으므로, 헌법 제36조 제1항에 위반된다(헌재 2008.11.13. 2006헌바112 등).

④ [○] 심판대상조항 중 광역자치단체장선거의 예비후보자에 관한 부분은 청구인들 중 광역자치단체장선거의 예비후보자 및 이들 예비후보자에게 후원금을 기부하고자 하는 자의 평등권을 침해한다.

[1] 선거비용제한액 및 실제 지출액, 후원회 모금한도 등을 고려해 볼 때, 광역자치단체장선거의 경우 국회의원선거보다 지출하는 선거비용의 규모가 크고, 후원회를 통해 선거자금을 마련할 필요성 역시 매우 크다. 그럼에도 광역자치단체장선거의 경우 후보자가 후원금을 모금할 수 있는 기간이 불과 20일 미만으로 제한되고 있다. 또한 군소정당이나 신생정당, 무소속 예비후보자의 경우 선거비용의 보전을 받기 어려운 경우가 많은 현실을 고려할 때 후원회제도를 활용하여 선거자금을 마련할 필요성이 더욱 절실하고, 이들이 후원회제도를 활용하는 것을 제한하는 것은 다양한 신진 정치세력의 진입을 막고 자유로운 경쟁을 통한 정치 발전을 가로막을 우려가 있다.

[2] 후원회제도 자체가 광역자치단체장의 직무수행의 염결성을 저해하는 것으로 볼 수는 없고, 광역자치단체장의 직무수행의 염결성은 후원회제도가 정치적 영향력을 부당하게 행사하는 통로로 악용될 소지를 차단하기 위한 정치자금법의 관련 규정, 즉 후원인이 후원회에 기부할 수 있는 금액의 제한 규정(제11조), 후원금의 구체적 모금방법에 대한 규정(제14조 내지 제18조), 정치자금법상 후원회에 관한 규정을 위반한 경우의 처벌규정(제45조 제1항·제2항, 제46조, 제51조) 등을 통한 후원회제도의 투명한 운영으로 확보될 수 있다.

[3] 그동안 정치자금법이 여러 차례 개정되어 후원회지정권자의 범위가 지속적으로 확대되어 왔음에도 불구하고, 국회의원선거의 예비후보자 및 그 예비후보자에게 후원금을 기부하고자 하는 자와 광역자치단체장선거의 예비후보자 및 이들 예비후보자에게 후원금을 기부하고자 하는 자를 계속하여 달리 취급하는 것은, 불합리한 차별에 해당하고 입법재량을 현저히 남용하거나 한계를 일탈한 것이다. 따라서 심판대상조항 중 광역자치단체장선거의 예비후보자에 관한 부분은 청구인들 중 광역자치단체장선거의 예비후보자 및 이들 예비후보자에게 후원금을 기부하고자 하는 자의 평등권을 침해한다(헌재 2019.12.27. 2018헌마301).

17 국적 정답 ①

❶ [×] 6개월 내에 하나의 국적을 선택할 것을 명할 수 있다.

「국적법」 제14조의2 【복수국적자에 대한 국적선택명령】
① 법무부장관은 복수국적자로서 제12조 제1항 또는 제2항에서 정한 기간 내에 국적을 선택하지 아니한 자에게 1년 내에 하나의 국적을 선택할 것을 명하여야 한다.
② 법무부장관은 복수국적자로서 제10조 제2항, 제13조 제1항 또는 같은 조 제2항 단서에 따라 대한민국에서 외국 국적을 행사하지 아니하겠다는 뜻을 서약한 자가 그 뜻에 현저히 반하는 행위를 한 경우에는 6개월 내에 하나의 국적을 선택할 것을 명할 수 있다.

② [○] 「국적법」 제12조 제1항에 대한 옳은 내용이다.

제12조 【복수국적자의 국적선택의무】 ① 만 20세가 되기 전에 복수국적자가 된 자는 만 22세가 되기 전까지, 만 20세가 된 후에 복수국적자가 된 자는 그 때부터 2년 내

에 제13조와 제14조에 따라 하나의 국적을 선택하여야 한다. 다만, 제10조 제2항에 따라 법무부장관에게 대한민국에서 외국 국적을 행사하지 아니하겠다는 뜻을 서약한 복수국적자는 제외한다.

③ [O] 「국적법」 제10조 제1항·제2항에 대한 옳은 내용이다.

> **제10조【국적 취득자의 외국 국적 포기 의무】** ① 대한민국 국적을 취득한 외국인으로서 외국 국적을 가지고 있는 자는 대한민국 국적을 취득한 날부터 1년 내에 그 외국 국적을 포기하여야 한다.
> ② 제1항에도 불구하고 다음 각 호의 어느 하나에 해당하는 자는 대한민국 국적을 취득한 날부터 1년 내에 외국 국적을 포기하거나 법무부장관이 정하는 바에 따라 대한민국에서 외국 국적을 행사하지 아니하겠다는 뜻을 법무부장관에게 서약하여야 한다.

④ [O] 「국적법」 제13조 제3항에 대한 옳은 내용이다.

> **제13조【대한민국 국적의 선택 절차】** ③ 제1항 및 제2항 단서에도 불구하고 출생 당시에 모가 자녀에게 외국 국적을 취득하게 할 목적으로 외국에서 체류 중이었던 사실이 인정되는 자는 외국 국적을 포기한 경우에만 대한민국 국적을 선택한다는 뜻을 신고할 수 있다.

---

18 일반적 행동자유권 정답 ①

❶ [X] 심판대상조항은 정보제공요구의 사유나 경위, 행위 태양, 요구한 거래정보의 내용 등을 전혀 고려하지 아니하고 일률적으로 금지하고, 그 위반시 형사처벌을 하도록 하고 있다. 이는 입법목적을 달성하기 위하여 필요한 범위를 넘어선 것으로 최소침해성의 원칙에 위반된다. 금융거래의 비밀보장이 중요한 공익이라는 점은 인정할 수 있으나, 심판대상조항이 정보제공요구를 하게 된 사유나 행위의 태양, 요구한 거래정보의 내용을 고려하지 아니하고 일률적으로 일반 국민들이 거래정보의 제공을 요구하는 것을 금지하고 그 위반시 형사처벌을 하는 것은 그 공익에 비하여 지나치게 일반 국민의 일반적 행동자유권을 제한하는 것으로 법익의 균형성을 갖추지 못하였다. 심판대상조항은 과잉금지원칙에 반하여 일반적 행동자유권을 침해하므로 헌법에 위반된다(헌재 2022.2.24. 2020헌가5).

② [O] 게임물 관련사업자에게 게임물 이용자의 회원가입 시 본인인증을 할 수 있는 절차를 마련하도록 하고 있는 게임산업진흥에 관한 법률이 청구인들의 일반적 행동의 자유 및 개인정보자기결정권을 침해하지 않는다(헌재 2015.3.26. 2013헌마517).

③ [O] 환자의 사망이라는 중한 결과가 발생한 경우 환자 측으로서는 피해를 신속·공정하게 구제하기 위해 조정절차를 적극적으로 활용할 필요가 있고, 보건의료인의 입장에서도 이러한 경우 분쟁으로 비화될 가능성이 높아 원만하게 분쟁을 해결할 수 있는 절차가 마련될 필요가 있으므로, 의료분쟁 조정절차를 자동으로 개시할 필요성이 인정된다. 조정절차가 자동으로 개시되더라도 피신청인은 이의신청을 통해 조정절차에 참여하지 않

을 수 있고, 조정의 성립까지 강제되는 것은 아니므로 합의나 조정결정의 수용 여부에 대해서는 자유롭게 선택할 수 있으며, 채무부존재확인의 소 등을 제기하여 소송절차에 따라 분쟁을 해결할 수도 있다. 따라서 의료사고로 사망의 결과가 발생한 경우 의료분쟁 조정절차를 자동으로 개시하도록 한 심판대상조항이 청구인의 일반적 행동의 자유를 침해한다고 할 수 없다(헌재 2021.5.27. 2019헌마321).

④ [O] 청구인 권○환, 허○민은 수능시험을 준비하는 사람들로서 심판대상계획에서 정한 출제 방향과 원칙에 영향을 받을 수밖에 없다. 따라서 수능시험을 준비하면서 무엇을 어떻게 공부하여야 할지에 관하여 스스로 결정할 자유가 심판대상계획에 따라 제한된다. … 이는 자신의 교육에 관하여 스스로 결정할 권리, 즉 교육을 통한 자유로운 인격발현권을 제한받는 것으로 볼 수 있다. 한편, 청구인들은 심판대상계획으로 인해 교육을 받을 권리가 침해된다고 주장하지만, 심판대상계획이 헌법 제31조 제1항의 능력에 따라 균등하게 교육을 받을 권리를 직접 제한한다고 보기는 어렵다. 청구인들은 행복추구권도 침해된다고 주장하지만, 행복추구권에서 도출되는 자유로운 인격발현권 침해 여부에 대하여 판단하는 이상 행복추구권 침해 여부에 대해서는 다시 별도로 판단하지 않는다(헌재 2018.2.22. 2017헌마691).

---

19 공무원의 근로의 권리 정답 ③

① [O] 헌법 제33조 제2항은 공무원인 근로자의 경우 법률이 정하는 자에 한하여 단결권·단체교섭권 및 단체행동권을 가진다고 규정함으로써 공무원인 근로자의 노동기본권에 대하여 헌법적 제한을 두고 있으며, 노동조합 및 노동관계조정법(이하 '노동조합법'이라 한다) 제5조 단서는 공무원으로 구성된 노동조합(이하 '공무원노동조합'이라 한다)의 설립이나 가입에 관하여 따로 법률로 정하도록 규정하고 있다. 그리고 이에 따라 제정된 공무원의 노동조합 설립 및 운영 등에 관한 법률(이하 '공무원노조법'이라 한다)은 노동기본권이 보장되는 공무원의 범위와 공무원노동조합의 설립 및 운영 등에 관한 사항을 정하면서, 제3조 제1항에서 공무원노조법에 따른 공무원노동조합의 조직·가입, 공무원노동조합과 관련된 정당한 활동에 대하여는 노동운동 등 공무 외의 집단 행위를 금지한 국가공무원법 및 지방공무원법을 적용하지 아니하도록 규정하고 있다. 이러한 헌법과 노동조합법, 공무원노조법 등 공무원의 노동기본권 관련 규정 내용을 종합하면, 공무원으로 조직된 근로자단체는 공무원노조법에 따라 설립된 공무원노동조합인 경우에 한하여 노동기본권의 향유 주체가 될 수 있다(대판 2016.12.27. 2011두921).

② [O] 국가공무원은 그 임용주체가 궁극에는 주권자인 국민이기 때문에 국민전체에 대하여 봉사하고 책임을 져야 하는 특별한 지위에 있고, 그가 담당한 업무가 국가 또는 공공단체의 공적인 일이어서 특히 그 직무를 수행함에 있어서 공공성·공정성·성실성 및 중립성 등이 요구되기 때문에 일반 근로자와는 달리 특별한 근무관계에 있는 사람이다. 이러한 요인으로 인하여 공무원에게 인정되는 단결권의 성질이나 형태 그리고 근무조건의 향상을 위한 활동에 대한 제한 등에서 일반 근로자와 차이가 있게 된다(헌재 2007.8.30. 2005헌가5).

❸ [×] 헌법 제33조 제2항이 규정되지 아니하였다면 공무원인 근로자도 헌법 제33조 제1항에 따라 노동3권을 가진다 할 것이고, 이 경우에 공무원인 근로자의 단결권·단체교섭권·단체행동권을 제한하는 법률에 대해서는 헌법 제37조 제2항에 따른 기본권제한의 한계를 준수하였는가 하는 점에 대한 심사를 하는 것이 헌법원리로서 상당할 것이나, 헌법 제33조 제2항이 직접 '법률이 정하는 자'만이 노동3권을 향유할 수 있다고 규정하고 있어서 '법률이 정하는 자' 이외의 공무원은 노동3권의 주체가 되지 못하므로, 노동3권이 인정됨을 전제로 하는 헌법 제37조 제2항의 과잉금지원칙은 적용이 없는 것으로 보아야 할 것이다(헌재 2008.12.26. 2005헌마971).

④ [○] 헌법 제117조 제1항은 "지방자치단체는 주민의 복리에 관한 사무를 처리하고 재산을 관리하며, 법령의 범위 안에서 자치에 관한 규정을 제정할 수 있다."라고 규정하여 법률의 위임이 있는 경우에는 조례에 의하여 소속 공무원에 대한 인사와 처우를 스스로 결정하는 권한이 있다고 할 것이므로, 사실상 노무에 종사하는 공무원의 범위에 관하여 당해 지방자치단체에 조례제정권을 부여하고 있다고 하여 헌법에 위반된다고 할 수 없다(헌재 2005.10.27. 2003헌바50).
  ※ 지방자치단체가 지방공무원법 제58조 제2항의 위임에 따라 '사실상 노무에 종사하는 공무원의 범위'를 정하는 조례를 제정하지 아니한 부작위는 헌법에 위반됨(헌재 2009.7.30. 2006헌마358)

20 국회의 운영·의사원칙   정답 ④

① [○] 「국회법」 제5조의2 제1항에 대한 옳은 내용이다.

> **제5조의2【연간 국회 운영 기본일정 등】** ① 의장은 국회의 연중 상시 운영을 위하여 각 교섭단체 대표의원과의 협의를 거쳐 매년 12월 31일까지 다음 연도의 국회 운영 기본일정(국정감사를 포함한다)을 정하여야 한다. 다만, 국회의원 총선거 후 처음 구성되는 국회의 해당 연도 국회 운영 기본일정은 6월 30일까지 정하여야 한다.

② [○] 「국회법」 제50조 제5항에 대한 옳은 내용이다.

> **제50조【간사】** ⑤ 위원장이 위원회의 개회 또는 의사진행을 거부·기피하거나 제3항에 따른 직무대리자를 지정하지 아니하여 위원회가 활동하기 어려울 때에는 위원장이 소속되지 아니한 교섭단체 소속의 간사 중에서 소속 의원 수가 많은 교섭단체 소속 간사의 순으로 위원장의 직무를 대행한다.

③ [○] 「국회법」 제8조 제2항에 대한 옳은 내용이다.

> **제8조【휴회】** ② 국회는 휴회 중이라도 대통령의 요구가 있을 때, 의장이 긴급한 필요가 있다고 인정할 때 또는 재적의원 4분의 1 이상의 요구가 있을 때에는 국회의 회의(이하 "본회의"라 한다)를 재개한다.

❹ [×] 국회의 자율권을 존중하여야 하는 헌법재판소로서는 이 사건 법률안 가결·선포행위와 관련된 사실인정은 국회본회의 회의록의 기재내용에 의존할 수밖에 없고, 피청구인의 이 사건 법률안 가결·선포행위가 헌법 제49조, 국회법 제112조 제3항 위반으로 인정할 수 있는 증거가 없으므로, 청구인들의 법률안 심의·표결권을 침해하는 위법이 있다는 이 사건 권한쟁의심판청구는 기각을 면할 수 없다(헌재 2000.2.24. 99헌라1).

21 직업의 자유   정답 ①

❶ [○] 경비업을 경영하고 있는 자들이나 다른 업종을 경영하면서 새로이 경비업에 진출하고자 하는 자들로 하여금 경비업을 전문으로 하는 별개의 법인을 설립하지 않는 한 경비업과 그 밖의 업종간에 택일하도록 법으로 강제하고 있다. 이와 같이 당사자의 능력이나 자격과 상관없는 객관적 사유에 의한 제한은 월등하게 중요한 공익을 위하여 명백하고 확실한 위험을 방지하기 위한 경우에만 정당화될 수 있고, 따라서 헌법재판소가 이 사건을 심사함에 있어서는 헌법 제37조 제2항이 요구하는바 과잉금지의 원칙, 즉 엄격한 비례의 원칙이 그 심사척도가 되며, 해당 조문은 위헌이다(헌재 2002.4.25. 2001헌마614).

② [×] 심판대상조항에 따라 대형마트 등의 영업이 부분적으로 제한되어 매출감소로 인한 경제적 손실을 입게 되고, 소비자의 불편이나 대형마트 납품업체 및 입점상인들의 매출감소도 발생할 수 있으나, 이는 입법목적을 달성하기 위하여 필요한 최소한의 범위 내에 그치고 있으므로, 심판대상조항에 의해 실현되는 공익이 더 중대하다. 따라서 심판대상조항은 법익의 균형성도 충족한다. 그러므로 심판대상조항은 과잉금지원칙을 위반하여 청구인들의 직업수행의 자유를 침해하지 않는다(헌재 2018.6.28. 2016헌바77·78·79).

③ [×] 공인노무사법이 2020.1.29. 법률 제16895호로 개정되면서, 위 단서의 내용은 "다만, 다른 법률로 정하여져 있는 경우에는 그러하지 아니하다."로 변경되었다. 이에 따라, 업무 범위의 근거가 시행령에 있는 자격사의 경우, 더 이상 공인노무사의 직무 범위와 중복되는 업무를 수행할 수 없게 된다. 행정사의 업무 범위를 정하는 행정사법 제2조 제1항 각호의 내용은, 위 개정 전 공인노무사법 제27조 단서조항에서 규정하는 '다른 법령으로 정하여져 있는 경우'에 해당할 뿐 아니라 2020.1.29. 개정된 공인노무사법 제27조 제1항 단서의 '다른 법률로 정하여져 있는 경우'에도 해당한다. 따라서 행정사는 행정사법 제2조 제1항 각 호의 업무에 해당하는 한, 여전히 공인노무사의 직무와 중복되는 업무를 수행할 수 있으므로, 위 공인노무사법 개정으로 행정사의 업무 범위에 어떠한 변동도 생기지 아니한다. 그렇다면, 공인노무사법이 개정되어 노동 사건과 관련한 서류의 작성 등 원래 행정사가 수행하던 업무를 행정사로서 더 이상 수행할 수 없게 되었다는 청구인의 주장은 이유 없으며, 그 밖에 심판대상조항이 청구인의 법적 지위에 어떠한 영향을 미친다고 볼 수 없으므로, 심판대상조항으로 인한 기본권침해 가능성이 인정되지 아니한다. 이 사건 심판청구는 부적법하므로 청구인들의 직업의 자유를 침해하지 않는다(헌재 2020.3.3. 2020헌마187).

④ [×] 변호사시험에 무제한 응시함으로 인하여 발생하는 인력 낭비, 응시인원의 누적으로 인한 시험 합격률의 저하 및 법학전문대학원의 전문적인 교육효과 소멸 등을 방지하고자 하는 공익은 청구인들이 더 이상 시험에 응시하지 못하여 변호사를 직업으로 선택하지 못하는 불이익에 비하여 더욱 중대하다. 따라서 위 조항은 청구인들의 직업선택의 자유를 침해하지 아니한다(헌재 2016.9.29. 2016헌마47).

22   기본권의 침해   정답 ③

① [O] 금고 이상 실형의 선고를 받은 자의 자격취득 가능성을 영원히 박탈하는 것이 아니라 형의 집행이 끝나거나 면제 후 3년이 경과할 때까지만 행정사가 될 수 없도록 규정함으로써 제한되는 사익이 행정사에 대한 국민의 신뢰 획득, 행정사 업무의 공정성 확보라는 이 사건 법률조항이 달성하려는 공익에 비하여 크다고 할 수 없어 법익의 균형성도 갖추었다. 이 사건 법률조항이 행정사의 업무 특성을 고려하여, 그 결격사유를 금고 이상의 실형을 선고받더라도 자격취득은 가능하지만 사무소 개설등록만 할 수 없는 공인중개사나, 업무와 관련한 불법행위로 등록취소가 되지 않는 한 자격 취득 자체에는 특별한 제한을 두지 않는 국가기술자격 소지자와 같이 상대적으로 낮은 수준의 공정성 및 신뢰성을 요구하는 다른 국가자격 직역에 비해 다소 엄격하게 규정하고 있는 것은 합리적인 이유가 있는 것이므로, 청구인의 평등권을 침해하지 아니한다(헌재 2015.3.26. 2013헌마131).

② [O] 헌법 제29조 제1항 제1문은 '공무원의 직무상 불법행위'로 인한 국가 또는 공공단체의 책임을 규정하면서 제2문은 '이 경우 공무원 자신의 책임은 면제되지 아니한다'고 규정하여 헌법상 국가배상책임은 공무원의 책임을 일정 부분 전제하는 것으로 해석될 수 있고, 헌법 제29조 제1항에 법률유보 문구를 추가한 것은 국가재정을 고려하여 국가배상책임의 범위를 법률로 정하도록 한 것으로 해석된다. 공무원의 고의 또는 과실이 없는데도 국가배상을 인정할 경우 피해자 구제가 확대되기는 하겠지만 현실적으로 원활한 공무수행이 저해될 수 있어 이를 입법정책적으로 고려할 필요성이 있다. 외국의 경우에도 대부분 국가에서 국가배상책임에 공무수행자의 유책성을 요구하고 있으며, 최근에는 국가배상법상의 과실관념의 객관화, 조직과실의 인정, 과실 추정과 같은 논리를 통하여 되도록 피해자에 대한 구제의 폭을 넓히려는 추세에 있다. 이러한 점들을 고려할 때, 이 사건 법률조항이 국가배상청구권의 성립요건으로서 공무원의 고의 또는 과실을 규정한 것을 두고 입법형성의 범위를 벗어나 헌법 제29조에서 규정한 국가배상청구권을 침해한다고 보기는 어렵다(헌재 2015.4.30. 2013헌바395).

❸ [×] 심판대상조항은 가중요건이 되는 과거의 위반행위와 처벌대상이 되는 재범 음주운항 사이에 시간적 제한을 두지 않고 있다. 그런데 과거의 위반행위가 상당히 오래 전에 이루어져 그 이후 행해진 음주운항을 '해상교통법규에 대한 준법정신이나 안전의식이 현저히 부족한 상태에서 이루어진 반규범적 행위' 또는 '반복적으로 사회구성원에 대한 생명·신체 등을 위협하는 행위'라고 평가하기 어렵다면, 이를 가중처벌할 필요성이 인정된다고 보기 어렵다. 또한 심판대상조항은 과거 위반 전력의 시기 및 내용이나 음주운항 당시의 혈중알코올농도 수준 등을 고려할 때 비난가능성이 상대적으로 낮은 재범행위까지도 법정형의 하한인 2년 이상의 징역 또는 2천만원 이상의 벌금을 기준으로 처벌하도록 하고 있어, 책임과 형벌 사이의 비례성을 인정하기 어렵다. 따라서 심판대상조항은 책임과 형벌 간의 비례원칙에 위반된다(헌재 2022.8.31. 2022헌가10).

④ [O] 담배사업법은 담배의 제조 및 판매 자체는 금지하고 있지 않지만, 현재로서는 흡연과 폐암 등의 질병 사이에 필연적인 관계가 있다거나 흡연자 스스로 흡연 여부를 결정할 수 없을 정도로 의존성이 높아서 국가가 개입하여 담배의 제조 및 판매 자체를 금지하여야만 한다고 보기는 어렵다. 또한, 담배사업법은 담배성분의 표시나 경고문구의 표시, 담배광고의 제한 등 여러 규제들을 통하여 직접흡연으로부터 국민의 생명·신체의 안전을 보호하려고 노력하고 있다. 따라서 담배사업법이 국가의 보호의무에 관한 과소보호금지 원칙을 위반하여 청구인의 생명·신체의 안전에 관한 권리를 침해하였다고 볼 수 없다(헌재 2015.4.30. 2012헌마38).

23   헌법재판소의 심판절차   정답 ③

① [O] 「헌법재판소법」 제23조에 대한 옳은 내용이다.

> **제23조 【심판정족수】** ① 재판부는 재판관 7명 이상의 출석으로 사건을 심리한다.
> ② 재판부는 종국심리(終局審理)에 관여한 재판관 과반수의 찬성으로 사건에 관한 결정을 한다. 다만, 다음 각 호의 어느 하나에 해당하는 경우에는 재판관 6명 이상의 찬성이 있어야 한다.
> 1. 법률의 위헌결정, 탄핵의 결정, 정당해산의 결정 또는 헌법소원에 관한 인용결정(認容決定)을 하는 경우
> 2. 종전에 헌법재판소가 판시한 헌법 또는 법률의 해석 적용에 관한 의견을 변경하는 경우

② [O] 「헌법재판소법」 제70조 제1항·제3항에 대한 옳은 내용이다.

> **제70조 【국선대리인】** ① 헌법소원심판을 청구하려는 자가 변호사를 대리인으로 선임할 자력(資力)이 없는 경우에는 헌법재판소에 국선대리인을 선임하여 줄 것을 신청할 수 있다. 이 경우 제69조에 따른 청구기간은 국선대리인의 선임신청이 있는 날을 기준으로 정한다.
> ③ 헌법재판소는 제1항의 신청이 있는 경우 또는 제2항의 경우에는 헌법재판소규칙으로 정하는 바에 따라 변호사 중에서 국선대리인을 선정한다. 다만, 그 심판청구가 명백히 부적법하거나 이유 없는 경우 또는 권리의 남용이라고 인정되는 경우에는 국선대리인을 선정하지 아니할 수 있다.

❸ [×] 지정재판부는 헌법소원을 각하하거나 심판회부결정을 한 때에는 그 결정일부터 14일 이내에 청구인 또는 그 대리인 및 피청구인에게 그 사실을 통지하여야 한다(「헌법재판소법」 제73조 제1항).

④ [O] 「헌법재판소법」 제67조에 대한 옳은 내용이다.

> **제67조 【결정의 효력】** ① 헌법재판소의 권한쟁의심판의 결정은 모든 국가기관과 지방자치단체를 기속한다.
> ② 국가기관 또는 지방자치단체의 처분을 취소하는 결정은 그 처분의 상대방에 대하여 이미 생긴 효력에 영향을 미치지 아니한다.

24 공무담임권 　　　　　　　정답 ①

❶ [×] 공무담임권은 공직취임의 기회 균등뿐만 아니라 취임한 뒤 승진할 때에도 균등한 기회 제공을 요구한다(헌재 2018.7.26. 2017헌마1183).

② **[○]** 헌법 제25조가 보장하는 공무담임권은 입법부, 행정부, 사법부는 물론 지방자치단체 등 국가, 공공단체의 구성원으로서 그 직무를 담당할 수 있는 권리를 말한다. 그런데 정당은 정치적 주장이나 정책을 추진하고 공직선거의 후보자를 추천 또는 지지함으로써 국민의 정치적 의사형성에 참여함을 목적으로 하는 국민의 자발적 조직으로서, 정당의 공직선거 후보자 선출은 자발적 조직 내부의 의사결정에 지나지 아니한다. 따라서 청구인이 정당의 내부경선에 참여할 권리는 헌법이 보장하는 공무담임권의 내용에 포함된다고 보기 어렵고, 청구인의 소속 정당이 당내경선을 실시하지 않는다고 하여 청구인이 공직선거의 후보자로 출마할 수 없는 것이 아니므로, 심판대상조항으로 인하여 청구인의 공무담임권이 침해될 여지는 없다(헌재 2014.11.27. 2013헌마814).

③ **[○]** 획일적으로 30세까지는 순경과 소방사·지방소방사 및 소방간부후보생의 직무수행에 필요한 최소한도의 자격요건을 갖추고, 30세가 넘으면 그러한 자격요건을 상실한다고 보기 어렵고, 이 점은 순경을 특별 채용하는 경우 응시연령을 40세 이하로 제한하고, 소방사·지방소방사와 마찬가지로 화재현장업무 등을 담당하는 소방교·지방소방교의 경우 특채시험의 응시연령을 35세 이하로 제한하고 있는 점만 보아도 분명하다. 따라서 이 사건 심판대상 조항들이 순경 공채시험, 소방사 등 채용시험, 그리고 소방간부 선발시험의 응시연령의 상한을 '30세 이하'로 규정하고 있는 것은 합리적이라고 볼 수 없으므로 침해의 최소성원칙에 위배되어 청구인들의 공무담임권을 침해한다(헌재 2012.5.31. 2010헌마278).

④ **[○]** 심판대상조항은 2003년과 2007년경부터 규정된 것이어서 해당 직류의 채용시험을 진지하게 준비 중이었다면 누구라도 직업상담사 자격증이 가산대상 자격증임을 알 수 있었다고 보이며, 자격증소지를 시험의 응시자격으로 한 것이 아니라 각 과목 만점의 최대 5% 이내에서 가산점을 부여하는 점, 자격증소지자도 다른 수험생들과 마찬가지로 합격의 최저 기준인 각 과목 만점의 40% 이상을 취득하여야 한다는 점, 그 가산점 비율은 3% 또는 5%로서 다른 직렬과 자격증 가산점 비율에 비하여 과도한 수준이라고 볼 수 없다는 점을 종합하면 이 조항이 피해최소성 원칙에 위배된다고 볼 수 없고, 법익의 균형성도 갖추었다. 따라서 청구인들의 공무담임권과 평등권을 침해하였다고 볼 수 없다(헌재 2018.8.30. 2018헌마46).

25 영장주의 　　　　　　　정답 ①

❶ [×] 인터넷회선 감청도 범죄수사를 위한 통신제한조치 허가 대상으로 정한 이 사건 법률조항이 과잉금지원칙에 반하여 피의자 또는 피내사자와 같은 대상자뿐만 아니라 이용자들의 통신 및 사생활의 비밀과 자유를 침해하는지 여부에 대하여 본다. … 헌법 제12조 제3항이 정한 영장주의가 수사기관이 강제처분을 함에 있어 중립적 기관인 법원의 허가를 얻어야 함을 의미하는 것 외에 법원에 의한 사후 통제까지 마련되어야 함을 의미한다고 보기 어렵고, 청구인의 주장은 결국 인터넷회선 감청의 특성상 집행 단계에서 수사기관의 권한 남용을 방지할 만한 별도의 통제 장치를 마련하지 않는 한 통신 및 사생활의 비밀과 자유를 과도하게 침해하게 된다는 주장과 같은 맥락이므로, 이 사건 법률조항이 과잉금지원칙에 반하여 청구인의 기본권을 침해하는지 여부에 대하여 판단하는 이상, 영장주의 위반 여부에 대해서는 별도로 판단하지 아니한다(헌재 2018.8.30. 2016헌마263).

② **[○]** 심판대상조항에 따른 법무부장관의 출국금지결정은 형사재판에 계속 중인 국민의 출국의 자유를 제한하는 행정처분일 뿐이고, 영장주의가 적용되는 신체에 대하여 직접적으로 물리적 강제력을 수반하는 강제처분이라고 할 수는 없다. 따라서 심판대상조항이 헌법 제12조 제3항의 영장주의에 위배된다고 볼 수 없다(헌재 2015.9.24. 2012헌바302).

③ **[○]** 심판대상조항은 체포영장을 발부받아 피의자를 체포하는 경우에 필요한 때에는 영장 없이 타인의 주거 등 내에서 피의자 수사를 할 수 있다고 규정함으로써, 앞서 본 바와 같이 별도로 영장을 발부받기 어려운 긴급한 사정이 있는지 여부를 구별하지 아니하고 피의자가 소재할 개연성만 소명되면 영장 없이 타인의 주거 등을 수색할 수 있도록 허용하고 있다. 이는 체포영장이 발부된 피의자가 타인의 주거 등에 소재할 개연성은 소명되나, 수색에 앞서 영장을 발부받기 어려운 긴급한 사정이 인정되지 않는 경우에도 영장 없이 피의자 수색을 할 수 있다는 것이므로, 헌법 제16조의 영장주의 예외 요건을 벗어나는 것으로서 영장주의에 위반된다(헌재 2018.4.26. 2015헌바370 등).

④ **[○]** 법원이 피고인의 구속 또는 그 유지 여부의 필요성에 관하여 한 재판의 효력이 검사나 다른 기관의 이견이나 불복이 있다 하여 좌우되거나 제한받는다면 이는 영장주의에 위반된다고 할 것인바, 구속집행정지결정에 대한 검사의 즉시항고를 인정하는 이 사건 법률조항은 검사의 불복을 그 피고인에 대한 구속집행을 정지할 필요가 있다는 법원의 판단보다 우선시킬 뿐만 아니라, 사실상 법원의 구속집행정지결정을 무의미하게 할 수 있는 권한을 검사에게 부여한 것이라는 점에서 헌법 제12조 제3항의 영장주의원칙에 위배된다. 또한 헌법 제12조 제3항의 영장주의는 헌법 제12조 제1항의 적법절차원칙의 특별규정이므로, 헌법상 영장주의원칙에 위배되는 이 사건 법률조항은 헌법 제12조 제1항의 적법절차원칙에도 위배된다(헌재 2012.6.27. 2011헌가36).

▶ 정답

p.32

01	④	Ⅱ	06	①	Ⅱ	11	③	Ⅱ	16	②	Ⅱ	21	③	Ⅳ
02	③	Ⅲ	07	①	Ⅱ	12	④	Ⅲ	17	①	Ⅰ	22	①	Ⅱ
03	②	Ⅱ	08	②	Ⅱ	13	①	Ⅱ	18	④	Ⅲ	23	③	Ⅲ
04	③	Ⅱ	09	④	Ⅲ	14	②	Ⅳ	19	④	Ⅱ	24	③	Ⅱ
05	③	Ⅲ	10	③	Ⅱ	15	④	Ⅱ	20	②	Ⅳ	25	④	Ⅲ

▶ 취약 단원 분석표

단원	맞힌 답의 개수
Ⅰ	/ 1
Ⅱ	/ 13
Ⅲ	/ 8
Ⅳ	/ 3
TOTAL	/ 25

Ⅰ 헌법총론 / Ⅱ 기본권론 / Ⅲ 통치구조론 / Ⅳ 헌법재판론

---

01 법익의 균형성 정답 ④

① [O] 민주화보상법은 보상금 등 산정에 있어 정신적 손해에 대한 배상을 전혀 반영하지 않고 있으므로, 이와 무관한 보상금 등을 지급한 다음 정신적 손해에 대한 배상청구마저 금지하는 것은 적절한 손배배상을 전제로 한 관련자의 신속한 구제와 지급결정에 안정성 부여라는 공익에 부합하지 않음에 반하여, 그로 인해 제한되는 사익은 공무원의 직무상 불법행위로 인하여 유죄판결을 받거나 해직되는 등으로 입은 정신적 고통에 대해 적절한 배상을 받지 않았음에도 불구하고 그에 대한 손해배상청구권이 박탈된다는 것으로서, 달성할 수 있는 공익에 비하여 사익 제한의 정도가 지나치게 크다. 그러므로 심판대상조항 중 정신적 손해에 관한 부분은 법익의 균형성에도 위반된다. 따라서 심판대상조항의 '민주화운동과 관련하여 입은 피해' 중 적극적·소극적 손해에 관한 부분은 과잉금지원칙에 위반되지 아니하나, 정신적 손해에 관한 부분은 과잉금지원칙에 위반되어 관련자와 그 유족의 국가배상청구권을 침해한다(헌재 2018.6.28. 2011헌바379).

② [O] '마약류 관리에 관한 법률'을 위반하여 금고 이상의 실형을 선고받고 그 집행이 끝나거나 면제된 날부터 20년이 지나지 아니한 것을 택시운송사업의 운전업무 종사자격의 결격사유 및 취소사유로 정한 심판대상조항은 구체적 사안의 개별성과 특수성을 고려할 수 있는 여지를 일체 배제하고 그 위법의 정도나 비난 가능성의 정도가 미약한 경우까지도 획일적으로 20년이라는 장기간 동안 택시운송사업의 운전업무 종사자격을 제한하는 것이므로 침해의 최소성 원칙에 위배되며, 법익의 균형성 원칙에도 반한다. 따라서 직업선택의 자유를 침해한다(헌재 2015.12.23. 2014헌바446).

③ [O] CCTV 설치조항(법 제15조의4 제1항 제1호)은 보호자 전원이 반대하지 않는 한 어린이집에 의무적으로 CCTV 설치하도록 정하고 있으므로, 어린이집 설치·운영자의 직업수행의 자유, 어린이집 보육교사(원장 포함) 및 영유아의 사생활의 비밀과 자유, 부모의 자녀교육권을 제한한다. … 이 조항으로 보육교사 등의 기본권에 가해지는 제약이 위와 같은 공익에 비하여 크다고 보기 어려우므로 법익의 균형성도 인정된다. 따라서 법 제15조의4 제1항 제1호 및 제15조의5 제2항 제2호 중 "녹음기능을 사용하거나" 부분은 과잉금지원칙을 위반하여 청구인들의 기본권을 침해하지 않는다(헌재 2017.12.28. 2015헌마994).

④ [×] 직업행사의 자유를 제한하고 있는 것이기는 하나, 목적의 정당성과 방법의 적정성이 인정될 뿐만 아니라 피해의 최소성 및 법익의 균형성의 원칙에도 위배되지 아니하므로 위 조항들이 과잉금지의 원칙에 위배하여 청구인의 직업행사의 자유를 침해한 것이라고 할 수 없다(헌재 1996.2.29. 94헌마13).

※ 18세 미만자에 대한 노래연습장 출입금지에 대한 사건에 있어서는 합헌(기각)결정을 내림. 그러나 이 결정 이후 관계법령이 개정되어 1999년 3월부터 밤 10시까지는 청소년의 출입이 가능하게 되었음

---

02 공직자의 선출·임명방식 정답 ③

① [O] 국무총리는 국회의 동의를 얻어 대통령이 임명한다(헌법 제86조 제1항).

② [O] 국무위원은 국무총리의 제청으로 대통령이 임명한다(헌법 제87조 제1항).

❸ [×] 헌법재판소장은 국회의 동의를 얻어 대통령이 임명하며, '인사청문특별위원회'에서 인사청문회를 실시한다.

> 「국회법」 제46조의3【인사청문특별위원회】 ① 국회는 다음 각 호의 임명동의안 또는 의장이 각 교섭단체 대표의원과 협의하여 제출한 선출안 등을 심사하기 위하여 인사청문특별위원회를 둔다. 다만, 「대통령직 인수에 관한 법률」 제5조 제2항에 따라 대통령당선인이 국무총리 후보자에 대한 인사청문의 실시를 요청하는 경우에 의장은 각 교섭단체 대표의원과 협의하여 그 인사청문을 실시하기 위한 인사청문특별위원회를 둔다.
> 1. 헌법에 따라 그 임명에 국회의 동의가 필요한 대법원장·헌법재판소장·국무총리·감사원장 및 대법관에 대한 임명동의안
> 2. 헌법에 따라 국회에서 선출하는 헌법재판소 재판관 및 중앙선거관리위원회 위원에 대한 선출안
> 제65조의2【인사청문회】 ① 제46조의3에 따른 심사 또는 인사청문을 위하여 인사에 관한 청문회(이하 "인사청문회"라 한다)를 연다.

② 상임위원회는 다른 법률에 따라 다음 각 호의 어느 하나에 해당하는 공직후보자에 대한 인사청문 요청이 있는 경우 인사청문을 실시하기 위하여 각각 인사청문회를 연다.
1. 대통령이 임명하는 헌법재판소 재판관, 중앙선거관리위원회 위원, 국무위원, 방송통신위원회 위원장, 국가정보원장, 공정거래위원회 위원장, 금융위원회 위원장, 국가인권위원회 위원장, 고위공직자범죄수사처장, 국세청장, 검찰총장, 경찰청장, 합동참모의장, 한국은행 총재, 특별감찰관 또는 한국방송공사 사장의 후보자

④ [O] 대법관은 대법원장의 제청으로 국회의 동의를 얻어 대통령이 임명한다(헌법 제104조 제2항).

03 직업의 자유
정답 ②

옳은 것은 ㄱ, ㄹ, ㅂ이다.

ㄱ. [O] 심판대상조항은 청원경찰이 저지른 범죄의 종류나 내용을 불문하고 금고 이상의 형의 선고유예를 받게 되면 당연히 퇴직되도록 규정함으로써 청원경찰에게 공무원보다 더 가혹한 제재를 가하고 있으므로, 침해의 최소성원칙에 위배된다. 심판대상조항은 청원경찰이 저지른 범죄의 종류나 내용을 불문하고 범죄행위로 금고 이상의 형의 선고유예를 받게 되면 당연히 퇴직되도록 규정함으로써 그것이 달성하려는 공익의 비중에도 불구하고 청원경찰의 직업의 자유를 과도하게 제한하고 있어 법익의 균형성 원칙에도 위배된다. 따라서, 심판대상조항은 과잉금지원칙에 반하여 직업의 자유를 침해한다(헌재 2018.1.25. 2017헌가26).

ㄴ. [X] 코로나19 확진환자가 시험장 이외에 의료기관이나 생활치료센터 등 입원치료를 받거나 격리 중인 곳에서 이 사건 변호사시험을 치를 수 있도록 한다면 감염병 확산 방지라는 목적을 동일하게 달성하면서도 확진환자의 시험 응시 기회를 보장할 수 있다. …감염병의 유행은 일률적이고 광범위한 기본권 제한을 허용하는 면죄부가 될 수 없고, 감염병의 확산으로 인하여 의료자원이 부족할 수도 있다는 막연한 우려를 이유로 확진환자 등의 시험 응시를 일률적으로 금지하는 것은 청구인들의 기본권을 과도하게 제한한 것이라고 볼 수밖에 없다. 변호사시험은 법학전문대학원의 석사학위를 취득한 달의 말일부터 5년 내에만 응시할 수 있고 질병 등으로 인한 예외가 인정되지 않는데, 이 사건 응시제한으로 인해 확진환자 등은 적어도 1년간 변호사시험에 응시조차 할 수 없게 되므로 그에 따라 입게 되는 불이익은 매우 중대하다. 그러므로 이 사건 응시제한은 과잉금지원칙을 위반하여 청구인들의 직업선택의 자유를 침해한다(헌재 2023.2.23. 2020헌마1736).

ㄷ. [X] 법원이 범죄의 모든 정황을 고려하여 금고 이상의 형을 선고하였다면 그 사실만으로 사회적 비난가능성이 높다. 입법자는 변호사가 형사 제재를 받은 경우 국민이 당해 변호사뿐만 아니라 변호사 단체에 대한 신뢰를 회복하기에 충분한 기간을 형법과는 별도의 기준으로 설정할 수 있고, 이에 따라 집행유예 기간에 2년을 더한 기간 동안 변호사 활동을 금지하는 것이 직업선택의 자유에 대한 과도한 제한이라 할 수 없다. … 심판대상조항이 금고 이상의 형의 집행유예를 선고받은 경우를 결격사유로 정한 것은 국민의 기본적 인권을 옹호하고 사회정의를 실현함을 사명으로 하는 변호사제도에 대한 국민의

신뢰 및 공공의 이익을 보호하기 위함이며 이는 변호사 수의 많고 적음과는 무관하다(헌재 2019.5.30. 2018헌마267).

ㄹ. [O] 국민의 눈 건강과 관련된 국민보건의 중요성, 안경사 업무의 전문성, 안경사로 하여금 자신의 책임하에 고객과의 신뢰를 쌓으면서 안경사 업무를 수행하게 할 필요성 등을 고려할 때, 안경업소 개설은 그 업무를 담당할 자연인 안경사로 한정할 것이 요청된다. 법인 안경업소가 허용되면 영리추구 극대화를 위해 무면허로 하여금 안경 조제·판매를 하게 하는 등의 문제가 발생할 가능성이 높아지고, 안경 조제·판매 서비스의 질이 하락할 우려가 있다. 또한 대규모 자본을 가진 비안경사들이 법인의 형태로 안경시장을 장악하여 개인 안경업소들이 폐업하면 안경사와 소비자간 신뢰관계 형성이 어려워지고, 독과점으로 인해 안경 구매비용이 상승할 수 있다. 반면 현행법에 의하더라도 안경사들은 협동조합, 가맹점 가입, 동업 등의 방법으로 법인의 안경업소 개설과 같은 조직화, 대형화 효과를 어느 정도 누릴 수 있다. 따라서 심판대상조항은 과잉금지원칙에 반하지 아니하여 자연인 안경사와 법인의 직업의 자유를 침해하지 아니한다(헌재 2021.6.24. 2017헌가31).

ㅁ. [X] 의료기기법 금지조항과 의료기기법 처벌조항, 의료법 금지조항과 의료법 처벌조항은 국민건강보험의 재정건전성 확보와 국민건강의 증진이라는 정당한 입법목적을 달성하기 위하여 형벌이라는 적절한 수단을 사용하고 있으며, 형벌을 대체할 규제수단의 존재 여부와 위 처벌조항들의 법정형 수준을 종합하여 보면 침해의 최소성원칙에 위배된다고 할 수 없고, 의료기기 수입업자나 의료인이 직업수행의 자유를 부분적으로 제한받아 입게 되는 불이익이 위 조항들이 추구하는 공익에 비해 결코 크다고 하기 어려워 법익의 균형성도 인정되므로 직업의 자유를 침해하지 아니한다(헌재 2018.1.25. 2016헌바201 등).

ㅂ. [O] 의료기기는 불특정 다수의 환자에게 반복 사용될 수 있고, 직접 인체에 접촉하거나 침습을 일으키는 특성이 있어 유통·사용하기 전에 안전성과 유효성을 검증하는 절차가 반드시 필요할 뿐만 아니라, 의료기기를 시험용으로 수입하는 경우에는 식품의약품안전청에 등록된 시험검사기관장으로부터 확인서를 발급받아 제출함으로써 품목별 수입허가절차를 면제받을 수 있으므로 침해의 최소성원칙에 반하는 것이라 할 수 없고, 의료기기의 효율적인 관리를 통한 국민의 생명권과 건강권의 보호라는 공익은 의료기기 수입업자가 위 금지로 인하여 제한받는 사익보다 훨씬 중요하므로 법익균형성의 원칙에 반하지 아니한다. 따라서 심판대상조항은 과잉금지원칙에 위배되어 의료기기 수입업자의 직업수행의 자유를 침해하지 아니한다(헌재 2015.7.30. 2014헌바6).

04 통신의 자유
정답 ③

① [O] 수사기관은 위치정보추적자료를 통해 특정 시간대 정보주체의 위치 및 이동상황에 대한 정보를 취득할 수 있으므로 위치정보추적자료는 충분한 보호가 필요한 민감한 정보에 해당되는 점, 그럼에도 이 사건 요청조항은 수사기관의 광범위한 위치정보추적자료 제공요청을 허용하여 정보주체의 기본권을 과도하게 제한하는 점, … 수사기관의 위치정보추적자료 제공요청에 대해 법원의 허가를 거치도록 규정하고 있으나 수사의 필요성만을 그 요건으로 하고 있어 절차적 통제마저도 제대로 이루어지기 어려운 현실인 점 등을 고려할 때, 이 사건 요청조항은

과잉금지원칙에 반하여 청구인들의 개인정보자기결정권과 통신의 자유를 침해한다(헌재 2018.6.28. 2012헌마191 등).

② [O] 이 사건 허가조항은 기지국 수사의 필요성, 실체진실의 발견 및 신속한 범죄수사의 요청, 통신사실 확인자료의 특성, 수사현실 등을 종합적으로 고려하여, 수사기관으로 하여금 법원의 허가를 받아 특정 시간대 특정 기지국에서 발신된 모든 전화번호 등 통신사실 확인자료의 제공을 요청할 수 있도록 하고 있다. 영장주의의 본질이 강제처분을 함에 있어서는 인적·물적 독립을 보장받는 중립적인 법관이 구체적 판단을 거쳐야만 한다는 데에 있음을 고려할 때, 통신비밀보호법이 정하는 방식에 따라 관할 지방법원 또는 지원의 허가를 받도록 하고 있는 이 사건 허가조항은 실질적으로 영장주의를 충족하고 있다 할 것이다(헌재 2018.6.28. 2012헌마538).

❸ [×] 심판대상조항은 온라인서비스제공자의 직업의 자유, 구체적으로는 영업수행의 자유를 제한하며, 서비스이용자의 통신의 비밀과 표현의 자유를 제한한다. … 심판대상조항을 통하여 아동음란물의 광범위한 유통·확산을 사전적으로 차단하고 이를 통해 아동음란물이 초래하는 각종 폐해를 방지하며 특히 관련된 아동·청소년의 인권 침해 가능성을 사전적으로 차단할 수 있는바, 이러한 공익이 사적 불이익보다 더 크다. 따라서 심판대상조항은 온라인서비스제공자의 영업수행의 자유, 서비스이용자의 통신의 비밀과 표현의 자유를 침해하지 아니한다(헌재 2018.6.28. 2016헌가15).

④ [O] 인터넷회선 감청은 검사가 법원의 허가를 받으면, 피의자 및 피내사자에 해당하는 감청대상자나 해당 인터넷회선의 가입자의 동의나 승낙을 얻지 아니하고도, 전기통신사업자의 협조를 통해 해당 인터넷회선을 통해 송·수신되는 전기통신에 대해 감청을 집행함으로써 정보주체의 기본권을 제한할 수 있으므로, 법이 정한 강제처분에 해당한다. 또한 인터넷회선 감청은 서버에 저장된 정보가 아니라, 인터넷상에서 발신되어 수신되기까지의 과정 중에 수집되는 정보, 즉 전송 중인 정보의 수집을 위한 수사이므로, 압수·수색과 구별된다(헌재 2018.8.30. 2016헌마263).

05 국회의 위원회 정답 ③

① [×] 「국회법」이 아닌 국회규칙으로 정한다.

> **「국회법」 제38조 【상임위원회의 위원 정수】** 상임위원회의 위원 정수(定數)는 국회규칙으로 정한다. 다만, 정보위원회의 위원 정수는 12명으로 한다.

② [×] 예산결산특별위원회는 상설특별위원회이다(「국회법」 제45조).

❸ [O] 「국회법」 제63조의2 제1항·제2항에 대한 옳은 내용이다.

> **제63조의2 【전원위원회】** ① 국회는 위원회의 심사를 거치거나 위원회가 제안한 의안 중 정부조직에 관한 법률안, 조세 또는 국민에게 부담을 주는 법률안 등 주요 의안의 본회의 상정 전이나 본회의 상정 후에 재적의원 4분의 1 이상이 요구할 때에는 그 심사를 위하여 의원 전원으로 구성되는 전원위원회를 개회할 수 있다. (중략)
> ② 전원위원회는 제1항에 따른 의안에 대한 수정안을 제출할 수 있다. 이 경우 해당 수정안은 전원위원장이 제안자가 된다.

④ [×] 공청회에서는 진술인의 출석을 강제할 수 없지만, 청문회에서는 진술인의 출석을 강제할 수 있다.

> **「국회에서의 증언·감정 등에 관한 법률」 제6조 【증인에 대한 동행명령】** ① 국정감사나 국정조사를 위한 위원회는 증인이 정당한 이유 없이 출석하지 아니하는 때에는 그 의결로 해당 증인에 대하여 지정한 장소까지 동행할 것을 명령할 수 있다.

06 평등권, 평등원칙 정답 ①

❶ [×] '성별'의 경우를 살펴보면, 성별은 개인이 자유로이 선택할 수 없고 변경하기 어려운 생래적인 특징으로서 개인의 인간으로서의 존엄과 가치에 영향을 미치는 요소는 아니다. 그럼에도 불구하고 역사적으로 매우 오랜 기간 동안 대표적인 차별가능 사유로서 정당화되어 왔기 때문에, 불합리한 차별을 극복해야 할 절실한 필요에 의하여 우리 헌법이 이를 차별금지의 사유로 예시하기에 이른 것이다. 그러나 이와 같은 헌법규정이 남성과 여성의 차이, 예컨대 임신이나 출산과 관련된 신체적 차이 등을 이유로 한 차별취급까지 금지하는 것은 아니며, 성별에 의한 차별취급이 곧바로 위헌의 강한 의심을 일으키는 사례군으로서 언제나 엄격한 심사를 요구하는 것이라고 단정짓기는 어렵다(헌재 2010.11.25. 2006헌마328).

② [O] 이 사건 법률조항은 중혼의 취소청구권자를 규정하면서 직계비속을 취소청구권자에 포함시키지 아니한 것인데, 앞서 본 바와 같이, 중혼의 취소청구권자를 어느 범위까지 포함할 것인지 여부에 관하여는 입법자의 입법재량의 폭이 넓은 영역이라 할 것이어서, 이 사건 법률조항이 평등원칙을 위반했는지 여부를 판단함에 있어서는 자의금지원칙 위반 여부를 심사하는 것으로 족하다고 할 것이다(헌재 2002.9.19. 2000헌바84).

③ [O] 이 조항은 경유차 소유자에게는 환경개선부담금을 부과하면서, 휘발유차 소유자에게는 부담금을 부과하지 않고 있다. 경유차는 휘발유차에 비해 미세먼지, 초미세먼지, 질소산화물 등 대기오염물질을 훨씬 더 많이 배출하는 것으로 조사되고 있고, 경유차가 초래하는 환경피해비용 또한 휘발유차에 비해 월등히 높은 것으로 연구되고 있다. 입법자는 이와 같은 과학적 조사·연구결과 등을 토대로 자동차의 운행으로 인한 대기오염물질 및 환경피해비용을 저감하기 위해서는 환경개선부담금의 부과를 통해 휘발유차보다 경유차의 소유·운행을 억제하는 것이 더 효과적이라고 판단한 것으로 보이고, 위와 같은 입법자의 판단은 합리적인 이유가 있다. 대기오염물질 배출 저감 및 쾌적한 환경조성이라는 목적을 고려할 때, 환경개선부담금을 경유차 소유자에게만 부담시키는 것은 합리적인 이유가 있다 할 것이므로, 이 사건 법률조항은 평등원칙에 위반되지 아니한다(헌재 2022.6.30. 2019헌바440).

④ [O] 기탁금제도의 실효성을 확보하기 위해서는 기탁금 반환에 대하여 일정한 요건을 정하여야 하는데, 유권자의 의사가 반영된 유효투표총수를 기준으로 하는 것은 합리적인 방법이며, 유효투표총수의 100분의 10 또는 15 이상을 득표하도록 하는 것이 지나치게 높은 기준이라고 보기 어려우므로, 기탁금 반환조항은 청구인의 평등권을 침해하지 아니한다(헌재 2021.9.30. 2020헌마899).

07 국민투표부의권 정답 ①

❶ [O] 헌법 제72조는 대통령에게 국민투표의 실시 여부, 시기, 구체적 부의사항, 설문내용 등을 결정할 수 있는 임의적인 국민투표발의권을 독점적으로 부여함으로써, 대통령이 단순히 특정 정책에 대한 국민의 의사를 확인하는 것을 넘어서 자신의 정책에 대한 추가적인 정당성을 확보하거나 정치적 입지를 강화하는 등, 국민투표를 정치적 무기화하고 정치적으로 남용할 수 있는 위험성을 안고 있다. 이러한 점을 고려할 때, 대통령의 부의권을 부여하는 헌법 제72조는 가능하면 대통령에 의한 국민투표의 정치적 남용을 방지할 수 있도록 엄격하고 축소적으로 해석되어야 한다. 이러한 관점에서 볼 때, 헌법 제72조의 국민투표의 대상인 '중요정책'에는 대통령에 대한 '국민의 신임'이 포함되지 않는다(헌재 2004.5.14. 2004헌나1).

② [X] 대통령은 헌법상 국민에게 자신에 대한 신임을 국민투표의 형식으로 물을 수 없을 뿐만 아니라, 특정 정책을 국민투표에 붙이면서 이에 자신의 신임을 결부시키는 대통령의 행위도 위헌적인 행위로서 헌법적으로 허용되지 않는다. 물론, 대통령이 특정 정책을 국민투표에 붙인 결과 그 정책의 실시가 국민의 동의를 얻지 못한 경우, 이를 자신에 대한 불신임으로 간주하여 스스로 물러나는 것은 어쩔 수 없는 일이나, 정책을 국민투표에 붙이면서 "이를 신임투표로 간주하고자 한다."는 선언은 국민의 결정행위에 부당한 압력을 가하고 국민투표를 통하여 간접적으로 자신에 대한 신임을 묻는 행위로서, 대통령의 헌법상 권한을 넘어서는 것이다. 헌법은 대통령에게 국민투표를 통하여 직접적이든 간접적이든 자신의 신임 여부를 확인할 수 있는 권한을 부여하지 않는다(헌재 2004.5.14. 2004헌나1).

③ [X] 헌법은 명시적으로 규정된 국민투표 외에 다른 형태의 재신임 국민투표를 허용하지 않는다. 이는 주권자인 국민이 원하거나 또는 국민의 이름으로 실시하더라도 마찬가지이다. 국민은 선거와 국민투표를 통하여 국가권력을 직접 행사하게 되며, 국민투표는 국민에 의한 국가권력의 행사방법의 하나로서 명시적인 헌법적 근거를 필요로 한다. 따라서 국민투표의 가능성은 국민주권주의나 민주주의원칙과 같은 일반적인 헌법원칙에 근거하여 인정될 수 없으며, 헌법에 명문으로 규정되지 않는 한 허용되지 않는다(헌재 2004.5.14. 2004헌나1).

④ [X] 대통령이 자신에 대한 재신임을 국민투표의 형태로 묻고자 하는 것은 헌법 제72조에 의하여 부여받은 국민투표부의권을 위헌적으로 행사하는 경우에 해당하는 것으로, 국민투표제도를 자신의 정치적 입지를 강화하기 위한 정치적 도구로 남용해서는 안 된다는 헌법적 의무를 위반한 것이다. … 헌법상 허용되지 않는 재신임 국민투표를 국민들에게 제안한 것은 그 자체로서 헌법 제72조에 반하는 것으로 헌법을 실현하고 수호해야 할 대통령의 의무를 위반한 것이다(헌재 2004.5.14. 2004헌나1).

08 청원권 정답 ②

① [O] 청원권의 구체적 내용은 입법활동에 의하여 형성되며, 입법형성에는 폭넓은 재량권이 있으므로 입법자는 청원의 내용과 절차는 물론 청원의 심사·처리를 공정하고 효율적으로 행할 수 있게 하는 합리적인 수단을 선택할 수 있는바, 의회에 대한 청원에 국회의원의 소개를 얻도록 한 것은 청원 심사의 효율성을 확보하기 위한 적절한 수단이다. 또한 청원은 일반의안과 같이 처리되므로 청원서 제출단계부터 의원의 관여가 필요하고, 의원의 소개가 없는 민원의 경우에는 진정으로 접수하여 처리하고 있으며, 청원의 소개의원은 1인으로 족한 점 등을 감안할 때 이 사건 법률조항이 국회에 청원을 하려는 자의 청원권을 침해한다고 볼 수 없다(헌재 2006.6.29. 2005헌마604).

❷ [X] 청원에 대하여 국가기관이 수리·심사하여 그 결과를 청원인에게 통지하였다면 비록 그 결과가 청원인의 기대에 미치지 못한다 하더라도 헌법소원의 대상이 되는 공권력의 불행사가 있다고 볼 수는 없다(헌재 1994.2.24. 93헌마213 등).

③ [O] 우리 헌법 제26조에서 "모든 국민은 법률이 정하는 바에 의하여 국가기관에 문서로 청원할 권리를 가진다. 국가는 청원에 대하여 심사할 의무를 진다."라고 하여 청원권을 기본권으로 보장하고 있으므로 국민은 여러 가지 이해관계 또는 국정에 관하여 자신의 의견이나 희망을 해당 기관에 직접 진술하는 외에 그 본인을 대리하거나 중개하는 제3자를 통해 진술하더라도 이는 청원권으로서 보호된다(헌재 2005.11.24. 2003헌바108).

④ [O] 청원권 행사를 위한 청원사항이나 청원방식, 청원절차 등에 관해서는 입법자가 그 내용을 자유롭게 형성할 재량권을 가지고 있으므로 공무원이 취급하는 사건 또는 사무에 관한 사항의 청탁에 관해 금품을 수수하는 등의 행위를 청원권의 내용으로서 보장할지 여부에 대해서도 입법자에게 폭넓은 재량권이 주어져 있다. 또한 금전적 대가를 받는 청탁 등 로비활동을 합법적으로 보장할 것인지 여부도 그 시대 국민의 법 감정이나 사회적 상황에 따라 입법자가 판단할 사항이므로 위 제도의 도입 여부나 시기에 대한 판단 역시 입법자의 재량이 폭넓게 인정되는 분야이다(헌재 2005.11.24. 2003헌바108).

09 국회의 법률제정절차 정답 ④

① [X] 법률안 대통령의 거부권은 미국식 대통령제 정부형태의 요소이나 정부의 법률안 제출권은 의원내각제 정부형태의 요소이다.

② [X] 의안에 대한 수정동의는 그 안을 갖추고 이유를 붙여 의원 30인 이상의 찬성자와 연서하여 미리 의장에게 제출하여야 한다. 그러나 예산안에 대한 수정동의는 의원 50인 이상의 찬성이 있어야 한다(「국회법」 제95조 제1항).

③ [X] 대통령은 법률안의 일부에 대하여 또는 법률안을 수정하여 재의를 요구할 수 없다(헌법 제53조 제3항).

❹ [O] 헌법 제53조 제4항에 대한 옳은 내용이다.

> **제53조** ④ 재의의 요구가 있을 때에는 국회는 재의에 붙이고, 재적의원과반수의 출석과 출석의원 3분의 2 이상의 찬성으로 전과 같은 의결을 하면 그 법률안은 법률로서 확정된다.

10 재판청구권 정답 ③

① [O] 헌법 제107조 제3항은 "재판의 전심절차로서 행정심판을 할 수 있다. 행정심판의 절차는 법률로 정하되, 사법절차가 준용되어야 한다."라고 규정하고 있으므로, 입법자가 행정심판을

전심절차가 아니라 종심절차로 규정함으로써 정식재판의 기회를 배제하거나, 어떤 행정심판을 필요적 전심절차로 규정하면서도 그 절차에 사법절차가 준용되지 않는다면 이는 위 헌법조항, 나아가 재판청구권을 보장하고 있는 헌법 제27조에도 위반되며, 헌법 제107조 제3항은 사법절차가 '준용'될 것만을 요구하고 있으나 판단기관의 독립성과 공정성, 대심적 심리구조, 당사자의 절차적 권리보장 등의 면에서 사법절차의 본질적 요소를 현저히 결여하고 있다면 '준용'의 요청에마저 위반된다(헌재 2001.6.28. 2000헌바30).

② [O] 대한변호사협회변호사징계위원회나 법무부변호사징계위원회의 징계에 관한 결정은 비록 그 징계위원 중 일부로 법관이 참여한다고 하더라도 이를 헌법과 법률이 정한 법관에 의한 재판이라고 볼 수 없으므로, 법무부변호사징계위원회의 결정이 법률에 위반된 것을 이유로 하는 경우에 한하여 법률심인 대법원에 즉시항고할 수 있도록 한 변호사법 제100조 제4항 내지 제6항은, 법관에 의한 사실확정 및 법률적용의 기회를 박탈한 것으로서 헌법상 국민에게 보장된 '법관에 의한' 재판을 받을 권리를 침해하는 위헌규정이다(헌재 2002.2.28. 2001헌가18).

❸ [X] 이 사건 법률조항에서 공시송달로 기일통지를 받은 당사자가 불출석한 경우 자백으로 간주되지 않도록 규정한 것은, 공시송달의 경우 당사자가 기일이 있음을 현실적으로 알았다고 볼 수 없으므로 당사자의 자백의사가 있었다고도 볼 수 없다는 데에 기초한 것으로, 이는 입법자가 민사소송절차를 변론주의에 따라 합리적으로 형성한 결과이다. 이 사건 법률조항에 따라 자백간주가 배제된다고 하더라도, 그 상대방 당사자는 자신이 주장하는 사실을 증명하는 데에 지장이 없으므로, 민사소송을 통한 상대방 당사자의 실체적 권리구제의 실효성은 충분히 보장된다. 한편, 한쪽 당사자가 불출석함으로써 자백으로 간주된 경우에도 그 당사자가 이후 사실심의 변론기일에 출석하여 그 자백을 취소하면, 상대방 당사자는 여전히 자신이 주장한 사실에 대한 증명책임을 지므로, 자백간주의 배제가 상대방 당사자에게 불리하게 작용하는 정도는 그다지 크지 않고, 공시송달에 따라 한쪽 당사자의 출석 없이도 소송절차는 그대로 진행됨으로써 그 상대방 당사자는 신속한 재판을 받을 수 있게 되므로, 공시송달의 경우 자백간주를 배제한다고 하여 민사소송에서 대립당사자에 적용되는 절차상 공정성이 훼손된다고 볼 수도 없다. 따라서 이 사건 법률조항은 공시송달로 기일통지를 받은 당사자의 대립당사자가 가지는 효율적이고 공정한 재판을 받을 권리를 침해하지 아니한다(헌재 2013.3.21. 2012헌바128).

④ [O] 피고인에게 소송비용을 부담하도록 하는 경우, 경제적 능력이 부족한 피고인은 적극적인 방어권을 행사하는 데 다소 부담을 느낄 수 있다. 이에 입법자는 소송비용 부담의 재판을 할 때는 법 제186조 제1항 단서에 따라 피고인의 경제적 능력을 고려하도록 하고, 그 재판의 집행을 할 때는 집행면제 신청 조항에 따라 피고인의 경제적 능력을 고려하여 그 집행을 감면받을 수 있도록 하였다. 집행면제 신청 조항은 소송비용 부담 재판의 집행을 감면할 수 있는 사유로 '빈곤'만을 규정하여, 경제적 능력의 부족을 제외한 다른 사유로 이를 면제할 수 없도록 제한하고 있다. 그런데 법원이 피고인에게 소송비용을 부담하도록 하면 그는 금전 지출이라는 경제적 부담이 발생할 뿐 다른 부담을 진다고 할 수 없으므로, 소송비용 부담의 감면에 있어 경제적 능력 외 다른 사정을 참작하지 않는 것이 재판청구권을 과도하게 제한하는 것이라 할 수 없다(헌재 2021.2.25. 2019헌바64).

11 과잉금지원칙 정답 ③

① [위반 X] 의료는 단순한 상거래의 대상이 아니라 사람의 생명과 건강을 다루는 특별한 것으로서, 국민보건에 미치는 영향이 크다. 그 외에 우리나라의 취약한 공공의료의 실태, 의료인이 여러 개의 의료기관을 운영할 때 의료계 및 국민건강보험 재정 등 국민보건 전반에 미치는 영향, 국가가 국민의 건강을 보호하고 적정한 의료급여를 보장해야 하는 사회국가적 의무 등을 종합하여 볼 때, 의료의 질을 관리하고 건전한 의료질서를 확립하기 위하여 1인의 의료인에 대하여 운영할 수 있는 의료기관의 수를 제한하고 있는 입법자의 판단이 입법재량을 명백히 일탈하였다고 보기는 어렵다. … 이 사건 법률조항은 과잉금지원칙에 반한다고 할 수 없다(헌재 2019.8.29. 2014헌바212 등).

② [위반 X] 민사법정 내 보호장비 사용행위는 출정 기회를 이용한 도주 등 교정사고를 예방하고 법정질서유지에 협력하기 위한 적합한 수단이다. … 출정시 수용자 의류를 입고 교도관과 동행하였으며 재판 시작 전까지 보호장비를 사용하였던 청구인이 민사법정 내에서 보호장비를 사용하게 되어 영향을 받는 인격권, 신체의 자유 정도는 제한적인 반면, 민사법정 내 교정사고를 예방하고 법정질서유지에 협력하고자 하는 공익은 매우 중요하다. 따라서 민사법정 내 보호장비 사용행위는 과잉금지원칙에 위반되어 청구인의 인격권과 신체의 자유를 침해하지 아니한다(헌재 2018.6.28. 2017헌마181).

❸ [위반 O] 기부의 권유·요구 등의 금지규정을 위반하여 물품·음식물·서적·관광 기타 교통편의를 제공받은 자에 대하여 부과할 과태료의 액수를 감액의 여지없이 일률적으로 '제공받은 금액 또는 음식물·물품가액의 50배에 상당하는 금액'으로 정한 것은 과잉금지원칙에 위배된다(헌재 2009.3.26. 2007헌가22).

④ [위반 X] 택시를 이용하는 국민을 성범죄 등으로부터 보호하고, 여객운송서비스 이용에 대한 불안감을 해소하며, 도로교통에 관한 공공의 안전을 확보하려는 심판대상조항의 입법목적은 정당하고, 또한 해당 범죄를 범한 택시운송사업자의 운전자격의 필요적 취소라는 수단의 적합성도 인정된다. … 운전자격이 취소되더라도 집행유예기간이 경과하면 다시 운전자격을 취득할 수 있으므로 운수종사자가 받는 불이익은 제한적인 반면, 심판대상조항으로 달성되는 입법목적은 매우 중요하므로, 법익의 균형성 요건도 충족한다. 따라서 심판대상조항은 과잉금지원칙에 위배되지 않는다(헌재 2018.5.31. 2016헌바14).

12 사면권 정답 ④

① [O] 사면은 형의 선고의 효력 또는 공소권을 상실시키거나, 형의 집행을 면제시키는 국가원수의 고유한 권한을 의미하며, 사법부의 판단을 변경하는 제도로서 권력분립의 원리에 대한 예외가 된다. 사면제도는 역사적으로 절대군주인 국왕의 은사권(恩赦權)에서 유래하였으며, 대부분의 근대국가에서도 유지되어 왔고, 대통령제국가에서는 미국을 효시로 대통령에게 사면권이 부여되어 있다. 사면권은 전통적으로 국가원수에게 부여된 고유한 은사권이며, 국가원수가 이를 시혜적으로 행사한다(헌재 2000.6.1. 97헌바74).

② [O] 일반사면은 국회의 동의를 얻어 대통령령으로 행한다.

> 「사면법」제5조【사면 등의 효과】① 사면, 감형 및 복권의 효과는 다음 각 호와 같다.
> 1. 일반사면: 형 선고의 효력이 상실되며, 형을 선고받지 아니한 자에 대하여 공소권(公訴權)이 상실된다. 다만, 특별한 규정이 있을 때에는 예외로 한다.
> 2. 특별사면: 형의 집행이 면제된다. 다만, 특별한 사정이 있을 때에는 이후 형 선고의 효력을 상실하게 할 수 있다.
> 제8조【일반사면 등의 실시】일반사면, 죄 또는 형의 종류를 정하여 하는 감형 및 일반에 대한 복권은 대통령령으로 한다. 이 경우 일반사면은 죄의 종류를 정하여 한다.

③ [O] 법무부장관은 대통령에게 특별사면에 대한 감형 및 복권을 상신한다.

> 「사면법」제9조【특별사면 등의 실시】특별사면, 특정한 자에 대한 감형 및 복권은 대통령이 한다.
> 제10조【특별사면 등의 상신】① 법무부장관은 대통령에게 특별사면, 특정한 자에 대한 감형 및 복권을 상신(上申)한다.

❹ [X] 유죄판결 확정 후에 형 선고의 효력을 상실케 하는 특별사면이 있었다고 하더라도, 형 선고의 법률적 효과만 장래를 향하여 소멸될 뿐이고 확정된 유죄판결에서 이루어진 사실인정과 그에 따른 유죄 판단까지 없어지는 것은 아니므로, 유죄판결은 형 선고의 효력만 상실된 채로 여전히 존재하는 것으로 보아야 하고, 한편 형사소송법 제420조 각 호의 재심사유가 있는 피고인으로서는 재심을 통하여 특별사면에도 불구하고 여전히 남아 있는 불이익, 즉 유죄의 선고는 물론 형 선고가 있었다는 기왕의 경력 자체 등을 제거할 필요가 있다. 그리고 형사소송법 제420조가 유죄의 확정판결에 대하여 선고를 받은 자의 이익을 위하여 재심을 청구할 수 있다고 규정하고 있는 것은 유죄의 확정판결에 중대한 사실인정의 오류가 있는 경우 이를 바로잡아 무고하고 죄 없는 피고인의 인권침해를 구제하기 위한 것인데, 만일 특별사면으로 형 선고의 효력이 상실된 유죄판결이 재심청구의 대상이 될 수 없다고 한다면, 이는 특별사면이 있었다는 사정만으로 재심청구권을 박탈하여 명예를 회복하고 형사보상을 받을 기회 등을 원천적으로 봉쇄하는 것과 다를 바 없어서 재심제도의 취지에 반하게 된다. 따라서 특별사면으로 형 선고의 효력이 상실된 유죄의 확정판결도 형사소송법 제420조의 '유죄의 확정판결'에 해당하여 재심청구의 대상이 될 수 있다(대판 2015.5.21. 2011도1932).

| 13 | 기본권의 경합과 충돌 | 정답 ① |

❶ [X] 공무담임권은 국가 등에게 능력주의를 존중하는 공정한 공직자 선발을 요구할 수 있는 권리라는 점에서 직업선택의 자유보다는 그 기본권의 효과가 현실적·구체적이므로, 공직을 직업으로 선택하는 경우에 있어서 직업선택의 자유는 공무담임권을 통해서 그 기본권보호를 받게 된다고 할 수 있으므로 공무담임권을 침해하는지 여부를 심사하는 이상 이와 별도로 직업선택의 자유 침해 여부를 심사할 필요는 없다(헌재 2006.3.30. 2005헌마598).

② [O] 혐연권이 흡연권보다 상위의 기본권이다. 상하의 위계질서가 있는 기본권끼리 충돌하는 경우에는 상위기본권우선의 원칙에 따라 하위기본권이 제한될 수 있으므로, 흡연권은 혐연권을 침해하지 않는 한에서 인정되어야 한다(헌재 2004.8.26. 2003헌마457).

③ [O] 어떠한 법령이 수범자의 직업의 자유와 행복추구권 양자를 제한하는 외관을 띠는 경우 두 기본권의 경합문제가 발생하는데, 보호영역으로서 '직업'이 문제되는 경우 직업의 자유와 행복추구권은 서로 특별관계에 있어 기본권의 내용상 특별성을 갖는 직업의 자유의 침해 여부가 우선하므로, 행복추구권 관련 위헌 여부의 심사는 배제된다고 보아야 한다(헌재 2003.9.25. 2002헌마519).

④ [O] 반론권과 보도기관의 언론의 자유가 서로 충돌하는 경우에는 헌법의 통일성을 유지하기 위하여 상충하는 기본권 모두가 최대한으로 그 기능과 효력을 나타낼 수 있도록 하는 조화로운 방법이 모색되어야 할 것이다(헌재 1991.9.16. 89헌마165).

| 14 | 위헌법률심판, 헌법소원 | 정답 ② |

① [O] 우리 재판소는 법원의 법률위헌여부심판제청에 있어서 위헌여부가 문제되는 법률 또는 법률조항이 재판의 전제성 요건을 갖추고 있는지 여부는 그 전제성에 관한 법률적 견해가 명백히 유지될 수 없는 경우가 아닌 한 되도록 제청법원의 이에 관한 법률적 견해를 존중해야 하는 것임을 원칙으로 삼고 있다(헌재 1996.10.4. 96헌가6).

❷ [X] 이 사건 조항에 대한 재판의 전제성이 인정되려면 우선 예비적 공소사실의 적용 법조인 이 사건 조항이 당해 사건에 적용되어야 하는바, 이에 대하여 제청법원은 주위적 공소사실이 무죄로 선고될 가능성이 높아 예비적 공소사실이 판단의 대상이 될 수 있기 때문에 이 사건 조항은 재판의 전제성이 있다고 본다(헌재 2007.7.26. 2006헌가4).

③ [O] 행정청이 행정처분 단계에서 당해 처분의 근거가 되는 법률이 위헌이라고 판단하여 그 적용을 거부하는 것은 권력분립의 원칙상 허용될 수 없지만, 행정처분에 대한 소송절차에서는 행정처분의 적법성·정당성뿐만 아니라 그 근거 법률의 헌법적합성까지도 심판대상으로 되는 것이므로, 행정처분에 불복하는 당사자뿐만 아니라 행정처분의 주체인 행정청도 헌법의 최고규범력에 따른 구체적 규범통제를 위하여 근거 법률의 위헌 여부에 대한 심판의 제청을 신청할 수 있고 헌법재판소법 제68조 제2항의 헌법소원을 제기할 수 있다고 봄이 상당하다(헌재 2008.4.24. 2004헌바44).

④ [O] 헌법재판소법 제68조 제2항의 헌법소원은 법률의 위헌 여부 심판의 제청신청을 하여 그 신청이 기각된 때에만 청구할 수 있는 것이므로, 청구인이 특정 법률조항에 대한 위헌 여부심판의 제청신청을 하지 않았고 따라서 법원의 기각결정도 없었다면 그 부분 심판청구는 심판청구요건을 갖추지 못하여 부적법하다(헌재 2000.7.20. 98헌바74).

15 진술거부권 　　　　정답 ④

① [○] 헌법 제12조 제2항은 "모든 국민은 고문을 받지 아니하며, 형사상 자기에게 불리한 진술을 강요당하지 아니한다."라고 규정하여 형사책임에 관하여 자신에게 불이익한 진술을 강요당하지 아니할 것을 국민의 기본권으로 보장하고 있다(헌재 2005.12.23. 2004헌바25).

② [○] 구 민사소송법에서 형사처벌하던 것을 재산명시의무를 간접강제하기 위한 민사적 제재로 전환하였고, 금전지급을 목적으로 하는 집행권원에 기초한 경우에만 인정되며, 채무자로서는 재산명시기일에 출석하여 재산목록을 제출하고 선서를 하기만 하면 감치의 제재를 받지 않으며, 감치를 명하더라도 최대 20일을 초과할 수 없고, 감치의 집행 중이라도 채무자가 재산명시의무를 이행하거나 채무를 변제하면 즉시 석방되는 점에 비추어, … 재산목록을 제출하고 그 진실함을 법관 앞에서 선서하는 것은 개인의 인격형성에 관계되는 내심의 가치적·윤리적 판단에 해당하지 않아 양심의 자유의 보호대상이 아니고, 감치의 제재를 통해 이를 강제하는 것이 형사상 불이익한 진술을 강요하는 것이라고 할 수 없으므로, 심판대상조항은 청구인의 양심의 자유 및 진술거부권을 침해하지 아니한다(헌재 2014.9.25. 2013헌마11).

③ [○] 진술거부권은 형사절차뿐만 아니라 행정절차나 국회에서의 조사절차 등에서도 보장되며, 현재 피의자나 피고인으로서 수사 또는 공판절차에 계속중인 자뿐만 아니라 장차 피의자나 피고인이 될 자에게도 보장된다. 또한 진술거부권은 고문 등 폭행에 의한 강요는 물론 법률로써도 진술을 강요당하지 아니함을 의미한다(헌재 2005.12.22. 2004헌바25).

❹ [×] 헌법상 진술거부권의 보호대상이 되는 '진술'이라 함은 언어적 표출 즉 개인의 생각이나 지식, 경험사실을 정신작용의 일환인 언어를 통하여 표출하는 것을 의미하는바, 정치자금을 받고 지출하는 행위는 당사자가 직접 경험한 사실로서 이를 문자로 기재하도록 하는 것은 당사자가 자신의 경험을 말로 표출한 것의 등가물로 평가할 수 있으므로, 위 조항들이 정하고 있는 기재행위 역시 '진술'의 범위에 포함된다고 할 것이다. … 위 조항들을 통하여 달성하고자 하는 정치자금의 투명한 공개라는 공익은 불법 정치자금을 수수한 사실을 회계장부에 기재하고 신고해야 할 의무를 지키지 않은 채 진술거부권을 주장하는 사익보다 우월하다. 결국, 정당의 회계책임자가 불법 정치자금이라도 그 수수 내역을 회계장부에 기재하고 이를 신고할 의무가 있다고 규정하고 있는 위 조항들은 헌법 제12조 제2항이 보장하는 진술거부권을 침해한다고 할 수 없다(헌재 2005.12.22. 2004헌바25).

16 사생활의 비밀과 자유 　　　　정답 ②

① [○] 인터넷 회선 감청은, 인터넷 회선을 통하여 흐르는 전기신호 형태의 '패킷'을 중간에 확보한 다음 재조합 기술을 거쳐 그 내용을 파악하는 이른바 '패킷감청'의 방식으로 이루어진다. 따라서 이를 통해 개인의 통신뿐만 아니라 사생활의 비밀과 자유가 제한된다. … 인터넷회선 감청으로 수사기관은 타인 간 통신 및 개인의 내밀한 사생활의 영역에 해당하는 통신자료까지 취득할 수 있게 된다. 따라서 통신제한조치에 대한 법원의 허가 단계에서는 물론이고, 집행이나 집행 이후 단계에서도 수

사기관의 권한 남용을 방지하고 관련 기본권 제한이 최소화될 수 있도록 입법적 조치가 제대로 마련되어 있어야 한다(헌재 2018.8.30. 2016헌마263).

❷ [×] 일반적으로 경제적 내지 직업적 활동은 복합적인 사회적 관계를 전제로 하여 다수 주체 간의 상호작용을 통하여 이루어지는 것이고, 특히 변호사의 업무는 다른 어느 직업적 활동보다도 강한 공공성을 내포한다는 점 등을 감안하여 볼 때, 변호사의 업무와 관련된 수임사건의 건수 및 수임액이 변호사의 내밀한 개인적 영역에 속하는 것이라고 보기 어렵고, 따라서 이 사건 법률조항이 청구인들의 사생활의 비밀과 자유를 침해하는 것이라 할 수 없다(헌재 2009.10.29. 2007헌마667).

③ [○] 인터넷언론사의 공개된 게시판·대화방에서 스스로의 의사에 의하여 정당·후보자에 대한 지지·반대의 글을 게시하는 행위가 양심의 자유나 사생활 비밀의 자유에 의하여 보호되는 영역이라고 할 수 없다(헌재 2010.2.25. 2008헌마324).

④ [○] 후보자의 실효된 형까지 포함한 금고 이상의 형의 범죄경력을 공개함으로써 국민의 알 권리를 충족하고 공정하고 정당한 선거권 행사를 보장하고자 하는 이 사건 법률조항의 입법목적은 정당하며, 이러한 입법목적을 달성하기 위하여는 선거권자가 후보자의 모든 범죄경력을 인지한 후 그 공직적합성을 판단하는 것이 효과적이다. 또한 금고 이상의 범죄경력에 실효된 형을 포함시키는 이유는 선거권자가 공직후보의 자질과 적격성을 판단할 수 있도록 하기 위한 점, 전과기록은 통상 공개재판에서 이루어진 국가의 사법작용의 결과라는 점, 전과기록의 범위와 공개시기 등이 한정되어 있는 점 등을 종합하면, 이 사건 법률조항은 피해최소성의 원칙에 반한다고 볼 수 없고, 공익적 목적을 위하여 공직선거 후보자의 사생활의 비밀과 자유를 한정적으로 제한하는 것이어서 법익균형성의 원칙도 충족한다. 따라서 이 사건 법률조항은 청구인들의 사생활의 비밀과 자유를 침해한다고 볼 수 없다(헌재 2008.4.24. 2006헌마402).

17 헌정사 　　　　정답 ③

① [○] 1954년 제2차 개정헌법에 헌법개정금지조항을 명문화(민주공화국, 국민주권, 중요사항에 대한 국민투표)하였다.

② [○] 건국헌법에서 헌법위원회와 탄핵재판소를 규정하였다.

❸ [×] 중앙선거관리위원회를 헌법기구화한 것은 제3차 개헌이다.

④ [○] 인간으로서의 존엄과 가치 조항은 제5차 개헌 때 도입되었다.

18 대통령 　　　　정답 ④

① [○] 대통령권한대행이 대통령지정기록물의 보호기간을 지정하는 행위는 대통령기록물법에 따라 이루어진 국가기관 사이의 내부적인 기록물의 분류 및 통보행위로서, 개별 기록물에 대하여 이관행위 이전에 이루어지고, 이때 어떤 대통령지정기록물에 대해 보호기간이 지정되는지는 대외적으로 공개·공표되지 않는다. 보호기간 지정행위 자체는 국가기관 사이의 행위로서, 국민을 상대로 행하는 직접적 공권력작용에 해당한다고 보기는 어려우며, 이 사건 지정행위만으로는 청구인들의 기본권 침해의 법적 관련성이 인정된다고 보기 어렵다(헌재 2019.12.27. 2017헌마359).

② [O] 대통령의 긴급재정경제명령은 국가긴급권의 일종으로서 고도의 정치적 결단에 의하여 발동되는 행위이고 그 결단을 존중하여야 할 필요성이 있는 행위라는 의미에서 이른바 통치행위에 속한다고 할 수 있으나, 통치행위를 포함하여 모든 국가작용은 국민의 기본권적 가치를 실현하기 위한 수단이라는 한계를 반드시 지켜야 하는 것이고, 헌법재판소는 헌법의 수호와 국민의 기본권 보장을 사명으로 하는 국가기관이므로 비록 고도의 정치적 결단에 의하여 행해지는 국가작용이라고 할지라도 그것이 국민의 기본권 침해와 직접 관련되는 경우에는 당연히 헌법재판소의 심판대상이 된다(헌재 1996.2.29. 93헌마186).

③ [O] 헌법 제47조 제3항에 대한 옳은 내용이다.

> **제47조** ③ 대통령이 임시회의 집회를 요구할 때에는 기간과 집회요구의 이유를 명시하여야 한다.

❹ [X] 현행 헌법은 대통령의 권한대행에 관하여 제71조에서 "대통령이 궐위되거나 사고로 인하여 직무를 수행할 수 없을 때에는 국무총리, 법률이 정한 국무위원의 순서로 그 권한을 대행한다."라고 하는 하나의 규정만 두고 있을 뿐, 대통령 권한대행 개시 및 기간에 관한 결정권에 대하여 규정하고 있지 않다.

---

19 국회의 대정부출석요구, 질문권   정답 ④

① [O] 헌법 제62조, 「국회법」 제120조 제1항에 대한 옳은 내용이다.

> **헌법 제62조** ① 국무총리·국무위원 또는 정부위원은 국회나 그 위원회에 출석하여 국정처리상황을 보고하거나 의견을 진술하고 질문에 응답할 수 있다.
> ② 국회나 그 위원회의 요구가 있을 때에는 국무총리·국무위원 또는 정부위원은 출석·답변하여야 하며, 국무총리 또는 국무위원이 출석요구를 받은 때에는 국무위원 또는 정부위원으로 하여금 출석·답변하게 할 수 있다.
> 「국회법」 제120조【국무위원 등의 발언】 ① 국무총리, 국무위원 또는 정부위원은 본회의나 위원회에서 발언하려면 미리 의장이나 위원장의 허가를 받아야 한다.

② [O] 「국회법」 제121조 제1항에 대한 옳은 내용이다.

> 제121조【국무위원 등의 출석 요구】 ① 본회의는 의결로 국무총리, 국무위원 또는 정부위원의 출석을 요구할 수 있다. 이 경우 그 발의는 의원 20명 이상이 이유를 구체적으로 밝힌 서면으로 하여야 한다.

③ [O] 대정부질문은 일문일답의 방식으로 하되, 의원의 질문시간은 20분을 초과할 수 없다. 이 경우 질문시간에 답변시간은 포함되지 아니한다(「국회법」 제122조의2 제2항).

❹ [X] 의원은 20명 이상의 찬성으로 회기 중 현안이 되고 있는 중요한 사항을 대상으로 정부에 대하여 질문(이하 '긴급현안질문'이라 한다)을 할 것을 의장에게 요구할 수 있다(「국회법」 제122조의3 제1항). 제1항에 따라 긴급현안질문을 요구하는 의원은 그 이유와 질문 요지 및 출석을 요구하는 국무총리 또는 국무위원을 적은 질문요구서를 본회의 개의 24시간 전까지 의장에게 제출하여야 한다(동조 제2항).

---

20 권한쟁의심판   정답 ②

① [O] 국회의 입법과 관련하여 일부 국회의원들의 권한이 침해되었다 하더라도 그것이 다수결의 원칙(헌법 제49조)과 회의공개의 원칙(헌법 제50조)과 같은 입법절차에 관한 헌법의 규정을 명백히 위반한 흠에 해당하는 것이 아니라면 그 법률안의 가결 선포행위를 곧바로 무효로 볼 것은 아닌데, 피청구인의 이 사건 법률안들에 대한 가결 선포행위는 그것이 입법절차에 관한 헌법규정을 위반하였다는 등 가결 선포행위를 취소 또는 무효로 할 정도의 하자에 해당한다고 보기는 어렵다(헌재 2011.8.30. 2009헌라7).

❷ [X] 자유위임은 의회 내에서의 정치의사형성에 정당의 협력을 배척하는 것이 아니며, 의원이 정당과 교섭단체의 지시에 기속되는 것을 배제하는 근거가 되는 것도 아니다. 또한 국회의원의 국민대표성을 중시하는 입장에서도 특정 정당에 소속된 국회의원이 정당기속 내지는 교섭단체의 결정(소위 '당론')에 위반하는 정치활동을 한 이유로 제재를 받는 경우, 국회의원 신분을 상실하게 할 수는 없으나 "정당 내부의 사실상의 강제" 또는 소속 "정당으로부터의 제명"은 가능하다고 보고 있다. 그렇다면, 당론과 다른 견해를 가진 소속 국회의원을 당해 교섭단체의 필요에 따라 다른 상임위원회로 전임(사·보임)하는 조치는 특별한 사정이 없는 한 헌법상 용인될 수 있는 "정당 내부의 사실상 강제"의 범위 내에 해당한다고 할 것이다. 또한 오늘날 교섭단체가 정당국가에서 의원의 정당기속을 강화하는 하나의 수단으로 기능할 뿐만 아니라 정당소속 의원들의 원내 행동통일을 기함으로써 정당의 정책을 의안심의에서 최대한으로 반영하기 위한 기능도 갖는다는 점에 비추어 볼 때, 국회의장이 국회의 의사(議事)를 원활히 운영하기 위하여 상임위원회의 구성원인 위원의 선임 및 개선에 있어 교섭단체대표의원과 협의하고 그의 "요청"에 응하는 것은 국회운영에 있어 본질적인 요소라고 아니할 수 없다. 피청구인은 국회법 제48조 제1항에 규정된 바에 따라 청구인이 소속된 한나라당 "교섭단체대표의원의 요청"을 서면으로 받고 이 사건 사·보임행위를 한 것으로서 하등 헌법이나 법률에 위반되는 행위를 한 바가 없다. 요컨대, 피청구인의 이 사건 사·보임행위는 청구인이 소속된 정당 내부의 사실상 강제에 터 잡아 교섭단체대표의원이 상임위원회 사·보임 요청을 하고 이에 따라 이른바 의사정리권한의 일환으로 이를 받아들인 것으로서, 그 절차·과정에 헌법이나 법률의 규정을 명백하게 위반하여 재량권의 한계를 현저히 벗어나 청구인의 권한을 침해한 것으로는 볼 수 없다고 할 것이다(헌재 2003.10.30. 2002헌라1).

③ [O] 권한쟁의심판에서는 처분 또는 부작위를 야기한 기관으로서 법적 책임을 지는 기관만이 피청구인적격을 가지므로, 이 사건 심판은 의안의 상정·가결선포 등의 권한을 갖는 국회의장을 상대로 제기되어야 한다. 국회부의장은 국회의장의 직무를 대리하여 법률안을 가결선포할 수 있을 뿐(국회법 제12조 제1항), 법률안 가결선포행위에 따른 법적 책임을 지는 주체가 될 수 없으므로, 국회부의장에 대한 이 사건 심판청구는 피청구인적격이 인정되지 아니한 자를 상대로 제기되어 부적법하다(헌재 2009.10.29. 2009헌라8 등).

④ [O] '한국정책금융공사법안' 및 '신용정보의 이용 및 보호에 관한 법률 전부개정법률안'은 위원회 심사를 거친 안건이지만 청구인으로부터 적법한 반대토론 신청이 있었으므로 원칙적으로 피청구인이 그 반대토론 절차를 생략하기 위해서는 반드시 본회의 의결을 거쳐야 할 것인데(국회법 제93조 단서), 피청구인

은 청구인의 반대토론 신청이 적법하게 이루어졌음에도 이를 허가하지 않고 나아가 토론절차를 생략하기 위한 의결을 거치지도 않은 채 이 사건 법률안들에 대한 표결절차를 진행하였으므로, 이는 국회법 제93조 단서를 위반하여 청구인의 법률안 심의·표결권을 침해하였다(헌재 2011.8.30. 2009헌라7).

21　탄핵심판　　　　　　　　　정답 ③

① [×] 피청구인이 결정 선고 전에 해당 공직에서 파면되었을 때에는 헌법재판소는 심판청구를 기각하여야 한다(「헌법재판소법」 제53조 제2항).

② [×] 탄핵심판에서는 국회 법제사법위원회의 위원장이 소추위원이 된다(「헌법재판소법」 제49조 제1항).

❸ [○] 피청구인에 대한 탄핵심판청구와 동일한 사유로 형사소송이 진행되고 있는 경우에는 재판부는 심판절차를 정지할 수 있다(「헌법재판소법」 제51조).

④ [×] 탄핵결정에 의하여 파면된 사람은 결정선고가 있은 날로부터 5년이 지나지 아니하면 공무원이 될 수 없다(「헌법재판소법」 제54조 제2항).

22　인격권　　　　　　　　　　정답 ①

❶ [×] 중혼을 혼인무효사유가 아니라 혼인취소사유로 정하고 있는데, 혼인 취소의 효력은 기왕에 소급하지 아니하므로 중혼이라 하더라도 법원의 취소판결이 확정되기 전까지는 유효한 법률혼으로 보호받는다. 후혼의 취소가 가혹한 결과가 발생하는 경우에는 구체적 사건에서 법원이 권리남용의 법리 등으로 해결하고 있다. 따라서 중혼 취소청구권의 소멸에 관하여 아무런 규정을 두지 않았다 하더라도, 이 사건 법률조항이 현저히 입법재량의 범위를 일탈하여 후혼배우자의 인격권 및 행복추구권을 침해하지 아니한다(헌재 2014.7.24. 2011헌바275).

② [○] 청소년 성매수 범죄자들이 자신의 신상과 범죄사실이 공개됨으로써 수치심을 느끼고 명예가 훼손된다고 하더라도 그 보장 정도에 있어서 일반인과는 차이를 둘 수밖에 없어, 그들의 인격권과 사생활의 비밀의 자유도 그것이 본질적인 부분이 아닌 한 넓게 제한될 여지가 있다(헌재 2003.6.26. 2002헌가14).

③ [○] 민사재판에서 법관이 당사자의 복장에 따라 불리한 심증을 갖거나 불공정한 재판진행을 하게 되는 것은 아니므로, 심판대상조항이 민사재판의 당사자로 출석하는 수형자에 대하여 사복착용을 불허하는 것으로 공정한 재판을 받을 권리가 침해되는 것은 아니다. 수형자가 민사법정에 출석하기까지 교도관이 반드시 동행하여야 하므로 수용자의 신분이 드러나게 되어 있어 재소자용 의류를 입었다는 이유로 인격권과 행복추구권이 제한되는 정도는 제한적이고, 형사법정 이외의 법정 출입 방식은 미결수용자와 교도관 전용 통로 및 시설이 존재하는 형사재판과 다르며, 계호의 방식과 정도도 확연히 다르다. 따라서 심판대상조항이 민사재판에 출석하는 수형자에 대하여 사복착용을 허용하지 아니한 것은 청구인의 인격권과 행복추구권을 침해하지 아니한다(헌재 2015.12.23. 2013헌마712).

④ [○] 헌법 제10조로부터 도출되는 일반적 인격권에는 각 개인이 그 삶을 사적으로 형성할 수 있는 자율영역에 대한 보장이 포함되어 있음을 감안할 때, 장래 가족의 구성원이 될 태아의 성별 정보에 대한 접근을 국가로부터 방해받지 않을 부모의 권리는 이와 같은 일반적 인격권에 의하여 보호된다고 보아야 할 것인바, 이 사건 규정은 일반적 인격권으로부터 나오는 부모의 태아 성별 정보에 대한 접근을 방해받지 않을 권리를 제한하고 있다고 할 것이다(헌재 2008.7.31. 2004헌마1010 등).

23　행정부　　　　　　　　　　정답 ③

① [○] 국가인권위원회는 법률에 설치근거를 둔 국가기관이고, 헌법에 의하여 설치되고 헌법과 법률에 의하여 독자적인 권한을 부여받은 국가기관이라고 할 수는 없으므로, 독립성이 보장된 기관이기는 하더라도 그 기관이 갖는 권한의 침해 여부에 대해 국가를 상대로 권한쟁의심판을 청구할 당사자능력은 없다(헌재 2010.10.28. 2009헌라6).

② [○] 대법원규칙, 헌법재판소규칙, 중앙선거관리위원회규칙의 제정권에 대하여는 헌법에 규정되어 있지만, 감사원의 규칙제정권은 「감사원법」 제52조에 근거한다.

> **「감사원법」 제52조【감사원규칙】** 감사원은 감사에 관한 절차, 감사원의 내부 규율과 감사사무 처리에 관한 규칙을 제정할 수 있다.

❸ [×] 감사원은 감사원장을 포함한 7명의 감사위원으로 구성한다. 다만, 헌법 제98조 제1항에 따라 감사원은 원장을 포함한 5인 이상 11인 이하의 감사위원으로 구성하므로 법률개정의 방법으로 11인까지 증원될 수 있다.

> **「감사원법」 제3조【구성】** 감사원은 감사원장(이하 "원장"이라 한다)을 포함한 7명의 감사위원으로 구성한다.
>
> **헌법 제98조** ① 감사원은 원장을 포함한 5인 이상 11인 이하의 감사위원으로 구성한다.

④ [○] 「정부조직법」 제22조에 대한 옳은 내용이다.

> **제22조【국무총리의 직무대행】** 국무총리가 사고로 직무를 수행할 수 없는 경우에는 기획재정부장관이 겸임하는 부총리, 교육부장관이 겸임하는 부총리의 순으로 직무를 대행하고, 국무총리와 부총리가 모두 사고로 직무를 수행할 수 없는 경우에는 대통령의 지명이 있으면 그 지명을 받은 국무위원이, 지명이 없는 경우에는 제26조 제1항에 규정된 순서에 따른 국무위원이 그 직무를 대행한다.

24 기본권의 침해 정답 ③

① [O] 청구인은 심판대상조항에 따라 음식점 시설 전체를 금연구역으로 지정하여 운영하여야 할 의무를 부담하게 되었으나, 음식점의 개설·영업행위 자체가 금지되는 것은 아니다. 심판대상조항은 청구인이 선택한 직업을 영위하는 방식과 조건을 규율하고 있으므로 청구인의 직업수행의 자유를 제한한다. 한편, 심판대상조항은 청구인으로 하여금 음식점 시설과 그 내부 장비 등을 철거하거나 변경하도록 강제하는 내용이 아니므로, 이로 인하여 청구인의 음식점 시설 등에 대한 권리가 제한되어 재산권이 침해되는 것은 아니다(헌재 2013.6.27. 2011헌마315).

② [O] 헌법 제10조는 "모든 국민은 인간으로서의 존엄과 가치를 가지며, 행복을 추구할 권리를 가진다. 국가는 개인이 가지는 불가침의 기본적 인권을 확인하고 이를 보장할 의무를 진다."라고 규정하여, 모든 국민이 인간으로서의 존엄과 가치를 지닌 주체임을 천명하고, 국가권력이 국민의 기본권을 침해하는 것을 금지함은 물론 이에서 더 나아가 적극적으로 국민의 기본권을 보호하고 이를 실현할 의무가 있음을 선언하고 있다. 또한 생명·신체의 안전에 관한 권리는 인간의 존엄과 가치의 근간을 이루는 기본권일 뿐만 아니라, 헌법은 제36조 제3항에서 국민의 보건에 관한 국가의 보호의무를 특별히 강조하고 있다. 따라서 국민의 생명·신체의 안전이 질병 등으로부터 위협받거나 받게 될 우려가 있는 경우 국가는 그 위험의 원인과 정도에 따라 사회·경제적인 여건 및 재정사정 등을 감안하여 국민의 생명·신체의 안전을 보호하기에 필요한 적절하고 효율적인 입법·행정상의 조치를 취하여 그 침해의 위험을 방지하고 이를 유지할 포괄적인 의무를 진다(헌재 2008.12.26. 2008헌마419 등).

❸ [X] 일반적으로 영업권이란 오랜 기간에 걸쳐 확고하게 형성되거나 획득된 고객관계, 입지조건, 영업상 비결, 신용, 영업능력, 사업연락망 등을 포함하는 영업재산이나 영업조직으로서 경제적으로 유용하면서 처분에 의한 환가가 가능한 재산적 가치를 말한다. 그런데 심판대상조항으로 인하여 개업 시점부터 현재까지 음식점을 흡연 가능 시설로 운영하지 못하고 있는 청구인에게는 영업권이 문제될 여지가 없다(헌재 2016.6.30. 2015헌마813).

④ [O] 심판대상조항의 입법목적을 가장 효과적으로 달성하기 위해서는 음식점 공간 전체를 금연구역으로 지정하여 비흡연자를 흡연으로부터 완전히 차단하는 것이 필요하다. 주류를 주로 판매하는 업종에 한해서 음식점 영업자의 손실을 최소화할 수 있는 대안들을 고려해 보아도, 그러한 대안들이 음식점 전체를 금연구역으로 지정하는 방법에 대한 적절한 대체수단이 되기 어렵다. 음식점 시설 전체를 금연구역으로 지정함으로써 음식점 영업자가 입게 될 불이익보다 간접흡연을 차단하여 이로 인한 폐해를 예방하고 국민의 생명·신체를 보호하고자 하는 공익이 더욱 중대하므로, 심판대상조항이 과잉금지원칙을 위반하여 청구인의 직업수행의 자유를 침해한다고 할 수 없다(헌재 2016.6.30. 2015헌마813).

25 국회의원 자격의 취득·상실 정답 ④

① [O] 「공직선거법」 제189조 제1항에 대한 옳은 내용이다.

> **제189조【비례대표국회의원의석의 배분과 당선인의 결정·공고·통지】**① 중앙선거관리위원회는 다음 각 호의 어느 하나에 해당하는 정당(이하 이 조에서 "의석할당정당"이라 한다)에 대하여 비례대표국회의원의석을 배분한다.
> 1. 임기만료에 따른 비례대표국회의원선거에서 전국 유효투표총수의 100분의 3 이상을 득표한 정당
> 2. 임기만료에 따른 지역구국회의원선거에서 5 이상의 의석을 차지한 정당

② [O] 선거범죄 예방을 통한 선거의 공정성 확보라는 입법목적은 선거범죄를 규정한 각종 처벌조항과 선거범죄를 범한 당선인의 당선을 무효로 하는 것만으로도 어느 정도 달성될 수 있는 것이고, 선거권자의 의사를 최대한 반영하면서도 덜 제약적인 대체수단을 통해서도 입법목적의 달성이 가능한 것이므로, 심판대상조항은 필요 이상의 지나친 규제를 정하고 있는 것이라고 보지 않을 수 없다. 따라서 심판대상조항은 과잉금지원칙에 위배하여 청구인의 공무담임권을 침해한 것이다(헌재 2009.10.29. 2009헌마350).

③ [O] 「국회법」 제164조에 대한 옳은 내용이다.

> **제164조【제명된 사람의 입후보 제한】**제163조에 따른 징계로 제명된 사람은 그로 인하여 궐원된 의원의 보궐선거에서 후보자가 될 수 없다.

❹ [X] 선거일 전 1년 전부터가 아닌 18개월부터이다.

> **「공직선거법」 제24조【국회의원선거구획정위원회】**① 국회의원지역선거구의 공정한 획정을 위하여 임기만료에 따른 국회의원선거의 선거일 전 18개월부터 해당 국회의원선거에 적용되는 국회의원지역선거구의 명칭과 그 구역이 확정되어 효력을 발생하는 날까지 국회의원선거구획정위원회를 설치·운영한다.

정답

p.40

01	②	Ⅱ	06	③	Ⅲ	11	①	Ⅱ	16	④	Ⅲ	21	④	Ⅱ
02	②	Ⅲ	07	④	Ⅲ	12	①	Ⅱ	17	②	Ⅱ	22	③	Ⅲ
03	④	Ⅱ	08	④	Ⅲ	13	③	Ⅲ	18	④	Ⅳ	23	②	Ⅱ
04	③	Ⅱ	09	③	Ⅱ	14	④	Ⅰ	19	④	Ⅳ	24	③	Ⅱ
05	④	Ⅱ	10	④	Ⅳ	15	③	Ⅳ	20	①	Ⅱ	25	④	Ⅱ

취약 단원 분석표

단원	맞힌 답의 개수
Ⅰ	/ 1
Ⅱ	/ 13
Ⅲ	/ 7
Ⅳ	/ 4
TOTAL	/ 25

Ⅰ 헌법총론 / Ⅱ 기본권론 / Ⅲ 통치구조론 / Ⅳ 헌법재판론

---

01 일반적 행동자유권
정답 ②

① [○] 일반적 행동자유권은 가치 있는 행동만 그 보호영역으로 하는 것은 아니다. 그 보호영역에는 개인의 생활방식과 취미에 관한 사항도 포함되며, 여기에는 위험한 스포츠를 즐길 권리와 같은 위험한 생활방식으로 살아갈 권리도 포함된다. 그런데 심판대상조항은 술에 취한 상태로 도로 외의 곳에서 운전하는 것을 금지하고 이에 위반했을 때 처벌하도록 하고 있으므로 일반적 행동의 자유를 제한한다(헌재 2016.2.25. 2015헌가11).

❷ [×] 헌법 제10조의 행복추구권에서 파생하는 일반적 행동자유권은 모든 행위를 하거나 하지 않을 자유를 내용으로 하나, 그 보호대상으로서의 행동이란 국가가 간섭하지 않으면 자유롭게 할 수 있는 행위 내지 활동을 의미하고, 이를 국가권력이 가로막거나 강제하는 경우 자유권의 침해로서 논의될 수 있다 할 것인데, 병역의무의 이행으로서의 현역병 복무는 국가가 간섭하지 않으면 자유롭게 할 수 있는 행위에 속하지 않으므로, 현역병으로 복무할 권리가 일반적 행동자유권에 포함된다고 할 수도 없다(헌재 2010.12.28. 2008헌마527).

③ [○] 의료인이 아닌 자의 의료행위를 금지하는 의료법 조항은 '의료행위'를 개인의 경제적 소득활동의 기반이자 자아실현의 근거로 삼으려는 청구인의 기본권, 즉 직업선택의 자유를 제한하거나, 또는 청구인이 의료행위를 지속적인 소득활동이 아니라 취미, 일시적 활동 또는 무상의 봉사활동으로 삼는 경우에는 헌법 제10조의 행복추구권에서 파생하는 일반적 행동의 자유를 제한하는 규정이다(헌재 2002.12.18. 2001헌마370).

④ [○] 대규모의 불법·폭력 집회나 시위를 막아 시민들의 생명·신체와 재산을 보호한다는 공익은 중요한 것이지만, 당시의 상황에 비추어 볼 때 이러한 공익의 존재 여부나 그 실현 효과는 다소 가상적이고 추상적인 것이라고 볼 여지도 있고, 비교적 덜 제한적인 수단에 의하여도 상당 부분 달성될 수 있었던 것으로 보여 일반 시민들이 입은 실질적이고 현존하는 불이익에 비하여 결코 크다고 단정하기 어려우므로 법익의 균형성 요건도 충족하였다고 할 수 없다(헌재 2011.6.30. 2009헌마406).

---

02 국회법
정답 ②

① [×] 의원 또는 위원회가 예산상 또는 기금상의 조치를 수반하는 의안을 발의 또는 제안하는 경우에는 그 의안의 시행에 수반될 것으로 예상되는 비용에 대한 추계서(의원의 경우 추계서 또는 추계요구서)를 아울러 제출하여야 한다(「국회법」 제79조의2 제1항·제2항). 정부가 예산상 또는 기금상의 조치를 수반하는 의안을 제출하는 경우에는 그 의안의 시행에 수반될 것으로 예상되는 비용에 관한 추계서와 이에 상응하는 재원조달방안에 관한 자료를 의안에 첨부하여야 한다(동조 제3항). 예산상 또는 기금상의 조치를 수반하는 의안을 발의 또는 제안하는 경우에 국회의원은 정부가 그러한 의안을 제출하는 경우와 달리 재원조달방안에 관한 자료를 첨부하여야 하는 것은 아니다.

❷ [○] 청구인이 국회법 제48조 제3항 본문에 의하여 침해 당하였다고 주장하는 기본권은 청구인이 국회 상임위원회에 소속하여 활동할 권리, 청구인이 무소속 국회의원으로서 교섭단체소속 국회의원과 동등하게 대우받을 권리라는 것으로서 이는 입법권을 행사하는 국가기관인 국회를 구성하는 국회의원의 지위에서 향유할 수 있는 권한일 수는 있을지언정 헌법이 일반국민에게 보장하고 있는 기본권이라고 할 수는 없다(헌재 2000. 8.31. 2000헌마156).

③ [×] 본회의는 위원장의 보고를 받은 후 필요하다고 인정할 때에는 의결로 다시 안건을 같은 위원회 또는 다른 위원회에 회부할 수 있다(「국회법」 제94조).

④ [×] 상임위원회 위원장과 마찬가지로 예산결산특별위원회, 윤리특별위원회의 위원장도 본회의에서 선출한다(「국회법」 제45조 제5항). 그러나 (일반)특별위원회 위원장은 위원회에서 호선하고 본회의에 보고한다(「국회법」 제47조 제1항). 또한 인사청문특별위원회 위원장도 위원회에서 호선하고 본회의에 보고한다(「인사청문회법」 제3조 제5항).

03 교육을 받을 권리   정답 ④

① [O] 이 사건 법률조항은 대학에 편입학하기 위하여는 전문대학을 졸업할 것을 요구하고 있어, '3년제 전문대학의 2년 이상 과정을 이수한 자'는 편입학을 할 수 없다. 우선 '3년제 전문대학의 2년 이상 과정을 이수한 자'를 '2년제 전문대학을 졸업한 자'와 비교하여 보면 객관적인 과정인 졸업이라는 요건을 갖추지 못하였다. 또한, '4년제 대학에서 2년 이상 과정을 이수한 자'와 비교하여 보면, 고등교육법이 그 목적과 운영방법에서 전문대학과 대학을 구별하고 있는 이상, 전문대학 과정의 이수와 대학과정의 이수를 반드시 동일하다고 볼 수 없어, 3년제 전문대학의 2년 이상 과정을 이수한 자에게 편입학 자격을 부여하지 아니한 것이 현저하게 불합리한 자의적인 차별이라고 볼 수 없다. 나아가 평생교육을 포함한 교육시설의 입학자격에 관하여는 입법자에게 광범위한 형성의 자유가 있다고 할 것이어서, 3년제 전문대학의 2년 이상의 이수자에게 의무교육기관이 아닌 대학에의 일반 편입학을 허용하지 않는 것이 교육을 받을 권리나 평생교육을 받을 권리를 본질적으로 침해하지 않는다(헌재 2010.11.25. 2010헌마144).

② [O] 고등교육법은, 대학의 장은 입학자격이 있는 사람 중에서 일반전형이나 특별전형(이하 '입학전형'이라 한다)에 의하여 입학을 허가할 학생을 선발하고, 입학전형의 방법과 학생선발일정 및 그 운영에 필요한 사항은 대통령령으로 정하도록 규정한다(제34조 제1항, 제2항). 이 사건 가산점 사항은 고등교육법 및 동법 시행령 등에 근거하고 한국대학교육협의회의 대학입학전형기본사항 등을 준수한 것이므로 법률유보원칙에 위반되어 청구인의 교육받을 권리를 침해하지 아니한다(헌재 2022.3.31. 2021헌마1230).

③ [O] 헌법 제31조 제1항에서 보장되는 교육의 기회균등권은 '정신적·육체적 능력 이외의 성별·종교·경제력·사회적 신분 등에 의하여 교육을 받을 기회를 차별하지 않고, 즉 합리적 차별사유 없이 교육을 받을 권리를 제한하지 아니함과 동시에 국가가 모든 국민에게 균등한 교육을 받게 하고 특히 경제적 약자가 실질적인 평등교육을 받을 수 있도록 적극적 정책을 실현해야 한다는 것'을 의미하므로, 실질적인 평등교육을 실현해야 할 국가의 적극적인 의무가 인정되지만, 이러한 의무조항으로부터 국민이 직접 실질적 평등교육을 위한 교육비를 청구할 권리가 도출되는 것은 아니다(헌재 2003.11.27. 2003헌바39).

❹ [X] 수시모집은 과거 정시모집의 예외로서 그 비중이 그리 크지 않았으나 점차 그 비중이 확대되어, 정시모집과 같거나 오히려 더 큰 비중을 차지하는 입시전형의 형태로 자리 잡고 있다. 이러한 상황에서는 수시모집의 경우라 하더라도 응시자들에게 동등한 입학 기회가 주어질 필요가 있다. … 따라서 수시모집에서 검정고시 출신자에게 수학능력이 있는지 여부를 평가받을 기회를 부여하지 아니하고 이를 박탈한다는 것은 수학능력에 따른 합리적인 차별이라고 보기 어렵다. 피청구인들은 정규고등학교 학교생활기록부가 있는지 여부, 공교육 정상화, 비교내신 문제 등을 차별의 이유로 제시하고 있으나 이러한 사유가 차별취급에 대한 합리적인 이유가 된다고 보기 어렵다. 그렇다면 이 사건 수시모집요강은 검정고시 출신자인 청구인들을 합리적인 이유 없이 차별함으로써 청구인들의 균등하게 교육을 받을 권리를 침해한다(헌재 2017.12.28. 2016헌마649).

04 신체의 자유   정답 ③

① [X] 범죄의 피의자로 입건된 사람들에게 경찰공무원이나 검사의 신문을 받으면서 자신의 신원을 밝히지 않고 지문채취에 불응하는 경우 형사처벌을 통하여 지문채취를 강제하는 이 사건 법률조항은 수사기관이 직접 물리적 강제력을 행사하여 피의자에게 강제로 지문을 찍도록 하는 것을 허용하는 규정이 아니며 형벌에 의한 불이익을 부과함으로써 심리적·간접적으로 지문채취를 강요하고 있으므로 피의자가 본인의 판단에 따라 수용여부를 결정한다는 점에서 궁극적으로 당사자의 자발적 협조가 필수적임을 전제로 하므로 물리력을 동원하여 강제로 이루어지는 경우와는 질적으로 차이가 있다(헌재 2004.9.23. 2002헌가17).

② [X] 심판대상조항에 따른 법무부장관의 출국금지결정은 형사재판에 계속 중인 국민의 출국의 자유를 제한하는 행정처분일 뿐이고, 영장주의가 적용되는 신체에 대하여 직접적으로 물리적 강제력을 수반하는 강제처분이라고 할 수는 없다. 따라서 심판대상조항이 헌법 제12조 제3항의 영장주의에 위배된다고 볼 수 없다(헌재 2015.9.24. 2012헌바302).

❸ [O] 헌법 제12조 제4항은 "누구든지 체포 또는 구속을 당한 때에는 즉시 변호인의 조력을 받을 권리를 가진다. 다만, 형사피고인이 스스로 변호인을 구할 수 없을 때에는 법률이 정하는 바에 의하여 국가가 변호인을 붙인다."라고 규정하고 있어 헌법적 차원에서 '변호인의 조력을 받을 권리'를 형사피고인의 기본권으로 보장하고 있다. 그런데, 변호인의 조력을 받을 권리에는 피고인이 변호인을 통하여 수사서류를 포함한 소송관계 서류를 열람·등사하고 이에 대한 검토 결과를 토대로 공격과 방어의 준비를 할 수 있는 권리도 포함된다고 보아야 한다. (헌재 2010.6.24. 2009헌마257).

④ [X] 특별검사가 참고인에게 지정된 장소까지 동행할 것을 명령할 수 있게 하고 참고인이 정당한 이유 없이 위 동행명령을 거부한 경우 천만원 이하의 벌금형에 처하도록 규정한 이 사건 법률이 영장주의 또는 과잉금지원칙에 위배하여 청구인들의 평등권과 신체의 자유를 침해한다(헌재 2008.1.10. 2007헌마1468).

05 적법절차의 원칙   정답 ④

① [O] 헌법 제12조 제1항에 대한 옳은 내용이다.

> **제12조** ① 모든 국민은 신체의 자유를 가진다. 누구든지 법률에 의하지 아니하고는 체포·구속·압수·수색 또는 심문을 받지 아니하며, 법률과 적법한 절차에 의하지 아니하고는 처벌·보안처분 또는 강제노역을 받지 아니한다.

② [O] 헌법 제12조 제3항에 대한 옳은 내용이다.

> **제12조** ③ 체포·구속·압수 또는 수색을 할 때에는 적법한 절차에 따라 검사의 신청에 의하여 법관이 발부한 영장을 제시하여야 한다. 다만, 현행범인인 경우와 장기 3년 이상의 형에 해당하는 죄를 범하고 도피 또는 증거인멸의 염려가 있을 때에는 사후에 영장을 청구할 수 있다.

③ [O] 적법절차원칙은 법률이 정한 형식적 절차와 실체적 내용이 모두 합리성과 정당성을 갖춘 적정한 것이어야 한다는 실질적 의미를 지니고 있으며, 형사소송절차와 관련하여서는 형사소송절차의 전반을 기본권 보장의 측면에서 규율하여야 한다는 기본원리를 천명하고 있는 것으로 이해된다(헌재 2012.12.27. 2011헌바225).

❹ [X] 탄핵소추절차는 국회와 대통령이라는 헌법기관 사이의 문제이고, 국회의 탄핵소추의결에 따라 사인으로서 대통령 개인의 기본권이 침해되는 것이 아니다. 국가기관이 국민에 대하여 공권력을 행사할 때 준수하여야 하는 법원칙으로 형성된 적법절차의 원칙을 국가기관에 대하여 헌법을 수호하고자 하는 탄핵소추절차에 직접 적용할 수 없다(헌재 2017.3.10. 2016헌나1).

06 국회의 법률제정 　　정답 ③

① [O] 중요한 안건으로서 의장의 제의 또는 의원의 동의(動議)로 본회의 의결이 있거나 재적의원 5분의 1 이상의 요구가 있을 때에는 기명투표·호명투표(呼名投票) 또는 무기명투표로 표결한다(「국회법」 제112조 제2항). 대통령으로부터 환부(還付)된 법률안과 그 밖에 인사에 관한 안건은 무기명투표로 표결한다(동조 제5항).

② [O] 법률안 발의 정족수는 입법사항이므로 국회법 개정만으로 정족수를 조정할 수 있다.

❸ [X] 예산상 조치를 수반하는 법률안에 대한 수정동의도 30명 이상의 찬성이면 가능하다. '예산안에 대한 수정동의'는 의원 50명 이상의 찬성이 있어야 한다(「국회법」 제95조 제1항).

④ [O] 국회는 위원회의 심사를 거치거나 위원회가 제안한 의안 중 정부조직에 관한 법률안, 조세 또는 국민에게 부담을 주는 법률안 등 주요 의안의 본회의 상정 전이나 본회의 상정 후에 재적의원 4분의 1 이상이 요구할 때에는 그 심사를 위하여 의원 전원으로 구성되는 전원위원회를 개회할 수 있다(「국회법」 제63조의2 제1항).

07 주민조례발안 　　정답 ④

① [O] 「주민조례발안에 관한 법률」 제2조 제2호에 대한 옳은 내용이다.

> **제2조 【주민조례청구권자】** 18세 이상의 주민으로서 다음 각 호의 어느 하나에 해당하는 사람(「공직선거법」 제18조에 따른 선거권이 없는 사람은 제외한다. 이하 "청구권자"라 한다)은 해당 지방자치단체의 의회(이하 "지방의회"라 한다)에 조례를 제정하거나 개정 또는 폐지할 것을 청구(이하 "주민조례청구"라 한다)할 수 있다.
> 1. 해당 지방자치단체의 관할 구역에 주민등록이 되어 있는 사람
> 2. 「출입국관리법」 제10조에 따른 영주(永住)할 수 있는 체류자격 취득일 후 3년이 지난 외국인으로서 같은 법 제34조에 따라 해당 지방자치단체의 외국인등록대장에 올라 있는 사람

② [O] 동법 제3조 제2항에 대한 옳은 내용이다.

> **제3조 【주민조례청구권의 보장】** ① 국가 및 지방자치단체는 청구권자가 지방의회에 주민조례청구를 할 수 있도록 필요한 조치를 하여야 한다.
> ② 지방자치단체는 청구권자가 전자적 방식을 통하여 주민조례청구를 할 수 있도록 행정안전부장관이 정하는 바에 따라 정보시스템을 구축·운영하여야 한다. 이 경우 행정안전부장관은 정보시스템을 구축·운영하는 데 필요한 지원을 할 수 있다.

③ [O] 동법 제13조 제1항에 대한 옳은 내용이다.

> **제13조 【주민청구조례안의 심사 절차】** ① 지방의회는 제12조 제1항에 따라 주민청구조례안이 수리된 날부터 1년 이내에 주민청구조례안을 의결하여야 한다. 다만, 필요한 경우에는 본회의 의결로 1년 이내의 범위에서 한 차례만 그 기간을 연장할 수 있다.

❹ [X] 주민청구조례안은 주민청구조례안을 수리한 당시의 지방의회의원의 임기가 끝나더라도 다음 지방의회의원의 임기까지는 의결되지 못한 것 때문에 폐기되지 아니한다.

> **동법 제13조 【주민청구조례안의 심사 절차】** ③ 지방자치법 제79조 단서에도 불구하고 주민청구조례안은 제12조 제1항에 따라 주민청구조례안을 수리한 당시의 지방의회의원의 임기가 끝나더라도 다음 지방의회의원의 임기까지는 의결되지 못한 것 때문에 폐기되지 아니한다.

08 행정부 　　정답 ④

① [O] 대통령은 국무회의의 의장으로서 회의를 소집하고 이를 주재하지만 대통령이 사고로 직무를 수행할 수 없는 경우에는 국무총리가 그 직무를 대행할 수 있고, 대통령이 해외 순방 중인 경우는 '사고'에 해당되므로, 대통령의 직무상 해외 순방 중 국무총리가 주재한 국무회의에서 이루어진 정당해산심판청구서 제출안에 대한 의결은 위법하지 아니하다(헌재 2014.12.19. 2013헌다1).

② [O] 국무회의는 구성원 과반수의 출석으로 개의하고, 출석구성원 3분의 2 이상의 찬성으로 의결한다(「국무회의 규정」 제6조 제1항).

③ [O] 헌법 제89조 제3호에 대한 옳은 내용이다.

> **제89조** 다음 사항은 국무회의의 심의를 거쳐야 한다.
> 3. 헌법개정안·국민투표안·조약안·법률안 및 대통령령안

❹ [X] 국무총리가 사고로 직무를 수행할 수 없는 경우에는 기획재정부장관이 겸임하는 부총리, 교육부장관이 겸임하는 부총리의 순으로 직무를 대행하고, 국무총리와 부총리가 모두 사고로 직무를 수행할 수 없는 경우에는 대통령의 지명이 있으면 그 지명을 받은 국무위원이, 지명이 없는 경우에는 제26조 제1항에 규정된 순서에 따른 국무위원이 그 직무를 대행한다(「정부조직법」 제22조).

09 평등권 정답 ③

① [×] 그동안 정치자금법이 여러 차례 개정되어 후원회지정권자의 범위가 지속적으로 확대되어 왔음에도 불구하고, 국회의원선거의 예비후보자 및 그 예비후보자에게 후원금을 기부하고자 하는 자와 광역자치단체장선거의 예비후보자 및 이들 예비후보자에게 후원금을 기부하고자 하는 자를 계속하여 달리 취급하는 것은, 불합리한 차별에 해당하고 입법재량을 현저히 남용하거나 한계를 일탈한 것이다. 따라서 심판대상조항 중 광역자치단체장선거의 예비후보자에 관한 부분은 청구인들 중 광역자치단체장선거의 예비후보자 및 이들 예비후보자에게 후원금을 기부하고자 하는 자의 평등권을 침해한다(헌재 2019.12.27. 2018헌마301 등).

② [×] 행정관서요원제도는 방위제도가 폐지되면서, 여전히 현역병 등으로 입영하여 군복무를 이행할 수 없는 신체적 사유 등이 있는 병역의무자의 경우 이들을 행정관서요원으로 소집하여 병역의무를 이행하도록 하기 위하여 고안된 제도임에 반하여, 국제협력요원은 국제봉사요원이 개발도상국에서 자발적으로 봉사활동을 하게 된 것이 국제사회에 긍정적인 영향을 끼치고 있다는 점을 감안하여, 위와 같은 국제봉사활동을 체계적·지속적으로 계속할 자원을 병역의무자 중에서 충원한다는 차원에서 마련된 것에 기인한다는 차이가 있으므로, 입법자가 위와 같은 차이들에 근거하여 국제협력요원과 행정관서요원을 달리 취급하는 것을 입법형성권을 벗어난 자의적인 것이라고 할 수 없어, 이 사건 조항은 헌법상의 평등권을 침해하지 아니한다(헌재 2010.7.29. 2009헌가13).

❸ [O] 1976년부터 2003년까지 의사전문의와 치과전문의를 함께 규율하던 구 '전문의의 수련 및 자격 인정 등에 관한 규정'이 의사전문의 자격 인정 요건과 치과전문의 자격 인정 요건에 대하여 동일하게 규정하였던 점이나, 의사전문의와 치과전문의 모두 환자의 치료를 위한 전문성을 필요로 한다는 점을 감안하면, 치과전문의의 자격 인정 요건을 의사전문의의 경우와 다르게 규정할 특별한 사정이 있다고 보기도 어렵다. 따라서 심판대상조항은 청구인들의 평등권을 침해한다(헌재 2015.9.24. 2013헌마197).

④ [×] 1차 의료기관의 전문과목 표시와 관련하여 의사전문의, 한의사전문의와 치과전문의 사이에 본질적인 차이가 있다고 볼 수 없으므로, 의사전문의, 한의사전문의와 달리 치과전문의의 경우에만 전문과목의 표시를 이유로 진료범위를 제한하는 것은 합리적인 근거를 찾기 어렵고, … 따라서 심판대상조항은 청구인들의 평등권을 침해한다(헌재 2015.5.28. 2013헌마799).

10 헌법소원의 대상 정답 ④

① [O] 헌법재판소법 제68조 제1항은 공권력의 행사 또는 불행사로 인하여 기본권을 침해받은 자가 헌법소원을 제기할 수 있다고 규정하고 있는데, 여기에서 '공권력'이란 입법권·행정권·사법권을 행사하는 모든 국가기관·공공단체 등의 고권적 작용을 말하고, 그 행사 또는 불행사로 국민의 권리와 의무에 대하여 직접적인 법률효과를 발생시켜 청구인의 법률관계 내지 법적 지위를 불리하게 변화시키는 것이어야 한다. 그러나 이 사건 권고행위가 청구인의 권리와 의무에 대하여 직접적인 법률효과를 발생시켜 청구인의 법률관계 내지 법적 지위를 불리하게 변화시키는 것이라고 할 수 없다. 따라서 이 사건 권고행위는 헌법소원심판의 대상이 되는 공권력의 행사에 해당하지 않는다(헌재 2020.2.18. 2020헌마195).

② [O] 공정거래위원회의 심사불개시결정은 공권력의 행사에 해당되며, 자의적인 경우 피해자인 신고인의 평등권을 침해할 수 있으므로 헌법소원의 대상이 된다(헌재 2004.3.25. 2003헌마404).

③ [O] 부패방지법상의 국민감사청구제도는 일정한 요건을 갖춘 국민들이 감사청구를 한 경우에 감사원장으로 하여금 감사청구된 사항에 대하여 감사실시 여부를 결정하고 그 결과를 감사청구인에게 통보하도록 의무를 지운 것이므로, 이러한 국민감사청구에 대한 기각결정은 공권력주체의 고권적 처분이라는 점에서 헌법소원의 대상이 될 수 있는 공권력행사라고 보아야 할 것이다(헌재 2006.2.23. 2004헌마414).

❹ [×] 검사의 불기소처분이 재정신청의 대상이 되지 아니하는 등 적절한 구제가 없는 경우에는 헌법소원심판을 청구할 수 있다. 피해자라도 고소인이 아닌 경우, 피의자의 경우는 다른 구제절차가 없기 때문에 헌법소원심판을 청구할 수 있다.

11 생명권 정답 ①

❶ [O] 자기낙태죄 조항은 태아의 생명을 보호하기 위한 것으로서, 정당한 입법목적을 달성하기 위한 적합한 수단이다. 임신·출산·육아는 여성의 삶에 근본적이고 결정적인 영향을 미칠 수 있는 중요한 문제이므로, 임신한 여성이 임신을 유지 또는 종결할 것인지 여부를 결정하는 것은 스스로 선택한 인생관·사회관을 바탕으로 자신이 처한 신체적·심리적·사회적·경제적 상황에 대한 깊은 고민을 한 결과를 반영하는 전인적(全人的) 결정이다(헌재 2019.4.11. 2017헌바127).

② [×] 이 사안은 국가가 태아의 생명 보호를 위해 확정적으로 만들어 놓은 자기낙태죄 조항이 임신한 여성의 자기결정권을 제한하고 있는 것이 과잉금지원칙에 위배되어 위헌인지 여부에 대한 것이다. 자기낙태죄 조항의 존재와 역할을 간과한 채 임신한 여성의 자기결정권과 태아의 생명권의 직접적인 충돌을 해결해야 하는 사안으로 보는 것은 적절하지 않다(헌재 2019.4.11. 2017헌바127).

③ [×] 국가에게 태아의 생명을 보호할 의무가 있다고 하더라도 생명의 연속적 발전과정에 대하여 생명이라는 공통요소만을 이유로 하여 언제나 동일한 법적 효과를 부여하여야 하는 것은 아니다(헌재 2019.4.11. 2017헌바127).

④ [×] 태아가 모체를 떠난 상태에서 독자적으로 생존할 수 있는 시점인 임신 22주 내외에 도달하기 전이면서 동시에 임신 유지와 출산 여부에 관한 자기결정권을 행사하기에 충분한 시간이 보장되는 시기(이하 착상시부터 이 시기까지를 '결정가능기간'이라 한다)까지의 낙태에 대해서는 국가가 생명보호의 수단 및 정도를 달리 정할 수 있다고 봄이 타당하다(헌재 2019.4.11. 2017헌바127).

12 직업선택의 자유 정답 ①

❶ [×] 예비시험 조항은 외국 의과대학 졸업생에 대해 우리나라 의료계에서 활동할 수 있는 정도의 능력과 자질이 있음을 검증한 후 의사면허 국가시험에 응시하도록 함으로써 외국에서 수학한 보건의료인력의 질적 수준을 담보하려는 것을 주된 입법목적으로 하는 것이므로 그 정당성을 인정할 수 있다. 또한 예비시험 제도는 학제나 교육내용이 다른 외국에서 수학한 예비의료인들의 자질과 능력을 좀더 구체적으로 평가하는 데 기여할 것임이 인정되므로 수단의 적정성을 갖춘 것이라 볼 것이며 예비시험 제도를 통한 자격검증보다도 덜 제약적이면서도 입법목적을 달성할 수 있는 다른 입법수단도 상정하기 어렵다. 또한 현재로서는 장차 시행될 예비시험이 외국 의과대학 졸업생에게 과도한 부담을 주게 될 것이라고 단언하기 어려운 반면, 외국 의과대학의 교과 내지 임상교육 수준이 국내와 차이가 있을 수 있으므로 국민의 보건을 위하여 기존의 면허시험만으로 검증이 부족한 측면을 보완할 공익적 필요성이 있다. 그러므로 예비시험 조항은 청구인들의 직업선택의 자유를 침해하지 않는다(헌재 2003.4.24. 2002헌마611).

② [○] 세무조정업무의 전문성을 확보하고 부실 세무조정을 방지함으로써 납세자의 권익을 보호하고 세무행정의 원활한 수행 및 납세의무의 적정한 이행을 도모하려는 심판대상조항의 입법목적은 일응 수긍할 수 있다. 그러나 세무조정업무를 수행하기 위해서는 세법 및 관련 법령에 대한 전문 지식과 법률에 대한 해석·적용능력이 필수적으로 요구된다. 세법 및 관련 법령에 대한 해석·적용에 있어서는 세무사나 공인회계사보다 변호사에게 오히려 전문성과 능력이 인정됨에도 불구하고, 심판대상조항은 세무사 자격 보유 변호사를 세무조정업무에서 전면적으로 배제시키고 있으므로, 수단의 적합성을 인정할 수 없다. 그렇다면, 심판대상조항은 과잉금지원칙을 위반하여 청구인의 직업선택의 자유를 침해하므로 헌법에 위반된다(헌재 2018.4.26. 2016헌마116).

③ [○] 이 사건 조제규정은 한약사라는 직업의 선택 자체를 제한하는 것이 아니라 한약사가 한의사의 처방전 없이 조제할 수 있는 한약처방의 범위를 제한하는 것으로서 직업결정의 자유에 비하여 상대적으로 넓은 규제가 가능하고, 또한 한약사라는 전문분야에 관한 자격제도의 내용을 구성하는 것으로서 입법부의 입법형성의 자유가 인정되는 영역인바, 이 사건 조제규정은 건전한 한약조제질서를 확립하여 국민의 건강을 보호·증진하고, 한약사에게 한의사의 진단과 처방이 수반되지 아니한 한약 임의조제를 무한정 허용할 경우에 발생할 수 있는 국민건강상의 위험을 미리 방지하고자 하는 것으로서 입법목적의 정당이 인정되고, 이러한 입법목적의 달성을 위하여 한의사의 처방전이 없는 경우에는 한약사의 한약 조제를 원칙적으로 금지하고, 비교적 안전성과 유효성이 확보된 일정한 처방에 한하여 한의사의 처방전 없이도 조제할 수 있도록 허용하는 것은 적절한 수단이므로 입법자의 입법형성권의 한계를 일탈하였다고 볼 수 없어 청구인들의 직업의 자유를 침해하지 아니한다(헌재 2008.7.31. 2005헌마667).

④ [○] 법학전문대학원 제도의 입법목적을 달성하기 위하여는 이 사건 법률조항과 같이 법학전문대학원 설치인가 대상 대학 및 총 입학정원을 제한하는 것이 보다 적절한 수단이라 할 것이다. 현재 법학전문대학원 설치인가를 받지 못한 대학은 법학에 관한 학사과정 운영을 통하여 법학교육의 기회를 유지할 수 있다. 또한 이러한 대학이 법학전문대학원을 설치할 수 있는 기회를 영구히 박탈당하는 것도 아니다. 즉, 총 입학정원은 고정되어 있는 것이 아니라 법조인의 수급상황이나 법조계의 실정에 따라 증감·변동할 수 있으므로, 교육과학기술부장관이 총 입학정원 및 인가대상 대학의 수를 증가시킬 수 있고, 기존의 법학전문대학원이 평가에 의하여 인가취소되면 새로운 대학이 법학전문대학원 설치인가를 받을 수도 있다. 결국 법학전문대학원 제도의 입법목적을 달성하기 위하여 대학의 자율권과 국민의 직업선택 자유를 보다 적게 제한할 적절한 방법이 보이지 않으므로, 이 사건 법률조항은 피해최소성의 원칙에 위배되지 않는다. … 결국 이 사건 법률조항이 과잉금지 원칙에 위배되어 대학의 자율권과 국민의 직업선택 자유를 지나치게 제한한다고 할 수 없다(헌재 2009.2.26. 2008헌바147).

13 헌법 규정 정답 ③

ㄱ: 15일, ㄴ: 20일, ㄷ: 70일, ㄹ: 40일, ㅁ: 20일

• 국회에서 의결된 법률안은 정부에 이송되어 15일 이내에 대통령이 공포한다(헌법 제53조 제1항).
• 법률은 특별한 규정이 없는 한 공포한 날로부터 20일을 경과함으로써 효력을 발생한다(헌법 제53조 제7항).
• 대통령의 임기가 만료되는 때에는 임기만료 70일 내지 40일 전에 후임자를 선거한다(헌법 제68조 제1항).
• 제안된 헌법개정안은 대통령이 20일 이상의 기간 이를 공고하여야 한다(헌법 제129조).

14 헌법개정 정답 ④

① [○] 우리 헌법의 경우 헌법 제10장 제128조 내지 제130조는 일반법률의 개정절차와는 다른 엄격한 헌법개정절차를 정하고 있으며, 동 헌법개정절차의 대상을 단지 '헌법'이라고만 하고 있다. 따라서 관습헌법도 헌법에 해당하는 이상 여기서 말하는 헌법개정의 대상인 헌법에 포함된다고 보아야 한다. … 헌법규범으로 정립된 관습이라고 하더라도 세월의 흐름과 헌법적 상황의 변화에 따라 이에 대한 침범이 발생하고 나아가 그 위반이 일반화되어 그 법적 효력에 대한 국민적 합의가 상실되기에 이른 경우에는 관습헌법은 자연히 사멸하게 된다(헌재 2004.10.21. 2004헌마554·566).

② [○] 대통령의 임기연장 또는 중임변경을 위한 헌법개정은 그 헌법개정 제안 당시의 대통령에 대하여는 효력이 없다(헌법 제128조 제2항).

③ [○] 국회는 헌법개정안이 공고된 날로부터 60일 이내에 의결하여야 하며, 국회의 의결은 재적의원 3분의 2 이상의 찬성을 얻어야 한다(헌법 제130조 제1항).

❹ [×] 국회의원 정수를 300인 이상으로 하는 것, 선거권 행사연령의 인상, 지방자치단체 종류의 결정 및 변경은 헌법개정을 하지 않고도 법률개정만으로 가능하다. 그러나 법관의 임기는 10년으로 헌법에 규정되어 있기 때문에 헌법을 개정하지 않고서는 법관의 임기를 변경할 수는 없다. 참고로 법관의 정년은 법률로 정할 수 있다.

15 헌법재판소 결정의 효력   정답 ③

① [X] 헌법재판소법 제47조 제2항 단서규정에 의하여 위헌결정의 법규적 효력에 대하여 소급효가 인정되는 "형벌에 관한 법률 또는 법률의 조항"의 범위는 실체적인 형벌법규에 한정하여야 하고 위헌으로 결정된 법률이 형사소송절차에 관한 절차적인 법률인 경우에는 동 조항이 적용되지 않는 것으로 가급적 좁게 해석하는 것이 제도적으로 합당하다(헌재 1992.12.24. 92헌가8).

② [X] 형사실체법 규정에 대한 위헌선언만이 소급효를 가지며, 법원조직법이나 형사소송법 등 형사절차법 규정에 대한 위헌선언의 경우에는 소급효가 없다.

❸ [O] 당사자의 권리구제를 위한 구체적 타당성의 요청이 현저한 반면에 소급효를 인정하여도 법적 안정성을 침해할 우려가 없고 나아가 구 법에 의하여 형성된 기득권자의 이득이 해쳐질 사안이 아닌 경우로서 소급효의 부인이 오히려 정의와 평등등 헌법적 이념에 심히 배치되는 때에도 소급효를 인정할 수 있다(헌재 1993.5.13. 92헌가10 등).

④ [X] '그 결정이 있는 날의 다음 날'로 소급하여 효력을 상실한다.

> **「헌법재판소법」 제47조【위헌결정의 효력】**① 법률의 위헌결정은 법원과 그 밖의 국가기관 및 지방자치단체를 기속(羈束)한다.
> ② 위헌으로 결정된 법률 또는 법률의 조항은 그 결정이 있는 날부터 효력을 상실한다.
> ③ 제2항에도 불구하고 형벌에 관한 법률 또는 법률의 조항은 소급하여 그 효력을 상실한다. 다만, 해당 법률 또는 법률의 조항에 대하여 종전에 합헌으로 결정한 사건이 있는 경우에는 그 결정이 있는 날의 다음 날로 소급하여 효력을 상실한다.

16 포괄위임금지원칙   정답 ④

① [O] 긴급자동차 등이 그 본래 목적을 위해 도로를 통행하는 경우에는 예외적으로 전용차로 통행을 허용하면서 구체적으로 어떠한 경우에 예외적으로 전용차로로 통행할 수 있는지를 대통령령에서 정하도록 위임하는 도로교통법 제15조 제3항 단서는 통행 제한의 완화를 규율대상으로 한다. 그런데 전용차로의 설치, 전용차로의 종류, 전용차로통행차의 종류 등 전용차로 제도 운영에 관한 제반 사항은 교통체계, 도로현황, 교통수요 및 인프라와 이에 대한 사회적·정책적 고려에 따라 탄력적으로 대응할 필요가 있으므로, 어떠한 경우에 전용차로통행차가 아닌 차도 예외적으로 전용차로 통행을 허용할 것인지를 대통령령으로 정하도록 위임할 필요성이 인정되고, 전용차로의 설치 목적, 법문에 규정하고 있는 예외 사유의 취지를 종합하여 볼때 대통령령으로 규정될 내용을 충분히 예측할 수 있다. 따라서 전용차로 통행금지의 예외적 허용범위를 대통령령으로 정하도록 위임하고 있더라도 이것이 포괄위임금지원칙에 위반된다고 볼 수는 없다(헌재 2018.11.29. 2017헌바4650).

② [O] '식품접객영업자 등 대통령령으로 정하는 영업자'는 '영업의 위생관리와 질서유지, 국민의 보건위생 증진을 위하여 총리령으로 정하는 사항'을 지켜야 한다고 규정한 심판대상조항은 수

범자와 준수사항을 모두 하위법령에 위임하면서도 위임될 내용에 대해 구체화하고 있지 아니하여 그 내용들을 전혀 예측할 수 없게 하고 있으므로, 포괄위임금지원칙에 위반된다(헌재 2016.11.24. 2014헌가6).

③ [O] 범죄구성요건에 관하여 하위법령에 위임할 경우에도 헌법 제75조, 제95조가 적용되므로 위임입법의 한계에 관한 포괄위임금지원칙을 준수하여야 한다. 다만, 위임된 내용이 범죄의 구성요건이 됨을 고려하여 위임의 필요성과 예측가능성이라는 기준을 보다 엄격하게 적용하여야 할 것이다(헌재 2010.5. 27. 2009헌바183).

❹ [X] 헌법 제75조, 제95조가 정하는 포괄적인 위임입법의 금지는, 그 문리해석상 정관에 위임한 경우까지 그 적용 대상으로 하고 있지 않고, 또 권력분립의 원칙을 침해할 우려가 없다는 점 등을 볼 때, 법률이 정관에 자치법적 사항을 위임한 경우에는 원칙적으로 적용되지 않는다(헌재 2001.4.26. 2000헌마122).

17 기본권의 침해   정답 ④

① [O] 비용반환조항은 선거범죄를 억제하고 공정한 선거문화를 확립하고자 하는 목적으로 선거범에 대한 제재를 규정한 것인 점, 선거범죄를 범하여 형사처벌을 받은 자에게 어느 정도의 불이익을 가할 것인가는 기본적으로 입법자가 결정할 문제인 점, 비용반환조항이 선고형에 따라 제재대상을 정함으로써 사소하고 경미한 선거범과 구체적인 양형사유가 있는 선거범을 제외하고 있는 점, 선거범죄가 당선인의 득표율에 실제로 미친 영향을 계산할 방법이 없는 점 등을 종합하면, 비용반환조항이 청구인의 재산권을 침해한다고 볼 수 없다(헌재 2015.2.26. 2012헌마581).

② [O] 공직선거법 위반 혐의에 대한 고소권자로서 고소를 한 사람은 형사소송법 제260조 제1항에 따라 재정신청을 할 수 있고, 구 공직선거법 제273조 제1항은 특히 중요한 선거범죄에 대하여 고발을 한 후보자와 정당(중앙당에 한한다) 및 해당 선거관리위원회까지 재정신청권을 확대하고 있다. 다만, 후보자가 아닌 고발인에게까지 재정신청권을 인정할 경우 재정신청권의 범위가 매우 넓어져 재정신청제도가 남용될 우려가 있으므로 후보자가 아닌 고발인에게는 재정신청권을 주지 아니한 것이다(헌재 2015.2.26. 2014헌바181).

③ [O] 심판대상조항은 별도의 가중적 구성요건표지를 규정하지 않은 채 형법 조항과 똑같은 구성요건을 규정하면서 법정형만 상향 조정하여 어느 조항으로 기소하는지에 따라 벌금형의 선고 여부가 결정되고, 선고형에 있어서도 심각한 형의 불균형을 초래하게 함으로써 형사특별법으로서 갖추어야 할 형벌체계상의 정당성과 균형을 잃어 인간의 존엄성과 가치를 보장하는 헌법의 기본원리에 위배될 뿐만 아니라 그 내용에 있어서도 평등원칙에 위반되어 위헌이다(헌재 2015.2.26. 2014헌가16 등).

❹ [X] 헌법재판소 1997.3.27. 95헌가14 등 결정의 취지에 따라 2005.3.31. 법률 제7427호로 개정된 민법 제847조 제1항은 '친생부인의 사유가 있음을 안 날'을 제척기간의 기산점으로 삼음으로써 부(夫)가 혈연관계의 진실을 인식할 때까지 기간의 진행을 유보하고, '그로부터 2년'을 제척기간으로 삼음으로써 부(夫)의 친생부인의 기회를 실질적으로 보장하고 있다. 또한 2년이란 기간은 자녀의 불안정한 지위를 장기간 방치하지 않기 위한 것으로서 지나치게 짧다고 볼 수 없다.

따라서 민법 제847조 제1항 중 "부(夫)가 그 사유가 있음을 안 날부터 2년 내" 부분은 친생부인의 소의 제척기간에 관한 입법재량의 한계를 일탈하지 않은 것으로서 헌법에 위반되지 아니한다(헌재 2015.3.26. 2012헌바357).

18   헌법재판   정답 ④

① [O] 재판관에게 공정한 심판을 기대하기 어려운 사정이 있는 경우 당사자는 기피신청을 할 수 있는데(헌법재판소법 제24조 제3항), 기피사유는 통상인의 판단으로 재판관과 사건과의 관계로 보아 불공정한 심판을 할 것이라는 의혹을 갖는 것이 합리적이라고 인정될 만큼 공정한 심판을 기대하기 어려운 객관적 사정이 있어야 하며, 불공정한 심판이 될 지도 모른다는 당사자의 주관적인 의혹만으로는 기피사유에 해당하지 않는다(헌재 2021.3.8. 2021헌사152).

② [O] 헌법재판소법 제41조 제1항 및 법 제68조 제2항 전문을 해석하면 위헌심판 제청신청은 당해 사건의 당사자만 할 수 있다고 봄이 상당하고, 형사재판의 경우 피고인이 아닌 고소인은 형사재판의 당사자라고 볼 수 없으므로, 위헌제청신청을 할 수 있는 자에 해당하지 않는다(헌재 2010.3.30. 2010헌바102).

③ [O] 헌법 제113조 제1항, 「헌법재판소법」 제23조 제2항에 대한 옳은 내용이다.

> **헌법 제113조** ① 헌법재판소에서 법률의 위헌결정, 탄핵의 결정, 정당해산의 결정 또는 헌법소원에 관한 인용결정을 할 때에는 재판관 6인 이상의 찬성이 있어야 한다.
>
> **「헌법재판소법」 제23조 【심판정족수】** ② 재판부는 종국심리에 관여한 재판관 과반수의 찬성으로 사건에 관한 결정을 한다. 다만, 다음 각 호의 어느 하나에 해당하는 경우에는 재판관 6명 이상의 찬성이 있어야 한다.
> 1. 법률의 위헌결정, 탄핵의 결정, 정당해산의 결정 또는 헌법소원에 관한 인용결정을 하는 경우
> 2. 종전에 헌법재판소가 판시한 헌법 또는 법률의 해석 적용에 관한 의견을 변경하는 경우

❹ [X] 결정일부터 14일 이내에 사실을 통지하여야 한다.

> **「헌법재판소법」 제73조 【각하 및 심판회부 결정의 통지】** ① 지정재판부는 헌법소원을 각하하거나 심판회부결정을 한 때에는 그 결정일부터 14일 이내에 청구인 또는 그 대리인 및 피청구인에게 그 사실을 통지하여야 한다.

19   위헌법률심판   정답 ④

① [X] 법률이 헌법에 위반되는지 여부가 재판의 전제가 된 경우에는 당해 사건을 담당하는 법원(군사법원을 포함한다)은 직권 또는 당사자의 신청에 의한 결정으로 헌법재판소에 위헌 여부 심판을 제청한다(「헌법재판소법」 제41조 제1항).

② [X] 피고인의 구속 여부 및 그 기간을 기재하여야 한다.

> **「헌법재판소 심판 규칙」 제54조 【제청서의 기재사항】** 제청서에는 법 제43조의 기재사항 외에 다음 각 호의 사항을 기재하여야 한다.
> 1. 당해사건이 형사사건인 경우 피고인의 구속 여부 및 그 기간

③ [X] 의견서를 제출할 수 있다.

> **「헌법재판소 심판 규칙」 제56조 【당해사건 참가인의 의견서 제출】** 당해 사건의 참가인은 헌법재판소에 법률이나 법률조항의 위헌 여부에 관한 의견서를 제출할 수 있다.

❹ [O] 「헌법재판소법」 제68조 제2항에 의한 헌법소원심판은 당해 사건 법원에 위헌제청신청을 하여 기각결정을 받은 법률조항에 대하여만 청구할 수 있는 것이 원칙이나, 위와 같은 절차를 거치지 않은 법률조항이라고 하더라도 당해 법원이 실질적으로 판단하였거나 명시적으로 위헌제청신청을 한 조항과 필연적 관계를 맺고 있어서 묵시적으로 판단한 것으로 볼 수 있는 경우에는 이러한 법률조항에 대한 심판청구도 예외적으로 허용된다.

20   영장주의   정답 ①

❶ [O] 관계공무원이 당해 게임물 등을 수거한 때에는 그 소유자 또는 점유자에게 수거증을 교부하도록 하고 있고, 수거 등 처분을 하는 관계공무원이나 협회 또는 단체의 임·직원은 그 권한을 표시하는 증표를 지니고 관계인에게 이를 제시하도록 하는 등의 절차적 요건을 규정하고 있으므로, 이 사건 법률조항이 적법절차의 원칙에 위배되는 것으로 보기도 어렵다(헌재 2002.10.31. 2000헌가12).

② [X] 헌법 제12조 제3항과는 달리 헌법 제16조 후문은 "주거에 대한 압수나 수색을 할 때에는 검사의 신청에 의하여 법관이 발부한 영장을 제시하여야 한다."라고 규정하고 있을 뿐 영장주의에 대한 예외를 명문화하고 있지 않으나, 헌법 제12조 제3항과 헌법 제16조의 관계, 주거 공간에 대한 긴급한 압수·수색의 필요성, 주거의 자유와 관련하여 영장주의를 선언하고 있는 헌법 제16조의 취지 등에 비추어 ㉠ 그 장소에 범죄혐의 등을 입증할 자료나 피의자가 존재할 개연성이 있고, ㉡ 사전에 영장을 발부받기 어려운 긴급한 사정이 있는 경우에는 제한적으로 영장주의의 예외를 허용할 수 있다고 보는 것이 타당하다(헌재 2018.4.26. 2015헌바370).

③ [X] 기지국수사는 통신비밀보호법이 정한 강제처분에 해당되므로 헌법상 영장주의가 적용된다. 헌법상 영장주의의 본질은 강제처분을 함에 있어 중립적인 법관이 구체적 판단을 거쳐야 한다는 점에 있는바, 이 사건 허가조항은 수사기관이 전기통신사업자에게 통신사실 확인자료 제공을 요청함에 있어 관할 지방법원 또는 지원의 허가를 받도록 규정하고 있으므로 헌법상 영장주의에 위배되지 아니한다(헌재 2018.6.28. 2012헌마538).

④ [X] 헌법 제12조 제3항의 영장주의는 법관이 발부한 영장에 의하지 아니하고는 수사에 필요한 강제처분을 하지 못한다는 원칙으로 소변을 받아 제출하도록 한 것은 교도소의 안전과 질서

유지를 위한 것으로 수사에 필요한 처분이 아닐 뿐만 아니라 검사대상자들의 협력이 필수적이어서 강제처분이라고 할 수도 없어 영장주의 원칙이 적용되지 않는다(헌재 2006.7.27. 2005헌마277).

21   무죄추정의 원칙   정답 ④

① [O] 무죄추정의 원칙은 증거법에 국한된 원칙이 아니라 수사절차에서 공판절차에 이르기까지 형사절차의 전 과정을 지배하는 지도 원리로서 인신의 구속 자체를 제한하는 원리로 작용한다(헌재 2003.11.27. 2002헌마193).

② [O] 구치소 등 수용시설 안에서는 재소자용 의류를 입더라도 일반인의 눈에 띄지 않고, 수사 또는 재판에서 변해(辯解) · 방어권을 행사하는데 지장을 주는 것도 아닌 반면에, 미결수용자에게 사복을 입도록 하면 의복의 수선이나 세탁 및 계절에 따라 의복을 바꾸는 과정에서 증거인멸 또는 도주를 기도하거나 흉기, 담배, 약품 등 소지금지품이 반입될 염려 등이 있으므로 미결수용자에게 시설 안에서 재소자용 의류를 입게 하는 것은 구금 목적의 달성, 시설의 규율과 안전유지를 위한 필요최소한의 제한으로서 정당성 · 합리성을 갖춘 재량의 범위 내의 조치이다(헌재 1999.5.27. 97헌마137).

③ [O] 교도소에 수용된 때에는 국민건강보험급여를 정지하도록 한 국민건강보험법 제54조 제4호는 수용자에게 불이익을 주기 위한 것이 아니라, 국가의 보호, 감독을 받는 수용자의 질병치료를 국가가 부담하는 것을 전제로 수용자에 대한 의료보장제도를 합리적으로 운영하기 위한 것이므로 입법목적의 정당성을 갖고 있다. … 헌법 제27조 제4항의 무죄추정이란 유죄의 확정판결 전에 죄있는 자에 준하여 취급하는 불이익을 금하는 것을 말하고, 여기서의 불이익이란 죄있는 자에 준하는 취급을 함으로써 법률적, 사실적 측면에서 사회생활에 유형, 무형의 불이익과 불편을 주는 것을 말한다. 그런데 위에서 본 바와 같이 이 사건 규정은 수용자의 의료보장체계를 일원화하고 수입원이 차단된 수용자의 건강보험료 납입부담을 면제하기 위한 입법 정책적 판단에 기인한 것이지 유죄의 확정 판결이 있기 전에 재소자라는 이유로 어떤 불이익을 주기 위한 것이 아님이 분명하다. 따라서 이 사건 규정은 무죄추정의 원칙에 위반된다고 할 수 없다(헌재 2005.2.24. 2003헌마31).

❹ [X] 헌법상 무죄추정의 원칙에 따라, 유죄판결이 확정되기 전에 피의자 또는 피고인을 죄 있는 자에 준하여 취급함으로써 법률적 · 사실적 측면에서 유형 · 무형의 불이익을 주어서는 아니된다. 특히 미결구금은 신체의 자유를 침해받는 피의자 또는 피고인의 입장에서 보면 실질적으로 자유형의 집행과 다를 바 없으므로, 인권보호 및 공평의 원칙상 형기에 전부 산입되어야 한다. 그러나 형법 제57조 제1항 중 "또는 일부" 부분은 미결구금의 이러한 본질을 충실히 고려하지 못하고 법관으로 하여금 미결구금일수 중 일부를 형기에 산입하지 않을 수 있게 허용하였는바, 이는 헌법상 무죄추정의 원칙 및 적법절차의 원칙 등을 위배하여 합리성과 정당성 없이 신체의 자유를 지나치게 제한함으로써 헌법에 위반된다고 할 것이다(헌재 2009.6.25. 2007헌바25).

22   선거제도, 선거운동   정답 ③

① [O] 다른 나라의 입법례를 보더라도, 심판대상조항들과 같이 언론인의 선거운동을 전면적으로 제한하고 위반시 처벌하는 제도는 찾아보기 어렵다. 언론기관의 공정보도의무를 부과하고, 언론매체를 통한 활동의 측면에서 선거의 공정성을 해할 수 있는 행위에 대하여는 언론매체를 이용한 보도 · 논평, 언론 내부 구성원에 대한 행위, 외부의 특정후보자에 대한 행위 등 다양한 관점에서 이미 충분히 규제하고 있으므로 침해의 최소성 원칙에 위반된다. 심판대상조항들은 개인의 기본권을 중대하게 제한하는 것이고, 공익의 확보에 추가적으로 기여하는 바는 미미하다는 점에서 법익의 균형성을 충족하지 못한다. 심판대상조항들은 선거운동의 자유를 침해한다(헌재 2016.6.30. 2013헌가1).

② [O] 이 사건 사과문 게재 조항은 정기간행물 등을 발행하는 언론사가 보도한 선거기사의 내용이 공정하지 아니하다고 인정되는 경우 선거기사심의위원회의 사과문 게재 결정을 통하여 해당 언론사로 하여금 그 잘못을 인정하고 용서를 구하게 하고 있다. 이는 언론사 스스로 인정하거나 형성하지 아니한 윤리적 · 도의적 판단의 표시를 강제하는 것으로서 언론사가 가지는 인격권을 제한하는 정도가 매우 크다. 더욱이 이 사건 처벌 조항은 형사처벌을 통하여 그 실효성을 담보하고 있다. 그런데 공직선거법에 따르면, 언론사가 불공정한 선거기사를 보도하는 경우 선거기사심의위원회는 사과문 게재 명령 외에도 정정보도문의 게재 명령을 할 수 있다. 또한 해당 언론사가 '공정보도의무를 위반하였다는 결정을 선거기사심의위원회로부터 받았다는 사실을 공표'하도록 하는 방안, 사과의 의사표시가 필요한 경우에도 사과의 '권고'를 하는 방법을 상정할 수 있다. 나아가, 이 사건 법률조항들이 추구하는 목적, 즉 선거기사를 보도하는 언론사의 공적인 책임의식을 높임으로써 민주적이고 공정한 여론 형성 등에 이바지한다는 공익이 중요하다는 점에는 이론의 여지가 없으나, 언론에 대한 신뢰가 무엇보다 중요한 언론사에 대하여 그 사회적 신용이나 명예를 저하시키고 인격의 자유로운 발현을 저해함에 따라 발생하는 인격권 침해의 정도는 이 사건 법률조항들이 달성하려는 공익에 비해 결코 작다고 할 수 없다. 결국 이 사건 법률조항들은 언론사의 인격권을 침해하여 헌법에 위반된다(헌재 2015.7.30. 2013헌가8).

❸ [X] 이 사건 중증장애인 후보자는 일상생활에서와 같이 선거운동에 있어서도 활동보조인의 도움이 필수적이고, 이러한 활동보조인은 거동이 불편한 중증장애인 후보자의 손발이 되어 비장애인 후보자라면 직접 할 수 있는 행위, 즉 중증장애인 후보자의 물리적인 활동의 보조에 그 역할이 국한된다 할 것이므로, 활동보조인과 선거사무원은 그 역할과 기능이 본질적으로 달라서 공직선거법 제62조 제2항 제4호 및 제7호상의 선거사무원에 활동보조인이 포함될 수 없음이 명백하고, 따라서 위 법률조항이 중증장애인 후보자의 경우에도 비장애인 후보자들과 동일하게 선거사무원의 수를 제한한다고 하여 이 사건 중증장애인 후보자인 청구인들의 평등권 등 기본권을 침해할 가능성이 없다(헌재 2009.2.26. 2006헌마626).

④ [O] 기부행위금지조항의 '후보자가 되고자 하는 자'는 당사자의 주관에 의해서만 판단하는 것이 아니라 후보자 의사를 인정할 수 있는 객관적 징표 등을 고려하여 그 해당 여부를 판단하고 있으며, 문제되는 당해 선거를 기준으로 하여 기부 당시 후보자가 되려는 의사를 인정할 수 있는 객관적 징표를 고려하여

판단하면 되므로, 기부행위금지조항은 명확성원칙에 위반되지 아니한다. 기부행위가 금지되는 시기와 대상자는 한정되어 있고, 관련규정에 따라 기부행위가 허용되는 예외도 인정되고 있으며, 그러한 예외에 해당되지 않더라도 사회상규에 위배되지 않는 경우 법원에서 위법성이 조각될 수 있으므로, 기부행위금지조항은 과잉금지원칙에 반하여 선거운동의 자유를 침해하지 아니한다(헌재 2021.8.31. 2018헌바149).

---

23 변호인의 조력을 받을 권리 정답 ②

① [O] 헌법 제12조 제4항 본문의 문언 및 헌법 제12조의 조문 체계, 변호인 조력권의 속성, 헌법이 신체의 자유를 보장하는 취지를 종합하여 보면 헌법 제12조 제4항 본문에 규정된 "구속"은 사법절차에서 이루어진 구속뿐 아니라, 행정절차에서 이루어진 구속까지 포함하는 개념이다. 따라서 헌법 제12조 제4항 본문에 규정된 변호인의 조력을 받을 권리는 행정절차에서 구속을 당한 사람에게도 즉시 보장된다(헌재 2018.5.31. 2014헌마346).

❷ [×] 이 사건 변호인 접견신청 거부는 현행법상 아무런 법률상 근거가 없이 청구인의 변호인의 조력을 받을 권리를 제한한 것이므로, 청구인의 변호인의 조력을 받을 권리를 침해한 것이다. 또한 청구인에게 변호인 접견신청을 허용한다고 하여 국가안전보장, 질서유지, 공공복리에 어떠한 장애가 생긴다고 보기는 어렵고, 필요한 최소한의 범위 내에서 접견 장소 등을 제한하는 방법을 취한다면 국가안전보장이나 환승구역의 질서유지 등에 별다른 지장을 주지 않으면서도 청구인의 변호인 접견권을 제대로 보장할 수 있다. 따라서 이 사건 변호인 접견신청 거부는 국가안전보장이나 질서유지, 공공복리를 위해 필요한 기본권 제한조치로 볼 수도 없다(헌재 2018.5.31. 2014헌마346). 즉, 변호인 접견신청 거부는 청구인의 변호인의 조력을 받을 권리를 침해하므로 헌법에 위반된다.

③ [O] 헌법 제12조 제4항 본문은 체포 또는 구속을 당한 때에 "즉시" 변호인의 조력을 받을 권리를 가진다고 규정함으로써 변호인이 선임되기 이전에도 피의자 등에게 변호인의 조력을 받을 권리가 있음을 분명히 하고 있다. 이와 같이 아직 변호인을 선임하지 않은 피의자 등의 변호인 조력을 받을 권리는 변호인 선임을 통하여 구체화되는데, 피의자 등의 변호인선임권은 변호인의 조력을 받을 권리의 출발점이자 가장 기초적인 구성부분으로서 법률로써도 제한할 수 없는 권리이다(헌재 2004.9.23. 2000헌마138).

④ [O] 변호인 선임을 위하여 피의자·피고인(이하 '피의자 등'이라한다)이 가지는 '변호인이 되려는 자'와의 접견교통권은 헌법상 기본권으로 보호되어야 하고, '변호인이 되려는 자'의 접견교통권은 피의자 등을 조력하기 위한 핵심적인 부분으로서, 피의자 등이 가지는 헌법상의 기본권인 '변호인이 되려는 자'와의 접견교통권과 표리의 관계에 있다. 따라서 피의자 등이 가지는 '변호인이 되려는 자'의 조력을 받을 권리가 실질적으로 확보되기 위해서는 '변호인이 되려는 자'의 접견교통권 역시 헌법상 기본권으로서 보장되어야 한다(헌재 2019.2.28. 2015헌마1204).

---

24 재판청구권 정답 ③

① [O] 재판 당사자가 재판에 참석하는 것은 재판청구권 행사의 기본적 내용이라고 할 것이므로 수형자도 형의 집행과 도망의 방지라는 구금의 목적을 반하지 않는 범위에서는 재판청구권이 보장되어야 한다(헌재 2012.3.29. 2010헌마475).

② [O] 이 사건 영장절차조항은 과잉금지원칙을 위반하여 청구인들의 재판청구권을 침해한다.

> 이 사건 영장절차조항은 이와 같이 신체의 자유를 제한하는 디엔에이감식시료 채취과정에서 중립적인 법관이 구체적 판단을 거쳐 발부한 영장에 의하도록 함으로써 법관의 사법적 통제가 가능하도록 한 것이므로, 그 목적의 정당성 및 수단의 적합성은 인정된다. 디엔에이감식시료채취영장 발부 여부는 채취대상자에게 자신의 디엔에이감식시료가 강제로 채취당하고 그 정보가 영구히 보관·관리됨으로써 자신의 신체의 자유, 개인정보자기결정권 등의 기본권이 제한될 것인지 여부가 결정되는 중대한 문제이다. 그럼에도 불구하고 이 사건 영장절차조항은 채취대상자에게 디엔에이감식시료채취영장 발부과정에서 자신의 의견을 진술할 수 있는 기회를 절차적으로 보장하고 있지 않을 뿐만 아니라, 발부 후 그 영장 발부에 대하여 불복할 수 있는 기회를 주거나 채취행위의 위법성 확인을 청구할 수 있도록 하는 구제절차마저 마련하고 있지 않다. 위와 같은 입법상의 불비가 있는 이 사건 영장절차 조항은 채취대상자인 청구인들의 재판청구권을 과도하게 제한하므로, 침해의 최소성 원칙에 위반된다. 이 사건 영장절차조항에 따라 발부된 영장에 의하여 디엔에이신원확인정보를 확보할 수 있고, 이로써 장래 범죄수사 및 범죄예방 등에 기여하는 공익적 측면이 있으나, 이 사건 영장절차조항의 불완전·불충분한 입법으로 인하여 채취대상자의 재판청구권이 형해화되고 채취대상자가 범죄수사 및 범죄예방의 객체로만 취급받게 된다는 점에서, 양자 사이에 법익의 균형성이 인정된다고 볼 수도 없다. 따라서 이 사건 영장절차조항은 과잉금지원칙을 위반하여 청구인들의 재판청구권을 침해한다(헌재 2018.8.30. 2016헌마344).

❸ [×] '민사재판 등 소송 수용자 출정비용 징수에 관한 지침'(이하 '이 사건 지침'이라 한다) 제4조 제3항에 의하면, 수형자가 출정비용을 납부하지 않고 출정을 희망하는 경우에는 소장은 수형자를 출정시키되, 사후적으로 출정비용 상환청구권을 자동채권으로, 영치금 반환채권을 수동채권으로 하여 상계함을 통지함으로써 상계하여야 한다고 규정되어 있으므로, 교도소장은 수형자가 출정비용을 예납하지 않았거나 영치금과의 상계에 동의하지 않았다고 하더라도, 우선 수형자를 출정시키고 사후에 출정비용을 받거나 영치금과의 상계를 통하여 출정비용을 회수하여야 하는 것이지, 이러한 이유로 수형자의 출정을 제한할 수 있는 것은 아니다. 그러므로 피청구인이, 청구인이 출정하기 이전에 여비를 납부하지 않았거나 출정비용과 영치금과의 상계에 미리 동의하지 않았다는 이유로 이 사건 출정제한행위를 한 것은, 피청구인에 대한 업무처리지침 내지 사무처리준칙인 이 사건 지침을 위반하여 청구인이 직접 재판에 출석하여 변론할 권리를 침해함으로써, 형벌의 집행을 위하여 필요한 한도를 벗어나서 청구인의 재판청구권을 과도하게 침해하였다고 할 것이다(헌재 2012.3.29. 2010헌마475).

④ [O] 소액사건은 소액사건심판법이 절차의 신속성과 경제성에 중점을 두어 규정한 심리절차의 특칙에 따라 소송당사자가 소송절차를 남용할 가능성이 다른 민사사건에 비하여 크다고 할 수

있는바, 심판대상조항은 소액사건에서 남소를 방지하고 이러한 소송을 신속히 종결하고자 필요적 변론 원칙의 예외를 규정하였다. 심판대상조항에 의하더라도 남소로 판단되는 사건의 구두변론만이 제한될 뿐 준비서면, 각종 증거방법을 제출할 권리가 제한되는 것은 아니고 법관에 의한 서면심리가 보장되며 구두변론을 거칠 것인지 여부를 법원의 판단에 맡기고 있으므로 심판대상조항이 재판청구권의 본질적 내용을 침해한다고 볼 수 없다. 심판대상조항은 입법자가 민사재판 절차에서 요구되는 이상인 적정·공평·신속·경제라는 법익과 사법자원의 적정한 배분 등 여러 법익을 두루 형량하여 구두변론원칙의 예외를 규정한 것이고, 이러한 법익 형량이 자의적이거나 현저하게 불합리하다고 볼 수 없으므로 청구인들의 재판청구권을 침해하거나 평등원칙에 위배된다고 볼 수 없다(헌재 2021.6.24. 2019헌바133·170).

25 기본권의 제한과 한계 정답 ④

① [O] 사업장 변경허가 기간을 제한하는 것은 청구인의 근로의 권리를 제한하는 것이 아니라 직업의 자유 중 직장 선택의 자유를 제한하는 것이며, 보호영역으로서 '직업'이 문제되는 경우 행복추구권과 직업의 자유는 서로 일반특별관계에 있어 기본권의 내용상 특별성을 갖는 직업의 자유 침해 여부가 우선하여 행복추구권 관련 위헌 여부의 심사는 배제되어야 하므로(헌재 2007.5.31. 2007헌바3), 근로의 권리 및 행복추구권(일반적 행동의 자유)의 침해 여부에 대하여는 판단하지 아니한다(헌재 2011.9.29. 2009헌마351).

② [O] 심판대상조항은 의료인의 의료기관 중복 개설을 허용할 경우 예상되는 폐해를 미리 방지하여 건전한 의료질서를 확립하고 궁극적으로는 국민의 건강을 보호·증진하기 위한 것으로 입법목적의 정당성이 인정된다. 의료인의 의료기관 중복 개설을 허용할 경우, 의료인의 역량이 분산되거나, 비의료인으로 하여금 의료행위를 하도록 하는 등 위법행위에 대한 유인이 증가할 우려가 있고, 국민의 생명·신체에 대한 위험이나 보건위생상 위해를 초래할 수 있다. 또한, 영리 추구가 의료의 주된 목적이 될 경우 의료서비스 수급의 불균형, 의료시장의 독과점 등 부작용이 발생할 우려가 있는바, 이를 사전에 방지할 필요가 있다. 일정 기간의 의료업 정지나 중복 개설된 의료기관에 대한 폐쇄명령 등의 조치만으로 실효적인 제재가 된다고 단정하기 어렵고, 심판대상조항 중 처벌조항에 규정된 법정형은 5년 이하 징역이나 5천만원 이하 벌금으로 하한이 없어 행위자의 책임에 비례하는 형벌을 부과할 수 있다. 건전한 의료질서를 확립하고 국민 건강을 보호·증진하고자 하는 공익이 의료기관 중복개설 금지로 인하여 청구인이 입게 되는 불이익에 비하여 중대하다. 따라서 심판대상조항이 의료인의 직업수행의 자유를 침해한다고 볼 수 없다(헌재 2021.6.24. 2019헌바342).

③ [O] 입법자는 공익실현을 위하여 기본권을 제한하는 경우에도 입법목적을 실현하기에 적합한 여러 수단 중에서 되도록 국민의 기본권을 가장 존중하고 기본권을 최소로 침해하는 수단을 선택해야 한다. 기본권을 제한하는 규정은 기본권행사의 '방법'에 관한 규정과 기본권행사의 '여부'에 관한 규정으로 구분할 수 있다. 침해의 최소성의 관점에서, 입법자는 그가 의도하는 공익을 달성하기 위하여 우선 기본권을 보다 적게 제한하는 단계인 기본권행사의 '방법'에 관한 규제로써 공익을 실현할

수 있는가를 시도하고 이러한 방법으로는 공익달성이 어렵다고 판단되는 경우에 비로소 그 다음 단계인 기본권행사의 '여부'에 관한 규제를 선택해야 한다(헌재 1998.5.28. 96헌가5).

❹ [X] 이 사건 법률조항들의 입법목적을 달성하기 위하여 직무정지라는 불이익을 가한다고 하더라도 그 사유는 형이 확정될 때까지 기다릴 수 없을 정도로 조합장 직무의 원활한 운영에 대한 '구체적인' 위험을 야기할 것이 명백히 예상되는 범죄 등으로 한정되어야 한다. 그런데 이 사건 법률조항들은 조합장이 범한 범죄가 조합장에 선출되는 과정에서 또는 선출된 이후 직무와 관련하여 발생하였는지 여부, 고의범인지 과실범인지 여부, 범죄의 유형과 죄질이 조합장의 직무를 수행할 수 없을 정도로 공공의 신뢰를 중차대하게 훼손하는지 여부 등을 고려하지 아니하고, 단순히 금고 이상의 형을 선고받은 모든 범죄로 그 적용대상을 무한정 확대함으로써 기본권의 최소 침해성 원칙을 위반하였다. 또한 이 사건 법률조항들에 의하여 달성하려는 공익은 모호한 반면에, 금고 이상의 형이 선고되었다는 이유만으로 형의 확정이라는 불확정한 시기까지 직무수행을 정지 당하는 조합장의 불이익은 실질적이고 현존하는 기본권침해로서 위와 같은 공익보다 결코 작다고 할 수 없으므로 이 사건 법률조항들은 법익균형성 요건도 충족하지 못하였다. 따라서 이 사건 법률조항들은 과잉금지원칙에 위반하여 청구인들의 직업수행의 자유를 침해한다(헌재 2013.8.29. 2010헌마562 등).

정답

p.48

01	④	IV	06	②	IV	11	③	II	16	②	II	21	③	III
02	④	II	07	①	III	12	①	III	17	②	II	22	②	II
03	④	I	08	②	IV	13	①	IV	18	②	II	23	④	III
04	④	IV	09	①	II	14	②	II	19	①	II	24	②	I
05	③	II	10	③	II	15	②	II	20	②	IV	25	①	II

취약 단원 분석표

단원	맞힌 답의 개수
I	/ 2
II	/ 13
III	/ 5
IV	/ 5
TOTAL	/ 25

I 헌법총론 / II 기본권론 / III 통치구조론 / IV 헌법재판론

---

01 헌법재판   정답 ④

옳은 것은 4개(ㄱ, ㄴ, ㄷ, ㄹ)이다.

ㄱ. [O] 「헌법재판소법」 제36조에 대한 옳은 내용이다.

> **제36조【종국결정】** ② 종국결정을 할 때에는 다음 각 호의 사항을 적은 결정서를 작성하고 심판에 관여한 재판관 전원이 이에 서명날인하여야 한다.

ㄴ. [O] 진정입법부작위는 입법권의 불행사, 즉 법률의 부존재가 문제되는 경우이므로 위헌법률심판의 대상이 되지 않고, 부진정입법부작위의 경우에는 입법의 결과가 불완전·불충분하여 문제되는 경우이므로 불완전한 법률조항 자체가 위헌심사의 대상이 된다.

ㄷ. [O] 법률이 헌법에 위반되는 경우 헌법의 규범성을 보장하기 위하여 원칙적으로 그 법률에 대하여 위헌결정을 하여야 하는 것이지만, 위헌결정을 통하여 법률조항을 법질서에서 제거하는 것이 법적 공백이나 혼란을 초래할 우려가 있는 경우에는 위헌조항의 잠정적 적용을 명하는 헌법불합치결정을 할 수 있다(헌재 2005.4.28. 2003헌바40).

ㄹ. [O] 어떠한 법률조항에 대하여 헌법재판소가 헌법불합치결정을 하여 입법자에게 그 법률조항을 합헌적으로 개정 또는 폐지하는 임무를 입법자의 형성 재량에 맡긴 이상 그 개선입법의 소급적용 여부와 소급적용의 범위는 원칙적으로 입법자의 재량에 달린 것이기는 하지만, 헌법재판소가 1998.8.27. 96헌가22 등 사건에서 2002.1.14. 법률 제6591호로 개정되기 전 민법 제1026조 제2호에 대하여 한 헌법불합치결정의 취지나 위헌심판에서의 구체적 규범통제의 실효성 보장이라는 측면을 고려할 때 적어도 위 헌법불합치결정을 하게 된 당해사건 및 위 헌법불합치결정 당시에 개정 전 민법 제1026조 제2호의 위헌 여부가 쟁점이 되어 법원에 계속 중인 사건에 대하여는 위 헌법불합치결정의 소급효가 미친다고 하여야 할 것이므로 비록 개정 민법 부칙 제3항의 경과조치의 적용 범위에 이들 사건이 포함되어 있지 않더라도 이들 사건에 관하여는 종전의 법률조항을 그대로 적용할 수는 없고, 위헌성이 제거된 개정 민법의 규정이 적용되는 것으로 보아야 할 것이다(대판 2002.4.2. 99다3358).

---

02 기본권의 주체   정답 ④

① [O] 직업의 자유 중 이 사건에서 문제되는 직장 선택의 자유는 인간의 존엄과 가치 및 행복추구권과도 밀접한 관련을 가지는 만큼 단순히 국민의 권리가 아닌 인간의 권리로 보아야 할 것이므로 외국인도 제한적으로라도 직장 선택의 자유를 향유할 수 있다고 보아야 한다. 청구인들이 이미 적법하게 고용허가를 받아 적법하게 우리나라에 입국하여 우리나라에서 일정한 생활관계를 형성, 유지하는 등 우리 사회에서 정당한 노동인력으로서의 지위를 부여받은 상황임을 전제로 하는 이상, 이 사건 청구인들에게 직장 선택의 자유에 대한 기본권 주체성을 인정할 수 있다 할 것이다(헌재 2011.9.29. 2007헌마1083).

② [O] 초기배아는 수정이 된 배아라는 점에서 형성 중인 생명의 첫 걸음을 떼었다고 볼 여지가 있기는 하나 아직 모체에 착상되거나 원시선이 나타나지 않은 이상 현재의 자연과학적 인식 수준에서 독립된 인간과 배아 간의 개체적 연속성을 확정하기 어렵다고 봄이 일반적이라는 점, 배아의 경우 현재의 과학기술 수준에서 모태 속에서 수용될 때 비로소 독립적인 인간으로의 성장가능성을 기대할 수 있다는 점, 수정 후 착상 전의 배아가 인간으로 인식된다거나 그와 같이 취급하여야 할 필요성이 있다는 사회적 승인이 존재한다고 보기 어려운 점 등을 종합적으로 고려할 때, 기본권 주체성을 인정하기 어렵다(헌재 2010.5.27. 2005헌마346).

③ [O] 생명·신체의 안전에 관한 권리는 자연인의 권리이기 때문에 정당 같은 법인격 없는 사단은 향유주체가 될 수 없다.

❹ [X] 이 법은 외국인이 구조피해자이거나 유족인 경우에는 해당 국가의 상호보증이 있는 경우에만 적용한다(「범죄피해자 보호법」 제23조).

---

03 국적법   정답 ④

① [X] 심판대상조항은 단지 복수국적자 개인에게 병역의무 이행을 관철하려는 조항이 아니라, '국적이탈을 통한 병역기피'를 제도적으로 차단하여 병역의무의 공평한 분담에 대한 국민적 신뢰를 쌓으려는 조항이다. 따라서 복수국적자가 병역법상 국외여행허가 등의 제도를 통해 계속 외국에 머무르며 징집을 면

할 수 있더라도, 여전히 그는 병역의무 자체를 면탈할 수가 없으므로, 심판대상조항에 의해 국적이탈을 병역기피에 악용하지 못하도록 차단하여 병역의무의 공평한 분담과 그에 대한 국민적 신뢰를 확보한다는 입법목적은 충실히 달성될 수 있다. 심판대상조항으로 제한받는 사익은 '직계존속의 영주목적 없는 국외출생자'가 국적이탈을 하려는 경우 모든 대한민국 남성에게 두루 부여된 병역의무를 해소하도록 요구받는 것에 지나지 않는 반면, 심판대상조항이 달성하려는 공익은 대한민국이 국가 공동체로서 존립하기 위해 공평한 병역분담에 대한 국민적 신뢰를 보호하여 국방역량이 훼손되지 않도록 하려는 것이므로 매우 중요한 국익이다. 따라서 심판대상조항은 과잉금지원칙에 위배되어 국적이탈의 자유를 침해하지 않는다(헌재 2023.2.23. 2019헌바462).

② [×] 국적의 재취득은 법무부장관의 허가가 아니라 신고함으로써 대한민국 국적을 취득한다.

> **「국적법」 제11조【국적의 재취득】** ① 제10조 제3항에 따라 대한민국 국적을 상실한 자가 그 후 1년 내에 그 외국 국적을 포기하면 법무부장관에게 신고함으로써 대한민국 국적을 재취득할 수 있다.

③ [×] 일반적으로 국적제도의 운영에 있어서는 복수국적자의 위와 같은 행동을 억지할 필요가 있는바, 외국에 생활근거 없는 자에 대한 국적이탈 제한은 유럽국적협약(European Convention on Nationality) 등 여러 해외입법례에서 복수국적자의 기회주의적 국적이탈을 방지하기 위한 규제방식으로 널리 채택되어 왔으므로, 심판대상조항이 그 자체로 과도한 제한이라고 단정하기는 어렵다. 우리 국적법은 복수국적을 예외적인 경우에만 허용하고 있으므로, 외국 국적을 자진하여 취득한 자는 예외적인 경우가 아니면 대한민국 국적을 자동 상실한다. 결국 심판대상조항의 적용대상은 내국인이 이민 등 목적으로 외국 국적을 자진취득한 경우가 아니라, 각국 국적법에 따라 선천적으로 복수국적자가 되었을 뿐인 사람이 외국에 주소가 없는 경우가 대부분이다. 그렇다면 주로 국내에서만 생활하며 대한민국과 유대관계를 형성한 자가, 외국에 아무런 생활근거 없이 단지 법률상 외국 국적을 선천적으로 지니고 있다는 사정을 빌미로 국적을 이탈하려는 행위를 심판대상조항에 의해 제한받는다고 하여, 어떤 과도한 불이익이 발생한다고 보기도 어렵다. 따라서 심판대상조항은 과잉금지원칙에 위배되어 국적이탈의 자유를 침해하지 않는다(헌재 2023.2.23. 2020헌바603).

❹ [○] 「국적법」 제10조 제1항에 대한 옳은 내용이다.

> **제10조【국적 취득자의 외국 국적 포기 의무】** ① 대한민국 국적을 취득한 외국인으로서 외국 국적을 가지고 있는 자는 대한민국 국적을 취득한 날부터 1년 내에 그 외국 국적을 포기하여야 한다.

---

04 기본권   정답 ④

① [×] 청소년 성매수자의 일반적 인격권과 사생활의 비밀의 자유가 제한되는 정도가 청소년 성보호라는 공익적 요청에 비해 크다고 할 수 없으므로 결국 법 제20조 제2항 제1호의 신상공개는 해당 범죄인들의 일반적 인격권, 사생활의 비밀의 자유를

과잉금지의 원칙에 위배하여 침해한 것이라 할 수 없다(헌재 2003.6.26. 2002헌가14).

② [×] 부당한 보도에 의하여 피해를 입은 사람이 민법과 민사소송법에 정한 전통적인 일반원칙과 절차에 따라 명예훼손 등을 원인으로 하여 소로써 손해배상에 갈음하거나 또는 손해배상과 함께 명예회복에 적당한 처분을 구할 수는 있다(헌재 1991.9.16. 89헌마165).

③ [×] 예술표현의 자유는 창작한 예술품을 일반대중에게 전시·공연·보급할 수 있는 자유이다. 예술품보급의 자유와 관련해서 예술품보급을 목적으로 하는 예술출판자 등도 이러한 의미에서의 예술의 자유의 보호를 받는다고 하겠다. 따라서 비디오물을 포함하는 음반제작자도 이러한 의미에서의 예술표현의 자유를 향유한다고 할 것이다(헌재 1993.5.13. 91헌마17).

❹ [○] 치과의원의 치과전문의가 자신의 전문과목을 표시하는 경우 그 진료범위를 제한하여 현실적으로 전문과목의 표시를 매우 어렵게 하고 있는바, 이는 치과전문의 자격 자체의 의미를 현저히 감소시키고, 이로 인해 치과의원의 치과전문의들이 대부분 전문과목을 표시하지 않음에 따라 치과전문의 제도를 유명무실하게 만들 위험이 있다. 또한 치과전문의는 표시한 전문과목 이외의 다른 모든 전문과목에 해당하는 환자를 진료할 수 없게 되므로 기본권 제한의 정도가 매우 크다. 1차 의료기관의 전문과목 표시에 대해 불이익을 주어 치과 전문의들이 2차 의료기관에 근무하도록 유도하는 것은 적정한 치과 의료 전달체계의 정립을 위해 적절한 방안이 될 수 없다. 또한 심판대상조항은 자신의 전문과목 환자만 진료해도 충분한 수익을 올릴 수 있는 전문과목에의 편중현상을 심화시킬 수 있다. 따라서 심판대상조항은 수단의 적절성과 침해의 최소성을 갖추지 못하였다. 심판대상조항이 달성하고자 하는 적정한 치과 의료전달체계의 정립 및 치과전문의의 특정 전문과목에의 편중 방지라는 공익은 중요하나, 심판대상조항으로 그러한 공익이 얼마나 달성될 수 있을 것인지 의문인 반면, 치과의원의 치과전문의가 표시한 전문과목 이외의 영역에서 치과일반의로서의 진료도 전혀 하지 못하는 데서 오는 사적인 불이익은 매우 크므로, 심판대상조항은 과잉금지원칙에 위배되어 청구인들의 직업수행의 자유를 침해한다(헌재 2015.5.28. 2013헌마799).

---

05 언론·출판의 자유   정답 ③

① [○] 심판대상조항은 아동학대사건에 대한 보도를 전면적으로 금지하는 것이 아니고 아동학대행위자의 식별정보에 대한 보도를 금지하고 있을 뿐이다. 따라서 국민적 관심의 대상이 된 사건에서 재발 방지를 위한 보도의 필요성이 큰 경우라도, 익명화된 형태로 사건을 보도하는 방법을 통해 언론기능을 충실히 수행하는 동시에 국민의 알 권리도 충족시킬 수 있다. 심판대상조항에 의해 제한되는 사익은 아동학대행위자의 식별정보를 보도하는 자극적인 보도가 금지되는 것에 지나지 않는다. 반면 심판대상조항을 통해 보호하려는 아동의 건강한 성장이라는 공익은 매우 중요하다. 그렇다면 심판대상조항은 과잉금지원칙에 반하여 언론·출판의 자유와 국민의 알 권리를 침해하지 않는다(헌재 2022.10.27. 2021헌가4).

② [○] 이 사건 조례 제5조 제3항은 그 표현의 대상이 되는 학교 구성원의 존엄성을 보호하고, 학생이 민주시민으로서의 올바른 가치관을 형성하도록 하며 인권의식을 함양하게 하기 위한 것

으로 그 정당성이 인정되고, 수단의 적합성 역시 인정된다. 차별적 언사나 행동, 혐오적 표현은 개인이나 집단에 대한 혐오·적대감을 담고 있는 것으로, 그 자체로 상대인인 개인이나 소수자의 인간으로서의 존엄성을 침해하고, 특정 집단의 가치를 부정하므로, 이러한 차별·혐오표현이 금지되는 것은 헌법상 인간의 존엄성 보장 측면에서 긴요하다. … 이 사건 조례 제5조 제3항은 과잉금지원칙에 위배되어 학교 구성원인 청구인들의 표현의 자유를 침해하지 아니한다(헌재 2019.11.28. 2017헌마1356).

❸ [×] 옥외광고물 등 관리법 제3조는 일정한 지역·장소 및 물건에 광고물 또는 게시시설을 표시하거나 설치하는 경우에 그 광고물 등의 종류·모양·크기·색깔, 표시 또는 설치의 방법 및 기간 등을 규제하고 있을 뿐, 광고물 등의 내용을 심사·선별하여 광고물을 사전에 통제하려는 제도가 아님은 명백하므로, 헌법 제21조 제2항이 정하는 사전허가·검열에 해당되지 아니한다(헌재 1998.2.27. 96헌바2).

④ [○] 일간신문이 뉴스통신이나 방송사업과 같은 이종 미디어를 겸영하는 것을 어떻게 규율할 것인가 하는 것은 고도의 정책적 접근과 판단이 필요한 분야로서, 겸영금지의 규제정책을 지속할 것인지, 지속한다면 어느 정도로 규제할 것인지의 문제는 입법자의 미디어정책적 판단에 맡겨져 있다. 신문법 제15조 제2항은 신문의 다양성을 보장하기 위하여 필요한 한도 내에서 그 규제의 대상과 정도를 선별하여 제한적으로 규제하고 있다고 볼 수 있다. 규제 대상을 일간신문으로 한정하고 있고, 겸영에 해당하지 않는 행위, 즉 하나의 일간신문법인이 복수의 일간신문을 발행하는 것 등은 허용되며, 종합편성이나 보도전문편성이 아니어서 신문의 기능과 중복될 염려가 없는 방송채널사용사업이나 종합유선방송사업, 위성방송사업 등을 겸영하는 것도 가능하므로 신문법 제15조 제2항은 헌법에 위반되지 아니한다(헌재 2006.6.29. 2005헌마165·314·555·807).

06   헌법소원심판   정답 ②

① [○] 사이버대학은 사립학교법 및 고등교육법을 근거로 설립된 교육시설에 불과하여 헌법소원심판을 제기할 청구인능력이 없다(헌재 2016.10.27. 2014헌마1037).

❷ [×] 국방부장관 등의 '군내 불온서적 차단대책 강구 지시'는 그 지시를 받은 하급 부대장이 일반 장병을 대상으로 하여 그에 따른 구체적인 집행행위를 함으로써 비로소 청구인들을 비롯한 일반 장병의 기본권 제한의 효과가 발생한다 할 것이므로 직접적인 공권력 행사라고 볼 수 없다. 따라서 위 법률조항 및 지시는 기본권 침해의 직접성이 인정되지 아니한다(헌재 2010.10.28. 2008헌마638).

③ [○] 행정규칙이 법령의 직접적 위임에 따라 수임행정기관이 그 법령을 시행하는데 필요한 구체적 사항을 정한 것이면, 그 제정형식은 비록 법규명령이 아닌 고시·훈령·예규 등과 같은 행정규칙이더라도 그것이 상위법령의 위임한계를 벗어나지 않는 한 상위법령과 결합하여 대외적인 구속력을 갖는 법규명령으로서 기능하게 된다고 보아야 할 것인바, 헌법소원의 청구인이 법령과 예규의 관계규정으로 말미암아 직접 기본권을 침해받았다면 이에 대하여 헌법소원을 청구할 수 있다(헌재 2000.7.20. 99헌마455).

④ [○] 공권력의 행사 또는 불행사의 직접적인 상대방이 아닌 제3자로서 공권력의 작용에 대하여 직접적·법률적 이해관계가 아니라 단순히 간접적·사실적 또는 경제적인 이해관계가 있을 뿐인 자는 "공권력의 행사 또는 불행사로 인하여 기본권의 침해를 받은 자"에 해당되지 않으므로, 신문의 독자들이 정간법 제2조 제6호로 인하여 정치에 관한 정보를 특수주간신문에서 얻을 수 없다는 불이익을 당한다고 할지라도, 헌법소원심판을 구할 자기관련성이 없다(헌재 1997.10.30. 95헌마124).

07   국정감사, 국정조사   정답 ①

❶ [×] 국회는 국정전반에 관하여 소관 상임위원회별로 매년 정기회 집회일 이전에 국정감사 시작일부터 30일 이내의 기간을 정하여 감사를 실시한다. 다만, 본회의 의결로 정기회 기간 중에 감사를 실시할 수 있다(「국정감사 및 조사에 관한 법률」 제2조 제1항).

② [○] 국정감사의 대상기관은 본회의가 특히 필요하다고 의결한 경우로 한정한다.

> 「국정감사 및 조사에 관한 법률」 제7조 【감사의 대상】 감사의 대상기관은 다음 각 호와 같다.
> 1. 「정부조직법」, 그 밖의 법률에 따라 설치된 국가기관
> 2. 지방자치단체 중 특별시·광역시·도. 다만, 그 감사범위는 국가위임사무나 국가가 보조금 등 예산을 지원하는 사업으로 한다.
> 3. 「공공기관의 운영에 관한 법률」 제4조에 따른 공공기관, 한국은행, 농업협동조합중앙회, 수산업협동조합중앙회
> 4. 제1호부터 제3호까지 외의 지방행정기관, 지방자치단체, 「감사원법」에 따른 감사원의 감사대상기관. 이 경우 본회의가 특히 필요하다고 의결한 경우로 한정한다.

③ [○] 국정감사 또는 국정조사를 위한 증인에 관한 절차는 「국회에서의 증언·감정 등에 관한 법률」에서 정하는 바에 따른다.

> 「국정감사 및 조사에 관한 법률」 제10조 【감사 또는 조사의 방법】 ① 위원회, 제5조 제1항에 따른 소위원회 또는 반은 감사 또는 조사를 위하여 그 의결로 감사 또는 조사와 관련된 보고 또는 서류 등의 제출을 관계인 또는 그 밖의 기관에 요구하고, 증인·감정인·참고인의 출석을 요구하고 검증을 할 수 있다. 다만, 위원회가 감사 또는 조사와 관련된 서류 등의 제출 요구를 하는 경우에는 재적위원 3분의 1 이상의 요구로 할 수 있다.

④ [○] 「국정감사 및 조사에 관한 법률」 제15조에 대한 옳은 내용이다.

> 제15조 【감사 또는 조사 결과의 보고】 ① 감사 또는 조사를 마쳤을 때에는 위원회는 지체 없이 그 감사 또는 조사 보고서를 작성하여 의장에게 제출하여야 한다.
> ② 제1항의 보고서에는 증인 채택 현황 및 증인신문 결과를 포함한 감사 또는 조사의 경과와 결과 및 처리의견을 기재하고 그 중요근거서류를 첨부하여야 한다.
> ③ 제1항의 보고서를 제출받은 의장은 이를 지체 없이 본회의에 보고하여야 한다.
> ④ 의장은 위원회로 하여금 중간보고를 하게 할 수 있다.

08 재판의 전제성 정답 ②

① [O] 법원의 위헌여부심판제청에 있어서 위헌여부가 문제되는 법률 또는 법률조항이 재판의 전제성 요건을 갖추고 있는지 여부는, 되도록 제청법원의 이에 관한 법률적 견해를 존중해야 할 것이며, 다만 그 전제성에 관한 법률적 견해가 명백히 유지될 수 없을 때에만 헌법재판소가 그 제청을 부적법하다 하여 각하할 수 있다(헌재 1996.10.4. 96헌가6).

❷ [X] 제청 또는 청구된 법률조항이 법원의 당해 사건의 재판에 직접 적용되지는 않더라도 그 위헌 여부에 따라 당해사건의 재판에 직접 적용되는 법률조항의 위헌 여부가 결정되거나, 당해 재판의 결과가 좌우되는 경우 등과 같이 양 규범 사이에 내적 관련이 있는 경우에는 간접적용되는 법률규정에 대하여도 재판의 전제성을 인정할 수 있다(헌재 2001.10.25. 2000헌바5).

③ [O] 재판의 전제성에서 '재판'이라 함은 판결, 결정, 명령 등 그 형식 여하와 본안에 관한 재판이거나 소송절차에 관한 재판이거나를 불문하며, 심급을 종국적으로 종결시키는 종국재판뿐만 아니라 중간재판도 이에 포함된다.

④ [O] 공소장의 변경 없이 법원이 직권으로 공소장 기재와는 다른 법조를 적용할 수 있는 경우가 있으므로 공소장에 적시되지 않은 법률조항이라 하더라도 법원이 공소장변경 없이 실제 적용한 법률조항은 재판의 전제성이 인정되는 반면, 비록 공소장에 적시된 법률조항이라 하더라도 법원이 적용하지 않은 법률조항은 재판의 전제성이 부인되는 것이다(헌재 2002.4.25. 2001헌가27).

09 집회의 자유 정답 ①

❶ [O] 주최자는 신고한 옥외집회 또는 시위를 하지 아니하게 된 경우에는 신고서에 적힌 집회 일시 24시간 전에 그 철회사유 등을 적은 철회신고서를 관할경찰관서장에게 제출하여야 한다(「집회 및 시위에 관한 법률」 제6조 제3항).

② [X] 국회의사당 경계지점으로부터 100미터 이내의 장소에서 옥외집회 또는 시위를 전면금지하는 것은 집회의 자유를 침해한다(헌재 2018.5.31. 2013헌바322)[헌법불합치].

③ [X] 금지 통고를 받은 날부터 10일 이내에 해당 경찰관서의 바로 위의 상급경찰관서의 장에게 이의를 신청할 수 있다.

> **「집회 및 시위에 관한 법률」 제9조【집회 및 시위의 금지 통고에 대한 이의 신청 등】** ① 집회 또는 시위의 주최자는 제8조에 따른 금지 통고를 받은 날부터 10일 이내에 해당 경찰관서의 바로 위의 상급경찰관서의 장에게 이의를 신청할 수 있다.

④ [X] 서울남대문경찰서장은 옥외집회의 관리 책임을 맡고 있는 행정기관으로서 이미 접수된 청구인들의 옥외집회신고서에 대하여 법률상 근거 없이 이를 반려하였는바, 청구인들의 입장에서는 이 반려행위를 옥외집회신고에 대한 접수거부 또는 집회의 금지통고로 보지 않을 수 없었고, 그 결과 형사적 처벌이나 집회의 해산을 받지 않기 위하여 집회의 개최를 포기할 수밖에 없었다고 할 것이므로 서울남대문경찰서장의 이 사건 반려행위는 주무 행정기관에 의한 행위로서 기본권침해 가능성이 있는 공권력의 행사에 해당한다(헌재 2008.5.29. 2007헌마712).

10 변호사강제주의, 가처분 정답 ③

① [X] 각종 심판절차에서 당사자인 사인(私人)은 변호사를 대리인으로 선임하지 아니하면 심판청구를 하거나 심판 수행을 하지 못한다. 다만, 그가 변호사의 자격이 있는 경우에는 그러하지 아니하다(「헌법재판소법」 제25조 제3항). 헌법소원심판을 청구하려는 자가 변호사를 대리인으로 선임할 자력(資力)이 없는 경우에는 헌법재판소에 국선대리인을 선임하여 줄 것을 신청할 수 있다(「헌법재판소법」 제70조 제1항).

> 헌법재판소법 제25조 제3항에 의한 변호사강제주의의 규정은 여러 가지 헌법재판의 종류 가운데 사인이 당사자로 되는 심판청구인 탄핵심판청구와 헌법소원심판청구에 있어서 적용된다(헌재 1990.9.3. 89헌마120).

② [X] 헌법재판소법 제70조에서는 국선대리인제도를 두어 헌법소원심판청구에서 변호사를 대리인으로 선임할 자력이 없는 경우에는 당사자의 신청에 의하여 국고에서 그 보수를 지급하게 되는 국선대리인을 선정해 주도록 되어 있다. 따라서 무자력자의 헌법재판을 받을 권리를 크게 제한하는 것이라 하여도 이와 같이 국선대리인 제도라는 대상조치가 별도로 마련되어 있는 이상 그러한 제한을 두고 재판을 받을 권리의 본질적 내용의 침해라고는 볼 수 없을 것이다(헌재 2018.6.28. 2016헌마1151).

❸ [O] 「헌법재판소법」 제58조 제1항에 대한 옳은 내용이다.

> **제58조【청구 등의 통지】** ① 헌법재판소장은 정당해산심판의 청구가 있는 때, 가처분결정을 한 때 및 그 심판이 종료한 때에는 그 사실을 국회와 중앙선거관리위원회에 통지하여야 한다.

④ [X] 헌법재판소법은 정당해산심판, 권한쟁의심판의 절차에 명시적으로 가처분에 관한 규정을 두고 있지만, 헌법소원심판 절차의 경우에는 가처분에 관한 명문의 규정을 두고 있지 않다.

> ※ 그러나 "헌법재판소법은 명문의 규정을 두고 있지는 않으나, 같은 법 제68조 제1항 헌법소원심판절차에서도 가처분의 필요성이 있을 수 있고 또 이를 허용하지 아니할 상당한 이유를 찾아볼 수 없으므로, 가처분이 허용된다."(헌재 2000. 12.8. 2000헌사471)라고 하여 판례는 허용하고 있음

11 양심의 자유 정답 ③

① [O] 헌법 제19조는 모든 국민은 양심의 자유를 가진다고 규정하여 양심의 자유를 기본권의 하나로 보장하고 있는바, 여기서 말하는 양심이란 세계관·인생관·주의·신조 등은 물론 이에 이르지 아니하여도 보다 널리 개인의 인격형성에 관계되는 내심에 있어서의 가치적·윤리적 판단도 포함된다. 그러므로 양심의 자유에는 널리 사물의 시시비비나 선악과 같은 윤리적 판단에 국가가 개입해서는 아니되는 내심적 자유는 물론, 이와 같은 윤리적 판단을 국가권력에 의하여 외부에 표명하도록 강제받지 아니할 자유까지 포괄한다(헌재 1998.7.16. 96헌바35).

② [O] 단순한 사실관계의 확인과 같이 가치적·윤리적 판단이 개입될 여지가 없는 경우는 물론, 법률해석에 관하여 여러 견해가 갈리는 경우처럼 다소의 가치관련성을 가진다고 하더라도 개

인의 인격형성과는 관계가 없는 사사로운 사유나 의견 등은 그 보호대상이 아니다. 이 사건의 경우와 같이 경제규제법적 성격을 가진 공정거래법에 위반하였는지 여부에 있어서도 각 개인의 소신에 따라 어느 정도의 가치판단이 개입될 수 있는 소지가 있고 그 한도에서 다소의 윤리적 도덕적 관련성을 가질 수도 있겠으나, 이러한 법률판단의 문제는 개인의 인격형성과는 무관하며, 대화와 토론을 통하여 가장 합리적인 것으로 그 내용이 동화되거나 수렴될 수 있는 포용성을 가지는 분야에 속한다고 할 것이므로 헌법 제19조에 의하여 보장되는 양심의 영역에 포함되지 아니한다(헌재 2002.1.31. 2001헌바43).

❸ [×] 헌법 제19조에서 보호하는 양심은 옳고 그른 것에 대한 판단을 추구하는 가치적·도덕적 마음가짐으로, 개인의 소신에 따른 다양성이 보장되어야 하고 그 형성과 변경에 외부적 개입과 억압에 의한 강요가 있어서는 아니되는 인간의 윤리적 내심영역이다. 따라서 단순한 사실관계의 확인과 같이 가치적·윤리적 판단이 개입될 여지가 없는 경우는 물론, 법률해석에 관하여 여러 견해가 갈리는 경우처럼 다소의 가치관련성을 가진다고 하더라도 개인의 인격형성과는 관계가 없는 사사로운 사유나 의견 등은 그 보호대상이 아니다. 이 사건의 경우와 같이 경제규제법적 성격을 가진 공정거래법에 위반하였는지 여부에 있어서도 각 개인의 소신에 따라 어느 정도의 가치판단이 개입될 수 있는 소지가 있고 그 한도에서 다소의 윤리적 도덕적 관련성을 가질 수도 있겠으나, 이러한 법률판단의 문제는 개인의 인격형성과는 무관하며, 대화와 토론을 통하여 가장 합리적인 것으로 그 내용이 동화되거나 수렴될 수 있는 포용성을 가지는 분야에 속한다고 할 것이므로 헌법 제19조에 의하여 보장되는 양심의 영역에 포함되지 아니한다(헌재 2002.1.31. 2001헌바43).

④ [○] 보안관찰처분은 보안관찰처분대상자의 내심의 작용을 문제 삼는 것이 아니라, 보안관찰처분대상자가 보안관찰해당범죄를 다시 저지를 위험성이 내심의 영역을 벗어나 외부에 표출되는 경우에 재범의 방지를 위하여 내려지는 특별예방적 목적의 처분이므로, 보안관찰처분 근거규정은 양심의 자유를 침해하지 아니한다(헌재 2015.11.26. 2014헌바475).

---

12 국회 정답 ①

❶ [×] 탄핵소추안이 '의결'된 경우에는 사직하거나 해임할 수 없다. 그러나 탄핵소추안이 '발의'만 된 경우에는 사직하거나 해임할 수 있다.

② [○] 「국회법」 제86조 제1항에 대한 옳은 내용이다.

> **제86조【체계·자구의 심사】** ① 위원회에서 법률안의 심사를 마치거나 입안을 하였을 때에는 법제사법위원회에 회부하여 체계와 자구에 대한 심사를 거쳐야 한다. 이 경우 법제사법위원회 위원장은 간사와 협의하여 심사에서 제안자의 취지 설명과 토론을 생략할 수 있다.

③ [○] 헌법 제58조에 대한 옳은 내용이다.

> **제58조** 국채를 모집하거나 예산 외에 국가의 부담이 될 계약을 체결하려 할 때에는 정부는 미리 국회의 의결을 얻어야 한다.

④ [○] 「국회법」 제121조 제1항에 대한 옳은 내용이다.

> **제121조【국무위원 등의 출석 요구】** ① 본회의는 의결로 국무총리, 국무위원 또는 정부위원의 출석을 요구할 수 있다. 이 경우 그 발의는 의원 20명 이상이 이유를 구체적으로 밝힌 서면으로 하여야 한다.

---

13 공권력의 행사 정답 ①

❶ [○] 이 사건 방침은 정부기관이 ICO에 의해 발생할 수 있는 위험을 알리고, 그 소관 사무인 금융에 관한 정책 및 제도의 방향을 사전에 공표함으로써 일반 국민들의 행위를 일정한 방향으로 유도·조정하려는 목적을 지닌 행정상의 안내·권고·정보제공행위에 불과하다. 이는 국민으로 하여금 스스로의 판단에 따라 행정기관이 의도하는 바에 따르게 하는 사실상의 효력을 갖지만 직접 작위·부작위 등의 의무를 부과하는 어떤 법적 구속력도 없다. 따라서 이 사건 방침은 헌법소원의 대상이 되는 공권력의 행사에 해당된다고 볼 수 없다(헌재 2022.9.29. 2018헌마1169).

② [×] 이 사건 의견제시의 법적성질 등에 비추어 이 사건 의견제시가 청구인의 표현의 자유를 제한하는 정도의 위축효과를 초래하였다고도 볼 수 없다(헌재 2018.4.26. 2016헌마46).

③ [×] 이 사건 영장 발부는 검사의 청구에 따라 판사가 디엔에이감식시료채취의 필요성이 있다고 판단하여 이루어진 재판으로서, 헌법소원심판의 대상이 될 수 있는 예외적인 재판에 해당하지 아니함이 명백하다. 따라서 2016헌마344 사건 청구인들의 이 부분 심판청구는 모두 부적법하다(헌재 2018.8.30. 2016헌마344).

④ [×] 이 사건 사실조회행위의 근거조항인 이 사건 사실조회조항은 수사기관에 공사단체 등에 대한 사실조회의 권한을 부여하고 있을 뿐이고, 국민건강보험공단은 서울용산경찰서장의 사실조회에 응하거나 협조하여야 할 의무를 부담하지 않는다. 따라서 이 사건 사실조회행위만으로는 청구인들의 법적 지위에 어떠한 영향을 미친다고 보기 어렵고, 국민건강보험공단의 자발적인 협조가 있어야만 비로소 청구인들의 개인정보자기결정권이 제한된다. 그러므로 이 사건 사실조회행위는 공권력 행사성이 인정되지 않는다(헌재 2018.8.30. 2014헌마368).

---

14 공무담임권 정답 ②

① [○] 이 사건 법률조항이 금고 이상의 형의 선고유예의 판결을 받아 그 기간 중에 있는 사람이 공무원으로 임용되는 것을 금지하고 그러한 사람이 임용되더라도 이를 당연무효로 하는 것은 공직에 대한 국민의 신뢰라는 정당한 공익을 보호하기 위하여 필요한 수단이다. 또한 청구인과 같이 임용결격사유가 있음에도 임용되어 상당 기간 사실상 공무원으로 근무한 경우에는 공무원연금법상 퇴직급여 등을 지급받지 못하는 등의 불이익이 있기는 하나, 임용결격공무원이 사실상 제공한 근로에 상응하는 금액에 대하여 부당이득반환청구가 가능한 점 등을 고려해 보면, 임용결격공무원의 사익 침해가 위와 같은 공익에 비하여 현

저히 크다고 볼 수도 없다. 따라서 이 사건 법률조항은 공무담임권을 침해하지 아니한다(헌재 2016.7.28. 2014헌바437).

❷ [×] 심판대상조항은 성년후견이 개시되지는 않았으나 동일한 정도의 정신적 장애가 발생한 국가공무원의 경우와 비교할 때 사익의 제한 정도가 과도하고, 성년후견이 개시되었어도 정신적 제약을 회복하면 후견이 종료될 수 있고, 이 경우 법원에서 성년후견 종료심판을 하고 있다는 사실에 비추어 보아도 사익의 제한 정도가 지나치게 가혹하다. 또한 심판대상조항처럼 국가공무원의 당연퇴직사유를 임용결격사유와 동일하게 규정하려면 국가공무원이 재직 중 쌓은 지위를 박탈할 정도의 충분한 공익이 인정되어야 하나, 이 조항이 달성하려는 공익은 이에 미치지 못한다. 따라서 심판대상조항은 침해되는 사익에 비하여 지나치게 공익을 우선한 입법으로서, 법익의 균형성에 위배된다. 결국 심판대상조항은 과잉금지원칙에 반하여 공무담임권을 침해한다(헌재 2022.12.22. 2020헌가8).

③ [○] 예비후보자의 기탁금제도는 공식적인 선거운동기간 이전이라도 일정범위 내에서 선거운동을 할 수 있는 예비후보자의 무분별한 난립에 따른 폐해를 예방하고 그 책임성을 강화하기 위한 것으로서 입법목적이 정당하고, 예비후보자에게 일정액의 기탁금을 납부하게 하고 후보자 등록을 하지 않으면 예비후보자가 납부한 기탁금을 반환받지 못하도록 하는 것은 예비후보자의 난립 예방이라는 입법목적을 달성하기 위한 적절한 수단이라 할 것이며 예비후보자가 납부하는 기탁금의 액수와 국고귀속 요건도 입법재량의 범위를 넘은 과도한 것이라고 볼 수 없으므로, 공직선거법 제57조 제1항 제1호 다목 및 제60조의2 제2항은 청구인의 공무담임권, 재산권을 침해하지 아니한다(헌재 2010.12.28. 2010헌마79).

④ [○] 원칙적으로 공직자 선발에 있어 해당 공직이 요구하는 직무수행능력과 무관한 요소인 성별·종교·사회적 신분·출신지역 등을 이유로 하는 어떠한 차별도 허용되지 않는다고 할 것이나, 헌법의 기본원리나 특정조항에 비추어 능력주의 원칙에 대한 예외를 인정할 수 있는 경우가 있고, 이러한 헌법적 요청이 있는 경우에는 합리적 범위 안에서 능력주의가 제한될 수 있다. 이 사건 가산점제도에 의한 공직취임권의 제한은 헌법 제32조 제6항에 헌법적 근거를 두고 있는 능력주의의 예외로서, 평등권 침해 여부와 관련하여 앞에서 이미 자세히 살펴 본 바와 같이 비례의 원칙 내지 과잉금지의 원칙에 위반된 것으로도 볼 수 없으므로, 이 사건 가산점제도는 청구인의 공무담임권을 침해하지 아니한다(헌재 2001.2.22. 2000헌마25).

---

15 재판을 받을 권리   정답 ②

위헌인 것은 ㄴ, ㅂ이다.

ㄱ. [위헌 ×] 기피재판은 일반적인 재판절차보다 신속성이 더욱 강하게 요구된다. 만약 기피신청을 당한 법관의 소속이 아닌 법원에서 기피재판을 담당하도록 한다면, 소송기록 등의 송부 절차에 시일이 걸려 상대방 당사자의 신속한 재판을 받을 권리를 저해할 수도 있다. 이 사건 법률조항은 기피를 신청하는 당사자의 공정한 재판을 받을 권리를 보장함과 동시에 상대방 당사자의 신속한 재판을 받을 권리도 조화롭게 보장하기 위하여 기피재판을 당해 법관 소속 법원의 합의부에서 하도록 하고 있다(헌재 2013.3.2. 2011헌바219).

ㄴ. [위헌 ○] 보상액의 산정에 기초되는 사실인정이나 보상액에 관한 판단에서 오류나 불합리성이 발견되는 경우에도 그 시정을 구하는 불복신청을 할 수 없도록 하는 것은 형사보상청구권 및 그 실현을 위한 기본권으로서의 재판청구권의 본질적 내용을 침해하는 것이라 할 것이고, 나아가 법적안정성만을 지나치게 강조함으로써 재판의 적정성과 정의를 추구하는 사법제도의 본질에 부합하지 아니하는 것이다. 또한, 불복을 허용하더라도 즉시항고는 절차가 신속히 진행될 수 있고 사건 수도 과다하지 아니한데다 그 재판내용도 비교적 단순하므로 불복을 허용한다고 하여 상급심에 과도한 부담을 줄 가능성은 별로 없다고 할 것이어서, 이 사건 불복금지조항은 형사보상청구권 및 재판청구권을 침해한다고 할 것이다(헌재 2010.10.28. 2008헌마514 등).

ㄷ. [위헌 ×] 행정청이 과태료를 부과하기 전에 미리 당사자에게 사전통지를 하면서 의견제출기한을 부여하고, 그 기한 내에 과태료를 자진납부한 당사자에게 과태료 감경의 혜택을 부여하는 주된 목적은 과태료를 신속하고 효율적으로 징수하려는 것인 점, 당사자는 의견제출기간 내에 과태료를 자진납부하여 과태료의 감경을 받을 것인지, 아니면 과태료의 부과 여부나 그 액수를 다투어 법원을 통한 과태료 재판을 받을 것인지를 선택할 수 있는 점 등을 고려하면, 의견제출기한 내에 감경된 과태료를 자진 납부하는 경우 해당 질서위반행위에 대한 과태료 부과 및 징수절차가 종료되도록 함으로써 당사자가 질서위반행위규제법에 따라 의견을 제출하거나 이의를 제기할 수 없도록 하였다고 하더라도, 이것이 입법형성의 한계를 일탈하여 재판청구권을 침해하였다고 보기 어렵다(헌재 2019.12.27. 2017헌바413).

ㄹ. [위헌 ×] 강력범죄 또는 조직폭력범죄의 수사와 재판에서 범죄입증을 위해 증언한 자의 안전을 효과적으로 보장해 줄 수 있는 조치가 마련되어야 할 필요성은 매우 크고, 경우에 따라서는 증인이 피고인의 변호인과 대면하여 진술하는 것으로부터 보호할 필요성이 있을 수 있다. 피고인 등과 증인 사이에 차폐시설을 설치한 경우에도 피고인 및 변호인에게는 여전히 반대신문권이 보장되고, 증인신문과정에서 증언의 신빙성에 대한 최종 판단 권한을 가진 재판부가 증인의 진술태도를 충분히 관찰할 수 있으며, 형사소송법은 차폐시설을 설치하고 증인신문 절차를 진행할 경우 피고인으로부터 의견을 듣도록 하는 등 피고인이 받을 수 있는 불이익을 최소화하기 위한 장치를 마련하고 있다. 따라서 심판대상조항은 과잉금지원칙에 위배되어 청구인의 공정한 재판을 받을 권리 및 변호인의 조력을 받을 권리를 침해한다고 할 수 없다(헌재 2016.12.29. 2015헌바221).

ㅁ. [위헌 ×] 구 법관징계법 제27조는 법관에 대한 대법원장의 징계처분 취소청구소송을 대법원에 의한 단심재판에 의하도록 규정하고 있는바, 이는 독립적으로 사법권을 행사하는 법관이라는 지위의 특수성과 법관에 대한 징계절차의 특수성을 감안하여 재판의 신속을 도모하기 위한 것으로 그 합리성을 인정할 수 있고, 대법원이 법관에 대한 징계처분 취소청구소송을 단심으로 재판하는 경우에는 사실확정도 대법원의 권한에 속하여 법관에 의한 사실확정의 기회가 박탈되었다고 볼 수 없으므로, 헌법 제27조 제1항의 재판청구권을 침해하지 아니한다(헌재 2012.2.23. 2009헌바34).

ㅂ. [위헌 ○] 대한변호사협회변호사징계위원회나 법무부변호사징계위원회의 징계에 관한 결정은 비록 그 징계위원 중 일부로 법관이 참여한다고 하더라도 이를 헌법과 법률이 정한 법관에 의한 재판이라고 볼 수 없으므로, 법무부변호사징계위원회의 결정이 법률에 위반된 것을 이유로 하는 경우에 한하여 법률심

인 대법원에 즉시항고할 수 있도록 한 변호사법 제81조 제4항 내지 제6항은, 법관에 의한 사실확정 및 법률적용의 기회를 박탈한 것으로서 헌법상 국민에게 보장된 "법관에 의한" 재판을 받을 권리를 침해하는 위헌규정이다(헌재 2000.6.29. 99헌가9).

16 교육권 정답 ②

① [O] 학교폭력예방법이 가해학생 측에 전학과 퇴학처럼 중한 조치에 대해서만 재심을 허용하는 것은 이에 대해 보다 신중한 판단을 할 수 있도록 하기 위함이고, 전학과 퇴학 이외의 조치들에 대해 재심을 불허하는 것은 학교폭력으로 인한 갈등 상황을 신속히 종결하여 관련 학생들의 보호와 치료·선도·교육을 조속히 시행함으로써 해당 학생 모두가 빨리 정상적인 학교생활에 복귀할 수 있도록 하기 위함인바, 재심에 보통 45일의 시간이 소요되는 것을 감안하면, 신중한 판단이 필요한 전학과 퇴학 이외의 가벼운 조치들에 대해서까지 모두 재심을 허용해서는 신속한 피해 구제와 빠른 학교생활로의 복귀를 어렵게 할 것이므로, 재심규정은 학부모의 자녀교육권을 지나치게 제한한다고 볼 수 없다(헌재 2013.10.24. 2012헌마832).

❷ [X] 대학의 자율성은 대학시설의 관리·운영이나 연구와 교육의 내용, 방법과 대상, 교과과정의 편성, 학생의 선발, 학생의 전형 등을 보호영역으로 한다고 할 것인데 대학 교수 개개인의 퇴직 여부 등 인사에 관한 사항을 스스로 결정할 권리가 해당 교수의 대학의 자율성의 보호영역에 포함된다고 보기 어렵다(헌재 2021.9.30. 2019헌마747).

③ [O] 학교교육에 있어서 교사의 가르치는 권리를 수업권이라고 한다면 그것은 자연법적으로는 학부모에게 속하는 자녀에 대한 교육권을 신탁받은 것이고, 실정법상으로는 공교육의 책임이 있는 국가의 위임에 의한 것이다. 그것은 교사의 지위에서 생기는 학생에 대한 일차적인 교육상의 직무권한(직권)이지만, 학생의 수학권의 실현을 위하여 인정되는 것으로서 양자는 상호협력관계에 있다고 하겠으나, 수학권은 헌법상 보장된 기본권의 하나로서 보다 존중되어야 하며, 그것이 왜곡되지 않고 올바로 행사될 수 있게 하기 위한 범위 내에서는 수업권도 어느 정도의 범위 내에서 제약을 받지 않으면 안될 것이다. 왜냐하면 초·중·고교의 학생은 대학생이나 사회의 일반 성인과는 달리 다양한 가치와 지식에 대하여 비판적으로 취사선택할 수 있는 독자적 능력이 부족하므로 지식과 사상·가치의 자유시장에서 주체적인 판단에 따라 스스로 책임지고 이를 선택하도록 만연히 방치해 둘 수가 없기 때문이다. 그러므로 보통교육의 단계에서 학교교재 내지 교과용 도서에 대하여 국가가 어떠한 형태로 간여하여 영향력을 행사하는 것은 부득이 한 것이며 각급 학교·학년과 학과에 따라 국정 또는 검·인정제도의 제약을 가하거나 자유발행제를 허용하거나 할 수 있는 재량권을 갖는다고 할 것이다(헌재 1992.11.12. 89헌마88).

④ [O] 수능 성적으로 학생을 선발하는 전형방법은 사회통념적 가치기준에 적합한 합리적인 방법 중 하나이다. 따라서 이 사건 입시계획이 저소득학생 특별전형에서 학생부 기록 등을 반영함이 없이 수능 성적만으로 학생을 선발하도록 정하였다 하더라도, 이는 대학의 자율성의 범위 내에 있는 것으로서 저소득학생의 응시기회를 불합리하게 박탈하고 있다고 보기 어려우므로, 청구인의 균등하게 교육을 받을 권리를 침해하지 않는다(헌재 2022.9.29. 2021헌마929).

17 재산권 정답 ②

① [O] 유류분 반환청구는 피상속인이 생전에 한 유효한 증여라도 그 효력을 잃게 하는 것이어서 권리관계의 조속한 안정과 거래안전을 도모할 필요가 있고 이 사건 법률조항이 1년의 단기소멸시효를 정한 것은 이러한 필요에 따른 것으로 그 목적의 정당성이 인정되며 유류분 권리자가 상속이 개시되었다는 사실과 증여가 있었다는 사실 및 그것이 반환하여야 할 것임을 안 때로부터 위 기간이 기산되므로 그 기산점이 불합리하게 책정되었다고 할 수 없는 점, 유류분 반환청구는 반드시 재판상 행사해야 하는 것이 아니고 그 목적물을 구체적으로 특정해야 하는 것도 아니어서 행사의 방법도 용이한 점 등에 비추어 보면 수단의 적정성, 피해의 최소성 및 법익의 균형성을 모두 갖추고 있으므로 위 법률조항은 유류분 권리자의 재산권을 침해하지 않는다(헌재 2010.12.28. 2009헌바20).

❷ [X] 부부는 민법상 서로 동거하며 부양하고 협조할 의무를 부담하므로, 공무원연금법은 공무원 또는 공무원이었던 자의 사망 당시 그에 의하여 부양되고 있던 배우자를 갑작스러운 소득상실의 위험으로부터 보호해야 할 필요성과 중요성을 인정하여 유족연금수급권자로 규정하고 있다. 또한, 공무원연금법은 법률혼뿐만 아니라 사실혼 배우자도 유족으로 인정하고 있는데, 이는 사실혼 배우자도 법률혼 배우자와 마찬가지로 서로 동거·부양·협조의무가 인정된다는 점을 고려한 것이다. 따라서 심판대상조항이 배우자의 재혼을 유족연금수급권 상실사유로 규정한 것은 배우자가 재혼을 통하여 새로운 부양관계를 형성함으로써 재혼 상대방 배우자를 통한 사적 부양이 가능해짐에 따라 더 이상 사망한 공무원의 유족으로서의 보호의 필요성이나 중요성을 인정하기 어렵다고 보았기 때문이다. 이는 한정된 재원의 범위 내에서 부양의 필요성과 중요성 등을 고려하여 유족들을 보다 효과적으로 보호하기 위한 것이므로, 입법재량의 한계를 벗어나 재혼한 배우자의 인간다운 생활을 할 권리와 재산권을 침해하였다고 볼 수 없다(헌재 2022.8.31. 2019헌가31).

③ [O] 정당의 추천을 받고자 공천신청을 하였음에도 정당의 후보자로 추천받지 못한 예비후보자는 소속 정당에 대한 신뢰·소속감 또는 당선가능성 때문에 본선거의 후보자로 등록을 하지 아니할 수 있다. 이를 두고 예비후보자가 처음부터 진정성이 없이 예비후보자 등록을 하였다거나 예비후보자로서 선거운동에서 불성실하다고 단정할 수 없다. 심판대상조항으로 인해 정당 공천관리위원회의 심사에서 탈락한 예비후보자가 소속 정당을 탈당하고 본선거의 후보자로 등록한다면 오히려 무분별한 후보자 난립의 결과가 발생할 수도 있다. 예비후보자가 본선거에서 정당후보자로 등록하려 하였으나 자신의 의사와 관계없이 정당 공천관리위원회의 심사에서 탈락하여 본선거의 후보자로 등록하지 아니한 것은 후보자 등록을 하지 못할 정도에 이르는 객관적이고 예외적인 사유에 해당한다. 따라서 이러한 사정이 있는 예비후보자가 납부한 기탁금은 반환되어야 함에도 불구하고, 심판대상조항이 이에 관한 규정을 두지 아니한 것은 입법형성권의 범위를 벗어난 과도한 제한이라고 할 수 있다(헌재 2018.1.25. 2016헌마541)[헌법불합치].

④ [O] 퇴직연금수급자인 지방의회의원 중 약 4분의 3에 해당하는 의원이 퇴직연금보다 적은 액수의 월정수당을 받고, 2020년 기준 월정수당이 정지된 연금월액보다 100만원 이상 적은 지방의회의원도 상당 수 있다. 월정수당은 지방자치단체에 따라 편차가 크고 안정성이 낮다. 이 사건 구법 조항과 같이 소득 수

준을 고려하지 않으면 재취업 유인을 제공하지 못하여 정책목적 달성에 실패할 가능성도 크다. 다른 나라의 경우 연금과 보수 중 일부를 감액하는 방식으로 선출직에 취임하여 보수를 받는 것이 생활보장에 더 유리하도록 제도를 설계하고 있다. 따라서 기본권을 덜 제한하면서 입법목적을 달성할 수 있는 다양한 방법이 있으므로 이 사건 구법 조항은 침해의 최소성 요건을 충족하지 못하고, 법익의 균형성도 충족하지 못한다. 이 사건 구법 조항은 과잉금지원칙에 위배되어 청구인들의 재산권을 침해하므로 헌법에 위반된다(헌재 2022.1.27. 2019헌바161).

---

18 재판청구권 정답 ②

① [O] 보상금 수급권에 관한 구체적인 사항을 정하는 것은 광범위한 입법재량의 영역에 속한다. 보상법상의 위원회는 국무총리 소속으로 관련분야의 전문가들로 구성되고, 임기가 보장되며 제3자성 및 독립성이 보장되어 있는 점, 위원회 심의절차의 공정성·신중성이 충분히 갖추어져 있는 점, 보상금은 보상법 및 시행령에서 정하는 기준에 따라 그 금액이 확정되는 것으로서 위원회에서 결정되는 보상액과 법원의 그것 사이에 별 다른 차이가 없게 되는 점, 청구인이 보상금 지급결정에 대한 동의 여부를 자유롭게 선택할 수 있는 상황에서 보상금 지급결정에 동의한 다음 보상금까지 수령한 점까지 감안하여 볼 때, 이 사건 법률조항으로 인하여 재심절차 이외에는 더 이상 재판을 청구할 수 있는 길이 막히게 된다고 하더라도, 위 법률조항이 입법재량을 벗어나 청구인의 재판청구권을 과도하게 제한하였다고 보기는 어렵다(헌재 2011.2.24. 2010헌바199).

❷ [X] 3일이라는 즉시항고 제기기간은 민사소송, 민사집행, 행정소송, 형사보상절차 등의 즉시항고기간 1주일이나, 미국, 독일, 프랑스 등의 즉시항고기간과 비교하더라도 지나치게 짧다. 형사재판의 특수성을 고려할 때 신속하게 법률관계를 확정할 필요성이 인정되지만, 형사재판에 대한 당사자의 불복권을 실질적으로 보장하여 방어권 행사에 지장이 없도록 하는 것도 중요하므로, 형사재판이라는 이유만으로 민사소송 등의 절반에도 못 미치는 즉시항고 제기기간을 둔 것이 형사절차의 특수성을 제대로 반영하였다고 보기 어렵다. 즉시항고 자체가 형사소송법상 명문의 규정이 있는 경우에만 허용되므로 기간 연장으로 인한 폐해가 크다고 볼 수도 없다. 따라서 심판대상조항은 즉시항고 제기기간을 지나치게 짧게 정함으로써 실질적으로 즉시항고 제기를 어렵게 하고, 즉시항고 제도를 단지 형식적이고 이론적인 권리로서만 기능하게 하므로, 입법재량의 한계를 일탈하여 재판청구권을 침해한다. 종전 심판대상조항에 대한 합헌 선례(헌재 2011.5.26. 2010헌마499 ; 헌재 2012.10.25. 2011헌마789)는 이 결정 취지와 저촉되는 범위 안에서 변경한다(헌재 2108.12.27. 2015헌바77 등).

③ [O] 재심청구는 불복절차로 행정소송을 제기할 수 있으므로 재판의 전심절차로서의 한계를 준수하고 있고, 판단기관인 재심위원회의 구성과 운영에 있어서 심사·결정의 독립성과 공정성을 객관적으로 신뢰할 수 있으며, 교원지위법과 교원 징계처분 등의 재심에 관한 규정이 규정하고 있는 재심청구의 절차와 보완적으로 적용되는 행정심판법의 심리절차를 고려하여 보면 심리절차에 사법절차를 준용하고 있으므로, 헌법 제107조 제3항에 위반된다고 할 수 없다(헌재 2007.1.17. 2005헌바86).

④ [O] 구 '민주화운동 관련자 명예회복 및 보상 등에 관한 법률'은 관련규정을 통하여 보상금 등을 심의·결정하는 위원회의 중립성과 독립성을 보장하고 있고, 심의절차의 전문성과 공정성을 제고하기 위한 장치를 마련하고 있으며, 신청인으로 하여금 위원회의 지급결정에 대한 동의 여부를 자유롭게 선택하도록 정하고 있다. 따라서 심판대상조항은 관련자 및 유족의 재판청구권을 침해하지 아니한다(헌재 2018.8.30. 2014헌바180).

---

19 평등원칙, 평등권 정답 ①

❶ [O] '금고 이상의 형을 받았다가 재심으로 무죄판결을 받은 사람'은 군 복무 중 급여제한사유에 해당함이 없이 직무상 의무를 다한 성실한 군인이라는 점에서 '수사 중이거나 형사재판 계속 중이었다가 불기소처분 등을 받은 사람'과 차이가 없다. 단지 전자는 '당해 형사절차에서는 금고 이상의 형이 확정되었다가 사후에 이에 해당하지 아니함이 밝혀진 사람'인데 반해, 후자는 '당해 형사절차에서 금고 이상의 형에 해당하는 범죄를 저지르지 않았다는 사실이 밝혀진 사람'이라는 점에서 차이가 있을 뿐이다. 그러나 급여제한사유에 해당하지 않는 사람임이 뒤늦게라도 밝혀졌다면, 수사 중이거나 형사재판 계속 중이어서 잠정적·일시적으로 지급을 유보하였던 경우인지, 아니면 당해 형사절차가 종료되어 확정적으로 지급을 제한하였던 경우인지에 따라 잔여 퇴직급여에 대한 이자 가산 여부를 달리 할 이유가 없다. … 미지급기간 동안 잔여 퇴직급여에 발생하였을 경제적 가치의 증가를 전혀 반영하지 않고 잔여 퇴직급여 원금만을 지급하는 것은 애초에 지급 제한 사유가 없었던 사람들에 대한 제대로 된 권리 회복이라고 볼 수 없으며, 오랜 기간 잘못된 유죄판결로 인해 불이익을 받아온 수급권자에게 또 다른 피해를 가하는 것이다. 이러한 점들을 종합하면, 잔여 퇴직급여에 대한 이자 지급 여부에 있어 양자를 달리 취급하는 것은 합리적 이유 없는 차별로서 평등원칙에 위반된다(헌재 2016.7.28. 2015헌바20)[헌법불합치].

② [X] 정치자금법은 후원회의 투명한 운영을 위한 상세한 규정을 두고 있으므로, 지방의회의원의 염결성은 이러한 규정을 통하여 충분히 달성할 수 있다. 국회의원과 소요되는 정치자금의 차이도 후원 한도를 제한하는 등의 방법으로 규제할 수 있다. 그럼에도 후원회 지정 자체를 금지하는 것은 오히려 지방의회의원의 정치자금 모금을 음성화시킬 우려가 있다. 현재 지방자치법에 따라 지방의회의원에게 지급되는 의정활동비 등은 의정활동에 전념하기에 충분하지 않다. 또한, 지방의회는 유능한 신인정치인의 유입 통로가 되므로, 지방의회의원에게 후원회를 지정할 수 없도록 하는 것은 경제력을 갖추지 못한 사람의 정치입문을 저해할 수도 있다. 따라서 이러한 사정들을 종합하여 보면, 심판대상조항이 국회의원과 달리 지방의회의원을 후원회지정권자에서 제외하고 있는 것은 불합리한 차별로서 청구인들의 평등권을 침해한다(헌재 2022.11.24. 2019헌마528).

③ [X] 지역구국회의원선거에서 유효투표수의 100분의 10 이상을 득표한 후보자에게만 선거비용의 전액 혹은 반액을 보전해 주는 것과 관련, ⊙ 국가예산의 효율적 집행을 도모하고 후보자 난립 등으로 인한 부작용을 방지하기 위하여 일정 득표율을 기준으로 일정 선거비용만을 보전하여 주도록 하는 것은 그 목적이 정당하고 수단 역시 적정하다고 할 것이다. ⓒ 또한, 득표율을 기준으로 보전 여부를 결정하는 것이 가장 합리적이

고, 득표율이 10% 미만인 자는 당선가능성이 거의 없는 자이며, 지난 18대 지역구국회의원 선거에서 절반에 이르는 후보자가 선거비용을 보전 받았을 뿐 아니라 국가가 후보자들이 개인적으로 부담하는 선거비용 외에도 상당한 부분의 선거비용을 부담하고 있는 점 등을 고려하면, ⓒ 이 사건 법률조항이 입법재량권의 한계를 일탈하여 자의적으로 청구인의 평등권을 침해한다고 할 수 없다(헌재 2010.5.27. 2008헌마491).

④ [×] 새로운 체제로의 개편은 보험재정의 안정성을 확보할 수 있는 한도에서 이루어져야 하는데, 소득만을 기반으로 보험료를 부과할 경우 지역가입자의 재산 등을 기반으로 한 보험재정 부분에 대한 보충 방안이 확실히 마련된 것으로 보이지 않는다. 따라서 현재의 보험료 산정·부과 방식에 다소 불합리한 점이 있다 하더라도 그러한 불합리성이 부분적·단계적 제도 개선을 통해 어느 정도 해결될 수 있다면 이원적 부과체계 자체가 합리적이지 않다고 단정할 수 없다. 지역가입자에 대한 보험료 산정·부과 시 소득 외에 재산 등의 요소를 추가적으로 고려하는 데에 합리적 이유가 있다 할 것이고, 재산 등의 요소를 추가적으로 고려함에 있어 발생하는 문제점은 보험재정의 안정성을 유지하는 한도 내에서 개선되어 나아가는 중이므로, 심판대상조항이 헌법상 평등원칙에 위반된다고 할 수 없다(헌재 2016.12.29. 2015헌바199).

20　탄핵심판　　　정답 ②

① [○] 이 사건 소추의결서의 헌법 위배행위 부분은 소추사유가 분명하게 유형별로 구분되지 않은 측면이 있지만, 소추사유로 기재된 사실관계는 법률 위배행위 부분과 함께 보면 다른 소추사유와 명백하게 구분할 수 있을 정도로 충분히 구체적으로 기재되어 있다. … 탄핵소추안을 각 소추사유별로 나누어 발의할 것인지, 아니면 여러 소추사유를 포함하여 하나의 안으로 발의할 것인지는 소추안을 발의하는 의원들의 자유로운 의사에 달린 것이고, 표결방법에 관한 어떠한 명문규정도 없다(헌재 2017.3.10. 2016헌나1).

❷ [×] 탄핵심판절차가 개시된 이후에 국회가 의결로 탄핵소추를 철회할 수 있는지에 대해서는 명문의 규정이 없다. 다만, 탄핵심판에 형사소송에 관한 법령을 준용하도록 한 헌법재판소법 제40조 제1항에 의하여 헌법재판소의 결정선고 전까지 철회할 수 있다고 본다. 이 때 일반정족수(다수결)로 철회를 의결할 것인지 탄핵소추의결 정족수와 동일한 정족수로 의결할 것인지에 대해서는 견해대립이 있다.

③ [○] 탄핵심판의 이익을 인정하기 위해서는 탄핵결정 선고 당시까지 피청구인이 '해당 공직을 보유하는 것'이 필요하다. 그런데, 이 사건에서, 국회는 2021.2.4. 피청구인에 대한 탄핵소추를 의결한 후 같은 날 헌법재판소에 탄핵심판청구를 하였고, 피청구인은 2021.2.28. 임기만료로 2021.3.1. 법관의 직에서 퇴직하여 더 이상 해당 공직을 보유하지 않게 되었다. 피청구인이 임기만료 퇴직으로 법관직을 상실함에 따라 본안심리를 마친다 해도 파면결정이 불가능해졌으므로, 공직 박탈의 관점에서 심판의 이익을 인정할 수 없다. 임기만료라는 일상적 수단으로 민주적 정당성이 상실되었으므로, 민주적 정당성의 박탈의 관점에서도, 탄핵이라는 비상적인 수단의 역할 관점에서도 심판의 이익을 인정할 수 없다. 결국 이 사건 심판청구는 탄핵

심판의 이익이 인정되지 아니하여 부적법하므로 각하해야 한다(헌재 2021.10.28. 2021헌나1).

④ [○] 헌법 제65조 제1항은 탄핵사유를 '헌법이나 법률에 위배한 때'로 제한하고 있고, 헌법재판소의 탄핵심판절차는 법적인 관점에서 단지 탄핵사유의 존부만을 판단하는 것이므로, 이 사건에서 청구인이 주장하는 바와 같은 정치적 무능력이나 정책결정상의 잘못 등 직책수행의 성실성 여부는 그 자체로서 소추사유가 될 수 없어, 탄핵심판절차의 판단대상이 되지 아니한다(헌재 2004.5.14. 2004헌나1).

21　대통령, 행정부　　　정답 ③

① [○] 중앙행정기관의 장은 법률에서 위임한 사항이나 법률을 집행하기 위하여 필요한 사항을 규정한 대통령령·총리령·부령·훈령·예규·고시 등이 제정·개정 또는 폐지된 때에는 10일 이내에 이를 국회 소관상임위원회에 제출하여야 한다. 다만, 대통령령의 경우에는 입법예고를 하는 때(입법예고를 생략하는 경우에는 법제처장에게 심사를 요청하는 때를 말한다)에도 그 입법예고안을 10일 이내에 제출하여야 한다(국회법 제98조의2).

② [○] 국민투표는 직접민주주의를 실현하기 위한 수단으로서 '사안에 대한 결정', 즉 특정한 국가정책이나 법안을 그 대상으로 한다. 따라서 국민투표의 본질상 '대표자에 대한 신임'은 국민투표의 대상이 될 수 없으며, 우리 헌법에서 대표자의 선출과 그에 대한 신임은 단지 선거의 형태로써 이루어져야 한다. 대통령이 자신에 대한 재신임을 국민투표의 형태로 묻고자 하는 것은 헌법 제72조에 의하여 부여받은 국민투표부의권을 위헌적으로 행사하는 경우에 해당하는 것으로, 국민투표제도를 자신의 정치적 입지를 강화하기 위한 정치적 도구로 남용해서는 안 된다는 헌법적 의무를 위반한 것이다. 물론, 대통령이 위헌적인 재신임 국민투표를 단지 제안만 하였을 뿐 강행하지는 않았으나, 헌법상 허용되지 않는 재신임 국민투표를 국민들에게 제안한 것은 그 자체로서 헌법 제72조에 반하는 것으로 헌법을 실현하고 수호해야 할 대통령의 의무를 위반한 것이다(헌재 2004.5.14. 2004헌나1).

❸ [×] 헌법상 국무총리는 국회의 동의를 얻어 대통령이 임명(헌법 제86조 제1항)하고 국무총리는 대통령을 보좌하며, 행정에 관하여 대통령의 명을 받아 행정각부를 통할(같은 조 제2항)하며 국무위원은 국무총리의 제청으로 대통령이 임명(헌법 제87조 제1항)하고 행정각부의 장은 국무위원 중에서 국무총리의 제청으로 대통령이 임명(헌법 제94조)하며 대통령의 국법상 행위에 관한 문서에의 부서권(헌법 제82조)이 있는바 … 국무총리에 관한 헌법상 위의 제 규정을 종합하면 국무총리의 지위가 대통령의 권한행사에 위의 제 규정을 종합하면 국무총리의 지위가 대통령의 권한행사에 다소의 견제적 기능을 할 수 있다고 보여지는 것이 있기는 하나, 우리 헌법이 대통령중심제의 정부형태를 취하면서도 국무총리제도를 두게 된 주된 이유가 부통령제를 두지 않았기 때문에 대통령 유고시에 그 권한 대행자가 필요하고 또 대통령제의 기능과 능률을 높이기 위하여 대통령을 보좌하고 그 의견을 받들어 정부를 통할·조정하는 보좌기관이 필요하다는 데 있었던 점과 대통령에게 법적 제한 없이 국무총리해임권이 있는 점(헌법 제78조, 제86조 제1항) 등을 고려하여 총체적으로 보면 내각책임제 밑에서의 행

정권이 수상에게 귀속되는 것과는 달리 우리 나라의 행정권은 헌법상 대통령에게 귀속되고, 국무총리는 단지 대통령의 첫째가는 보좌기관으로서 행정에 관하여 독자적인 권한을 가지지 못하고 대통령의 명을 받아 행정각부를 통할하는 기관으로서의 지위만을 가지며, 행정권 행사에 대한 최후의 결정권자는 대통령이라고 해석하는 것이 타당하다고 할 것이다(헌재 1994. 4.28. 89헌마221).

④ [O] 헌법 제66조 제2항 및 제69조에 규정된 대통령의 '헌법을 준수하고 수호해야 할 의무'는 헌법상 법치국가원리가 대통령의 직무집행과 관련하여 구체화된 헌법적 표현이다. 헌법의 기본원칙인 법치국가원리의 본질적 요소는 한 마디로 표현하자면, 국가의 모든 작용은 '헌법'과 국민의 대표로써 구성된 의회의 '법률'에 의해야 한다는 것과 국가의 모든 권력행사는 행정에 대해서는 행정재판, 입법에 대해서는 헌법재판의 형태로써 사법적 통제의 대상이 된다는 것이다. 이에 따라, 입법자는 헌법의 구속을 받고, 법을 집행하고 적용하는 행정부와 법원은 헌법과 법률의 구속을 받는다. 따라서 행정부의 수반인 대통령은 헌법과 법률을 존중하고 준수할 헌법적 의무를 지고 있다. '헌법을 준수하고 수호해야 할 의무'가 이미 법치국가원리에서 파생되는 지극히 당연한 것임에도, 헌법은 국가의 원수이자 행정부의 수반이라는 대통령의 막중한 지위를 감안하여 헌법 제66조 제2항 및 제69조에서 이를 다시 한번 강조하고 있다. 이러한 헌법의 정신에 의한다면, 대통령은 국민 모두에 대한 '법치와 준법의 상징적 존재'인 것이다. 이에 따라 대통령은 헌법을 수호하고 실현하기 위한 모든 노력을 기울여야 할 뿐만 아니라, 법을 준수하여 현행법에 반하는 행위를 해서는 안 되며, 나아가 입법자의 객관적 의사를 실현하기 위한 모든 행위를 해야 한다. 행정부의 법존중 의무와 법집행 의무는 행정부가 위헌적인 것으로 간주하는 법률에 대해서도 마찬가지로 적용된다. 위헌적인 법률을 법질서로부터 제거하는 권한은 헌법상 단지 헌법재판소에 부여되어 있으므로, 설사 행정부가 특정 법률에 대하여 위헌의 의심이 있다 하더라도, 헌법재판소에 의하여 법률의 위헌성이 확인될 때까지는 법을 존중하고 집행하기 위한 모든 노력을 기울여야 한다(헌재 2004.5.14. 2004헌나1).

---

22 선거제도, 선거원칙   정답 ②

① [O] 전국을 단위로 선거를 실시하는 대통령선거와 비례대표국회의원선거에 투표하기 위해서는 국민이라는 자격만으로 충분한 데 반해, 특정한 지역구의 국회의원선거에 투표하기 위해서는 '해당 지역과의 관련성'이 인정되어야 한다. 주민등록과 국내거소신고를 기준으로 지역구국회의원선거권을 인정하는 것은 해당 국민의 지역적 관련성을 확인하는 합리적인 방법이다. 따라서 선거권조항과 재외선거인 등록신청조항이 재외선거인의 임기만료지역구국회의원선거권을 인정하지 않은 것이 재외선거인의 선거권을 침해하거나 보통선거원칙에 위배된다고 볼 수 없다(헌재 2014.7.24. 2009헌마256 등).

❷ [X] 이 사건 선거운동기간조항은 그 입법목적을 달성하는데 지장이 없는 선거운동방법, 즉 돈이 들지 않는 방법으로서 후보자 간 경제력 차이에 따른 불균형 문제나 사회·경제적 손실을 초래할 위험성이 낮은 개별적으로 대면하여 말로 지지를 호소하는 선거운동까지 포괄적으로 금지함으로써 선거운동 등 정치적 표현의 자유를 과도하게 제한하고 있고, 기본권 제한과 공

익목적 달성 사이에 법익의 균형성도 갖추지 못하였다. 결국이 사건 선거운동기간조항 중 각 선거운동기간 전에 개별적으로 대면하여 말로 하는 선거운동에 관한 부분은 과잉금지원칙에 반하여 선거운동 등 정치적 표현의 자유를 침해한다(헌재 2022.2.24. 2018헌바146).

③ [O] 이 사건 법률조항 부분은 주민등록만을 요건으로 주민투표권의 행사 여부가 결정되도록 함으로써 '주민등록을 할 수 없는 국내거주 재외국민'을 '주민등록이 된 국민인 주민'에 비해 차별하고 있고, 나아가 '주민투표권이 인정되는 외국인'과의 관계에서도 차별을 행하고 있는바, 그와 같은 차별에 아무런 합리적 근거도 인정될 수 없으므로 국내거주 재외국민의 헌법상 기본권인 평등권을 침해하는 것으로 위헌이다(헌재 2007.6.28. 2004헌마643).

④ [O] 평등선거의 원칙은 평등의 원칙이 선거제도에 적용된 것으로서 투표의 수적(數的) 평등, 즉 복수투표제 등을 부인하고 모든 선거인에게 1인 1표(one man, one vote)를 인정함을 의미할 뿐만 아니라, 투표의 성과가치의 평등, 즉 1표의 투표가치가 대표자 선정이라는 선거의 결과에 대하여 기여한 정도에 있어서도 평등하여야 함(one vote, one value)을 의미한다(헌재 1995.12.7. 95헌마224).

---

23 고위공직자범죄수사처   정답 ④

① [O] 「고위공직자범죄수사처 설치 및 운영에 관한 법률」 제2조 제1호 아목에 대한 옳은 내용이다.

> **제2조 【정의】** 이 법에서 사용하는 용어의 정의는 다음과 같다.
> 1. "고위공직자"란 다음 각 목의 어느 하나의 직(職)에 재직 중인 사람 또는 그 직에서 퇴직한 사람을 말한다. 다만, 장성급 장교는 현역을 면한 이후도 포함된다.
>   가. 대통령
>   나. 국회의장 및 국회의원
>   다. 대법원장 및 대법관
>   라. 헌법재판소장 및 헌법재판관
>   마. 국무총리와 국무총리비서실 소속의 정무직공무원
>   바. 중앙선거관리위원회의 정무직공무원
>   사. 「공공감사에 관한 법률」 제2조 제2호에 따른 중앙 행정기관의 정무직공무원
>   아. 대통령비서실·국가안보실·대통령경호처·국가정보원 소속의 3급 이상 공무원
>   자. 국회사무처, 국회도서관, 국회예산정책처, 국회입법조사처의 정무직공무원
>   차. 대법원장비서실, 사법정책연구원, 법원공무원교육원, 헌법재판소사무처의 정무직공무원
>   카. 검찰총장
>   타. 특별시장·광역시장·특별자치시장·도지사·특별자치도지사 및 교육감
>   파. 판사 및 검사
>   하. 경무관 이상 경찰공무원
>   거. 장성급 장교
>   너. 금융감독원 원장·부원장·감사
>   더. 감사원·국세청·공정거래위원회·금융위원회 소속의 3급 이상 공무원

② [O] '고위공직자범죄수사처 설치 및 운영에 관한 법률' 제2조 제1호 및 제2호는 법 적용 대상인 고위공직자와 그 가족의 범위를 열거하고 있다. 그런데 청구인들의 경우 위 조항에 열거된 고위공직자 또는 그 가족에 해당한다고 볼 만한 자료가 없고, '고위공직자범죄수사처 설치 및 운영에 관한 법률'의 입법목적, 실질적인 규율대상, 법 규정에서의 제한이나 금지가 제3자에게 미치는 효과나 진지성의 정도 및 규범의 직접적인 수범자에 의한 헌법소원심판 제기의 기대가능성 등을 종합적으로 고려하더라도 청구인들의 자기관련성을 인정할 수 있는 특별한 사정이 있다고 보기 어렵다. 그렇다면 이 사건 심판청구는 부적법하므로 헌법재판소법 제72조 제3항 제4호에 따라 이를 각하하기로 하여 관여 재판관 전원의 일치된 의견으로 주문과 같이 결정한다(헌재 2020.2.11. 2020헌마111).

③ [O] 헌법재판소법은 명문의 규정을 두고 있지는 않으나, 같은 법 제68조 제1항 헌법소원심판절차에서도 가처분의 필요성이 있을 수 있고 이를 허용하지 아니할 상당한 이유를 찾아볼 수 없으므로, 가처분이 허용된다(헌재 2000.12.8. 2000헌사471).

❹ [X] 이 사건 가처분신청은 본안사건의 심판이 적법하게 계속되는 것을 전제로 하는바, 본안사건이 부적법하여 각하되기 때문에 이 사건도 적법하게 유지될 수 없다(헌재 2020.2.11. 2020헌사48).

24　법치국가원리　　정답 ②

옳지 않은 것은 ㄴ, ㄹ이다.

ㄱ. [O] 이 사건 법률조항 중 법인의 종업원 관련 부분은 종업원 등의 범죄행위에 관하여 비난할 근거가 되는 법인의 의사결정 및 행위구조, 즉 종업원 등이 저지른 행위의 결과에 대한 법인의 독자적인 책임에 관하여 전혀 규정하지 않은 채, 단순히 법인이 고용한 종업원 등이 업무에 관하여 범죄행위를 하였다는 이유만으로 법인에 대하여 형사처벌을 과하고 있는바, 이는 다른 사람의 범죄에 대하여 그 책임 유무를 묻지 않고 형벌을 부과하는 것으로서, 헌법상 법치국가의 원리 및 죄형법정주의로부터 도출되는 책임주의원칙에 반한다(헌재 2011.10.25. 2010헌바307).

ㄴ. [X] 이 사건 법률조항은 선장의 범죄행위에 관하여 비난할 근거가 되는 선박소유자의 의사결정 및 행위구조, 즉 선장이 저지른 행위의 결과에 대한 선박소유자의 독자적인 책임에 관하여 전혀 규정하지 않은 채, 단순히 선박소유자가 고용한 선장이 업무에 관하여 범죄행위를 하였다는 이유만으로 선박소유자에 대하여 형사처벌을 과하고 있는바, 이는 다른 사람의 범죄에 대하여 그 책임 유무를 묻지 않고 형벌을 부과하는 것으로서, 헌법상 법치국가의 원리 및 죄형법정주의로부터 도출되는 책임주의원칙에 반하여 헌법에 위반된다(헌재 2011.11.24. 2011헌가15).

ㄷ. [O] "책임 없는 자에게 형벌을 부과할 수 없다."는 형벌에 관한 책임주의는 형사법의 기본원리로서, 헌법상 법치국가의 원리에 내재하는 원리인 동시에 헌법 제10조의 취지로부터 도출되는 원리이고, 법인의 경우도 자연인과 마찬가지로 책임주의원칙이 적용된다(헌재 2012.10.25. 2012헌가18).

ㄹ. [X] 일제로부터 작위를 받았다고 하더라도 '한일합병의 공으로' 작위를 받지 아니한 자는 종전의 친일재산귀속법에 의하여 그 재산이 국가 귀속의 대상이 되지 아니할 것이라고 믿은 제청신청인의 신뢰는 친일재산귀속법의 제정경위 및 입법목적 등에 비추어 확고한 것이라거나 보호가치가 크다고 할 수 없는 반면, 이 사건 법률조항에 의하여 달성되는 공익은 매우 중대하므로 이 사건 법률조항은 신뢰보호원칙에 위반되지 아니한다(헌재 2013.7.25. 2012헌가1).

ㅁ. [O] 종업원의 위반행위에 대하여 양벌조항으로서 개인인 영업주에게도 동일하게 무기 또는 2년 이상의 징역형의 법정형으로 처벌하도록 규정하고 있는 보건범죄단속에 관한 특별조치법 제6조 중 제5조에 의한 처벌 부분이 형사법상 책임원칙에 반한다(헌재 2007.11.29. 2005헌가10).

25　인간의 존엄과 가치　　정답 ①

❶ [X] 피청구인(사법경찰관)은 기자들에게 청구인이 경찰서 내에서 수갑을 차고 얼굴을 드러낸 상태에서 조사받는 모습을 촬영할 수 있도록 허용하였는데, 청구인에 대한 이러한 수사 장면을 공개 및 촬영하게 할 어떠한 공익 목적도 인정하기 어려우므로 촬영허용행위는 목적의 정당성이 인정되지 아니한다. … 촬영허용행위는 언론 보도를 보다 실감나게 하기 위한 목적 외에 어떠한 공익도 인정할 수 없는 반면, 청구인은 피의자로서 얼굴이 공개되어 초상권을 비롯한 인격권에 대한 중대한 제한을 받았고, 촬영한 것이 언론에 보도될 경우 범인으로서의 낙인 효과와 그 파급효는 매우 가혹하여 법익균형성도 인정되지 아니하므로, 촬영허용행위는 과잉금지원칙에 위반되어 청구인의 인격권을 침해하였다(헌재 2014.3.27. 2012헌마652).

② [O] 흡연자들이 자유롭게 흡연할 권리를 흡연권이라고 한다면, 이러한 흡연권은 인간의 존엄과 행복추구권을 규정한 헌법 제10조와 사생활의 자유를 규정한 헌법 제17조에 의하여 뒷받침된다(헌재 2004.8.26. 2003헌마457).

③ [O] 타인이나 단체에 대한 기부행위는 공동체의 결속을 도모하고 사회생활에서 개인의 타인과의 연대를 확대하는 기능을 하므로 자본주의와 시장경제의 흠결을 보완하는 의미에서 국가·사회적으로 장려되어야 할 행위이다. 또한, 기부행위자 본인은 자신의 재산을 사회적 약자나 소외 계층을 위하여 출연함으로써 자기가 속한 사회에 공헌하였다는 행복감과 만족감을 실현할 수 있으므로, 이는 헌법상 인격의 자유로운 발현을 위하여 필요한 행동을 할 수 있어야 한다는 의미의 행복추구권과 그로부터 파생되는 일반적 행동자유권의 행사로서 당연히 보호되어야 한다(헌재 2010.9.30. 2009헌바201).

④ [O] 환자가 장차 죽음에 임박한 상태에 이를 경우에 대비하여 미리 의료인 등에게 연명치료 거부 또는 중단에 관한 의사를 밝히는 등의 방법으로 죽음에 임박한 상태에서 인간으로서의 존엄과 가치를 지키기 위하여 연명치료의 거부 또는 중단을 결정할 수 있다 할 것이고, 위 결정은 헌법상 기본권인 자기결정권의 한 내용으로서 보장된다 할 것이다(헌재 2009.11.26. 2008헌마385).

정답
p.56

01	②	II	06	④	II	11	①	II	16	④	III	21	②	III
02	①	II	07	④	IV	12	③	III	17	②	II	22	②	IV
03	②	I	08	②	III	13	③	II	18	①	II	23	③	I
04	①	III	09	④	III	14	②	II	19	①	III	24	④	IV
05	④	IV	10	④	II	15	④	I	20	①	II	25	②	II

취약 단원 분석표

단원	맞힌 답의 개수
I	/ 3
II	/ 11
III	/ 7
IV	/ 4
TOTAL	/ 25

I 헌법총론 / II 기본권론 / III 통치구조론 / IV 헌법재판론

01 변호인의 조력을 받을 권리 　　　정답 ②

① [O] 변호인의 조력을 받을 권리에 대한 헌법과 법률의 규정 및 취지에 비추어 보면, '형사사건에서 변호인의 조력을 받을 권리'를 의미한다고 보아야 할 것이므로 형사절차가 종료되어 교정시설에 수용 중인 수형자나 미결수용자가 형사사건의 변호인이 아닌 민사재판, 행정재판, 헌법재판 등에서 변호사와 접견할 경우에는 원칙적으로 헌법상 변호인의 조력을 받을 권리의 주체가 될 수 없다(헌재 2013.8.29. 2011헌마122).

❷ [×] 헌법 제12조 제4항 본문에 규정된 "구속"은 사법절차에서 이루어진 구속뿐 아니라, 행정절차에서 이루어진 구속까지 포함하는 개념이다. 따라서 헌법 제12조 제4항 본문에 규정된 변호인의 조력을 받을 권리는 행정절차에서 구속을 당한 사람에게도 즉시 보장된다(헌재 2018.5.31. 2014헌마346).

③ [O] 불구속 피의자가 피의자신문시 조언과 상담을 구하기 위하여 자신의 변호인을 대동하기를 원한다면, 수사기관은 특별한 사정이 없는 한 이를 거부할 수 없다고 할 것이다(헌재 2004.9.23. 2000헌마138).

④ [O] 헌법 제12조 제4항의 변호인의 조력을 받을 권리는 신체의 자유에 관한 영역으로서 가사소송에서 당사자가 변호사를 대리인으로 선임하여 그 조력을 받는 것을 그 보호영역에 포함된다고 보기 어렵고, 이 사건 법률조항이 가사소송의 당사자가 변호사의 조력을 얻어 소송수행을 하는 데 제약을 가하는 것도 아니므로, 재판청구권을 침해하는 것이라 볼 수도 없다(헌재 2012.10.25. 2011헌마598).

02 형사보상청구권 　　　정답 ①

❶ [×] 권리의 행사가 용이하고 일상 빈번히 발생하는 것이거나 권리의 행사로 인하여 상대방의 지위가 불안정해지는 경우 또는 법률관계를 보다 신속히 확정하여 분쟁을 방지할 필요가 있는 경우에는 특별히 짧은 소멸시효나 제척기간을 인정할 필요가 있으나, 이 사건 법률조항은 위의 어떠한 사유에도 해당하지 아니하는 등 달리 합리적인 이유를 찾기 어렵고, 일반적인 사법상의 권리보다 더 확실하게 보호되어야 할 권리인 형사보상

청구권의 보호를 저해하고 있다. … 아무런 합리적인 이유 없이 그 청구기간을 1년이라는 단기간으로 제한한 것은 입법 목적 달성에 필요한 정도를 넘어선 것이라고 할 것이다. … 이 사건 법률조항은 입법재량의 한계를 일탈하여 청구인의 형사보상청구권을 침해한 것이다(헌재 2010.7.29. 2008헌가4).

② [O] 형사보상청구권과 직접적인 이해관계를 가진 당사자는 형사피고인과 국가밖에 없는데, 국가가 무죄판결을 선고받은 형사피고인에게 넓게 형사보상청구권을 인정함으로써 감수해야 할 공익은 경제적인 것에 불과하고 그 액수도 국가 전체 예산규모에 비추어 볼 때 미미하다고 할 것이다. 또한 형사피고인에게 넓게 형사보상청구권을 인정한다고 하여 법적 혼란이 초래될 염려도 전혀 없다(헌재 2010.7.29. 2008헌가4).

③ [O] 헌재는 "반드시 형사실체상의 보호법익을 기준으로 한 피해자개념에 의존하여 결정할 필요는 없고 문제되는 범죄 때문에 법률상 불이익을 받게 되는 자라면 헌법상 재판절차진술권의 주체가 될 수 있다(헌재 1992.2.25. 90헌마91)."라 판시하여 재산에 대한 피해는 범죄피해자에 포함하지 않는 범죄피해자 구조청구권의 범위보다 형사피해자 재판정진술권의 형사피해자의 범위가 넓다고 하였다.

④ [O] 형사보상의 청구에 대하여 한 보상의 결정에 대하여는 불복을 신청할 수 없도록 하여 형사보상의 결정을 단심재판으로 규정한 형사보상법 제19조 제1항이 청구인들의 형사보상청구권 및 재판청구권을 침해한다(헌재 2010.10.28. 2008헌마514).

03 국적법 　　　정답 ②

① [×] 신청이나 신고와 관련하여 그 신청이나 신고를 하려는 자가 15세 미만이면 법정대리인이 대신하여 이를 행한다.

> 「국적법」 제19조 【법정대리인이 하는 신고 등】 이 법에 규정된 신청이나 신고와 관련하여 그 신청이나 신고를 하려는 자가 15세 미만이면 법정대리인이 대신하여 이를 행한다.

❷ [O] 「국적법」 제22조 제1항에 제1호에 대한 옳은 내용이다.

> **제22조 【국적심의위원회】** ① 국적에 관한 다음 각 호의 사항을 심의하기 위하여 법무부장관 소속으로 국적심의위원회(이하 '위원회'라 한다)를 둔다.
> 1. 제7조 제1항 제3호에 해당하는 특별귀화 허가에 관한 사항

③ [X] 복수국적자로서 외국 국적을 선택하려는 자는 외국에 주소가 있는 경우에만 주소지 관할 재외공관의 장을 거쳐 법무부 장관에게 대한민국 국적을 이탈한다는 뜻을 신고할 수 있다(「국적법」 제14조 제1항).

④ [X] 출생 당시에 모가 자녀에게 외국 국적을 취득하게 할 목적으로 외국에서 체류 중이었던 사실이 인정되는 자는 외국 국적을 포기한 경우에만 대한민국 국적을 선택한다는 뜻을 신고할 수 있다(「국적법」 제13조 제3항).

04　감사원　　　　정답 ①

❶ [X] 국회는 그 의결로 감사원에 대하여 감사원법에 의한 감사원의 직무범위에 속하는 사항중 사안을 특정하여 감사를 요구할 수 있다. 이 경우 감사원은 감사요구를 받은 날부터 3월 이내에 감사결과를 국회에 보고하여야 한다(「국회법」 제127조의2 제1항).

② [O] 원장이 궐위(闕位)되거나 사고(事故)로 인하여 직무를 수행할 수 없을 때에는 감사위원으로 최장기간 재직한 감사위원이 그 권한을 대행한다(「감사원법」 제4조 제3항).

③ [O] 「감사원법」 제8조 제1항에 대한 옳은 내용이다.

> **제8조** ① 감사위원은 다음 각 호의 어느 하나에 해당하는 경우가 아니면 본인의 의사에 반하여 면직되지 아니한다.
> 1. 탄핵결정이나 금고 이상의 형의 선고를 받았을 때
> 2. 장기(長期)의 심신쇠약으로 직무를 수행할 수 없게 된 때

④ [O] 감사원법은 지방자치단체의 위임사무나 자치사무의 구별 없이 합법성 감사뿐만 아니라 합목적성 감사도 허용하고 있다(헌재 2008.5.29. 2005헌라3).

05　권한쟁의심판　　　　정답 ④

① [O] 국회법 제33조 제1항 본문은 정당이 교섭단체가 될 수 있다고 규정하고 있다. 그러나 헌법은 권한쟁의심판청구의 당사자로 국회의원들의 모임인 교섭단체에 대해서 규정하고 있지 않다. 또한 교섭단체의 권한 침해는 교섭단체에 속한 국회의원 개개인의 심의·표결권 등 권한 침해로 이어질 가능성이 높은바, 교섭단체와 국회의장 등 사이에 쟁의가 발생하더라도 국회의원과 국회의장 등 사이의 권한쟁의심판으로 해결할 수 있어, 위와 같은 쟁의를 해결할 적당한 기관이나 방법이 없다고 할 수 없다. 이러한 점을 종합하면, 교섭단체는 그 권한침해를 이유로 권한쟁의심판을 청구할 수 없다(헌재 2020.5.27. 2019헌라6·2020헌라1).

② [O] 헌법 제62조는 '국회의 위원회'(이하 '위원회'라 한다)를 명시하고 있으나 '국회의 소위원회'(이하 '소위원회'라 한다)는 명시하지 않고 있는 점, 국회법 제57조는 위원회로 하여금 소위원회를 둘 수 있도록 하고, 소위원회의 활동을 위원회가 의결로 정하는 범위로 한정하고 있으므로, 소위원회는 위원회의 의결에 따라 그 설치·폐지 및 권한이 결정될 뿐인 위원회의 부분기관에 불과한 점 등을 종합하면, 소위원회 및 그 위원장은 헌법에 의하여 설치된 국가기관에 해당한다고 볼 수 없다. 소위원회 위원장이 그 소위원회를 설치한 위원회의 위원장과의 관계에서 어떠한 법률상 권한을 가진다고 보기도 어렵다. 또한, 위원회와 그 부분기관인 소위원회 사이의 쟁의 또는 위원회 위원장과 소속 소위원회 위원장과의 쟁의가 발생하더라도 이는 위원회에서 해결될 수 있으므로, 이러한 쟁의를 해결할 적당한 기관이나 방법이 없다고 할 수 없다. 이상과 같은 점들을 종합하면, 소위원회 위원장은 헌법 제111조 제1항 제4호 및 헌법재판소법 제62조 제1항 제1호의 '국가기관'에 해당한다고 볼 수 없으므로, 권한쟁의심판에서의 청구인능력이 인정되지 않는다. 이 사건 소위원회 위원장으로서 청구인이 제기한 이 사건 심판청구는 청구인능력이 없는 자가 제기한 것으로서 부적법하다(헌재 2020.5.27. 2019헌라4).

③ [O] 이 사건 자료제출요구는 ㉠ 피청구인의 청구인에 대한 종합감사 계획에 포함되어, 사전조사 및 감사 절차 직전에 오로지 사전조사 및 감사 대상을 특정하기 위한 목적으로 이루어진 것이고, ㉡ 청구인의 자치사무 전 분야에 걸쳐 그 구체적인 업무처리 내용을 압축적으로 요약하는 형식으로 제출할 것을 요구하는 것으로서 내용적으로 사전적·일반적인 자료 요청이며, ㉢ 피청구인의 청구인에 대한 마지막 종합 감사 이후 현재까지의 기간 동안에 수행된 업무 내용을 포괄하는 것으로 시기적으로도 정기적인 자료요청에 해당한다. 이러한 점을 종합적으로 고려할 때, 이 사건 자료제출요구는 피청구인의 청구인에 대한 감사 절차의 일환으로서 청구인의 자치사무 전반에 대한 사전적·일반적 자료제출요청이고, 피청구인은 이를 통하여 청구인의 자치사무 처리와 관련된 문제점을 발견하거나 취약 분야를 확인하여 감사대상을 발굴할 목적이 있었음을 인정할 수 있다. 이 사건 자료제출요구는 그 목적이나 범위에서 감독관청의 일상적인 감독권 행사를 벗어난 것으로 구 지방자치법 제171조 제1항 전문 전단에서 예정하고 있는 보고수령 권한의 한계를 준수하였다고 볼 수 없으며, 사전조사 업무에 대한 수권조항인 구 '지방자치단체에 대한 행정감사규정' 제7조 제2항 제3호를 근거로 적법하다고 볼 여지도 없다. 지방자치단체의 자치권 보장을 위하여 자치사무에 대한 감사는 합법성 감사로 제한되어야 하는바, 포괄적·사전적 일반감사나 법령위반사항을 적발하기 위한 감사는 합목적성 감사에 해당하므로 구 지방자치법 제171조 제1항 후문 상 허용되지 않는다는 점은 헌법재판소가 2009.5.28. 2006헌라6 결정에서 확인한 바 있다. 이 사건 자료제출요구는 헌법재판소가 위 결정에서 허용될 수 없다고 확인한 자치사무에 대한 포괄적·사전적 감사나 법령위반사항을 적발하기 위한 감사 절차와 그 양태나 효과가 동일하고, 감사자료가 아닌 사전조사자료 명목으로 해당 자료를 요청하였다고 하여 그 성질이 달라진다고 볼 수 없다. 따라서 이 사건 자료제출요구는 합법성 감사로 제한되는 자치사무에 대한 감사의 한계를 벗어난 것으로서 헌법상 청구인에게 보장된 지방자치권을 침해한다(헌재 2022.8.31. 2021헌라1).

❹ [×] 이 사건 개선행위의 자유위임원칙 위배 여부는 국회의 기능 수행을 위하여 필요한 정도와 자유위임원칙을 제한하는 정도를 비교형량하여 판단하여야 한다. … 이 사건 개선행위는 사개특위의 의사를 원활하게 운영하고, 각 정당의 의사를 반영한 사법개혁안을 도출함으로써 궁극적으로는 사법개혁에 관한 국가정책결정의 가능성을 높이기 위한 것으로서 그 정당성을 인정할 수 있다. 이 사건 개선행위 전 바른미래당 의원총회의 의결이 있었던 점, 이 사건 개선행위 후 바른미래당의 교섭단체 대표의원이 그 직을 사퇴하고 후임으로 선출된 청구인의 개선 요청에 따라 사개특위 위원의 개선이 이루어진 점 등을 고려할 때, 교섭단체의 의사에 따라 위원을 개선하더라도, 곧바로 국회의원이 일방적으로 정당의 결정에 기속되는 결과를 초래하게 된다고 단정하기 어렵다. 청구인은 2018.10.18. 바른미래당의 교섭단체 대표의원의 요청으로 사개특위 위원으로 선임된 후 처음 정해진 사개특위의 활동기한인 2018.12.31.을 넘어서 이 사건 개선행위가 이루어지기 전까지 위원으로서 활동하였고, 이 사건 개선행위 후에도 의원으로서 사개특위 심사절차에 참여할 수 있었다. 그렇다면 이 사건 개선행위로 인하여 청구인의 자유위임에 기한 권한이 제한되는 정도가 크다고 볼 수 없다. … 이 사건 개선행위는 사개특위의 의사를 원활하게 운영하고, 사법개혁에 관한 국가정책결정의 가능성을 높이기 위하여 국회가 자율권을 행사한 것으로서, 이 사건 개선행위로 인하여 자유위임원칙이 제한되는 정도가 위와 같은 헌법적 이익을 명백히 넘어선다고 단정하기 어렵다. 따라서 이 사건 개선행위는 자유위임원칙에 위배되지 않는다(헌재 2020. 5.27. 2019헌라1).

06 기본권의 주체 정답 ④

① [O] 청구인은 공법상 재단법인인 방송문화진흥회가 최다출자자인 방송사업자로서 방송법 등 관련 규정에 의하여 공법상의 의무를 부담하고 있지만, 그 설립목적이 언론의 자유의 핵심 영역인 방송 사업이므로 이러한 업무 수행과 관련해서는 기본권 주체가 될 수 있고, 그 운영을 광고수익에 전적으로 의존하고 있는 만큼 이를 위해 사경제 주체로서 활동하는 경우에도 기본권 주체가 될 수 있다. 이 사건 심판청구는 청구인이 그 운영을 위한 영업활동의 일환으로 방송광고를 판매하는 지위에서 그 제한과 관련하여 이루어진 것이므로 그 기본권 주체성이 인정된다(헌재 2013.9.26. 2012헌마271).

② [O] 일반적으로 청구인과 같은 경찰공무원은 기본권의 주체가 아니라 국민 모두에 대한 봉사자로서 공공의 안전 및 질서유지라는 공익을 실현할 의무가 인정되는 기본권의 수범자라 할 것인바, 검사가 발부한 형집행장에 의하여 검거된 벌금미납자의 신병에 관한 업무는 국가 조직영역 내에서 수행되는 공적 과제 내지 직무영역에 대한 것으로 이와 관련해서 청구인은 국가기관의 일부 또는 그 구성원으로서 공법상의 권한을 행사하는 공권력행사의 주체일 뿐, 기본권의 주체라 할 수 없으므로 이 사건에서 청구인에게 헌법소원을 제기할 청구인적격을 인정할 수 없다(헌재 2009.3.24. 2009헌마118).

③ [O] 개인의 지위를 겸하는 국가기관이 기본권의 주체로서 헌법소원의 청구적격을 가지는지 여부는, 심판대상조항이 규율하는 기본권의 성격, 국가기관으로서의 직무와 제한되는 기본권 간의 밀접성과 관련성, 직무상 행위와 사적인 행위 간의 구별가능성 등을 종합적으로 고려하여 결정되어야 할 것이다. 그러므로 대통령도 국민의 한사람으로서 제한적으로나마 기본권의 주체가 될 수 있는바, 대통령은 소속 정당을 위하여 정당활동을 할 수 있는 사인으로서의 지위와 국민 모두에 대한 봉사자로서 공익실현의 의무가 있는 헌법기관으로서의 지위를 동시에 갖는데 최소한 전자의 지위와 관련하여는 기본권 주체성을 갖는다고 할 수 있다(헌재 2008.1.17. 2007헌마700).

④ [×] 법인도 법인의 목적과 사회적 기능에 비추어 볼 때 그 성질에 반하지 않는 범위 내에서 인격권의 한 내용인 사회적 신용이나 명예 등의 주체가 될 수 있고 법인이 이러한 사회적 신용이나 명예 유지 내지 법인격의 자유로운 발현을 위하여 의사결정이나 행동을 어떻게 할 것인지를 자율적으로 결정하는 것도 법인의 인격권의 한 내용을 이룬다고 할 것이다(헌재 2012.8.23. 2009헌가27).

07 헌법소원심판 정답 ④

① [O] 고소인인 피해자는 검찰청법에 따른 항고를 거친 후 그 검사 소속의 지방검찰청 소재지를 관할하는 고등법원에 재정신청을 할 수 있으므로, 검사의 불기소처분에 대한 헌법소원은 제기할 수 없다. 헌법소원심판의 보충성의 원칙 때문에 다른 구제절차가 있는 경우에는 먼저 다른 구제절차를 거쳐야 한다.

② [O] 수사기관의 인지에 의해 수사가 개시된 경우라면, 즉 피해자가 고소하지 않은 경우에는 검찰청법에 따른 항고와 재정신청을 할 수 없기 때문에 곧바로 헌법소원을 제기할 수 있다.

③ [O] 기소유예처분을 받은 피의자는 검찰항고나 재정신청 등 다른 구제절차를 거칠 수 없는 경우이기 때문에 곧바로 헌법소원을 제기할 수 있다.

④ [×] "죄가 안 됨" 결정이나 "혐의 없음" 결정은 모두 피의자에 대하여 소추장애사유가 있어 기소할 수 없다는 내용의 동일한 처분으로서(따라서 소추장애사유가 없음에도 기소하지 않는다는 내용의 결정인 "기소유예" 결정과는 본질을 달리한다) 피청구인이 "혐의 없음" 결정을 한다고 하더라도 반드시 청구인들이 살인 등 피의사건과 무관하다는 사실이 확정되는 것도 아니고, "죄가 안 됨" 결정이 청구인들에게 범죄혐의가 있음을 확정하는 것도 결코 아니다. 따라서 피청구인이 청구인들의 범죄 혐의유무에 불구하고 "죄가 안 됨" 결정을 하였다고 하여 이를 청구인들의 기본권을 침해하는 공권력행사라고 할 수 없다(헌재 1996.11.28. 93헌마229). 검사의 '공소권 없음' 결정이나 '혐의 없음' 결정은 모두 피의자에 대하여 소추장애사유가 있어 기소할 수 없다는 내용의 처분이므로 두 결정은 기소할 수 없다는 점에서 동일한 처분이라고 할 수 있고, '공소권 없음' 결정은 그 결정이 있다고 하여 피의자에게 범죄혐의가 있음이 확정되는 것이 아니며, '공소권 없음' 결정으로 인해 청구인이 자신의 혐의 없음이 밝혀지지 않은 불이익을 입었다고 하더라도, 이는 간접적 또는 사실상의 불이익에 불과한 것이므로 이를 가지고 기본권 침해 문제가 발생하였다고 할 수는 없다. 따라서 피청구인이 '혐의 없음' 결정을 하지 않고 '공소권 없음' 결정을 한 것을 가리켜 청구인의 헌법상 기본권을 침해하는 공권력의 행사라고 할 수 없다(헌재 2009.5.12. 2009헌마218).

08 공무원, 공무담임권 정답 ②

① [O] 심판대상조항은 성년후견이 개시되지는 않았으나 동일한 정도의 정신적 장애가 발생한 국가공무원의 경우와 비교할 때 사익의 제한 정도가 과도하고, 성년후견이 개시되었어도 정신적 제약을 회복하면 후견이 종료될 수 있고, 이 경우 법원에서 성년후견 종료심판을 하고 있다는 사실에 비추어 보아도 사익의 제한 정도가 지나치게 가혹하다. 또한 심판대상조항처럼 국가공무원의 당연퇴직사유를 임용결격사유와 동일하게 규정하려면 국가공무원이 재직 중 쌓은 지위를 박탈할 정도의 충분한 공익이 인정되어야 하나, 이 조항이 달성하려는 공익은 이에 미치지 못한다. 따라서 심판대상조항은 침해되는 사익에 비하여 지나치게 공익을 우선한 입법으로서, 법익의 균형성에 위배된다. 결국 심판대상조항은 과잉금지원칙에 반하여 공무담임권을 침해한다(헌재 2022.12.22. 2020헌가8).

❷ [X] 공무담임권은 공직취임의 기회 균등뿐만 아니라 취임한 뒤 승진할 때에도 균등한 기회 제공을 요구한다(헌재 2018.7.26. 2017헌마1183).

③ [O] 공무담임권은 국가 등에게 능력주의를 존중하는 공정한 공직자선발을 요구할 수 있는 권리라는 점에서 직업선택의 자유보다는 그 기본권의 효과가 현실적·구체적이므로, 공직을 직업으로 선택하는 경우에 있어서 직업선택의 자유는 공무담임권을 통해서 그 기본권보호를 받게 된다고 할 수 있으므로 공무담임권을 침해하는지 여부를 심사하는 이상 이와 별도로 직업선택의 자유 침해 여부를 심사할 필요는 없다(헌재 2006.3.30. 2005헌마598).

④ [O] 이 사건 정당가입 금지조항은 국가공무원이 정당에 가입하는 것을 금지함으로써 공무원이 국민 전체에 대한 봉사자로서 그 임무를 충실히 수행할 수 있도록 정치적 중립성을 보장하고, 초·중등학교 교원이 당파적 이해관계의 영향을 받지 않도록 교육의 중립성을 확보하기 위한 것이므로, 목적의 정당성 및 수단의 적합성이 인정된다. … 따라서 이 사건 정당가입 금지조항은 과잉금지원칙에 위배되지 않는다(헌재 2020.4.23. 2018헌마551).

09 사법권의 독립 정답 ④

① [X] 구 법관징계법 제27조는 법관에 대한 대법원장의 징계처분 취소청구소송을 대법원에 의한 단심재판에 의하도록 규정하고 있는바, 이는 독립적으로 사법권을 행사하는 법관이라는 지위의 특수성과 법관에 대한 징계절차의 특수성을 감안하여 재판의 신속을 도모하기 위한 것으로 그 합리성을 인정할 수 있고, 대법원이 법관에 대한 징계처분 취소청구소송을 단심으로 재판하는 경우에는 사실확정도 대법원의 권한에 속하여 법관에 의한 사실확정의 기회가 박탈되었다고 볼 수 없으므로, 헌법 제27조 제1항의 재판청구권을 침해하지 아니한다(헌재 2012.2.23. 2009헌바34).

② [X] 형법 제337조의 법정형은 현저히 형벌체계상의 정당성과 균형을 잃은 것으로서 헌법상의 평등의 원칙에 반한다거나 인간의 존엄과 가치를 규정한 헌법 제10조와 기본권제한입법의 한계를 규정한 헌법 제37조 제2항에 위반된다거나 또는 사법권의 독립 및 법관의 양형판단권을 침해한 위헌법률조항이라 할

수 없고, 또 형법 제62조 제1항 본문 중 "3년 이하의 징역 또는 금고의 형을 선고할 경우"라는 집행유예의 요건한정부분은 법관의 양형판단권을 근본적으로 제한하거나 사법권의 본질을 침해한 위헌법률조항이라 할 수 없다(헌재 1997.8.21. 93헌바60).

③ [X] 구 법관징계법 제2조 제2호의 '법관이 그 품위를 손상하거나 법원의 위신을 실추시킨 경우'란 '법관이 주권자인 국민으로부터 수임받은 사법권을 행사함에 손색이 없는 인품에 어울리지 않는 행위를 하거나 법원의 위엄을 훼손하는 행위를 함으로써 법원 및 법관에 대한 국민의 신뢰를 떨어뜨릴 우려가 있는 경우'로 해석할 수 있고, 위 법률조항의 수범자인 평균적인 법관은 구체적으로 어떠한 행위가 여기에 해당하는지를 충분히 예측할 수 있으므로, 구 법관징계법 제2조 제2호는 명확성원칙에 위배되지 아니한다(헌재 2012.2.23. 2009헌바34).

❹ [O] 회사정리절차의 개시와 진행의 여부를 실질적으로 금융기관의 의사에 종속시키는 위 규정은, 회사의 갱생가능성 및 정리계획의 수행가능성의 판단을 오로지 법관에게 맡기고 있는 회사정리법의 체계에 위반하여 사법권을 형해화시키는 것으로서, 지시로부터의 독립도 역시 그 내용으로 하는 사법권의 독립에 위협의 소지가 있다(헌재 1990.6.25. 89헌가98 등).

10 언론의 자유 정답 ④

① [O] 언론·출판의 자유의 내용 중 의사표현·전파의 자유에 있어서 의사표현 또는 전파의 매개체는 어떠한 형태이건 가능하며 그 제한이 없다. 즉 담화·연설·토론·연극·방송·음악·영화·가요 등과 문서·소설·시가·도화·사진·조각·서화 등 모든 형상의 의사표현 또는 의사전파의 매개체를 포함한다. 정보통신망의 발달로 선거기간 중 인터넷언론사의 선거와 관련한 게시판·대화방 등도 정치적 의사를 형성·전파하는 매체로서 역할을 담당하고 있으므로, 의사의 표현·전파의 형식의 하나로 인정되고 따라서 언론·출판의 자유에 의하여 보호된다고 할 것이다(헌재 2010.2.25. 2008헌마324).

② [O] 이 사건 시기제한조항은 선거일 전 90일부터 선거일까지 후보자 명의의 칼럼 등을 게재하는 인터넷 선거보도가 불공정하다고 볼 수 있는지에 대해 구체적으로 판단하지 않고 이를 불공정한 선거보도로 간주하여 선거의 공정성을 해치지 않는 보도까지 광범위하게 제한한다. 공직선거법상 인터넷 선거보도 심의의 대상이 되는 인터넷언론사의 개념은 매우 광범위한데, 이 사건 시기제한조항이 정하고 있는 일률적인 규제와 결합될 경우 이로 인해 발생할 수 있는 표현의 자유 제한이 작다고 할 수 없다. … 이 사건 시기제한조항의 입법목적을 달성할 수 있는 덜 제약적인 다른 방법들이 이 사건 심의기준 규정과 공직선거법에 이미 충분히 존재한다. 따라서 이 사건 시기제한조항은 과잉금지원칙에 반하여 청구인의 표현의 자유를 침해한다(헌재 2019.11.28. 2016헌마90).

③ [O] 인터넷언론사의 공개된 게시판·대화방에서 스스로의 의사에 의하여 정당·후보자에 대한 지지·반대의 글을 게시하는 행위가 양심의 자유나 사생활 비밀의 자유에 의하여 보호되는 영역이라고 할 수 없다(헌재 2010.2.25. 2008헌마324).

❹ [X] 심판대상조항이 특히 선거운동기간 중에 익명표현의 긍정적 효과까지도 사전적·포괄적으로 차단한다는 점, 이러한 규율이 익명표현의 자유를 허용함에 따라 발생하는 구체적 위험에 기

초한 것이 아니라 심판대상조항으로 인하여 위법한 표현행위가 감소할 것이라는 추상적 가능성에 의존하고 있는 점, 심판대상조항의 수범자인 "인터넷언론사"의 범위가 광범위하다는 점, 심판대상조항보다 익명표현의 자유와 개인정보자기결정권을 덜 제약하는 여러 사전적·사후적 수단들이 마련되어 있거나 쉽게 마련될 수 있다는 점 등을 종합하여 보았을 때, 심판대상조항은 침해의 최소성을 갖추지 못하였다. … 심판대상조항을 통하여 달성하려는 선거의 공정성이라는 공익이 익명표현의 자유와 개인정보자기결정권 등의 제약 정도보다 크다고 단정할 수 없는 이상 심판대상조항은 법익의 균형성 또한 갖추지 못하였다. … 과잉금지원칙에 반하여 익명표현의 자유와 언론의 자유, 그리고 개인정보자기결정권 등을 침해한다(헌재 2021.1.28. 2018헌마456).

> **「공직선거법」 제82조의6【인터넷언론사 게시판·대화방 등의 실명확인】** ① 인터넷언론사는 선거운동기간 중 당해 인터넷홈페이지의 게시판·대화방 등에 정당·후보자에 대한 지지·반대의 문자·음성·화상 또는 동영상 등의 정보(이하 이 조에서 "정보 등"이라 한다)를 게시할 수 있도록 하는 경우에는 행정안전부장관 또는 「신용정보의 이용 및 보호에 관한 법률」 제2조 제5호 가목에 따른 개인신용평가회사(이하 이 조에서 "개인신용평가회사"라 한다)가 제공하는 실명인증방법으로 실명을 확인받도록 하는 기술적 조치를 하여야 한다. 다만, 인터넷언론사가 「정보통신망 이용촉진 및 정보보호 등에 관한 법률」 제44조의5에 따른 본인확인조치를 한 경우에는 그 실명을 확인받도록 하는 기술적 조치를 한 것으로 본다.

적 가치의 상향적 구현을 위한 제도의 단계적 개선을 추진할 수 있는 길을 선택할 수 있어야 한다. 그것이 허용되지 않는다면 모든 사항과 계층을 대상으로 하여 동시에 제도의 개선을 추진하는 예외적 경우를 제외하고는 어떠한 제도의 개선도 평등의 원칙 때문에 그 시행이 불가능하다는 결과에 이르게 되어 불합리할 뿐 아니라 평등의 원칙이 실현하고자 하는 가치와도 어긋나기 때문이다(헌재 1990.6.25. 89헌마107).
④ [O] '수혜적 법률'의 경우에는 수혜범위에서 제외된 자가 그 법률에 의하여 평등권이 침해되었다고 주장하는 당사자에 해당되고, 당해 법률에 대한 위헌 또는 헌법불합치 결정에 따라 수혜집단과의 관계에서 평등권침해 상태가 회복될 가능성이 있다면 기본권 침해성이 인정된다(헌재 2001.11.29. 99헌마494).

---

12 국회의 의사운영 정답 ③

① [X] 본회의는 공개한다. 다만, 의장의 제의 또는 의원 10명 이상의 연서에 의한 동의로 본회의의 의결이 있거나 의장이 각 교섭단체 대표의원과 협의하여 국가의 안전보장을 위하여 필요하다고 인정할 때에는 공개하지 아니할 수 있다(「국회법」 제75조 제1항).
② [X] 의장은 안건이 어느 상임위원회의 소관에 속하는지 명백하지 아니할 때에는 국회운영위원회와 협의하여 상임위원회에 회부하되, 협의가 이루어지지 아니할 때에는 의장이 소관 상임위원회를 결정한다(「국회법」 제81조 제2항).
❸ [O] 위원회에서 제출한 의안은 그 위원회에 회부하지 아니한다. 다만, 의장은 국회운영위원회의 의결에 따라 그 의안을 다른 위원회에 회부할 수 있다(「국회법」 제88조).
④ [X] 의장에게 제출하여야 한다.

> **「국회법」 제79조【의안의 발의 또는 제출】** ① 의원은 10명 이상의 찬성으로 의안을 발의할 수 있다.
> ② 의안을 발의하는 의원은 그 안을 갖추고 이유를 붙여 찬성자와 연서하여 이를 의장에게 제출하여야 한다.

---

11 평등권 정답 ①

❶ [X] 사법시험에 합격하여 사법연수원의 과정을 마친 자와 검사의 자격이 있는 자는 사법연수원의 정형화된 이론과 실무수습을 거치는 반면 청구인들과 같은 변호사시험 합격자들의 실무수습은 법학전문대학원 별로 편차가 크고 비정형적으로 이루어지고 있으므로, 변호사시험 합격자들에게 6개월의 실무수습을 거치도록 하는 것을 합리적 이유가 없는 자의적 차별이라고 보기는 어렵다(헌재 2014.9.25. 2013헌마424).
② [O] 심판대상조항이 원판결의 근거가 된 가중처벌규정에 대하여 헌법재판소의 위헌결정이 있었음을 이유로 개시된 재심절차에서, 공소장 변경을 통해 위헌결정된 가중처벌규정보다 법정형이 가벼운 처벌규정으로 적용법조가 변경되어 피고인이 무죄재판을 받지는 않았으나 원판결보다 가벼운 형으로 유죄판결이 확정된 경우, 재심판결에서 선고된 형을 초과하여 집행된 구금에 대하여 보상요건을 전혀 규정하지 아니한 것은 현저히 자의적인 차별로서 평등원칙을 위반하여 청구인들의 평등권을 침해하므로 헌법에 위반된다(헌재 2022.2.24. 2018헌마998).
③ [O] 입법자는 그 입법의 목적, 수혜자의 상황, 국가예산 내지 보상능력 등 제반상황을 고려하여 그에 합당하다고 스스로 판단하는 내용의 입법을 할 권한이 있으며, 우리 재판소도 여러 차례에 걸쳐 헌법상 평등의 원칙은 국가가 언제 어디서 어떤 계층을 대상으로 하여 기본권에 관한 상황이나 제도의 개선을 시작할 것인지를 선택하는 것을 방해하지는 않는다. 말하자면 국가는 합리적인 기준에 따라 능력이 허용하는 범위 내에서 법

---

13 적법절차의 원칙 정답 ③

옳지 않은 것은 ㄴ, ㄷ이다.
ㄱ. [O] 적법절차의 원칙이란, 국가공권력이 국민에 대하여 불이익한 결정을 하기에 앞서 국민은 자신의 견해를 진술할 기회를 가짐으로써 절차의 진행과 그 결과에 영향을 미칠 수 있어야 한다는 법원리를 말한다. 그런데 이 사건의 경우, 국회의 탄핵소추절차는 국회와 대통령이라는 헌법기관 사이의 문제이고, 국회의 탄핵소추의결에 의하여 사인으로서의 대통령의 기본권이 침해되는 것이 아니라, 국가기관으로서의 대통령의 권한행사가 정지되는 것이다. 따라서 국가기관이 국민과의 관계에서 공권력을 행사함에 있어서 준수해야 할 법원칙으로서 형성된 적법절차의 원칙을 국가기관에 대하여 헌법을 수호하고자 하는 탄핵소추절차에는 직접 적용할 수 없다(헌재 2004.5.14. 2004헌나1).

ㄴ. [×] 적법절차원칙에서 도출할 수 있는 가장 중요한 절차적 요청 중의 하나로, 당사자에게 적절한 고지를 행할 것, 당사자에게 의견 및 자료제출의 기회를 부여할 것을 들 수 있다(헌재 2013. 7.25. 2011헌바274).

ㄷ. [×] 압수물은 검사의 이익을 위해서 뿐만 아니라 이에 대한 증거 신청을 통하여 무죄를 입증하고자 하는 피고인의 이익을 위해서도 존재하므로 사건종결시까지 이를 그대로 보존할 필요성이 있다. 따라서 사건종결 전 일반적 압수물의 폐기를 규정하고 있는 형사소송법 제130조 제2항은 엄격히 해석할 필요가 있으므로, 위 법률조항에서 말하는 '위험발생의 염려가 있는 압수물'이란 사람의 생명, 신체, 건강, 재산에 위해를 줄 수 있는 물건으로서 보관 자체가 대단히 위험하여 종국판결이 선고될 때까지 보관하기 매우 곤란한 압수물을 의미하는 것으로 보아야 하고, 이러한 사유에 해당하지 아니하는 압수물에 대하여는 설사 피압수자의 소유권포기가 있다 하더라도 폐기가 허용되지 아니한다고 해석하여야 한다. 피청구인은 이 사건 압수물을 보관하는 것 자체가 위험하다고 볼 수 없을 뿐만 아니라 이를 보관하는 데 아무런 불편이 없는 물건임이 명백함에도 압수물에 대하여 소유권포기가 있다는 이유로 이를 사건종결 전에 폐기하였는바, 위와 같은 피청구인의 행위는 적법절차의 원칙을 위반하고, 청구인의 공정한 재판을 받을 권리를 침해한 것이다(헌재 2012.12.27. 2011헌마351).

ㄹ. [○] 이 사건 법률조항은 형벌에 의한 불이익을 부과함으로써 심리적·간접적으로 지문채취를 강제하고 그것도 보충적으로만 적용하도록 하고 있어 피의자에 대한 피해를 최소화하기 위한 고려를 하고 있으며, 지문채취 그 자체가 피의자에게 주는 피해는 그리 크지 않은 반면 일단 채취된 지문은 피의자의 신원을 확인하는 효과적인 수단이 될 뿐 아니라 수사절차에서 범인을 검거하는 데에 중요한 역할을 한다. 한편, 이 사건 법률조항에 규정되어 있는 법정형은 형법상의 제재로서는 최소한에 해당되므로 지나치게 가혹하여 범죄에 대한 형벌 본래의 목적과 기능을 달성함에 필요한 정도를 일탈하였다고 볼 수도 없다(헌재 2004.9.23. 2002헌가17·18).

14 직업의 자유 정답 ④

① [○] 이 사건 법률조항은 사건 브로커 등의 알선 행위를 조장할 우려가 큰 변호사의 행위를 금지하고, 이에 위반한 경우 형사처벌하는 것으로서 변호사제도의 특성상 변호사에게 요구되는 윤리성을 담보하고, 비변호사의 법률사무 취급행위를 방지하며, 법률사무 취급의 전문성, 공정성, 신뢰성 등을 확보하고자 하는 것인바, 정당한 목적 달성을 위한 적합한 수단에 해당하고, 불필요한 제한을 규정한 것이라 볼 수 없다. 나아가 이 사건 법률조항으로 인하여 수범자인 변호사가 받는 불이익이란 결국 수임 기회의 제한에 불과하고, 이는 현재의 변호사제도가 변호사에게 법률사무 전반을 독점시키고 있음에 따라 필연적으로 발생하는 규제로서 변호사를 직업으로 선택한 이로서는 당연히 감수하여야 할 부분이다. 따라서 이 사건 법률조항이 과잉금지원칙에 위반하여 변호사의 직업수행의 자유를 침해한다고 볼 수 없다(헌재 2013.2.28. 2012헌바62).

② [○] 심판대상조항은 민법상 재단법인의 설립을 통하여 영세하고 부실한 사설봉안시설의 난립을 방지하고, 관리의 안정성을 보장하여 사설봉안시설을 이용하는 국민의 권익을 보호하려는

것으로서 목적의 정당성과 수단의 적합성이 인정된다. 오늘날 장사방법은 매장중심에서 점차 화장중심으로 변화하고 있는데, 사설봉안시설은 방만하고 부실한 운영으로 불특정 다수의 이용객에게 피해를 입힐 우려가 있으므로 관리인 개인의 역량이나 경제적 여건에 영향을 받지 않고 체계적이고 안정적으로 운영될 수 있도록 할 필요가 있다. 민법상 재단법인은 설립자와 별개의 법인격과 기본재산을 가지며, 이사는 선관주의의무로 재단법인의 사무를 담당하여야 하는 등 개인보다 안정적이고 목적사업에 충실하게 봉안시설을 운영할 수 있고, 봉안시설에 함양된 의미와 이용의 보편적 측면에 비추어 안정적이고 영속적인 봉안시설의 운영을 위하여 일정한 자격요건은 불가피한 측면이 있으며, 심판대상조항은 종중·문중이나 종교단체 등의 경우에 예외를 마련하고 있다. 재단법인을 설립할 의무라는 심판대상조항으로 인하여 제한되는 사익이 심판대상조항을 통하여 추구하는 봉안시설의 안정성과 영속성이라는 공익에 비하여 더 크다고 보기 어려우므로, 심판대상조항은 침해의 최소성과 법익의 균형성을 갖추었다. 따라서 심판대상조항은 과잉금지원칙에 위반되어 직업의 자유를 침해하지 아니한다(헌재 2021.8.31. 2019헌바453).

③ [○] 심판대상조항에 따르더라도 사회복무요원이 다른 직무를 일절 겸할 수 없는 것은 아니고, 복무기관의 장으로부터 사전에 허가를 받으면 다른 직무를 수행할 수 있으며, 실제로 상당 수의 사회복무요원이 매년 겸직허가를 받아 다른 직무를 수행해오고 있다. 또한 일정한 기간 동안 병역의무 이행으로서 의무복무를 하는 사회복무요원의 특수한 지위를 감안할 때, 사회복무요원이 허가 없이 겸직행위를 한 경우 경고처분 및 복무기간 연장의 불이익을 부과하는 것이 과도한 제재라고 보기도 어렵다. 따라서 심판대상조항은 침해의 최소성 및 법익의 균형성에 위배되지 않는다. 그렇다면 심판대상조항은 과잉금지원칙에 반하여 청구인의 직업의 자유 및 일반적 행동자유권을 침해한다고 볼 수 없다(헌재 2022.9.29. 2019헌마938).

④ [×] 심판대상조항은 성인대상 성범죄 전력에 기초하여 어떠한 예외도 없이 그 대상자가 재범의 위험성이 있다고 간주하여 일률적으로 아동·청소년 관련 기관의 취업 등을 10년간 금지하고 있는 점, 심판대상조항이 범죄행위의 유형이나 구체적 태양 등을 고려하지 않은 채 범행의 정도가 가볍고 재범의 위험성이 상대적으로 크지 않은 자에게까지 10년 동안 일률적인 취업제한을 부과하고 있는 점 등을 종합하면, 심판대상조항은 침해의 최소성 원칙에 위배된다. 또한, 심판대상조항이 달성하고자 하는 공익이 우리 사회의 중요한 공익이지만 심판대상조항에 의하여 청구인의 직업선택의 자유가 과도하게 제한되므로, 심판대상조항은 법익의 균형성 원칙에도 위배된다. 따라서 심판대상조항은 청구인의 직업선택의 자유를 침해한다(헌재 2016.7.28. 2013헌마436).

15 헌정사 정답 ④

① [○] 자유당 정권의 부정선거에 대한 반성으로 1960년 제3차 개정 헌법에서 선거의 공정한 관리를 위하여 중앙선거관리위원회를 도입했고, 각급 선거관리위원회를 추가한 것은 1962년 제5차 개정헌법이다.

② [○] 1962년(제5차 개정) 헌법에서 인간의 존엄성에 관한 규정, 1980년(제8차 개정) 헌법에서 적정임금의 보장에 노력하여야

할 의무와 환경권 규정, 1987년(제9차 개정) 헌법에서 최저임금제 시행의무를 처음으로 규정하였다.

③ [O] 대통령의 임기는 7년을 하며, 중임할 수 없다.

> **1980년 헌법 제39조** ① 대통령은 대통령선거인단에서 무기명투표로 선거한다.
> **제45조** 대통령의 임기는 7년으로 하며, 중임할 수 없다.

❹ [X] 1987년 제9차 헌법개정에서 대한민국 임시정부의 법통을 계승하도록 처음 규정하였다.

---

16 사법권, 사법심사 정답 ④

① [O] 이 사건 연임결격조항은 근무성적이 현저히 불량하여 판사로서 정상적인 직무를 수행할 수 없는 판사를 연임대상에서 제외하도록 하고 있는바, 이는 직무를 제대로 수행하지 못하는 판사를 그 직에서 배제하여 사법부 조직의 효율성을 유지하기 위한 것으로 그 정당성이 인정된다. … 결국 이 사건 연임결격조항의 취지, 연임사유로 고려되는 근무성적평정의 대상기간, 평정사항의 제한, 연임심사 과정에서의 절차적 보장 등을 종합적으로 고려하면, 이 사건 연임결격조항이 근무성적이 현저히 불량하여 판사로서의 정상적인 직무를 수행할 수 없는 판사를 연임할 수 없도록 규정하였다는 점만으로 사법의 독립을 침해한다고 볼 수 없다(헌재 2016.9.29. 2015헌바331).

② [O] 이 사건 중단조치가 북한의 핵무기 개발로 인한 위기에 대처하기 위한 조치로서 국가안보와 관련된 대통령의 의사 결정을 포함하고 그러한 의사 결정이 고도의 정치적 결단을 요하는 문제이기는 하나, 그 의사 결정에 따른 조치 결과 투자기업인 청구인들의 영업의 자유 등 기본권에 제한이 발생하였다. 그리고 국민의 기본권 제한과 직접 관련된 공권력의 행사는 고도의 정치적 고려가 필요한 대통령의 행위라도 헌법과 법률에 따라 정책을 결정하고 집행하도록 함으로써 국민의 기본권이 침해되지 않도록 견제하는 것이 국민의 기본권 보장을 사명으로 하는 헌법재판소 본연의 임무이므로, 그 한도에서 헌법소원심판의 대상이 될 수 있다. 따라서 이 사건 헌법소원심판이 사법심사가 배제되는 행위를 대상으로 한 것이어서 부적법하다고는 볼 수 없다(헌재 2022.1.27. 2016헌마364).

③ [O] 이 사건 협정조항은 어업에 관한 협정으로서 배타적경제수역을 직접 규정한 것이 아니고, 이러한 점들은 이 사건 협정에서의 이른바 중간수역에 대해서도 동일하다고 할 것이어서 독도가 중간수역에 속해 있다 할지라도 독도의 영유권문제나 영해 문제와는 직접적인 관련을 가지지 아니하므로, 이 사건 협정조항이 헌법상 영토조항을 위반하였다고 할 수 없다(헌재 2009.2.26. 2007헌바35).

❹ [X] 한미연합 군사훈련은 1978. 한미연합사령부의 창설 및 1979. 2.15. 한미연합연습 양해각서의 체결 이후 연례적으로 실시되어 왔고, 특히 이 사건 연습은 대표적인 한미연합 군사훈련으로서, 피청구인이 2007.3.경에 한 이 사건 연습결정이 새삼 국방에 관련되는 고도의 정치적 결단에 해당하여 사법심사를 자제하여야 하는 통치행위에 해당한다고 보기 어렵다(헌재 2009.5.28. 2007헌마369).

---

17 기본권 정답 ②

① [O] 행복추구권은 다른 기본권에 대한 보충적 기본권으로서의 성격을 지니고(헌재 2000.12.14. 99헌마112), 특히 어떠한 법령이 수범자의 직업의 자유와 행복추구권 양자를 제한하는 외관을 띠는 경우 두 기본권의 경합 문제가 발생하는데, 보호영역으로서 '직업'이 문제되는 경우에 행복추구권과 직업의 자유는 특별관계에 있고, 기본권의 내용상 특별성을 갖는 직업의 자유의 침해 여부가 우선하므로 행복추구권 관련 위헌 여부의 심사는 불필요한바(헌재 2003.9.25. 2002헌마519), 이 사건에 있어서 청구인이 게임 결과물의 환전업을 영위하는 행위가 직업의 자유의 보호영역에 포함된다고 보아 아래에서 그 침해 여부를 판단할 것이므로, 행복추구권의 침해 여부는 독자적으로 판단할 필요가 없다(헌재 2010.2.25. 2009헌바38).

❷ [X] 아동·청소년 대상 성범죄의 재범을 방지하고 재범시 수사의 효율성을 제고하기 위하여 등록 대상자로 하여금 1년마다 사진을 제출하도록 형사처벌로 강제하는 것은 정당한 목적을 위한 적합한 수단이고, 입법자가 등록 대상자의 사진제출의무 위반행위에 대해 형벌을 부과하는 것은 원칙적으로 입법재량의 범위 내이며, 구법 조항들은 "정당한 사유 없이" 사진제출의무를 위반한 경우에만 적용되고 법정형은 1년 이하의 징역 또는 500만원 이하의 벌금으로 경미하므로 법관은 등록 대상자의 구체적 사정을 심리하여 책임에 부합하는 양형을 할 수 있다. 따라서 구법 조항들은 일반적 행동의 자유를 침해하지 아니한다(헌재 2016.7.28. 2016헌마109).

③ [O] 입법자는 공익실현을 위하여 기본권을 제한하는 경우에도 입법목적을 실현하기에 적합한 여러 수단 중에서 되도록 국민의 기본권을 가장 존중하고 기본권을 최소로 침해하는 수단을 선택해야 한다. 기본권을 제한하는 규정은 기본권행사의 '방법'에 관한 규정과 기본권행사의 '여부'에 관한 규정으로 구분할 수 있다. 침해의 최소성의 관점에서, 입법자는 그가 의도하는 공익을 달성하기 위하여 우선 기본권을 보다 적게 제한하는 단계인 기본권행사의 '방법'에 관한 규제로써 공익을 실현할 수 있는가를 시도하고 이러한 방법으로는 공익달성이 어렵다고 판단되는 경우에 비로소 그 다음 단계인 기본권행사의 '여부'에 관한 규제를 선택해야 한다(헌재 1998.5.28. 96헌가5).

④ [O] 특허침해소송은 고도의 법률지식 및 공정성과 신뢰성이 요구되는 소송으로, 변호사 소송대리원칙(민사소송법 제87조)이 적용되어야 하는 일반 민사소송의 영역이므로, 소송 당사자의 권익을 보호하기 위해 변호사에게만 특허침해소송의 소송대리를 허용하는 것은 그 합리성이 인정되며 입법 재량의 범위 내라고 할 수 있다. 그러므로 이 사건 법률조항이 특허침해 소송을 변리사가 예외적으로 소송대리를 할 수 있도록 허용된 범위에 포함시키지 아니한 것은 청구인들의 직업의 자유를 침해하지 아니한다(헌재 2012.8.23. 2010헌마740).

---

18 변호인의 조력을 받을 권리 정답 ①

❶ [X] 피청구인은 법원의 수사서류 열람·등사 허용 결정 이후 해당 수사서류에 대한 열람은 허용하고 등사만을 거부하였는데, 변호인이 수사서류를 열람은 하였지만 등사가 허용되지 않는다면, 변호인은 형사소송절차에서 청구인들에게 유리한 수사서류의 내용을 법원에 현출할 수 있는 방법이 없어 불리한 지위

에 놓이게 되고, 그 결과 청구인들을 충분히 조력할 수 없음이 명백하므로, 피청구인이 수사서류에 대한 등사만을 거부하였다 하더라도 청구인들의 신속·공정한 재판을 받을 권리 및 변호인의 조력을 받을 권리가 침해되었다고 보아야 한다(헌재 2017.12.28. 2015헌마632).

② [O] 변호인의 조력을 받을 권리에 대한 헌법과 법률의 규정 및 취지에 비추어 보면, '형사사건에서 변호인의 조력을 받을 권리'를 의미한다고 보아야 할 것이므로 형사절차가 종료되어 교정시설에 수용 중인 수형자나 미결수용자가 형사사건의 변호인이 아닌 민사재판, 행정재판, 헌법재판 등에서 변호사와 접견할 경우에는 원칙적으로 헌법상 변호인의 조력을 받을 권리의 주체가 될 수 없다. … 교정시설 내 수용자와 변호사 사이의 접견교통권의 보장은 헌법상 보장되는 재판청구권의 한 내용 또는 그로부터 파생되는 권리로 볼 수 있다(헌재 2013.8.29. 2011헌마122).

③ [O] 구속 피고인 변호인 면접·교섭권은 독자적으로 존재하는 것이 아니라 국가형벌권의 적정한 행사와 피고인의 인권보호라는 형사소송절차의 전체적인 체계 안에서 의미를 갖고 있는 것이다. 따라서 구속 피고인의 변호인 면접·교섭권은 최대한 보장되어야 하지만, 형사소송절차의 위와 같은 목적을 구현하기 위하여 제한될 수 있다. 다만, 이 경우에도 그 제한은 엄격한 비례의 원칙에 따라야 하고, 시간·장소·방법 등 일반적 기준에 따라 중립적이어야 한다(헌재 2009.10.29. 2007헌마992).

④ [O] 변호인 선임을 위하여 피의자·피고인(이하 '피의자 등'이라 한다)이 가지는 '변호인이 되려는 자'와의 접견교통권은 헌법상 기본권으로 보호되어야 하고, '변호인이 되려는 자'의 접견교통권은 피의자 등이 변호인을 선임하여 그로부터 조력을 받을 권리를 공고히 하기 위한 것으로서, 그것이 보장되지 않으면 피의자 등이 변호인 선임을 통하여 변호인으로부터 충분한 조력을 받는다는 것이 유명무실하게 될 수밖에 없다. 이와 같이 '변호인이 되려는 자'의 접견교통권은 피의자 등을 조력하기 위한 핵심적인 부분으로서, 피의자 등이 가지는 헌법상의 기본권인 '변호인이 되려는 자'와의 접견교통권과 표리의 관계에 있다. 따라서 피의자 등이 가지는 '변호인이 되려는 자'의 조력을 받을 권리가 실질적으로 확보되기 위해서는 '변호인이 되려는 자'의 접견교통권 역시 헌법상 기본권으로서 보장되어야 한다(헌재 2019.2.28. 2015헌마1204).

19　국회의 의결정족수　　정답 ①

국회의 의결정족수 요건이 같은 것은 ㄴ, ㅂ이다.

ㄱ. 재적의원 과반수의 출석과 출석의원 3분의 2 이상의 찬성

> **헌법 제53조** ④ 재의의 요구가 있을 때에는 국회는 재의에 붙이고, 재적의원과반수의 출석과 출석의원 3분의 2 이상의 찬성으로 전과 같은 의결을 하면 그 법률안은 법률로서 확정된다.

ㄴ. 재적의원 3분의 1이상의 발의와 재적의원 과반수의 찬성

> **헌법 제63조** ① 국회는 국무총리 또는 국무위원의 해임을 대통령에게 건의할 수 있다.
> ② 제1항의 해임건의는 국회재적의원 3분의 1 이상의 발의에 의하여 국회재적의원 과반수의 찬성이 있어야 한다.

ㄷ. 재적의원 3분의 2 이상의 찬성

> **「국회법」 제142조【의결】** ① 윤리특별위원회가 심사보고서를 의장에게 제출하면 의장은 본회의에 부의하여야 한다.
> ② 심사대상 의원은 본회의에서 스스로 변명하거나 다른 의원으로 하여금 변명하게 할 수 있다.
> ③ 본회의는 심사대상 의원의 자격 유무를 의결로 결정하되, 그 자격이 없는 것으로 의결할 때에는 재적의원 3분의 2 이상의 찬성이 있어야 한다.

ㄹ. 재적의원 과반수의 발의와 재적의원 3분의 2 이상의 찬성

> **헌법 제65조** ① 대통령·국무총리·국무위원·행정각부의 장·헌법재판소 재판관·법관·중앙선거관리위원회 위원·감사원장·감사위원 기타 법률이 정한 공무원이 그 직무집행에 있어서 헌법이나 법률을 위배한 때에는 국회는 탄핵의 소추를 의결할 수 있다.
> ② 제1항의 탄핵소추는 국회재적의원 3분의 1 이상의 발의가 있어야 하며, 그 의결은 국회재적의원 과반수의 찬성이 있어야 한다. 다만, 대통령에 대한 탄핵소추는 국회재적의원 과반수의 발의와 국회재적의원 3분의 2 이상의 찬성이 있어야 한다.

ㅁ. 재적의원 3분의 2 이상의 찬성

> **헌법 제130조** ① 국회는 헌법개정안이 공고된 날로부터 60일 이내에 의결하여야 하며, 국회의 의결은 재적의원 3분의 2 이상의 찬성을 얻어야 한다.

ㅂ. 재적의원 과반수의 찬성

> **헌법 제77조** ⑤ 국회가 재적의원 과반수의 찬성으로 계엄의 해제를 요구한 때에는 대통령은 이를 해제하여야 한다.

20　영장주의　　정답 ①

❶ [X] 참고인에 대한 동행명령제도는 참고인의 신체의 자유를 사실상 억압하여 일정 장소로 인치하는 것과 실질적으로 같으므로 헌법 제12조 제3항이 정한 영장주의원칙이 적용되어야 한다. 그럼에도 불구하고 법관이 아닌 특별검사가 동행명령장을 발부하도록 하고 정당한 사유 없이 이를 거부한 경우 벌금형에 처하도록 함으로써, 실질적으로는 참고인의 신체의 자유를 침해하여 지정된 장소에 인치하는 것과 마찬가지의 결과가 나타나도록 규정한 이 사건 동행명령조항은 영장주의원칙을 규정한 헌법 제12조 제3항에 위반되거나 적어도 위 헌법상 원칙을 잠탈하는 것이다(헌재 2008.1.10. 2007헌마1468).

② [O] 지방의회에서의 사무감사·조사를 위한 증인의 동행명령장제도도 증인의 신체의 자유를 억압하여 일정 장소로 인치하는 것으로서 헌법 제12조 제3항의 "체포 또는 구속"에 준하는 사태로 보아야 하고, 거기에 현행범 체포와 같이 사후에 영장을 발부받지 아니하면 목적을 달성할 수 없는 긴박성이 있다고 인정할 수는 없으므로, 헌법 제12조 제3항에 의하여 법관이 발부한 영장의 제시가 있어야 함에도 불구하고 동행명령장을 법관이 아닌 지방의회 의장이 발부하고 이에 기하여 증인의 신체의 자유를 침해하여 증인을 일정 장소에 인치하도록 규정

된 조례안은 영장주의원칙을 규정한 헌법 제12조 제3항에 위반된 것이다(대판 1995.6.30. 93추83).

③ [O] 헌법 제12조 제3항과 달리 헌법 제16조 후문은 "주거에 대한 압수나 수색을 할 때에는 검사의 신청에 의하여 법관이 발부한 영장을 제시하여야 한다."라고 규정하고 있을 뿐 영장주의에 대한 예외를 명문화하고 있지 않으나, 헌법 제12조 제3항과 헌법 제16조의 관계, 주거 공간에 대한 긴급한 압수·수색의 필요성, 주거의 자유와 관련하여 영장주의를 선언하고 있는 헌법 제16조의 취지 등에 비추어 ㉠ 그 장소에 범죄혐의 등을 입증할 자료나 피의자가 존재할 개연성이 있고, ㉡ 사전에 영장을 발부받기 어려운 긴급한 사정이 있는 경우에는 제한적으로 영장주의의 예외를 허용할 수 있다고 보는 것이 타당하다. 심판대상조항은 체포영장을 발부받아 피의자를 체포하는 경우에 '필요한 때'에는 영장 없이 타인의 주거 등 내에서 피의자 수사를 할 수 있다고 규정함으로써, 별도로 영장을 발부받기 어려운 긴급한 사정이 있는지 여부를 구별하지 아니하고 피의자가 소재할 개연성이 있으면 영장 없이 타인의 주거 등을 수색할 수 있도록 허용하고 있다. 이는 체포영장이 발부된 피의자가 타인의 주거 등에 소재할 개연성은 인정되나, 수색에 앞서 영장을 발부받기 어려운 긴급한 사정이 인정되지 않는 경우에도 영장 없이 피의자 수사를 할 수 있다는 것이므로, 위에서 본 헌법 제16조의 영장주의 예외 요건을 벗어난다(헌재 2018.4.26. 2015헌바370)[헌법불합치].

④ [O] 헌법 제12조 제3항이 영장의 발부에 관하여 "검사의 신청"에 의할 것을 규정한 취지는 모든 영장의 발부에 검사의 신청이 필요하다는 데에 있는 것이 아니라 수사단계에서 영장의 발부를 신청할 수 있는 자를 검사로 한정함으로써 검사 아닌 다른 수사기관의 영장신청에서 오는 인권유린의 폐해를 방지하고자 함에 있으므로, 공판단계에서 법원이 직권에 의하여 구속영장을 발부할 수 있음을 규정한 형사소송법 제70조 제1항 및 제73조 중 "피고인을 … 구인 또는 구금함에는 구속영장을 발부하여야 한다." 부분은 헌법 제12조 제3항에 위반되지 아니한다(헌재 1997.3.27. 96헌바28).
   ※ 법관의 직권(명령장)과 검사의 신청(허가장)에 의한 구속영장 발부 모두 가능함

| **21** | 국회의원의 지위·권한 | 정답 ② |

① [O] 국회의원은 현행범인인 경우를 제외하고는 회기 중 국회의 동의 없이 체포 또는 구금되지 아니한다(헌법 제44조 제1항).

❷ [X] 의원을 체포하거나 구금하기 위하여 국회의 동의를 받으려고 할 때에는 관할법원의 판사는 영장을 발부하기 전에 체포동의 요구서를 정부에 제출하여야 하며, 정부는 이를 수리한 후 지체 없이 그 사본을 첨부하여 국회에 체포동의를 요청하여야 한다(「국회법」 제26조 제1항).

③ [O] 국회의원은 국민에 의하여 직접 선출되는 국민의 대표로서 여러 가지 헌법상·법률상의 권한이 부여되어 있지만 그 중에서도 가장 중요하고 본질적인 것은 입법에 대한 권한임은 두 말할 나위가 없고, 이 권한에는 법률안제출권(헌법 제52조)과 법률안 심의·표결권이 포함된다. 국회의원의 법률안 심의·표결권은 비록 헌법에는 이에 관한 명문의 규정이 없지만 의회민주주의의 원리, 입법권을 국회에 귀속시키고 있는 헌법 제40조, 국민에 의하여 선출되는 국회의원으로 국회를 구성한다

고 규정하고 있는 헌법 제41조 제1항으로부터 당연히 도출되는 헌법상의 권한이다(헌재 1997.7.16. 96헌라2).

④ [O] 비례대표국회의원 또는 비례대표지방의회의원이 소속정당의 합당·해산 또는 제명외의 사유로 당적을 이탈·변경하거나 2 이상의 당적을 가지고 있는 때에는 「국회법」 제136조(퇴직) 또는 「지방자치법」 제90조(의원의 퇴직)의 규정에 불구하고 퇴직된다. 다만, 비례대표국회의원이 국회의장으로 당선되어 국회법 규정에 의하여 당적을 이탈한 경우에는 그러하지 아니하다(「공직선거법」 제192조 제4항).

| **22** | 헌법소원심판 | 정답 ② |

① [O] 헌법재판소법 제68조 제1항에 의하여 헌법소원의 대상이 되는 행위는 국가기관의 공권력작용에 속하여야 한다. 여기서의 국가기관은 입법·행정·사법 등의 모든 기관을 포함하며, 간접적인 국가행정, 예를 들어 공법상의 사단, 재단 등의 공법인, 국립대학교(헌재 1992.10.1. 92헌마68 등)와 같은 영조물 등의 작용도 헌법소원의 대상이 된다(헌재 2013.5.30. 2009헌마514).

❷ [X] 공권력의 행사 뿐만 아니라 불행사로 침해되는 경우에도 청구할 수 있다.

> 헌법소원심판은 공권력의 행사 또는 불행사로 인하여 헌법상 보장된 기본권을 침해받은 경우에 청구할 수 있으므로 헌법소원심판의 청구를 하려면 우선 기본권침해의 원인이 된 '공권력의 행사 또는 불행사'의 사실이 있어야 하고, 헌법소원의 대상이 되는 공권력의 행사 또는 불행사의 사실이 아예 존재하지 아니하는 경우에는 그 심판청구는 부적법하다(헌재 2014.3.31. 2014헌마239).

③ [O] 법원의 재판을 거쳐 확정된 행정처분(원행정처분)에 대한 헌법소원심판은 당해 행정처분을 심판의 대상으로 삼았던 법원의 재판이 예외적으로 헌법소원의 심판대상이 되어 그 재판 자체가 취소되는 경우에 한하여 청구할 수 있는 것이고 법원의 재판이 취소될 수 없는 경우에는 당해 행정처분에 대한 헌법소원심판은 허용되지 아니한다(헌재 1999.5.27. 98헌마357).

④ [O] 미결수용자에 대하여 재소자용 의류를 입게 한 행위에 대한 헌법소원심판 계속 중 청구인들이 석방되어 주관적인 권리보호이익이 소멸되었으나, 그러한 기본권 침해행위가 반복될 위험이 있고 그 해명이 헌법질서의 수호·유지를 위하여 긴요한 사항으로서 중대한 의미를 지니고 있으므로 심판청구의 이익이 인정된다. … 수사 및 재판단계에서 유죄가 확정되지 아니한 미결수용자에게 재소자용 의류를 입게 하는 것은 미결수용자로 하여금 모욕감이나 수치심을 느끼게 하고, 심리적인 위축으로 방어권을 제대로 행사할 수 없게 하여 실체적 진실의 발견을 저해할 우려가 있으므로, 도주 방지 등 어떠한 이유를 내세우더라도 그 제한은 정당화될 수 없어 헌법 제37조 제2항의 기본권 제한에서의 비례원칙에 위반되는 것으로서, 무죄추정의 원칙에 반하고 인간으로서의 존엄과 가치에서 유래하는 인격권과 행복추구권, 공정한 재판을 받을 권리를 침해하는 것이다(헌재 1999.5.27. 97헌마137).

23 헌법의 기본원리 정답 ③

① [O] 사회보험은 사회국가원리를 실현하기 위한 중요한 수단이라는 점에서, 사회연대의 원칙은 국민들에게 최소한의 인간다운 생활을 보장해야 할 국가의 의무를 부과하는 사회국가원리에서 나온다. 보험료의 형성에 있어서 사회연대의 원칙은 보험료와 보험급여 사이의 개별적 등가성의 원칙에 수정을 가하는 원리일 뿐만 아니라, 사회보험체계 내에서의 소득의 재분배를 정당화하는 근거이며, 보험의 급여 수혜자가 아닌 제3자인 사용자의 보험료 납부의무(소위 '이질부담')를 정당화하는 근거이기도 하다. 또한 사회연대의 원칙은 사회보험에의 강제가입의무를 정당화하며, 재정구조가 취약한 보험자와 재정구조가 건전한 보험자 사이의 재정조정을 가능하게 한다(헌재 2000.6.29. 99헌마289).

② [O] 국민주권과 국민대표제 우리 헌법의 전문과 본문의 전체에 담겨 있는 최고 이념은 국민주권주의와 자유민주주에 입각한 입헌민주헌법의 본질적 기본원리에 기초하고 있다. 기타 헌법상의 제 원칙도 여기에서 연유되는 것이므로 이는 헌법전을 비롯한 모든 법령해석의 기준이 되고, 입법형성권 행사의 한계와 정책결정의 방향을 제시하며, 나아가 모든 국가기관과 국민이 존중하고 지켜가야 하는 최고의 가치규범이다(헌재 1989.9.8. 88헌가6).

❸ [X] 소급입법은, 신법이 이미 종료된 사실관계에 작용하는지(과거에 완성된 사실 또는 법률관계를 규율대상으로 하는지), 아니면 과거에 시작되었으나 아직 완성되지 아니하고 현재 진행 중에 있는 사실관계에 작용하는지에 따라 이른바 '진정소급입법'과 '부진정소급입법'으로 구분되는바, 전자는 헌법적으로 허용되지 않는 것이 원칙인 반면, 후자는 원칙적으로 허용되지만 소급효를 요구하는 공익상의 사유와 신뢰보호의 요청 사이의 교량과정에서 신뢰보호의 관점이 입법자의 형성권에 제한을 가하게 된다(헌재 2011.7.28. 2009헌바311).

④ [O] 문화국가원리의 실현과 문화정책문화국가원리는 국가의 문화국가실현에 관한 과제 또는 책임을 통하여 실현되는바, 국가의 문화정책과 밀접 불가분의 관계를 맺고 있다. 과거 국가절대주의사상의 국가관이 지배하던 시대에는 국가의 적극적인 문화간섭정책이 당연한 것으로 여겨졌다. 그러나 오늘날에 와서는 국가가 어떤 문화현상에 대하여도 이를 선호하거나, 우대하는 경향을 보이지 않는 불편부당의 원칙이 가장 바람직한 정책으로 평가받고 있다. 오늘날 문화국가에서의 문화정책은 그 초점이 문화 그 자체에 있는 것이 아니라 문화가 생겨날 수 있는 문화풍토를 조성하는 데 두어야 한다(헌재 2004.5.27. 2003헌가1).

24 탄핵심판 정답 ④

① [O] 국회법 제130조 제1항은 탄핵소추의 발의가 있을 때 그 사유 등에 대한 조사 여부를 국회의 재량으로 규정하고 있으므로, 국회가 탄핵소추사유에 대하여 별도의 조사를 하지 않았다거나 국정조사결과나 특별검사의 수사결과를 기다리지 않고 탄핵소추안을 의결하였다고 하여 그 의결이 헌법이나 법률을 위반한 것이라고 볼 수 없다(헌재 2017.3.10. 2016헌나1).

② [O] 「국회법」 제130조 제2항에 대한 옳은 내용이다.

> **제130조 【탄핵소추의 발의】** ① 탄핵소추의 발의가 있은 때에는 의장은 발의된 후 처음 개의하는 본회의에 보고하고, 본회의는 의결로 법제사법위원회에 회부하여 조사하게 할 수 있다.
> ② 본회의가 제1항에 의하여 법제사법위원회에 회부하기로 의결하지 아니한 때에는 본회의에 보고된 때로부터 24시간 이후 72시간 이내에 탄핵소추의 여부를 무기명투표로 표결한다. 이 기간 내에 표결하지 아니한 때에는 그 탄핵소추안은 폐기된 것으로 본다.

③ [O] 탄핵심판은 고위공직자가 권한을 남용하여 헌법이나 법률을 위반하는 경우 그 권한을 박탈함으로써 헌법질서를 지키는 헌법재판이고, 탄핵결정은 대상자를 공직으로부터 파면함에 그치고 형사상 책임을 면제하지 아니한다(헌법 제65조 제4항)는 점에서 탄핵심판절차는 형사절차나 일반 징계절차와는 성격을 달리 한다. 헌법 제65조 제1항이 정하고 있는 탄핵소추사유는 '공무원이 그 직무집행에 있어서 헌법이나 법률을 위배한' 사실이고, 여기에서 법률은 형사법에 한정되지 아니한다. 그런데 헌법은 물론 형사법이 아닌 법률의 규정이 형사법과 같은 구체성과 명확성을 가지지 않은 경우가 많으므로 탄핵소추사유를 형사소송법상 공소사실과 같이 특정하도록 요구할 수는 없고, 소추의결서에는 피청구인이 방어권을 행사할 수 있고 헌법재판소가 심판대상을 확정할 수 있을 정도로 사실관계를 구체적으로 기재하면 된다고 보아야 한다. 공무원 징계의 경우 징계사유의 특정은 그 대상이 되는 비위사실을 다른 사실과 구별될 정도로 기재하면 충분하므로, 탄핵소추사유도 그 대상 사실을 다른 사실과 명백하게 구분할 수 있을 정도의 구체적 사정이 기재되면 충분하다. 이 사건 소추의결서의 헌법위배행위 부분은 사실관계를 중심으로 기재되어 있지 않아 소추사유가 분명하게 유형별로 구분되지 않은 측면이 없지 않지만, 소추사유로 기재된 사실관계는 법률 위배행위 부분과 함께 보면 다른 소추사유와 명백하게 구분할 수 있을 정도로 충분히 구체적으로 기재되어 있다(헌재 2017.3.10. 2016헌나1).

❹ [X] 헌법재판소는 사법기관으로서 원칙적으로 탄핵소추기관인 국회의 탄핵소추의결서에 기재된 소추사유에 의하여 구속을 받는다. 따라서 헌법재판소는 탄핵소추의결서에 기재되지 아니한 소추사유를 판단의 대상으로 삼을 수 없다. 그러나 탄핵소추의결서에서 그 위반을 주장하는 '법규정의 판단'에 관하여 헌법재판소는 원칙적으로 구속을 받지 않으므로, 청구인이 그 위반을 주장한 법규정 외에 다른 관련 법규정에 근거하여 탄핵의 원인이 된 사실관계를 판단할 수 있다. 또한, 헌법재판소는 소추사유의 판단에 있어서 국회의 탄핵소추의결서에서 분류된 소추사유의 체계에 의하여 구속을 받지 않으므로, 소추사유를 어떠한 연관관계에서 법적으로 고려할 것인가의 문제는 전적으로 헌법재판소의 판단에 달려있다(헌재 2004.5.14. 2004헌나1).

25 종교의 자유 정답 ②

① [○] 무죄추정의 원칙이 적용되는 미결수용자들에 대한 기본권 제한은 징역형 등의 선고를 받아 그 형이 확정된 수형자의 경우보다는 더 완화되어야 할 것임에도, 피청구인이 수용자 중 미결수용자에 대하여만 일률적으로 종교행사 등에의 참석을 불허한 것은 미결수용자의 종교의 자유를 나머지 수용자의 종교의 자유보다 더욱 엄격하게 제한한 것이다. 나아가 공범 등이 없는 경우 내지 공범 등이 있는 경우라도 공범이나 동일사건 관련자를 분리하여 종교행사 등에의 참석을 허용하는 등의 방법으로 미결수용자의 기본권을 덜 침해하는 수단이 존재함에도 불구하고 이를 전혀 고려하지 아니하였으므로 이 사건 종교행사 등 참석불허 처우는 침해의 최소성 요건을 충족하였다고 보기 어렵다. 그리고, 이 사건 종교행사 등 참석불허 처우로 얻어질 공익의 정도가 무죄추정의 원칙이 적용되는 미결수용자들이 종교행사 등에 참석을 하지 못함으로써 입게 되는 종교의 자유의 제한이라는 불이익에 비하여 결코 크다고 단정하기 어려우므로 법익의 균형성 요건 또한 충족하였다고 할 수 없다. 따라서, 이 사건 종교행사 등 참석불허 처우는 과잉금지원칙을 위반하여 청구인의 종교의 자유를 침해하였다(헌재 2011.12.29. 2009헌마527).

❷ [×] 이 사건 종교인소득 과세조항들 청구인들은, 이 사건 비과세소득조항이 종교인소득 중 과세대상이 아닌 부분을 법률로 정하지 않고 하위규범에 위임함으로써 종교인소득 중 과세대상이 되는 부분이 명확하지 않으므로, 이 사건 종교인소득 과세조항들이 조세법률주의에 위반되고, 이로 인해 종교의 자유 등 기본권을 침해한다고 주장한다. … 과세관청의 부과처분에 의하여 조세채무가 확정되거나 납세의무자 스스로 조세채무 성립요건의 충족을 확정시키는 방식의 조세법령의 경우에는, 과세처분 또는 경정청구거부처분 등의 구체적인 집행행위를 통하여 비로소 기본권의 침해가 현실화되므로, 기본권침해의 직접성이 없다(헌재 2019.4.2. 2019헌마269).

③ [○] 오늘날 종교적인 의식 또는 행사가 하나의 사회공동체의 문화적인 현상으로 자리잡고 있으므로, 어떤 의식, 행사, 유형물 등이 비록 종교적인 의식, 행사 또는 상징에서 유래되었다고 하더라도 그것이 이미 우리 사회공동체 구성원들 사이에서 관습화된 문화요소로 인식되고 받아들여질 정도에 이르렀다면, 이는 정교분리의 원칙이 적용되는 종교의 영역이 아니라 헌법적 보호가치를 지닌 문화의 의미를 갖게 된다. 그러므로 이와 같이 이미 문화적 가치로 성숙한 종교적인 의식, 행사, 유형물에 대한 국가 등의 지원은 일정 범위 내에서 전통문화의 계승·발전이라는 문화국가원리에 부합하며 정교분리의 원칙에 위배되지 않는다(대판 2009.5.28. 2008두16933).

④ [○] 국민의 교육을 받을 권리를 적극적으로 보호하고, 능력에 따라 균등한 교육기회를 제공하고, 지속성과 안전을 확보하고, 수업료 등에 있어서 적정한 교육운영을 유지하게 하기 위하여, 종교교육이 학교나 학원 형태로 시행될 때 필요한 시설기준과 교육과정 등에 대한 최소한의 기준을 국가가 마련하여 학교설립인가 등을 받게 하는 것은 헌법 제31조 제6항의 입법자의 입법재량의 범위 안에 포함된다고 할 것이다. 따라서 종교교육이라 하더라도 그것이 학교나 학원이라는 교육기관의 형태를 취할 경우에는 교육법이나 학원법상의 규정에 의한 규제를 받게 된다고 보아야 할 것이고, 종교교육이라고 해서 예외가 될 수 없다 할 것이다. 그러나 그러한 종교단체가 교육법상의 학교나 학원법상의 학원 형태가 아닌 교단 내부의 순수한 성직자 내지 교리자 양성기관을 운영하는 것은 방해받지 아니한다고 볼 것이다(헌재 2000.3.30. 99헌바14).

정답
p.64

01	②	III	06	③	IV	11	④	II	16	①	III	21	②	I
02	③	II	07	③	II	12	③	III	17	②	II	22	③	II
03	①	II	08	②	IV	13	③	II	18	①	II	23	④	II
04	④	III	09	③	III	14	③	II	19	②	I	24	②	IV
05	②	I	10	①	III	15	③	III	20	③	III	25	④	II

취약 단원 분석표

단원	맞힌 답의 개수
I	/ 3
II	/ 11
III	/ 8
IV	/ 3
TOTAL	/ 25

Ⅰ 헌법총론 / Ⅱ 기본권론 / Ⅲ 통치구조론 / Ⅳ 헌법재판론

---

01 선거운동 정답 ②

① [O] 「공직선거법」 제60조 제15조 제1항 제3호, 제1항 제1호에 대한 옳은 내용이다.

> **제15조【선거권】** ① 18세 이상으로서 제37조 제1항에 따른 선거인명부작성기준일 현재 다음 각 호의 어느 하나에 해당하는 사람은 그 구역에서 선거하는 지방자치단체의 의회의원 및 장의 선거권이 있다.
> 3. 「출입국관리법」 제10조에 따른 영주의 체류자격 취득일 후 3년이 경과한 외국인으로서 같은 법 제34조에 따라 해당 지방자치단체의 외국인등록대장에 올라 있는 사람
> **제60조【선거운동을 할 수 없는 자】** ① 다음 각 호의 어느 하나에 해당하는 사람은 선거운동을 할 수 없다. 다만, 제1호에 해당하는 사람이 예비후보자·후보자의 배우자인 경우와 제4호부터 제8호까지의 규정에 해당하는 사람이 예비후보자·후보자의 배우자이거나 후보자의 직계존비속인 경우에는 그러하지 아니하다.
> 1. 대한민국 국민이 아닌 자. 다만, 제15조 제2항 제3호에 따른 외국인이 해당 선거에서 선거운동을 하는 경우에는 그러하지 아니하다.

❷ [X] 미성년자는 선거운동을 할 수 없다. 후보자의 직계비속일지라도 선거운동을 할 수 없다.

> **「공직선거법」 제60조【선거운동을 할 수 없는 자】** ① 다음 각 호의 어느 하나에 해당하는 사람은 선거운동을 할 수 없다. 다만, 제1호에 해당하는 사람이 예비후보자·후보자의 배우자인 경우와 제4호부터 제8호까지의 규정에 해당하는 사람이 예비후보자·후보자의 배우자이거나 후보자의 직계존비속인 경우에는 그러하지 아니하다.
> 2. 미성년자(18세 미만의 자를 말한다. 이하 같다)

③ [O] 「국가공무원법」 제2조에 규정된 국가공무원은 선거운동을 할 수 없으나, 예비후보자의 배우자인 경우에는 그러하지 아니하다.

> **「공직선거법」 제60조【선거운동을 할 수 없는 자】** ① 다음 각 호의 어느 하나에 해당하는 사람은 선거운동을 할 수 없다. 다만, 제1호에 해당하는 사람이 예비후보자·후보자의

배우자인 경우와 제4호부터 제8호까지의 규정에 해당하는 사람이 예비후보자·후보자의 배우자이거나 후보자의 직계존비속인 경우에는 그러하지 아니하다.
> 4. 「국가공무원법」 제2조(공무원의 구분)에 규정된 국가공무원과 「지방공무원법」 제2조(공무원의 구분)에 규정된 지방공무원. 다만, 「정당법」 제22조(발기인 및 당원의 자격) 제1항 제1호 단서의 규정에 의하여 정당의 당원이 될 수 있는 공무원(국회의원과 지방의회의원 외의 정무직공무원을 제외한다)은 그러하지 아니하다.

④ [O] 새마을운동협의회 상근임·직원은 선거운동을 할 수 없으나, 후보자의 직계존속인 경우에는 그러하지 아니하다.

> **「공직선거법」 제60조【선거운동을 할 수 없는 자】** ① 다음 각 호의 어느 하나에 해당하는 사람은 선거운동을 할 수 없다. 다만, 제1호에 해당하는 사람이 예비후보자·후보자의 배우자인 경우와 제4호부터 제8호까지의 규정에 해당하는 사람이 예비후보자·후보자의 배우자이거나 후보자의 직계존비속인 경우에는 그러하지 아니하다.
> 7. 통·리·반의 장 및 읍·면·동주민자치센터(그 명칭에 관계없이 읍·면·동사무소 기능전환의 일환으로 조례에 의하여 설치된 각종 문화·복지·편익시설을 총칭한다. 이하 같다)에 설치된 주민자치위원회(주민자치센터의 운영을 위하여 조례에 의하여 읍·면·동사무소의 관할구역별로 두는 위원회를 말한다. 이하 같다)위원

---

02 교육권 정답 ③

① [O] 수능 성적으로 학생을 선발하는 전형방법은 사회통념적 가치기준에 적합한 합리적인 방법 중 하나이다. 따라서 이 사건 입시계획이 저소득학생 특별전형에서 학생부 기록 등을 반영함이 없이 수능 성적만으로 학생을 선발하도록 정하였다 하더라도, 이는 대학의 자율성의 범위 내에 있는 것으로서 저소득학생의 응시기회를 불합리하게 박탈하고 있다고 보기 어려우므로, 청구인의 균등하게 교육을 받을 권리를 침해하지 않는다(헌재 2022.9.29. 2021헌마929).

② [○] 수능시험을 준비하면서 무엇을 어떻게 공부하여야 할지에 관하여 스스로 결정할 자유가 심판대상계획에 따라 제한된다. 이는 자신의 교육에 관하여 스스로 결정할 권리, 즉 교육을 통한 자유로운 인격발현권을 제한받는 것으로 볼 수 있다. 한편, 청구인들은 심판대상계획으로 인해 교육을 받을 권리가 침해된다고 주장하지만, 심판대상계획이 헌법 제31조 제1항의 능력에 따라 균등하게 교육을 받을 권리를 직접 제한한다고 보기는 어렵다(헌재 2018.2.22. 2017헌마691).

❸ [×] 이 사건 동시선발조항이 자사고를 후기학교로 규정함으로써 과학고와 달리 취급하고, 일반고와 같이 취급하는 데에는 합리적인 이유가 있으므로 청구인 학교법인의 평등권을 침해하지 아니한다. … 이 사건 중복지원금지 조항은 고등학교 진학 기회에 있어서 자사고 지원자들에 대한 차별을 정당화할 수 있을 정도로 차별 목적과 차별 정도간에 비례성을 갖춘 것이라고 볼 수 없다. 즉, 동시선발조항은 합헌이지만 중복지원금지 조항이 평등권을 침해하는 규정이다.

> [1] 과학고는 '과학분야의 인재 양성'이라는 설립 취지나 전문적인 교육과정의 측면에서 과학 분야에 재능이나 소질을 가진 학생을 후기학교보다 먼저 선발할 필요성을 인정할 수 있으나, 자사고의 경우 교육과정 등을 고려할 때 후기학교보다 먼저 특정한 재능이나 소질을 가진 학생을 선발할 필요성은 적다. 따라서 이 사건 동시선발 조항이 자사고를 후기학교로 규정함으로써 과학고와 달리 취급하고, 일반고와 같이 취급하는 데에는 합리적인 이유가 있으므로 청구인 학교법인의 평등권을 침해하지 아니한다.
>
> [2] 자사고에 지원하였다가 불합격한 평준화지역 소재 학생들은 이 사건 중복지원금지 조항으로 인하여 원칙적으로 평준화지역 일반고에 지원할 기회가 없고, 지역별 해당 교육감의 재량에 따라 배정·추가배정 여부가 달라진다. 이에 따라 일부 지역의 경우 평준화지역 자사고 불합격자들에 대하여 일반고 배정절차를 마련하지 아니하여 자신의 학교군에서 일반고에 진학할 수 없고, 통학이 힘든 먼 거리의 비평준화지역의 학교에 진학하거나 학교의 장이 입학전형을 실시하는 고등학교에 정원미달이 발생할 경우 추가선발에 지원하여야 하고 그조차 곤란한 경우 고등학교 재수를 하여야 하는 등 고등학교 진학 자체가 불투명하게 되기도 한다. 고등학교 교육의 의미, 현재 우리나라의 고등학교 진학률에 비추어 자사고에 지원하였었다는 이유로 이러한 불이익을 주는 것이 적절한 조치인지 의문이 아닐 수 없다. 자사고와 평준화지역 후기학교의 입학전형 실시권자가 달라 자사고 불합격자에 대한 평준화지역 후기학교 배정에 어려움이 있다면 이를 해결할 다른 제도를 마련하였어야 함에도, 이 사건 중복지원금지조항은 중복지원금지 원칙만을 규정하고 자사고 불합격자에 대하여 아무런 고등학교 진학 대책을 마련하지 않았다. 결국 이 사건 중복지원금지 조항은 고등학교 진학 기회에 있어서 자사고 지원자들에 대한 차별을 정당화할 수 있을 정도로 차별 목적과 차별 정도간에 비례성을 갖춘 것이라고 볼 수 없다(헌재 2019.4.11. 2018헌마221).

④ [○] 국가는 헌법 제31조에 의하여 학교의 제도, 조직, 학교유형, 교육목표, 수업의 내용 및 방법 등 학교교육에 관한 광범위한 형성권을 가지고 있다. 이 사건 조항은 고등학교 과열입시경쟁을 해소함으로써 중학교 교육을 정상화하고, 학교간 격차 및 지역 간 격차 해소를 통하여 고등학교 교육 기회의 균등 제공을 위한 것으로서 입법목적이 정당하며, 각 학교에 의한 입학

생 경쟁 선발 방법이 아닌 교육감에 의한 입학전형 및 학교군별 추첨에 의한 배정방식을 취하는 것은 수단의 적정성이 인정된다. 이 사건 조항으로 인하여 학부모의 '사립학교선택권'이나 종교교육을 위한 학교선택권이 과도하게 제한된다고 보기도 어렵다(헌재 2009.4.30. 2005헌마514).

03 양심의 자유   정답 ①

❶ [×] 일반적으로 민주적 다수는 법질서와 사회질서를 그의 정치적 의사와 도덕적 기준에 따라 형성하기 때문에, 그들이 국가의 법질서나 사회의 도덕률과 양심상의 갈등을 일으키는 것은 예외에 속한다. 양심의 자유에서 현실적으로 문제가 되는 것은 국가의 법질서나 사회의 도덕률에서 벗어나려는 소수의 양심이다. 따라서 양심상의 결정이 어떠한 종교관·세계관 또는 그 외의 가치체계에 기초하고 있는가와 관계없이, 모든 내용의 양심상의 결정이 양심의 자유에 의하여 보장된다(헌재 2004. 8.26. 2002헌가1).

② [○] 헌법 제19조는 "모든 국민은 양심의 자유를 가진다."라고 하여 양심의 자유를 기본권의 하나로 보장하고 있는바, 여기의 양심이란 세계관·인생관·주의·신조 등은 물론, 이에 이르지 아니하여도 보다 널리 개인의 인격형성에 관계되는 내심에 있어서의 가치적·윤리적 판단도 포함된다고 볼 것이다. 그러므로 양심의 자유에는 널리 사물의 시시비비나 선악과 같은 윤리적 판단에 국가가 개입해서는 안되는 내심적 자유는 물론, 이와 같은 윤리적 판단을 국가권력에 의하여 외부에 표명하도록 강제받지 않는 자유 즉 윤리적 판단사항에 관한 침묵의 자유까지 포괄한다고 할 것이다(헌재 1991.4.1. 89헌마160).

③ [○] 양심형성의 자유와 양심적 결정의 자유는 내심에 머무르는 한 절대적 자유라고 할 수 있지만, 양심실현의 자유는 타인의 기본권이나 다른 헌법적 질서와 저촉되는 경우 헌법 제37조 제2항에 따라 국가안전보장·질서유지 또는 공공복리를 위하여 법률에 의하여 제한될 수 있는 상대적 자유라고 할 수 있다(헌재 1998.7.16. 96헌바35).

④ [○] 헌법이 보호하려는 양심은 '어떤 일의 옳고 그름을 판단하고 그에 따라 행동하지 않고서는 자신의 인격적 존재가치가 허물어지고 말 것이라는 강력하고 진지한 마음의 소리'로서, 진지하고 절박한 구체적인 양심이지 막연하고 추상적인 개념으로서의 양심이 아님은 물론, 그 가치 판단의 일관성 내지 보편성을 충족시키는 양심이어야 할 것이다(헌재 2004.8.26. 2002헌가1).

04 탄핵제도   정답 ④

① [○] 헌법재판소는 사법기관으로서 원칙적으로 탄핵소추기관인 국회의 탄핵소추의결서에 기재된 소추사유에 의하여 구속을 받는다. 따라서 헌법재판소는 탄핵소추의결서에 기재되지 아니한 소추사유를 판단의 대상으로 삼을 수 없다. 그러나 탄핵소추의결서에서 그 위반을 주장하는 '법규정의 판단'에 관하여 헌법재판소는 원칙적으로 구속을 받지 않으므로, 청구인이 그 위반을 주장한 법규정 외에 다른 관련 법규정에 근거하여 탄

핵의 원인이 된 사실관계를 판단할 수 있다. 또한, 헌법재판소는 소추사유의 판단에 있어서 국회의 탄핵소추의결서에서 분류된 소추사유의 체계에 의하여 구속을 받지 않으므로, 소추사유를 어떠한 연관관계에서 법적으로 고려할 것인가의 문제는 전적으로 헌법재판소의 판단에 달려있다(헌재 2004.5.14. 2004헌나1).

② [O] 소추의결서가 송달되었을 때에는 소추된 사람의 권한행사는 정지되며, 임명권자는 소추된 사람의 사직원을 접수하거나 소추된 사람을 해임할 수 없다(「국회법」 제134조 제2항). 구체적인 권한정지 시점은 국회에서 탄핵소추의결이 있은 때가 아니라 소추의결서가 소추된 사람에게 송달된 때부터이다.

③ [O] 탄핵소추의 발의가 있은 때에는 의장은 발의된 후 처음 개의하는 본회의에 보고하고, 본회의는 의결로 법제사법위원회에 회부하여 조사하게 할 수 있다(「국회법」 제130조 제1항).

❹ [×] 헌법재판소는 사법기관으로서 원칙적으로 탄핵소추기관인 국회의 탄핵소추의결서에 기재된 소추사유에 의하여 구속을 받는다. 따라서 헌법재판소는 탄핵소추의결서에 기재되지 아니한 소추사유를 판단의 대상으로 삼을 수 없다. 그러나 탄핵소추의결서에서 그 위반을 주장하는 '법규정의 판단'에 관하여 헌법재판소는 원칙적으로 구속을 받지 않으므로, 청구인이 그 위반을 주장한 법규정 외에 다른 관련 법규정에 근거하여 탄핵의 원인이 된 사실관계를 판단할 수 있다. 또한, 헌법재판소는 소추사유의 판단에 있어서 국회의 탄핵소추의결서에서 분류된 소추사유의 체계에 의하여 구속을 받지 않으므로, 소추사유를 어떠한 연관관계에서 법적으로 고려할 것인가의 문제는 전적으로 헌법재판소의 판단에 달려있다(헌재 2004.5.14. 2004헌나1).

05　영토, 통일조항　　정답 ②

① [O] 헌법상 통일 관련 조항으로부터 국민 개개인의 통일에 대한 기본권, 특히 국가기관에 대하여 통일을 위한 일정한 행동을 요구할 수 있는 권리가 도출되는 것은 아니다(헌재 2000.7. 20. 98헌바63).

❷ [×] 우리 헌법에 피청구인 또는 대한민국 정부가 현재 중국의 영토인 간도 지역을 회복하여야 할 작위의무가 특별히 규정되어 있다거나 헌법 해석상 그러한 작위의무가 도출된다고 보기 어려울 뿐만 아니라, 중국에 대해 간도협약이 무효임을 주장하여야 하는 어떠한 법적인 의무가 있다고도 볼 수 없다. 따라서, 설령 피청구인이 중국에 대해 간도협약의 무효를 주장하는 등 간도지역을 우리의 영토로 회복하기 위한 적극적인 행위를 하지 않고 있다고 하더라도, 청구인은 피청구인에 대해 그와 같은 적극적인 공권력 행사를 청구할 수 있는 권리가 있다고 볼 수 없으므로, 이 사건 심판청구는 헌법소원이 허용될 수 없는 공권력의 불행사를 대상으로 한 것이어서 부적법하다(헌재 2009.9.22. 2009헌마516).

③ [O] 헌법 제3조의 영토조항은 우리나라의 공간적인 존립기반을 선언하는 것인바, 영토변경은 우리나라의 공간적인 존립기반에 변동을 가져오고, 또한 국가의 법질서에도 변화를 가져옴으로써, 필연적으로 국민의 주관적 기본권에도 영향을 미치지 않을 수 없는 것이다. 이러한 관점에서 살펴본다면, 국민의 개별적 기본권이 아니라 할지라도 기본권보장의 실질화를 위하여서는, 영토조항만을 근거로 하여 독자적으로는 헌법소원을 청구

할 수 없다할지라도, 모든 국가권능의 정당성의 근원인 국민의 기본권 침해에 대한 권리구제를 위하여 그 전제조건으로서 영토에 관한 권리를, 이를테면 영토권이라 구성하여, 이를 헌법소원의 대상인 기본권의 하나로 간주하는 것은 가능한 것으로 판단된다(헌재 2001.3.21. 99헌마139).

④ [O] 국가가 평화적 통일을 위해 힘써야 할 의무가 있음에도 불구하고 "남북교류협력에 관한 법률에서 남한의 주민이 북한주민 등과 접촉하고자 할 때 통일부장관의 승인을 받도록 하는 것"은 무절제한 경쟁적 접촉을 통한 남북관계의 저해를 예방하기 위한 것으로서 불가피한 것이기 때문에 헌법에 위반되지 않는다(헌재 2000.7.20. 98헌바63).

06　헌법재판소의 심판절차　　정답 ③

① [O] 「헌법재판소법」 제32조에 대한 옳은 내용이다.

> **제32조 【자료제출 요구 등】** 재판부는 결정으로 다른 국가기관 또는 공공단체의 기관에 심판에 필요한 사실을 조회하거나, 기록의 송부나 자료의 제출을 요구할 수 있다. 다만, 재판·소추 또는 범죄수사가 진행 중인 사건의 기록에 대하여는 송부를 요구할 수 없다.

② [O] 재판부는 종국심리에 관여한 재판관 과반수의 찬성으로 사건에 관한 결정을 하며, 법률의 위헌결정, 탄핵의 결정, 정당해산의 결정, 헌법소원에 관한 인용결정 또는 종전에 헌법재판소가 판시한 헌법 또는 법률의 해석 적용에 관한 의견을 변경하는 경우에는 재판관 6인 이상의 찬성이 있어야 한다.

> **「헌법재판소법」 제23조 【심판정족수】** ① 재판부는 재판관 7명 이상의 출석으로 사건을 심리한다.
> ② 재판부는 종국심리(終局審理)에 관여한 재판관 과반수의 찬성으로 사건에 관한 결정을 한다. 다만, 다음 각 호의 어느 하나에 해당하는 경우에는 재판관 6명 이상의 찬성이 있어야 한다.
> 1. 법률의 위헌결정, 탄핵의 결정, 정당해산의 결정 또는 헌법소원에 관한 인용결정(認容決定)을 하는 경우
> 2. 종전에 헌법재판소가 판시한 헌법 또는 법률의 해석 적용에 관한 의견을 변경하는 경우

❸ [×] 헌법소원심판의 청구 후 30일이 지날 때까지 각하결정이 없는 때에는 심판에 회부하는 결정이 있는 것으로 본다(「헌법재판소법」 제72조 제4항).

④ [O] 헌법소원심판을 청구하려는 자가 변호사를 대리인으로 선임할 자력(資力)이 없는 경우에는 헌법재판소에 국선대리인을 선임하여 줄 것을 신청할 수 있다. 그 심판청구가 명백히 부적법하거나 이유 없는 경우 또는 권리의 남용이라고 인정되는 경우에는 국선대리인을 선정하지 아니할 수 있다(「헌법재판소법」 제70조 제1항·제3항).

07 기본권의 침해   정답 ③

① [O] 예비군대원 본인과 세대를 같이 하는 가족 중 성년자라면 특별한 사정이 없는 한 소집통지서를 본인에게 전달함으로써 훈련불참으로 인한 불이익을 받지 않도록 각별히 신경을 쓸 것임이 충분히 예상되고, 설령 그들이 소집통지서를 전달하지 아니하여 행정절차적 협력의무를 위반한다고 하여도 과태료 등의 행정적 제재를 부과하는 것만으로도 그 목적의 달성이 충분히 가능하다고 할 것임에도 불구하고, 심판대상조항은 훨씬 더 중한 형사처벌을 하고 있어 그 자체만으로도 형벌의 보충성에 반하고, 책임에 비하여 처벌이 지나치게 과도하여 비례원칙에도 위반된다고 할 것이다. 위와 같은 사정들에 비추어 보면, 심판대상조항은 책임과 형벌간의 비례원칙에 위배되어 헌법에 위반된다. 심판대상조항이 헌법에 위반된다고 판단한 이상, 제청법원의 평등원칙 위반 주장에 대하여는 더 나아가 살피지 아니한다(헌재 2022.5.26. 2019헌가12).

② [O] 반복적인 음주운전 금지규정 위반행위 또는 음주측정거부행위에 대한 강한 처벌이 국민일반의 법감정에 부합할 수는 있으나, 결국에는 중한 형벌에 대한 면역성과 무감각이 생기게 되어 범죄예방과 법질서 수호에 실질적인 기여를 하지 못하는 상황이 발생할 수 있으므로, 반복적인 위반행위를 예방하기 위한 조치로서 형벌의 강화는 최후의 수단이 되어야 한다. 심판대상조항은 음주치료나 음주운전 방지장치 도입과 같은 비형벌적 수단에 대한 충분한 고려 없이 과거 위반 전력 등과 관련하여 아무런 제한도 두지 않고 죄질이 비교적 가벼운 유형의 음주운전 또는 음주측정거부 재범행위에 대해서까지 일률적으로 가중처벌하도록 하고 있으므로 형벌 본래의 기능에 필요한 정도를 현저히 일탈하는 과도한 법정형을 정한 것이다. 그러므로 심판대상조항은 책임과 형벌간의 비례원칙에 위반된다(헌재 2022.5.26. 2021헌가30).

❸ [X] 해당 내용은 5인의 위헌의견의 입장이다. 이 사건에서는 재판관 5인이 심판대상조항 중 근로조건의 향상을 위한 쟁의행위 가운데 적극적 행위를 수반하지 않는 집단적 노무제공 거부행위인 단순파업에 관한 부분이 단체행동권을 침해한다는 위헌의견으로, 일부 위헌의견이 다수였지만, 위헌결정에 필요한 심판정족수에 이르지 못하여 합헌 결정을 선고하였다(헌재 2022.5.26. 2012헌바66 참조).

④ [O] 위 규정은 '협회의 유권해석에 위반되는'이라는 표지만을 두고 그에 따라 금지되는 광고의 내용 또는 방법 등을 한정하지 않고 있고, 이에 해당하는 내용이 무엇인지 변호사법이나 관련 회규를 살펴보더라도 알기 어렵다. 유권해석위반 광고금지규정 위반이 징계사유가 될 수 있음을 고려하면 적어도 수범자인 변호사는 유권해석을 통해 금지될 수 있는 내용들의 대강을 알 수 있어야 함에도, 규율의 예측가능성이 현저히 떨어지고 법집행기관의 자의적인 해석을 배제할 수 없는 문제가 있다. 따라서 유권해석위반 광고금지규정은 수권법률로부터 위임된 범위 내에서 명확하게 규율 범위를 정하고 있다고 보기 어려우므로, 법률유보원칙에 위반되어 청구인들의 표현의 자유, 직업의 자유를 침해한다(헌재 2022.5.26. 2021헌마619).

08 위헌법률심판, 헌법소원심판   정답 ②

① [X] 법률의 위헌여부심판의 제청신청이 법원에 의하여 기각 또는 각하된 때에는 그 신청을 한 당사자는 헌법재판소에 헌법소원심판을 청구할 수 있으나, 다만 이 경우 그 당사자는 당해사건의 소송절차에서 동일한 사유를 이유로 다시 위헌여부심판의 제청을 신청할 수 없는바(헌법재판소법 제68조 제2항 후문), 이 때 당해사건의 소송절차란 당해사건의 상소심 소송절차를 포함하는 것이다(헌재 2014.1.7. 2013헌바427).

❷ [O] 법률이 재판의 전제가 되는 요건을 갖추고 있는지의 여부는 제청법원의 견해를 존중하는 것이 원칙이나, 재판의 전제와 관련된 법률적 견해가 유지될 수 없는 것으로 보이면 헌법재판소가 직권으로 조사할 수도 있다(헌재 1997.9.25. 97헌가4).

③ [X] 형벌에 관한 법률 또는 법률의 조항은 소급하여 그 효력을 상실한다. 다만, 해당 법률 또는 법률의 조항에 대하여 종전에 합헌으로 결정한 사건이 있는 경우에는 그 결정이 있는 날의 다음 날로 소급하여 효력을 상실한다(「헌법재판소법」 제47조 제3항).

④ [X] 헌법재판소법 제68조 제2항은 당해 법원에 의해 위헌법률심판 제청신청이 '기각'된 법률조항에 대해서 헌법소원심판을 청구할 수 있다고 규정하고 있으나, 재판의 전제성이 없다는 이유로 각하 결정이라는 재판형식으로 배척한 경우에도 제68조 제2항에 의한 헌법소원심판청구는 허용된다(헌재 1989.12.18. 89헌마32).

09 국회의원의 불체포특권   정답 ③

① [O] 불체포특권은 의원이 범법행위를 한 경우 형사책임을 면제하는 것은 아니며, 단지 회기 중에 한하여 체포당하지 않는 다는 것을 의미한다. 따라서 회기 중이라도 불구속수사, 기소, 확정판결에 의한 자유형집행을 할 수 있다.

② [O] 헌법 제44조 제1항에 대한 옳은 내용이다.

> **제44조** ① 국회의원은 현행범인인 경우를 제외하고는 회기 중 국회의 동의없이 체포 또는 구금되지 아니한다.
> ② 국회의원이 회기 전에 체포 또는 구금된 때에는 현행범인이 아닌 한 국회의 요구가 있으면 회기 중 석방된다.

❸ [X] 불체포특권에 있어서의 체포·구금에는 「형사소송법」상의 강제처분만이 아니라, 「경찰관 직무집행법」에 의한 보호조치나 감호조치 또는 격리처분과 같은 행정상의 강제처분도 포함된다는 것이 통설의 견해이다.

④ [O] 관련 정족수가 조문에 명시되어 있지는 않지만 일반의결정족수와 같다고 본다.

10 국회의 권한   정답 ①

옳은 것은 ㄱ, ㄹ, ㅁ이고, 옳지 않은 것은 ㄴ, ㄷ이다.

ㄱ. [O] 국채를 모집하거나 예산외에 국가의 부담이 될 계약을 체결하려 할 때에는 정부는 미리 국회의 의결을 얻어야 한다(헌법 제58조).

ㄴ. [X] 국회는 국무총리나 국무위원의 해임을 건의할 수 있으나(헌법 제63조), 국회의 해임건의는 대통령을 기속하는 해임결의권이 아니라, 아무런 법적 구속력이 없는 단순한 해임건의에 불과하다. 우리 헌법 내에서 '해임건의권'의 의미는, 임기 중 아무런 정치적 책임을 물을 수 없는 대통령 대신에 그를 보좌하는 국무총리·국무위원에 대하여 정치적 책임을 추궁함으로써 대통령을 간접적이나마 견제하고자 하는 것에 지나지 않는다. 헌법 제63조의 해임건의권을 법적 구속력 있는 해임결의권으로 해석하는 것은 법문과 부합할 수 없을 뿐만 아니라, 대통령에게 국회해산권을 부여하고 있지 않는 현행 헌법상의 권력분립질서와도 조화될 수 없다(헌재 2004.5.14. 2004헌나1).

ㄷ. [X] 국회의 의사절차에 헌법이나 법률을 명백히 위반한 흠이 있는 경우가 아니면 국회 의사절차의 자율권은 권력분립의 원칙상 존중되어야 하고, 국회법 제130조 제1항은 탄핵소추의 발의가 있을 때 그 사유 등에 대한 조사 여부를 국회의 재량으로 규정하고 있으므로, 국회가 탄핵소추사유에 대하여 별도의 조사를 하지 않았다거나 국정조사결과나 특별검사의 수사결과를 기다리지 않고 탄핵소추안을 의결하였다고 하여 그 의결이 헌법이나 법률을 위반한 것이라고 볼 수 없다(헌재 2017.3.10. 2016헌나1).

ㄹ. [O] 국회의원은 20인 이상의 찬성으로 회기 중 현안이 되고 있는 중요한 사항을 대상으로 정부에 대하여 질문을 할 것을 의장에게 요구할 수 있다(「국회법」제122조의3 제1항).

ㅁ. [O] 조사위원회는 조사의 목적, 조사할 사안의 범위와 조사방법, 조사에 필요한 기간 및 소요경비 등을 기재한 조사계획서를 본회의에 제출하여 승인을 받아 조사를 한다(「국정감사 및 조사에 관한 법률」제3조 제4항). 이때 조사계획서를 검토한 다음 의결로써 이를 승인하거나 반려한다(동조 제5항).

11　표현의 자유, 언론·출판의 자유　　정답 ④

① [O] 제3자의 표현물을 인터넷에 게시한 행위에 대해 명예훼손의 책임을 인정하기 위해서는 헌법상 자기책임의 원리에 따라 게시자 자신의 행위에 대한 법적 평가가 있어야 할 것이다. 인터넷에 제3자의 표현물을 게시한 행위가 전체적으로 보아 단순히 그 표현물을 인용하거나 소개하는 것에 불과한 경우에는 명예훼손의 책임이 부정되고, 제3자의 표현물을 실질적으로 이용·지배함으로써 제3자의 표현물과 동일한 내용을 직접 적시한 것과 다름없다고 평가되는 경우에는 명예훼손의 책임이 인정되어야 할 것이다(헌재 2013.12.26. 2009헌마747).

② [O] 심판대상조항은 저작자 및 자신의 의사에 반하여 저작자로 표시된 사람의 권리를 보호하고, 저작자 명의에 관한 사회 일반의 신뢰를 보호하기 위한 것으로 입법목적이 정당하고, 저작자 아닌 사람을 저작자로 표시하는 행위를 금지하는 것은 적합한 수단이다. 저작자 아닌 사람을 저작자로 표기하는 데 관련된 사람들의 이해관계가 일치하는 경우가 있고, 저작권법은 여러 사람이 창작에 관여하고 이에 따라 저작자 표시를 하는 것을 금지하는 것도 아니며, 저작자 표시를 사실과 달리하는 행위를 금지하지 않으면 저작자 명의에 관한 사회일반의 신뢰라는 공익을 위 조항과 같은 정도로 달성하기 어려우므로 침해의 최소성도 충족된다. 저작물이 가지는 학문적·문화적 중요성과 이용자에게 미치는 영향 등을 고려할 때 저작자의 표시에 관한 사회적 신뢰를 유지한다는 공익이 중요한 반면, 위 조항으

로 인한 불이익은 저작자 표시를 사실과 달리하여 얻을 수 있는 이익을 얻지 못하는 것에 불과하여, 위 조항은 법익의 균형성도 갖추었다. 심판대상조항은 표현의 자유 또는 일반적 행동의 자유를 침해하지 아니한다(헌재 2018.8.30. 2017헌바158).

③ [O] 이 사건 국가공무원 복무규정 제8조의2 제2항 등은 "공무원이 직무를 수행할 때 정치적 주장을 표시 또는 상징하는 복장을 하거나 관련 물품을 착용해서는 아니 된다."라고 규정하고 있는바, 정치적 주장을 표시·상징하는 복장 등 관련 물품을 착용하는 행위는 복장 등 비언어적인 방법을 통해 정치적 의사표현을 행하는 것이라 할 수 있으므로, 이 사건 국가공무원 복무규정 제8조의2 제2항 등 역시 공무원의 정치적 표현의 자유를 제한하는 규정이라 할 것이다(헌재 2012.5.31. 2009헌마705).

❹ [X] 정당에 대한 재정적 후원을 금지하고 위반 시 형사처벌하는 이 사건 법률조항은 정당 후원회를 금지함으로써 불법 정치자금 수수로 인한 정경유착을 막고 정당의 정치자금 조달의 투명성을 확보하여 정당 운영의 투명성과 도덕성을 제고하기 위한 것으로, 입법목적의 정당성은 인정된다. 그러나 정경유착의 문제는 일부 재벌기업과 부패한 정치세력에 국한된 것이고 대다수 유권자들과는 직접적인 관련이 없으므로 일반 국민의 정당에 대한 정치자금 기부를 원천적으로 봉쇄할 필요는 없고, 기부 및 모금한도액의 제한, 기부내역 공개 등의 방법으로 정치자금의 투명성을 충분히 확보할 수 있다. 정치자금 중 당비는 반드시 당원으로 가입해야만 납부할 수 있어 일반 국민으로서 자신이 지지하는 정당에 재정적 후원을 하기 위해 반드시 당원이 되어야 하므로, 정당법상 정당 가입이 금지되는 공무원 등의 경우에는 자신이 지지하는 정당에 재정적 후원을 할 수 있는 방법이 없다. 그리고 현행 기탁금 제도는 중앙선거관리위원회가 국고보조금의 배분비율에 따라 각 정당에 배분·지급하는 일반기탁금제도로서, 기부자가 자신이 지지하는 특정 정당에 재정적 후원을 하는 것과는 전혀 다른 제도이므로 이로써 정당 후원회를 대체할 수 있다고 보기도 어렵다. 나아가 정당제 민주주의 하에서 정당에 대한 재정적 후원이 전면적으로 금지됨으로써 정당이 스스로 재정을 충당하고자 하는 정당활동의 자유와 국민의 정치적 표현의 자유에 대한 제한이 매우 크다고 할 것이므로, 이 사건 법률조항은 정당의 정당활동의 자유와 국민의 정치적 표현의 자유를 침해한다(헌재 2015.12.23. 2013헌바168).

12　국회의 위원회　　정답 ③

① [O] 「국회법」제47조 제3항에 대한 옳은 내용이다.

> 제47조 【특별위원회의 위원장】 ① 특별위원회에 위원장 1명을 두되, 위원회에서 호선하고 본회의에 보고한다.
> ② 특별위원회의 위원장이 선임될 때까지는 위원 중 연장자가 위원장의 직무를 대행한다.
> ③ 특별위원회의 위원장은 그 특별위원회의 동의를 받아 그 직을 사임할 수 있다. 다만, 폐회 중에는 의장의 허가를 받아 사임할 수 있다.

② [O] 국회는 둘 이상의 상임위원회와 관련된 안건이거나 특히 필요하다고 인정한 안건을 효율적으로 심사하기 위하여 본회의의 의결로 특별위원회를 둘 수 있다(「국회법」제44조 제1항).

❸ [×] 상임위원장은 선임된 해당 상임위원 중에서 임시의장 선거의 예에 준하여 본회의에서 선거한다(「국회법」 제41조 제2항). 임시의장은 무기명투표로 선거하고 재적의원 과반수의 출석과 출석의원 다수득표자를 당선자로 한다(「국회법」 제17조).

④ [O] 위원회는 재적위원 5분의 1 이상의 출석으로 개회하고, 재적위원 과반수의 출석과 출석위원 과반수의 찬성으로 의결한다(「국회법」 제54조).

13　생명권　　　　　　　　　　　정답 ③

옳지 않은 것은 3개(ㄱ, ㄷ, ㄹ)이다.

ㄱ. [×] 낙태죄 조항은 임신한 여성의 자기결정권을 제한한다. 이러한 임부의 자기결정권은 태아의 생명권과 일응 대립관계에 있으나 직접적인 충돌을 해결해야하는 사안은 아니다(헌재 2019.4.11. 2017헌바127).

ㄴ. [O] 생명의 전체적 과정에 대해 법질서가 언제나 동일한 법적 보호 내지 효과를 부여하고 있는 것은 아니다. 따라서 국가가 생명을 보호하는 입법적 조치를 취함에 있어 인간생명의 발달단계에 따라 그 보호정도나 보호수단을 달리하는 것은 불가능하지 않다(헌재 2019.4.11. 2017헌바127).

ㄷ. [×] 자기낙태죄 조항과 의사낙태죄 조항에 대하여 각각 단순위헌 결정을 할 경우, 임신 기간 전체에 걸쳐 행해진 모든 낙태를 처벌할 수 없게 됨으로써 용인하기 어려운 법적 공백이 생기게 된다. 더욱이 입법자는 결정가능기간을 어떻게 정하고 결정가능기간의 종기를 언제까지로 할 것인지, 결정가능기간 중 일정한 시기까지는 사회적·경제적 사유에 대한 확인을 요구하지 않을 것인지 여부까지를 포함하여 결정가능기간과 사회적·경제적 사유를 구체적으로 어떻게 조합할 것인지, 상담요건이나 숙려기간 등과 같은 일정한 절차적 요건을 추가할 것인지 여부 등에 관하여 앞서 헌법재판소가 설시한 한계 내에서 입법재량을 가진다. 따라서 자기낙태죄조항과 의사낙태죄 조항에 대하여 단순위헌 결정을 하는 대신 각각 헌법불합치 결정을 선고하되, 다만 입법자의 개선입법이 이루어질 때까지 계속 적용을 명함이 타당하다(헌재 2019.4.11. 2017헌바127). 낙태죄 사건은 단순위헌의견 3인, 헌법불합치의견이 4인이었으며, 헌법재판소의 법정의견은 헌법불합치결정이다.

ㄹ. [×] 헌법은 절대적 기본권을 명문으로 인정하고 있지 아니하며, 헌법 제37조 제2항에서는 국민의 모든 자유와 권리는 국가안전보장·질서유지 또는 공공복리를 위하여 필요한 경우에 한하여 법률로써 제한할 수 있도록 규정하고 있어, 비록 생명이 이념적으로 절대적 가치를 지닌 것이라 하더라도 생명에 대한 법적 평가가 예외적으로 허용될 수 있다고 할 것이므로, 생명권 역시 헌법 제37조 제2항에 의한 일반적 법률유보의 대상이 될 수밖에 없다. 나아가 생명권의 경우, 다른 일반적인 기본권 제한의 구조와는 달리, 생명의 일부 박탈이라는 것을 상정할 수 없기 때문에 생명권에 대한 제한은 필연적으로 생명권의 완전한 박탈을 의미하게 되는바, 위와 같이 생명권의 제한이 정당화될 수 있는 예외적인 경우에는 생명권의 박탈이 초래된다 하더라도 곧바로 기본권의 본질적인 내용을 침해하는 것이라 볼 수는 없다(헌재 2010.2.25. 2008헌가23).

14　재판청구권　　　　　　　　　정답 ③

① [O] 심판대상조항으로 인하여 원고에게 소각하 판결이 내려지더라도, 원고가 다시 같은 소를 제기하는 것이 금지되지 않으므로 심판대상조항으로 인해 원고의 법원에의 접근이 완전히 차단되는 것은 아니다. 반면, 심판대상조항을 통하여 피고의 소송비용상환청구권의 이행을 확보해 줌으로써 소송 방어를 위해 응소할 수밖에 없는 피고의 소송비용에 대한 부담을 덜고, 동시에 원고가 명백히 부당한 소송을 제기하거나 남소를 제기하는 것을 방지하여 사법자원의 효율적 활용과 합리적 분배에 기여하도록 할 필요성은 크다. 심판대상조항으로 인하여 원고의 법원에의 접근이 어느 정도 제한된다고 하더라도, 그것이 심판대상조항을 통하여 달성하려는 공익보다 무겁다고 할 수 없으므로 심판대상조항은 법익의 균형성도 갖추었다. 심판대상조항은 과잉금지원칙에 반하여 원고의 재판청구권을 침해하지 않는다(헌재 2019.4.11. 2018헌바431).

② [O] 구 '민주화운동 관련자 명예회복 및 보상 등에 관한 법률'은 위원회의 중립성·독립성을 보장하고 있고, 심의절차에 전문성·공정성을 제고하고 있으며, 신청인에게 지급결정 동의의 법적효과를 안내하면서 검토할 시간을 보장하여 이를 통해 그 동의 여부를 자유롭게 선택하도록 하고 있으므로, 심판대상조항이 입법형성권의 한계를 일탈하여 재판청구권을 침해한다고 볼 수도 없다(헌재 2018.8.30. 2014헌바180 등).

❸ [×] 이 사건 영장절차조항이 채취대상자에게 디엔에이감식시료채취영장 발부과정에서 자신의 의견을 진술할 수 있는 기회를 절차적으로 보장하고 있지 않을 뿐만 아니라, 발부 후 그 영장 발부에 대하여 불복할 수 있는 기회를 주거나 채취행위의 위법성 확인을 청구할 수 있도록 하는 구제절차마저 마련하고 있지 않음으로써, 채취대상자의 재판청구권은 형해화되고 채취대상자는 범죄수사 내지 예방의 객체로만 취급받게 된다. … 위와 같은 입법상의 불비가 있는 이 사건 영장절차 조항은 채취대상자인 청구인들의 재판청구권을 과도하게 제한하므로, 침해의 최소성원칙에 위반된다. … 영장절차조항은 과잉금지원칙을 위반하여 청구인들의 재판청구권을 침해한다(헌재 2018. 8.30. 2016헌마344 등).

④ [O] 형사소송에서 피고인이 자신을 방어하기 위하여 형사절차의 진행과정과 결과에 적극적으로 영향을 미칠 수 있도록 그에 필요한 절차적 권리를 보장하는 것은 공정한 재판을 받을 권리의 내용이 된다. 형사재판에서 일반적으로 피고인이 자신을 방어하기 위하여 유리한 주장과 자료를 제출하는 영역은 대부분 '사실오인, 법리오해, 양형부당' 중 하나에 해당하기 마련이고, 이러한 사유들은 모두 대표적인 항소이유에 해당된다. 그러므로 형사재판에 있어 '사실, 법리, 양형'과 관련하여 피고인이 자신에게 유리한 주장 및 자료를 제출할 수 있는 기회를 보장하는 것은, 헌법이 보장한 '공정한 재판을 받을 권리'의 보호영역에 포함된다(헌재 2021.8.31. 2019헌마516·586·768·2020헌마411).

15　주민소환제도　　　　　　　　정답 ③

① [O] 주민소환에 관한 법률 제21조 제1항의 입법목적은 행정의 정상적인 운영과 공정한 선거관리라는 정당한 공익을 달성하려

는데 있고, 주민소환투표가 공고된 날로부터 그 결과가 공표될 때까지 주민소환투표 대상자의 권한행사를 정지하는 것은 위 입법목적을 달성하기 위한 상당한 수단이 되는 점, 위 기간 동안 권한행사를 일시 정지한다 하더라도 이로써 공무담임권의 본질적인 내용이 침해된다고 보기 어려운 점, 권한행사의 정지기간은 통상 20일 내지 30일의 비교적 단기간에 지나지 아니하므로, 이 조항이 달성하려는 공익과 이로 인하여 제한되는 주민소환투표 대상자의 공무담임권이 현저한 불균형 관계에 있지 않은 점 등을 고려하면, 위 조항이 과잉금지의 원칙에 반하여 과도하게 공무담임권을 제한하는 것으로 볼 수 없다(헌재 2009.3.26. 2007헌마843).

② [O] 대의민주주의 아래에서 대표자에 대한 선출과 신임은 선거의 형태로 이루어지는 것이 바람직하고, 주민소환은 대표자에 대한 신임을 묻는 것으로서 그 속성은 재선거와 다를 바 없으므로 선거와 마찬가지로 그 사유를 묻지 않는 것이 제도의 취지에 부합한다. 또한, 주민소환제는 역사적으로도 위법·탈법행위에 대한 규제보다 비민주적·독선적행위에 대한 광범위한 통제의 필요성이 강조되어 왔으므로 주민소환의 청구사유에 제한을 둘 필요가 없고, 또 업무의 광범위성이나 입법기술적 측면에서 소환사유를 구체적으로 적시하는 것도 쉽지 않다. 다만, 청구사유에 제한을 두지 않음으로써 주민소환제가 남용될 소지는 있으나, 법에서 그 남용의 가능성을 제도적으로 방지하고 있을 뿐만 아니라, 현실적으로도 시민의식 또한 성장하여 남용의 위험성은 점차 줄어들 것으로 예상할 수 있다. 그리고 청구사유를 제한하는 경우 그 해당여부를 사법기관에서 심사하는 것이 과연 가능하고 적정한지 의문이고, 이 경우 절차가 지연됨으로써 조기에 문제를 해결하지 못할 위험성이 크다 할 수 있으므로 법이 주민소환의 청구사유에 제한을 두지 않는 데에는 상당한 이유가 있고, 입법자가 주민소환제 형성에 있어서 반드시 청구사유를 제한하여야 할 의무가 있다고 할 수도 없으며, 달리 그와 같이 청구사유를 제한하지 아니한 입법자의 판단이 현저하게 잘못되었다고 볼 사정 또한 찾아볼 수 없다. 따라서 이 사건 법률조항은 과잉금지의 원칙에 위배하여 청구인의 공무담임권을 침해한다고 볼 수 없다(헌재 2011.3.31. 2008헌마355).

❸ [X] 주민소환제 자체는 지방자치의 본질적인 내용이라고 할 수 없으므로 이를 보장하지 않는 것이 위헌이라거나 어떤 특정한 내용의 주민소환제를 반드시 보장해야 한다는 헌법적인 요구가 있다고 볼 수는 없으나, 다만 이러한 주민소환제가 지방자치에도 적용되는 원리인 대의제의 본질적인 내용을 침해하는지 여부는 문제가 된다 할 것이다. 주민이 대표자를 수시에 임의로 소환한다면 이는 곧 명령적 위임을 인정하는 결과가 될 것이나, 대표자에게 원칙적으로 자유위임에 기초한 독자성을 보장하되 극히 예외적이고 엄격한 요건을 갖춘 경우에 한하여 주민소환을 인정한다면 이는 대의제의 원리를 보장하는 범위 내에서 적절한 수단이 될 수 있을 것이다(헌재 2009.3.26. 2007헌마843).

④ [O] 주민소환제는 주민의 참여를 적극 보장하고, 이로써 주민자치를 실현하여 지방자치에도 부합하므로, 이 점에서는 위헌의 문제가 발생할 소지가 없고, 제도적인 형성에 있어서도 입법자에게 광범위한 입법재량이 인정된다 할 것이나, 지방자치단체장도 선거에 의하여 선출되므로 주민소환제라 하더라도 이들의 공무담임권을 과잉으로 제한하여서는 아니되고, 앞서 본 바와 같이 제도적인 측면에 있어 예외로서의 주민소환제는 원칙으로서의 대의제의 본질적인 부분을 침해하여서도 아니된다는 점이 그 입법형성권의 한계로 작용한다 할 것이다(헌재 2009.3.26. 2007헌마843).

16 대통령   정답 ①

❶ [O] 오늘날의 대의민주주의하에서 선거는 국민이 통치기관을 결정·구성하는 방법이고 선출된 대표자에게 민주적 정당성을 부여함으로써 국민주권주의 원리를 실현하는 핵심적인 역할을 하고 있으므로 선거에서의 공정성 요청은 매우 중요하고 필연적인 바, 공명선거의 책무는 우선적으로 국정의 책임자인 대통령에게 있다. 또한 선거에 관한 사무는 행정부와는 독립된 헌법기관인 선거관리위원회가 주관하게 되어 있지만(헌법 제114조 제1항), 선거를 구체적으로 실행하는 데 있어서 행정부 공무원의 지원과 협조없이는 현실적으로 불가능하므로 행정부 수반인 대통령의 선거중립이 매우 긴요하다. 나아가 공무원들이 직업공무원제에 의하여 신분을 보장받고 있다 해도, 최종적인 인사권과 지휘감독권을 갖고 있는 대통령의 정치적 성향을 의식하지 않을 수 없으므로 대통령의 선거개입은 선거의 공정을 해할 우려가 무척 높다. 결국 선거활동에 관하여 대통령의 정치활동의 자유와 선거중립의무가 충돌하는 경우에는 후자가 강조되고 우선되어야 한다(헌재 2004.5.14. 2004헌나1).

② [X] 헌법 제84조에는 "대통령은 내란 또는 외환의 죄를 범한 경우를 제외하고는 재직 중 형사상의 소추를 받지 아니한다."라고만 규정되어 있을 뿐 헌법이나 형사소송법 등의 법률에 대통령의 재직중 공소시효의 진행이 정지된다고 명백히 규정되어 있지는 않다고 하더라도, 위 헌법규정은 바로 공소시효진행의 소극적 사유가 되는 국가의 소추권행사의 법률상 장애사유에 해당하므로, 대통령의 재직중에는 공소시효의 진행이 당연히 정지되는 것으로 보아야 한다(헌재 1995.1.20. 94헌마246).

③ [X] 공권력의 행사에 대하여 헌법소원심판을 청구하기 위하여는, 공권력의 주체에 의한 공권력의 발동으로서 국민의 권리의무에 대하여 직접적인 법률효과를 발생시키는 행위가 있어야 한다. 그런데 대통령의 법률안 제출행위는 국가기관간의 내부적 행위에 불과하고 국민에 대하여 직접적인 법률효과를 발생시키는 행위가 아니므로 헌법재판소법 제68조에서 말하는 공권력의 행사에 해당되지 않는다(헌재 1994.8.31. 92헌마174).

④ [X] 여러 개의 형이 병과된 사람에 대하여 그 병과형 중 일부의 집행을 면제하거나 그에 대한 형의 선고의 효력을 상실하게 하는 특별사면이 있은 경우, 그 특별사면의 효력이 병과된 나머지 형에까지 미치는 것은 아니므로 징역형의 집행유예와 벌금형이 병과된 신청인에 대하여 징역형의 집행유예의 효력을 상실하게 하는 내용의 특별사면이 그 벌금형의 선고의 효력까지 상실하게 하는 것은 아니다(대결 1997.10.13. 96모33).

17 기본권   정답 ②

① [O] 정비사업에 참여하는 시공사 및 협력업체와 정비사업 조합 임원 후보자 사이에 금품이 오가게 되면 협력업체 선정이나 대금증액 문제 등 정비사업 진행과정에 부당한 영향을 미칠 우려가 있다. 심판대상조항이 정비사업 조합 임원의 선출과 관련하여 후보자가 금품을 제공받는 행위를 금지한 것은 조합 임원 선거의 공정성과 투명성을 담보하여 정비사업이 공정하고 원활하게 진행될 수 있도록 하는 데 적합한 조치로서, 다른 방법으로는 위와 같은 공익이 효율적으로 실현될 수 없으므로,

이로 인하여 정비사업 조합 임원 후보자가 받게 되는 일반적 행동자유권의 제한은 과도한 것이라고 보기 어렵다(헌재 2022.10.27. 2019헌바324).

❷ [×] 방송의 자유는 민주주의의 원활한 작동을 위한 기초인바, 국가권력은 물론 정당, 노동조합, 광고주 등 사회의 여러 세력이 법률에 정해진 절차에 의하지 아니하고 방송편성에 개입한다면 국민 의사가 왜곡되고 민주주의에 중대한 위해가 발생하게 된다. 심판대상조항은 방송편성의 자유와 독립을 보장하기 위하여 방송에 개입하여 부당하게 영향력을 행사하는 '간섭'에 이르는 행위만을 금지하고 처벌할 뿐이고, 방송법과 다른 법률들은 방송 보도에 대한 의견 개진 내지 비판의 통로를 충분히 마련하고 있다. 따라서 심판대상조항이 과잉금지원칙에 반하여 표현의 자유를 침해한다고 볼 수 없다(헌재 2021.8.31. 2019헌바439).

③ [○] 대학 교육과정의 수준과 내용, 그에 따른 학생들의 학업 부담, 현역병과 달리 내무생활을 하지 않는 사회복무요원의 복무형태 등을 고려하면, 심판대상조항이 사회복무요원에 대해 대학에서의 수학행위를 제한한 것은 사회복무요원의 충실한 병역의무 이행을 확보하고 다른 병역과의 형평성을 유지하기 위한 것이므로, 그 필요성을 충분히 인정할 수 있다. 분할복무를 신청하여 복무중단 중인 사회복무요원에 대해 대학에서 수학하는 행위를 허용하는 것은 분할복무제도의 취지에 반하여 사회복무요원이 병역의무를 충실히 이행하고 전념하게 하는 데에 부합하지 않을 뿐만 아니라, 그 기간 동안 대학에 정상적으로 복학하여 수학할 수 있다고 단정할 수도 없고, 병역부담의 형평성과 사회복무제도에 대한 사회적 신뢰도 무너뜨릴 위험이 있으므로, 사회복무요원의 교육을 통한 자유로운 인격발현권을 덜 침해하는 대안이라고 볼 수 없다. 사회복무요원은 구 병역법 시행령 제65조의3 제4호 단서에 따라 근무시간 후에 방송통신에 의한 수업이나 원격수업으로 수학할 수 있고, 개인적으로 수학하는 것도 전혀 제한되지 않는다. 따라서 심판대상조항은 과잉금지원칙에 반하여 청구인의 교육을 통한 자유로운 인격발현권을 침해하지 않는다(헌재 2021.6.24. 2018헌마526).

④ [○] 개발부담금 채권과 피담보채권 사이의 우열을 가리는 기준은 개발부담금의 우선권을 인정하는 공익 목적과 담보권의 보호 사이의 조화를 이루는 선에서 법률로써 명확하게 정하여야 할 것이고, 그 기준시기는 담보권자가 개발부담금 채무의 존부 및 범위를 확인할 수 있고 부과 관청 등에 의하여 임의로 변경될 수 없는 시기이어야 한다. 다만, 그 구체적인 기준시기의 결정은 입법자가 위에서 본 기준시기에 관한 원칙을 지키는 한 합리적인 판단에 의하여 정할 입법재량에 속한다고 할 것이므로, 입법자가 그 합리적 재량의 범위를 일탈한 것이 아닌 한 헌법에 위반된다고 할 수 없다. … 심판대상조항이 개발부담금채권과 피담보채권 사이의 우열을 가리는 기준시기로 '납부 고지일'을 정한 것은 담보권자의 예측가능성을 해하지 아니하고 부과 관청에 의하여 그 시기가 임의로 변경될 수 없는 합리적인 기준이라 할 수 있다. 따라서 심판대상조항은 입법재량의 범위를 벗어난 것이라고 할 수 없으므로, 담보권자의 재산권을 침해하지 아니한다(헌재 2016.6.30. 2013헌바19).

18 개인정보자기결정권 정답 ①

❶ [○] 변동신고조항은 출소 후 기존에 신고한 거주예정지 등 정보에 변동이 생기기만 하면 신고의무를 부과하는바, 의무기간의 상한이 정해져 있지 아니하여, 대상자로서는 보안관찰처분을 받은 자가 아님에도 무기한의 신고의무를 부담한다. 대상자는 보안관찰처분을 할 권한이 있는 행정청이 어느 시점에 처분을 할지 모르는 불안정한 상태에 항상 놓여 있게 되는바, 이는 행정청이 대상자의 재범 위험성에 대하여 판단을 하지 아니함에 따른 부담을 오히려 대상자에게 전가한다는 문제도 있다. 그렇다면 변동신고조항 및 위반시 처벌조항은 대상자에게 보안관찰처분의 개시 여부를 결정하기 위함이라는 공익을 위하여 지나치게 장기간 형사처벌의 부담이 있는 신고의무를 지도록 하므로, 이는 과잉금지원칙을 위반하여 청구인의 사생활의 비밀과 자유 및 개인정보자기결정권을 침해한다(헌재 2021.6.24. 2017헌바479).

② [×] 이 사건 정보제공행위에 의하여 제공된 청구인 김○환의 약 2년 동안의 총 44회 요양급여내역 및 청구인 박○만의 약 3년 동안의 총 38회 요양급여내역은 건강에 관한 정보로서 '개인정보 보호법' 제23조 제1항이 규정한 민감정보에 해당한다. … 급여일자와 요양기관명은 피의자의 현재 위치를 곧바로 파악할 수 있는 정보는 아니므로, 이 사건 정보제공행위로 얻을 수 있는 수사상의 이익은 없었거나 미약한 정도였다. … 이 사건 정보제공행위로 인한 청구인들의 개인정보자기결정권에 대한 침해는 매우 중대하다. 그렇다면 이 사건 정보제공행위는 이 사건 정보제공조항 등이 정한 요건을 충족한 것으로 볼 수 없고, 침해의 최소성 및 법익의 균형성에 위배되어 청구인들의 개인정보자기결정권을 침해하였다(헌재 2018.8.30. 2014헌마368).

③ [×] 개인정보의 종류 및 성격, 수집목적, 이용형태, 정보처리방식 등에 따라 개인정보자기결정권의 제한이 인격권 또는 사생활의 자유에 미치는 영향이나 침해의 정도는 달라지므로 개인정보자기결정권의 제한이 정당한지 여부를 판단함에 있어서는 위와 같은 요소들과 추구하는 공익의 중요성을 헤아려야 하는바, 피청구인들이 졸업증명서 발급업무에 관한 민원인의 편의 도모, 행정효율성의 제고를 위하여 개인의 존엄과 인격권에 심대한 영향을 미칠 수 있는 민감한 정보라고 보기 어려운 성명, 생년월일, 졸업일자 정보만을 NEIS에 보유하고 있는 것은 목적의 달성에 필요한 최소한의 정보만을 보유하는 것이라 할 수 있고, 공공기관의 개인정보보호에 관한 법률에 규정된 개인정보 보호를 위한 법규정들의 적용을 받을 뿐만 아니라 피청구인들이 보유목적을 벗어나 개인정보를 무단 사용하였다는 점을 인정할 만한 자료가 없는 한 NEIS라는 자동화된 전산시스템으로 그 정보를 보유하고 있다는 점만으로 피청구인들의 적법한 보유행위 자체의 정당성마저 부인하기는 어렵다(헌재 2005.7.21. 2003헌마282 등).

④ [×] 심판대상 법률조항은 전자장치 부착명령을 집행할 수 없는 기간 동안 집행을 정지하고 다시 집행이 가능해졌을 때 잔여기간을 집행함으로써 재범방지 및 재사회화라는 전자장치부착의 목적을 달성하기 위한 것으로서 입법목적의 정당성 및 수단의 적절성이 인정되며, 부착명령 집행이 불가능한 기간 동안 집행을 정지하는 것 이외에 덜 침해적인 수단이 있다고 보기도 어렵다. 또한 특정 범죄자의 재범방지 및 재사회화라는 공익을 고려하면, 침해되는 사익이 더 크다고 볼 수 없어 법익균형성도 인정되므로, 심판대상 법률조항은 과잉금지원칙에 위배되지 아니한다(헌재 2013.7.25. 2011헌마781).

19   조약   정답 ②

① [O] 국제법적으로, 조약은 국제법 주체들이 일정한 법률효과를 발생시키기 위하여 체결한 국제법의 규율을 받는 국제적 합의를 말하며 서면에 의한 경우가 대부분이지만 예외적으로 구두합의도 조약의 성격을 가질 수 있다. 국가는 경우에 따라 조약과는 달리 법적 효력 내지 구속력이 없는 합의도 하는데, 이러한 합의는 많은 경우 일정한 공동 목표의 확인이나 원칙의 선언과 같이 구속력을 부여하기에는 너무 추상적이거나 구체성이 없는 내용을 담고 있으며, 대체로 조약체결의 형식적 절차를 거치지 않는다. 이러한 합의도 합의 내용이 상호 준수되리라는 기대 하에 체결되므로 합의를 이행하지 않는 국가에 대해 항의나 비판의 근거가 될 수는 있으나, 이는 법적 구속력과는 구분된다(헌재 2019.12.27. 2016헌마253).

❷ [X] 일부 청구인들은 이 사건 심판청구 이후에 사망하였고, 그 상속인들은 심판절차의 수계신청을 하지 않았으므로 사망한 청구인들에 대한 심판절차는 각 청구인들의 사망으로 종료되었다(헌재 2019.12.27. 2016헌마253. 소송절차종료선언).

③ [O] 조약과 비구속적 합의를 구분함에 있어서는 합의의 명칭, 합의가 서면으로 이루어졌는지 여부, 국내법상 요구되는 절차를 거쳤는지 여부와 같은 형식적 측면 외에도 합의의 과정과 내용·표현에 비추어 법적 구속력을 부여하려는 당사자의 의도가 인정되는지 여부, 법적 효력을 부여할 수 있는 구체적인 권리·의무를 창설하는지 여부 등 실체적 측면을 종합적으로 고려하여야 한다. 이에 따라 비구속적 합의로 인정되는 때에는 그로 인하여 국민의 법적 지위가 영향을 받지 않는다고 할 것이므로, 이를 대상으로 한 헌법소원 심판청구는 허용되지 않는다(헌재 2019.12.27. 2016헌마253).

④ [O] 이 사건 합의는 양국 외교장관의 공동발표와 정상의 추인을 거친 공식적인 약속이지만, 서면으로 이루어지지 않았고, 통상적으로 조약에 부여되는 명칭이나 주로 쓰이는 조문 형식을 사용하지 않았으며, 헌법이 규정한 조약체결 절차를 거치지 않았다. 또한 합의 내용상 합의의 효력에 관한 양 당사자의 의사가 표시되어 있지 않을 뿐만 아니라, 구체적인 법적 권리·의무를 창설하는 내용을 포함하고 있지도 않다. 이 사건 합의를 통해 일본군 '위안부' 피해자들의 권리가 처분되었다거나 대한민국 정부의 외교적 보호권한이 소멸하였다고 볼 수 없는 이상 이 사건 합의가 일본군 '위안부' 피해자들의 법적 지위에 영향을 미친다고 볼 수 없으므로 위 피해자들의 배상청구권 등 기본권을 침해할 가능성이 있다고 보기 어렵고, 따라서 이 사건 합의를 대상으로 한 헌법소원심판청구는 허용되지 않는다(헌재 2019.12.27. 2016헌마253).

20   공무원제도   정답 ③

① [O] 이 사건 법률조항은 공무원의 정치적 표현의 자유를 침해하나, 다만 위와 같은 위헌성은 공무원이 '그 지위를 이용하여' 하는 선거운동의 기획행위 외에 사적인 지위에서 하는 선거운동의 기획행위까지 포괄적으로 금지하는 것에서 비롯된 것이므로, 이 사건 법률조항은 공무원의 지위를 이용하지 아니한 행위에까지 적용하는 한 헌법에 위반된다(헌재 2008.5.29. 2006헌마1096).

② [O] 만일 계급정년규정은 그 시행일 이후에 임용되는 직원에 대하여만 적용될 수밖에 없다면 조직 내에서 다른 직원과 달리 연령정년까지 신분보장이 확보된 특수계층이 존재하게 됨에 따라 계급정년제 본래의 목적달성이 불가능하게 될 것이다. 따라서 계급정년을 새로이 규정하면서 이를 소급적용하도록 하고 있다고 하더라도, 이는 정당한 공익목적을 달성하기 위한 것으로 구법질서하에서의 공무원들의 기대 내지 신뢰를 과도히 해치는 것으로 보기는 어렵다고 할 것이므로, 위 규정은 입법자의 입법형성재량 범위 내에서 입법된 것이라고 할 것이고, 이를 공무원신분관계의 안정을 침해하는 입법이라거나 소급입법에 의한 기본권 침해규정이라고 할 수 없다(헌재 1994.4.28. 91헌바15).

❸ [X] 국·공립학교 채용시험의 동점자처리에서 국가유공자 등 및 그 유족·가족에게 우선권을 주도록 하고 있는 국가유공자 등 예우 및 지원에 관한 법률 등의 해당 조항들이 일반 응시자들의 공무담임권을 침해하지 않는다(헌재 2006.6.29. 2005헌마44).

④ [O] 이 사건 법률조항이 공적 관심의 정도가 약한 4급 이상의 공무원들까지 대상으로 삼아 모든 질병명을 아무런 예외 없이 공개토록 한 것은 입법목적 실현에 치중한 나머지 사생활 보호의 헌법적 요청을 현저히 무시한 것이고, 이로 인하여 청구인들을 비롯한 해당 공무원들의 헌법 제17조가 보장하는 기본권인 사생활의 비밀과 자유를 침해하는 것이다(헌재 2007.5.31. 2005헌마1139).

21   헌법상 경제질서   정답 ②

① [X] 농업생산성의 제고와 농지의 합리적인 이용을 위하거나 불가피한 사정으로 발생하는 농지의 임대차와 위탁경영은 법률이 정하는 바에 의하여 인정된다(헌법 제121조 제2항).

❷ [O] 소비자보호운동의 일환으로서, 구매력을 무기로 소비자가 자신의 선호를 시장에 실질적으로 반영하려는 시도인 소비자불매운동은 모든 경우에 있어서 그 정당성이 인정될 수는 없고, 헌법이나 법률의 규정에 비추어 정당하다고 평가되는 범위에 해당하는 경우에만 형사책임이나 민사책임이 면제된다고 할 수 있다(헌재 2011.12.29. 2010헌바54).

③ [X] 헌법은 제119조에서 개인의 경제적 자유를 보장하면서 사회정의를 실현하기 위한 경제질서를 선언하고 있다. 이 규정은 헌법상 경제질서에 관한 일반조항으로서 국가의 경제정책에 대한 하나의 헌법적 지침이고, 동 조항이 언급하는 '경제적 자유와 창의'는 직업의 자유, 재산권의 보장, 근로3권과 같은 경제에 관한 기본권 및 비례의 원칙과 같은 법치국가원리에 의하여 비로소 헌법적으로 구체화된다. 따라서 이 사건에서 청구인들이 헌법 제119조 제1항과 관련하여 주장하는 내용은 구체화된 헌법적 표현인 경제적 기본권을 기준으로 심사되어야 한다(헌재 2002.10.31. 99헌바76 등).

④ [X] 이 사건 법률조항들이 규정하는 운송수입금 전액관리제로 인하여 청구인들이 기업경영에 있어서 영리추구라고 하는 사기업 본연의 목적을 포기할 것을 강요받거나 전적으로 사회·경제정책적 목표를 달성하는 방향으로 기업활동의 목표를 전환해야 하는 것도 아니고, 그 기업경영과 관련하여 국가의 광범위한 감독과 통제 또는 관리를 받게 되는 것도 아니며, 더구나 청구인들 소유의 기업에 대한 재산권이 박탈되거나 통제를 받

게 되어 그 기업이 사회의 공동재산의 형태로 변형된 것도 아니므로, 이 사건 법률조항들이 헌법 제126조에 위반된다고 볼 수 없다(헌재 1998.10.29. 97헌마345).

22 죄형법정주의 정답 ③

옳은 것은 ㄱ, ㄷ, ㄹ이다.

ㄱ. [O] 군복 및 군용장구의 단속에 관한 법률' 제2조 제3호에 따르면 유사군복은 '군복과 형태·색상 및 구조 등이 유사하여 외관상으로는 식별이 극히 곤란한 물품으로서 국방부령이 정하는 것'이다. 심판대상조항의 입법취지가 군인 아닌 자의 군 작전 방해 등으로 인한 국방력 약화 방지에 있음을 고려할 때, 유사군복이란 일반인의 눈으로 볼 때 군인이 착용하는 군복이라고 오인할 정도로 형태·색상·구조 등이 극히 비슷한 물품을 의미한다. 이른바 밀리터리 룩은 대부분 군복의 상징만 차용하였을 뿐 형태나 색상 및 구조가 진정한 군복과는 다르거나 그 유사성이 식별하기 극히 곤란한 정도에 이르지 않기 때문에, 심판대상조항의 적용을 받지 않는다. 심판대상조항의 문언과 입법취지, 위와 같은 사정을 종합하면, 건전한 상식과 통상적인 법 감정을 가진 사람은 군복 및 군용장구의 단속에 관한 법률상 판매목적 소지가 금지되는 '유사군복'에 어떠한 물품이 해당하는지를 예측할 수 있고, 유사군복을 정의한 조항에서 법집행자에게 판단을 위한 합리적 기준이 제시되고 있어 심판대상조항이 자의적으로 해석되고 적용될 여지가 크다고 할 수 없다. 따라서 심판대상조항은 죄형법정주의의 명확성원칙에 위반되지 아니한다(헌재 2019.4.11. 2018헌가14).

ㄴ. [X] 이 사건 집행정지 요건 조항에서 집행정지 요건으로 규정한 '회복하기 어려운 손해'는 대법원 판례에 의하여 '특별한 사정이 없는 한 금전으로 보상할 수 없는 손해로서 이는 금전보상이 불능인 경우 내지는 금전보상으로는 사회관념상 행정처분을 받은 당사자가 참고 견딜 수 없거나 또는 참고 견디기가 현저히 곤란한 경우의 유형, 무형의 손해'를 의미한 것으로 해석할 수 있고, '긴급한 필요'란 손해의 발생이 시간상 임박하여 손해를 방지하기 위해서 본안판결까지 기다릴 여유가 없는 경우를 의미하는 것으로, 이는 집행정지가 임시적 권리구제제도로서 잠정성, 긴급성, 본안소송에의 부종성의 특징을 지니는 것이라는 점에서 그 의미를 쉽게 예측할 수 있다. 이와 같이 심판대상조항은 법관의 법 보충작용을 통한 판례에 의하여 합리적으로 해석할 수 있고, 자의적인 법해석의 위험이 있다고 보기 어려우므로 명확성 원칙에 위배되지 않는다(헌재 2018.1.25. 2016헌바208).

ㄷ. [O] 여러 사람의 눈에 뜨이는 곳에서 공공연하게 알몸을 지나치게 내놓거나 가려야 할 곳을 내놓아 다른 사람에게 부끄러운 느낌이나 불쾌감을 준 사람'을 처벌하는 경범죄 처벌법 제3조 제1항 제33호가 죄형법정주의의 명확성원칙에 위배된다(헌재 2016.11.24. 2016헌가3).

ㄹ. [O] 심판대상조항과 관련하여 파견법이 제공하고 있는 정보는 파견사업주가 '공중도덕상 유해한 업무'에 취업시킬 목적으로 근로자를 파견한 경우 불법파견에 해당하여 처벌된다는 것뿐이다. 파견법 전반에 걸쳐 심판대상조항과 유의미한 상호관계에 있는 다른 조항을 발견할 수 없고, 파견법 제5조, 제16조 등 일부 관련성이 인정되는 규정은 심판대상조항 해석기준으로 활용하기 어렵다. 결국, 심판대상조항의 입법목적, 파견법의 체

계, 관련조항 등을 모두 종합하여 보더라도 '공중도덕상 유해한 업무'의 내용을 명확히 알 수 없다. 아울러 심판대상조항에 관한 이해관계기관의 확립된 해석기준이 마련되어 있다거나, 법관의 보충적 가치판단을 통한 법문 해석으로 심판대상조항의 의미내용을 확인할 수 있다는 사정을 발견하기도 어렵다. 심판대상조항은 건전한 상식과 통상적 법감정을 가진 사람으로 하여금 자신의 행위를 결정해 나가기에 충분한 기준이 될 정도의 의미내용을 가지고 있다고 볼 수 없으므로 죄형법정주의의 명확성원칙에 위배된다(헌재 2016.11.24. 2015헌가23).

23 근로3권 정답 ④

① [O] 근로의 권리의 주체는 노동자(자연인)에게만 인정되지만, 근로3권(단결권, 단체교섭권, 단체행동권)은 노동조합에도 인정된다.

② [O] 쟁의단 같은 일시적인 단체에도 단결권이 인정된다.

③ [O] 출입국관리 법령에서 외국인고용제한규정을 둔 것은 취업활동을 할 수 있는 체류자격(이하 '취업자격'이라고 한다) 없는 외국인의 고용이라는 사실적 행위 자체를 금지하고자 하는 것뿐이지, 나아가 취업자격 없는 외국인이 사실상 제공한 근로에 따른 권리나 이미 형성된 근로관계에서 근로자로서의 신분에 따른 노동관계법상의 제반 권리 등의 법률효과까지 금지하려는 것으로 보기는 어렵다. 따라서 타인과의 사용종속관계하에서 근로를 제공하고 그 대가로 임금 등을 받아 생활하는 사람은 노동조합법상 근로자에 해당하고, 노동조합법상의 근로자성이 인정되는 한, 그러한 근로자가 외국인인지 여부나 취업자격의 유무에 따라 노동조합법상 근로자의 범위에 포함되지 아니한다고 볼 수는 없다(대판 2015.6.25. 2007두4995).

❹ [X] 이 사건 법률조항 단서는 교원의 노동조합 활동이 임면권자에 의하여 부당하게 제한되는 것을 방지함으로써 교원의 노동조합 활동을 보호하기 위한 것이고, 해직 교원에게도 교원노조의 조합원 자격을 유지하도록 할 경우 개인적인 해고의 부당성을 다투는 데 교원노조의 활동을 이용할 우려가 있으므로, 해고된 사람의 교원노조 조합원 자격을 제한하는 데에는 합리적 이유가 인정된다. … 이 사건 법률조항으로 인하여 교원 노조 및 해직 교원의 단결권 자체가 박탈된다고 할 수는 없는 반면, 교원이 아닌 자가 교원노조의 조합원 자격을 가질 경우 교원노조의 자주성에 대한 침해는 중대할 것이어서 법익의 균형성도 갖추었으므로, 이 사건 법률조항은 청구인들의 단결권을 침해하지 아니한다(헌재 2015.5.28. 2013헌마671 등).

24 입법부작위 정답 ②

① [O] 행정입법부작위는 행정소송의 대상이 되지는 않지만 헌법소원심판의 대상은 된다.

❷ [X] 삼권분립의 원칙, 법치행정의 원칙을 당연한 전제로 하고 있는 우리 헌법 하에서 행정권의 행정입법 등 법집행의무는 헌법적 의무라고 보아야 할 것이다. 그런데 이는 행정입법의 제정이 법률의 집행에 필수불가결한 경우로서 행정입법을 제정하지 아니하는 것이 곧 행정권에 의한 입법권 침해의 결과를 초래하는 경우를 말하는 것이므로, 만일 하위 행정입법의 제정 없

이 상위 법령의 규정만으로도 집행이 이루어질 수 있는 경우라면 하위 행정입법을 하여야 할 헌법적 작위의무는 인정되지 아니한다. 사법시험법과 동법 시행령이 '성적의 세부산출방법 그 밖에 합격결정에 필요한 사항'에 대하여 법무부령에 의한 규율을 예정하고 있지만, 사법시험법과 동법 시행령이 사법시험의 성적을 산출하여 합격자를 결정하는데 지장이 없을 정도로 충분한 규정을 두고 있기 때문에, '성적의 세부산출방법 그 밖에 합격결정에 필요한 사항'에 관한 법무부령의 제정이 사법시험법의 집행에 필수불가결한 것이라고 보기 어렵다. 따라서 법무부장관이 사법시험의 '성적의 세부산출방법'에 관한 법무부령을 제정하여야 할 헌법적 작위의무가 있다고 보기 어렵다(헌재 2005.12.22. 2004헌마66).

③ [○] 국군포로의 송환 및 대우 등에 관한 법률(이하 '국군포로법'이라 한다) 제15조의5 제2항은 같은 조 제1항에 따른 예우의 신청, 기준, 방법 등에 필요한 사항은 대통령령으로 정한다고 규정하고 있으므로, 피청구인(대통령)은 등록포로, 등록하기 전에 사망한 귀환포로, 귀환하기 전에 사망한 국군포로(이하 '등록포로 등'이라 한다)에 대한 예우의 신청, 기준, 방법 등에 필요한 사항을 대통령령으로 제정할 의무가 있다. 국군포로법 제15조의5 제1항이 국방부장관으로 하여금 예우 여부를 재량으로 정할 수 있도록 하고 있으나, 이것은 예우 여부를 재량으로 한다는 의미이지, 대통령령 제정 여부를 재량으로 한다는 의미는 아니다. 이처럼 피청구인에게는 대통령령을 제정할 의무가 있음에도, 그 의무는 상당 기간 동안 불이행되고 있고, 이를 정당화할 이유도 찾아보기 어렵다. 그렇다면 이 사건 행정입법부작위는 등록포로 등의 가족인 청구인의 명예권을 침해하는 것으로서 헌법에 위반된다(헌재 2018.5.31. 2016헌마626).

④ [○] 행정입법의 자체가 위법으로 되어 그에 대한 법적 통제가 가능하기 위하여는, 우선 행정청에게 시행명령을 제정(개정)할 법적 의무가 있어야 하고, 상당한 기간이 지났음에도 불구하고, 명령제정(개정)권이 행사되지 않아야 한다(헌재 1998.7.16. 96헌마246).

기 어려운 제약으로서, 자유로운 민주정치의 건전한 발전을 방해하는 것이라고 할 것이다. 이 사건 법률조항은 정당한 사유도 없이 후원금을 선거운동비용으로 사용하는 것을 제한하는 것이고, 그로 인하여 선거운동의 자유 및 선거과정에서 탈퇴할 자유 등 국민의 참정권을 침해하는 것이다(헌재 2009.12.29. 2007헌마1412).

③ [○] 우편을 이용한 접근행위에 대해서는 법원의 가처분결정과 간접강제결정을 통해 비교적 신속하게 우편을 이용한 접근의 금지라는 목적을 달성할 수 있고, 나아가 그 접근행위가 형법상 협박죄 등에 해당할 경우 피해자는 고소 등의 조치를 취할 수도 있다. 또한 피해자보호명령제도에 대해서는 진술거부권고지나 동행영장에 관한 규정이 준용되지 않고, 가정폭력행위자가 심리기일에 출석하지 않아도 되는 등 실무상 민사 또는 가사 신청사건과 유사하게 운영되고 있다. 이러한 피해자보호명령제도의 특성, 우편을 이용한 접근행위의 성질과 그 피해의 정도 등을 고려할 때, 입법자가 심판대상조항에서 우편을 이용한 접근금지를 피해자보호명령의 종류로 정하지 아니하였다고 하더라도 이것이 입법자의 재량을 벗어난 자의적인 입법으로서 평등원칙에 위반된다고 보기 어렵다(헌재 2023.2.23. 2019헌바43).

❹ [×] 산업 연수생이 연수라는 명목하에 사업주의 지시·감독을 받으면서 사실상 노무를 제공하고 수당 명목의 금품을 수령하는 등 실질적인 근로관계에 있는 경우에도, 근로기준법이 보장한 근로기준 중 주요사항을 외국인 산업 연수생에 대하여만 적용되지 않도록 하는 것은 합리적인 근거를 찾기 어렵다. 특히 이 사건 중소기업청 고시에 의하여 사용자의 법 준수능력이나 국가의 근로감독능력 등 사업자의 근로기준법 준수와 관련된 제반 여건이 갖추어진 업체만이 연수업체로 선정될 수 있으므로, 이러한 사업장에서 실질적 근로인 산업연수생에 대하여 일반 근로자와 달리 근로기준법의 일부 조항의 적용을 배제하는 것은 자의적인 차별이라 아니할 수 없다(헌재 2007.8.30. 2004헌마670).

---

25 평등권 정답 ④

① [○] 재산권의 청구가 공법상 법률관계를 전제로 한다는 점만으로 국가를 상대로 하는 당사자소송에서 국가를 우대할 합리적인 이유가 있다고 할 수 없고, 집행가능성 여부에 있어서도 국가와 지방자치단체 등이 실질적인 차이가 있다고 보기 어렵다. … 심판대상조항은 국가가 당사자소송의 피고인 경우 가집행의 선고를 제한하여, 국가가 아닌 공공단체 그 밖의 권리주체가 피고인 경우에 비하여 합리적인 이유 없이 차별하고 있으므로 평등원칙에 반한다(헌재 2022.2.24. 2020헌가12).

② [○] 대통령선거경선후보자는 입후보에 대비하여 선거운동을 하다가 당선가능성이 적다고 판단하거나, 정치적·경제적 사유, 건강 등 일신상의 상황변화를 이유로 하여 대통령선거경선후보자로서의 지위를 사퇴할 자유를 가진다. 그런데 대통령선거경선후보자로서 선거과정에 참여한 이들은 이 사건 법률조항으로 인하여 대통령선거경선후보자로서의 자격을 중도에서 포기할 자유에 중대한 제약을 받게 된다. 대통령선거경선후보자의 정치적 의사결정에 이와 같은 제약을 가하는 것은 법상의 대통령선거경선후보자 제도 및 후원회 제도의 목적과도 조화되

01 헌법재판소의 심판대상
정답 ④

① [O] 헌법재판소는 헌법 제107조 제1항, 제111조 제1항 제1호에 의한 위헌법률심판절차에 있어서 규범의 위헌성을 제청법원이나 제청신청인이 주장하는 법적 관점에서만이 아니라, 심판대상규범의 모든 법적 효과를 고려하여 모든 헌법적인 관점에서 심사한다. 법원의 위헌제청을 통하여 제한되는 것은 심판의 대상일 뿐, 위헌심사의 기준이 아니다(헌재 1996.12.26. 96헌가18).

② [O] 이 사건 구법 조항은 평등원칙에 위반되므로 원칙적으로 위헌결정을 하여야 하나, 단순위헌결정을 할 경우 소년범의 자격에 관한 특례를 인정하는 근거마저 사라지게 되는 불합리한 결과가 발생하므로 헌법불합치결정을 선고하되, 계속적용을 명한다면 위헌선언의 효력이 당해 사건에 미치지 못할 우려가 있으므로 그 적용을 중지한다. 다만, 이 사건 현행법 조항에 대하여도 아래와 같은 이유로 계속적용을 명하는 헌법불합치결정을 선고하는바, 당해 사건에서는 이 사건 현행법 조항이 개정될 때를 기다려 개정된 신법을 적용하여야 할 것이다. 한편, 이 사건 현행법 조항은 일부 자구상의 표현만 다를 뿐 실질적 내용에 변함이 없고 위헌 여부에 관하여 이 사건 구법 조항과 결론을 같이 할 것이 명백하므로, 법질서의 정합성과 소송경제의 측면에서 심판대상에 포함하여 함께 판단한다. 그런데 이 사건 현행법 조항을 단순위헌으로 결정하여 당장 효력을 상실시킬 경우, 법적 공백으로 인하여 형의 집행이 종료되거나 면제된 소년범도 자격 제한을 받게 되는 불합리한 결과가 발생하므로 헌법불합치 결정을 선고하여 계속적용을 명하되, 입법자는 늦어도 2018.12.31.까지 개선입법을 이행하여야 한다(헌재 2018.1.25. 2017헌가7·12·13).

③ [O] 법률조항 중 관련 사건의 재판에서 적용되지 않는 내용이 들어 있는 경우에도 제청법원이 단일 조문 전체를 위헌제청하고 그 조문 전체가 같은 심사척도가 적용될 위헌 심사대상인 때에는 그 조문 전체가 심판대상이 된다고 할 것이며, 관세법 제182조 제2항과 같이 병렬적으로 적용대상이 규정되어 있는 경우라도 그 내용이 서로 밀접한 관련이 있어 같은 심사척도가 적용될 위헌심사 대상인 경우 그 내용을 분리하여 따로 판단하는 것이 적절하지 아니하다(헌재 1996.11.28. 96헌가13).

❹ [X] 원행정처분에 대하여 법원에 행정소송을 제기하여 패소판결을 받고 그 판결이 확정된 경우에는 당사자는 그 판결의 기판력에 의한 기속을 받게 되므로, 별도의 절차에 의하여 위 판결의 기판력이 제거되지 아니하는 한, 행정처분의 위법성을 주장하는 것은 확정판결의 기판력에 어긋나므로 원행정처분은 헌법소원심판의 대상이 되지 아니한다고 할 것이며, 뿐만 아니라 원행정처분에 대한 헌법소원심판청구를 허용하는 것은, "명령·규칙 또는 처분이 헌법이나 법률에 위반되는 여부가 재판의 전제가 된 경우에는 대법원은 이를 최종적으로 심사할 권한을 가진다."라고 규정한 헌법 제107조 제2항이나, 원칙적으로 헌법소원심판의 대상에서 법원의 재판을 제외하고 있는 헌법재판소법 제68조 제1항의 취지에도 어긋난다(헌재 1998.5.28. 91헌마98).

02 공무원제도
정답 ③

① [X] 우리나라는 직업공무원제도를 채택하고 있는데, … 여기서 말하는 공무원은 국가 또는 공공단체와 근로관계를 맺고 이른바 공법상 특별권력관계 내지 특별행정법관계 아래 공무를 담당하는 것을 직업으로 하는 협의의 공무원을 말하며 정치적 공무원이라든가 임시적 공무원은 포함되지 않는 것이다(헌재 1989. 12.18. 89헌마32·33).

② [X] 이 사건 심판대상 조항들이 순경 공채시험, 소방사 등 채용시험, 그리고 소방간부 선발시험의 응시연령의 상한을 '30세 이하'로 규정하고 있는 것은 합리적이라고 볼 수 없으므로 침해의 최소성 원칙에 위배되어 청구인들의 공무담임권을 침해한다. 그렇다고 하여, 순경 공채시험, 소방사 등 채용시험, 소방간부 선발시험에서 응시연령의 상한을 제한하는 것이 전면적으로 허용되지 않는다고 단정하기 어렵고, 경찰 또는 소방공무원의 채용 및 공무수행의 효율성을 도모하여 국민의 생명과 재산을 보호하기 위하여 필요한 최소한도의 제한은 허용되어야 할 것인바, 그 한계는 경찰 및 소방업무의 특성 및 인사제도 그리고 인력수급 등의 상황을 고려하여 입법기관이 결정할 사항이다(헌재 2012.5.31. 2010헌마278)[헌법불합치].

❸ [O] 수뢰죄는 수수액의 다과에 관계없이 공무원 직무의 불가매수성과 염결성을 치명적으로 손상시키고, 직무의 공정성을 해치며 국민의 불신을 초래하므로 일반 형법상 범죄와 달리 엄격하게 취급할 필요가 있다. 수뢰죄를 범하더라도 자격정지형의 선고유예를 받은 경우 당연퇴직하지 않을 수 있으며, 당연퇴직의 사유가 직무 관련 범죄로 한정되므로 심판대상조항은 침해의 최소성원칙에 위반되지 않고, 이로써 달성되는 공익이 공무원

개인이 입는 불이익보다 훨씬 크므로 법익균형성원칙에도 반하지 아니한다. 따라서 심판대상조항은 과잉금지원칙에 반하여 청구인의 공무담임권을 침해하지 아니한다(헌재 2013.7.25. 2012헌바409).

④ [×] 범죄행위로 형사처벌을 받은 공무원에 대하여 형사처벌사실 그 자체를 이유로 신분상 불이익처분을 하는 방법과 별도의 징계절차를 거쳐 불이익처분을 하는 방법 중 어느 방법을 선택할 것인가는 입법자의 재량에 속하는 것이다. 따라서 공무원에게 부과되는 신분상 불이익과 보호하려는 공익이 합리적 균형을 이루는 한 법원이 범죄의 모든 정황을 고려하여 금고 이상의 형의 집행유예 판결을 하였다면 그 범죄행위가 직무와 직접적 관련이 없거나 과실에 의한 것이라 하더라도 공무원의 품위를 손상하는 것으로 당해 공무원에 대한 사회적 비난가능성이 결코 적지 아니함을 의미하므로 이를 공무원의 당연퇴직 사유로 규정한 법률조항이 입법자의 재량을 일탈한 것이라고 볼 수 없다. 또한 집행유예와 선고유예의 차이, 금고형과 벌금형의 경중을 고려할 때 이 사건 법률조항이 집행유예 판결을 받은 자를 합리적 이유 없이 선고유예나 벌금형의 판결을 받은 자에 비하여 차별하는 것이라고도 볼 수 없다. 그렇다면 공무원에게 가해지는 신분상 불이익과 보호하려는 공익을 비교할 때 금고 이상의 형의 집행유예 판결을 받은 것을 공무원의 당연퇴직사유로 규정한 이 사건 법률조항이 공무담임권 및 행복추구권을 침해하여 헌법에 위반된다고 할 수 없다(헌재 2011.6.30. 2010헌바478).

03   재판을 받을 권리   정답 ②

① [○] 변호사보수를 소송비용에 산입함으로써 정당한 권리실행을 위하여 제소 또는 응소하려는 사람이 패소한 경우의 비용 부담을 염려하여 소송제도의 이용을 꺼리게 되는 점은 부인할 수 없다. 그러나 심판대상조항과 이에 근거한 '변호사보수의 소송비용 산입에 관한 규칙'은 소송 유형에 따라 차등을 두거나 법원 재량으로 변호사보수로 산정될 금액을 감액할 수 있도록 하는 등 구체적 소송비용의 상환범위를 합리적으로 제한하고 있다. 이 사건에서 위 선례와 달리 판단할 만한 사정변경이 있다고 보기 어려우므로, 심판대상조항이 패소한 당사자의 재판청구권을 침해한다고 할 수 없다(헌재 2016.6.30. 2013헌바370).

❷ [×] 재심제도의 규범적 형성에 있어서 입법자는 확정판결을 유지할 수 없을 정도의 중대한 하자가 무엇인지를 구체적으로 가려내어야 하는바, 이는 사법에 의한 권리보호에 관하여 한정된 사법자원의 합리적인 분배의 문제인 동시에 법치주의에 내재된 두 가지의 대립적 이념 즉, 법적 안정성과 정의의 실현이라는 상반된 요청을 어떻게 조화시키느냐의 문제로 돌아가므로, 결국 이는 불가피하게 입법자의 형성적 자유가 넓게 인정되는 영역이라고 할 수 있다(헌재 2009.4.30. 2007헌바121).

③ [○] 헌법 제27조 제1항에 규정된 "헌법과 법률이 정한 법관에 의하여 재판을 받을 권리"라 함은 헌법과 법률이 정한 자격과 절차에 의하여 임명되고, 물적 독립과 인적 독립이 보장된 법관에 의한 재판을 받을 권리를 의미하는 것일 뿐 사건의 경중을 가리지 아니하고 모든 사건에 대하여 대법원을 구성하는 법관에 의한 재판을 받을 권리를 의미한다고 볼 수는 없다(대결 2004.8.20. 2003카기33).

④ [○] 피청구인이, 청구인이 출정하기 이전에 여비를 납부하지 않았거나 출정비용과 영치금과의 상계에 미리 동의하지 않았다는 이유로 이 사건 출정제한행위를 한 것은, 피청구인에 대한 업무처리지침 내지 사무처리준칙인 이 사건 지침을 위반하여 청구인이 직접 재판에 출석하여 변론할 권리를 침해함으로써, 형벌의 집행을 위하여 필요한 한도를 벗어나서 청구인의 재판청구권을 과도하게 침해하였다고 할 것이다(헌재 2012.3.29. 2010헌마475).

04   직업의 자유   정답 ②

① [위반 ×] 다수인이 이용하는 PC방과 같은 공중이용시설 전체를 금연구역으로 지정함으로써 청소년을 비롯한 비흡연자의 간접흡연을 방지하고 혐연권을 보장하여 국민 건강을 증진시키기 위해 개정된 이 사건 금연구역조항의 입법목적은 정당하며, 그 방법도 적절하다. PC방과 같이 다수의 공중이 이용하는 공간에서의 간접흡연 문제를 효과적으로 해결하기 위해서는 내부에 칸막이 등을 설치하여 금연구역과 흡연구역을 분리하는 것만으로는 부족하고 해당 공간 전체를 금연구역으로 지정하는 것이 가장 효과적이고 이 방법 이외에 이와 동일한 효과를 가져올만한 대체수단이 있다거나 직업수행의 자유를 덜 제한하는 다른 수단이 존재한다고 단정하기는 어렵다. 아울러 PC방 영업 자체를 금지하는 것이 아니고 다만 영업방식을 제한하고 있을 뿐이어서 청구인들의 직업수행의 자유를 크게 제한하는 것이라고 볼 수 없는 반면, 혐연권을 보장하고 국민의 건강을 증진시키는 공익의 효과는 매우 크다고 인정되므로, 이 사건 금연구역조항은 과잉금지원칙에 위배되지 않는다(헌재 2013.6.27. 2011헌마315·509·2012헌마386).

❷ [위반 ○] 이 사건 법률조항은 성인대상 성범죄 전력에 기초하여 어떠한 예외도 없이 그 대상자가 재범의 위험성이 있다고 간주하여 일률적으로 아동·청소년 관련 학원의 취업 등을 10년간 금지하고 있는 점, 이 사건 법률조항이 범죄행위의 유형이나 구체적 태양 등을 고려하지 않은 채 범행의 정도가 가볍고 재범의 위험성이 상대적으로 크지 않은 자에게까지 10년 동안 일률적인 취업제한을 부과하고 있는 점 등을 종합하면, 이 사건 법률조항은 침해의 최소성 원칙에 위배된다. 또한, 이 사건 법률조항이 달성하고자 하는 공익이 우리 사회의 중요한 공익이지만 이 사건 법률조항에 의하여 청구인의 직업선택의 자유가 과도하게 제한되므로, 이 사건 법률조항은 법익의 균형성 원칙에도 위배된다. 따라서 이 사건 법률조항은 청구인의 직업선택의 자유를 침해한다(헌재 2016.7.28. 2015헌마359).

③ [위반 ×] 건설업 등록제도는 건설업자로 하여금 적정한 시공을 담보할 수 있는 최소한의 요건을 갖추도록 하여 부실공사를 방지하고 국민의 생명과 재산을 보호하고자 하는 것으로, 자본금기준의 미달은 다른 건설업 등록기준에도 영향을 미쳐 등록기준의 총체적 부실을 초래할 가능성이 높고, 업체의 부도나 하자담보책임의 회피, 임금 체납 등 발주자나 근로자에 대한 피해뿐 아니라 전반적으로 건설공사의 적정한 시공과 건설 산업의 건전한 발전을 저해할 우려가 있다. 심판대상조항에 의하여 규제되는 행위는 자본금기준을 단기간 내에 반복적으로 충족하지 못한 경우로서 행정제재의 경고기능을 무시하였다는 점에서 비난가능성이 가중된다. 국민의 재산과 신체를 보호하며, 자본금기준을 유지하도록 함으로써 건설업자의 건전성과 성실성을 담보하고 건설업체의 무분별한 난립을 막으며 건설 산업

을 발전시킨다는 공익은 건설업자가 입는 직업의 자유에 대한 제한보다 긴절하고 중대하다. 따라서 심판대상조항은 과잉금지원칙에 위반되어 직업의 자유를 침해하지 아니한다(헌재 2021.7.15. 2019헌바230).

④ [위반 ×] 이 사건 법률조항이 범죄행위로 자격정지의 형을 선고받은 자를 청원경찰직에서 배제하도록 한 것은 위와 같은 입법목적을 달성하기 위해 효과적이고 적절한 수단이 될 수 있다. 또한 이 사건 법률조항이 정한 바와 같이 자격정지의 형을 선고받은 자를 청원경찰직에서 당연퇴직시키는 것은 위와 같은 입법목적을 달성하면서도 기본권침해를 최소화하는 수단이라고 할 것이어서 기본권 침해의 최소성 원칙을 준수하였고, 자격정지의 형을 선고받은 청원경찰이 이 사건 법률조항에 따라 당연퇴직되어 입게 되는 직업의 자유에 대한 제한이라는 불이익이 자격정지의 형을 선고받은 자를 청원경찰직에서 당연퇴직시킴으로써 청원경찰에 대한 국민의 신뢰를 제고하고 청원경찰로서의 성실하고 공정한 직무수행을 담보하려는 공익에 비하여 더 중하다고 볼 수는 없으므로, 법익균형성도 지켜지고 있다. 따라서 이 사건 법률조항은 과잉금지원칙을 위반하여 청구인의 직업의 자유를 침해하지 아니한다(헌재 2011.10.25. 2011헌마85).

05 조약 정답 ③

① [O] 1992.2.19. 발효된 '남북사이의 화해와 불가침 및 교류협력에 관한 합의서'는 일종의 공동성명 또는 신사협정에 준하는 성격을 가짐에 불과하여 법률이 아님은 물론 국내법과 동일한 효력이 있는 조약이나 이에 준하는 것으로 볼 수 없다(헌재 2000.7.20. 98헌바63).

② [O] 헌법 제60조 제1항, 제89조에 대한 옳은 내용이다.

> 제60조 ① 국회는 상호원조 또는 안전보장에 관한 조약, 중요한 국제조직에 관한 조약, 우호통상항해조약, 주권의 제약에 관한 조약, 강화조약, 국가나 국민에게 중대한 재정적 부담을 지우는 조약 또는 입법사항에 관한 조약의 체결·비준에 대한 동의권을 가진다.
> 제89조 다음 사항은 국무회의의 심의를 거쳐야 한다.
> 1. 국정의 기본계획과 정부의 일반정책
> 2. 선전·강화 기타 중요한 대외정책
> 3. 헌법개정안·국민투표안·조약안·법률안 및 대통령령안

❸ [×] 국회의원의 심의·표결권은 국회의 대내적인 관계에서 행사되고 침해될 수 있을 뿐 다른 국가기관과의 대외적인 관계에서는 침해될 수 없는 것이므로, 국회의원들 상호간 또는 국회의원과 국회의장 사이와 같이 국회 내부적으로만 직접적인 법적 연관성을 발생시킬 수 있을 뿐이고 대통령 등 국회 이외의 국가기관과 사이에서는 권한침해의 직접적인 법적 효과를 발생시키지 아니한다. 따라서 피청구인인 대통령이 국회의 동의 없이 조약을 체결·비준하였다 하더라도 국회의원인 청구인들의 심의·표결권이 침해될 가능성은 없다(헌재 2007.7.26. 2005헌라8).

④ [O] 강제노동의 폐지에 관한 국제노동기구(ILO)의 제105호 조약은 우리나라가 비준한 바가 없고, 헌법 제6조 제1항에서 말하는 일반적으로 승인된 국제법규로서 헌법적 효력을 갖는 것이라고 볼 만한 근거도 없으므로 이 사건 심판대상 규정의 위헌성 심사의 척도가 될 수 없다(헌재 1998.7.16. 97헌바23).

06 국무위원, 행정각부의 장 정답 ①

❶ [×] 행정각부의 장은 국무위원 중에서 국무총리의 제청으로 대통령이 임명한다(헌법 제94조).

② [O] 헌법 제87조 제1항·제4항에 대한 옳은 내용이다.

> 제87조 ① 국무위원은 국무총리의 제청으로 대통령이 임명한다.
> ④ 군인은 현역을 면한 후가 아니면 국무위원으로 임명될 수 없다.

③ [O] 헌법 제95조에 대한 옳은 내용이다.

> 제95조 국무총리 또는 행정각부의 장은 소관사무에 관하여 법률이나 대통령령의 위임 또는 직권으로 총리령 또는 부령을 발할 수 있다.

④ [O] 헌법 제87조 제2항, 제82조, 제62조 제1항, 「정부조직법」 제12조 제3항에 대한 옳은 내용이다.

> 헌법 제87조 ② 국무위원은 국정에 관하여 대통령을 보좌하며, 국무회의의 구성원으로서 국정을 심의한다.
> 제82조 대통령의 국법상 행위는 문서로써 하며, 이 문서에는 국무총리와 관계 국무위원이 부서한다. 군사에 관한 것도 또한 같다.
> 제62조 ① 국무총리·국무위원 또는 정부위원은 국회나 그 위원회에 출석하여 국정처리상황을 보고하거나 의견을 진술하고 질문에 응답할 수 있다.
> 「정부조직법」 제12조 【국무회의】 ③ 국무위원은 정무직으로 하며 의장에게 의안을 제출하고 국무회의의 소집을 요구할 수 있다.

07 법치국가원리 정답 ①

❶ [×] 검사로서의 "체면"이나 "위신", 그리고 그것을 "손상하는 행위"라는 문언이 다소 일반적이고 추상적인 것임을 부인할 수는 없다. 그러나 법규범의 문언은 어느 정도 가치개념을 포함한 일반적·규범적 개념을 사용하지 않을 수 없는 것이기 때문에 명확성의 원칙이란 기본적으로 최대한이 아닌 최소한의 명확성을 요구하는 것으로서, 법문언이 법관의 보충적인 가치판단을 통해서 그 의미내용을 확인할 수 있고, 그러한 보충적 해석이 해석자의 개인적인 취향에 따라 좌우될 가능성이 없다면 명확성의 원칙에 반한다고 할 수 없다(헌재 2005.12.22. 2004헌바45). 살피건대, 검사징계법뿐만 아니라 공무원관계를 규정하는 다수의 법령들은 체면이나 위신을 손상하는 행위 또는 품위를 손상하는 행위를 징계사유로 정하고 있는바, 이 사건 구 검사징계법 제2조 제3호 역시 공무원의 품위유지 의무를 검사에 대해서도 요구하고 있는 것이라 할 수 있으므로, 공무원의 품위유지 의무 규정을 통해 이 사건규정의 의미를 이해할 수 있다. 특히 검사를 징계함에 있어 문제되는 "검사로서의 체면이나 위신을 손상하는 행위"는, 공직자로서의 검사의 구체적 언행과 그에 대한 검찰 내부의 평가 및 사회 일반의 여론, 그리고 검사의 언행이 사회에 미친 파장 등을 종합적으로 고려하여 구체적인 상황에 따라 건전한 사회통념에 의하여 판단할 수 있을 것이다. 나아가 검

사를 포함한 공무원의 품위유지의무와 관련하여 다수의 법원 판례가 축적되어 있는바, 법원은 국가공무원법상의 징계사유인 "직무의 내외를 불문하고 그 체면 또는 위신을 손상하는 행위를 한 때"(제78조 제1항 제3호)라 함은 "공무원의 신분상의 의무로서의 품위유지의 의무에 반하는 것으로 주권자인 국민의 수임자로서 또는 국민에의 봉사자인 직책을 다하는 공직자로서 공직의 체면, 위신을 손상하는데 직접적인 영향이 있는 행위를 한 때"라고 하고 있으므로(대판 1985.4.9. 84누654 ; 대판 2001.8.24. 2000두704), 이러한 법관의 보충적인 해석에 의해서도 "검사로서의 체면이나 위신을 손상하는 행위"가 무엇인지 파악할 수 있다(헌재 2011.12.29. 2009헌바282).

② [O] 형벌은 범죄에 대한 제재로서 그 본질은 법질서에 의해 부정적으로 평가된 행위에 대한 비난이다. 만약 법질서가 부정적으로 평가한 결과가 발생하였다고 하더라도 그러한 결과의 발생이 어느 누구의 잘못에 의한 것도 아니라면, 부정적인 결과가 발생하였다는 이유만으로 누군가에게 형벌을 가할 수는 없다. 이와 같이 "책임 없는 자에게 형벌을 부과할 수 없다."는 형벌에 관한 책임주의는 형사법의 기본원리로서, 헌법상 법치국가의 원리에 내재하는 원리인 동시에 헌법 제10조의 취지로부터 도출되는 원리이고, 법인의 경우도 자연인과 마찬가지로 책임주의원칙이 적용된다. 그런데 이 사건 법률조항에 의할 경우, 법인이 종업원 등의 위반행위와 관련하여 선임·감독상의 주의의무를 다하여 아무런 잘못이 없는 경우까지도 법인에게 형벌이 부과될 수밖에 없게 된다. 이처럼 이 사건 법률조항은 종업원 등의 범죄행위에 관하여 비난할 근거가 되는 법인의 의사결정 및 행위구조, 즉 종업원 등이 저지른 행위의 결과에 대한 법인의 독자적인 책임에 관하여 전혀 규정하지 않은 채, 단순히 법인이 고용한 종업원 등이 업무에 관하여 범죄행위를 하였다는 이유만으로 법인에 대하여 형사처벌을 과하고 있는바, 이는 다른 사람의 범죄에 대하여 그 책임 유무를 묻지 않고 형벌을 부과하는 것으로서, 헌법상 법치국가의 원리 및 죄형법정주의로부터 도출되는 책임주의원칙에 반한다(헌재 2011.10.25. 2010헌가80).

③ [O] 헌법재판소는 2016.9.29. 2014헌바254 결정으로, 근로자가 사업주의 지배관리 아래 출퇴근하던 중 발생한 사고로 부상 등이 발생한 경우만 업무상 재해로 인정하던 구법 조항에 대하여 '통상의 출퇴근 재해를 업무상 재해로 인정하지 아니한 것은 헌법에 합치되지 않는다'는 취지의 헌법불합치결정(이하 '이 사건 헌법불합치결정'이라 한다)을 하였다. 이 사건 헌법불합치결정에서 기존 제도에서 배제된 집단이 받는 중대한 불이익이 이미 확인된 이상, 신법 조항을 소급적용함으로써 산재보험에 미치는 재정상 부담과, 그로써 회복할 수 있는 합헌적 상태의 이익을 충분히 고려하여 차별취급이 합리적인지 여부를 판단하여야 한다. 그런데 최근 산재보험 재정수지와 적립금 보유액, 통상의 출퇴근 재해를 업무상 재해로 인정함에 따라 인상된 보험료율 등을 살펴보면, 이 사건 헌법불합치결정 이후 통상의 출퇴근 사고를 당한 근로자에게 이미 위헌성이 확인된 구법 조항을 계속 적용하면서까지 산재보험 기금의 재정건전성을 담보할 필요가 있는지 의문이 있다. 또한 개정법은 통상의 출퇴근 재해 인정에 따른 산재보험 기금의 재정상 부담을 완화할 수 있는 다양한 방법을 마련하고 있다. 심판대상조항이 신법 조항의 소급적용을 위한 경과규정을 두지 않음으로써 개정법 시행일 전에 통상의 출퇴근 사고를 당한 비혜택근로자를 보호하기 위한 최소한의 조치도 취하지 않은 것은, 산재보험의 재정상황 등 실무적 여건이나 경제상황 등을 고려한 것이라고 하더라도, 그 차별을 정당화할 만한 합리적인 이유가 있는 것

으로 보기 어렵고, 이 사건 헌법불합치결정의 취지에도 어긋난다. 따라서 심판대상조항은 헌법상 평등원칙에 위반된다(헌재 2019.9.26. 2018헌바218).

④ [O] 종전부터 게임물이 사회적 문제를 야기하여 인터넷컴퓨터게임시설제공업을 포함한 게임산업 전반에 대한 제도의 재확립이 요청되고 있었다는 것을 청구인들로서는 충분히 예견할 수 있었고, 인터넷컴퓨터게임시설의 경우 사행성 게임프로그램을 설치함으로써 간단히 사행성 게임물기기로 변환될 수 있으므로 기존의 인터넷컴퓨터게임시설제공업자에게만 특별히 등록에 대한 예외를 부여하는 것에 대하여 이의를 제기하는 공익상의 이유가 존재하며, 청구인들이 현재까지 등록을 하지 못하고 있는 것은 게임산업진흥에 관한 법률이 요구하는 시설기준의 불비 때문이 아니라 등록제를 도입하기 전부터 시행되고 있던 학교보건법 등 다른 법령상의 규제를 해소하지 못한 것에서 비롯된 것인 점 등을 고려할 때, 이 사건 법률조항을 시행함에 있어 청구인들에게 주어진 2007.4.20.부터 2008.5.17.까지 1년 이상의 유예기간은 법개정으로 인한 상황변화에 적절히 대처하기에 지나치게 짧은 것이라고 할 수 없다. 따라서 게임산업진흥에 관한 법률은 부칙의 경과규정을 통하여 종전부터 PC방 영업을 영위하여 온 청구인들을 비롯한 인터넷컴퓨터게임시설제공업자의 신뢰이익을 충분히 고려하고 있으므로, 이 사건 법률조항이 신뢰보호의 원칙에 위배된다고 할 수 없다(헌재 2009.9.24. 2009헌바28).

08 법원 정답 ②

① [O] 「법원조직법」 제47조에 대한 옳은 내용이다.

> **제47조【심신상의 장해로 인한 퇴직】** 법관이 중대한 신체상 또는 정신상의 장해로 직무를 수행할 수 없을 때에는, 대법관인 경우에는 대법원장의 제청으로 대통령이 퇴직을 명할 수 있고, 판사인 경우에는 인사위원회의 심의를 거쳐 대법원장이 퇴직을 명할 수 있다.

❷ [X] 이는 심급제도의 합리적 유지를 위하여 당해사건에 한하여 구속력을 인정한 것이고, 그 후의 동종의 사건에 대한 선례로서의 구속력에 관한 것은 아니다(헌재 2002.6.27. 2002헌마18).

③ [O] 「법관징계법」 제27조 제1항에 대한 옳은 내용이다.

> **제27조【불복절차】** ① 피청구인이 징계 등 처분에 대하여 불복하려는 경우에는 징계 등 처분이 있음을 안 날부터 14일 이내에 전심(前審) 절차를 거치지 아니하고 대법원에 징계 등 처분의 취소를 청구하여야 한다.

④ [O] 특정 사안에 있어 법관으로 하여금 증거조사에 의한 사실판단도 하지 말고, 최초의 공판기일에 공소사실과 검사의 의견만을 듣고 결심하여 형을 선고하라는 것은 입법에 의해서 사법의 본질적인 중요부분을 대체시켜 버리는 것에 다름 아니어서 우리 헌법상의 권력분립원칙에 어긋나는 것이다(헌재 1996.1.25. 95헌가5).

09 정당해산심판 　　　　　　　　정답 ④

① [O] 헌법 제8조 제4항의 민주적 기본질서 개념은 정당해산결정의 가능성과 긴밀히 결부되어 있다. 이 민주적 기본질서의 외연이 확장될수록 정당해산결정의 가능성은 확대되고, 이와 동시에 정당 활동의 자유는 축소될 것이다. 민주 사회에서 정당의 자유가 지니는 중대한 함의나 정당해산심판제도의 남용가능성 등을 감안한다면, 헌법 제8조 제4항의 민주적 기본질서는 최대한 엄격하고 협소한 의미로 이해해야 한다(헌재 2014.12.19. 2013헌다1).

② [O] 정당에 속한 개인이나 단체의 활동은 그러한 활동이 이루어진 구체적인 경위를 살펴서 그것을 정당의 활동으로 볼 수 있는 사정이 있는지를 판단해야 한다. 예컨대, 활동을 한 개인이나 단체의 지위 등에 비추어 볼 때 정당이 그러한 활동을 할 권한을 부여하거나 그 활동을 독려하였는지 여부, 설령 그러한 권한의 부여 등이 없었다 하더라도 사후에 그 활동을 적극적으로 옹호하는 등 그 활동을 사실상 정당의 활동으로 추인한 것과 같다고 볼 수 있는 사정이 있는지 여부, 혹은 사전에 그 정당이 그러한 활동의 계획을 알았더라도 이를 정당 차원에서 지원하고 지지했을 것이라고 가정적으로 판단할 수 있는 사정이 있는지 여부 등을 구체적으로 살펴 전체적이고 종합적으로 판단해야 한다. 반면, 정당대표나 주요 관계자의 행위라 하더라도 개인적 차원의 행위에 불과한 것이라면 이러한 행위에 대해서까지 정당해산심판의 심판대상이 되는 활동으로 보기는 어렵다(헌재 2014.12.19. 2013헌다1).

③ [O] 동 조항의 규정형식에 비추어 볼 때, 정당의 목적이나 활동 중 어느 하나라도 민주적 기본질서에 위배된다면 정당해산의 사유가 될 수 있다고 해석된다(헌재 2014.12.19. 2013헌다1).

❹ [X] 이 사건은 남과 북이 대립되어 있는 현재 한반도의 상황과 무관하지 않다. 따라서 이 사건에 임하는 우리는 우리 사회가 처해 있는 분단이라는 특수한 상황 또한 고려할 수밖에 없다. 비록 오늘날 각국의 헌법이 유사한 내용으로 제정되고 세계적으로 입헌주의의 전개 양상이 개별 국가들 간에 보편적 가치를 공유하는 모습으로 평균화되어 나타나는 것도 사실이나, 다른 한편 각 국 헌법들 간에도 일정한 내용상의 차이가 존재하고 각 국 헌법재판이 자국의 고유한 헌법과 독자적인 문화나 역사 그리고 정치·사회적 현실을 반영함으로써 고유한 모습과 함의를 가지는 점도 분명하다. 따라서 이 사건 정당해산심판에서도 입헌주의의 보편적 원리에 더하여, 우리 사회가 처해 있는 여러 현실적 측면들, 대한민국의 특수한 역사적 상황 그리고 우리 국민들이 공유하는 고유한 인식과 법 감정들의 존재를 동시에 숙고할 수밖에 없다(헌재 2014.12.19. 2013헌다1).

10 변호인의 조력을 받을 권리 　　　　　정답 ①

❶ [X] 헌법 제12조 제4항 본문의 문언 및 헌법 제12조의 조문 체계, 변호인 조력권의 속성, 헌법이 신체의 자유를 보장하는 취지를 종합하여 보면 헌법 제12조 제4항 본문에 규정된 "구속"은 사법절차에서 이루어진 구속뿐 아니라, 행정절차에서 이루어진 구속까지 포함하는 개념이다. 따라서 헌법 제12조 제4항 본문에 규정된 변호인의 조력을 받을 권리는 행정절차에서 구속을 당한 사람에게도 즉시 보장된다. 종래 이와 견해를 달리하여 헌법 제12조 제4항 본문에 규정된 변호인의 조력을 받을 권리는 형사절차에서 피의자 또는 피고인의 방어권을 보장하기 위한 것으로서 출입국관리법상 보호 또는 강제퇴거의 절차에도 적용된다고 보기 어렵다고 판시한 우리 재판소 결정(헌재 2012.8.23. 2008헌마430)은, 이 결정 취지와 저촉되는 범위 안에서 변경한다(헌재 2018.5.31. 2014헌마346).

② [O] 변호인의 조력을 받을 권리는 변호인과의 자유로운 접견교통권에 그치지 아니하고 더 나아가 변호인을 통하여 수사서류를 포함한 소송관계 서류를 열람·등사하고 이에 대한 검토결과를 토대로 공격과 방어의 준비를 할 수 있는 권리도 포함된다고 보아야 할 것이므로 변호인의 수사기록 열람·등사에 대한 지나친 제한은 결국 피고인에게 보장된 변호인의 조력을 받을 권리를 침해하는 것이다(헌재 1997.11.27. 94헌마60).

③ [O] 변호인 선임을 위하여 피의자·피고인(이하 '피의자 등'이라 한다)이 가지는 '변호인이 되려는 자'와의 접견교통권은 헌법상 기본권으로 보호되어야 하고, '변호인이 되려는 자'의 접견교통권은 피의자 등이 변호인을 선임하여 그로부터 조력을 받을 권리를 공고히 하기 위한 것으로서, 그것이 보장되지 않으면 피의자 등이 변호인 선임을 통하여 변호인으로부터 충분한 조력을 받는다는 것이 유명무실하게 될 수밖에 없다. 이와 같이 '변호인이 되려는 자'의 접견교통권은 피의자 등을 조력하기 위한 핵심적인 부분으로서, 피의자 등이 가지는 헌법상의 기본권인 '변호인이 되려는 자'와의 접견교통권과 표리의 관계에 있다. 따라서 피의자 등이 가지는 '변호인이 되려는 자'의 조력을 받을 권리가 실질적으로 확보되기 위해서는 '변호인이 되려는 자'의 접견교통권 역시 헌법상 기본권으로서 보장되어야 한다(헌재 2019.2.28. 2015헌마1204).

④ [O] 헌법상 보장되는 '변호인의 조력을 받을 권리'는 변호인의 '충분한 조력'을 받을 권리를 의미하므로, 일정한 경우 피고인에게 국선변호인의 조력을 받을 권리를 보장하여야 할 국가의 의무에는 형사소송절차에서 단순히 국선변호인을 선정하여 주는 데 그치지 않고 한 걸음 더 나아가 피고인이 국선변호인의 실질적인 조력을 받을 수 있도록 필요한 업무 감독과 절차적 조치를 취할 책무까지 포함된다고 할 것이다(대결 2012.2.16. 2009모1044 전합).

11 국회의 운영 　　　　　　　　　　정답 ④

① [O] 「국회법」 제149조 제3항에 대한 옳은 내용이다.

> **제149조【국회에 의한 방송】** ③ 국회는 제1항의 방송 제도를 운용하거나 인터넷 등 정보통신망을 통하여 중계방송을 하는 경우 장애인에 대한 원활한 정보 제공을 위하여 국회규칙으로 정하는 바에 따라 한국수어·폐쇄자막·화면해설 등을 제공하여야 한다.

② [O] 국회의 회의는 공개한다. 다만, 출석의원 과반수의 찬성이 있거나 의장이 국가의 안전보장을 위하여 필요하다고 인정할 때에는 공개하지 아니할 수 있다(헌법 제50조 제1항).

③ [O] 「국회법」 제112조 제2항에 대한 옳은 내용이다.

> **제112조【표결방법】** ② 중요한 안건으로서 의장의 제의 또는 의원의 동의로 본회의 의결이 있거나 재적의원 5분의 1 이상의 요구가 있을 때에는 기명투표·호명투표 또는 무기명투표로 표결한다.

④ [×] 의장이 토론에 참가할 때에는 의장석에서 물러나야 하며, 그 안건에 대한 표결이 끝날 때까지 의장석에 돌아갈 수 없다 (「국회법」 제107조 참조). 즉, 의장이 직접 토론에 참가할 수 있다. 다만, 그 안건에 대한 표결이 끝날 때까지 의장석에 돌아갈 수 없다.

---

12 기본권 보호의무   정답 ④

① [○] 원전 사고로 인한 방사능 피해는 전원개발사업 실시계획 승인 단계에서가 아니라 원전의 건설·운영과정에서 발생하므로 원전 건설·운영의 허가 단계에서 보다 엄격한 기준을 마련하여 원전으로 인한 피해가 발생하지 않도록 조치들을 강구하고 있다. 따라서 이 사건 승인조항에서 원전 건설을 내용으로 하는 전원개발사업 실시계획에 대한 승인권한을 다른 전원개발과 마찬가지로 산업통상자원부장관에게 부여하고 있다 하더라도, 국가가 국민의 생명·신체의 안전을 보호하기 위하여 필요한 최소한의 보호조치를 취하지 아니한 것이라고 보기는 어렵다 (헌재 2016.10.27. 2015헌바358).

② [○] 헌법 제10조의 규정에 의하면, 국가는 개인이 가지는 불가침의 기본적 인권을 확인하고 이를 보장할 의무를 지고 기본권은 공동체의 객관적 가치질서로서의 성격을 가지므로, 적어도 생명·신체의 보호와 같은 중요한 기본권적 법익 침해에 대해서는 그것이 국가가 아닌 제3자로서의 사인에 의해서 유발된 것이라고 하더라도 국가가 적극적인 보호의 의무를 진다. 그렇다면 국가가 국민의 기본권을 적극적으로 보장하여야 할 의무가 인정된다는 점, 헌법 제35조 제1항이 국가와 국민에게 환경보전을 위하여 노력하여야 할 의무를 부여하고 있는 점, 환경침해는 사인에 의해서 빈번하게 유발되므로 입법자가 그 허용 범위에 관해 정할 필요가 있다는 점, 환경피해는 생명·신체의 보호와 같은 중요한 기본권적 법익 침해로 이어질 수 있다는 점 등을 고려할 때, 일정한 경우 국가는 사인인 제3자에 의한 국민의 환경권 침해에 대해서도 적극적으로 기본권 보호조치를 취할 의무를 진다. 더욱이 이 사건에서 소음의 유발은 공직선거법이 허용한 일정 기간의 공직선거 운동기간 중에 공적 의사를 형성하는 과정 중에 발생하는 것이므로, 비록 그 소음이 후보자 등 사인에 의해서 유발되고 있는 것이라고 하더라도 공적 활동으로서 이해되는 측면도 있는바, 공적 영역에서 발생하는 환경권 침해 가능성에 대해 국가가 규율할 의무는 좀 더 분명해진다(헌재 2019.12.27. 2018헌마73).

③ [○] 이 사건 기준은 가축사육업 허가를 받거나 등록을 하고자 할 경우 가축사육시설이 갖추어야 하는 기준이다. 그런데 가축사육시설의 환경이 지나치게 열악할 경우 그러한 시설에서 사육되고 생산된 축산물을 섭취하는 인간의 건강도 악화될 우려가 있다. 따라서 국가로서는 건강하고 위생적이며 쾌적한 시설에서 가축이 서식할 수 있도록 필요한 적절하고도 효율적인 조치를 취함으로써, 소비자인 국민의 생명·신체의 안전에 관한 기본권을 보호할 구체적인 헌법적 의무가 있다(헌재 2015.9.24. 2013헌마384).

❹ [×] 국가의 신체와 생명에 대한 보호의무는 교통과실범의 경우 발생한 침해에 대한 사후처벌뿐 아니라, 무엇보다도 우선적으로 운전면허취득에 관한 법규 등 전반적인 교통관련법규의 정비, 운전자와 일반국민에 대한 지속적인 계몽과 교육, 교통안전에 관한 시설의 유지 및 확충, 교통사고 피해자에 대한 보상제도

등 여러 가지 사전적·사후적 조치를 함께 취함으로써 이행된다 할 것이므로, 형벌은 국가가 취할 수 있는 유효적절한 수많은 수단 중의 하나일 뿐이지, 결코 형벌까지 동원해야만 보호법익을 유효적절하게 보호할 수 있다는 의미의 최종적인 유일한 수단이 될 수는 없다 할 것이다. 따라서 이 사건 법률조항은 국가의 기본권보호의무의 위반 여부에 관한 심사기준인 과소보호금지의 원칙에 위반한 것이라고 볼 수 없다. 그러나 이 사건법률조항에서 가해차량이 종합보험 등에 가입하였다는 이유로 교통사고처리특례법 제3조 제2항 단서조항에 해당하지 않는한 무조건 면책되도록 한 것은 기본권침해의 최소성에 위반된다. 또한 이 사건 법률조항에 의하여 중상해를 입은 피해자의 재판절차진술권의 행사가 근본적으로 봉쇄된 것은 교통사고의 신속한 처리 또는 전과자의 양산 방지라는 공익을 위하여 위 피해자의 사익이 현저히 경시된 것이므로 법익의 균형성을 위반하고 있다. 따라서 이 사건 법률조항은 과잉금지원칙에 위반하여 업무상 과실 또는 중대한 과실에 의한 교통사고로 중상해를 입은 피해자의 재판절차진술권을 침해한 것이라 할 것이다(헌재 2009.2.26. 2005헌마764).

📄 **교통사고처리 특례법 제4조 제1항 사건 정리**

구분	피해자가 '중상해'를 입은 경우	피해자가 '중상해가 아닌 상해'를 입은 경우
재판절차진술권 침해	○	×
평등권 침해	○	×
기본권보호의무 위반	×	×

---

13 헌법소원심판   정답 ②

① [○] 헌법재판소법 제68조 제2항 소정의 헌법소원은 그 본질이 헌법소원이라기 보다는 위헌법률심판이므로 헌법재판소법 제68조 제1항 소정의 헌법소원에서 요구되는 보충성의 원칙은 적용되지 아니한다(헌재 1997.7.16. 96헌바36).

❷ [×] 청구인은 형기만료로 이미 석방되었으므로, 이 사건 심판청구가 인용되더라도 청구인의 권리구제는 불가능한 상태이다. 그러나 이 사건에서 문제되는 교정시설 내 과밀수용행위는 계속 반복될 우려가 있고, 수형자들에 대한 기본적 처우에 관한 중요한 문제로서 그에 대한 헌법적 해명의 필요성이 있으므로 예외적으로 심판의 이익을 인정할 수 있다(헌재 2016.12.29. 2013헌마142).

③ [○] 청구인 김○정, 전○영은 이 사건 심판청구 당시 임산부였던 자로서 간접흡연으로 인하여 자신들의 기본권이 침해되었다고 주장하나, 간접흡연으로 인한 폐해는 담배의 제조 및 판매와는 간접적이고 사실적인 이해관계를 형성할 뿐, 직접적 혹은 법적인 이해관계를 형성하지는 못한다. 또한, 청구인 박○갑, 명○권은 의료인으로서 담배로 인한 질병을 치료하면서 그 폐해의 심각성을 인지하게 되었다고만 할 뿐 구체적인 기본권침해 주장은 하지 않고 있고, 담배의 제조 및 판매가 허용되어 흡연이 가능하게 되었다는 것만으로 위 청구인들에게 어떠한 기본권

침해가 있다고 보기도 어렵다. 따라서 청구인 김○정, 전○영, 박○갑, 명○권의 심판청구는 기본권침해의 자기관련성을 인정할 수 없다(헌재 2015.4.30. 2012헌마38).

④ [O] 법률이 별도의 집행행위를 기다리지 않고 직접적·현재적으로 기본권을 침해하는 경우에는, 바로 그 법률에 대한 헌법소원도 가능하다(헌재 1990.6.25. 89헌마220).

14　위임입법　　　　　　　　　　　　정답 ②

① [O] 이 사건 경고의 경우 법률(구 방송법 제100조 제1항)에서 명시적으로 규정된 제재보다 더 가벼운 것을 하위 규칙에서 규정한 경우이므로, 그러한 제재가 행정법에서 요구되는 법률유보원칙에 어긋났다고 단정하기 어려운 측면이 있다. 그러나 만일 그것이 기본권 제한적 효과를 지니게 된다면, 이는 행정법적 법률유보원칙의 위배 여부에도 불구하고 헌법 제37조 제2항에 따라 엄격한 법률적 근거를 지녀야 한다(헌재 2007.11.29. 2004헌마290).

❷ [X] 위임입법이 대법원규칙인 경우에도 수권법률에서 헌법 제75조에 근거한 포괄위임금지원칙을 준수하여야 하는 것은 마찬가지이다. 다만, 대법원규칙으로 규율될 내용은 소송에 관한 절차와 같이 법원의 전문적이고 기술적인 사무에 관한 것이 대부분일 것인바, 법원의 축적된 지식과 실제적 경험의 활용, 규칙의 현실적 적응성과 적시성의 확보라는 측면에서 수권법률에서의 위임의 구체성·명확성의 정도는 다른 규율 영역에 비해 완화될 수 있을 것이다(헌재 2016.6.30. 2013헌바370).

③ [O] 도로교통법상 운전면허를 취득하여야 하는 자동차 및 건설기계의 종류는 매우 다양하고 어떤 운전면허로 어떤 자동차 또는 건설기계를 운전할 수 있도록 할지를 정하는 작업에는 전문적이고 기술적인 지식이 요구되므로, 제1종 특수면허로 운전할 수 있는 차의 종류를 하위법령에 위임할 필요성이 인정된다. 또한, 자동차 운전자로서는 자동차관리법상 특수자동차의 일종인 트레일러와 레커의 용도와 조작방법 등의 특성을 감안할 때 이를 운전하기 위해서는 제1종 특수면허를 취득하여야 한다는 점도 충분히 예측할 수 있으므로, 심판대상조항이 포괄위임금지원칙에 위배된다고 할 수 없다(헌재 2015.1.29. 2013헌바173).

④ [O] 일정한 권리에 관하여 법률이 규정한 존속기간을 뜻하는 제척기간은 권리관계를 조속히 확정시키기 위하여 권리의 행사에 중대한 제한을 가하는 것이어서 모법인 법률에 의한 위임이 없는 한 시행령이 함부로 제척기간을 규정할 수는 없다고 할 것이므로, 구 근로기준법(1989.3.29. 법률 제4099호로 개정되기 전의 것) 제38조가 그 단서에서 사용자가 노동위원회의 승인을 받아 휴업수당을 지급하지 않을 수 있는 예외를 규정하고 있을 뿐 그 승인을 받을 수 있는 기간을 제한하는 데 관하여 직접 규정하지 않고 있음은 물론 시행령에 위임하지도 아니하였음에도 불구하고, 같은법 시행령 제21조가 정하고 있는 사용자의 노동위원회에 대한 휴업수당지급의 예외 승인신청기간은 제척기간으로 볼 수는 없고 훈시규정으로 보아야 한다(대판 1990.9.28. 89누2493).

15　기본권　　　　　　　　　　　　정답 ③

① [O] 청구인 사단법인 한국기자협회는 전국의 신문·방송·통신사 소속 현직 기자들 1만 여명을 회원으로 두고 있는 민법상 비영리 사단법인으로서, '언론중재 및 피해구제에 관한 법률' 제2조 제12호에 따른 언론사에는 해당한다. 그런데 심판대상조항은 언론인 등 자연인을 수범자로 하고 있을 뿐이어서 청구인 사단법인 한국기자협회는 심판대상조항으로 인하여 자신의 기본권을 직접 침해당할 가능성이 없다. 또 사단법인 한국기자협회가 그 구성원인 기자들을 대신하여 헌법소원을 청구할 수도 없으므로, 위 청구인의 심판청구는 기본권 침해의 자기관련성을 인정할 수 없어 부적법하다(헌재 2016.7.28. 2015헌마236 등).

② [O] 부정청탁금지조항은 부패가 빈발하는 직무영역에서 금지되는 행위를 구체적으로 열거하여 부정청탁의 유형을 제한하고 있고, 부정청탁의 행위 유형에 해당하더라도 법질서 전체와의 관계에서 정당시되는 행위는 예외를 인정하여 제재대상에서 제외하고 있으며, 언론인이나 사립학교 관계자가 부정청탁을 받고 그에 따라 직무를 수행한 경우에만 처벌하고 있다. … 부정청탁금지조항과 금품수수금지조항이 추구하는 공익이 매우 중대하므로 법익의 균형성도 충족한다. 부정청탁금지조항과 금품수수금지조항이 과잉금지원칙을 위반하여 청구인들의 일반적 행동자유권을 침해한다고 보기 어렵다(헌재 2016.7.28. 2015헌마236 등).

> 부정청탁금지조항은 부패가 빈발하는 직무영역에서 금지되는 행위를 구체적으로 열거하여 부정청탁의 유형을 제한하고 있고, 부정청탁의 행위 유형에 해당하더라도 법질서 전체와의 관계에서 정당시되는 행위는 예외를 인정하여 제재대상에서 제외하고 있으며, 언론인이나 사립학교 관계자가 부정청탁을 받고 그에 따라 직무를 수행한 경우에만 처벌하고 있다. 한편, 대가관계 증명이 어려운 부정청탁행위나 금품 등 수수행위는 배임수재죄로 처벌할 수 없어 형법상 배임수재죄로 처벌하는 것만으로는 충분하지 않고, 교육계와 언론계에 부정청탁이나 금품 등 수수 관행이 오랫동안 만연해 왔고 크게 개선되고 있지 않다는 각종 여론조사결과와 국민 인식 등에 비추어 볼 때, 교육계와 언론계의 자정노력에만 맡길 수 없다는 입법자의 결단이 잘못된 것이라고 단정하기도 어렵다. 금품수수금지조항은 직무관련성이나 대가성이 없더라도 동일인으로부터 1회 100만원 또는 매 회계연도 300만원을 초과하는 금품 등을 수수한 경우 처벌하도록 하고 있다. 이는 사립학교 관계자나 언론인에게 적지 않은 금품을 주는 행위가 순수한 동기에서 비롯될 수 없고 일정한 대가관계를 추정할 수 있다는 데 근거한 것으로 볼 수 있다. 우리 사회에서 경제적 약자가 아닌 사립학교 관계자와 언론인에게 아무런 이유 없이 1회 100만원 또는 매 회계연도에 300만원을 초과하는 금품 등을 준다는 것은 건전한 상식으로는 이해할 수 없는 일이다. 또 사립학교 관계자와 언론인이 직무와 관련하여 아무리 적은 금액이라도 정당한 이유 없이 금품 등을 받는 것을 금지하는 것이 부당하다고 할 수 없다. 시행되기 전 법률의 위헌 여부를 심판하면서 국가가 당해 법률의 입법목적을 무시하고 권력을 남용하여 법률을 부당하게 집행할 것을 예상하고 이를 전제로 당해 법률의 위헌성을 심사할 수는 없다. 이런 사정을 모두 종합하여 보면 부정청탁금지조항과 금품수수금지조항이 침해의 최소성원칙에 반한다고 보기도 어렵다. 사립학교 관계자나 언론인은 금품수수금지조항에 따라 종래 받아오던 일정한 금액 이상의 금품이나 향응 등을 받지 못하게 되는 불이익

이 발생할 수는 있으나 이런 불이익이 법적으로 보호받아야 하는 권익의 침해라 보기 어렵다. 국가권력이 '청탁금지법'을 남용할 것을 두려워하여 사학의 자유나 언론의 자유가 위축될 우려도 있으나, 이러한 염려나 제약에 따라 침해되는 사익이 부정청탁금지조항이 추구하는 공익보다 크다고 볼 수는 없다. 우리 사회의 청렴도를 높이고 부패를 줄이는 과정에서 일시적으로 어려움을 겪는 분야가 있을 수 있다는 이유로 부패의 원인이 되는 부정청탁 및 금품수수 관행을 방치할 수도 없다. 부정청탁금지조항과 금품수수금지조항이 추구하는 공익이 매우 중대하므로 법익의 균형성도 충족한다. 부정청탁금지조항과 금품수수금지조항이 과잉금지원칙을 위반하여 청구인들의 일반적 행동자유권을 침해한다고 보기 어렵다(헌재 2016.7.28. 2015헌마236 등).

❸ [×] 심판대상조항은 언론인과 취재원의 통상적 접촉 등 정보의 획득은 물론 보도와 논평 등 의견의 전파에 이르기까지 자유로운 여론 형성과정에서 언론인의 법적 권리에 어떤 제한도 하고 있지 않다. 또 사립학교 관계자의 교육의 자유나 사립학교 운영의 법적 주체인 학교법인만이 향유할 수 있는 사학의 자유를 제한하고 있지도 아니하다. 청구인들 주장과 같이 국가권력에 의해 '청탁금지법'이 남용될 경우 언론의 자유나 사학의 자유가 일시적으로 위축될 소지는 있다. 하지만 이 문제는 취재 관행과 접대 문화의 개선, 그리고 의식 개혁이 뒤따라가지 못함에 따른 과도기적인 사실상의 우려에 불과하며, 심판대상조항에 의하여 직접적으로 언론의 자유와 사학의 자유가 제한된다고 할 수는 없다(헌재 2016.7.28. 2015헌마236 등).

④ [○] 청구인들은 신고조항과 제재조항이 청구인들의 양심의 자유를 침해한다는 주장도 한다. 그러나 신고조항과 제재조항은 배우자가 수수 금지 금품 등을 받거나 그 제공의 약속 또는 의사표시를 받았다는 객관적 사실 즉, 배우자를 통해 부적절한 청탁을 시도한 사람이 있다는 것을 고지할 의무를 부과할 뿐이다. 신고조항이 개인의 세계관·인생관·주의·신조 등이나 내심에서의 윤리적 판단을 고지 대상으로 하는 것은 아니다. 따라서 신고조항과 제재조항이 청구인들의 양심의 자유를 직접 제한한다고 볼 수 없다(헌재 2016.7.28. 2015헌마236 등).

16 공무담임권 정답 ①

❶ [×] 정치자금법 제6조 제2호의2·제4호가 대통령선거의 예비후보자와 지역구국회의원선거의 예비후보자는 후원회지정권자로 규정하여 각각 하나의 후원회를 지정하여 둘 수 있도록 하는 것과 달리, 심판대상조항은 광역자치단체장선거의 예비후보자와 자치구의회의원선거의 예비후보자는 후원회지정권자로 규정하지 아니하여 후원회를 통한 정치자금의 모금을 할 수 없도록 함으로써 양자를 달리 취급하고 있으므로 평등권의 침해 여부가 문제된다. 한편 청구인들은 심판대상조항으로 인하여 광역자치단체장선거의 예비후보자와 자치구의회의원선거의 예비후보자에게 후원회를 둘 수 없게 된 것은 합리적 이유 없는 차별에 해당하고, 이로 인해 선거에서 불리한 지위에 놓임으로써 공무담임권, 정치적 표현의 자유도 침해된다고 주장하나, 이는 심판대상조항이 대통령선거의 예비후보자 및 지역구국회의원선거의 예비후보자와 달리 광역자치단체장선거의 예비후보자와 자치구의회의원선거의 예비후보자는 후원회지정권자로 규

정하지 아니함으로써 발생하는 차별을 다른 측면에서 지적한 것에 불과하여 평등권 침해 여부 심사에서 판단하면 충분하므로, 별도로 판단하지 아니한다. … 심판대상조항 중 광역자치단체장선거의 예비후보자에 관한 부분은 청구인들 중 광역자치단체장선거의 예비후보자 및 이들 예비후보자에게 후원금을 기부하고자 하는 자의 평등권을 침해한다(헌재 2019.12.27. 2018헌마301 등).

② [○] 기탁금조항의 1,000만원 액수는 교원 등 학내 인사뿐만 아니라 일반 국민들 입장에서도 적은 금액이 아니다. … 기탁금조항으로 인하여 기탁금을 납입할 자력이 없는 교원 등 학내 인사 및 일반 국민들은 총장후보자에 지원하는 것 자체를 단념하게 되므로, 이 사건 기탁금조항으로 제약되는 공무담임권의 정도는 결코 과소평가될 수 없다. 이 사건 기탁금조항으로 달성하려는 공익이 제한되는 공무담임권 정도보다 크다고 단정할 수 없으므로, 이 사건 기탁금조항은 법익의 균형성에도 반한다. 따라서, 이 사건 기탁금조항은 과잉금지원칙에 반하여 청구인의 공무담임권을 침해한다(헌재 2018.4.26. 2014헌마274).

③ [○] 심판대상조항으로 인하여 청구인이 입는 불이익은 예비전력관리 업무담당자 선발시험 또는 군무원 특별채용시험에 응시할 수 있는 기회가 전역 후 일정 기간 내로 제한되는 것이다. 반면에 시험응시기간을 설정함으로써 달성할 수 있는 공익은 전역군인이 가지고 있는 전문성을 활용하여 예비전력관리업무 및 군무원 업무의 효율성과 적시성을 극대화하는 것으로서 청구인이 입는 불이익보다 중대하다. 따라서 심판대상조항은 법익의 균형성 원칙을 준수하고 있다. 그러므로 심판대상조항은 청구인의 공무담임권을 침해하지 아니한다(헌재 2016.10.27. 2015헌마734).

④ [○] 청구인과 같이 임용결격사유에도 불구하고 임용된 임용결격공무원은 상당한 기간 동안 근무한 경우라도 적법한 공무원의 신분을 취득하여 근무한 것이 아니라는 이유로 공무원연금법상 퇴직급여의 지급대상이 되지 못하는 등 일정한 불이익을 받기는 하지만, 재직기간 중 사실상 제공한 근로에 대하여는 그 대가에 상응하는 금액의 반환을 부당이득으로 청구하는 등의 민사적 구제수단이 있는 점을 고려하면, 공직에 대한 국민의 신뢰보장이라는 공익과 비교하여 임용결격공무원의 사익 침해가 현저하다고 보기 어렵다. 따라서 이 사건 법률조항은 입법자의 재량을 일탈하여 공무담임권을 침해한 것이라고 볼 수 없다(헌재 2016.7.28. 2014헌바437).

17 선거, 표현의 자유 정답 ③

① [○] 심판대상조항이 구체적인 집회나 모임의 상황을 고려하여 상충하는 법익 사이의 조화를 이루려는 노력을 전혀 기울이지 않고서, 일반 유권자가 선거에 영향을 미치게 하기 위한 집회나 모임을 개최하는 것을 전면적으로 금지함에 따라, 사실상 선거와 관련된 집단적 의견표명 일체가 불가능하게 됨으로써 일반 유권자가 받게 되는 집회의 자유, 정치적 표현의 자유에 대한 제한 정도는 매우 중대하다. 따라서 심판대상조항은 법익의 균형성에도 위배된다. 심판대상조항은 과잉금지원칙에 반하여 집회의 자유, 정치적 표현의 자유를 침해한다(헌재 2022.7.21. 2018헌바164).

② [O] 새마을금고 임원 선거의 과열과 혼탁을 방지함으로써 선거의 공정성을 담보하고자 하는 심판대상조항의 입법목적은 정당하고, 임원 선거와 관련하여 법정된 선거운동방법만을 허용하되 허용되지 아니하는 방법으로 선거운동을 하는 경우 형사처벌하는 것은 이러한 입법목적을 달성하기 위한 적절한 수단이다. 새마을금고 임원 선거는 선거인들이 비교적 소수이고, 선거인들 간의 연대 및 지역적 폐쇄성이 강하여 선거과정에서 공정성을 확보하는 데 많은 어려움이 있는데 비해 불법적인 행태의 적발이 어렵다는 특수성을 가지므로, 공직선거법에 의해 시행되는 선거에 비해 선거운동의 방법을 제한할 필요성이 인정된다. 특히, 호별 방문을 통한 개별적인 지지 호소를 허용하게 되면, 선거가 과열되어 상호비방 등에 의한 혼탁선거가 이루어질 우려가 있고, 선거 결과가 친소관계에 의해 좌우될 가능성은 높아지는 반면 이러한 행위에 대한 단속이나 적발은 더욱 어려워지게 된다. 또한, 허용되는 선거운동 방법을 통해서도 후보자들은 선거인들에게 자신을 충분히 알릴 수 있고, 선거인들 역시 후보자들의 경력이나 공약 등에 관하여 파악할 수 있는 기회를 가질 수 있으므로, 심판대상조항은 침해의 최소성 요건을 갖추었다. 공공성을 가진 특수법인으로 유사금융기관으로서의 지위를 가지는 새마을금고 임원 선거에서 공정성을 확보하는 것은 임원의 윤리성을 담보하고 궁극적으로는 새마을금고의 투명한 경영을 도모하고자 하는 것으로, 이러한 공익이 이로 인하여 제한되는 사익에 비해 훨씬 크다고 할 것이므로, 심판대상조항은 법익의 균형성도 갖추었다. 따라서 심판대상조항은 청구인의 결사의 자유 및 표현의 자유를 침해하지 아니한다(헌재 2018.2.22. 2016헌바364).

❸ [X] 전화·컴퓨터통신은 누구나 손쉽고 저렴하게 이용할 수 있는 매체인 점, 농업협동조합법에서 흑색선전 등을 처벌하는 조항을 두고 있는 점을 고려하면 입법목적 달성을 위하여 위 매체를 이용한 지지 호소까지 금지할 필요성은 인정되지 아니한다. 이 사건 법률조항들이 달성하려는 공익이 결사의 자유 및 표현의 자유 제한을 정당화할 정도로 크다고 보기는 어려우므로, 법익의 균형성도 인정되지 아니한다. 따라서 이 사건 법률조항들은 과잉금지원칙을 위반하여 결사의 자유, 표현의 자유를 침해하여 헌법에 위반된다(헌재 2016.11.24. 2015헌바62).

④ [O] 심판대상조항은 이러한 명예훼손적 표현을 규제하면서도 '비방할 목적'이라는 초과주관적 구성요건을 추가로 요구하여 그 규제 범위를 최소한도로 하고 있고, 헌법재판소와 대법원은 정부 또는 국가기관의 정책결정이나 업무수행과 관련된 사항에 관하여는 표현의 자유를 최대한 보장함으로써 정보통신망에서의 명예보호가 표현의 자유에 대한 지나친 위축효과로 이어지지 않도록 하고 있다. 또한, 민사상 손해배상 등 명예훼손 구제에 관한 다른 제도들이 형사처벌을 대체하여 인터넷 등 정보통신망에서의 악의적이고 공격적인 명예훼손행위를 방지하기에 충분한 덜 제약적인 수단이라고 보기 어렵다. 그러므로 심판대상조항은 과잉금지원칙을 위반하여 표현의 자유를 침해하지 않는다(헌재 2016.2.25. 2013헌바105).

---

18 사면권 정답 ④

옳지 않은 것은 ㄷ, ㄹ이다.

ㄱ. [O] 복권은 형의 집행이 끝나지 아니한 자 또는 집행이 면제되지 아니한 자에 대하여는 하지 아니한다(「사면법」 제6조).

ㄴ. [O] 넓은 의미의 사면은 협의의 사면(형 선고의 효과나 공소권 소멸)은 물론이고 감형과 복권까지 포괄하는 개념이다.

ㄷ. [X] 유죄판결 확정 후에 형 선고의 효력을 상실케 하는 특별사면이 있었다고 하더라도, 형 선고의 법률적 효과만 장래를 향하여 소멸될 뿐이고 확정된 유죄판결에서 이루어진 사실인정과 그에 따른 유죄 판단까지 없어지는 것은 아니므로, 유죄판결은 형 선고의 효력만 상실된 채로 여전히 존재하는 것으로 보아야 하고, 한편 형사소송법 제420조 각 호의 재심사유가 있는 피고인으로서는 재심을 통하여 특별사면에도 불구하고 여전히 남아 있는 불이익, 즉 유죄의 선고는 물론 형 선고가 있었다는 기왕의 경력 자체 등을 제거할 필요가 있다. 그리고 형사소송법 제420조가 유죄의 확정판결에 대하여 선고를 받은 자의 이익을 위하여 재심을 청구할 수 있다고 규정하고 있는 것은 유죄의 확정판결에 중대한 사실인정의 오류가 있는 경우 이를 바로잡아 무고하고 죄 없는 피고인의 인권침해를 구제하기 위한 것인데, 만일 특별사면으로 형 선고의 효력이 상실된 유죄판결이 재심청구의 대상이 될 수 없다고 한다면, 이는 특별사면이 있었다는 사정만으로 재심청구권을 박탈하여 명예를 회복하고 형사보상을 받을 기회 등을 원천적으로 봉쇄하는 것과 다를 바 없어서 재심제도의 취지에 반하게 된다. 따라서 특별사면으로 형 선고의 효력이 상실된 유죄의 확정판결도 형사소송법 제420조의 '유죄의 확정판결'에 해당하여 재심청구의 대상이 될 수 있다(대판 2015.5.21. 2011도1932).

ㄹ. [X] 청구인들은 대통령의 특별사면에 관하여 일반국민의 지위에서 사실상의 또는 간접적인 이해관계를 가진다고 할 수는 있으나 대통령의 청구 외인들에 대한 특별사면으로 인하여 청구인들 자신의 법적이익 또는 권리를 직접적으로 침해당한 피해자라고 볼 수 없으므로 이 사건 심판청구는 자기관련성, 직접성이 결여되어 부적법하다(헌재 1998.9.30. 97헌마404).

ㅁ. [O] 특별사면이라 함은 형 선고 받은 자의 형의 집행이 면제되는 것으로 특별한 사정이 있을 때에는 이후 형 선고의 효력을 상실하게 할 수 있다.

> 「사면법」 제3조 【사면 등의 대상】 사면, 감형 및 복권의 대상은 다음 각 호와 같다.
> 2. 특별사면 및 감형: 형을 선고받은 자
> 제5조 【사면 등의 효과】 ① 사면, 감형 및 복권의 효과는 다음 각 호와 같다.
> 2. 특별사면: 형의 집행이 면제된다. 다만, 특별한 사정이 있을 때에는 이후 형 선고의 효력을 상실하게 할 수 있다.

---

19 국민투표 정답 ④

① [O] 헌법 제72조의 국민투표권은 대통령이 어떠한 정책을 국민투표에 부의한 경우에 비로소 행사가 가능한 기본권이다. 한 미 무역협정에 대한 대통령의 국민투표 부의가 행해지지 않은 이상 헌법 제72조의 국민투표권의 침해 가능성은 인정되지 않는다(헌재 2013.11.28. 2012헌마166).

② [O] 우리 헌법은 국민에 의하여 직접 선출된 국민의 대표자가 국민을 대신하여 국가의사를 결정하는 대의민주주의를 기본으로 하고 있어, 중요 정책에 관한 사항이라 하더라도 반드시 국민의 직접적인 의사를 확인하여 결정해야 한다고 보는 것은 전

체적인 헌법체계와 조화를 이룰 수 없다. 헌법 제72조는 대통령에게 국민투표의 실시 여부, 시기, 구체적 부의사항, 설문내용 등을 결정할 수 있는 임의적인 국민투표발의권을 독점적으로 부여한 것이다(헌재 2004.5.14. 2004헌나1). 따라서 특정의 국가정책에 대하여 다수의 국민들이 국민투표를 원하고 있음에도 불구하고 대통령이 이러한 희망과는 달리 국민투표에 회부하지 아니한다고 하여도 이를 헌법에 위반된다고 할 수 없고, 국민에게 특정의 국가정책에 관하여 국민투표에 회부할 것을 요구할 권리가 인정된다고 할 수도 없다. 결국 헌법 제72조의 국민투표권은 대통령이 어떠한 정책을 국민투표에 부의한 경우에 비로소 행사가 가능한 기본권이라 할 수 있다(헌재 2005.11.24. 2005헌마579 등).

③ [O] 우리 헌법은 국민에 의하여 직접 선출된 국민의 대표자가 국민을 대신하여 국가의사를 결정하는 대의민주주의를 기본으로 하고 있어, 중요 정책에 관한 사항이라도 반드시 국민의 직접적인 의사를 확인하여 결정해야 한다고 보는 것은 전체적인 헌법체계와 조화를 이룰 수 없다. 헌법 제72조는 대통령에게 국민투표의 실시 여부, 시기, 구체적 부의사항, 설문내용 등을 결정할 수 있는 임의적인 국민투표발의권을 독점적으로 부여한 것이다(헌재 2004.5.14. 2004헌나1). 따라서 특정의 국가정책에 대하여 다수의 국민들이 국민투표를 원하고 있음에도 불구하고 대통령이 이러한 희망과는 달리 국민투표에 회부하지 아니한다고 하여도 이를 헌법에 위반된다고 할 수 없고, 국민에게 특정의 국가정책에 관하여 국민투표에 회부할 것을 요구할 권리가 인정된다고 할 수도 없다. 결국 헌법 제72조의 국민투표권은 대통령이 어떠한 정책을 국민투표에 부의한 경우에 비로소 행사가 가능한 기본권이라 할 수 있다(헌재 2005.11.24. 2005헌마579 등).

❹ [X] 헌법 제72조의 중요정책 국민투표와 헌법 제130조의 헌법개정안 국민투표는 대의기관인 국회와 대통령의 의사결정에 대한 국민의 승인절차에 해당한다. 대의기관의 선출 주체가 곧 대의기관의 의사결정에 대한 승인 주체가 되는 것은 당연한 논리적 귀결이다. 재외선거인은 대의기관을 선출할 권리가 있는 국민으로서 대의기관의 의사결정에 대해 승인할 권리가 있으므로, 국민투표권자에는 재외선거인이 포함된다고 보아야 한다. 또한, 국민투표는 선거와 달리 국민이 직접 국가의 정치에 참여하는 절차이므로, 국민투표권은 대한민국 국민의 자격이 있는 사람에게 반드시 인정되어야 하는 권리이다. 이처럼 국민의 본질적 지위에서 도출되는 국민투표권을 추상적 위험 내지 선거기술상의 사유로 배제하는 것은 헌법이 부여한 참정권을 사실상 박탈한 것과 다름없다. 따라서 국민투표법 조항은 재외선거인의 국민투표권을 침해한다(헌재 2014.7.24. 2009헌마256 등).

---

② [O] 국가가 생활능력 없는 장애인의 인간다운 생활을 보장하기 위하여 행하는 사회부조에는 보장법에 의한 생계급여 지급을 통한 최저생활보장 외에 다른 법령에 의하여 행하여지는 것도 있으므로, 국가가 행하는 최저생활보장 수준이 그 재량의 범위를 명백히 일탈하였는지 여부, 즉 인간다운 생활을 보장하기 위한 객관적 내용의 최소한을 보장하고 있는지 여부는 보장법에 의한 생계급여만을 가지고 판단하여서는 아니 되고, 그 외의 법령에 의거하여 국가가 최저생활보장을 위하여 지급하는 각종 급여나 각종 부담의 감면 등을 총괄한 수준으로 판단하여야 한다(헌재 2004.10.28. 2002헌마328).

③ [O] 다른 법령에 의하여 이러한 생계유지의 보호를 받고 있는 교도소·구치소에 수용 중인 자에 대하여 국민기초생활 보장법의 보충급여의 원칙에 따라 중복적인 보장을 피하기 위하여 개별가구에서 제외키로 한 입법자의 판단이 국가가 최저생활보장에 관한 입법을 전혀 하지 아니하였다든가 그 내용이 현저히 불합리하여 헌법상 용인될 수 있는 재량의 범위를 명백히 일탈한 경우에 해당한다고 볼 수 없으므로 이 사건 조항이 청구인들의 인간다운 생활을 할 권리를 침해한다고 볼 수 없다(헌재 2011.3.31. 2009헌마617 등).

❹ [X] 가입자들에 대한 안정적인 보험급여 제공을 보장하기 위해서는 보험료 체납에 따른 보험재정의 악화를 방지할 필요가 있다. 보험료 체납에 대하여 보험급여 제한과 같은 제재를 가하지 않는다면, 가입자가 충분한 자력이 있음에도 보험료를 고의로 납부하지 않은 채 보험급여만을 받고자 하는 도덕적 해이가 만연하여 건강보험제도 자체의 존립이 위태로워질 수 있다. 가입자 간 보험료 부담의 형평성을 제고하고자 하는 소득월액보험료의 도입취지를 고려하면, 소득월액보험료를 체납한 가입자에 대하여 보수월액보험료를 납부하였다는 이유로 보험급여를 제한하지 아니할 경우, 형평에 부합하지 않는 결과가 초래될 수 있다. 따라서 소득월액보험료 체납자에 대한 보험급여를 제한하는 것은 그 취지를 충분히 납득할 수 있다. 심판대상조항은 체납 기간이 1개월 미만이거나, 월별 보험료의 총체납 횟수가 6회 미만인 경우에는 보험급여를 제한할 수 없도록 하고 있다. 또한 분할납부 승인을 받고 그 승인된 보험료를 1회 이상 납부한 경우에는 국민건강보험공단이 보험급여를 지급할 수 있다. 심판대상조항에 따라 보험급여를 하지 아니하는 기간에 받은 보험급여의 경우에도, 일정한 기한 이내에 체납된 보험료를 완납한 경우 보험급여로 인정하는 등, 국민건강보험법은 심판대상조항으로 인하여 가입자가 과도한 불이익을 입지 않도록 배려하고 있다. 따라서 심판대상조항은 청구인의 인간다운 생활을 할 권리나 재산권을 침해하지 아니한다(헌재 2020.4.23. 2017헌바244).

20 　인간다운 생활을 할 권리　　　정답 ④

① [O] 헌법 제34조 제1항이 보장하는 인간다운 생활을 할 권리는 사회권적 기본권의 일종으로서 인간의 존엄에 상응하는 최소한의 물질적인 생활의 유지에 필요한 급부를 요구할 수 있는 권리를 의미하는데, 이러한 권리는 국가가 재정형편 등 여러 가지 상황들을 종합적으로 감안하여 법률을 통하여 구체화할 때에 비로소 인정되는 법률적 권리라고 할 것이다(헌재 2009. 11.26. 2007헌마734).

21 　위헌법률심판　　　정답 ③

① [O] 교통사고처리 특례법 제4조 제1항은 비록 형벌에 관한 것이기는 하지만 불처벌의 특례를 규정한 것이어서 위 법률조항에 대한 위헌결정의 소급효를 인정할 경우 오히려 형사처벌을 받지 않았던 자들에게 형사상의 불이익이 미치게 되므로 이와 같은 경우까지 헌법재판소법 제47조 제2항 단서의 적용범위에 포함시키는 것은 그 규정취지에 반하고, 위 법률조항이 헌법에 위반된다고 선고되더라도 형사처벌을 받지 않았던 자들을 소급하여 처벌할 수 없다(헌재 1997.1.16. 90헌마110).

② [O] 재판의 전제성과 관련하여 법률조항 중 관련 사건의 재판에서 적용되지 않는 내용이 들어 있는 경우에도 그 조항 전체가 위헌심사의 대상이 될 수 있는지 여부에 관하여 제청법원이 단일 조문 전체를 위헌제청하고 그 조문 전체가 같은 심사척도가 적용될 위헌 심사대상인 경우 그 조문 전체가 심판대상이 된다고 할 것이다(헌재 1995.11.30. 94헌가2).

❸ [X] 재판의 전제성은 헌법재판소가 별도로 독자적인 심사를 하기보다는 되도록 법원의 이에 관한 법률적 견해를 존중해야 할 것이며, 다만 그 전제성에 관한 법률적 견해가 명백히 유지될 수 없을 때에만 헌법재판소는 예외적으로 이를 직권으로 조사하여 위헌제청을 각하할 수 있다고 할 것이다. 왜냐하면 문제되는 법률의 위헌여부가 재판의 전제가 되느냐 되지 않느냐는 사건기록 없이 위헌여부의 쟁점만 판단하게 되어 있는 헌법재판소보다는 기록을 갖고 당해사건의 종국적 해결을 하는 일반법원이 더 잘 알 것이며 또 헌법재판소가 위헌여부의 실체판단보다도 위헌심판청구의 형식적 요건인 재판의 전제성에 치중하여 나름대로 철저히 규명하려 든다면 결과적으로 본안사건의 종국적 해결에 커다란 지연요인이 될 것이기 때문이다(헌재 1993.5.13. 92헌가10 등).

④ [O] 일정한 규범이 위헌법률심판 또는 헌법재판소법 제68조 제2항에 의한 헌법소원심판의 대상이 되는 '법률'인지 여부는 그 제정 형식이나 명칭이 아니라 그 규범의 효력을 기준으로 판단하여야 한다. 따라서 헌법이 법률과 동일한 효력을 가진다고 규정한 긴급재정경제명령(제76조 제1항) 및 긴급명령(제76조 제2항)은 물론, 헌법상 형식적 의미의 법률은 아니지만 국내법과 동일한 효력이 인정되는 '헌법에 의하여 체결·공포된 조약과 일반적으로 승인된 국제법규'(제6조)의 위헌 여부의 심사권한은 헌법재판소에 전속한다(헌재 2013.3.21. 2010헌바132).

③ [O] 피청구인의 문서열람행위는 형집행법 시행령 제67조에 근거하여 법원 등 관계기관이 수용자에게 보내온 문서를 열람한 행위로서, 문서 전달 업무에 정확성을 기하고 수용자의 편의를 도모하며 법령상의 기간준수 여부 확인을 위한 공적 자료를 마련하기 위한 것이다. 수용자 스스로 고지하도록 하거나 특별히 엄중한 계호를 요하는 수용자에 한하여 열람하는 등의 방법으로는 목적 달성에 충분하지 않고, 다른 법령에 따라 열람이 금지된 문서는 열람할 수 없으며, 열람한 후에는 본인에게 신속히 전달하여야 하므로, 문서열람행위는 청구인의 통신의 자유를 침해하지 아니한다(헌재 2021.9.30. 2019헌마919).

④ [O] 이 사건 녹음조항은 수용자의 증거인멸의 가능성 및 추가범죄의 발생 가능성을 차단하고, 교정시설 내의 안전과 질서유지를 위한 것으로 목적의 정당성이 인정되며, 수용자는 증거인멸 또는 형사 법령 저촉 행위를 할 경우 쉽게 발각될 수 있다는 점을 예상하여 이를 억제하게 될 것이므로 수단의 적합성도 인정된다. 미결수용자는 접견 시 지인 등을 통해 자신의 범죄에 대한 증거를 인멸할 가능성이 있고, 마약류사범의 경우 그 중독성으로 인하여 교정시설 내부로 마약을 반입하여 복용할 위험성도 있으므로 교정시설 내의 안전과 질서를 유지할 필요성은 매우 크다. 또한, 교정시설의 장은 미리 접견내용의 녹음 사실 등을 고지하며, 접견기록물의 엄격한 관리를 위한 제도적 장치도 마련되어 있는 점 등을 고려할 때 침해의 최소성 요건도 갖추고 있다. 나아가 청구인의 접견내용을 녹음·녹화함으로써 증거인멸이나 형사 법령 저촉 행위의 위험을 방지하고, 교정시설 내의 안전과 질서유지에 기여하려는 공익은 미결수용자가 받게 되는 사익의 제한보다 훨씬 크고 중요하므로 법익의 균형성도 인정된다. 따라서 이 사건 녹음조항은 과잉금지원칙에 위배되어 청구인의 사생활의 비밀과 자유 및 통신의 비밀을 침해하지 아니한다(헌재 2016.11.24. 2014헌바401).

22 통신의 자유 　　　　　　　　　　정답 ②

① [O] 「통신비밀보호법」 제8조 제5항에 대한 옳은 내용이다.

> 제8조 【긴급통신제한조치】 ⑤ 검사, 사법경찰관 또는 정보수사기관의 장은 긴급통신제한조치의 집행에 착수한 때부터 36시간 이내에 법원의 허가를 받지 못한 경우에는 해당 조치를 즉시 중지하고 해당 조치로 취득한 자료를 폐기하여야 한다.

❷ [X] 심판대상조항이 이동통신서비스 가입시 본인확인절차를 거치도록 함으로써 타인 또는 허무인의 이름을 사용한 휴대전화인 이른바 대포폰이 보이스피싱 등 범죄의 범행도구로 이용되는 것을 막고, 개인정보를 도용하여 타인의 명의로 가입한 다음 휴대전화소액결제나 서비스요금을 그 명의인에게 전가하는 등 명의도용범죄의 피해를 막고자 하는 입법목적은 정당하고, 이를 위하여 본인확인절차를 거치게 한 것은 적합한 수단이다. … 개인정보자기결정권, 통신의 자유가 제한되는 불이익과 비교했을 때, 명의도용피해를 막고, 차명휴대전화의 생성을 억제하여 보이스피싱 등 범죄의 범행도구로 악용될 가능성을 방지함으로써 잠재적 범죄 피해 방지 및 통신망 질서 유지라는 더욱 중대한 공익의 달성효과가 인정된다. 따라서 심판대상조항은 청구인들의 개인정보자기결정권 및 통신의 자유를 침해하지 않는다(헌재 2019.9.26. 2017헌마1209).

23 평등원칙 　　　　　　　　　　정답 ④

① [X] 평등위반 여부를 심사함에 있어 엄격한 심사척도에 의할 것인지, 완화된 심사척도에 의할 것인지는 입법자에게 인정되는 입법형성권의 정도에 따라 달라지게 될 것이다. 먼저 헌법에서 특별히 평등을 요구하고 있는 경우 엄격한 심사척도가 적용될 수 있다. 헌법이 스스로 차별의 근거로 삼아서는 아니되는 기준을 제시하거나 차별을 특히 금지하고 있는 영역을 제시하고 있다면 그러한 기준을 근거로 한 차별이나 그러한 영역에서의 차별에 대하여 엄격하게 심사하는 것이 정당화된다. 다음으로 차별적 취급으로 인하여 관련 기본권에 대한 중대한 제한을 초래하게 된다면 입법형성권은 축소되어 보다 엄격한 심사척도가 적용되어야 할 것이다. … 엄격한 심사를 한다는 것은 자의금지원칙에 따른 심사, 즉 합리적 이유의 유무를 심사하는 것에 그치지 아니하고 비례성원칙에 따른 심사, 즉 차별취급의 목적과 수단간에 엄격한 비례관계가 성립하는지를 기준으로 한 심사를 행함을 의미한다(헌재 1999.12.23. 98헌마363).

② [X] 가사사용인도 근로자에 해당하지만, 제공하는 근로가 가정이라는 사적 공간에서 이루어지는 특수성이 있다. 그런데 퇴직급여법은 사용자에게 여러 의무를 강제하고 국가가 사용자를 감독하고 위반 시 처벌하도록 규정하고 있다. 가구 내 고용활동에 대하여 다른 사업장과 동일하게 퇴직급여법을 적용할 경우 이용자 및 이용자 가족의 사생활을 침해할 우려가 있음은 물

론 국가의 관리 감독이 제대로 이루어지기도 어렵다. … 최근 가사사용인에 대한 보호필요성이 높아짐에 따라 이용 가정의 사생활 침해를 최소화하면서도 가사사용인의 보호를 도모하기 위하여 '가사근로자의 고용개선 등에 관한 법률'(이하 '가사근로자법'이라 한다)이 제정되었다. 이 법에 의하면 인증받은 가사서비스 제공기관과 근로계약을 체결하고 이용자에게 가사서비스를 제공하는 사람은 가사근로자로서 퇴직급여법의 적용을 받게 된다(제6조 제1항). 이에 따라 가사사용인은 가사서비스 제공기관을 통하여 가사근로자법과 근로 관계 법령을 적용받을 것인지, 직접 이용자와 고용계약을 맺는 대신 가사근로자법과 근로 관계 법령의 적용을 받지 않을 것인지 선택할 수 있다. 이를 종합하면 심판대상조항이 가사사용인을 일반 근로자와 달리 퇴직급여법의 적용범위에서 배제하고 있다 하더라도 합리적 이유가 있는 차별로서 평등원칙에 위배되지 아니한다(헌재 2022.10.27. 2019헌바454).

③ [X] 비록 고등학교 교육이 의무교육은 아니지만 매우 보편화된 일반교육임을 고려할 때 고등학교 진학 기회의 제한은 당사자에게 미치는 제한의 효과가 커 엄격히 심사하여야 하므로 차별 목적과 차별 정도가 비례원칙을 준수하는지 살펴야 한다. 자사고를 지원하는 학생과 일반고를 지원하는 학생은 모두 전기학교에 지원하지 않았거나, 전기학교에 불합격한 학생들로서 고등학교에 진학하기 위해서는 후기 입학전형 1번의 기회만 남아있다는 점에서 같다. 시·도별로 차이는 있을 수 있으나 대체로 평준화 지역 후기학교의 입학전형은 중학교 학교생활기록부를 기준으로 매긴 순위가 평준화 지역 후기학교의 총 정원 내에 들면 평준화 지역 후기학교 배정이 보장된다. 반면 자사고에 지원하였다가 불합격한 평준화 지역 소재 학생들은 이 사건 중복지원금지 조항으로 인하여 원칙적으로 평준화 지역 일반고에 지원할 기회가 없고, 지역별 해당 교육감의 재량에 따라 배정·추가배정 여부가 달라진다. 이에 따라 일부 지역의 경우 평준화 지역 자사고 불합격자들에 대하여 일반고 배정절차를 마련하지 아니하여 자신의 학교군에서 일반고에 진학할 수 없고, 통학이 힘든 먼 거리의 비평준화 지역의 학교에 진학하거나 학교의 장이 입학전형을 실시하는 고등학교에 정원미달이 발생할 경우 추가선발에 지원하여야 하고 그조차 곤란한 경우 고등학교 재수를 하여야 하는 등 고등학교 진학 자체가 불투명하게 되기도 한다. 고등학교 교육의 의미, 현재 우리나라의 고등학교 진학률에 비추어 자사고에 지원하였었다는 이유로 이러한 불이익을 주는 것이 적절한 조치인지 의문이 아닐 수 없다. 자사고와 평준화 지역 후기학교의 입학전형 실시권자가 달라 자사고 불합격자에 대한 평준화 지역 후기학교 배정에 어려움이 있다면 이를 해결할 다른 제도를 마련하였어야 함에도, 이 사건 중복지원금지 조항은 중복지원금지 원칙만을 규정하고 자사고 불합격자에 대하여 아무런 고등학교 진학 대책을 마련하지 않았다. 결국 이 사건 중복지원금지 조항은 고등학교 진학 기회에 있어서 자사고 지원자들에 대한 차별을 정당화할 수 있을 정도로 차별 목적과 차별 정도 간에 비례성을 갖춘 것이라고 볼 수 없다(헌재 2019.4.11. 2018헌마221).

❹ [O] 중혼의 취소청구권자를 규정한 이 사건 법률조항은 그 취소청구권자로 직계존속과 4촌 이내의 방계혈족을 규정하면서도 직계비속을 제외하였는바, 직계비속을 제외하면서 직계존속만을 취소청구권자로 규정한 것은 가부장적·종법적인 사고에 바탕을 두고 있고, 직계비속이 상속권 등과 관련하여 중혼의 취소청구를 구할 법률적인 이해관계가 직계존속과 4촌 이내의 방계혈족 못지않게 크며, 그 취소청구권자의 하나로 규정된 검사

에게 취소청구를 구한다고 하여도 검사로 하여금 직권발동을 촉구하는 것에 지나지 않은 점 등을 고려할 때, 합리적인 이유 없이 직계비속을 차별하고 있어, 평등원칙에 위반된다(헌재 2010.7.29. 2009헌가8).

24 국회법   정답 ②

옳지 않은 것은 1개(ㄴ)이다.

ㄱ. [O] 「국회법」 제49조의3에 대한 옳은 내용이다.

> 제49조의3【위원 회의 출석 현황 공개】위원장은 위원회(소위원회는 제외한다) 회의가 종료되면 그 다음 날까지 소속 위원의 회의 출석 여부를 국회공보 또는 인터넷 홈페이지 등에 게재하는 방법으로 공개하여야 한다.

ㄴ. [X] 종전 규정으로 현재는 삭제되었다.
ㄷ. [O] 「국회법」 제49조의2 제2항·제3항에 대한 옳은 내용이다.

> 제49조의2【위원회 의사일정의 작성기준】① 위원장(소위원회의 위원장을 포함한다)은 예측 가능한 국회운영을 위하여 특별한 사정이 없으면 다음 각 호의 기준에 따라 제49조 제2항의 의사일정 및 개회일시를 정한다.
> 1. 위원회 개회일시: 매주 월요일·화요일 오후 2시
> 2. 소위원회 개회일시: 매주 수요일·목요일 오전 10시
> ② 위원회(소위원회는 제외한다)는 매월 2회 이상 개회한다. 다만, 다음 각 호의 어느 하나에 해당하는 경우에는 그러하지 아니하다.
> 1. 해당 위원회의 국정감사 또는 국정조사 실시기간
> 2. 그 밖에 회의를 개회하기 어렵다고 의장이 인정하는 기간
> ③ 제2항에도 불구하고, 국회운영위원회, 정보위원회, 여성가족위원회, 특별위원회 및 예산결산특별위원회의 경우에는 위원장이 개회 횟수를 달리 정할 수 있다.

ㄹ. [O] 「국회법」 제57조 제6항에 대한 옳은 내용이다.

> 제57조【소위원회】⑥ 소위원회는 폐회 중에도 활동할 수 있으며, 법률안을 심사하는 소위원회는 매월 3회 이상 개회한다. 다만, 국회운영위원회, 정보위원회 및 여성가족위원회의 법률안을 심사하는 소위원회의 경우에는 소위원장이 개회 횟수를 달리 정할 수 있다.

ㅁ. [O] 「국회법」 제5조의2 제2항에 대한 옳은 내용이다.

> 제5조의2【연간 국회 운영 기본일정 등】① 의장은 국회의 연중 상시 운영을 위하여 각 교섭단체 대표의원과의 협의를 거쳐 매년 12월 31일까지 다음 연도의 국회 운영 기본일정(국정감사를 포함한다)을 정하여야 한다. 다만, 국회의원 총선거 후 처음 구성되는 국회의 해당 연도 국회 운영 기본일정은 6월 30일까지 정하여야 한다.
> ② 제1항의 연간 국회 운영 기본일정은 다음 각 호의 기준에 따라 작성한다.
> 1. 2월·3월·4월·5월 및 6월 1일과 8월 16일에 임시회를 집회한다. 다만, 국회의원 총선거가 있는 경우 임시회를 집회하지 아니하며, 집회일이 공휴일인 경우에는 그 다음 날에 집회한다.

25 위헌성 심사기준 　　　　　　　정답 ③

① [O] 모든 국민은 인간다운 생활을 할 권리를 가지며 국가는 생활 능력 없는 국민을 보호할 의무가 있다는 헌법의 규정은 입법부와 행정부에 대하여는 국민소득, 국가의 재정능력과 정책 등을 고려하여 가능한 범위 안에서 최대한으로 모든 국민이 물질적인 최저생활을 넘어서 인간의 존엄성에 맞는 건강하고 문화적인 생활을 누릴 수 있도록 하여야 한다는 행위의 지침 즉 행위규범으로서 작용하지만, 헌법재판에 있어서는 다른 국가기관 즉 입법부나 행정부가 국민으로 하여금 인간다운 생활을 영위하도록 하기 위하여 객관적으로 필요한 최소한의 조치를 취할 의무를 다하였는지의 여부를 기준으로 국가기관의 행위의 합헌성을 심사하여야 한다는 통제규범으로 작용하는 것이다. 그러므로 국가가 인간다운 생활을 보장하기 위한 헌법적인 의무를 다하였는지의 여부가 사법적 심사의 대상이 된 경우에는, 국가가 생계보호에 관한 입법을 전혀 하지 아니하였다든가 그 내용이 현저히 불합리하여 헌법상 용인될 수 있는 재량의 범위를 명백히 일탈한 경우에 한하여 헌법에 위반된다고 할 수 있다(헌재 1997.5.29. 94헌마33).

② [O] 체계정당성의 원리는 규범 상호간의 구조와 내용 등이 모순됨이 없이 체계와 균형을 유지하도록 입법자를 기속하는 헌법적 원리라고 볼 수 있다. 이처럼 규범 상호간의 체계정당성을 요구하는 이유는 입법자의 자의를 금지하여 규범의 명확성, 예측가능성 및 규범에 대한 신뢰와 법적 안정성을 확보하기 위한 것이고 이는 국가공권력에 대한 통제와 이를 통한 국민의 자유와 권리의 보장을 이념으로 하는 법치주의원리로부터 도출되는 것이라고 할 수 있다. 그러나 일반적으로 일정한 공권력 작용이 체계정당성에 위반한다고 해서 곧 위헌이 되는 것은 아니다. 즉 체계정당성 위반 자체가 바로 위헌이 되는 것은 아니고 이는 비례의 원칙이나 평등원칙위반 내지 입법의 자의금지위반 등의 위헌성을 시사하는 하나의 징후일 뿐이다. 그러므로 체계정당성위반은 비례의 원칙이나 평등원칙위반 내지 입법자의 자의금지위반 등 일정한 위헌성을 시사하기는 하지만 아직 위헌은 아니고, 그것이 위헌이 되기 위해서는 결과적으로 비례의 원칙이나 평등의 원칙 등 일정한 헌법의 규정이나 원칙을 위반하여야 한다(헌재 2005.6.30. 2004헌바40).

❸ [X] "대한민국 국민인 남자에 한하여 병역의무를 부과하는 병역법 제3조 제1항"은 헌법 제11조 제1항 후문이 예시하는 사유에 기한 차별이다. 예시한 사유가 있는 경우에 절대적으로 차별을 금지할 것을 요구함으로써 입법자에게 인정되는 입법형성권을 제한하는 것은 아니다. 성별에 의한 차별취급이 곧바로 위헌의 강한 의심을 일으키는 사례군으로서 언제나 엄격한 심사를 요구하는 것이라고 단정짓기는 어렵다. 헌법은 '근로', '혼인과 가족생활' 등 인간의 활동의 주요부분을 차지하는 영역으로서 성별에 의한 불합리한 차별적 취급을 엄격하게 통제할 필요가 있는 영역에 대하여는 양성평등 보호규정(제32조 제4항, 제36조 제1항)을 별도로 두고 있으며, 헌법재판소는 위와 같이 헌법이 특별히 양성평등을 요구하는 경우에는 엄격한 심사기준을 적용하여 왔으나, 이 사건 법률조항은 그에 해당한다고 보기 어렵다(헌재 2010.11.25. 2006헌마328).

④ [O] 금고 이상의 형을 선고받고 그 집행이 종료되거나 그 집행을 받지 아니하기로 확정된 후 5년을 경과하지 아니한 자는 변호사가 될 수 없다고 규정한 변호사법 조항은 입법자가 변호사라는 전문분야에 관하여 마련한 자격제도의 한 내용이라고 할 것이다. 그런데 입법자는 일정한 전문분야에 관한 자격제도를 마련함에 있어서 그 제도를 마련한 목적을 고려하여 정책적인 판단에 따라 그 내용을 구성할 수 있고, 마련한 자격제도의 내용이 불합리하고 불공정하지 않은 한 입법자의 정책판단은 존중되어야 하며, 자격제도에서 입법자에게는 그 자격요건을 정함에 있어 광범위한 입법재량이 인정되는 만큼, 자격요건에 관한 법률조항은 합리적인 근거 없이 현저히 자의적인 경우에만 헌법에 위반된다(헌재 2006.4.27. 2005헌마997).

▶ 정답

p.80

01	④ IV	06	④ II	11	③ III	16	④ III	21	④ II
02	③ III	07	② III	12	② II	17	② IV	22	④ III
03	② II	08	④ II	13	④ IV	18	② I	23	② I
04	② II	09	④ II	14	④ III	19	④ II	24	③ III
05	③ III	10	③ III	15	① II	20	④ III	25	④ II

▶ 취약 단원 분석표

단원	맞힌 답의 개수
I	/ 2
II	/ 11
III	/ 9
IV	/ 3
TOTAL	/ 25

I 헌법총론 / II 기본권론 / III 통치구조론 / IV 헌법재판론

01　헌법소원심판　정답 ④

① [O] 이 사건 토론대회 공모는 대학교 재학생·휴학생을 대상으로 하여 일정한 주제에 대하여 토론대회를 열고, 우수한 성과를 거둔 참가자들에 대하여 시상하겠다는 것으로 민법상 우수현상광고 또는 이와 유사한 성격의 법률행위라고 봄이 상당한 점, 이 사건 토론대회 공모를 위한 이 사건 공고가 어떠한 법률상 근거에 따른 법집행작용의 일환이라고 보기 어려운 점, 나아가 이 사건 공고가 국민에게 어떠한 권리를 부여하거나 의무를 부과하는 것으로 볼 수 없는 점 등을 종합하면, 피청구인이 한 이 사건 공고는 사법상 법률행위에 불과하다고 할 것이고, 공권력 행사의 주체라는 우월적 지위에서 한 '공권력의 행사'라고 볼 수 없다(헌재 2015.10.21. 2015헌마214).

② [O] 헌법재판소법 제68조 제2항 후문은 당사자가 당해 사건의 소송절차에서 동일한 사유를 이유로 다시 위헌법률심판을 제청신청할 수 없다고 규정하고 있다. 여기서 당해 사건의 소송절차란 당해 사건의 상소심 소송절차는 물론 대법원에 의해 파기환송되기 전후의 소송절차를 모두 포함한다(헌재 2013.6.27. 2011헌바247).

③ [O] 헌법재판소의 위헌결정이 있기 전에는 객관적으로 명백한 것이라고 할 수 없어, 법률이 헌법에 위반되는지 여부를 심사할 권한이 없는 공무원으로서는 행위 당시의 법률에 따를 수밖에 없으므로, 행위의 근거가 된 법률조항에 대하여 위헌결정이 선고되더라도 위 법률조항에 따라 행위한 당해 공무원에게는 고의 또는 과실이 있다 할 수 없어 국가배상책임은 성립되지 아니한다(헌재 2014.4.24. 2011헌바56).

❹ [X] 관습법은 사회의 거듭된 관행으로 생성된 사회생활규범이 사회의 법적 확신과 인식에 따라 법적 규범으로 승인되고 강행되기에 이르러 법원(法源)으로 기능하게 된 것이다. 법원(法院)은 여러 차례 심판대상인 분재청구권에 관한 관습이 우리 사회에서 관습법으로 성립하여 존재하고 있음을 확인하고 상속 등에 관한 재판규범으로 적용하여 왔다. 그런데 이 사건 관습법은 민법 시행 이전에 상속 등을 규율하는 법률이 없는 상황에서 절가된 가(家)의 재산분배에 관하여 적용된 규범으로서, 비록 형식적 의미의 법률은 아니지만 실질적으로는 법률과 같은 효력을 갖는다.

헌법 제111조 제1항 제1호, 제5호 및 헌법재판소법 제41조 제1항, 제68조 제2항에 따르면 위헌심판의 대상을 '법률'이라고 규정하고 있는데, 여기서 '법률'이라고 함은 국회의 의결을 거친 형식적 의미의 법률뿐만 아니라 법률과 같은 효력을 갖는 조약 등도 포함된다. 이처럼 법률과 동일한 효력을 갖는 조약 등을 위헌심판의 대상으로 삼음으로써 헌법을 최고규범으로 하는 법질서의 통일성과 법적 안정성을 확보할 수 있을 뿐만 아니라, 헌법에 합치하는 법률에 의한 재판을 가능하게 하여 국민의 기본권 보장에 기여할 수 있다. 그렇다면 법률과 같은 효력을 가지는 이 사건 관습법도 헌법소원심판의 대상이 되고, 단지 형식적 의미의 법률이 아니라는 이유로 그 예외가 될 수는 없다(헌재 2016.4.28. 2013헌바396).

02　법원　정답 ③

① [X] 법관이 중대한 신체상 또는 정신상의 장해로 직무를 수행할 수 없을 때에는, 대법관인 경우에는 대법원장의 제청으로 대통령이 퇴직을 명할 수 있고, 판사인 경우에는 인사위원회의 심의를 거쳐 대법원장이 퇴직을 명할 수 있다(「법원조직법」 제47조).

② [X] 대법원은 '법률'에 저촉되지 아니하는 범위 안에서 소송에 관한 절차, 법원의 내부규율과 사무처리에 관한 규칙을 제정할 수 있다(헌법 제108조).

❸ [O] 「법원조직법」 제70조에 대한 옳은 내용이다.

> 제70조 【행정소송의 피고】 대법원장이 한 처분에 대한 행정소송의 피고는 법원행정처장으로 한다.

④ [X] 법관에 대한 징계처분에는 정직·감봉·견책의 세 종류가 있다(「법관징계법」 제3조 제1항). 피청구인이 징계 등 처분에 대하여 불복하려는 경우에는 징계 등 처분이 있음을 안 날부터 14일 이내에 전심(前審) 절차를 거치지 아니하고 대법원에 징계 등 처분의 취소를 청구하여야 한다(「법관징계법」 제27조 제1항).

03 보안처분 정답 ②

① [O] 보안처분에도 적법절차의 원칙이 적용되어야 함은 당연한 것이다. 다만, 보안처분에는 다양한 형태와 내용이 존재하므로 각 보안처분에 적용되어야 할 적법절차의 범위 내지 한계에도 차이가 있어야 할 것이다(헌재 2005.2.3. 2003헌바1).

❷ [X] 형벌불소급원칙에서 의미하는 '처벌'은 형법에 규정되어 있는 형식적 의미의 형벌 유형에 국한되지 않으며, 범죄행위에 따른 제재의 내용이나 실제적 효과가 형벌적 성격이 강하여 신체의 자유를 박탈하거나 이에 준하는 정도로 신체의 자유를 제한하는 경우에는 형벌불소급원칙이 적용되어야 한다. 노역장유치는 그 실질이 신체의 자유를 박탈하는 것으로서 징역형과 유사한 형벌적 성격을 가지고 있으므로 형벌불소급원칙의 적용대상이 된다. 노역장유치조항은 1억원 이상의 벌금형을 선고받는 자에 대하여 유치기간의 하한을 중하게 변경시킨 것이므로, 이 조항 시행 전에 행한 범죄행위에 대해서는 범죄행위 당시에 존재하였던 법률을 적용하여야 한다. 그런데 부칙조항은 노역장유치조항의 시행 전에 행해진 범죄행위에 대해서도 공소제기의 시기가 노역장유치조항의 시행 이후이면 이를 적용하도록 하고 있으므로, 이는 범죄행위 당시 보다 불이익한 법률을 소급 적용하도록 하는 것으로서 헌법상 형벌불소급원칙에 위반된다(헌재 2017.10.26. 2015헌바239 등).

③ [O] 보안처분은 형벌과는 달리 행위자의 장래 재범위험성에 근거하는 것으로서, 행위시가 아닌 재판시의 재범위험성 여부에 대한 판단에 따라 보안처분 선고를 결정하므로 원칙적으로 재판당시 현행법을 소급적용할 수 있다고 보는 것이 타당하고 합리적이다. 그러나 보안처분의 범주가 넓고 그 모습이 다양한 이상, 보안처분에 속한다는 이유만으로 일률적으로 소급효금지원칙이 적용된다거나 그렇지 않다고 단정해서는 안 되고, 보안처분이라는 우회적인 방법으로 형벌불소급의 원칙을 유명무실하게 하는 것을 허용해서도 안 된다. 따라서 보안처분이라 하더라도 형벌적 성격이 강하여 신체의 자유를 박탈하거나 박탈에 준하는 정도로 신체의 자유를 제한하는 경우에는 소급효금지원칙을 적용하는 것이 법치주의 및 죄형법정주의에 부합한다(헌재 2012.12.27. 2010헌가82 등).

④ [O] 디엔에이신원확인정보의 수집·이용은 수형인 등에게 심리적 압박으로 인한 범죄예방효과를 가진다는 점에서 보안처분의 성격을 지니지만, 처벌적인 효과가 없는 비형벌적 보안처분으로서 소급입법금지원칙이 적용되지 않는다. 이 사건 법률의 소급적용으로 인한 공익적 목적이 당사자의 손실보다 더 크므로, 이 사건 부칙조항이 법률 시행 당시 디엔에이감식시료 채취 대상범죄로 실형이 확정되어 수용 중인 사람들까지 이 사건 법률을 적용한다고 하여 소급입법금지원칙에 위배되는 것은 아니다(헌재 2014.8.28. 2011헌마28 등).

04 개인정보자기결정권 정답 ②

옳은 것은 2개(ㄹ, ㅁ)이다.

ㄱ. [X] 김포시장은 이 사건 정보제공조항에 따라 범죄의 수사를 위하여 필요한 경우 정보주체 또는 제3자의 이익을 부당하게 침해할 우려가 있을 때를 제외하고 개인정보를 수사기관에게 제공할 수 있다. … 이름, 생년월일, 주소는 수사의 초기 단계에서

범죄의 피의자를 특정하기 위하여 필요한 가장 기초적인 정보이고, 전화번호는 피의자 등에게 연락을 하기 위하여 필요한 정보이다. 또한 활동지원급여가 제공된 시간을 확인하기 위해서 수급자에 대하여도 조사를 할 필요성을 인정할 수 있다. … 활동보조인의 부정 수급 관련 범죄의 수사를 가능하게 함으로써 실체적 진실 발견과 국가형벌권의 적정한 행사에 기여하고자 하는 공익은 매우 중대한 것인 점을 고려하면, 이 사건 정보제공행위는 과잉금지원칙에 위배되어 청구인들의 개인정보자기결정권을 침해하였다고 볼 수 없다(헌재 2018.8.30. 2016헌마483).

ㄴ. [X] 이 사건 정보제공행위에 의하여 제공된 청구인 김○환의 약 2년 동안의 총 44회 요양급여내역 및 청구인 박○만의 약 3년 동안의 총 38회 요양급여내역은 건강에 관한 정보로서 '개인정보 보호법' 제23조 제1항이 규정한 민감정보에 해당한다. … 급여일자와 요양기관명은 피의자의 현재 위치를 곧바로 파악할 수 있는 정보는 아니므로, 이 사건 정보제공행위로 얻을 수 있는 수사상의 이익은 없었거나 미약한 정도였다. … 이 사건 정보제공행위로 인한 청구인들의 개인정보자기결정권에 대한 침해는 매우 중대하다. 그렇다면 이 사건 정보제공행위는 이 사건 정보제공조항 등이 정한 요건을 충족한 것으로 볼 수 없고, 침해의 최소성 및 법익의 균형성에 위배되어 청구인들의 개인정보자기결정권을 침해하였다(헌재 2018.8.30. 2014헌마368).

ㄷ. [X] 최근 기술의 발달로 조망촬영과 근접촬영 사이에 기본권 침해라는 결과에 있어서 차이가 있다고 보기 어려우므로, 경찰이 이러한 집회·시위에 대해 조망촬영이 아닌 근접촬영을 하였다는 이유만으로 헌법에 위반되는 것은 아니다. 옥외집회·시위에 대한 경찰의 촬영행위는 증거보전의 필요성 및 긴급성, 방법의 상당성이 인정되는 때에는 헌법에 위반된다고 할 수 없으나, 경찰이 옥외집회 및 시위 현장을 촬영하여 수집한 자료의 보관·사용 등은 엄격하게 제한하여, 옥외집회·시위 참가자 등의 기본권 제한을 최소화해야 한다. 옥외집회·시위에 대한 경찰의 촬영행위에 의해 취득한 자료는 '개인정보'의 보호에 관한 일반법인 '개인정보 보호법'이 적용될 수 있다. 이 사건에서 피청구인이 신고범위를 벗어난 동안에만 집회참가자들을 촬영한 행위가 과잉금지원칙을 위반하여 집회참가자인 청구인들의 일반적 인격권, 개인정보자기결정권 및 집회의 자유를 침해한다고 볼 수 없다(헌재 2018.8.30. 2014헌마843).

ㄹ. [O] 출소 후 출소사실을 신고하여야 하는 신고의무 내용에 비추어 보안관찰처분대상자(이하 '대상자'라 한다)의 불편이 크다거나 7일의 신고기간이 지나치게 짧다고 할 수 없다. 보안관찰해당 범죄는 민주주의체제의 수호와 사회질서의 유지, 국민의 생존 및 자유에 중대한 영향을 미치는 범죄인 점, 보안관찰법은 대상자를 파악하고 재범의 위험성 등 보안관찰처분의 필요성 유무의 판단 자료를 확보하기 위하여 위와 같은 신고의무를 규정하고 있다는 점 등에 비추어 출소 후 신고의무 위반에 대한 제재수단으로 형벌을 택한 것이 과도하다거나 법정형이 다른 법률들에 비하여 각별히 가중하다고 볼 수도 없다. 따라서 출소 후 신고조항 및 위반시 처벌조항은 과잉금지원칙을 위반하여 청구인의 사생활의 비밀과 자유 및 개인정보자기결정권을 침해하지 아니한다(헌재 2021.6.24. 2017헌바479).

ㅁ. [O] 가족관계의 등록 등에 관한 법률 제14조 제1항 본문 중 '직계혈족이 제15조에 규정된 증명서 가운데 가족관계증명서 및 기본증명서의 교부를 청구'하는 부분은 가정폭력 가해자에 대한 별도의 제한 없이 직계혈족이기만 하면 사실상 자유롭게 그 자녀의 가족관계증명서와 기본증명서의 교부를 청구하여 발급받을 수 있도록 함으로써, 그로 인하여 가정폭력 피해자인 청

구인의 개인정보가 가정폭력 가해자인 전 배우자에게 무단으로 유출될 수 있는 가능성을 열어놓고 있다. 따라서 과잉금지원칙에 위배되어 청구인의 개인정보자기결정권을 침해한다(헌재 2020.8.28. 2018헌마927).

05 선거관리위원회   정답 ③

① [O] 법관과 법원공무원 및 교육공무원 이외의 공무원은 각급선거관리위원회의 위원이 될 수 없다(「선거관리위원회법」 제4조 제6항).

② [O] 각급선거관리위원회는 선거인명부의 작성 등 선거사무와 국민투표사무에 관하여 관계 행정기관에 필요한 지시를 할 수 있다(「선거관리위원회법」 제16조 제1항).

❸ [X] 중앙선거관리위원회는 '법령'의 범위 안에서 선거관리·국민투표관리 또는 정당사무에 관한 규칙을 제정할 수 있으며, '법률'에 저촉되지 아니하는 범위 안에서 내부규율에 관한 규칙을 제정할 수 있다(헌법 제114조 제6항).

④ [O] 헌법 제65조 제1항에 대한 옳은 내용이다.

> 제65조 ① 대통령·국무총리·국무위원·행정각부의 장·헌법재판소 재판관·법관·중앙선거관리위원회 위원·감사원장·감사위원 기타 법률이 정한 공무원이 그 직무집행에 있어서 헌법이나 법률을 위배한 때에는 국회는 탄핵의 소추를 의결할 수 있다.

06 근로의 권리, 근로3권   정답 ④

① [O] 축산업은 가축의 양육 및 출하에 있어 기후 및 계절의 영향을 강하게 받으므로, 근로시간 및 근로내용에 있어 일관성을 담보하기 어렵고, 축산업에 종사하는 근로자의 경우에도 휴가에 관한 규정은 여전히 적용되며, 사용자와 근로자 사이의 근로시간 및 휴일에 관한 사적 합의는 심판대상조항에 의한 제한을 받지 않는다. 현재 우리나라 축산업의 상황을 고려할 때, 축산업 근로자들에게 근로기준법을 전면적으로 적용할 경우, 인건비 상승으로 인한 경제적 부작용이 초래될 위험이 있다. 위 점들을 종합하여 볼 때, 심판대상조항이 입법자가 입법재량의 한계를 일탈하여 인간의 존엄을 보장하기 위한 최소한의 근로조건을 마련하지 않은 것이라고 보기 어려우므로, 심판대상조항은 청구인의 근로의 권리를 침해하지 않는다(헌재 2021.8.31. 2018헌마563).

② [O] 불법체류자는 임금체불이나 폭행 등 각종 범죄에 노출될 위험이 있고, 그 신분의 취약성으로 인해 강제 근로와 같은 인권침해의 우려가 높으며, 행정관청의 관리 감독의 사각지대에 놓이게 됨으로써 안전사고 등 각종 사회적 문제를 일으킬 가능성이 있다. 또한 단순기능직 외국인근로자의 불법체류를 통한 국내 정주는 일반적으로 사회통합 비용을 증가시키고 국내 고용상황에 부정적 영향을 미칠 수 있다. 따라서 이 사건 출국만기보험금이 근로자의 퇴직 후 생계 보호를 위한 퇴직금의 성격을 가진다고 하더라도 불법체류가 초래하는 여러 가지 문제를 고려할 때 불법체류 방지를 위해 그 지급시기를 출국과 연계시키는 것은 불가피하므로 심판대상조항이 청구인들의 근로의

권리를 침해한다고 보기 어렵다(헌재 2016.3.31. 2014헌마367).

③ [O] 근로자의 단결권에 대해서는 헌법 제33조가 우선적으로 적용된다. 근로자의 단결권도 국민의 결사의 자유 속에 포함되나, 헌법이 노동3권과 같은 특별 규정을 두어 별도로 단결권을 보장하는 것은 근로자의 단결에 대해서는 일반 결사의 경우와 다르게 특별한 보장을 해준다는 뜻으로 해석된다. 즉, 근로자의 단결을 침해하는 사용자의 행위를 적극적으로 규제하여 근로자가 단결권을 실질적으로 자유롭게 행사할 수 있도록 해준다는 것을 의미한다. … 그렇지 않은 통상의 결사 일반에 대한 문제일 경우에는 헌법 제21조 제2항이 적용되므로 노동조합에도 헌법 제21조 제2항의 결사에 대한 허가제금지원칙이 적용된다(헌재 2012.3.29. 2011헌바53).

❹ [X] 노동조합의 재정 집행과 운영에 있어서의 적법성, 민주성 등을 확보하기 위해서는 조합자치 또는 규약자치에만 의존할 수는 없고 행정관청의 감독이 보충적으로 요구되는 바, 이 사건 법률조항은 노동조합의 재정 집행과 운영의 적법성, 투명성, 공정성, 민주성 등을 보장하기 위한 것으로서 정당한 입법목적을 달성하기 위한 적절한 수단이다. 노동조합의 재정 집행과 운영에 있어서의 적법성, 민주성 등을 확보하기 위해 마련된 이 사건 법률조항 이외의 수단들은 각기 일정한 한계를 가지고, 이 사건 법률조항의 실제 운용현황을 볼 때 행정관청에 의하여 자의적이거나 과도하게 남용되고 있다고 보기는 어려우며, 노동조합의 내부 운영에 대한 행정관청의 개입과 그로 인한 노동조합의 운영의 자유에 대한 제한을 최소화하고 있다고 할 것이므로 피해최소성 또한 인정된다. 이 사건 법률조항이 달성하려는 노동조합 운영의 적법성, 민주성 등의 공익은 중대한 반면 이 사건 법률조항으로 말미암아 제한되는 노동조합의 운영의 자유는 그다지 크지 아니하므로, 법익균형성 또한 인정된다. 따라서 이 사건 법률조항은 과잉금지원칙을 위반하여 노동조합의 단결권을 침해하지 아니한다(헌재 2013.7.25. 2012헌바116).

07 국회의 입법절차   정답 ②

① [X] 위원회는 그 소관에 속하는 사항에 관하여 법률안과 그 밖의 의안을 제출할 수 있다. 이 경우 위원장이 제안자가 된다(「국회법」 제51조).

❷ [O] 위원회에서 본회의에 부의할 필요가 없다고 결정된 의안은 본회의에 부의하지 아니한다. 다만, 위원회의 결정이 본회의에 보고된 날부터 폐회 또는 휴회 중의 기간을 제외한 7일 이내에 의원 30명 이상의 요구가 있을 때에는 그 의안을 본회의에 부의하여야 한다(「국회법」 제87조 제1항).

③ [X] 대통령은 법률안의 일부에 대하여 또는 법률안을 수정하여 재의를 요구할 수 없다(헌법 제53조 제3항).

④ [X] 일사부재의 원칙은 소수파에 의한 의사진행방해를 방지하기 위한 제도이다. 이에 반해 무제한 토론제도, 이른바 필리버스터(filibuster)는 국회의 의사절차에서 다수파의 독주를 막기 위해 이뤄지는 합법적 의사진행 방해제도이고, 소수자를 보호하기 위한 대표적인 제도적 장치이다.

08 생명권, 사형제도 정답 ④

① [X] 사형제도는 우리 헌법이 적어도 간접적으로나마 인정하고 있는 형벌의 한 종류일 뿐만 아니라, 사형제도가 생명권 제한에 있어서 헌법 제37조 제2항에 의한 헌법적 한계를 일탈하였다고 볼 수 없는 이상, 범죄자의 생명권 박탈을 내용으로 한다는 이유만으로 곧바로 인간의 존엄과 가치를 규정한 헌법 제10조에 위배된다고 할 수 없으며, 사형을 선고하거나 집행하는 법관 및 교도관 등이 인간적 자책감을 가질 수 있다는 이유만으로 사형제도가 법관 및 교도관 등의 인간으로서의 존엄과 가치를 침해하는 위헌적인 형벌제도라고 할 수는 없다(헌재 2010.2.25. 2008헌가23).

② [X] 초기배아는 생명권의 주체가 될 수 없다. … 오늘날 생명공학 등의 발전과정에 비추어 인간의 존엄과 가치가 갖는 헌법적 가치질서로서의 성격을 고려할 때 인간으로 발전할 잠재성을 갖고 있는 초기배아라는 원시생명체에 대하여도 위와 같은 헌법적 가치가 소홀히 취급되지 않도록 노력해야 할 국가의 보호의무가 있음을 인정하지 않을 수 없다(헌재 2010.5.27. 2005헌마346).

③ [X] 헌법은 절대적 기본권을 명문으로 인정하고 있지 아니하며, 헌법 제37조 제2항에서는 국민의 모든 자유와 권리는 국가안전보장·질서유지 또는 공공복리를 위하여 필요한 경우에 한하여 법률로써 제한할 수 있도록 규정하고 있어, 비록 생명이 이념적으로 절대적 가치를 지닌 것이라 하더라도 생명에 대한 법적 평가가 예외적으로 허용될 수 있다고 할 것이므로, 생명권 역시 헌법 제37조 제2항에 의한 일반적 법률유보의 대상이 될 수밖에 없다(헌재 2010.2.25. 2008헌가23).

❹ [O] 사형제도는 형벌의 경고기능을 무시하고 극악한 범죄를 저지른 자에 대하여 그 중한 불법 정도와 책임에 상응하는 형벌을 부과하는 것으로서 범죄자가 스스로 선택한 잔악무도한 범죄행위의 결과인바, 범죄자를 오로지 사회방위라는 공익 추구를 위한 객체로만 취급함으로써 범죄자의 인간으로서의 존엄과 가치를 침해한 것으로 볼 수 없다(헌재 2010.2.25. 2008헌가23).

09 국민투표 정답 ④

① [O] 선거권이 국가기관의 형성에 간접적으로 참여할 수 있는 간접적인 참정권이라면, 국민투표권은 국민이 국가의 의사형성에 직접 참여하는 헌법에 의해 보장되는 직접적인 참정권이다. 선거는 대의제를 가능하게 하기 위한 전제조건으로서 국민의 대표자를 선출하는 '인물에 관한 결정'이며, 이에 대하여 국민투표는 직접민주주의를 실현하기 위한 수단으로서 특정한 국가정책이나 법안을 대상으로 하는 '사안에 대한 결정'이다. 즉, 국민투표는 선거와 달리 국민이 직접 국가의 정치에 참여하는 절차이므로, 국민투표권은 대한민국 국민의 자격이 있는 사람에게 반드시 인정되어야 하는 권리이다. 대한민국 국민인 재외선거인의 의사는 국민투표에 반영되어야 하고, 재외선거인의 국민투표권을 배제할 이유가 없다(헌재 2014.7.24. 2009헌마256 등).

② [O] 헌법 제72조에 의한 중요정책에 관한 국민투표는 국가안위에 관계되는 사항에 관하여 대통령이 제시한 구체적인 정책에 대

한 주권자인 국민의 승인절차라 할 수 있다(헌재 2014.7.24. 2009헌마256 등).

③ [O] 헌법 제130조 제2항에 의한 헌법개정에 관한 국민투표는 대통령 또는 국회가 제안하고 국회의 의결을 거쳐 확정된 헌법개정안에 대하여 주권자인 국민이 최종적으로 그 승인 여부를 결정하는 절차이다(헌재 2014.7.24. 2009헌마256 등).

❹ [X] 헌법 제72조의 국민투표권은 대통령이 어떠한 정책을 국민투표에 부의한 경우에 비로소 행사가 가능한 기본권이다. 한미무역협정에 대한 대통령의 국민투표 부의가 행해지지 않은 이상 헌법 제72조의 국민투표권의 침해 가능성은 인정되지 않는다(헌재 2013.11.28. 2012헌마166).

10 국회의 인사청문 절차 정답 ③

① [O] 인사청문특별위원회의 위원정수는 13인으로 한다(「인사청문회법」제3조 제2항). 상임위원은 교섭단체 소속 의원 수의 비율에 따라 각 교섭단체 대표의원의 요청으로 의장이 선임하거나 개선한다(「국회법」제48조 제1항).

> **「국회법」제46조의3【인사청문특별위원회】** ① 국회는 다음 각 호의 임명동의안 또는 의장이 각 교섭단체 대표의원과 협의하여 제출한 선출안 등을 심사하기 위하여 인사청문특별위원회를 둔다. 다만, 「대통령직 인수에 관한 법률」제5조 제2항에 따라 대통령당선인이 국무총리 후보자에 대한 인사청문의 실시를 요청하는 경우에 의장은 각 교섭단체 대표의원과 협의하여 그 인사청문을 실시하기 위한 인사청문특별위원회를 둔다.
> **「인사청문회법」제3조【인사청문특별위원회】** ① 「국회법」제46조의3의 규정에 의한 인사청문특별위원회는 임명동의안등(「국회법」제65조의2 제2항의 규정에 의하여 다른 법률에서 국회의 인사청문을 거치도록 한 공직후보자에 대한 인사청문요청안을 제외한다)이 국회에 제출된 때에 구성된 것으로 본다.

② [O] 후보자에 대한 인사청문회를 마치지 못하여 국회가 인사청문경과보고서를 송부하지 못한 경우에 대통령은 기간을 정하여 인사청문경과보고서를 송부하여 줄 것을 국회에 요청할 수 있다. 기간 이내에 인사청문경과보고서를 국회가 송부하지 아니한 경우에 대통령은 국가인권위원회 위원장을 임명할 수 있다.

> **「인사청문회법」제6조【임명동의안 등의 회부 등】** ③ 부득이한 사유로 제2항의 규정에 의한 기간 이내에 헌법재판소 재판관·중앙선거관리위원회 위원·국무위원·방송통신위원회 위원장·국가정보원장·공정거래위원회 위원장·금융위원회 위원장·국가인권위원회 위원장·고위공직자범죄수사처장·국세청장·검찰총장·경찰청장·합동참모의장 또는 한국은행 총재(이하 "헌법재판소 재판관 등"이라 한다)의 후보자에 대한 인사청문회를 마치지 못하여 국회가 인사청문경과보고서를 송부하지 못한 경우에 대통령·대통령당선인 또는 대법원장은 제2항에 따른 기간의 다음날부터 10일 이내의 범위에서 기간을 정하여 인사청문경과보고서를 송부하여 줄 것을 국회에 요청할 수 있다.

④ 제3항의 규정에 의한 기간 이내에 헌법재판소 재판관 등의 후보자에 대한 인사청문경과보고서를 국회가 송부하지 아니한 경우에 대통령 또는 대법원장은 헌법재판소 재판관 등으로 임명 또는 지명할 수 있다.

❸ [×] 국회는 임명동의안 등이 제출된 날부터 20일 이내에 그 심사 또는 인사청문을 마쳐야 한다(「인사청문회법」 제6조 제2항). 위원회는 임명동의안 등이 회부된 날부터 15일 이내에 인사청문회를 마치되, 인사청문회의 기간은 3일 이내로 한다(「인사청문회법」 제9조 제1항).

④ [○] 「국회법」 제65조의2 제5항에 대한 옳은 내용이다.

> **제65조의2 【인사청문회】** ⑤ 헌법재판소 재판관 후보자가 헌법재판소장 후보자를 겸하는 경우에는 제2항 제1호에도 불구하고 제1항에 따른 인사청문특별위원회의 인사청문회를 연다. 이 경우 소관 상임위원회의 인사청문회를 겸하는 것으로 본다.

11　대통령의 권한　정답 ③

① [×] 대통령이 자신에 대한 재신임을 국민투표의 형태로 묻고자하는 것은 헌법 제72조에 의하여 부여받은 국민투표부의권을 위헌적으로 행사하는 경우에 해당하는 것으로, 국민투표제도를 자신의 정치적 입지를 강화하기 위한 정치적 도구로 남용해서는 안 된다는 헌법적 의무를 위반한 것이다. 물론, 대통령이 위헌적인 재신임 국민투표를 단지 제안만 하였을 뿐 강행하지는 않았으나, 헌법상 허용되지 않는 재신임 국민투표를 국민들에게 제안한 것은 그 자체로서 헌법 제72조에 반하는 것으로 헌법을 실현하고 수호해야 할 대통령의 의무를 위반한 것이다(헌재 2004.5.14. 2004헌나1).

② [×] 공무원이었던 원고가 1980.1.25.자로 이 사건 파면처분을 받은 후 1981.1.31. 대통령령 제10194호로 징계에 관한 일반사면령이 공포시행되었으나, 사면법 제5조 제2항, 제4조의 규정에 의하면 징계처분에 의한 기성의 효과는 사면으로 인하여 변경되지 않는다고 되어 있고 이는 사면의 효과가 소급하지 않음을 의미하는 것이므로, 이와같은 일반사면이 있었다고 할지라도 파면처분으로 이미 상실된 원고의 공무원 지위가 회복될 수는 없는 것이다(대판 1983.2.8. 81누121).

❸ [○] 긴급재정경제명령은 정상적인 재정운용·경제운용이 불가능한 중대한 재정·경제상의 위기가 현실적으로 발생하여(그러므로 위기가 발생할 우려가 있다는 이유로 사전적·예방적으로 발할 수는 없다) 긴급한 조치가 필요함에도 국회의 폐회 등으로 국회가 현실적으로 집회될 수 없고 국회의 집회를 기다려서는 그 목적을 달할 수 없는 경우에 이를 사후적으로 수습함으로써 기존질서를 유지·회복하기 위하여(그러므로 공공복지의 증진과 같은 적극적 목적을 위하여는 발할 수 없다) 위기의 직접적 원인의 제거에 필수불가결한 최소의 한도 내에서 헌법이 정한 절차에 따라 행사되어야 한다(헌재 1996.2.29. 93헌마186).

④ [×] 국회가 재적의원 과반수의 찬성으로 계엄의 해제를 요구한 때에는 대통령은 이를 해제하여야 한다(헌법 제77조 제5항).

12　거주·이전의 자유　정답 ②

① [×] 여권발급신청인이 북한 고위직 출신의 탈북 인사로서 신변에 대한 위해 우려가 있다는 이유로 신청인의 미국 방문을 위한 여권발급을 거부한 것은 여권법 제8조 제1항 제5호에 정한 사유에 해당한다고 볼 수 없고 거주·이전의 자유를 과도하게 제한하는 것으로서 위법하다(대판 2008.1.24. 2007두10846).

❷ [○] 이 사건 수용조항은, 정비사업조합에 수용권한을 부여하여 주택재개발사업에 반대하는 청구인의 토지 등을 강제로 취득할 수 있도록 하고 있다. 따라서 이 사건 수용조항이 토지 등 소유자의 재산권을 침해하는지 여부가 문제된다. 청구인은 이 사건 수용조항으로 인하여 거주이전의 자유도 제한된다고 주장하고 있다. 주거로 사용하던 건물이 수용될 경우 그 효과로 거주지도 이전하여야 하는 것은 사실이나, 이는 토지 및 건물 등의 수용에 따른 부수적 효과로서 간접적, 사실적 제약에 해당하므로 거주이전의 자유 침해여부는 별도로 판단하지 않는다(헌재 2019.11.28. 2017헌바241).

③ [×] 거주지를 기준으로 중·고등학교의 입학을 제한하는 교육법시행령 제71조 및 제112조의6 등의 규정은 과열된 입시경쟁으로 말미암아 발생하는 부작용을 방지한다고 하는 입법목적을 달성하기 위한 방안의 하나이고, 도시와 농어촌에 있는 중·고등학교의 교육여건의 차이가 심하지 않으며, 획일적인 제도의 운용에 따른 문제점을 해소하기 위한 여러 가지 보완책이 위 시행령에 상당히 마련되어 있어서 그 입법수단은 정당하므로, 위 규정은 학부모의 자녀를 교육시킬 학교선택권의 본질적 내용을 침해하였거나 과도하게 제한한 경우에 해당하지 아니한다(헌재 1995.2.23. 91헌마204).

④ [×] 법인도 성질상 법인이 누릴 수 있는 기본권의 주체가 되고, 위 조항에 규정되어 있는 법인의 설립이나 지점 등의 설치, 활동거점의 이전(이하 '설립 등'이라 한다) 등은 법인이 그 존립이나 통상적인 활동을 위하여 필연적으로 요구되는 기본적인 행위유형들이라고 할 것이므로 이를 제한하는 것은 결국 헌법상 법인에게 보장된 직업수행의 자유와 거주·이전의 자유를 제한하는 것인가의 문제로 귀결된다(헌재 1996.3.28. 94헌바42).

13　헌법재판소 결정의 효력　정답 ④

① [○] 형벌에 관한 법률 또는 법률의 조항은 소급하여 그 효력을 상실한다. 다만, 해당 법률 또는 법률의 조항에 대하여 종전에 합헌으로 결정한 사건이 있는 경우에는 그 결정이 있는 날의 다음 날로 소급하여 효력을 상실한다(「헌법재판소법」 제47조 제3항).

> **「헌법재판소법」 제47조 【위헌결정의 효력】** ① 법률의 위헌결정은 법원과 그 밖의 국가기관 및 지방자치단체를 기속(羈束)한다.
> ② 위헌으로 결정된 법률 또는 법률의 조항은 그 결정이 있는 날부터 효력을 상실한다.

② [○] 헌법재판소법 제47조 제2항(현 제3항) 단서규정에 의하여 위헌결정의 법규적 효력에 대하여 소급효가 인정되는 "형벌에 관한 법률 또는 법률의 조항"의 범위는 실체적인 형벌법규에 한정하여야 하고 위헌으로 결정된 법률이 형사소송절차에 관

한 절차법적인 법률인 경우에는 동 조항이 적용되지 않는 것으로 가급적 좁게 해석하는 것이 제도적으로 합당하다(헌재 1992.12.24. 92헌가8).

③ [O] 해당 사안에는 「형사소송법」 제326조 제4호를 적용해야 한다.

❹ [×] 위헌결정이 기속력이 생기며, 합헌결정된 법률에 대해 동일한 사건이 아닌 한 다시 제청이 가능하다.

14 선거운동의 자유 정답 ④

① [O] 언론인의 선거운동을 금지하는 목적과 공무원 및 공적 기관의 구성원에 대하여 선거운동을 금지하는 목적은 명백히 구별되므로 차별취급을 논할 비교집단이 된다고 보기 어렵다. 따라서 심판대상조항들의 평등원칙 위반 여부는 별도로 판단하지 아니한다(헌재 2016.6.30. 2013헌가1).

② [O] 선거운동의 자유는 널리 선거과정에서 자유로이 의사를 표현할 자유의 일환이므로 표현의 자유의 한 태양이기도 한데, 이러한 정치적 표현의 자유는 선거과정에서의 선거운동을 통하여 국민이 정치적 의견을 자유로이 발표, 교환함으로써 비로소 그 기능을 다하게 된다 할 것이므로 선거운동의 자유는 헌법이 정한 언론·출판·집회·결사의 자유의 보장규정에 의한 보호를 받는다(헌재 1995.4.20. 92헌바29).

③ [O] 헌법 제116조 제1항은 "선거운동은 각급 선거관리위원회의 관리하에 법률이 정하는 범위 안에서 하되, 균등한 기회가 보장되어야 한다."라는 별도의 규정을 두고 있다. 그러나 이 규정의 의미를 선거운동의 허용범위를 아무런 제약없이 입법자의 재량에 맡기는 것으로 해석하여서는 아니 된다. 오히려 선거운동은 국민주권 행사의 일환일 뿐 아니라 정치적 표현의 자유의 한 형태로서 민주사회를 구성하고 움직이게 하는 요소이므로 그 제한입법에 있어서도 엄격한 심사기준이 적용된다 할 것이다(헌재 1995.4.20. 92헌바29).

❹ [×] 언론인의 선거운동 금지조항은 '대통령령으로 정하는 언론인'이라고만 하여 '언론인'이라는 단어 외에 대통령령에서 정할 내용의 한계를 설정하지 않았다. 관련조항들을 종합하여 보아도 방송, 신문, 뉴스통신 등과 같이 다양한 언론매체 중에서 어느 범위로 한정될지, 어떤 업무에 어느 정도 관여하는 자까지 언론인에 포함될 것인지 등을 예측하기 어렵다. 그러므로 금지조항은 포괄위임금지원칙을 위반한다(헌재 2016.6.30. 2013헌가1). 언론인의 선거 개입으로 인한 문제는 언론매체를 통한 활동의 측면에서 즉, 언론인으로서의 지위를 이용하거나 그 지위에 기초한 활동으로 인해 발생 가능한 것이므로, 언론매체를 이용하지 아니한 언론인 개인의 선거운동까지 전면적으로 금지할 필요는 없다. 심판대상조항들의 입법목적은, 일정 범위의 언론인을 대상으로 언론매체를 통한 활동의 측면에서 발생 가능한 문제점을 규제하는 것으로 충분히 달성될 수 있다. 그런데 인터넷신문을 포함한 언론매체가 대폭 증가하고, 시민이 언론에 적극 참여하는 것이 보편화된 오늘날 심판대상조항들에 해당하는 언론인의 범위는 지나치게 광범위하다. 또한, 구 공직선거법은 언론기관에 대하여 공정보도의무를 부과하고, 언론매체를 통한 활동의 측면에서 선거의 공정성을 해할 수 있는 행위에 대하여는 언론매체를 이용한 보도·논평, 언론 내부 구성원에 대한 행위, 외부의 특정후보자에 대한 행위 등 다양한 관점에서 이미 충분히 규제하고 있다. 따라서 심판대상조항들은 선거운동의 자유를 침해한다(헌재 2016.6.30. 2013헌가1).

15 표현의 자유 정답 ①

❶ [×] 헌법상 사전검열은 표현의 자유 보호대상이면 예외 없이 금지된다. 건강기능식품의 기능성 광고는 인체의 구조 및 기능에 대하여 보건용도에 유용한 효과를 준다는 기능성 등에 관한 정보를 널리 알려 해당 건강기능식품의 소비를 촉진시키기 위한 상업광고이지만, 헌법 제21조 제1항의 표현의 자유의 보호대상이 됨과 동시에 같은 조 제2항의 사전검열 금지 대상도 된다(헌재 2019.5.30. 2019헌가4).

② [O] 본인확인제는 그 입법목적을 달성할 다른 수단이 있음에도 불구하고 모든 게시판 이용자의 본인확인정보를 수집하여 장기간 보관하도록 함으로써 본래의 입법목적과 관계없이 개인정보가 유출될 위험에 놓이게 하고 다른 목적에 활용될 수 있도록 하며, 수사편의 등에 치우쳐 모든 국민을 잠재적 범죄자와 같이 취급하는바, 목적달성에 필요한 범위를 넘는 과도한 제한을 하는 것으로서 침해의 최소성이 인정되지 아니한다. … 본인확인제로 인하여 기본권이 제한됨으로써 발생하는 인터넷 게시판 이용자 및 정보통신서비스 제공자의 불이익이 본인확인제가 달성하려는 공익보다 결코 더 작다고 할 수 없으므로 법익의 균형성 역시 인정되지 않는다(헌재 2012.8.23. 2010헌마47 등).

③ [O] 표현의 자유를 규제하는 입법에 있어서 명확성원칙은 특별히 중요한 의미를 지닌다. 현대 민주사회에서 표현의 자유가 국민주권주의 이념의 실현에 불가결한 것인 점에 비추어 볼 때, 불명확한 규범에 의한 표현의 자유의 규제는 헌법상 보호받는 표현에 대한 위축적 효과를 야기하고, 그로 인하여 다양한 의견, 견해, 사상의 표출을 가능케 함으로써 그러한 표현들이 상호검증을 거치도록 한다는 표현의 자유의 본래의 기능을 상실케 한다. 따라서 표현의 자유를 규제하는 법률은 규제되는 표현의 개념을 세밀하고 명확하게 규정할 것이 헌법적으로 요구된다(헌재 2013.6.27. 2012헌바37).

④ [O] 새마을금고의 경영을 책임지는 임원에게는 고도의 윤리성이 요구되므로, 임원을 선거로 선출함에 있어서는 부정·타락행위를 방지하고 선거제도의 공정성을 확보해야 할 필요성이 크다. 심판대상조항은 새마을금고 임원 선거의 과열과 혼탁을 방지함으로써 선거의 공정성을 담보하고자 하는 것으로 그 입법목적이 정당하다. … 심판대상조항은 과잉금지원칙에 위반하여 결사의 자유 및 표현의 자유를 침해하지 아니한다(헌재 2018.2.22. 2016헌바364).

16 혼인과 가족생활의 보호 정답 ④

① [O] 양육권은 공권력으로부터 자녀의 양육을 방해받지 않을 권리라는 점에서는 자유권적 기본권으로서의 성격을, 자녀의 양육에 관하여 국가의 지원을 요구할 수 있는 권리라는 점에서는 사회권적 기본권으로서의 성격을 아울러 가진다(헌재 2008.10.30. 2005헌마1156).

② [O] 육아휴직신청권은 헌법 제36조 제1항 등으로부터 개인에게 직접 주어지는 헌법적 차원의 권리라고 볼 수는 없고, 입법자가 입법의 목적, 수혜자의 상황, 국가예산, 전체적인 사회보장수준, 국민정서 등 여러 요소를 고려하여 제정하는 입법에 적용 요건,

적용대상, 기간 등 구체적인 사항이 규정될 때 비로소 형성되는 법률상의 권리이다(헌재 2008.10.30. 2005헌마1156).

③ 【O】 이 사건 증여재산공제 조항은 결혼년수에 비례한 금액을 공제액으로 인정하여 배우자의 재산형성 과정의 기여도를 어느 정도 참작하고 있다. 배우자간 증여는 다양한 목적과 형태로 이루어지므로 과세관청의 제한된 인력이나 비용으로 개개의 증여에 있어서 배우자의 기여도를 정확하게 가려낸다는 것은 현실적으로 불가능하다는 점, 공제가 허용되는 인적 범위나 공제의 한도·방법 등 그 구체적인 내용의 형성에 관하여는 보다 광범위한 입법재량이 인정된다는 점 및 입법자는 증여재산공제조항보다는 비과세규정 등을 통해 수증자의 개별적·구체적 사정을 고려하고 있다는 점 등을 고려할 때 이 사건 증여재산공제조항이 실질적 조세법률주의 등에 반하여 재산권을 침해한다고 보기 어렵다. 이 사건 증여재산공제 조항은 부부간 증여의 경우 일정한 혜택을 부여한 규정이고, 남녀를 구별하지 않고 적용되는 규정이므로, 헌법상 혼인과 가족생활 보장 및 양성의 평등원칙에 반한다고 할 수도 없다(헌재 2012.12.27. 2011헌바132).

❹ 【X】 심판대상조항은 친양자가 안정된 양육환경을 제공할 수 있는 가정에 입양되도록 하여 양자의 복리를 증진하는 것을 목적으로 한다. 독신자 가정은 기혼자 가정에 비하여 양자의 양육에 있어 불리할 가능성이 높으므로, 독신자를 친양자의 양친에서 제외하는 것은 위 입법목적을 달성하기 위한 적절한 수단이다. 아울러 성년의 독신자는 비록 친양자 입양을 할 수는 없지만 일반입양에 의하여 가족을 형성할 수 있고, 민법 제781조에 따라 법원의 허가를 얻어 양자의 성·본을 양친의 것과 동일하게 변경할 수 있을 뿐만 아니라, 일반입양 사실은 가족관계증명서만으로는 외부에 드러나지 않는다. 비록 일반입양의 경우 양자의 입양 전 친족관계가 유지되지만, 일반입양을 통해서도 양자가 가족구성원으로서 동질감과 소속감을 느낄 수 있는 가정환경의 외관을 조성하는 것이 가능하다. 심판대상조항으로 인하여 양자가 혼인관계를 바탕으로 한 안정된 가정에 입양되어 더 나은 양육조건에서 성장할 수 있게 되므로 양자의 복리가 증진되는 반면, 독신자는 친양자 입양을 할 수 없게 되어 가족생활의 자유가 다소 제한되지만 여전히 일반입양은 할 수 있으므로 제한되는 사익이 위 공익보다 결코 크다고 할 수 없다. 결국 심판대상조항은 과잉금지원칙에 위반하여 독신자의 가족생활의 자유를 침해한다고 볼 수 없다(헌재 2013.9.26. 2011헌가42).

를 선고할 수 없도록 하였다. 이에 따라 주거침입의 기회에 행해진 강제추행 또는 준강제추행의 불법과 책임의 정도가 아무리 경미한 경우라고 하더라도, 다른 법률상 감경사유가 없으면 일률적으로 징역 3년 6월 이상의 중형에 처할 수밖에 없게 되어, 형벌개별화의 가능성이 극도로 제한된다. … 집행유예는 재범의 방지라는 특별예방의 측면에서 운용되는 대표적인 제도인데, 심판대상조항은 경미한 주거침입강제추행·준강제추행죄를 범한 경우에도 이러한 제도를 활용하여 특별예방효과를 제고할 수 있는 가능성을 극도로 제약하고 있다. 성폭력처벌법에서 규정한 주거침입강제추행·준강제추행죄의 경우 다양한 추행행위 중 그 불법과 책임의 정도가 경미한 사안에 대해서는, 형의 집행을 유예하더라도 재범 예방을 위한 적절한 조치를 취할 수 있는 장치가 마련되어 있다. 개별 사건에서 법관 양형은 재범 예방을 위한 다양한 제도까지 두루 고려하여 행위자의 책임에 걸맞게 이루어질 수 있어야 한다. 심판대상조항은 그 법정형이 형벌 본래의 목적과 기능을 달성함에 있어 필요한 정도를 일탈하였고, 각 행위의 개별성에 맞추어 그 책임에 알맞은 형을 선고할 수 없을 정도로 과중하므로, 책임과 형벌 간의 비례원칙에 위배된다(헌재 2023.2.23. 2021헌가9).

③ 【O】 우리 헌법상 헌법과 법률이 정한 법관에 의한 재판을 받을 권리라 함은 직업법관에의한 재판을 주된 내용으로 하는 것이므로 '국민참여재판을 받을 권리'가 헌법 제27조 제1항에서 규정한 재판을 받을 권리의 보호범위에 속한다고 볼 수 없다. 그렇다면 '국민참여재판을 받을 권리'는 헌법상 재판청구권으로서 보호된다고 할 수 없으므로 국민참여재판에 관한 이 사건 법률조항들이 청구인의 재판청구권을 침해한다고 할 수 없다(헌재 2009.11.26. 2008헌바12).

④ 【O】 헌법 제27조의 재판을 받을 권리는 모든 사건에 대해 상소심절차에 의한 재판을 받을 권리까지도 당연히 포함된다고 단정할 수 없는 것이며, 상소할 수 있는지, 상소이유를 어떻게 규정하는지는 특단의 사정이 없는 한 입법정책의 문제로 모아야 한다는 것이 헌법재판소의 판례이다. 이 사건에서 설사 범죄인 인도를 형사처벌과 유사한 것이라 본다고 하더라도, 이 사건 법률조항이 적어도 법관과 법률에 의한 한 번의 재판을 보장하고 있고, 그에 대한 상소를 불허한 것이 적법절차원칙이 요구하는 합리성과 정당성을 벗어난 것이 아닌 이상, 그러한 상소 불허 입법이 입법재량의 범위를 벗어난 것으로서 재판청구권을 과잉제한하는 것이라고 보기는 어렵다(헌재 2003.1.30. 2001헌바95).

17　헌법재판　　정답 ②

① 【O】 헌법 제107조 제2항이 규정한 명령·규칙에 대한 대법원의 최종심사권이란 구체적인 소송사건에서 명령·규칙의 위헌 여부가 재판의 전제가 되었을 경우 법률의 경우와는 달리 헌법재판소에 제청할 것 없이 대법원이 최종적으로 심사할 수 있다는 의미이며, 명령·규칙 그 자체에 의하여 직접 기본권이 침해되었음을 이유로 하여 헌법소원심판을 청구하는 것은 위 헌법규정과는 아무런 상관이 없는 문제이다(헌재 1990.10.15. 89헌마178).

❷ 【X】 심판대상조항은 법정형의 하한을 '징역 5년'으로 정하였던 2020.5.19. 개정 이전의 구 성폭력처벌법 제3조 제1항과 달리 그 하한을 '징역 7년'으로 정함으로써, 주거침입의 기회에 행해진 강제추행 또는 준강제추행의 경우에는 다른 법률상 감경사유가 없는 한 법관이 정상참작감경을 하더라도 집행유예

18　헌법개정　　정답 ②

① 【O】 「국민투표법」 제92조에 대한 옳은 내용이다.

> **제92조 【국민투표무효의 소송】** 국민투표의 효력에 관하여 이의가 있는 투표인은 투표인 10만인 이상의 찬성을 얻어 중앙선거관리위원회위원장을 피고로 하여 투표일로부터 20일 이내에 대법원에 제소할 수 있다.

❷ 【X】 1952년 제1차 헌법개정은 정부안인 대통령직선제 개헌안과 국회(야당)안인 의원내각제 개헌안이 모두 부결되었고, 절충된 소위 '발췌개헌안'이 공고절차를 거치지 않고 통과되었다. 헌법에 명시된 헌법개정절차에 위배되는 위헌적인 헌법개정이라고 할 수 있다.

③ [O] 재판관의 정년은 70세로 한다(「헌법재판소법」 제7조 제2항).
④ [O] 헌법 제130조 제2항·제3항에 대한 옳은 내용이다.

> **제130조** ② 헌법개정안은 국회가 의결한 후 30일 이내에 국민투표에 붙여 국회의원 선거권자 과반수의 투표와 투표자 과반수의 찬성을 얻어야 한다.
> ③ 헌법개정안이 제2항의 찬성을 얻은 때에는 헌법개정은 확정되며, 대통령은 즉시 이를 공포하여야 한다.

19 재산권   정답 ④

① [O] 가짜석유제품 제조·판매 등은 사회적·경제적으로 세수 탈루 및 엔진계통 부품 부식에 따른 차량사고의 위험 증가, 유해가스 배출로 인한 환경오염 유발 등 심각한 문제를 일으키므로 이를 근절할 필요가 있음에도, 가짜석유제품 제조·판매 등 행위로 단속된 이후에도 명의만을 변경하고 가짜석유제품판매에 이용된 영업시설을 그대로 이용하여 판매행위를 계속하는 경우 가짜석유제품 제조·판매 등 행위를 단속한 효과가 없어지므로 이러한 편법적 시설이용을 방지하고, 비밀탱크 설치, 영업시설 개조 등 지능화된 가짜석유제품 관련 불법행위를 근절하기 위해서는 가짜석유제품 판매에 제공된 시설을 석유판매시설로 이용하는 것을 제한해야 할 필요성이 크다. 또한 이러한 목적을 달성하기 위하여 가짜석유제품 제조·판매 등에 이용된 시설에 대해 석유판매업 등록을 2년간 제한하는 것이 목적 달성을 위하여 지나치게 길다고 볼 수 없다. 석유판매업자가 가짜석유제품 판매금지 의무를 위반함으로써 받게 되는 등록취소 등의 제재처분은 사업자 개인에 대한 제재가 아니라 사업의 전부나 일부에 대한 것으로서 대물적 처분의 성격을 가지고 있으므로 임대인의 귀책사유 유무에 따라 그 처분의 경중을 달리 할 것은 아니고, 오히려 귀책사유 유무에 따라 그 처분을 달리하면 임대인의 귀책사유 입증문제 등으로 규제의 실효성이 떨어질 우려가 있어 이 사건 법률조항의 입법목적을 달성하기 어려운 점 등에 비추어 이 사건 법률조항은 침해의 최소성 원칙에 반하지 않고, 보호되는 공익의 중대성에 비추어 법익의 균형성 원칙에도 반하지 않아 청구인의 재산권 및 직업수행의 자유를 침해하지 아니한다(헌재 2015.3.26. 2013헌마461).
② [O] 북한에 대한 투자는 그 본질상 다양한 요인에 의하여 변화하는 남북관계에 따라 불측의 손해가 발생할 가능성이 당초부터 있었고, 경제협력사업을 하고자 하는 자들은 이러한 사정을 모두 감안하여 자기 책임 하에 스스로의 판단으로 사업 여부를 결정하였다고 볼 것이다. 재산상 손실의 위험성이 이미 예상된 상황에서 발생한 재산상 손실에 대해 헌법 해석상으로 어떠한 보상입법의 의무가 도출된다고까지 보기는 어렵다. 이러한 사정을 종합하면 헌법 해석상으로도 청구인의 재산상 손실에 대하여 보상입법을 마련할 의무가 도출된다고 할 수 없다(헌재 2022.5.26. 2016헌마95).
③ [O] 공용부분은 원칙적으로 구분소유자 전원의 공유에 속하므로, 통일적인 분쟁해결을 도모하려면 하나의 집합건물에 공통되는 제척기간의 기산점을 정할 필요가 있다. 공용부분 하자에 개별적으로 제척기간이 진행되도록 하면 분양자 등이 지나치게 장기간 담보책임을 부담하게 된다. 비록 미분양 집합건물, 분양

전환된 임대주택 등은 사용검사일 등과 구분소유자에 대한 인도일이 근접하지 않을 수 있으나, 위 경우는 일반적인 선분양과 달리 건물 완성 후 분양계약을 체결하므로 하자를 확인하고 하자의 보수비용이나 그로 인한 손해를 반영하여 분양가격을 결정할 수 있다. 또한, 이 사건 아파트와 같이 분양전환된 임대주택의 경우 임차인이 임대인에게 공용부분의 수선·보수를 요청할 수 있는 제도적 장치도 마련되어 있다. 따라서 사용검사일 등을 공용부분 하자에 관한 제척기간의 기산점으로 정한 것이 불합리하다고 할 수 없다. 주요구조부와 지반공사의 하자 외의 하자는 표면적이고 소모되기 쉬운 부분에 해당하여 하자가 일찍 발현되고 그 하자를 인식하기도 비교적 용이하므로, 사용검사일 등부터 5년 이하의 제척기간이 지나치게 단기간이라고 할 수 없다. 따라서 심판대상조항은 청구인의 재산권을 침해하지 않는다(헌재 2022.10.27. 2020헌바368).
❹ [X] 이 사건 감액조항은 공무원범죄를 예방하고 공무원이 재직 중 성실히 근무하도록 유도하기 위한 것으로서 그 입법목적은 정당하고, 수단도 적절하다. 이 사건 감액조항은 급여의 감액사유를 범죄행위로 인하여 금고 이상의 형을 받은 경우로 한정하고 있고, 본인의 기여금과 그에 대한 이자의 합산액 부분만큼은 감액하지 못하도록 규정하고 있는 등, 그 침해를 최소화하고 있다. 이 사건 감액조항으로 달성하고자 하는 공익은 공무원에 대한 국민의 신뢰를 유지하는 것으로서, 이 사건 감액조항에서 규정한 퇴직급여 감액사유가 공무원 자신이 저지른 범죄에서 비롯된 것인 점에서 침해받는 사익에 비하여 이 사건 감액조항으로 달성하고자 하는 공익이 더욱 크다. 따라서 이 사건 감액조항은 청구인들의 재산권과 인간다운 생활을 할 권리를 침해하지 아니한다(헌재 2016.6.30. 2014헌바365).

20 예산   정답 ④

① [O] 헌법 제54조 제2항에 대한 옳은 내용이다.

> **제54조** ② 정부는 회계연도마다 예산안을 편성하여 회계연도 개시 90일 전까지 국회에 제출하고, 국회는 회계연도 개시 30일 전까지 이를 의결하여야 한다.

② [O] 국회가 의결한 예산 또는 국회의 예산안 의결은 헌법소원의 대상이 된다고 볼 수 없다. 예산도 일종의 법규범이고 법률과 마찬가지로 국회의 의결을 거쳐 제정되지만 예산은 법률과 달리 국가기관만을 구속할 뿐 일반국민을 구속하지 않는다. 가사 예산이 정부의 재정행위를 통하여 국민의 기본권에 영향을 미친다고 하더라도 그것은 관련 법령에 근거한 정부의 구체적인 집행행위로 나타나는 것이지 예산 그 자체나 예산안의 의결행위와는 직접 관련성이 없다(헌재 2006.4.25. 2006헌마409).
③ [O] 국회는 정부의 동의 없이 정부가 제출한 지출예산 각항의 금액을 증가하거나 새 비목을 설치할 수 없다(헌법 제57조).
   ※ 정부의 동의를 얻으면 각항의 금액을 증가하거나 새 비목을 설치할 수 있음
❹ [X] 대통령은 법률안에 대해서는 재의요구가 가능하지만, 국회에서 의결된 예산안에 대해서는 그 재의를 요구할 수 없다.

21   기본권   정답 ④

① [O] 입법자가 이 사건 시행령조항을 제정함에 있어 '대학원에 재학 중인 사람'과 '부모에게 버림받아 부모를 알 수 없는 사람'을 조건 부과 유예의 대상자에 포함시키지 않았다고 하더라도, 그러한 사정만으로 국가가 청구인의 인간다운 생활을 보장하기 위한 조치를 취함에 있어서 국가가 실현해야 할 객관적 내용의 최소한도의 보장에도 이르지 못하였다거나 헌법상 용인될 수 있는 재량의 범위를 명백히 일탈하였다고는 보기는 어렵다(헌재 2017.11.30. 2016헌마448).

② [O] 심판대상조항은 방해되는 것이 사적 업무인지 공무인지에 관계없이 '못된 장난 등'으로 업무를 방해하는 행위를 처벌하는 바, 형법상 공무집행방해죄에 이르지 아니하는 경미한 소란행위와 같이 형법상 처벌되는 행위보다 불법성이 경미하지만 이를 규제하지 않을 경우 국가기능의 수행에 어려움을 초래할 수 있는 행위를 금지하여야 할 필요성도 존재한다. 심판대상조항의 법정형은 그 상한이 비교적 가볍고 벌금형 선택 시 죄질에 따라 선고유예도 가능하다. 법관이 여러 양형조건을 고려하여 행위책임에 비례하는 형벌을 부과할 수 있으므로 법정형의 수준이 과중하다고 보기 어렵다. 심판대상조항으로 인하여 제한되는 사익은 업무나 공무를 방해할 위험이 있는 못된 장난 등을 할 수 없는데 그치나, 달성하려는 공익은 널리 사람이나 단체가 사회생활상의 지위에서 계속적으로 행하는 일체의 사회적 활동의 자유 보장 및 국가기능의 원활한 작동이라고 할 것인바, 이러한 공익은 위와 같은 사익보다 크다. 심판대상조항은 과잉금지원칙에 위반하여 청구인의 일반적 행동자유권을 침해하지 아니한다(헌재 2022.11.24. 2021헌마426).

③ [O] '동물보호법', '장사 등에 관한 법률', '동물장묘업의 시설설치 및 검사기준' 등 관계규정에서 동물장묘시설의 설치제한 지역을 상세하게 규정하고, 매연, 소음, 분진, 악취 등 오염원 배출을 규제하기 위한 상세한 시설 및 검사기준을 두고 있는 등의 사정을 고려할 때, 심판대상조항에서 동물장묘업 등록에 관하여 '장사 등에 관한 법률' 제17조 외에 다른 지역적 제한사유를 규정하지 않았다는 사정만으로 청구인들의 환경권을 보호하기 위한 입법자의 의무를 과소하게 이행하였다고 평가할 수는 없다. 따라서 심판대상조항은 청구인들의 환경권을 침해하지 않는다(헌재 2020.3.26. 2017헌마1281).

❹ [X] 헌법재판소법 제68조 제1항 소정의 헌법소원은 기본권의 주체이어야만 청구할 수 있는데, 단순히 '국민의 권리'가 아니라 '인간의 권리'로 볼 수 있는 기본권에 대해서는 외국인도 기본권의 주체가 될 수 있다. 나아가 청구인들이 불법체류 중인 외국인들이라 하더라도, 불법체류라는 것은 관련 법령에 의하여 체류자격이 인정되지 않는다는 것일 뿐이므로, '인간의 권리'로서 외국인에게도 주체성이 인정되는 일정한 기본권에 관하여 불법체류 여부에 따라 그 인정 여부가 달라지는 것은 아니다. 청구인들이 침해받았다고 주장하고 있는 신체의 자유, 주거의 자유, 변호인의 조력을 받을 권리, 재판청구권 등은 성질상 인간의 권리에 해당한다고 볼 수 있으므로, 위 기본권들에 관하여는 청구인들의 기본권 주체성이 인정된다. 그러나 '국가인권위원회의 공정한 조사를 받을 권리'는 헌법상 인정되는 기본권이라고 하기 어렵고, 이 사건 보호 및 강제퇴거가 청구인들의 노동3권을 직접 제한하거나 침해한 바 없음이 명백하므로, 위 기본권들에 대하여는 본안판단에 나아가지 아니한다(헌재 2012.8.23. 2008헌마430).

22   대통령, 행정부   정답 ④

① [O] 헌정사상 대통령직을 유지해왔다.

② [O] 행정부의 법존중의무와 법집행의무는 행정부가 위헌적인 것으로 간주하는 법률에 대해서도 마찬가지로 적용된다. 위헌적인 법률을 법질서로부터 제거하는 권한은 헌법상 단지 헌법재판소에 부여되어 있으므로, 설사 행정부가 특정 법률에 대하여 위헌의 의심이 있다 하더라도, 헌법재판소에 의하여 법률의 위헌성이 확인될 때까지는 법을 존중하고 집행하기 위한 모든 노력을 기울여야 한다(헌재 2004.5.14. 2004헌나1).

③ [O] 대통령당선인은 대통령 임기 시작 전에 국회의 인사청문절차를 거치게 하기 위하여 국무총리 및 국무위원 후보자를 지명할 수 있다. 이 경우 국무위원 후보자에 대하여는 국무총리 후보자의 추천이 있어야 한다(「대통령직 인수에 관한 법률」 제5조 제1항).

❹ [X] 국무총리는 중앙행정기관의 장의 명령이나 처분이 위법 또는 부당하다고 인정될 경우에는 대통령의 승인을 받아 이를 중지 또는 취소할 수 있다(「정부조직법」 제18조 제2항).

23   남북관계   정답 ②

① [O] 「남북합의서」 제21조에 대한 옳은 내용이다.

> **제21조 【남북합의서의 체결·비준】** ① 대통령은 남북합의서를 체결·비준하며, 통일부장관은 이와 관련된 대통령의 업무를 보좌한다.
> ② 대통령은 남북합의서를 비준하기에 앞서 국무회의의 심의를 거쳐야 한다.
> ③ 국회는 국가나 국민에게 중대한 재정적 부담을 지우는 남북합의서 또는 입법사항에 관한 남북합의서의 체결·비준에 대한 동의권을 가진다.

❷ [X] "북한이탈주민"이란 군사분계선 이북지역(이하 "북한"이라 한다)에 주소, 직계가족, 배우자, 직장 등을 두고 있는 사람으로서 북한을 벗어난 후 외국 국적을 취득하지 아니한 사람을 말한다(「북한이탈주민의 보호 및 정착지원에 관한 법률」 제2조 제1호).

③ [O] 1991.9. 남·북한이 유엔에 동시가입하였다. 그러나 이는 "유엔헌장"이라는 다변조약에의 가입을 의미하는 것으로서 유엔헌장 제4조 제1항의 해석상 신규가맹국이 "유엔"이라는 국제기구에 의하여 국가로 승인받는 효과가 발생하는 것은 별론으로 하고, 그것만으로 곧 다른 가맹국과의 관계에 있어서도 당연히 상호간에 국가승인이 있었다고는 볼 수 없다는 것이 현실 국제정치상의 관례이고 국제법상의 통설적인 입장이다(헌재 1997.1.16. 89헌마240).

④ [O] 북한주민과의 접촉이 그 과정에서 불필요한 마찰과 오해를 유발하여 긴장이 조성되거나, 무절제한 경쟁적 접촉으로 남북한간의 원만한 협력관계에 나쁜 영향을 미칠 수도 있으며, 북한의 정치적 목적에 이용되거나 국가의 안전보장이나 자유민주적 기본질서에 부정적인 영향을 미치는 통로로 이용될 가능성도 완전히 배제할 수 없으므로 통일부장관이 북한주민 등과의 접촉을 원하는 자로부터 승인신청을 받아 구체적인 내용을 검토하여 승인 여부를 결정하는 절차는 현 단계에서는 불가피하므로 남북교류협력에 관한 법률 제9조 제3항은 평화통일을 선언한 헌법전문, 헌법 제4조, 헌법 제66조 제3항 및 기타 헌법

상의 통일조항에 위배된다고 볼 수 없다(헌재 2000.7.20. 98헌바63).

24 적극적 평등실현조치 정답 ③

① [O] 우리 헌법재판소는 제대군인가산점제도 사건에서 '잠정적 우대조치'라는 표현을 사용하면서, "잠정적 우대조치라 함은, 종래 사회로부터 차별을 받아 온 일정집단에 대해 그동안의 불이익을 보상하여 주기 위하여 그 집단의 구성원이라는 이유로 취업이나 입학 등의 영역에서 직·간접적으로 이익을 부여하는 조치를 말한다."라고 설시한 바 있다(헌재 1999.12.23. 98헌마363).

② [O] 적극적 평등실현조치는 과거부터 가해진 차별의 결과로 현재 불리한 처지에 있는 집단을 다른 집단과 동등한 처지에까지 끌어 올려 실질적 평등을 달성하고자 한다는 점에서 그 정당성의 근거를 찾을 수 있다(헌재 2014.8.28. 2013헌마553).

❸ [×] 청년할당제는 장애인고용할당제도나 여성할당제도와 같이 역사적으로 차별을 받아 왔기 때문에 특별한 보호가 필요한 장애인이나 여성과 같은 사회적 약자들에게 과거의 차별로 인한 불이익을 시정하고 이를 보상해 주기 위한 ~~적극적 평등실현조치가 아니다~~(헌재 2014.8.28. 2013헌마553).

> 대통령령으로 정하는 공공기관 및 공기업으로 하여금 매년 정원의 100분의 3 이상씩 34세 이하의 청년 미취업자를 채용하도록 한 청년고용촉진 특별법(2013.5.22. 법률 제11792호로 개정된 것) 제5조 제1항 및 같은 법 시행령 제2조 단서(이하 '청년할당제'라고 한다)가 35세 이상 미취업자들의 평등권, 직업선택의 자유를 침해하는지 여부(소극)
>
> 청년할당제는 일정 규모 이상의 기관에만 적용되고, 전문적인 자격이나 능력을 요하는 경우에는 적용을 배제하는 등 상당한 예외를 두고 있다. 더욱이 3년간 한시적으로만 시행하며, 청년할당제가 추구하는 청년실업해소를 통한 지속적인 경제성장과 사회 안정은 매우 중요한 공익인 반면, 청년할당제가 시행되더라도 현실적으로 35세 이상 미취업자들이 공공기관 취업기회에서 불이익을 받을 가능성은 크다고 볼 수 없다. 따라서 이 사건 청년할당제가 청구인들의 평등권, 공공기관 취업의 자유를 침해한다고 볼 수 없다(헌재 2014.8.28. 2013헌마553).

④ [O] 기회의 균등이 아닌 결과의 평등을 추구하는 정책이라는 점, 개인의 자격이나 실적보다는 집단의 일원이라는 것을 근거로 혜택을 준다는 점, 목적이 실현되면 종료하는 임시적 조치라는 점을 특징으로 한다.

25 언론·출판의 자유 정답 ④

① [O] 국가가 개인의 표현행위를 규제하는 경우, 표현 내용에 대한 규제는 원칙적으로 중대한 공익의 실현을 위하여 불가피한 경우에 한하여 엄격한 요건하에서 허용되는 반면, 표현 내용과 무관하게 표현의 방법을 규제하는 것은 합리적인 공익상의 이유로 폭넓은 제한이 가능하다. 헌법상 표현의 자유가 보호하고자 하는 가장 핵심적인 것이 바로 '표현행위가 어떠한 내용을 대상으로 한 것이든 보호를 받아야 한다'는 것이며, '국가가 표현행위를 그 내용에 따라 차별함으로써 특정한 견해나 입장을 선호하거나 억압해서는 안된다'는 것이다(헌재 2002.12.18. 2000헌마764).

② [O] 단체와 그 구성원을 서로 별개의 독립된 권리주체로 인정하고 있는 현행의 우리나라 법제 아래에서는 원칙적으로 헌법상 기본권을 직접 침해당한 권리주체만이 헌법소원심판절차에 따라 권리구제를 청구할 수 있는 것이고, 비록 단체의 구성원이 기본권의 침해를 당했다고 하더라도 단체가 구성원의 권리구제를 위하여 그를 대신하여 헌법소원심판을 청구하는 것은 허용될 수 없다(헌재 1994.2.24. 93헌마33).

③ [O] 상업광고에 대한 규제에 의한 표현의 자유 내지 직업수행의 자유의 제한은 헌법 제37조 제2항에서 도출되는 비례의 원칙(과잉금지원칙)을 준수하여야 하지만, 상업광고는 사상이나 지식에 관한 정치적, 시민적 표현행위와는 차이가 있고, 인격발현과 개성신장에 미치는 효과가 중대한 것은 아니므로, 비례의 원칙 심사에 있어서 '피해의 최소성' 원칙은 '입법목적을 달성하기 위하여 필요한 범위 내의 것인지'를 심사하는 정도로 완화되는 것이 상당하다(헌재 2005.10.27. 2003헌가3).

❹ [×] 이 사건 열람기간제한 조항으로 인하여 정치자금을 둘러싼 법률관계 또는 분쟁을 조기에 안정시키고 선거관리위원회의 업무부담을 경감시킬 수 있다는 점은 인정된다. 그러나 '3월간'의 지나치게 짧은 열람기간을 둠에 따라 청구인은 열람을 원하는 회계보고된 자료를 충분히 살펴 분석하거나, 문제를 발견할 실질적 기회를 갖지 못하게 되었다. 정치자금의 수입과 지출명세서 등에 대한 사본교부 신청이 가능하다고 하더라도 영수증, 예금통장의 열람 과정에서 문제 발견의 기회를 가질 필요가 소멸된다고 볼 수 없다. 이러한 사익의 제한은 정치자금의 투명한 공개가 민주주의 발전에 가지는 의미에 비추어 중대하다고 볼 수 있다. 결국 이 사건 열람기간제한 조항은 이로 인하여 달성되는 공익에 비해 침해되는 사익이 중대하여 법익의 균형성 원칙에 위반된다. 이 사건 열람기간제한 조항은 과잉금지원칙에 위배되어 청구인의 알 권리를 침해한다(헌재 2021.5.27. 2018헌마1168).

▶ 정답

p.88

01	③	II	06	③	III	11	③	II	16	③	II	21	④	II
02	②	I	07	④	III	12	③	II	17	④	III	22	②	III
03	①	II	08	①	II	13	③	III	18	②	III	23	②	II
04	④	II	09	③	II	14	①	IV	19	④	III	24	③	II
05	④	IV	10	①	IV	15	④	IV	20	③	II	25	①	III

▶ 취약 단원 분석표

단원	맞힌 답의 개수
I	/ 1
II	/ 11
III	/ 9
IV	/ 4
TOTAL	/ 25

I 헌법총론 / II 기본권론 / III 통치구조론 / IV 헌법재판론

---

01   양심적 병역거부   정답 ③

① [O] 우리나라의 양심적 병역거부자는 연평균 약 600명 내외일 뿐이므로 병역자원이나 전투력의 감소를 논할 정도로 의미 있는 규모는 아니다. 더구나 양심적 병역거부자들을 처벌한다고 하더라도 이들을 교도소에 수감할 수 있을 뿐 입영시키거나 소집에 응하게 하여 병역자원으로 활용할 수는 없으므로, 대체복무제의 도입으로 양심적 병역거부자들이 대체복무를 이행하게 된다고 해서 병역자원의 손실이 발생한다고 할 수 없다. … 오늘날의 국방력은 인적 병역자원에만 의존하는 것은 아니고, 현대전은 정보전·과학전의 양상을 띠므로, 전체 국방력에서 병역자원이 차지하는 중요성은 상대적으로 낮아지고 있다. … 이러한 사정을 고려하면, 양심적 병역거부자에게 대체복무를 부과하더라도 우리나라의 국방력에 의미 있는 수준의 영향을 미친다고 보기는 어려울 것이다. … 이와 같이 대체복무제라는 대안이 있음에도 불구하고 군사훈련을 수반하는 병역의무만을 규정한 병역종류조항은, 침해의 최소성 원칙에 어긋난다(헌재 2018.6.28. 2011헌바379).

② [O] 병역종류조항은 앞에서 본 바와 같이 병역의 종류를 현역, 예비역, 보충역, 병역준비역, 전시근로역의 다섯 가지로 한정적으로 열거하고, 그 이외에 다른 병역의 종류나 내용을 상정하지는 않고 있다. 그런데 위 병역들은 모두 군사훈련을 받는 것을 전제하고 있으므로, 양심적 병역거부자에게 병역종류조항에 규정된 병역을 부과할 경우 필연적으로 그들의 양심과 충돌을 일으킬 수밖에 없다(헌재 2018.6.28. 2011헌바379).

❸ [X] 비군사적 성격을 갖는 복무도 입법자의 형성에 따라 병역의무의 내용에 포함될 수 있고, 대체복무제는 그 개념상 병역종류조항과 밀접한 관련을 갖는다. 따라서 병역종류조항에 대한 이 사건 심판청구는 입법자가 아무런 입법을 하지 않은 진정입법부작위를 다투는 것이 아니라, 입법자가 병역의 종류에 관하여 입법은 하였으나 그 내용이 양심적 병역거부자를 위한 대체복무제를 포함하지 아니하여 불완전·불충분하다는 부진정입법부작위를 다투는 것이라고 봄이 상당하다(헌재 2018.6.28. 2011헌바379).

④ [O] 양심적 병역거부자에 대한 처벌은 대체복무제를 규정하지 아니한 병역종류조항의 입법상 불비와 양심적 병역거부는 처벌조항의 '정당한 사유'에 해당하지 않는다는 법원의 해석이 결합되어 발생한 문제일 뿐, 처벌조항 자체에서 비롯된 문제가 아니므로 처벌조항이 과잉금지원칙을 위반하여 양심적 병역거부자의 양심의 자유를 침해한다고 볼 수는 없다(헌재 2018.6.28. 2011헌바379).

---

02   헌정사   정답 ②

① [O] 대통령과 부통령은 국회에서 무기명투표로써 각각 선거한다(제헌헌법 제53조). 대통령과 부통령의 임기는 4년으로 한다. 단, 재선에 의하여 1차 중임할 수 있으며 부통령은 대통령 재임 중 재임한다(제헌헌법 제55조).

❷ [X] 위헌법률심사는 헌법위원회가 담당하고(제헌헌법 제81조), 탄핵심판은 탄핵재판소에서 담당하는 것으로 규정하였다(제헌헌법 제47조).

③ [O] 형사피고인은 상당한 이유가 없는 한 지체없이 공개재판을 받을 권리가 있다. 형사피고인으로서 구금되었던 자가 무죄판결을 받은 때에는 법률의 정하는 바에 의하여 국가에 대하여 보상을 청구할 수 있다(제헌헌법 제24조).

④ [O] 제헌헌법 제18조에 대한 옳은 내용이다.

> **제18조** 근로자의 단결, 단체교섭과 단체행동의 자유는 법률의 범위내에서 보장된다. 영리를 목적으로 하는 사기업에 있어서는 근로자는 법률의 정하는 바에 의하여 이익의 분배에 균점할 권리가 있다.

---

03   인격권   정답 ①

❶ [X] 공직선거법에 따르면, 언론사가 사실에 어긋나거나 불공정한 선거기사를 보도하는 경우 선거기사심의위원회는 사과문 게재 명령 외에도 정정보도문의 게재 명령을 할 수 있다. 또한 해당 언론사가 '공정보도의무를 위반하였다는 결정을 선거기사심의위원회로부터 받았다는 사실을 공표'하도록 하는 방안, 사과의 의사표시가 필요한 경우에도 사과의 '권고'를 하는 방법을 상정할 수 있다. 나아가, 이 사건 법률조항들이 추구하는 목적, 즉 선거기사를 보도하는 언론사의 공적인 책임의식을 높임으로써 민주적이고 공정한 여론 형성 등에 이바지한다는 공익이

중요하다는 점에는 이론의 여지가 없다. 그러나 이는 객관성이나 공정성을 저버린 기사를 보도했음을 스스로 인정하지 않는 언론사로 하여금 자신의 잘못을 인정하고 용서까지 구하는 의사표시를 하도록 강제하고, 형사처벌을 통하여 그 실효성을 담보함으로써, 언론에 대한 신뢰가 무엇보다 중요한 언론사에 대하여 그 사회적 신용이나 명예를 저하시키고 인격의 자유로운 발현을 저해하고 있다. 언론사에 대한 이와 같은 인격권 침해의 정도는 이 사건 법률조항들이 달성하려는 공익에 비해 결코 작다고 할 수 없다. 결국 이 사건 법률조항들은 과잉금지원칙에 위배되어 언론사의 인격권을 침해하므로 헌법에 위반된다(헌재 2015.7.30. 2013헌가8).

② [○] 민사재판에서 법관이 당사자의 복장에 따라 불리한 심증을 갖거나 불공정한 재판진행을 하게 될 우려가 있다고 볼 수는 없으므로, 심판대상조항이 민사재판에 당사자로 출석하는 수형자의 사복착용을 불허하는 것으로 공정한 재판을 받을 권리가 침해되는 것은 아니다. 수형자가 민사법정에 출석하기까지 교도관이 반드시 동행하므로 수용자의 신분이 드러나게 되어 재소자용 의류로 인해 인격권과 행복추구권이 제한되는 정도는 제한적이고, 형사법정 이외의 법정 출입 방식은 미결수용자와 교도관 전용 통로 및 시설이 존재하는 형사재판과 다르며, 계호의 방식과 정도도 확연히 다르다. 따라서 심판대상조항이 민사재판에 당사자로 출석하는 수형자에 대해 사복착용을 불허하는 것은 청구인의 인격권과 행복추구권을 침해하지 아니한다(헌재 2015.12.23. 2013헌마712).
   ※ '형사재판'의 피고인으로 출석하는 수형자에 대하여 사복착용을 불허하는 것은 침해의 최소성 및 법익의 균형성에 위배되어, 청구인의 공정한 재판을 받을 권리, 인격권, 행복추구권을 침해함

③ [○] 중추원은 친일세력의 집합소 내지 친일세력이 나아갈 수 있는 최종 귀속기관으로서의 성격을 지닌 것이고, 제헌국회 당시 제정된 구 반민족행위처벌법(1948.9.22. 법률 제3호로 제정된 것)에서도 중추원 부의장, 고문 또는 참의였던 자는 10년 이하의 징역이나 15년 이하의 공민권 정지에 처하고 그 재산의 전부 또는 일부를 몰수할 수 있다는 규정을 두고 있었던 점과 우리 헌법의 정신 등을 감안하면, 중추원 참의를 지낸 행위를 친일반민족행위로 규정한 이 사건 법률조항은 과잉금지원칙에 위반되지 않는다(헌재 2010.10.28. 2007헌가23).

④ [○] 피청구인은 기자들에게 청구인이 경찰서 내에서 수갑을 차고 얼굴을 드러낸 상태에서 조사받는 모습을 촬영할 수 있도록 허용하였는데, 청구인에 대한 이러한 수사 장면을 공개 및 촬영하게 할 어떠한 공익 목적도 인정하기 어려우므로 촬영허용행위는 목적의 정당성이 인정되지 아니한다. 피의자의 얼굴을 공개하더라도 그로 인한 피해의 심각성을 고려하여 모자, 마스크 등으로 피의자의 얼굴을 가리는 등 피의자의 신원이 노출되지 않도록 침해를 최소화하기 위한 조치를 취하여야 하는데, 피청구인은 그러한 조치를 전혀 취하지 아니하였으므로 침해의 최소성 원칙도 충족하였다고 볼 수 없다. 또한 촬영허용행위는 언론 보도를 보다 실감나게 하기 위한 목적 외에 어떠한 공익도 인정할 수 없는 반면, 청구인은 피의자로서 얼굴이 공개되어 초상권을 비롯한 인격권에 대한 중대한 제한을 받았고, 촬영한 것이 언론에 보도될 경우 범인으로서의 낙인 효과와 그 파급효는 매우 가혹하여 법익균형성도 인정되지 아니하므로, 촬영허용행위는 과잉금지원칙에 위반되어 청구인의 인격권을 침해하였다(헌재 2014.3.27. 2012헌마652).

옳은 것은 ㄴ, ㄷ이고, 옳지 않은 것은 ㄱ, ㄹ이다.

ㄱ. [×] 이 사건에서 침해된다고 하여 주장되는 기본권은 생명·신체의 안전에 관한 것으로서 성질상 자연인에게만 인정되는 것이므로, 이와 관련하여 청구인 진보신당과 같은 권리능력 없는 단체는 위와 같은 기본권의 행사에 있어 그 주체가 될 수 없다(헌재 2008.12.26. 2008헌마419).

ㄴ. [○] '기본권능력'을 가진 사람은 모두가 '기본권의 주체'가 되지만 기본권주체가 모든 기본권의 '행사능력'을 가지는 것은 아니다. 우리 헌법과 선거법에 의해서 대통령과 국회의원의 선거권이 18세 이상으로, 대통령과 국회의원의 피선거권이 각각 25세 이상, 45세 이상으로 정해져 있는 것 등이 그 예이다.

ㄷ. [○] 청구인협회(한국신문편집인협회)는 언론인들의 협동단체로서 법인격은 없으나, 대표자와 총회가 있고, 단체의 명칭, 대표의 방법, 총회 운영, 재산의 관리 기타 단체의 중요한 사항이 회칙으로 규정되어 있는 등 사단으로서의 실체를 가지고 있으므로 권리능력 없는 사단이라고 할 것이고, 따라서 기본권의 성질상 자연인에게만 인정될 수 있는 기본권이 아닌 한 기본권의 주체가 될 수 있으며, 헌법상의 기본권을 향유하는 범위 내에서는 헌법소원심판청구능력도 있다고 할 것이다(헌재 1995.7.21. 92헌마177 등).

ㄹ. [×] 헌법상 근로의 권리는 '일할 자리에 관한 권리'만이 아니라 '일할 환경에 관한 권리'도 의미하는데, '일할 환경에 관한 권리'는 인간의 존엄성에 대한 침해를 방어하기 위한 권리로서 외국인에게도 인정되며, 건강한 작업환경, 일에 대한 정당한 보수, 합리적인 근로조건의 보장 등을 요구할 수 있는 권리 등을 포함한다. 여기서의 근로조건은 임금과 그 지불방법, 취업시간과 휴식시간 등 근로계약에 의하여 근로자가 근로를 제공하고 임금을 수령하는 데 관한 조건들이고, 이 사건 출국만기보험금은 퇴직금의 성질을 가지고 있어서 그 지급시기에 관한 것은 근로조건의 문제이므로 외국인 청구인들에게도 기본권 주체성이 인정된다(헌재 2016.3.31. 2014헌마367).

① [○] 대통령·국무총리·국무위원·행정각부의 장·헌법재판소 재판관·법관·중앙선거관리위원회 위원·감사원장·감사위원 기타 법률이 정한 공무원이 그 직무집행에 있어서 헌법이나 법률을 위배한 때에는 국회는 탄핵의 소추를 의결할 수 있다. 탄핵소추는 국회재적의원 3분의 1 이상의 발의가 있어야 하며, 그 의결은 국회재적의원 과반수의 찬성이 있어야 한다. 다만, 대통령에 대한 탄핵소추는 국회재적의원 과반수의 발의와 국회재적의원 3분의 2 이상의 찬성이 있어야 한다(헌법 제65조 제1항·제2항).

② [○] 탄핵소추가 의결되었을 때에는 의장은 지체 없이 소추의결서 정본을 법제사법위원장인 소추위원에게 송달하고, 그 등본을 헌법재판소, 소추된 사람과 그 소속 기관의 장에게 송달한다(「국회법」 제134조 제1항).

③ [○] 탄핵소추의 의결을 받은 자는 탄핵심판이 있을 때까지 그 권한행사가 정지된다(헌법 제65조 제3항).

❹ [×] 피청구인이 결정 선고 전에 해당 공직에서 파면되었을 때에는 헌법재판소는 심판청구를 기각하여야 한다(「헌법재판소법」 제53조 제2항).

06 통치행위 정답 ③

옳은 것은 ㄴ, ㄹ, ㅁ이다.

ㄱ. [✕] 청구인들은 대통령의 특별사면에 관하여 일반국민의 지위에서 사실상의 또는 간접적인 이해관계를 가진다고 할 수는 있으나 대통령의 청구외인들에 대한 특별사면으로 인하여 청구인들 자신의 법적이익 또는 권리를 직접적으로 침해당한 피해자라고 볼 수 없으므로 이 사건 심판청구는 자기관련성, 직접성이 결여되어 부적법하다(헌재 1998.9.30. 97헌마404).

ㄴ. [O] 입헌적 법치주의국가의 기본원칙은 어떠한 국가행위나 국가작용도 헌법과 법률에 근거하여 그 테두리 안에서 합헌적·합법적으로 행하여질 것을 요구하고, 이러한 합헌성과 합법성의 판단은 본질적으로 사법의 권능에 속하는 것이다. 다만, 고도의 정치성을 띤 국가행위에 대하여는 이른바 통치행위라 하여 법원 스스로 사법심사권의 행사를 억제하여 그 심사대상에서 제외하는 영역이 있을 수 있다. 그러나 이와 같이 통치행위의 개념을 인정한다고 하더라도 과도한 사법심사의 자제가 기본권을 보장하고 법치주의 이념을 구현하여야 할 법원의 책무를 태만히 하거나 포기하는 것이 되지 않도록 그 인정을 지극히 신중하게 하여야 한다(대판 2004.3.26. 2003도7878).

ㄷ. [✕] 우리나라는 제헌헌법의 제정을 통하여 국민주권주의, 자유민주주의, 국민의 기본권보장, 법치주의 등을 국가의 근본이념 및 기본원리로 하는 헌법질서를 수립한 이래 여러 차례에 걸친 헌법개정이 있었으나, 지금까지 한결같이 위 헌법질서를 그대로 유지하여 오고 있는 터이므로, 군사반란과 내란을 통하여 폭력으로 헌법에 의하여 설치된 국가기관의 권능행사를 사실상 불가능하게 하고 정권을 장악한 후 국민투표를 거쳐 헌법을 개정하고 개정된 헌법에 따라 국가를 통치하여 왔다고 하더라도 그 군사반란과 내란을 통하여 새로운 법질서를 수립한 것이라고 할 수는 없으며, 우리나라의 헌법질서 아래에서는 헌법에 정한 민주적 절차에 의하지 아니하고 폭력에 의하여 헌법기관의 권능행사를 불가능하게 하거나 정권을 장악하는 행위는 어떠한 경우에도 용인될 수 없다. 따라서 그 군사반란과 내란행위는 처벌의 대상이 된다(대판 1997.4.17. 96도3376).

ㄹ. [O] 이 사건 파병결정은 대통령이 파병의 정당성뿐만 아니라 북한 핵 사태의 원만한 해결을 위한 동맹국과의 관계, 우리나라의 안보문제, 국·내외 정치관계 등 국익과 관련한 여러 가지 사정을 고려하여 파병부대의 성격과 규모, 파병기간을 국가안전보장회의의 자문을 거쳐 결정한 것으로, 그 후 국무회의의 심의·의결을 거쳐 국회의 동의를 얻음으로써 헌법과 법률에 따른 절차적 정당성을 확보했음을 알 수 있다. 그렇다면 이 사건 파견결정은 그 성격상 국방 및 외교에 관련된 고도의 정치적 결단을 요하는 문제로서, 헌법과 법률이 정한 절차를 지켜 이루어진 것임이 명백하므로, 대통령과 국회의 판단은 존중되어야 하고 헌법재판소가 사법적 기준만으로 이를 심판하는 것은 자제되어야 한다(헌재 2004.4.29. 2003헌마814).

ㅁ. [O] 대통령의 긴급재정·경제명령은 국가긴급권의 일종으로서 고도의 정치적 결단에 의하여 발동되는 행위이고 그 결단을 존중하여야 할 필요성이 있는 행위라는 의미에서 이른바 통치행위에 속한다고 할 수 있으나, 통치행위를 포함하여 모든 국가작용은 국민의 기본권적 가치를 실현하기 위한 수단이라는 한계를 반드시 지켜야 하는 것이고, 헌법재판소는 헌법의 수호와 국민의 기본권 보장을 사명으로 하는 국가기관이므로 비록 고도의 정치적 결단에 의하여 행해지는 국가작용이라고 할지라도 그것이 국민의 기본권 침해와 직접 관련되는 경우에는 당연히 헌법재판소의 심판대상이 된다(헌재 1996.2.29. 93헌마186).

07 국회 정답 ④

① [O] 「국회법」 제98조의2에 대한 옳은 내용이다.

> **제98조의2【대통령령 등의 제출 등】①** 중앙행정기관의 장은 법률에서 위임한 사항이나 법률을 집행하기 위하여 필요한 사항을 규정한 대통령령·총리령·부령·훈령·예규·고시 등이 제정·개정 또는 폐지되었을 때에는 10일 이내에 이를 국회 소관 상임위원회에 제출하여야 한다. 다만, 대통령령의 경우에는 입법예고를 할 때(입법예고를 생략하는 경우에는 법제처장에게 심사를 요청할 때를 말한다)에도 그 입법예고안을 10일 이내에 제출하여야 한다.
> ② 중앙행정기관의 장은 제1항의 기간 이내에 제출하지 못한 경우에는 그 이유를 소관 상임위원회에 통지하여야 한다.
> ③ 상임위원회는 위원회 또는 상설소위원회를 정기적으로 개회하여 그 소관 중앙행정기관이 제출한 대통령령·총리령 및 부령(이하 이 조에서 "대통령령 등"이라 한다)의 법률 위반 여부 등을 검토하여야 한다.

② [O] 국무총리 또는 국무위원의 해임건의안이 발의되었을 때에는 의장은 그 해임건의안이 발의된 후 처음 개의하는 본회의에 그 사실을 보고하고, 본회의에 보고된 때부터 24시간 이후 72시간 이내에 무기명투표로 표결한다. 이 기간 내에 표결하지 아니한 해임건의안은 폐기된 것으로 본다(「국회법」 제112조 제7항).

③ [O] 의안에 대한 수정동의(修正動議)는 그 안을 갖추고 이유를 붙여 30명 이상의 찬성 의원과 연서하여 미리 의장에게 제출하여야 한다. 다만, 예산안에 대한 수정동의는 의원 50명 이상의 찬성이 있어야 한다(「국회법」 제95조 제1항).

❹ [✕] 본회의는 공개한다. 다만, 의장의 제의 또는 의원 10명 이상의 연서에 의한 동의로 본회의 의결이 있거나 의장이 각 교섭단체 대표의원과 협의하여 국가의 안전보장을 위하여 필요하다고 인정할 때에는 공개하지 아니할 수 있다(「국회법」 제75조 제1항).

08 대통령 정답 ①

❶ [✕] 대통령의 '성실한 직책수행의무'는 헌법적 의무에 해당하나, '헌법을 수호해야 할 의무'와는 달리, 규범적으로 그 이행이 관철될 수 있는 성격의 의무가 아니므로, 원칙적으로 사법적 판단의 대상이 될 수 없다고 할 것이다. 헌법 제65조 제1항은 탄핵사유를 '헌법이나 법률에 위배한 때'로 제한하고 있고, 헌법재판소의 탄핵심판절차는 법적인 관점에서 단지 탄핵사유의 존부만을 판단하는 것이므로, 청구인이 주장하는 바와 같은 정치적 무능력이나 정책결정상의 잘못 등 직책수행의 성실성여부는 그 자체로서 소추사유가 될 수 없어, 탄핵심판절차의 판단대상이 되지 아니한다(헌재 2004.5.14. 2004헌나1).

② [O] 이 사건 파견결정은 그 성격상 국방 및 외교에 관련된 고도의 정치적 결단을 요하는 문제로서, 헌법과 법률이 정한 절차를 지켜 이루어진 것임이 명백한 이 사건에 있어서는, 대통령과 국회의 판단은 존중되어야 하고 우리 재판소가 사법적 기준만으로 이를 심판하는 것은 자제되어야 한다. 오랜 민주주의 전통을 가진 외국에서도 외교 및 국방에 관련된 것으로서 고도의 정치적 결단을 요하는 사안에 대하여는 줄곧 사법심사를

자제하고 있는 것도 바로 이러한 취지에서 나온 것이라 할 것이다. 이에 대하여는 설혹 사법적 심사의 회피로 자의적 결정이 방치될 수도 있다는 우려가 있을 수 있으나 그러한 대통령과 국회의 판단은 궁극적으로는 선거를 통해 국민에 의한 평가와 심판을 받게 될 것이다(헌재 2003.12.18. 2003헌마255).

③ [○] 위에서 살펴 본 바와 같은 공소시효제도나 공소시효정지제도의 본질에 비추어 보면, 비록 헌법 제84조에는 "대통령은 내란 또는 외환의 죄를 범한 경우를 제외하고는 재직중 형사상의 소추를 받지 아니한다."라고만 규정되어 있을 뿐 헌법이나 형사소송법 등의 법률에 대통령의 재직중 공소시효의 진행이 정지된다고 명백히 규정되어 있지는 않다고 하더라도, 위 헌법규정의 근본취지를 대통령의 재직중 형사상의 소추를 할 수 없는 범죄에 대한 공소시효의 진행은 정지되는 것으로 해석하는 것이 원칙일 것이다. 즉 위 헌법규정은 바로 공소시효진행의 소극적 사유가 되는 국가의 소추권행사의 법률상 장애사유에 해당하므로, 대통령의 재직중에는 공소시효의 진행이 당연히 정지되는 것으로 보아야 한다(헌재 1995.1.20. 94헌마246).

④ [○] 국민투표는 직접민주주의를 실현하기 위한 수단으로서 '사안에 대한 결정' 즉, 특정한 국가정책이나 법안을 그 대상으로 한다. 따라서 국민투표의 본질상 '대표자에 대한 신임'은 국민투표의 대상이 될 수 없으며, 우리 헌법에서 대표자의 선출과 그에 대한 신임은 단지 선거의 형태로써 이루어져야 한다. 대통령이 자신에 대한 재신임을 국민투표의 형태로 묻고자 하는 것은 헌법 제72조에 의하여 부여받은 국민투표부의권을 위헌적으로 행사하는 경우에 해당하는 것으로, 국민투표제도를 자신의 정치적 입지를 강화하기 위한 정치적 도구로 남용해서는 안 된다는 헌법적 의무를 위반한 것이다. 물론, 대통령이 위헌적인 재신임 국민투표를 단지 제안만 하였을 뿐 강행하지는 않았으나, 헌법상 허용되지 않는 재신임 국민투표를 국민들에게 제안한 것은 그 자체로서 헌법 제72조에 반하는 것으로 헌법을 실현하고 수호해야 할 대통령의 의무를 위반한 것이다(헌재 2004.5.14. 2004헌나1).

09 표현의 자유 정답 ③

① [×] 국기는 국가의 역사와 국민성, 이상 등을 응축하고 헌법이 보장하는 질서와 가치를 담아 국가의 정체성을 표현하는 국가의 대표적 상징물이다. 심판대상조항은 국기를 존중, 보호함으로써 국가의 권위와 체면을 지키고, 국민들이 국기에 대하여 가지는 존중의 감정을 보호하려는 목적에서 입법된 것이다. 심판대상조항은 국기가 가지는 고유의 상징성과 위상을 고려하여 일정한 표현방법을 규제하는 것에 불과하므로, 국기모독 행위를 처벌한다고 하여 이를 정부나 정권, 구체적 국가기관이나 제도에 대한 비판을 허용하지 않거나 이를 곤란하게 하는 것으로 볼 수 없다. … 그러므로 심판대상조항은 과잉금지원칙에 위배되어 청구인의 표현의 자유를 침해한다고 볼 수 없고, 표현의 자유의 본질적 내용을 침해한다고도 할 수 없다(헌재 2019.12.27. 2016헌바96).

② [×] 광고의 심의기관이 행정기관인지 여부는 기관의 형식에 의하기보다는 그 실질에 따라 판단되어야 하고, 행정기관의 자의로 개입할 가능성이 열려 있다면 개입 가능성의 존재 자체로 헌

법이 금지하는 사전검열이라고 보아야 한다. 건강기능식품법상 기능성 광고의 심의는 식약처장으로부터 위탁받은 한국건강기능식품협회에서 수행하고 있지만, 법상 심의주체는 행정기관인 식약처장이며, 언제든지 그 위탁을 철회할 수 있고, 심의위원회의 구성에 관하여도 법령을 통해 행정권이 개입하고 지속적으로 영향을 미칠 가능성이 존재하는 이상 그 구성에 자율성이 보장되어 있다고 볼 수 없다. 식약처장이 심의기준 등의 제정과 개정을 통해 심의 내용과 절차에 영향을 줄 수 있고, 식약처장이 재심의를 권하면 심의기관이 이를 따라야 하며, 분기별로 식약처장에게 보고가 이루어진다는 점에서도 그 심의업무의 독립성과 자율성이 있다고 어렵다. 따라서 이 사건 건강기능식품 기능성광고 사전심의는 그 검열이 행정권에 의하여 행하여진다 볼 수 있고, 헌법이 금지하는 사전검열에 해당하므로 헌법에 위반된다(헌재 2018.6.28. 2016헌가8).

❸ [○] 심의받은 내용과 다른 내용의 광고를 한 경우, 이 사건 제재조항은 대통령령으로 정하는 바에 따라 영업허가를 취소·정지하거나, 영업소의 폐쇄를 명할 수 있도록 하고, 이 사건 처벌조항은 5년 이하의 징역 또는 5천만원 이하의 벌금에 처하도록 하고 있다. 이와 같은 행정제재나 형벌의 부과는 사전심의절차를 관철하기 위한 강제수단에 해당한다(헌재 2018.6.28. 2016헌가8 등).

④ [×] 심판대상조항은 저작자 및 자신의 의사에 반하여 저작자로 표시된 사람의 권리를 보호하고, 저작자 명의에 관한 사회 일반의 신뢰를 보호하기 위한 것으로 입법목적이 정당하고, 저작자 아닌 사람을 저작자로 표시하는 행위를 금지하는 것은 적합한 수단이다. 저작자 아닌 사람을 저작자로 표기하는 데 관련된 사람들의 이해관계가 일치하는 경우가 있고, 저작권법은 여러 사람이 창작에 관여하고 이에 따라 저작자 표시를 하는 것을 금지하는 것도 아니며, 저작자 표시를 사실과 달리하는 행위를 금지하지 않으면 저작자 명의에 관한 사회일반의 신뢰라는 공익을 위 조항과 같은 정도로 달성하기 어려우므로 침해의 최소성도 충족된다. 저작물이 가지는 학문적·문화적 중요성과 이용자에게 미치는 영향 등을 고려할 때 저작자의 표시에 관한 사회적 신뢰를 유지한다는 공익이 중요한 반면, 위 조항으로 인한 불이익은 저작자 표시를 사실과 달리하여 얻을 수 있는 이익을 얻지 못하는 것에 불과하여, 위 조항은 법익의 균형성도 갖추었다. 심판대상조항은 표현의 자유 또는 일반적 행동의 자유를 침해하지 아니한다(헌재 2018.8.30. 2017헌바158).

10 헌법소원심판 정답 ①

❶ [×] 헌법소원의 본질은 국민의 기본권을 충실히 보장하는 데에 있으므로 법적 안정성을 해하지 않는 범위 내에서 청구기간에 관한 규정을 기본권보장이 강화되는 방향으로 해석하는 것이 바람직한 점을 종합해 보면, 시행유예기간의 적용 대상인 청구인들에 대해서도 청구기간의 기산점은 시행일인 것으로 해석하는 것은 헌법소원심판청구권을 보장하는 취지에 어긋난다. 뿐만 아니라, 시행유예기간 경과일을 청구기간의 기산점으로 보더라도 청구기간이 무한히 확장되는 것이 아니라 시행유예기간 경과일로부터 1년이 지나면 헌법소원심판을 청구할 수 없으므로 법적안정성을 확보할 수 있는 점, 시행유예기간 동안에도 현재성 요건의 예외에 따라 적법하게 헌법소원심판을 청구할 수 있고, 이와 같이 시행유예기간 동안에 헌법소원심판청구를 허용

하더라도 아직까지 법령의 효력이 발생하기 전인 이상 그로 인하여 헌법소원심판청구의 대상이 된 법령의 법적안정성이 곧바로 저해되지는 않는 점을 아울러 고려하면, 시행유예기간 경과일을 청구기간의 기산점으로 해석함으로써 헌법소원심판청구권 보장과 법적안정성 확보 사이의 균형을 달성할 수 있다. 종래 이와 견해를 달리하여, 법령의 시행일 이후 법령에 규정된 일정한 기간이 경과한 후에 비로소 법령의 적용을 받는 청구인들에 대한 헌법재판소법 제68조 제1항의 규정에 의한 법령에 대한 헌법소원심판 청구기간의 기산점을 법령의 시행일이라고 판시한 우리 재판소 결정들은(헌재 1996.3.28. 93헌마198 ; 헌재 1999.7.22. 98헌마480 등 ; 헌재 2003.1.30. 2002헌마516 ; 헌재 2011.3.31. 2010헌마45 ; 헌재 2011.5.26. 2009헌마285 ; 헌재 2013.11.28. 2011헌마372), 이 결정의 취지와 저촉되는 범위 안에서 변경한다(헌재 2020.4.23. 2017헌마479).

② [O] 헌법재판소법 제68조 제1항에 따른 헌법소원의 심판은 그 사유가 있음을 안 날부터 90일 이내에, 그 사유가 있는 날부터 1년 이내에 청구하여야 한다. 다만, 다른 법률에 따른 구제절차를 거친 헌법소원의 심판은 그 최종결정을 통지받은 날부터 30일 이내에 청구하여야 한다(헌법재판소법 제69조 제1항).

③ [O] 헌법소원은 헌법재판소법 제68조 제1항에 규정한 바와 같이 공권력의 불행사에 대하여서도 그 대상으로 할 수 있지만, 행정권력의 부작위에 대한 소원의 경우에 있어서는 공권력의 주체에게 헌법에서 유래하는 작위의무가 특별히 구체적으로 규정되어 이에 의거하여 기본권의 주체가 행정행위를 청구할 수 있음에도 공권력의 주체가 그 의무를 해태하는 경우에 허용된다고 할 것이다(헌재 1991.9.16. 89헌마163).

④ [O] 헌법 제10조가 보호하는 명예는 사람이나 그 인격에 대한 사회적 평가, 즉 객관적·외부적 가치평가를 가리키며 단순한 주관적·내면적 명예감정은 헌법이 보호하는 명예에 포함되지 않는다. 그런데, 제주 4·3 특별법은 제주 4·3 사건의 진상규명과 희생자 명예회복을 통해 인권신장과 민주발전 및 국민화합에 이바지함을 목적으로 제정되었고, 위령사업의 시행과 의료지원금 및 생활지원금의 지급 등 희생자들에 대한 최소한의 시혜적 조치를 부여하는 내용을 가지고 있는바, 그에 근거한 이 사건 희생자 결정이 청구인들의 사회적 평가에 부정적 영향을 미쳐 헌법이 보호하고자 하는 명예가 훼손되는 결과가 발생한다고 할 수는 없다. 따라서 이 사건 심판청구는 명예권 등 기본권침해의 자기관련성을 인정할 수 없어 부적법하다(헌재 2010.11.25. 2009헌마147).

11 　 알 권리 　 정답 ③

① [O] 교화상 또는 구금목적에 특히 부적당하다고 인정되는 기사, 조직범죄 등 수용자 관련 범죄기사에 대한 신문기사 삭제행위는 구치소내 질서유지와 보안을 위한 것으로, 신문기사 중 탈주에 관한 사항이나 집단단식, 선동 등 구치소내 단체생활의 질서를 교란하는 내용이 미결수용자에게 전달될 때 과거의 예와 같이 동조단식이나 선동 등 수용의 내부질서와 규율을 해하는 상황이 전개될 수 있고, 이는 수용자가 과밀하게 수용되어 있는 현 구치소의 실정과 과소한 교도인력을 볼 때 구치소내의 질서유지와 보안을 어렵게 할 우려가 있다. 이 사건 신문기사의 삭제 내용은 그러한 범위내에 그치고 있을 뿐 신문기사 중 주요기사 대부분이 삭제된 바 없음이 인정되므로 이는 수용질서를

위한 청구인의 알 권리에 대한 최소한의 제한이라고 볼 수 있으며, 이로서 침해되는 청구인에 대한 수용질서와 관련되는 위 기사들에 대한 정보획득의 방해와 그러한 기사 삭제를 통해 얻을 수 있는 구치소의 질서유지와 보안에 대한 공익을 비교할 때 청구인의 알 권리를 과도하게 침해한 것은 아니다(헌재 1998.10.29. 98헌마4).

② [O] 헌법재판소는 공공기관의 정보공개에 관한 법률이 제정되기 이전에 이미, 정부가 보유하고 있는 정보에 대하여 정당한 이해관계가 있는 자가 그 공개를 요구할 수 있는 권리를 알 권리로 인정하면서 이러한 알 권리는 표현의 자유에 당연히 포함되는 기본권임을 선언하였다(헌재 1989.9.4. 88헌마22). 어떤 문제가 있을 때 그에 관련된 정보에 접근하지 못하면 문제의 내용을 제대로 알기 어렵고, 제대로 내용을 알지 못하면 자기의 의견을 제대로 표현하기 어렵기 때문에 알 권리는 표현의 자유와 표리일체의 관계에 있고 정보의 공개청구권은 알 권리의 당연한 내용이 되는 것이다. 그리하여 알 권리는 헌법 제21조에 의하여 직접 보장되고 그 밖에도 국민주권주의(헌법 제1조), 인간의 존엄과 가치(헌법 제10조), 인간다운 생활을 할 권리(헌법 제34조 제1항)와도 관련이 있다(헌재 2010.12.28. 2009헌바258).

❸ [X] 법학교육의 정상화나 교육 등을 통한 우수 인재 배출, 대학원 간의 과다경쟁 및 서열화 방지라는 입법목적은 법학전문대학원 내의 충실하고 다양한 교과과정 및 엄정한 학사관리 등과 같이 알 권리를 제한하지 않는 수단을 통해서 달성될 수 있음에도, 변호사시험 성적을 공개하지 않는 것은 침해의 최소성 원칙에도 위배된다. 심판대상조항이 추구하는 공익은 변호사 시험성적을 비공개함으로써 실현되는 것이 아니고 성적을 공개한다고 하여 이러한 공익의 달성이 어려워지는 것도 아닌 반면, 변호사시험 응시자들은 시험 성적의 비공개로 인하여 알 권리를 제한받게 되므로, 심판대상조항은 법익의 균형성 요건도 갖추지 못하였다(헌재 2015.6.25. 2011헌마769 등).

④ [O] 헌법 제50조 제1항은 본문에서 국회의 회의를 공개한다는 원칙을 규정하면서, 단서에서 '출석의원 과반수의 찬성이 있거나 의장이 국가의 안전보장을 위하여 필요하다고 인정할 때'에는 이를 공개하지 아니할 수 있다는 예외를 두고 있다. 이러한 헌법 제50조 제1항의 구조에 비추어 볼 때, 헌법상 의사공개원칙은 모든 국회의 회의를 항상 공개하여야 하는 것은 아니나 이를 공개하지 아니할 경우에는 헌법에서 정하고 있는 일정한 요건을 갖추어야 한다. 또한 헌법 제50조 제1항 단서가 정하고 있는 회의의 비공개를 위한 절차나 사유는 그 문언이 매우 구체적이어서, 이에 대한 예외도 엄격하게 인정되어야 한다. 따라서 헌법 제50조 제1항으로부터 일체의 공개를 불허하는 절대적인 비공개가 허용된다고 볼 수는 없는바, 특정한 내용의 국회의 회의나 특정 위원회의 회의를 일률적으로 비공개한다고 정하면서 공개의 여지를 차단하는 것은 헌법 제50조 제1항에 부합하지 아니한다(헌재 2022.1.27. 2018헌마1162).

12 　 보충성의 원칙 　 정답 ③

① [X] 사건 당일 종료된 이 사건 검사의 접견불허행위에 대하여 청구인이 형사소송법 제417조에 따라 그 취소를 구하는 준항고를 제기할 경우 법원이 법률상 이익이 결여되었다고 볼 것인지 아니면 실체 판단에 나아갈 것인지가 객관적으로 불확실하

여 청구인으로 하여금 전심절차를 이행할 것을 기대하기 어려우므로, 청구인의 위 접견불허행위에 대한 심판청구에 대해서는 보충성원칙의 예외가 인정된다(헌재 2019.2.28. 2015헌마1204).

② [×] 헌법재판소법 제68조 제1항 단서에 의하면 헌법소원은 다른 권리구제절차를 거친 뒤 비로소 제기할 수 있는 것이기는 하지만, 여기서 말하는 권리구제절차는 공권력의 행사 또는 불행사를 직접대상으로 하여 그 효력을 다툴 수 있는 권리구제절차를 의미하는 것이지, 사후적·보충적 구제수단인 손해배상청구나 손실보상청구를 의미하는 것이 아님은 헌법소원제도를 규정한 헌법의 정신에 비추어 명백하다(헌재 1989.4.17. 88헌마3).

❸ [○] 수형자의 서신을 교도소장이 검열하는 행위는 이른바 권력적 사실행위로서 행정심판이나 행정소송의 대상이 되는 행정처분으로 볼 수 있으나, 위 검열행위가 이미 완료되어 행정심판이나 행정소송을 제기하더라도 소의 이익이 부정될 수 밖에 없으므로 헌법소원심판을 청구하는 외에 다른 효과적인 구제방법이 있다고 보기 어렵기 때문에 보충성의 원칙에 대한 예외에 해당한다. 피청구인의 서신검열행위는 이미 종료되었고, 청구인도 형기종료로 출소하였다 하더라도 수형자의 서신에 대한 검열행위는 헌법이 보장하고 있는 통신의 자유·비밀을 침해받지 아니할 권리 등과의 관계에서 그 위헌 여부가 해명되어야 할 중요한 문제이고, 이러한 검열행위는 행형법의 규정에 의하여 앞으로도 계속·반복될 것으로 보인다. 그런데 "미결수"에 대한 서신검열행위의 위헌여부에 대하여는 헌법재판소가 1995.7.21.에 선고한 92헌마144 서신검열 등 위헌확인 결정에서 헌법적 해명을 하였으나, "수형자"에 대하여는 아직 견해를 밝힌 사실이 없으므로 헌법판단의 적격성을 갖추었다고 인정되어 심판청구의 이익이 있다(헌재 1998.8.27. 96헌마398).

④ [×] 먼저 헌법소원을 제기하고 나서 뒤에 종국결정전에 권리구제절차를 거쳤을 때에는 사전에 구제절차를 거치지 않은 하자가 치유될 수 있다(헌재 1996.3.28. 95헌마211).

13 국회의 입법권 정답 ③

① [○] 청구인들이 주장하는 입법절차의 하자는 야당소속 국회의원들에게는 개의시간을 알리지 않음으로써 법률안의 심의에 참여할 수 있는 기회를 주지 아니한 채 여당소속 국회의원들만 출석한 가운데 국회의장이 본회의를 개의하고 법률안을 상정하여 가결 선포하였다는 것이므로 그와같은 입법절차의 하자를 둘러싼 분쟁은 본질적으로 법률안의 심의·표결에 참여하지 못한 국회의원이 국회의장을 상대로 권한쟁의에 관한 심판을 청구하여 해결하여야 할 사항이다(헌재 1998.8.27. 97헌마8).

② [○] 검찰의 기소독점주의 및 기소편의주의에 대한 예외로서 특별검사제도를 인정할지 여부는 물론, 특정 사건에 대하여 특별검사에 의한 수사를 실시할 것인지 여부, 특별검사에 의한 수사대상을 어느 범위로 할 것인지는 국민을 대표하는 국회가 검찰 기소독점주의의 적절성, 검찰권 행사의 통제 필요성, 특별검사제도의 장단점, 당해 사건에 대한 국민적 관심과 요구 등 제반 사정을 고려하여 결정할 문제로서 그 판단에는 본질적으로 국회의 폭넓은 재량이 인정된다. 따라서 … 특별검사에 의한 수사를 실시하도록 한 것이 명백히 자의적이거나 현저히 부당한 것이라고 단정하기 어렵다(헌재 2008.1.10. 2007헌마1468).

❸ [×] 법령이 입법사항에 관하여 위 헌법조항에서 규정한 대통령령, 총리령, 부령이 아닌 형식, 즉 고시·훈령 등으로 위임이 가능한가 의문이 들 수 있다. 헌법 제40조와 헌법 제75조, 제95조의 의미를 살펴보면, 국회입법에 의한 수권이 입법기관이 아닌 제2의 국가기관인 행정기관에게 법률 등으로 구체적인 범위를 정하여 위임한 사항에 관하여 법정립의 권한을 갖게 되고, 입법자가 규율의 형식을 선택할 수도 있다 할 것이다. 따라서 헌법이 인정하고 있는 위임입법의 형식은 예시적인 것으로 보아야 할 것이고, 그것은 법률이 행정규칙에 위임하더라도 그 행정규칙은 위임된 사항만을 규율할 수 있으므로, 국회입법의 원칙과 상치되지도 않는다(헌재 2004.10.28. 99헌바91).

④ [○] 이 사건 법률안들은 위원회의 심사를 거친 안건이지만 청구인으로부터 적법한 반대토론신청이 있었으므로 원칙적으로 피청구인이 그 반대토론절차를 생략하기 위해서는 반드시 본회의 의결을 거쳐야 할 것인데(국회법 제93조 단서), 피청구인은 청구인의 반대토론신청이 적법하게 이루어졌음에도 이를 허가하지 않고 나아가 토론절차를 생략하기 위한 의결을 거치지도 않은 채 이 사건 법률안들에 대한 표결절차를 진행하였으므로, 이는 국회법 제93조 단서를 위반하여 청구인의 법률안 심의·표결권을 침해하였다(헌재 2011.8.30. 2009헌라7).

14 권리보호이익 정답 ①

❶ [×] 헌법은 명시적으로 선거구를 입법할 의무를 국회에게 부여하였고, 국회는 이러한 입법의무를 상당한 기간을 넘어 정당한 사유 없이 이행하지 아니함으로써 헌법상 입법의무의 이행을 지체하였으나, 이후 국회가 선거구를 획정함으로써 획정된 선거구에서 국회의원후보자로 출마하거나 선거권자로서 투표하고자 하였던 청구인들의 주관적 목적이 달성되었으므로, 헌법불합치결정에서 정한 입법개선시한이 경과한 후에도 선거구를 획정하지 아니한 입법부작위의 위헌확인을 구하는 심판청구는 권리보호의 이익이 없어 부적법하다(헌재 2016.4.28. 2015헌마1177).
※ 주관적 권리보호의 이익이 없어 부적법한 청구임

② [○] 비록 이 사건 공고에 의한 시험이 종료되었다고 하여도 장래에 이 사건 공고의 내용과 같은 시험실 입실시간 제한에 의한 기본권 침해가 반복될 가능성이 있으므로, 이 부분 심판청구에 관해서는 예외적으로 심판의 이익을 인정할 수 있다(헌재 2008.6.26. 2007헌마917).

③ [○] 헌법재판소는 2014헌마340등 결정에서 이 사건 관리조항이 헌법에 합치되지 아니하며, 2016.12.31.을 시한으로 입법자가 개정할 때까지 계속 적용된다는 취지의 헌법불합치결정을 선고하였다. 헌법불합치결정도 위헌결정의 일종이므로 관리조항에 대하여는 이미 위헌결정이 난 것이다. 따라서 관리조항에 대한 이 사건 심판청구는 이미 위헌으로 결정된 법률조항에 대한 심판청구이므로 권리보호이익이 없어 부적법하다(헌재 2015.10.21. 2014헌마637).

④ [○] 헌법소원제도는 국민의 기본권침해를 구제해주는 제도이므로 그 제도의 목적상 권리보호의 이익이 있어야 제기할 수 있는바, 법무부장관이 청구인에 대하여 행한 출국금지조치는 이 사건 심판청구 이전에 해제되었으므로 청구인의 이 사건 청구는 권리보호의 이익이 없어 부적법하다(헌재 1990.1.6. 89헌마269).

15 위헌법률심판　　　　　정답 ④

① [○] 헌법재판소법 제41조 제1항은 "법률이 헌법에 위반되는 여부가 재판의 전제가 된 때에는 당해 사건을 담당하는 법원은 직권 또는 당사자의 신청에 의한 결정으로 헌법재판소에 위헌여부의 심판을 제청한다."라고 규정하고 있다(헌재 1999.4.29. 98헌바29·99헌바12).

② [○] 헌법재판소법 제68조 제2항은 "제41조 제1항에 의한 법률의 위헌여부심판의 제청신청이 기각된 때에는 그 신청을 한 당사자는 헌법재판소에 헌법소원심판을 청구할 수 있다."라고 규정하고 있으므로, 동법 제68조 제2항에 의한 헌법소원심판의 청구는 동법 제41조 제1항에 의한 법률의 위헌여부심판의 제청신청을 법원이 각하 또는 기각한 경우에만 허용된다(헌재 1999.4.29. 98헌바29·99헌바12).

③ [○] 헌법(제111조 제1항 제1호 및 헌법재판소법 제41조 제1항은 위헌법률심판의 대상에 관하여, 헌법 제111조 제1항 제5호 및 헌법재판소법 제68조 제2항, 제41조 제1항은 헌법소원심판의 대상에 관하여 그것이 법률임을 명문으로 규정하고 있으며, 여기서 위헌심사의 대상이 되는 법률이 국회의 의결을 거친 이른바 형식적 의미의 법률을 의미하는 것에 아무런 의문이 있을 수 없으므로, 헌법의 개별규정 자체는 헌법소원에 의한 위헌심사의 대상이 아니다(헌재 1995.12.28. 95헌바3).

❹ [×] 헌법재판소는 위헌법률심판절차에 있어서 규범의 위헌성을 제청법원이나 제청신청인이 주장하는 법적 관점에서만 아니라 심판대상규범의 법적 효과를 고려하여 모든 헌법적 관점에서 심사한다. 법원의 위헌제청을 통하여 제한되는 것은 오로지 심판의 대상인 법률조항이지 위헌심사의 기준이 아니다(헌재 1996.12.26. 96헌가18 등).

16 교육권　　　　　정답 ③

① [○] 학교급식은 학생들에게 한 끼 식사를 제공하는 영양공급 차원을 넘어 교육적인 성격을 가지고 있지만, 이러한 교육적 측면은 기본적이고 필수적인 학교 교육 이외에 부가적으로 이루어지는 식생활 및 인성교육으로서의 보충적 성격을 가지므로 의무교육의 실질적인 균등보장을 위한 본질적이고 핵심적인 부분이라고까지는 할 수 없다. 이 사건 법률조항들은 비록 중학생의 학부모들에게 급식 관련 비용의 일부를 부담하도록 하고 있지만, 학부모에게 급식에 필요한 경비의 일부를 부담시키는 경우에 있어서도 학교급식 실시의 기본적 인프라가 되는 부분은 배제하고 있으며, 국가나 지방자치단체의 지원으로 학부모의 급식비 부담을 경감하는 조항이 마련되어 있고, 특히 저소득층 학생들을 위한 지원방안이 마련되어 있다는 점 등을 고려해 보면, 이 사건 법률조항들이 입법형성권의 범위를 넘어 헌법상 의무교육의 무상원칙에 반하는 것으로 보기는 어렵다(헌재 2012.4.24. 2010헌바164).

② [○] 일반적으로 기본권침해 관련 영역에서는 급부행정 영역에서보다 위임의 구체성의 요구가 강화된다는 점, 이 사건 응시제한이 검정고시 응시자에게 미치는 영향은 응시자격의 영구적인 박탈인 만큼 중대하다고 할 수 있는 점 등에 비추어 보다 엄격한 기준으로 법률유보원칙의 준수 여부를 심사하여야 할 것인바, 고졸검정고시규칙과 고입검정고시규칙은 이미 응시자격

이 제한되는 자를 특정적으로 열거하고 있으면서 달리 일반적인 제한 사유를 두지 않고 또 그 제한에 관하여 명시적으로 위임한 바가 없으며, 단지 '고시의 기일·장소·원서접수 기타 고시시행에 관한 사항' 또는 '고시 일시와 장소, 원서접수기간과 그 접수처 기타 고시시행에 관하여 필요한 사항'과 같이 고시시행에 관한 기술적·절차적인 사항만을 위임하였을 뿐, 특히 '검정고시에 합격한 자'에 대하여만 응시자격 제한을 공고에 위임했다고 볼 근거도 없으므로, 이 사건 응시제한은 위임받은 바 없는 응시자격의 제한을 새로이 설정한 것으로서 기본권 제한의 법률유보원칙에 위배하여 청구인의 교육을 받을 권리 등을 침해한다(헌재 2012.5.31. 2010헌마139 등).

❸ [×] 학교운영지원비는 그 운영상 교원연구비와 같은 교사의 인건비 일부와 학교회계직원의 인건비 일부 등 의무교육과정의 인적기반을 유지하기 위한 비용을 충당하는데 사용되고 있다는 점, 학교회계의 세입상 현재 의무교육기관에서는 국고지원을 받고 있는 입학금, 수업료와 함께 같은 항에 속하여 분류되고 있음에도 불구하고 학교운영지원비에 대해서만 학생과 학부모의 부담으로 남아있다는 점, 학교운영지원비는 기본적으로 학부모의 자율적 협찬금의 성격을 갖고 있음에도 그 조성이나 징수의 자율성이 완전히 보장되지 않아 기본적이고 필수적인 학교 교육에 필요한 비용에 가깝게 운영되고 있다는 점 등을 고려해보면 이 사건 세입조항은 헌법 제31조 제3항에 규정되어 있는 의무교육의 무상원칙에 위배되어 헌법에 위반된다(헌재 2012.8.23. 2010헌바220).

④ [○] 의무교육의 무상성에 관한 헌법상 규정은 교육을 받을 권리를 보다 실효성 있게 보장하기 위해 의무교육 비용을 학령아동 보호자의 부담으로부터 공동체 전체의 부담으로 이전하라는 명령일 뿐 의무교육의 모든 비용을 조세로 해결해야 함을 의미하는 것은 아니므로, 학교용지부담금의 부과대상을 수분양자가 아닌 개발사업자로 정하고 있는 학교용지 확보 등에 관한 특례법 제2조 제2호, 제5조 제1항 본문은 의무교육의 무상원칙에 위배되지 아니한다(헌재 2008.9.25. 2007헌가9).

17 입법작용　　　　　정답 ④

① [○] 공익법인의 이사의 취임승인취소로 인하여 침해당하는 직업수행의 자유가 직업결정의 자유에 비하여 상대적으로 침해의 범위가 작고, 공공복리 등 공익상의 목적에 의하여 비교적 넓은 규제가 가능하다고 하더라도 이 사건 법률조항과 같이 포괄적으로 취임승인취소사유를 백지위임하는 것은 허용될 수 없다(헌재 2004.7.15. 2003헌가2).

② [○] 체포영장을 발부받아 피의자를 체포하는 경우에 필요한 때에는 영장 없이 타인의 주거 등 내에서 피의자 수사를 할 수 있다고 규정함으로써, 앞서 본 바와 같이 별도로 영장을 발부받기 어려운 긴급한 사정이 있는지 여부를 구별하지 아니하고 피의자가 소재할 개연성만 소명되면 영장 없이 타인의 주거 등을 수색할 수 있도록 허용하고 있다(헌재 2018.4.26. 2015헌바370).

③ [○] 삼권분립의 원칙, 법치행정의 원칙을 당연한 전제로 하고 있는 우리 헌법 하에서 행정권의 행정입법 등 법집행의무는 헌법적 의무라고 보아야 할 것이다. 그런데 이는 행정입법의 제정이 법률의 집행에 필수불가결한 경우로서 행정입법을 제정하지 아니하는 것이 곧 행정권에 의한 입법권 침해의 결과를 초래

하는 경우를 말하는 것이므로, 만일 하위 행정입법의 제정 없이 상위 법령의 규정만으로도 집행이 이루어질 수 있는 경우라면 하위 행정입법을 하여야 할 헌법적 작위의무는 인정되지 아니한다(헌재 2005.12.22. 2004헌마66).

❹ [×] 헌법이 인정하고 있는 위임입법의 형식은 예시적인 것으로 보아야 할 것이다. 의회가 구체적으로 범위를 정하여 위임한 사항에 관하여는 당해 행정기관이 법정립의 권한을 갖게 되고, 이 경우 입법자는 규율의 형식도 선택할 수 있다 할 것이므로, 헌법이 명시하고 있는 법규명령의 형식이 아닌 행정규칙에 위임하더라도 이는 국회입법의 원칙과 상치되지 않는다(헌재 2016. 2.25. 2015헌바191).

---

18 지방자치제도 정답 ②

① [○] 「지방자치법」 제21조 제1항에 대한 옳은 내용이다.

> **제21조 【주민의 감사 청구】** ① 지방자치단체의 18세 이상의 주민으로서 다음 각 호의 어느 하나에 해당하는 사람(「공직선거법」 제18조에 따른 선거권이 없는 사람은 제외한다. 이하 이 조에서 "18세 이상의 주민"이라 한다)은 시·도는 300명, 제198조에 따른 인구 50만 이상 대도시는 200명, 그 밖의 시·군 및 자치구는 150명 이내에서 그 지방자치단체의 조례로 정하는 수 이상의 18세 이상의 주민이 연대 서명하여 그 지방자치단체와 그 장의 권한에 속하는 사무의 처리가 법령에 위반되거나 공익을 현저히 해친다고 인정되면 시·도의 경우에는 주무부장관에게, 시·군 및 자치구의 경우에는 시·도지사에게 감사를 청구할 수 있다.
> 1. 해당 지방자치단체의 관할 구역에 주민등록이 되어 있는 사람
> 2. 「출입국관리법」 제10조에 따른 영주(永住)할 수 있는 체류자격 취득일 후 3년이 경과한 외국인으로서 같은 법 제34조에 따라 해당 지방자치단체의 외국인등록대장에 올라 있는 사람

❷ [×] 사무처리가 있었던 날이나 끝난 날부터 3년이 지나면 제기할 수 없다.

> **「지방자치법」 제21조 【주민의 감사 청구】** ③ 제1항에 따른 청구는 사무처리가 있었던 날이나 끝난 날부터 3년이 지나면 제기할 수 없다.

③ [○] 「지방자치법」 제188조 제2항·제3항·제4항에 대한 옳은 내용이다.

> **제188조 【위법·부당한 명령이나 처분의 시정】** ② 주무부장관은 지방자치단체의 사무에 관한 시장·군수 및 자치구의 구청장의 명령이나 처분이 법령에 위반되거나 현저히 부당하여 공익을 해침에도 불구하고 시·도지사가 제1항에 따른 시정명령을 하지 아니하면 시·도지사에게 기간을 정하여 시정명령을 하도록 명할 수 있다.
> ③ 주무부장관은 시·도지사가 제2항에 따른 기간에 시정명령을 하지 아니하면 제2항에 따른 기간이 지난 날부터 7일 이내에 직접 시장·군수 및 자치구의 구청장에게 기간을 정하여 서면으로 시정할 것을 명하고, 그 기간에 이행

하지 아니하면 주무부장관이 시장·군수 및 자치구의 구청장의 명령이나 처분을 취소하거나 정지할 수 있다.
> ④ 주무부장관은 시·도지사가 시장·군수 및 자치구의 구청장에게 제1항에 따라 시정명령을 하였으나 이를 이행하지 아니한 데 따른 취소·정지를 하지 아니하는 경우에는 시·도지사에게 기간을 정하여 시장·군수 및 자치구의 구청장의 명령이나 처분을 취소하거나 정지할 것을 명하고, 그 기간에 이행하지 아니하면 주무부장관이 이를 직접 취소하거나 정지할 수 있다.

④ [○] 「지방자치법」 제188조 제5항에 대한 옳은 내용이다.

> **제188조 【위법·부당한 명령이나 처분의 시정】** ⑤ 제1항부터 제4항까지의 규정에 따른 자치사무에 관한 명령이나 처분에 대한 주무부장관 또는 시·도지사의 시정명령, 취소 또는 정지는 법령을 위반한 것에 한정한다.

---

19 국정감사, 국정조사 정답 ④

① [○] 「국정감사 및 조사에 관한 법률」 제3조 제1항에 대한 옳은 내용이다.

> **제3조 【국정조사】** ① 국회는 재적의원 4분의 1 이상의 요구가 있는 때에는 특별위원회 또는 상임위원회로 하여금 국정의 특정사안에 관하여 국정조사(이하 "조사"라 한다)를 하게 한다.

② [○] 입법, 국정감사·조사, 예산심의 등은 국회의 고유한 권한이다.

③ [○] 우리나라는 제1공화국 때 국정감사권을 제도화하였으며, 1972년 제7차 개헌(유신헌법)에서 폐지되었다. 이후 제9차 개정헌법에서 국정감사권과 국정조사권이 모두 규정됨으로써 다시 부활되었다.

📋 **우리나라의 국정감사·조사의 연혁**

제1공화국(건국·제1차·제2차)	국정감사권 규정
제2공화국(제3차·제4차)	
제3공화국(제5차·제6차)	
제4공화국(제7차)	국정감사권 폐지
제5공화국(제8차)	국정조사권 신설
현행헌법	국정감사·조사권 (모두 규정)

❹ [×] 국회는 국정전반에 관하여 소관 상임위원회별로 매년 정기회 집회일 이전에 국정감사 시작일부터 30일 이내의 기간을 정하여 감사를 실시한다. 다만, 본회의 의결로 정기회 기간 중에 감사를 실시할 수 있다(「국정감사 및 조사에 관한 법률」 제2조 제1항).

20　명확성의 원칙　　정답 ③

① [O] 응급의료법의 입법 취지, 규정형식 및 문언의 내용을 종합하여 볼 때, 건전한 상식과 통상적인 법 감정을 가진 일반인이라면 구체적인 사건에서 어떠한 행위가 이 사건 금지조항의 '그 밖의 방법'에 의하여 규율되는지 충분히 예견할 수 있고, 이는 법관의 보충적 해석을 통하여 확정될 수 있는 개념이다. 따라서 이 사건 금지조항의 '그 밖의 방법' 부분은 죄형법정주의의 명확성의 원칙에 위반된다고 할 수 없다(헌재 2019.6.28. 2018헌바128).

② [O] 판결의 효력 및 재심제도의 입법취지 및 관련 규정의 내용에 비추어 보면, '판결에 영향을 미칠 중요한 사항'이라 함은 그 판단 여하에 따라 판결의 결론에 영향을 미치는 사항, 즉 당사자가 소송상 제출한 공격방어방법으로서 판결주문에 영향이 있는 것을 의미함을 알 수 있다. 또한 판결에는 주문이 정당하다는 것을 인정할 수 있을 정도로 당사자의 주장, 그 밖의 공격방어방법에 관한 판단을 표시하면 되고 당사자의 모든 주장이나 공격방어방법에 관하여 판단할 필요가 없고, 판단이 있는 이상 그 판단에 이르는 이유가 소상하게 설시되어 있지 아니하거나 당사자의 주장을 배척하는 근거를 일일이 개별적으로 설명하지 아니하더라도 판단누락이 아니며, 설령 실제로 판단을 하지 아니하였다고 하더라도 그 주장이 배척될 경우임이 분명한 때에는 판결 결과에 영향이 없어 판단누락이 아니라는 대법원 판례가 확립되어 있다. 따라서 심판대상조항은 명확성 원칙에 위배되지 아니한다(헌재 2016.12.29. 2016헌바43).

❸ [X] 아동청소년성보호법의 입법 목적, 가상의 아동·청소년이용음란물 규제 배경, 법정형의 수준 등을 고려할 때, "아동·청소년으로 인식될 수 있는 사람"은 일반인의 입장에서 외모, 신원, 제작 동기와 경위 등을 종합하여 볼 때, 실제 아동·청소년으로 오 인하기에 충분할 정도의 사람이 등장하는 경우를 의미함을 알 수 있고, "아동·청소년으로 인식될 수 있는 표현물" 부분도 전체적으로 표현물을 등장시켜 각종 성적 행위를 표현한 매체물의 제작 동기와 경위, 표현된 성적 행위의 수준, 전체적인 배경이나 줄거리, 음란성 등을 종합하여 판단할 때 아동·청소년을 상대로 한 비정상적 성적 충동을 일으키기에 충분한 행위를 담고 있어 아동·청소년을 대상으로 한 성범죄를 유발할 우려가 있는 수준의 것에 한정된다고 볼 수 있으며, 기타 법관의 양식이나 조리에 따른 보충적인 해석에 의하여 판단 기준이 구체화되어 해결될 수 있으므로, 명확성원칙에 위반된다고 할 수 없다(헌재 2015.6.25. 2013헌가17 등).

④ [O] 심판대상조항의 문언, 입법목적과 연혁, 관련 규정과의 관계 및 법원의 해석 등을 종합하여 볼 때, 심판대상조항에서 '제44조 제1항을 2회 이상 위반한 사람'이란 '2006.6.1. 이후 도로교통법 제44조 제1항을 위반하여 술에 취한 상태에서 운전을 하였던 사실이 인정되는 사람으로서, 다시 같은 조 제1항을 위반하여 술에 취한 상태에서 운전한 사람'을 의미함을 충분히 알 수 있으므로, 심판대상조항은 죄형법정주의의 명확성원칙에 위반되지 아니한다(헌재 2021.11.25. 2019헌바446).

21　기본권의 침해　　정답 ④

① [O] 자동차 등을 이용한 범죄를 근절하기 위하여 그에 대한 행정적 제재를 강화할 필요가 있다 하더라도 구 도로교통법 제65조 제5호나 현행 도로교통법 제93조 제1항과 같이 임의적 운전면허 취소 또는 정지사유로 규정함으로써 불법의 정도에 상응하는 제재수단을 선택할 수 있도록 하여도 충분히 그 목적을 달성하는 것이 가능함에도, 심판대상조항은 이에 그치지 아니하고 필요적으로 운전면허를 취소하도록 하여 구체적 사안의 개별성과 특수성을 고려할 수 있는 여지를 일체 배제하고 있다. 나아가 심판대상조항 중 '자동차 등을 이용하여' 부분은 포섭될 수 있는 행위 태양이 지나치게 넓을 뿐만 아니라, 하위법령에서 규정될 대상범죄를 국민의 생명과 재산에 큰 위협을 초래할 수 있는 중대한 범죄로 그 위임의 범위를 한정하고 있으나 심판대상조항의 입법목적을 달성하기 위해 반드시 규제할 필요가 있는 범죄행위가 아닌 경우까지 이에 포함될 우려가 있어 침해의 최소성 원칙에 위배된다. 심판대상조항은 운전을 생업으로 하는 자에 대하여는 생계에 지장을 초래할 만큼 중대한 직업의 자유의 제약을 초래하고, 운전을 업으로 하지 않는 자에 대하여도 일상생활에 심대한 불편을 초래하여 일반적 행동의 자유를 제약하므로 법익의 균형성 원칙에도 위배된다. 따라서 심판대상조항은 직업의 자유 및 일반적 행동의 자유를 침해하여 헌법에 위반된다(헌재 2015.5.28. 2013헌가6).

② [O] 공직선거법 위반 혐의에 대한 고소권자로서 고소를 한 사람은 형사소송법 제260조 제1항에 따라 재정신청을 할 수 있고, 구 공직선거법 제273조 제1항은 특히 중요한 선거범죄에 대하여 고발을 한 후보자와 정당(중앙당에 한한다) 및 해당 선거관리위원회까지 재정신청권을 확대하고 있다. 다만, 후보자가 아닌 고발인에게까지 재정신청권을 인정할 경우 재정신청권의 범위가 매우 넓어져 재정신청제도가 남용될 우려가 있으므로 후보자가 아닌 고발인에게는 재정신청권을 주지 아니한 것이다(헌재 2015.2.26. 2014헌바181).

③ [O] 심판대상조항은 보통선거원칙을 구현하기 위한 선거권연령이 공직선거법 제15조 제2항에 별도로 구체적으로 정해져 있음을 전제로 하여, 그 연령을 산정하는 기준일을 규정한다. 따라서 심판대상조항의 합리성 유무는 심판대상조항에 따라 선거권이 있는 사람과 없는 사람을 명확하게 가를 수 있는지 여부에 좌우된다. 선거일은 공직선거법 제34조 내지 제36조에 명확하게 규정되어 있고 심판대상조항은 선거일 현재를 선거권연령 산정 기준일로 규정하고 있으므로, 국민 각자의 생일을 기준으로 선거권의 유무를 명확하게 판단할 수 있다. 심판대상조항과 달리 선거권연령 산정 기준일을 선거일 이전이나 이후의 특정한 날로 정할 경우, 이를 구체적으로 언제로 할지에 관해 자의적인 판단이 개입될 여지가 있고, 공직선거법 제15조 제2항이 개정되어 선거권연령 자체가 18세로 하향 조정된 점까지 아울러 고려하면, 심판대상조항은 입법형성권의 한계를 벗어나 청구인의 선거권이나 평등권을 침해하지 않는다(헌재 2021.9.30. 2018헌마300).

❹ [X] 오늘날 이혼 및 재혼이 크게 증가하였고, 여성의 재혼금지기간이 2005년 민법개정으로 삭제되었으며, 이혼숙려기간 및 조정전치주의가 도입됨에 따라 혼인 파탄으로부터 법률상 이혼까지의 시간간격이 크게 늘어나게 됨에 따라, 여성이 전남편 아닌 생부의 자를 포태하여 혼인 종료일로부터 300일 이내에 그 자를 출산할 가능성이 과거에 비하여 크게 증가하게 되었으며, 유전자검사 기술의 발달로 부자관계를 의학적으로 확인하는 것이 쉽게 되었다. 그런데 심판대상조항에 따르면, 혼인 종료

후 300일 내에 출생한 자녀가 전남편의 친생자가 아님이 명백하고, 전남편이 친생 추정을 원하지도 않으며, 생부가 그 자를 인지하려는 경우에도, 그 자녀는 전남편의 친생자로 추정되어 가족관계등록부에 전남편의 친생자로 등록되고, 이는 엄격한 친생부인의 소를 통해서만 번복될 수 있다. 그 결과 심판대상조항은 이혼한 모와 전남편이 새로운 가정을 꾸리는 데 부담이 되고, 자녀와 생부가 진실한 혈연관계를 회복하는 데 장애가 되고 있다. 이와 같이 민법 제정 이후의 사회적·법률적·의학적 사정변경을 전혀 반영하지 아니한 채, 이미 혼인관계가 해소된 이후에 자가 출생하고 생부가 출생한 자를 인지하려는 경우마저도, 아무런 예외 없이 그 자를 전남편의 친생자로 추정함으로써 친생부인의 소를 거치도록 하는 심판대상조항은 입법형성의 한계를 벗어나 모가 가정생활과 신분관계에서 누려야 할 인격권, 혼인과 가족생활에 관한 기본권을 침해한다(헌재 2015.4.30. 2013헌마623)[헌법불합치].

22 정당제도 정답 ②

옳은 것은 ㄱ, ㄹ이다.

ㄱ. [O] 헌법 제8조 제1항은 정당활동의 자유도 보장한다. 정당의 설립만이 보장될 뿐 설립된 정당이 언제든지 다시 금지될 수 있거나 정당활동이 임의로 제한될 수 있다면, 정당설립의 자유는 사실상 아무런 의미가 없기 때문이다. 이와 같이 헌법 제8조 제1항은 정당설립의 자유, 정당조직의 자유, 정당활동의 자유 등을 포괄하는 정당의 자유를 보장하고 있다. 이러한 정당의 자유는 국민이 개인적으로 갖는 기본권일 뿐만 아니라, 단체로서의 정당이 가지는 기본권이기도 하다(헌재 2004.12.16. 2004헌마456).

ㄴ. [X] 정치자금의 투명성을 높이고 정치자금과 관련한 부정을 방지하기 위해 일정한 기간 동안 정치자금의 수입·지출내역 등의 자료를 공개하면서도, 그 목적 달성에 필요한 기간 이후에는 이러한 자료를 공개하지 아니함으로써, 정치자금을 둘러싼 법률관계 등을 조기에 안정화시키고, 선거관리위원회의 공개에 따른 업무부담을 줄이고자 하는 이 사건 열람기간 제한규정은 그 입법목적이 정당하고 이를 위해 정치자금에 관한 수입·지출내역과 그 첨부서류 등의 열람기간을 일정한 기간 내로 한정한 방법 역시 그 한도에서 적절하다. 또한 열람기간을 어느 정도로 설정할 것인지는 기본적으로 입법자의 입법형성 영역에 속하는 것으로서, 사회통념상 3개월은 그 자체만 놓고 보더라도 결코 짧지 않아 국민들의 정보에 대한 접근을 본질적으로 침해하는 정도의 단기간이라 보기 어렵고, 3개월의 열람기간 제한과 같은 시간적 제약을 둠으로써 행정적인 업무부담을 경감시키고 정치자금을 둘러싼 법률관계 등을 조기에 안정시키는 공익이 정보접근이 시간적으로 제한되는 사익과 비교하여 결코 작다 할 수 없으므로 법익의 균형성 원칙에도 위배되지 아니하므로 청구인의 알 권리 등을 침해한다고 볼 수 없다(헌재 2010.12.28. 2009헌마466).

ㄷ. [X] 정당해산심판은 원칙적으로 해당 정당에게만 그 효력이 미치며, 정당해산결정은 대체정당이나 유사정당의 설립까지 금지하는 효력을 가지므로 오류가 드러난 결정을 바로잡지 못한다면 장래 세대의 정치적 의사결정에까지 부당한 제약을 초래할 수 있다. 따라서 정당해산심판절차에서는 재심을 허용하지 아니함으로써 얻을 수 있는 법적 안정성의 이익보다 재심을 허

용함으로써 얻을 수 있는 구체적 타당성의 이익이 더 크므로 재심을 허용하여야 한다. 한편, 이 재심절차에서는 원칙적으로 민사소송법의 재심에 관한 규정이 준용된다(헌재 2016.5.26. 2015헌아20).

ㄹ. [O] 정당에 대한 재정적 후원을 금지하고 위반시 형사처벌하는 구 정치자금법 조항은 … 정당제 민주주의 하에서 정당에 대한 재정적 후원이 전면적으로 금지됨으로써 정당이 스스로 재정을 충당하고자 하는 정당활동의 자유와 국민의 정치적 표현의 자유에 대한 제한이 매우 크다고 할 것이므로, 이 사건 법률조항은 정당의 정당활동의 자유와 국민의 정치적 표현의 자유를 침해한다(헌재 2015.12.23. 2013헌바168).

23 직업의 자유 정답 ②

① [O] 아동학대관련범죄전력자에 대해 범죄전력만으로 장래에 동일한 유형의 범죄를 다시 저지를 것이라고 단정하기는 어려움에도 불구하고, 심판대상조항은 오직 아동학대관련범죄전력에 기초해 10년이라는 기간 동안 일률적으로 취업제한의 제재를 부과하는 점, 이 기간 내에는 취업제한 대상자가 그러한 제재로부터 벗어날 수 있는 어떠한 기회도 존재하지 않는 점, 재범의 위험성에 대한 사회적 차원의 대처가 필요하다 해도 개별 범죄행위의 태양을 고려한 위험의 경중에 대한 판단이 있어야 하는 점 등에 비추어 볼 때, 심판대상조항은 침해의 최소성 요건을 충족했다고 보기 어렵다. 심판대상조항은 일률적으로 10년의 취업제한을 부과한다는 점에서 죄질이 가볍고 재범의 위험성이 낮은 범죄전력자들에게 지나치게 가혹한 제한이 될 수 있어, 그것이 달성하려는 공익의 무게에도 불구하고 법익의 균형성 요건을 충족하지 못한다. 따라서 심판대상조항은 과잉금지원칙에 위배되어 직업선택의 자유를 침해한다(헌재 2022.9.29. 2019헌마813).

❷ [X] 소송대리인이 되려는 변호사의 경우 접촉차단시설이 설치된 장소에서 수용자와 접견하도록 되어 있어 다소 불편을 겪을 가능성이 있다 하더라도 선임 여부의 의사를 확인하는 데 지장을 초래할 정도라 할 수 없고, 접견 외 여러 방법을 통하여 수용자의 의사를 확인할 길이 있으므로 심판대상조항으로 인한 불이익의 정도가 크지 않은 반면, 심판대상조항이 달성하고자 하는 교정시설의 안전과 질서 유지라는 공익은 청구인이 입게 되는 불이익에 비하여 중대하다. 따라서 심판대상조항은 청구인에 대한 기본권 제한과 공익목적의 달성 사이에 법익의 균형성을 갖추었다. 따라서 심판대상조항은 변호사인 청구인의 업무를 원하는 방식으로 자유롭게 수행할 수 있는 자유를 침해한다고 할 수 없다(헌재 2022.2.24. 2018헌마1010).
   ※ 이 사건 심판대상조항에 대하여 재판관 4인이 기각의견을, 재판관 5인이 인용의견을 표시하여 헌법에 위반된다는 의견이 다수이기는 하나, 헌법소원 인용결정을 위한 심판정족수에 미달하여 이 사건 심판대상조항에 대한 심판청구는 기각으로 선고되었음

③ [O] 국토교통부장관은 도시철도운영자에 대한 감독 및 조정기능을 담당하는 주무관청으로서 전문성과 객관성을 갖추고 있고, 당사자들은 행정절차법에 따라 의견제출이 가능하며, 공청회를 통한 의견 수렴도 가능하므로, 심판대상조항이 별도의 위원회를 구성하여 그 판단을 받도록 규정하지 않았다는 사정만으로 기본권을 덜 제한하는 수단을 간과하였다고 보기 어렵다. …

심판대상조항으로 인해 제한되는 직업수행의 자유는 도시철도운영자 등이 연락운송 운임수입 배분을 자율적으로 정하지 못한다는 정도에 그치나, 이를 통해 달성되는 공익은 도시교통 이용자의 편의 증진에 이바지하는 것으로서 위와 같은 불이익에 비하여 더 중대하다. 따라서 심판대상조항은 과잉금지원칙을 위반하여 도시철도운영자 등의 직업수행의 자유를 침해하였다고 볼 수 없다(헌재 2019.6.28. 2017헌바135).

④ [O] 세무사의 업무에는 세법 및 관련 법령에 대한 전문 지식과 법률에 대한 해석·적용능력이 필수적으로 요구되는 업무가 포함되어 있다. 세법 및 관련 법령에 대한 해석·적용에 있어서는 세무사나 공인회계사보다 변호사에게 오히려 전문성과 능력이 인정됨에도 불구하고, 심판대상조항은 세무사 자격 보유 변호사로 하여금 세무대리를 일체 할 수 없도록 전면적으로 금지하고 있으므로, 수단의 적합성을 인정할 수 없다. … 그렇다면, 심판대상조항은 과잉금지원칙을 위반하여 세무사 자격보유 변호사의 직업선택의 자유를 침해하므로 헌법에 위반된다(헌재 2018.4.26. 2015헌가19).

24 외국인의 기본권 주체성 정답 ③

① [×] 헌법상 근로의 권리는 '일할 자리에 관한 권리'만이 아니라 '일할 환경에 관한 권리'도 의미하는데, '일할 환경에 관한 권리'는 인간의 존엄성에 대한 침해를 방어하기 위한 권리로서 외국인에게도 인정되며, 건강한 작업환경, 일에 대한 정당한 보수, 합리적인 근로조건의 보장 등을 요구할 수 있는 권리 등을 포함한다. 여기서의 근로조건은 임금과 그 지불방법, 취업시간과 휴식시간 등 근로계약에 의하여 근로자가 근로를 제공하고 임금을 수령하는 데 관한 조건들이고, 이 사건 출국만기보험금은 퇴직금의 성질을 가지고 있어서 그 지급시기에 관한 것은 근로조건의 문제이므로 외국인인 청구인들에게도 기본권 주체성이 인정된다(헌재 2016.3.31. 2014헌마367).

② [×] '국가인권위원회의 공정한 조사를 받을 권리'는 헌법상 인정되는 기본권이라고 하기 어렵고, 이 사건 보호 및 강제퇴거가 청구인들의 노동3권을 직접 제한하거나 침해한 바 없음이 명백하므로, 위 기본권들에 대하여는 본안판단에 나아가지 아니한다(헌재 2012.8.23. 2008헌마430).

❸ [O] 청구인들이 침해받았다고 주장하고 있는 신체의 자유, 주거의 자유, 변호인의 조력을 받을 권리, 재판청구권 등은 성질상 인간의 권리에 해당한다고 볼 수 있으므로, 위 기본권들에 관하여는 청구인들의 기본권 주체성이 인정된다(헌재 2012.8.23. 2008헌마430).

④ [×] 체류기간이 만료되면 출국을 해야만 하는 지위에 있는 외국인 근로자에게 출국만기보험금의 지급과 출국을 연계시키는 것은 불가피하다고 볼 수 있다. 퇴직금 지급 요건이 퇴직이고, 외국인 근로자의 경우는 체류기간 만료 즈음이 퇴직일이 될 것이므로 퇴직금에 상응하는 출국만기보험금을 출국 후 14일 이내로 정한 것은 불합리하다고 볼 수 없으며, 사업장을 변경한 경우에도 그 출국을 담보하기 위해서는 불가피하다 할 것이므로 심판대상조항이 퇴직금 지급에 있어 외국인 근로자와 내국인 근로자를 불합리하게 차별하는 것이라고 볼 수 없다(헌재 2016. 3.31. 2014헌마367).

25 조세법률주의 정답 ①

❶ [×] 과세대상인 자본이득의 범위를 실현된 소득에 국한할 것인가 혹은 미실현이득을 포함시킬 것인가의 여부는, 과세목적·과세소득의 특성·과세기술상의 문제 등을 고려하여 판단할 입법정책의 문제일 뿐, 헌법상의 조세개념에 저촉되거나 그와 양립할 수 없는 모순이 있는 것으로는 볼 수 없다(헌재 1994.7.29. 92헌바49).

② [O] 대통령령의 제정자가 따라야할 대강의 평가기준, 적어도 임대차계약의 내용과 태양에 따라 다른 대강의 평가기준만이라도 법률에 규정하여야 하나, 이 사건 법률 규정은 위와 같은 대강의 기준에 관하여 아무런 규정을 두고 있지 아니하고, 위 규정과 관련하여 이 사건 법률 중 다른 조항이나 다른 세법들의 규정들을 보아도, 위와 같은 평가기준을 제시하는데 도움을 줄 수 있는 내용이 전혀 없으므로 이 사건 법률 규정은 조세법률주의와 위임입법의 한계에 관한 헌법 제59조, 제75조의 규정에 위반된다(헌재 2001.9.27. 2001헌바5).

③ [O] 조세법률주의를 견지하면서도 경제현실의 변화나 전문적 기술의 발달 등에 즉응하여야 하는 세부적인 사항에 관하여는 국회가 제정하는 형식적인 법률보다는 더 탄력성이 있는 행정입법에 이를 위임할 필요가 있다 할 것인데, 이 경우에도 법률에 이미 하위법령으로 규정될 내용 및 범위의 기본사항이 구체적으로 규정되어 있어 누구라도 당해 법률로부터 하위법령에 규정될 내용의 대강을 예측할 수 있어야 하므로, 법률의 위임은 반드시 구체적이고 개별적으로 한정된 사항에 대하여 행하여져야 한다(헌재 2001.12.20. 2000헌바96).

④ [O] 소득세법은 제1조의2 제1항에서 거주자와 비거주자를 정의하고, 제2조와 제3조에서 거주자와 비거주자의 납세의무 및 그 범위에 관하여 규정하고 있다. 구체적으로 거주자와 비거주자를 구분하는 것은 국가의 과세권 확보 및 국제조세 협약상 과세관할권 설정을 위하여 변화하는 경제 현실에 대응할 필요가 있는 등 그 위임의 필요성이 인정된다. 소득세법에서 정의하는 거주자와 비거주자는 주소와 거소 개념을 사용하는데, 민법상 주소는 생활의 근거되는 곳이고, 거소는 일정한 기간 동안 계속 거주하는 장소로서, 주소와 거소에 관한 법률의 규정 및 이에 대한 해석으로부터 대통령령에 규정될 내용의 대강을 예측할 수 있다. 그러므로 심판대상조항은 조세법률주의 및 포괄위임금지원칙에 위반되지 않는다(헌재 2021.10.28. 2019헌바148).

p.96

정답

01	②	Ⅱ	06	②	Ⅳ	11	④	Ⅲ	16	③	Ⅲ	21	②	Ⅲ
02	②	Ⅱ	07	①	Ⅱ	12	③	Ⅱ	17	①	Ⅲ	22	③	Ⅱ
03	③	Ⅱ	08	②	Ⅰ	13	④	Ⅳ	18	④	Ⅰ	23	②	Ⅱ
04	④	Ⅲ	09	②	Ⅲ	14	①	Ⅱ	19	③	Ⅱ	24	②	Ⅲ
05	④	Ⅱ	10	③	Ⅱ	15	①	Ⅱ	20	③	Ⅱ	25	①	Ⅳ

취약 단원 분석표

단원	맞힌 답의 개수
Ⅰ	/ 2
Ⅱ	/ 11
Ⅲ	/ 9
Ⅳ	/ 3
TOTAL	/ 25

Ⅰ 헌법총론 / Ⅱ 기본권론 / Ⅲ 통치구조론 / Ⅳ 헌법재판론

---

01 사생활의 비밀과 자유 　　　정답 ②

① [O] 전자장치부착조항은 피부착자의 위치와 이동경로를 실시간으로 파악하여 피부착자를 24시간 감시할 수 있도록 하고 있으므로 피부착자의 사생활의 비밀과 자유를 제한하며, 피부착자의 위치와 이동경로 등 '위치 정보'를 수집, 보관, 이용한다는 측면에서 개인정보자기결정권도 제한한다(헌재 2012.12.27. 2011헌바89).

❷ [X] 교정시설 내 수용자를 상시적으로 시선계호할 인력 확보가 불가능한 현실에서 응급상황이 발생하는 경우 신속하게 이를 파악하고 응급조치를 실행하기 위하여는 CCTV를 이용한 계호 외에 다른 효과적인 방법을 찾기 어렵다. 나아가 교정시설 내 자살·자해 등의 사고는 수용자 본인 및 다른 수용자들에게 중대한 부정적 영향을 끼칠 수 있고, 교정정책 전반에 대한 불신을 야기할 수도 있다는 점에서 이를 방지할 필요성이 매우 크다. 따라서 이 사건 CCTV 계호가 청구인의 사생활의 비밀과 자유를 과도하게 제한하는 것으로 볼 수 없다(헌재 2016.4.28. 2012헌마549).

③ [O] 인터넷회선 감청은 해당 인터넷회선을 통하여 흐르는 모든 정보가 감청 대상이 되므로, 이를 통해 드러나게 되는 개인의 사생활 영역은 전화나 우편물 등을 통하여 교환되는 통신의 범위를 넘는다. 더욱이 오늘날 이메일, 메신저, 전화 등 통신뿐 아니라, 각종 구매, 게시물 등록, 금융서비스 이용 등 생활의 전 영역이 인터넷을 기반으로 이루어지기 때문에, 인터넷회선 감청은 타인과의 관계를 전제로 하는 개인의 사적 영역을 보호하려는 헌법 제18조의 통신의 비밀과 자유 외에 헌법 제17조의 사생활의 비밀과 자유도 제한하게 된다(헌재 2018.8.30. 2016헌마263).

④ [O] 보험회사 직원이 보험회사를 상대로 손해배상청구소송을 제기한 교통사고 피해자들의 장해 정도에 관한 증거자료를 수집할 목적으로 피해자들의 일상생활을 촬영한 행위는 초상권 및 사생활의 비밀과 자유를 침해하는 불법행위에 해당한다(대판 2006.10.13. 2004다16280).

---

02 집회 및 시위의 자유 　　　정답 ②

① [X] 법관의 직무상 독립을 보호하여 사법작용의 공정성과 독립성을 확보하기 위한 것으로 입법목적의 정당성은 인정되나, 국가의 사법권한 역시 국민의 의사에 정당성의 기초를 두고 행사되어야 한다는 점과 재판에 대한 정당한 비판은 오히려 사법작용의 공정성 제고에 기여할 수도 있는 점을 고려하면 사법의 독립성을 확보하기 위한 적합한 수단이라 보기 어렵다. … 과잉금지원칙에 위배되어 집회의 자유를 침해한다(헌재 2016.9.29. 2014헌가3 등).

❷ [O] 심판대상조항은 국회의 헌법적 기능을 무력화시키거나 저해할 우려가 있는 집회를 금지하는데 머무르지 않고, 그 밖의 평화적이고 정당한 집회까지 전면적으로 제한함으로써 구체적인 상황을 고려하여 상충하는 법익간의 조화를 이루려는 노력을 전혀 기울이지 않고 있다. 심판대상조항으로 달성하려는 공익이 제한되는 집회의 자유 정도보다 크다고 단정할 수는 없다고 할 것이므로 심판대상조항은 법익의 균형성원칙에도 위배된다. 심판대상조항은 과잉금지원칙을 위반하여 집회의 자유를 침해한다(헌재 2018.5.31. 2013헌바322 등).

③ [X] 우리 헌법은 모든 국민에게 집회의 자유를 보장하고 있고, 집회에 대한 사전허가제를 금지하고 있는바, 옥외집회를 주최하고자 하는 자는 집회 및 시위에 관한 법률이 정한 시간 전에 관할경찰관서장에게 집회신고서를 제출하여 접수시키기만 하면 원칙적으로 옥외집회를 할 수 있다. 그리고 이러한 집회의 자유에 대한 제한은 법률에 의해서만 가능하므로 법률에 정하여지지 않은 방법으로 이를 제한할 경우에는 그것이 과잉금지원칙에 위배되었는지 여부를 판단할 필요 없이 헌법에 위반된다. 그런데 이 사건 피청구인은 청구인 ○○합섬HK지회와 ○○생명인사지원실이 제출한 옥외집회신고서를 폭력사태 발생이 우려된다는 이유로 동시에 접수하였고, 이후 상호 충돌을 피한다는 이유로 두 개의 집회신고를 모두 반려하였는바, … 이 사건 반려행위는 법률의 근거 없이 청구인들의 집회의 자유를 침해한 것으로서 헌법상 법률유보원칙에 위반된다고 할 것이다(헌재 2008.5.29. 2007헌마712).

④ [X] 야간시위를 금지하는 집회 및 시위에 관한 법률 제10조 본문에는 위헌적인 부분과 합헌적인 부분이 공존하고 있으며, 위 조항 전부의 적용이 중지될 경우 공공의 질서 내지 법적 평화에 대한 침해의 위험이 높아, 일반적인 옥외집회나 시위에 비하여 높은 수준의 규제가 불가피한 경우에도 대응하기 어려운

문제가 발생할 수 있으므로, 현행 집시법의 체계 내에서 시간을 기준으로 한 규율의 측면에서 볼 때 규제가 불가피하다고 보기 어려움에도 시위를 절대적으로 금지하여 위헌성이 명백한 부분에 한하여 위헌 결정을 한다. 심판대상조항들은, 이미 보편화된 야간의 일상적인 생활의 범주에 속하는 '해가 진 후부터 같은 날 24시까지의 시위'에 적용하는 한 헌법에 위반된다(헌재 2014.3.27. 2010헌가2 등).

03　　양심의 자유　　정답 ③

① [O] 헌법이 보호하고자 하는 양심은 어떤 일의 옳고 그름을 판단함에 있어서 그렇게 행동하지 않고는 자신의 인격적 존재가치가 파멸되고 말 것이라는 강력하고 진지한 마음의 소리로서의 절박하고 구체적인 양심을 말한다. 따라서 막연하고 추상적인 개념으로서의 양심이 아니다(헌재 2002.4.25. 98헌마425 등).

② [O] 자신의 인격권이나 명예권을 보호하기 위하여 대외적으로 해명을 하는 행위는 표현의 자유에 속하는영역일 뿐 이미 사생활의 자유에 의하여 보호되는 범주를 벗어난 행위이고, 또한, 자신의 태도나 입장을 외부에 설명하거나 해명하는 행위는 진지한 윤리적 결정에 관계된 행위라기보다는 단순한 생각이나 의견, 사상이나 확신 등의 표현행위라고 볼 수 있어, 그 행위가 선거에 영향을 미치게 하기 위한 것이라는 이유로 이를 하지 못하게 된다 하더라도 내면적으로 구축된 인간의 양심이 왜곡 굴절된다고는 할 수 없다는 점에서 양심의 자유의 보호영역에 포괄되지 아니하므로, 위 제93조 제1항은 사생활의 자유나 양심의 자유를 침해하지 아니한다(헌재 2001.8.30. 99헌바92 등).

❸ [X] 서면사과 조치는 내용에 대한 강제 없이 자신의 행동에 대한 반성과 사과의 기회를 제공하는 교육적 조치로 마련된 것이고, 가해학생에게 의견진술 등 적정한 절차적 기회를 제공한 뒤에 학교폭력 사실이 인정되는 것을 전제로 내려지는 조치이며, 이를 불이행하더라도 추가적인 조치나 불이익이 없다. 그리고 이러한 서면사과의 교육적 효과는 가해학생에 대한 주의나 경고 또는 권고적인 조치만으로는 달성하기 어렵다. 따라서 이 사건 서면사과 조항이 가해학생의 양심의 자유와 인격권을 과도하게 침해한다고 보기 어렵다(헌재 2023.2.23. 2019헌바93).

④ [O] 헌법이 보장한 양심의 자유는 정신적인 자유로서 어떠한 사상·감정을 가지고 있다고 하더라도 그것이 내심에 머무르는 한 절대적인 자유이므로 제한할 수 없는 것이나, 보안관찰법 상의 보안관찰처분은 보안관찰처분대상자의 내심의 작용을 문제삼는 것이 아니라, 보안관찰처분대상자가 보안관찰해당범죄를 다시 저지를 위험성이 내심의 영역을 벗어나 외부에 표출되는 경우에 재범의 방지를 위하여 내려지는 특별예방적 목적의 처분이므로, 양심의 자유를 보장한 헌법규정에 위반된다고 할 수 없다(헌재 1997.11.27. 92헌바28).

04　　국무총리, 국무위원 해임건의권　　정답 ④

① [X] 국무총리 또는 국무위원의 해임건의는 국회재적의원 3분의 1 이상의 발의에 의하여 국회재적의원 과반수의 찬성이 있어야 한다(헌법 제63조).

② [X] 제7차 개정헌법(1972년)과 제8차 개정헌법(1980년)도 현행 헌법과 다른 '해임의결권'을 규정하였다.

③ [X] 국회는 국무총리나 국무위원의 해임을 건의할 수 있으나(헌법 제63조), 국회의 해임건의는 대통령을 기속하는 해임결의권이 아니라, 아무런 법적 구속력이 없는 단순한 해임건의에 불과하다. 우리 헌법 내에서 '해임건의권'의 의미는, 임기 중 아무런 정치적 책임을 물을 수 없는 대통령 대신에 그를 보좌하는 국무총리·국무위원에 대하여 정치적 책임을 추궁함으로써 대통령을 간접적이나마 견제하고자 하는 것에 지나지 않는다. 헌법 제63조의 해임건의권을 법적 구속력 있는 해임결의권으로 해석하는 것은 법문과 부합할 수 없을 뿐만 아니라, 대통령에게 국회해산권을 부여하고 있지 않는 현행 헌법상의 권력분립질서와도 조화될 수 없다(헌재 2004.5.14. 2004헌나1).

❹ [O] '국회는 국무총리 또는 국무위원의 해임을 대통령에게 건의할 수 있다'(헌법 제63조 제1항)라고만 규정하여 해임건의 사유는 별도로 규정하고 있지 않다. 해석상 해임건의는 국무총리가 그 직무집행에 있어서 헌법이나 법률을 위배한 때뿐만 아니라 정책실패, 대통령을 잘못 보좌한 경우 등 탄핵사유보다 넓다고 본다.

05　　근로의 권리　　정답 ④

① [O] 「근로기준법」 제43조의2 제1항에 대한 옳은 내용이다.

> **제43조의2 【체불사업주 명단 공개】** ① 고용노동부장관은 제36조, 제43조, 제51조의3. 제52조 제2항 제2호, 제56조에 따른 임금, 보상금, 수당, 그 밖의 모든 금품(이하 "임금 등"이라 한다)을 지급하지 아니한 사업주(법인인 경우에는 그 대표자를 포함한다. 이하 "체불사업주"라 한다)가 명단 공개 기준일 이전 3년 이내 임금 등을 체불하여 2회 이상 유죄가 확정된 자로서 명단 공개 기준일 이전 1년 이내 임금 등의 체불총액이 3천만원 이상인 경우에는 그 인적사항 등을 공개할 수 있다. 다만, 체불사업주의 사망·폐업으로 명단 공개의 실효성이 없는 경우 등 대통령령으로 정하는 사유가 있는 경우에는 그러하지 아니하다.

② [O] 「노동조합 및 노동관계조정법」 제5조 제3항에 대한 옳은 내용이다.

> **제5조 【노동조합의 조직·가입·활동】** ③ 종사근로자인 조합원이 해고되어 노동위원회에 부당노동행위의 구제신청을 한 경우에는 중앙노동위원회의 재심판정이 있을 때까지는 종사근로자로 본다.

③ [O] 정부교섭대표는 제2항과 제3항에 따라 교섭을 요구하는 노동조합이 둘 이상인 경우에는 해당 노동조합에 교섭창구를 단일화하도록 요청할 수 있다. 이 경우 교섭창구가 단일화된 때에는 교섭에 응하여야 한다(「공무원의 노동조합 설립 및 운영 등에 관한 법률」 제9조 제4항).

❹ [X] 제8조에 따른 단체교섭이 결렬(決裂)된 경우에는 당사자 어느 한쪽 또는 양쪽은 노동위원회법 제2조에 따른 중앙노동위원회에 조정(調停)을 신청할 수 있다(「공무원의 노동조합 설립 및 운영 등에 관한 법률」 제12조 제1항).

06 변호사에 대한 징계결정   정답 ②

① [O] 대한변호사협회 변호사징계위원회나 법무부변호사징계위원회의 징계에 관한 결정은 비록 그 징계위원 중 일부로 법관이 참여한다고 하더라도 이를 헌법과 법률이 정한 법관에 의한 재판이라고 볼 수 없다(헌재 2000.6.29. 99헌가9).

❷ [X] 변호사법 제81조 제4항 내지 제6항은 변호사징계사건에 대하여는 법원에 의한 사실심리의 기회를 배제함으로써, 징계처분을 다투는 의사·공인회계사·세무사·건축사 등 다른 전문자격종사자에 비교하여 변호사를 차별대우하고 있는데, 변호사의 자율성·공공성·단체자치성·자율성 등 두드러진 직업적 특성들을 감안하더라도 이러한 차별을 합리화할 정당한 목적이 있다고 할 수 없다(헌재 2000.6.29. 99헌가9).

③ [O] 법무부변호사징계위원회의 결정이 법률에 위반된 것을 이유로 하는 경우에 한하여 법률심인 대법원에 즉시항고할 수 있도록 한 변호사법 제81조 제4항 내지 제6항은, 법관에 의한 사실확정 및 법률적용의 기회를 박탈한 것으로서 헌법상 국민에게 보장된 "법관에 의한" 재판을 받을 권리를 침해하는 위헌규정이다(헌재 2000.6.29. 99헌가9).

④ [O] 징계결정공개조항은 위와 같이 전문적인 법률지식과 윤리적 소양 및 공정성과 신뢰성을 갖추어야 할 변호사가 변론불성실, 비밀누설 등 직무상 의무 또는 직업윤리를 위반하여 징계를 받은 경우, 국민이 이러한 사정을 쉽게 알 수 있도록 하여 법률사무를 맡길 변호사를 선택할 권리를 보장하고 변호사의 윤리의식을 고취시킴으로써 법률사무에 대한 전문성, 공정성 및 신뢰성을 확보하여 국민의 기본권을 보호하고 사회정의를 실현하기 위한 것이다. … 따라서 징계결정공개조항의 입법목적은 정당하다. … 따라서 징계결정공개조항은 과잉금지원칙에 위배되지 아니하므로 청구인의 인격권을 침해하지 아니한다(헌재 2018.7.26. 2016헌마1029).

07 표현·통신의 자유   정답 ①

옳지 않은 것은 ㄱ, ㄴ이다.

ㄱ. [X] 이 사건 시행령조항은 교정시설의 안전과 질서유지, 수용자의 교화 및 사회복귀를 원활하게 하기 위해 수용자가 밖으로 내보내는 서신을 봉함하지 않은 상태로 제출하도록 한 것이나, 이와 같은 목적은 교도관이 수용자의 면전에서 서신에 금지물품이 들어 있는지를 확인하고 수용자로 하여금 서신을 봉함하게 하는 방법, 봉함된 상태로 제출된 서신을 X-ray 검색기 등으로 확인한 후 의심이 있는 경우에만 개봉하여 확인하는 방법, 서신에 대한 검열이 허용되는 경우에만 무봉함 상태로 제출하도록 하는 방법 등으로도 얼마든지 달성할 수 있다고 할 것인바, 위 시행령 조항이 수용자가 보내려는 모든 서신에 대해 무봉함 상태의 제출을 강제함으로써 수용자의 발송 서신 모두를 사실상 검열 가능한 상태에 놓이도록 하는 것은 기본권 제한의 최소 침해성 요건을 위반하여 수용자인 청구인의 통신비밀의 자유를 침해하는 것이다(헌재 2012.2.23. 2009헌마333).

ㄴ. [X] 중소기업중앙회가 사적 결사체여서 결사의 자유, 단체 내부 구성의 자유의 보호대상이 된다고 하더라도, 공법인적 성격 역시 강하게 가지고 있다. 심판대상조항은 후보자 간의 지나친 경쟁과 과열로 선거의 공정성을 해할 위험이나 선거인들 상호 간의 반목 등 선거 후유증을 초래할 위험을 방지하기 위한 것으로, 선거인 수가 소규모이고 선거들의 선거에 대한 관심이 매우 높은 점 등에 비추어 보면, 선거운동 기간 동안의 선거운동만으로도 선거에 관한 정보획득, 교환 및 의사결정에 충분하다고 볼 수 있으므로, 예비후보자 제도를 두지 않은 것이 특별히 불합리하다거나 부당하다고 판단하기 어렵다. 선거운동 기간 제한으로 인해 기존에 인지도를 확보한 후보자보다 새로운 후보자가 다소 불이익을 입을 수 있다고 하더라도, 중소기업중앙회 회장선거에서의 입후보는 정회원의 대표자만이 할 수 있고, 중소기업중앙회의 정회원 수(선거인 수)가 한정되어 있는 점을 고려할 때, 선거운동기간 제한으로 인해 새로운 후보자가 입는 불이익이 이를 통해 달성하고자 하는 공익보다 크지 않다. 그러므로 심판대상조항은 결사의 자유나 표현의 자유를 침해하지 않는다(헌재 2021.7.15. 2020헌가9).

ㄷ. [O] 「통신비밀보호법」 제6조 제7항·제8항 제1호에 대한 옳은 내용이다.

> **제6조【범죄수사를 위한 통신제한조치의 허가절차】** ⑦ 통신제한조치의 기간은 2개월을 초과하지 못하고, 그 기간 중 통신제한조치의 목적이 달성되었을 경우에는 즉시 종료하여야 한다. 다만, 제5조 제1항의 허가요건이 존속하는 경우에는 소명자료를 첨부하여 제1항 또는 제2항에 따라 2개월의 범위에서 통신제한조치기간의 연장을 청구할 수 있다.
> ⑧ 검사 또는 사법경찰관이 제7항 단서에 따라 통신제한조치의 연장을 청구하는 경우에 통신제한조치의 총 연장기간은 1년을 초과할 수 없다. 다만, 다음 각 호의 어느 하나에 해당하는 범죄의 경우에는 통신제한조치의 총 연장기간이 3년을 초과할 수 없다.
> 1. 「형법」 제2편 중 제1장 내란의 죄, … (이하 생략)

ㄹ. [O] 금치 처분을 받은 수용자들은 이미 수용시설의 안전과 질서유지에 위반되는 행위, 그 중에서도 가장 중한 평가를 받은 행위를 한 자들이라는 점에서, 집필과 같은 처우 제한의 해제는 예외적인 경우로 한정될 수밖에 없고, 선례가 금치기간 중 집필을 전면 금지한 조항을 위헌으로 판단한 이후, 입법자는 집필을 허가할 수 있는 예외를 규정하고 금치처분의 기간도 단축하였다. 나아가 미결수용자는 징벌집행 중 소송서류의 작성 등 수사 및 재판 과정에서의 권리행사는 제한 없이 허용되는 점 등을 감안하면, 이 사건 집필제한 조항은 청구인의 표현의 자유를 침해하지 아니한다(헌재 2014.8.28. 2012헌마623).

ㅁ. [O] 긴급조치 제1호는 유신헌법을 부정하거나 반대하고 폐지를 주장하는 행위 중 실제로 국가의 안전보장과 공공의 안녕질서에 대한 심각하고 중대한 위협이 명백하고 현존하는 경우 이외에도, 국가긴급권의 발동이 필요한 상황과는 전혀 무관하게 헌법과 관련하여 자신의 견해를 단순하게 표명하는 모든 행위까지 처벌하고, 처벌의 대상이 되는 행위를 전혀 구체적으로 특정할 수 없으므로, 이는 표현의 자유 제한의 한계를 일탈한 것이다(헌재 2013.3.21. 2010헌바132).

08 수도 정답 ②

① [O] 현재 수도(首都), 국기(國旗), 국가(國歌) 등을 헌법에 명시하고 있는 나라들이 상당히 많다는 점에서 이와 같은 내용들이 현대 헌법에서 헌법전에 포함될 수 있는 내용으로 인정되고 있음을 알 수 있다.

❷ [X] 수도를 설정하거나 이전하는 것은 국회와 대통령 등 최고 헌법기관들의 위치를 설정하여 국가조직의 근간을 장소적으로 배치하는 것으로서, 국가생활에 관한 국민의 근본적 결단임과 동시에 국가를 구성하는 기반이 되는 핵심적 헌법사항에 속한다(헌재 2004.10.21. 2004헌마554). 국무총리가 서울이라는 하나의 도시에 소재하고 있어야 한다는 관습헌법의 존재를 인정할 수 없다(헌재 2005.11.24. 2005헌마579).

③ [O] 헌법 제130조에 의하면 헌법의 개정은 반드시 국민투표를 거쳐야만 하므로 국민은 헌법개정에 관하여 찬반투표를 통하여 그 의견을 표명할 권리를 가진다. 그런데 이 사건 법률은 헌법개정사항인 수도의 이전을 헌법개정의 절차를 밟지 아니하고 단지 단순법률의 형태로 실현시킨 것으로서 결국 헌법 제130조에 따라 헌법개정에 있어서 국민이 가지는 참정권적 기본권인 국민투표권의 행사를 배제한 것이므로 동 권리를 침해하여 헌법에 위반된다(헌재 2004.10.21. 2004헌마554).

④ [O] 침해되는 기본권은 국민으로서 가지는 참정권의 하나인 헌법개정의 국민투표권인바, 이 권리는 대한민국 국민인 청구인들 각 개인이 갖는 기본권이므로 청구인들이 이 사건 법률에 대하여 권리 침해의 자기관련성이 있음은 명백하다. 또 이 사건 법률은 수도 이전을 당연한 전제로 하여 이를 구체적으로 추진하는 것을 내용으로 하고 있으므로 '수도 이전' 자체에 관하여는 더 이상 어떠한 절차나 결정을 필요로 하고 있지 아니하다. 따라서 헌법개정에 관하여 국민이 갖는 국민투표권이라는 기본권이 이 사건 법률에 의하여 직접 배제되므로 직접성도 인정된다. 또한 이 사건 법률의 공포·시행에 의하여 수도의 이전은 법률적으로 확정되고 따라서 청구인들의 위 국민투표권은 이미 배제되었으므로 위 권리의 침해는 현실화되어 현재에도 계속되고 있어 침해의 현재성도 인정된다(헌재 2004.10.21. 2004헌마554·566).

09 국회의원 정답 ②

① [O] 입법권은 헌법 제40조에 의하여 국가기관으로서의 국회에 속하는 것이고, 국회의원이 국회 내에서 행사하는 질의권·토론권 및 표결권 등은 입법권 등 공권력을 행사하는 국가기관인 국회의 구성원의 지위에 있는 국회의원에게 부여된 권한으로서 국회의원 개인에게 헌법이 보장하는 권리 즉 기본권으로 인정된 것이라고 할 수는 없다. 그러므로 국회의 구성원인 지위에서 공권력작용의 주체가 되어 오히려 국민의 기본권을 보호 내지 실현할 책임과 의무를 지는 국회의원이 국회의 의안처리과정에서 위와 같은 권한을 침해당하였다고 하더라도 이는 헌법재판소법 제68조 제1항에서 말하는 "기본권의 침해"에는 해당하지 않으므로, 이러한 경우 국회의원은 개인의 권리구제수단인 헌법소원을 청구할 수 없다고 할 것이다(헌재 1995.2.23. 90헌마125).

❷ [X] 교원의 직을 유지한 채 국회의원선거에 입후보하는 것 자체는 허용하면서 국회의원 당선이 확정된 이후에 비로소 사립대학 교원의 직을 사직하도록 하고 있는 것은 출마를 위해 사직하도록 하는 초·중등학교 교원에 비해 제한의 정도가 크지 않으므로, 침해의 최소성 원칙에 위반되지 않는다. 심판대상조항은 국회의원의 직무수행에 있어 공정성과 전념성을 확보하여 국회가 본연의 기능을 충실히 수행하도록 하는 동시에 대학교육을 정상화하기 위한 것이므로, 입법자가 이를 심판대상조항으로 인해 발생하는 공무담임권 및 직업선택의 자유에 대한 제한보다 중시한다고 해서 법익의 균형성 원칙에도 위반된다고 보기 어렵다. 심판대상조항은 국회의원으로서의 공정성과 직무전념성을 확보함과 동시에 교원들의 국회진출로 인하여 학생들의 수업권이 부당하게 침해되는 것을 방지하고자 함에 그 목적이 있고, 이러한 입법취지를 달성함에 있어 국·공립대학 교원과 사립대학 교원을 다르게 취급할 이유가 없으므로, 심판대상조항은 청구인의 평등권을 침해하지 않는다(헌재 2015.4.30. 2014헌마621).

③ [O] 국회의원의 면책특권에 속하는 행위에 대하여는 공소를 제기할 수 없으며 이에 반하여 공소가 제기된 것은 결국 공소권이 없음에도 공소가 제기된 것이 되어 형사소송법 제327조 제2호의 '공소제기의 절차가 법률의 규정에 위반하여 무효인 때'에 해당되므로 공소를 기각하여야 한다(대판 1992.9.22. 91도3317).

④ [O] 이 사건 법률조항은 국회의원으로 하여금 직무관련성이 인정되는 주식을 매각 또는 백지신탁하도록 하여 그 직무와 보유 주식 간의 이해충돌을 원천적으로 방지하고 있는바, 헌법상 국회의원의 국가이익 우선의무, 지위남용 금지의무 조항 등에 비추어 볼 때 이는 정당한 입법목적을 달성하기 위한 적절한 수단이다. 나아가 이 사건 법률조항은 국회의원이 보유한 모든 주식에 대해 적용되는 것이 아니라 직무관련성이 인정되는 금 3천만원 이상의 주식에 대하여 적용되어 그 적용범위를 목적 달성에 필요한 범위 내로 최소화하고 있는 점, 당사자에 대한 사후적 제재수단인 형사처벌이나 부당이득환수, 또는 보다 완화된 사전적 이해충돌회피수단이라 할 수 있는 직무회피나 단순보관신탁만으로는 이 사건 조항과 같은 수준의 입법목적 달성효과를 가져올 수 있을지 단정할 수 없다는 점에 비추어 최소침해성원칙에 반한다고 볼 수 없다(헌재 2012.8.23. 2010헌가65).

10 언론·출판의 자유 정답 ③

① [O] 미결수용자의 규율위반행위 등에 대한 제재로서 금치처분과 함께 금치기간 중 신문과 자비구매도서의 열람을 제한하는 것은, 규율위반자에 대해서는 반성을 촉구하고 일반 수용자에 대해서는 규율 위반에 대한 불이익을 경고하여 수용자들의 규율준수를 유도하며 궁극적으로 수용질서를 확립하기 위한 것이다. 이 사건 신문 및 도서열람제한 조항은 최장 30일의 기간 내에서만 신문이나 도서의 열람을 금지하고 열람을 금지하는 대상에 수용시설 내 비치된 도서는 포함시키지 않고 있으므로 위 조항들이 청구인의 알 권리를 과도하게 제한한다고 보기 어렵다(헌재 2016.4.28. 2012헌마549 등).

② [O] 외국음반 국내제작 추천제도는 외국음반의 국내제작이라는 의사표현행위 이전에 그 표현물을 행정기관의 성격을 가진 영상물등급위원회에 제출토록 하여 당해 표현행위의 허용 여부가

행정기관의 결정에 좌우되도록 하고 있으며, 더 나아가 이를 준수하지 않는 자들에 대하여 형사처벌 등 강제수단까지 규정하고 있는바, 허가를 받기 위한 표현물의 제출의무, 행정권이 주체가 된 사전심사절차, 허가를 받지 아니한 의사표현의 금지, 심사절차를 관철할 수 있는 강제수단의 존재라는 제 요소를 모두 갖추고 있으므로, 이 사건 법률조항들은 우리 헌법 제21조 제2항이 절대적으로 금지하고 있는 사전검열에 해당하여 헌법에 위반된다(헌재 2006.10.26. 2005헌가14).

❸ [×] 헌법상 사전검열은 표현의 자유 보호대상이면 예외 없이 금지된다. 건강기능식품의 기능성 광고는 인체의 구조 및 기능에 대하여 보건용도에 유용한 효과를 준다는 기능성 등에 관한 정보를 널리 알려 해당 건강기능식품의 소비를 촉진시키기 위한 상업광고이지만, 헌법 제21조 제1항의 표현의 자유의 보호대상이 됨과 동시에 같은 조 제2항의 사전검열 금지 대상도 된다. … 이 사건 건강기능식품 기능성 광고 사전심의는 행정권이 주체가 된 사전심사로서 헌법이 금지하는 사전검열에 해당하므로 헌법에 위반된다(헌재 2019.5.30. 2019헌가4).

④ [○] 헌법 제21조 제2항에서 규정한 검열 금지의 원칙은 모든 형태의 사전적인 규제를 금지하는 것이 아니고 단지 의사표현의 발표 여부가 오로지 행정권의 허가에 달려있는 사전심사만을 금지하는 것을 뜻하므로, 이 사건 법률조항에 의한 방영금지가처분은 행정권에 의한 사전심사나 금지처분이 아니라 개별 당사자간의 분쟁에 관하여 사법부가 사법절차에 의하여 심리, 결정하는 것이어서 헌법에서 금지하는 사전검열에 해당하지 아니한다(헌재 2001.8.30. 2000헌바36).

11 선거의 기본원칙 정답 ④

① [○] 직접선거의 원칙은 선거결과가 선거권자의 투표에 의하여 직접 결정될 것을 요구하는 원칙이다. 국회의원선거와 관련하여 보면, 국회의원의 선출이나 정당의 의석획득이 중간선거인이나 정당 등에 의하여 이루어지지 않고 선거권자의 의사에 따라 직접 이루어져야 함을 의미한다(헌재 2001.7.19. 2000헌마91).

② [○] 평등선거의 원칙은 평등의 원칙이 선거제도에 적용된 것으로서 투표의 수적(평등, 즉 복수투표제 등을 부인하고 모든 선거인에게 1인 1표(one man, one vote)를 인정함을 의미할 뿐만 아니라, 투표의 성과가치의 평등, 즉 1표의 투표가치가 대표자 선정이라는 선거의 결과에 대하여 기여한 정도에 있어서도 평등하여야 함(one vote, one value)을 의미한다(헌재 1995.12.27. 95헌마224).

③ [○] 지방의회의원에게는 선거에 있어서는 정무직공무원의 지위와, 부여받은 공적 권한을 주민 전체의 복리추구라는 공익실현을 위하여 사용하여야 하는 국민에 대한 봉사자로서의 지위 간의 균형이 요구되고, 선거의 공정성을 준수하여야 할 의무가 있다. 그런데 지방의회의원이 선거운동을 함에 있어 지방의회의원의 지위를 이용하면, 이는 주민 전체의 복리를 위해 행사하도록 부여된 자원과 권한을 일방적으로 특정 정당과 개인을 위하여 남용하는 것이고, 그로 인해 선거의 공정성을 해칠 우려뿐 아니라 공직에 대한 국민의 신뢰 실추라는 폐해도 발생한다. 공무원 지위이용 선거운동을 포괄적으로 금지하는 방식 대신 금지되는 특정 방법이나 태양을 구체적으로 나열하는 방법으로는 입법목적을 달성하기 어렵다. 공직선거법상 공무원

이 단순히 그 지위를 가지고 선거운동을 한 경우를 처벌하는 조항의 법정형이 3년 이하 징역 또는 600만원 이하 벌금임을 고려하면, 그보다 비난가능성과 선거의 공정에 끼치는 폐해가 더욱 큰 공무원 지위이용 선거운동죄의 법정형으로 더 무거운 5년 이하의 징역형만을 규정하여 벌금형을 두지 않은 것은 죄질 및 행위자의 책임에 비하여 지나치게 과중한 형이라 볼 수 없다. 지방의회의원이 공무원 지위이용 선거운동죄로 금고 이상의 형을 선고받으면 지방의회의원직을 상실하게 되는 불이익이 있으나, 이는 위 조항이 아니라 피선거권의 제한요건을 규율한 공직선거법 제19조 제2호라는 다른 관련규정에 근거하여 발생하는 것이다. 따라서 공무원 지위이용 선거운동죄 조항은 과잉금지원칙을 위반하여 청구인의 정치적 표현의 자유를 침해하지 아니한다(헌재 2020.3.26. 2018헌바3).

❹ [×] 통상 모사전송 시스템의 활용에는 특별한 기술을 요하지 않고, 당사자들이 스스로 이를 이용하여 투표를 한다면 비밀 노출의 위험이 적거나 없을 뿐만 아니라, 설사 투표 절차나 그 전송 과정에서 비밀이 노출될 우려가 있다 하더라도, 이는 국민주권원리나 보통선거원칙에 따라 선원들이 선거권을 행사할 수 있도록 충실히 보장하기 위한 불가피한 측면이라 할 수도 있고, 더욱이 선원들로서는 자신의 투표결과에 대한 비밀이 노출될 위험성을 스스로 용인하고 투표에 임할 수도 있을 것이므로, 선거권 내지 보통선거원칙과 비밀선거원칙을 조화적으로 해석할 때, 이를 두고 헌법에 위반된다 할 수 없다(헌재 2007.6.28. 2005헌마772).

12 국회의 교섭단체 정답 ④

① [○] 교섭단체의 속하지 아니하는 의원의 발언시간 및 발언자 수는 의장이 각 교섭단체대표의원과 협의하여 정한다(국회법 제104조 제5항).

② [○] 국회 입법활동의 활성화와 효율화를 이루기 위하여는 우선적으로 교섭단체의 전문성을 제고시켜야 하며, 교섭단체가 필요로 하는 전문인력을 공무원 신분인 정책연구위원으로 임용하여 그 소속의원들의 입법활동을 보좌하도록 할 필요성이 발생하므로 교섭단체에 한하여 정책연구위원을 배정하는 것은 입법재량의 범위 내로서 그 차별에 합리적인 이유가 있다 할 것이다(헌재 2008.3.27. 2004헌마654).

③ [○] 자유위임은 의회내에서의 정치의사형성에 정당의 협력을 배척하는 것이 아니며, 의원이 정당과 교섭단체의 지시에 기속되는 것을 배제하는 근거가 되는 것도 아니다. 또한 국회의원의 국민대표성을 중시하는 입장에서도 특정 정당에 소속된 국회의원이 정당기속 내지는 교섭단체의 결정(소위 '당론')에 위반하는 정치활동을 한 이유로 제재를 받는 경우, 국회의원 신분을 상실하게 할 수는 없으나 "정당내부의 사실상의 강제" 또는 소속 "정당으로부터의 제명"은 가능하다고 보고 있다. 그렇다면, 당론과 다른 견해를 가진 소속 국회의원을 당해 교섭단체의 필요에 따라 다른 상임위원회로 전임(사·보임)하는 조치는 특별한 사정이 없는 한 헌법상 용인될 수 있는 "정당내부의 사실상 강제"의 범위내에 해당한다고 할 것이다(헌재 2003.10.30. 2002헌라1).

❹ [×] 무소속 의원은 물론 교섭단체를 구성하지 못한 여러 정당의 소속 의원들이 「국회법」상의 요건을 갖추어 하나의 교섭단체를 구성하는 것도 가능하다.

「국회법」제33조【교섭단체】① 국회에 20명 이상의 소속 의원을 가진 정당은 하나의 교섭단체가 된다. 다만, 다른 교섭단체에 속하지 아니하는 20명 이상의 의원으로 따로 교섭단체를 구성할 수 있다.

13 권한쟁의심판   정답 ④

① [O] 권한쟁의심판의 대상이 되는 처분이다.

국회의장인 피청구인이 국회의원인 청구인을 그 의사에 반하여 국회 보건복지위원회에서 사임시키고 환경노동위원회로 보임한 행위가 권한쟁의심판의 대상이 되는지 여부(적극)

피청구인은 2001.12.24. 한나라당 교섭단체대표의원이 요청한, 같은 한나라당 의원으로서 국회 보건복지위원회 소속이던 청구인과 환경노동위원회 소속이던 박혁규의원을 서로 맞바꾸는 내용의 상임위원회 위원 사·보임 요청서에 결재를 하였고, 이는 국회법 제48조 제1항에 규정된 바와 같이 교섭단체 대표의원의 요청에 따른 상임위원 개선행위이다. 위와 같은 피청구인의 개선행위에 따라 청구인은 같은 날부터 보건복지위원회에서 사임되고, 위 박혁규 의원이 동 위원회에 보임되었다. 따라서 청구인의 상임위원 신분의 변경을 가져온 피청구인의 이 사건 사·보임행위는 권한쟁의심판의 대상이 되는 처분이라고 할 것이다(헌재 2003.10.30. 2002헌라1).

② [O] 권한쟁의의 심판은 그 사유가 있음을 안 날부터 60일 이내에, 그 사유가 있은 날부터 180일 이내에 청구하여야 한다. 이 기간은 불변기간으로 한다(「헌법재판소법」제63조 제1항·제2항).

③ [O] 국회가 제정한 경찰법에 의하여 비로소 설립된 청구인은 국회의 경찰법 개정행위에 의하여 존폐 및 권한범위 등이 좌우되므로, 헌법 제111조 제1항 제4호 소정의 헌법에 의하여 설치된 국가기관에 해당한다고 할 수 없다. 따라서 권한쟁의심판의 당사자능력은 헌법에 의하여 설치된 국가기관에 한정하여 인정하는 것이 타당하므로, 법률에 의하여 설치된 청구인에게는 권한쟁의심판의 당사자능력이 인정되지 아니한다(헌재 2022.12.22. 2022헌라5).

❹ [X] 헌법재판소는 권한침해의 원인이 된 피청구인의 처분을 취소하거나 그 무효를 확인할 수 있고, 헌법재판소가 부작위에 대한 심판청구를 인용하는 결정을 한 때에는 피청구인은 결정 취지에 따른 처분을 하여야 한다(「헌법재판소법」제66조 제2항).

14 행정부   정답 ①

❶ [O] 「정부조직법」제6조 제1항에 대한 옳은 내용이다.

제6조【권한의 위임 또는 위탁】① 행정기관은 법령으로 정하는 바에 따라 그 소관사무의 일부를 보조기관 또는 하급행정기관에 위임하거나 다른 행정기관·지방자치단체 또는 그 기관에 위탁 또는 위임할 수 있다. 이 경우 위임 또는 위탁을 받은 기관은 특히 필요한 경우에는 법령으로 정

하는 바에 따라 위임 또는 위탁을 받은 사무의 일부를 보조기관 또는 하급행정기관에 재위임할 수 있다.
② 보조기관은 제1항에 따라 위임받은 사항에 대하여는 그 범위에서 행정기관으로서 그 사무를 수행한다.
③ 행정기관은 법령으로 정하는 바에 따라 그 소관사무 중 조사·검사·검정·관리 업무 등 국민의 권리·의무와 직접 관계되지 아니하는 사무를 지방자치단체가 아닌 법인·단체 또는 그 기관이나 개인에게 위탁할 수 있다.

② [X] 국무회의는 구성원 과반수의 출석으로 개의하고, 출석구성원 3분의 2 이상의 찬성으로 의결한다(「국무회의규정」제6조).

③ [X] 대통령은 내우·외환·천재·지변 또는 중대한 재정·경제상의 위기에 있어서 국가의 안전보장 또는 공공의 안녕질서를 유지하기 위하여 긴급한 조치가 필요하고 국회의 집회를 기다릴 여유가 없을 때에 한하여 최소한으로 필요한 재정·경제상의 처분을 하거나 이에 관하여 법률의 효력을 가지는 명령을 발할 수 있다(헌법 제76조 제1항).

④ [X] 국무총리는 대통령의 명을 받아 각 중앙행정기관의 장을 지휘·감독하고, 중앙행정기관의 장의 명령이나 처분이 위법 또는 부당하다고 인정될 경우에는 대통령의 승인을 받아 이를 중지 또는 취소할 수 있다(「정부조직법」제18조 제1항·제2항).

15 수용자의 기본권   정답 ①

옳지 않은 것은 ㄱ, ㄴ이다.

ㄱ. [X] 변호인의 조력을 받을 권리에 대한 헌법과 법률의 규정 및 취지에 비추어 보면, '형사사건에서 변호인의 조력을 받을 권리'를 의미한다고 보아야 할 것이므로 형사절차가 종료되어 교정시설에 수용 중인 수형자나 미결수용자가 형사사건의 변호인이 아닌 민사재판, 행정재판, 헌법재판 등에서 변호사와 접견할 경우에는 원칙적으로 헌법상 변호인의 조력을 받을 권리의 주체가 될 수 없다. 헌법 제27조는 "모든 국민은 헌법과 법률이 정한 법관에 의하여 법률에 의한 재판을 받을 권리를 가진다."라고 규정하여 재판청구권을 보장하고 있고 이 때 재판을 받을 권리에는 민사재판, 형사재판, 행정재판뿐 아니라 헌법재판도 포함된다. … 따라서 현대 사회의 복잡다단한 소송에서의 법률전문가의 증대되는 역할, 민사법상 무기대등의 원칙 실현, 헌법소송의 변호사강제주의 적용 등을 감안할 때 교정시설 내 수용자와 변호사 사이의 접견교통권의 보장은 헌법상 보장되는 재판청구권의 한 내용 또는 그로부터 파생되는 권리로 볼 수 있다(헌재 2013.8.29. 2011헌마122).

ㄴ. [X] 이 사건 접견조항에 따르면 수용자는 효율적인 재판준비를 하는 것이 곤란하게 되고, 특히 교정시설 내에서의 처우에 대하여 국가 등을 상대로 소송을 하는 경우에는 소송의 상대방에게 소송자료를 그대로 노출하게 되어 무기대등의 원칙이 훼손될 수 있다. 변호사 직무의 공공성, 윤리성 및 사회적 책임성은 변호사 접견권을 이용한 증거인멸, 도주 및 마약 등 금지물품 반입 시도 등의 우려를 최소화시킬 수 있으며, 변호사접견이라 하더라도 교정시설의 질서 등을 해할 우려가 있는 특별한 사정이 있는 경우에는 예외를 두도록 한다면 악용될 가능성도 방지할 수 있다. 따라서 이 사건 접견조항은 과잉금지원칙에 위배하여 청구인의 재판청구권을 지나치게 제한하고 있으므로, 헌법에 위반된다(헌재 2013.8.29. 2011헌마122).

ㄷ. [○] 헌법재판소가 91헌마111 결정에서 미결수용자와 변호인과의 접견에 대해 어떠한 명분으로도 제한할 수 없다고 한 것은 구속된 자와 변호인 간의 접견이 실제로 이루어지는 경우에 있어서의 '자유로운 접견', 즉 '대화내용에 대하여 비밀이 완전히 보장되고 어떠한 제한, 영향, 압력 또는 부당한 간섭 없이 자유롭게 대화할 수있는 접견'을 제한할 수 없다는 것이지, 변호인과의 접견 자체에 대해 아무런 제한도 가할 수 없다는 것을 의미하는 것이 아니므로 미결수용자의 변호인 접견권 역시 국가안전보장·질서유지 또는 공공복리를 위해 필요한 경우에는 법률로써 제한될 수 있음은 당연하다(헌재 2011.5.26. 2009헌마341).

ㄹ. [○] 교도소장은 수형자가 출정비용을 예납하지 않았거나 영치금과의 상계에 동의하지 않았다고 하더라도, 우선 수형자를 출정시키고 사후에 출정비용을 받거나 영치금과의 상계를 통하여 출정비용을 회수하여야 하는 것이지, 이러한 이유로 수형자의 출정을 제한할 수 있는 것은 아니다. 그러므로 피청구인이, 청구인이 출정하기 이전에 여비를 납부하지 않았거나 출정비용과 영치금과의 상계에 미리 동의하지 않았다는 이유로 이 사건 출정제한행위를 한 것은, 피청구인에 대한 업무처리지침 내지 사무처리준칙인 이 사건 지침을 위반하여 청구인이 직접 재판에 출석하여 변론할 권리를 침해함으로써, 형벌의 집행을 위하여 필요한 한도를 벗어나서 청구인의 재판청구권을 과도하게 침해하였다고 할 것이다(헌재 2012.3.29. 2010헌마475).

ㅁ. [○] 접견내용을 녹음·녹화하는 경우 수용자 및 그 상대방에게 그 사실을 말이나 서면 등으로 알려주어야 하고 취득된 접견기록물은 법령에 의해 보호·관리되고 있으므로 사생활의 비밀과 자유에 대한 침해를 최소화하는 수단이 마련되어 있다는 점, 청구인이 나눈 접견내용에 대한 사생활의 비밀로서의 보호가치에 비해 증거인멸의 위험을 방지하고 교정시설 내의 안전과 질서유지에 기여하려는 공익이 크고 중요하다는 점에 비추어 볼 때, 이 사건 접견참여·기록이 청구인의 사생활의 비밀과 자유를 침해하였다고 볼 수 없다(헌재 2014.9.25. 2012헌마523).

---

16 외교부의 부작위   정답 ②

① [○] 우리 정부가 직접 청구인들의 기본권을 침해하는 행위를 한 것은 아니지만, 일본에 대한 청구권의 실현 및 인간으로서의 존엄과 가치의 회복에 대한 장애상태가 초래된 것은 우리 정부가 청구권의 내용을 명확히 하지 않고 '모든 청구권'이라는 포괄적인 개념을 사용하여 이 사건 협정을 체결한 것에도 책임이 있다는 점에 주목한다면, 그 장애상태를 제거하는 행위로 나아가야 할 구체적 의무가 있음을 부인하기 어렵다(헌재 2019.12.27. 2012헌마939).

❷ [✕] 헌법 전문, 제2조 제2항, 제10조와 이 사건 협정 제3조의 문언에 비추어 볼 때, 피청구인이 이 사건 협정 제3조에 따라 분쟁해결의 절차로 나아갈 의무는 일본국에 의해 자행된 조직적이고 지속적인 불법행위에 의하여 인간의 존엄과 가치를 심각하게 훼손당한 자국민들이 청구권을 실현하도록 협력하고 보호하여야 할 헌법적 요청에 의한 것으로서, 그 의무의 이행이 없으면 청구인들의 기본권이 중대하게 침해될 가능성이 있으므로, 피청구인의 작위의무는 헌법에서 유래하는 작위의무로서 그것이 법령에 구체적으로 규정되어 있는 경우라고 할 것

이다(헌재 2019.12.27. 2012헌마939). 해당지문은 헌법재판소의 소수의견이다.

③ [○] 피청구인이 청구인들이 원하는 수준의 적극적인 노력을 펼치지 않았다 해도, 이 사건 협정 제3조상 분쟁해결절차를 언제, 어떻게 이행할 것인가에 관해서는, 국가마다 가치와 법률을 서로 달리하는 국제환경에서 국가와 국가 간의 관계를 다루는 외교행위의 특성과 이 사건 협정 제3조 제1항, 제2항이 모두 외교행위를 필요로 한다는 점을 고려할 때, 피청구인에게 상당한 재량이 인정된다.

④ [○] 이러한 사실을 종합하면, 설사 그에 따른 가시적인 성과가 충분하지 않다고 하더라도 피청구인이 자신에게 부여된 작위의무를 이행하지 않고 있다고 볼 수는 없다(헌재 2019.12.27. 2012헌마939).

---

17 부담금   정답 ③

① [○] 부담금관리기본법은 제3조에서 "부담금은 별표에 규정된 법률의 규정에 의하지 아니하고는 이를 설치할 수 없다."라고 규정하고, 별표 제119호에서 '영화 및 비디오물의 진흥에 관한 법률 제25조의2의 규정에 따른 부과금'을 동법에서 말하는 부담금의 하나로서 열거하고 있다. 그러나 어떤 공과금이 조세인지 아니면 부담금인지는 단순히 법률에서 그것을 무엇으로 성격규정하고 있느냐를 기준으로 할 것이 아니라, 그 실질적인 내용을 결정적인 기준으로 삼아야 한다(헌재 2008.11.27. 2007헌마860).

② [○] 영화관 관람객이 입장권 가액의 100분의 3을 부담하도록 하고 영화관 경영자는 이를 징수하여 영화진흥위원회에 납부하도록 강제하는 내용의 영화상영관 입장권 부과금 제도는, 영화예술의 질적 향상과 한국영화 및 영화·비디오물산업의 진흥·발전의 토대를 구축하기 위한 영화발전기금의 안정적 재원 마련이라는 정당한 입법목적을 위한 것으로 헌법적으로 정당화되는 재정조달목적 부담금으로서 위와 같은 목적 달성에 적합한 수단이다. … 영화상영관 입장권에 대한 부과금 제도는 과잉금지원칙에 반하여 영화관 관람객의 재산권과 영화관 경영자의 직업수행의 자유를 침해하였다고 볼 수 없다(헌재 2008.11.27. 2007헌마860).

❸ [✕] 부담금은 그 부과목적과 기능에 따라 순수하게 재정조달의 목적만 가지는 '재정조달목적 부담금'과 재정조달 목적뿐만 아니라 부담금의 부과 자체로써 국민의 행위를 특정한 방향으로 유도하거나 특정한 공법적 의무의 이행 또는 공공출연으로부터의 특별한 이익과 관련된 집단 간의 형평성 문제를 조정하여 특정한 사회·경제정책을 실현하기 위한 '정책실현목적 부담금'으로 구분할 수 있다. 전자의 경우에는 공적 과제가 부담금 수입의 지출 단계에서 비로소 실현되나, 후자의 경우에는 공적 과제의 전부 혹은 일부가 부담금의 부과 단계에서 이미 실현된다. 골프장 부가금은 국민체육의 진흥을 위한 각종 사업에 사용될 국민체육진흥계정의 재원을 마련하는 데에 그 부과의 목적이 있을 뿐, 그 부과 자체로써 골프장 부가금 납부의무자의 행위를 특정한 방향으로 유도하거나 골프장 부가금 납부의무자 이외의 다른 집단과의 형평성 문제를 조정하고자 하는 등의 목적이 있다고 보기 어렵다. 게다가 뒤에서 보는 바와 같이 심판대상조항이 골프장 부가금을 통해 추구하는 공적 과제는 국민체육진흥계정의 집행 단계에서 비로소 실현된다고 할

수 있으므로, 골프장 부가금은 재정조달목적 부담금에 해당한
다(헌재 2019.12.27. 2017헌가21).

④ [O] 수많은 체육시설 중 유독 골프장 부가금 징수 대상 시설의 이
용자만을 국민체육진흥계정 조성에 관한 조세 외적 부담을 져
야 할 책임이 있는 집단으로 선정한 것에는 합리성이 결여되
어 있다. 골프장 부가금 등을 재원으로 하여 조성된 국민체육
진흥계정의 설치 목적이 국민체육의 진흥에 관한 사항 전반을
아우르고 있다는 점에 비추어 볼 때, 국민 모두를 대상으로 하
는 광범위하고 포괄적인 수준의 효용성을 놓고 부담금의 정당
화 요건인 집단적 효용성을 갖추었다고 단정하기도 어렵다. 심
판대상조항이 규정하고 있는 골프장 부가금은 일반 국민에 비
해 특별히 객관적으로 밀접한 관련성을 가진다고 볼 수 없는
골프장 부가금 징수 대상 시설 이용자들을 대상으로 하는 것
으로서 합리적 이유가 없는 차별을 초래하므로, 헌법상 평등원
칙에 위배된다(헌재 2019.12.27. 2017헌가21).

18　　소급입법　　　　　　　　　　　정답 ④

① [O] 소급입법의 태양에는 이미 과거에 완성된 사실·법률관계를
규율의 대상으로 하는 이른바 진정소급효의 입법과 이미 과거
에 시작하였으나 아직 완성되지 아니하고 진행과정에 있는 사
실·법률관계를 규율의 대상으로 하는 부진정소급효의 입법이
있다(헌재 1999.4.29. 94헌바37 등).

② [O] 헌법 제13조 제2항이 금하고 있는 소급입법은 진정소급효를
가지는 법률만을 의미하는 것으로서 부진정소급효의 입법은
원칙적으로 허용된다. 다만, 부진정소급효를 가지는 입법에서
도 소급효를 요구하는 공익상의 사유와 신뢰보호의 요청 사이
의 비교형량 과정에서, 신뢰보호의 관점이 입법자의 형성권에
제한을 가하게 된다(헌재 1999.4.29. 94헌바37 ; 헌재 2002.
7.18. 99헌마574).

③ [O] 심판대상조항은 개정조항이 시행되기 전 환급세액을 수령한
부분까지 사후적으로 소급하여 개정된 징수조항을 적용하는
것으로서 헌법 제13조 제2항에 따라 원칙적으로 금지되는 이
미 완성된 사실·법률관계를 규율하는 진정소급입법에 해당한
다. 법인세를 부당 환급받은 법인은 소급입법을 통하여 이자상
당액을 포함한 조세채무를 부담할 것이라고 예상할 수 없었고,
환급세액과 이자상당액을 법인세로서 납부하지 않을 것이라는
신뢰는 보호할 필요가 있다. 나아가 개정 전 법인세법 아래에
서도 환급세액을 부당이득 반환청구를 통하여 환수할 수 있었
으므로, 신뢰보호의 요청에 우선하여 진정소급입법을 하여야
할 매우 중대한 공익상 이유가 있다고 볼 수도 없다. 심판대상
조항은 개정조항이 시행되기 전 환급세액을 수령한 부분까지
사후적으로 소급하여 개정된 징수조항을 적용하는 것으로서
헌법 제13조 제2항에 따라 원칙적으로 금지되는 이미 완성된
사실·법률관계를 규율하는 진정소급입법에 해당한다(헌재
2014.7.24. 2012헌바105).

❹ [X] 입법자는 입법목적, 사회실정이나 국민의 법감정, 법률의 개정
이유나 경위 등을 참작하여 시혜적 소급입법을 할 것인가 여
부를 결정할 수 있고, 그 판단은 존중되어야 하며, 그 결정이
합리적 재량의 범위를 벗어나 현저하게 불합리하고 불공정한
것이 아닌 한 헌법에 위반된다고 할 수 없다(헌재 2012.5.31.
2009헌마553).

19　　형벌에 관한 책임주의원칙　　　　　정답 ③

① [O] '책임 없는 자에게 형벌을 부과할 수 없다'는 형벌에 관한 책
임주의는 형사법의 기본원리로서, 헌법상 법치국가의 원리에
내재하는 원리인 동시에 헌법 제10조의 취지로부터 도출되는
원리이고, 법인의 경우도 자연인과 마찬가지로 책임주의원칙
이 적용된다(헌재 2012.10.25. 2012헌가18).

② [O] 단체나 다중의 위력으로써 상해죄를 범하는 경우에는 이미 그
행위 자체에 내재되어 있는 불법의 정도가 크고, 중대한 법익
침해를 야기할 가능성이 높다. 심판대상조항의 법정형은 징역
3년 이상으로서 법관이 작량감경을 하지 않더라도 집행유예
선고가 가능하여 피고인의 책임에 상응하는 형을 선고할 수
있다. … 특별법인 폭력행위처벌법에 있던 심판대상조항이 삭
제되고 형법에 편입되면서 법정형이 하향 조정되었다는 사정
만으로 심판대상조항이 책임과 형벌의 비례원칙에 위반된 것
이라고 할 수 없다(헌재 2017.7.27. 2015헌바450).

❸ [X] 신체에 대한 가해행위는 그 자체로 상해의 결과를 발생시킬
위험을 내포하고 있으므로, 독립한 가해행위가 경합하여 상해
가 발생한 경우 상해의 발생 또는 악화에 전혀 기여하지 않은
가해행위의 존재라는 것은 상정하기 어렵고, 각 가해행위가 상
해의 발생 또는 악화에 어느 정도 기여하였는지를 계량화할
수 있는 것도 아니다. 이에 입법자는 피해자의 법익 보호와 일
반예방적 효과를 높일 필요성을 고려하여 다른 독립행위가 경
합하는 경우와 구분하여 심판대상조항을 마련한 것이다. … 법
관은 피고인이 가해행위에 이르게 된 동기, 가해행위의 태양과
폭력성의 정도, 피해 회복을 위한 피고인의 노력 정도 등을 모
두 참작하여 피고인의 행위에 상응하는 형을 선고하므로, 가해
행위자는 자신의 행위를 기준으로 형사책임을 부담한다. 이러
한 점을 종합하여 보면, 심판대상조항은 책임주의원칙에 반한
다고 볼 수 없다(헌재 2018.3.29. 2017헌가10).

④ [O] 법인 대표자의 법규위반행위에 대한 법인의 책임은 법인 자신
의 법규위반행위로 평가될 수 있는 행위에 대한 법인의 직접
책임이므로, 대표자의 고의에 의한 위반행위에 대하여는 법인
이 고의 책임을, 대표자의 과실에 의한 위반행위에 대하여는
법인이 과실 책임을 부담한다. 따라서 청구인이 대표자가 범한
횡령행위의 피해자로서 손해만을 입고 아무런 이익을 얻지 못
한 경우라도, 법인이 대표자를 통하여 재산국외도피를 하였다
면 그 자체로 법인 자신의 법규위반행위로 평가할 수 있다. 심
판대상조항 중 법인의 대표자 관련 부분은 법인의 직접책임을
근거로 하여 법인을 처벌하므로 책임주의원칙에 반하지 아니
한다(헌재 2019.4.11. 2015헌바443).

> 종업원 등이 재산국외도피행위를 함에 있어 법인이 그 위반
> 행위를 방지하기 위하여 해당 업무에 관하여 상당한 주의와
> 감독을 게을리 한 경우라면, 법인이 설령 종업원 등이 범한
> 횡령행위의 피해자의 지위에 있다 하더라도, 종업원 등의 범
> 죄행위에 대한 관리감독책임을 물어 법인에도 형벌을 부과할
> 수 있다. 따라서 심판대상조항 중 법인의 종업원 등 관련 부
> 분은 법인의 과실책임에 기초하여 법인을 처벌하므로 책임주
> 의원칙에 반하지 아니한다(헌재 2019.4.11. 2015헌바443).

20 기본권　　　　　　　　정답 ③

① [○] 세월호피해지원법은 배상금 등의 지급 이후 효과나 의무에 관한 일반규정을 두거나 이에 관하여 범위를 정하여 하위 법규에 위임한 바가 전혀 없다. 따라서 세월호피해지원법 제15조 제2항의 위임에 따라 시행령으로 규정할 수 있는 사항은 지급신청이나 지급에 관한 기술적이고 절차적인 사항일 뿐이다. 신청인에게 지급결정에 대한 동의의 의사표시 전에 숙고의 기회를 보장하고, 그 법적 의미와 효력에 관하여 안내해 줄 필요성이 인정된다 하더라도, 세월호피해지원법 제16조에서 규정하는 동의의 효력 범위를 초과하여 세월호 참사 전반에 관한 일체의 이의제기를 금지시킬 수 있는 권한을 부여받았다고 볼 수는 없다. 따라서 이의제기금지조항은 법률유보원칙을 위반하여 법률의 근거 없이 대통령령으로 청구인들에게 세월호 참사와 관련된 일체의 이의제기금지의무를 부담시킴으로써 일반적 행동의 자유를 침해한다(헌재 2017.6.29. 2015헌마654).

② [○] 어떤 범죄가 행해진 후 시간이 흐를수록 수사의 단서로서나 상습성 판단자료, 양형자료로서의 가치는 감소하므로, 모든 소년부송치 사건의 수사경력자료를 해당 사건의 경중이나 결정 이후 경과한 시간 등에 대한 고려 없이 일률적으로 당사자가 사망할 때까지 보존할 필요가 있다고 보기는 어렵고, 불처분결정된 소년부송치 사건의 수사경력자료가 조회 및 회보되는 경우에도 이를 통해 추구하는 실체적 진실발견과 형사사법의 정의 구현이라는 공익에 비해, 당사자가 입을 수 있는 실질적 또는 심리적 불이익과 그로 인한 재사회화 및 사회복귀의 어려움이 더 크다. 따라서 심판대상조항은 과잉금지원칙을 위반하여 소년부송치 후 불처분결정을 받은 자의 개인정보자기결정권을 침해한다(헌재 2021.6.24. 2018헌가2).

❸ [×] 이 사건 법률조항에 의하여 형의 집행유예와 동시에 사회봉사명령을 선고받은 청구인은 자신의 의사와 무관하게 사회봉사를 하지 않을 수 없게 되어 헌법 제10조의 행복추구권에서 파생하는 일반적 행동의 자유를 제한받게 된다. 청구인은 이 사건 법률조항이 신체의 자유를 제한한다고 주장하나, 이 사건 법률조항에 의한 사회봉사명령은 청구인에게 근로의무를 부과함에 그치고 공권력이 신체를 구금하는 등의 방법으로 근로를 강제하는 것은 아니어서 이 사건 법률조항이 신체의 자유를 제한한다고 볼 수 없다. … 사회봉사명령으로 인하여 범죄인은 정해진 시간 동안 정해진 장소에서 본인의 의사와 무관하게 근로를 하지 않을 수 없는 불이익을 입게 되나, 앞서 본 바와 같이 사회봉사명령은 자유형의 집행으로 인한 자유의 제한을 완화하여 주는 것으로서 범죄인에게 유리할 뿐만 아니라, 범죄인에게 사회봉사활동을 하게 하여 사회와 통합하고 재범방지 및 사회복귀를 용이하게 함으로써 달성하는 공익은 범죄인이 입게 되는 위 불이익보다 훨씬 중요하고 크므로, 이 사건 법률조항은 법익의 균형성원칙에 위배된다고 할 수 없다(헌재 2012.3.29. 2010헌바100).

④ [○] 자기낙태죄 조항으로 인해 임신한 여성은 임신 유지로 인한 신체적·심리적 부담, 출산과정에 수반되는 신체적 고통·위험을 감내하도록 강제당할 뿐 아니라 이에 더하여 다양하고 광범위한 사회적·경제적 고통까지도 겪을 것을 강제당하는 결과에 이르게 된다. 자기낙태죄 조항은 모자보건법에서 정한 사유에 해당하지 않는다면 결정 가능 기간 중에 다양하고 광범위한 사회적·경제적 사유를 이유로 낙태 갈등 상황을 겪고 있는 경우까지도 예외 없이 전면적·일률적으로 임신의 유지 및 출산을 강제하고, 이를 위반한 경우 형사처벌하고 있다. 따라서, 자기낙태죄 조항은 입법목적을 달성하기 위하여 필요한 최소한의 정도를 넘어 임신한 여성의 자기결정권을 제한하고 있어 침해의 최소성을 갖추지 못하였고, 태아의 생명 보호라는 공익에 대하여만 일방적이고 절대적인 우위를 부여함으로써 법익균형성의 원칙도 위반하였다고 할 것이므로, 과잉금지원칙을 위반하여 임신한 여성의 자기결정권을 침해하는 위헌적인 규정이다(헌재 2019.2.28. 2015헌마1204).

21 지방자치제도　　　　　　　정답 ②

① [○] 지방자치단체는 법령에 위반되지 아니하는 범위 내에서 그 사무에 관하여 조례를 제정할 수 있는 것이고, 조례가 규율하는 특정사항에 관하여 그것을 규율하는 국가의 법령이 이미 존재하는 경우에도 조례가 법령과 별도의 목적에 기하여 규율함을 의도하는 것으로서 그 적용에 의하여 법령의 규정이 의도하는 목적과 효과를 전혀 저해하는 바가 없는 때, 또는 양자가 동일한 목적에서 출발한 것이라고 할지라도 국가의 법령이 반드시 그 규정에 의하여 전국에 걸쳐 일률적으로 동일한 내용을 규율하려는 취지가 아니고 각 지방자치단체가 그 지방의 실정에 맞게 별도로 규율하는 것을 용인하는 취지라고 해석되는 때에는 그 조례가 국가의 법령에 위반되는 것은 아니다(대판 2006.10.12. 2006추38).

❷ [×] 헌법 제117조 제1항에서 규정하고 있는 '법령'에 법률 이외에 헌법 제75조 및 제95조 등에 의거한 '대통령령', '총리령' 및 '부령'과 같은 법규명령이 포함되는 것은 물론이지만, 헌법재판소의 "법령의 직접적인 위임에 따라 수임행정기관이 그 법령을 시행하는데 필요한 구체적 사항을 정한 것이면, 그 제정 형식은 비록 법규명령이 아닌 고시, 훈령, 예규 등과 같은 행정규칙이더라도, 그것이 상위법령의 위임한계를 벗어나지 아니하는 한, 상위법령과 결합하여 대외적인 구속력을 갖는 법규명령으로서 기능하게 된다고 보아야 한다."라고 판시한 바에 따라, 헌법 제117조 제1항에서 규정하는 '법령'에는 법규명령으로서 기능하는 행정규칙이 포함된다(헌재 2002.10.31. 2001헌라1).

③ [○] 국가공무원법 등 관계 법령에 의하면 교육감 소속 교육장 등은 모두 국가공무원이고, 그 임용권자는 대통령 내지 교육부장관인 점, 국가공무원의 임용 등 신분에 관한 사항이 해당 지방자치단체의 특성을 반영하여 각기 다르게 처리된다면 국가공무원이라는 본래의 신분적 의미는 상당 부분 몰각될 수 있는 점 등에 비추어 보면, 국가공무원인 교육장 등에 대한 징계사무는 국가사무라고 보아야 한다. 또한 구 교육공무원법령 등에 따라 교육감 소속 장학관 등의 임용권은 대통령 내지 교육부장관으로부터 교육감에게 위임되어 있고, 교육공무원법상 '임용'은 직위해제, 정직, 해임, 파면까지 포함하고 있는 점 등에 비추어 보면, 교육감 소속 교육장 등에 대한 징계의결요구 내지 그 신청사무 또한 징계사무의 일부로서 대통령, 교육부장관으로부터 교육감에게 위임된 국가위임사무이다(헌재 2013.12.26. 2012헌라3).

④ [○] 우리 헌법은 법률이 정하는 바에 따른 '선거권'과 '공무담임권' 및 국가안위에 관한 중요정책과 헌법개정에 대한 '국민투표권'만을 헌법상의 참정권으로 보장하고 있으므로, 지방자치법 제13조의2에서 규정한 주민투표권은 그 성질상 선거권, 공무담임권, 국민투표권과 전혀 다른 것이어서 이를 법률이 보장하는 참정권이라고 할 수 있을지언정 헌법이 보장하는 참정권이라고 할 수는 없다(헌재 2001.6.28. 2000헌마735).

22　법관의 양형　　정답 ③

① [✕] 입법자가 법정형 책정에 관한 여러 가지 요소의 종합적 고려에 따라 법률 그 자체로 법관에 의한 양형재량의 범위를 좁혀 놓았다고 하더라도 그것이 당해 범죄의 보호법익과 죄질에 비추어 범죄와 형벌간의 비례의 원칙상 수긍할 수 있는 정도의 합리성이 있다면 이러한 법률을 위헌이라고 할 수 없다. 뇌물죄에 대하여 가중처벌을 규정하고 그 법정형을 살인죄보다 무겁게 한 법률조항이 작량감경을 하더라도 별도의 법률상 감경사유가 없는 한 집행유예의 선고를 할 수 없도록 그 법정형의 하한을 높여 놓았다 하여 곧 그것이 법관의 양형결정권을 침해하였다거나 법관독립의 원칙에 위배된다고 할 수 없고 나아가 법관에 의한 재판을 받을 권리를 침해하는 것이라고도 할 수 없다(헌재 1995.4.20. 93헌바40).

② [✕] 조선시대 이래 현재에 이르기까지 존속살해죄에 대한 가중처벌은 계속되어 왔고, 그러한 입법의 배경에는 우리 사회의 효를 강조하는 유교적 관념 내지 전통사상이 자리 잡고 있는 점, 존속살해는 그 패륜성에 비추어 일반 살인죄에 비하여 고도의 사회적 비난을 받아야 할 이유가 충분한 점, 이 사건 법률조항의 법정형이 종래의 '사형 또는 무기징역'에서 '사형, 무기 또는 7년 이상의 징역'으로 개정되어 기존에 제기되었던 양형에 있어서의 구체적 불균형의 문제도 해소된 점을 고려할 때 이 사건 법률조항이 형벌체계상 균형을 잃은 자의적 입법으로서 평등원칙에 위반된다고 볼 수 없다(헌재 2013.7.25. 2011헌바267). 선지는 반대의견의 내용이다.

❸ [〇] 누범가중에 관한 형법의 규정이 국민의 평등권을 규정한 헌법에 위배하는 것이라고 할 수 없다(대판 1983.4.12. 83도420). 헌법재판소 결정도 같은 입장이다(헌재 1995.2.23. 93헌바43).

④ [✕] 법관은 형의 종류를 선택하고 형량을 정할 때 양형기준을 존중하여야 한다. 다만, 양형기준은 법적 구속력을 갖지 아니한다(「법원조직법」 제81조의7 제1항).

23　재판청구권　　정답 ②

① [〇] 형사재판 중 결정절차에서는 그 결정 일자가 미리 당사자에게 고지되는 것이 아니기 때문에 결정에 대한 불복 여부를 결정하고 즉시항고 절차를 준비하는데 있어 상당한 기간을 부여할 필요가 있다. … 민사소송, 민사집행, 행정소송, 형사보상절차 등의 즉시항고기간 1주나, 외국의 입법례와 비교하더라도 3일이라는 제기기간은 지나치게 짧다. 즉시항고 자체가 형사소송법상 명문의 규정이 있는 경우에만 허용되므로 기간 연장으로 인한 폐해가 크다고 볼 수도 없는 점 등을 고려하면, 심판대상조항은 즉시항고 제도를 단지 형식적이고 이론적인 권리로서만 기능하게 함으로써 헌법상 재판청구권을 공허하게 하므로 입법재량의 한계를 일탈하여 재판청구권을 침해하는 규정이다(헌재 2018.12.27. 2015헌바77).

❷ [✕] 교원의 신분보장을 둘러싼 재판상 권리구제절차를 어떻게 마련할 것인지는 당해 학교의 설립목적과 공공적 성격의 정도, 국가의 감독 수준 등을 두루 고려하여 정할 수 있는 것으로 입법정책의 문제이고, 교원 근로관계의 법적 성격에 의해서만 좌우된다고 보기 어렵다. 한국과학기술원 또는 광주과학기술원의 설립목적의 특수성과 그 목적을 달성하기 위한 국가의 관리·감독 및 재정 지원, 사무의 공공성 내지 공익성 등을 고려할 때, 한국과학기술원 또는 광주과학기술원 교원의 신분을 국·공립학교의 교원의 그것과 동등한 정도로 보장하면서 한국과학기술원 교원의 임면권자이자 교원소청심사절차의 당사자인 한국과학기술원 총장이나 공공단체인 광주과학기술원이 교원소청심사결정에 대해 행정소송을 제기할 수 없도록 한 것을 두고 입법형성의 범위를 벗어났다고 보기 어렵다. 그렇다면 이 사건 구법 조항 또는 이 사건 신법 조항은 청구인의 재판청구권을 침해하여 헌법에 위반된다고 할 수 없다(헌재 2022.10.27. 2019헌바117).

③ [〇] 민주화보상법은 관련 규정을 통하여 보상금 등을 심의·결정하는 위원회의 중립성과 독립성을 보장하고 있고, 심의절차의 전문성과 공정성을 제고하기 위한 장치를 마련하고 있으며, 신청인으로 하여금 위원회의 지급결정에 대한 동의 여부를 자유롭게 선택하도록 정하고 있다. 따라서 심판대상조항은 관련자 및 유족의 재판청구권을 침해하지 아니한다(헌재 2018.8.30. 2014헌바180).

> 민주화보상법상 보상금 등에는 정신적 손해에 대한 배상이 포함되어 있지 않은바, 이처럼 정신적 손해에 대해 적절한 배상이 이루어지지 않은 상태에서 적극적·소극적 손해에 상응하는 배상이 이루어졌다는 사정만으로 정신적 손해에 대한 국가배상청구마저 금지하는 것은, 해당 손해에 대한 적절한 배상이 이루어졌음을 전제로 하여 국가배상청구권의 행사를 제한하려 한 민주화보상법의 입법목적에도 부합하지 않으며, 국가의 기본권 보호의무를 규정한 헌법 제10조 제2문의 취지에도 반하는 것으로서, 국가배상청구권에 대한 지나치게 과도한 제한에 해당한다. 따라서 심판대상조항 중 정신적 손해에 관한 부분은 민주화운동 관련자와 유족의 국가배상청구권을 침해한다(헌재 2018.8.30. 2014헌바180).

④ [〇] '처분 등이 있음을 안 날'을 기산점으로 정하여 취소소송의 제소기간에 제한을 둔 것은 법률관계의 조속한 확정을 위한 것으로 입법목적이 정당하다. 처분 등이 위법할 수 있다는 의심을 갖는데 있어 처분 등이 있음을 안 때로부터 90일의 기간은 지나치게 짧은 기간이라고 보기 어렵고, '처분 등이 있음'을 안 시점은 비교적 객관적이고 명확하게 특정할 수 있으므로 이를 제소기간의 기산점으로 둔 것은 행정법 관계의 조속한 안정을 위해 필요하고 효과적인 방법이다. … 따라서 '처분 등이 있음을 안 날'을 제소기간의 기산점으로 정한 심판대상조항은 재판청구권을 침해하지 아니한다(헌재 2018.6.28. 2017헌바66).

24　신속처리대상안건　　정답 ②

① [〇] '무기명투표'로 표결한다.

> 「국회법」 제85조의2 【안건의 신속 처리】① 위원회에 회부된 안건(체계·자구 심사를 위하여 법제사법위원회에 회부된 안건을 포함한다)을 제2항에 따른 신속처리대상안건으로 지정하려는 경우 의원은 재적의원 과반수가 서명한 신속처리대상안건 지정요구 동의(動議)(이하 이 조에서 "신속처리안건 지정동의"라 한다)를 의장에게 제출하고, 안건의 소관 위원회 소속 위원은 소관 위원회 재적위원 과반수가 서명한 신속처리안건 지정동의를 소관 위원회 위원장에게 제출하여야 한다. 이 경우 의장 또는 안건의 소관

위원회 위원장은 지체 없이 신속처리안건 지정동의를 무기명투표로 표결하되, 재적의원 5분의 3 이상 또는 안건의 소관 위원회 재적위원 5분의 3 이상의 찬성으로 의결한다.

❷ [×] 원칙적으로 180일 이내에 마쳐야 한다.

> 「국회법」 제85조의2 【안건의 신속 처리】 ③ 위원회는 신속처리대상안건에 대한 심사를 그 지정일부터 180일 이내에 마쳐야 한다. 다만, 법제사법위원회는 신속처리대상안건에 대한 체계·자구 심사를 그 지정일, 제4항에 따라 회부된 것으로 보는 날 또는 제86조 제1항에 따라 회부된 날부터 90일 이내에 마쳐야 한다.

③ [○] 「국회법」 제85조의2 제4항·제5항에 대한 옳은 내용이다.

> 제85조의2 【안건의 신속 처리】 ④ 위원회(법제사법위원회는 제외한다)가 신속처리대상안건에 대하여 제3항 본문에 따른 기간 내에 심사를 마치지 아니하였을 때에는 그 기간이 끝난 다음 날에 소관 위원회에서 심사를 마치고 체계·자구 심사를 위하여 법제사법위원회로 회부된 것으로 본다. 다만, 법률안 및 국회규칙안이 아닌 안건은 바로 본회의에 부의된 것으로 본다.
> ⑤ 법제사법위원회가 신속처리대상안건(체계·자구 심사를 위하여 법제사법위원회에 회부되었거나 제4항 본문에 따라 회부된 것으로 보는 신속처리대상안건을 포함한다)에 대하여 제3항 단서에 따른 기간 내에 심사를 마치지 아니하였을 때에는 그 기간이 끝난 다음 날에 법제사법위원회에서 심사를 마치고 바로 본회의에 부의된 것으로 본다.

④ [○] 「국회법」 제57조의2 제9항에 대한 옳은 내용이다.

> 제57조의2 【안건조정위원회】 ⑨ 제85조의2 제2항에 따른 신속처리대상안건을 심사하는 조정위원회는 그 안건이 같은 조 제4항 또는 제5항에 따라 법제사법위원회에 회부되거나 바로 본회의에 부의된 것으로 보는 경우에는 제2항에 따른 활동기한이 남았더라도 그 활동을 종료한다.

25 헌법소원심판 정답 ①

❶ [×] 헌법소원의 본질은 국민의 기본권을 충실히 보장하는 데에 있으므로 법적 안정성을 해하지 않는 범위 내에서 청구기간에 관한 규정을 기본권보장이 강화되는 방향으로 해석하는 것이 바람직한 점을 종합해 보면, 시행유예기간의 적용 대상인 청구인들에 대해서도 청구기간의 기산점은 시행일인 것으로 해석하는 것은 헌법소원심판청구권을 보장하는 취지에 어긋난다. 뿐만 아니라, 시행유예기간 경과일을 청구기간의 기산점으로 보더라도 청구기간이 무한히 확장되는 것이 아니라 시행유예기간 경과일로부터 1년이 지나면 헌법소원심판을 청구할 수 없으므로 법적안정성을 확보할 수 있는 점, 시행유예기간 동안에도 현재성 요건의 예외에 따라 적법하게 헌법소원심판을 청구할 수 있고, 이와 같이 시행유예기간 동안에 헌법소원심판청구를 허용하더라도 아직까지 법령의 효력이 발생하기 전인 이상 그로 인하여 헌법소원심판청구의 대상이 된 법령의 법적안정성이 곧바로 저해되지는 않는 점을 아울러 고려하면, 시행유예기간 경과일을 청구기간의 기산점으로 해석함으로써 헌법소원

심판청구권 보장과 법적안정성 확보 사이의 균형을 달성할 수 있다. 종래 이와 견해를 달리하여, 법령의 시행일 이후 법령에 규정된 일정한 기간이 경과한 후에 비로소 법령의 적용을 받는 청구인들에 대한 헌법재판소법 제68조 제1항의 규정에 의한 법령에 대한 헌법소원심판 청구기간의 기산점을 법령의 시행일이라고 판시한 우리 재판소 결정들은 이 결정의 취지와 저촉되는 범위 안에서 변경한다(헌재 2020.4.23. 2017헌마479).

② [○] 이 사건 전형사항으로 인해 재외국민 특별전형 지원을 제한받는 사람은 각 대학의 2021학년도 재외국민 특별전형 지원(예정)자이다. 학부모인 청구인의 부담은 간접적인 사실상의 불이익에 해당하므로, 이 사건 전형사항으로 인한 기본권침해의 자기관련성이 인정되지 않는다(헌재 2020.3.26. 2019헌마212).

③ [○] 법률 또는 법률조항 자체가 헌법재판소법 제68조 제1항에 의한 헌법소원의 대상이 되기 위해서는 청구인이 그 법률 또는 법률조항에 의하여 구체적인 집행행위를 기다리지 아니하고 직접, 현재 그리고 자기의 기본권을 침해받아야 하는 것이 원칙이다. 그런데 일반적으로 수혜적 법령의 경우에는 수혜범위에서 제외된 자가 자신이 평등원칙에 반하여 수혜대상에서 제외되었다는 주장을 하거나, 비교집단에게 혜택을 부여하는 법령이 위헌이라고 선고되어 그러한 혜택이 제거된다면 비교집단과의 관계에서 청구인의 법적 지위가 상대적으로 향상된다고 볼 여지가 있는 때에 청구인이 그 법령의 직접적인 적용을 받는 자가 아니라고 할지라도 자기관련성을 인정할 수 있다(헌재 2013.12.26. 2010헌마789).

④ [○] 법령에 근거한 구체적인 집행행위가 재량행위인 경우에는 법령은 집행기관에게 기본권 침해의 가능성만 부여할 뿐, 법령 스스로가 기본권의 침해행위를 규정하고 행정청이 이에 따르도록 구속하는 것이 아니다. 이때의 기본권의 침해는 집행기관의 의사에 따른 집행행위, 즉 재량권의 행사에 의하여 비로소 이루어지고 현실화되므로, 법령에 의한 기본권 침해의 직접성이 인정되지 않는다(헌재 2009.3.26. 2007헌마988).

정답

p.104

01	②	Ⅱ	06	③	Ⅲ	11	④	Ⅱ	16	①	Ⅱ	21	④	Ⅳ
02	④	Ⅰ	07	①	Ⅳ	12	③	Ⅲ	17	④	Ⅲ	22	②	Ⅱ
03	③	Ⅱ	08	①	Ⅱ	13	④	Ⅲ	18	④	Ⅱ	23	③	Ⅲ
04	①	Ⅲ	09	④	Ⅲ	14	②	Ⅱ	19	③	Ⅱ	24	①	Ⅲ
05	③	Ⅱ	10	③	Ⅲ	15	④	Ⅱ	20	④	Ⅲ	25	④	Ⅱ

취약 단원 분석표

단원	맞힌 답의 개수
Ⅰ	/ 1
Ⅱ	/ 12
Ⅲ	/ 10
Ⅳ	/ 2
TOTAL	/ 25

Ⅰ 헌법총론 / Ⅱ 기본권론 / Ⅲ 통치구조론 / Ⅳ 헌법재판론

---

01 직업의 자유　　　　　　　정답 ②

① [×] 택시를 이용하는 국민을 성범죄 등으로부터 보호하고, 여객운송서비스 이용에 대한 불안감을 해소하며, 도로교통에 관한 공공의 안전을 확보하려는 심판대상조항의 입법목적은 정당하고, 또한 해당 범죄를 범한 택시운송사업자의 운전자격의 필요적 취소라는 수단의 적합성도 인정된다. … 운전자격이 취소되더라도 집행유예기간이 경과하면 다시 운전자격을 취득할 수 있으므로 운수종사자가 받는 불이익은 제한적인 반면, 심판대상조항으로 달성되는 입법목적은 매우 중요하므로, 법익의 균형성 요건도 충족한다. 따라서 심판대상조항은 과잉금지원칙에 위배되지 않는다(헌재 2018.5.31. 2016헌바14).

❷ [○] 심판대상조항은 정보통신시스템, 데이터 또는 프로그램 등의 '운용을 방해할 수 있는 악성프로그램'으로 대상을 한정하고, 그 중에서도 '정당한 사유가 없는 악성프로그램의 유포행위'만을 금지·처벌하여 그 범위를 목적 달성에 필요한 범위로 합리적으로 제한하고 있다. 그 위반행위에 대하여 징역형과 벌금형을 선택할 수 있게 하고, 법정형에서 형벌의 상한만 규정하여 구체적 사안에 따라 죄질에 상응하는 형을 선고할 수 있다. 또한, 악성프로그램을 유포하는 자들이 받게 되는 직업의 자유 및 일반적 행동의 자유의 제한에 비하여 심판대상조항을 통하여 달성하려는 정보통신망의 안정성 및 정보의 신뢰성 확보와 이용자의 안전 보호라는 공익이 월등히 중요하다. 따라서 심판대상조항은 직업의 자유를 침해하지 아니한다(헌재 2021.7.15. 2018헌바428).

③ [×] 군인 아닌 자가 유사군복을 입고 군인임을 사칭하여 군인에 대한 국민의 신뢰를 실추시키는 행동을 하는 등 군에 대한 신뢰저하 문제로 이어져 향후 발생할 국가안전보장상의 부작용을 상정해볼 때, 단지 유사군복의 착용을 금지하는 것으로는 입법목적을 달성하기에 부족하고, 유사군복을 판매 목적으로 소지하는 것까지 금지하여 유사군복이 유통되지 않도록 하는 사전적 규제조치가 불가피하다. … 이를 판매 목적으로 소지하지 못하여 입는 개인의 직업의 자유나 일반적 행동의 자유의 제한 정도는, 국가안전을 보장하고자 하는 공익에 비하여 결코 중하다고 볼 수 없다. 따라서 심판대상조항은 과잉금지원칙을 위반하여 직업의 자유 내지 일반적 행동의 자유를 침해한다고 볼 수 없다(헌재 2019.4.11. 2018헌가14).

④ [×] 심판대상조항은 현금거래가 많은 업종의 사업자에 대한 과세표준을 양성화하여 세금탈루를 방지하고 공정한 거래질서를 확립하기 위한 것이므로, 입법목적의 정당성과 수단의 적합성이 인정된다. … 투명하고 공정한 거래질서를 확립하고 현금거래가 많은 업종의 과세표준을 양성화하려는 공익은 현금영수증 의무발행업종 사업자가 입게 되는 불이익보다 훨씬 크므로 법익균형성도 충족한다. 따라서 심판대상조항은 직업수행의 자유를 침해하지 아니한다(헌재 2019.8.29. 2018헌바265 등).

---

02 헌정사　　　　　　　정답 ④

① [○] 1954년 제2차 개정헌법은 민의원선거권자 50만명 이상의 찬성으로도 헌법개정을 제안할 수 있다고 규정하였다.

② [○] 국회의원의 수는 150인 이상 200인 이하의 범위 안에서 법률로 정한다.

> **1962년 헌법 제36조** ② 국회의원의 수는 150인 이상 200인 이하의 범위안에서 법률로 정한다.
> ③ 국회의원 후보가 되려하는 자는 소속정당의 추천을 받아야 한다.

③ [○] 대통령에 대한 탄핵소추는 국회의원 50인 이상의 발의와 재적의원 3분의 2 이상의 찬성이 있어야 한다.

> **제5차 개정헌법 제61조** ② 탄핵소추는 국회의원 30인 이상의 발의가 있어야 하며, 그 의결은 재적의원 과반수의 찬성이 있어야 한다.
> **제6차 개정헌법 제61조** ② 탄핵소추는 국회의원 30인 이상의 발의가 있어야 하며, 그 의결은 재적의원 과반수의 찬성이 있어야 한다. 다만, 대통령에 대한 탄핵소추는 국회의원 50인 이상의 발의와 재적의원 3분의 2 이상의 찬성이 있어야 한다.

❹ [×] 1962년 제5차 개정헌법이 대통령선거 및 국회의원선거에서 후보자가 필수적으로 정당의 추천을 받도록 하는 조항을 추가하였다.

03 외국인의 기본권 주체성 정답 ③

옳지 않은 것은 3개(ㄱ, ㄴ, ㅁ)이다.

ㄱ. [X] 청구인들이 불법체류 중인 외국인들이라 하더라도, 불법체류라는 것은 관련 법령에 의하여 체류자격이 인정되지 않는다는 것일 뿐이므로, '인간의 권리'로서 외국인에게도 주체성이 인정되는 일정한 기본권에 관하여 불법체류 여부에 따라 그 인정 여부가 달라지는 것은 아니다(헌재 2012.8.23. 2008헌마430).

ㄴ. [X] 직업의 자유 중 이 사건에서 문제되는 직장 선택의 자유는 인간의 존엄과 가치 및 행복추구권과도 밀접한 관련을 가지는 만큼 단순히 국민의 권리가 아닌 인간의 권리로 보아야 할 것이므로 외국인도 제한적으로라도 직장 선택의 자유를 향유할 수 있다고 보아야 한다. 청구인들이 이미 적법하게 고용허가를 받아 적법하게 우리나라에 입국하여 우리나라에서 일정한 생활관계를 형성, 유지하는 등, 우리 사회에서 정당한 노동인력으로서의 지위를 부여받은 상황임을 전제로 하는 이상, 이 사건 청구인들에게 직장 선택의 자유에 대한 기본권 주체성을 인정할 수 있다 할 것이다(헌재 2011.9.29. 2007헌마1083 등).

ㄷ. [O] 헌법재판소법 제68조 제1항의 헌법소원은 기본권의 주체만 청구할 수 있는데, 단순히 '국민의 권리'가 아니라 '인간의 권리'로 볼 수 있는 기본권에 대해서는 외국인도 기본권의 주체이다. 청구인이 침해받았다고 주장하는 변호인의 조력을 받을 권리는 성질상 인간의 권리에 해당되므로 외국인도 주체이다(헌재 2018.5.31. 2014헌마346).

ㄹ. [O] 타인과의 사용종속관계하에서 근로를 제공하고 그 대가로 임금 등을 받아 생활하는 사람은 노동조합법상 근로자에 해당하고, 노동조합법상의 근로자성이 인정되는 한, 그러한 근로자가 외국인인지 여부나 취업자격의 유무에 따라 노동조합법상 근로자의 범위에 포함되지 아니한다고 볼 수는 없다(대판 2015.6.25. 2007두4995).

ㅁ. [X] '국가인권위원회의 공정한 조사를 받을 권리'는 헌법상 인정되는 기본권이라고 하기 어렵고, 이 사건 보호 및 강제퇴거가 청구인들의 노동3권을 직접 제한하거나 침해한 바 없음이 명백하므로, 위 기본권들에 대하여는 본안판단에 나아가지 아니한다(헌재 2012.8.23. 2008헌마430).

04 국회 정답 ①

❶ [X] 국회의 임시회는 대통령 또는 국회재적의원 4분의 1 이상의 요구에 의하여 집회된다.

> **헌법 제47조** ① 국회의 정기회는 법률이 정하는 바에 의하여 매년 1회 집회되며, 국회의 임시회는 대통령 또는 국회재적의원 4분의 1 이상의 요구에 의하여 집회된다.

② [O] 국회는 헌법 또는 법률에 특별한 규정이 없는 한 재적의원 과반수의 출석과 출석의원 과반수의 찬성으로 의결한다. 가부동수인 때에는 부결된 것으로 본다(헌법 제49조).

③ [O] 국회의원이 회기전에 체포 또는 구금된 때에는 현행범인이 아닌 한 국회의 요구가 있으면 회기 중 석방된다(헌법 제44조 제2항).

④ [O] 대통령이 임시회의 집회를 요구할 때에는 기간과 집회요구의 이유를 명시하여야 한다(헌법 제47조 제3항).

05 통신의 자유 정답 ③

① [O] 헌법 제37조 제2항에 대한 옳은 내용이다.

> **제37조** ② 국민의 모든 자유와 권리는 국가안전보장·질서유지 또는 공공복리를 위하여 필요한 경우에 한하여 법률로써 제한할 수 있으며, 제한하는 경우에도 자유와 권리의 본질적인 내용을 침해할 수 없다.

② [O] 헌법 제18조로 보장되는 기본권인 통신의 자유란 통신수단을 자유로이 이용하여 의사소통할 권리이다. '통신수단의 자유로운 이용'에는 자신의 인적 사항을 누구에게도 밝히지 않는 상태로 통신수단을 이용할 자유, 즉 통신수단의 익명성 보장도 포함된다. 심판대상조항은 휴대전화를 통한 문자·전화·모바일 인터넷 등 통신기능을 사용하고자 하는 자에게 반드시 사전에 본인확인 절차를 거치는 데 동의해야만 이를 사용할 수 있도록 하므로, 익명으로 통신하고자 하는 청구인들의 통신의 자유를 제한한다(헌재 2019.9.26. 2017헌마1209).

❸ [X] 심판대상조항이 이동통신서비스 가입 시 본인확인절차를 거치도록 함으로써 타인 또는 허무인의 이름을 사용한 휴대전화인 이른바 대포폰이 보이스피싱 등 범죄의 범행도구로 이용되는 것을 막고, 개인정보를 도용하여 타인의 명의로 가입한 다음 휴대전화 소액결제나 서비스요금을 그 명의인에게 전가하는 등 명의도용범죄의 피해를 막고자 하는 입법목적은 정당하고, 이를 위하여 본인확인절차를 거치게 한 것은 적합한 수단이다. … 개인정보자기결정권, 통신의 자유가 제한되는 불이익과 비교했을 때, 명의도용피해를 막고, 차명휴대전화의 생성을 억제하여 보이스피싱 등 범죄의 범행도구로 악용될 가능성을 방지함으로써 잠재적 범죄 피해 방지 및 통신망 질서 유지라는 더욱 중대한 공익의 달성효과가 인정된다. 따라서 심판대상조항은 청구인들의 개인정보자기결정권 및 통신의 자유를 침해하지 않는다(헌재 2019.9.26. 2017헌마1209).

④ [O] 심판대상조항은 수용자의 처우 또는 교정시설의 운영에 관하여 명백하게 거짓 사실을 포함하고 있거나, 타인의 사생활의 비밀이나 자유를 침해하거나 교정시설의 안전과 질서를 해치고 수형자의 교정교화와 건전한 사회복귀를 저해할 우려가 있는 내용을 포함하는 집필문의 반출로 인해 야기될 사회적 혼란과 위험을 사전에 예방하고, 교정시설 내의 규율과 수용질서를 유지하고 수용자의 교화와 사회복귀를 원활하게 하려는 것으로 그 입법목적의 정당성이 인정된다. 이러한 사유에 해당하는 집필문의 외부 반출을 금하는 것은 입법목적을 달성하기 위한 적절한 수단에 해당한다. … 따라서 심판대상조항은 수용자의 통신의 자유를 침해하지 아니한다(헌재 2016.5.26. 2013헌바98).

06 대통령의 권한 정답 ③

① [O] 헌법 제79조 제2항에 대한 옳은 내용이다.

> **제79조** ② 일반사면을 명하려면 국회의 동의를 얻어야 한다.

② [O] 「사면법」 제7조에 대한 옳은 내용이다.

제7조 【집행유예를 선고받은 자에 대한 사면 등】 형의 집행유예를 선고받은 자에 대하여는 형 선고의 효력을 상실하게 하는 특별사면 또는 형을 변경하는 감형을 하거나 그 유예기간을 단축할 수 있다

❸ [×] 행정법규 위반에 대한 범칙 또는 과벌의 면제와 징계법규에 따른 징계 또는 징벌의 면제에 관하여는 이 법의 사면에 관한 규정을 준용한다(「사면법」 제4조).

④ [○] 「사면법」 제6조에 대한 옳은 내용이다.

제6조 【복권의 제한】 복권은 형의 집행이 끝나지 아니한 자 또는 집행이 면제되지 아니한 자에 대하여는 하지 아니한다.

07　헌법소원심판　　정답 ①

❶ [×] 청구인 B가 침해받았다고 주장하는 기본권인 생명권, 집회의 자유 등은 일신전속적인 성질을 가지므로 승계되거나 상속될 수 없어, 기본권의 주체가 사망한 경우 그 심판절차가 종료되는 것이 원칙이다. 그러나 이 부분 심판청구의 심판의 이익이 인정되고, 청구인 B는 이 사건 직사살수행위로 인하여 이 사건 심판절차의 계속 중 사망에 이르렀으므로, 예외적으로 이 부분 심판청구는 종료된 것으로 볼 수 없다(헌재 2020.4.23. 2015헌마1149).

② [○] 이 사건 직사살수행위는 이미 종료되었고, 청구인 B는 2016. 9.25. 사망하였으므로, 이 부분 심판청구는 주관적 권리보호이익이 소멸하였다. 그러나 직사살수행위는 사람의 생명이나 신체에 중대한 위험을 초래할 수 있는 공권력 행사에 해당하고, 헌법재판소는 직사살수행위가 헌법에 합치하는지 여부에 대한 해명을 한 바 없으므로, 심판의 이익을 인정할 수 있다(헌재 2020.4.23. 2015헌마1149).

③ [○] 이 사건 직사살수행위는 불법 집회로 인하여 발생할 수 있는 타인 또는 경찰관의 생명·신체의 위해와 재산·공공시설의 위험을 억제하기 위하여 이루어진 것이므로 그 목적이 정당하다. 이 사건 직사살수행위 당시 청구인 B는 살수를 피해 뒤로 물러난 시위대와 떨어져 홀로 경찰 기동버스에 매여 있는 밧줄을 잡아당기고 있었다. 따라서 이 사건 직사살수행위 당시 억제할 필요성이 있는 생명·신체의 위해 또는 재산·공공시설의 위험 자체가 발생하였다고 보기 어려우므로, 수단의 적합성을 인정할 수 없다(헌재 2020.4.23. 2015헌마1149).

④ [○] 법령조항 자체가 헌법소원의 대상이 되기 위해서는 구체적인 집행행위를 기다리지 아니하고 그 자체에 의하여 직접, 현재, 자기의 기본권을 침해당하여야 하고, 여기서 말하는 직접성이란 집행행위에 의하지 아니하고 법령 그 자체에 의하여 자유의 제한, 의무의 부과, 권리 또는 법적 지위의 박탈이 생긴 경우를 뜻한다. 또한 법령에 근거한 구체적인 집행행위가 재량행위인 경우에 법령은 집행기관에게 기본권 침해의 가능성만 부여할 뿐, 법령 스스로가 기본권의 침해행위를 규정하고 행정청이 이에 따르도록 구속하는 것이 아니고, 이때의 기본권의 침해는 집행기관의 의사에 따른 집행행위, 즉 재량권의 행사에 의하여 비로소 이루어지고 현실화되므로 이러한 경우에는 법령에 의한 기본권 침해의 직접성이 인정되지 않는다. 이 사건 근거조항들은 살수차의 사용요건 등을 정한 것으로서 집회·

시위 현장에서 경찰의 살수행위라는 구체적 집행행위를 예정하고 있다. 경찰관은 이 사건 근거조항들에 의하여 직사살수를 할 것인지 여부를 개별적·구체적 집회 또는 시위 현장에서 재량적 판단에 따라 결정하므로, 기본권에 대한 침해는 이 사건 근거조항들이 아니라 구체적 집행행위인 '직사살수행위'에 의하여 비로소 발생하는 것이다(헌재 2020.4.23. 2015헌마1149).

08　인격권, 일반적 행동자유권　　정답 ①

❶ [×] 심판대상조항은 위험성을 가진 재화의 제조·판매조건을 제약함으로써 최고속도 제한이 없는 전동킥보드를 구입하여 사용하고자 하는 소비자의 자기결정권 및 일반적 행동자유권을 제한할 뿐이다. 전동킥보드의 자전거도로 통행을 허용하는 조치를 실시하기 위해서는 제조·수입되는 전동킥보드가 일정 속도 이상으로는 동작하지 않도록 제한하는 것이 선행되어야 한다. 소비자가 아직 전동킥보드의 자전거도로 통행이 가능하지 않음에도 불구하고 최고속도 제한기준을 준수한 제품만을 구입하여 이용할 수밖에 없는 불편함이 있다고 하여 전동킥보드의 최고속도를 제한하는 안전기준의 도입이 입법목적 달성을 위한 수단으로서의 적합성을 잃었다고 볼 수는 없다.
최고속도 제한을 두지 않는 방식이 이를 두는 방식에 비해 확실히 더 안전한 조치라고 볼 근거가 희박하고, 최고속도가 시속 25km라는 것은 자전거도로에서 통행하는 다른 자전거보다 속도가 더 높아질수록 사고위험이 증가할 수 있는 측면을 고려한 기준 설정으로서, 전동킥보드 소비자의 자기결정권 및 일반적 행동자유권을 박탈할 정도로 지나치게 느린 정도라고 보기 어렵다. 심판대상조항은 과잉금지원칙을 위반하여 소비자의 자기결정권 및 일반적 행동자유권을 침해하지 아니한다(헌재 2020.2.27. 2017헌마1339).

② [○] 본인인증 조항은 인터넷게임에 대한 연령 차별적 규제수단들을 실효적으로 보장하고, 인터넷게임 이용자들이 게임물 이용시간을 자발적으로 제한하도록 유도하여 인터넷게임 과몰입 내지 중독을 예방하고자 하는 것으로 그 입법목적에 정당성이 인정되며, 본인인증절차를 거치도록 하는 것은 이러한 목적 달성을 위한 적절한 수단이다. … 게임물 관련 사업자가 본인인증 결과 이외의 정보를 수집하기 위해서는 인터넷게임을 이용하는 사람의 별도의 동의를 받아야 하고, 정보통신망 이용촉진 및 정보보호 등에 관한 법률에서 동의를 얻어 수집된 정보를 보호하기 위한 장치들을 충분히 마련하고 있으며, 회원가입시 1회 본인인증 절차를 거치도록 하는 것이 이용자들에게 게임의 이용 여부 자체를 진지하게 고려하게 할 정도로 중대한 장벽이나 제한으로 기능한다거나 게임시장의 성장을 방해한다고 보기도 어려우므로 침해의 최소성에도 위배되지 아니하고, 본인인증조항을 통하여 달성하고자 하는 게임과몰입 및 중독 방지라는 공익은 매우 중대하므로 법익의 균형성도 갖추었다. 따라서 본인인증 조항은 청구인들의 일반적 행동의 자유 및 개인정보자기결정권을 침해하지 아니한다(헌재 2015.3.26. 2013헌마517).

③ [○] 변호사 정보 제공 웹사이트 운영자가 변호사들의 개인신상정보를 기반으로 변호사들의 인맥지수를 산출하여 공개하는 서비스를 제공한 사안에서, 인맥지수의 사적·인격적 성격, 산출 과정에서 왜곡 가능성, 인맥지수 이용으로 인한 변호사들의 이익 침해와 공적 폐해의 우려, 그에 반하여 이용으로 달성될 공

적인 가치의 보호 필요성 정도 등을 종합적으로 고려하면, 운영자가 변호사들의 개인신상정보를 기반으로 한 인맥지수를 공개하는 표현행위에 의하여 얻을 수 있는 법적 이익이 이를 공개하지 않음으로써 보호받을 수 있는 변호사들의 인격적 법익에 비하여 우월하다고 볼 수 없어, 결국 운영자의 인맥지수 서비스 제공행위는 변호사들의 개인정보에 관한 인격권을 침해하는 위법한 것이다(대판 2011.9.02. 2008다42430).

④ [O] 헌법 제10조로부터 도출되는 일반적 인격권에는 각 개인이 그 삶을 사적으로 형성할 수 있는 자율영역에 대한 보장이 포함되어 있음을 감안할 때, 장래 가족의 구성원이 될 태아의 성별 정보에 대한 접근을 국가로부터 방해받지 않을 부모의 권리는 이와 같은 일반적 인격권에 의하여 보호된다고 보아야 할 것인바, 이 사건 규정은 일반적 인격권으로부터 나오는 부모의 태아 성별 정보에 대한 접근을 방해받지 않을 권리를 제한하고 있다고 할 것이다(헌재 2008.7.31. 2004헌마1010).

09 대통령의 지위 · 권한   정답 ④

① [O] 대통령이 궐위된 때 또는 대통령 당선자가 사망하거나 판결 기타의 사유로 그 자격을 상실한 때에는 60일 이내에 후임자를 선거한다(헌법 제68조 제2항).

② [O] 헌법이나 형사소송법 등의 법률에 대통령의 재직 중 공소시효의 진행이 정지된다고 명백히 규정되어 있지는 않다고 하더라도, 헌법 제84조 규정은 바로 공소시효진행의 소극적 사유가 되는 국가의 소추권행사의 법률상 장애사유에 해당하므로, 대통령의 재직중에는 공소시효의 진행이 당연히 정지되는 것으로 보아야 한다(헌재 1995.1.20. 94헌마246).

③ [O] 기업이 피청구인(대통령)의 요구를 수용할지를 자율적으로 결정하기 어려웠다면, 피청구인의 요구는 임의적 협력을 기대하는 단순한 의견제시나 권고가 아니라 사실상 구속력 있는 행위라고 보아야 한다. 피청구인이 '문화융성'이라는 국정과제 수행을 위해 미르와 케이스포츠의 설립이 필요하다고 판단했다면, 공권력 개입을 정당화할 수 있는 기준과 요건을 법률로 정하고 공개적으로 재단을 설립했어야 했다. 그런데 이와 반대로 비밀리에 대통령의 권한을 이용하여 기업으로 하여금 재단법인에 출연하도록 한 피청구인의 행위는 해당 기업의 재산권 및 기업경영의 자유를 침해한 것이다(헌재 2017.3.10. 2016헌나1).

❹ [X] 대통령이 발한 긴급명령이 국회의 승인을 얻지 못한 때에는 그때부터 효력을 상실한다. 이 경우 그 명령에 의하여 개정 또는 폐지되었던 법률은 그 명령이 승인을 얻지 못한 때부터 당연히 효력을 회복한다(헌법 제76조 제4항).

10 감사원   정답 ③

① [O] 직무감찰의 범위를 정한 감사원법 제24조 제1항 제2호에 의하면, 지방자치단체의 사무와 그에 소속한 지방공무원의 직무는 감사원의 감찰사항에 포함되며, 여기에는 공무원의 비위사실을 밝히기 위한 비위감찰권뿐만 아니라 공무원의 근무평정·행정관리의 적부심사분석과 그 개선 등에 관한 행정감찰권까지 포함된다고 해석된다(헌재 2008.5.29. 2005헌라3).

② [O] 감사원은 국가공무원법과 그 밖의 법령에 규정된 징계 사유에 해당하거나 정당한 사유 없이 이 법에 따른 감사를 거부하거나 자료의 제출을 게을리한 공무원에 대하여 그 소속 장관 또는 임용권자에게 징계를 요구할 수 있다(「감사원법」 제32조 제1항). 또한 직무감찰 사항에 지방자치단체 사무의 성격이나 종류에 따른 구별을 두지 않고 있다(「감사원법」 제24조 참조).

> 「감사원법」 제24조 【감찰 사항】 ① 감사원은 다음 각 호의 사항을 감찰한다.
> 1. 「정부조직법」 및 그 밖의 법률에 따라 설치된 행정기관의 사무와 그에 소속한 공무원의 직무
> 2. 지방자치단체의 사무와 그에 소속한 지방공무원의 직무

❸ [X] 감사원법은 지방자치단체의 위임사무나 자치사무의 구별 없이 합법성 감사뿐만 아니라 합목적성 감사도 허용하고 있는 것으로 보이므로, 감사원의 지방자치단체에 대한 이 사건 감사는 법률상 권한 없이 이루어진 것은 아니다. 헌법이 감사원을 독립된 외부감사기관으로 정하고 있는 취지, 중앙정부와 지방자치단체는 서로 행정기능과 행정책임을 분담하면서 중앙행정의 효율성과 지방행정의 자주성을 조화시켜 국민과 주민의 복리 증진이라는 공동목표를 추구하는 협력관계에 있다는 점을 고려하면 지방자치단체의 자치사무에 대한 합목적성 감사의 근거가 되는 이 사건 관련규정은 그 목적의 정당성과 합리성을 인정할 수 있다. 또한 감사원법에서 지방자치단체의 자치권을 존중할 수 있는 장치를 마련해두고 있는 점, 국가재정지원에 상당부분 의존하고 있는 우리 지방재정의 현실, 독립성이나 전문성이 보장되지 않은 지방자치단체 자체감사의 한계 등으로 인한 외부감사의 필요성까지 감안하면, 이 사건 관련규정이 지방자치단체의 고유한 권한을 유명무실하게 할 정도로 지나친 제한을 함으로써 지방자치권의 본질적 내용을 침해하였다고는 볼 수 없다(헌재 2008.5.29. 2005헌라3).

④ [O] 감사원은 대통령 소속이지만 직무상 독립된 지위에 있다.

> 「감사원법」 제2조 【지위】 ① 감사원은 대통령에 소속하되, 직무에 관하여는 독립의 지위를 가진다.
> ② 감사원 소속 공무원의 임용, 조직 및 예산의 편성에 있어서는 감사원의 독립성이 최대한 존중되어야 한다.

11 집회의 자유   정답 ④

① [O] 집회의 자유는 개인이 집회에 참가하는 것을 방해하거나 또는 집회에 참가할 것을 강요하는 국가행위를 금지할 뿐만 아니라, 예컨대 집회장소로의 여행을 방해하거나, 집회장소로부터 귀가하는 것을 방해하거나, 집회참가자에 대한 검문의 방법으로 시간을 지연시킴으로써 집회장소에 접근하는 것을 방해하는 등 집회의 자유행사에 영향을 미치는 모든 조치를 금지한다(헌재 2003.10.30. 2000헌바67).

② [O] 국회의사당 경계지점으로부터 100m 이내의 장소에서 옥외집회 또는 시위를 전면금지하는 것은 집회의 자유를 침해한다(헌재 2018.5.31. 2013헌바322)[헌법불합치].

③ [O] 막연히 폭력·불법적이거나 돌발적인 상황이 발생할 위험이 있다는 가정만을 근거로 하여 대통령 관저 인근에서 열리는 모든 집회를 금지하는 것은 정당화되기 어렵다. 심판대상조항

은 침해의 최소성에 위배된다. 국민이 집회를 통해 대통령에게 의견을 표명하고자 하는 경우, 대통령 관저 인근은 그 의견이 가장 효과적으로 전달될 수 있는 장소이다. 따라서 대통령 관저 인근에서의 집회를 전면적·일률적으로 금지하는 것은 집회의 자유의 핵심적인 부분을 제한한다. 심판대상조항을 통한 대통령의 헌법적 기능 보호라는 목적과 집회의 자유에 대한 제약 정도를 비교할 때, 심판대상조항은 법익의 균형성에도 어긋난다. 따라서 심판대상조항은 과잉금지원칙에 위배되어 집회의 자유를 침해한다(헌재 2022.12.22. 2018헌바48).

❹ [X] 야간시위를 금지하는 집회 및 시위에 관한 법률(이하 '집시법'이라 한다) 제10조 본문에는 위헌적인 부분과 합헌적인 부분이 공존하고 있으며, 위 조항 전부의 적용이 중지될 경우 공공의 질서 내지 법적 평화에 대한 침해의 위험이 높아, 일반적인 옥외집회나 시위에 비하여 높은 수준의 규제가 불가피한 경우에도 대응하기 어려운 문제가 발생할 수 있으므로, 현행 집시법의 체계 내에서 시간을 기준으로 한 규율의 측면에서 볼 때 규제가 불가피하다고 보기 어려움에도 시위를 절대적으로 금지하여 위헌성이 명백한 부분에 한하여 위헌 결정을 한다. 심판대상조항들은, 이미 보편화된 야간의 일상적인 생활의 범주에 속하는 '해가 진 후부터 같은 날 24시까지의 시위'에 적용하는 한 헌법에 위반된다(헌재 2014.3.27. 2010헌가2 등).

---

12   선거제도   정답 ③

① [O] 「공직선거법」 제6조의2에 대한 옳은 내용이다.

> **제6조의2 【다른 자에게 고용된 사람의 투표시간 보장】**
> ① 다른 자에게 고용된 사람이 사전투표기간 및 선거일에 모두 근무를 하는 경우에는 투표하기 위하여 필요한 시간을 고용주에게 청구할 수 있다.
> ② 고용주는 제1항에 따른 청구가 있으면 고용된 사람이 투표하기 위하여 필요한 시간을 보장하여 주어야 한다.
> ③ 고용주는 고용된 사람이 투표하기 위하여 필요한 시간을 청구할 수 있다는 사실을 선거일 전 7일부터 선거일 전 3일까지 인터넷 홈페이지, 사보, 사내게시판 등을 통하여 알려야 한다.

② [O] 「공직선거법」 제6조 제5항에 대한 옳은 내용이다.

> **제6조 【선거권행사의 보장】** ⑤ 선거의 중요성과 의미를 되새기고 주권의식을 높이기 위하여 매년 5월 10일을 유권자의 날로, 유권자의 날부터 1주간을 유권자 주간으로 하고, 각급선거관리위원회(읍·면·동선거관리위원회는 제외한다)는 공명선거 추진활동을 하는 기관 또는 단체 등과 함께 유권자의 날 의식과 그에 부수되는 행사를 개최할 수 있다.

❸ [X] 사과문에 해당하는 제재조치는 결정할 수 없다. 이 사건 사과문 게재조항은 정기간행물 등을 발행하는 언론사가 보도한 선거기사의 내용이 공정하지 아니하다고 인정되는 경우 선거기사심의위원회의 사과문 게재결정을 통하여 해당 언론사로 하여금 그 잘못을 인정하고 용서를 구하게 하고 있다. 이는 언론사 스스로 인정하거나 형성하지 아니한 윤리적·도의적 판단의 표시를 강제하는 것으로서 언론사가 가지는 인격권을 제한하는 정도가 매우 크다. 더욱이 이 사건 처벌조항은 형사처벌

을 통하여 그 실효성을 담보하고 있다. 그런데 공직선거법에 따르면, 언론사가 불공정한 선거기사를 보도하는 경우 선거기사심의위원회는 사과문 게재명령 외에도 정정보도문의 게재명령을 할 수 있다. 또한 해당 언론사가 '공정보도의무를 위반하였다는 결정을 선거기사심의위원회로부터 받았다는 사실을 공표'하도록 하는 방안, 사과의 의사표시가 필요한 경우에도 사과의 '권고'를 하는 방법을 상정할 수 있다. 나아가, 이 사건 법률조항들이 추구하는 목적, 즉 선거기사를 보도하는 언론사의 공적인 책임의식을 높임으로써 민주적이고 공정한 여론 형성 등에 이바지한다는 공익이 중요하다는 점에는 이론의 여지가 없으나, 언론에 대한 신뢰가 무엇보다 중요한 언론사에 대하여 그 사회적 신용이나 명예를 저하시키고 인격의 자유로운 발현을 저해함에 따라 발생하는 인격권 침해의 정도는 이 사건 법률조항들이 달성하려는 공익에 비해 결코 작다고 할 수 없다. 결국 이 사건 법률조항들은 언론사의 인격권을 침해하여 헌법에 위반된다(헌재 2015.7.30. 2013헌가8).

> **「공직선거법」 제8조의3 【선거기사심의위원회】** ③ 선거기사심의위원회는 신문 등의 진흥에 관한 법률 제2조 제1호에 따른 신문, 잡지 등 정기간행물의 진흥에 관한 법률 제2조 제1호에 따른 잡지·정보간행물·전자간행물·기타간행물 및 「뉴스통신진흥에 관한 법률」 제2조 제1호에 따른 뉴스통신(이하 이 조 및 제8조의4에서 "정기간행물 등"이라 한다)에 게재된 선거기사의 공정 여부를 조사하여야 하고, 조사결과 선거기사의 내용이 공정하지 아니하다고 인정되는 경우에는 해당 기사의 내용에 대하여 다음 각 호의 어느 하나에 해당하는 제재조치를 결정하여 이를 언론중재위원회에 통보하여야 하며, 언론중재위원회는 불공정한 선거기사를 게재한 정기간행물 등을 발행한 자(이하 이 조 및 제8조의4에서 "언론사"라 한다)에 대하여 통보받은 제재조치를 지체 없이 명하여야 한다.
> 1. 정정보도문 또는 반론보도문 게재
> 2. 경고결정문 게재
> 3. 주의사실 게재
> 4. 경고, 주의 또는 권고

④ [O] 「공직선거법」 제113조에 대한 옳은 내용이다.

> **제113조 【후보자 등의 기부행위제한】** ① 국회의원·지방의회의원·지방자치단체의 장·정당의 대표자·후보자(후보자가 되고자 하는 자를 포함한다)와 그 배우자는 당해 선거구안에 있는 자나 기관·단체·시설 또는 당해 선거구의 밖에 있더라도 그 선거구민과 연고가 있는 자나 기관·단체·시설에 기부행위(결혼식에서의 주례행위를 포함한다)를 할 수 없다.
> ② 누구든지 제1항의 행위를 약속·지시·권유·알선 또는 요구할 수 없다.

---

13   사법권의 독립   정답 ④

① [O] 강도상해죄는 그 법정형의 하한이 7년 이상의 유기징역으로 한정되어 있어, 법률상 다른 감경사유가 없는 한 작량감경을 하여도 집행유예의 선고를 할 수 없도록 되어 있다고 하나, 이는 앞서 본 바와 같은 입법재량의 범위를 일탈하지 아니한 것

이다. 즉, 어떤 범죄에 대한 법정형의 종류와 범위를 정하는 것은 기본적으로 입법자의 형성의 자유에 속하는 사항으로서, 입법자는 앞서 본 제반사정을 종합하여 강도상해의 범행을 저지른 자에 대하여는 법률상 다른 형의 감경사유가 있다는 등 특단의 사정이 없는 한 작량감경만으로는 집행유예의 판결을 선고할 수 없도록 함으로써 그러한 범죄자에 대하여는 반드시 장기간 사회에서 격리시키도록 하는 것이 형사정책적 측면에서 바람직하다는 판단에 따라 강도상해죄의 법정형의 하한을 징역 7년으로 제한하였다고 할 것이므로, 이러한 입법자의 입법정책적 결단은 기본적으로 존중되어야 한다. … 형법 제337조의 법정형은 현저히 형벌체계상의 정당성과 균형을 잃은 것으로서 헌법상의 평등의 원칙에 반한다거나 인간의 존엄과 가치를 규정한 헌법 제10조와 기본권제한입법의 한계를 규정한 헌법 제37조 제2항에 위반된다거나 또는 사법권의 독립 및 법관의 양형판단권을 침해한 위헌법률조항이라 할 수 없다(헌재 1997.8.21. 93헌바60).

② [O] 피청구인이 징계 등 처분에 대하여 불복하려는 경우에는 징계 등 처분이 있음을 안 날부터 14일 이내에 전심(前審) 절차를 거치지 아니하고 대법원에 징계 등 처분의 취소를 청구하여야 한다(「법관징계법」 제27조 제1항).

③ [O] 법관이 중대한 신체상 또는 정신상의 장해로 직무를 수행할 수 없을 때에는, 대법관인 경우에는 대법원장의 제청으로 대통령이 퇴직을 명할 수 있고, 판사인 경우에는 인사위원회의 심의를 거쳐 대법원장이 퇴직을 명할 수 있다(「법원조직법」 제47조).

❹ [×] 대법원장과 대법관이 아닌 법관은 대법관회의의 동의를 얻어 대법원장이 임명한다(헌법 제104조 제3항).

> **헌법 제104조** ③ 대법원장과 대법관이 아닌 법관은 대법관회의의 동의를 얻어 대법원장이 임명한다.
> **「법원조직법」 제41조【법관의 임명】** ③ 판사는 인사위원회의 심의를 거치고 대법관회의의 동의를 받아 대법원장이 임명한다.

14 명확성의 원칙 정답 ②

① [O] 선거운동의 의미, 심판대상조항의 입법취지, 관련 법률의 규정 등에 비추어, 심판대상조항에서의 '선거운동'은 '특정 후보자의 당선 내지 득표나 낙선을 위하여 필요하고도 유리한 모든 행위로서 당선 또는 낙선을 도모한다는 목적의사가 객관적으로 인정될 수 있는 능동적·계획적인 행위를 말하는 것'으로 풀이할 수 있다. 심판대상조항은 '선거운동기간'의 의미에 관하여 "후보자등록마감일의 다음날부터 선거일 전일까지"라고 명확하게 규정하고 있고, 다의적인 해석가능성이 있다고 볼 수 없다. 나아가, 심판대상조항의 입법목적이나 입법취지, 입법연혁, 관련 법률의 규정 등을 종합하여 보면, 건전한 상식과 통상적인 법감정을 가진 사람이라면 선거운동이 금지되는 선거운동기간이 언제인지 합리적으로 파악할 수 있으며, 아울러 법집행기관의 자의적인 법해석이나 법집행의 가능성도 배제되어 있다. 그러므로 심판대상조항은 죄형법정주의의 명확성원칙에 위반되지 아니한다(헌재 2021.7.15. 2020헌가9).

❷ [×] '사교', '의례', '선물'은 사전적으로 그 의미가 분명할 뿐만 아니라 일상생활에서 흔히 사용되는 용어들이며, 위임조항의 입법취지, 청탁금지법 제2조 제3호의 금품 등의 정의에 관한 조항 등 관련 조항들을 종합하여 보면, 위임조항이 규정하고 있는 '사교·의례 목적으로 제공되는 선물'은 다른 사람과 사귈 목적 또는 예의를 지킬 목적으로 대가없이 제공되는 물품 또는 유가증권, 숙박권, 회원권, 입장권 그 밖에 이에 준하는 것을 뜻함을 충분히 알 수 있다. 따라서 위임조항이 명확성원칙에 위배되지 않는다(헌재 2016.7.28. 2015헌마236).

③ [O] 이 사건 정의조항 중 반민규명법 제2조 제6호 내지 제9호의 행위를 한 자'로 규정한 부분이 불명확하다고 할 수 없고, '독립운동에 적극 참여한 자' 부분은 '일제 강점하에서 우리 민족의 독립을 쟁취하려는 운동에 의욕적이고 능동적으로 관여한 자'라는 뜻이므로 그 의미를 넉넉히 파악할 수 있다(헌재 2011.3.31. 2008헌바141).

④ [O] 이 사건 법률조항 중 '직접'의 사전적 의미, 이 사건 법률조항의 입법연혁, 의료법 관련 규정들을 종합적으로 고려하면, 이 사건 법률조항에서 말하는 '직접 진찰한'은 의료인이 '대면하여 진료를 한'으로 해석되는 외에는 달리 해석의 여지가 없고, 결국 이 사건 법률조항은 의료인의 '대면진료 의무'와 '진단서 등의 발급주체' 양자를 모두 규율하고 있다. 또한, 이 사건 법률조항은 일반 국민을 대상으로 하지 않고 의료인을 수범자로 한정하고 있는바, 통상적인 법감정과 직업의식을 지닌 의료인이라면 이 사건 법률조항이 규율하는 내용이 대면진료를 한 경우가 아니면 진단서 등을 작성하여 교부할 수 없고 이를 위반한 경우 형사처벌을 받게 된다는 것임을 인식하고 이를 의료행위의 기준으로 삼을 수 있으며, 또한 이 사건 법률조항의 내용은 이를 위반한 행위에 대한 형사소송에서 법관의 통상적인 해석·적용에 의하여 보완될 수 있으므로, 법 집행 당국의 자의적인 집행의 가능성 또한 예상되지 않는다. 따라서 이 사건 법률조항은 죄형법정주의의 명확성원칙에 위배된다고 할 수 없다(헌재 2012.3.29. 2010헌바83).

15 공무담임권 정답 ④

① [O] 심판대상조항은 공직에 대한 국민의 신뢰를 확보하고 아동의 건강과 안전을 보호하기 위한 것으로서, 그 입법목적이 정당하다. 아동에 대한 성희롱 등의 성적 학대행위로 인하여 형을 선고받아 확정된 사람을 공직에 진입할 수 없도록 하는 것은 위와 같은 입법목적 달성에 기여할 수 있으므로, 수단의 적합성도 인정된다. 그러나 심판대상조항은 아동과 관련이 없는 직무를 포함하여 모든 일반직공무원 및 부사관에 임용될 수 없도록 한다. 또한, 심판대상조항은 영구적으로 임용을 제한하고, 아무리 오랜 시간이 경과하더라도 결격사유가 해소될 수 있는 어떠한 가능성도 인정하지 않는다. 아동에 대한 성희롱 등의 성적 학대행위로 형을 선고받은 경우라고 하여도 범죄의 종류, 죄질 등은 다양하므로, 개별 범죄의 비난가능성 및 재범 위험성 등을 고려하여 상당한 기간 동안 임용을 제한하는 덜 침해적인 방법으로도 입법목적을 충분히 달성할 수 있다. 따라서 심판대상조항은 과잉금지원칙에 위반되어 청구인의 공무담임권을 침해한다(헌재 2022.11.24. 2020헌마1181).

② [O] 국가공무원법은 정신상의 장애로 직무를 감당할 수 없는 국가공무원에 대해서는 임용권자가 휴직 명령 및 그에 이은 직권면직을 하도록 정하고 있다. 그러나 피성년후견인이 된 국가공무원은 심판대상조항에 의하여 위와 같은 현행법상 공무담임권 보장의 대상에서 제외된 채 당연퇴직된다. 그 결과 똑같은

정도의 정신상의 장애가 발생하였음에도 성년후견개시심판을 청구하여 피성년후견인이 된 국가공무원은 당연퇴직되는 반면 성년후견개시심판을 청구하지 않은 국가공무원은 휴직 및 직무 복귀의 기회를 제도적으로 보장 받게 되어 양자 사이에 현저한 차별이 야기된다. 심판대상조항에 의한 이러한 차별은 공무원 신분의 부당한 박탈을 금지하는 공무담임권의 보호영역 및 공무담임권의 사회국가원리상의 의의에 비추어보면 가혹한 것으로 평가할 수밖에 없다. 따라서 심판대상조항은 법익의 균형성에 위배된다. 심판대상조항은 과잉금지원칙에 위배되어 공무담임권을 침해한다(헌재 2022.12.22. 2020헌가8).

③ [○] 재판연구원 및 검사의 신규임용에 있어서 서류전형 이후 법학전문대학원 졸업예정자에게만 필기전형이나 실무기록평가를 치르게 하는 것은 법학전문대학원마다 교육 및 훈련 과정이 다르고 변호사시험 성적도 공개되지 않아 통일적으로 이들의 실무수행능력을 평가할 자료가 부족하기 때문이고, 사법연수원 수료예정자의 경우 사법연수원에서 민·형사 기록파악 및 각종 재판 실무 등에 대한 교육과 훈련을 받고 이를 평가하는 절차를 통일적으로 거치기 때문에 임용 단계에서 이를 위한 별도의 절차를 거치지 않는 것일 뿐이므로, 이 사건 공고가 법학전문대학원 졸업예정자에게 어떠한 특혜를 부여하거나, 사법연수원 수료예정자인 청구인들을 차별하기 위한 것이라 할 수 없다. 또한 이 사건 공고는 위와 같이 사법연수원과 법학전문대학원의 교육 제도 및 평가 과정의 차이를 반영한 것일 뿐이고 법학전문대학원 졸업예정자에게 필기전형이나 실무기록평가를 치르도록 하는 것 외에 양 집단 간 임용 절차상 아무런 차이가 없으므로, 이 사건 공고가 각각의 선발인원을 별도로 내정하기 위하여 임용 절차를 이원화한 것이라고 단정할 수 없다. 따라서 이 사건 공고는 청구인들의 공무담임권이나 평등권을 침해할 가능성이 있다고 할 수 없다(헌재 2015.4.30. 2013헌마504).

❹ [×] 이 사건 기탁금조항의 1,000만원 액수는 교원 등 학내 인사뿐만 아니라 일반 국민들 입장에서도 적은 금액이 아니다. 여기에, 추천위원회의 최초 투표만을 기준으로 기탁금 반환 여부가 결정되는 점, 일정한 경우 기탁자 의사와 관계없이 기탁금을 발전기금으로 귀속시키는 점 등을 종합하면, 이 사건 기탁금조항의 1,000만원이라는 액수는 자력이 부족한 교원 등 학내 인사와 일반 국민으로 하여금 총장후보자 지원 의사를 단념토록 하는 정도에 해당한다. 이러한 사정들을 종합하면, 이 사건기탁금조항은 침해의 최소성에 반한다. 현행 총장후보자 선정규정에 따른 간선제 방식에서는 이 사건 기탁금조항으로 달성하려는 공익은 제한적이다. 반면 이 사건 기탁금조항으로 인하여 기탁금을 납입할 자력이 없는 교원 등 학내 인사 및 일반 국민들은 총장후보자에 지원하는 것 자체를 단념하게 되므로, 이 사건 기탁금조항으로 제약되는 공무담임권의 정도는 결코 과소평가될 수 없다. 이 사건 기탁금조항으로 달성하려는 공익이 제한되는 공무담임권 정도보다 크다고 단정할 수 없으므로, 이 사건 기탁금조항은 법익의 균형성에도 반한다. 이 사건 기탁금조항은 과잉금지원칙에 반하여 청구인의 공무담임권을 침해한다(헌재 2018.4.26. 2014헌마274).

16　양심의 자유　정답 ①

❶ [×] 시민적 및 정치적 권리에 관한 국제규약(이하 '자유권규약'이라 한다)의 조약상 기구인 자유권규약위원회의 견해는 규약을 해석함에 있어 중요한 참고기준이 되고, 규약 당사국은 그 견해를 존중하여야 한다. … 자유권규약위원회의 견해가 규약 당사국의 국내법 질서와 충돌할 수 있고, 그 이행을 위해서는 각 당사국의 역사적, 사회적, 정치적 상황 등이 충분히 고려될 필요가 있으므로, 우리 입법자가 자유권규약위원회의 견해(Views)의 구체적인 내용에 구속되어 그 모든 내용을 그대로 따라야만 하는 의무를 부담한다고 볼 수는 없다. 나아가 기존에 유죄판결을 받은 양심적 병역거부자에 대해 전과기록 말소 등의 구제조치를 할 것인지에 대하여는 입법자에게 광범위한 입법재량이 부여되어 있다고 보아야 한다. 따라서 우리나라가 자유권규약의 당사국으로서 자유권규약위원회의 견해를 존중하고 고려하여야 한다는 점을 감안하더라도, 피청구인에게 이 사건 견해에 언급된 구제조치를 그대로 이행하는 법률을 제정할 구체적인 입법의무가 발생하였다고 보기는 어려우므로, 이 사건 심판청구는 헌법소원심판의 대상이 될 수 없는 입법부작위를 대상으로 한 것으로서 부적법하다(헌재 2018.7.26. 2011헌마306).

② [○] '양심'은 민주적 다수의 사고나 가치관과 일치하는 것이 아니라, 개인적 현상으로서 지극히 주관적인 것이다. 양심은 그 대상이나 내용 또는 동기에 의하여 판단될 수 없으며, 특히 양심상의 결정이 이성적·합리적인가, 타당한가 또는 법질서나 사회규범·도덕률과 일치하는가 하는 관점은 양심의 존재를 판단하는 기준이 될 수 없다(헌재 2018.6.28. 2011헌바379 등).

③ [○] 병역종류조항이 추구하는 공익은 대단히 중요한 것이기는 하나, 병역종류조항에 대체복무제를 도입한다고 하더라도 위와 같은 공익은 충분히 달성할 수 있다고 판단되는 반면, 병역종류조항에 대체복무제가 규정되지 않음으로 인하여 양심적 병역거부자가 감수하여야 하는 불이익은 심대하고, 이들에게 대체복무를 부과하는 것이 오히려 넓은 의미의 국가안보와 공익 실현에 더 도움이 된다는 점을 고려할 때, 병역종류조항은 기본권 제한의 한계를 초과하여 법익의 균형성 요건을 충족하지 못한 것으로 판단된다. … 양심적 병역거부자에 대한 대체복무제를 규정하지 아니한 병역종류조항은 과잉금지원칙에 위배하여 양심적 병역거부자의 양심의 자유를 침해한다(헌재 2018.6.28. 2011헌바379 등).

④ [○] 병역종류조항에 대체복무제가 마련되지 아니한 상황에서, 양심상의 결정에 따라 입영을 거부하거나 소집에 불응하는 이 사건 청구인 등이 현재의 대법원 판례에 따라 처벌조항에 의하여 형벌을 부과받음으로써 양심에 반하는 행동을 강요받고 있으므로, 이 사건 법률조항은 '양심에 반하는 행동을 강요당하지 아니할 자유', 즉, '부작위에 의한 양심실현의 자유'를 제한하고 있다(헌재 2018.6.28. 2011헌바379 등).

17　정당제도　정답 ④

① [○] 헌법 제8조 제1항 전단은 단지 정당설립의 자유만을 명시적으로 규정하고 있지만, 정당의 설립만이 보장될 뿐 설립된 정당이 언제든지 해산될 수 있거나 정당의 활동이 임의로 제한될

수 있다면 정당설립의 자유는 사실상 아무런 의미가 없게 되므로, 정당설립의 자유는 당연히 정당존속의 자유와 정당활동의 자유를 포함하는 것이다. 한편, 정당의 명칭은 그 정당의 정책과 정치적 신념을 나타내는 대표적인 표지에 해당하므로, 정당설립의 자유는 자신들이 원하는 명칭을 사용하여 정당을 설립하거나 정당활동을 할 자유도 포함한다고 할 것이다(헌재 2014.1.28. 2012헌마431 등).

② [O] 「정당법」 제15조에 대한 옳은 내용이다.

> 제15조 【등록신청의 심사】 등록신청을 받은 관할 선거관리위원회는 형식적 요건을 구비하는 한 이를 거부하지 못한다. 다만, 형식적 요건을 구비하지 못한 때에는 상당한 기간을 정하여 그 보완을 명하고, 2회 이상 보완을 명하여도 응하지 아니할 때에는 그 신청을 각하할 수 있다.

③ [O] 헌법 제8조 제4항에 대한 옳은 내용이다.

> 제8조 ④ 정당의 목적이나 활동이 민주적 기본질서에 위배될 때에는 정부는 헌법재판소에 그 해산을 제소할 수 있고, 정당은 헌법재판소의 심판에 의하여 해산된다.

❹ [X] 지역구지방의회의원선거의 후보자 및 예비후보자도 후원회를 지정하여 둘 수 있다.

> 「정치자금법」 제6조 【후원회지정권자】 다음 각 호에 해당하는 자(이하 "후원회지정권자"라 한다)는 각각 하나의 후원회를 지정하여 둘 수 있다.
> 1. 중앙당(중앙당창당준비위원회를 포함한다)
> 2. 국회의원(국회의원선거의 당선인을 포함한다)
> 2의2. 대통령선거의 후보자 및 예비후보자
> 3. 정당의 대통령선거후보자 선출을 위한 당내경선후보자
> 4. 지역선거구(이하 "지역구"라 한다)국회의원선거의 후보자 및 예비후보자. 다만, 후원회를 둔 국회의원의 경우에는 그러하지 아니하다.
> 5. 중앙당 대표자 및 중앙당 최고 집행기관(그 조직형태와 관계없이 당헌으로 정하는 중앙당 최고 집행기관을 말한다)의 구성원을 선출하기 위한 당내경선후보자
> 6. 지역구지방의회의원선거의 후보자 및 예비후보자
> 7. 지방자치단체의 장선거의 후보자 및 예비후보자

---

18   기본권의 침해   정답 ④

① [O] 교원의 노동조합 설립 및 운영 등에 관한 법률 시행령 제9조 제1항 중 노동조합 및 노동관계조정법 시행령 제9조 제2항에 관한 부분(이하 '법외노조통보조항'이라 한다)은 시정요구 및 법외노조통보라는 별도의 집행행위를 예정하고 있으므로, 법외노조통보조항에 대한 헌법소원은 기본권 침해의 직접성이 인정되지 아니한다(헌재 2015.5.28. 2013헌마671).

② [O] 직접성이 요구되는 법령에는 형식적인 의미의 법률뿐만 아니라 조약, 명령·규칙, 헌법소원 대상성이 인정되는 행정규칙, 조례 등이 모두 포함된다(헌재 2020.1.7. 2019헌마1403).

③ [O] 법규범 구체적 집행행위를 기다리지 아니하고 직접 기본권을 침해한다고 할 때의 집행행위란 공권력행사로서의 집행행위를 의미하는 것이므로 법규범이 정하고 있는 법률효과가 구체적으로 발생함에 있어 법무사의 해고행위와 같이 공권력이 아닌

사인의 행위를 요건으로 하고 있다고 할지라도 법규범의 직접성을 부인할 수 없는 것이다(헌재 1996.4.25. 95헌마331).

❹ [X] 이 사건 의견제시는 헌법소원의 대상이 되는 '공권력 행사'에 해당하지 않으며, 기본권 침해의 직접성이 인정되지 아니한다.

> [1] 이 사건 의견제시는 행정기관인 피청구인에 의한 비권력적 사실행위로서, 방송사업자인 청구인의 권리와 의무에 대하여 직접적인 법률효과를 발생시켜 청구인의 법률관계 내지 법적 지위를 불리하게 변화시킨다고 보기는 어렵고, 이 사건 의견제시의 법적성질 등에 비추어 이 사건 의견제시가 청구인의 표현의 자유를 제한하는 정도의 위축효과를 초래하였다고도 볼 수 없다. 따라서 이 사건 의견제시는 헌법소원의 대상이 되는 '공권력 행사'에 해당하지 않는다.
> [2] 이 사건 법률조항은 해당 방송프로그램이 심의규정에 위반되는 경우에 그 위반 정도 등을 고려하여 구 방송법 제100조 제1항 각 호에 따른 제재조치가 아니라 의견제시를 할 수 있도록 피청구인에게 '재량'을 부여하고 있다. 따라서 이 사건 법률조항은 그 자체에 의하여 청구인과 같은 방송사업자에게 의무를 부과하거나 권리 또는 법적 지위를 박탈하는 것이 아니라, 피청구인의 심의·의결을 거친 '의견제시'라는 구체적인 집행행위를 통해 비로소 영향을 미치게 되므로, 기본권 침해의 직접성이 인정되지 아니한다(헌재 2018.4.26. 2016헌마46).

---

19   재판청구권   정답 ③

① [O] 민사소송법은 패소한 당사자에게 소송비용을 부담시키는 것에 대한 일정한 예외 규정을 두고 있으며, 이에 따라 구체적인 사정을 고려하여 소송비용의 부담여부나 그 부담 액수가 달라질 가능성도 존재하는 점을 고려하면, 권리남용으로 인한 패소의 경우에 소송비용 부담에 관한 별도의 예외 규정을 두지 않았다는 점을 이유로 민사소송법 제98조가 재판청구권을 침해한다고 볼 수 없다(헌재 2013.5.30. 2012헌바335).

② [O] 수형자가 소송수행을 목적으로 출정하는 경우 교도소에서 법원까지의 차량운행비 등 비용이 소요되는데, 이는 재판청구권을 행사하는 데 불가피한 비용이므로 수익자부담의 원칙에 따라 당사자 본인이 부담하여야 한다(헌재 2012.3.29. 2010헌마475).

❸ [X] 인신보호법상 피수용자인 구제청구자는 자기 의사에 반하여 수용시설에 수용되어 인신의 자유가 제한된 상태에 있으므로 그 자신이 직접 법원에 가서 즉시항고장을 접수할 수 없고, 외부인의 도움을 받아서 즉시항고장을 접수하는 방법은 외부인의 호의와 협조가 필수적이어서 이를 기대하기 어려운 때에는 그리 효과적이지 않으며, 우편으로 즉시항고장을 접수하는 방법도 즉시항고장을 작성하는 시간과 우편물을 발송하고 도달하는 데 소요되는 시간을 고려하면 3일의 기간이 충분하다고 보기 어렵다. 인신보호법상으로는 국선변호인이 선임될 수 있지만, 변호인의 대리권에 상소권까지 포함되어 있다고 단정하기 어렵고, 그의 대리권에 상소권이 포함되어 있다고 하더라도 법정기간의 연장 등 형사소송법 제345조 등과 같은 특칙이 적용될 여지가 없으므로 3일의 즉시항고기간은 여전히 과도하게 짧은 기간이다. 즉시항고 대신 재청구를 할 수도 있으나,

즉시항고와 재청구는 개념적으로 구분되는 것이므로 재청구가 가능하다는 사실만으로 즉시항고 기간의 과도한 제약을 정당화할 수는 없다. 나아가 즉시항고 제기기간을 3일보다 조금 더 긴 기간으로 정한다고 해도 피수용자의 신병에 관한 법률관계를 조속히 확정하려는 이 사건 법률조항의 입법목적이 달성되는 데 큰 장애가 생긴다고 볼 수 없으므로, 이 사건 법률조항은 피수용자의 재판청구권을 침해한다(헌재 2015.9.24. 2013헌가21).

④ [O] 헌법과 법률이 정한 법관에 의한 재판을 받을 권리는 직업법관에 의한 재판을 주된 내용으로 하는 것이므로, 국민참여재판을 받을 권리가 헌법 제27조 제1항에서 규정한 재판을 받을 권리의 보호범위에 속한다고 볼 수 없다(헌재 2015.7.30. 2014헌바447).

---

20 국회의원   정답 ④

① [X] 甲은 지역구 국회의원이므로 탈당해도 무소속으로 의원직을 유지하지만, 乙은 비례대표 국회의원이므로 자진 탈당하면 의원직을 상실하게 된다.

② [X] 정당이 그 소속 국회의원을 제명하기 위해서는 당헌이 정하는 절차를 거치는 외에 그 소속 국회의원 전원의 2분의 1 이상의 찬성이 있어야 한다.

③ [X] 국회의 징계의결은 국회의 자율권의 문제이므로 유무죄 여부나 불법성 여부와는 무관하게 제명도 의결할 수 있다고 본다.

❹ [O] 비례대표 국회의원이라도 제명을 당한다면 무소속으로 의원직을 유지한다.

> 「공직선거법」 제192조 【피선거권상실로 인한 당선무효 등】 ④ 비례대표국회의원 또는 비례대표지방의회의원이 소속정당의 합당·해산 또는 제명외의 사유로 당적을 이탈·변경하거나 2 이상의 당적을 가지고 있는 때에는 「국회법」 제136조(퇴직) 또는 「지방자치법」 제90조(의원의 퇴직)의 규정에 불구하고 퇴직된다. (이하 생략)

---

21 헌법재판   정답 ④

① [X] 탄핵의 심판, 정당해산의 심판은 원칙적으로 구두변론에 의하나, 헌법소원에 관한 심판은 원칙적으로 서면심리에 의한다.

> 「헌법재판소법」 제30조 【심리의 방식】 ① 탄핵의 심판, 정당해산의 심판 및 권한쟁의 심판은 구두변론에 의한다.
> ② 위헌법률의 심판과 헌법소원에 관한 심판은 서면심리에 의한다. 다만, 재판부는 필요하다고 인정하는 경우에는 변론을 열어 당사자, 이해관계인, 그 밖의 참고인의 진술을 들을 수 있다.

② [X] 재판관에게 공정한 심판을 기대하기 어려운 사정이 있는 경우 당사자는 기피신청을 할 수 있으며 동일한 사건에 대하여 2명 이상의 재판관을 기피할 수 없다.

> 「헌법재판소법」 제24조 【제척·기피 및 회피】 ③ 재판관에게 공정한 심판을 기대하기 어려운 사정이 있는 경우 당사자는 기피(忌避)신청을 할 수 있다. 다만, 변론기일(辯論期日)에 출석하여 본안(本案)에 관한 진술을 한 때에는 그러하지 아니하다.
> ④ 당사자는 동일한 사건에 대하여 2명 이상의 재판관을 기피할 수 없다.

③ [X] 심판의 변론과 결정의 선고는 공개하나, 서면심리는 공개하지 아니한다.

> 「헌법재판소법」 제34조 【심판의 공개】 ① 심판의 변론과 결정의 선고는 공개한다. 다만, 서면심리와 평의(評議)는 공개하지 아니한다.

❹ [O] 헌법소원심판은 인용결정이 있는 경우에만 기속력이 발생하지만, 권한쟁의심판의 경우 인용결정뿐만 아니라 기각결정도 기속력이 인정된다.

---

22 사회보장수급권   정답 ④

① [O] 공무원연금법상 퇴직 공무원의 퇴직연금·퇴직일시금·퇴직수당 수급권 역시 모두 사회보장 수급권으로서의 성격과 아울러 재산권으로서의 성격도 가지고 있다. 그중 퇴직일시금 및 퇴직수당의 경우에는 기업의 퇴직금에 해당하는 것으로서 그 수급권은 상대적으로 후불임금 내지 재산권적 성격을 많이 띠고 있다. 이에 비하여 퇴직연금 수급권의 경우에는 직업공무원제도나 사회보험원리에 입각한 사회보장적 급여로서의 성격이 강하므로 그 구체적인 급여의 내용, 기여금의 액수 등을 형성하는 데에 있어서 일반적인 재산권에 비하여 입법자에게 상대적으로 보다 폭넓은 재량이 헌법상 허용된다고 볼 수 있다. 다만, 퇴직연금 중 본인의 기여금에 해당하는 부분은 재직중 근무의 대가로 지급하였어야 할 임금의 후불적 성격이 강하고, 국가 또는 지방자치단체의 부담금에 해당하는 부분은 은혜적 급여 또는 사회보장적 급여의 성격이 강하다고 할 것이다(헌재 1996.10.31. 93헌바55).

② [O] 국민건강보험법 제63조 제2항이 휴직자도 직장가입자의 자격을 유지함을 전제로 기존의 보험료 부담을 그대로 지우고 있는 것은 일시적·잠정적 근로관계의 중단에 불과한 휴직제도의 본질, 휴직자에 대한 보험급여의 필요성, 별도의 직장가입자인 배우자 등이 있는 휴직자와 그렇지 않은 휴직자간의 형평성, 보험공단의 재정부담 등 여러 가지 사정을 고려한 것으로서, 입법형성의 범위 내에서 합리적으로 결정한 것이라 볼 수 있으므로 사회국가원리에 어긋난다거나 휴직자의 사회적 기본권 내지 평등권 등을 침해한다고 볼 수 없다(헌재 2003.6.26. 2001헌마699).

③ [O] 공무원연금법상의 퇴직급여, 유족급여 등 각종 급여를 받을 권리, 즉 연금수급권은 사회적 기본권의 하나인 사회보장수급권의 성격과 재산권의 성격을 아울러 지니고 있다고 하겠다. 연금수급권의 헌법적 보장과 그 한계 헌법 제34조 제1항은 "모든 국민은 인간다운 생활을 할 권리를 가진다"라고 하고, 제2항은 "국가는 사회보장·사회복지의 증진에 노력할 의무를 진다"라고 규정하고 있는바, 이 법상의 연금수급권과 같은 사회

보장수급권은 이 규정들로부터 도출되는 사회적 기본권의 하나이다. 이와 같이 사회적 기본권의 성격을 가지는 연금수급권은 국가에 대하여 적극적으로 급부를 요구하는 것이므로 헌법규정만으로는 이를 실현할 수 없고, 법률에 의한 형성을 필요로 한다(헌재 1999.4.29. 97헌마333).

❹ [×] 국민연금의 급여수준은 수급권자가 최저생활을 유지하는데 필요한 금액을 기준으로 결정해야 할 것이지 납입한 연금보험료의 금액을 기준으로 결정하거나 여러 종류의 수급권이 발생하였다고 하여 반드시 중복하여 지급해야 할 것은 아니다(헌재 2000.6.1. 97헌마190).

23 국회의 교섭단체 　　　　　　　　정답 ①

❶ [×] 교섭단체에 속하지 아니하는 의원의 발언시간 및 발언자수는 의장이 각 교섭단체대표의원과 협의하여 정한다(「국회법」 제104조 제5항).

② [○] 법안이 의결되기 위하여는 재적의원 과반수의 출석과 출석의원 과반수의 찬성을 필요로 하는 점 등을 고려하여 볼 때, 일정수 이상의 소속의원을 가진 교섭단체가 입법활동을 주도할 가능성이 높다. 이러한 상황에서 국회 입법활동의 활성화와 효율화를 이루기 위하여는 우선적으로 교섭단체의 전문성을 제고시켜야 하며, 교섭단체가 필요로 하는 전문인력을 공무원 신분인 정책연구위원으로 임용하여 그 소속의원들의 입법활동을 보좌하도록 할 필요성이 발생하므로 교섭단체에 한하여 정책연구위원을 배정하는 것은 입법재량의 범위 내로서 그 차별에 합리적인 이유가 있다 할 것이다(헌재 2008.3.27. 2004헌마654).

③ [○] 「국회법」 제33조 제1항에 대한 옳은 내용이다.

> 제33조 【교섭단체】 ① 국회에 20인 이상의 소속의원을 가진 정당은 하나의 교섭단체가 된다. 그러나 다른 교섭단체에 속하지 아니하는 20인 이상의 의원으로 따로 교섭단체를 구성할 수 있다.

④ [○] 이 사건 법률조항이 교섭단체의 구성 여부만을 보조금 배분의 유일한 기준으로 삼은 것이 아니라 정당의 의석수비율과 득표수비율도 함께 고려함으로써 현행의 보조금 배분비율이 정당이 선거에서 얻은 결과를 반영한 득표수비율과 큰 차이를 보이지 않고 있는 점 등을 고려하면, 교섭단체를 구성할 정도의 다수 정당과 그에 미치지 못하는 소수 정당 사이에 나타나는 차등 지급의 정도는 정당 간의 경쟁상태를 현저하게 변경시킬 정도로 합리성을 결여한 차별이라고 보기 어렵다(헌재 2006.7.27. 2004헌마655).

24 국회의 의사운영 　　　　　　　　정답 ①

옳은 것은 1개(ㄱ)이다.

ㄱ. [○] 의안의 발의와 접수의 세부적인 절차는 국회의 의사자율권의 영역에 있으므로, 발의된 법률안이 철회의 대상이 될 수 있는 시점에 대해서도 국회가 의사자율의 영역에서 규칙 또는 자율적인 법해석으로 정할 수 있다. 따라서 팩스로 제출이 시도되었던 법률안의 접수가 완료되지 않아 동일한 법률안을 제출하기 전에 철회 절차가 필요 없다고 보는 것은 국회법 제90조에 반하지 않는다(헌재 2020.5.27. 2019헌라3).

ㄴ. [×] 의장은 안건이 어느 상임위원회의 소관에 속하는지 명백하지 아니할 때에는 국회운영위원회와 협의한다.

> 「국회법」 제81조 【상임위원회 회부】 ② 의장은 안건이 어느 상임위원회의 소관에 속하는지 명백하지 아니할 때에는 국회운영위원회와 협의하여 상임위원회에 회부하되, 협의가 이루어지지 아니할 때에는 의장이 소관 상임위원회를 결정한다.

ㄷ. [×] 신속처리안건 지정동의안의 심의는 그 대상이 된 위원회 회부 안건 자체의 심의가 아니라, 이를 신속처리대상안건으로 지정하여 의사절차의 단계별 심사기간을 설정할 것인지 여부를 심의하는 것이다. 그리고 국회법 제85조의2 제1항에서 요건을 갖춘 지정동의가 제출된 경우 의장 또는 위원장은 '지체 없이' 무기명투표로 표결하도록 규정하고 있고, 이 밖에 신속처리안건 지정동의안의 표결 전에 국회법상 질의나 토론이 필요하다는 규정은 없다. 따라서 이 사건 사개특위의 신속처리안건 지정동의안에 대한 표결 전에 그 대상이 되는 법안의 배포나 별도의 질의·토론 절차를 거치지 않았으므로 그 표결이 절차상 위법하다는 주장은 더 나아가 살펴볼 필요 없이 이유가 없다(헌재 2020.5.27. 2019헌라2·3).

ㄹ. [×] 위원회에 회부된 안건을 신속처리대상안건으로 지정하려는 경우 의원은 재적의원 과반수가 서명한 신속처리대상안건 지정 요구 동의를 의장에게 제출하고, 안건의 소관 위원회 소속 위원은 소관 위원회 재적위원 과반수가 서명한 신속처리안건 지정동의를 소관 위원회 위원장에게 제출하여야 한다.

> 「국회법」 제85조의2 【안건의 신속 처리】 ① 위원회에 회부된 안건(체계·자구 심사를 위하여 법제사법위원회에 회부된 안건을 포함한다)을 제2항에 따른 신속처리대상안건으로 지정하려는 경우 의원은 재적의원 과반수가 서명한 신속처리대상안건 지정요구 동의(動議)(이하 이 조에서 "신속처리안건 지정동의"라 한다)를 의장에게 제출하고, 안건의 소관 위원회 소속 위원은 소관 위원회 재적위원 과반수가 서명한 신속처리안건 지정동의를 소관 위원회 위원장에게 제출하여야 한다. 이 경우 의장 또는 안건의 소관 위원회 위원장은 지체 없이 신속처리안건 지정동의를 무기명투표로 표결하되, 재적의원 5분의 3 이상 또는 안건의 소관 위원회 재적위원 5분의 3 이상의 찬성으로 의결한다.

ㅁ. [×] 의장은 체포동의를 요청받은 후 처음 개의하는 본회의에 이를 보고하고, 본회의에 보고된 때부터 24시간 이후 72시간 이내에 표결한다. 다만, 체포동의안이 72시간 이내에 표결되지 아니하는 경우에는 그 이후에 최초로 개의하는 본회의에 상정하여 표결한다(「국회법」 제26조 제2항).

25   교육을 받을 권리   정답 ④

① [O] 청구인은 수능시험을 준비하는 사람들로서 심판대상계획에서 정한 출제 방향과 원칙에 영향을 받을 수 밖에 없다. 따라서 수능시험을 준비하면서 무엇을 어떻게 공부하여야 할지에 관하여 스스로 결정할 자유가 심판대상계획에 따라 제한된다. 이는 자신의 교육에 관하여 스스로 결정할 권리, 즉 교육을 통한 자유로운 인격발현권을 제한받는 것으로 볼 수 있다. 한편, 청구인들은 심판대상계획으로 인해 교육을 받을 권리가 침해된다고 주장하지만, 심판대상계획이 헌법 제31조 제1항의 능력에 따라 균등하게 교육을 받을 권리를 직접 제한한다고 보기는 어렵다. … 심판대상계획은 사교육비를 줄이고 학교교육을 정상화하는 것을 목적으로 하므로 목적의 정당성이 인정된다. EBS는 지상파방송국으로서 손쉽게 시청이 가능하므로, 수능시험을 EBS 교재와 높은 비율로 연계하는 경우 수능시험을 준비하는 학생들의 이에 대한 의존도가 높아져 사교육을 어느 정도 진정시킬 수 있다. 학교는 EBS 교재를 보충 교재로 사용하는 등의 방법으로 학생들의 수업 집중도를 높이고 수능시험에 대한 불안감을 줄여줄 수 있으며, 학생들로 하여금 사교육에 의존하지 않고 스스로 학습하도록 유도해 갈 수도 있다. 따라서 수단의 적절성도 인정된다. 심판대상계획은 수능시험을 EBS 교재와 70% 수준으로 연계하겠다는 것을 내용으로 할 뿐, 다른 학습방법이나 사교육을 금지하는 것이 아니어서, 학생들은 EBS 교재 외에 다른 교재나 강의, 스스로 원하는 학습방법을 선택하여 수능시험을 준비하거나 공부할 수 있다. 또 수능시험이 EBS 교재에 나온 문제를 그대로 출제하는 것이 아니라, 지문이나 도표 등 자료를 활용하고 핵심 제재나 논지를 활용하는 등의 방법으로 연계되므로, 고등학교 교육과정의 중요 개념이나 원리를 이해하고 있으면 EBS 교재를 공부하지 않더라도 수능시험을 치르는데 큰 지장을 초래한다고 보기 어렵다. 한편 정부는 EBS 교재 연계제도를 융통성 없이 항구적으로 시행하려는 것이 아니라 그 시행 성과를 분석하여 연계 비율을 축소하거나 연계 방법을 개선하는 방안 나아가 연계제도를 폐지하는 방안까지 다양한 개선안을 검토하고 있다. 이런 사정을 종합하여 보면, 심판대상계획은 침해 최소성 원칙에 위배된다고 볼 수 없다. 심판대상계획이 추구하는 학교교육 정상화와 사교육비 경감이라는 공익은 매우 중요한 반면, 수능시험을 준비하는 사람들이 안게 되는 EBS 교재를 공부하여야 하는 부담은 상대적으로 가벼우므로, 심판대상계획은 법익 균형성도 갖추었다. 따라서 심판대상계획은 수능시험을 준비하는 청구인들의 교육을 통한 자유로운 인격발현권을 침해한다고 볼 수 없다(헌재 2018.2.22. 2017헌마691).

② [O] 수시모집에서 검정고시 출신자에게 수학능력이 있는지 여부를 평가받을 기회를 부여하지 아니하고 이를 박탈한다는 것은 수학능력에 따른 합리적인 차별이라고 보기 어렵다. 피청구인들은 정규 고등학교 학교생활기록부가 있는지 여부, 공교육 정상화, 비교내신 문제 등을 차별의 이유로 제시하고 있으나 이러한 사유가 차별취급에 대한 합리적인 이유가 된다고 보기 어렵다. 그렇다면 이 사건 수시모집요강은 검정고시 출신자인 청구인들을 합리적인 이유 없이 차별함으로써 청구인들의 균등하게 교육을 받을 권리를 침해한다(헌재 2017.12.28. 2016헌마649).

③ [O] 교육을 받을 권리가 국가에 대하여 특정한 교육제도나 시설의 제공을 요구할 수 있는 권리를 뜻하는 것은 아니므로, 청구인이 이 사건 도서관에서 도서를 대출할 수 없거나 열람실을 이용할 수 없더라도 청구인의 교육을 받을 권리가 침해된다고 볼 수 없다(헌재 2016.11.24. 2014헌마977).

❹ [X] 이 사건 징계조치 조항에서 수개의 조치를 병과하고 출석정지 기간의 상한을 두지 않음으로써 구체적 사정에 따라 다양한 조치를 취할 수 있도록 한 것은, 피해학생의 보호 및 가해학생의 선도·교육을 위하여 바람직하다고 할 것이고, 이 사건 징계조치 조항보다 가해학생의 학습의 자유를 덜 제한하면서, 피해학생에게 심각한 피해와 지속적인 영향을 미칠 수 있는 학교폭력에 구체적·탄력적으로 대처하고, 피해학생을 우선적으로 보호하면서 가해학생도 선도·교육하려는 입법 목적을 이 사건 징계조치 조항과 동일한 수준으로 달성할 수 있는 입법의 대안이 있다고 보기 어렵다. 따라서 이 사건 징계조치 조항이 가해학생에 대하여 수개의 조치를 병과할 수 있도록 하고 출석정지조치를 취함에 있어 기간의 상한을 두고 있지 않다고 하더라도, 가해학생의 학습의 자유에 대한 제한이 입법 목적 달성에 필요한 최소한의 정도를 넘는다고 볼 수 없다(헌재 2019.4.11. 2017헌바140 등).

▶ 정답   p.112

01	③	Ⅱ	06	④	Ⅱ	11	①	Ⅲ	16	④	Ⅱ	21	②	Ⅱ
02	①	Ⅱ	07	③	Ⅲ	12	②	Ⅱ	17	④	Ⅱ	22	②	Ⅱ
03	④	Ⅱ	08	③	Ⅱ	13	①	Ⅱ	18	②	Ⅱ	23	③	Ⅳ
04	③	Ⅲ	09	①	Ⅳ	14	④	Ⅲ	19	②	Ⅲ	24	④	Ⅰ
05	①	Ⅳ	10	④	Ⅱ	15	②	Ⅳ	20	④	Ⅳ	25	③	Ⅱ

▶ 취약 단원 분석표

단원	맞힌 답의 개수
Ⅰ	/ 1
Ⅱ	/ 14
Ⅲ	/ 5
Ⅳ	/ 5
TOTAL	/ 25

Ⅰ 헌법총론 / Ⅱ 기본권론 / Ⅲ 통치구조론 / Ⅳ 헌법재판론

01   공무원의 연금청구권   정답 ③

① [O] 우리 헌법의 재산권 보장은 사유재산의 처분과 그 상속을 포함하는 것인바, 유언자가 생전에 최종적으로 자신의 재산권에 대하여 처분할 수 있는 법적 가능성을 의미하는 유언의 자유는 생전증여에 의한 처분과 마찬가지로 헌법상 재산권의 보호를 받는다(헌재 2008.12.26. 2007헌바128).

② [O] 공무원연금법상의 퇴직급여, 유족급여 등 각종 급여를 받을 권리, 즉 연금수급권은 일부 재산권으로서의 성격을 지니는 것으로 파악되고 있으나 이는 앞서 본 바와 같이 사회보장수급권의 성격과 불가분적으로 혼재되어 있으므로, 비록 연금수급권에 재산권의 성격이 일부 있다 하더라도 그것은 이미 사회보장법리의 강한 영향을 받지 않을 수 없다 할 것이고, 입법자로서는 연금수급권의 구체적 내용을 정함에 있어 이를 전체로서 파악하여 어느 한 쪽의 요소에 보다 중점을 둘 수 있다 할 것이다(헌재 2009.5.28. 2008헌바107).

❸ [X] 헌법 제13조 제1항 후단에 규정된 일사부재리 또는 이중처벌금지의 원칙에 있어서 처벌이라고 함은 원칙적으로 범죄에 대한 국가의 형벌권 실행으로서의 과벌을 의미하는 것이고 국가가 행하는 일체의 제재나 불이익처분이 모두 그에 포함된다고는 할 수 없으므로 이 사건 법률조항에 의하여 급여를 제한한다고 하더라도 그것이 헌법이 금하고 있는 이중적인 처벌에 해당하는 것은 아니라고 할 것이다(헌재 2002.7.18. 2000헌바57).

④ [O] 재직 중의 사유로 금고 이상의 형을 선고받아 처벌받음으로써 기본적 죗값을 받은 공무원에게 다시 당연퇴직이란 공무원의 신분상실의 치명적인 법익박탈을 가하고, 이로부터 더 나아가 다른 특별한 사정도 없이 범죄의 종류에 상관 않고, 직무상 저지른 범죄인지 여부와도 관계없이, 누적되어 온 퇴직급여 등을 누적 이후의 사정을 이유로 일률적·필요적으로 감액하는 것은 과도한 재산권의 제한으로서 심히 부당하며 공무원의 퇴직 후 노후생활보장이라는 공무원연금제도의 기본적인 입법목적에도 부합하지 않는다(헌재 2007.3.29. 2005헌바33).

02   직업의 자유   정답 ①

❶ [X] 절단을 위한 임시보관장소 수집·운반행위는 원래 허용되지 않고 있다가 2009년부터 규제유예 제도의 일환으로 허용되었던 점, 허용되었던 시기에는 비산먼지, 소음 등으로 인근 주민의 피해가 발생하였고 매립대상 폐기물의 절단행위뿐만 아니라 모든 폐기물의 분리·선별·파쇄행위까지 행해지는 경우도 있었던 점, 2017년 이를 다시 금지하는 법 개정이 이루어진 뒤 2년의 유예기간을 둔 점 등을 고려하면, 심판대상조항은 신뢰보호원칙에 반하여 직업수행의 자유를 침해하지 않는다(헌재 2021.7.15. 2019헌마406).

② [O] 이 사건 보호자동승조항은 어린이통학버스를 운영함에 있어서 반드시 보호자를 동승하도록 함으로써 학원 등의 영업방식에 제한을 가하고 있으므로 청구인들의 직업수행의 자유를 제한한다. … 이 사건 보호자동승조항이 어린이통학버스에 어린이 등과 함께 보호자를 의무적으로 동승하도록 하였다고 하여 그 의무가 학원 등 운영자의 직업수행의 자유를 지나치게 제한하여 입법형성권의 범위를 현저히 벗어났다거나 기본권 침해의 최소성 원칙에 반한다고 볼 수 없다. 안전사고의 위험으로부터 어린이 등을 보호함으로써 궁극적으로 어린이 등이 신체적·정신적 손상의 위험으로부터 벗어나 안전하고 건강한 생활을 영위하도록 하기 위한 것이다. 이와 같은 공익적 가치는 학원 등 운영자들이 어린이통학버스를 운영함에 있어 그 영업방식이 제한됨으로 인한 불이익보다 훨씬 중요하다고 할 것이므로, 이 사건 보호자동승조항은 법익의 균형성원칙에 반한다고 볼 수 없다. 이 사건 보호자동승조항은 과잉금지원칙에 반하여 청구인들의 직업수행의 자유를 침해한다고 볼 수 없다(헌재 2020.4.23. 2017헌마479).

③ [O] 당구장 경영자에게 당구장 출입문에 18세 미만자에 대한 출입금지 표시를 하게 하는 것은 직업종사(직업수행)의 자유가 제한되어 헌법상 보장되고 있는 직업선택의 자유가 침해된다(헌재 1993.5.13. 92헌마80).

④ [O] 직업선택의 자유를 제한하는 경우에 기본권 주체의 능력이나 자격 등 주관적 사유에 의한 제한보다는 기본권 주체와는 전혀 무관한 객관적 사유를 이유로 하는 제한이 가장 심각한 제약이 되므로, 객관적 사유에 의한 직업선택의 자유의 제한은 가장 엄격한 요건이 갖추어진 경우에만 허용될 수 있고 그 제한법률에 대한 심사기준도 엄격한 비례의 원칙이 적용된다(헌재 2010.5.27. 2008헌바110).

03   기본권의 주체   정답 ④

① [×] 국가 및 그 기관 또는 조직의 일부나 공법인은 원칙적으로는 기본권의 '수범자'로서 기본권의 주체가 되지 못하고, 다만 국민의 기본권을 보호 내지 실현하여야 할 책임과 의무를 지니는 데 그칠 뿐이므로, 공직자가 국가기관의 지위에서 순수한 직무상의 권한행사와 관련하여 기본권 침해를 주장하는 경우에는 기본권의 주체성을 인정하기 어렵다 할 것이나, 그 외의 사적인 영역에 있어서는 기본권의 주체가 될 수 있는 것이다. 청구인은 선출직 공무원인 하남시장으로서 이 사건 법률 조항으로 인하여 공무담임권 등이 침해된다고 주장하여, 순수하게 직무상의 권한행사와 관련된 것이라기보다는 공직의 상실이라는 개인적인 불이익과 연관된 공무담임권을 다투고 있으므로, 이 사건에서 청구인에게는 기본권의 주체성이 인정된다 할 것이다(헌재 2009.3.26. 2007헌마843).

② [×] 공직선거법은 제15조 제2항 제2호에서 '영주의 체류자격 취득일로부터 3년이 경과한 19세 이상의 외국인'에 대해서도 일정한 요건하에 지방선거 선거권을 부여하고 있다. 그런데 외국인의 지방선거 선거권은 헌법상의 권리라 할 수는 없고 단지 공직선거법이 인정하고 있는 '법률상의 권리'에 불과하다(헌재 2007.6.28. 2004헌마644).

③ [×] 국가에 대하여 고용증진을 위한 사회적·경제적 정책을 요구할 수 있는 권리는 사회권적 기본권으로서 국민에 대하여만 인정해야 하지만, 자본주의 경제질서하에서 근로자가 기본적 생활수단을 확보하고 인간의 존엄성을 보장받기 위하여 최소한의 근로조건을 요구할 수 있는 권리는 자유권적 기본권의 성격도 아울러 가지므로 이러한 경우 외국인 근로자에게도 그 기본권 주체성을 인정함이 타당하다(헌재 2007.8.30. 2004헌마670).

❹ [○] 우리 헌법은 법인의 기본권향유능력을 인정하는 명문의 규정을 두고 있지 않지만, 본래 자연인에게 적용되는 기본권규정이라도 언론·출판의 자유, 재산권의 보장 등과 같이 성질상 법인이 누릴 수 있는 기본권을 당연히 법인에게도 적용하여야 한 것으로 본다. 따라서 법인도 사단법인·재단법인 또는 영리법인·비영리법인을 가리지 아니하고 위 한계내에서는 헌법상 보장된 기본권이 침해되었음을 이유로 헌법소원심판을 청구할 수 있다. 또한, 법인 아닌 사단·재단이라고 하더라도 대표자의 정함이 있고 독립된 사회적 조직체로서 활동하는 때에는 성질상 법인이 누릴 수 있는 기본권을 침해당하게 되면 그의 이름으로 헌법소원심판을 청구할 수 있다(헌재 1991.6.3. 90헌마56).

04   국회의 의사절차   정답 ③

① [○] 소위원회는 폐회 중에도 활동할 수 있으며, 법률안을 심사하는 소위원회는 매월 3회 이상 개회한다.

> 「국회법」제57조【소위원회】① 위원회는 소관 사항을 분담·심사하기 위하여 상설소위원회를 둘 수 있고, 필요한 경우 특정한 안건의 심사를 위하여 소위원회를 둘 수 있다. 이 경우 소위원회에 대하여 국회규칙으로 정하는 바에 따라 필요한 인원 및 예산 등을 지원할 수 있다.
> ② 상임위원회는 소관 법률안의 심사를 분담하는 둘 이상의 소위원회를 둘 수 있다.
> ③ 소위원회의 위원장은 위원회에서 소위원회의 위원 중에서 선출하고 이를 본회의에 보고하며, 소위원회의 위원장이 사고가 있을 때에는 소위원회의 위원장이 소위원회의 위원 중에서 지정하는 위원이 그 직무를 대리한다.
> ④ 소위원회의 활동은 위원회가 의결로 정하는 범위에 한정한다.
> ⑤ 소위원회의 회의는 공개한다. 다만, 소위원회의 의결로 공개하지 아니할 수 있다.
> ⑥ 소위원회는 폐회 중에도 활동할 수 있으며, 법률안을 심사하는 소위원회는 매월 3회 이상 개회한다. 다만, 국회운영위원회, 정보위원회 및 여성가족위원회의 법률안을 심사하는 소위원회의 경우에는 소위원장이 개회 횟수를 달리 정할 수 있다.
> ⑦ 소위원회는 그 의결로 의안 심사와 직접 관련된 보고 또는 서류 및 해당 기관이 보유한 사진·영상물의 제출을 정부·행정기관 등에 요구할 수 있고, 증인·감정인·참고인의 출석을 요구할 수 있다. 이 경우 그 요구는 위원장의 명의로 한다.
> ⑧ 소위원회에 관하여는 이 법에서 다르게 정하거나 성질에 반하지 아니하는 한 위원회에 관한 규정을 적용한다. 다만, 소위원회는 축조심사(逐條審査)를 생략해서는 아니 된다.

② [○] 헌법 제50조 제1항 단서에서 "출석의원 과반수의 찬성이 있거나 의장이 국가의 안전보장을 위하여 필요하다고 인정할 때에는 공개하지 아니할 수 있다."라고 규정하여 의사공개의 원칙에 대하여 예외를 둔 것은 의사공개의 원칙 및 알 권리에 대한 헌법유보에 해당한다. 동항 단서에서는 '출석의원 과반수의 찬성'에 의한 회의 비공개의 경우에 그 비공개 사유에 대하여는 아무런 제한을 두지 아니하여 의사의 공개 여부에 관한 국회의 재량을 인정하고 있다(헌재 2009.9.24. 2007헌바17).

❸ [×] 의안을 의결이 이루어지기 전에 철회한 경우에는 같은 회기 중에 다시 발의 또는 제출할 수 있다.

④ [○] 법률안이 자동적으로 폐기되는 대표적인 경우이다.

05   권한쟁의심판   정답 ①

❶ [×] 지방자치단체 사이의 불문법상 해상경계가 성립하기 위해서는 관계 지방자치단체·주민들 사이에 해상경계에 관한 일정한 관행이 존재하고, 그 해상경계에 관한 관행이 장기간 반복되어야 하며, 그 해상경계에 관한 관행을 법규범이라고 인식하는 관계 지방자치단체·주민들의 법적 확신이 있어야 한다. 국가기본도에 표시된 해상경계선은 그 자체로 불문법상 해상경계선으로 인정되는 것은 아니나, 관할 행정청이 국가기본도에 표시된 해상경계선을 기준으로 하여 과거부터 현재에 이르기까지 반복적으로 처분을 내리고, 지방자치단체가 허가, 면허 및 단속 등의 업무를 지속적으로 수행하여 왔다면 국가기본도상의 해상경계선은 여전히 지방자치단체 관할 경계에 관하여 불문법으로서 그 기준이 될 수 있다(헌재 2021.2.25. 2015헌라7).

② [○] 이 사건 가처분재판이나 이 사건 간접강제재판에도 불구하고 청구인으로서는 얼마든지 법률안을 만들어 국회에 제출할 수 있고 국회에 제출된 법률안을 심의하고 표결할 수 있어 입법

에 관한 국회의원의 권한인 법률안 제출권이나 심의·표결권이 침해될 가능성이 없으며, 이 사건 가처분재판과 이 사건 간접강제재판은 국정감사 또는 조사와 관련된 국회의원의 권한에 대해서도 아무런 제한을 가하지 않고 있어, 국정감사 또는 조사와 관련된 국회의원으로서의 권한이 침해될 가능성 또한 없다. 따라서 이 사건 권한쟁의심판청구는 청구인의 권한을 침해할 가능성이 없어 부적법하다(헌재 2010.7.29. 2010헌라1).

③ [O] 「헌법재판소법」 제61조 제2항에 대한 옳은 내용이다.

> **제61조 【청구 사유】** ① 국가기관 상호간, 국가기관과 지방자치단체 간 및 지방자치단체 상호간에 권한의 유무 또는 범위에 관하여 다툼이 있을 때에는 해당 국가기관 또는 지방자치단체는 헌법재판소에 권한쟁의심판을 청구할 수 있다.
> ② 제1항의 심판청구는 피청구인의 처분 또는 부작위가 헌법 또는 법률에 의하여 부여받은 청구인의 권한을 침해하였거나 침해할 현저한 위험이 있는 경우에만 할 수 있다.

④ [O] 헌법 제111조 제1항 제4호는 지방자치단체 상호간의 권한쟁의에 관한 심판을 헌법재판소가 관장하도록 규정하고 있고, 헌법재판소법 제62조 제1항 제3호는 이를 구체화하여 헌법재판소가 관장하는 지방자치단체 상호간의 권한쟁의심판의 종류를 ㉠ 특별시·광역시 또는 도 상호간의 권한쟁의심판, ㉡ 시·군 또는 자치구 상호간의 권한쟁의심판, ㉢ 특별시·광역시 또는 도와 시·군 또는 자치구간의 권한쟁의심판 등으로 규정하고 있는바, 지방자치단체의 의결기관인 지방의회를 구성하는 지방의회 의원과 그 지방의회의 대표자인 지방의회 의장 간의 권한쟁의심판은 헌법 및 헌법재판소법에 의하여 헌법재판소가 관장하는 지방자치단체 상호간의 권한쟁의심판의 범위에 속한다고 볼 수 없으므로 부적법하다(헌재 2010.4.29. 2009헌라11).

06 국가배상청구권 정답 ④

① [O] 긴급조치 제9호의 발령 및 적용·집행이라는 일련의 국가작용의 경우, 긴급조치 제9호의 발령 요건 및 규정 내용에 국민의 기본권 침해와 관련한 위헌성이 명백하게 존재함에도 그 발령 및 적용·집행 과정에서 그러한 위헌성이 제거되지 못한 채 영장 없이 체포·구금하는 등 구체적인 직무집행을 통하여 개별 국민의 신체의 자유가 침해되기에 이르렀다. 그러므로 긴급조치 제9호의 발령과 적용·집행에 관한 국가작용 및 이에 관여한 다수 공무원들의 직무수행은 법치국가 원리에 반하여 유신헌법 제8조가 정하는 국가의 기본권 보장의무를 다하지 못한 것으로서 전체적으로 보아 객관적 주의의무를 소홀히 하여 그 정당성을 결여하였다고 평가되고, 그렇다면 개별 국민의 기본권이 침해되어 현실화된 손해에 대하여는 국가배상책임을 인정하여야 한다(대판 2022.8.30. 2018다212610).

② [O] 국가배상법 제2조 제1항 단서는 헌법 제29조 제2항에 근거를 둔 규정으로서, 구 국가유공자법이 정한 보상에 관한 규정은 국가배상법 제2조 제1항 단서가 정한 '다른 법령'에 해당하므로, 구 국가유공자법에서 정한 국가유공자 요건에 해당하여 보상금 등 보훈급여금을 지급받을 수 있는 경우는 구 국가유공자법에 따라 '보상을 지급받을 수 있을 때'에 해당한다(대판 1994.12.13. 93다29969). 따라서 군인·군무원·경찰공무원 또는 향토예비군대원이 전투·훈련 등 직무집행과 관련하여

공상을 입는 등의 이유로 구 국가유공자법이 정한 국가유공자 요건에 해당하여 보상금 등 보훈급여금을 지급받을 수 있는 경우에는 국가배상법 제2조 제1항 단서에 따라 국가를 상대로 국가배상을 청구할 수 없다고 보아야 한다(대판 2017.2.3. 2014두40012).

③ [O] 배상심의회에 배상신청을 하지 아니하고도 제기할 수 있다(「국가배상법」 제9조).

❹ [X] 먼저 심판대상조항 중 적극적·소극적 손해에 관한 부분이 국가배상청구권을 침해하는지 여부를 본다. 앞서 본 바와 같이 민주화보상법상 보상금 등에는 적극적·소극적 손해에 대한 배상의 성격이 포함되어 있는바, 관련자와 유족이 위원회의 보상금 등 지급결정이 일응 적절한 배상에 해당된다고 판단하여 이에 동의하고 보상금 등을 수령한 경우 보상금 등의 성격과 중첩되는 적극적·소극적 손해에 대한 국가배상청구권의 추가적 행사를 제한하는 것은, 동일한 사실관계와 손해를 바탕으로 이미 적절한 배상을 받았음에도 불구하고 다시 동일한 내용의 손해배상청구를 금지하는 것이므로, 이를 지나치게 과도한 제한으로 볼 수 없다. 다음 심판대상조항 중 정신적 손해에 관한 부분이 국가배상청구권을 침해하는지 여부를 본다. 앞서 본 바와 같이 민주화보상법상 보상금 등에는 정신적 손해에 대한 배상이 포함되어 있지 않은바, 이처럼 정신적 손해에 대해 적절한 배상이 이루어지지 않은 상태에서 적극적·소극적 손해에 상응하는 배상이 이루어졌다는 사정만으로 정신적 손해에 대한 국가배상청구마저 금지하는 것은, 해당 손해에 대한 적절한 배상이 이루어졌음을 전제로 하여 국가배상청구권 행사를 제한하려 한 민주화보상법의 입법목적에도 부합하지 않으며, 국가의 기본권 보호의무를 규정한 헌법 제10조 제2문의 취지에도 반하는 것으로서, 국가배상청구권에 대한 지나치게 과도한 제한에 해당한다. 따라서 심판대상조항 중 정신적 손해에 관한 부분은 민주화운동 관련자와 유족의 국가배상청구권을 침해한다(헌재 2018.8.30. 2014헌바180).

07 행정입법 정답 ③

① [O] 행정입법인 명령, 규칙 등이 공권력의 행사로서 헌법소원의 대상이 되는 것처럼 행정입법부작위도 공권력의 불행사로서 헌법소원의 대상이 될 수 있다. 삼권분립의 원칙, 법치행정의 원칙을 당연한 전제로 하고 있는 우리 헌법 하에서 행정권의 행정입법 등 법집행의무는 헌법적 의무라고 보아야 할 것이다. 다만, 행정입법의 지체가 위법으로 되어 그에 대한 법적 통제가 가능하기 위해서는 행정청에게 시행명령을 제정·개정할 법적 의무가 있어야 하고, 상당한 기간이 지났음에도 불구하고 명령제정·개정권이 행사되지 않아야 한다(헌재 2019.11.28. 2017헌마597).

② [O] 헌법 제75조는 행정부에 입법을 위임하는 수권법률의 명확성원칙에 관한 것으로서, 법률의 명확성원칙이 행정입법에 관하여 구체화된 특별규정이다. 위임에 의하여 제정된 행정입법이 국민의 기본권을 침해하는 성격이 강할수록 보다 명확한 수권이 요구되며, 침해적 행정입법에 대한 수권의 경우에는 급부적 행정입법에 대한 수권의 경우보다 그 수권이 보다 명확해야 한다(헌재 2003.7.24. 2002헌바82).

❸ [X] 위임입법의 법리는 헌법의 근본원리인 권력분립주의와 의회주의 내지 법치주의에 바탕을 두는 것이기 때문에 행정부에서 제정된 대통령령에서 규정한 내용이 정당한 것인지 여부와 위임의 적법성은 직접적인 관계가 없다. 따라서 대통령령으로 규정한 내용이 헌법에 위반될 경우라도 그 대통령령의 규정이 위헌으로 되는 것은 별론으로 하고 그로 인하여 정당하고 적법하게 입법권을 위임한 수권법률조항까지 위헌으로 되는 것은 아니다(헌재 1997.9.25. 96헌바18).

④ [O] 조세법률주의를 견지하면서도 조세평등주의와의 조화를 위하여 경제현실에 응하여 공정한 과세를 할 수 있게 하고 탈법적인 조세회피행위에 대처하기 위하여는 납세의무의 중요한 사항 내지 본질적인 내용에 관련된 것이라 하더라도 그 중 경제현실의 변화나 전문적 기술의 발달 등에 즉응하여야 하는 세부적인 사항에 관하여는 국회 제정의 형식적 법률보다 더 탄력성이 있는 행정입법에 이를 위임할 필요가 있는 것이다. 이에 우리 헌법 제75조는 조세행정분야 뿐만 아니라 국정 전반에 걸쳐 위임입법의 필요성이 있음을 확인하고 입법권을 대통령령에 위임할 수 있는 길을 열어 놓음으로써 국회가 제정하는 법률에 의하여 모든 사항을 규율할 수는 없는 현실적 어려움을 반영하고 있다(헌재 1997.9.25. 96헌바18).

08 합헌적 법률해석 정답 ③

① [O] 어떤 법률의 개념이 다의적이고 그 어의의 테두리 안에서 여러가지 해석이 가능할 때, 헌법을 최고법규로 하는 통일적인 법질서의 형성을 위하여 헌법에 합치되는 해석 즉 합헌적인 해석을 택하여야 하며, 이에 의하여 위헌적인 결과가 될 해석은 배제하면서 합헌적이고 긍적적정적인 면은 살려야 한다는 것이 헌법의 일반법리이다(헌재 1990.4.2. 89헌가113).

② [O] '유효한' 법률조항의 불명확한 의미를 논리적·체계적 해석을 통해 합리적으로 보충하는 데에서 더 나아가, 해석을 통하여 전혀 새로운 법률상의 근거를 만들어 내거나, 기존에는 존재하였으나 실효되어 더 이상 존재한다고 볼 수 없는 법률조항을 여전히 '유효한' 것으로 해석한다면, 이는 법률해석의 한계를 벗어나는 것으로서, '법률의 부존재'로 말미암아 형벌의 부과나 과세의 근거가 될 수 없는 것을 법률해석을 통하여 이를 창설해 내는 일종의 '입법행위'에 해당하므로 헌법상의 권력분립원칙에 반할 뿐만 아니라 죄형법정주의, 조세법률주의의 원칙에도 반하는 것이다. 또한 헌법정신에 맞도록 법률의 내용을 해석·보충하거나 정정하는 '헌법합치적 법률해석' 역시 '유효한' 법률조항의 의미나 문구를 대상으로 하는 것이지, 이를 넘어 이미 실효된 법률조항을 대상으로 하여 헌법합치적인 법률해석을 할 수는 없는 것이어서, 유효하지 않은 법률조항을 유효한 것으로 해석하는 결과에 이르는 것은 '헌법합치적 법률해석'을 이유로도 정당화될 수 없다 할 것이다(헌재 2012. 5.31. 2009헌바123).

❸ [X] 군인사법 제48조 제4항 후단의 '무죄의 선고를 받은 때'의 의미와 관련하여, 형식상 무죄판결뿐 아니라 공소기각재판을 받았다 하더라도 그와 같은 공소기각의 사유가 없었더라면 무죄가 선고될 현저한 사유가 있는 이른바 내용상 무죄재판의 경우 이에 포함된다고 확대 해석함이 법률의 문의적 한계 내의 합헌적 법률해석에 부합한다(대판 2004.8.20. 2004다22377).

④ [O] 헌법재판소의 법률에 대한 위헌결정에는 단순위헌결정은 물론, 한정합헌, 한정위헌결정과 헌법불합치결정도 포함되고 이들은 모두 당연히 기속력을 가진다(헌재 1997.12.24. 96헌마172 등).

09 헌법소원심판의 대상 정답 ①

해당하는 것은 ㄱ, ㄹ이다.

ㄱ. [O] 청구인이 '변호인이 되려는 자'의 자격으로 피의자 접견 신청을 하였음에도 이를 허용하기 위한 조치를 취하지 않은 검사의 행위가 헌법상 기본권인 청구인의 접견교통권을 침해하였다고 보아 청구인의 헌법소원심판청구를 인용하였다(헌재 2019.2.28. 2015헌마1204).

ㄴ. [X] 피청구인이 선포하려던 서울시민 인권헌장은 피청구인이 서울시민의 의견을 수렴하여 서울시민에 대한 인권 보호 및 증진을 위한 기본방침을 밝히고자 한 정책계획안으로서 그 법적 성격은 국민의 권리·의무나 법적 지위에 직접 영향을 미치지 아니하는 비구속적 행정계획안이라 할 것이고, 이 사건 무산선언은 당초 2014.12.10. 세계인권선언의 날에 맞춰 선포하려던 서울시민 인권헌장이 성소수자 차별금지 조항에 대한 이견으로 합의에 실패하여 예정된 날짜에 선포될 수 없었음을 알리는 행위로서 그 자체로는 직접적으로 청구인의 법적 지위에 영향을 미치지 아니하므로, 이 사건 무산 선언은 헌법소원심판의 대상이 되는 공권력 행사에 해당되지 아니한다(헌재 2015.3.31. 2015헌마213).

ㄷ. [X] 이 사건 의견제시는 행정기관인 피청구인에 의한 비권력적 사실행위로서, 방송사업자인 청구인의 권리와 의무에 대하여 직접적인 법률효과를 발생시켜 청구인의 법률관계 내지 법적 지위를 불리하게 변화시킨다고 보기는 어렵고, 이 사건 의견제시의 법적성질 등에 비추어 이 사건 의견제시가 청구인의 표현의 자유를 제한하는 정도의 위축효과를 초래하였다고도 볼 수 없다. 따라서 이 사건 의견제시는 헌법소원의 대상이 되는 '공권력 행사'에 해당하지 않는다(헌재 2018.4.26. 2016헌마46).

ㄹ. [O] 공정거래위원회의 무혐의 조치는 혐의가 인정될 경우에 행하여지는 시정조치에 대응되는 조치로서 공정거래위원회의 공권력 행사의 한 태양에 속하여 헌법재판소법 제68조 제1항 소정의 '공권력의 행사'에 해당하고, 따라서 공정거래위원회의 자의적인 조사 또는 판단에 의하여 결과된 무혐의 조치는 헌법 제11조의 법 앞에서의 평등권을 침해하게 되므로 헌법소원의 대상이 되며, 공정거래위원회의 심사불개시결정 및 심의절차종료결정 역시 공권력의 행사에 해당되고, 그것이 자의적일 경우 피해자(신고인)의 평등권을 침해할 수 있으므로, 헌법소원의 대상이 된다고 할 것이다(헌재 2011.12.29. 2011헌마100).

ㅁ. [X] 변호사시험 관리위원회는 변호사시험에 관한 법무부장관의 의사결정을 보좌하기 위하여 법무부에 설치된 자문위원회로서, 일정한 심의사항에 관하여 의결절차를 거쳐 위원회의 의사를 표명하더라도 그것은 단순히 법무부장관에 대한 권고에 불과하여 그 자체로서는 법적 구속력이나 외부효과가 발생하지 않는 의견진술 정도의 의미를 가지는 데 지나지 않으므로, 변호사시험 관리위원회의 의결은 헌법소원의 대상이 되는 공권력 행사로 볼 수 없다(헌재 2012.3.29. 2009헌마754).

ㅂ. [X] 지방자치단체장을 위한 별도의 퇴직급여제도를 마련하지 않은 것은 진정입법부작위에 해당하는데, 헌법상 지방자치단체장을 위한 퇴직급여제도에 관한 사항을 법률로 정하도록 위임하고 있는 조항은 존재하지 않는다. 나아가 지방자치단체장은 특정 정당을 정치적 기반으로 하여 선거에 입후보할 수 있고 선거에 의하여 선출되는 공무원이라는 점에서 헌법 제7조 제2항에 따라 신분보장이 필요하고 정치적 중립성이 요구되는 공무원에 해당한다고 보기 어려우므로 헌법 제7조의 해석상 지방자치단체장을 위한 퇴직급여제도를 마련하여야 할 입법적 의무가 도출된다고 볼 수 없고, 그 외에 헌법 제34조나 공무담임권 보장에 관한 헌법 제25조로부터 위와 같은 입법의무가 도출되지 않는다. 따라서 이 사건 입법부작위는 헌법소원의 대상이 될 수 없는 입법부작위를 그 심판대상으로 한 것으로 부적법하다(헌재 2014.6.26. 2012헌마459).

ㅅ. [X] 이 사건 선진화 계획은 그 법적 성격이 행정계획이라고 할 것인바, 국민의 기본권에 직접적인 영향을 미친다고 볼 수 없고, 장차 법령의 뒷받침에 의하여 그대로 실시될 것이 틀림없을 것으로 예상된다고 보기도 어려우므로, 헌법소원의 대상이 되는 공권력의 행사에 해당한다고 할 수 없다(헌재 2011.12.29. 2009헌마330 등).

10 사생활의 비밀과 자유   정답 ④

① [O] 이 사건 재산등록 조항은 금융감독원 직원의 비리유혹을 억제하고 업무 집행의 투명성 및 청렴성을 확보하기 위한 것으로 입법목적이 정당하고, 금융기관의 업무 및 재산상황에 대한 검사 및 감독과 그에 따른 제재를 업무로 하는 금융감독원의 특성상 소속 직원의 금융기관에 대한 실질적인 영향력 및 비리개연성이 클 수 있다는 점을 고려할 때 일정 직급 이상의 금융감독원 직원에게 재산등록의무를 부과하는 것은 적절한 수단이다. 재산등록제도는 재산공개제도와 구별되는 것이고, 재산등록사항의 누설 및 목적 외 사용 금지 등 재산등록사항이 외부에 알려지지 않도록 보호하는 조치가 마련되어 있다. 재산등록 대상에 본인 외에 배우자와 직계존비속도 포함되나 이는 등록의무자의 재산은닉을 방지하기 위하여 불가피한 것이며, 고지거부제도 운용 및 혼인한 직계비속인 여자, 외조부모 등을 대상에서 제외함으로써 피해를 최소화하고 있다. 또한 이 사건 재산등록 조항에 의하여 제한되는 사생활 영역은 재산관계에 한정됨에 비하여 이를 통해 달성할 수 있는 공익은 금융감독원 업무의투명성 및 책임성 확보 등으로 중대하므로 법익균형성도 충족하고 있다. 따라서 이 사건 재산등록 조항은 청구인들의 사생활의 비밀과 자유를 침해하지 아니한다(헌재 2014.6.26. 2012헌마331).

② [O] 날로 증가하는 성폭력범죄와 그 피해의 심각성을 고려할 때 범죄예방 효과의 측면에서 위치추적을 통한 전자감시제도보다 덜 기본권 제한적인 수단을 쉽게 마련하기 어려운 점 등을 종합적으로 고려하면, 이 사건 전자장치부착조항에 의한 전자감시제도가 침해의 최소성 원칙에 반한다고 할 수 없다. 또한 이 사건 전자장치부착조항이 보호하고자 하는 이익에 비해 재범의 위험성이 있는 성폭력범죄자가 입는 불이익이 결코 크다고 할 수 없어 법익의 균형성원칙에 반하지 아니하므로, 이 사건 전자장치부착조항이 과잉금지원칙에 위배하여 피부착자의 사생활의 비밀과 자유, 개인정보자기결정권, 인격권을 침해한다고 볼 수 없다(헌재 2012.12.27. 2011헌바89).

③ [O] 간통죄의 보호법익인 혼인과 가정의 유지는 당사자의 자유로운 의지와 애정에 맡겨져야지, 형벌을 통하여 타율적으로 강제될 수 없는 것이며, 현재 간통으로 처벌되는 비율이 매우 낮고, 간통행위에 대한 사회적 비난 역시 상당한 수준으로 낮아져 간통죄는 행위규제규범으로서 기능을 잃어가고, 형사정책상 일반예방 및 특별예방의 효과를 거두기도 어렵게 되었다. 부부간 정조의무 및 여성 배우자의 보호는 간통한 배우자를 상대로 한 재판상 이혼 청구, 손해배상청구 등 민사상의 제도에 의해 보다 효과적으로 달성될 수 있고, 오히려 간통죄가 유책의 정도가 훨씬 큰 배우자의 이혼수단으로 이용되거나 일시 탈선한 가정주부 등을 공갈하는 수단으로 악용되고 있기도 하다. 결국 심판대상조항은 과잉금지원칙에 위배하여 국민의 성적 자기결정권 및 사생활의 비밀과 자유를 침해하는 것으로서 헌법에 위반된다(헌재 2015.2.26. 2009헌바17).

④ [X] 청구인들은 심판대상조항에 따라 합격자 명단이 공개됨으로써 사생활의 비밀과 자유가 침해된다고 주장하나, 변호사라는 전문자격을 취득하거나 취득하지 못하였다는 사실이 내밀한 사적 영역에 속하는 것인지 의문일 뿐만 아니라, 설사 이에 속한다고 하더라도 개인정보자기결정권의 보호영역과 중첩되는 범위 안에서만 관련되어 있으므로, 개인정보자기결정권에 대한 과잉금지원칙 위배 여부를 심사하는 이상 따로 살펴보지 않는다. 청구인들은 심판대상조항이 당사자가 아닌 타인으로 하여금 응시자의 불합격 사실을 확인할 수 있도록 함으로써 그의 인격권 또는 명예권도 침해한다고 주장한다. 그러나 이는 개인정보가 공개되는 데 따라 초래되는 문제에 불과하므로, 이에 대해서는 나아가 살펴보지 않는다(헌재 2020.3.26. 2018헌마77 등).

11 국정감사, 국정조사   정답 ①

❶ [X] 국정감사는 1948년 제헌헌법에서 최초로 신설되었으나, 1972년 제7차 개헌에서 삭제한 후 현행 헌법에서 다시 규정한 제도이다. 국정조사제도는 1980년 제8차 개정헌법에서 처음 도입하였다.

② [O] 국회는 재적의원 4분의 1이상의 요구가 있는 때에는 특별위원회 또는 상임위원회로 하여금 국정의 특정사안에 관하여 조사를 시행하게 한다(「국정감사 및 조사에 관한 법률」 제3조 제1항).

③ [O] 「국정감사 및 조사에 관한 법률」 제8조에 대한 옳은 내용이다.

> **제8조 【감사 또는 조사의 한계】** 감사 또는 조사는 개인의 사생활을 침해하거나 계속 중인 재판 또는 수사 중인 사건의 소추(訴追)에 관여할 목적으로 행사되어서는 아니 된다.

④ [O] 국회는 국정전반에 관하여 소관 상임위원회별로 매년 정기회 집회일 이전에 감사시작일부터 30일 이내의 기간을 정하여 감사를 실시한다. 다만, 본회의 의결로 정기회 기간 중에 감사를 실시할 수 있다(「국정감사 및 조사에 관한 법률」 제2조 제1항).

12   재산권   정답 ②

옳지 않은 것은 1개(ㄹ)이다.

ㄱ. [O] 소급입법금지원칙에 대한 예외로서 헌법 제13조 제2항에 위
반되지 아니한다.

> 심판대상조항은 1945.9.25. 1945.12.6. 각 공포되었음에도
> 1945.8.9.을 기준으로 하여 일본인 소유의 재산에 대한 거
> 래를 전부 무효로 하고, 그 재산을 전부 1945.9.25.로 소급
> 하여 미군정청의 소유가 되도록 정하고 있어서, 소급입법금
> 지원칙에 위반되는지 여부가 문제된다. 1945.8.9.은 미국 육
> 군항공대가 나가사키에 제2차 원자폭탄을 투하함으로써 사
> 실상 제2차 세계대전이 종결된 시점이면서 동시에 일본의 최
> 고전쟁지도회의구성원회의에서 연합국 정상들이 일본에 대하
> 여 무조건 항복을 요구한 포츠담선언의 수락이 기정사실화된
> 시점으로서, 그 이후 남한 내에 미군정이 수립되고 일본인의
> 사유재산에 대한 동결 및 귀속조치가 이루어지기까지 법적
> 상태는 매우 혼란스럽고 불확실하였다. 따라서 1945.8.9. 이
> 후 조선에 남아 있던 일본인들이, 일본의 패망과 미군정의
> 수립에도 불구하고 그들이 한반도 내에서 소유하거나 관리하
> 던 재산을 자유롭게 거래하거나 처분할 수 있다고 신뢰하였
> 다 하더라도 그러한 신뢰가 헌법적으로 보호할 만한 가치가
> 있는 신뢰라고 보기 어렵다. 일본인들이 불법적인 한일병합
> 조약을 통하여 조선 내에서 축적한 재산을 1945.8.9. 상태
> 그대로 일괄 동결시키고 그 산일과 훼손을 방지하여 향후 수
> 립될 대한민국에 이양한다는 공익은, 한반도 내의 사유재산
> 을 자유롭게 처분하고 일본 본토로 철수하고자 하였던 일본
> 인이나, 일본의 패망 직후 일본인으로부터 재산을 매수한 한
> 국인들에 대한 신뢰보호의 요청보다 훨씬 더 중대하다. 따라
> 서 심판대상조항은 소급입법금지원칙에 대한 예외로서 헌법
> 제13조 제2항에 위반되지 아니한다(헌재 2021.1.28. 2018
> 헌바88).

ㄴ. [O] 부부는 민법상 서로 동거하며 부양하고 협조할 의무를 부담하
므로, 공무원연금법은 공무원 또는 공무원이었던 자의 사망 당
시 그에 의하여 부양되고 있던 배우자를 갑작스러운 소득상실
의 위험으로부터 보호해야 할 필요성과 중요성을 인정하여 유
족연금수급권자로 규정하고 있다. 또한, 공무원연금법은 법률
혼뿐만 아니라 사실혼 배우자도 유족으로 인정하고 있는데, 이
는 사실혼 배우자도 법률혼 배우자와 마찬가지로 서로 동거·
부양·협조의무가 인정된다는 점을 고려한 것이다. 따라서 심
판대상조항이 배우자의 재혼을 유족연금수급권 상실사유로 규
정한 것은 배우자가 재혼을 통하여 새로운 부양관계를 형성함
으로써 재혼 상대방 배우자를 통한 사적 부양이 가능해짐에
따라 더 이상 사망한 공무원의 유족으로서의 보호의 필요성이
나 중요성을 인정하기 어렵다고 보았기 때문이다. 이는 한정된
재원의 범위 내에서 부양의 필요성과 중요성 등을 고려하여 유
족들을 보다 효과적으로 보호하기 위한 것이므로, 입법재량의 한
계를 벗어나 재혼한 배우자의 인간다운 생활을 할 권리와 재산권
을 침해하였다고 볼 수 없다(헌재 2022.8.31. 2019헌가31).

ㄷ. [O] 전기통신금융사기는 범행 이후 피해금 인출이 신속히 이루어
지고 전기통신금융사기의 범인은 동일한 계좌를 이용하여 다
수의 피해자를 상대로 여러 차례 범행을 저지를 가능성이 있
으므로, 어느 한 피해자의 피해구제 신청으로 사기이용계좌라
는 점이 드러난 경우 전기통신금융사기로 인한 피해를 실효적
으로 구제하기 위하여는 피해금 상당액을 넘어 사기이용계좌
전부에 대하여 지급정지를 하는 것이 불가피하다. 지급정지조

항으로 인하여 사후적으로 전기통신금융사기와 무관함이 밝혀
진 계좌 명의인의 재산권이 일시적으로 제한될 수는 있으나,
그 제한의 정도가 전기통신금융사기 피해자를 실효적으로 구
제하려는 공익에 비하여 결코 중하다고 볼 수 없다. 따라서 지
급정지조항은 과잉금지원칙을 위반하여 청구인의 재산권을 침
해하지 않는다(헌재 2022.6.30. 2019헌마579).

ㄹ. [X] 심판대상조항은 개정조항이 시행되기 전 환급세액을 수령한
부분까지 사후적으로 소급하여 개정된 징수조항을 적용하는
것으로서 헌법 제13조 제2항에 따라 원칙적으로 금지되는 이
미 완성된 사실·법률관계를 규율하는 진정소급입법에 해당한
다. 법인세를 부당 환급받은 법인은 소급입법을 통하여 이자상
당액을 포함한 조세채무를 부담할 것이라고 예상할 수 없었고,
환급세액과 이자상당액을 법인세로서 납부하지 않을 것이라는
신뢰는 보호할 필요가 있다. 나아가 개정 전 법인세법 아래에
서도 환급세액을 부당이득 반환청구를 통하여 환수할 수 있었
으므로, 신뢰보호의 요청에 우선하여 진정소급입법을 하여야
할 매우 중대한 공익상 이유가 있다고 볼 수도 없다(헌재
2014.7.24. 2012헌바105).

ㅁ. [O] 이 사건 법률조항의 환매권 발생기간 '10년'을 예외 없이 유지
하게 되면 토지수용 등의 원인이 된 공익사업의 폐지 등으로
공공필요가 소멸하였음에도 단지 10년이 경과하였다는 사정
만으로 환매권이 배제되는 결과가 초래될 수 있다. 다른 나라
의 입법례에 비추어 보아도 발생기간을 제한하지 않거나 더
길게 규정하면서 행사기간 제한 또는 토지에 현저한 변경이
있을 때 환매거절권을 부여하는 등 보다 덜 침해적인 방법으
로 입법목적을 달성하고 있다. 이 사건 법률조항은 침해의 최
소성 원칙에 어긋난다. … 결국 이 사건 법률조항은 헌법 제
37조 제2항에 반하여 국민의 재산권을 침해하여 헌법에 위반
된다.

> 환매권의 발생기간을 제한한 것은 사업시행자의 지위나 이해
> 관계인들의 토지이용에 관한 법률관계 안정, 토지의 사회경
> 제적 이용 효율 제고, 사회일반에 돌아가야 할 개발이익이
> 원소유자에게 귀속되는 불합리 방지 등을 위한 것인데, 그
> 입법목적은 정당하고 이와 같은 제한은 입법목적 달성을 위
> 한 유효적절한 방법이라 할 수 있다. … 이 사건 법률조항의
> 환매권 발생기간 '10년'을 예외 없이 유지하게 되면 토지수
> 용 등의 원인이 된 공익사업의 폐지 등으로 공공필요가 소멸
> 하였음에도 단지 10년이 경과하였다는 사정만으로 환매권이
> 배제되는 결과가 초래될 수 있다. 다른 나라의 입법례에 비
> 추어 보아도 발생기간을 제한하지 않거나 더 길게 규정하면
> 서 행사기간 제한 또는 토지에 현저한 변경이 있을 때 환매
> 거절권을 부여하는 등 보다 덜 침해적인 방법으로 입법목적
> 을 달성하고 있다. 이 사건 법률조항은 침해의 최소성 원칙
> 에 어긋난다. 이 사건 법률조항으로 제한되는 사익은 헌법상
> 재산권인 환매권의 발생 제한이고, 이 사건 법률조항으로 환
> 매권이 발생하지 않는 경우에는 환매권 통지의무도 발생하지
> 않기 때문에 환매권 상실에 따른 손해배상도 받지 못하게 되
> 므로, 사익 제한 정도가 상당히 크다. 그런데 10년 전후로
> 토지가 필요 없게 되는 것은 취득한 토지가 공익목적으로 실
> 제 사용되지 못한 경우가 대부분이다. 토지보상법은 부동산
> 등기부상 협의취득이나 토지수용의 등기원인 기재가 있는 경
> 우 환매권의 대항력을 인정하고 있어 공익사업에 참여하는
> 이해관계인들은 환매권이 발생할 수 있음을 충분히 알 수 있
> 다. 토지보상법은 이미 환매대금증감소송을 인정하여 당해
> 공익사업에 따른 개발이익이 원소유자에게 귀속되는 것을 차
> 단하고 있다. 따라서 이 사건 법률조항이 추구하고자 하는

공익은 원소유자의 사익침해 정도를 정당화할 정도로 크다고 보기 어려우므로, 법익의 균형성을 충족하지 못한다. 결국 이 사건 법률조항은 헌법 제37조 제2항에 반하여 국민의 재산권을 침해하여 헌법에 위반된다(헌재 2020.11.26. 2019헌바131).

---

13 신체의 자유   정답 ①

❶ [×] 배우자는 후보자와 일상을 공유하는 자로서 선거에서는 후보자의 분신과도 같은 역할을 하게 되는바, 배우자의 중대 선거범죄를 이유로 후보자의 당선을 무효로 하는 이 사건 법률조항은 배우자가 죄를 저질렀다는 이유만으로 후보자에게 불이익을 주는 것이 아니라, 후보자와 불가분의 선거운명공동체를 형성하여 활동하게 마련인 배우자의 실질적 지위와 역할을 근거로 후보자에게 연대책임을 부여한 것이므로 헌법 제13조 제3항에서 금지하고 있는 연좌제에 해당하지 아니한다(헌재 2005.12.22. 2005헌마19).

② [○] 특수절도미수조항에서는 법정형의 하한을 징역 1년으로 규정하고 있어 구체적인 사건에서 재판을 담당하는 법관이 사건의 내용 및 죄질에 따라 징역형에 대한 선고유예나 집행유예를 선고함으로써 구체적 타당성을 도모할 수 있고, 미수범의 형은 기수범의 형보다 감경할 수 있으며(제25조 제2항), 종범(제32조), 자수범(제52조) 등과 같은 법률상 감경사유나 작량감경사유(제53조)가 있는 때에는 법원에서 1년 미만의 단기 자유형을 선고하는 것도 가능하고, 법정형의 상한을 징역 10년으로 제한하고 있다. 그렇다면 특수절도미수조항 법정형에서 벌금형 없이 '1년 이상 10년 이하의 징역'으로 규정하였다는 점만으로, 입법재량을 넘은 과잉형벌이거나 형벌체계상 균형을 상실하였다고 볼 수 없다. 위와 같이 특수절도 범행의 상대적으로 중한 죄질 및 범정, 피해의 중대성 등을 감안하여 입법자가 입법정책적 차원에서 특수절도 범죄에 대한 법정형을 단순절도죄보다 더 무겁게 정하였다고 하여, 특수절도미수조항이 형벌 본래의 기능과 목적을 달성함에 있어 필요한 정도를 현저하게 일탈하여 비례 원칙에 위배되었거나 책임주의 원칙에 위반하였다거나 청구인의 신체의 자유나 법관의 양형재량을 침해한 것이라 할 수 없다(헌재 2019.2.28. 2018헌바8).

③ [○] 누구든지 체포 또는 구속을 당한 때에는 즉시 변호인의 조력을 받을 권리를 가진다. 다만, 형사피고인이 스스로 변호인을 구할 수 없을 때에는 법률이 정하는 바에 의하여 국가가 변호인을 붙인다(헌법 제12조 제4항).

④ [○] 미결구금은 신체의 자유를 침해받는 피의자 또는 피고인의 입장에서 보면 실질적으로 자유형의 집행과 다를 바 없으므로 인권보호 및 공평의 원칙상 형기에 전부 산입되어야 한다(헌재 2009.12.29. 2008헌가13).

---

14 정당제도   정답 ④

① [○] 헌법 제8조 제4항에 대한 옳은 내용이다.

> **제8조** ④ 정당의 목적이나 활동이 민주적 기본질서에 위배될 때에는 정부는 헌법재판소에 그 해산을 제소할 수 있고, 정당은 헌법재판소의 심판에 의하여 해산된다.

② [○] 「정당법」 제31조 제2항에 대한 옳은 내용이다.

> **제31조【당비】** ② 정당의 당원은 같은 정당의 타인의 당비를 부담할 수 없으며, 타인의 당비를 부담한 자와 타인으로 하여금 자신의 당비를 부담하게 한 자는 당비를 낸 것이 확인된 날부터 1년간 당해 정당의 당원자격이 정지된다.

③ [○] 「정당법」 제15조에 대한 옳은 내용이다.

> **제15조【등록신청의 심사】** 등록신청을 받은 관할 선거관리위원회는 형식적 요건을 구비하는 한 이를 거부하지 못한다. 다만, 형식적 요건을 구비하지 못한 때에는 상당한 기간을 정하여 그 보완을 명하고, 2회 이상 보완을 명하여도 응하지 아니할 때에는 그 신청을 각하할 수 있다.

❹ [×] 헌법재판소에 의해 해산된 정당의 소속 국회의원의 자격에 관한 헌법 및 「정당법」 규정은 별도로 존재하지 않기 때문에 학설이 대립하고 있다. 헌법재판소에 의하여 해산된 정당소속의 국회의원은 의원직을 상실한다는 견해와 유지된다는 견해가 있는데, 다수설은 상실된다는 견해이다.

---

15 재판의 전제성   정답 ②

① [×] 법률조항이 당해사건에 직접 적용되지는 않더라도 ㉠ 그 위헌 여부에 따라 당해 사건의 재판에 직접 적용되는 법률조항의 위헌여부가 결정되거나 ㉡ 당해 재판의 결과가 좌우되는 경우 ㉢ 당해 사건의 재판에 직접 적용되는 규범의 의미가 달라짐으로써 재판에 영향을 미치는 경우 ㉣ 당해 사건에 직접 적용되는 시행령의 위헌여부가 위임규정의 위헌여부에 달려 있는 경우 등과 같이 양 규범사이에 내적 관련이 있는 경우에는 간접적용되는 법률규정에 대하여도 재판의 전제성을 인정할 수 있다.

❷ [○] 병역종류조항이 대체복무제를 포함하고 있지 않다는 이유로 위헌으로 결정된다면, 양심적 병역거부자가 현역입영 또는 소집 통지서를 받은 후 3일 내에 입영하지 아니하거나 소집에 불응하더라도 대체복무의 기회를 부여받지 않는 한 당해 형사사건을 담당하는 법원이 무죄를 선고할 가능성이 있으므로, 병역종류조항은 재판의 전제성이 인정된다(헌재 2018.6.28. 2011헌바379).

③ [×] 재판의 전제성은 법률의 위헌여부심판제청시만 아니라 심판시에도 갖추어져야 함이 원칙이다. 다만, 위헌심판제청된 법률조항에 의하여 침해된다는 기본권이 중요하여 동 법률조항의 위헌 여부의 해명이 헌법적으로 중요성이 있는데도 그 해명이 없거나, 동 법률조항으로 인한 기본권의 침해가 반복될 위험성이 있는데도 좀처럼 그 법률조항에 대한 위헌심판의 기회를 갖기 어려운 경우에는 위헌제청 당시 재판의 전제성이 인정되는 한 당해소송이 종료되었더라도 예외적으로 객관적인 헌법

질서의 수호·유지를 위하여 심판의 필요성을 인정하여 적극적으로 그 위헌 여부에 대한 판단을 하는 것이 헌법재판소의 존재이유에도 부합하고 그 임무를 다하는 것이 된다(헌재 1993.12.23. 93헌가2).

④ [×] 확성장치사용조항들은, 청구인이 당내경선에서 공직선거법상 허용되는 경선운동방법을 위반하여 확성장치인 마이크를 사용해 경선운동을 하였다는 범죄사실로 유죄판결을 받은 당해사건에 적용되지 아니하였고, 확성장치사용 조항들의 위헌 여부에 따라 당해 사건을 담당한 법원이 다른 내용의 재판을 하게 된다고 볼 수도 없다. 따라서 확성장치사용조항들의 위헌 여부는 당해사건 재판의 전제가 되지 아니한다(헌재 2019.4.11. 2016헌바458 등).

④ [×] 심판대상조항은 2003년과 2007년경부터 규정된 것이어서 해당 직류의 채용시험을 진지하게 준비 중이었다면 누구라도 직업상담사 자격증이 가산대상 자격증임을 알 수 있었다고 보이며, 자격증소지를 시험의 응시자격으로 한 것이 아니라 각 과목 만점의 최대 5% 이내에서 가산점을 부여하는 점, 자격증소지자도 다른 수험생들과 마찬가지로 합격의 최저 기준인 각 과목 만점의 40% 이상을 취득하여야 한다는 점, 그 가산점 비율은 3% 또는 5%로서 다른 직렬과 자격증 가산점 비율에 비하여 과도한 수준이라고 볼 수 없다는 점을 종합하면 이 조항이 피해최소성 원칙에 위배된다고 볼 수 없고, 법익의 균형성도 갖추었다. 따라서 심판대상조항이 청구인들의 공무담임권과 평등권을 침해하였다고 볼 수 없다(헌재 2018.8.30. 2018헌마46).

---

16 공무담임권 정답 ④

① [○] 획일적으로 30세까지는 순경과 소방사·지방소방사 및 소방간부후보생의 직무수행에 필요한 최소한도의 자격요건을 갖추고, 30세가 넘으면 그러한 자격요건을 상실한다고 보기 어렵고, 이 점은 순경을 특별 채용하는 경우 응시연령을 40세 이하로 제한하고, 소방사·지방소방사와 마찬가지로 화재현장업무 등을 담당하는 소방교·지방소방교의 경우 특채시험의 응시연령을 35세 이하로 제한하고 있는 점만 보아도 분명하다. 따라서 이 사건 심판대상 조항들이 순경 공채시험, 소방사 등 채용시험, 그리고 소방간부 선발시험의 응시연령의 상한을 '30세 이하'로 규정하고 있는 것은 합리적이라 볼 수 없으므로 침해의 최소성 원칙에 위배되어 청구인들의 공무담임권을 침해한다(헌재 2012.5.31. 2010헌마278).

② [○] 헌법 제25조가 보장하는 공무담임권은 입법부, 행정부, 사법부는 물론 지방자치단체 등 국가, 공공단체의 구성원으로서 그 직무를 담당할 수 있는 권리를 말한다. 그런데 정당은 정치적 주장이나 정책을 추진하고 공직선거의 후보자를 추천 또는 지지함으로써 국민의 정치적 의사형성에 참여함을 목적으로 하는 국민의 자발적 조직으로서, 정당의 공직선거 후보자 선출은 자발적 조직 내부의 의사결정에 지나지 아니한다. 따라서 청구인이 정당의 내부경선에 참여할 권리는 헌법이 보장하는 공무담임권의 내용에 포함된다고 보기 어렵고, 청구인의 소속 정당이 당내경선을 실시하지 않는다고 하여 청구인이 공직선거의 후보자로 출마할 수 없는 것이 아니므로, 심판대상조항으로 인하여 청구인의 공무담임권이 침해될 여지는 없다(헌재 2014.11.27. 2013헌마814).

③ [○] 후보자(후보자가 되려는 사람을 포함한다)의 직계존비속 및 배우자에게 제263조 및 제265조에 규정된 죄와 이 조 제1항 제3호에 규정된 죄의 경합범으로 징역형 또는 300만원 이상의 벌금형을 선고하는 때(선거사무장, 선거사무소의 회계책임자에 대하여는 선임·신고되기 전의 행위로 인한 경우를 포함한다)에는 이를 분리 선고하여야 한다(「공직선거법」 제18조 제3항 참조).

---

17 변호인의 조력을 받을 권리 정답 ④

① [○] 필요적 변호사건이라 하여도 피고인이 재판거부의 의사를 표시하고 재판장의 허가 없이 퇴정하고 변호인마저 이에 동조하여 퇴정해 버린 것은 모두 피고인측의 방어권의 남용 내지 변호권의 포기로 볼 수밖에 없는 것이므로 수소법원으로서는 형사소송법 제330조에 의하여 피고인이나 변호인의 재정 없이도 심리판결 할 수 있다(대판 1991.6.28. 91도865).

② [○] 변호인의 조력을 받을 권리는 변호인과의 자유로운 접견교통권에 그치지 아니하고 더 나아가 변호인을 통하여 수사서류를 포함한 소송관계 서류를 열람·등사하고 이에 대한 검토결과를 토대로 공격과 방어의 준비를 할 수 있는 권리도 포함된다고 보아야 할 것이므로 변호인의 수사기록 열람·등사에 대한 지나친 제한은 결국 피고인에게 보장된 변호인의 조력을 받을 권리를 침해하는 것이다(헌재 1997.11.27. 94헌마60).

③ [○] 변호인 선임을 위하여 피의자·피고인(이하 '피의자 등'이라 한다)이 가지는 '변호인이 되려는 자'와의 접견교통권은 헌법상 기본권으로 보호되어야 하고, '변호인이 되려는 자'의 접견교통권은 피의자 등이 변호인을 선임하여 그로부터 조력을 받을 권리를 공고히 하기 위한 것으로서, 그것이 보장되지 않으면 피의자 등이 변호인 선임을 통하여 변호인으로부터 충분한 조력을 받는다는 것이 유명무실하게 될 수밖에 없다. 이와 같이 '변호인이 되려는 자'의 접견교통권은 피의자 등을 조력하기 위한 핵심적인 부분으로서, 피의자 등이 가지는 헌법상의 기본권인 '변호인이 되려는 자'와의 접견교통권과 표리의 관계에 있다. 따라서 피의자 등이 가지는 '변호인이 되려는 자'의 조력을 받을 권리가 실질적으로 확보되기 위해서는 '변호인이 되려는 자'의 접견교통권 역시 헌법상 기본권으로서 보장되어야 한다(헌재 2019.2.28. 2015헌마1204).

④ [×] 변호인의 조력을 받을 권리의 출발점은 변호인선임권에 있고, 이는 변호인의 조력을 받을 권리의 가장 기초적인 구성부분으로서 법률로써도 제한할 수 없다(헌재 2004.9.23. 2000헌마138).

18 평등원칙, 평등권 정답 ②

① [○] 이 사건 부칙조항은 개정 전 공직자윤리법 조항이 혼인관계에서 남성과 여성에 대한 차별적 인식에 기인한 것이라는 반성적 고려에 따라 개정 공직자윤리법 조항이 시행되었음에도 불구하고, 일부 혼인한 여성 등록의무자에게 이미 개정 전 공직자윤리법 조항에 따라 재산등록을 하였다는 이유만으로 남녀차별적인 인식에 기인하였던 종전의 규정을 따를 것을 요구하고 있다. 그런데 혼인한 남성 등록의무자와 달리 혼인한 여성 등록의무자의 경우에만 본인이 아닌 배우자의 직계존·비속의 재산을 등록하도록 하는 것은 여성의 사회적 지위에 대한 그릇된 인식을 양산하고, 가족관계에 있어 시가와 친정이라는 이분법적 차별구조를 정착시킬 수 있으며, 이것이 사회적 관계로 확장될 경우에는 남성우위·여성비하의 사회적 풍토를 조성하게 될 우려가 있다. 이는 성별에 의한 차별금지 및 혼인과 가족생활에서의 양성의 평등을 천명하고 있는 헌법에 정면으로 위배되는 것으로 그 목적의 정당성을 인정할 수 없다. 따라서 이 사건 부칙조항은 평등원칙에 위배된다(헌재 2021.9.30. 2019헌가3).

❷ [×] 중선거구제인 선거에서 기탁금반환의 기준이 소선거구제인 다른 선거에 적용되는 기준보다 낮을 수도 있으나, 우리의 정치문화와 선거풍토에서 선거의 신뢰성과 공정성을 확보하고 이를 유지하는 것이 무엇보다 중요하고 시급한 점, 국민들의 경제적 부담을 가중시키고, 정국의 불안정이나 정치에 대한 무관심으로 이어지는 등 부작용을 방지하여야 한다는 점 등을 고려하여 중선거구제를 도입하였음에도 불구하고 종전과 마찬가지 수준의 기탁금반환 기준을 유지함으로써 상대적으로 이러한 문제점을 완화시키려고 하였던 입법자의 판단에는 합리적인 이유가 있다 할 것이므로, 지역구지방의원선거에서도 대통령선거나 지역구국회의원선거와 마찬가지로 유효투표 총수의 100분의 15 이상의 득표를 기탁금 및 선거비용 전액의 반환 또는 보전의 기준으로, 유효투표 총수의 100분의 10 이상 100분의 15 미만의 득표를 기탁금 및 선거비용 반액의 반환 또는 보전의 기준으로 규정한 공직선거법 규정은 평등권을 침해하지 않는다(헌재 2011.6.30. 2010헌마542).

③ [○] 비상장법인은 주로 친족, 친지 등으로 구성된 폐쇄적인 회사들로서, 법인을 자기의 의사대로 지배·운영하며 회사의 수익은 주주에게 귀속시키고 손실은 회사에 떠넘기는 방법으로 법인제도를 남용하여 이를 형해화시킬 우려가 크다. 반면에 상장법인은 비상장법인에 비해 엄격한 주식 분산요건을 규정하여 특정인에 의한 주식 독과점을 제도적으로 제한하므로 과점주주가 법인 경영이나 자산을 지배하기 어렵다는 점에서 비상장법인과 차이가 있다. … 그렇다면 심판대상조항이 비상장법인의 과점주주에게만 개발부담금에 대한 제2차 납부의무를 부과하는 것은 개발부담금의 징수를 확보하면서도 비상장법인의 특성을 고려한 합리적인 차별이므로 심판대상조항은 평등의 원칙에 위배되지 않는다고 할 것이다(헌재 2020.5.27. 2018헌바465).

④ [○] 전상유공자와 비전상유공자는 본질적으로 서로 다른 집단임에도, 이 사건 법률조항은 전상유공자가 보훈급여금을 받는 경우에는 보훈급여금과 참전명예수당 중 어느 하나만을 선택하여 받도록 함으로써, 전상유공자와 비전상유공자를 같게 취급하는 차별이 존재하지만, 이와 같은 차별을 정당화할 객관적이고 합리적인 이유가 존재한다고 볼 수 있으므로, 평등권을 침해한다고 할 수 없다(헌재 2010.10.28. 2009헌마272).

19 국회의원, 국회 정답 ②

① [○] 국회의원은 국회에서 직무상 행한 발언과 표결에 관하여 국회 외에서 책임을 지지 아니한다(헌법 제45조).

❷ [×] 경위나 경찰공무원은 국회 안에 현행범인이 있을 때에는 체포한 후 의장의 지시를 받아야 한다. 다만, 회의장 안에서는 의장의 명령 없이 의원을 체포할 수 없다(「국회법」 제150조).

③ [○] 본회의 또는 위원회의 의결로 공개하지 아니하기로 한 경우를 제외하고는 의장이나 위원장은 회의장 안(본회의장은 방청석으로 한정한다)에서의 녹음·녹화·촬영 및 중계방송을 국회규칙에서 정하는 바에 따라 허용할 수 있다(「국회법」 제149조의2 제1항).

④ [○] 「국회법」 제26조 제2항에 대한 옳은 내용이다.

> 제26조 【체포동의 요청의 절차】 ① 의원을 체포하거나 구금하기 위하여 국회의 동의를 받으려고 할 때에는 관할법원의 판사는 영장을 발부하기 전에 체포동의 요구서를 정부에 제출하여야 하며, 정부는 이를 수리(受理)한 후 지체 없이 그 사본을 첨부하여 국회에 체포동의를 요청하여야 한다.
> ② 의장은 제1항에 따른 체포동의를 요청받은 후 처음 개의하는 본회의에 이를 보고하고, 본회의에 보고된 때부터 24시간 이후 72시간 이내에 표결한다. 다만, 체포동의안이 72시간 이내에 표결되지 아니하는 경우에는 그 이후에 최초로 개의하는 본회의에 상정하여 표결한다.

20 헌법소원심판 정답 ④

옳은 것은 ㄷ, ㄹ이다.

ㄱ. [×] 청구인 사단법인 한국기자협회는 전국의 신문·방송·통신사 소속 현직 기자들을 회원으로 두고 있는 민법상 비영리 사단법인으로서, 언론중재 및 피해구제에 관한 법률 제2조 제12호에 따른 언론사에는 해당한다. 그런데 심판대상조항은 언론인 등 자연인을 수범자로 하고 있을 뿐이어서 청구인 사단법인 한국기자협회는 심판대상조항으로 인하여 자신의 기본권을 직접 침해당할 가능성이 없다. 또 사단법인 한국기자협회가 그 구성원인 기자들을 대신하여 헌법소원을 청구할 수도 없으므로, 위 청구인의 심판청구는 기본권 침해의 자기관련성을 인정할 수 없어 부적법하다(헌재 2016.7.28. 2015헌마236).

ㄴ. [×] 이 사건 제외조치의 상대방은 이 사건 대학들이며, 이 사건 대학들에 근무하는 교수나 교수회는 제3자에 불과하므로 이 사건 제외조치로 인하여 직접 영향을 받는다고 볼 수 없다. 따라서 청구인들에게 이 사건 제외조치를 다툴 기본권 침해의 자기관련성이 있다고 볼 수 없다(헌재 2016.10.27. 2013헌마576).

ㄷ. [○] 부진정 입법부작위를 다투는 형태의 헌법소원심판 청구의 경우에도 해당 법률 또는 법령 조항 자체를 심판의 대상으로 삼는 것이므로 원칙적으로 법령소원에 있어서 요구되는 기본권 침해의 직접성 요건을 갖추어야 한다(헌재 2010.7.29. 2009헌마51).

ㄹ. [O] 지목변경신청반려행위가 항고소송의 대상이 되는 처분행위에 해당한다는 변경된 대법원 판례에 따르면, 지목변경신청반려행위에 대하여 행정소송을 거치지 않고 제기된 헌법소원심판청구는 보충성의 요건을 흠결하여 각하되어야 한다(헌재 2004.6.24. 2003헌마723).

21　교육을 받을 권리　정답 ②

① [O] 헌법 제31조 제1항의 교육을 받을 권리는, 국민이 능력에 따라 균등하게 교육받을 것을 공권력에 의하여 부당하게 침해받지 않을 권리와, 국민이 능력에 따라 균등하게 교육받을 수 있도록 국가가 적극적으로 배려하여 줄 것을 요구할 수 있는 권리로 구성되는바, 전자는 자유권적 기본권의 성격이, 후자는 사회권적 기본권의 성격이 강하다고 할 수 있다(헌재 2008.4.24. 2007헌마1456).

❷ [X] 우리 헌법은 제31조 제1항에서 "모든 국민은 능력에 따라 균등하게 교육을 받을 권리를 가진다."라고 규정함으로써 모든 국민의 교육의 기회균등권을 보장하고 있다. 이는 정신적·육체적 능력 이외의 성별·종교·경제력·사회적 신분 등에 의하여 교육을 받을 기회를 차별하지 않고, 즉 합리적 차별사유 없이 교육을 받을 권리를 제한하지 아니함과 동시에 국가가 모든 국민에게 균등한 교육을 받게 하고 특히 경제적 약자가 실질적인 평등교육을 받을 수 있도록 적극적 정책을 실현해야 한다는 것이다(헌재 1994.2.24. 93헌마192).

③ [O] 이 사건 전형사항은 재외국민 특별전형의 공정하고 합리적인 운영을 위해 규정된 것으로, 대학입학전형기본사항은 매년 수립·공표되는 점, 이 사건 전형사항은 2014년 공표된 2017학년도 대학입학전형기본사항에서부터 예고된 점 등을 종합할 때, 이 사건 전형사항이 신뢰보호원칙에 반하여 청구인 학생의 균등하게 교육받을 권리를 침해한다고 볼 수 없다. … 이 사건 전형사항은 일반전형을 통한 진학기회를 전혀 축소하지 않고, 국내 교육과정 수학 결손이 불가피하여 대학교육의 균등한 기회를 갖기 어려운 때로 지원자격을 한정하고자 한 것으로서 그 문언상 해외근무자의 배우자가 없는 한부모 가족에는 적용이 없는 점을 고려할 때, 청구인 학생을 불합리하게 차별하여 균등하게 교육을 받을 권리를 침해하는 것이라고 볼 수 없다(헌재 2020.3.26. 2019헌마212).

④ [O] 의무교육에 있어서 무상의 범위에는 의무교육이 실질적이고 균등하게 이루어지기 위한 본질적 항목으로, 수업료나 입학금의 면제, 학교와 교사 등 인적·물적 시설 및 그 시설을 유지하기 위한 인건비와 시설유지비 등의 부담제외가 포함되고, 그 외에도 의무교육을 받는 과정에 수반하는 비용으로서 의무교육의 실질적인 균등보장을 위해 필수불가결한 비용은 무상의 범위에 포함된다. 이러한 비용 이외의 비용을 무상의 범위에 포함시킬 것인지는 국가의 재정상황과 국민의 소득수준, 학부모들의 경제적 수준 및 사회적 합의 등을 고려하여 입법자가 입법정책적으로 해결해야 할 문제이다(헌재 2012.4.24. 2010헌바164).

22　기본권　정답 ②

① [O] 헌법 제10조는 "모든 국민은 인간으로서의 존엄과 가치를 가지며, 행복을 추구할 권리를 가진다. 국가는 개인이 가지는 불가침의 기본적 인권을 확인하고 이를 보장할 의무를 진다."라고 규정하여, 모든 국민이 인간으로서의 존엄과 가치를 지닌 주체임을 천명하고, 국가권력이 국민의 기본권을 침해하는 것을 금지함은 물론 이에서 더 나아가 적극적으로 국민의 기본권을 보호하고 이를 실현할 의무가 있음을 선언하고 있다. 또한 생명·신체의 안전에 관한 권리는 인간의 존엄과 가치의 근간을 이루는 기본권일 뿐만 아니라, 헌법은 제36조 제3항에서 국민의 보건에 관한 국가의 보호의무를 특별히 강조하고 있다. 따라서 국민의 생명·신체의 안전이 질병 등으로부터 위협받거나 받게 될 우려가 있는 경우 국가는 그 위험의 원인과 정도에 따라 사회·경제적인 여건 및 재정사정 등을 감안하여 국민의 생명·신체의 안전을 보호하기에 필요한 적절하고 효율적인 입법·행정상의 조치를 취하여 그 침해의 위험을 방지하고 이를 유지할 포괄적인 의무를 진다(헌재 2008.12.26. 2008헌마419 등).

❷ [X] 세계보건기구(WHO)의 '담배규제기본협약'은 비준국에게 준수 일정에 따라 담배의 제조, 생산, 유통, 소비의 전 과정에서 각종 규제장치의 입법화를 요구하고 있는데, 우리나라도 비준국으로서 이에 따를 국제법상의 의무가 있다(헌재 2015.4.30. 2012헌마38).

③ [O] 국가가 국민의 생명·신체의 안전을 보호할 의무를 진다 하더라도 국가의 보호의무를 입법자 또는 그로부터 위임받은 집행자가 어떻게 실현하여야 할 것인가 하는 문제는 원칙적으로 권력분립과 민주주의의 원칙에 따라 국민에 의하여 직접 민주적 정당성을 부여받고 자신의 결정에 대하여 정치적 책임을 지는 입법자의 책임범위에 속하므로, 헌법재판소는 단지 제한적으로만 입법자 또는 그로부터 위임받은 집행자에 의한 보호의무의 이행을 심사할 수 있다. 따라서 국가가 국민의 생명·신체의 안전에 대한 보호의무를 다하지 않았는지 여부를 헌법재판소가 심사할 때에는 국가가 이를 보호하기 위하여 적어도 적절하고 효율적인 최소한의 보호조치를 취하였는가 하는 이른바 '과소보호금지원칙'의 위반 여부를 기준으로 삼아, 국민의 생명·신체의 안전을 보호하기 위한 조치가 필요한 상황인데도 국가가 아무런 보호조치를 취하지 않았든지 아니면 취한 조치가 법익을 보호하기에 전적으로 부적합하거나 매우 불충분한 것임이 명백한 경우에 한하여 국가의 보호의무의 위반을 확인하여야 한다(헌재 2008.12.26. 2008헌마419 등).

④ [O] 「담배사업법」은 담배의 제조 및 판매 자체는 금지하고 있지 않지만, 현재로서는 흡연과 폐암 등의 질병 사이에 필연적인 관계가 있다거나 흡연자 스스로 흡연 여부를 결정할 수 없을 정도로 의존성이 높아서 국가가 개입하여 담배의 제조 및 판매 자체를 금지하여야만 한다고 보기는 어렵다. 또한, 「담배사업법」은 담배성분의 표시나 경고문구의 표시, 담배광고의 제한 등 여러 규제들을 통하여 직접흡연으로부터 국민의 생명·신체의 안전을 보호하려고 노력하고 있다. 따라서 「담배사업법」이 국가의 보호의무에 관한 과소보호금지 원칙을 위반하여 청구인의 생명·신체의 안전에 관한 권리를 침해하였다고 볼 수 없다.

담배 연기 중 필터를 통해 체내로 흡입되는 주류연(main-stream) 속에는 약 4,000여 종의 화학물질이 포함되어 있는 것으로 추정되고 있다. 담배연기의 성분 중 인체에 유해하다고 알려진 것은 타르와 니코틴이다. 타르에는 여러 종류의 발암물질이 함유되어 있는 것으로 알려져 있고, 연구 결과에 따르면 직접흡연과 폐암은 역학적으로 상관관계가 인정된다. 그러나 흡연과 폐암 사이에 역학적으로 상관관계가 있음이 인정된다 하더라도, 폐암은 그 외에 여러 가지 선천적 요인과 후천적 요인이 복합적으로 작용하여 발생할 수 있기 때문에 아직까지는 흡연과 폐암이 필연적인 관계가 있다고 단정하기 어렵다. 니코틴은 중추신경계에 작용하여 의존성과 관계 있으나, 상당 부분이 심리적인 것이고 신체적 의존의 정도가 약하다. 담배의 의존성은 직접흡연자로 하여금 구체적인 상황에서 흡연을 할지 여부 또는 흡연행위를 지속할지 여부를 '자유의사'에 따라 선택하는 데에 일정 정도 영향을 미치지만, 마약류와 달리 이를 불가능하게 하거나 현저히 어렵게 할 정도라고 보기는 어렵다. … 담배사업법은 담배 1개비의 연기 중에 포함된 주요 성분과 그 함유량을 담배의 갑 포장지 등에 표시하도록 규정하면서(동법 제25조의2 제1항), 그 위반에 대하여는 형사처벌(동법 제27조의2 제5호) 또는 일정한 행정명령(동법 제25조의2 제4항, 제25조 제3항)을 할 수 있도록 규정하고 있다. 담배사업법이 담배연기의 구성 물질에 대한 정보를 제공하도록 하는 조치는 담배규제기본협약 제9조 및 제10조에도 부합한다. 담배사업법은 담배의 갑포장지, 소매인 영업소에 부착하는 스티커 또는 포스터에 의한 광고 및 잡지광고 등에 '흡연은 건강에 해롭다'는 내용의 경고문구를 표시하도록 하면서(동법 제25조 제1항, 동법 시행령 제8조), 그 경고문구의 크기, 색상, 위치 등의 표시 방법에 관하여는 법 시행규칙에서 자세히 규정하고 있고(동법 시행규칙 제15조 제1항), 이를 위반한 제조업자 또는 수입업자에 대하여는 형사처벌 또는 시정조치를 할 수 있도록 규정하고 있다(동법 제27조의2 제3호, 제25조 제3항). 담배의 갑포장지 등에 경고문구를 표시하도록 한 것은 흡연자로 하여금 흡연 여부를 결정할 때 흡연으로 인하여 건강 침해의 우려가 있음을 진지하게 고려하도록 하는 기능을 하고, 이는 담배규제기본협약 제11조의 권고에도 부합한다. 담배사업법은 담배에 관한 광고를 금지 또는 제한할 수 있고(동법 제25조 제2항), 담배판매 촉진을 위한 금품제공 등의 금지에 대해서도 규정하고 있는바(동법 제25조의4, 동법 시행령 제10조), 이는 담배 구매동기를 유발하는 광고나 판촉 등을 제한함으로써 담배 수요를 억제하고자 하는 노력으로 보인다. 위와 같은 규율내용은 담배에 대한 광고·판촉·후원의 포괄적 금지 또는 제한과 이에 필요한 법적 행정적 조치를 실시하도록 명시하고 있는 담배규제기본협약 제13조에도 부합한다(헌재 2015.4.30. 2012헌마38).

23　위헌법률심판　　　　　　　　정답 ③

① [O] 헌법재판소는 종국결정을 하면 결정일부터 14일 이내에 결정서 정본을 제청한 법원에 송달한다. 이 경우 제청한 법원이 대법원이 아닌 경우에는 대법원을 거쳐야 한다.

> 「헌법재판소법」 제46조【결정서의 송달】헌법재판소는 결정일부터 14일 이내에 결정서 정본을 제청한 법원에 송달한다. 이 경우 제청한 법원이 대법원이 아닌 경우에는 대법원을 거쳐야 한다.

② [O] 법원이 법률의 위헌 여부 심판을 헌법재판소에 제청한 때에는 당해 소송사건의 재판은 헌법재판소의 위헌 여부의 결정이 있을 때까지 정지된다. 다만, 법원이 긴급하다고 인정하는 경우에는 종국재판 외의 소송절차를 진행할 수 있다(「헌법재판소법」 제42조 제1항).

❸ [×] 위헌으로 결정된 법률 또는 법률의 조항은 그 결정이 있는 날부터 효력을 상실한다. 그럼에도 불구하고 형벌에 관한 법률 또는 법률의 조항은 소급하여 그 효력을 상실한다.

> 「헌법재판소법」 제47조【위헌결정의 효력】① 법률의 위헌결정은 법원과 그 밖의 국가기관 및 지방자치단체를 기속(羈束)한다.
> ② 위헌으로 결정된 법률 또는 법률의 조항은 그 결정이 있는 날부터 효력을 상실한다.
> ③ 제2항에도 불구하고 형벌에 관한 법률 또는 법률의 조항은 소급하여 그 효력을 상실한다. 다만, 해당 법률 또는 법률의 조항에 대하여 종전에 합헌으로 결정한 사건이 있는 경우에는 그 결정이 있는 날의 다음 날로 소급하여 효력을 상실한다.

④ [O] 법률의 위헌 여부심판의 제청대상 법률은 특별한 사정이 없는 한 현재 시행 중이거나 과거에 시행되었던 것이어야 하기 때문에, 제청 당시에 공포는 되었으나 시행되지 않았고 이 결정 당시에는 이미 폐지되어 효력이 상실된 법률은 위헌 여부심판의 대상법률에서 제외되는 것으로 해석함이 상당하다(헌재 1997.9.25. 97헌가4).

24　관습헌법　　　　　　　　　　정답 ④

① [O] 헌법 제1조 제2항은 "대한민국의 주권은 국민에게 있고, 모든 권력은 국민으로부터 나온다."라고 규정한다. 이와 같이 국민이 대한민국의 주권자이며, 국민은 최고의 헌법제정권력이기 때문에 성문헌법의 제·개정에 참여할 뿐만 아니라 헌법전에 포함되지 아니한 헌법사항을 필요에 따라 관습의 형태로 직접 형성할 수 있다. 그렇다면 관습헌법도 성문헌법과 마찬가지로 주권자인 국민의 헌법적 결단의 의사의 표현이며 성문헌법과 동등한 효력을 가진다고 보아야 한다. 국민주권주의는 성문이든 관습이든 실정법 전체의 정립에의 국민의 참여를 요구한다고 할 것이며, 국민에 의하여 정립된 관습헌법은 입법권자를 구속하며 헌법으로서의 효력을 가진다(헌재 2004.10.21. 2004헌마554·566).

② [O] 관습헌법이 성립하기 위하여서는 관습법의 성립에서 요구되는 일반적 성립 요건이 충족되어야 한다. 첫째, 기본적 헌법사항에 관하여 어떠한 관행 내지 관례가 존재하고, 둘째, 그 관행은 국민이 그 존재를 인식하고 사라지지 않을 관행이라고 인정할 만큼 충분한 기간 동안 반복 내지 계속되어야 하며(반복·계속성), 셋째, 관행은 지속성을 가져야 하는 것으로서 그 중간에 반대되는 관행이 이루어져서는 아니 되고(항상성), 넷째, 관행은 여러 가지 해석이 가능할 정도로 모호한 것이 아닌 명확한 내용을 가진 것이어야 한다(명료성). 또한 다섯째, 이러한 관행이 헌법관습으로서 국민들의 승인 내지 확신 또는 폭넓은 컨센서스를 얻어 국민이 강제력을 가진다고 믿고 있어야 한다(국민적 합의)(헌재 2004.10.21. 2004헌마554·566).

③ [O] 헌법기관의 소재지, 특히 국가를 대표하는 대통령과 민주주의적 통치원리에 핵심적 역할을 하는 의회의 소재지를 정하는 문제는 국가의 정체성을 표현하는 실질적 헌법사항의 하나이다. 여기서 국가의 정체성이란 국가의 정서적 통일의 원천으로서 그 국민의 역사와 경험, 문화와 정치 및 경제, 그 권력구조나 정신적 상징 등이 종합적으로 표출됨으로써 형성되는 국가적 특성이라 할 수 있다. 수도를 설정하는 것 이외에도 국명(國名)을 정하는 것, 우리말을 국어로 하고 우리글을 한글로 하는 것, 영토를 획정하고 국가주권의 소재를 밝히는 것 등이 국가의 정체성에 관한 기본적 헌법사항이 된다고 할 것이다(헌재 2004.10.21. 2004헌마554·566).

❹ [X] 이 사건 법률은 행정중심복합도시의 건설과 중앙행정기관의 이전 및 그 절차를 규정한 것으로서 이로 인하여 대통령을 중심으로 국무총리와 국무위원 그리고 각부 장관 등으로 구성되는 행정부의 기본적인 구조에 어떠한 변화가 발생하지 않는다. 또한 국무총리의 권한과 위상은 기본적으로 지리적인 소재지와는 직접적으로 관련이 있다고 할 수 없다. 나아가 청구인들은 대통령과 국무총리가 서울이라는 하나의 도시에 소재하고 있어야 한다는 관습헌법의 존재를 주장하나 이러한 관습헌법의 존재를 인정할 수 없다(헌재 2005.11.24. 2005헌마579).

② [O] 위 기사들 중에는 이 사건 제품이 '인체에 안전'하다는 내용이 기재된 것도 있어 '거짓·과장의 광고'에 해당하는지 여부가 문제되는데, 표시광고법상 그 내용이 진실임을 입증할 책임은 사업자에게 있으므로 피청구인이 위 기사들을 대상으로 심사절차를 진행하여 심의절차까지 나아갔더라면 이 사건 제품의 인체 안전성이 입증되지 못하였다는 이유로 고발 및 행정처분 등이 이루어졌을 가능성이 있다. 특히 표시광고법위반죄는 피청구인에게 전속고발권이 있어 피청구인의 고발이 없으면 공소제기가 불가능한바, 피청구인이 위 기사들을 심사대상에서 제외한 것은 청구인의 재판절차진술권 행사를 원천적으로 봉쇄하는 결과를 낳는 것이었다. 결국 피청구인이 위 기사들을 심사대상에서 제외한 행위로 인하여, 청구인의 평등권과 재판절차진술권이 침해되었다(헌재 2022.9.29. 2016헌마773).

❸ [X] 헌법이 대법원을 최고법원으로 규정하였다고 하여 대법원이 곧바로 모든 사건을 상고심으로서 관할하여야 한다는 결론이 당연히 도출되는 것은 아니며, "헌법과 법률이 정하는 법관에 의하여 법률에 의한 재판을 받을 권리"가 사건의 경중을 가리지 않고 모든 사건에 대하여 대법원을 구성하는 법관에 의한 균등한 재판을 받을 권리를 의미한다거나 또는 상고심재판을 받을 권리를 의미하는 것이라고 할 수는 없다(헌재 2007.7.26. 2006헌마551 등).

④ [O] 재판청구권은 공권력이나 사인에 의해서 기본권이 침해당하거나 침해당할 위험에 처해있을 경우 이에 대한 구제나 그 예방을 요청할 수 있는 권리라는 점에서 다른 기본권의 보장을 위한 기본권이라는 성격을 가지고 있다(헌재 2009.4.30. 2007헌바121).

25   재판을 받을 권리   정답 ③

① [O] 심판대상조항이 공공단체인 한국과학기술원의 총장을 교원소청심사위원회의 결정에 불복하여 행정소송을 제기할 수 있는 제소권자 범위에 포함시키지 아니하여 행정소송을 제기하지 못하도록 한 것은, 교원의 인사를 둘러싼 분쟁을 신속하게 해결하고 궁극적으로는 한국과학기술원의 설립취지를 효과적으로 실현하기 위한 것이다. 교원의 신분보장을 둘러싼 재판상 권리구제절차를 어떻게 마련할 것인지는 당해 학교의 설립목적과 공공적 성격의 정도, 국가의 감독 수준 등을 두루 고려하여 정할 수 있는 것으로, 교원 근로관계의 법적 성격에 의해서만 좌우된다고 보기 어렵다. 한국과학기술원 설립목적의 특수성과 그 목적을 달성하기 위한 국가의 관리·감독 및 재정 지원, 사무의 공공성 내지 공익성 등을 고려할 때, 소속 교원의 신분을 국·공립학교의 교원의 그것과 동등한 정도로 보장하면서 교원소청심사절차의 당사자인 청구인이 교원소청심사결정에 대해 행정소송을 제기할 수 없도록 한 것을 두고 입법형성의 범위를 벗어났다고 보기 어렵다. 따라서 심판대상조항은 청구인의 재판청구권을 침해하지 아니한다(헌재 2022.10.27. 2019헌바117).

최종점검
기출모의고사

p.124

❯ 정답

01	③ II	06	③ II	11	③ II	16	① III	21	① I
02	③ I	07	③ I	12	① II	17	③ III	22	④ II
03	① II	08	④ IV	13	② II	18	② II	23	③ II
04	④ II	09	② IV	14	① II	19	③ III	24	② II
05	③ III	10	① II	15	④ III	20	① II	25	③ II

❯ 취약 단원 분석표

단원	맞힌 답의 개수
I	/ 3
II	/ 15
III	/ 5
IV	/ 2
TOTAL	/ 25

I 헌법총론 / II 기본권론 / III 통치구조론 / IV 헌법재판론

22' 국가직

01 언론·출판의 자유 정답 ③

① [O] 미결수용자의 규율위반행위 등에 대한 제재로서 금치처분과 함께 금치기간 중 신문과 자비구매도서의 열람을 제한하는 것은, 규율위반자에 대해서는 반성을 촉구하고 일반 수용자에 대해서는 규율 위반에 대한 불이익을 경고하여 수용자들의 규율준수를 유도하며 궁극적으로 수용질서를 확립하기 위한 것이다. 이 사건 신문 및 도 서열람제한 조항은 최장 30일의 기간 내에서만 신문이나 도서의 열람을 금지하고 열람을 금지하는 대상에 수용시설 내 비치된 도서는 포함시키지 않고 있으므로 위 조항들이 청구인의 알 권리를 과도하게 제한한다고 보기 어렵다(헌재 2016.4.28. 2012헌마549 등).

② [O] 신문법 제15조 제3항에서 일간신문의 지배주주가 뉴스통신법인의 주식 또는 지분의 2분의1 이상을 취득 또는 소유하지 못하도록 함으로써 이종 미디어 간의 결합을 규제하는 부분은 언론의 다양성을 보장하기 위한 필요한 한도 내의 제한이라고 할 것이어서 신문의 자유를 침해한다고 할 수 없다(헌재 2006.6.29. 2005헌마165).

❸ [X] 고용조항 및 확인조항은 소규모 인터넷신문이 언론으로서 활동할 수 있는 기회 자체를 원천적으로 봉쇄할 수 있음에 비하여, 인터넷신문의 신뢰도 제고라는 입법목적의 효과는 불확실하다는 점에서 법익의 균형성도 잃고 있다. 따라서 고용조항 및 확인조항은 과잉금지원칙에 위배되어 청구인들의 언론의 자유를 침해한다(헌재 2016.10.27. 2015헌마1206 등).

④ [O] 이 사건 조례 제5조 제3항은 그 표현의 대상이 되는 학교 구성원의 존엄성을 보호하고, 학생이 민주시민으로서의 올바른 가치관을 형성하도록 하며 인권의식을 함양하게 하기 위한 것으로 그 정당성이 인정되고, 수단의 적합성 역시 인정된다. 차별적 언사나 행동, 혐오적 표현은 개인이나 집단에 대한 혐오·적대감을 담고 있는 것으로, 그 자체로 상대방인 개인이나 소수자의 인간으로서의 존엄성을 침해하고, 특정 집단의 가치를 부정하므로, 이러한 차별·혐오표현이 금지되는 것은 헌법상 인간의 존엄성 보장 측면에서 긴요하다. … 이 사건 조례 제5조 제3항은 과잉금지원칙에 위배되어 학교 구성원인 청구인들의 표현의 자유를 침해하지 아니한다(헌재 2019.11.28. 2017헌마1356).

22' 경찰순경

02 헌법의 기본원리 정답 ③

① [O] 헌법 전문과 제4조에 규정되어 있다.

> **헌법 전문** 유구한 역사와 전통에 빛나는 우리 대한국민은 3·1운동으로 건립된 대한민국임시정부의 법통과 불의에 항거한 4·19민주이념을 계승하고, 조국의 민주개혁과 평화적 통일의 사명에 입각하여 정의·인도와 동포애로써 민족의 단결을 공고히 하고, 모든 사회적 폐습과 불의를 타파하며, 자율과 조화를 바탕으로 자유민주적 기본질서를 더욱 확고히 하여 정치·경제·사회·문화의 모든 영역에 있어서 각인의 기회를 균등히 하고, 능력을 최고도로 발휘하게 하며, 자유와 권리에 따르는 책임과 의무를 완수하게 하여, 안으로는 국민생활의 균등한 향상을 기하고 밖으로는 항구적인 세계평화와 인류공영에 이바지함으로써 우리들과 우리들의 자손의 안전과 자유와 행복을 영원히 확보할 것을 다짐하면서 1948년 7월 12일에 제정되고 8차에 걸쳐 개정된 헌법을 이제 국회의 의결을 거쳐 국민투표에 의하여 개정한다.
>
> **헌법 제4조** 대한민국은 통일을 지향하며, 자유민주적 기본질서에 입각한 평화적 통일 정책을 수립하고 이를 추진한다.

② [O] 헌법 제8조 제4항에 대한 옳은 내용이다.

> **제8조** ④ 정당의 목적이나 활동이 민주적 기본질서에 위배될 때에는 정부는 헌법재판소에 그 해산을 제소할 수 있고, 정당은 헌법재판소의 심판에 의하여 해산된다.

❸ [X] 헌법 제8조 제4항은 정당해산심판의 사유를 "정당의 목적이나 활동이 민주적 기본질서에 위배될 때"로 규정하고 있는데, 여기서 말하는 민주적 기본질서의 '위배'란, 민주적 기본질서에 대한 단순한 위반이나 저촉을 의미하는 것이 아니라, 민주 사회의 불가결한 요소인 정당의 존립을 제약해야 할 만큼 그 정당의 목적이나 활동이 우리 사회의 민주적 기본질서에 대하여 실질적인 해악을 끼칠 수 있는 구체적 위험성을 초래하는 경우를 가리킨다(헌재 2014.12.19. 2013헌다1).

④ [O] 우리 헌법은 그 전문에서 "모든 영역에 있어서 각인의 기회를 균등히 하고 … 안으로는 국민생활의 균등한 향상을 기하고"라고 천명하고, 제23조 제2항과 여러 '사회적 기본권' 관련 조항, 제119조 제2항 이하의 경제질서에 관한 조항 등에서 모든

국민에게 그 생활의 기본적 수요를 충족시키려는 이른바 사회국가의 원리를 동시에 채택하여 구현하려하고 있다. 그러나 이러한 사회국가의 원리는 자유민주적 기본질서의 범위 내에서 이루어져야 하고, 국민 개인의 자유와 창의를 보완하는 범위내에서 이루어지는 내재적 한계를 지니고 있다 할 것이다(헌재 2001.9.27. 2000헌마238 등).

22' 경찰간부

03 사회적 기본권 정답 ①

❶ [×] 이 사건 법률조항이 사실혼 배우자에게 상속권을 인정하지 아니하는 것은 상속인에 해당하는지 여부를 객관적인 기준에 의하여 파악할 수 있도록 함으로써 상속을 둘러싼 분쟁을 방지하고, 상속으로 인한 법률관계를 조속히 확정시키며, 거래의 안전을 도모하기 위한 것이다. … 따라서 이 사건 법률조항이 사실혼 배우자의 상속권을 침해한다고 할 수 없다. 법률혼주의를 채택한 취지에 비추어 볼 때 제3자에게 영향을 미쳐 명확성과 획일성이 요청되는 상속과 같은 법률관계에서는 사실혼을 법률혼과 동일하게 취급할 수 없으므로, 이 사건 법률조항이 사실혼 배우자의 평등권을 침해한다고 보기 어렵다. 법적으로 승인되지 아니한 사실혼은 헌법 제36조 제1항의 보호범위에 포함되지 아니하므로, 이 사건 법률조항은 헌법 제36조 제1항에 위반되지 않는다(헌재 2014.8.28. 2013헌바119).

② [○] 헌법 전문과 헌법 제9조에서 말하는 "전통", "전통문화"란 역사성과 시대성을 띤 개념으로서 헌법의 가치질서, 인류의 보편가치, 정의와 인도정신 등을 고려하여 오늘날의 의미로 포착하여야 하며, 가족제도에 관한 전통·전통문화란 적어도 그것이 가족제도에 관한 헌법이념인 개인의 존엄과 양성의 평등에 반하는 것이어서는 안 된다는 한계가 도출되므로, 전래의 어떤 가족제도가 헌법 제36조 제1항이 요구하는 개인의 존엄과 양성평등에 반한다면 헌법 제9조를 근거로 그 헌법적 정당성을 주장할 수는 없다(헌재 2005.2.3. 2001헌가9 등).

③ [○] 심판대상조항은 헌법상 국가와 국민의 환경보전의무를 바탕으로 주민의 건강과 생활환경의 보전을 위하여 사업장에서 배출되는 악취를 규제·관리하고자 하는 데 그 목적이 있으므로, 정당성이 인정된다. 그리고 심판대상조항이 악취가 배출되는 사업장이 있는 지역을 악취관리지역으로 지정함으로써 악취방지를 위한 예방적·관리적 조처를 할 수 있도록 한 것은 이러한 목적을 달성하기에 적합한 수단이다. … 심판대상조항은 과잉금지원칙에 위반되어 악취배출시설 운영자인 청구인들의 직업수행의 자유를 침해하지 않는다(헌재 2020.12.23. 2019헌바25).

④ [○] 이 사건 설치행위는 수용자의 자살을 방지하여 생명권을 보호하고 교정시설 내의 안전과 질서를 보호하기 위한 것이다. … 교정시설 내 자살사고는 수용자 본인이 생명을 잃는 중대한 결과를 초래할 뿐만 아니라 다른 수용자들에게도 직접적으로 부정적인 영향을 미치고 나아가 교정시설이나 교정정책 전반에 대한 불신을 야기할 수 있다는 점에서 이를 방지할 필요성이 매우 크고, 그에 비해 청구인에게 가해지는 불이익은 채광·통풍이 다소 제한되는 정도에 불과하다. 따라서 이 사건 설치행위는 청구인의 환경권 등 기본권을 침해하지 아니한다(헌재 2014.6.26. 2011헌마150).

22' 경찰순경

04 기본권의 제한과 한계 정답 ④

① [○] 남성의 여성에 대한 유혹의 방법은 남성의 내밀한 성적자기결정권의 영역에 속하는 것이고, 또한 애정행위는 그 속성상 과장이 수반되게 마련이다. 이러한 관점에서 우리 형법이 혼전 성관계를 처벌대상으로 하지 않고 있는 이상, 혼전 성관계의 과정에서 이루어지는 통상적 유도행위 또한 처벌하여서는 아니되는 것이다. … 따라서 이 사건 법률조항의 경우 형벌규정을 통하여 추구하고자 하는 목적 자체가 헌법에 의하여 허용되지 않는 것으로서 그 정당성이 인정되지 않는다고 할 것이다(헌재 2009.11.26. 2008헌바58 등).

② [○] 심판대상조항은 선량한 성풍속 및 일부일처제에 기초한 혼인제도를 보호하고 부부간 정조의무를 지키게 하기 위한 것으로 그 입법목적의 정당성은 인정된다. … 결국, 심판대상조항은 수단의 적절성 및 침해최소성을 갖추지 못하였고 법익의 균형성도 상실하였으므로, 과잉금지원칙을 위반하여 국민의 성적 자기결정권 및 사생활의 비밀과 자유를 침해하는 것으로 헌법에 위반된다(헌재 2015.2.26. 2009헌바17 등).

③ [○] 심판대상조항은 다른 사람의 자동차등을 훔친 범죄행위에 대한 행정적 제재를 강화하여 자동차등의 운행과정에서 야기될 수 있는 교통상의 위험과 장해를 방지함으로써 안전하고 원활한 교통을 확보하고자 하는 것으로서 그 입법목적이 정당하다. … 자동차 절취행위에 이르게 된 경위, 행위의 태양, 당해 범죄의 경중이나 그 위법성의 정도, 운전자의 형사처벌 여부 등 제반 사정을 고려할 여지를 전혀 두지 아니한 채 다른 사람의 자동차등을 훔친 모든 경우에 필요적으로 운전면허를 취소하는 것은, 그것이 달성하려는 공익의 비중에도 불구하고 운전면허 소지자의 직업의 자유 내지 일반적 행동의 자유를 과도하게 제한하는 것이다. 그러므로 심판대상조항은 직업의 자유 내지 일반적 행동의 자유를 침해한다(헌재 2017.5.25. 2016헌가6).

❹ [×] 자기낙태죄 조항은 태아의 생명을 보호하기 위한 것으로서 그 입법목적이 정당하고, 낙태를 방지하기 위하여 임신한 여성의 낙태를 형사처벌하는 것은 이러한 입법목적을 달성하는 데 적합한 수단이다. … 자기낙태죄 조항은 입법목적을 달성하기 위하여 필요한 최소한의 정도를 넘어 임신한 여성의 자기결정권을 제한하고 있어 침해의 최소성을 갖추지 못하고 있으며, 법익균형성의 원칙도 위반하였다고 할 것이므로, 과잉금지원칙을 위반하여 임신한 여성의 자기결정권을 침해하는 위헌적인 규정이다(헌재 2019.4.11. 2017헌바127).

22' 5급

05 감사원 정답 ③

① [×] 감사원장은 국회의 동의를 얻어야 하나 감사위원은 국회의 동의 대상이 아니다.

> **헌법 제98조** ② 원장은 국회의 동의를 얻어 대통령이 임명하고, 그 임기는 4년으로 하며, 1차에 한하여 중임할 수 있다.
> ③ 감사위원은 원장의 제청으로 대통령이 임명하고, 그 임기는 4년으로 하며, 1차에 한하여 중임할 수 있다.

② [X] 감사원법은 지방자치단체의 위임사무나 자치사무의 구별 없이 합법성 감사뿐만 아니라 합목적성 감사도 허용하고 있는 것으로 보이므로, 감사원의 지방자치단체에 대한 이 사건 감사는 법률상 권한 없이 이루어진 것은 아니다. 헌법이 감사원을 독립된 외부감사기관으로 정하고 있는 취지, 중앙정부와 지방자치단체는 서로 행정기능과 행정책임을 분담하면서 중앙행정의 효율성과 지방행정의 자주성을 조화시켜 국민과 주민의 복리 증진이라는 공동목표를 추구하는 협력관계에 있다는 점을 고려하면 지방자치단체의 자치사무에 대한 합목적성 감사의 근거가 되는 이 사건 관련규정은 그 목적의 정당성과 합리성을 인정할 수 있다. … 이 사건 관련규정이 지방자치단체의 고유한 권한을 유명무실하게 할 정도로 지나친 제한을 함으로써 지방자치권의 본질적 내용을 침해하였다고는 볼 수 없다(헌재 2008.5.29. 2005헌라3).

❸ [O] 헌법 제98조 제1항에 대한 옳은 내용이다.

> **제98조** ① 감사원은 원장을 포함한 5인 이상 11인 이하의 감사위원으로 구성한다.

④ [X] 감사원장과 감사위원 모두 1차에 한하여 중임할 수 있다.

> **헌법 제98조** ② 원장은 국회의 동의를 얻어 대통령이 임명하고, 그 임기는 4년으로 하며, 1차에 한하여 중임할 수 있다.
> ③ 감사위원은 원장의 제청으로 대통령이 임명하고, 그 임기는 4년으로 하며, 1차에 한하여 중임할 수 있다.

22' 경찰간부

06 직업의 자유 정답 ③

① [O] 이 사건 법률조항들은 유치원 주변 및 아직 유아 단계인 청소년을 유해한 환경으로부터 보호하고 이들의 건전한 성장을 돕기 위한 것으로 그 입법목적이 정당하고, 이를 위해서 유치원 주변의 일정구역 안에서 해당 업소를 절대적으로 금지하는 것은 그러한 유해성으로부터 청소년을 격리하기 위하여 필요·적절한 방법이며, 그 범위가 유치원 부근 200미터 이내에서 금지되는 것에 불과하므로, 청구인들의 직업의 자유를 침해하지 아니한다(헌재 2013.6.27. 2011헌바8 등).

② [O] 심판대상조항은 세무사 직무의 공공성과 국민 신뢰의 확보 등을 유지하기 위한 것으로서, 세무사법 위반으로 벌금형을 받은 세무사에 한정하여 등록취소를 하고 있어 입법재량의 범위 내에 있을 뿐 아니라, 벌금형의 집행이 끝나거나 집행을 받지 아니하기로 확정된 후 3년이 지난 때에는 다시 세무사로 등록하여 활동할 수 있는 점 등을 고려하면, 심판대상조항은 세무사인 청구인의 직업선택의 자유를 침해하지 않는다(헌재 2021.10.28. 2020헌바221).

❸ [X] 주류는 국민건강에 미치는 영향이 크고, 국가의 재정에도 직접 영향을 미치는 것이기 때문에 다른 상품과는 달리 특별히 법률을 제정하여 주류의 제조 및 판매에 걸쳐 폭넓게 국가의 규제를 받도록 하고 있다. 심판대상조항은 주류 유통질서의 핵심이라고 할 수 있는 주류 판매면허업자가 면허 허가 범위를 넘어 사업을 운영하는 것을 제한함으로써, 주류 판매업면허 제도의 실효성을 확보하고자 마련된 것이다. 국가의 관리 감독에서 벗어난 판매업자의 등장으로 유통 질서가 왜곡되는 것을 방지하고 규제의 효용성을 담보하기 위하여 필요하므로, 면허의 필요적 취소를 과도한 제한이라고 볼 수 없다. 따라서 이 조항은 주류 판매면허업자의 직업의 자유를 침해하지 않는다(헌재 2021.4.29. 2020헌바328).

④ [O] 헌법 제15조에서 보장하는 '직업'이란 생활의 기본적 수요를 충족시키기 위하여 행하는 계속적인 소득활동을 의미하고, 성매매는 그것이 가지는 사회적 유해성과는 별개로 성판매자의 입장에서 생활의 기본적 수요를 충족하기 위한 소득활동에 해당함을 부인할 수 없다 할 것이므로, 심판대상조항은 성판매자의 직업선택의 자유도 제한하고 있다. … 심판대상조항은 개인의 성적 자기결정권, 사생활의 비밀과 자유, 직업선택의 자유를 침해하지 아니한다(헌재 2016.3.31. 2013헌가2).

22' 경찰간부

07 관습헌법 정답 ③

① [O] 관습헌법은 주권자인 국민에 의하여 유효한 헌법규범으로 인정되는 동안에만 존속하는 것이며, 관습법의 존속요건의 하나인 국민적 합의성이 소멸되면 관습헌법으로서의 법적 효력도 상실하게 된다(헌재 2004.10.21. 2004헌마554 등).

② [O] 어느 법규범이 관습헌법으로 인정된다면 그 개정가능성을 가지게 된다. 관습헌법도 헌법의 일부로서 성문헌법의 경우와 동일한 효력을 가지기 때문에 그 법규범은 최소한 헌법 제130조에 의거한 헌법개정의 방법에 의하여만 개정될 수 있다. … 다만 이 경우 관습헌법규범은 헌법전에 그에 상반하는 법규범을 첨가함에 의하여 폐지하게 되는 점에서, 헌법전으로부터 관계되는 헌법조항을 삭제함으로써 폐지되는 성문헌법규범과는 구분된다(헌재 2004.10.21. 2004헌마554 등).

❸ [X] 헌법 제1조 제2항은 "대한민국의 주권은 국민에게 있고, 모든 권력은 국민으로부터 나온다."고 규정한다. 이와 같이 국민이 대한민국의 주권자이며, 국민은 최고의 헌법제정권력이기 때문에 성문헌법의 제·개정에 참여할 뿐만 아니라 헌법전에 포함되지 아니한 헌법사항을 필요에 따라 관습의 형태로 직접 형성할 수 있다(헌재 2004.10.21. 2004헌마554 등).

④ [O] 관습헌법도 성문헌법과 마찬가지로 주권자인 국민의 헌법적 결단의 의사의 표현이며 성문헌법과 동등한 효력을 가진다고 보아야 한다. … 우리나라는 성문헌법을 가진 나라로서 기본적으로 우리 헌법전이 헌법의 법원이 된다. 그러나 성문헌법이라고 하여도 그 속에 모든 헌법사항을 빠짐없이 완전히 규율하는 것은 불가능하고 또한 헌법은 국가의 기본법으로서 간결성과 함축성을 추구하기 때문에 형식적 헌법전에는 기재되지 아니한 사항이라도 이를 불문헌법 내지 관습헌법으로 인정할 소지가 있다(헌재 2004.10.21. 2004헌마554 등).

22' 국가직

08 헌법재판소 정답 ④

① [X] 「헌법재판소법」은 정당해산심판과 권한쟁의심판에 관해서만 가처분에 관한 규정을 두고 있다. 권리구제형 헌법소원심판은 명문규정은 없지만 가처분이 인정된다.

> **「헌법재판소법」 제57조 【가처분】** 헌법재판소는 정당해산 심판의 청구를 받은 때에는 직권 또는 청구인의 신청에 의하여 종국결정의 선고 시까지 피청구인의 활동을 정지하는 결정을 할 수 있다.
> **제65조 【가처분】** 헌법재판소가 권한쟁의심판의 청구를 받았을 때에는 직권 또는 청구인의 신청에 의하여 종국결정의 선고 시까지 심판 대상이 된 피청구인의 처분의 효력을 정지하는 결정을 할 수 있다.

② [×] 변론기일에 출석하여 본안에 관한 진술을 한 때에는 기피신청을 할 수 없다.

> **「헌법재판소법」 제24조 【제척·기피 및 회피】** ③ 재판관에게 공정한 심판을 기대하기 어려운 사정이 있는 경우 당사자는 기피신청을 할 수 있다. 다만, 변론기일에 출석하여 본안에 관한 진술을 한 때에는 그러하지 아니하다.

③ [×] 권한쟁의 심판은 서면심리가 아닌 구두변론에 의한다.

> **「헌법재판소법」 제30조 【심리의 방식】** ① 탄핵의 심판, 정당해산의 심판 및 권한쟁의의 심판은 구두변론에 의한다.
> ② 위헌법률의 심판과 헌법소원에 관한 심판은 서면심리에 의한다. 다만, 재판부는 필요하다고 인정하는 경우에는 변론을 열어 당사자, 이해관계인, 그 밖의 참고인의 진술을 들을 수 있다.

❹ [〇] 「헌법재판소법」 제70조 제4항에 대한 옳은 내용이다.

> **제70조 【국선대리인】** ④ 헌법재판소가 국선대리인을 선정하지 아니한다는 결정을 한 때에는 지체 없이 그 사실을 신청인에게 통지하여야 한다. 이 경우 신청인이 선임신청을 한 날부터 그 통지를 받은 날까지의 기간은 제69조의 청구기간에 산입하지 아니한다.

22' 국가직

09 　재판의 전제성 　　정답 ②

① [×] 법원에서 당해 소송사건에 적용되는 재판규범 중 위헌제청신청대상이 아닌 관련 법률에서 규정한 소송요건을 구비하지 못하였기 때문에 부적법하다는 이유로 소각하 판결을 선고하고 그 판결이 확정되거나, 소각하 판결이 확정되지 않았더라도 당해 소송사건이 부적법하여 각하될 수밖에 없는 경우에는 당해 소송사건에 관한 '재판의 전제성' 요건이 흠결되어 헌법재판소법 제68조 제2항의 헌법소원심판청구가 부적법하다 할 것이나, 이와는 달리 당해 소송사건이 각하될 것이 불분명한 경우에는 '재판의 전제성'이 흠결되었다고 단정할 수 없는 것이다(헌재 2013.11.28. 2011헌바136 등).

❷ [〇] 법원이 심판대상조항을 적용함이 없이 다른 법리를 통하여 재판을 한 경우 심판대상조항의 위헌여부는 그 재판의 전제가 되지 않는다.

> 구 국세징수법 제47조 제2항은 부동산등에 대한 압류는 압류의 등기 또는 등록을 한 후에 발생한 체납액에 대하여도 효력이 미친다는 내용임에 반하여, 당해사건의 법원은 압류등기후에 압류부동산을 양수한 소유자에게 압류처분의 취소를

> 할 당사자적격이 있는지에 관한 법리 및 압류해제, 결손처분에 관한 법리를 통하여 당해사건을 판단하였고, 그러한 당해사건법원의 판단은 그대로 대법원에 의하여 최종적으로 확정되었는바, 그렇다면 위 법률조항의 위헌여부는 당해사건법원의 재판에 직접 적용되거나 관련되는 것이 아니어서 그 재판의 전제성이 없다(헌재 2001.11.29. 2000헌바49).

③ [×] 형사사건에 있어서는, 원칙적으로 공소가 제기되지 아니한 법률조항의 위헌 여부는 당해 형사사건의 재판의 전제가 될 수 없으나, 공소장에 적용법조로 기재되었다는 이유만으로 재판의 전제성을 인정할 수도 없다(헌재 2002.4.25. 2001헌가27).

④ [×] 당해사건의 당사자들에 의해 그 소송이 종결되었다면 구체적인 사건이 법원에 계속 중인 경우라 할 수 없을 뿐 아니라, 조정의 성립에 이 사건 법률조항이 적용된 바도 없으므로 위 법률조항에 대하여 위헌 결정이 있다 하더라도 청구인으로서는 당해사건에 대하여 재심을 청구할 수 없어 종국적으로 당해사건의 결과에 대하여 이를 다툴 수 없게 되었다 할 것이므로, 이 사건 법률조항이 헌법에 위반되는지 여부는 당해사건과의 관계에서 재판의 전제가 되지 못한다 할 것이다(헌재 2010.2.25. 2007헌바34).

22' 지방직

10 　집회의 자유 　　정답 ①

❶ [×] 일반적으로 집회는, 일정한 장소를 전제로 하여 특정 목적을 가진 다수인이 일시적으로 회합하는 것을 말하는 것으로 일컬어지고 있고, 그 공동의 목적은 '내적인 유대 관계'로 족하다(헌재 2009.5.28. 2007헌바22).

② [〇] 집회의 자유는 개인의 인격발현의 요소이자 민주주의를 구성하는 요소라는 이중적 헌법적 기능을 가지고 있다. 인간의 존엄성과 자유로운 인격발현을 최고의 가치로 삼는 우리 헌법질서 내에서 집회의 자유도 다른 모든 기본권과 마찬가지로 일차적으로는 개인의 자기결정과 인격발현에 기여하는 기본권이다. 뿐만 아니라, 집회를 통하여 국민들이 자신의 의견과 주장을 집단적으로 표명함으로써 여론의 형성에 영향을 미친다는 점에서, 집회의 자유는 표현의 자유와 더불어 민주적 공동체가 기능하기 위하여 불가결한 근본요소에 속한다(헌재 2003.10.30. 2000헌바67 등).

③ [〇] 집회에 대한 허가 금지조항은 위 표(1)에서 보는 바와 같이 처음으로 1960.6.15. 개정헌법 제28조 제2항 단서에서 규정되었으며, 1962.12.26. 개정헌법 제18조 제2항 본문에서 그대로 유지되었으나 1972.12.27. 개정헌법에서 삭제되었다가 1987.10.29. 개정된 현행 헌법에서 다시 규정된 것이다. … 그동안 삭제되었던 언론·출판에 대한 허가나 검열 금지와 함께 집회에 대한 허가제 금지를 다시금 살려내어, 집회의 허용 여부를 행정권의 일방적·사전적 판단에 맡기는 집회에 대한 허가제는 집회에 대한 검열제와 마찬가지이므로 이를 절대적으로 금지하겠다는 헌법개정권력자인 국민들의 헌법가치적 합의이며 헌법적 결단이라고 보아야 할 것이다(헌재 2009.9.24. 2008헌가25).

④ [〇] 「집회 및 시위에 관한 법률」 제5조 제1항에 대한 옳은 내용이다.

제5조 【집회 및 시위의 금지】 ① 누구든지 다음 각 호의 어느 하나에 해당하는 집회나 시위를 주최하여서는 아니 된다.
1. 헌법재판소의 결정에 따라 해산된 정당의 목적을 달성하기 위한 집회 또는 시위
2. 집단적인 폭행, 협박, 손괴, 방화 등으로 공공의 안녕질서에 직접적인 위협을 끼칠 것이 명백한 집회 또는 시위

11 교육을 받을 권리   정답 ③

① [O] 청구인 권O환, 허O민은 수능시험을 준비하는 사람들로서 심판대상계획에서 정한 출제 방향과 원칙에 영향을 받을 수밖에 없다. 따라서 수능시험을 준비하면서 무엇을 어떻게 공부하여야 할지에 관하여 스스로 결정할 자유가 심판대상계획에 따라 제한된다. 이는 자신의 교육에 관하여 스스로 결정할 권리, 즉 교육을 통한 자유로운 인격발현권을 제한받는 것으로 볼 수 있다. 한편, 청구인들은 심판대상계획으로 인해 교육을 받을 권리가 침해된다고 주장하지만, 심판대상계획이 헌법 제31조 제1항의 능력에 따라 균등하게 교육을 받을 권리를 직접 제한한다고 보기는 어렵다(헌재 2018.2.22. 2017헌마691).

② [O] 헌법 제22조 제1항이 보장하고 있는 학문의 자유와 헌법 제31조 제4항에서 보장하고 있는 대학의 자율성에 따라 대학이 학생의 선발 및 전형 등 대학입시제도를 자율적으로 마련할 수 있다 하더라도, 이러한 대학의 자율적 학생 선발권을 내세워 국민의 '균등하게 교육을 받을 권리'를 침해할 수 없으며, 이를 위해 대학의 자율권은 일정부분 제약을 받을 수 있다(헌재 2017.12.28. 2016헌마649).

❸ [X] 이 사건 징계조치 조항에서 수개의 조치를 병과하고 출석정지 기간의 상한을 두지 않음으로써 구체적 사정에 따라 다양한 조치를 취할 수 있도록 한 것은, 피해학생의 보호 및 가해학생의 선도·교육을 위하여 바람직하다고 할 것이고, 이 사건 징계조치 조항보다 가해학생의 학습의 자유를 덜 제한하면서, 피해학생에게 심각한 피해와 지속적인 영향을 미칠 수 있는 학교폭력에 구체적·탄력적으로 대처하고, 피해학생을 우선적으로 보호하면서 가해학생도 선도·교육하려는 입법 목적을 이 사건 징계조치 조항과 동일한 수준으로 달성할 수 있는 입법의 대안이 있다고 보기 어렵다. … 이 사건 징계조치 조항은 학습의 자유를 침해하지 아니한다(헌재 2019.4.11. 2017헌바140 등).

④ [O] 평생교육을 포함한 교육시설의 입학자격에 관하여는 입법자에게 광범위한 형성의 자유가 있다고 할 것이어서, 3년제 전문대학의 2년 이상의 이수자에게 의무교육기관이 아닌 대학에의 일반 편입학을 허용하지 않는 것이 교육을 받을 권리나 평생교육을 받을 권리를 본질적으로 침해하지 않는다(헌재 2010.11.25. 2010헌마144).

12 공무담임권   정답 ③

① [O] 이 사건 법률조항은 금고 이상의 형의 선고유예의 판결을 받아 그 기간 중에 있는 사람이 공무원으로 임용되는 것을 금지하고 이러한 사람이 공무원으로 임용되더라도 그 임용을 당연무효로 하는 것으로서, 공직에 대한 국민의 신뢰를 보장하고 공무원의 원활한 직무수행을 도모하기 위하여 마련된 조항이다. … 따라서 이 사건 법률조항은 입법자의 재량을 일탈하여 공무담임권을 침해한 것이라고 볼 수 없다(헌재 2016.7.28. 2014헌바437).

② [O] 여기서 직무를 담당한다는 것은 모든 국민이 현실적으로 그 직무를 담당할 수 있다는 의미가 아니라, 국민이 공무담임에 관한 자의적이지 않고 평등한 기회를 보장받음을 의미하는바, 공무담임권의 보호영역에는 공직취임 기회의 자의적인 배제뿐 아니라, 공무원 신분의 부당한 박탈이나 권한(직무)의 부당한 정지도 포함된다고 할 것이다(헌재 2007.6.28. 2005헌마1179).

❸ [X] 국가의 안전보장과 국토방위의 의무를 수행하기 위하여 군인은 강인한 체력과 정신력을 바탕으로 한 전투력을 유지할 필요가 있고, 이를 위해 군 조직은 위계질서의 확립과 기강확보가 어느 조직보다 중요시된다. … 따라서 심판대상조항이 과잉금지의 원칙을 위반하여 청구인들의 공무담임권을 침해한다고 볼 수 없다(헌재 2014.9.25. 2011헌마414).

④ [O] '외국의 영주권을 취득한 재외국민'과 같이 주민등록을 하는 것이 법령의 규정상 아예 불가능한 자들이라도 지방자치단체의 주민으로서 오랜 기간 생활해 오면서 그 지방자치단체의 사무와 얼마든지 밀접한 이해관계를 형성할 수 있고, 주민등록이 아니더라도 그와 같은 거주 사실을 공적으로 확인할 수 있는 방법은 존재한다는 점, … 주민등록만을 기준으로 함으로써 주민등록이 불가능한 재외국민인 주민의 지방선거 피선거권을 부인하는 법 제16조 제3항은 헌법 제37조 제2항에 위반하여 국내거주 재외국민의 공무담임권을 침해한다(헌재 2007.6.28. 2004헌마644 등).

13 적법절차의 원칙   정답 ②

① [O] 적법절차원칙은 법률이 정한 형식적 절차와 실체적 내용이 모두 합리성과 정당성을 갖춘 적정한 것이어야 한다는 실질적 의미를 지니고 있는 것으로서 특히 형사절차와 관련시켜 적용함에 있어서는 형사절차의 전반을 기본권 보장의 측면에서 규율하여야 한다는 기본원리를 천명하고 있는 것으로 이해된다(헌재 2021.1.28. 2020헌마264 등).

❷ [X] 우리 현행 헌법에서는 제12조 제1항의 처벌, 보안처분, 강제노역 등 및 제12조 제3항의 영장주의와 관련하여 각각 적법절차의 원칙을 규정하고 있지만 이는 그 대상을 한정적으로 열거하고 있는 것이 아니라 그 적용대상을 예시한 것에 불과하다고 해석하는 것이 우리의 통설적 견해이다(헌재 1992.12.24. 92헌가8).

③ [O] 현행 헌법이 명문화하고 있는 적법절차의 원칙은 단순히 입법권의 유보제한이라는 한정적인 의미에 그치는 것이 아니라 모든 국가작용을 지배하는 독자적인 헌법의 기본원리로서 해석

되어야 할 원칙이라는 점에서 입법권의 유보적 한계를 선언하는 과잉입법금지의 원칙과는 구별된다고 할 것이다(헌재 1992.12.24. 92헌가8).

④ [O] 적법절차의 원칙은 공권력에 의한 국민의 생명·자유·재산의 침해는 반드시 합리적이고 정당한 법률에 의거해서 정당한 절차를 밟은 경우에만 유효하다는 원리로서 형사절차상의 제한된 범위 내에서만 적용되는 것이 아니라 국가작용으로서 기본권 제한과 관련되든 아니든 모든 입법작용 및 행정작용에도 광범위하게 적용된다(헌재 2013.7.25. 2012헌가1).

14　기본권의 주체　　정답 ①

❶ [X] 무소속 국회의원으로서 교섭단체소속 국회의원과 동등하게 대우받을 권리라는 것으로서 이는 입법권을 행사하는 국가기관인 국회를 구성하는 국회의원의 지위에서 주장하는 권리일지언정 헌법이 일반국민에게 보장하고 있는 기본권이라고 할 수는 없다(헌재 2000.8.31. 2000헌마156).

② [O] 헌법에서 인정하는 직업의 자유는 원칙적으로 대한민국 국민에게 인정되는 기본권이지, 외국인에게 인정되는 기본권은 아니다. 국가 정책에 따라 정부의 허가를 받은 외국인은 정부가 허가한 범위 내에서 소득활동을 할 수 있는 것이므로, 외국인이 국내에서 누리는 직업의 자유는 법률 이전에 헌법에 의해서 부여된 기본권이라고 할 수는 없고, 법률에 따른 정부의 허가에 의해 비로소 발생하는 권리이다(헌재 2014.8.28. 2013헌마359).

③ [O] 등록이 취소된 이후에도 '등록정당'에 준하는 '권리능력 없는 사단'으로서의 실질을 유지하고 있다고 볼 수 있으므로 이 사건 헌법소원의 청구인능력을 인정할 수 있다(헌재 2006.3.30. 2004헌마246).

④ [O] 공법상 재단법인인 방송문화진흥회가 최다출자자인 방송사업자로서 방송법 등 관련 규정에 의하여 공법상의 의무를 부담하고 있지만, 상법에 의하여 설립된 주식회사로 설립목적은 언론의 자유의 핵심 영역인 방송사업이므로 이러한 업무 수행과 관련하여 당연히 기본권 주체가 될 수 있고, 그 운영을 광고수익에 전적으로 의존하고 있는 만큼 이를 위해 사경제 주체로서 활동하는 경우에도 기본권 주체가 될 수 있는바, 이 사건 심판청구는 청구인이 그 운영을 위한 영업활동의 일환으로 방송광고를 판매하는 지위에서 그 제한과 관련하여 이루어진 것이므로 그 기본권 주체성을 인정할 수 있다(헌재 2013.9.26. 2012헌마271).

15　예산　　정답 ④

① [X] 위원장이 아닌 의장이 선임한다.

> 「국회법」 제45조 【예산결산특별위원회】 ② 예산결산특별위원회의 위원 수는 50명으로 한다. 이 경우 의장은 교섭단체 소속 의원 수의 비율과 상임위원회 위원 수의 비율에 따라 각 교섭단체 대표의원의 요청으로 위원을 선임한다.

② [X] 아직 의결되지 못한 그 예산안이 아닌 전년도 예산에 준하여 집행할 수 있다.

> 헌법 제54조 ③ 새로운 회계연도가 개시될 때까지 예산안이 의결되지 못한 때에는 정부는 국회에서 예산안이 의결될 때까지 다음의 목적을 위한 경비는 전년도 예산에 준하여 집행할 수 있다.
> 1. 헌법이나 법률에 의하여 설치된 기관 또는 시설의 유지·운영
> 2. 법률상 지출의무의 이행
> 3. 이미 예산으로 승인된 사업의 계속

③ [X] 국회는 예산안에 대하여 감액 또는 삭제와 같은 소극적 수정은 가능하나, 증액 또는 새 비목을 설치하는 적극적 수정은 할 수 없다.

> 헌법 제57조 국회는 정부의 동의 없이 정부가 제출한 지출예산 각항의 금액을 증가하거나 새 비목을 설치할 수 없다.

❹ [O] 헌법 제54조 제2항에 대한 옳은 내용이다.

> 제54조 ② 정부는 회계연도마다 예산안을 편성하여 회계연도 개시 90일전까지 국회에 제출하고, 국회는 회계연도 개시 30일 전까지 이를 의결하여야 한다.

16　행정입법　　정답 ①

❶ [O] 행정입법의 지체가 위법으로 되어 그에 대한 법적 통제가 가능하기 위하여는 우선 행정청에게 시행명령을 제정·개정할 법적 의무가 있어야 하고, 상당한 기간이 지났음에도 불구하고 명령제정·개정권이 행사되지 않아야 한다(헌재 2018.5.31. 2016헌마626).

② [X] 위임입법의 법리는 헌법의 근본원리인 권력분립주의와 의회주의 내지 법치주의에 바탕을 두는 것이기 때문에 행정부에서 제정된 대통령령에서 규정한 내용이 정당한 것인지 여부와 위임의 적법성에는 직접적인 관계가 없다(헌재 1996.6.26. 93헌바2).

③ [X] 삼권분립의 원칙, 법치행정의 원칙을 당연한 전제로 하고 있는 우리 헌법 하에서 행정권의 행정입법 등 법집행의무는 헌법적 의무라고 보아야 할 것이다. 그런데 이는 행정입법의 제정이 법률의 집행에 필수불가결한 경우로서 행정입법을 제정하지 아니하는 것이 곧 행정권에 의한 입법권 침해의 결과를 초래하는 경우를 말하는 것이므로, 만일 하위 행정입법의 제정 없이 상위 법령의 규정만으로도 집행이 이루어질 수 있는 경우라면 하위 행정입법을 하여야 할 헌법적 작위의무는 인정되지 아니한다(헌재 2005.12.22. 2004헌마66).

④ [X] 헌법 제75조에 근거한 포괄위임금지원칙은 법률에 이미 대통령령 등 하위법규에 규정될 내용 및 범위의 기본사항이 구체적으로 규정되어 있어서 누구라도 당해 법률로부터 하위법규에 규정될 내용의 대강을 예측할 수 있어야 함을 의미하므로, 위임입법이 대법원규칙인 경우에도 수권법률에서 이 원칙을 준수하여야 하는 것은 마찬가지이다(헌재 2016.6.30. 2013헌바370 등).

17 국무총리 정답 ②

① [O] 대통령직속의 헌법기관이 별도로 규정되어 있다는 이유만을 들어 법률에 의하더라도 헌법에 열거된 헌법기관 이외에는 대통령직속의 행정기관을 설치할 수 없다든가 또는 모든 행정기관은 헌법상 예외적으로 열거된 경우 등 이외에는 반드시 국무총리의 통할을 받아야 한다고는 말할 수 없다 할 것이고 이는 현행 헌법상 대통령중심제의 정부조직 원리에도 들어맞는 것이라 할 것이다(헌재 1994.4.28. 89헌마221).

❷ [X] 대통령의 승인을 받아야 하며, 직권으로 이를 중지 또는 취소할 수는 없다.

> 「정부조직법」 제18조 【국무총리의 행정감독권】 ② 국무총리는 중앙행정기관의 장의 명령이나 처분이 위법 또는 부당하다고 인정될 경우에는 대통령의 승인을 받아 이를 중지 또는 취소할 수 있다.

③ [O] 헌법 제82조에 대한 옳은 내용이다.

> 제82조 대통령의 국법상 행위는 문서로써 하며, 이 문서에는 국무총리와 관계 국무위원이 부서한다. 군사에 관한 것도 또한 같다.

④ [O] 「정부조직법」 제22조에 대한 옳은 내용이다.

> 제22조 【국무총리의 직무대행】 국무총리가 사고로 직무를 수행할 수 없는 경우에는 기획재정부장관이 겸임하는 부총리, 교육부장관이 겸임하는 부총리의 순으로 직무를 대행하고, 국무총리와 부총리가 모두 사고로 직무를 수행할 수 없는 경우에는 대통령의 지명이 있으면 그 지명을 받은 국무위원이, 지명이 없는 경우에는 제26조 제1항에 규정된 순서에 따른 국무위원이 그 직무를 대행한다.

18 사생활의 비밀과 자유 정답 ③

① [O] 사생활의 비밀은 국가가 사생활영역을 들여다보는 것에 대한 보호를 제공하는 기본권이며, 사생활의 자유는 국가가 사생활의 자유로운 형성을 방해하거나 금지하는 것에 대한 보호를 의미한다. 구체적으로 사생활의 비밀과 자유가 보호하는 것은 개인의 내밀한 내용의 비밀을 유지할 권리, 개인이 자신의 사생활의 불가침을 보장받을 수 있는 권리, 개인의 양심영역이나 성적 영역과 같은 내밀한 영역에 대한 보호, 인격적인 감정세계의 존중의 권리와 정신적인 내면생활이 침해받지 아니할 권리 등이다(헌재 2003.10.30. 2002헌마518).

② [O] 인터넷회선 감청은 해당 인터넷회선을 통하여 흐르는 모든 정보가 감청 대상이 되므로, 이를 통해 드러나게 되는 개인의 사생활 영역은 전화나 우편물 등을 통하여 교환되는 통신의 범위를 넘는다. 더욱이 오늘날 이메일, 메신저, 전화 등 통신뿐 아니라, 각종 구매, 게시물 등록, 금융서비스 이용 등 생활의 전 영역이 인터넷을 기반으로 이루어지기 때문에, 인터넷회선 감청은 타인과의 관계를 전제로 하는 개인의 사적 영역을 보호하려는 헌법 제18조의 통신의 비밀과 자유 외에 헌법 제17조의 사생활의 비밀과 자유도 제한하게 된다(헌재 2018.8.30. 2016헌마263).

❸ [X] 공직자의 공무집행과 직접적인 관련이 없는 개인적인 사생활에 관한 사실이라도 일정한 경우 공적인 관심 사안에 해당할 수 있다. 공직자의 자질·도덕성·청렴성에 관한 사실은 그 내용이 개인적인 사생활에 관한 것이라 할지라도 순수한 사생활의 영역에 있다고 보기 어렵다(헌재 2013.12.26. 2009헌마747).

④ [O] 일반 교통에 사용되고 있는 도로는 국가와 지방자치단체가 그 관리책임을 맡고 있는 영역이며, 수많은 다른 운전자 및 보행자 등의 법익 또는 공동체의 이익과 관련된 영역으로, 그 위에서 자동차를 운전하는 행위는 더 이상 개인적인 내밀한 영역에서의 행위가 아니며, 자동차를 도로에서 운전하는 중에 좌석안전띠를 착용할 것인가 여부의 생활관계가 개인의 전체적 인격과 생존에 관계되는 '사생활의 기본조건'이라거나 자기결정의 핵심적 영역 또는 인격적 핵심과 관련된다고 보기 어려워 더 이상 사생활영역의 문제가 아니므로, 운전할 때 운전자가 좌석안전띠를 착용할 의무는 청구인의 사생활의 비밀과 자유를 침해하는 것이라 할 수 없다(헌재 2003.10.30. 2002헌마518).

19 국회의원 정답 ③

옳은 것은 ㄴ, ㄷ이다.

ㄱ. [X] 국회의원이 당선 전부터 영리업무에 종사하고 있는 경우 임기 개시 후 6개월 이내에 휴업하거나 폐업하여야 하고, 임대업 등 영리업무에 종사하고 있는 경우 임기 개시 후 1개월 이내에 의장에게 서면으로 신고하여야 한다.

> 「국회법」 제29조의2 【영리업무 종사 금지】 ① 의원은 그 직무 외에 영리를 목적으로 하는 업무에 종사할 수 없다. 다만, 의원 본인 소유의 토지·건물 등의 재산을 활용한 임대업 등 영리업무를 하는 경우로서 의원 직무수행에 지장이 없는 경우에는 그러하지 아니하다.
> ② 의원이 당선 전부터 제1항 단서의 영리업무 외의 영리업무에 종사하고 있는 경우에는 임기 개시 후 6개월 이내에 그 영리업무를 휴업하거나 폐업하여야 한다.
> ③ 의원이 당선 전부터 제1항 단서의 영리업무에 종사하고 있는 경우에는 임기 개시 후 1개월 이내에, 임기 중에 제1항 단서의 영리업무에 종사하게 된 경우에는 지체 없이 이를 의장에게 서면으로 신고하여야 한다.

ㄴ. [O] 헌법 제46조 제3항에 대한 옳은 내용이다.

> 헌법 제46조 ③ 국회의원은 그 지위를 남용하여 국가·공공단체 또는 기업체와의 계약이나 그 처분에 의하여 재산상의 권리·이익 또는 직위를 취득하거나 타인을 위하여 그 취득을 알선할 수 없다.

ㄷ. [O] 헌법 제44조에 대한 옳은 내용이다.

> 제44조 ① 국회의원은 현행범인인 경우를 제외하고는 회기 중 국회의 동의없이 체포 또는 구금되지 아니한다.
> ② 국회의원이 회기전에 체포 또는 구금된 때에는 현행범인이 아닌 한 국회의 요구가 있으면 회기중 석방된다.

ㄹ. [×] 국회의원의 원내활동을 기본적으로 각자에 맡기는 자유위임은 자유로운 토론과 의사형성을 가능하게 함으로써 당내민주주의를 구현하고 정당의 독재화 또는 과두화를 막아주는 순기능을 갖는다. 그러나 자유위임은 의회내에서의 정치의사형성에 정당의 협력을 배척하는 것이 아니며, 의원이 정당과 교섭단체의 지시에 기속되는 것을 배제하는 근거가 되는 것도 아니다(헌재 2003.10.30. 2002헌라1).

20　평등권　　　정답 ①

❶ [O] 정당가입 금지조항은 공무원의 정치적 중립성을 보장하고 초·중등학교 교육의 중립성을 확보한다는 점에서 입법목적의 정당성이 인정되고, 정당에의 가입을 금지하는 것은 입법목적 달성을 위한 적합한 수단이다. … 또한 초·중등학교 교원에 대하여는 정당가입을 금지하면서 대학교원에게는 허용하는 것은, 기초적인 지식전달, 연구기능 등 직무의 본질이 서로 다른 점을 고려한 합리적 차별이므로 평등원칙에 반하지 아니한다(헌재 2014.3.27. 2011헌바42).

② [×] 국민참여재판법상 배심원의 최저 연령 제한은 배심원의 역할을 수행하기 위한 최소한의 자격으로, 배심원에게 요구되는 역할과 책임을 감당할 수 있는 능력을 갖춘 시기를 전제로 한다. … 따라서 심판대상조항이 우리나라 국민참여재판제도의 취지와 배심원의 권한 및 의무 등 여러 사정을 종합적으로 고려하여 만 20세에 이르기까지 교육 및 경험을 쌓은 자로 하여금 배심원의 책무를 담당하도록 정한 것은 입법형성권의 한계 내의 것으로 자의적인 차별이라고 볼 수 없다(헌재 2021.5.27. 2019헌가19).

③ [×] 특정한 범죄에 대한 형벌이 그 자체로서의 책임과 형벌의 비례원칙에 위반되지 않더라도 보호법익과 죄질이 유사한 범죄에 대한 형벌과 비교할 때 현저히 불합리하거나 자의적이어서 형벌체계상의 균형을 상실한 것이 명백한 경우에는 평등원칙에 반하여 위헌이라 할 수 있다. 그러나 형벌체계에 있어서 법정형의 균형은 한치의 오차도 없이 반드시 실현되어야 하는 헌법상 절대원칙은 아니다. 법정형의 종류와 범위를 정함에 있어서 당해 범죄의 보호법익과 죄질뿐만 아니라 범죄예방을 위한 형사정책적 사정 등도 모두 고려되어야 하므로, 보호법익과 죄질이 다르면 법정형의 내용이 다를 수 있고, 형사정책적 고려가 다르면 또 그에 따라 법정형의 내용이 달라질 수밖에 없다(헌재 2021.2.25. 2019헌바58).

④ [×] 공무원의 유급휴일을 정할 때에는 공무원의 근로자로서의 지위뿐만 아니라 국민전체의 봉사자로서 국가 재정으로 봉급을 지급받는 특수한 지위도 함께 고려하여야 하고, 공무원의 경우 유급휴가를 포함한 근로조건이 법령에 의해 정해진다는 사정도 함께 감안하여야 하므로, 단지 근로자의 날과 같은 특정일을 일반근로자에게는 유급휴일로 인정하면서 공무원에게는 유급휴일로 인정하지 않는다고 하여 이를 곧 자의적인 차별이라고 할 수는 없다. … 따라서 심판대상조항이 근로자의 날을 공무원의 법정유급휴일에 해당하는 관공서 공휴일로 규정하지 않은 데에는 합리적인 이유가 있다 할 것이므로, 심판대상조항이 청구인들의 평등권을 침해한다고 볼 수 없다(헌재 2015.11.26. 2015헌마756).

21　헌정사　　　정답 ①

❶ [O] 1960년 제3차 개정헌법 제78조에 대한 옳은 내용이다.

> **제3차 개정헌법(1960년) 제78조** 대법원장과 대법관은 법관의 자격이 있는 자로써 조직되는 선거인단이 이를 선거하고 대통령이 확인한다.

② [×] 1960년 제3차 개정헌법에서 중앙선거관리위원회를 헌법기관으로 처음 도입하였다.

> **제3차 개정헌법(1960년) 제75조의2** 선거의 관리를 공정하게 하기 위하여 중앙선거위원회를 둔다. 중앙선거위원회는 대법관 중에서 호선한 3인과 정당에서 추천한 6인의 위원으로 조직하고 위원장은 대법관인 위원 중에서 호선한다. 중앙선거위원회의 조직, 권한 기타 필요한 사항은 법률로써 정한다.

③ [×] 1962년 제5차 개정헌법에서 인간의 존엄과 가치를 최초로 규정하였다.

> **제5차 개정헌법(1962년) 제8조** 모든 국민은 인간으로서의 존엄과 가치를 가지며, 이를 위하여 국가는 국민의 기본적 인권을 최대한으로 보장할 의무를 진다.

④ [×] 1980년 제8차 개정헌법에서 국가의 적정임금보장을 최초로 규정하였다.

> **제8차 개정헌법(1980년) 제30조** ① 모든 국민은 근로의 권리를 가진다. 국가는 사회적·경제적 방법으로 근로자의 고용의 증진과 적정임금의 보장에 노력하여야 한다.

22　명확성의 원칙　　　정답 ④

① [O] 심판대상조항의 문언, 입법목적과 연혁, 관련 규정과의 관계 및 법원의 해석 등을 종합하여 볼 때, 심판대상조항에서 '제44조 제1항을 2회 이상 위반한 사람'이란 '2006. 6.1.이후 도로교통법 제44조 제1항을 위반하여 술에 취한 상태에서 운전을 하였던 사실이 인정되는 사람으로서, 다시 같은 조 제1항을 위반하여 술에 취한 상태에서 운전한 사람'을 의미함을 충분히 알 수 있으므로, 심판대상조항은 죄형법정주의의 명확성원칙에 위반되지 아니한다(헌재 2021.11.25. 2019헌바446 등).

② [O] 공직선거법 및 관련 법령이 구체적으로 '인터넷언론사'의 범위를 정하고 있고, 중앙선거관리위원회가 설치·운영하는 인터넷선거보도심의위원회가 심의대상인 인터넷언론사를 결정하여 공개하는 점 등을 종합하면 '인터넷언론사'는 불명확하다고 볼 수 없으며, '지지·반대'의 사전적 의미와 심판대상조항의 입법목적, 공직선거법 관련 조항의 규율내용을 종합하면, 건전한 상식과 통상적인 법 감정을 가진 사람이면 자신의 글이 정당·후보자에 대한 '지지·반대'의 정보를 게시하는 행위인지 충분히 알 수 있으므로, 실명확인 조항 중 "인터넷언론사" 및 "지지·반대" 부분은 명확성 원칙에 반하지 않는다(헌재 2021.1.28. 2018헌마456 등).

③ [O] 금지조항은 방송편성의 자유와 독립을 보장하기 위하여, 방송사 외부에 있는 자가 방송편성에 관계된 자에게 방송편성에 관해 특정한 요구를 하는 등의 방법으로, 방송편성에 관한 자유롭고 독립적인 의사결정에 영향을 미칠 수 있는 행위 일체를 금지한다는 의미임을 충분히 알 수 있다. 따라서 금지조항은 죄형법정주의의 명확성원칙에 위반되지 아니한다(헌재 2021.8.31. 2019헌바439).

❹ [×] 명확성의 원칙에 위배된다.

> [1] 이 사건 법률조항 중 '감사보고서에 기재하여야 할 사항' 부분은 그 의미가 법률로서 확정되어 있지 아니하고, 법률 문언의 전체적, 유기적인 구조와 구성요건의 특수성, 규제의 여건 등을 종합하여 고려하여 보더라도 수범자가 자신의 행위를 충분히 결정할 수 있을 정도로 내용이 명확하지 아니하여 동 조항부분은 죄형법정주의에서 요구하는 명확성의 원칙에 위배된다(헌재 2004.1.29. 2002헌가20 등).
>
> [2] 이 사건 법률조항 중 '감사보고서에 허위의 기재를 한 때'라고 한 부분은 그것이 형사처벌의 구성요건을 이루는 개념으로서 수범자가 법률의 규정만으로 충분히 그 내용의 대강을 파악할 만큼 명확한 것이라고 할 것이므로 죄형법정주의의 한 내용인 형벌법규의 명확성의 원칙에 반한다고 할 수 없다(헌재 2004.1.29. 2002헌가20 등).

23   청원법   정답 ③

① [O] 「청원법」 제6조에 대한 옳은 내용이다.

> 제6조 【청원 처리의 예외】 청원기관의 장은 청원이 다음 각 호의 어느 하나에 해당하는 경우에는 처리를 하지 아니할 수 있다. 이 경우 사유를 청원인(제11조 제3항에 따른 공동청원의 경우에는 대표자를 말한다)에게 알려야 한다.
> 1. 국가기밀 또는 공무상 비밀에 관한 사항
> 2. 감사·수사·재판·행정심판·조정·중재 등 다른 법령에 의한 조사·불복 또는 구제절차가 진행 중인 사항

② [O] 「청원법」 제13조 제1항에 대한 옳은 내용이다.

> 제13조 【공개청원의 공개 여부 결정 통지 등】 ① 공개청원을 접수한 청원기관의 장은 접수일부터 15일 이내에 청원심의회의 심의를 거쳐 공개 여부를 결정하고 결과를 청원인(공동청원의 경우 대표자를 말한다)에게 알려야 한다.

❸ [×] 60일이 아닌 90일이다.

> 청원법 제21조 【청원의 처리 등】 ② 청원기관의 장은 청원을 접수한 때에는 특별한 사유가 없으면 90일 이내(제13조 제1항에 따른 공개청원의 공개 여부 결정기간 및 같은 조 제2항에 따른 국민의 의견을 듣는 기간을 제외한다)에 처리결과를 청원인(공동청원의 경우 대표자를 말한다)에게 알려야 한다. 이 경우 공개청원의 처리결과는 온라인청원시스템에 공개하여야 한다.

④ [O] 「청원법」 제9조 제1항에 대한 옳은 내용이다.

> 제9조 【청원방법】 ① 청원은 청원서에 청원인의 성명(법인인 경우에는 명칭 및 대표자의 성명을 말한다)과 주소 또는 거소를 적고 서명한 문서(「전자문서 및 전자거래 기본법」에 따른 전자문서를 포함한다)로 하여야 한다.

24   인간다운 생활을 할 권리   정답 ②

① [O] 국가가 인간다운 생활을 보장하기 위한 헌법적 의무를 다하였는지의 여부가 사법적 심사의 대상이 된 경우에는, 국가가 최저생활보장에 관한 입법을 전혀 하지 아니하였다든가 그 내용이 현저히 불합리하여 헌법상 용인될 수 있는 재량의 범위를 명백히 일탈한 경우에 한하여 헌법에 위반된다고 할 수 있다(헌재 2004.10.28. 2002헌마328).

❷ [×] 65세 미만의 비교적 젊은 나이인 경우, 일반적 생애주기에 비추어 자립 욕구나 자립지원의 필요성이 높고, 질병의 치료효과나 재활의 가능성이 높은 편이므로 노인성 질병이 발병하였다고 하여 곧 사회생활이 객관적으로 불가능하다거나, 가내에서의 장기요양의 욕구·필요성이 급격히 증가한다고 평가할 것은 아니다. 또한 활동지원급여와 장기요양급여는 급여량 편차가 크고, 사회활동 지원 여부 등에 있어 큰 차이가 있다. 그럼에도 불구하고 65세 미만의 장애인 가운데 일정한 노인성 질병이 있는 사람의 경우 일률적으로 활동지원급여 신청자격을 제한한 데에 합리적 이유가 있다고 보기 어려우므로 심판대상조항은 평등원칙에 위반된다(헌재 2020.12.23. 2017헌가22 등).

③ [O] 입증책임분배에 있어 권리의 존재를 주장하는 당사자가 권리근거사실에 대하여 입증책임을 부담한다는 것은 일반적으로 받아들여지고 있고, 통상적으로 업무상 재해를 직접 경험한 당사자가 이를 입증하는 것이 용이하다는 점을 감안하면, 이러한 입증책임의 분배가 입법재량을 일탈한 것이라고는 보기 어렵다. … 근로자 측이 현실적으로 부담하는 입증책임이 근로자 측의 보호를 위한 산업재해보상보험제도 자체를 형해화시킬 정도로 과도하다고 보기도 어렵다. 따라서 심판대상조항이 사회보장수급권을 침해한다고 볼 수 없다(헌재 2015.6.25. 2014헌바269).

④ [O] 심판대상조항의 입법목적의 합리성, 다른 법령상의 사회보장체계, 공무원에 대한 후생복지제도 등을 종합적으로 고려할 때, 국가가 노인의 최저생활보장에 관한 입법을 함에 있어 그 내용이 현저히 불합리하여 헌법상 용인될 수 있는 재량의 범위를 일탈하였다고 보기 어려우므로, 심판대상조항이 공무원연금법에 따른 퇴직연금일시금을 받은 사람과 그 배우자의 인간다운 생활을 할 권리를 침해한다고 할 수 없다(헌재 2020.5.27. 2018헌바398).

25　합헌적 법률해석　　　　정답 ③

① [O] 헌법정신에 맞도록 법률의 내용을 해석·보충하거나 정정하는 '헌법합치적 법률해석' 역시 '유효한' 법률조항의 의미나 문구를 대상으로 하는 것이지, 이를 넘어 이미 실효된 법률조항을 대상으로 하여 헌법합치적인 법률해석을 할 수는 없는 것이어서, 유효하지 않은 법률조항을 유효한 것으로 해석하는 결과에 이르는 것은 '헌법합치적 법률해석'을 이유로도 정당화될 수 없다할 것이다(헌재 2012.5.31. 2009헌바123 등).

② [O] 통일정신, 국민주권원리 등은 우리나라 헌법의 연혁적·이념적 기초로서 헌법이나 법률해석에서의 해석기준으로 작용한다고 할 수 있지만 그에 기하여 곧바로 국민의 개별적 기본권성을 도출해내기는 어려우며, 헌법전문에 기재된 대한민국 임시정부의 법통을 계승하는 부분에 위배된다는 점이 청구인들의 법적지위에 현실적이고 구체적인 영향을 미친다고 볼 수도 없다(헌재 2008.11.27. 2008헌마517).

❸ [X] 헌법재판소의 헌법 해석은 헌법이 내포하고 있는 특정한 가치를 탐색·확인하고 이를 규범적으로 관철하는 작업이므로, 헌법재판소가 행하는 구체적 규범통제의 심사기준은 원칙적으로 헌법재판을 할 당시에 규범적 효력을 가지는 헌법이라 할 것이다. 그러므로 이 사건 긴급조치들의 위헌성을 심사하는 준거규범은 유신헌법이 아니라 현행헌법이라고 봄이 타당하다(헌재 2013.3.21. 2010헌바132 등).

④ [O] 헌법 제8조 제1항은 정당설립의 자유, 정당조직의 자유, 정당활동의 자유 등을 포괄하는 정당의 자유를 보장하고 있다. 이러한 정당의 자유는 국민이 개인적으로 갖는 기본권일 뿐만 아니라, 단체로서의 정당이 가지는 기본권이기도 하다(헌재 2004.12.16. 2004헌마456).

▶ 정답   p. 132

01	②	I	06	④	Ⅱ	11	①	Ⅱ	16	④	I	21	④	Ⅱ
02	②	Ⅱ	07	②	Ⅱ	12	④	Ⅱ	17	③	Ⅲ	22	①	Ⅱ
03	③	Ⅲ	08	④	Ⅱ	13	②	Ⅱ	18	②	Ⅱ	23	①	Ⅱ
04	②	Ⅱ	09	④	Ⅳ	14	②	Ⅱ	19	③	I	24	③	Ⅱ
05	①	Ⅱ	10	①	Ⅲ	15	②	Ⅱ	20	③	Ⅱ	25	④	Ⅲ

▶ 취약 단원 분석표

단원	맞힌 답의 개수
I	/ 3
Ⅱ	/ 15
Ⅲ	/ 6
Ⅳ	/ 1
TOTAL	/ 25

Ⅰ 헌법총론 / Ⅱ 기본권론 / Ⅲ 통치구조론 / Ⅳ 헌법재판론

01 법치국가원리   정답 ②

① [O] 오늘날 법률유보원칙은 단순히 행정작용이 법률에 근거를 두기만 하면 충분한 것이 아니라, 국가공동체와 그 구성원에게 기본적이고도 중요한 의미를 갖는 영역, 특히 국민의 기본권실현에 관련된 영역에 있어서는 행정에 맡길 것이 아니라 국민의 대표인 입법자 스스로 그 본질적 사항에 대하여 결정하여야 한다는 요구까지 내포하는 것으로 이해하여야 한다(이른바 의회유보원칙)(헌재 1999.5.27. 98헌바70).

❷ [×] 죄형법정주의란 자유주의, 권력분립, 법치주의 및 국민주권의 원리에 입각한 것으로서, 무엇이 범죄이며 그에 대한 형벌이 어떠한 것인가를 반드시 국민의 대표로 구성된 입법부가 제정한 법률로써 정하여야 한다는 원칙을 말한다. 하지만 현대국가의 사회적 기능이 증대되고 사회현상이 복잡·다양화됨에 따라 모든 형사처벌요건을 입법부가 제정한 법률만으로 다 정할 수는 없기 때문에 합리적인 이유가 있으면 예외적으로 행정부에서 제정한 명령이나 규칙에 위임하는 것이 허용된다(헌재 2014.2.27. 2013헌바106).

③ [O] 법률이 구체적인 사항을 대통령령에 위임하고 있고, 그 대통령령에 규정되거나 제외된 부분의 위헌성이 문제되는 경우, 헌법의 근본원리인 권력분립주의와 의회주의 내지 법치주의의 원리상, 법률조항의 위임에 따라 대통령령으로 규정한 내용이 헌법에 위반될 경우라도 그 대통령령의 규정이 위헌으로 되는 것은 별론으로 하고, 그로 인하여 정당하고 적법하게 입법권을 위임한 수권법률조항까지도 위헌으로 되는 것은 아니라고 할 것이다(헌재 2019.2.28. 2017헌바245).

④ [O] 자기책임의 원리는 인간의 자유와 유책성, 그리고 인간의 존엄성을 진지하게 반영한 원리로서 그것이 비단 민사법이나 형사법에 국한된 원리라기보다는 근대법의 기본이념으로서 법치주의에 당연히 내재하는 원리로 볼 것이고 헌법 제13조 제3항은 그 한 표현에 해당하는 것으로서 자기책임의 원리에 반하는 제재는 그 자체로서 헌법위반을 구성한다고 할 것이다(헌재 2004.6.24. 2002헌가27).

02 참정권   정답 ②

① [O] 헌법 제72조의 중요정책에 대한 국민투표 부의제는 대통령의 임의적 국민투표제이지만, 헌법 제130조의 헌법개정안에 대한 국민투표제는 필요적 국민투표제이다.

❷ [×] 「공직선거법」은 1년 이상 수형자에 대해 선거권이 없다고 규정하고 있으므로, 10개월의 징역형을 선고받고 그 집행이 종료되지 않은 사람은 선거권이 있다.

> **「공직선거법」 제18조【선거권이 없는 자】**① 선거일 현재 다음 각 호의 어느 하나에 해당하는 사람은 선거권이 없다.
> 2. 1년 이상의 징역 또는 금고의 형의 선고를 받고 그 집행이 종료되지 아니하거나 그 집행을 받지 아니하기로 확정되지 아니한 사람. 다만, 그 형의 집행유예를 선고받고 유예기간 중에 있는 사람은 제외한다.

③ [O] 「공직선거법」 제15조 제2항 제3호에 대한 옳은 내용이다.

> **제15조【선거권】**② 18세 이상으로서 제37조 제1항에 따른 선거인명부작성기준일 현재 다음 각 호의 어느 하나에 해당하는 사람은 그 구역에서 선거하는 지방자치단체의 의회의원 및 장의 선거권이 있다.
> 3. 「출입국관리법」 제10조에 따른 영주의 체류자격 취득일 후 3년이 경과한 외국인으로서 같은 법 제34조에 따라 해당 지방자치단체의 외국인등록대장에 올라 있는 사람

④ [O] 공무담임권은 국가 등에게 능력주의를 존중하는 공정한 공직자 선발을 요구할 수 있는 권리라는 점에서 직업선택의 자유보다는 그 기본권의 효과가 현실적·구체적이므로, 공직을 직업으로 선택하는 경우에 있어서 직업선택의 자유는 공무담임권을 통해서 그 기본권보호를 받게 된다고 할 수 있으므로 공무담임권을 침해하는지 여부를 심사하는 이상 이와 별도로 직업선택의 자유 침해 여부를 심사할 필요는 없다(헌재 2006.3.30. 2005헌마598).

03　국회　　　　　정답 ③

① [O]「국회법」제130조 제2항에 대한 옳은 내용이다.

> **제130조【탄핵소추의 발의】**② 본회의가 제1항에 따라 탄핵소추안을 법제사법위원회에 회부하기로 의결하지 아니한 경우에는 본회의에 보고된 때부터 24시간 이후 72시간 이내에 탄핵소추 여부를 무기명투표로 표결한다. 이 기간 내에 표결하지 아니한 탄핵소추안은 폐기된 것으로 본다.

② [O]「국정감사 및 조사에 관한 법률」제7조 제2호에 대한 옳은 내용이다.

> **제7조【감사의 대상】** 감사의 대상기관은 다음 각 호와 같다.
> 2. 지방자치단체 중 특별시·광역시·도. 다만, 그 감사범위는 국가위임사무와 국가가 보조금 등 예산을 지원하는 사업으로 한다.

❸ [X] 제4·5공화국 헌법은 국회의 연간 총회기일수를 150일로 제한하여 국회의 상설화를 차단한 바 있으나, 현행헌법은 회기제한 규정이 없어 국회의 상설화가 가능하다.

> **헌법 제47조** ② 정기회의 회기는 100일을, 임시회의 회기는 30일을 초과할 수 없다.
> **제7차 개정헌법(1972년) 제82조** ③ 국회는 정기회·임시회를 합하여 년 150일을 초과하여 개회할 수 없다. 다만, 대통령이 집회를 요구한 임시회의 일수는 이에 산입하지 아니한다.

④ [O] 국회의 동의권이 침해되었다고 하여 동시에 국회의원의 심의·표결권이 침해된다고 할 수 없고, 국회의원의 심의·표결권은 국회의 대내적인 관계에서 행사되고 침해될 수 있을 뿐 다른 국가기관과의 대외적인 관계에서는 침해될 수 없는 것이므로, 국회의원들 상호간 또는 국회의원과 국회의장 사이와 같이 국회 내부적으로만 직접적인 법적 연관성을 발생시킬 수 있을 뿐이고, 대통령 등 국회 이외의 국가기관과의 사이에서는 권한침해의 직접적인 법적 효과를 발생시키지 아니한다(헌재 2011.8.30. 2011헌라2).

04　공무담임권　　　　　정답 ②

① [O] 경찰공무원이 자격정지 이상의 형의 선고유예를 받은 경우 공무원직에서 당연퇴직하도록 규정하고 있는 이 사건 법률조항은 자격정지 이상의 선고유예 판결을 받은 모든 범죄를 포괄하여 규정하고 있을 뿐만 아니라 심지어 오늘날 누구에게나 위험이 상존하는 교통사고 관련범죄 등 과실범의 경우마저 당연퇴직의 사유에서 제외하지 않고 있으므로 최소침해성의 원칙에 반한다. … 따라서 이 사건 법률조항은 헌법 제25조의 공무담임권을 침해한 위헌 법률이다(헌재 2004.9.23. 2004헌가12).

❷ [X] 퇴직조항은 선거에 관한 여론조사의 결과에 부당한 영향을 미치는 행위를 방지하고 선거의 공정성을 담보하며 공직에 대한 국민 또는 주민의 신뢰를 제고한다는 목적을 달성하는 데 적합한 수단이다. 지방의회의원이 선거의 공정성을 해하는 범죄

로 유죄판결이 확정되었다면 지방자치행정을 민주적이고 공정하게 수행할 것이라고 기대하기 어렵다. … 퇴직조항으로 인하여 지방의회의원의 직에서 퇴직하게 되는 사익의 침해에 비하여 선거에 관한 여론조사의 결과에 부당한 영향을 미치는 행위를 방지하고 선거의 공정성을 담보하며 공직에 대한 국민 또는 주민의 신뢰를 제고한다는 공익이 더욱 중대하다. 퇴직조항은 청구인들의 공무담임권을 침해하지 아니한다(헌재 2022.3.31. 2019헌마986).

③ [O] 공무담임권의 보호영역에는 일반적으로 공직취임의 기회보장, 신분박탈, 직무의 정지가 포함될 뿐이고 청구인이 주장하는 '승진시험의 응시제한'이나 이를 통한 승진기회의 보장 문제는 공직신분의 유지나 업무수행에는 영향을 주지 않는 단순한 내부 승진인사에 관한 문제에 불과하여 공무담임권의 보호영역에 포함된다고 보기는 어려우므로 결국 이 사건 심판대상 규정은 청구인의 공무담임권을 침해한다고 볼 수 없다(헌재 2007.6.28. 2005헌마1179).

④ [O] 지역구국회의원선거에 입후보하기 위한 요건으로서의 기탁금 및 그 반환 요건에 관한 규정은 입후보에 영향을 주므로 공무담임권을 제한하는 것이고, 이러한 공무담임권에 대한 제한은 헌법 제37조 제2항이 정하고 있는 바와 같이 법률로써 하여야 하며, 국가안전보장, 질서유지 또는 공공복리 등 정당하고 중요한 공공의 목적을 달성하기 위하여 필요하고 적정한 수단과 방법에 의하여서만 가능하므로, 이하에서는 이러한 과잉금지원칙을 기준으로 하여 공무담임권 침해 여부를 판단하기로 한다(헌재 2016.12.29. 2015헌마509 등).

05　범죄피해자구조청구권　　　　　정답 ①

❶ [X] 범죄피해자구조청구권의 주체는 생명 또는 신체를 해하는 범죄행위로 인하여 장해 또는 중상해를 당한 본인 또는 사망한 자의 유족이다. 따라서 법인은 범죄피해자구조청구권의 주체가 될 수 없다.

> **「범죄피해자 보호법」제23조【외국인에 대한 구조】** 이 법은 외국인이 구조피해자이거나 유족인 경우에는 해당 국가의 상호보증이 있는 경우에만 적용한다.

② [O] 범죄피해자 구조청구권을 인정하는 이유는 크게 국가의 범죄방지책임 또는 범죄로부터 국민을 보호할 국가의 보호의무를 다하지 못하였다는 것과 그 범죄피해자들에 대한 최소한의 구제가 필요하다는데 있다. 그런데 국가의 주권이 미치지 못하고 국가의 경찰력 등을 행사할 수 없거나 행사하기 어려운 해외에서 발생한 범죄에 대하여는 국가에 그 방지책임이 있다고 보기 어렵고, 상호보증이 있는 외국에서 발생한 범죄피해에 대하여는 국민이 그 외국에서 피해구조를 받을 수 있으며, 국가의 재정에 기반을 두고 있는 구조금에 대한 청구권 행사대상을 우선적으로 대한민국의 영역 안의 범죄피해에 한정하고, 향후 해외에서 발생한 범죄피해의 경우에도 구조를 하는 방향으로 운영하는 것은 입법형성의 재량의 범위 내라고 할 것이다. 따라서 범죄피해자구조청구권의 대상이 되는 범죄피해에 해외에서 발생한 범죄피해의 경우를 포함하고 있지 아니한 것이 현저하게 불합리한 자의적인 차별이라고 볼 수 없어 평등원칙에 위배되지 아니한다(헌재 2011.12.29. 2009헌마354).

③ [O] 「범죄피해자 보호법」 제3조 제1항 제4호에 대한 옳은 내용이다.

> **제3조 【정의】** ① 이 법에서 사용하는 용어의 뜻은 다음과 같다.
> 4. "구조대상 범죄피해"란 대한민국의 영역 안에서 또는 대한민국의 영역 밖에 있는 대한민국의 선박이나 항공기 안에서 행하여진 사람의 생명 또는 신체를 해치는 죄에 해당하는 행위(「형법」 제9조, 제10조 제1항, 제12조, 제22조 제1항에 따라 처벌되지 아니하는 행위를 포함하며, 같은 법 제20조(정당행위) 또는 제21조(정당방위) 제1항에 따라 처벌되지 아니하는 행위 및 과실에 의한 행위는 제외한다)로 인하여 사망하거나 장해 또는 중상해를 입은 것을 말한다.

④ [O] 「범죄피해자 보호법」 제3조 제1항 제1호·제2항에 대한 옳은 내용이다.

> **제3조 【정의】** ① 이 법에서 사용하는 용어의 뜻은 다음과 같다.
> 1. "범죄피해자"란 타인의 범죄행위로 피해를 당한 사람과 그 배우자(사실상의 혼인관계를 포함한다), 직계친족 및 형제자매를 말한다.
> ② 제1항 제1호에 해당하는 사람 외에 범죄피해 방지 및 범죄피해자 구조 활동으로 피해를 당한 사람도 범죄피해자로 본다.

22' 경찰간부

06 집회의 자유 정답 ④

① [O] 집회 및 시위에 관한 법률은 옥외집회나 시위가 사전신고한 범위를 뚜렷이 벗어나 신고제도의 목적달성을 심히 곤란하게 하고, 그로 인하여 질서를 유지할 수 없게 된 경우에 공공의 안녕질서 유지 및 회복을 위해 해산명령을 할 수 있도록 하고 있다. 심판대상조항은 이러한 해산명령 제도의 실효성 확보를 위해 해산명령에 불응하는 자를 형사처벌하도록 한 것으로서 입법목적의 정당성과 수단의 적절성이 인정된다. … 심판대상조항은 과잉금지원칙을 위반하여 집회의 자유를 침해한다고 볼 수 없다(헌재 2016.9.29. 2015헌바309 등).

② [O] 집회의 목적·내용과 집회의 장소는 일반적으로 밀접한 내적인 연관관계에 있기 때문에, 집회의 장소에 대한 선택이 집회의 성과를 결정짓는 경우가 적지 않다. 집회장소가 바로 집회의 목적과 효과에 대하여 중요한 의미를 가지기 때문에, 누구나 '어떤 장소에서' 자신이 계획한 집회를 할 것인가를 원칙적으로 자유롭게 결정할 수 있어야만 집회의 자유가 비로소 효과적으로 보장되는 것이다(헌재 2003.10.30. 2000헌바67 등).

③ [O] 집회나 시위 해산을 위한 살수차 사용은 집회의 자유 및 신체의 자유에 대한 중대한 제한을 초래하므로 살수차 사용요건이나 기준은 법률에 근거를 두어야 하고, 살수차와 같은 위해성 경찰장비는 본래의 사용방법에 따라 지정된 용도로 사용되어야 하며 다른 용도나 방법으로 사용하기 위해서는 반드시 법령에 근거가 있어야 한다. 혼합살수방법은 법령에 열거되지 않은 새로운 위해성 경찰장비에 해당하고 이 사건 지침에 혼합살수의 근거 규정을 둘 수 있도록 위임하고 있는 법령이 없으므로, 이 사건 지침은 법률유보원칙에 위배되고 이 사건 지침

만을 근거로 한 이 사건 혼합살수행위 역시 법률유보원칙에 위배된다. 따라서 이 사건 혼합살수행위는 청구인들의 신체의 자유와 집회의 자유를 침해한다(헌재 2018.5.31. 2015헌마476).

❹ [×] 이 사건 공권력 행사는 경호대상자의 안전 보호 및 국가 간 친선관계의 고양, 질서유지 등을 위한 것이다. 돌발적이고 경미한 변수의 발생도 대비하여야 하는 경호의 특수성을 고려할 때, 경호활동에는 다양한 취약 요소들에 사전적·예방적으로 대비할 수 있는 안전조치가 충분히 이루어질 필요가 있고, 이 사건 공권력 행사는 집회장소의 장소적 특성과 미합중국 대통령의 이동경로, 집회 참가자와의 거리, 질서유지에 필요한 시간 등을 고려하여 경호 목적 달성을 위한 최소한의 범위에서 행해진 것으로 침해의 최소성을 갖추었다. … 따라서 이 사건 공권력 행사는 과잉금지원칙을 위반하여 청구인들의 집회의 자유 등을 침해하였다고 할 수 없다(헌재 2021.10.28. 2019헌마1091).

22' 경찰간부

07 개인정보자기결정권 정답 ②

① [O] 이 사건 법률조항은 가정폭력 가해자에 대한 별도의 제한 없이 직계혈족이기만 하면 사실상 자유롭게 그 자녀의 가족관계증명서와 기본증명서의 교부를 청구하여 발급받을 수 있도록 함으로써, 그로 인하여 가정폭력 피해자인 청구인의 개인정보가 가정폭력 가해자인 전 배우자에게 무단으로 유출될 수 있는 가능성을 열어놓고 있다. 따라서 과잉금지원칙에 위배되어 청구인의 개인정보자기결정권을 침해한다(헌재 2020.8.28. 2018헌마927).

❷ [×] 보안관찰해당범죄로 인한 형의 집행을 마치고 출소하여 이미 과거 범죄에 대한 대가를 치른 대상자에게 보안관찰처분의 개시 여부를 결정하기 위함이라는 공익을 위하여 재범의 위험성과 무관하게 무기한으로 과도한 범위의 신고의무를 부과하고 위반 시 피보안관찰자와 동일한 형으로 형사처벌하는 것은, 달성하고자 하는 공익에 비하여 그들의 기본권을 과도하게 제한하여 법익의 균형성에도 위반된다. … 따라서 변동신고조항 및 위반 시 처벌조항은 과잉금지원칙을 위반하여 청구인의 사생활의 비밀과 자유 및 개인정보자기결정권을 침해한다(헌재 2021.6.24. 2017헌바479).

③ [O] 심판대상조항은 공중밀집장소추행죄로 유죄판결이 확정되면 이들을 모두 등록대상자가 되도록 함으로써 그 관리의 기초를 마련하기 위한 것이다. 그러므로 관리의 기초가 되는 등록대상 여부를 결정함에 있어 대상 성범죄로 인한 유죄판결 이외에 반드시 재범의 위험성을 고려해야 한다고 보기는 어렵다. 더욱이 현재 사용되는 재범의 위험성 평가 도구로는 성범죄자의 재범 가능성 여부를 완벽하게 예측할 수 없고, 이와 같은 오류의 가능성을 배제하기 어려운 상황에서는 일정한 성폭력범죄자를 일률적으로 등록대상자가 되도록 하는 것이 불가피한 측면도 있다. … 심판대상조항은 청구인의 개인정보자기결정권을 침해하였다고 볼 수 없다(헌재 2020.6.25. 2019헌마699).

④ [O] 어떤 범죄가 행해진 후 시간이 흐를수록 수사의 단서로서나 상습성 판단자료, 양형자료로서의 가치는 감소하므로, 모든 소년부송치 사건의 수사경력자료를 해당 사건의 경중이나 결정 이후 경과한 시간 등에 대한 고려 없이 일률적으로 당사자가 사망할 때까지 보존할 필요가 있다고 보기는 어렵고, 불처분결

정된 소년부송치 사건의 수사경력자료가 조회 및 회보되는 경우에도 이를 통해 추구하는 실체적 진실발견과 형사사법의 정의 구현이라는 공익에 비해, 당사자가 입을 수 있는 실질적 또는 심리적 불이익과 그로 인한 재사회화 및 사회복귀의 어려움이 더 크다. 따라서 심판대상조항은 과잉금지원칙을 위반하여 소년부송치 후 불처분결정을 받은 자의 개인정보자기결정권을 침해한다(헌재 2021.6.24. 2018헌가2).

08 재산권 정답 ④

옳은 것은 다, 라, 마이고, 옳지 않은 것은 가, 나, 바, 사이다.

가. [×] 상공회의소의 의결권 또는 회원권은 상공회의소라는 법인의 의사형성에 관한 권리일 뿐 이를 따로 떼어 헌법상 보장되는 재산권이라고 보기 어렵고, 상공회의소의 재산은 법인인 상공회의소의 고유재산이지 회원들이 지분에 따라 반환받을 수 있는 재산이라고 보기 어려워서, 상공업자들의 재산권 제한과도 무관하다(헌재 2006.5.25. 2004헌가1).

나. [×] 사망일시금 제도는 유족연금 또는 반환일시금을 지급받지 못하는 가입자 등의 가족에게 사망으로 소요되는 비용의 일부를 지급함으로써 국민연금제도의 수혜범위를 확대하고자 하는 차원에서 도입되었는데, 국민연금제도가 사회보장에 관한 헌법규정인 제34조 제1항·제2항·제5항을 구체화한 제도로서, 국민연금법상 연금수급권 내지 연금수급기대권이 재산권의 보호대상인 사회보장적 급여라고 한다면 사망일시금은 사회보험의 원리에서 다소 벗어난 장제부조적·보상적 성격을 갖는 급여로 사망일시금은 헌법상 재산권에 해당하지 아니하므로, 이 사건 사망일시금 한도 조항이 청구인들의 재산권을 제한한다고 볼 수 없다(헌재 2019.2.28. 2017헌마432).

다. [○] 개인택시운송사업자는 장기간의 모범적인 택시운전에 대한 보상의 차원에서 개인택시면허를 취득하였거나, 고액의 프리미엄을 지급하고 개인택시면허를 양수한 사람들이므로 개인택시면허는 자신의 노력으로 혹은 금전적 대가를 치르고 얻은 재산권이라고 할 수 있다(헌재 2012.3.29. 2010헌마443).

라. [○] 대법원판례에 의하여 인정되는 관행어업권은 물권에 유사한 권리로서 공동어업권이 설정되었는지 여부에 관계없이 발생하는 것이고, 그 존속에 있어서도 공동어업권과 운명을 같이 하지 않으며 공동어업권자는 물론 제3자에 대하여서도 주장하고 행사할 수 있는 권리이므로, 헌법상 재산권 보장의 대상이 되는 재산권에 해당한다고 할 것이다(헌재 1999.7.22. 97헌바76 등).

마. [○] 건강보험수급권은 가입자가 납부한 보험료에 대한 반대급부의 성격을 가지며, 보험사고로 초래되는 재산상 부담을 전보하여주는 경제적 유용성을 가지므로, 헌법상 재산권의 보호범위에 속한다고 볼 수 있다(헌재 2020.4.23. 2017헌바244).

바. [×] 이동전화번호는 유한한 국가자원으로서, 청구인들이 오랜 기간 같은 이동전화번호를 사용해 왔다 하더라도 이는 국가의 이동전화번호 관련 정책 및 이동전화 사업자와의 서비스 이용계약 관계에 의한 것일 뿐, 청구인들이 이동전화번호에 대하여 사적 유용성 및 그에 대한 원칙적 처분권을 내포하는 재산가치 있는 구체적 권리인 재산권을 가진다고 볼 수 없다(헌재 2013.7.25. 2011헌마63 등).

사. [×] 입법자에 의한 재산권의 내용과 한계의 설정은 기존에 성립된 재산권을 제한할 수도 있고, 기존에 없던 것을 새롭게 형성하는 것일 수도 있다. 이 사건 조항은 종전에 없던 재산권을 새로이 형성한 것에 해당되므로, 역으로 그 형성에 포함되어 있지 않은 것은 재산권의 범위에 속하지 않는다. 그러므로 청구인들이 주장하는바 '불법적인 사용의 경우에 인정되는 수용청구권'이란 재산권은 존재하지 않으므로, 이 사건 조항이 그러한 재산권을 제한할 수는 없다(헌재 2005.7.21. 2004헌바57).

09 권한쟁의심판 정답 ④

① [○] 지방자치단체의 사무 중 국가가 지방자치단체의 장에게 위임한 기관위임사무는 그 처리의 효과가 국가에 귀속되는 국가의 사무로서 지방자치단체의 사무라 할 수 없고, 지방자치단체의 장은 기관위임사무의 집행권한과 관련된 범위에서는 그 사무를 위임한 국가기관의 지위에 서게 될 뿐 지방자치단체의 기관이 아니므로, 지방자치단체는 기관위임사무의 집행에 관한 권한의 존부 및 범위에 관한 권한분쟁을 이유로 기관위임사무를 집행하는 국가기관 또는 다른 지방자치단체의 장을 상대로 권한쟁의심판을 청구할 수 없다 할 것이다. 결국 국가사무로서의 성격을 가지고 있는 기관위임사무의 집행권한의 존부 및 범위에 관하여 지방자치단체가 청구한 권한쟁의심판 청구는 지방자치단체의 권한에 속하지 아니하는 사무에 관한 심판청구로서 그 청구가 부적법하다고 할 것이다(헌재 2008.12.26. 2005헌라11).

② [○] 권한쟁의심판을 청구하려면 청구인과 피청구인 상호간에 헌법 또는 법률에 의하여 부여받은 권한의 존부 또는 범위에 관하여 다툼이 있어야 하며, 피청구인의 처분 또는 부작위가 헌법 또는 법률에 의하여 부여받은 청구인의 권한을 침해하였거나 침해할 현저한 위험이 있는 경우이어야 한다(헌재 2015.11.26. 2013헌라3).

③ [○] 헌법재판소가 권한쟁의심판을 청구할 수 있는 국가기관의 종류와 범위에 관해 확립한 기준에 비추어 볼 때, '국민'인 청구인은 그 자체로는 헌법에 의하여 설치되고 헌법과 법률에 의하여 독자적인 권한을 부여받은 기관이라고 할 수 없으므로, '국민'인 청구인은 권한쟁의심판의 당사자가 되는 '국가기관'이 아니다(헌재 2017.5.25. 2016헌라2).

❹ [×] 지방자치단체의 의결기관인 지방의회와 지방자치단체의 집행기관인 지방자치단체장 간의 내부적 분쟁은 지방자치단체 상호간의 권한쟁의심판의 범위에 속하지 아니하고, 달리 국가기관 상호간의 권한쟁의심판이나 국가기관과 지방자치단체 상호간의 권한쟁의심판에 해당한다고 볼 수도 없다(헌재 2018.7.26. 2018헌라1).

22' 5급

10 국무총리, 국무위원   정답 ①

❶ [O] 헌법 제65조 제1항에 대한 옳은 내용이다.

> **제65조** ① 대통령·국무총리·국무위원·행정각부의 장·헌법재판소 재판관·법관·중앙선거관리위원회 위원·감사원장·감사위원 기타 법률이 정한 공무원이 그 직무집행에 있어서 헌법이나 법률을 위배한 때에는 국회는 탄핵의 소추를 의결할 수 있다.

② [X] 국회의 동의를 얻어야 하는 것이 아니다.

> **헌법 제87조** ③ 국무총리는 국무위원의 해임을 대통령에게 건의할 수 있다.

③ [X] 부령은 행정각부의 장이 법률이나 대통령령의 위임 또는 직권으로 발할 수 있다.

> **헌법 제95조** 국무총리 또는 행정각부의 장은 소관사무에 관하여 법률이나 대통령령의 위임 또는 직권으로 총리령 또는 부령을 발할 수 있다.

④ [X] 국무위원 중에서 행정각부의 장을 임명한다.

> **헌법 제87조** ① 국무위원은 국무총리의 제청으로 대통령이 임명한다.
> **제94조** 행정각부의 장은 국무위원 중에서 국무총리의 제청으로 대통령이 임명한다.

22' 경찰순경

11 인간의 존엄과 가치   정답 ①

❶ [X] 헌법재판소 1997.3.27. 95헌가14 등 결정의 취지에 따라 2005.3.31. 법률 제7427호로 개정된 민법 제847조 제1항은 '친생부인의 사유가 있음을 안 날'을 제척기간의 기산점으로 삼음으로써 부(夫)가 혈연관계의 진실을 인식할 때까지 기간의 진행을 유보하고, '그로부터 2년'을 제척기간으로 삼음으로써 부(夫)의 친생부인의 기회를 실질적으로 보장하고 있다. 또한 2년이란 기간은 자녀의 불안정한 지위를 장기간 방치하지 않기 위한 것으로서 지나치게 짧다고 볼 수 없다. 따라서 민법 제847조 제1항 중 '부(夫)가 그 사유가 있음을 안 날부터 2년 내' 부분은 친생부인의 소의 제척기간에 관한 입법재량의 한계를 일탈하지 않은 것으로서 헌법에 위반되지 아니한다(헌재 2015.3.26. 2012헌바357).

② [O] 교도관이 마약류사범에게 검사의 취지와 방법을 설명하고 반입금지품을 제출하도록 안내한 후 외부와 차단된 검사실에서 같은 성별의 교도관 앞에 돌아서서 하의속옷을 내린 채 상체를 숙이고 양손으로 둔부를 벌려 항문을 보이는 방법으로 실시한 정밀신체검사는 수용자에 대한 생명·신체에 대한 위해를 방지하고 구치소 내의 안전과 질서를 유지하기 위한 것이고(목적의 정당성), … 청구인이 수인하여야 할 모욕감이나 수치심에 비하여 반입금지품을 차단함으로써 얻을 수 있는 수용자들의 생명과 신체의 안전, 구치소 내의 질서유지 등의 공익이 보다 크므로(법익 균형성), 과잉금지의 원칙에 위배되었다고 할 수 없

다. 따라서, 마약류사범인 청구인에 대하여 구치소 입소 시에 한 이 사건 정밀신체검사는 법률에 따라 그 기본권제한의 범위 내에서 이루어진 것이라 할 것이다(헌재 2006.6.29. 2004헌마826).

③ [O] 이 사건 운동화착용불허행위는 시설 바깥으로의 외출이라는 기회를 이용한 도주를 예방하기 위한 것으로서 그 목적이 정당하고, 위와 같은 목적을 달성하기 위한 적합한 수단이라 할 것이다. 또한 신발의 종류를 제한하는 것에 불과하여 법익침해의 최소성과 균형성도 갖추었다 할 것이므로, 이 사건 운동화착용불허행위가 기본권제한에 있어서의 과잉금지원칙에 반하여 청구인의 인격권과 행복추구권을 침해하였다고 볼 수 없다(헌재 2011.2.24. 2009헌마209).

④ [O] 이 사건 법률조항들이 추구하는 목적, 즉 선거기사를 보도하는 언론사의 공적인 책임의식을 높임으로써 민주적이고 공정한 여론 형성 등에 이바지한다는 공익이 중요하다는 점에는 이론의 여지가 없으나, 언론에 대한 신뢰가 무엇보다 중요한 언론사에 대하여 그 사회적 신용이나 명예를 저하시키고 인격의 자유로운 발현을 저해함에 따라 발생하는 인격권 침해의 정도는 이 사건 법률조항들이 달성하려는 공익에 비해 결코 작다고 할 수 없다. 결국 이 사건 법률조항들은 언론사의 인격권을 침해하여 헌법에 위반된다(헌재 2015.7.30. 2013헌가8).

22' 지방직

12 명확성의 원칙   정답 ④

① [X] 파견법은 '공중도덕상 유해한 업무'에 관한 정의조항은 물론 그 의미를 해석할 수 있는 수식어를 두지 않았으므로, 심판대상조항이 규율하는 사항을 바로 알아내기도 어렵다. … 심판대상조항은 건전한 상식과 통상적 법감정을 가진 사람으로 하여금 자신의 행위를 결정해 나가기에 충분한 기준이 될 정도의 의미내용을 가지고 있다고 볼 수 없으므로 죄형법정주의의 명확성원칙에 위배된다(헌재 2016.11.24. 2015헌가23).

② [X] 심판대상조항은 외국인에게 대한민국 국적을 부여하는 '귀화'의 요건을 정한 것인데, '품행', '단정' 등 용어의 사전적 의미가 명백하고, 심판대상조항의 입법취지와 용어의 사전적 의미 및 법원의 일반적인 해석 등을 종합해 보면, '품행이 단정할 것'은 '귀화신청자를 대한민국의 새로운 구성원으로서 받아들이는 데 지장이 없을 만한 품성과 행실을 갖춘 것'을 의미하고, 구체적으로 이는 귀화신청자의 성별, 연령, 직업, 가족, 경력, 전과관계 등 여러 사정을 종합적으로 고려하여 판단될 것임을 예측할 수 있다. 따라서 심판대상조항은 명확성원칙에 위배되지 아니한다(헌재 2016.7.28. 2014헌바421).

③ [X] 정액범위조항에 사용된 '등'은 열거된 항목 외에 같은 종류의 것이 더 있음을 나타내는 의미로 해석할 수 있고, 다른 조항과의 유기적·체계적 해석을 통해 그 적용범위를 합리적으로 파악할 수 있으므로, 명확성원칙에 위배되지 않는다(헌재 2020.4.23. 2017헌마103).

❹ [O] '빈곤'은 경제적 사정으로 소송비용을 납부할 수 없는 경우를 지칭하는 것으로 해석될 수 있으므로 집행면제 신청 조항은 명확성원칙에 위배되지 않는다(헌재 2021.2.25. 2019헌바64).

22' 국가직

13　지방자치제도　　　　정답 ②

① [O] 헌법 제117조 제1항은 "지방자치단체는 주민의 복리에 관한 사무를 처리하고 재산을 관리하며, 법령의 범위 안에서 자치에 관한 규정을 제정할 수 있다."고 규정하여 지방자치제도의 보장과 지방자치단체의 자치권을 규정하고 있다. … 헌법 제117조 제1항에서 규정하고 있는 '법령'에 법률 이외에 헌법 제75조 및 제95조 등에 의거한 '대통령령', '총리령' 및 '부령'과 같은 법규명령이 포함되는 것은 물론이지만, 헌법재판소의 "법령의 직접적인 위임에 따라 수임행정기관이 그 법령을 시행하는데 필요한 구체적 사항을 정한 것이면, 그 제정형식은 비록 법규명령이 아닌 고시, 훈령, 예규 등과 같은 행정규칙이더라도, 그것이 상위법령의 위임한계를 벗어나지 아니하는 한, 상위법령과 결합하여 대외적인 구속력을 갖는 법규명령으로서 기능하게 된다고 보아야 한다."고 판시한 바에 따라, 헌법 제117조 제1항에서 규정하는 '법령'에는 법규명령으로서 기능하는 행정규칙이 포함된다(헌재 2002.10.31. 2001헌라1).

❷ [X] 지방자치단체의 대표인 단체장은 지방의회의원과 마찬가지로 주민의 자발적 지지에 기초를 둔 선거를 통해 선출되어야 한다. … 주민자치제를 본질로 하는 민주적 지방자치제도가 안정적으로 뿌리내린 현 시점에서 지방자치단체의 장 선거권을 지방의회의원 선거권, 나아가 국회의원 선거권 및 대통령 선거권과 구별하여 하나는 법률상의 권리로, 나머지는 헌법상의 권리로 이원화하는 것은 허용될 수 없다. 그러므로 지방자치단체의 장 선거권 역시 다른 선거권과 마찬가지로 헌법 제24조에 의해 보호되는 기본권으로 인정하여야 한다(헌재 2016.10.27. 2014헌마797).

③ [O] 헌법 제117조 제1항이 규정하는 자치권 가운데에는 자치에 관한 규정을 스스로 제정할 수 있는 자치입법권은 물론이고 그밖에 그 소속 공무원에 대한 인사와 처우를 스스로 결정하고 이에 관련된 예산을 스스로 편성하여 집행하는 권한이 성질상 당연히 포함되지만, 이러한 자치권의 범위는 법령에 의하여 형성되고 제한된다(헌재 2002.10.31. 2002헌라2).

④ [O] 지방자치법 제4조 제1항에 규정된 지방자치단체의 구역은 주민·자치권과 함께 지방자치단체의 구성요소로서 자치권을 행사할 수 있는 장소적 범위를 말하며, 자치권이 미치는 관할 구역의 범위에는 육지는 물론 바다도 포함되므로, 공유수면에 대한 지방자치단체의 자치권한이 존재한다(헌재 2006.8.31. 2003헌라1).

22' 국가직

14　재판청구권　　　　정답 ②

① [X] 약식명령에 대하여 단기의 불복기간을 설정한 것은, 경미하고 간이한 사건들을 신속하게 처리하게 함으로써 사법자원의 효율적인 배분을 통하여 국민의 재판청구권을 충실하게 보장하고자 하는 것으로서 그 합리성이 인정된다. 형사 입건된 피의자로서는 수사 및 재판에 관한 서류를 정확하게 송달받을 수 있도록 스스로 조치하여야 하므로, 입법자가 그러한 전제 하에 불복기간을 정하였더라도 입법재량을 현저하게 일탈하였다고 할 수 없다. … 따라서 이 사건 법률조항이 합리적인 입법재량의 범위를 벗어나 약식명령 피고인의 재판청구권을 침해한다고 볼 수 없다(헌재 2013.10.24. 2012헌바428).

❷ [O] 항소심 확정판결에 대한 재심을 청구하는 사람에게 재심 대상판결의 심급과 소송목적물의 값에 따라 결정된 인지액을 부담시킴으로써 재판유상주의를 실현하고, 재판 업무의 완성도 및 효율을 보장하며, 확정판결의 법정 안정성을 확보하여야 할 공익은 매우 중요하다. 반면 심판대상조항에 의한 재판청구권 제한은 상대적으로 적다. 따라서 심판대상조항은 법익의 균형성 요건도 충족한다. 심판대상조항은 과잉금지원칙에 위배하여 재판청구권을 침해한다고 볼 수 없다(헌재 2017.8.31. 2016헌바447).

③ [X] 헌법 제27조 제1항이 규정하는 '법률에 의한' 재판청구권을 보장하기 위해서는 입법자에 의한 재판청구권의 구체적 형성이 불가피하므로 입법자의 광범위한 입법재량이 인정되기는 하나, 그러한 입법을 함에 있어서는 비록 완화된 의미에서일지언정 헌법 제37조 제2항의 비례의 원칙은 준수되어야 한다(헌재 2001.6.28. 2000헌바77).

④ [X] 심리불속행 상고기각판결에 이유를 기재한다고 해도, 당사자의 상고이유가 법률상의 상고이유를 실질적으로 포함하고 있는지 여부만을 심리하는 심리불속행 재판의 성격 등에 비추어 현실적으로 특례법 제4조의 심리속행사유에 해당하지 않는다는 정도의 이유기재에 그칠 수밖에 없고, 나아가 그 이상의 이유기재를 하게 하더라도 이는 법령해석의 통일을 주된 임무로 하는 상고심에게 불필요한 부담만 가중시키는 것으로서 심리불속행제도의 입법취지에 반하는 결과를 초래할 수 있으므로, 특례법 제5조 제1항은 재판청구권 등을 침해하여 위헌이라고 볼 수 없다(헌재 2012.5.31. 2010헌마625 등).

22' 법원직 9급

15　행정부작위　　　　정답 ②

① [O] 행정권력의 부작위에 대한 헌법소원은 공권력의 주체에게 헌법에서 유래하는 작위의무가 특별히 구체적으로 규정되어 이에 의거하여 기본권의 주체가 행정행위 내지 공권력의 행사를 청구할 수 있음에도 공권력의 주체가 그 의무를 해태하는 경우에만 허용된다(헌재 2019.12.27. 2012헌마939).

❷ [X] 삼권분립의 원칙, 법치행정의 원칙을 당연한 전제로 하고 있는 우리 헌법 하에서 행정권의 행정입법 등 법집행의무는 헌법적 의무라고 보아야 할 것이다. 그런데 이는 행정입법의 제정이 법률의 집행에 필수불가결한 경우로서 행정입법을 제정하지 아니하는 것이 곧 행정권에 의한 입법권 침해의 결과를 초래하는 경우를 말하는 것이므로, 만일 하위 행정입법의 제정 없이 상위 법령의 규정만으로도 집행이 이루어질 수 있는 경우라면 하위 행정입법을 하여야 할 헌법적 작위의무는 인정되지 아니한다(헌재 2005.12.22. 2004헌마66).

③ [O] '헌법에서 유래하는 작위의무가 특별히 구체적으로 규정'되어 있다 함은 헌법상 명문으로 공권력 주체의 작위의무가 규정되어 있는 경우, 헌법의 해석상 공권력 주체의 작위의무가 도출되는 경우, 공권력 주체의 작위의무가 법령에 구체적으로 규정되어 있는 경우 등을 포괄한다(헌재 2013.8.29. 2012헌마886).

④ [O] 피청구인에게 헌법에서 유래하는 작위의무가 있음을 인정할 수 있다 하더라도, 피청구인이 이를 이행하고 있는 상태라면, 부작위에 대한 헌법소원심판청구는 부적법하다. 피청구인의 작위의무 이행은 이행행위 그 자체만을 가리키는 것이지 이를 통해 청구인들이 원하는 결과까지 보장해 주는 이행을 의미하는 것은 아니다(헌재 2019.12.27. 2012헌마939).

16 국적, 재외국민 　　　　　정답 ④

① [O] 「국적법」은 부모양계혈통주의를 원칙으로 하고 출생지주의를 예외적으로 인정하고 있다.

> 「국적법」 제2조 【출생에 의한 국적 취득】 ① 다음 각 호의 어느 하나에 해당하는 자는 출생과 동시에 대한민국 국적을 취득한다.
> 1. 출생 당시에 부(父)또는 모(母)가 대한민국의 국민인 자
> 2. 출생하기 전에 부가 사망한 경우에는 그 사망 당시에 부가 대한민국의 국민이었던 자
> 3. 부모가 모두 분명하지 아니한 경우나 국적이 없는 경우에는 대한민국에서 출생한 자
> ② 대한민국에서 발견된 기아는 대한민국에서 출생한 것으로 추정한다.

② [O] 병역준비역에 편입된 복수국적자의 국적선택 기간이 지났다고 하더라도, 그 기간 내에 국적이탈 신고를 하지 못한 데 대하여 사회통념상 그에게 책임을 묻기 어려운 사정 즉, 정당한 사유가 존재하고, 병역의무 이행의 공평성 확보라는 입법목적을 훼손하지 않음이 객관적으로 인정되는 경우라면, 병역준비역에 편입된 복수국적자에게 국적선택 기간이 경과하였다고 하여 일률적으로 국적이탈을 할 수 없다고 할 것이 아니라, 예외적으로 국적이탈을 허가하는 방안을 마련할 여지가 있다. … 심판대상 법률조항은 과잉금지원칙에 위배되어 청구인의 국적이탈의 자유를 침해한다(헌재 2020.9.24. 2016헌마889).

③ [O] 헌법 제2조 제2항에서 정한 국가의 재외국민 보호의무에 의하여 재외국민이 거류국에 있는 동안 받게 되는 보호는, 조약 기타 일반적으로 승인된 국제법규와 당해 거류국의 법령에 의하여 누릴 수 있는 모든 분야에서 정당한 대우를 받도록 거류국과의 관계에서 국가가 하는 외교적 보호와 국외 거주 국민에 대하여 정치적인 고려에서 특별히 법률로써 정하여 베푸는 법률·문화·교육 기타 제반영역에서의 지원을 뜻하는 것이다(헌재 2010.7.29. 2009헌가13).

❹ [X] 이 사건 처벌조항의 입법목적은 국외 위난상황으로부터 국민의 생명·신체나 재산을 보호하고 국외 위난상황으로 인해 국가·사회에 미칠 수 있는 파급 효과를 사전에 예방하는 것이다. 이와 같은 이 사건 처벌조항의 입법목적은 정당하고, 이 사건 처벌조항은 이에 적합한 수단이다. … 그러므로 이 사건 처벌조항은 과잉금지원칙에 반하여 청구인의 거주·이전의 자유를 침해하지 않는다(헌재 2020.2.27. 2016헌마945).

17 선거관리위원회 　　　　　정답 ③

① [O] 중앙선거관리위원회 위원장이 중앙선거관리위원회 전체회의의 심의를 거쳐 대통령의 위법사실을 확인한 후 그 재발방지를 촉구하는 내용의 이 사건 조치를 청구인인 대통령에 대하여 직접 발령한 것이 단순한 권고적·비권력적 행위라든가 대통령인 청구인의 법적 지위에 불리한 효과를 주지 않았다고 보기는 어렵다(헌재 2008.1.17. 2007헌마700).

② [O] 「정당법」 제15조에 대한 옳은 내용이다.

> 제15조 【등록신청의 심사】 등록신청을 받은 관할 선거관리위원회는 형식적 요건을 구비하는 한 이를 거부하지 못한다. 다만, 형식적 요건을 구비하지 못한 때에는 상당한 기간을 정하여 그 보완을 명하고, 2회 이상 보완을 명하여도 응하지 아니할 때에는 그 신청을 각하할 수 있다.

❸ [X] 각급 선거관리위원회의 지시를 받았다면 행정기관은 이에 응할 의무가 있다.

> 헌법 제115조 ① 각급 선거관리위원회는 선거인명부의 작성 등 선거사무와 국민투표사무에 관하여 관계 행정기관에 필요한 지시를 할 수 있다.
> ② 제1항의 지시를 받은 당해 행정기관은 이에 응하여야 한다.

④ [O] 헌법 제114조 제5항에 대한 옳은 내용이다.

> 제114조 ⑤ 위원은 탄핵 또는 금고 이상의 형의 선고에 의하지 아니하고는 파면되지 아니한다.

18 영장주의 　　　　　정답 ②

① [X] 헌법 제12조 제3항이 정한 영장주의가 수사기관이 강제처분을 함에 있어 중립적 기관인 법원의 허가를 얻어야 함을 의미하는 것 외에 법원에 의한 사후 통제까지 마련되어야 함을 의미한다고 보기 어렵고, 청구인의 주장은 결국 인터넷회선 감청의 특성상 집행 단계에서 수사기관의 권한 남용을 방지할 만한 별도의 통제 장치를 마련하지 않는 한 통신 및 사생활의 비밀과 자유를 과도하게 침해하게 된다는 주장과 같은 맥락이므로, 이 사건 법률조항이 과잉금지원칙에 반하여 청구인의 기본권을 침해하는지 여부에 대하여 판단하는 이상, 영장주의 위반 여부에 대해서는 별도로 판단하지 아니한다(헌재 2018.8.30. 2016헌마263).

❷ [O] 이 사건 사실조회행위는 강제력이 개입되지 아니한 임의수사에 해당하므로, 이에 응하여 이루어진 이 사건 정보제공행위에도 영장주의가 적용되지 않는다. 그러므로 이 사건 정보제공행위가 영장주의에 위배되어 청구인들의 개인정보자기결정권을 침해한다고 볼 수 없다(헌재 2018.8.30. 2014헌마368).

③ [X] 심판대상조항에 의한 자료제출요구는 행정조사의 성격을 가지는 것으로 수사기관의 수사와 근본적으로 그 성격을 달리하며, 청구인에 대하여 직접적으로 어떠한 물리적 강제력을 행사하는 강제처분을 수반하는 것이 아니므로 영장주의의 적용대상이 아니다(헌재 2019.9.26. 2016헌바381).

④ [X] 우리 헌법제정권자가 제헌 헌법(제9조) 이래 현행 헌법(제12조 제3항)에 이르기까지 채택하여 온 영장주의의 본질은 신체의 자유를 침해하는 강제처분을 함에 있어서는 인적·물적 독립을 보장받는 제3자인 법관이 구체적 판단을 거쳐 발부한 영장에 의하여야만 한다는 데에 있으므로, 우선 형식적으로 영장주의에 위배되는 법률은 곧바로 헌법에 위반되고, 나아가 형식적으로는 영장주의를 준수하였더라도 실질적인 측면에서 입법자가 합리적인 선택범위를 일탈하는 등 그 입법형성권을 남용하였다면 그러한 법률은 자의금지원칙에 위배되어 헌법에 위반된다고 보아야 한다(헌재 2012.12.27. 2011헌가5).

② [O] 헌법 제12조 제3항에 대한 옳은 내용이다.

> **제12조** ③ 체포·구속·압수 또는 수색을 할 때에는 적법한 절차에 따라 검사의 신청에 의하여 법관이 발부한 영장을 제시하여야 한다. 다만, 현행범인인 경우와 장기 3년 이상의 형에 해당하는 죄를 범하고 도피 또는 증거인멸의 염려가 있을 때에는 사후에 영장을 청구할 수 있다.

❸ [X] '체포·구속·압수·수색 또는 심문'은 법률이고, '처벌·보안처분 또는 강제노역'은 법률과 적법한 절차로 규정하고 있다.

> **헌법 제12조** ① 모든 국민은 신체의 자유를 가진다. 누구든지 법률에 의하지 아니하고는 체포·구속·압수·수색 또는 심문을 받지 아니하며, 법률과 적법한 절차에 의하지 아니하고는 처벌·보안처분 또는 강제노역을 받지 아니한다.

④ [O] 헌법 제12조 제7항에 대한 옳은 내용이다.

> **제12조** ⑦ 피고인의 자백이 고문·폭행·협박·구속의 부당한 장기화 또는 기망 기타의 방법에 의하여 자의로 진술된 것이 아니라고 인정될 때 또는 정식재판에 있어서 피고인의 자백이 그에게 불리한 유일한 증거일 때에는 이를 유죄의 증거로 삼거나 이를 이유로 처벌할 수 없다.

---

21 기본권의 침해 정답 ④

① [X] 기본권 충돌은 복수의 기본권 주체가 국가를 상대로 서로 대립되는 기본권의 적용을 주장하는 경우를 말한다. 반면 기본권 경합은 하나의 기본권 주체가 둘 이상의 기본권을 국가에 주장하는 경우를 말한다. 따라서 청구인 A가 「공무원보수규정」의 해당 부분이 자신의 평등권, 재산권, 직업선택의 자유 및 행복추구권 등을 침해한다고 주장하는 경우는 기본권 충돌이 아니라 기본권의 경합에 해당한다.

② [X] 경찰공무원과 군인은 주된 임무가 다르지만, 양자 모두 국민의 생명·신체 및 재산에 대한 구체적이고 직접적인 위험을 예방하고 보호하는 업무를 수행하면서 그 과정에서 생명과 신체에 대한 상당한 위험을 부담한다. 나아가 국가비상사태, 대규모의 테러 또는 소요사태가 발생하였거나 발생할 우려가 있는 경우에는 경찰공무원은 치안유지를 위하여 군인에 상응하는 고도의 위험을 무릅쓰고 부여된 업무를 수행하여야만 한다. 이를 고려하여 볼 때, 직무의 곤란성과 책임의 정도에 따라 결정되는 공무원보수의 책정에 있어서(국가공무원법 제46조 제1항), 경찰공무원과 군인은 본질적으로 동일·유사한 집단이라고 할 것이다(헌재 2008.12.26. 2007헌마444).

③ [X] 직업의 자유에 '해당 직업에 합당한 보수를 받을 권리'까지 포함되어 있다고 보기 어려우므로 이 사건 법령조항이 청구인이 원하는 수준 보다 적은 봉급월액을 규정하고 있다고 하여 이로 인해 청구인의 직업선택이나 직업수행의 자유가 침해되었다고 할 수 없고, 위 조항은 경찰공무원인 경장의 봉급표를 규정한 것으로서 개성 신장을 위한 행복추구권의 제한과는 직접적인 관련이 없으므로, 청구인의 위 주장들은 모두 이유 없다(헌재 2008.12.26. 2007헌마444).

---

19 법치주의 정답 ③

① [O] 상속제도나 상속권의 내용은 입법 정책적으로 결정하여야 할 사항으로서 원칙적으로 입법형성의 영역에 속하고, 부재자의 참여 없이 진행되는 실종선고 심판절차에서 법원으로서는 실종 여부나 실종이 된 시기 등에 대하여 청구인의 주장과 청구인이 제출한 소명자료를 기초로 실종 여부나 실종기간의 기산일을 판단하게 되는 측면이 있는바, 이로 인하여 발생할 수 있는 상속인의 범위나 상속분 등의 변경에 따른 법률관계의 불안정을 제거하여 법적 안정성을 추구하고, 실질적으로 남녀 간 공평한 상속이 가능하도록 개정된 민법상의 상속규정을 개정 민법 시행 후 실종이 선고되는 부재자에게까지 확대 적용함으로써 얻는 공익이 매우 크므로, 심판대상조항은 신뢰보호원칙에 위배하여 재산권을 침해하지 아니한다(헌재 2016.10.27. 2015헌바203 등).

② [O] 우리 헌법이 규정한 형벌불소급의 원칙은 형사소추가 '언제부터 어떠한 조건하에서' 가능한가의 문제에 관한 것이고, '얼마동안' 가능한가의 문제에 관한 것은 아니다. 다시 말하면 헌법의 규정은 '행위의 가벌성'에 관한 것이기 때문에 소추가능성에만 연관될 뿐, 가벌성에는 영향을 미치지 않는 공소시효에 관한 규정은 원칙적으로 그 효력범위에 포함되지 않는다. … 공소시효제도가 헌법 제12조 제1항 및 제13조 제1항에 정한 죄형법정주의의 보호범위에 바로 속하지 않는다면, 소급입법의 헌법적 한계는 법적 안정성과 신뢰보호원칙을 포함하는 법치주의의 원칙에 따른 기준으로 판단하여야 한다(헌재 1996.2.16. 96헌가2 등).

❸ [X] 법적 안정성은 객관적 요소로서 법질서의 신뢰성·항구성·법적 투명성과 법적 평화를 의미하고, 이와 내적인 상호연관관계에 있는 법적 안정성의 주관적 측면은 한번 제정된 법규범은 원칙적으로 존속력을 갖고 자신의 행위기준으로 작용하리라는 개인의 신뢰보호원칙이다(헌재 1996.2.16. 96헌가2 등).

④ [O] 임차인의 계약갱신요구권 행사 기간이 앞으로도 계속하여 5년으로 유지될 것이라고 기대했던 임대인의 기대 내지 신뢰가 존재했다 하더라도 이를 확정적이거나 절대적인 기대 내지 신뢰라고 보기는 어려우므로, 그것이 어느 정도 보호될 수 있는지는 신뢰의 침해 정도 및 계약갱신요구권 행사 기간의 변경을 통해 달성하고자 하는 공익의 중대성에 따라 달라질 수 있다. … 따라서 이 사건 부칙조항은 신뢰보호원칙에 위배되어 임대인인 청구인들의 재산권을 침해한다고 볼 수 없다(헌재 2021.10.28. 2019헌마106 등).

---

20 신체의 자유 정답 ③

① [O] 헌법 제12조 제5항에 대한 옳은 내용이다.

> **제12조** ⑤ 누구든지 체포 또는 구속의 이유와 변호인의 조력을 받을 권리가 있음을 고지받지 아니하고는 체포 또는 구속을 당하지 아니한다. 체포 또는 구속을 당한 자의 가족 등 법률이 정하는 자에게는 그 이유와 일시·장소가 지체없이 통지되어야 한다.

❹ [O] 공무원의 보수청구권은, 법률 및 법률의 위임을 받은 하위법령에 의해 그 구체적 내용이 형성되면 재산적 가치가 있는 공법상의 권리가 되어 재산권의 내용에 포함되지만, 법령에 의하여 구체적 내용이 형성되기 전의 권리, 즉 공무원이 국가 또는 지방자치단체에 대하여 어느 수준의 보수를 청구할 수 있는 권리는 단순한 기대이익에 불과하여 재산권의 내용에 포함된다고 볼 수 없다. 따라서 청구인이 주장하는 특정한 또는 구체적 보수수준에 관한 내용이 법령에서 형성된 바 없음에도, 이 사건 법령조항이 그 수준의 봉급월액보다 낮은 봉급월액을 규정하고 있어 청구인의 재산권을 침해한다는 주장은 이유 없다(헌재 2008.12.26. 2007헌마444).

22 일반적 행동자유권   정답 ①

❶ [×] 주방용오물분쇄기의 판매·사용을 금지하여 분쇄된 음식물 찌꺼기 등이 하수도로 배출되는 것을 막는 것은 수질오염 방지라는 입법목적을 달성하는 적절한 수단이므로, 목적의 정당성 및 수단의 적절성이 인정된다. … 심판대상조항은 과잉금지원칙에 위반하여 청구인들의 일반적 행동자유권, 직업의 자유를 침해하지 않는다(헌재 2018.6.28. 2016헌마1151).

❷ [O] 이 사건 법률조항의 입법목적은 운전 중 휴대용 전화의 사용으로 인한 교통사고 발생의 위험을 줄여 국민의 생명과 안전, 재산을 보호하고자 하는 것으로서 그 입법목적의 정당성이 인정된다. 또한 운전 중 휴대용 전화의 사용을 금지하고 위반할 경우 형사 처벌하는 것은 위와 같은 입법목적을 달성하는 데 기여하므로 수단의 적합성도 인정된다. … 이 사건 법률조항이 과잉금지원칙에 반하여 일반적 행동자유권을 침해한다고 볼 수 없다(헌재 2021.6.24. 2019헌바5).

❸ [O] 이 사건 점호행위는, 신속하고 정확하게 거실 내 인원수를 확인함과 동시에 수형자의 건강상태 내지 심리상태, 수용생활 적응 여부 등을 살펴 각종의 교정사고를 예방하거나 사후에 신속하게 대처할 수 있도록 함으로써 교정시설의 안전과 질서를 유지하기 위한 것으로 그 목적이 정당하고, 그 목적을 달성하기 위한 적절한 수단이 된다. 이 사건 점호행위는 혼거실 수형자들을 정렬하여 앉게 한 뒤 번호를 외치도록 하는 것 외에 달리 물리력을 행사하지 아니하고, … 이 사건 점호행위와 같은 방법이 효과적이며, 점검관이 목산(目算)하는 방법은 인원점검의 정확성·신속성 측면에서 다수의 수형자가 생활하는 혼거실에 대한 인원점검 방법으로는 부적절할 뿐만 아니라 효과적인 방법이 될 수 없다. 따라서 이 사건 점호행위는 과잉금지원칙에 위배되어 청구인의 인격권 및 일반적 행동의 자유를 침해한다 할 수 없다(헌재 2012.7.26. 2011헌마332).

❹ [O] 20년도 육군지시 자진신고조항은, 육군 장교가 '군사법원에서 약식명령을 받아 확정된 경우'와 그 신분을 밝히지 않아 '민간법원에서 약식명령을 받아 확정된 경우' 사이에 발생하는 인사상 불균형을 방지함으로써, 인사관리의 형평성을 도모함과 동시에 적정한 징계권을 행사하고 이를 통해 군 조직의 내부 기강 및 질서를 유지하기 위한 것이므로, 그 목적이 정당하다.

또한 민간법원에서 약식명령을 받아 확정된 육군 장교로 하여금 그 사실을 자진신고 할 의무를 부과하는 것은, 위 목적을 달성하기에 적합한 수단이다. … 20년도 육군지시 자진신고조항 및 21년도 육군지시 자진신고조항은 과잉금지원칙에 반하여 일반적 행동의 자유를 침해하지 않는다(헌재 2021.8.31. 2020헌마12 등).

23 기본권의 경합과 충돌   정답 ①

❶ [×] 사적자치의 원칙은 헌법 제10조의 행복추구권 속에 함축된 일반적 행동자유권에서 파생된 것으로서 헌법 제119조 제1항의 자유시장경제질서의 기초이자 우리 헌법상의 원리이고, 계약자유의 원칙은 사적자치권의 기본원칙으로서 이러한 사적자치의 원칙이 법률행위의 영역에서 나타난 것이므로, 채권자의 재산권과 채무자 및 수익자의 일반적 행동의 자유권 중 어느 하나를 상위기본권이라고 할 수는 없을 것이고, 채권자의 재산권과 수익자의 재산권 사이에서도 어느 쪽이 우월하다고 할 수는 없을 것이기 때문이다(헌재 2007.10.25. 2005헌바96).

❷ [O] 개인의 출생, 인지, 입양, 파양, 혼인, 이혼, 사망 등의 신고를 통해 작성되고 보관·관리되는 개인정보가 수록된 각종 증명서를 본인의 동의 없이도 형제자매가 발급받을 수 있도록 하는 것은 개인정보자기결정권을 제한하는 것이다. 청구인은 이 사건 법률조항에 의하여 인간의 존엄과 가치 및 행복추구권, 사생활의 비밀과 자유가 침해된다고 주장하나, 위 기본권들은 모두 개인정보자기결정권의 헌법적 근거로 거론되는 것으로서 청구인의 개인정보에 대한 공개와 이용이 문제되는 이 사건에서 개인정보자기결정권 침해 여부를 판단하는 이상 별도로 판단하지 않는다(헌재 2016.6.30. 2015헌마924).

❸ [O] 이 사건 법률조항은 앞서 본 바와 같이 특정한 노동조합의 가입을 강제하는 단체협약의 체결을 용인하고 있으므로 근로자의 개인적 단결권(단결선택권)과 노동조합의 집단적 단결권(조직강제권)이 동일한 장에서 서로 충돌한다. 이와 같이 개인적 단결권과 집단적 단결권이 충돌하는 경우 기본권의 서열이론이나 법익형량의 원리에 입각하여 어느 기본권이 더 상위기본권이라고 단정할 수는 없다(헌재 2005.11.24. 2002헌바95 등).

❹ [O] 행복추구권은 다른 기본권에 대한 보충적 기본권으로서의 성격을 지니고, 특히 어떠한 법령이 수범자의 직업의 자유와 행복추구권 양자를 제한하는 외관을 띠는 경우 두 기본권의 경합 문제가 발생하는데, 보호영역으로서 '직업'이 문제되는 경우 행복추구권과 직업의 자유는 서로 일반특별관계에 있어 기본권의 내용상 특별성을 갖는 직업의 자유의 침해 여부가 우선하여 행복추구권 관련 위헌 여부의 심사는 배제되어야 하는 것이므로, 이 사건에 있어서 청구인이 건설업을 영위하는 행위가 직업의 자유의 보호영역에 포함된다고 보아 앞서 그 침해 여부를 판단한 이상, 행복추구권의 침해 여부를 독자적으로 판단할 필요가 없다(헌재 2007.5.31. 2007헌바3).

24   통신의 자유   정답 ③

① [O] 통신사실 확인자료 제공요청은 수사 또는 내사의 대상이 된 가입자 등의 동의나 승낙을 얻지 아니하고도 공공기관이 아닌 전기통신사업자를 상대로 이루어지는 것으로 통신비밀보호법이 정한 수사기관의 강제처분이다. 이러한 통신사실 확인자료 제공요청과 관련된 수사기관의 권한남용 및 그로 인한 정보주체의 기본권 침해를 방지하기 위해서는 법원의 통제를 받을 필요가 있으므로, 통신사실 확인자료 제공요청에는 헌법상 영장주의가 적용된다. … 수사기관이 위치정보 추적자료의 제공을 요청한 경우 법원의 허가를 받도록 하고 있는 이 사건 허가조항은 영장주의에 위배된다고 할 수 없다(헌재 2018.6.28. 2012헌마191 등).

② [O] 해당 규정의 문언이 송신하거나 수신하는 전기통신 행위를 감청의 대상으로 규정하고 있을 뿐 송·수신이 완료되어 보관 중인 전기통신 내용은 그 대상으로 규정하지 않은 점, 일반적으로 감청은 다른 사람의 대화나 통신 내용을 몰래 엿듣는 행위를 의미하는 점 등을 고려하여 보면, 통신비밀보호법상의 "감청"이란 그 대상이 되는 전기통신의 송·수신과 동시에 이루어지는 경우만을 의미하고, 이미 수신이 완료된 전기통신의 내용을 지득하는 등의 행위는 포함되지 않는다(대판 2012.10.25. 2012도4644).

❸ [X] 인터넷회선 감청은 검사가 법원의 허가를 받으면, 피의자 및 피내사자에 해당하는 감청대상자나 해당 인터넷회선의 가입자의 동의나 승낙을 얻지 아니하고도, 전기통신사업자의 협조를 통해 해당 인터넷회선을 통해 송·수신되는 전기통신에 대해 감청을 집행함으로써 정보주체의 기본권을 제한할 수 있으므로, 법이 정한 강제처분에 해당한다. 또한 인터넷회선 감청은 서버에 저장된 정보가 아니라, 인터넷상에서 발신되어 수신되기까지의 과정 중에 수집되는 정보, 즉 전송 중인 정보의 수집을 위한 수사이므로, 압수·수색과 구별된다. … 이 사건 법률조항은 과잉금지원칙에 위반하는 것으로 청구인의 기본권을 침해한다(헌재 2018.8.30. 2016헌마263).

④ [O] 「통신비밀보호법」제14조 제1항에 대한 옳은 내용이다.

> **제14조【타인의 대화비밀 침해금지】**① 누구든지 공개되지 아니한 타인간의 대화를 녹음하거나 전자장치 또는 기계적 수단을 이용하여 청취할 수 없다.

25   국회의 의사운영   정답 ④

① [O] 우리 헌법은 제50조 제1항 본문에서 "국회의 회의는 공개한다."라고 하여 국회 의사공개의 원칙을 천명하고 있다. 이는 방청 및 보도의 자유와 회의록의 공개 등을 그 내용으로 한다. … 이 같은 헌법규정의 취지를 고려하면, 국민은 헌법상 보장된 알 권리의 한 내용으로서 국회에 대하여 입법과정의 공개를 요구할 권리를 가지며, 국회의 의사에 대하여는 직접적인 이해관계 유무와 상관없이 일반적 정보공개청구권을 가진다고 할 수 있다(헌재 2009.9.24. 2007헌바17).

② [O] 「국회법」제75조 제1항에 대한 옳은 내용이다.

> **제75조【회의의 공개】**① 본회의는 공개한다. 다만, 의장의 제의 또는 의원 10명 이상의 연서에 의한 동의로 본회의 의결이 있거나 의장이 각 교섭단체 대표의원과 협의하여 국가의 안전보장을 위하여 필요하다고 인정할 때에는 공개하지 아니할 수 있다.

③ [O] 소위원회의 회의도 가능한 한 국민에게 공개하는 것이 바람직하나, 전문성과 효율성을 위한 제도인 소위원회의 회의를 공개할 경우 우려되는 부정적 측면도 외면할 수 없고, 헌법은 국회 회의의 공개여부에 관하여 회의 구성원의 자율적 판단을 허용하고 있으므로, 소위원회 회의의 공개여부 또한 소위원회 또는 소위원회가 속한 위원회에서 여러 가지 사정을 종합하여 합리적으로 결정할 수 있다 할 것인바, … 이 사건 소위원회 방청 불허행위를 헌법이 설정한 국회 의사자율권의 범위를 벗어난 위헌적인 공권력의 행사라고 할 수 없다(헌재 2000.6.29. 98헌마443 등).

❹ [X] 심판대상조항은 정보위원회의 회의 일체를 비공개 하도록 정함으로써 정보위원회 활동에 대한 국민의 감시와 견제를 사실상 불가능하게 하고 있다. 또한 헌법 제50조 제1항 단서에서 정하고 있는 비공개사유는 각 회의마다 충족되어야 하는 요건으로 입법과정에서 재적의원 과반수의 출석과 출석의원 과반수의 찬성으로 의결되었다는 사실만으로 헌법 제50조 제1항 단서의 '출석위원 과반수의 찬성'이라는 요건이 충족되었다고 볼 수도 없다. 따라서 심판대상조항은 헌법 제50조 제1항에 위배되는 것으로 과잉금지원칙 위배 여부에 대해서는 더 나아가 판단할 필요 없이 청구인들의 알 권리를 침해한다(헌재 2022.1.27. 2018헌마1162).

정답

p.142

01	④	Ⅲ	06	③	Ⅲ	11	④	Ⅱ	16	①	Ⅲ	21	③	Ⅳ
02	④	Ⅲ	07	④	Ⅱ	12	④	Ⅰ	17	③	Ⅳ	22	③	Ⅲ
03	②	Ⅰ	08	②	Ⅲ	13	④	Ⅲ	18	①	Ⅱ	23	②	Ⅱ
04	②	Ⅲ	09	④	Ⅲ	14	②	Ⅱ	19	④	Ⅱ	24	④	Ⅲ
05	④	Ⅱ	10	④	Ⅲ	15	③	Ⅲ	20	②	Ⅲ	25	②	Ⅱ

취약 단원 분석표

단원	맞힌 답의 개수
Ⅰ	/ 2
Ⅱ	/ 9
Ⅲ	/ 12
Ⅳ	/ 2
TOTAL	/ 25

Ⅰ 헌법총론 / Ⅱ 기본권론 / Ⅲ 통치구조론 / Ⅳ 헌법재판론

22' 법원직 9급

01 조세법률주의 정답 ④

① [O] 조세법률주의는 조세평등주의와 함께 조세법의 기본원칙으로서 과세요건을 법률로 규정하여 국민의 재산권을 보장하고 과세요건을 명확하게 규정하여 국민생활의 법적 안정성과 예측가능성을 보장하기 위한 것이므로, 과세요건 법정주의와 과세요건 명확주의를 그 핵심내용으로 하고 있다(헌재 2007.4.26. 2006헌바71).

② [O] 법치국가 원리의 한 표현인 명확성원칙은 모든 기본권제한 입법에 대하여 요구되나, 명확성원칙을 산술적으로 엄격히 관철하도록 요구하는 것은 입법기술상 불가능하거나 현저히 곤란하므로 입법기술상 추상적인 일반조항과 불확정개념의 사용은 불가피하다. 따라서 법문언에 어느 정도의 모호함이 내포되어 있다고 하더라도 법관의 보충적인 가치판단을 통해서 법문언의 의미 내용을 확인할 수 있고 그러한 보충적 해석이 해석자의 개인적인 취향에 따라 좌우될 가능성이 없다면 명확성원칙에 반한다고 할 수 없다(대판 2019.10.17. 2018두104).

③ [O] 사회현상의 복잡다기화와 국회의 전문적·기술적 능력의 한계 및 시간적 적응능력의 한계로 인하여 조세부과에 관련된 모든 법규를 예외없이 형식적 의미의 법률에 의하여 규정한다는 것은 사실상 불가능할 뿐만 아니라 실제에 적합하지도 아니하기 때문에, 경제현실의 변화나 전문적 기술의 발달에 즉시 대응하여야 할 필요 등 부득이한 사정이 있는 경우에는 법률로 규정하여야 할 사항에 관하여 국회 제정의 형식적 법률보다 더 탄력성이 있는 행정입법에 위임함이 허용된다고 할 것이다(헌재 2010.7.29. 2009헌바192).

❹ [X] 과세요건법정주의 및 과세요건명확주의를 포함하는 조세법률주의가 지배하는 조세법의 영역에서는 경과규정의 미비라는 명백한 입법의 공백을 방지하고 형평성의 왜곡을 시정하는 것은 원칙적으로 입법자의 권한이고 책임이지, 법률조항의 법문의 한계 안에서 법률을 해석·적용하여야 하는 법원이나 과세관청의 몫은 아니라 할 것이다(헌재 2012.5.31. 2009헌바123 등).

22' 국가직

02 국회의 의사절차 정답 ④

① [O] 의안의 발의와 접수의 세부적인 절차는 국회의 의사자율권의 영역에 있으므로, 발의된 법률안이 철회의 대상이 될 수 있는 시점에 대해서도 국회가 의사자율의 영역에서 규칙 또는 자율적인 법해석으로 정할 수 있다. 따라서 팩스로 제출이 시도되었던 법률안의 접수가 완료되지 않아 동일한 법률안을 제출하기 전에 철회 절차가 필요 없다고 보는 것은 국회법 제90조에 반하지 않는다(헌재 2020.5.27. 2019헌라3).

② [O] 헌법 제50조 제1항의 구조에 비추어 볼 때, 헌법상 의사공개원칙은 모든 국회의 회의를 항상 공개하여야 하는 것은 아니나 이를 공개하지 아니할 경우에는 헌법에서 정하고 있는 일정한 요건을 갖추어야 함을 의미한다(헌재 2022.1.27. 2018헌마1162 등).

③ [O] 국회 의사공개의 원칙은 대의민주주의 정치에 있어서 공공정보의 공개를 통해 국정에 대한 국민의 참여도를 높이고 국정운영의 투명성을 확보하기 위하여 필요불가결한 요소이다. 이 같은 헌법규정의 취지를 고려하면, 국민은 헌법상 보장된 알권리의 한 내용으로서 국회에 대하여 입법과정의 공개를 요구할 권리를 가지며, 국회의 의사에 대하여는 직접적인 이해관계 유무와 상관없이 일반적 정보공개청구권을 가진다고 할 수 있다(헌재 2009.9.24. 2007헌바17).

❹ [X] 신속처리안건 지정동의안의 표결 전에 국회법상 질의나 토론이 필요하다는 규정은 없다. 따라서 이 사건 사개특위의 신속처리안건 지정동의안에 대한 표결 전에 그 대상이 되는 법안의 배포나 별도의 질의·토론 절차를 거치지 않았으므로 그 표결이 절차상 위법하다는 주장은 더 나아가 살펴볼 필요 없이 이유가 없다(헌재 2020.5.27. 2019헌라3).

22' 경찰간부

03 헌법의 기본원리 정답 ②

① [O] 국제법적으로, 조약은 국제법 주체들이 일정한 법률효과를 발생시키기 위하여 체결한 국제법의 규율을 받는 국제적 합의를 말하며 서면에 의한 경우가 대부분이지만 예외적으로 구두합의도 조약의 성격을 가질 수 있다(헌재 2019.12.27. 2016헌마253).

❷ [×] 이 사건 각 고시조항에서 평가서 초안 및 평가서 작성시 '중대사고'에 대한 평가를 제외하도록 하였다고 하여, 국가가 국민의 생명·신체의 안전을 보호하는 데 적절하고 효율적인 최소한의 조치조차 취하지 아니한 것이라고 보기는 어렵다. … 청구인들은, 이 사건 각 고시조항이 국민들의 정확하고 공정한 여론 형성을 방해하므로 민주주의 원리에도 위반된다고 주장한다. 민주주의 원리의 한 내용인 국민주권주의는 모든 국가권력이 국민의 의사에 기초해야 한다는 의미일 뿐 국민이 정치적 의사결정에 관한 모든 정보를 제공받고 직접 참여하여야 한다는 의미는 아니므로, 청구인들의 이 부분 주장 역시 이유 없다(헌재 2016.10.27. 2012헌마121).

③ [○] 오늘날 문화국가에서의 문화정책은 그 초점이 문화 그 자체에 있는 것이 아니라 문화가 생겨날 수 있는 문화풍토를 조성하는 데 두어야 한다. 문화국가원리의 이러한 특성은 문화의 개방성 내지 다원성의 표지와 연결되는데, 국가의 문화육성의 대상에는 원칙적으로 모든 사람에게 문화창조의 기회를 부여한다는 의미에서 모든 문화가 포함된다. 따라서 엘리트문화뿐만 아니라 서민문화, 대중문화도 그 가치를 인정하고 정책적인 배려의 대상으로 하여야 한다(헌재 2004.5.27. 2003헌가1 등).

④ [○] 일반국민과 야당의 비판을 허용하고 그들의 참여가능성을 개방하고 있다는 점에서 전문관료들만에 의하여 이루어지는 행정입법절차와는 달리 공익의 발견과 상충하는 이익간의 정당한 조정에 보다 적합한 민주적 과정이라 할 수 있다. 그리고 이러한 견지에서, 규율대상이 기본권적 중요성을 가질수록 그리고 그에 관한 공개적 토론의 필요성 내지 상충하는 이익간 조정의 필요성이 클수록, 그것이 국회의 법률에 의해 직접 규율될 필요성 및 그 규율밀도의 요구정도는 그만큼 더 증대되는 것으로 보아야 한다(헌재 2004.3.25. 2001헌마882).

22' 5급

04　법관　정답 ②

① [×] 퇴직 후 3년이 아닌 2년이다.

> 「법원조직법」 제50조의2 【법관의 파견 금지 등】② 법관으로서 퇴직 후 2년이 지나지 아니한 사람은 대통령비서실의 직위에 임용될 수 없다.

❷ [○] 「법원조직법」 제16조 제2항에 대한 옳은 내용이다.

> 제16조 【대법관회의의 구성과 의결방법】② 대법관회의는 대법관 전원의 3분의 2 이상의 출석과 출석인원 과반수의 찬성으로 의결한다.

③ [×] 벌금이 아닌 금고 이상의 형의 선고가 있어야 한다.

> 헌법 제106조 ① 법관은 탄핵 또는 금고 이상의 형의 선고에 의하지 아니하고는 파면되지 아니하며, 징계처분에 의하지 아니하고는 정직·감봉 기타 불리한 처분을 받지 아니한다.

④ [×] 대법관은 대법원장의 제청으로 대통령이 퇴직을 명하고, 판사는 인사위원회의 심의를 거쳐 대법원장이 퇴직을 명할 수 있다.

> 「법원조직법」 제47조 【심신상의 장해로 인한 퇴직】 법관이 중대한 신체상 또는 정신상의 장해로 직무를 수행할 수 없을 때에는, 대법관인 경우에는 대법원장의 제청으로 대통령이 퇴직을 명할 수 있고, 판사인 경우에는 인사위원회의 심의를 거쳐 대법원장이 퇴직을 명할 수 있다.

22' 경찰간부

05　표현의 자유　정답 ④

① [○] 이 사건 법률조항 중 '정당'에 관한 부분은 사회복무요원의 정치적 중립성을 유지하고 업무전념성을 보장하기 위한 것으로, 정당은 개인적 정치활동과 달리 국민의 정치적 의사형성에 미치는 영향력이 크므로 사회복무요원의 정당 가입을 금지하는 것은 입법목적을 달성하기 위한 적합한 수단이다. 정당에 관련된 표현행위는 직무 내외를 구분하기 어려우므로 '직무와 관련된 표현행위만을 규제'하는 등 기본권을 최소한도로 제한하는 대안을 상정하기 어려우며, 위 입법목적이 사회복무요원이 제한받는 사익에 비해 중대하므로 이 사건 법률조항 중 '정당'에 관한 부분은 청구인의 정치적 표현의 자유 및 결사의 자유를 침해하지 않는다(헌재 2021.11.25. 2019헌마534).

② [○] 선거일의 선거운동을 금지하고 처벌하는 것은 무분별한 선거운동으로 선거 당일 유권자의 평온을 해치거나 자유롭고 합리적인 의사결정에 악영향을 미치는 것을 방지하기 위한 것이다. 문자메시지나 온라인을 통한 선거운동은 전파의 규모와 속도에 비추어 파급력이 작지 않고, 선거일은 유권자의 선택에 직접적으로 영향을 미칠 가능성이 큰 시점이어서 선거 당일에 무제한적 선거운동으로 후보자에 대한 비난이나 반박이 이어질 경우 혼란이 발생하기 쉬우므로, 이를 규제할 필요성이 인정된다. … 따라서 이 사건 처벌조항이 과잉금지원칙을 위반하여 정치적 표현의 자유를 침해한다고 할 수 없다(헌재 2021.12.23. 2018헌바152).

③ [○] 심판대상조항으로 인하여 정보통신망에서의 표현의 자유가 일정 부분 제한되는 측면이 있더라도, 그 제한의 정도가 비방할 목적으로 공공연하게 거짓의 사실을 적시하는 행위를 금지함으로써 피해자가 겪게 될 명예의 실추를 방지하고 인격권을 보호하려는 공익에 비하여 결코 중하다고 볼 수 없다. 그러므로 심판대상조항으로 인하여 달성하려는 공익과 제한되는 사익 사이에 법익의 균형성도 인정된다. 따라서 심판대상조항은 과잉금지원칙에 반하여 청구인들의 표현의 자유를 침해하지 아니한다(헌재 2021.3.25. 2015헌바438 등).

❹ [×] 방송의 자유는 민주주의의 원활한 작동을 위한 기초인바, 국가권력은 물론 정당, 노동조합, 광고주 등 사회의 여러 세력이 법률에 정해진 절차에 의하지 아니하고 방송편성에 개입한다면 국민 의사가 왜곡되고 민주주의에 중대한 위해가 발생하게 된다. 심판대상조항은 방송편성의 자유와 독립을 보장하기 위하여 방송에 개입하여 부당하게 영향력을 행사하는 '간섭'에 이르는 행위만을 금지하고 처벌할 뿐이고, 방송법과 다른 법률들은 방송 보도에 대한 의견 개진 내지 비판의 통로를 충분히 마련하고 있다. 따라서 심판대상조항이 과잉금지원칙에 반하여 표현의 자유를 침해한다고 볼 수 없다(헌재 2021.8.31. 2019헌바439).

22' 법원직 9급

06 지방자치제도 정답 ③

① [O] 중앙행정기관이 구 지방자치법 제158조 단서 규정상의 감사에 착수하기 위해서는 자치사무에 관하여 특정한 법령위반행위가 확인되었거나 위법행위가 있었으리라는 합리적 의심이 가능한 경우이어야 하고, 또한 그 감사대상을 특정해야 한다. 따라서 전반기 또는 후반기 감사와 같은 포괄적·사전적 일반감사나 위법사항을 특정하지 않고 개시하는 감사 또는 법령위반사항을 적발하기 위한 감사는 모두 허용될 수 없다(헌재 2009.5.28. 2006헌라6).

② [O] 헌법 제8장의 지방자치제도는 제도보장을 의미하는 것으로서 지방자치단체의 자치권의 범위나 내용은 지방자치제도의 본질을 침해하지 않는 범위 내에서 입법권자가 광범위한 입법형성권을 가진다(헌재 2009.5.28. 2006헌라6).

❸ [×] 자치단체장직에 대한 공직기강을 확립하고 주민의 복리와 자치단체행정의 원활한 운영에 초래될 수 있는 위험을 예방하기 위한 입법목적을 달성하기 위하여 자치단체장을 직무에서 배제하는 수단을 택하였다 하더라도, 금고 이상의 형을 선고받은 자치단체장을 다른 추가적 요건 없이 직무에서 배제하는 것이 위 입법목적을 달성하기 위한 최선의 방안이라고 단정하기는 어렵고, 특히 이 사건 청구인의 경우처럼, 금고 이상의 형의 선고를 받은 이후 선거에 의하여 자치단체장으로 선출된 경우에는 '자치단체행정에 대한 주민의 신뢰유지'라는 입법목적은 자치단체장의 공무담임권을 제한할 적정한 논거가 되기 어렵다. … 따라서, 이 사건 법률조항은 자치단체장인 청구인의 공무담임권을 침해한다(헌재 2010.9.2. 2010헌마418).

④ [O] 조례의 제정권자인 지방의회는 지역적인 민주적 정당성을 지니고 있으며, 헌법이 지방자치단체에 대해 포괄적인 자치권을 보장하고 있는 취지에 비추어, 조례에 대한 법률의 위임은 반드시 구체적으로 범위를 정하여 할 필요가 없으며 포괄적인 것으로 족하다(헌재 2019.11.28. 2017헌마1356).

22' 경찰간부

07 이중처벌금지원칙 정답 ④

① [O] 벌금형을 선고받는 자가 그 벌금을 납입하지 않은 때에 그 집행 방법의 변경으로 하게 되는 노역장 유치는 이미 형벌을 받은 사건에 대해 또다시 형을 부과하는 것이 아니라, 단순한 형벌 집행 방법의 변경에 불과한 것이므로 헌법 제13조 제1항 후단의 이중처벌금지의 원칙에 위반되지 아니한다(헌재 2009.3.26. 2008헌바52 등).

② [O] 집행유예의 취소 시 부활되는 본형은 집행유예의 선고와 함께 선고되었던 것으로 판결이 확정된 동일한 사건에 대하여 다시 심판한 결과 부과되는 것이 아니므로 일사부재리의 원칙과 무관하고, 사회봉사명령 또는 수강명령은 그 성격, 목적, 이행방식 등에서 형벌과 본질적 차이가 있어 이중처벌금지원칙에서 말하는 '처벌'이라 보기 어려우므로, 이 사건 법률조항은 이중처벌금지원칙에 위반되지 아니한다(헌재 2013.6.27. 2012헌바345 등).

③ [O] 이중처벌은 처벌 또는 제재가 동일한 행위를 대상으로 거듭 행해질 때 발생하는 문제이다. 그런데 신상정보 공개·고지명령은 형벌과는 목적이나 심사대상 등을 달리하는 보안처분에 해당하므로, 동일한 범죄행위에 대하여 형벌과 병과된다고 하여 이중처벌금지의 원칙에 위반된다고 할 수 없다(헌재 2016.5.26. 2015헌바212).

❹ [×] 헌법 제13조 제1항이 정한 '이중처벌금지의 원칙'은 동일한 범죄행위에 대하여 국가가 형벌권을 거듭 행사할 수 없도록 함으로써 국민의 기본권 특히 신체의 자유를 보장하기 위한 것이므로, 그 '처벌'은 원칙으로 범죄에 대한 국가의 형벌권 실행으로서의 과벌을 의미하는 것이고, 국가가 행하는 일체의 제재(制裁)나 불이익처분을 모두 그에 포함된다고 할 수는 없다(헌재 1994.6.30. 92헌바38).

22' 지방직

08 감사원 정답 ②

① [O] 「감사원법」 제4조 제1항·제3항에 대한 옳은 내용이다.

> **제4조 【원장】** ① 원장은 국회의 동의를 받아 대통령이 임명한다.
> ③ 원장이 궐위되거나 사고로 인하여 직무를 수행할 수 없을 때에는 감사위원으로 최장기간 재직한 감사위원이 그 권한을 대행한다. 다만, 재직기간이 같은 감사위원이 2명 이상인 경우에는 연장자가 그 권한을 대행한다.

❷ [×] 재심의를 청구할 수 있다.

> **「감사원법」 제40조 【재심의의 효력】** ① 청구에 따라 재심의한 사건에 대하여는 또다시 재심의를 청구할 수 없다. 다만, 감사원이 직권으로 재심의한 것에 대하여는 재심의를 청구할 수 있다.

③ [O] 「감사원법」 제23조에 대한 옳은 내용이다.

> **제23조 【선택적 검사사항】** 감사원은 필요하다고 인정하거나 국무총리의 요구가 있는 경우에는 다음 각 호의 사항을 검사할 수 있다.
> 1. 국가기관 또는 지방자치단체 외의 자가 국가 또는 지방자치단체를 위하여 취급하는 국가 또는 지방자치단체의 현금·물품 또는 유가증권의 출납
> 2. 국가 또는 지방자치단체가 직접 또는 간접으로 보조금·장려금·조성금 및 출연금 등을 교부하거나 대부금 등 재정 원조를 제공한 자의 회계
> 3. 제2호에 규정된 자가 그 보조금·장려금·조성금 및 출연금 등을 다시 교부한 자의 회계
> 4. 국가 또는 지방자치단체가 자본금의 일부를 출자한 자의 회계

④ [O] 헌법 제99조에 대한 옳은 내용이다.

> **제99조** 감사원은 세입·세출의 결산을 매년 검사하여 대통령과 차년도국회에 그 결과를 보고하여야 한다.

09　행정입법　　　　　정답 ④

① [○] 법령의 규정이 특정 행정기관에게 법령 내용의 구체적 사항을 정할 수 있는 권한을 부여하면서 권한행사의 절차나 방법을 특정하지 아니한 경우에는 수임 행정기관은 행정규칙이나 규정 형식으로 법령 내용이 될 사항을 구체적으로 정할 수 있다 (대판 2012.7.5. 2010다72076).

② [○] 헌법 제75조는 "대통령은 법률에서 구체적으로 범위를 정하여 위임받은 사항에 관하여 대통령령을 발할 수 있다."고 규정하여 위임입법의 헌법상 근거를 마련함과 동시에 위임은 구체적으로 범위를 정하여 하도록 하여 그 한계를 제시하고 있다. 이는 행정부에 입법을 위임하는 수권법률의 명확성원칙에 관한 것으로서 법률의 명확성원칙이 행정입법에 관하여 구체화된 특별규정이다(헌재 2007.4.26. 2004헌가29 등).

③ [○] 이 경우 행정규칙 등은 당해 법령의 위임한계를 벗어나지 않는 한 대외적 구속력이 있는 법규명령으로서 효력을 가지게 되지만, 이는 행정규칙이 갖는 일반적 효력이 아니라 행정기관에 법령의 구체적 내용을 보충할 권한을 부여한 법령 규정의 효력에 근거하여 예외적으로 인정되는 것이다. 따라서 그 행정규칙이나 규정이 상위법령의 위임범위를 벗어난 경우에는 법규명령으로서 대외적 구속력을 인정할 여지는 없다. 이는 행정규칙이나 규정 '내용'이 위임범위를 벗어난 경우뿐 아니라 상위법령의 위임규정에서 특정하여 정한 권한행사의 '절차'나 '방식'에 위배되는 경우도 마찬가지이므로, 상위법령에서 세부사항 등을 시행규칙으로 정하도록 위임하였음에도 이를 고시 등 행정규칙으로 정하였다면 그 역시 대외적 구속력을 가지는 법규명령으로서 효력이 인정될 수 없다(대판 2012.7.5. 2010다72076).

❹ [×] 행정규칙은 법규명령과 같은 엄격한 제정 및 개정절차를 필요로 하지 아니하므로, 기본권을 제한하는 내용의 입법을 위임할 때에는 법규명령에 위임하는 것이 원칙이고, 고시와 같은 형식으로 입법위임을 할 때에는 법령이 전문적·기술적 사항이나 경미한 사항으로서 업무의 성질상 위임이 불가피한 사항에 한정된다. 그리고 그러한 사항이라 하더라도 포괄위임금지원칙상 법률의 위임은 반드시 구체적·개별적으로 한정된 사항에 대하여 행하여져야 한다(헌재 2014.7.24. 2013헌바183 등).

10　국회의 권한　　　　　정답 ④

ㄱ, ㄴ, ㄷ, ㄹ 모두 옳은 내용이다.

ㄱ. [○] 헌법 제54조 제3항에 대한 옳은 내용이다.

> **제54조** ③ 새로운 회계연도가 개시될 때까지 예산안이 의결되지 못한 때에는 정부는 국회에서 예산안이 의결될 때까지 다음의 목적을 위한 경비는 전년도 예산에 준하여 집행할 수 있다.
> 1. 헌법이나 법률에 의하여 설치된 기관 또는 시설의 유지·운영
> 2. 법률상 지출의무의 이행
> 3. 이미 예산으로 승인된 사업의 계속

ㄴ. [○] 헌법 제55조 제2항에 대한 옳은 내용이다.

> **제55조** ② 예비비는 총액으로 국회의 의결을 얻어야 한다. 예비비의 지출은 차기국회의 승인을 얻어야 한다.

ㄷ. [○] 헌법 제58조에 대한 옳은 내용이다.

> **제58조** 국채를 모집하거나 예산외에 국가의 부담이 될 계약을 체결하려 할 때에는 정부는 미리 국회의 의결을 얻어야 한다.

ㄹ. [○] 헌법 제60조 제2항 대한 옳은 내용이다.

> **제60조** ② 국회는 선전포고, 국군의 외국에의 파견 또는 외국군대의 대한민국 영역 안에서의 주류에 대한 동의권을 가진다.

11　신체의 자유　　　　　정답 ④

① [○] 우리 재판소는 변호인의 조력을 받을 권리가 수형자의 경우에도 그대로 보장되는지에 대하여, 변호인의 조력을 받을 권리에 대한 헌법과 법률의 규정 및 취지에 비추어 보면 형사절차가 종료되어 교정시설에 수용중인 수형자는 원칙적으로 변호인의 조력을 받을 권리의 주체가 될 수 없다고 선언한 바 있다(헌재 2004.12.16. 2002헌마478).

② [○] 헌법 제12조 제4항 본문에 규정된 '구속'은 사법절차에서 이루어진 구속뿐 아니라, 행정절차에서 이루어진 구속까지 포함하는 개념이다. 따라서 헌법 제12조 제4항 본문에 규정된 변호인의 조력을 받을 권리는 행정절차에서 구속을 당한 사람에게도 즉시 보장된다(헌재 2018.5.31. 2014헌마346).

③ [○] 심판대상조항은 과거 위반 전력, 혈중알코올농도 수준 등에 비추어, 보호법익에 미치는 위험 정도가 비교적 낮은 유형의 재범 음주운전행위도 일률적으로 그 법정형의 하한인 2년 이상의 징역 또는 1천만 원 이상의 벌금을 기준으로 처벌하도록 하고 있어 책임과 형벌 사이의 비례성을 인정하기 어렵다. 따라서 심판대상조항은 책임과 형벌 간의 비례원칙에 위반된다(헌재 2021.11.25. 2019헌바446).

❹ [×] 미결수용자와 변호인과의 접견에 대해 어떠한 명분으로도 제한할 수 없다고 한 것은 구속된 자와 변호인 간의 접견이 실제로 이루어지는 경우에 있어서의 '자유로운 접견', 즉 '대화내용에 대하여 비밀이 완전히 보장되고 어떠한 제한, 영향, 압력 또는 부당한 간섭 없이 자유롭게 대화할 수 있는 접견'을 제한할 수 없다는 것이지, 변호인과의 접견 자체에 대해 아무런 제한도 가할 수 없다는 것을 의미하는 것이 아니므로 미결수용자의 변호인 접견권 역시 국가안전보장·질서유지 또는 공공복리를 위해 필요한 경우에는 법률로써 제한될 수 있음은 당연하다(헌재 2011.5.26. 2009헌마341).

22' 경찰간부

12 사회적 시장경제질서   정답 ④

① [X] 헌법 제119조는 헌법상 경제질서에 관한 일반조항으로서 국가의 경제정책에 대한 하나의 헌법적 지침일 뿐 그 자체가 기본권의 성질을 가진다거나 독자적인 위헌심사의 기준이 된다고 할 수 없으므로, 청구인들의 이러한 주장에 대하여는 더 나아가 살펴보지 않는다(헌재 2017.7.27. 2015헌바278 등).

② [X] "대한민국의 경제질서는 개인과 기업의 경제상의 자유와 창의를 존중함을 기본으로 한다."고 규정한 헌법 제119조 제1항에 비추어 보더라도, 개인의 사적 거래에 대한 공법적 규제는 되도록 사전적·일반적 규제보다는, 사후적·구체적 규제방식을 택하여 국민의 거래자유를 최대한 보장하여야 할 것이다(헌재 2012.8.23. 2010헌가65).

③ [X] 헌법 제119조 제2항에 규정된 '경제주체간의 조화를 통한 경제민주화'의 이념은 경제영역에서 정의로운 사회질서를 형성하기 위하여 추구할 수 있는 국가목표로서 개인의 기본권을 제한하는 국가행위를 정당화하는 헌법규범이다(헌재 2003.11.27. 2001헌바35).

❹ [O] 헌법 제119조 제2항은 국가가 경제영역에서 실현하여야 할 목표의 하나로서 '적정한 소득의 분배'를 들고 있지만, 이로부터 반드시 소득에 대하여 누진세율에 따른 종합과세를 시행하여야 할 구체적인 헌법적 의무가 조세입법자에게 부과되는 것이라고 할 수 없다. 오히려 입법자는 사회·경제정책을 시행함에 있어서 소득의 재분배라는 관점만이 아니라 서로 경쟁하고 충돌하는 여러 목표, 예컨대 '균형있는 국민경제의 성장 및 안정', '고용의 안정' 등을 함께 고려하여 서로 조화시키려고 시도하여야 하고, 끊임없이 변화하는 사회·경제상황에 적응하기 위하여 정책의 우선순위를 정할 수도 있다(헌재 1999.11.25. 98헌마55).

22' 경찰간부

13 과잉금지원칙   정답 ④

① [X] 심판대상조항은 금융회사등 임직원의 청렴성과 그 직무의 불가매수성을 확보하여, 금융회사등과 관련된 각종 비리와 부정의 소지를 없애고 투명성, 공정성을 확립함으로써 건전한 경제질서를 수립하고 국민경제의 발전에 이바지하는 것을 목적으로 하므로, 그 입법목적은 정당하다. 금품 등의 이익을 대가로 금융회사등 임직원의 직무에 관하여 알선하는 것을 금지하면 제3자가 금융회사등 임직원의 직무에 개입하는 것을 방지할 수 있으므로, 심판대상조항은 입법목적을 달성하는 데 효과적이고 적절한 수단이라 할 것이어서 수단의 적절성 또한 인정된다. … 결국 심판대상조항은 과잉금지원칙에 위배되어 일반적 행동자유권 또는 직업수행의 자유를 침해하지 않는다(헌재 2016.3.31. 2015헌바197 등).

② [X] 심판대상조항은 변호사에게 요구되는 윤리성을 담보하고, 의뢰인과의 신뢰관계 균열을 방지하며, 법률사무 취급의 전문성과 공정성 등을 확보하고자 마련된 것이다. 계쟁권리 양수는 변호사의 직무수행 과정에서 의뢰인과의 사이에 신뢰성과 업무수행의 공정성을 훼손할 우려가 크기에 양수의 대가를 지불하였는지를 불문하고 금지할 필요가 있다. 양수가 금지되는 권리에는 계쟁목적물은 포함되지 않으며 '계쟁 중'에만 양수가 금지된다는 점을 고려하면 변호사로 하여금 계쟁권리를 양수

하지 못하도록 하는 것을 과도한 제한이라고 볼 수 없다. 따라서 이 조항은 변호사의 직업수행의 자유를 침해하지 않는다(헌재 2021.10.28. 2020헌바488).

③ [X] 불특정 다수를 상대로 유통되는 식품으로 인하여 생기는 위생상의 위해를 방지하고 식품의 안전성에 대한 신뢰를 확보하여 국민들이 안심하고 식품을 구입·섭취할 수 있도록 함으로써 국민보건을 증진하려는 공익은 중대하다. 식품의 섭취로 부작용이 발생하거나 건강이 훼손되면 원상회복이 매우 어렵거나 치명적인 손상이 발생할 수 있어 예방적이고 선제적인 조치가 요구된다. 심판대상조항들이 식품의약품안전처장이 정하여 고시하는 식품의 범위를 판매를 목적으로 하는 식품으로 한정하고 있으며, 그 사유 역시 국민보건을 위하여 필요한 경우로 제한하고 있고, 심판대상조항들이 정하고 있는 법정형 또한 과도하다고 보기 어렵다. 따라서 심판대상조항들은 과잉금지원칙에 위배되어 직업수행의 자유를 침해하지 아니한다(헌재 2021.2.25. 2017헌바222).

❹ [O] 지역구국회의원선거와 지방자치단체의 장선거는 헌법상 선거제도 규정 방식이나 선거대상의 지위와 성격, 기관의 직무 및 기능, 선거구 수 등에 있어 차이가 있을 뿐, 예비후보자의 무분별한 난립을 막고 책임성을 강화하며 그 성실성을 담보하고자 하는 기탁금제도의 취지 측면에서는 동일하므로, 헌법재판소의 2016헌마541 결정에서의 판단은 이 사건에서도 타당하고, 그 견해를 변경할 사정이 있다고 보기 어려우므로, 지방자치단체의 장선거에 있어 정당의 공천심사에서 탈락한 후 후보자등록을 하지 않은 경우를 기탁금 반환 사유로 규정하지 않은 심판대상조항은 과잉금지원칙에 반하여 헌법에 위반된다(헌재 2020.9.24. 2018헌가15 등).

22' 경찰순경

14 공무담임권   정답 ④

① [O] 공무담임권은 국가 등에게 능력주의를 존중하는 공정한 공직자선발을 요구할 수 있는 권리라는 점에서 직업선택의 자유보다는 그 기본권의 효과가 현실적·구체적이므로, 공직을 직업으로 선택하는 경우에 있어서 직업선택의 자유는 공무담임권을 통해서 그 기본권보호를 받게 된다고 할 수 있으므로 공무담임권을 침해하는지 여부를 심사하는 이상 이와 별도로 직업선택의 자유 침해 여부를 심사할 필요는 없다(헌재 2006.3.30. 2005헌마598).

② [O] 공무담임권의 보호영역에는 일반적으로 공직취임의 기회보장, 신분박탈, 직무의 정지가 포함될 뿐이고 청구인이 주장하는 '승진시험의 응시제한'이나 이를 통한 승진기회의 보장 문제는 공직신분의 유지나 업무수행에는 영향을 주지 않는 단순한 내부 승진인사에 관한 문제에 불과하여 공무담임권의 보호영역에 포함된다고 보기는 어려우므로 결국 이 사건 심판대상 규정은 청구인의 공무담임권을 침해한다고 볼 수 없다(헌재 2007.6.28. 2005헌마1179).

③ [O] 서울교통공사는 공익적인 업무를 수행하기 위한 지방공사이나, 서울특별시와 독립적인 공법인으로서 경영의 자율성이 보장되고, 수행 사업도 국가나 지방자치단체의 독점적 성격을 갖는다고 보기 어려우며, 서울교통공사의 직원의 신분도 지방공무원법이 아닌 지방공기업법과 정관에서 정한 바에 따르는 등, 서울교통공사의 직원이라는 직위가 헌법 제25조가 보장하는 공무담임권의 보호영역인 '공무'의 범위에는 해당하지 않는다(헌재 2021.2.25. 2018헌마174).

❹ [×] 이 사건 법률조항은 금고 이상의 형의 선고유예의 판결을 받아 그 기간 중에 있는 사람이 공무원으로 임용되는 것을 금지하고 이러한 사람이 공무원으로 임용되더라도 그 임용을 당연 무효로 하는 것으로서, 공직에 대한 국민의 신뢰를 보장하고 공무원의 원활한 직무수행을 도모하기 위하여 마련된 조항이다. … 따라서 이 사건 법률조항은 입법자의 재량을 일탈하여 공무담임권을 침해한 것이라고 볼 수 없다(헌재 2016.7.28. 2014헌바437).

15　조례　　　　정답 ③

① [○] 「지방자치법」 제28조 제1항에 대한 옳은 내용이다.

> **제28조 【조례】** ① 지방자치단체는 법령의 범위에서 그 사무에 관하여 조례를 제정할 수 있다. 다만, 주민의 권리 제한 또는 의무 부과에 관한 사항이나 벌칙을 정할 때에는 법률의 위임이 있어야 한다.

② [○] 「지방자치법」 제32조 제8항에 대한 옳은 내용이다.

> **제32조 【조례와 규칙의 제정 절차 등】** ⑧ 조례와 규칙은 특별한 규정이 없으면 공포한 날부터 20일이 지나면 효력을 발생한다.

❸ [×] 지방자치단체는 그 고유사무인 자치사무와 법령에 따라 지방자치단체에 속하는 사무에 관하여 법령에 위반되지 않는 범위 안에서 스스로 조례를 제정할 수 있지만, 국가사무인 기관위임사무에 관하여는 개별 법령에서 일정한 사항을 조례로 정하도록 위임하고 있는 경우에 한하여 조례를 제정할 수 있다(대판 2009.12.24. 2007추141).

④ [○] 지방자치단체는 헌법상 자치입법권이 인정되고, 법령의 범위 안에서 그 권한에 속하는 모든 사무에 관하여 조례를 제정할 수 있다는 점과 조례는 선거를 통하여 선출된 그 지역의 지방의원으로 구성된 주민의 대표기관인 지방의회에서 제정되므로 지역적인 민주적 정당성까지 갖고 있다는 점을 고려하면, 조례에 위임할 사항은 헌법 제75조 소정의 행정입법에 위임할 사항보다 더 포괄적이어도 헌법에 반하지 않는다고 할 것이다(헌재 2004.9.23. 2002헌바76).

16　선거제도　　　　정답 ①

❶ [×] 정당의 후보자 추천에 관한 단순한 지지·반대의 의견개진 및 의사표시는 「공직선거법」상 선거운동에 해당하지 아니한다.

> **「공직선거법」 제58조 【정의 등】** ① 이 법에서 '선거운동'이라 함은 당선되거나 되게 하거나 되지 못하게 하기 위한 행위를 말한다. 다만, 다음 각 호의 어느 하나에 해당하는 행위는 선거운동으로 보지 아니한다.
> 3. 정당의 후보자 추천에 관한 단순한 지지·반대의 의견개진 및 의사표시

② [○] 이 사건 법률조항에서 선거일전 180일부터 선거일까지 인터넷상 선거와 관련한 정치적 표현 및 선거운동을 금지하고 처벌하는 것은 후보자 간 경제력 차이에 따른 불균형 및 흑색선전을 통한 부당한 경쟁을 막고, 선거의 평온과 공정을 해하는 결과를 방지한다는 입법목적 달성을 위하여 적합한 수단이라고 할 수 없다. … 이 사건 법률조항 중 '기타 이와 유사한 것'에 '정보통신망을 이용하여 인터넷 홈페이지 또는 그 게시판·대화방 등에 글이나 동영상 등 정보를 게시하거나 전자우편을 전송하는 방법'이 포함되는 것으로 해석하여 이를 금지하고 처벌하는 것은 과잉금지원칙에 위배하여 청구인들의 선거운동의 자유 내지 정치적 표현의 자유를 침해한다 할 것이다(헌재 2011.12.29. 2007헌마1001 등).

③ [○] 선거공영제의 내용은 우리의 선거문화와 풍토, 정치문화 및 국가의 재정상황과 국민의 법감정 등 여러 가지 요소를 종합적으로 고려하여 입법자가 정책적으로 결정할 사항으로서 넓은 입법형성권이 인정되는 영역이라고 할 것이다(헌재 2011.4.28. 2010헌바232).

④ [○] 헌법 제114조 제6항에 대한 옳은 내용이다.

> **제114조** ⑥ 중앙선거관리위원회는 법령의 범위 안에서 선거관리·국민투표관리 또는 정당사무에 관한 규칙을 제정할 수 있으며, 법률에 저촉되지 아니하는 범위 안에서 내부규율에 관한 규칙을 제정할 수 있다.

17　헌법재판　　　　정답 ③

① [○] 유예기간을 경과하기 전까지 청구인들은 이 사건 보호자동승조항에 의한 보호자동승의무를 부담하지 않는다. 이 사건 보호자동승조항이 구체적이고 현실적으로 청구인들에게 적용된 것은 유예기간을 경과한 때부터라 할 것이므로, 이때부터 청구기간을 기산함이 상당하다. 종래 이와 견해를 달리하여, 법령의 시행일 이후 일정한 유예기간을 둔 경우 이에 대한 헌법소원심판 청구기간의 기산점을 법령의 시행일이라고 판시한 우리 재판소 결정들은, 이 결정의 취지와 저촉되는 범위 안에서 변경한다(헌재 2020.4.23. 2017헌마479).

②[○] 헌법소원제도는 개인의 주관적 권리구제뿐만 아니라 헌법질서를 보장하는 기능도 가지고 있으므로, 헌법소원심판청구가 청구인의 주관적 권리구제에는 도움이 되지 않는다 하더라도 그러한 침해행위가 앞으로도 반복될 위험이 있거나, 당해 분쟁의 해결이 헌법질서의 수호·유지를 위하여 긴요한 사항이어서 헌법적으로 그 해명이 중대한 의미를 지니고 있는 경우에는 심판청구의 이익을 인정할 수 있다(헌재 2011.12.29. 2009헌마527).

❸ [×] 권한쟁의에 관한 인용결정은 심리에 관여한 재판관 과반수의 찬성으로 한다.

> **헌법 113조** ① 헌법재판소에서 법률의 위헌결정, 탄핵의 결정, 정당해산의 결정 또는 헌법소원에 관한 인용결정을 할 때에는 재판관 6인 이상의 찬성이 있어야 한다.
> **「헌법재판소법」 제23조 【심판정족수】** ② 재판부는 종국심리에 관여한 재판관 과반수의 찬성으로 사건에 관한 결정을 한다. 다만, 다음 각 호의 어느 하나에 해당하는 경우에는 재판관 6명 이상의 찬성이 있어야 한다.

1. 법률의 위헌결정, 탄핵의 결정, 정당해산의 결정 또는 헌법소원에 관한 인용결정을 하는 경우

④ [O] 공권력의 불행사로 인한 기본권침해는 그 불행사가 계속되는 한 기본권침해의 부작위가 계속된다고 할 것이므로 공권력의 불행사에 대한 헌법소원은 그 불행사가 계속되는 한 기간의 제약없이 적법하게 청구할 수 있다(헌재 2002.7.18. 2000헌마707).

22' 법원직 9급

18 종교의 자유 정답 ①

❶ [X] 종교의 자유에는 자기가 신봉하는 종교를 선전하고 새로운 신자를 규합하기 위한 선교의 자유가 포함되고 선교의 자유에는 다른 종교를 비판하거나 다른 종교의 신자에 대하여 개종을 권고하는 자유도 포함되는바, 종교적 선전, 타 종교에 대한 비판 등은 동시에 표현의 자유의 보호대상이 되는 것이나, 그 경우 종교의 자유에 관한 헌법 제20조 제1항은 표현의 자유에 관한 헌법 제21조 제1항에 대하여 특별 규정의 성격을 갖는다 할 것이므로 종교적 목적을 위한 언론·출판의 경우에는 그 밖의 일반적인 언론·출판에 비하여 보다 고도의 보장을 받게 된다고 할 것이다(대판 2007.2.8. 2006도4486).

② [O] 종교단체가 설치·운영하고자 하는 납골시설이 금지되는 경우에는 종교의 자유에 대한 침해의 문제가 발생한다. 종교 의식 내지 종교적 행위와 밀접한 관련이 있는 시설의 설치와 운영은 종교의 자유를 보장하기 위한 전제에 해당되므로 종교적 행위의 자유에 포함된다고 할 것이다(헌재 2009.7.30. 2008헌가2).

③ [O] 「집회 및 시위에 관한 법률」 제15조, 제6조 제1항에 대한 옳은 내용이다.

> **제15조【적용의 배제】** 학문, 예술, 체육, 종교, 의식, 친목, 오락, 관혼상제 및 국경행사에 관한 집회에는 제6조(옥외집회 및 시위의 신고 등)부터 제12조까지의 규정을 적용하지 아니한다.
>
> **제6조【옥외집회 및 시위의 신고 등】** ① 옥외집회나 시위를 주최하려는 자는 그에 관한 다음 각 호의 사항 모두를 적은 신고서를 옥외집회나 시위를 시작하기 720시간 전부터 48시간 전에 관할 경찰서장에게 제출하여야 한다. 다만, 옥외집회 또는 시위 장소가 두 곳 이상의 경찰서의 관할에 속하는 경우에는 관할 시·도경찰청장에게 제출하여야 하고, 두 곳 이상의 시·도경찰청 관할에 속하는 경우에는 주최지를 관할하는 시·도경찰청장에게 제출하여야 한다.

④ [O] 종교교육 및 종교지도자의 양성은 헌법 제20조에 규정된 종교의 자유의 한 내용으로서 보장되지만, 그것이 학교라는 교육기관의 형태를 취할 때에는 헌법 제31조 제1항, 제6항의 규정 및 이에 기한 교육법상의 각 규정들에 의한 규제를 받게 된다(대판 1992.12.22. 92도1742).

22' 5급

19 근로의 권리 정답 ④

① [X] 외국인근로자의 불법체류가 증가하여 이로 인한 사회문제가 심각해지자 이를 방지하기 위한 특단의 조치가 필요하게 되었고, 입법자는 심판대상조항을 신설하여 출국만기보험금의 지급시기를 출국과 연계시키게 되었다. 비록 이 사건 출국만기보험금이 위에서 본 것처럼 근로자의 퇴직 후 생계 보호를 위한 퇴직금의 성격을 가진다고 하더라도 불법체류가 초래하는 여러 가지 문제를 고려할 때 불법체류 방지를 위해 그 지급시기를 출국과 연계시키는 것은 불가피하다. … 이러한 점을 종합하면 심판대상조항이 외국인근로자의 출국만기보험금의 지급시기를 출국 후 14일 이내로 정한 것이 청구인들의 근로의 권리를 침해한다고 볼 수 없다(헌재 2016.3.31. 2014헌마367).

② [X] 근로의 권리는 사회적 기본권으로서, 국가에 대하여 직접 일자리(직장)를 청구하거나 일자리에 갈음하는 생계비의 지급청구권을 의미하는 것이 아니라, 고용증진을 위한 사회적·경제적 정책을 요구할 수 있는 권리에 그친다. 근로의 권리를 직접적인 일자리 청구권으로 이해하는 것은 사회주의적 통제경제를 배제하고, 사기업 주체의 경제상의 자유를 보장하는 우리 헌법의 경제질서 내지 기본권규정들과 조화될 수 없다(헌재 2002.11.28. 2001헌바50).

③ [X] 근로제공이 일시적이거나 계약기간이 짧은 경우에는 근로자에게 계속하여 근로를 제공할 수 있다는 기대나 신뢰가 존재한다고 볼 수 없다. 해고예고는 본질상 일정기간 이상을 계속하여 사용자에게 고용되어 근로제공을 하는 것을 전제로 하는데, 일용근로자는 계약한 1일 단위의 근로기간이 종료되면 해고의 절차를 거칠 것도 없이 근로관계가 종료되는 것이 원칙이므로, 그 성질상 해고예고의 예외를 인정한 것에 상당한 이유가 있다. … 따라서 심판대상조항이 청구인의 근로의 권리를 침해한다고 보기 어렵다(헌재 2017.5.25. 2016헌마640).

❹ [O] 기간제 근로계약을 제한 없이 허용할 경우, 일반 근로자층은 단기의 근로계약 체결을 강요당하더라도 이를 거부할 수 없을 것이고, 이 경우 불안정 고용은 증가할 것이며, 정규직과의 격차는 심화될 것이므로 이러한 사태를 방지하기 위해서는 기간제근로자 사용기간을 제한하여 무기계약직으로의 전환을 유도할 수밖에 없다. 사용자로 하여금 2년을 초과하여 기간제근로자를 사용할 수 없도록 한 심판대상조항으로 인해 경우에 따라서는 개별 근로자들에게 일시 실업이 발생할 수 있으나, 이는 기간제근로자의 무기계약직 전환 유도와 근로조건 개선을 위해 불가피한 것이고, 심판대상조항이 전반적으로는 고용불안 해소나 근로조건 개선에 긍정적으로 작용하고 있다는 것을 부인할 수 없으므로 기간제근로자의 계약의 자유를 침해한다고 볼 수 없다(헌재 2013.10.24. 2010헌마219 등).

22' 법원직 9급

20 혼인, 가족생활의 보장 정답 ②

① [O] 헌법제정 당시부터 평등원칙과 남녀평등을 일반적으로 천명하는 것(제헌헌법 제8조)에 덧붙여 특별히 혼인의 남녀동권을 헌법적 혼인질서의 기초로 선언한 것은 우리 사회 전래의 혼인·가족제도는 인간의 존엄과 남녀평등을 기초로 하는 혼인·가족제도라고 보기 어렵다는 판단 하에 근대적·시민적 입헌국가

를 건설하려는 마당에 종래의 가부장적인 봉건적 혼인질서를 더 이상 용인하지 않겠다는 헌법적 결단의 표현으로 보아야 할 것이다(헌재 2005.2.3. 2001헌가9 등).

❷ [×] 중혼을 무효사유로 볼 것인가, 아니면 취소사유로 볼 것인가, 취소사유로 보는 경우 어떠한 범위 내에서 취소청구권을 인정할 것인가 하는 문제는 중혼의 반사회성·반윤리성과 가족생활의 사실상 보호라는 공익과 사익을 어떻게 규율할 것인가의 문제로서 기본적으로 입법형성의 자유가 넓게 인정되는 영역이다. 따라서 이 사건 법률조항의 위헌 여부는 중혼을 취소사유로 정하면서 그 취소 청구권에 제척기간 또는 권리소멸사유를 규정하지 않은 것이 입법형성의 한계를 벗어나 현저히 부당한 것인지 여부를 심사함으로써 결정해야 할 것이다(헌재 2014.7.24. 2011헌바275).

③ [○] 헌법 제36조 제1항에서 규정하는 '혼인'이란 양성이 평등하고 존엄한 개인으로서 자유로운 의사의 합치에 의하여 생활공동체를 이루는 것으로서 법적으로 승인받은 것을 말하므로, 법적으로 승인되지 아니한 사실혼은 헌법 제36조 제1항의 보호범위에 포함된다고 보기 어렵다(헌재 2014.8.28. 2013헌바119).

④ [○] 부모가 자녀의 이름을 지어주는 것은 자녀의 양육과 가족생활을 위하여 필수적인 것이고, 가족생활의 핵심적 요소라 할 수 있으므로, '부모가 자녀의 이름을 지을 자유'는 혼인과 가족생활을 보장하는 헌법 제36조 제1항과 행복추구권을 보장하는 헌법 제10조에 의하여 보호받는다(헌재 2016.7.28. 2015헌마964).

21 권한쟁의심판 정답 ③

① [○] 권한쟁의심판을 청구하려면 청구인과 피청구인 상호 간에 헌법 또는 법률에 의하여 부여받은 권한의 존부 또는 범위에 관하여 다툼이 있어야 하고, 피청구인의 처분 또는 부작위가 헌법 또는 법률에 의하여 부여받은 청구인의 권한을 침해하였거나 침해할 현저한 위험이 있는 경우이어야 한다(헌재 2006.8.31. 2003헌라1).

② [○] 권한쟁의심판은 종국심리에 관여한 재판관 과반수의 찬성으로 사건에 관한 결정을 하므로 재판관 6인이 찬성하지 않은 경우에도 인용할 수 있다.

> 「헌법재판소법」제23조【심판정족수】② 재판부는 종국심리에 관여한 재판관 과반수의 찬성으로 사건에 관한 결정을 한다. 다만, 다음 각 호의 어느 하나에 해당하는 경우에는 재판관 6명 이상의 찬성이 있어야 한다.
> 1. 법률의 위헌결정, 탄핵의 결정, 정당해산의 결정 또는 헌법소원에 관한 인용결정을 하는 경우
> 2. 종전에 헌법재판소가 판시한 헌법 또는 법률의 해석 적용에 관한 의견을 변경하는 경우

❸ [×] 국회의장과 국회의원 간에 그들의 권한의 존부 또는 범위에 관하여 분쟁이 생길 수 있고, 이와 같은 분쟁은 단순히 국회의 구성원인 국회의원과 국회의장 간의 국가기관 내부문제가 아니라 헌법상 별개의 국가기관이 각자 그들의 권한의 존부 또는 범위를 둘러싼 분쟁이다. 이 분쟁은 권한쟁의심판 이외에 이를 해결할 수 있는 다른 수단이 없으므로 국회의원과 국회의장은 헌법 제111조 제1항 제4호 소정의 권한쟁의심판의 당사자가 될 수 있다(헌재 2000.2.24. 99헌라1).

④ [○] 지방자치단체의 의결기관인 지방의회를 구성하는 지방의회 의원과 그 지방의회의 대표자인 지방의회 의장 간의 권한쟁의심판은 헌법 및 헌법재판소법에 의하여 헌법재판소가 관장하는 지방자치단체 상호간의 권한쟁의심판의 범위에 속한다고 볼 수 없으므로 부적법하다(헌재 2010.4.29. 2009헌라11).

22 대통령 정답 ③

① [○] 선거에 있어서의 정치적 중립성은 행정부와 사법부의 모든 공직자에게 해당하는 공무원의 기본적 의무이다. 더욱이, 대통령은 행정부의 수반으로서 공정한 선거가 실시될 수 있도록 총괄·감독해야 할 의무가 있으므로, 당연히 선거에서의 중립의무를 지는 공직자에 해당하는 것이고, 이로써 공직선거법 제9조의 '공무원'에 포함된다(헌재 2004.5.14. 2004헌나1).

② [○] 헌법 제53조에 대한 옳은 내용이다.

> 제53조 ① 국회에서 의결된 법률안은 정부에 이송되어 15일 이내에 대통령이 공포한다.
> ② 법률안에 이의가 있을 때에는 대통령은 제1항의 기간 내에 이의서를 붙여 국회로 환부하고, 그 재의를 요구할 수 있다. 국회의 폐회 중에도 또한 같다.

❸ [×] 비상계엄이 아니라 경비계엄을 선포한다.

> 「계엄법」제2조【계엄의 종류와 선포 등】② 비상계엄은 대통령이 전시·사변 또는 이에 준하는 국가비상사태 시 적과 교전(交戰) 상태에 있거나 사회질서가 극도로 교란(攪亂)되어 행정 및 사법(司法) 기능의 수행이 현저히 곤란한 경우에 군사상 필요에 따르거나 공공의 안녕질서를 유지하기 위하여 선포한다.
> ③ 경비계엄은 대통령이 전시·사변 또는 이에 준하는 국가비상사태 시 사회질서가 교란되어 일반 행정기관만으로는 치안을 확보할 수 없는 경우에 공공의 안녕질서를 유지하기 위하여 선포한다.

④ [○] 헌법 제68조 제2항에 대한 옳은 내용이다.

> 제68조 ② 대통령이 궐위된 때 또는 대통령 당선자가 사망하거나 판결 기타의 사유로 그 자격을 상실한 때에는 60일 이내에 후임자를 선거한다.

23 통신의 자유 정답 ②

① [○] 「통신비밀보호법」제2조 제1호에 대한 옳은 내용이다.

> 제2조【정의】이 법에서 사용하는 용어의 정의는 다음과 같다.
> 1. "통신"이라 함은 우편물 및 전기통신을 말한다.

❷ [×] 헌법 제18조로 보장되는 기본권인 통신의 자유란 통신수단을 자유로이 이용하여 의사소통할 권리이다. '통신수단의 자유로운 이용'에는 자신의 인적 사항을 누구에게도 밝히지 않는 상태로 통신수단을 이용할 자유, 즉 통신수단의 익명성 보장도

포함된다. 심판대상조항은 휴대전화를 통한 문자·전화·모바일 인터넷 등 통신기능을 사용하고자 하는 자에게 반드시 사전에 본인확인 절차를 거치는 데 동의해야만 이를 사용할 수 있도록 하므로, 익명으로 통신하고자 하는 청구인들의 통신의 자유를 제한한다. 반면, 심판대상조항이 통신의 비밀을 제한하는 것은 아니다. 가입자의 인적사항이라는 정보는 통신의 내용·상황과 관계없는 '비 내용적 정보'이며 휴대전화 통신계약 체결 단계에서는 아직 통신수단을 통하여 어떠한 의사소통이 이루어지는 것이 아니므로 통신의 비밀에 대한 제한이 이루어진다고 보기는 어렵기 때문이다(헌재 2019.9.26. 2017헌마1209).

③ [O] 이 사건 법률조항은 인터넷회선 감청의 특성을 고려하여 그 집행 단계나 집행 이후에 수사기관의 권한 남용을 통제하고 관련 기본권의 침해를 최소화하기 위한 제도적 조치가 제대로 마련되어 있지 않은 상태에서, 범죄수사 목적을 이유로 인터넷회선 감청을 통신제한조치 허가 대상 중 하나로 정하고 있으므로 침해의 최소성 요건을 충족한다고 할 수 없다. … 이 사건 법률조항은 과잉금지원칙에 위반하는 것으로 청구인의 기본권을 침해한다(헌재 2018.8.30. 2016헌마263).

④ [O] 금치처분을 받은 미결수용자에 대하여 금치기간 중 서신수수, 접견, 전화통화를 제한하는 것은 대상자를 구속감과 외로움 속에 반성에 전념하게 함으로써 수용시설 내 안전과 질서를 유지하기 위한 것이다. … 이 사건 서신수수·접견·전화통화 제한조항은 청구인의 통신의 자유를 침해하지 아니한다(헌재 2016.4.28. 2012헌마549 등).

22' 국가직

24 국회의 구성 및 운영   정답 ④

① [O] 「국회법」 제39조 제2항, 제48조 제3항에 대한 옳은 내용이다.

> 제39조 【상임위원회의 위원】 ② 각 교섭단체 대표의원은 국회운영위원회의 위원이 된다.
>
> 제48조 【위원의 선임 및 개선】 ③ 정보위원회의 위원은 의장이 각 교섭단체 대표의원으로부터 해당 교섭단체 소속 의원 중에서 후보를 추천받아 부의장 및 각 교섭단체 대표의원과 협의하여 선임하거나 개선한다. 다만, 각 교섭단체 대표의원은 정보위원회의 위원이 된다.

② [O] 「국회법」 제38조에 대한 옳은 내용이다.

> 제38조 【상임위원회의 위원정수】 상임위원회의 위원 정수는 국회규칙으로 정한다. 다만, 정보위원회의 위원 정수는 12명으로 한다.

③ [O] 헌법 제47조 제3항에 대한 옳은 내용이다.

> 제47조 ③ 대통령이 임시회의 집회를 요구할 때에는 기간과 집회요구의 이유를 명시하여야 한다.

❹ [X] 8월 16일에 임시회를 집회한다.

> 「국회법」 제5조의2 【연간 국회 운영 기본일정 등】 ② 제1항의 연간 국회 운영 기본일정은 다음 각 호의 기준에 따라 작성한다.
> 1. 2월·3월·4월·5월 및 6월 1일과 8월 16일에 임시회를 집회한다. 다만, 국회의원 총선거가 있는 경우 임시

> 회를 집회하지 아니하며, 집회일이 공휴일인 경우에는 그 다음 날에 집회한다.

22' 경찰간부

25 기본권의 제한과 한계   정답 ②

① [O] 피고인의 반대신문권을 보장하면서도 미성년 피해자를 보호할 수 있는 조화적인 방법을 상정할 수 있음에도, 영상물의 원진술자인 미성년 피해자에 대한 피고인의 반대신문권을 실질적으로 배제하여 피고인의 방어권을 과도하게 제한하는 심판대상조항은 피해의 최소성 요건을 갖추지 못하였다. … 이와 같은 사정을 고려할 때, 심판대상조항으로 달성하고자 하는 공익이 그로 인하여 제한되는 피고인의 사익보다 우월하다거나 중요하다고 쉽게 단정할 수 없으므로, 심판대상조항은 법익의 균형성 요건을 충족하지 못하였다. 심판대상조항은 과잉금지원칙을 위반하여 청구인의 공정한 재판을 받을 권리를 침해한다(헌재 2021.12.23. 2018헌바524).

❷ [X] 변호인이 피의자신문에 자유롭게 참여할 수 있는 권리는 피의자가 가지는 변호인의 조력을 받을 권리를 실현하는 수단이라고 할 수 있으므로 헌법상 기본권인 변호인의 변호권으로서 보호되어야 한다. 피의자신문에 참여한 변호인이 피의자 옆에 앉는다고 하여 피의자 뒤에 앉는 경우보다 수사를 방해할 가능성이 높아진다거나 수사기밀을 유출할 가능성이 높아진다고 볼 수 없으므로, 이 사건 후방착석요구행위의 목적의 정당성과 수단의 적절성을 인정할 수 없다. … 따라서 이 사건 후방착석요구행위는 변호인인 청구인의 변호권을 침해한다(헌재 2017.11.30. 2016헌마503).

③ [O] 택시운송사업 운전업무 종사자의 일반적인 취업 연령이나 취업 실태에 비추어볼 때 실질적으로 해당 직업의 진입 자체를 거의 영구적으로 막는 것에 가까운 효과를 나타내며, 타 운송수단 대비 택시의 특수성을 고려하더라도 지나치게 긴 기간이라 할 수 있다. … 심판대상조항은 구체적 사안의 개별성과 특수성을 고려할 수 있는 여지를 일체 배제하고 그 위법의 정도나 비난 가능성의 정도가 미약한 경우까지도 획일적으로 20년이라는 장기간 동안 택시운송사업의 운전업무 종사자격을 제한하는 것이므로 침해의 최소성 원칙에 위배되며, 법익의 균형성 원칙에도 반한다. 따라서 심판대상조항은 청구인들의 직업선택의 자유를 침해한다(헌재 2015.12.23. 2014헌바446 등).

④ [O] 심판대상조항은 임차인이 주택의 인도와 주민등록이라는 주택임대차보호법상의 대항요건을 갖춘 때에 한하여 양수인에게 임대차계약상의 권리·의무를 그대로 승계하도록 하고 있어, 사회적 약자인 임차인의 주거생활의 안정을 도모함과 동시에 주민등록이라는 공시기능을 통하여 주택 양수인의 불측의 손해를 예방할 수 있도록 하고 있으므로, 기본권 침해의 최소성 원칙에 반하지 아니한다. … 심판대상조항으로 인하여 임차주택 양수인이 임대차보증금반환채무에 대한 지연손해금까지 승계하게 된다고 하여도, 심판대상조항이 과잉금지원칙에 반하여 헌법에 위반된다고 볼 수 없다(헌재 2017.8.31. 2016헌바146).

공무원 교육 1위* 해커스공무원
모바일 자동 채점 + 성적 분석 서비스

한눈에 보는 서비스 사용법

Step 1.

교재 구입 후 시간 내 문제 풀어보고
교재 내 수록되어 있는 QR코드 인식!

Step 2.

모바일로 접속 후 '지금 채점하기'
버튼 클릭!

Step 3.

OMR 카드에 적어놓은 답안과 똑같이
모바일 채점 페이지에 입력하기!

Step 4.

채점 후 내 석차, 문제별 점수, 회차별
성적 추이 확인해보기!

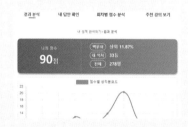

모바일 자동 채점 + 성적 분석 서비스 활용법

✓ 모바일로 채점하고 **실시간 나의 위치 확인하기**

✓ 문제별 정답률을 통해 **틀린 문제의 난이도 체크**

✓ 회차별 점수 그래프로 **한 눈에 내 점수 확인하기**

해커스공무원 gosi.Hackers.com

바로 이용하기 ▶

목표 점수 단번에 달성,
지텔프도 역시 해커스!

| 해커스 지텔프 교재 시리즈

유형 + 문제				
32점+	43점+	47~50점+	65점+	75점+

목표 점수에 맞는 교재를 선택하세요! ⟷ : 교재별 학습 가능 점수대

한 권으로 끝내는
해커스 지텔프 32-50+
(Level 2)

해커스 지텔프 문법
정답 찾는 공식 28
(Level 2)

2주 만에 끝내는
해커스 지텔프 문법
(Level 2)

2주 만에 끝내는
해커스 지텔프 독해
(Level 2)

보카				

해커스 지텔프
기출 보카

기출 · 실전				

지텔프 기출문제집
(Level 2)

해커스 지텔프
최신기출유형
실전문제집 7회
(Level 2)

해커스 지텔프
실전모의고사
문법 10회
(Level 2)

해커스 지텔프
실전모의고사
독해 10회
(Level 2)

해커스 지텔프
실전모의고사
청취 5회
(Level 2)